Tout en Un

Licence
STAPS

OBJECTIF
STAPS

Collection dirigée par Youcef Alanbagi

Tout en **Un**

Licence **STAPS**

2e édition

Ouvrage coordonné par
Youcef **Alanbagi**

ellipses

Retrouvez tous les ouvrages de la collection sur
https://www.editions-ellipses.fr

ISBN 9782340-045927

32, rue Bargue 75740 Paris cedex 15

www.editions-ellipses.fr

TABLE DES MATIÈRES

PRÉFACE

Jacques DUMONT

Professeur émérite des Universités en histoire contemporaine.
Professeur agrégé d'EPS.
UFR STAPS – Université des Antilles.

La rentrée universitaire 2017-2018 avait soulevé, encore plus que les précédentes, nombre de problèmes. Quarante mille étudiants n'avaient pu trouver de place à l'université, et parmi ceux-ci beaucoup dans la filière très demandée des STAPS. Mais ce déficit d'accueil ne doit pas masquer un problème chronique qui va en s'amplifiant puisqu'un nombre croissant d'étudiants quittent chaque année l'université sans avoir obtenu les diplômes – ou les compétences – qu'ils escomptaient y acquérir. Cet échec universitaire est particulièrement flagrant en première année. La difficulté à faire réussir des élèves d'origines et de parcours différents, et ne présentant sans doute pas d'indispensables « prérequis » fait émerger plusieurs interrogations. En amont des remèdes à apporter ou des « explications » sur la baisse de niveau des étudiants, les raisons susceptibles d'expliquer un tel phénomène sont à mettre en perspective.

L'université ne s'est jamais vraiment préoccupée de l'appropriation des savoirs. Ceux-ci étaient essentiellement transmis et les connaissances dispensées par les enseignants étaient supposées avoir du sens pour les étudiants qui les recevaient. Prolongement « naturel » du réseau « noble » de l'école de Jules Ferry, l'université accueillait des étudiants provenant de classes sociales favorisées, en concordance culturelle avec les enseignants. Ce réseau secondaire, élististe, comportait alors ses propres classes primaires dont la désignation évoquait un compte à rebours, la 11e, la 10e, etc. autrement dit un décompte vers un horizon qui allait de soi. Le réseau primaire, « l'école du peuple », était caractérisé au contraire par une ascension (cours préparatoire, élémentaire etc.) vers la consécration espérée du certificat d'études. Le réseau secondaire est payant jusqu'en 1930 et de nouveau sous le régime de Vichy. En 1950, 5 % seulement de la population accède au bac ; 11 % en 1961, au début de la mise en place du système scolaire. À la différence de l'école de Jules Ferry et de ses deux réseaux quasi étanches, tous les élèves sont désormais supposés passer par deux étapes complémentaires, celle du primaire puis celle du secondaire.

Pendant longtemps, la formation universitaire, très élitaire, n'a pas eu à se préoccuper de la réussite, ou en amont de la question de l'appropriation des connaissances. Celles produites par l'université, par des enseignants recrutés avant tout par leurs qualités de chercheurs (et nullement de formateurs) n'avaient donc pas à s'encombrer de « pédagogie ». Le terme - dont l'étymologie évoque l'esclave qui accompagnait l'élève à l'école antique - renvoyait au réseau primaire et ses instituteurs, eux-mêmes issus des mêmes classes sociales que leurs élèves : ouvriers, paysans, employés. À l'École Normale, seule possibilité pour eux de poursuivre des études, les matières n'étaient pas séparées de la pédagogie, cet « art d'enseigner ». Les instituteurs se sentaient investis d'une mission : instruire, éduquer, élever leurs élèves, dans le double sens de la formation et de l'ascension sociale. L'école ouvrait l'immense espoir d'échapper aux assignations d'un travail dictées par l'origine sociale.

La mise en place du système scolaire devait permettre à la fois une meilleure égalité des chances et une plus grande adéquation avec le « marché du travail ». L'accès d'abord progressivement ouvert au bac, est devenu en 1985 un objectif politique, 80 % d'une classe d'âge étant supposé y accéder. Or, le baccalauréat est le premier diplôme universitaire, ouvrant donc à cette voie longtemps royale de l'université. Mais celle-ci peine à revoir ses méthodes, retranchée derrière la production de savoirs. L'enseignement y demeure essentiellement transmissif. La massification n'en facilite pas les formes actives. Pour les enseignants, les travaux dirigés (TD) où l'étudiant peut exercer et faire fonctionner ses connaissances, sont moins considérés (et rémunérés) que les cours « magistraux », en grande assemblée. L'augmentation des effectifs rend les possibilités d'échanges aléatoires et les questions éducatives cèdent souvent la place aux urgences de l'organisation matérielle des cours. La part de travail personnel, primordiale, reste peu accompagnée et les résultats universitaires continuent de se superposer aux origines sociales et leurs connivences culturelles.

La question n'est pourtant plus aujourd'hui celle de l'accès aux savoirs, mais plutôt celle de leur utilisation. Le titre d'un ouvrage d'un spécialiste des sciences de l'éducation, Philippe Mérieu, interrogeait déjà en 1987 : *Apprendre oui, mais comment ?* L'ouvrage en est aujourd'hui à sa 21e réédition, montrant la toujours actualité de cette thématique. Continûment, de nouveaux spécialistes sont consultés, apportant leur lot de solutions. Si tout le monde s'accorde aujourd'hui à penser que l'école doit faciliter les apprentissages, l'université ne semble pas encore avoir réalisé sa « révolution copernicienne ». C'est le terme par lequel Pierre Parlebas, enseignant d'EPS, formateur et militant de l'éducation active aux CEMEA puis sociologue, désignait dès 1967 le changement devant s'opérer pour placer l'apprenant au centre des dispositifs d'enseignement. L'enjeu était crucial dans le domaine des activités physiques où régnait la reproduction du geste juste, de plus en plus décalqué de celui du « champion ».

Comment réussir à l'université ? Comment apprendre efficacement aujourd'hui ?

Comment aborder les différentes matières qui composent les STAPS ? Parmi les moyens classiques pour accompagner les études ou en compenser les difficultés structurelles, les manuels peuvent participer autant à une possible réussite qu'à sa mythologie, car il ne suffit évidemment pas de lire un ouvrage pour que le succès soit assuré. Ce n'est pas tant la lecture qui compte que l'usage qui en fait. Ce « Tout-en-un » rassemble des contributions d'auteurs ayant par ailleurs produit des manuels dans leur propre discipline de référence. L'objet n'est donc pas de se substituer à ceux-ci, ou d'en rendre la consultation inutile. En introduisant aux exigences de chaque domaine, ce guide esquisse des pistes de travail, ouvre aux connaissances et donne des outils pour construire des repères et progresser.

Qu'est-ce qui caractérise ces études ? Qu'est-ce qui les différencie d'autres filières universitaires ? En quoi sont-elles, au-delà de leur forte attractivité, difficiles à réussir et à peut-être à appréhender ?

Une caractéristique est sans doute que les STAPS sont, encore plus que les autres disciplines, un carrefour de connaissances. Les sciences et techniques des activités physiques et sportives sont au croisement de savoirs issus de champs très différents. Savoirs savants, pratiques, empiriques n'obéissent pas aux mêmes logiques. Les sciences sont placées en tête – c'est en tout cas ce qu'induit le signe STAPS. Mais les sciences sont plurielles, et classiquement regroupées en grands domaines : sciences de la vie, sciences humaines, sciences sociales, qui reposent sur des socles différents, sans liens évidents ou construits. Elles font appel à des méthodes disparates. Comme l'écrit David Le Breton (*Sociologie du corps*, PUF, 1997, p. 40) : Il ne faut « pas se laisser intimider par les sciences de la vie qui prétendent dire la vérité du corps (...) ou devant la biologie souvent encline à trouver dans l'enracinement génétique la cause des comportements de l'homme », mais à l'inverse, « les sciences humaines et sociales qui prennent le "corps" comme fil conducteur des recherches ne doivent jamais oublier l'ambiguïté et la fugacité de cet 'objet' ». L'aspiration légitime à des connaissances simples, claires, aisément compréhensibles se heurte donc à la pluridisciplinarité dans le sens d'approches juxtaposées sans relations explicitement travaillées.

La réussite peut aussi être dévoyée par des modes d'enseignement et d'évaluation qui semblent insister sur les « bonnes » réponses ou les éléments à mémoriser. Mais la part de la réflexion ne peut être minimisée. Comme l'affirmait déjà Rabelais pour l'éducation de Gargantua, « science sans conscience n'est que ruine de l'âme ». Cet adage, maintes fois répété, devrait nous rappeler que le savoir ne peut consister en une seule accumulation de connaissances. Le souci de mieux comprendre le monde ne peut se faire sans interroger : en amont de toute connaissance il y a donc des questionnements ; il devrait y avoir une curiosité. Pourtant, la plupart du temps, les réponses sont livrées sans que les questions aient été formulées ou suscitées. L'approche réflexive des savoirs peut sembler bien encombrante : non seulement elle risque de prendre du temps mais elle pourrait aussi questionner les démarches et présupposés, voire bousculer des certitudes. Pour des étudiants avides de se constituer un socle de connaissances déjà bien difficiles à acquérir, une telle approche, d'***épistémologie***, apparaîtrait alors superflue, voire contre-productive.

Mais pourquoi opposer réflexion et utilisation, connaissance et action ? D'où vient ces dichotomies ? Les savoirs en STAPS ne se limitent pas à ces contenus scientifiques, qu'ils suffiraient d'apprendre et d'appliquer. S'y ajoutent des techniques, des savoirs pratiques, des compétences, en action, ces « connaissances procédurales », que Winograd distingue en 1975 des connaissances déclaratives, sur l'action. Les sciences sont là pour éclairer, proposer des réponses à partir des questions posées par les problèmes dits de terrain. Car le but des études en STAPS est bien de former des spécialistes du traitement des activités physiques et sportives, quel que soit le public ou le domaine. Ainsi, les différentes filières (éducation et motricité, activité physiques adaptée, entraînement, ergomotricité, management) ne prennent leur sens de spécialité qu'en se développant sur une même polyvalence : la capacité à traiter des APS pour les rendre accessibles à des publics ciblés. En STAPS, la spécialisation ne peut donc être opposée à la polyvalence, comme les connaissances ne peuvent être séparées de leurs utilisations.

INTRODUCTION

Youcef ALANBAGI

Professeur agrégé d'EPS à l'UFR STAPS Paris.

Docteur en STAPS qualifié Maître de Conférences en STAPS
et en Sciences de l'éducation et de la formation.

Chercheur-associé à l'I3SP (EA 3625)
(Institut des Sciences du Sport-Santé de Paris)
et au laboratoire de recherches en éducation EDA (EA 4071).
Université de Paris.

Dans la plupart des pays occidentaux, les sociétés et les institutions scolaires sont en proie à des transformations socio-économiques et culturelles importantes. Dans le même temps, le processus de démocratisation quantitative des systèmes d'enseignement secondaire et supérieur continue et augmente l'hétérogénéité des publics scolaires et des situations éducatives. De surcroît, les enseignants sont aussi confrontés aux conséquences des politiques de réformes importantes des systèmes scolaires qui sont initiées dans de nombreux pays pour adapter les systèmes scolaires à ces nouveaux enjeux.

Depuis la création des quatorze unités d'enseignement et de recherche en éducation physique et sportive (UER EPS) en novembre 1968 suite à la loi Faure, puis des *Unités de Formation et de Recherche* en Sciences et techniques des activités physiques et sportives (UFR STAPS) en 1984, les effectifs étudiants ont sans cesse augmenté pour atteindre aujourd'hui 61 500 étudiants toutes années confondues dans toutes les structures STAPS (UFR, départements, Écoles...) dont 24 520 en 1re année de licence soit près de 40 %. Ceci indique une certaine attractivité de la formation dispensée ainsi que la confiance des étudiants et de leurs familles par les débouchés professionnels proposés dans le secteur sportif. Les études en STAPS renvoient majoritairement aux métiers de l'enseignement, de l'éducation, de l'entraînement, de l'accompagnement des personnes ou de la réhabilitation, dans lesquels l'intervenant est responsable de la sécurité du public qui lui est confié. Il est également garant de l'éthique et des valeurs qu'il transmet. Pour les diplômés professionnels STAPS que ce soit les DEUST ou les licences professionnelles (Animation, gestion et organisation des activités physiques et sportives; Tourisme et loisirs sportifs; Développement social et médiation par le sport; Gestion et développement des organisations, des services sportifs et de loisirs; Métiers de la forme; Activités physiques et sportives spécialisées: inadaptations sociales...), 87 % sont en emploi 18 mois après l'obtention du diplôme et 92 % après 30 mois alors que nous sommes sur un taux d'insertion de 92 %, pour 76 % dans un emploi stable et pour 80 % de niveau cadre avec les Masters STAPS. Au-delà de ces formations professionnalisantes récentes, la formation est historiquement marquée par celle des enseignants d'Éducation physique et sportive. Depuis, l'offre s'est constamment diversifiée au regard des enjeux démographiques, économiques, universitaires et sociétaux avec l'omniprésence du sport et des pratiques physiques et sportives dans de nombreux secteurs. Pour répondre à ces enjeux, un des changements fut la création de différents parcours au nombre de cinq aujourd'hui, comme l'indique la Conférence des directeurs et doyens STAPS (C3D) :

Le parcours « Éducation et motricité » forme des intervenants en activités physiques et sportives dans différents secteurs et regroupe 43 % des étudiants de Licence.

Le parcours « Activité physique adaptée-Santé » forme des spécialistes ayant pour mission la conception, la conduite et l'évaluation de programmes d'intervention, de prévention et d'éducation pour la santé par une activité physique adaptée à des publics spécifiques. Ce dernier regroupe 18 % des étudiants de Licence.

Le parcours « Management du sport » forme des professionnels de la gestion et de l'organisation des activités physiques et sportives pour tous types de public (enfants, adolescents, adultes, personnes âgées ou handicapées) et dans les différents secteurs d'activité liés au sport. Il regroupe 17 % des étudiants de Licence.

Le parcours « Entraînement sportif » forme des professionnels de l'entraînement, de l'animation, de la préparation physique et psychologique pour tout public et à tous niveaux ainsi que des cadres sportifs dans le secteur fédéral et associatif sportif. Cela concerne 20 % des étudiants de Licence.

Le parcours « Ergonomie du sport et performance motrice » forme des professionnels du matériel sportif, de la réalisation et de l'aménagement des locaux et des espaces sportifs et industriels, au travers d'une formation spécifique destinée à étudier la motricité à travers une approche holistique (prise en compte des facteurs biomécaniques, psychologiques, physiologiques, sociétaux, environnementaux) afin d'améliorer le confort du pratiquant ou d'optimiser sa performance. Seulement 2 % des étudiants de Licence sont concernés.

Au regard de cette diversité au sein des UFR STAPS, de nombreux débats apparaissent concernant l'extrême diversité des savoirs et des pratiques sociales de référence relevant dudit champ. Celui concernant les savoirs théoriques et pratiques traduit une articulation conflictuelle des discours scientifiques et techniques avec tout de même une permanence immuable concernant les savoirs scientifiques qui se sont précisés et diversifiés, les savoirs technologiques liés aux activités physiques, sportives et artistiques (APSA) qui constituent le cœur de la formation et les savoirs professionnels liés à leur caractère opérationnel qui sont en progrès. Ces deux cultures technique et savante des enseignants sont présentes en STAPS sans hiérarchie de valeurs mais reste un sujet de débats et de réflexions tant structurellement que sur les contenus à transmettre. Néanmoins, cette richesse permise par la diversité des enseignements dispensés en STAPS permet aux diplômés d'acquérir des savoirs se caractérisant par leur pluri-dimensionnalité, leur dimension expérientielle et leurs liens avec les pratiques physiques. Il semble qu'aujourd'hui, l'approche par compétences, favorise l'établissement d'un rapport actif et pragmatique aux savoirs au sein des formations initiales avec une place plus importante accordée aux stages permettant une réflexion sur les situations vécues. Ceci, dans l'optique de donner du sens au projet de formation de l'étudiant en relation avec son projet professionnel. De cette manière et au regard du cadrage national retenu par la C3D, quatre items décrivant les compétences favorables aux réussites en Licence STAPS, que nous reprenons ici sans les hiérarchiser car considérées d'égale importance, sont mis en avant :

Disposer de compétences scientifiques car les études en STAPS comportent des enseignements scientifiques pluridisciplinaires tels que les sciences de la vie ou les sciences humaines et sociales. Les étudiants doivent être en mesure d'assimiler ces contenus et de construire un raisonnement à partir de concepts scientifiques.

Savoir mobiliser des compétences en matière d'expression écrite afin de pouvoir développer un raisonnement argumenté. Durant la formation, il est fréquemment demandé aux étudiants de rédiger des documents de synthèse ou des mémoires et d'en assurer la présentation orale. Pour les personnes désireuses de présenter un concours, les compétences rédactionnelles sont essentielles. Il s'agit donc de pouvoir synthétiser des informations dans le but de construire un raisonnement afin d'argumenter ses démonstration.

Disposer de compétences sportives. Bien évidemment, une part importante de pratique sportive caractérise les études en STAPS, surtout lors de la 1re année de Licence. La possession d'une expérience régulière et diversifiée dans les activités physiques et sportives est donc un incontournable.

Manifester de l'intérêt pour l'exercice de responsabilité collective, associative ou citoyenne. Ici, c'est l'exercice préalable de fonctions d'animation, d'encadrement, de responsabilités collectives, associatives ou citoyennes qui constitue un atout pour tout étudiant souhaitant réussir en STAPS.

Ainsi, avec l'ensemble des auteur-es issus-es de différents horizons, nous souhaitions proposer un ouvrage qui soit facile d'accès pour des étudiants aux profils et motivations différents qui se destinent à intégrer cette filière de l'Enseignement supérieur. Il fait suite aux succès des dix ouvrages présents dans la collection *Objectif STAPS*. Après L'enseignement de l'EPS à l'École, la Sociologie, la Psychologie sociale, l'Anglais, la Socio-histoire et épistémologie des APS, la Biomécanique, la Physiologie, les Neurosciences comportementales, la Méthodologie de l'entraînement sportif et l'Anatomie, ce *Tout-en-un en STAPS* se veut d'abord un outil offrant de nombreuses connaissances traduisant le fonds commun des études en STAPS, mais également un outil de réflexion sur les manières d'aborder et d'intégrer ces connaissances. Il permet d'y trouver une intelligibilité en accentuant la mise en lien de ces dernières et d'en comprendre l'articulation au service du projet personnel et professionnel de l'étudiant que ce soit pour présenter un concours de l'enseignement ou de fonctionnaire territorial dans le domaine sportif ou plus généralement pour s'orienter vers les métiers de l'éducation par le sport, de l'entraînement sportif ou de l'accompagnement des personnes à travers les activités physiques. À ce titre, nous proposons de nombreux exercices d'application corrigés pour en faciliter l'assimilation, trouver du sens à ses apprentissages et construire des compétences mentionnées auparavant. Les activités physiques et sportives ne sont pas traitées en tant que telles mais apparaissent constamment en filigrane dans les différentes parties de l'ouvrage afin de rendre compte de leur réalité au quotidien comme en psychologie sociale, histoire ou neurosciences... Ici, c'est une démarche réflexive qui guide les auteur-es dans leurs productions. Par ce qu'elles peuvent être abordées de différentes manières en fonction des cadres d'analyse retenus, l'analyse des APSA mériterait un ouvrage dédié. En revanche, nous présentons une partie intitulée *Anglais* car au regard de l'internationalisation des formations, des métiers et des exigences scientifiques notamment dans le domaine de la recherche, cette matière nous paraît importante. De surcroît, au regard des nouveaux enjeux sociétaux, la formation en STAPS gagnerait également à spécifier un objet d'étude commun afin d'engager les enseignants et les chercheurs dans un travail transdisciplinaire à travers l'action motrice par exemple. C'est une voie que nous aborderons prochainement. Aussi, pour répondre aux défis auxquels seront confrontés les étudiants, il s'agira de renforcer la formation dans le domaine de la réflexion éthique qui est quasi inexistante en STAPS car principalement abordé en master 2e année et en doctorat, ainsi que dans celui de l'épistémologie afin de développer l'esprit critique des étudiants vis-à-vis des savoirs. Ce n'est qu'en combinant ces différents éléments que l'étudiant poursuivra la construction de ses compétences professionnelles tout au long de sa vie.

Pour résumer, ce livre s'appuie sur une réflexion théorique solide, référencée et actualisée en tenant compte des derniers résultats de la recherche scientifique. Il s'adresse prioritairement aux étudiants de Licence et Master en STAPS, aux candidats des concours de l'enseignement d'EPS et aux éducateurs sportifs. Il peut également convenir aux intervenants du milieu sportif, aux enseignants d'éducation physique et sportive, aux psychomotriciens ainsi qu'aux personnels de santé désirant se perfectionner. Cet ouvrage s'appuie sur une présentation claire et synthétique des données essentielles et propose des exemples concrets permettant de faire le lien entre les savoirs scientifiques et pratiques ainsi que des exercices corrigés de types partiels pour réussir aux examens. L'objectif des auteur-es est de proposer aux lecteurs les notions clefs permettant d'aborder les questions les plus centrales dans les différentes disciplines présentes en STAPS en réunissant dans un même ouvrage des connaissances habituellement disséminées dans plusieurs. Afin d'éviter un discours un peu trop « scolaire », cet ouvrage est écrit dans un style volontairement accessible. Ce livre constitue donc un précieux sésame pour toutes celles et ceux qui souhaitent comprendre, se perfectionner et innover à travers les études en STAPS.

L'ENSEIGNEMENT DE L'ÉDUCATION PHYSIQUE ET SPORTIVE À L'ÉCOLE

Youcef ALANBAGI

Docteur en STAPS
et en Sciences de l'éducation et de la formation.
Professeur agrégé d'EPS à l'UFR STAPS.
Université de Paris.

Zine BOUKRICHE

Professeur agrégé d'EPS.
Université Paris Ouest Nanterre.

Laurence VILAIN

Professeure agrégée d'EPS à l'UFR STAPS.
Université de Paris.

INTRODUCTION

Nous considérons l'EPS comme une discipline scolaire où les activités physiques, sportives et artistiques, supports de l'enseignement, permettent aux élèves, dans toute leur diversité et de manière inclusive, de vivre des expériences corporelles riches et variées, tout en construisant des compétences motrices, méthodologiques, sociales, sécuritaires et sanitaires et accéder aux savoirs scolaires et de partager une culture commune et contemporaine socialement valorisée tout en garantissant à chacun d'entre-eux un bien-être physique, psychologique, social et culturel.

« L'éducation physique et sportive (EPS) vise à permettre à tous les élèves d'enrichir leur motricité, de construire les conditions de leur santé, de développer leur citoyenneté et d'accéder à un patrimoine culturel large par la pratique physique, sportive et artistique. Ainsi, l'élève développe des compétences et renforce son pouvoir d'agir. Il éprouve des sensations, vit des émotions et accroît ses capacités de raisonnement et son esprit critique… Au regard des enjeux de société, l'EPS contribue à développer une culture de l'activité physique régulière et durable, levier indispensable de l'amélioration de la santé publique particulièrement important, compte tenu du niveau de sédentarité des jeunes qui décrochent de toute pratique physique. Respectueuse des différences de potentiels, de ressources, luttant contre les stéréotypes sociaux ou sexués et résolument inscrite dans une école inclusive, l'EPS offre à tous l'occasion d'une pratique physique qui fait toute sa place au plaisir d'agir ». (Programme d'éducation physique et sportive du lycée général et technologique, parus au BOEN le 22 janvier 2019).

L'enseignement de l'EPS, de par sa spécificité au sein du système éducatif mais également de par son positionnement à part entière, doit nécessairement se conformer aux cadres de l'orthodoxie scolaire (Arnaud, 1989). Cette discipline offre en effet une multitude d'occasions pour le professeur d'EPS de permettre à l'élève de construire des compétences motrices, méthodologiques, sociales, sécuritaires et sanitaires pour viser les compétences attendues, définies dans les programmes de la discipline et de l'école de manière générale. Et cela en investissant les cinq champs d'apprentissage de la discipline.

Pour ce faire, les interventions de l'enseignant d'EPS se situent à différents niveaux et selon différentes temporalités pour permettre aux élèves de s'engager dans un processus individuel et collectif à partir duquel ils seront en mesure de construire de nouvelles compétences pour agir en tant que « citoyen lucide, autonome, physiquement et socialement éduqué, dans le souci du vivre ensemble » (Programme EPS collège. Bulletin officiel spécial n° 11 du 26 novembre 2015). Par les apprentissages en situation, les enseignants d'EPS amènent « les enfants et les adolescents à rechercher le bien-être et à se soucier de leur santé tout en assurant l'inclusion, dans la classe, des élèves à besoins éducatifs particuliers ou en situation de handicap ». « L'EPS initie au plaisir de la pratique sportive et répond aux enjeux de formation du socle commun en permettant à tous les élèves, filles et garçons ensemble et à égalité, *a fortiori* les plus éloignés de la pratique physique et sportive, de construire cinq compétences travaillées en continuité durant les différents cycles (Bulletin officiel spécial n° 11 du 26 novembre 2015).

Ainsi, le professeur d'EPS se doit d'organiser son enseignement autour de quatre pôles (conceptions didactiques ; mises en œuvre pédagogiques ; régulations ; évaluations). Les conceptions didactiques concernent par exemple le choix, la programmation et le mode d'entrée retenu dans l'APSA (activité physique sportive et artistique) ou les situations d'apprentissage proposées (situation de résolution de problèmes, répétition technique, etc.). En outre, les mises en œuvre pédagogiques concernent tous les éléments en relation avec la leçon d'EPS en elle-même, c'est-à-dire ce qui a trait aux relations entre l'enseignant et ses élèves à travers la gestion de la classe. De surcroît, les régulations de l'élève en activité sont nécessaires afin de le guider au mieux sur la voie de la réussite. Ceci passe par une observation fine de la part de l'enseignant d'EPS, de la formulation de différents feedbacks et la gestion des variables didactiques pour simplifier ou complexifier une situation d'apprentissage. Enfin, pour verrouiller une situation d'enseignement et permettre aux élèves de se situer et de donner du sens à leurs productions, le professeur d'EPS utilise des procédures d'évaluations qui peuvent être diagnostique, formative, formatrice, sommative ou certificative en relation avec le diplôme national du brevet, le baccalauréat général, technologique ou professionnel ou le BEP ou le CAP. Ces domaines d'interventions feront l'objet de chapitres afin de permettre aux lecteurs d'organiser au mieux leurs interventions, leurs procédures d'enseignement et la compréhension de leurs processus d'enseignement qui les amènent à agir ainsi auprès de leurs élèves. Car *in fine*, c'est la connaissance empirique des élèves particuliers auxquels le professeur d'EPS s'adresse qui lui permettra de proposer des situations d'apprentissages cohérentes, ciblées et évolutives en vue d'atteindre les effets recherchés. Mais ces domaines d'interventions doivent être mis en relation avec les processus d'apprentissage car en EPS, plus qu'ailleurs, la dimension humaine du rapport avec son corps et avec les autres est prégnante. Lesdits processus d'apprentissages renvoient au fonctionnement interne de l'élève dans le sens où ces derniers indiquent les opérations observables ou non mises en œuvre par l'apprenant pour satisfaire aux exigences d'une situation d'apprentissage. Dans cette partie, nous aborderons entre autres, les émotions, la motivation ou bien encore les rapports au risque de la part des élèves dans ces processus d'apprentissages. « De plus, dans un contexte d'apprentissage où la question de l'individuel et du collectif prend son sens, l'émotion doit être étudiée non seulement comme ayant une composante individuelle (je ressens une émotion, c'est une expérience intérieure propre à moi-même) mais également sociale (j'exprime cette émotion, elle est visible par autrui et elle lui est destinée) » (Audrin, 2020).

Chapitre 1

LE SYSTÈME ÉDUCATIF

Les grands principes du système éducatif français

Le système d'enseignement français est fondé sur cinq grands principes, certains inspirés de la Révolution française de 1789, de lois votées entre 1881 et 1889 et sous les IVe et Ve Républiques ainsi que de la Constitution du 4 octobre 1958 : « l'organisation de l'enseignement public obligatoire gratuit et laïque à tous les degrés est un devoir de l'État ». Ces derniers sont la liberté de l'enseignement, la gratuité, la neutralité, la laïcité et l'obligation scolaire.

La liberté de l'enseignement

En France, le service public d'enseignement coexiste avec des établissements privés, soumis au contrôle de l'État et pouvant bénéficier de son aide, en contrepartie d'un contrat signé avec l'État. Ce dernier proclame que l'enseignement obligatoire est le droit égal pour tous les citoyens de donner cet enseignement.

La gratuité

Le principe de gratuité de l'enseignement primaire public a été posé dès la fin du XIXe siècle par la loi du 16 juin 1881 puis étendue à l'enseignement secondaire par la loi du 31 mai 1933. Il est érigé en tant que service public.

La neutralité

Jules Ferry exposa au Parlement la théorie de la neutralité scolaire en disant expressément à plusieurs reprises : « Nous n'avons promis ni la neutralité philosophique ni la neutralité politique ». En effet, le bon sens ne permet pas de concevoir une école qui, par définition, se proposerait la neutralité absolue et donc qui s'interdirait de parler. La neutralité scolaire peut s'entendre selon trois objets que sont l'école, le personnel et l'enseignement. La neutralité philosophique et politique s'impose aux enseignants et aux élèves. En effet, Les personnels ont un devoir de stricte neutralité qui s'exprime par la dissimulation de leurs convictions politiques ou religieuses dans l'exercice de leurs fonctions.

La laïcité

Le principe de laïcité en matière religieuse est au fondement du système éducatif français depuis la fin du XIXe siècle. L'enseignement public est laïc depuis les lois du 28 mars 1882 et du 30 octobre 1886. Elles instaurent l'obligation d'instruction et la laïcité des personnels et des programmes. L'importance de la laïcité dans les valeurs scolaires républicaines a été accentuée par la loi du 9 décembre 1905 instaurant la laïcité de l'État. Présentée par Vincent Peillon, Ministre de l'Éducation nationale, le 9 septembre 2013, la Charte de la laïcité à l'École a été élaborée à l'intention des personnels, des élèves et de l'ensemble de la communauté éducative. Elle offre aux élèves les conditions pour forger leur personnalité, exercer leur libre arbitre et faire l'apprentissage de la citoyenneté. Il appartient à tous les personnels de transmettre aux élèves le sens et la valeur de la laïcité, ainsi que des autres principes fondamentaux de la République. Ils veillent à leur application dans le cadre scolaire.

L'obligation scolaire

Depuis la loi Jules Ferry du 28 mars 1882, l'instruction est obligatoire. Cette obligation s'applique à partir de 6 ans, pour tous les enfants français ou étrangers résidant en France. À l'origine, la scolarisation était obligatoire jusqu'à l'âge de 13 ans, puis 14 ans à partir de la loi du 9 août 1936. Depuis l'ordonnance n° 59-45 du 6 janvier 1959, elle a été prolongée jusqu'à l'âge de 16 ans révolus.

QUESTIONS

1. Citez les grands principes du système éducatif français.
2. Quel est le principe permettant de faire l'apprentissage de la citoyenneté ? Argumentez.

Chapitre 2

APPRENTISSAGE ET ENSEIGNEMENT

Les différents types d'apprentissages

L'apprentissage est une problématique très vaste. Il convient d'identifier clairement ce qui est appris mais aussi comment l'élève apprend. Il est donc nécessaire d'aborder les apprentissages à travers la finalité et les processus sous-jacents. En EPS, l'apprentissage moteur apparaît comme un cas particulier, à côté des apprentissages liés aux connaissances et aux attitudes.

L'approche psychologique des apprentissages

Selon la psychologie cognitive, l'apprentissage est constitué d'un ensemble de processus différents conduisant à une transformation interne de l'individu (Famose, 1988). Pour Reuchlin (1983), « il y a apprentissage lorsqu'un organisme, placé plusieurs fois de suite dans la même situation, modifie sa conduite de façon systématique et durable ». Cette définition permet de déterminer le moment où l'apprentissage a eu lieu mais ne définit pas vraiment ce qu'il représente. L'apprentissage n'est pas la modification comportementale elle-même, mais le processus interne qui l'a permise et dont elle constitue l'indice. Pour Paillard (1990), « L'apprentissage moteur résulte d'un processus actif d'adaptation permis par deux modes de gestion de la motricité, réactif et prédictif : le mode réactif permet à l'individu de « répondre automatiquement aux sollicitations de l'environnement par la mobilisation coordonnée d'instruments moteurs pré-adaptés », alors que le mode prédictif permet « d'élaborer des projets d'action et de planifier leur exécution en fonction des conséquences prévisibles de leur réalisation effective en actes » ».

L'apprentissage autorégulé

D'après Famose (1995), l'apprentissage résulte de la pratique ou de l'expérience et n'est pas directement observable car ce dernier implique un ensemble d'opérations internes et ses manifestations ne peuvent être inférées qu'à partir des modifications positives de la performance. Il met en avant l'apprentissage autorégulé. C'est un processus actif et constructif par lequel les élèves se fixent des buts pour leurs apprentissages et puis tentent d'enregistrer, réguler et contrôler leur cognition, leur motivation et leurs comportements, guidés et contraints par leur but et par les caractéristiques contextuelles dans l'environnement (Famose, 2003). Il est en effet nécessaire de faire une distinction au niveau des apprentissages en tant que processus et produit. Le *processus* d'apprentissage concerne les opérations par lesquels l'élève modifie son comportement alors que le résultat des apprentissages est le *produit* de ce processus de transformation.

Positionnement de l'enseignant d'EPS et produit des apprentissages moteurs

Il est possible de mettre en parallèle ces définitions de l'apprentissage et de l'intervention de l'enseignant d'EPS qui peut être caractérisée comme l'ensemble des démarches didactiques et des mises en œuvre pédagogiques caractérisant son action selon les temporalités différentes qui caractérisent *in fine* la leçon, c'est-à-dire avant, pendant et après celle-ci et destinée à créer des conditions matérielles, informationnelles et relationnelles nécessaires permettant l'engagement des élèves pour qu'ils apprennent seuls et en groupe. Ce qui revient à dire que l'enseignant d'EPS, en s'appuyant sur les différentes approches théoriques de l'apprentissage et du contrôle moteur, est un acteur essentiel permettant les apprentissages moteurs, cognitifs et affectifs de chaque élève en mettant en place lesdites conditions portant sur les divers processus d'apprentissages des élèves. Ainsi, la construction des compétences motrices, méthodologiques, sociales et sécuritaires par les élèves s'appuie sur la combinaison entre les théories de l'apprentissage et du contrôle moteur, la connaissance empirique des élèves et l'expertise de l'enseignant d'EPS dans le traitement didactique des APSA et sa relation pédagogique avec les élèves.

Les conditions d'apprentissage

Les apprentissages en EPS sont pluriels. En effet, l'élève doit construire des compétences motrices, méthodologiques, sociales et sécuritaires par l'intermédiaire de connaissances, de capacités et d'attitudes pour viser les compétences attendues du niveau 1 au niveau 5, dans les différents champs d'apprentissage propres de la discipline qui sont au nombre de cinq. De fait, les conditions d'apprentissages sont multiples. La première d'entre-elle est bien évidemment la mise en activité de l'élève. D'ailleurs, une des particularités de la discipline est que l'élève apprend par l'action et donc les répétitions (Bertsch & Le Scanff, 1995), selon la conception cognitiviste de l'apprentissage de George (1983). Ces dernières peuvent être de différentes natures (massées ou distribuées par exemple). De surcroît, l'apprentissage en coopération, teinté de valeurs de la République comme la citoyenneté, est valorisé dans la discipline d'autant plus que cela fait partie des acquisitions obligatoires dans le cadre des compétences méthodologiques et sociales. Ainsi, « apprendre en coopération, c'est apprendre avec les autres, par les autres, pour les autres et non pas seul contre les autres ». Ces propos de De Peretti (2001) posent les jalons d'une question récurrente relative aux « dimensions collectives des apprentissages, et singulièrement relative à la place de la coopération entre les élèves dans les situations d'apprentissage ». Ainsi commence la thèse d'Evin (Coopérations entre élèves et histoires collectives d'apprentissage en Éducation physique et sportive, 2013). Cela nous montre l'actualité et la pertinence de ces recherches empiriques centrées sur des problématiques à la fois éducatives à travers l'activité des élèves et sociétales à travers le renforcement du lien social dans une société « des Temps hypermodernes » où l'individualisme prévaut (Lipovetsky & Charles, 2004). Une des idées de cette thèse est que face à la place hégémonique laissée à l'individu dans les discours, une alternative possible consiste à « ré-instituer » la dimension collective dans la société et à l'école. Et ceci, en suggérant que la double perspective « d'apprendre à coopérer » qui peut être une finalité de l'Éducation physique et sportive comme c'est le cas avec les nouveaux programmes d'EPS de 2016 et 2019 et de « coopérer pour apprendre », considéré comme un moyen d'apprentissages moteurs, méthodologiques et sociaux, constitue un enjeu majeur pour l'EPS (Evin, *ibidem*, 2013), sans oublier les apprentissages pluridisciplinaires en référence avec le socle commun de compétences. Nous le voyons bien ici, les apprentissages se situent sur un triple niveau à savoir celui des processus d'acquisition, celui du résultat desdits apprentissages et celui des méthodes utilisées.

Les compétences en EPS

Le terme de compétences est omniprésent en EPS et sa définition est plurielle. Nous la définissons comme un ensemble structuré, cohérent et mobilisable de savoirs, savoir-faire et savoir-être en situation, acquis par apprentissage, s'appuyant sur différentes ressources motrices, cognitives, affectives, relationnelles et permettant de résoudre systématiquement et durablement une famille de situations complexes. Cependant, l'adolescence est caractérisée par des modifications importantes au niveau morphologique, physiologique et psychologique comme le soulignent les programmes de la discipline, d'où notre interrogation sur la stabilité des acquisitions motrices et leur réinvestissement pour dépasser « l'éternel débutant en EPS » sachant que la construction de compétences passe obligatoirement par la sollicitation de ressources.

L'approche par compétences en EPS

L'objectif de la réforme (BO spécial du 26 novembre 2015 sur les programmes d'enseignement de l'école élémentaire et du collège) est de décloisonner à la fois le premier et le second degré (*cf.* cycle 3, dit de consolidation : CM1, CM2 et 6e) mais également les disciplines et de favoriser le travail collectif des équipes éducatives à travers la « communauté d'apprenants » que constitue l'établissement public et local d'enseignement. Depuis la rentrée 2016, la mise en œuvre la réforme du collège, des nouveaux programmes d'EPS des cycles 2, 3 et 4, du nouveau socle ainsi que le nouveau diplôme national du brevet (DNB) tel qu'il a été présenté au Journal Officiel du 3 janvier 2016 est obligatoire. Pour mettre en place ladite réforme, une lecture fine et individuelle des textes officiels (réforme du collège, programmes d'enseignement, évaluation, socle commun…) est nécessaire. Des conseils d'enseignement organisés par le coordonnateur de la discipline doivent être organisés afin d'avancer collectivement pour formaliser un projet d'EPS fonctionnel compatible avec les nouveaux textes officiels de l'EPS. Comme les programmes des autres disciplines d'enseignement, les programmes d'EPS sont « soclés ». Le socle commun de connaissances, de compétences et de culture (S4C) représente le programme général de la scolarité obligatoire. Les programmes sont organisés en trois volets. Le volet 1 présente les caractéristiques générales du cycle, le volet 2 affiche la contribution des enseignements au S4C et le volet 3 présente les programmes disciplinaires. Pour ce qui concerne le cycle 3, il sera nécessaire de créer des liens avec l'école primaire puisque ce cycle associe le CM1, le CM2 et la 6e.

Quel que soit le cycle, les programmes d'EPS (volet 3) possèdent la même structure à savoir la présence d'objectifs et de finalités, les liens avec le socle commun, les champs d'apprentissage qui correspondent aux compétences attendues des programmes d'EPS de 2008, le projet pédagogique, la description des élèves, du cycle, de l'association sportive (AS), les compétences travaillées, les attendus de fin de cycle selon les champs d'apprentissage (CA), les repères de progressivité et l'interdisciplinarité.

La liste d'APSA s'élargit à celles que les équipes d'établissement souhaitent intégrer à leur programmation parce qu'elles répondent au contexte local. Toutes les APSA présentes dans le champ social sont potentiellement intégrables aux programmations, aux projets d'EPS, dans la mesure où elles sont « didactisées » c'est-à-dire mise à la portée des élèves en vue d'atteindre les objectifs visés par l'institution. L'innovation est la bienvenue dans la mesure où elle sert l'éducation physique des élèves. Le travail consiste donc à établir un parcours de formation de l'élève, continu et cohérent, lui permettant à terme d'accéder aux attendus de fin de cycles tels qu'ils sont formulés dans les programmes des cycles 3 et 4. Au moins une APSA de chaque CA doit avoir permis à l'élève d'atteindre les attendus de fin de cycle. L'AS devant contribuer à la cohérence et à la continuité du parcours de formation de l'élève. Ce sont donc bien les élèves, à travers les champs d'apprentissage, qui doivent conduire la réflexion de l'équipe pédagogique. Les APSA conservant le statut de support d'enseignement car les « CA s'appuient sur des APSA diversifiées » (Morth & Le-Gall, 2016). Ainsi, le projet pédagogique d'EPS est toujours mis au service du parcours de formation de tous les élèves. C'est une mise en œuvre collégiale, territoriale et locale dont les objets évoluent au cours du temps. Il s'inscrit dans le projet d'établissement dont il prend en compte les axes principaux. Il relève de la responsabilité de l'équipe pédagogique d'EPS de l'établissement. Sa rédaction collective et concertée, spécifie et formalise la politique éducative de l'établissement en matière d'EPS.

La programmation des APSA en EPS

Concernant la programmation des APSA, le projet pédagogique d'EPS doit présenter une programmation exigeante, équilibrée et suffisamment diversifiée pour permettre aux filles comme aux garçons de réussir en et par l'EPS et d'acquérir une culture commune.

Les activités physiques sportives et artistiques

Ce sont des éléments d'une culture commune et des vecteurs de construction des compétences du programme. En 2016, l'EPS permet l'accès à un riche champ de pratiques à forte implication socio-culturelle et importante dans le développement de la vie personnelle et collective de l'individu. Quatre champs d'apprentissage permettent à l'élève de construire des compétences intégrant différentes dimensions motrices, méthodologiques et sociales, en s'appuyant sur des APSA diversifiées. Le choix de leur programmation est laissé à la discrétion de l'équipe éducative. Ces quatre champs d'apprentissage sont :

- Produire une performance optimale, mesurable à une échéance donnée.
- Adapter ses déplacements à des environnements variés.
- S'exprimer devant les autres par une prestation artistique et/ou acrobatique.
- Conduire et maîtriser un affrontement collectif ou interindividuel.

De fait, les APSA sont toujours les moyens d'enseignement alors que les programmes et le socle s'intéressent au développement de l'élève.

Théories de l'apprentissage moteur et EPS

L'élève est susceptible d'apprendre des habiletés motrices par l'expérience de la mise en œuvre d'actions motrices, l'échange social lors d'observation ou de démonstrations de l'action ou à la suite d'instructions verbales et par simulation mentale de l'action. Dans le premier cas, les processus de contrôle de l'action à travers le programme moteur généralisé et les boucles de rétroaction, sont mis en œuvre et évalués en fonction du résultat obtenu, ce qui permet de les modifier pour les rendre plus efficaces. Selon les deux autres perspectives, l'action motrice n'est pas immédiatement exécutée car des représentations abstraites de l'action sont nécessaires pour traduire les données d'observation ou les instructions verbales en procédures motrices ou évoquer mentalement l'action. Ainsi, la motricité alimente la cognition et la cognition assiste la motricité.

Définition de l'apprentissage moteur

Pour Récopé (2001), « l'apprentissage est une activité qui se caractérise par un accroissement du répertoire de comportements de chacun allant vers plus d'efficacité, de vitesse, plus de précision et plus d'économie ». L'apprentissage peut s'envisager selon trois axes que sont le processus, le produit et les méthodes. Ainsi, l'apprentissage n'est pas un phénomène observable. C'est un construit hypothétique dont on infère l'existence à partir d'une transformation durable des comportements. C'est un processus permettant une désadaptation. Celle-ci permet de passer d'un état initial à un état final mais transitoire.

Les habiletés motrices

En outre, les apprentissages en EPS résident à enrichir le répertoire des comportements moteurs des élèves. Un élève qui apprend s'adapte plus facilement à l'environnement dans lequel il évolue. Il développe des habiletés motrices, méthodologiques, cognitives, affectives et sociales et devient donc plus efficace et plus efficient. Guthrie (*ibidem*) définit l'habileté motrice comme « la capacité acquise par apprentissage d'atteindre des résultats fixés à l'avance avec un maximum de réussite et souvent un minimum de temps, d'énergie ou les deux à la fois ».

Caractéristiques et différences des habiletés motrices

Nous pouvons, à l'instar de Schmidt (1993), distinguer différents types d'habiletés. Il existe des habilitées ouvertes qui interviennent dans un environnement instable comme dans les sports collectifs et changeant et des habiletés fermées que l'on retrouve plutôt dans un environnement stable comme par exemple dans le cadre du lancer de poids. En outre, nous avons également des habiletés discrètes qui indiquent un début puis une fin précise et des habiletés continues pour lesquelles ni le début et ni la fin ne sont clairement identifiées. Enfin, nous pouvons mettre en avant des habiletés motrices qui concernent le contrôle moteur et des habilités de type cognitif à travers la prise de décisions comme lors des situations stratégiques. Cependant, lorsqu'un élève fait un geste, il n'est pas obligatoirement dans une phase d'apprentissage. Il faut distinguer l'apprentissage moteur qui est de l'ordre de la construction et le contrôle moteur qui est plutôt de l'ordre de l'optimisation ou de l'automatisation du geste. Concernant l'apport des théories de l'apprentissage en EPS, ces dernières doivent permettre l'optimisation des apprentissages des élèves en EPS. On distingue classiquement trois grandes familles relatives aux apprentissages à savoir le béhaviorisme qui relève des théories comportementalistes à travers le modèle du conditionnement, le cognitivisme qui relève des courants socio-constructivistes où la prescription précède l'action à travers une programmation de l'acte moteur. Enfin, nous pouvons mentionner le courant écologique où l'action n'est pas ou peu commandée.

Les théories behavioristes

Dans le cadre de ces théories, il y a apprentissage quand il y a une liaison établie entre un stimulus et la réponse. L'apprentissage se met en place par des associations entre stimuli et réponses par des renforcements positifs ou négatifs (loi de l'effet). Pour Reuchlin (1977), « il y a apprentissages lorsqu'un organisme, placé plusieurs fois dans la même situation, modifie sa conduite de façon systématique et relativement durable ». Pour De Montmollin, « l'apprentissage consiste en une modification systématique des conduites en cas de répétitions d'une même situation ». Plusieurs types de travaux rentrent dans ce cadre behavioriste. Nous pouvons mentionner ceux de Pavlov, Watson ou Skinner. Pour le premier, Pavlov parle de conditionnement classique où le sujet est passif. Watson parle d'apprentissages par essais et erreurs et Skinner parle de conditionnement opérant avec un sujet plutôt actif. Dans ce cadre behavioriste, l'apprentissage chez l'élève serait acquis suite à une satisfaction mais également pour éviter les punitions.

Les théories cognitivistes de l'apprentissage moteur

Les théories cognitivistes et socio-constructivistes recherchent ce qu'il y a dans la « boîte noire », intercalée entre le stimulus et la réponse. Ce sont les théories du « *top down* » car l'information part du haut vers le bas. Ils considèrent que le geste est prescrit au niveau du système nerveux central (SNC). Ici, ce sont les processus de la boîte noire qui sont responsables de l'apprentissage, notamment les représentations, les prises d'informations, la perception, la motivation ou la mémoire. Pour ces théories cognitivistes, le terme-clé est la représentation. L'apprentissage moteur en EPS correspond donc à l'optimisation des processus de traitement de l'information dans une approche cognitive. Ainsi, la notion de connaissance des résultats des modèles cognitivistes de l'apprentissage moteur postule l'existence d'un processus cognitif de comparaison entre le but de la situation d'apprentissage et le résultat réel de l'élève. Pour ce faire, le but doit être concis, clair et compris pour les élèves de même que les critères de réussite qui donnent du sens aux activités des élèves et leur permettent de se situer.

De plus, les feedbacks vont dans le même sens de compréhension des attendus en termes d'apprentissage par les élèves. Enfin, les évaluations formatives et formatrices privilégient une démarche réflexive et autonome offrant la possibilité à l'élève de s'auto-évaluer.

Pour Schmidt (1993), « l'apprentissage moteur est défini comme un ensemble de processus liés à la pratique qui aboutissent un changement relativement permanent de la capacité à la performance ». Pour Famose (1990), « l'apprentissage est un processus cognitif d'adaptation à un problème moteur dont le résultat s'exprime par une modification durable dans la capacité de performance du sujet ». Dans ce cadre, Famose (*ibidem*) définit cinq critères pour qu'il y ait apprentissage. C'est un processus interne qui amène un changement de la capacité à la performance, d'une amélioration de la performance en tant que réussite mais aussi en tant qu'action motrice. Le troisième élément concerne ce changement qui doit résulter de la pratique ou de l'expérience, ce qui signifie en EPS que l'élève se doit de répéter (Bertsch & Le Scanff, 1995). De plus, le changement doit être durable dans le temps et donc que cette amélioration des performances dans le temps n'est pas juste une réussite ponctuelle. Enfin, ce résultat doit être positif, c'est-à-dire plus efficace et plus efficient.

Les théories écologiques de l'apprentissage moteur

Pour ces courants écologiques, ou théories du « *bottom up* », il y a une interaction permanente entre l'individu et l'environnement. On les appelle également les théories de l'émergence. On les nomme ainsi car toutes étudient « le système que forment solidairement l'organisme et l'environnement avec lequel il s'est constitué interactivement au cours de l'évolution » Guiard (1993). Pour Montagne (2000), l'expert en saut en longueur est capable de modifier la longueur de ses foulées dans une course d'élan plus tôt que le débutant. Sa perception directe de l'environnement est plus importante. Son défilement dans l'environnement va l'amener à modifier sa foulée ce qui signifie qu'il n'y a pas de prescription comme ce qui est préconisé dans les théories cognitivistes car il s'ajuste dans l'instant. Le courant de l'approche dynamique du comportement moteur (Delignières, 1998) indique que sous l'effet des contraintes du milieu, l'organisme adopte des coordinations, des comportements, des attracteurs spontanés et émergents et ces comportements ont pour raison d'être stables. Pour cet auteur, « L'apprentissage est le résultat de la pratique : ce n'est qu'après un nombre conséquent d'essais que les sujets parviennent à stabiliser la nouvelle coordination. Cette stabilisation requiert de l'effort et suppose la répétition ». Cette nécessaire mise en action est primordiale. Selon Cornu et Royal (2006) « l'action est fondamentale et l'élève doit apprendre en explorant et agissant dans son environnement ».

QUESTIONS

1. Quelles sont les conditions d'apprentissages en EPS ?
2. Qu'est-ce qu'une programmation d'APSA en EPS ? Quel est son intérêt ?

Chapitre 3

LES PRATIQUES D'ENSEIGNEMENT D'EPS AU COLLÈGE ET AU LYCÉE

Les pratiques d'enseignement en EPS : l'organisation pédagogique

De manière générale, l'organisation de l'enseignement au collège est différente de celle du lycée car le public et les enjeux sont différents. Pour autant, il existe une continuité cohérente à travers le parcours de formation de l'élève. Les collégiens ont le plus souvent cours avec leur classe. Durant le cycle terminal, la préparation au baccalauréat donne aux élèves la possibilité de choisir trois APSA parmi un « menu ». Ceci permet un décloisonnement des cours, c'est-à-dire que lors des réunions de présentation de rentrée, les enseignants d'EPS proposent aux élèves des « menus » d'APSA cohérents et répondant aux exigences institutionnelles de trois champs d'apprentissage différentes.

La programmation des APSA

Plusieurs facteurs organisent la programmation des APSA dans les équipes pédagogiques d'EPS avec en premier lieu, l'établissement de parcours de formation cohérents et adaptés aux caractéristiques motrices, cognitives et affectives des élèves présents. Nous pouvons aussi distinguer ceux qui relèvent de la disponibilité ou non des installations sportives et des préférences des enseignants d'EPS. De surcroît, un des facteurs qui semble évident à discerner est celui de la compétence du professeur d'EPS à encadrer l'APSA proposée. En effet, si l'enseignant n'a pas les compétences pour enseigner une activité sportive, il fera en sorte de ne pas la programmer mais il a la possibilité de se former aux activités pratiques comme le stipule le cadre des formations professionnelles continues (FPC) ou de manière plus informelle à travers le partage d'expériences au sein de l'équipe pédagogique d'EPS ou dans le cadre de l'autoformation.

Les déterminants d'une séquence d'enseignement

À partir du moment où l'APSA est déterminée, l'enseignant d'EPS prépare ses séquences d'enseignement en fonction des objectifs qu'il souhaite atteindre avec ses élèves et du niveau de sa classe qui peut être différent mais également, des possibilités matérielles dont il dispose. Durant la leçon, il fait généralement usage de démarches variées en mettant les élèves en situation de construction de compétences à partir de situations-problèmes, de démonstrations ou en utilisant les outils numériques.

Les pratiques d'évaluation

Les professeurs d'EPS doivent évaluer et noter leurs élèves. « Dans son acceptation la plus large, l'évaluation désigne l'acte par lequel, à propos d'un événement, d'un individu ou d'un objet, on émet un jugement en se référant à un ou plusieurs critères » (Noizet & Caverni, 1979) avec une « légitimité qui s'apprécie aussi bien sur un plan scientifique, qu'institutionnel et idéologique. » (Hadji, 1998). D'ailleurs, pour Né (1986), « l'évaluation a une fonction pédagogique (formative) et une fonction sociale (sommative) ». Or, cette dimension sommative de l'évaluation est souvent perçue négativement par les élèves lorsqu'elle n'est pas référencée et comme le reflet de leur réussite ou de leur échec face au système alors que « l'évaluation est un outil pédagogique pour prendre en compte l'hétérogénéité des élèves et des contextes éducatifs, afin de conduire les élèves vers la réussite » (Merle, 2002). Pour De Ketele (1986), « l'évaluation est un acte consistant à émettre un jugement de valeur (échec ou réussite) portant sur un objet déterminé (individu, situation, action…), à partir d'un recueil d'informations sur l'évolution ou le résultat d'un élève, en vue de prendre une décision ». Pour Hadji (2000), « l'évaluation est multidimensionnelle et se déploie sur plusieurs registres et dans différents champs ». Il existe différents types et formes d'évaluation. Elles revêtent un caractère certificatif, normatif, formatif, formateur ou diagnostique, au regard de leur fonction pédagogique et sociale. De plus, à la fonction pédagogique et sociale de l'évaluation, s'ajoute une fonction politique (le fond) ayant vocation à contrôler les pratiques pédagogiques et à donner une orientation identitaire à la discipline. « À la mentalité apparente de la procédure, s'oppose son pouvoir normatif. Si l'évaluation est un outil pédagogique au regard des élèves, c'est un outil politique au regard des enseignants car il provoque un changement en le conduisant » (Pigeassou & Perrot, 1995), notamment en ce qui concerne l'évolution de la mixité du public scolaire. Néanmoins, les pratiques proposées en EPS et choisies au baccalauréat restent relativement ancrées dans la culture « masculine » et se traduisent par des écarts de note en EPS entre les filles et les garçons (Combaz & Hoibian, 2011), en défaveur des filles jusqu'à 1,5 point et jusqu'à parfois plus de deux points en lycée professionnel.

La gestion de la mixité

Le 28 novembre 2019, le ministre de l'Éducation nationale et de la jeunesse et la secrétaire d'État en charge de l'Égalité entre les femmes et les hommes et de la lutte contre les discriminations signent une nouvelle convention pour l'égalité dans le système éducatif. Celle-ci engage, pour une durée de cinq ans, tous les ministères ayant la responsabilité de politiques éducatives. Celle-ci désigne comme objectif prioritaire une approche globale de l'éducation à l'égalité et est porteuse d'une vision partagée : la réussite de tous et toutes – élèves, apprentis ou étudiants – qui est au cœur de la mission du service public, suppose que l'École porte à tous niveaux le message de l'égalité entre les filles et les garçons et participe à modifier la division sexuée des rôles dans la société.

La convention interministérielle 2019-2024 dégage cinq grands axes d'intervention :

- Un pilotage de la politique de l'égalité au plus près des élèves et des étudiants ;
- La formation de l'ensemble des personnels ;
- La transmission d'une culture de l'égalité et du respect mutuel ;
- La lutte contre les violences et cyberviolences sexistes et sexuelles ;
- Une politique d'orientation en faveur d'une plus grande mixité des filières et métiers.

L'école compte parmi ses missions fondamentales celle de garantir l'égalité des chances des filles et des garçons. C'est le sens des articles L. 121-1 et L. 312-17-1 du code de l'éducation qui disposent que l'École contribue, à tous les niveaux, à favoriser la mixité et l'égalité entre les femmes et les hommes, notamment en matière d'orientation, ainsi qu'à la prévention des préjugés sexistes et des violences faites aux femmes.

La loi du 8 juillet 2013 est venue rappeler que la transmission du respect de l'égalité entre les femmes et les hommes se fait dès la formation dans les écoles élémentaires. Elle a en outre introduit un nouvel enseignement moral et civique, qui « fait acquérir aux élèves le respect de la personne, de ses origines et de ses différences, de l'égalité entre les femmes et les hommes, ainsi que de la laïcité » (article L. 311-4 du code de l'éducation). Elle a enfin inscrit dans les missions des écoles supérieures du professorat et de l'éducation celle de « sensibiliser l'ensemble des personnels enseignants et d'éducation à l'égalité entre les femmes et les hommes et à la lutte contre les discriminations » (article L. 721-2 du code de l'éducation).

Concrètement, l'action du ministère en matière d'égalité s'inscrit dans le cadre de la convention interministérielle pour l'égalité entre les filles et les garçons, les femmes et les hommes dans le système éducatif (2019-2024). Au sein de la DGESCO, un bureau de l'égalité et de la lutte contre les discriminations est chargé du suivi de la mise en œuvre de cette convention, des relations interministérielles et inter-institutionnelles, des relations avec les associations ainsi que de l'animation d'un réseau national de chargé-e-s de mission académique.

La majorité des enseignements se déroule en classe mixte. Dans notre propos, nous parlerons de la mixité sexuée mais également sociale en luttant notamment contre le décrochage scolaire, car c'est un élément majeur pour comprendre les évolutions des prescriptions institutionnelles en matière d'éducation nationale. C'est à l'enseignant de définir les effets recherchés auprès de ses élèves en termes d'apprentissages moteurs, méthodologiques et sociaux afin que le déroulement du cours et donc la construction de compétences par l'investissement de tous les élèves dans les situations d'enseignement puissent se faire sans encombre dans un souci de construire et de « vivre ensemble ».

Place spécifique de l'association sportive et pratiques pédagogiques

La présence d'une association sportive (AS) est obligatoire dans chaque établissement scolaire du second degré depuis 1945 avec pour président de droit, le chef d'établissement. Cette dernière peut être affiliée à l'Union nationale du sport scolaire (UNSS). Les associations sportives sont organisées en district, c'est-à-dire faisant partie du même bassin géographique pour permettre des rencontres accessibles à tous. Il existe des rencontres inter-établissements mais également des championnats académiques « excellence » et « établissement ». Les élèves s'y inscrivent volontairement pour faire du sport en supplément de leurs heures de cours d'EPS et visent différents objectifs comme la compétition, la formation, l'innovation ou la responsabilisation.

« L'association sportive, qui s'inscrit en prolongement de l'EPS obligatoire, est accessible à tous les élèves et leur permet de s'engager régulièrement dans une ou plusieurs activités physiques sportives et artistiques, dans l'exercice des responsabilités et l'apprentissage de la vie associative. Elle contribue ainsi pleinement à l'éducation à la santé et à la citoyenneté. Ouverte vers l'extérieur, l'association sportive favorise les rencontres avec d'autres établissements scolaires... Diverses modalités de pratique doivent être proposées avec des organisations souples afin de donner envie à tous les publics, notamment les jeunes filles, de venir pratiquer au-delà de l'EPS obligatoire. L'AS du lycée doit être le début d'un engagement volontaire dans un mode de vie actif et citoyen. L'investissement des élèves et les compétences citoyennes développées au sein de l'AS méritent d'être valorisés dans les bulletins scolaires, dans leur projet de formation et d'orientation. Les enseignants d'EPS ont la responsabilité de concevoir un projet de développement de l'AS qui s'inscrit à la fois dans la politique éducative de l'établissement et dans le projet académique de développement du sport scolaire. Ce projet doit par ailleurs être en cohérence avec le projet d'EPS. Il est présenté chaque année au conseil d'administration pour information. » (Programme EPS lycée 2019).

Planification de l'enseignement

La planification est un travail de réflexion et d'organisation permettant aux enseignants de déterminer les besoins des élèves, leurs attentes et les priorités en termes d'acquisition, les moyens à mettre en œuvre pour atteindre les objectifs visés et les outils pour en évaluer les effets à court, moyen et long terme. Au niveau macroscopique, planifier, c'est donc anticiper l'avenir sans omettre que des événements imprévus fassent leur apparition et viennent bousculer l'organisation. Cependant, le fait de planifier son enseignement offre plus d'opportunités d'adaptation sans déroger à la ligne directrice fixée auparavant. La planification est une démarche didactique individuelle et collective réfléchie de conception permettant de préparer efficacement la mise en œuvre de son enseignement.

Principes régissant la planification

L'enseignement des savoirs définis par les programmes d'EPS nécessite d'élaborer une progression en fonction d'un projet d'établissement, d'EPS, de classe, de cycle, de l'élève et du projet d'AS, qui établit un ordre des apprentissages, tout en tenant compte des points de passage obligés. Cette progression s'efforce de déterminer un enchaînement précis d'étapes d'enseignement-apprentissage, de façon à éviter l'empilement et la juxtaposition de notions (Musial, Pradère, & Tricot, 2012). Planifier revient à prendre en compte les demandes institutionnelles en termes d'approches didactiques disciplinaires et de démarches d'enseignement, ainsi que les processus d'apprentissage, la motivation des élèves et le sens que ces derniers peuvent donner aux apprentissages. Il s'agit de se doter d'un cadre de leçon permettant de prévoir des « possibles » qui seront mis en place, avec opportunisme, en fonction des événements réels de la classe (De Vecchi & Giordan 2002).

Au regard de ce point précis, la comparaison entre enseignants novices et autres enseignants expérimentés ou experts, nous pouvons mettre en évidence que « les experts produisent des planifications toujours « meilleures » que les novices. Elles sont plus précises, plus structurées, plus profondes, plus longues, plus souples, plus automatisées, etc. ; - les routines (ou scripts) semblent jouer un rôle important, non seulement en phase interactive, mais aussi dans le pré-actif, où les représentations de ces routines semblent être consignées dans les planifications » (Dessus, 1995). Parler de planification dans le domaine de l'enseignement de l'éducation peut paraître paradoxal tant l'environnement est incertain, conduisant l'enseignant à s'adapter permanence au contexte particulier de la situation présente (Singer, 1987). Pourtant, les cursus de formation des enseignants accordent systématiquement une place importante à la planification. Si le terme de planification est utilisé parfois dans le domaine de l'EPS pour désigner la programmation annuelle des activités physiques et sportives dans les établissements scolaires, il est nécessaire de lui conférer une acception plus large. En effet, la planification caractérise aussi l'activité de l'élève en action pour les théories cognitivistes de l'apprentissage et d'anticipation chez l'enseignant d'EPS pendant la phase pré-active, c'est-à-dire une série de processus grâce auquel il se représente le futur, fait l'inventaire des fins et des moyens et construit un cadre anticipé susceptible de guider ses actions à venir (Riff & Durand, 1993).

Le projet pédagogique d'EPS

Dans le cadre scolaire, la notion de projet est à comprendre sous différentes réalités. Nous retrouvons pêle-mêle le projet d'établissement, le projet pédagogique d'EPS, le projet de l'association sportive de l'établissement, le projet UNSS, le projet de classe, le projet de cycle, le projet de l'élève, le projet d'accueil individualisé (PAI), le projet d'aide spécialisé (PAS), le projet personnalisé de scolarisation (PPS). Nous nous intéresserons dans ce chapitre au projet pédagogique d'EPS.

En lien direct avec les préoccupations locales, le projet pédagogique EPS fait le lien entre les directives institutionnelles, les programmes de la discipline, le projet d'établissement et les élèves de l'établissement. La construction collective du projet pédagogique EPS est une obligation institutionnelle, de même que celui de l'association sportive de l'établissement dont le chef d'établissement en est le Président de droit. Ce projet pédagogique d'EPS est l'expression locale du programme d'EPS. En effet, le programme national qui s'attache à délimiter avant tout un niveau de compétences attendues, laisse le soin au projet pédagogique d'EPS de chaque établissement de préciser les étapes et modalités d'acquisition des connaissances, capacités et attitudes en fonction des caractéristiques de la population qui sont nécessaires à la construction des compétences attendues dans les activités programmées.

Il engage la responsabilité de l'ensemble de l'équipe de la discipline. Sa rédaction concertée spécifie et formalise la politique éducative de l'établissement en matière d'EPS. De surcroît, en prenant en compte les caractéristiques essentielles de la population scolaire, il identifie les effets éducatifs recherchés, en déduit l'offre de formation et spécifie les conditions de la mise en œuvre. Il comprend les outils communs permettant d'évaluer les acquis des élèves et d'assurer également une régulation du projet lui-même (Bulletin officiel spécial n° 4 du 29 avril 2010).

« L'équipe pédagogique d'EPS a la responsabilité de concevoir, partager et mettre en œuvre le projet pédagogique disciplinaire. Elle est responsable de la définition du projet de formation des élèves et propose un parcours équilibré et diversifié, tenant compte des moyens et des contraintes du contexte local. La plus grande adéquation de l'offre de formation sera recherchée au regard de la spécificité du public scolaire de l'établissement, des compétences développées par les élèves en amont du lycée, à l'école primaire et au collège, et des axes du projet d'établissement et de son contrat d'objectifs. Dans le respect du projet pédagogique EPS, au sein de la classe, l'enseignant est maître de ses choix didactiques et pédagogiques ; il organise la pratique qui lui paraît la plus pertinente pour offrir les conditions d'enseignement optimales, adaptées aux enjeux fixés par les programmes nationaux, le projet pédagogique de l'équipe EPS ainsi qu'aux caractéristiques et besoins des élèves de la classe ou du groupe. L'enseignant doit exercer sa pleine responsabilité de concepteur afin de définir les contextes d'apprentissage spécifiques dans lesquels ses élèves pourront s'engager et, ainsi, s'enrichir, se cultiver, se développer et réussir leur projet personnel de formation. La forme de pratique retenue doit faire l'objet d'une analyse approfondie et être porteuse de contenus d'enseignement prioritaires définis par l'enseignant, dans le respect des objectifs du programme. » (Programme EPS lycée 2019).

Intégrer des dispositifs particuliers et des organisations singulières

« Au-delà des enseignements obligatoires, des dispositifs adaptés d'enseignement et d'animation, disciplinaires et pluridisciplinaires peuvent être organisés pour des élèves à besoins particuliers (obésité et surpoids, manque de confiance et d'estime de soi, recherche d'excellence sportive, etc.) ou des élèves en difficulté au regard des compétences-clés (savoir nager par exemple). Ces dispositifs peuvent également prendre la forme de séquences d'enseignement préparant et s'intégrant à des actions spécifiques de l'établissement (cross, stages, actions humanitaires ou festives, etc.). Selon la spécificité des APSA et/ou lorsque les conditions matérielles le nécessitent, un enseignement massé sous forme de stage peut être envisagé. Dans ce dernier cas, un volume de pratique de 20 heures minimum est à rechercher afin d'accéder aux attendus de fin de lycée. » (Programme EPS lycée, 2019).

La mise en place du projet pédagogique d'EPS

Dans un premier temps, il est nécessaire d'analyser les caractéristiques des élèves auxquels l'équipe pédagogique s'adresse. Par la suite, de manière collégiale, les enseignants doivent fixer les effets éducatifs prioritaires en fonction des conditions locales d'enseignement. Après ce travail, il leur est nécessaire de déterminer les compétences propres, méthodologiques et sociales dans une optique de curriculum de formation, c'est-à-dire de les agencer de manière cohérente au cours de la scolarité collégienne ou lycéenne ou dans le système collège-lycée dans le cadre des grandes cités scolaires. Ce n'est qu'à ce moment-là que le choix des APSA se détermine et non en premier comme c'est souvent le cas, sous prétexte du problème des installations et des compétences des enseignants. Enfin, la mise en place de contenus d'enseignements et d'évaluations communes pour les différents niveaux de compétences attendues (de N1 à N5). Différentes entrées par l'évaluation, la programmation, les compétences ou les effets recherchés existent pour établir le projet pédagogique d'EPS.

Cette entrée par les effets recherchés suscite une réflexion autour des finalités de la discipline, permet un lien cohérent entre le projet d'établissement et le projet pédagogique d'EPS, favorise la cohérence des transformations recherchées chez tous les élèves, facilite chez l'élève l'identification de repères lui permettant de ré-investir les acquis. En procédant ainsi, l'équipe pédagogique d'EPS offre un projet qui induit également la formulation cohérente des compétences et des contenus d'enseignement. Il est nécessaire que l'offre de formation soit complète et équilibrée en prenant notamment en compte le respect des différences entre filles et garçons. La diversité des conditions d'enseignement qu'elles soient géographiques, matérielles ou sociales ne doit pas être un obstacle à l'organisation d'une EPS complète et équilibrée. Nous devons retrouver dans le projet pédagogique d'EPS les obligations institutionnelles.

L'EPS développe l'accès à un riche champ de pratiques, à forte implication culturelle et sociale, importantes dans le développement de la vie personnelle et collective de l'individu. Tout au long de la scolarité, l'EPS a pour finalité de former un citoyen lucide, autonome, physiquement et socialement éduqué, dans le souci du vivre ensemble. Elle amène les enfants et les adolescents à rechercher le bien-être et à se soucier de leur santé. Elle assure l'inclusion, dans la classe, des élèves à besoins éducatifs particuliers ou en situation de handicap.

Les cinq compétences générales de l'EPS

- Développer sa motricité et apprendre à s'exprimer en utilisant son corps.
- S'approprier par la pratique physique et sportive, des méthodes et des outils.
- Partager des règles, assumer des rôles et des responsabilités.
- Apprendre à entretenir sa santé par une activité physique régulière
- S'approprier une culture physique sportive et artistique.

Pour développer ces compétences générales, l'EPS propose à tous les élèves, de l'école au collège, un parcours de formation constitué de quatre champs d'apprentissage complémentaires.

Les quatre champs d'apprentissage complémentaires à l'EPS

- Produire une performance optimale, mesurable à une échéance donnée.
- Adapter ses déplacements à des environnements variés.
- S'exprimer devant les autres par une prestation artistique et/ou acrobatique.
- Conduire et maîtriser un affrontement collectif ou interindividuel.

Chaque champ d'apprentissage permet aux élèves de construire des compétences intégrant différentes dimensions (motrice, méthodologique, sociale), en s'appuyant sur des APSA diversifiées. Chaque cycle des programmes (cycles 2, 3, 4) doit permettre aux élèves de rencontrer les quatre champs d'apprentissage. À l'école et au collège, un projet pédagogique définit un parcours de formation équilibré et progressif, adapté aux caractéristiques des élèves, aux capacités des matériels et équipements disponibles, aux ressources humaines mobilisables.

Les cinq champs d'apprentissage en EPS au lycée (quatre au collège)

Afin d'atteindre les objectifs du programme, l'enseignement de l'EPS vise, à travers le parcours de formation de l'élève, la construction de compétences articulant différentes dimensions motrices, méthodologiques et sociales. Pour développer ses compétences, l'élève s'engage dans des activités physiques, sportives et artistiques diversifiées et organisées en cinq champs d'apprentissage complémentaires. Ces derniers constituent le parcours de formation du lycéen et lui permettent de vivre des expériences corporelles, d'accéder aux savoirs scolaires et aux éléments les plus représentatifs d'une culture contemporaine. Ils sont de dimension motrice et circonscrivent l'ensemble des APSA. Chacun des champs recouvre à la fois l'énoncé de l'un des cinq problèmes fondamentaux posés à l'élève dans la pratique des APSA et les éléments qui vont témoigner de sa capacité à le résoudre. Ils se définissent ainsi :

- Champ d'apprentissage n° 1 : Réaliser une performance motrice maximale mesurable à une échéance donnée (CA1).
- Champ d'apprentissage n° 2 : Adapter son déplacement à des environnements variés ou incertains (CA2).
- Champ d'apprentissage n° 3 : Réaliser une prestation corporelle destinée à être vue et appréciée (CA3).
- Champ d'apprentissage n° 4 : Conduire et maîtriser un affrontement collectif ou interindividuel pour gagner (CA4).
- Champ d'apprentissage n° 5 : Réaliser une activité physique pour développer ses ressources et s'entretenir (CA5), seulement au lycée.

Les compétences méthodologiques et sociales

Elles révèlent de l'acquisition de méthodes, d'attitudes, de démarches réflexives. Elles constituent de véritables outils qui permettent à l'élève de savoir apprendre, de savoir être, seul et avec les autres, tant à l'école qu'en dehors. Les trois compétences méthodologiques et sociales sont indispensables tant à l'acquisition des compétences propres à l'EPS, qu'à celles partagées avec les autres disciplines pour permettre à l'élève d'apprendre et de devenir citoyen et lucide. Leur énoncé définit à la fois ce qu'il y a à savoir et des repères pour apprécier les acquis :

- S'engager lucidement dans la pratique : se préparer à l'effort, connaître ses limites, connaître et maîtriser les risques, se préserver des traumatismes, récupérer, apprécier les effets de l'activité physique sur soi, etc. (CMS 1).
- Respecter les règles de vie collective et assumer les différents rôles liés à l'activité : juger, arbitrer, aider, parer, observer, apprécier, entraîner, etc. (CMS 2).
- Savoir utiliser différentes démarches pour apprendre à agir efficacement : observer, identifier, analyser, apprécier les effets de l'activité, évaluer la réussite et l'échec, concevoir des projets (CMS 3).

La durée des cycles est au minimum de dix heures de pratique effective. En général, ce sont des cycles de sept semaines (de vacances à vacances au collège) et des cycles de dix à douze semaines pour les classes de première et de terminale.

Le projet de cycle en EPS

Au sein du système éducatif, la notion de cycle revêt plusieurs réalités. Nous pouvons en distinguer trois. Nous les retrouvons aussi bien à l'échelle du cursus scolaire de l'élève que durant les cycles d'enseignement dans le cadre de l'année scolaire et particulièrement dans le cadre des apprentissages en EPS qui sont généralement organisés par activités physiques, sportives ou artistiques. La notion de cycle d'apprentissage peut également être distinguée au niveau de l'élève dans le sens où les apprentissages passent par des phases de découverte, d'optimisation, de développement quantitatif et qualitatif, en relation avec les transformations des pré-adolescents et des adolescents.

La scolarité de l'école maternelle à la fin du collège est organisée en quatre cycles pédagogiques dont les objectifs d'apprentissage, les horaires et les programmes d'enseignement sont fixés pour chaque cycle :

- le cycle 1, cycle des apprentissages premiers, en petite section, moyenne section et grande section d'école maternelle.
- le cycle 2, cycle des apprentissages fondamentaux, en cours préparatoire, cours élémentaire première année et cours élémentaire deuxième année d'école élémentaire.
- le cycle 3, cycle de consolidation, en cours moyen première année, cours moyen deuxième année d'école élémentaire et en classe de sixième, au collège.
- le cycle 4, cycle des approfondissements, en classes de cinquième, de quatrième et de troisième, au collège.

Concernant l'éducation physique et sportive, à l'échelle de l'année scolaire, les cycles se définissent prioritairement comme une unité d'enseignement et de temps de plusieurs semaines qui structurent ainsi l'année. Ils ont une durée minimale de sept semaines soit de vacances à vacances.

L'enjeu d'un cycle d'enseignement est d'apprendre des connaissances, des capacités et des attitudes permettant de construire des compétences attendues définies dans les programmes d'EPS. Pour que les processus d'acquisition produisent leurs effets, il est nécessaire que le temps d'apprentissage soit suffisamment conséquent. Il est déterminé traditionnellement pour environ 10 heures de pratique effective. L'enseignant d'EPS doit agir de manière cohérente pour permettre à ses élèves de vivre des expériences corporelles variées et approfondies tout au long de l'année pour dépasser le statut d'éternel débutant de l'élève. De plus, les acquisitions, au-delà des effets recherchés chez les élèves en fonction des différents projets et de leurs ressources propres, doivent préparer ses élèves aux épreuves certificatives. C'est par l'acquisition différenciée chez les élèves des connaissances, capacités et attitudes nécessaires pour atteindre la compétence attendue que les élèves réussissent au mieux les évaluations certificatives. L'idée de préparer les élèves spécifiquement et exclusivement aux épreuves certificatives est réductrice.

Cohérence intra et inter-cycles

Le cycle d'enseignement permet de donner une cohérence aux apprentissages visés. Il représente l'élément permettant la continuité de l'enseignement et donne du sens aux acquis des élèves qui en prennent connaissance pour les aider à se projeter sur les attendus de fin de cycle.

Une cohérence au niveau des leçons

Cette cohérence se situe à deux niveaux. Le premier est déterminé par l'articulation logique des leçons entre elles. En effet, la détermination des leçons est réalisée à partir des bilans de leçons de la leçon précédente et organise la leçon suivante. Cet enchaînement de leçons permet de prendre en compte l'activité réelle des élèves de manière différenciée pour atteindre les objectifs visés. Il y a donc une progression tant quantitative que qualitative concernant les situations d'apprentissages des élèves. À ce titre, l'évaluation formative ainsi que les bilans individuels donnés dans les situations d'apprentissages mais également à la fin de la leçon, servent à interpréter et expliquer les conduites motrices des élèves et permettent à l'enseignant mais également aux élèves de se situer dans le cadre de leur progression afin d'adapter les exigences à venir.

Une cohérence au niveau des cycles

Cette cohérence doit se retrouver également au niveau des cycles proposés aux élèves durant l'année scolaire. Cette cohérence forme ce que l'on nomme un curriculum ou parcours de formation annuel. L'idée est de ne pas juxtaposer les cycles entre eux mais qu'une cohérence soit recherchée quant aux effets attendus chez les élèves dont l'enseignant d'EPS a la charge. Par exemple, avec des élèves de sixième disposant de quatre heures d'EPS et ayant donc deux cours d'EPS dans la semaine, cette articulation logique de cycles différents doit permettre l'atteinte des objectifs visés et doit être comprise par les élèves. Néanmoins, cette cohérence inter-cycle se déroulant sur la semaine doit également se retrouver sur l'année scolaire lorsque les élèves de lycée n'ont par exemple qu'un seul créneau d'EPS. En outre, les objectifs particuliers peuvent être retranscrits dans le cas d'une succession de cycles. En effet, si l'équipe pédagogique d'EPS met un point d'honneur à ce que les élèves développent des compétences quant à la gestion de leur vie physique, ils peuvent proposer des cycles en relation avec cette thématique notamment avec des activités de type endurance. Dans le cadre d'un menu au baccalauréat par exemple et respectant les trois champs différents pour valider l'épreuve, un premier cycle avec de la course d'orientation présente au CA n° 2 peut être proposé, suivi d'une activité du champ d'apprentissage n° 5 comme la musculation, la course en durée ou le step et pour terminer une activité du champ d'apprentissage n° 1 comme la natation. Cette programmation d'APSA au cours de l'année est dès lors logique et intelligible car il y a une relation d'interactivité entre les cycles proposés dans le sens où le vécu dans une pratique influence le vécu dans la pratique suivante ou en dehors de l'école, notamment à travers le transfert d'acquis mais également en ce qui concerne le développement des ressources sollicitées.

Projet de cycle et apprentissages

Ainsi, la notion de cycle en éducation physique et sportive trouve une légitimité comme nous l'avons mentionné dans les principes de l'apprentissage moteur, cognitif et affectif. La logique cohérente d'un projet de cycles tant au niveau de sa dimension interne que de sa dimension externe avec les autres projets de cycles durant l'année est de permettre et de pérenniser les apprentissages des élèves à travers le transfert que ces derniers peuvent effectuer et pour dépasser leur statut d'éternel débutant. Le fait de pratiquer sur une durée effective de 10 heures minimum permet de viser des acquisitions suffisamment stables en EPS. Ce projet de cycle est l'élément permettant de signifier la cohérence et la logique de l'enseignement à la fois en amont à travers les différents projets et les cycles vécus précédemment mais également en aval à travers la succession des leçons au cours du cycle et de celles à venir. Son élaboration est un élément essentiel du travail de l'enseignant d'EPS car il permet de prévoir l'activité des élèves tout en étant également un élément permettant la régulation de ce dernier, notamment en s'adaptant aux contraintes inhérentes à la leçon d'EPS.

Le projet de cycle : outil de planification

Ce projet de cycle est bien un élément de planification de l'enseignement car il organise dans le temps et autour d'un objectif donnant du sens à toute une période, des apprentissages moteurs, cognitifs et affectifs à construire. Cependant, ce projet n'est jamais figé dans le temps car même si les objectifs généraux sont fixés à l'avance, les cheminements pour y parvenir sont différents pour chaque élève en fonction de leur réaction et des aléas humains, environnementaux et matériels. Un élément qui peut être important dans cette optique de régulation pour savoir si le chemin emprunté par les élèves est le plus adéquat pour atteindre les objectifs attendus ou la compétence attendue, est représenté par l'évaluation formative. Cette dernière permet d'observer et d'interpréter les conduites motrices des élèves en situation tant quantitativement à travers un pourcentage de réussite au tir par exemple en basket-ball que qualitativement au niveau des formes de corps en danse.

La leçon d'EPS

La leçon d'EPS est la mise en œuvre concrète de l'enseignement. C'est le moment de la rencontre entre l'enseignant d'EPS, les élèves et les situations d'apprentissages. Toutes les démarches correspondantes au travail didactique se déroulent sans la présence des élèves. Elles ont pour effet l'évolution des performances en tant que résultats mais aussi en tant qu'action motrice et la détection des erreurs par les élèves dans une optique active des apprentissages.

Détermination des contenus d'enseignement

Les apprentissages et les contenus d'enseignement sont à spécifier. Ainsi, le choix des situations et leurs évolutions à travers les variables didactiques de simplification ou de complexification sont à anticiper, de même que la quantité et la qualité de pratique pour chaque élève.

En outre, les stratégies d'apprentissage employées qui peuvent être de type directif, de l'ordre de la pédagogie de la découverte ou de l'accompagnement sont à manier avec justesse car chaque situation est unique, de même que les formes de guidage correspondantes notamment dans la transmission des consignes ou la délivrance des feedbacks sur les critères de réussite ou de réalisation. Enfin, dans tout projet de cycle, il est nécessaire d'en évaluer les acquis et pour ce faire, l'enseignant d'EPS doit expliquer les attendus à travers les critères retenus au niveau des connaissances, des capacités et des attitudes lors des évaluations diagnostique et sommative où doit nécessairement apparaître la logique interne de l'activité qui est le rapport de force dans les sports d'opposition comme le match dans les sports collectifs mais également les projets des élèves dans le cadre de l'autoévaluation et de l'évaluation formative.

L'opérationnalisation de la leçon d'EPS

Concernant la leçon proprement dite, celle-ci est à considérer comme un élément fonctionnel faisant partie d'un ensemble, d'un curriculum de formation, simultanément à la base et conséquence des leçons précédentes, imbriquée dans un ensemble complexe. L'idée étant qu'un observateur extérieur, novice dans l'enseignement de l'EPS, puisse se saisir de la complexité de votre action et que vous soyez capable d'expliquer ce que vous enseignez, à quel moment, pourquoi et comment vous vous organisez pour le faire et que vous puissiez en même temps montrer ce que vos élèves, placés sous votre responsabilité, apprennent, pourquoi ils l'apprennent, quelles démarches sont utilisées pour le faire et pourquoi à ce moment précis. Ainsi, lors de chaque proposition de leçon, l'activité sportive doit apparaître, ainsi que le champ d'apprentissage attendu. Le nombre d'élèves, ainsi que le temps de pratique doivent également y figurer. Ensuite, les éléments relatifs à la prise en main et concernant l'échauffement général et spécifique sont à distinguer avec les contenus proposés et la durée des séquences qui devra par ailleurs être anticipée pour chaque séquence d'enseignement. Ensuite, vous devez indiquer l'objectif général de votre leçon, de même que dans les séquences d'apprentissage, en termes moteur, cognitif et affectif, soit en termes de compétences motrices, méthodologiques et sociales. Pour chaque situation d'apprentissage, l'objectif en termes moteur, méthodologique et social, c'est-à-dire avec les connaissances, capacités et attitudes travaillées pour les deux ou trois profils d'élèves que vous avez dégagés lors de votre évaluation diagnostique doit apparaître. La gestion des rôles socio-moteurs fait partie intégrante du travail de l'enseignant d'EPS. Chaque élève doit être concerné par la leçon proposée et doit être occupé à une tâche particulière comme observer, coacher, arbitrer, chronométrer, juger, tenir une table, scorer, etc. Le professeur d'EPS donnera un titre à sa situation. Ensuite, l'organisation spatiale, matérielle (fiches, outils numériques...) et humaine (gestion de l'hétérogénéité, de la mixité, des cas particuliers) doit apparaître, de même que les consignes, les critères de réussite et de réalisation, les variables didactiques de simplification et de complexification, ainsi que la possibilité d'y adjoindre un bilan de situation et les liens avec les situations d'apprentissage suivantes et la prochaine leçon. Dans le bilan de leçon, les absents sont à répertorier et devront faire l'objet d'une attention particulière à la leçon suivante. De plus, il doit être noté les acquis ou non des élèves et ce qui est en cours d'apprentissage et qui nécessite une phase plus importante de stabilisation par une pratique massée ou distribuée, ainsi que les perspectives pour la leçon suivante. Pour ce faire, l'enseignant d'EPS doit déterminer les causes technico-tactiques, physiques, physiologiques et motivationnelles liées au sens des apprentissages pour déterminer à nouveau les acquisitions prioritaires de la prochaine leçon.

L'organisation de la leçon avec les élèves

Nous pouvons distinguer quatre étapes dans la leçon d'EPS. Ces dernières peuvent être sous-divisées.

La prise en main des élèves

En effet, nous retrouvons une première partie qui est celle de la prise en main des élèves. Elle a pour but de les faire entrer dans la leçon en les informant et les impliquant dans celle qu'ils vivent le jour-même. Cependant, cette phase, anodine au premier abord, a pour but essentiel de donner du sens à la leçon afin d'impliquer l'élève dans un processus actif d'apprentissage en se disant : « je sais que je fais cela parce que... ». Durant cette phase, L'enseignant d'EPS prend en charge les élèves qui sont désormais sous sa responsabilité, puis les emmène vers le lieu de pratique. Après cela, les élèves se changent et rejoignent le professeur d'EPS dans le gymnase ou sur la piste. Il procède ensuite aux formalités administratives comme faire l'appel, contrôler les inaptitudes, vérifier le matériel et autres. Il enchaîne en communiquant clairement le thème de la leçon du jour aux élèves en résumant ou en demandant aux élèves ce qui a été fait la semaine précédente. Il décrit rapidement les situations du jour. L'idée étant toujours de faire le lien entre les acquis de la leçon précédente et les apprentissages à venir. De cette façon, l'enseignant d'EPS tente de rendre les élèves acteurs de leurs apprentissages et d'éveiller chez eux une certaine curiosité à apprendre et à persévérer dans les apprentissages. Pour ce faire, il peut s'adresser aux élèves ou à un groupe d'élèves en spécifiant clairement ce qu'il attend d'eux aujourd'hui par rapport à leur niveau actuel et à l'objectif visé.

L'échauffement général et spécifique

La deuxième partie est celle de l'échauffement qui doit être complet et pertinent au regard des conditions environnementales, matérielles et de l'activité préparée, progressif pour éviter toute blessure et adapté aux caractéristiques des élèves. Cette partie est divisée en deux catégories à savoir l'échauffement général et l'échauffement spécifique. En Éducation physique et sportive, l'échauffement est tout autant un moyen qu'un objectif à part entière dans le cadre des interventions pédagogiques particulières au collège par exemple mais également dans le cadre d'un renforcement musculaire travaillé tout au long du cycle comme tout au long de la scolarité. En effet, si l'équipe pédagogique d'EPS organise l'échauffement comme une phase essentielle de la gestion de la vie physique alors il peut rentrer dans le cadre des leçons particulières et viser cet objectif plus général de la discipline. L'échauffement permet également une entrée dans l'activité notamment au niveau des ressources physiques mais également psychologiques. Différentes réactions se produisent lors de l'échauffement, l'idée étant qu'un échauffement correct dure de 15 à 20 minutes dans toutes les leçons et comprenne une phase de mise en train à partir de courses ce qui permet en outre d'élever la température corporelle de 1° Celsius, de diminuer la viscosité au niveau des muscles, d'améliorer l'élasticité des tendons, en somme, d'augmenter ses capacités de performance (pour un développement détaillé, voir Alanbagi & Testa, *Méthodologie de l'entraînement sportif*, 2016). Au-delà de l'entrée dans l'activité de manière physique et mentale, l'échauffement a une action de type prophylactique, c'est-à-dire qu'elle permet également la prévention des blessures. Un autre élément à prendre en compte et qui indique s'il en est que l'échauffement n'est pas à galvauder, et que cela offre une certaine routine de fonctionnement aux élèves afin d'améliorer cette prise en main surtout pour les enseignants d'EPS débutants. De plus, c'est une phase qui permet de donner des responsabilités aux élèves ou à des groupes d'élèves, notamment dans la conduite de l'échauffement.

Échauffement et construction de compétences méthodologiques et sociales

Après la conduite de ce dernier par l'enseignant, celle-ci peut devenir partielle en questionnant les élèves pour la suite des exercices pour devenir totalement autonome chez eux. Dans cette optique, les élèves doivent comprendre l'intérêt, l'organisation et la conduite d'un échauffement pour se préparer à l'activité et se préserver afin de pouvoir réinvestir ces conduites en dehors de l'École et à un autre moment. Cela permet la construction de deux types de compétences méthodologiques et sociales à savoir « Organiser et assumer des rôles sociaux et des responsabilités par la gestion et l'organisation des pratiques et des apprentissages » et « Se connaître, se préparer, se préserver par la régulation et la gestion de ses ressources et de son engagement en sachant s'échauffer, apprécier les effets de l'activité physique sur le corps humain, s'approprier des principes de santé et d'hygiène de vie ». Ceci passe par l'acquisition de contenus d'enseignements spécifiques liés aux connaissances, aux capacités et aux attitudes de l'échauffement concernant les exercices physiques pour rentrer dans l'activité et pour le renforcement musculaire, les étirements musculaires, les mobilisations articulaires. L'échauffement spécifique permet, comme son nom l'indique, de rentrer spécifiquement dans l'activité. Cela passe par des jeux de « confrontation sympathique » en lutte ou des jeux d'opposition face au panier en basket en 1c1 par exemple. Pour maintenir la motivation durant cette phase qui n'est pas forcément appréciée par les élèves, l'enseignant d'EPS peut proposer, en s'appuyant sur les outils novateurs de la praxéologie motrice, des jeux sportifs collectifs comme la balle au prisonnier, un poule-renard-vipère ou des situations ludiques comme les « volants brûlants » en badminton (il s'agit de renvoyer les volants dans le terrain adverse. À la fin du temps imparti, il faut en avoir moins que son adversaire pour gagner).

Le corps de leçon

La troisième partie concerne le corps de leçon proprement dit avec l'apport des situations d'apprentissage où il s'agit de dépasser son mode de fonctionnement habituel pour entrer dans un processus actif d'adaptation qui n'est autre que l'apprentissage par l'acquisition de connaissances, de capacités et d'attitudes permettant la construction de compétences. Nous y retrouvons également les situations de pratiques scolaires ou situations de référence où l'enseignant d'EPS peut objectiver de manière quantitative ou qualitative les acquis des élèves en situation et d'estimer le chemin restant à parcourir pour atteindre la compétence attendue. Durant le corps de leçon, comme dans toutes les disciplines scolaires, les élèves sont concentrés sur les tâches à effectuer mais peuvent également être distraits. C'est à l'enseignant d'EPS d'anticiper ces comportements pour offrir des temps de récupération, les encourager à s'hydrater, convenir de nouvelles consignes ou préciser les précédentes, réorganiser les groupes, faire une démonstration en prenant des élèves en réussite ou proposer des situations ludiques.

Bilan de la leçon d'EPS

Enfin, la quatrième étape concerne la récupération et la proposition d'un bilan individualisé et collectif. Cette étape est importante pour « verrouiller » cette unité d'enseignement qu'est la leçon d'EPS. Elle est l'occasion de regrouper les élèves, assis autour de l'enseignant d'EPS pour faire le point sur la leçon du jour. Cette étape a pour but de baisser le niveau d'activation avant le retour au vestiaire et préparer le cours suivant. Elle permet également de faire le bilan sur les acquis des élèves par rapport aux objectifs présentés au début du cours et d'envisager la suite des apprentissages dans la leçon suivante.

Leçon d'EPS et continuum de formation

Comme nous venons de le montrer, la leçon d'éducation physique et sportive concerne cette phase d'interaction entre l'enseignant d'EPS et les élèves et représente la dernière étape de la planification. Elle est constituée d'un ensemble de situations d'apprentissages permettant à chaque élève d'accéder à la compétence attendue en construisant des compétences motrices, méthodologiques et sociales durant le cycle. Ces situations d'apprentissages permettent l'acquisition de connaissances, capacités et attitudes qui servent de base à la construction des compétences motrices, méthodologiques et sociales. Elles posent des contraintes aux élèves qui leur permettent, par un processus actif d'adaptation, c'est-à-dire l'apprentissage, d'atteindre les objectifs visés et donc la compétence attendue. La leçon n'est ni isolée dans un cycle, ni isolée dans le cursus scolaire de l'élève. Elle fait partie d'un continuum de formation qui forme un tout. La leçon est organisée de manière progressive, cohérente et adaptée en fonction des ressources des élèves. De plus, elle constitue une unité d'enseignement dans le sens où elle débute par une prise en main des élèves, suivie d'un échauffement, puis du corps de la leçon proprement dit et se termine par un bilan tant quantitatif que qualitatif permettant de verrouiller cette unité d'enseignement et de préparer la prochaine leçon.

Structuration de la leçon et temporalité

La préparation des leçons doit s'effectuer en amont de la présence des élèves mais également après cette dernière car cela permet d'anticiper les situations proposées et les réactions des élèves. En outre, cela permet à l'enseignant d'EPS de pouvoir agir dans le cadre d'une « improvisation planifiée » (Tochon, *ibidem*). De plus, cela lui permet « d'agir dans l'urgence » et de « décider dans l'incertitude » (Perrenoud, 1996) sur des bases cohérentes. Ainsi l'enseignant d'EPS gagne du temps dans la structuration des situations d'apprentissages, notamment au niveau la formation des groupes ou de la gestion des conditions matérielles. Cela lui permet de se concentrer sur l'acquisition des contenus d'enseignement par les élèves et de diminuer le stress lié à cette situation d'incertitude que constitue l'enseignement face aux élèves. L'éducation physique et sportive est une discipline où l'enseignant d'EPS interagit avec les élèves dans un métier de l'humain, ce qui peut le confronter aux « surprises que réserve le terrain » et à « l'urgence du faire » (Vigarello, 1972). Ainsi, la planification de l'enseignement d'EPS est nécessaire pour donner une réelle opportunité aux élèves d'acquérir des connaissances, des capacités et des attitudes nécessaires pour la construction complexe de compétences.

Un exemple de cadre de leçon

<table>
<tr><th>Classe :
APSA :
Compétence attendue :</th><th>Nombre d'élèves :
Leçon n° :</th><th>Date :</th><th>Temps de pratique :</th></tr>
<tr><td>Connaissances, capacités et attitudes travaillées dans la leçon :</td><td colspan="2">Profil 1</td><td>Profil 2</td></tr>
<tr><td>Connaissances :
Capacités :
Attitudes :</td><td colspan="2" rowspan="2"></td><td rowspan="2"></td></tr>
<tr><td>Prise en main :
Échauffement général :
Échauffement spécifique :</td></tr>
</table>

<table>
<tr><th>Classe :
APSA :
Compétence attendue :</th><th>Nombre d'élèves :
Leçon n° :</th><th>Date :</th><th>Temps de pratique :</th></tr>
<tr><td colspan="4">Cadre de situation d'apprentissage identique pour les deux profils mais avec des consignes différentes</td></tr>
<tr><td colspan="3">Situation n°
Durée :
Titre de la situation :</td><td>Remarques
Élèves à besoins particuliers</td></tr>
<tr><td></td><td>Profil 1</td><td>Profil 2</td><td rowspan="4">Organisation humaine et matérielle (schéma possible) :</td></tr>
<tr><td>Objectifs
(connaissances, capacités et attitudes travaillées)</td><td></td><td></td></tr>
<tr><td>Consignes générales et spécifiques aux profils</td><td></td><td></td></tr>
<tr><td>Critères de réalisation
(contenus d'enseignement)</td><td></td><td></td></tr>
<tr><td>Critères de réussite</td><td></td><td></td><td rowspan="3">Choix didactiques et pédagogiques retenus :</td></tr>
<tr><td>Remédiations
(variables didactiques)
Simplification
Complexification</td><td></td><td></td></tr>
<tr><td>Bilan situation
Lien avec situation suivante</td><td></td><td></td></tr>
</table>

Classe : **APSA :** **Compétence attendue :**	**Nombre d'élèves :** **Leçon n° :**	**Date :**	**Temps de pratique :**
Cadre de situation d'apprentissage différente pour les deux profils			

Situation n° Durée : Titre de la situation :		Remarques Élèves à besoins particuliers
Objectifs (connaissances, capacités et attitudes travaillées)	**Profil 1**	Organisation humaine et matérielle (schéma possible) :
Consignes générales et spécifiques aux profils		Profil 1 :
Critères de réalisation (contenus d'enseignement)		
Critères de réussite		Profil 2 :
Remédiations (variables didactiques) Simplification complexification		
Bilan situation profil 1 Lien avec situation suivante		
Situation n° Durée : Titre de la situation :		
Objectifs (connaissances, capacités et attitudes travaillées)	**Profil 2**	Choix didactiques et pédagogiques retenus :
Consignes générales et spécifiques aux profils		
Critères de réalisation (contenus d'enseignement)		
Critères de réussite		
Remédiations (variables didactiques) Simplification Complexification		
Bilan situation profil 2 Lien avec situation suivante		

Bilan de leçon n°	**Profil 1**	**Profil 2**
Apprentissages moteurs méthodologiques et sociaux		
En cours d'acquisition		
Perspectives pour la leçon n +1		

QUESTIONS

1. Quels sont les déterminants d'une séquence d'enseignement ?
2. Que recouvre la notion de projet en EPS ?
3. Définissez le projet de cycle en EPS.
4. Expliquer ce qu'est une leçon d'EPS ?

Chapitre 4

DÉCLENCHER ET ALIMENTER L'ACTIVITÉ D'APPRENTISSAGE DES ÉLÈVES

L'acte d'apprendre suppose une expérience personnelle qui s'incarne en EPS dans la confrontation de l'élève avec un environnement physique, humain et matériel. C'est à l'enseignant d'EPS de proposer des situations d'enseignement lui permettant d'acquérir des contenus d'enseignement pour construire des compétences motrices, méthodologiques et sociales afin d'atteindre des objectifs et des finalités plus générales. C'est cet environnement contraignant qui, s'il est bien ajusté aux ressources des élèves par l'intermédiaire du « décalage optimal » (Allal, 1979), les engage dans une activité d'apprentissage en sollicitant différentes ressources.

La situation d'enseignement

Définition

Une situation d'enseignement organise l'activité de l'élève au sein de la classe et nécessite certaines conditions. Nous retrouvons des conditions de type environnemental portant sur les caractéristiques de l'environnement et des consignes qui sont « des prescriptions quant aux opérations à mettre en œuvre pour atteindre le but. Elles concernent généralement la forme du mouvement » (Famose, 1982). De cette manière, « pour se transformer et atteindre le niveau de compétence envisagé, l'élève doit franchir des obstacles au fur et à mesure de son apprentissage. L'obstacle s'explique par la sollicitation d'une ressource perturbatrice de manière momentanée » (Jeanin & Mathias, 2007).

Situation d'apprentissage et engagement de l'élève

L'engagement et la persévérance de l'élève dans des situations d'apprentissage nécessitent de leur part un certain degré d'investissement. En effet, s'investir dans une situation d'apprentissage et y investir des ressources personnelles, c'est prendre un risque, c'est-à-dire le risque de se tromper, d'être ridicule, le risque de se faire mal, le risque d'éprouver des sensations désagréables liées à l'effort, etc. *A contrario*, si l'investissement dans la situation est réalisé, cela va déclencher une activité d'adaptation chez les élèves. Cette adaptation, à travers notamment ses actions motrices, fait référence à ce que met en jeu l'élève pour satisfaire aux exigences de la situation.

Organisation de la situation et apprentissage de l'élève

Plusieurs auteurs suggèrent de rendre la situation abordable dans les premières phases de l'apprentissage en diminuant les exigences pour les renforcer en fonction de l'état d'avancement des acquisitions des apprenants. Ceci permet de répondre au principe de progressivité nécessaire pour éviter le renoncement de la part d'un élève ne disposant pas des capacités et des ressources nécessaires pour y faire face. L'augmentation progressive de l'incertitude est plus efficace qu'une méthode confrontant directement les sujets à une difficulté maximale. Cela permet une rapide amélioration des performances pendant l'acquisition, mais n'est pas bénéfique à la mémorisation et au transfert d'apprentissage. La pratique de type aléatoire augmente les difficultés d'acquisition mais favorise la mémorisation et le transfert des habiletés motrices.

Situation d'apprentissage et logique d'action de l'élève

Un décalage peut apparaître entre les caractéristiques de la situation d'apprentissage et la logique d'action de l'élève. En effet, l'élève a sa propre logique de fonctionnement et il réadapte constamment son comportement moteur en fonction de son évolution dans la situation d'apprentissage. De plus, il est tout à fait possible que des différences apparaissent entre ce que l'élève réalise et le but assigné à ladite situation. Ce décalage, qui peut être de différentes natures (refus de s'engager, geste technique inadéquat, redéfinition de la situation, etc.) doit être analysé par le professeur d'EPS comme étant un moment où l'élève est face à une contrainte d'ordre humain, matériel ou environnemental. Ainsi, tout l'art d'enseigner consiste pour le professeur d'EPS à adapter ses exigences en fonction des réponses des élèves. En effet, la prise en compte des observables est un indicateur concret permettant à l'enseignant d'EPS d'ajuster les contenus d'enseignement pour envisager de réels apprentissages moteurs, cognitifs et affectifs pour ses élèves.

Quelles contraintes pour apprendre ?

C'est pourquoi il est important de noter que c'est par la notion de contrainte que les apprentissages moteurs, cognitifs et affectifs peuvent s'effectuer. En effet, la résistance à laquelle l'élève doit faire face va permettre une réorganisation interne chez lui permettant de déclencher ou non et d'alimenter ainsi son activité d'auto-adaptation et d'apprentissage. C'est cette sollicitation des ressources que permet la situation d'apprentissage qui permettra un apprentissage notamment par une mise en relation des objectifs, des buts à atteindre, des moyens mis en œuvre et des résultats de l'action.

Les caractéristiques d'une situation d'apprentissage

Une situation d'apprentissage comporte de nombreux éléments. Nous pouvons distinguer l'objectif, le but de la situation, son aménagement matériel et humain à travers son dispositif et les consignes données aux élèves ou concernant l'utilisation du matériel. Nous retrouvons également des éléments comme les critères de réussite, les critères de réalisation ou contenus d'enseignement en termes de connaissances, capacités, attitudes ainsi que des variables didactiques qui permettent une simplification ou une complexification de la situation. Nous pouvons également ajouter une partie bilan dans la situation apprentissage qui se situe en dehors de l'action motrice elle-même mais qui agit comme une routine permettant de verrouiller la situation et préparer la suivante. La partie bilan permet de rendre intelligible les situations proposées par l'enseignant d'EPS.

Émotion et cognition : nécessité pour les apprentissages ?

Damasio (1995) montre qu'il y a un lien entre les émotions et la cognition. La plupart des émotions sont construites par rapport au vécu, ce qui pose un problème en EPS du fait de l'hétérogénéité présente dans la classe. De plus, l'élève construit une conscientisation des émotions plus précises avec l'expérience. Les émotions peuvent être des antécédents ou des conséquences de l'action. Si l'émotion est déclencheuse de l'action, c'est intéressant en EPS notamment en ce qui concerne le plaisir. En outre, nous pouvons également considérer l'aspect émotionnel en tant que produit du comportement, ce qui permet de faire le lien avec la théorie de l'attribution causale développée par Viau (1994). Dans ce cas, l'émotion est un produit dont il est nécessaire de prendre en compte l'impact sur l'action à venir. En effet, l'attribution causale est la manière dont l'élève interprète les causes des résultats de ses actions à travers sa contrôlabilité, sa stabilité et l'origine de ses causes. Si l'élève perçoit le résultat de son action comme ayant une cause interne, stable et contrôlable, alors il se situera dans une perspective de réussite et de succès en fournissant des efforts sur le long terme alors que si la cause est externe, instable et incontrôlable alors il sera dans une perspective d'échec car il s'en remettra à la chance, ce qui est défavorable aux apprentissages.

Autodétermination, but et climat motivationnel

Des auteurs comme Sarrazin et coll. (1995) montrent qu'un but organisé vers l'*ego* ou la compassion sociale, peut entraîner des répercussions émotionnelles négatives à l'entrée dans la tâche et à sa sortie en cas d'échec. L'élève aura plus de résistance à renouveler les expériences, ce qui a des conséquences négatives sur les émotions, la motivation et donc sur les apprentissages à venir. Si les élèves se situent sur des buts de maîtrise, cela favorise l'émergence d'un état émotionnel positif avec des conséquences positives en EPS. Pour favoriser ces états émotionnels positifs en relation avec les buts de maîtrise, l'enseignant d'EPS peut proposer une évaluation diagnostique avec des critères de réussite bien définis, ce qui permet des comparaisons intra-personnelles et amène des émotions positives et une valorisation de soi.

Les émotions dans l'apprentissage

Pour Bui-Xuan (1998), il est possible de distinguer cinq étapes dans l'apprentissage :

- La première étape est dite émotionnelle. Face à la nouveauté, l'élève a des appréhensions naturelles. Il se montre méfiant car il tente de protéger sa personne.
- La deuxième étape est dite fonctionnelle. Les émotions prennent une fonction analysée par l'élève et l'enseignant doit intervenir comme un guide dans le rapport de l'élève avec ses émotions.
- La troisième étape est dite technique. Durant cette dernière, l'émotion n'est plus une source de motivation car elle sert plutôt de repère.
- La quatrième étape est celle de la contextualisation. Ici, les émotions sont mises à l'épreuve par rapport à une technique remise en situation. Ici, nous nous situons dans la construction de compétences. Par exemple, faire de la course d'orientation en collège dans un environnement sécurisé, proche de l'établissement est différent de la faire dans une forêt inconnue. Ici, on essaie de savoir si la construction de compétences acquises lors du cycle de course d'orientation en EPS durant l'année peut être réinvestie par exemple lors d'un stage de plein-air en fin d'année dans un milieu inconnu.
- La cinquième et dernière étape est celle de création. Ici, l'émotion est une ressource exploitée dans et pour l'action. L'élève recherche dans la création de nouvelles techniques pour créer de nouvelles sensations.

Plaisir et EPS

Pour augmenter le plaisir en EPS, nous pouvons distinguer trois catégories (Haye, 2001) :

- Le bio-plaisir qui est un plaisir sensoriel comme voler en gymnastique.
- Le psycho-plaisir qui est l'action de mener à bien un projet ou de maîtriser une technique.

- Le socio-plaisir qui est le plaisir d'être auteur et le plaisir d'être avec autrui.

C'est à l'enseignant d'instaurer cette relation au plaisir en EPS. En effet, dans le domaine qui nous préoccupe, le plaisir est souvent défini comme un état émotionnel agréable, une réponse affective positive vis-à-vis de la pratique. Nous pourrions ajouter que ce qui procure du plaisir entraîne des répétitions et l'acceptation par les élèves de faire des efforts cognitifs ou physiques pour atteindre les objectifs visés. En effet, le plaisir doit être décliné en termes de plaisir immédiat, issu d'une expérience immédiate et de plaisir différé en fonction d'une visée intentionnelle à moyen ou plus long terme. Le challenge est ici de faire passer l'élève du plaisir de l'instant à la joie d'apprendre, de se transformer.

Plaisir et motivation en EPS

De nombreux auteurs lient le plaisir, la motivation intrinsèque à la stimulation (Deci & Ryan, 2002). En effet, le plaisir est un concept plus large que la motivation intrinsèque (Goudas & Biddle, 1993), néanmoins, celle-ci peut être une entrée privilégiée pour intégrer la problématique du plaisir à l'École, que nous avons vu auparavant à travers une dimension institutionnelle de fonctionnement très importante et très normée. Nous pouvons également remarquer que la relation entre le plaisir et la motivation intrinsèque est liée au rôle des sentiments de compétence. De nombreux chercheurs ont montré que le sentiment de compétence dépend de la difficulté de la tâche réalisée, mais également de l'impression d'avoir pu la maîtriser dans un délai et avec un coût raisonnable.

Plaisir, buts et climats motivationnels

Les élèves peuvent être animés par des buts motivationnels différents car certains d'entre eux poursuivent des buts de maîtrise orientés vers la tâche et cherchent avant tout à progresser alors que d'autres poursuivent plutôt des buts compétitifs ou buts orientés vers *l'ego* et cherchent à faire la preuve de leur compétence en se comparant aux autres. Nous pensons que les deux buts orientés vers la maîtrise et *l'ego* sont nécessaires pour garantir et stabiliser les apprentissages moteurs, cognitifs, affectifs, méthodologiques et sociaux. Le plaisir ressenti par les élèves en EPS est d'autant plus important que l'orientation de maîtrise est prononcée et qu'ils perçoivent le climat de la classe comme orienté vers la maîtrise. Seifriz, Duda et Chi (1992) indiquent que le climat motivationnel instauré par les enseignants est une variable modulatrice importante et que l'orientation de maîtrise constitue le principal déterminant du plaisir. Nous pouvons y joindre à cela l'acronyme « TARGET » pour « Tâche, Autorité, Reconnaissance, Groupement, Évaluation, Temps » (Tessier, 2013). À travers ces éléments, l'enseignant d'EPS peut instaurer un climat de maîtrise en jonglant entre les différents paramètres de ce système.

Caractéristiques de la situation d'apprentissage

La situation d'apprentissage doit proposer un but qui soit clairement identifiable par chaque élève. En effet, le but est un élément essentiel de son apprentissage car l'élève va comprendre la tâche et donc déclencher et organiser son action en fonction du but à atteindre. C'est bien l'élément moteur qui lui permet de savoir dans quelle orientation il doit diriger son action et ce, notamment au cours des premières étapes de l'apprentissage. C'est ce qu'on appelle le stade « verbal-moteur » (Adams, 1971) ou stade cognitif (Fitts, 1964). Cela favorise également la motivation pour des élèves, surtout débutants, car une situation d'apprentissage sans but précis ne permet pas un engagement vraiment efficace et compréhensible par l'élève. Concrètement, pour rendre le but identifiable par les élèves, cela suppose de nombreuses caractéristiques dont des consignes claires et précises, l'utilisation à bon escient de la démonstration, matérialiser le but à atteindre au moyen d'un aménagement environnemental. Elles doivent être attractives (motivation), pertinentes (décalage optimal), nouvelles et variées sans devenir un catalogue de situations sans liens explicites et cohérentes entre elles. Elles doivent également être signifiantes c'est-à-dire donner du sens aux élèves sans dénaturer la logique interne de l'activité support et ludiques.

Conclusion

L'enseignant d'EPS, en tant que professionnel des apprentissages moteurs, cognitifs, affectifs, méthodologiques et sociaux, doit proposer des situations d'apprentissage possédant de nombreuses qualités comme la cohérence entre ces dernières que ce soit dans la leçon, au cours du cycle et sur l'année. Pour éviter de faire de l'animation et pour rentrer dans une réelle activité d'apprentissage, chaque situation se doit être adaptée et pertinente au regard des caractéristiques des élèves auxquels le professeur d'EPS. Elles doivent être adaptées aux potentialités de l'élève, avec un degré de difficulté optimal mais également des buts qui soient clairement définis pour lui permettre de s'engager et de contrôler ses actions et enfin qu'elles soient attractives pour prendre du plaisir et donc s'engager dans l'activité à court, moyen et long terme. En effet, le plaisir vécu dans une activité est source de persévérance à long terme.

QUESTIONS

1. En quoi la situation d'apprentissage permet les apprentissages en EPS ?
2. Pourquoi faut-il rendre les situations abordables durant les premières phases d'apprentissage ?
3. Quelles sont les caractéristiques essentielles de la situation d'apprentissage ?
4. Qu'est-ce qu'une situation de résolution de problèmes en EPS ? Donnez un exemple.

Chapitre 5

ANIMER, COMMUNIQUER ET ORGANISER

Le style d'enseignement

L'EPS, à la différence des autres disciplines, « met en jeu le corps propre » et donc en l'absence d'émotions, impossible non seulement d'apprendre mais également d'anticiper (Damasio, 2017). C'est d'ailleurs précisément sur ces traces somatiques que les enseignants d'EPS, entre autres, misent pour que les élèves puissent, après plusieurs tentatives d'un exercice, réussir un mouvement et être capables de le reproduire par la suite. Ne dit-on pas « je le sens bien » (en référence à un déjà-ressenti) pour signifier que l'on va réussir une action ! Par ailleurs, quel enseignant n'a pas remarqué que les élèves apprennent également en marchant, en bougeant, en courant, en se déplaçant au sein de la classe ? (Queval, 2016). Tout ceci indique que les décisions prises sont toujours sous-tendues par des réactions physiologiques inscrites dans le corps. De ce fait, la manière dont le professeur d'EPS enseigne sera nécessairement différente de ses collègues, sans compter qu'une autre donnée importante est à prendre en compte sur la question du style d'enseignement. En effet, les élèves ont un ressenti particulier en fonction des disciplines. Pour eux, chaque discipline est adossée à un style d'enseignement. Mosston et Ashworth (2002) distinguent huit styles d'enseignement :

- L'enseignement par commandement où la relation est ici de type « domination-soumission » car l'élève observe et cherche à réaliser ce qui est demandé par un enseignant qui prend toutes les décisions.
- L'enseignement par tâche où l'enseignant, soucieux d'individualiser son enseignement, propose dans sa leçon plusieurs tâches graduées et organisées sous la forme d'ateliers. Dans ce cadre, l'élève peut faire le choix de « sauter » une sous-tâche si elle ne lui semble pas nécessaire pour progresser, manifestant ainsi une certaine forme d'autonomie.
- L'enseignement réciproque où l'élève, à un moment ou à un autre, peut avoir le statut de « petit professeur ». L'enseignant lui confie ici provisoirement, un rôle d'observateur et de correcteur auprès d'un exécutant, en lui indiquant très précisément ce qu'il doit faire grâce à des fiches où figurent des critères d'exécution et d'évaluation.
- L'enseignement en sous-groupe avec des petits groupes de travail constitués au sein desquels chaque membre a un rôle précis à jouer. Par exemple, un exécutant, un observateur et un administrateur qui surveille le travail de l'observateur et confronte son jugement avec le sien.
- L'enseignement par programme individuel. Ici, l'enseignant prépare un programme constitué d'une série de tâches plaçant l'élève, devenu plus autonome, en situation d'auto-évaluation grâce à un système de fiches.
- L'enseignement par découverte guidée avec un enseignant valorisant la construction active des connaissances et refusant de communiquer

directement la réponse. Dans ce cadre, l'enseignant pose des questions destinées à susciter une dissonance cognitive, elle-même génératrice d'une activité intellectuelle (rechercher, comparer, déduire, inventer, utiliser des stratégies, réfléchir...). C'est cette dernière qui permet de produire une réponse, toute bonne réponse étant systématiquement renforcée à l'aide de feedbacks positifs.

- L'enseignement par « problem-solving » avec l'enseignant qui présente des problèmes à résoudre dans le but de laisser les élèves faire leur propre recherche. Beaucoup plus autonome, ce dernier découvre des alternatives, les expérimente et sélectionne les plus pertinentes.
- Le niveau créatif enfin avec dans le style précédent, un élève prenant toutes les décisions, sauf celles d'identifier le problème à résoudre. Ici, le style va plus loin encore dans le processus d'autonomisation, en dévoluant à l'élève la possibilité de poser lui-même des problèmes pertinents.

De plus, le style d'enseignement n'est pas figé dans le temps. Le professeur d'EPS est parfois distant et directif avec une classe et être proche et ouvert de celle-ci le cours suivant. Dans tous les cas, l'enseignant d'EPS ne doit pas oublier qu'il doit y avoir un échange continu entre lui et ses élèves. La relation ne doit pas être à sens unique mais systémique.

La communication et la présentation des informations

La communication est une activité qui peut paraître simple pour le professeur d'EPS à l'aise à l'oral devant ses élèves mais apparaît bien plus compliquée dès lors que l'on met en relief son contenu. En d'autres termes, comment traiter didactiquement ce que l'on a à dire à des apprenants, différents les uns des autres et hétérogènes dans leur capacité à traiter l'information.

Communication et présentation des informations

Afin de communiquer et de présenter des informations le plus efficacement possible, le professeur d'EPS doit réunir un ensemble de conditions. Nous pouvons retenir celles qui nous paraissent primordiales et incontournables.

- La position de l'enseignant d'EPS qui doit lui permettre de voir tous ses élèves sans exception. Par ailleurs, cette position doit être choisie de telle manière à ce que ses élèves ne soient pas perturbés par des éléments extérieurs.
- Prendre en compte l'âge des élèves, de même que s'ils sont plutôt visuels ou auditifs, leurs capacités d'attention et de traitement de l'information et leur niveau dans l'activité.
- Aller à l'essentiel sur ce qui est attendu des élèves à la fin du cours.
- Afin de traiter les informations à transmettre, l'enseignant d'EPS et ses élèves peuvent s'aider des différents médias dans le gymnase, le stade ou encore la piscine à travers les tableaux, documents ou en utilisant les nouvelles technologies comme les tablettes numériques. Il va de soi que toutes les informations ne sont pas données en début de cours au risque de submerger les élèves avec un flot d'informations mais plutôt d'organiser cette transmission d'informations tout au long de son déroulement.
- Veiller à ce que ces informations soient intégrées par tous. Pour cela, la verbalisation semble un des éléments incontournables. Le professeur peut également utiliser la démonstration faite par un élève.

La démonstration comme solution en début d'apprentissage ?

Pour Winnykamen (1990), l'apprentissage par observation/imitation est nécessaire, qui plus est, chez un sujet jeune encore aux premiers stades de l'apprentissage. Pour ce dernier, la démonstration est alors un outil cognitif pour se représenter un geste. Dans tous les cas, la démonstration doit répondre à certains critères :

- Elle doit être correctement réalisée.
- Le professeur d'EPS peut faire la démonstration mais privilégiera dans la mesure du possible une démonstration faite par un élève. En effet, l'apprenant se sentant plus proche des compétences de son camarade que celles de son professeur, le sentiment d'être capable de réaliser la tâche sera alors renforcé.
- Ne pas toujours prendre les mêmes élèves qui font des démonstrations.
- Prévoir et gérer ce type de « rôle social » de telle manière à ce que l'élève, qui présente un geste technique par exemple devant le reste de la classe, soit l'élève idéal à un moment « T » pour faire ressortir ce qu'il y a à apprendre.
- Être en mesure de décomposer une démonstration avec ou sans matériel pour permettre à l'élève d'isoler plus facilement ce qu'il y a à réaliser. En effet, nous rappelons que le traitement de l'information de l'élève peut être limité, d'autant plus s'il est jeune et débutant dans l'activité.

Le placement de l'enseignant

Le professeur d'EPS doit en permanence être en mesure de voir tous ses élèves et ces derniers doivent également être en mesure de le voir. Si cela paraît normal, notamment au regard des questions de sécurité qui sont rappelées dans les textes officiels, le professeur se rend compte qu'en situation, son placement est souvent plus complexe qu'il n'y paraît. Ce dernier est organisé au regard de ce qu'il y a à apprendre, de la constitution des groupes, des ateliers, des caractéristiques des élèves, d'une situation qui nécessite plus de précautions car « l'enseignant conserve la maîtrise de l'atelier le plus dangereux » (Note de service 94-116, 9 mars 1994).

L'organisation de la classe, des groupes, du temps et du matériel

Les modes d'organisation de la classe

Il en existe plusieurs mais nous en retiendrons trois principaux :

- Le professeur peut mettre ses élèves sous forme de circuit. Ici, l'élève passe d'une tâche à une autre dans un ordre prédéterminé. En général, les élèves sont les uns derrière les autres, pour optimiser le temps de travail. Le même circuit peut alors être proposé en parallèle.
- Les élèves évoluent par ateliers. Ces derniers peuvent être différents ou identiques. En règle générale, ils ont un lien les uns avec les autres et peuvent correspondre à des niveaux de difficultés différents pour des élèves hétérogènes.
- Enfin, le professeur d'EPS peut choisir un mode de fonctionnement cadrant fortement les élèves et permettant de conserver un contrôle puissant. Le système de passage par vagues, en demi-cercle autour du professeur répond à ce choix pédagogique de fonctionnement.

L'enseignant retiendra que son choix d'organisation impacte nécessairement la qualité des apprentissages de ses élèves. En fonction des objectifs qu'il se fixe, il devra prendre en compte l'ensemble des avantages et inconvénients des différentes formes d'organisation et retenir la plus bénéfique.

La constitution des groupes

La question de la constitution des groupes doit être posée au regard des contraintes de l'organisation de la classe dans l'espace mais aussi de l'apprentissage des élèves. Placer les élèves dans des situations où pour trouver la solution à un problème, ils sont contraints d'interagir est en effet bénéfique tant pour les apprentissages que pour l'acquisition de compétences méthodologiques et sociales. Cependant, l'enseignant d'EPS doit être vigilant quant au phénomène de « paresse sociale » ou de leader négatif. En outre, la prédominance d'un leader au sein d'un groupe qui ne laisserait que peu de place à ces camarades peut tout aussi s'avérer négative, notamment au niveau du climat motivationnel. C'est pourquoi, au regard d'un contexte d'enseignement et d'objectifs qu'il se fixe, le professeur d'EPS peut choisir différentes formations de groupes. Les plus pratiquées sont la formation de groupes de niveaux, de groupes affinitaires, de groupes volontairement homogènes ou hétérogènes en leur sein, de groupes de gabarits, etc. Dans tous les cas, le choix des groupes doit répondre à des objectifs précis permettant de favoriser les apprentissages et non l'inverse.

La gestion du temps

Une fois de plus la question de la gestion du temps ne peut répondre uniquement à des contraintes d'organisation mais doit aussi se poser en termes d'apprentissage. Les travaux de Bertsch et Le Scanff (1995) sur la question de la répétition sont fondamentaux pour organiser une leçon et permettent d'établir avant même le début de l'enseignement une trame de cycle, une fois l'évaluation diagnostique réalisée. Le nombre de répétitions et le temps passé dans l'acquisition d'une habileté motrice varient en fonction de sa caractéristique en tant qu'habileté ouverte ou fermée (Schmidt, 1993).

« Orthodoxie scolaire » et gestion du temps

Si ce sont les contraintes de temps qui sont parfois exagérément mises en avant pour justifier du faible niveau des élèves dans une APSA après deux voire trois cycles d'enseignement, intéressons-nous plutôt ici à ce qui permet d'optimiser sa gestion temporelle. Il nous semble nécessaire de :

- Responsabiliser les élèves dès leur plus jeune âge à travers la mise en place du matériel, du rangement de la salle, etc. pour que cela devienne naturel chez ces derniers.
- Quelle que soit l'APSA choisie, créer des routines d'échauffement et de fonctionnement comme par exemple en effectuant des rotations dans les rôles sociaux.
- Prévoir un échauffement général et spécifique cohérent avec le thème abordé durant la leçon.
- Construire une programmation annuelle de cycles d'enseignement permettant le transfert des apprentissages. Par exemple, s'il est envisagé un axe fort autour de la santé, la programmation de la course d'orientation, du 3 x 500 m et de la musculation peut être intéressante durant le cycle terminal.

L'organisation de l'espace et du matériel

L'organisation de l'espace et du matériel, au même titre que l'organisation de la classe doit être pensé au regard des objectifs du professeur, des apprentissages visés et des caractéristiques de ses élèves. Toute organisation doit correspondre à des exigences de sécurité. Après cette étape, se pose la question du choix du matériel utilisé. Comme nous le disions plus haut, celui-ci doit répondre à certains critères et aux attentes de l'enseignant, notamment ceux que l'on retrouve souvent dans chacune des leçons d'EPS, à savoir :

- Optimiser l'espace et le matériel disponibles à chaque leçon.
- Le matériel sert aux situations d'apprentissage mais également à baliser l'espace.
- Utiliser un matériel qui assure la sécurité des pratiquants. Par exemple, ne pas utiliser des coupelles en plastique sur un terrain de handball mais privilégier des lattes plates antidérapantes.
- Utiliser l'espace à sa disposition en assurant la sécurité physique des élèves. Par exemple, si un travail de vitesse est envisagé dans le gymnase,

prévoir suffisamment d'espace entre la ligne d'arrivée et le mur, soit la moitié du terrain.

- Utiliser un matériel adapté. Il ne suffit pas de prendre en compte uniquement un ou deux critères pour choisir son matériel mais tous les critères nécessaires qui entrent dans le cadre de l'apprentissage. Le professeur doit alors prendre en compte le niveau de l'élève, sa morphologie, son niveau de ressources, son niveau de responsabilité face à une situation qui présente un risque, etc.
- Utiliser le matériel en anticipant son impact sur les apprentissages des élèves. Pour quelles raisons faut-il mettre un fil au-dessus d'un filet en tennis de table comme nous le voyons souvent dans les aménagements au sein des leçons d'EPS? Qu'est-ce que cela implique dans le comportement de l'élève? Sur quelles théories d'apprentissage se fonde cette forme d'aménagement? À quel moment retirer le fil? Autant de questions sur lesquels l'enseignant d'EPS devra se pencher.

QUESTIONS

1. Nommer les huit grands styles d'enseignement selon Mosston et Ashworth (2002).
2. Quels sont les trois principaux modes d'organisation dans la leçon d'EPS?

Chapitre 6
OBSERVER ET RÉGULER L'ACTIVITÉ DE L'ÉLÈVE

L'observation des élèves

Dans sa relation pédagogique avec les élèves, la première action de l'enseignant d'EPS est de les observer. L'observation est « l'action de regarder attentivement les phénomènes, les événements, les êtres pour les étudier, les surveiller, en tirer les conclusions » (Dictionnaire Larousse, 2015). C'est la démarche essentielle permettant l'apprentissage des élèves.

Intérêt de l'observation et de la régulation en EPS

Ainsi, l'observation et la régulation de la part de l'enseignant d'EPS doivent être au service des progrès des élèves et non servir de prétexte pour les discriminer. Ces éléments, combinés avec l'évaluation, sont au cœur des enjeux de la réforme du collège de 2015 qui porte notamment sur les structures et les pratiques enseignantes. Ces actions d'observation, de régulation et d'évaluation apportent une plus-value aux apprentissages en étant une aide réelle aux apprentissages moteurs, cognitifs et affectifs.

Pertinence et intérêt de l'observation en situation

L'observation doit être pertinente pour l'élève lui-même car elle offre des retours d'informations pour réguler ses conduites et permet à l'enseignant d'EPS de réguler ses interventions pour adapter les situations d'apprentissage à venir. L'organisation de l'observation menée par l'enseignant d'EPS doit susciter des échanges, des débats, des confrontations, des conflits socio-cognitifs entre élèves mais également des formes de tutorat entre eux. L'observation peut également aider à identifier, analyser et comprendre le comportement des élèves. Elles portent notamment sur des relations de causes à effets ou des structures du mouvement. En outre, l'enseignant d'EPS peut guider l'observation en donnant des critères et formats d'observation qui sont définis par ses soins. Au-delà du guidage d'observation par le professeur d'EPS, il est nécessaire de susciter l'observation et l'envie d'observer chez les élèves, en proposant notamment des critères et des formats d'observation définis et choisis par eux-mêmes à travers les outils proposés par le numérique par exemple ou lors de conflits socio-cognitifs.

Rôle de l'observation dans la construction de compétence

De plus, ce type d'observation permet à l'élève de se situer dans le cheminement vers la compétence. En effet, il est tout à fait possible de scinder la compétence visée en état d'acquisition à travers le balisage de compétences intermédiaires (Sève, 2015). Cela peut s'objectiver à travers des situations de pratiques scolaires dans le cadre d'une évaluation formative.

L'accompagnement par observation

Un autre format d'observation peut être proposé dans le suivi des élèves (Sève, 2015). Celui-ci concerne l'accompagnement par l'observation. Avec cet outil, l'idée est d'aider les élèves à construire leur propre cheminement dans le processus d'apprentissage. Il s'agit de solliciter leurs capacités réflexives en les accompagnant dans leur choix de leur objet d'apprentissage. Ici, les élèves vont devoir émettre des hypothèses d'action et de transformation de manière individuelle et collective.

Enquête et observation : quel intérêt ?

Un autre suivi des élèves à travers un autre format d'observation concerne l'enquête (Sève, 2015). Ici, l'observation permise par l'enquête permet d'agir sur les significations et les ressentis des élèves. Ceci correspond aux motivations de l'élève qui sont difficilement accessibles car ce sont des construits internes difficiles d'accès de prime abord. Dans cette démarche, l'enseignant d'EPS doit disposer d'outils d'observation permettant d'accéder au monde propre de l'élève notamment pour mener une observation de type « empathique » (Zanna, 2015) ou alors de proposer des questionnaires sur l'expérience des élèves.

Observation du corps en EPS : quels intérêts sous-jacents ?

À travers cette démarche, nous nous rendons compte s'il en est que le corps est au centre de la relation aux autres, surtout en EPS où les dynamiques sociométriques développées dans le cadre de la praxéologie motrice (Bordes, Collard & Dugas, 2007) peuvent apporter un éclairage nouveau sur ce phénomène. Le corps joue un rôle essentiel dans la construction de liens entre les individus au sens où il peut être directement perçu par autrui. En outre, il serait même le reflet de l'identité personnelle en révélant une partie de soi-même tout en participant d'une « communication corporelle » (Zanna, *ibidem*). Le corps est donc au centre d'enjeux importants car il peut conduire à la cristallisation d'une relation interpersonnelle ou mener à sa destruction. On peut donc saisir l'ambivalence du corps qui est à la fois opérateur de la construction de liens entre les individus et médiateur participant de la déconstruction des relations à autrui. L'EPS a un rôle à jouer dans cette perspective notamment pour opérationnaliser la nouvelle finalité de la discipline qui est « de former un citoyen lucide, autonome, physiquement et socialement éduqué, dans le souci du vivre ensemble » qui met en avant le « vivre ensemble » et qui peut se concrétiser *in situ* comme l'ont montré certains travaux (Évin, 2013).

Observation et action motrice : des enjeux divergents ?

Néanmoins, mettre l'accent sur l'observation, c'est réduire le temps de l'acte moteur des élèves car le temps passé à observer peut engendrer un temps d'action moteur réduit. Cependant, l'observation réalisée par les élèves permet dans certains cas de gagner du temps sur le processus d'apprentissage, notamment en se représentant l'action à réaliser.

Formes principales de suivi des élèves et formats d'observation (D'après Sève, 2015)

	Intérêts	Risques
Guidage	Efficacité en termes de transformation chez les élèves Maintien de la motivation (visualisation des progrès, des balises régulières, etc.) Connaissance du résultat	Peu d'autonomie Passivité des élèves Prédominance de normes externes (enseignement de type prescriptif)
Accompagnement	Plus d'autonomie chez les élèves Élèves « acteurs » de leurs apprentissages Prise en compte de la diversité des élèves	Le temps d'activité motrice réduit Des solutions pertinentes
Enquête	Prise en compte des expériences vécues par les élèves « Enseignement du dedans »	S'assurer de « transformations majorantes » Perte de « norme externe » Un curriculum exclusivement centré sur les élèves

Les régulations en EPS

Le travail de l'enseignant d'EPS ne consiste pas seulement à produire des situations d'apprentissages et à mettre les élèves face aux contraintes qu'elles procurent, il doit aussi se tenir prêt à fournir des conseils pour les aider à les surmonter car les feedbacks sont indissociables de l'acte d'enseignement (Piéron, 1992 ; Bangert-Drowns et coll., 1991) et de nombreux auteurs (Potdevin, 2013) ont montré la nécessité du feedback pour l'amélioration de la performance et une détérioration de celle-ci lorsque les feedbacks font défaut. Le feedback est « une information en retour prenant place dans une boucle de régulation du mouvement dans laquelle la détection de l'erreur et sa correction seraient indispensables aux apprentissages moteurs » (Mulder & Hulstijn, 1985). Ils sont de différentes natures (feedback intrinsèque ou extrinsèque), interviennent à différents niveaux et moments en ayant des fonctions différentes et agissent sur la motivation. Nous retrouvons par exemple des feedbacks de type verbaux où le professeur d'EPS veille à sélectionner les informations pertinentes et à les transmettre de manière adaptée aux capacités d'interprétations des élèves dont il a la charge. Ce feedback peut être obtenu par la production d'une démonstration. Ici, les capacités d'observation de l'élève sont sollicitées *via* leur canal visuel. L'enseignant d'EPS peut également utiliser des fiches d'observation adaptées aux caractéristiques des élèves dans le cadre de dyades symétriques ou dissymétriques ou dans le cadre d'un coaching entre les élèves. D'autres éléments comme les outils numériques par l'intermédiaire de la vidéofeedback dont l'utilisation croissante dans les pratiques d'enseignement continue de progresser (Mérian & Baumberger, 2007), des tablettes, des applications mobiles ou les schémas permettent de donner une représentation concrète et fidèle de la réalité. Ces outils peuvent se situer dans une optique descriptive lorsque c'est l'action réalisée par l'élève qui est soumise à analyse ou dans une optique prescriptive lorsqu'il s'agit à ce moment-là de réaliser l'action.

Le feedback est une forme privilégiée de retour en EPS car le développement des conduites motrices représente l'objet essentiel du travail de l'enseignant d'EPS et parce que cela produit notamment des effets sur l'efficacité motrice. Les feedbacks doivent être associés à l'activité d'apprentissage c'est-à-dire à des informations permettant de guider les actions futures et pas seulement à récompenser les efforts de l'apprenant (Georges & Pansu, 2011).

Comme mentionné précédemment, le feedback peut avoir différentes fonctions. Il permet l'encouragement de l'élève, la fourniture de solutions ou d'une partie de la solution pour surmonter les difficultés auxquelles il est confronté dans la situation, le questionnement sur les tenants et aboutissants de la situation apprentissage ou pour lui indiquer s'il s'éloigne ou non de l'objectif visé. Ainsi, le feedback revêt plusieurs formes et répond à plusieurs fonctions. Le feedback est donc une information située après l'action de l'élève dans la situation apprentissage et participant de sa régulation. Le feedback extrinsèque qui peut être soit lié au résultat de l'action, c'est la connaissance du résultat (CR) ou lié à la qualité du mouvement, c'est la connaissance de la performance (CP), favorise l'apprentissage (Wulf & Shea, 2004). Le feedback présente trois principales fonctions qui sont de renseigner sur l'atteinte du but à travers la connaissance du résultat, de décrire la performance à travers la connaissance des critères de réalisation mais également pour relancer la motivation l'élève (Potdevin, 2013). De plus, pour Driouch & coll. (1993), le feedback extrinsèque possède cinq fonctions distinctes évoluant en fonction des situations proposées : Une fonction évaluative qui estime simplement l'exécution sans aucune spécification positive ou négative ; le feedback « descriptif » ou « informatif » estime quant à lui la valence de l'appréciation ; le feedback « prescriptif » consiste à suivre une consigne pour améliorer l'essai suivant ; le feedback « interrogatif » engage l'élève dans la réflexion sur ses actions pour réussir dans les situations proposées ; le feedback « d'encouragement » motive l'élève et l'incite à s'investir dans la situation. Pour Potdevin et coll. (2013), la relation entre le feedback et la motivation est positive (Austermann, Hula et al., 2008) car selon la théorie de l'autodétermination (Deci & Ryan, 2002), les informations fournies par le feedback augmentent la perception de son niveau de contrôle sur les actions à mener et influencent positivement la motivation intrinsèque (Horn, 1992). Ce rôle important de l'enseignant d'EPS dans la capacité à générer chez l'apprenant une auto-évaluation de ses actions et de ses causalités a été mis en évidence par Bressoux et Pansu (2003). La littérature est très riche concernant l'apport des feedbacks pour les apprentissages moteurs. S'intéresser à leur utilisation dans des conditions réelles d'enseignement implique de connaître les différentes dimensions des feedbacks et des multiples effets qu'ils peuvent générer selon les étapes de l'apprentissage. Pour Potdevin et coll. (2013), l'utilisation d'un dispositif relativement simple basé sur l'association de feedbacks augmentés dont le vidéofeedback dans des conditions pédagogiques réelles, est associée à l'amélioration de la motricité et des profils motivationnels sur une courte période.

La régulation par les variables didactiques

Au-delà du feedback, nous pouvons retrouver d'autres formes de régulation notamment en manipulant les variables didactiques. Elles ne changent pas la nature de la tâche mais permettent de remplir d'autres fonctions notamment en jouant sur la difficulté, la complexité ou l'intensité. L'enseignant d'EPS doit pouvoir réguler *in situ* sa leçon pour s'adapter aux capacités des élèves dans l'instant, sans perdre de vue les objectifs qu'il se fixe et les connaissances, capacités et attitudes que doivent acquérir ses élèves dans la leçon. Par ailleurs, lorsque la sécurité des élèves est mise à mal, l'enseignant d'EPS peut réguler la situation en stoppant son cours pour le réorienter différemment sans oublier les objectifs du cycle.

QUESTIONS

1. En quoi l'observation et la régulation des élèves favorisent-elles les apprentissages en EPS ?
2. Quels sont les différents types et fonctions de feedbacks en EPS ?
3. En quoi le feedback peut-il être un élément motivationnel ?

Chapitre 7
L'ÉVALUATION EN EPS

L'évaluation en EPS : jeu de rôles

Les temps dédiés à l'évaluation revêtent souvent un caractère particulier en EPS. La classe est souvent plus studieuse et concentrée car les élèves sont conscients des enjeux liés à l'évaluation. Dans le cadre scolaire, évaluer est à la fois une nécessité et une obligation pour l'enseignant (Arrêtés du 12 mai 2010 et du 1er juillet 2013). Pour la majorité des acteurs de la sphère éducative (élèves, enseignants, parents, personnel administratif, rectorat), évaluer c'est avant tout « noter », c'est-à-dire mesurer ou chiffrer une performance. Cette note est bien souvent nécessaire à la communication entre les différents partenaires de la « noosphère scolaire » à propos du travail accompli par l'élève au terme d'un trimestre ou d'une année, afin de décider d'une orientation. Cependant, il faut faire un effort théorique pour dire avec Lesne (1984), qu'au-delà de la fameuse note, évaluer consiste principalement à « mettre en relation de façon explicite ou implicite, un référé avec un référent ». On entend par « référé », une situation ou un objet réel donné à évaluer et par « référent » une situation ou un état souhaité de l'objet. Le référent ne doit pas être assimilé à un idéal à atteindre. Il a souvent été utilisé pour but ou finalité, or selon Figari (2001), évaluer n'est pas seulement « confronter des objectifs et des résultats », mais consiste également en « des comparaisons, des mesures d'évolution, des recherches de signification de phénomènes ou de performances ». Pour Barbier (1985) évaluer est « un acte délibéré et socialement organisé ». Selon une approche descriptive, il distingue trois types d'évaluations en fonction du degré d'explicitation et d'instrumentation du jugement. L'évaluation peut être implicite lorsqu'elle s'observe dans les faits mais ne se formule pas, spontanée lorsqu'elle est formulée mais subjective et ne repose sur aucune instrumentation, ou bien encore instituée lorsqu'elle repose sur la mise en œuvre d'une instrumentation spécifique. Dans le cadre scolaire, cette évaluation sera forcément instituée. De plus, selon Perrenoud (1995, 1993), l'évaluation est une des composantes du curriculum scolaire. Tout programme d'enseignement est sous-tendu par des prises de position politiques, scientifiques et culturelles qui vont infléchir le choix des contenus d'instruction. L'école a une mission d'acculturation et les programmes visent à définir la culture commune, permettant de spécifier les savoirs et compétences que l'élève éduqué et instruit est en mesure de maîtriser. En introduisant des référentiels nationaux d'évaluation aux examens comme pour le diplôme national du brevet (DNB) ou le baccalauréat, l'EPS a tenté d'homogénéiser et de certifier cette forme de culture commune pour tous les élèves français à travers l'évaluation certificative. Cependant, le jugement des enseignants est toujours infiltré par des éléments en provenance du contexte scolaire et social (Merle, 1996).

Qu'en est-il de l'activité de l'enseignant et de l'élève dans les différents temps du processus évaluatif ?

Depuis 1967, Scriven établit une différenciation entre évaluation sommative et formative. Selon cet auteur, il est en effet important de « comprendre et d'observer les effets de l'activité éducative ». Le processus évaluatif doit porter sur l'ensemble de la situation éducative, c'est-à-dire sur les liens entre les besoins des élèves et les effets de l'enseignement, ainsi que sur les valeurs véhiculées par les actions éducatives. De cette façon, l'enseignant ne devrait pas seulement se centrer sur l'atteinte des objectifs en fin de cycle. Depuis les travaux sur la pédagogie différenciée (Allal, 1979), les différentes fonctions de l'évaluation sont associées à des moments précis de l'activité d'enseignement au cours du cycle. De fait, quels rôles reviennent à l'enseignant d'EPS et à l'élève dans ces différents moments-clés ?

Le « temps diagnostique »

L'évaluation diagnostique se situe en amont de la séquence d'apprentissage. C'est une procédure d'enseignement visant à prélever des informations et à établir un bilan de départ individuel et collectif, en déterminant la présence ou l'absence des habiletés utiles à l'atteinte de la compétence visée. Il faut donc que les situations proposées à l'étape diagnostique permettent à l'élève de se confronter à des tâches complexes et révélatrices de ses capacités d'adaptation. Pour ce faire, il faut que l'élève soit confronté à la logique interne de l'activité. Elle permet de renseigner l'enseignant d'EPS sur les performances de l'élève tant d'un point de vue qualitatif que quantitatif. Les renseignements ainsi obtenus sont des outils informatifs à manipuler par les élèves tout au long du cycle. Les élèves peuvent ainsi objectiver leurs progrès, ce qui augure, selon les théories autodéterminées de la motivation, d'un engagement positif dans les apprentissages. Les élèves adoptent donc des comportements adaptatifs (Dweck, 1986). Selon Jorro (2000), l'enseignant cherche par cette « évaluation-remédiation » une plus grande maîtrise de son action pédagogique car cette dernière est souvent « concomitante d'un idéal d'égalité des chances ». Pour Meirieu (1987), « l'évaluation diagnostique consiste moins à repérer le niveau d'un élève qu'à comprendre l'élève dans son niveau ». Il s'agit donc ici, de repérer les processus mis en jeu par l'élève en début d'apprentissage. Les informations recueillies permettront à l'enseignant de décider des contenus prioritaires à développer avec les élèves de manière spécifique au cours du cycle d'apprentissage. Pour Doyon (1991), « en traduisant les objectifs d'apprentissage de manière concrète, l'évaluation diagnostique permet à l'élève de mieux planifier son travail et de s'organiser en fonction d'attentes précises ». La tâche doit donc avoir un sens qui permette à l'élève de se projeter dans la suite du cycle d'apprentissage, en lui précisant les éléments sur lesquels l'enseignant d'EPS attend des progrès de sa part.

En EPS, les élèves sont bien souvent associés à la mise en œuvre du dispositif d'évaluation dès le début du cycle. Les critères quantitatifs comme la fréquence d'apparition d'un comportement, d'un événement ou un chronométrage semblent être des indicateurs plus faciles à prélever pour les élèves, alors que les critères qualitatifs demandent parfois plus d'expérience pour être distingués convenablement par ces derniers.

Le « temps formatif »

L'évaluation formative se déroule dans le temps même de la formation. Elle est intégrée à l'action éducative. Elle ne vise pas à établir une note, mais sera utilisée dans une perspective de réussite maximale des élèves. Les critères utilisés, qu'ils soient qualitatifs ou quantitatifs doivent être explicites. Elle joue un rôle de régulation des apprentissages pour l'enseignant en l'informant sur les effets réels de son action pédagogique. Allal (1979) repère trois étapes de l'activité de l'enseignant dans le processus de l'évaluation formative :

- Le recueil d'information sur les progrès et les difficultés des élèves.
- L'interprétation de ces informations pour diagnostiquer les facteurs à l'origine de ces problèmes.
- L'adaptation des activités d'apprentissage.

Il devra d'abord créer une grille d'observation (Vial, 1995) qui distingue les critères de réalisation et les critères de réussite qui pointent l'acte terminal. Le critère est « un élément virtuel de différenciation » devant se concrétiser en indicateurs observables lors de l'activité de l'élève.

De plus, l'enseignant d'EPS doit organiser une évaluation en situation de groupe, c'est-à-dire en situation collective. Il doit prévoir des rôles d'observateurs pour ses élèves, à partir d'indicateurs observables simples. Il doit également prévoir un temps d'échange et de mise en commun ou de confrontation sur les observations réalisées.

Amade-Escot (1993) souligne que « toutes ces régulations sont au service du maintien de la relation didactique ». Elle parle de procédures de régulation didactique (PRD). Les différents types de PRD dépendent des contenus à enseigner (enjeux de l'apprentissage), de la façon dont est agencée la situation didactique mais également des caractéristiques du contrat didactique.

Selon Jorro (2000), au cours de l'évaluation formative, l'élève n'est plus un simple figurant, mais un acteur impliqué dans ses propres apprentissages, capable d'agir sur son environnement.

Régulation proactive, interactive et rétroactive

Si l'élève connaît les critères de réalisation avant l'accomplissement de la tâche, cela lui permet d'anticiper sur ce qu'il aura à réaliser dans la tâche. On parle alors de régulation proactive.

La régulation sera appelée interactive si la prise en compte du critère de réalisation intervient en cours d'activité. Cependant, cela ne laisse pas toujours le temps à l'élève de comprendre la démarche d'apprentissage et de s'y inscrire.

Enfin, la régulation rétroactive permet d'opérer un retour différé sur l'erreur. Ce type de régulation est à la fois le plus courant et celui qui demande le moins d'effort attentionnel à l'élève.

L'autoévaluation et la co-évaluation

L'autoévaluation et la co-évaluation sont des procédés largement utilisés en EPS, qui reposent sur l'utilisation de ces critères dans un but formatif. Elles permettent un jeu de régulation actif dans les modalités d'apprentissage.

Aujourd'hui, et notamment grâce à l'utilisation des tablettes, la vidéo permet facilement à l'élève de se distancier et d'analyser plus lucidement sa production à partir de critères explicites fournis par l'enseignant d'EPS. Certains logiciels d'analyse du mouvement représentent également des outils efficaces pour modifier les représentations de l'action de nos élèves.

Pour Brau-Antony (1991), l'autoévaluation est le moyen de faire identifier des règles d'actions, c'est-à-dire les conditions de la réussite. Mais plus que ça, « l'autoévaluation est la clé de voûte du dispositif car sa fonction n'est pas seulement opératoire. Elle ne se limite pas à un rôle de régulation des apprentissages, elle n'est pas seulement une IRP (Information Rétroactive sur la Performance) car elle donne du sens tout en étant à l'origine du projet de l'apprenant. Par ce biais, celui-ci devient le véritable acteur de sa formation ».

Le « temps sommatif »

L'évaluation sommative fait un bilan des acquisitions des élèves à l'issue d'une action de formation. Elle est donc instituée et remplit une fonction sociale. Il s'agira ici de repérer le niveau de performance de l'élève dans la maîtrise d'une compétence, voire de certifier ses acquis dans le cadre des classes à examens.

L'activité de l'enseignant d'EPS dans le temps sommatif

L'évaluateur doit déterminer les élèves qui ont atteint les compétences requises dans une discipline ou un diplôme et ceux qui ne les ont pas atteintes. Dans le cadre des examens diplômants, « la certification est au service de la collectivité qui veut pouvoir sélectionner et contrôler ceux qu'elle emploie » (Reboul, 1980).

Pour rappel, l'évaluation certificative en EPS débouche sur la proposition d'une note dans le cadre des diplômes nationaux comme le diplôme national du brevet (DNB) ou le baccalauréat général, technologique et professionnel. Pour garantir l'équité des candidat-es, les évaluateurs disposent de référentiels d'évaluation nationaux. Quant à l'évaluation sommative, elle intervient à la fin d'un cycle d'apprentissage et donne lieu à une note. Dans le cadre de ces classes à examens, les notes lors des épreuves certificatives et de fin de cycle peuvent être différentes.

Brau-Antony (1998) met en évidence quatre éléments participant de l'élaboration d'une évaluation sommative. L'enseignant évaluateur devra rendre compte des acquis par rapport à ce qui a été enseigné, mettre en adéquation le choix des tâches avec les compétences à valider, conserver le caractère authentique de la pratique à travers la logique interne de cette dernière et passer de l'observation à la note.

L'activité de l'élève dans le temps sommatif

L'évaluation institutionnelle dans le cursus scolaire peut se présenter sous quatre modes différents qui peuvent avoir une influence sur l'activité de l'élève et la façon dont il s'investit dans le dispositif évaluatif.

Nous distinguerons :

- Le contrôle ponctuel comme lors d'un concours d'entrée ou d'une certification terminale.
- Le contrôle continu alternant des phases d'apprentissage et de synthèse au cours du cycle.
- Le contrôle en cours de formation qui fait un bilan de chaque phase de l'apprentissage.
- Les unités capitalisables qui sont additionnées d'une session à l'autre jusqu'à l'obtention complète de l'ensemble.

L'évaluation des compétences de l'élève en EPS se fait sur des aspects culturels comme à travers la performance ou la maîtrise d'exécution, ainsi que sur des compétences méthodologiques comme la connaissance de soi, l'engagement lucide dans l'activité ou l'appréciation des effets de l'activité. Ceci exige de l'élève une forme d'investissement particulière dans l'activité qui suppose qu'il ait développé tout au long du cycle une connaissance fine de ses capacités, de ses habiletés, qu'il sache gérer son effort, son attention et ses possibilités d'adaptation aux exigences de la compétence visée. Ceci signifie également que tous les élèves doivent être évalués en EPS. En effet, les épreuves doivent être adaptées aux élèves en situation de handicap partiel ou permanent. On valorise ainsi l'implication active de l'élève ainsi que ses progrès.

Le champ d'apprentissage n° 5 de l'EPS (dit CA n° 5) reflète tout à fait l'implication active de l'élève dans l'appropriation des connaissances, capacités et attitudes puisqu'il sera évalué sur sa compétence à programmer et réaliser une séance adaptée à son objectif personnel et à ses capacités du moment notamment en musculation, step, course en durée ou natation en durée. Cette compétence est dédiée à l'entretien de soi et vise l'acquisition de connaissances et de méthodes transposables en dehors de l'École et dans la vie future ce qui n'a pas facilité la construction d'un mode de certification adapté à cet objectif.

Conclusion

Concernant l'activité de **l'enseignant**, évaluer c'est avant tout choisir. Cela consiste en une activité décisionnelle complexe dans un contexte souvent urgent et rarement neutre. À cet effet, il devra construire une épreuve qui révèle la compétence ciblée, déterminer un référentiel qui permette d'analyser la production des élèves sur les plans qualitatifs et quantitatifs, mettre en œuvre cet outil dans un cadre collectif, observer les productions des élèves, et enfin décider de leurs valeurs. Concernant **l'élève**, le dispositif d'évaluation programmé tout au long du cycle devrait concourir à sa réussite puisqu'il actualise et finalise ses apprentissages. Il permet aux apprentissages de prendre sens dans la réalisation d'une compétence identifiée.

Selon Hadji (1997), pour participer à une pédagogie enfin efficace, une évaluation doit être à la fois « compréhensive ». C'est-à-dire que l'élève doit être capable d'interpréter la situation mesurée. Elle doit également être « conscientisante » en fournissant des repères éclairant l'élève sur les raisons de sa réussite ou de son échec et « formatrice » en donnant les outils de la réussite. La situation d'évaluation doit avoir pour fonction de révéler à l'élève que grâce à ses efforts au cours des apprentissages, il a développé un réel pouvoir de transformation sur lui-même, de compréhension et d'analyse des événements et d'action sur son environnement.

QUESTIONS

1. Comment faciliter la situation d'évaluation pour l'élève?
2. En quoi l'évaluation formatrice peut-elle aider l'élève à apprendre?

CORRIGÉS

1 LE SYSTÈME ÉDUCATIF

1. Citez les grands principes du système éducatif français.

Les grands principes du système éducatif français sont la liberté de l'enseignement, la gratuité, la neutralité, la laïcité et l'obligation scolaire. Ce sont ces grands principes qui sont le fondement de cette Institution et qui l'organisent au quotidien.

2. Quel est le principe permettant de faire l'apprentissage de la citoyenneté ? Argumentez.

La charte de la laïcité à l'École (9 septembre 2013) explicite le sens et les enjeux du principe de laïcité de l'École. Elle offre aux élèves les conditions pour forger leur personnalité, exercer leur libre arbitre et faire l'apprentissage de la citoyenneté. Elle les protège de tout prosélytisme et de toute pression qui les empêcheraient de faire leurs propres choix. Elle assure aux élèves l'accès à une culture commune et partagée. Elle permet l'exercice de la liberté d'expression des élèves dans la limite du bon fonctionnement de l'École comme du respect des valeurs républicaines et du pluralisme des convictions. Elle implique également le rejet de toutes les violences et de toutes les discriminations, garantit l'égalité entre les filles et les garçons et repose sur une culture du respect et de la compréhension de l'autre.

2 APPRENTISSAGE ET ENSEIGNEMENT

1. Quelles sont les conditions d'apprentissages en EPS ?

En EPS, pour construire des compétences motrices, méthodologiques, sociales et sécuritaires par l'intermédiaire de connaissances, de capacités et d'attitudes les conditions d'apprentissages doivent être multiples.

La première d'entre-elle est bien évidemment la mise en activité de l'élève. D'ailleurs, une des particularités de la discipline est que l'élève apprend par l'action et donc la répétition (Bertsch & Le Scanff, 1995), selon la conception cognitiviste de l'apprentissage de George (1983). De plus, l'élève apprend aussi par l'observation et l'imitation et parfois de manière incidente ou implicite. De surcroît, l'apprentissage en coopération, teinté de valeurs de la République comme la citoyenneté, est valorisé dans la discipline d'autant plus que cela fait partie des acquisitions obligatoires dans le cadre des compétences méthodologiques et sociales. Ainsi, « apprendre en coopération, c'est apprendre avec les autres, par les autres, pour les autres et non pas seul contre les autres ». Ces propos de De Peretti (2001) posent les jalons d'une question récurrente relative aux « dimensions collectives des apprentissages, et singulièrement relative à la place de la coopération entre les élèves dans les situations d'apprentissage ». Ainsi commence la thèse de Évin (Coopérations entre élèves et histoires collectives d'apprentissage en Éducation physique et sportive, 2013). Une des idées de cette thèse suggère que la double perspective « d'apprendre à coopérer » qui peut être une finalité de l'Éducation physique et sportive comme c'est le cas avec les nouveaux programmes d'EPS de 2016 et de « coopérer pour apprendre » considéré comme un moyen d'apprentissages moteurs, méthodologiques et sociaux, constitue un enjeu majeur pour l'EPS (Évin, *ibidem*, 2013), sans oublier les apprentissages pluridisciplinaires en référence avec le socle commun de compétences.

2. Qu'est-ce qu'une programmation d'APSA en EPS ? Quel est son intérêt ?

Le projet pédagogique d'EPS doit présenter une programmation à la fois exigeante, équilibrée et suffisamment diversifiée pour permettre aux filles comme aux garçons de réussir en et par l'EPS et d'acquérir une culture commune. En 2015, à l'école et au collège, le projet pédagogique d'EPS doit définir un parcours de formation équilibré et progressif, adapté aux caractéristiques des élèves, aux capacités des matériels et équipements disponibles, aux ressources humaines mobilisables.

3 LES PRATIQUES D'ENSEIGNEMENT AU COLLÈGE ET AU LYCÉE

1. Quels sont les déterminants d'une séquence d'enseignement ?

À partir du moment où l'APSA est déterminée, l'enseignant d'EPS prépare ses séquences d'enseignement en fonction des objectifs qu'il souhaite atteindre avec ses élèves, en fonction du niveau de sa classe qui peut être différent mais également, des possibilités matérielles dont ils disposent. Durant la leçon, il fait généralement usage de démarches variées en mettant les élèves en situation d'élaborer leur savoir à partir de situations problèmes, en utilisant les démonstrations et donc les observations des élèves avec de plus en plus d'élèves qui utilisent les outils numériques.

2. Que recouvre la notion de projet en EPS ?

Dans le cadre scolaire, la notion de projet est à comprendre sous différentes réalités. Nous retrouvons pêle-mêle le projet d'établissement, le projet pédagogique d'EPS, le projet de l'association sportive de l'établissement, le projet UNSS, le projet de classe, le projet de cycle, le projet de l'élève, le projet d'accueil individualisé (PAI), le projet d'aide spécialisé (PAS), le projet personnalisé de scolarisation (PPS). Le projet pédagogique EPS fait le lien entre les directives institutionnelles, les programmes de la discipline, le projet d'établissement et les élèves de l'établissement. La construction collective du projet pédagogique EPS est une obligation institutionnelle, de même que celui de l'association sportive de l'établissement dont le chef d'établissement en est le président de droit. Ce projet pédagogique d'EPS est l'expression locale du programme d'EPS.

3. Définissez le projet de cycle en EPS.

Au sein du système éducatif la notion de cycle revêt plusieurs réalités. Nous pouvons en distinguer trois. Nous les retrouvons aussi bien à l'échelle du cursus scolaire de l'élève que durant les cycles d'enseignement dans le cadre de l'année scolaire et particulièrement dans le cadre des apprentissages en EPS qui sont généralement organisés par APSA. La notion de cycle d'apprentissage peut également être distinguée au niveau de l'élève dans le sens où les apprentissages passent par des phases de découverte, d'optimisation, de développement quantitatif et qualitatif, en relation avec les transformations des pré-adolescents et des adolescents. Pour ce qui concerne l'éducation physique et sportive, à l'échelle de l'année scolaire, les cycles se définissent prioritairement comme une unité d'enseignement et de temps de plusieurs semaines qui structurent ainsi l'année. Ils ont une durée minimale de sept semaines soit de vacances à vacances. L'enjeu d'un cycle d'enseignement et d'apprendre des connaissances, des capacités et des attitudes permettant de construire des compétences attendues définies dans les programmes d'EPS. Pour que les processus d'acquisition produisent leurs effets, il est nécessaire que le temps d'apprentissage soit suffisamment conséquent.

Ainsi, la notion de cycle en éducation physique et sportive trouve une légitimité comme nous l'avons mentionné dans les principes de l'apprentissage moteur, cognitif et affectif. La logique cohérente d'un projet de cycles tant au niveau de sa dimension interne que de sa dimension externe avec les autres projets de cycles durant l'année est de permettre et de pérenniser les apprentissages des élèves à travers le transfert que ces derniers peuvent effectuer et pour dépasser leur statut d'éternel débutant.

4. Expliquer ce qu'est une leçon d'EPS ?

La leçon d'EPS est la mise en œuvre concrète de l'enseignement. C'est le moment de la rencontre entre l'enseignant, les élèves et les situations d'apprentissage. C'est donc l'opérationnalisation, la phase concrète située dans le temps, l'espace et l'action de l'enseignement, le moment où la transmission des savoirs et la construction des compétences doit avoir lieu. C'est une phase interactive entre l'enseignant et les élèves avec pour supports, des situations d'apprentissage. Derrière ce terme de leçon, nous retrouvons l'idée d'enseignement obligatoire à l'inverse de la séance de l'association sportive où les apprentissages existent mais avec d'autres priorités comme l'éducation et la formation.

4 DÉCLENCHER ALIMENTER L'ACTIVITÉ D'APPRENTISSAGE DES ÉLÈVES

1. En quoi la situation d'apprentissage permet les apprentissages en EPS ?

« Pour se transformer et atteindre le niveau de compétence envisagé, l'élève doit franchir des obstacles au fur et à mesure de son apprentissage. L'obstacle s'explique, selon nous par la sollicitation d'une ressource perturbatrice de manière momentanée » (Jeanin & Mathias, 2007).

La situation d'apprentissagecomporte des contraintes et ces dernières vont déterminer la manière d'agir de l'élève et mobiliser d'une façon particulière les ressources dans l'optique de construire de nouveaux apprentissages ou de consolider ceux déjà existants.

2. **Pourquoi faut-il rendre les situations abordables durant les premières phases d'apprentissage ?**

Famose, Durand et Bertsch (1985) montrent qu'une démarche d'augmentation progressive de l'incertitude est plus efficace qu'une méthode confrontant directement les sujets à une difficulté maximale. Cela permet une rapide amélioration des performances pendant l'acquisition, mais n'est pas bénéfique à la mémorisation et au transfert d'apprentissage. C'est à l'enseignant d'EPS de trouver des outils permettant à l'élève de persévérer dans les apprentissages, et donc l'amener à faire des efforts. La difficulté de la situation d'apprentissage peut donc être déterminée par la variabilité et les différentes organisations de la pratique qui peut être de type bloqué, sériel ou aléatoire.

3. **Quelles sont les caractéristiques essentielles de la situation d'apprentissage ?**

Une situation d'apprentissage comporte de nombreux éléments dont l'objectif, le but de la situation, son aménagement matériel et humain à travers son dispositif et les consignes données aux élèves ou concernant l'utilisation du matériel. Nous retrouvons également des éléments comme les critères de réussite, les critères de réalisation ou contenus d'enseignement en termes de connaissances, capacités, attitudes et les variables didactiques qui permettent une simplification ou une complexification de la situation. Nous pouvons également ajouter une partie bilan dans la situation apprentissage qui se situe en dehors de l'action motrice elle-même mais qui agit comme une routine permettant de verrouiller la situation et de préparer la suivante. La partie bilan permet de rendre intelligibles les situations proposées par l'enseignant d'EPS.

4. **Qu'est-ce qu'une situation de résolution de problèmes en EPS ?**

Dans une situation de résolution de problèmes (SRP), l'élève expérimente des solutions pour tenter de trouver des solutions au problème posé dans la situation d'apprentissage. Ainsi, de proche en proche, de nouveaux apprentissages se mettent en place, se complètent et se complexifient permettant ainsi la construction d'une compétence motrice.

5 ANIMER, COMMUNIQUER ET ORGANISER

1. **Nommer les huit grands styles d'enseignement selon Mosston et Ashworth (2002).**

L'enseignement par commandement ; par tâche ; réciproque ; sous-groupe ; par programme individuel ; par découverte guidée ; par « problem-solving et le niveau créatif (élève prenant toutes les décisions, sauf celles d'identifier le problème à résoudre).

2. **Quels sont les trois principaux modes d'organisation dans la leçon d'EPS ?**

Le professeur met ses élèves sous forme de circuit.

Le professeur met ses élèves par ateliers, par situation.

Le professeur choisit un contrôle puissant de ses élèves, il les met alors par vagues, en demi-cercle autour de lui…

6 OBSERVER ET RÉGULER L'ACTIVITÉ DE L'ÉLÈVE

1. **En quoi l'observation et la régulation des élèves favorisent-elles les apprentissages en EPS ?**

Dans sa relation pédagogique avec les élèves, la première action de l'enseignant est de les observer. L'observation, considérée comme « l'action de regarder attentivement les phénomènes, les événements, les êtres pour les étudier, les surveiller, en tirer les conclusions » (Dictionnaire Larousse, 2015) est nécessaire pour prendre en compte des informations issues des conduites motrices des élèves et les analyser afin d'établir des hypothèses de fonctionnement pour ensuite mettre en œuvre une nouvelle intervention par divers processus de régulation. C'est la démarche essentielle permettant l'apprentissage des élèves. Ainsi, l'observation et la régulation de la part de l'enseignant doivent être au service des progrès des élèves et non servir de prétexte pour les discriminer.

2. **Quels sont les différents types et fonctions de feedbacks en EPS ?**

Le délai du FB extrinsèque correspond au moment où est donnée la connaissance du résultat ou la connaissance de la performance par rapport à l'action réalisée. Trois variantes sont proposées dans la littérature et les effets de chacune d'elles sont variables selon le type d'expériences : « simultanée » à la réalisation de l'action, de manière « instantanée » quand il intervient dès la fin de l'action et « délayé » quand une période de latence est présente entre la fin de l'action et le FB. Il présente trois principales fonctions c'est-à-dire de renseigner sur l'atteinte du but à travers la connaissance du résultat, de décrire la performance à travers la connaissance des critères de réalisation mais également pour relancer la motivation l'élève.

3. En quoi le feedback peut-il être un élément motivationnel ?

Pour Potdevin et coll. (2013), la relation entre le feedback et la motivation est positive (Austermann Hula et al., 2008) car selon la théorie de l'autodétermination (Deci & Ryan, 2002), les informations fournies par le feedback augmentent la perception de son niveau de contrôle sur les actions à mener et influencent positivement la motivation intrinsèque (Horn, 1992), gage de la production d'efforts à long terme. Ce rôle important de l'enseignant dans la capacité à générer chez l'apprenant une auto-évaluation de ses actions et de ses causalités a été mis en évidence par Bressoux et Pansu (2003).

7 L'ÉVALUATION EN EPS

1. Comment faciliter la situation d'évaluation pour l'élève ?

Faciliter la tâche de l'élève dans la situation d'évaluation passerait par une spécification de ce qui fait l'objet de l'évaluation (la compétence, les contenus d'enseignement) ainsi que, par une clarification auprès de l'élève évalué, des critères retenus par l'enseignant ainsi que de ses attentes en termes d'attitude. Selon Hadji (1997), l'enfant en situation d'évaluation doit deviner ce qu'attend l'enseignant, et décoder ses attentes implicites. Il devra donc mettre en œuvre des processus psychosociaux complexes, relatifs aux contenus mobilisés, mais également aux conditions sociales de l'épreuve. Cardinet (1996) précise que ceci relève d'un savoir-faire social. De plus, Le partage de l'information entre pairs, sur ce qui est attendu, permet de dédramatiser la situation d'évaluation et d'instaurer un dialogue entre les élèves sur ce qu'ils ont produit. Considérer l'observateur comme un partenaire qui l'aide à progresser permet à l'élève d'agir en confiance car celui-ci ne se sent plus jugé sur ce qu'il est, mais bien pour ce qu'il produit.

2. En quoi l'évaluation formatrice peut-elle aider l'élève à apprendre ?

En EPS, les élèves sont bien souvent associés à la mise en œuvre du dispositif d'évaluation dès le début du cycle. S'ils connaissent et manipulent les critères quantitatifs qualitatifs par le biais de l'autoévaluation et de la co-évaluation, ils se construisent des repères sur les connaissances, les capacités et les attitudes à mettre en œuvre pour réussir dans la compétence. L'observation et l'analyse relèvent d'un véritable apprentissage. Ce processus se précise au cours du cycle et participe pleinement aux progrès de l'élève par le repérage de principes, d'invariants de l'action et de méthodes à mettre en œuvre. Le professeur d'EPS tente ainsi de rendre l'élève actif dans l'anticipation, la planification de l'action et l'autogestion de ses erreurs.

Bibliographie

- Alanbagi, Boukriche & Vilain (L'enseignement de l'éducation physique et sportive à l'École, 2016)
- Alanbagi & Testa (Méthodologie de l'entraînement sportif, 2016)
- Amade-Escot & Marsenach (Didactique de l'Éducation Physique et Sportive, 2001)
- Bertsch & Le Scanff (Apprentissages moteurs et conditions d'apprentissages, 1995)
- Bidar (Pour une pédagogie de la laïcité à l'École, 2012)
- Boisseau (Nutrition et bioénergétique du sportif, 2005)
- Bride (La santé est-elle affaire d'éducation ?, 2012)
- Caby & Blondel (Les effets de l'activité physique sur la santé, dans La santé, 2008)
- Cogérino (Curriculum en EP et Éducation à la santé en milieu scolaire, 2000)
- Costa-Lascoux & Auduc (La laïcité à l'école, Un principe, une éthique, une pédagogie, 2006)
- Cox (Psychologie du sport. Bruxelles, 2005)
- Cury & Sarrazin (Théories de la motivation et pratiques sportives. État des recherches, 2001)
- Damasio (L'ordre étrange des choses, 2017)
- Debarbieux (La violence en milieu scolaire, 2001)
- Delignières (« Vers une pédagogie des compétences : apprendre à gérer la complexité », 2014)
- Delignières (La dynamique de l'estime de soi, 2006)
- Delignières (L'effort. Paris, 2000)
- De Matos (Effet de l'activité physique sur l'anxiété et la dépression, 2009)
- Derlon (Risque et sécurité, Dossier EPS n° 46, 1999)
- Dufour (Contribution de l'EPS à l'éducation au bien-être, 2007)
- Durand (Chronomètre et survêtement, 2001)
- Durand (L'enseignement en milieu scolaire, 1996)
- Eisenbeis & Touchard (L'éducation à la sécurité, 1995)
- Évin (Coopérations entre élèves et histoires collectives d'apprentissage en Éducation physique et sportive, 2013)
- Famose & Bertsch (L'estime de Soi : une controverse éducative, 2009)
- Famose & Troadec (Des croyances biaisées pour se protéger ou se valoriser : les stratégies d'auto-complaisance, dans Croyances et performance sportive, 2005)
- Famose & Guérin (La connaissance de soi en psychologie de l'éducation physique et du sport, 2002)
- Favre (Cessons de démotiver les élèves : 18 clés pour favoriser l'apprentissage, 2010)
- Fougeyrollas (Susciter le changement, dans Gardou & Poizat : Désinsulariser le handicap, 2007)
- Gagnaire & Lavie (Le plaisir des élèves en éducation physique et sportive : futilité ou nécessité ? 2007)
- Gaussel (L'éducation à la santé, 2011)
- Goslin (Qu'est-ce que l'adolescence ? 2011)
- Goslin (Les conduites à risque à l'adolescence, 2003)
- Kintzler (Laïcité dans la fonction publique, Haut conseil à l'intégration, 2012)
- Lipovetsky & Charles (les temps hypermodernes, 2004)
- Noizet & Caverni (Psychologie de l'évaluation scolaire, 1979)
- Paillard (Réactif et Prédictif : deux modes de gestion de la motricité, 1991)
- Pasquier & Paulmaz (« La gestion des émotions et les implications dans les apprentissages », Les cahiers de l'académie de Nantes, 2004)
- Perrenoud (Enseigner : agir dans l'urgence, décider dans l'incertitude. Savoirs et compétences dans un métier complexe, 1999)
- Queval (Philosophie de l'effort, 2016)
- Récopé (L'apprentissage, 2001)
- Rey (Le groupe, 2000)
- Ria (Les émotions, 2005)
- Schmidt (Apprentissage moteur et performance, 1993)
- Travert & Mascret (La culture sportive, 2012)
- Vallerand et Thill (Introduction à la psychologie de la motivation, 1993)
- Van Praagh (Physiologie du sport : enfant et adolescent, 2007)
- Vial (Nature et fonction de l'auto-évaluation dans le dispositif de formation, 1995)
- Viau (La motivation en contexte scolaire, 2005)

PSYCHOLOGIE SOCIALE

Alexandre OBOEUF (coord.)

Maître de Conférences à l'UFR STAPS.
Université de Paris.

Jonathan COLLARD

Professeur d'EPS. Doctorant à l'UFR STAPS.
Université de Paris.

Joséphine BUFFET

Doctorante à l'UFR STAPS.
Université de Paris.

Chapitre 1

LES DIFFÉRENTES FORMES DE COMMUNICATIONS DANS LES JEUX

Alexandre Oboeuf & Jonathan Collard

MOTS-CLÉS

Sport • communication praxique directe • communication praxique indirecte • indice • signe • praxème • gestème.

À propos de nos représentations

Lorsque nous parlons de communication dans le sport aux étudiants, ils sont presque surpris. La réponse, après tout, s'impose comme une évidence : communiquer, c'est dispenser des indications verbales à des joueurs ou à des partenaires. « Parlez-vous ! » ; « Replacez-vous ! » ; « Attention, derrière toi ! » ; « Montez ! » ; « C'est bien ! On continue les gars ! ». Autant d'illustrations de ce que l'on entend aux abords des stades à l'occasion d'incompréhensions ou de précisions « tactiques » entre deux ou plusieurs joueurs. De même, un entraîneur « qui sait gérer son groupe » de main de maître ou qui « maîtrisera » sa communication face aux médias sera considéré comme un bon communicant. Le terme communication semble donc faire assez peu débat. Communiquer, c'est parler. Parler, c'est communiquer. Ces deux mots sont comme l'envers et l'endroit d'une même étoffe : indissociables. Linéaire, explicite, intentionnelle, rationnelle et individuelle, la communication se caractériserait donc par une activité verbale, soit orale soit écrite, reposant sur une transformation d'idées intérieures en paroles extérieures. Dans le monde du *Short Message System* (plus connu sous l'acronyme « SMS ») ou du « *E-mail* », il peut difficilement en être autrement. En sport, la communication serait une transmission d'informations qui transitent d'un émetteur, c'est-à-dire un joueur ou un entraîneur, vers un récepteur, c'est-à-dire un joueur ou un groupe de joueurs. Mais l'évidence n'est pas un critère de vérité scientifique. Ce qui étonnera l'observateur averti, c'est que la communication *autour* du jeu concerne rarement la communication *du* jeu. Où nos représentations sur la communication prennent-elles leurs racines ?

L'insuffisance du modèle « télégraphique » de la communication

Historiquement, pendant la Seconde guerre mondiale, la réflexion concernant les moyens de communication, et plus particulièrement les réseaux de télécommunications (téléphone, télégraphe, télévision), bat son plein. L'objectif étant d'améliorer leur rendement à des fins militaires. C'est dans ces conditions historiques particulières et sans doute libérés du secret militaire que deux chercheurs, Shannon et Weaver, proposent en 1949 leur « théorie mathématique de la communication ». Le modèle issu de cette théorie repose clairement sur le fonctionnement du télégraphe. Il permet d'appréhender la communication à partir de quatre éléments principaux : l'*émetteur* (celui qui transmet le message), le *canal d'information* (l'endroit où passe le message), le *récepteur* (celui qui reçoit le message) et *le répertoire de signes* (code commun). Au cours de la transmission du message, divers « *bruits* » (canal défectueux, mauvaise réception, etc.) peuvent diminuer la quantité d'informations transmises. Ce modèle « télégraphique », comme l'appelle Yves Winkin, répond aux cinq questions du modèle de Lasswell (1948) : 1) qui (émetteur), 2) dit quoi (le message), 3) dans quel canal, 4) à qui (le récepteur), 5) avec quel effet.

Il n'est pas déraisonnable d'ajouter à ce modèle un autre élément : la notion de *feedback* (ou rétroaction). C'est l'information en retour renseignant l'émetteur sur les conséquences de l'action engagée (Wiener, 1948). L'émergence de ce concept fut une aubaine, et le feedback devint un moyen d'expliquer que le récepteur n'est pas un individu passif, puisque l'émetteur régule ses messages en fonction des réponses de ce dernier. Dans les travaux de Wiener comme dans ceux de Shannon et Weaver, les notions de communication et de transmission se substituent aisément l'une à l'autre. D'ailleurs, cette confusion n'a pas échappé à certains auteurs pour qui on confond les concepts d'information et de communication depuis plus d'un demi-siècle (Winkin, 1981)

Esquisser un portrait des travaux de Shannon, Weaver et Wiener est particulièrement nécessaire et important, car leurs travaux fondent les soubassements de ce que l'on désigne, aujourd'hui, sous l'appellation de « théorie de l'information ». Notons néanmoins que dans le cadre des jeux sportifs, ce modèle pose un certain nombre de problèmes. Tout d'abord, chaque jeu sportif héberge un foisonnement de conduites communicationnelles qui ne peuvent être réduites à un cumul de messages verbaux entre les protagonistes. Une simple course peut faire basculer le cours d'une rencontre et peut, dès lors, véhiculer un sens pour les acteurs. Que sont ces appels de balle, ces tirs, ces courses croisées, ces démarquages, ces interceptions ou encore ces feintes diverses qui abondent sur l'aire de jeu, sinon des formes de communications ? Nous tenterons de montrer dans ces pages que « *les gestes que parfois nous nommons vides sont peut-être, en fait, les plus pleins de tous* » (Goffman, 1974, p. 81). Ensuite, ce modèle « télégraphique » appréhende la communication comme un acte individuel. Un émetteur transmet intentionnellement un message à un récepteur. Or, dans les sports collectifs notamment, tous les joueurs participent à la communication au même instant. La communication n'est pas une partie de ping-pong où on se renverrait uniquement la balle. Des processus communicationnels d'une rare complexité sont à l'œuvre. Pendant que Célian tente de dribbler son vis-à-vis, Julien se démarque, Olivier produit une course de soutien et Medhi réalise un appel en profondeur. Tous les joueurs participent à la communication, qu'ils le veuillent ou non. Au même instant, partenaires et adversaires actualisent des communications qui requestionnent la trame ludique dans son ensemble. L'incertitude liée aux comportements des acteurs est omniprésente.

Manifestement, la vision de la communication véhiculée par le modèle de la transmission se révèle inadaptée à la compréhension des conduites motrices actualisées *in situ*.

Vers un modèle « orchestral » de la communication

Le modèle techniciste et mathématique de Shannon et Weaver a, dès son émergence, été combattu par une communauté de chercheurs nord-américains. Alors que le modèle de la transmission se répand et s'affirme dans l'univers des sciences humaines, ces chercheurs décident de poser un autre regard sur la communication interpersonnelle. Parmi eux, on retrouve de grands noms de l'histoire des sciences humaines et sociales comme Gregory Bateson, Erving Goffman, Edward T. Hall, Ray Birdwhistell ou encore Paul Watzlawick. Yves Winkin, spécialiste de la sociologie américaine, parle de *collège invisible* pour qualifier ce groupe de chercheurs (1981). Il y a chez eux un large consensus sur ce que doit être et ne pas être la recherche sur la communication dans l'interaction. Plus que de transmission d'informations, ils préfèrent parler de participation à la communication, à l'instar des musiciens qui participent à une partition orchestrale. L'analogie est, pour eux, criante : « *La communication est conçue comme un système à multiples canaux auquel l'acteur social participe à tout instant, qu'il le veuille ou non : par ses gestes, son regard, son silence, sinon son absence... En sa qualité de membre d'une certaine culture, il fait partie de la communication, comme le musicien fait partie de l'orchestre. Mais, dans ce vaste orchestre culturel, il n'y a ni chef, ni partition* » (Winkin, 1981, p. 8). Ce modèle « orchestral » de la communication réhabilite donc la gestualité, largement laissée-pour-compte du modèle de la transmission. De plus, ce modèle précise que des actes involontaires peuvent être interprétés par les co-participants, ce qui n'est pas le cas dans le modèle de Shannon et Weaver. Pour ces derniers, la communication est consciente et volontaire. Pourtant, pendant un match de football par exemple, si vous voyez un joueur tourner la tête vers l'espace opposé, vous pouvez très bien en profiter pour « partir dans son dos ». En aucun cas l'adversaire n'a pourtant souhaité communiquer avec vous ! Bien au contraire. Sur l'aire de jeu, on peut communiquer... à son corps défendant. La complexité ludique est bien réelle.

Tout le monde communique en même temps, adversaires comme partenaires, de manière intentionnelle ou non, tout au long du déroulement ludique. Parlebas suggère à ce propos : « *Le fait que tous les acteurs aient droit de décision motrice transforme la situation. Certes, il y a prise d'information auprès des co-participants dont les comportements sont souvent incertains et chargés de surprise, mais la communication n'est pas une simple transmission ; elle peut devenir l'exercice d'une influence et d'une pression. Elle est dans ce cas la mise en jeu d'une action afin d'influencer une autre action. La fréquente tendance à réduire la communication à un phénomène de transmission de l'information témoigne certainement de la persistance abusive du modèle linguistique* » (1990, p. 152). Ce n'est plus le concept « d'information », entendu comme une grandeur statistique abstraite, qui est au centre du débat, mais la signification des comportements moteurs actualisés par tous les protagonistes.

Vers une sémiologie de la motricité ?

Le modèle de la communication-participation permet de sortir de l'échange dyadique dans lequel le modèle de Shannon et Weaver nous enferme, en même temps qu'il réhabilite le geste. Mais l'étude des gestes doit aussi s'affranchir d'une subordination à l'étude du langage. Il y a fort longtemps, le linguiste Ferdinand de Saussure a proposé une alternative intéressante permettant de considérer l'échange verbal non pas comme un échange de mots, mais plutôt comme un « échange » de signes. En fait, il s'agirait de ne pas considérer le langage comme une transmission d'information, mais comme un « système de signes » créé par et pour les hommes en vue de communiquer, de se comprendre les uns les autres. Il appelle sémiologie l'étude de ces systèmes de signes, de ces codes de communication. La sémiologie, annonce-t-il, a pour but de nous apprendre « *en quoi consistent les signes, quelles lois les régissent* » (1972, p. 33). C'est donc à nouveau la linguistique qui constitue la bannière de ralliement, au départ, de cette perspective. Mais pour Saussure, la sémiologie ne concerne pas uniquement le langage.

Une langue est un système de signes vocaux spécifiques aux membres d'une même communauté. Le signe linguistique unit « *non une chose et un nom, mais un concept (le signifiant) et une image acoustique (le signifié)* » (De Saussure, 1972, p. 98). Illustrons nos propos. Le signifiant [elefã] prononcé par une personne appellera chez les autres personnes en présence l'image acoustique, l'idée d'un éléphant, qui a ici valeur de signifié. On sait que ce lien entre signifiant et signifié – le signe linguistique – est arbitraire, façonné par les hommes au cours de leur Histoire, même s'il est considéré comme évident et logique pour tous. La langue, ainsi considérée, est un « système de signes » utilisée par les membres d'une culture donnée. Parlebas a bien mis en exergue qu'il en était de même au sein des jeux (1990). Un jeu sportif donné – à l'instar d'une langue donnée – alerterait un certain nombre de signes qui permettraient aux participants de se comprendre, de communiquer. L'ensemble de ces signes formerait le « système de signes » du jeu sportif. Ce système de signes serait intimement lié aux règles dudit jeu sportif, comme le système de signes d'une langue serait attaché aux règles de ladite langue. Les protagonistes ludiques n'interprètent pas les comportements des autres de façon complètement aléatoire. Ils les dotent d'une signification, en fonction d'un code sous-jacent, afin de prendre leurs décisions motrices. Pour Parlebas, on oublie trop souvent que l'autre ne peut saisir nos messages que selon « *des moyens à la portée de sa condition d'être humain : une organisation de signes* » (1990, p. 154).

Tel joueur accélère subitement, et on lui fera la passe dans l'intervalle ; tel autre joueur se positionne de telle façon pour lancer une fulgurante contre-attaque tandis que tel autre joueur se rapproche de moi, afin de réaliser une combinaison en une-deux ou, en compagnie d'un tiers acteur, en triangle. Tous ces comportements paraîtraient quelque peu farfelus en dehors du stade. Pourtant, celui qui joue les perçoit comme des signifiants et agit sur le fil, en connaissance de cause, en les dotant de sens (signifiés). Ces comportements moteurs ont valeur de signes. Le joueur doit saisir les significations tactiques des actes qui s'entrelacent sous ses yeux. La sémiologie, qui étudie les systèmes de signes, peut nous accompagner dans la compréhension des mécanismes communicationnels en jeu. Au sein d'un jeu sportif donné, lui-même fondé par des règles de fonctionnement explicites, quels sont les signes pouvant émerger ? À quel type de « système de signes » (ou de communication) l'acteur a-t-il recours au sein de chaque jeu sportif ?

Si l'analyse du signe linguistique et celle du signe moteur présentent des analogies, elles révèlent également de profondes disparités (Parlebas, 1990). De Saussure (1972) a mis en évidence deux principes concernant le signe linguistique : son arbitraire et sa linéarité. Le signe linguistique est arbitraire dans le sens où le signifiant « *est immotivé, c'est-à-dire arbitraire par rapport au signifié, avec lequel il n'a aucune attache dans la réalité* » (1972, p. 101). Nous l'avons vu précédemment avec l'exemple de l'« éléphant » : l'idée renvoyée (« éléphant ») n'a aucun lien réel avec la suite de sons utilisée pour la définir [elefã]. En outre, on sait bien qu'un même signifiant [elefã] prendra des signifiés distincts selon les langues. En revanche, le signe moteur n'est pas arbitraire. On peut même le qualifier de *motivé*. L'« appel de balle » d'un joueur (« signifiant ») est loin d'être fortuit, sans rapport réel avec son signifié, à savoir que ce joueur souhaite recevoir le ballon dans sa course. Le second principe est que le signe linguistique se caractérise par sa linéarité. En effet, « *le signifiant, étant de nature auditive, se déroule dans le temps seul et a les caractères qu'il emprunte au temps : a) il représente une étendue, et b) cette étendue est mesurable dans une seule dimension : c'est une ligne* » (1972, p. 103). Plus loin, De Saussure écrit : « *Par opposition aux signifiants visuels (signaux maritimes, etc.) qui peuvent offrir des complications simultanées sur plusieurs dimensions, les signifiants acoustiques ne disposent que de la ligne du temps ; leurs éléments se présentent l'un après l'autre ; ils forment une chaîne* » (1972, p. 103). Pour sa part, le signe moteur a une double particularité : non seulement il possède, comme le signe linguistique, une dimension temporelle, mais de surcroît il s'articule dans les trois dimensions de l'espace (largeur, hauteur, profondeur). Ainsi, le signe moteur est porteur d'une dynamique profonde, en vertu de son rapport au temps et à l'espace.

Une autre caractéristique, exprimée par Parlebas, façonne la spécificité du signe moteur par rapport au signe linguistique. Si le langage permet d'évoquer des objets absents et de se référer par représentation à une réalité quelconque, ce n'est pas le cas du signe moteur. Sa signification se cristallise *hic et hunc* dans l'action, et jamais de manière différée. Le jeu est pétri de signification immédiate. Le signe moteur ne se donne pas à voir de la même façon qu'un panneau publicitaire. « *Ce sens ludomoteur n'a de référentiel extérieur autre que ses règles de définition. Le comportement sociomoteur ne renvoie à rien d'autre qu'à lui-même. Il épuise l'action en cours et il s'épuise en elle* » (1990, p. 151). Cette immédiateté du signe moteur est un élément fondamental de sa spécificité. La dépêche télégraphique nous communique en différé un message, après sa mise « en pli ». La communication praxique, « *qui se réfère à la praxis motrice, à l'action motrice* », ne peut se faire en différé (Parlebas, 1999, p. 269). Le joueur reçoit l'information au moment même de son émergence. En un mot, il n'est pas le récepteur passif de la communication, il en est un des acteurs principaux. Ces éléments permettent de dégager la spécificité du signe moteur dans son rapport avec le signe linguistique. C'est la raison pour laquelle nous parlerons de sémiologie de la motricité : de sémiotricité.

Communication praxique directe et communication praxique indirecte

Bien que cela soit souligné ailleurs dans cet ouvrage, il est bon de rappeler que la communication praxique fonde la dichotomie entre les situations dites « sociomotrices » et les situations dites « psychomotrices » (Parlebas, 1981). Dans ces dernières, l'interaction est déficiente. La logique des situations sociomotrices est extrêmement différente : les interactions motrices y sont essentielles. Impossible de jouer sans adversaires au football ou au judo. En revanche, courir un cent mètres en natation ou en athlétisme ne nécessite pas la présence d'autrui. La course peut avoir lieu indépendamment de la présence d'adversaires.

À la suite de Parlebas, nous scindons la communication praxique en deux catégories interdépendantes. Une première catégorie concerne la **communication praxique directe**. Cette catégorie admet deux modalités : *la communication motrice* entre partenaires et la *contre-communication* motrice entre adversaires. Dans un jeu sportif comme le football, nous pourrons observer des communications motrices, sous forme de passes, et des contre-communications, sous forme de tirs, de contacts, de tacles ou d'interceptions. Cette communication praxique directe est souvent la seule jugée digne d'intérêt, car elle est étroitement liée à la réalisation de la tâche motrice (rapport à l'objet ou corps-à-corps entre participants). C'est l'interprétation au premier degré du comportement des pratiquants. Mais les transmissions de balle, les tirs et les interceptions n'ont pas le monopole de la communication praxique au sein des jeux. Le joueur qui reçoit la balle a sûrement réalisé un « appel de passe » ou une accélération soudaine, faisant suite à l'observation et au décodage des comportements d'autrui qui ont précédé sa décision motrice. À coup sûr, le joueur a anticipé. Toute la dynamique ludomotrice est dépendante de ce type de communication inexplorée, que l'on appellera **communication praxique indirecte**. Sans elle, pas de jeu. Dès lors, ne s'intéresser qu'à la transmission de la balle, c'est oublier l'idée fondamentale selon laquelle « *c'est dans le jeu sans ballon que siège la dynamique des duels collectifs* » (Collard, 2004, p. 6). Pierre Parlebas définit deux types de communications praxiques indirectes : les *gestèmes* et les *praxèmes*. Ces communications légitiment la notion de sémiotricité.

Indice, gestème ou praxème ?

La communication praxique indirecte repose, répétons-le, sur des signes. En sémiologie, un signe peut être défini comme le fait qu'un élément A représente un autre élément B, ou lui sert de substitut. Cet élément A peut impliquer une intention de communiquer, ou ne pas en impliquer. Ce facteur d'intentionnalité est déterminant. En effet, il va permettre de différencier, pour les sémiologues, les indices des signes. On parle d'indice lorsqu'il n'y a pas d'intention de communiquer, et de signes dès lors qu'il y a présence d'intention de communiquer. Le linguiste Georges Mounin aime à prendre le ciel d'orage (élément B) comme un exemple d'indice. En effet, ce dernier n'a aucune intention communicative à l'égard du météorologiste, mais il est cependant l'indice d'une éventuelle pluie. Dans cette perspective, un joueur qui, dans un jeu sportif, tourne la tête dans une direction (pour observer l'action en cours par exemple) ne cherche pas nécessairement à communiquer une intention envers les autres joueurs. Pourtant, un adversaire peut avoir perçu cette orientation faciale (élément B) comme un indice du positionnement à venir (élément A) de ce joueur. L'intention est absente, on parlera donc d'indice. Maintenant, si ce même joueur accélère soudainement alors qu'un coéquipier qui possède le ballon se trouve à proximité, il lui envoie semble-t-il un signal qui n'est plus du même ordre. Il réalise un « appel de balle » à ce partenaire, nécessairement intentionnel, lui stipulant qu'il souhaite recevoir le ballon dans sa course. Dans ce cas, il y a intention de communiquer et on parlera de signe.

Notons que lorsqu'on pénètre sur l'aire de jeu, « on ne peut pas ne pas communiquer » : la communication est un système dans lequel les interlocuteurs *s'engagent*. Au sein des jeux sportifs, chacun de nos comportements est épié, et même notre absence de comportement peut véhiculer un sens pour les co-acteurs, en étant par exemple le signe avant-coureur d'une soudaine accélération. En outre, et c'est un point d'une importance cardinale qui fonde la spécificité des conduites motrices, le signe moteur n'est pas un signe uniquement coopératif. Les conduites motrices des protagonistes reposent très largement sur l'antagonisme, la dissimulation. Dans les « jeux à deux équipes et à somme nulle », *id est* dans les « duels » collectifs tel le football ou le handball, le but est de battre l'adversaire. Aussi, pour aboutir à cet objectif, il faudra communiquer avec ses partenaires à l'aide de signes qui doivent rester dans le secret, faussement perceptibles aux yeux des adversaires. Ces jeux sportifs sont un monde de dissimulations, de subterfuges, de feintes et autres tromperies. Enfin, l'opposition a un rôle majeur dans les conduites communicationnelles que le modèle précédent occulte très largement. Pour ces raisons, Parlebas souligne la nécessité d'une refonte des concepts. Le signe des sémiologues est plutôt, dans nos jeux sportifs, un contre-signe. Le joueur, s'il doit être transparent pour ses partenaires, se doit surtout d'être opaque pour ses adversaires. Il lui faut simuler, mettre au point des stratégies de connivence, déjouer en même temps les projets de l'adversaire. Cette perspective souligne une nouvelle fois la particularité sémiologique des jeux sportifs.

Dans les jeux sportifs investis pour l'analyse, on distingue deux types de codes sémioteurs : les gestèmes et les praxèmes.

Le premier code sémioteur, assez trivial, correspond aux attitudes, gestes, mimiques, comportements moteurs qui sont accomplis dans le but de transmettre soit une demande, soit une indication, soit une injonction tactique ou relationnelle par simple substitution à la parole : ce sont les **gestèmes** (Parlebas, 1999, p. 155). Notons qu'au cœur du déroulement ludique, le gestème est purement conventionnel et qu'à l'instar de la communication verbale, il se surajoute à l'action. Lorsque je replace un partenaire du doigt afin qu'il couvre une partie du terrain, ou que je lève le bras pour spécifier à un autre que je suis démarqué et que je souhaite recevoir le ballon, je réalise un gestème. Ce geste est une indication non voilée de mes intentions. Force est de constater qu'il ne participe pas directement de la réalisation motrice, il n'est pas un acte constitutif de la tâche motrice, mais se surajoute à cette dernière. D'ailleurs, nous verrons que dans certains jeux sportifs, ce code sémioteur devient asymptotique, car il est porteur d'indications dévoilant les projets de l'acteur. Le gestème représente un premier moyen pour l'acteur ludique de communiquer avec ses partenaires. C'est un signe puisqu'il possède bien les deux faces indissociables de ce dernier : je montre du doigt (signifiant) afin de donner une indication (signifié). Le signe est le geste observable et le message est le contenu tactique correspondant.

Paul Irlinger (1974) a pu montrer au sein des sports que ces gestèmes remplaçaient de plus en plus les communications verbales dès lors que le niveau du jeu allait en s'accroissant. Alors que s'affermissent ses compétences au sein d'une spécialité, le sportif aurait de moins en moins recours à la communication verbale. Pour Parlebas, ce résultat confirme l'hypothèse selon laquelle ces gestèmes représenteraient un substitut à la communication verbale. Le jeune enfant qui joue use abondamment de communications verbales afin de spécifier sa disponibilité à recevoir le ballon. Avec son développement et la pratique, il se rend bien compte que le recours au langage nuit à son efficacité et il substitue à ces communications verbales des gestèmes. Parlebas va plus loin encore. L'utilisation du gestème au sein des sports collectifs répondrait à une maîtrise insuffisante du deuxième code sémioteur utilisé dans ces jeux sportifs : les praxèmes.

Le praxème a pour particularité d'être indissociable de l'action de jeu elle-même. C'est une « *conduite motrice d'un joueur interprétée comme un signe dont le signifiant est le comportement observable et le signifié le projet tactique correspondant tel qu'il a été perçu* » (Parlebas, 1999, p. 260). C'est le moyen de communication par excellence ayant cours au sein des sports collectifs. C'est l'unité sémiotique de base. En football, en basket-ball, ou en handball, un appel ou un contre-appel de balle en vue d'obtenir le ballon sera considéré comme un praxème. Le signifiant est le « signal », l'acte de démarrage, et le signifié est le projet tactique correspondant, autrement dit le « message » c'est-à-dire la demande de passe auprès du partenaire. Chaque praxème peut être constitué d'une constellation d'indices : position des appuis et des différents segments, orientation du buste et de la tête, changement de direction, accélération, positionnement dans l'espace ou par rapport aux autres protagonistes, etc. Ce sont ces éléments observables qui, en fusionnant dans l'esprit de l'observateur participant, vont être interprétés comme un praxème.

Le sens n'est partagé par les acteurs que lorsque l'on dépasse le niveau de l'indice simple. Le niveau auquel se situe ce dernier est purement interprétatif. Dépendants du code de jeu, les signes praxémiques sont une sorte de socle commun de connaissances pour les acteurs ludiques. Le praxème n'est autre que le déroulement ludique. Précisons que tous les joueurs n'accordent pas le même signifié au comportement du joueur. Tandis que certains interpréteront une feinte de dribble comme le signe avant-coureur d'un second dribble, d'autres l'interpréteront comme le signe avant-coureur d'une passe en profondeur ou d'une accélération pour repiquer vers l'axe et frapper. Chaque joueur, dans sa profonde subjectivité, interprète les comportements des autres acteurs. Cette interprétation est à n'en point douter un facteur décisif, une clé pour opérer un décodage adapté des signifiants se multipliant sur l'aire de jeu. On dit d'un joueur qui excelle dans cette entreprise qu'il a « le sens du jeu ». Comme l'écrit Parlebas, « *la production et la lecture des praxèmes passent par le filtre sémiotique du joueur agissant en proie à d'incessantes anticipations* » (1990, p. 159). C'est cette capacité anticipative, plutôt que leurs capacités physiques ou techniques, qui permettra à certains joueurs d'atteindre le très haut niveau.

BIBLIOGRAPHIE

- Collard, L. (2004). *Sport et agressivité*. Méolans-Revel : DésIris.
- Goffman, E. (1974). *Les rites d'interaction*. Paris : Minuit.
- Oboeuf, A. (2010). *Sport, communication & socialisation*. Paris : éditions des archives contemporaines.
- Parlebas, P. (1990). *Activités physiques et éducation motrice - Dossier EPS n° 4*. Paris : E.P.S.
- Parlebas, P. (1999). *Jeux, sports et sociétés – Lexique de praxéologie motrice*. Paris : Institut National du Sport et de l'Éducation Physique.
- De Saussure, F. (1972). *Cours de linguistique générale*. Paris : Payot.
- Winkin, Y. (1981). *La nouvelle communication*. Paris : Seuil.
- Winkin, Y. (1996). *Anthropologie de la communication – De la théorie au terrain*. Paris : Seuil.

LEXIQUE

- **Situation sociomotrice** : « situation mettant en jeu une interaction motrice essentielle (ou communication praxique) » (Parlebas, 1999, p. 340).
- **Situation psychomotrice :** « situation motrice ne mettant pas en jeu d'interaction motrice essentielle » (Parlebas, 1999, p. 339).
- **Praxème :** « conduite motrice d'un joueur interprétée comme un signe dont le signifiant est le comportement observable et le signifié le projet tactique correspondant tel qu'il a été perçu » (Parlebas, 1999, p. 260).
- **Gestème :** « attitudes, gestes, mimiques, comportements moteurs qui sont accomplis dans le but de transmettre soit une demande, soit une indication, soit une injonction tactique ou relationnelle par simple substitution à la parole » (Parlebas, 1999, p. 155).

POUR RÉSUMER !

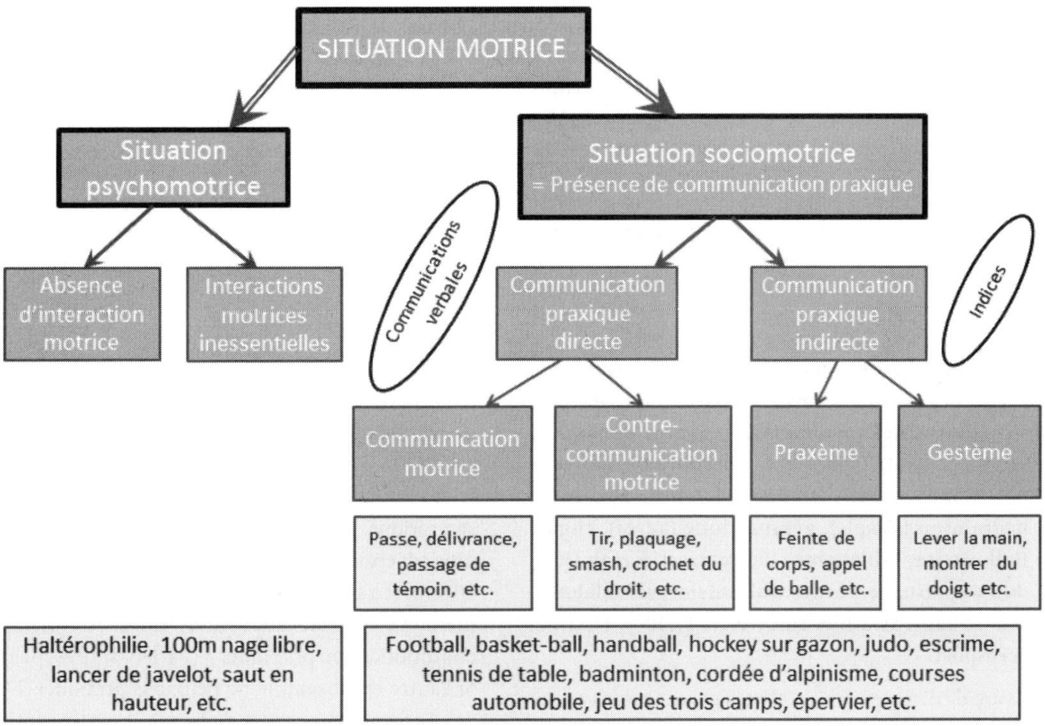

Schéma 1. **La communication dans les situations motrices (adapté de Parlebas, 1999, p. 65)**.

À VOUS DE JOUER !

Question 1 : Parmi les situations motrices proposées, distinguez les situations dites psychomotrices des situations dites sociomotrices : lancer de javelot, tennis de table (simple), boxe, football, haltérophilie, judo, Tennis (en double), lancer de disque, badminton (simple), gymnastique (agrès), rugby, Balle assise, athlétisme (100 mètres), kayak (K1), duo de patinage, cordée d'alpinisme, ski (slalom), saut en hauteur, athlétisme (relais 4 x 100), escrime, acrosport.

Question 2 : Pour chacune des situations motrices proposées, précisez si elle donne lieu à des communications motrices et/ou à des contre-communications motrices : tennis (en double), tennis de table (simple), football, boxe, athlétisme (relais 4 x 100), haltérophilie, judo, Jeu des Trois camps, badminton (double), Aviron (en ligne), rugby, Balle assise, voile en équipage, gymnastique (sol), duo de danse, cordée d'alpinisme, canoë (C2), escrime, handball, natation synchronisée.

Question 3 : Pour chacun des comportements moteurs présentés ci-après, précisez s'il s'agit plutôt d'un indice, d'un gestème ou d'un praxème : feinte de tir, lever le doigt, se gratter la tête, démarquage, appel de balle, tourner la tête vers un espace, fixation, montrer du doigt un espace, feinte de corps, course de soutien, signaler un hors-jeu avec le bras, se toucher l'oreille, contre-appel, course d'approche, feinte de passe, se toucher le genou, applaudir un partenaire, cligner des yeux.

Question 4 : Après avoir choisi la situation motrice de votre choix, vous mettrez en évidence l'ensemble des communications praxiques de cette dernière.

Éléments de réponse

Question 1 : Distinguez, parmi les situations motrices proposées, les situations dites psychomotrices des situations dites sociomotrices : lancer de javelot, tennis de table (simple), boxe, football, haltérophilie, judo, Tennis (en double), lancer de disque, badminton (simple), gymnastique (agrès), rugby, Balle assise, athlétisme (100 mètres), kayak (K1), duo de patinage, cordée d'alpinisme, ski (slalom), saut en hauteur, athlétisme (relais 4 x 100), escrime, acrosport.

Avant de distinguer les activités psychomotrices des activités sociomotrices, il nous semble important de définir ces deux concepts. Une situation psychomotrice se définit comme une « situation motrice ne mettant pas en jeu d'interaction motrice essentielle » (Parlebas, 1999, p. 339). Cela sous-entend que dans ce type de situation, la présence d'un autre participant n'est pas une condition *sine qua non* à la pratique. Il est vrai que nous pouvons tout à fait pratiquer l'haltérophilie, le ski et le lancer de poids sans avoir besoin de quiconque. Imaginons une finale de 100 mètres en athlétisme. Tous les coureurs sauf un effectuent un faux-départ. Malgré les éliminations, la course aura-t-elle lieu ? Oui. Le « rescapé » pourra prendre le départ : la présence d'autrui n'est pas nécessaire à sa pratique. Difficile d'imaginer un combat de judo sans adversaire, ou un match de football sans l'équipe adverse. La situation sociomotrice est une « situation mettant en jeu une interaction motrice essentielle (ou communication praxique) » (Parlebas, 1999, p. 340). Si l'autre est absent, je ne peux pas pratiquer. De la même façon, une cordée d'alpinisme est une activité sociomotrice. Les compagnons de cordée sont attachés les uns aux autres dans leur ascension. Si je suis seul à arpenter un versant de montagne, ce n'est plus une cordée… et cela devient une activité psychomotrice.

Notons que dans les situations psychomotrices, les seules interactions possibles sont dites « inessentielles » ou affectives. On pensera par exemple à l'influence de l'entraîneur, à celle des spectateurs, des coureurs ou des nageurs dans d'autres couloirs, ou encore à la prise en compte des résultats des concurrents pour déployer notre stratégie (sauts, lancers). Par exemple, lorsque le jamaïcain Usain Bolt « chambre » ses adversaires en ralentissant ou en grimaçant à quelques mètres de l'arrivée, il s'agit d'une interaction motrice inessentielle. Ce n'est pas un acte nécessaire au déroulement de la tâche (contrairement au passage de témoin en relais, par exemple). Dans ce dernier cas, il y a présence de communication praxique.

Dans le tableau ci-après, nous distinguons les activités selon le critère proposé :

	Activités psychomotrices	Activités sociomotrices
Lancer de javelot	√	
Tennis de table (simple)		√
Boxe		√
Football		√
Haltérophilie	√	
Judo		√
Tennis (double)		√
Lancer de disque	√	
Badminton (simple)		√
Gymnastique (agrès)	√	
Rugby		√
Balle assise		√
Athlétisme (100 mètres)	√	
Kayak (K1)	√	
Duo de patinage		√
Cordée d'alpinisme		√
Ski (slalom)	√	
Saut en hauteur	√	
Athlétisme (relais 4 x 100)		√
Escrime		√
Acrosport		√

Question 2 : Pour chacune des situations motrices proposées, précisez si elle donne lieu à des communications motrices et/ou à des contre-communications motrices : tennis (en double), tennis de table (simple), football, boxe, athlétisme (relais 4 x 100), haltérophilie, judo, Jeu des Trois camps, badminton (double), Aviron (en ligne), rugby, Balle assise, voile en équipage, gymnastique (sol), duo de danse, cordée d'alpinisme, canoë (C2), escrime, handball, natation synchronisée.

Lorsque nous abordons les concepts de communications motrices ou de contre-communications motrices, nous nous attardons sur les situations dites sociomotrices. Rappelons-le : il n'y a pas d'interaction motrice essentielle, et *de facto* pas de communication praxique, au sein des situations psychomotrices. D'emblée, certaines situations motrices peuvent être évincées de la réflexion. C'est le cas pour l'haltérophilie et la gymnastique au sol. Pour s'y adonner, nul besoin de partenaire ou d'adversaire.

Les autres propositions sont des situations sociomotrices. Selon Parlebas (1999), les communications motrices (entre partenaires) et les contre-communications motrices (entre adversaires) sont les deux modalités de la communication praxique directe. Cette dernière est souvent la seule jugée digne d'intérêt par les médias, car elle est étroitement liée à la réalisation de la tâche motrice (rapport à l'objet ou corps-à-corps entre participants). C'est l'interprétation au premier degré du comportement des pratiquants. Dans un sport collectif comme le rugby, on trouvera des communications motrices sous forme de passes (au pied ou à la main), et des contre-communications sous forme de plaquages ou de contacts, par exemple. Ainsi, dans les sports collectifs que nous connaissons comme le handball ou le football, il y a à la fois des communications motrices et des contre-communications motrices. C'est le cas aussi dans les jeux traditionnels de la Balle assise ou des Trois camps (Poule, renard, vipère). Dans les sports de combat, nous avons besoin d'un adversaire à qui nous assénons des coups (ou des prises) afin de le mettre en défaut. C'est le cas pour la boxe ou le judo. Il en va de même pour l'escrime ou les « sports de raquette » tels que le tennis, le tennis de table ou le badminton. On pourrait penser qu'en double, on retrouve les deux modalités. Mais il n'y a pas de communications directes entre les partenaires, autrement dit de communications directement en lien avec la réalisation de la tâche (comme des passes par exemple). En revanche, nous retrouverons de la communication praxique indirecte sous forme de praxèmes, principalement dans l'occupation de l'espace entre les partenaires.

Dans un relais d'athlétisme, le passage de témoin fait office de communication motrice. Tout comme certains corps-à-corps ou certaines portées en natation synchronisée, en danse ou en acrosport. Ces actions motrices sont nécessaires à la réalisation de la tâche, comme le maintien entre partenaires au cœur d'une cordée d'alpinisme, ou la coordination des coups de bras dans des situations motrices comme l'aviron ou le canoë.

Nous synthétisons le fruit de cette analyse des situations motrices dans le tableau ci-dessous :

	Communications Motrices	Contre-communications Motrices
Tennis (double)		√
Tennis de table (simple)		√
Football	√	√
Boxe		√
Athlétisme (relais 4 x 100)	√	
Haltérophilie		
Judo		√
Trois camps	√	√
Badminton (double)		√
Aviron (en ligne)	√	
Rugby	√	√
Balle assise	√	√
Voile en équipage	√	
Gymnastique (sol)		
Duo de danse	√	
Cordée d'alpinisme	√	
Canoë (C2)	√	
Escrime		√
Handball	√	√
Natation synchronisée	√	

Question 3 : Pour chacun des comportements moteurs présentés ci-après, précisez s'il s'agit plutôt d'un indice, d'un gestème ou d'un praxème : feinte de tir, lever le doigt, se gratter la tête, démarquage, appel de balle, tourner la tête vers un espace, fixation, montrer du doigt un espace, feinte de corps, course de soutien, signaler un hors-jeu avec le bras, se toucher l'oreille, contre-appel, course d'approche, feinte de passe, se toucher le genou, applaudir un partenaire, cligner des yeux.

La communication praxique indirecte transite par des signes. Elle est constituée de deux modalités : les gestèmes et les praxèmes. L'utilisation de ces signes n'est en rien fortuite : le joueur qui les mobilise souhaite intentionnellement communiquer avec ses partenaires et/ou ses adversaires. Ce n'est pas le cas de l'indice, qui témoigne pour sa part d'une absence d'intention communicationnelle de la part du protagoniste. Ainsi, si un joueur tourne la tête, cligne des yeux, se gratte le genou ou se touche les cheveux, il ne cherche pas à communiquer avec les participants. Ce sont des indices, des « gestes normaux », conscients ou inconscients, comme nous en actualisons des dizaines en permanence dans notre quotidien. *A contrario*, en handball, si un défenseur réalise des « Pas latéraux » (praxème), c'est bien pour réduire les espaces libres et les brèches pour l'adversaire. Sa communication se veut intentionnelle. De la même façon, lorsqu'un footballeur lève le doigt pour signaler un hors-jeu à l'arbitre de touche (gestème), il communique volontairement… non à son corps défendant comme avec les indices. Ces derniers peuvent être l'objet d'une interprétation de la part des partenaires ou des adversaires… mais le joueur épié ne souhaite pas communiquer. Pour mettre au jour les indices, on peut tenter de répondre à la question suivante : quels sont les comportements moteurs que parfois j'interprète alors que l'autre ne cherche pas à communiquer ? Se gratter la tête, tourner la tête vers un espace, se toucher l'oreille, se toucher le genou, cligner des yeux sont les indices que l'on retrouve dans les propositions précédentes.

Les gestèmes correspondent à des attitudes, gestes, mimiques, comportements moteurs qui sont accomplis dans le but de transmettre soit une demande, soit une indication, soit une injonction tactique ou relationnelle par simple substitution à la parole (Parlebas, 1999,

p. 155). À l'instar de la communication verbale, le gestème se surajoute à l'action mais ne participe pas directement de la résolution de la tâche : lever le doigt (demande), montrer du doigt un espace (injonction tactique), signaler un hors-jeu avec le bras (indication), applaudir un partenaire (injonction relationnelle) sont les gestèmes que l'on retrouve parmi les propositions. L'utilisation abusive du gestème au sein des sports collectifs répondrait à une maîtrise insuffisante des praxèmes. Ces derniers sont les signes sans lesquels il serait impossible de jouer. Ils sont le jeu : feinte de tir, démarquage, appel de balle, fixation, feinte de corps, course de soutien, contre-appel, course d'approche, feinte de passe.

Notons que chaque praxème est constitué d'une constellation d'indices. Par exemple, les indices « orientation des appuis », « orientation du buste », « orientation de la tête » et « accélération », en s'agrégeant, forment ce que l'on a coutume d'appeler un « Appel de balle », qui lui est un praxème. Les jeux sportifs sont un monde de signes à décrypter, alertant les notions de préaction et d'anticipation sociomotrice. Le meilleur joueur ne serait pas le plus technique ou le plus physique, mais celui qui saurait deviner avant les autres le devenir de l'action en cours.

Une dernière remarque : il est tout à fait possible que deux ou plusieurs partenaires créent un signe de connivence, signe avant-coureur d'une sorte de « combinaison », par exemple pour demander la balle au premier poteau sur corner, ou pour demander la balle à raz-de-terre. Ces signes ne font pas partie du code partagé par l'ensemble des joueurs. Ils se surajoutent à ce qui se surajoute : ce sont des gestèmes non conventionnels.

Nous rappelons la catégorisation des différentes propositions au sein du tableau ci-après :

	Indices	Gestèmes	Praxèmes
Feinte de tir			√
Lever le doigt		√	
Se gratter la tête	√		
Démarquage			√
Appel de balle			√
Tourner la tête	√		
Fixation			√
Montrer du doigt		√	
Feinte de corps			√
Course de soutien			√
Signaler un hors-jeu		√	
Se toucher l'oreille	√		
Contre-appel			√
Course d'approche			√
Feinte de passe			√
Se toucher le genou	√		
Applaudir		√	
Cligner des yeux	√		

Question 4 : Après avoir choisi la situation motrice de votre choix, vous mettrez en évidence l'ensemble des communications praxiques de cette dernière.

Rappelons les deux catégories de communication praxique : les communications praxiques directes et les communications praxiques indirectes. Les premières sont constituées des communications motrices et des contre-communications motrices, et les secondes des gestèmes et des praxèmes. La situation motrice que nous choisissons est le football. Quelles sont les différentes communications que nous pouvons observer *in situ* ?

- **Les communications motrices** : on pense principalement à la passe. Cette dernière pouvant être une touche, un centre, une passe longue ou courte, aérienne ou non, etc. Tout dépend du niveau d'analyse que le chercheur ou l'intervenant souhaite adopter selon ses desseins.
- **Les contre-communications motrices** : le tir, l'interception, le tacle ou encore le contact.
- **Les gestèmes** : montrer de la main un espace à couvrir ou un adversaire démarqué, lever le(s) bras pour faire part de son démarquage, faire un signe de temporisation avec les bras, faire un signe d'accélération du jeu avec le(s) bras, lever le bras pour signaler un hors-jeu à l'arbitre, applaudir un partenaire, féliciter avec le pouce un partenaire, etc. Voici quelques-uns des gestèmes que nous retrouvons lors d'un match de football.
- **Les praxèmes** : en football, on dénombre 14 praxèmes qui servent de « langage corporel » commun aux participants. L'ensemble des praxèmes représente le « code secret » du jeu.

Pour les mettre en lumière, il faut s'aider des 4 dimensions essentielles des interactions motrices : le rapport à autrui, le rapport au temps, le rapport à l'espace et le rapport aux objets. Qu'est-ce qui est permis au joueur dans son rapport à autrui ? Que lui est-il permis dans son rapport au temps et à l'espace ? Et dans son rapport à la balle ? Ces 4 dimensions favorisent donc la mise au jour des praxèmes du football, que nous présentons ci-après sous forme de tableau et de schéma.

Praxèmes	Descriptif et intentions tactiques correspondantes
Démarquage	Action motrice se caractérisant par une prise de conscience, chez l'attaquant, de sa position par rapport à son adversaire direct lui interdisant toute réception de la balle. Le joueur se déplace à distance de passe, orienté par rapport au porteur.
Appel de balle	Action motrice se caractérisant par une accélération brusque du non porteur qui anticipe une éventuelle passe du porteur, qui se trouve à distance d'échange. L'intention du joueur et d'accélérer le jeu et/ou de prendre de vitesse un adversaire.
Contre-appel de balle	Action motrice se caractérisant par une brusque accélération dans une autre direction que celle de l'appel de balle, qui lui est nécessairement antérieur.
Course croisée	Action motrice se caractérisant par la course d'un joueur croisant un autre joueur de la même équipe, afin de déstabiliser la défense adverse.
Course d'appui	Action motrice d'un joueur situé en avant du porteur qui réalise une course vers ce dernier afin de lui offrir une solution de passe.
Course de soutien	Action motrice d'un joueur situé en arrière du porteur qui réalise une course vers ce dernier afin de lui offrir une passe.
Course de retour	Course du joueur dont l'équipe vient de se faire déposséder de la balle et qui regagne rapidement sa défense, afin d'annihiler la contre-attaque adverse.
Course d'approche	Course du défenseur se rapprochant d'un attaquant afin de réduire la marge de manœuvre de l'équipe adverse.
Course de suivi	Action motrice du joueur qui suit son adversaire direct. Ce dernier peut être porteur ou non porteur de balle.
Replacements	Action motrice se caractérisant par des déplacements latéraux ou antéro-postérieurs du défenseur, signifiant qu'il se replace afin de réduire les espaces libres pour l'adversaire.
Fixation	Action motrice se caractérisant par le déplacement orienté du porteur de balle dans un intervalle constitué par deux défenseurs, avec pour objectif leur mobilisation conjointe sur lui, afin de créer un surnombre et de faire la passe en décalage à un partenaire dans l'espace libéré.
Feinte de passe	Action motrice du porteur qui fait croire à ses adversaires qu'il va réaliser une passe, alors que son intention réelle est autre (dribble, fixation, tir, passe à un tiers).
Feinte de tir	Action motrice du porteur qui fait croire à ses adversaires qu'il va tirer au but, alors que son intention réelle est autre (dribble, passe).
Feinte de corps	Action motrice du porteur qui fait croire à son vis-à-vis qu'il va déborder d'un côté, alors que finalement il souhaite déborder de l'autre. La feinte peut être simple ou double.

Nous illustrons ci-après à l'aide d'un schéma les principaux praxèmes relevés en football, afin de faciliter la compréhension de ces derniers.

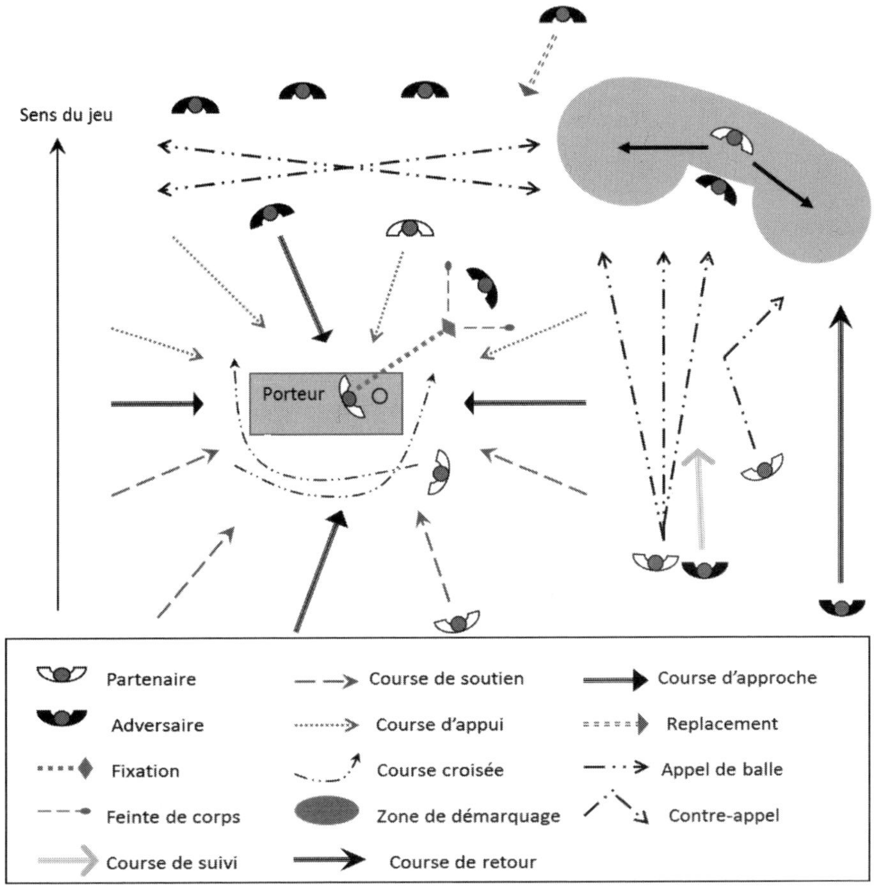

Chaque situation motrice est un système d'interaction global. Si cela présente un intérêt de tout premier plan de distinguer les communications praxiques directes des communications praxiques indirectes, il n'en reste pas moins qu'il faut toujours repenser *in fine* la communication dans sa globalité.

Chapitre 2

SPORT, COMMUNICATION ET SOCIALISATION

Alexandre Oboeuf & Joséphine Buffet

MOTS-CLÉS

logique interne • socialisation primaire • socialisation secondaire • identité • rôle sociomoteur • sous-rôle sociomoteur

Qu'est-ce que la socialisation ?

Il existe des choses que nous trouvons agréables ; d'autres que nous trouvons désagréables. Il y a des attitudes et des comportements qui nous choquent profondément ; d'autres que nous considérons comme adaptés à la situation. La socialisation concerne la manière dont il faut, de notre point de vue, se tenir en société. Cela concerne la façon de marcher, de regarder, et plus généralement la manière dont nous devons parler et agir dans les situations sociales que nous traversons. La socialisation représente « *l'ensemble des processus par lesquels l'individu est construit – on dira aussi « formé », « modelé », « façonné », « fabriqué », « conditionné » – par la société globale et locale dans laquelle il vit, processus au cours desquels l'individu acquiert – « apprend », « intériorise », « incorpore », « intègre » – des façons de faire, de penser et d'être qui sont situées socialement* » (Darmon, 2006, p. 6). Les hommes ne sont pas uniformément « façonnés » par la société. Ainsi, la construction du jeune africain n'est pas celle du jeune américain, la socialisation des jeunes filles parisiennes n'est pas celle des jeunes filles de Deauville, comme celle du fils d'agriculteur n'est pas celle du fils d'un PDG du CAC 40.

Si notre socialisation est marquée au fer rouge par notre classe sociale et notre genre, elle est aussi tributaire de l'époque dans laquelle nous vivons. Il est fort différent de grandir au Moyen Âge, au cœur du siècle des lumières, pendant la grande guerre ou de nos jours … C'est la raison pour laquelle nous avons parfois tant de mal à nous faire comprendre de nos parents ou de nos grands-parents ! Nous n'avons pas grandi dans le même univers social : à contextes sociaux différents, individus différents… qu'on le veuille ou non. La socialisation est un processus historique. Raison pour laquelle il n'y a pas de « bonne socialisation » à proprement parler, et universellement reconnue. Dans son ouvrage *Éducation et sociologie* paru en 1922, Émile Durkheim soulignait déjà combien une « *éducation idéale, parfaite, qui vaut pour tous les hommes indistinctement* » était une utopie. La socialisation dépend donc très largement du milieu social et du genre, mais aussi des époques et des cultures. D'ailleurs, sur leur île déserte, même Robinson et Vendredi portent *en eux* la « *constellation humaine* » dans laquelle ils ont vécu et grandi (Darmon, 2006, p. 5). On peut dire que chacun a reçu une socialisation adaptée, une « bonne éducation » par rapport au contexte de vie qui est celui de sa famille. Même coupé du monde, coupé de ses parents et de ses amis, Robinson n'en garde pas moins la marque de cette socialisation : « *il adopte donc ses comportements, forme ses souhaits et conçoit ses projets tout autrement que Vendredi, même si sous la pression de la situation nouvelle, ils font tout pour s'adapter l'un à l'autre et se transforment mutuellement pour se rapprocher* » (Elias, 1991, pp. 64-65). Robinson ramènera même au péril de sa vie couteaux et fourchettes d'une épave en train de sombrer, et la première chose qu'il façonnera sera une table, sans laquelle il est « impossible » de manger ni même d'écrire ! Le cannibalisme de Vendredi le répugne, au même titre que ce dernier a en horreur le sel dont Robinson parsème ses aliments. De toute évidence, « *en chacun de nous, suivant des proportions variables, il y a de l'homme d'hier ; et c'est même l'homme d'hier qui, par la force des choses, est prédominant en nous, puisque le présent n'est que bien peu de chose comparé à ce long passé au cours duquel nous nous sommes formés et d'où nous résultons. Seulement, cet homme du passé, nous ne le sentons pas, parce qu'il est invétéré en nous ; il forme la partie inconsciente de nous-mêmes* » (Durkheim, 1990 [1938], pp. 18-19).

La construction identitaire au cœur de la socialisation

La socialisation est à la base de la construction identitaire. Pourtant, de trop nombreuses théories considèrent que la socialisation s'achève à la fin de l'enfance, lorsque nous nous sommes familiarisés avec notre culture. Ces théories peinent à expliquer les changements des « personnalités individuelles » entre les générations et au cours de la vie d'un individu. C'est ainsi que la socialisation ne doit plus être seulement considérée comme « l'apprentissage d'une culture » mais comme la « construction d'un monde vécu ». L'identité issue de la socialisation est donc à la fois le produit de l'incorporation d'une culture et de systèmes de pensées qui lui sont attachés, mais aussi de la dynamique d'un sujet actif qui se construit au cours d'expériences singulières. Ainsi pouvons-nous affirmer qu'il y a autant de socialisations différentes qu'il existe d'individus. Dans cette optique nouvelle, la socialisation s'étend sur l'ensemble du cours de vie et se révèle intimement liée aux diverses sphères d'activités que traversent les acteurs. « *La problématique ainsi élargie fait de la socialisation un processus biographique d'incorporation des dispositions sociales issues non seulement de la famille et de la classe d'origine, mais de l'ensemble des systèmes d'action traversés par l'individu au cours de son existence* » *(Dubar, 2006, p. 80).*

Ainsi, chaque acteur, selon les contextes traversés et les répertoires d'habitudes qui sont liés à ces contextes, est de toute évidence un « homme pluriel ». À travers cette notion, Lahire démontre que l'homme se caractérise par une pluralité de socialisations qui construisent et définissent son identité. Cette dernière étant ici définie comme le produit de notre classe sociale, de notre genre, de notre éducation, de notre mode de vie mais aussi des différentes sphères d'apprentissage propres à chaque individu. L'hétérogénéité des contextes sociaux amène les individus à incorporer des modèles d'actions différents qui définissent leurs comportements dans un contexte social précis. Une activité physique et sportive peut être un de ces contextes. Le concept d'identité dénote cette part de liberté qui incombe à l'acteur dans chaque contexte, part de choix elle-même dépendante de sa socialisation, de son passé, des expériences vécues. Comme le souligne Dubar, « *chacun des acteurs a une histoire, un passé qui pèse aussi sur ses identités d'acteur* » (2006, p. 11). L'auteur distingue à cet égard une socialisation plutôt « relationnelle » des acteurs en interaction dans un contexte d'action et une socialisation plutôt « biographique » des acteurs engagés dans une trajectoire sociale. On peut parler de « socialisation des activités » et de « socialisation des individus ». Ainsi, la socialisation « *peut être définie comme l'installation consistante et complète d'un individu à l'intérieur du monde objectif d'une société ou <u>d'un secteur de celle-ci</u>* » (Berger et Luckmann, 2006, p. 225, souligné par nous).

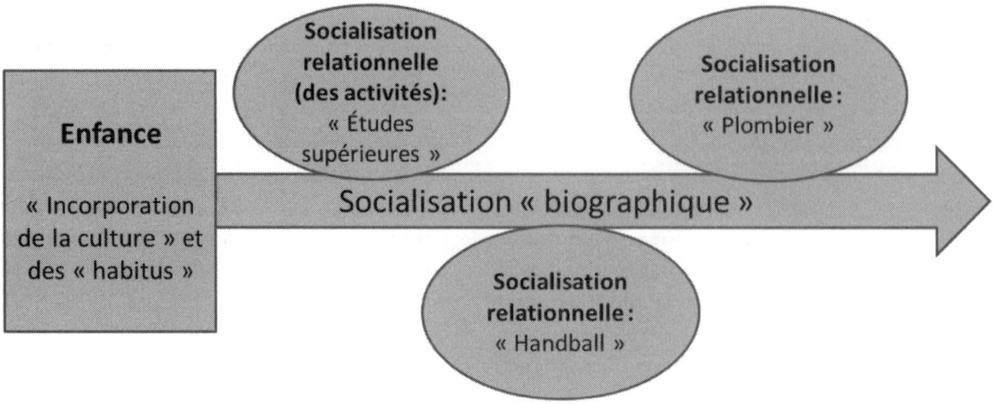

Schéma 1. **L'acteur traverse différentes sphères d'activités: on parle de socialisation « relationnelle ».** Il peut s'agir de ses études supérieures, du fait de pratiquer une activité sportive, du fait de passer des soirées entre amis tous les jeudis soirs, etc. L'acteur est engagé dans une trajectoire sociale plus globale qui s'enrichit de cette socialisation « relationnelle »: on parle alors de socialisation « biographique ».

Le jeu sportif: socialisation primaire ou secondaire?

La socialisation est avant tout un processus communicationnel. C'est le motif pour lequel elle relève aussi de la psychologie sociale. Habituellement, on considère que la socialisation se déroule en trois étapes successives (Mead, 2006 [1934]). Dans la première, l'enfant se socialise en jouant, souvent par imitation, le rôle de ses parents, ce que Mead appelle des « autrui significatifs ». Ensuite, à partir de l'école maternelle, l'enfant passe du jeu libre – où il assume le rôle des autrui significatifs – aux jeux réglementés – où il apprend à respecter « une organisation venue du dehors ». L'enfant intériorise les règles du jeu social: on parle « d'autrui généralisé ». Dans l'ultime étape va intervenir « *une dialectique, voire un dédoublement, entre le « moi » identifié par autrui et reconnu par lui comme « membre du groupe » et le « je » s'appropriant un rôle actif et spécifique au sein de l'équipe* » (Dubar, 2006, p. 97). Ainsi, « *c'est de l'équilibre et de l'union de ces deux faces du Soi: le « moi » ayant intériorisé « l'esprit » du groupe et le « je » me permettant de m'affirmer positivement dans le groupe, que dépendent la consolidation de l'identité sociale et donc l'achèvement du processus de socialisation* » (Dubar, 2006, p. 97). Berger et Luckmann (1966) vont ajouter aux travaux de Mead une distinction essentielle entre socialisation primaire et socialisation secondaire. Dans leurs travaux, le terminus de la socialisation n'est plus la fin de l'enfance: on se socialise tout au long de notre existence et cette construction « n'est jamais totale ni terminée ». Définissons ces concepts de socialisations primaire et secondaire. Chemin faisant, nous nous interrogerons afin de savoir si la socialisation sportive relève plutôt de la socialisation primaire ou de la socialisation secondaire, ou encore des deux?

La socialisation primaire désigne le processus qui a lieu pendant l'enfance et dont l'instance principale est la famille. C'est la première socialisation que « subirait » l'enfant, et sous le prisme de laquelle il deviendrait un membre de sa société. Dès sa naissance, l'enfant rencontre les autrui significatifs qui vont médiatiser le monde social auprès de lui. Ces autrui significatifs lui sont évidemment imposés. « On ne choisit pas sa famille », comme dit l'adage. Le monde social est donc « filtré » pour l'enfant par les autrui significatifs selon « *leur propre position dans la structure sociale et également en vertu de leurs idiosyncrasies individuelles, enracinées biographiquement* » (Berger et Luckmann, 2006, p. 226). Autrement dit, lors de la socialisation primaire, l'enfant ne mange pas avec les doigts et n'éructe pas à table parce que sa mère le lui interdit. Au fur et à mesure, l'enfant considère que ce « sont » des règles de vie logiques socialement et ces comportements n'ont plus besoin d'être prohibés ; ils deviennent automatiques, presque des « besoins » : on parle alors d'*autrui généralisé*. L'individu éprouve alors de la honte pour ceux qui adoptent ce genre de comportements. Il ressent même du « dégoût » à l'idée de manger avec les mains certains aliments. Il est d'ailleurs amusant de constater l'influence socialisatrice que la société exerce sur ses membres par l'intermédiaire des *autrui significatifs*. En effet, au XVe siècle, il paraissait tout au fait normal de manger avec les doigts ! C'est le fait de se nourrir à l'aide de fourchettes et autres couteaux qui aurait été interpellant. Aujourd'hui, si nos invités agissaient de la sorte, on s'en offusquerait. De même, il fut un temps où roter à table était un compliment à la maîtresse de maison. Aujourd'hui… n'est-ce pas un soupçon « dangereux » si nous souhaitons faire bonne figure ? La socialisation primaire est donc déterminante dans la construction de l'identité d'un individu : c'est au cours de cette période qu'il va acquérir et incorporer des valeurs et des normes, un « savoir de base » qui conditionnent son comportement et son « savoir-être » en société. La socialisation primaire, expliquent Berger et Luckmann (2006), possède une caractéristique supplémentaire : elle engage émotionnellement l'acteur. C'est cet attachement sans retenue aux autrui significatifs qui facilite le processus de socialisation primaire. L'enfant s'*identifie*. « *La société se présente au candidat à la socialisation munie d'un ensemble pré-défini d'autres significatifs, ensemble qu'il doit accepter comme tel sans qu'il ait la possibilité d'opter pour un autre arrangement. Hic Rhodus, hic salta. On doit se tirer d'affaire avec les parents que le destin nous a envoyés* » (Berger et Luckmann, 2006, p. 231). Injuste désavantage, puisque l'enfant doit accepter presque passivement les règles établies par les adultes.

Initialement, nous cherchions à savoir si la socialisation inhérente à une activité physique et sportive relevait de cette socialisation primaire. Le respect de la définition de nos auteurs rend manifeste le fait suivant : une telle activité ne relève guère de la socialisation primaire. Notre réflexion porte sur l'influence qu'une structure ludique, un système d'action, peut exercer sur les conduites communicationnelles des acteurs. Or, dans la socialisation primaire, ce n'est pas tant l'influence des systèmes d'actions que celle des autrui significatifs qui préoccupe Berger et Luckmann. Dans notre cas, l'influence socialisatrice ne dépend pas tant de l'entraîneur que de la **logique interne** du jeu sportif considéré. De plus, il n'existe pas – dans la majeure partie des cas – de lien émotionnel fort unissant le joueur à son entraîneur. Pour le dire autrement, on est dans l'obligation d'aimer son père et sa mère, mais pas son entraîneur. La distinction est capitale. Elle réside dans la possibilité de choix : un autrui significatif ne se choisit pas, il est donné d'emblée au moment de « l'accident de la naissance ». Peut-on tisser un lien entre les jeux sportifs et la socialisation secondaire ?

On apprend et on change tout au long de notre existence. Pour Berger et Luckmann, la socialisation secondaire consisterait « *en tout processus postérieur qui permet d'incorporer un individu déjà socialisé dans des nouveaux secteurs du monde objectif de sa société* » (2006, p. 225). L'individu élargit ses apprentissages tout en conservant les acquis de la socialisation primaire. « Il crée des pièces supplémentaires » (Berger et Luckmann, 2006, p. 323). Ainsi, il n'y a pas de rupture à proprement parler entre la socialisation primaire et la socialisation secondaire, mais bel et bien continuité (Darmon, 2006 ; Dubar, 2006). Continuité dans le sens où tout ce qui est intériorisé lors de la socialisation secondaire se greffe inéluctablement sur les acquis de la socialisation primaire. Manifestement, le jeu sportif rentre bien dans le cadre de cette socialisation secondaire. Celui-ci, de par son réseau normatif, est bel et bien un « sous-monde » institutionnel, et la socialisation secondaire concerne précisément « l'intériorisation de « sous-mondes » institutionnels » (Berger et Luckmann, 2006, p. 236). Le métier exercé représente un « sous-monde » institutionnel, au même titre que le sport que l'on pratique de façon régulière. Comme le souligne Claude Dubar au sujet de ces socialisations secondes : « *Il y a une socialisation professionnelle des bouchers, des sportifs, des acteurs, des gardiens de prison, des ingénieurs du son, des strip-teaseurs des deux sexes, des policiers, des joueurs de cartes professionnels ou des comptables* » (2006, p. 93). En outre, l'intériorisation d'un « sous-monde » particulier dépendra largement de la redondance avec laquelle on s'y émerge, et de l'importance ou l'investissement qu'on y accorde. Pour prendre les extrêmes, participer annuellement entre amis à deux tournois de football ne nécessite pas la même intériorisation de l'univers considéré que ne le nécessite celle du jeune footballeur de 13 ans en centre de formation s'entraînant quotidiennement.

Notre idée est que le joueur, en se soumettant volontairement aux obligations du jeu, va se socialiser en intériorisant les règles dudit *contrat ludique*, et que la pratique répétée d'un jeu sportif va le familiariser de plus en plus, à son corps défendant la plupart du temps, avec la logique interne du jeu. Chemin faisant, le joueur va intérioriser les manières de communiquer objectivées. Il va « faire sien » le « code secret » de sa pratique. Nous l'avons vu précédemment dans le cours « Sport et communication », le code d'un jeu sportif est constitué de l'ensemble des communications praxiques directes et indirectes et de l'articulation possible entre ces dernières.

Comment s'opère la socialisation secondaire ?

Il est admis que les règles d'un jeu sportif orientent de manière souterraine les manières de communiquer. On n'adopte pas les mêmes comportements sur un terrain de football et lors d'une rencontre de Balle assise. Les comportements actualisés dépendent très largement des situations qui les voient éclore. Le joueur de football sait que dans le contexte interactionnel de ce jeu sportif, il devra accomplir des appels de balle, et aura aussi l'opportunité de tacler ses adversaires. Ces comportements moteurs existaient bien avant qu'il ne pénètre sur la scène ludique, et continueront à exister le jour où il « raccrochera les crampons ». Il en va de même dans les situations sociales plus traditionnelles. On ne se comporte pas tout à fait de la même manière en soirée avec nos amis que lors d'un repas de famille ou d'un rendez-vous avec notre directeur.

Dans les activités sociomotrices, la communication praxique repose principalement sur des systèmes de signes. À titre de rappel, la « course d'approche », « l'appel de balle » ou encore les « replacements » sont des praxèmes, c'est-à-dire des signes objectivés faisant partie d'un système de signes. « *Les signes et les systèmes de signes sont des objectivations dans la mesure où ils sont disponibles au-delà de l'expression d'intentions subjectives « ici et maintenant »* » (Berger et Luckmann, 2006, p. 92). Un processus d'objectivation se met donc en place, faisant d'un comportement émergent un comportement peu à peu typifié, objectivé, et devenant un élément d'un code commun ; le signe d'un système de signes inhérent à cette situation spécifique. Si bien qu'à un moment donné de l'histoire, les systèmes de signes des jeux sportifs apparaissent en tant que facticité extérieure à moi-même, et m'apparaissent coercitifs. De même qu'on ne pourra utiliser le langage – partiellement codifié et teinté d'originalité – d'une « bande d'amis » afin de communiquer en dehors de celle-ci, ou qu'on ne pourra utiliser les règles de la syntaxe française pour parler en anglais, de même on ne pourra utiliser les systèmes de signes en vigueur en football pour communiquer dans le jeu des Trois camps ; et inversement. Chaque jeu sportif secrète ses propres communications… et donc sa propre socialisation.

Le rôle sociomoteur au cœur de la socialisation sportive

Chaque situation motrice, et de manière plus générale toute situation sociale, nous invite à jouer un ou plusieurs rôle(s) particulier(s). Nous l'avons abordé plus haut, nous ne nous comportons pas de la même façon selon les situations. Certains comportements sont adaptés au fait de passer une soirée entre amis, moins à une réunion sur l'avenir de notre entreprise. Pour le dire autrement, dans chaque sphère sociale, nous nous socialisons en actualisant notre rôle… qui engendre des communications particulières. Ainsi que l'expriment Berger et Luckmann, « *une série d'actions typifiées réciproquement émergera donc, actions qui seront rendues habituelles sous la forme de rôle* » (2006, p. 121). Le rôle englobe « *les attitudes, les valeurs et les comportements que la société assigne à une personne et à toutes les personnes qui occupent ce statut* » (Linton, 1959, p. 71). Le contexte social ou institutionnel dans lequel nous vivons est porteur d'attentes. Ainsi, si je « détiens » le statut de père de famille, je devrais agir en conséquence ; si j'ai le statut d'étudiant, je devrais agir d'une certaine façon : je pourrai décider de ne pas participer aux cours magistraux, mais j'aurai l'obligation d'être là le jour de l'examen. Je pourrai poser des questions, mais j'éviterai d'insulter l'enseignant. Chaque statut implique des droits et des devoirs. Ainsi, dans le cadre du football, je n'aurai pas les mêmes droits et les mêmes devoirs si j'ai le statut de gardien de but ou celui de joueur de champ. « *En tant qu'il représente un comportement explicite, le rôle est l'aspect dynamique du statut : ce que l'individu doit faire pour valider sa présence dans ce statut* » (Linton, 1959, p. 71). Le statut c'est ce qui est inscrit dans les règles du jeu : c'est l'angle statique et juridique (« Le texte »). Le rôle c'est ce que je fais dans la situation : c'est l'angle dynamique et fonctionnel (« La mise en actes »). Chaque statut peut être occupé par plusieurs individus, simultanément ou successivement. De plus, chaque individu possède plusieurs statuts (professeur, père, ami, etc.) qu'il va activer au moment opportun selon la situation sociale. Notons que nous pouvons jouer un rôle… mais pas jouer un statut. Tout statut est associé à un et un seul rôle.

Dans les jeux sportifs comme ailleurs, statuts et rôles sont donc étroitement liés au système qui les voit naître. Les statuts sociomoteurs sont édictés par le code de jeu préalablement accepté ; les rôles sociomoteurs sont institués et s'imposent aux joueurs. Notons que qualifier de « sociomoteur » le statut ou le rôle « *n'est aucunement une redondance mais une indispensable précision* » (Parlebas, 1999, p. 314). Cette dimension sociomotrice permet de ne pas confondre les différents types de rôles (tactique, sociométrique, socio-affectif ou institutionnel) avec celui plus spécifique de rôle sociomoteur, qui concerne des classes de comportements moteurs, et non les acteurs à proprement parler. Le gardien de but ne possède-t-il pas un statut spécifique, fait de droits et de devoirs que ce dernier actualise dans le rôle correspondant ? Le joueur de champ n'est-il pas victime d'un système d'obligations, de contraintes, qui définissent son rôle ?

Le statut sociomoteur est défini à partir de quatre secteurs d'actions. Il s'intéresse à ce que le règlement autorise et proscrit concernant :

- Le type d'interaction motrice du joueur avec les autres participants ;
- Le rapport du joueur à l'espace ;
- Le rapport du joueur au temps ;
- Le rapport du joueur aux objets médiatisant l'affrontement.

Ainsi, un gardien de but actualisera sur l'aire de jeu des comportements qui sont marqués du sceau de ses droits et de ses devoirs dans son rapport à autrui, l'espace, le temps et les objets. C'est sur cette base plus ou moins contraignante que l'individu se socialise en tant que gardien de but. Il développe des manières d'agir. « *Toute activité humaine est sujette à l'habituation* »… et donc à socialisation (Berger et Luckmann, 2006, p. 116). Illustrons cela avec quelques éléments inhérents au statut de gardien de but en football. Dans son rapport à autrui, le gardien aura des interactions motrices d'ordre coopératif avec ses partenaires et antagoniste avec ses adversaires. Dans son rapport à l'espace (« frontières » dans lesquelles un jeu s'inscrit), il sera autorisé à prendre la balle avec la main. Dans son rapport au temps, il ne pourra garder la balle dans la main plus de six secondes dans sa surface. Enfin, dans son rapport à l'objet, il sera le seul à pouvoir prendre la balle à la main dans sa surface. En revanche, il ne pourra la prendre à la main si la passe est réalisée au pied par un partenaire. Finalement, le statut représentera ce que le gardien de but est autorisé à faire sans risquer de réprimandes ou de sanctions de la part de l'arbitre. Les droits et les devoirs du joueur de champ, dans son rapport à la balle par exemple, seront différents. Raison pour laquelle il s'agit d'un statut différent. Notons que si un droit ou un devoir évolue dans le rapport du joueur à autrui, à l'espace, au temps ou à l'objet, il s'agit d'un nouveau rôle sociomoteur ! En tennis par exemple, le serveur a un rôle singulier. Il a des obligations particulières dans son rapport à l'espace à travers le devoir de servir dans le carré de service opposé en diagonale, ou sur l'une des lignes qui délimitent ce carré. En outre, s'il commet une faute à la première tentative, il dispose d'un second service. Le relanceur, quant à lui, n'a pas l'obligation de renvoyer la balle dans ce carré : il dispose de l'ensemble du court (hormis les espaces du double) pour renvoyer la balle. En revanche, s'il rate sa tentative, le point est perdu : pas de deuxième chance de gagner le point. Serveur et relanceur sont donc bien deux rôles distincts. Une fois que le joueur a servi, il devient relanceur pour le reste du point. Notons qu'il n'existe pas de distinction de ce type, au football, entre un défenseur, un milieu ou un attaquant. Ils ont tous le même rôle sociomoteur, les mêmes droits et les mêmes devoirs dans les rapports à autrui, l'espace, le temps et l'objet. Les différences sont liées au choix de l'entraîneur (rôles tactiques) et non aux règles du jeu.

Afin de mieux comprendre la manière dont la socialisation s'opère, il est possible de nous intéresser à ce que l'on appelle les sous-rôles sociomoteurs. Ces derniers représentent un éclatement du rôle, sa transcription sur le terrain, qui se révèle fort utile pour comprendre le processus de socialisation à l'œuvre.

Du rôle sociomoteur... aux sous-rôles sociomoteurs

Un sous-rôle sociomoteur est « *l'unité comportementale de base du fonctionnement stratégique d'un jeu sportif* » (Parlebas, 1999, p. 344). Un rôle sociomoteur peut être décliné en sous-rôles sociomoteurs, beaucoup plus proches des faits de terrain. Ces sous-rôles ne sont pas isolés : s'articulant les uns aux autres, ils s'enchaînent pour participer au déroulement du jeu et vont éclore au cœur de l'interaction. Par exemple, « Dribbleur », « Passeur », « Tireur, « Démarqueur » ou « Replaceur » sont quelques-uns des sous-rôles sociomoteurs caractérisant le rôle de « Joueur de champ » en handball. La somme des sous-rôles représente donc le rôle sociomoteur. Les joueurs vont se familiariser avec les sous-rôles sociomoteurs spécifiques à leur rôle, mais aussi avec le système de signes et les communications directes auxquels ces sous-rôles seront dorénavant couplés. Ces sous-rôles sont porteurs des communications praxiques actualisées par les participants. Les joueurs se socialisent en actualisant *in situ* les sous-rôles sociomoteurs de la pratique considérée.

Prenons l'exemple du jeu que nous avons tous pratiqué dans les cours d'école : le jeu des trois camps, aussi appelé « Poules, Renards, Vipères ». Dans ce jeu sportif, chaque équipe a droit de prise par simple toucher sur une seule équipe et se trouve vulnérable vis-à-vis de la troisième. Les Poules ont droit de prise sur les Vipères, les Vipères sur les Renards et les Renards sur les Poules. Dès qu'un participant est touché, il est mené en prison par son « geôlier » aux abords du camp de ce dernier. Les prisonniers font une chaîne en se tenant par la main, un prisonnier au moins doit avoir un pied dans le camp. La chaîne est délivrée si un seul prisonnier est touché par un partenaire libre. Les prisonniers regagnent alors leur camp puis participent à nouveau au bouillonnement ludique. On dénombre dans ce jeu trois rôles sociomoteurs : joueur de champ, joueur de camp et joueur libre. À l'instar du rôle, on met en évidence les sous-rôles sociomoteurs en s'attardant aux quatre dimensions essentielles que sont le rapport du joueur à autrui, à l'espace, au temps et aux objets (absents dans le cas du présent jeu). Quels sont les sous-rôles possibles pour ce jeu sportif ?

Rôles	Sous-rôles	Rapport à autrui	Rapport à l'espace	Rapport au temps
JOUEUR DE CHAMP	*« Poursuivi »*	Le participant est poursuivi par un autre joueur souhaitant l'attraper.		
	« Poursuivant »	Le joueur poursuit un autre joueur afin de l'attraper.		
	« Protégé »	Le joueur se protège de ceux qui doivent l'attraper en restant collé au camp de ses proies, les adversaires ne prenant pas le risque de venir vers le camp de ceux qui doivent les attraper.	Le joueur est collé au camp de ses proies.	Attend qu'une de ses proies sorte de son camp.
	« Attireur »	Le joueur se rapproche du camp ennemi afin d'en faire sortir un, permettant ainsi une sortie indirecte de la proie convoitée, qui poursuivra l'ennemi.	Le joueur se rapproche du camp ennemi.	Attend la sortie de son ennemi.
	« Esquiveur »	Le joueur tente d'esquiver la touche d'un autre joueur souhaitant l'attraper.		
	« Délivreur »	Le joueur délivre ses partenaires démarqués.	Le joueur délivre ses partenaires prisonniers dans le camp adverse.	
DE CAMP	*« En attente »*	Le joueur ne peut être touché par ses adversaires. Il bénéficie de l'immunité.	Le joueur reste dans son camp. Il est invulnérable.	Attend avant de sortir de son camp.
PRISONNIER	*« Prisonnier »*		Le joueur est prisonnier aux abords du camp adverse.	En attente d'être délivré.

Tableau 1. **Les 8 sous-rôles sociomoteurs du jeu sportif des Trois camps.**
On peut voir émerger 6 sous-rôles sociomoteurs liés au rôle sociomoteur de « joueur de champ », 1 sous-rôle lié au rôle de « Joueur de camp » et 1 sous-rôle lié au rôle sociomoteur de « Prisonnier ».

C'est en actualisant ces sous-rôles sociomoteurs pendant le déroulement ludique que *« le monde social objectivé est projeté dans la conscience au cours de la socialisation »* (2006, p. 128). Le jeu sportif est une production humaine : il prend la forme d'un « système social » et devient une réalité objective. Cette dernière, appelée logique interne, s'inscrit dans des structures opératoires qui sous-tendent le fonctionnement du jeu (Parlebas, 1999). Ce qui est étonnant, c'est qu'une fois ces connaissances (ou ces sous-rôles) objectivées, celui qui ne les respecte pas sera identifié comme un déviant ! Que penserait-on du joueur réalisant un « appel de balle » en se déplaçant sur les mains, ou du gardien qui délaisserait son but et se muerait en attaquant « parce qu'il en a envie » ? Ces comportements ne sont pas prohibés, mais ils ne sont pas non plus objectivés comme faisant partie du « sous-monde » institutionnel considéré. La socialisation médiatise l'intériorisation des « bonnes » connaissances procédurales sur un terrain, comme les instances de socialisation inculquent les « bonnes » manières de se comporter en société.

Vers un réseau socialisant ?

Que ce soit dans un contexte sportif ou non, la socialisation s'opère inéluctablement grâce à un système communicationnel. Le processus d'intériorisation repose sur la familiarisation, l'« habituation » comme le diraient Berger et Luckmann, aux sous-rôles sociomoteurs d'un jeu sportif donné. Cette intériorisation ne se fait pas, loin s'en faut, de manière consciente. C'est le plus souvent à son corps défendant que l'acteur va s'accoutumer aux sous-rôles sociomoteurs de sa pratique, sous-rôles porteurs de toutes les communications praxiques actualisables lors du déroulement ludique.

C'est en se familiarisant avec les actions socialement objectivées au sein d'un jeu sportif, *id est* avec les sous-rôles sociomoteurs, que l'individu se socialise. La différence notable de ce « domaine fini de sens » avec la réalité de la vie quotidienne, c'est que celui-ci possède au départ des règles explicites. Si bien que les conduites objectivées au sein d'un jeu découleront nécessairement de la logique endogène de ce dernier, qui est une donnée de départ. On peut suivre la même démarche que Berger et Luckmann puisque pour eux, on peut « *réellement parler de rôles quand ce genre de typifications apparaît dans le contexte d'un stock de connaissances objectivé et commun à une* <u>*collectivité d'acteurs*</u>. *Les rôles sont des types d'acteurs* <u>dans un tel contexte »</u> (2006, p. 145, souligné par nous).

L'ensemble des communications praxiques, qu'elles soient directes ou indirectes, représente bel et bien un stock de connaissances objectivé. Ce dernier, en football par exemple, est commun à l'ensemble des footballeurs (la collectivité d'acteurs). En outre, les rôles sociomoteurs (« Joueur de champ » et « Gardien »), mais aussi et surtout les sous-rôles sociomoteurs (« Dribbleur », « Tireur », « Tacleur », « Démarqueur », etc.) de ce sport sont à coup sûr « des types d'acteurs dans un tel contexte ». Autrement dit, les sous-rôles sociomoteurs inhérents à la logique interne du football sont valables dans le contexte du football. On endosse rarement les sous-rôles sociomoteurs de « Tacleur » ou de « Dribbleur » dans une salle de classe ou dans une cuisine ! De même, il n'y a pas de « Tireur » dans le jeu des Trois camps, ni même de « Dribbleur », pas plus qu'il n'y a de « Poursuivi » et de « Poursuivant » en football. Les institutions (au sens de « monde institutionnel ») sont incorporées dans l'expérience individuelle au moyen des rôles et des sous-rôles sociomoteurs. « *Les rôles (et les sous-rôles)* ***représentent*** *l'ordre institutionnel* » (Berger et Luckmann, 2006, p. 146). D'ailleurs, lorsqu'un protagoniste endosse le sous-rôle de « Dribbleur », il n'agit plus totalement de son propre fait, mais *en tant* que « dribbleur ». Le joueur devra nécessairement inscrire ses conduites sur le canevas des possibles offerts avec le masque de ce sous-rôle. Il pourra bien sûr y mettre sa « touche » personnelle puisque son dribble pourra varier en amplitude, en vitesse et en intensité (Birdwhistell, 1976) et qu'il pourra l'accomplir de façon plus ou moins originale : passement de jambe, « crochet », « roulette » ou encore « râteau ». En outre, le joueur ne pourra pas endosser n'importe quel sous-rôle après celui-ci ! Si sa liberté est réelle, elle n'en est pas moins limitée. On parlera ainsi de réseau des sous-rôles sociomoteurs, dans lequel le joueur inscrira nécessairement ses conduites. Ce réseau des sous-rôles sociomoteurs fournit la matrice d'intelligibilité de l'ensemble des communications praxiques et, par effet de vases communicants, de la socialisation...

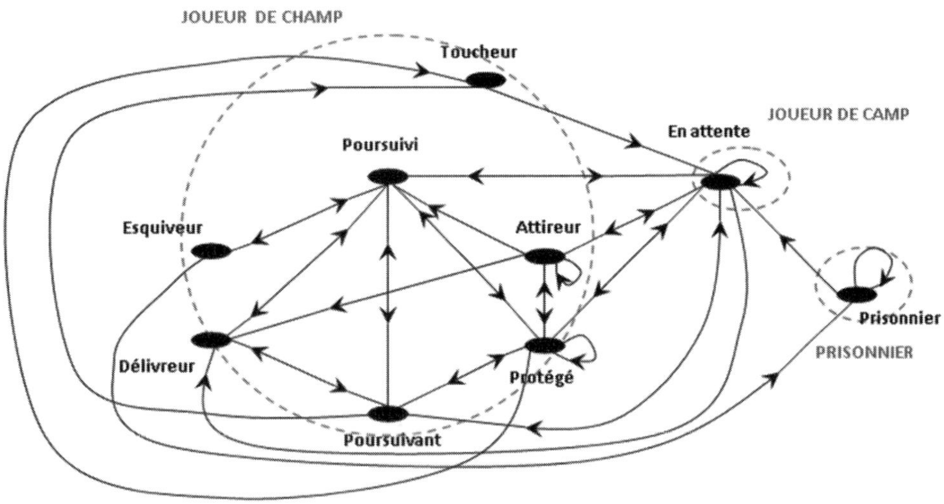

Schéma 2. ***Réseau des sous-rôles sociomoteurs du jeu sportif des Trois camps.***
On remarque bien les cheminements possibles entre les 8 sous-rôles sociomoteurs de ce jeu sportif. Le graphe des rôles peut être obtenu par condensation du graphe des sous-rôles. On obtient trois rôles : « Joueur de champ », « Joueur de camp » et « Prisonnier ».

C'est l'interaction, prenant vie à travers la communication sanctionnant un changement de sous-rôle sociomoteur, qui permet à la socialisation de s'opérer. Ainsi, le type de communication valorisé au sein d'un jeu sportif révélera avec éclat le type de socialisation secondaire que les protagonistes intériorisent. Par exemple, il sera possible d'affecter à chaque changement de sous-rôle sociomoteur une valence positive ou négative. En football par exemple, on pourra attribuer au changement de sous-rôle « Replaceur-Tacleur » une valence négative dite antagoniste. *A contrario,* le changement « Démarqueur-Passeur » témoignera d'une relation de coopération et bénéficiera d'une valence positive. Nous pourrons ainsi voir, grâce à un décryptage minutieux des changements de sous-rôle *in situ*, quel type de socialisation chaque jeu sportif plébiscite. Les sports collectifs favorisent-ils une socialisation basée sur la coopération ou l'opposition ? Quels types de socialisation le judo, le tennis ou le jeu des Trois camps valorisent-ils ? Les recherches sur la question tendent à montrer que les sports collectifs sont une école de l'antagonisme plutôt que de la coopération (Collard, 2004 ; Oboeuf, 2010). Cela ne sera pas le cas dans certains jeux traditionnels ou dans les Activités Physiques dites de Pleine Nature (APPN). Ces changements de sous-rôles offrent aussi l'opportunité de suivre un joueur en particulier : comment se comporte-il vis-à-vis d'autrui ? Est-il agressif dans ses conduites motrices ? Se révèle-t-il bienveillant ? Le jeu devient une terre d'accueil fertile pour comprendre l'identité des protagonistes. Le jeu se révèle un formidable laboratoire *in vivo* d'analyse des conduites individuelles et interhumaines. La socialisation à travers les jeux sportifs est un vaste champ de recherche encore insuffisamment exploré.

BIBLIOGRAPHIE

- Berger, P., et Luckmann, T. (1986). *La construction sociale de la réalité*. Paris : Armand Colin (2006).
- Collard, L. (2004). *Sport et agressivité*. Méolans-Revel : Désiris.
- Darmon, M. (2006). *La socialisation*. Paris : Armand Colin.
- Dubar, C. (2006). *La socialisation*. Paris : Armand Colin.
- Durkheim, E. (1938). *L'évolution pédagogique en France*. Paris : Presses Universitaire de France (1990).
- Elias, N. (1987). *La société des individus*. Paris : Fayard (1991).

- Linton, R. (1959). *Le fondement culturel de la personnalité.* Paris: Dunod.
- Mead, G. H. (1963). *L'esprit, le soi et la société.* Paris: Presses Universitaires de France (2006).
- Oboeuf, A. (2010). *Sport, communication & socialisation.* Paris: éditions des archives contemporaines.
- Parlebas, P. (1999). *Jeux, sports et sociétés – Lexique de praxéologie motrice.* Paris: Institut National du Sport et de l'Éducation Physique.

LEXIQUE

- **Logique interne :** « Système des traits pertinents d'une situation motrice et des conséquences qu'il entraîne dans l'accomplissement de l'action motrice correspondante » (Parlebas, 1999, p. 216).
- **Rôle sociomoteur : «** Classe de comportements moteurs associés, dans un jeu sportif, à un statut sociomoteur précis. Tout rôle sociomoteur est attaché à un et un seul statut qui en codifie la mise en œuvre » (Parlebas, 1999, p. 312).
- **Socialisation :** « Ensemble des processus par lesquels l'individu est construit – on dira aussi « formé », « modelé », « façonné », « fabriqué », « conditionné » – par la société globale et locale dans laquelle il vit, processus au cours desquels l'individu acquiert – « apprend », « intériorise », « incorpore », « intègre » – des façons de faire, de penser et d'être qui sont situées socialement » (Darmon, 2006, p. 6).
- **Sous-rôle sociomoteur :** « Unité comportementale de base du fonctionnement stratégique d'un jeu sportif » (Parlebas, 1999, p. 344).
- **Statut sociomoteur :** « Ensemble des contraintes, des droits et des interdits prescrits à un joueur par les règles du contrat ludique d'un jeu sportif et qui définissent le champ des actes moteurs permis à ce joueur » (Parlebas, 1999, p. 392).

POUR RÉSUMER !

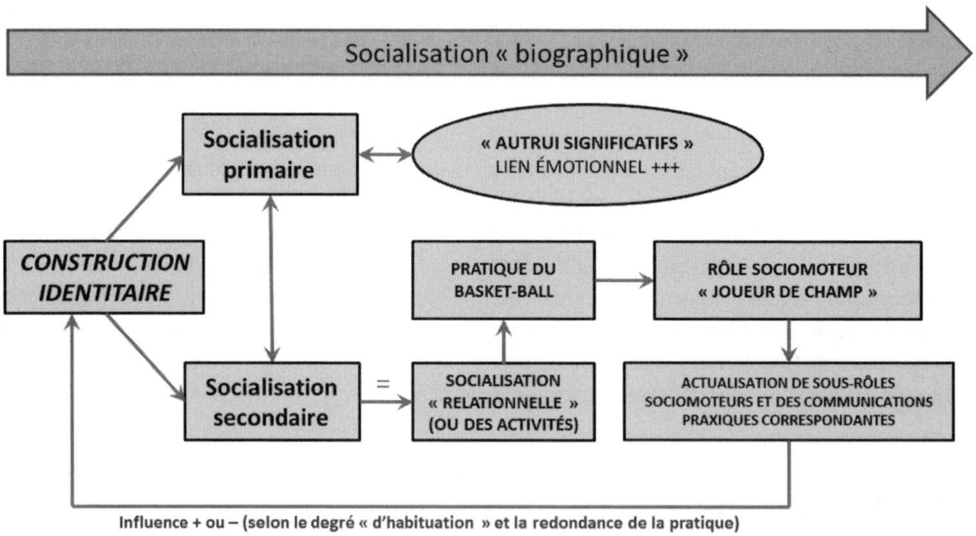

À VOUS DE JOUER !

Question 1 : la pratique du judo relève-t-elle d'une socialisation primaire ou secondaire ?

Question 2 : Parmi les situations motrices proposées, mettez en évidence et nommez les rôles actualisables au sein de chacune d'elles : Balle assise, judo, football, basket-ball, Accroche-décroche, échec, tennis, curling, tennis de table, Trois camps, L'ours et son gardien.

Question 3 : Arrêtons-nous sur le rôle de « Joueur de champ » en football. En réfléchissant aux rapports possibles du joueur à autrui, l'espace, le temps et l'objet, vous mettrez en évidence l'ensemble des sous-rôles sociomoteurs inhérents à ce rôle de « Joueur de champ ». On dénombre 11 sous-rôles sociomoteurs. Les deux premiers sont présentés ci-dessous à titre d'illustrations. À vous de jouer !

n = 11	Rapport à autrui	Rapport à l'espace	Rapport au temps	Rapport à la balle
« Passeur » (ou centreur)	Tente une passe ou un centre vers un partenaire.			Doit posséder la balle.
« Receveur »	Se prépare à recevoir la passe du partenaire.		Est en passe de recevoir la balle.	Se prépare à entrer en possession de la balle.
…	…	…	…	…

Question 4 : Mettez en évidence les changements de sous-rôles sociomoteurs du football. Pour cela, il vous suffit de griser la case lorsque le changement de sous-rôle semble possible. Par exemple, il se révèle impossible de transiter du sous-rôle de « Receveur » vers celui de « Tacleur ». En effet, si le joueur est receveur, c'est qu'il vient d'entrer en possession de la balle. Aussi, il ne peut endosser le sous-rôle de « Tacleur ». En revanche, le joueur peut tout à fait passer du sous-rôle de « Receveur » à celui de « Passeur ». Dans ce cas, c'est que le joueur fait une passe en une touche à son adversaire. S'il contrôle le ballon, il endosse d'abord le sous-rôle de « Porteur » avant de devenir « Passeur ».

	PASSEUR	RECEVEUR	DRIBBLEUR	TIREUR	DEMARQUEUR	PORTEUR	TACLEUR	INTERCEPTEUR	RECUPERATEUR	DISSUADEUR	REPLACEUR
PASSEUR											
RECEVEUR											
DRIBBLEUR	?	?	?	?	?	?	?	?	?	?	?
TIREUR	?	?	?	?	?	?	?	?	?	?	?
DÉMARQUEUR	?	?	?	?	?	?	?	?	?	?	?
PORTEUR	?	?	?	?	?	?	?	?	?	?	?
TACLEUR	?	?	?	?	?	?	?	?	?	?	?
INTERCEPTEUR	?	?	?	?	?	?	?	?	?	?	?
RÉCUPÉRATEUR	?	?	?	?	?	?	?	?	?	?	?
DISSUADEUR	?	?	?	?	?	?	?	?	?	?	?
REPLACEUR	?	?	?	?	?	?	?	?	?	?	?

Éléments de réponse

Question 1 : la pratique du judo relève-t-elle d'une socialisation primaire ou secondaire ?

La socialisation est le processus par lequel l'individu construit son identité. Cette dernière serait le produit à la fois de nos dispositions, de notre classe sociale, de notre genre, mais aussi des différents contextes, « espaces d'apprentissage » que nous traversons au cours de notre existence. Une activité physique et sportive comme le judo peut être un de ces contextes. Dans cette optique, Claude Dubar distingue une socialisation plutôt « relationnelle » des acteurs en interaction dans un contexte d'action et une socialisation plutôt « biographique » des acteurs engagés dans une trajectoire sociale. On parle aussi de « socialisation des activités » et de « socialisation des individus ». Dans la même veine, Berger et Luckmann proposent de distinguer deux types de socialisation complémentaires : la socialisation primaire et la socialisation secondaire. De quelle socialisation la pratique du judo relève-t-elle ?

La socialisation primaire est la première socialisation que « subirait » l'enfant, et sous le prisme de laquelle il deviendrait un membre de sa société. Dès sa naissance, l'enfant rencontre les autrui significatifs qui vont médiatiser le monde social auprès de lui. Ces autrui significatifs lui sont évidemment imposés (parents, grands-parents, grand frère, « nounou », etc.). Lors de la socialisation primaire, le monde social se révèle « filtré » par les autrui significatifs. Ce que l'enfant reçoit par ses autrui significatifs représente pour lui LA vérité. L'unique. La vraie. La seule. Tout simplement car l'enfant *s'identifie*. Le sociologue Émile Durkheim utilise la métaphore de « l'hypnose » pour parler de cette socialisation. C'est cet attachement émotionnel sans retenue aux autrui significatifs qui facilite le processus de socialisation primaire. Cette forme de socialisation ne semble pas adaptée à la compréhension de la socialisation sportive découlant du judo. En effet, elle s'intéresse à l'influence des autrui significatifs, non à celle des contextes ou « espaces d'apprentissage ». Les pratiquants précoces pourront éventuellement s'identifier à leur entraîneur. Dans ce cas, il y a aura une double socialisation en jeu : primaire et secondaire.

L'apprentissage du judo, nous l'aurons compris, relève de la socialisation secondaire (ou « relationnelle » ou « des activités »). Pour Berger et Luckmann, cette socialisation seconde consisterait « *en tout processus postérieur qui permet d'incorporer un individu déjà socialisé dans des nouveaux secteurs du monde objectif de sa société* » (2006, p. 225). Le judo est bien un « secteur objectif ». De par son réseau normatif, le judo est un « sous-monde » institutionnel que le pratiquant intériorise (Berger et Luckmann, 2006, p. 236). Le métier exercé représente un « sous-monde » institutionnel, au même titre que le sport que l'on pratique de façon régulière.

Question 2 : Parmi les situations motrices proposées, mettez en évidence et nommez les rôles actualisables au sein de chacune d'elles : Balle assise, judo, football, basket-ball, Accroche-décroche, échec, tennis, curling, tennis de table, Trois camps, L'ours et son gardien.

Rappelons que le rôle sociomoteur est une « classe de comportements moteurs associés, dans un jeu sportif, à un statut sociomoteur précis. Tout rôle sociomoteur est attaché à un et un seul statut qui en codifie la mise en œuvre » (Parlebas, 1999, p. 312). Le statut sociomoteur est lié aux droits et aux interdits dans le rapport du joueur à autrui, l'espace, le temps et les objets (lorsqu'il y en a). Ainsi, si le rapport du joueur à autrui évolue dans le rapport qu'il entretient soit à autrui, soit à l'espace, soit au temps, soit aux objets, il s'agit d'un nouveau rôle sociomoteur. Par exemple, dans le jeu de la Balle assise, nous observons 2 rôles sociomoteurs : « Joueur assis » et « joueur libre ». Le rôle sociomoteur de « joueur assis » témoigne en effet d'un rapport à l'espace particulier. Assis, le joueur n'a plus aucune possibilité de se mouvoir dans l'espace afin de participer au jeu. Il doit attendre d'être libéré par un joueur ou par le hasard d'une balle qui passerait à côté de lui. Dans le jeu des Trois camps, nous l'avons vu au cœur du cours, nous dénombrons 3 rôles sociomoteurs : « joueur de champ », « joueur de camp » et « joueur prisonnier ». Le « joueur de champ », lorsqu'il regagne son camp pour se protéger, endosse le rôle de « joueur de camp ». Son rapport à l'espace (il se trouve dans son camp) et son rapport à autrui (il ne peut pas être touché) évolue. De la même façon, le « joueur prisonnier » ne peut plus participer au déroulement du jeu : son rapport à autrui change, ainsi que son rapport à l'espace, car le voilà condamné à rester aux abords du camp ennemi dans l'attente d'être libéré. En tennis et en tennis de table, on observe 2 rôles sociomoteurs : « serveur » et « relanceur ». Il est exact que le « serveur », en tennis, a une contrainte liée à l'espace : il doit servir dans le carré opposé, en diagonale. En tennis de table, le « serveur » devra réaliser 2 rebonds avec la balle : un de son côté et un du côté adverse. Ce qui se révèle singulier par rapport au relanceur qui lui, doit envoyer la balle directement du côté adverse.

En judo, il n'existe qu'un rôle sociomoteur, celui de combattant. Il en est de même pour le basket-ball avec le rôle de « Joueur de champ ». En football, il en existe 2 : « Joueur de champ » et « gardien ». Le statut de gardien offre bel et bien des possibilités différentes comme par exemple celle d'attraper la balle à la main dans sa surface de prédilection. Notons qu'il ne faut pas confondre rôle tactique et rôle sociomoteur. Que l'on soit attaquant, milieu de terrain ou attaquant, nous avons bien les mêmes droits et interdits. C'est l'entraîneur qui vous attribue des espaces singuliers ou un joueur particulier à « suivre », pas les règles du jeu.

Les échecs sont un cas particulier. Les étudiants commencent souvent par nous dire qu'il n'y a qu'un rôle : celui de joueur. En réalité, il y a une confusion. C'est le déroulement du jeu qui, à l'instar des autres pratiques, nous intéresse au premier chef. Et on distingue bien des rôles différents, les pions ayant des droits et des devoirs différents les uns des autres : « Roi », « Capturé », « Tour », « Dame », « Cavalier », « Pion » et « fou » sont les 7 rôles que l'on retrouve aux échecs.

Nous présentons ci-après, sous forme de tableau, les différents rôles sociomoteurs des pratiques demandées :

Jeux	Nombre de rôle(s)
Balle assise (n = 2)	Joueurs assis/Joueur Libre
Judo (n = 1)	Combattant
Football (n = 2)	Joueur de champ/Gardien
Basket-ball (n = 1)	Joueur de champ
Accroche-décroche (n = 3)	En attente/Chasseur (« Chat »)/Chassé (« Souris »)
Échec (n = 7)	Roi/Capturé/Tour/Dame/Cavalier/Pion/Fou
Tennis (n = 2)	Serveur/Relanceur
Curling (n = 3)	Lanceur/Balayeur Zone 1/Balayeur Zone 2
Tennis de table (n = 2)	Serveur/Relanceur
Trois camps (n = 3)	Joueur de champ/Joueur de camp/Joueur prisonnier
L'ours et son gardien (n = 3)	Ours/Gardien/Chasseur

Question 3 : Arrêtons-nous sur le rôle de « Joueur de champ » en football. En réfléchissant aux rapports possibles du joueur à autrui, l'espace, le temps et l'objet, vous mettrez en évidence l'ensemble des sous-rôles sociomoteurs inhérents à ce rôle de « Joueur de champ ».

Afin d'identifier les sous-rôles sociomoteurs d'un jeu sportif donné, il s'agit d'observer le joueur dans 4 dimensions essentielles : son rapport à autrui, son rapport à l'espace, son rapport au temps et son rapport à l'objet. Que peut-il faire quand il joue ? Cette démarche se réalise en s'attardant sur les règles, d'une part, mais aussi en observant le déroulement ludique, d'autre part. Certains sous-rôles pourront être qualifiés d'offensifs, tandis que d'autres seront qualifiés de défensifs.

Ci-après dans le tableau, nous présentons les 6 sous-rôles offensifs et les 5 sous-rôles défensifs que nous avons pu mettre en lumière pour le football :

n = 11	Rapport à Autrui	Rapport à l'espace	Rapport au temps	Rapport à la balle
« Passeur » (ou centreur)	Tente une passe ou un centre vers un partenaire.			Doit posséder la balle.
« Receveur »	Se prépare à recevoir la passe du partenaire.		Est en passe de recevoir la balle.	Se prépare à entrer en possession de la balle.
« Dribbleur »	Tente de prendre le dessus sur son adversaire direct en le dribblant.	Tente de déborder le joueur.		Doit posséder la balle
« Tireur »	Tente de tromper la vigilance du gardien adverse.	Tente d'atteindre la cible adverse.		Doit posséder la balle et s'en dessaisir au moment du tir.
« Démarqueur »	Tente de se démarquer afin de faciliter la passe éventuelle du porteur.	Vise à se rapprocher de la cible adverse et/ou à créer des espaces libres au sein de la défense adverse.		
« Porteur »	Tente de prendre de vitesse les adversaires par une accélération en s'engouffrant dans un espace libre.	Vise à se rapprocher de la cible adverse.		Doit posséder la balle.
« Tacleur » (neutralisateur)	Tacle son adversaire direct.			Tente de récupérer la balle en taclant.
« Intercepteur »	Subtilise la balle à l'adversaire lors d'une passe en jaillissant.			Cherche à entrer en possession de la balle.
« Récupérateur »			Récupère une balle après sa perte par l'adversaire.	

n = 11	Rapport à Autrui	Rapport à l'espace	Rapport au temps	Rapport à la balle
« Dissuadeur »	Gêne le porteur en restant près de lui ou dissuade le porteur de faire une passe à un de ses partenaires.			
« Replaceur »	Tente de se placer de façon appropriée en défense par rapport à ses partenaires, afin de limiter les espaces libres pour l'adversaire.	Tente de limiter les espaces libres au sein de la défense.		
« Dribbleur »	Tente de prendre le dessus sur son adversaire direct en le dribblant.	Tente de déborder le joueur.		Doit posséder la balle

Le sous-rôle sociomoteur de « Dribbleur », par exemple, témoigne d'un rapport particulier du joueur à autrui, l'espace et l'objet. Le point important est que le joueur doit être en possession de la balle. Son objectif étant de prendre le dessus sur son adversaire direct par un dribble. En débordant le joueur, il souhaite se mettre en position favorable (pour une passe, un tir, un nouveau dribble). Ces particularités lui permettent d'être distingué de l'ensemble des autres sous-rôles, et légitiment *de facto* son existence. Ce n'est pas le cas entre le sous-rôle de « Centreur » et de « Passeur » par exemple. Entre ces deux sous-rôles, il n'y a pas « de différences qui font la différence ». C'est juste le niveau d'incertitude du centre qui peut le distinguer de la passe « traditionnelle ». À l'instar d'une « transversale », le centre à moins de chance d'arriver à destination qu'une passe courte. Mais la passe courte, le centre ou la « transversale » restent des passes et ne sont pas distingués ici. Ils pourraient l'être dans certains cas, dans le cadre d'une recherche scientifique plus précise.

Question 4 : Mettez en évidence les changements de sous-rôles sociomoteurs du football. Pour cela, il vous suffit de griser la case lorsque le changement de sous-rôle semble possible. Par exemple, il se révèle impossible de transiter du sous-rôle de « Receveur » vers celui de « Tacleur ». En effet, si le joueur est receveur, c'est qu'il vient d'entrer en possession de la balle. Aussi, il ne peut endosser le sous-rôle de « Tacleur ». En revanche, le joueur peut tout à fait passer du sous-rôle de « Receveur » à celui de « Passeur ». Dans ce cas, c'est que le joueur fait une passe en une touche à son adversaire. S'il contrôle le ballon, il endosse d'abord le sous-rôle de « Porteur » avant de devenir « Passeur ».

Dans le cas du football, on recense 45 changements de sous-rôles, qui sont autant de vecteurs de socialisation : 14 changements d'ordre défensif, 17 changements d'ordre offensif et enfin, 14 changements dits intermédiaires ou de renversement (permettant de passer d'un sous-rôle défensif à offensif et vice-versa). C'est sur la base de ce tableau qu'il est possible de construire le réseau des sous-rôles sociomoteurs.

Dans le cours, il a été suggéré la possibilité d'affecter à chaque changement de sous-rôle sociomoteur une tendance coopérative ou antagoniste afin de mettre au jour le type de socialisation valorisé par la logique interne du jeu sportif. Une fois ce travail accompli, on va pouvoir connaître l'importance de l'antagonisme et de la coopération au cœur même du déroulement ludique. Des changements de sous-rôles hostiles ou amicaux, lesquels se taillent la part du lion ? Lors du déroulement ludique, lesquels sont majoritairement actualisés ?

Apportons un peu de clarté à nos propos. En football, le changement de sous-rôle « Replaceur → Intercepteur » dénote une prise de balle à l'adversaire. *De facto*, on attribuera à ce changement de sous-rôle une valence négative : il atteste d'un agissement hostile envers l'adversaire. De même, si le joueur change de costume ludique en endossant le sous-rôle de « Dissuadeur » après celui de « Démarqueur », quel est son projet ? En se démarquant, le joueur a pour dessein de déstabiliser l'adversaire, de se défaire du marquage de ce dernier. Ce changement de sous-rôle rentre bien entendu dans la catégorie des changements antagonistes. *A contrario*, le changement de sous-rôle « Récupérateur à Passeur » est le témoin d'un agissement amical. On reçoit la passe du partenaire. Il est donc possible, pour chacun des changements de sous-rôles identifiés lors du déroulement ludique, d'attribuer une tendance coopérative ou antagoniste. Ce travail se fait en répondant à la question suivante : quel est le projet de l'acteur endossant ce nouveau sous-rôle sociomoteur ? On dénombre *in fine* 6 changements de sous-rôles d'ordre coopératif et 39 changements de sous-rôles d'ordre antagoniste. Cette répartition témoigne de la forte valorisation de l'antagonisme dans cette activité. Celle-ci devra néanmoins être confirmée par l'observation, comme le mettent en lumière certaines recherches (Oboeuf, 2010).

Dans le tableau ci-dessous, nous précisons les changements de sous-rôles sociomoteurs possibles et nous affectons à ces derniers une valence positive (+) ou négative (–) :

	PASSEUR	RECEVEUR	DRIBBLEUR	TIREUR	DEMARQUEUR	PORTEUR	TACLEUR	INTERCEPTEUR	RECUPERATEUR	DISSUADEUR	REPLACEUR
PASSEUR					-						-
RECEVEUR	+		-	-	-	-					-
DRIBBLEUR	+			-	-	-					-
TIREUR					-						-
DÉMARQUEUR		+			-						-
PORTEUR	+		-	-	-						-
TACLEUR					-			-	-	-	-
INTERCEPTEUR	+					-					
RÉCUPÉRATEUR	+			-		-					
DISSUADEUR					-		-	-	-	-	-
REPLACEUR					-		-	-	-	-	-

Chapitre 3

SOCIOMÉTRIE, COHÉSION ET JEUX SPORTIFS

Alexandre Oboeuf & Jonathan Collard

MOTS-CLÉS

sociométrie • Éducation Physique et Sportive (EPS) • cohésion socio-affective • dyade • indice de cohésion • empathie.

Qu'est-ce que la sociométrie ?

Selon son fondateur, « *la sociométrie est la science de la mesure des relations inter-humaines* » (Moreno, 1934, p. 41). Le projet de la sociométrie (ou mesure – *metrum* – du social – *socius*) est d'établir le relevé des relations inter-personnelles au sein d'un groupe. Moreno souhaitait que la sociométrie participe à la résolution des maux de notre société. Si la richesse de ses travaux est évidente, autant que son projet se révélait ambitieux, sa définition entretient un flou sémantique majeur. De quelles relations parle donc l'auteur ? Des précisions doivent nécessairement être apportées. Benoît Gérard (2011), à la suite de Parlebas (1992), montre en effet qu'il n'existe pas une seule forme relationnelle. S'appuyant sur un nombre important de travaux en psychologie sociale, l'auteur propose de retenir aux moins quatre formes de relations groupales : la cohérence impersonnelle, la cohérence interpersonnelle, la cohésion normative et culturelle et la cohésion socio-affective.

La cohésion socio-affective « *correspond aux affinités liant les participants* » (Parlebas, 1992, p. 155).

La cohésion normative et culturelle « *se rapporte aux attitudes communes, aux rituels acceptés, aux interprétations des statuts et des rôles, aux normes et valeurs partagées par les membres du groupe* » (Parlebas, 1992, p. 155).

La cohérence impersonnelle « *se rapporte aux mécanismes de coordination mis en place par les représentants d'un groupe afin d'encadrer son fonctionnement* » (Gérard, 2011, p. 91).

La cohérence interpersonnelle fait référence « *aux mécanismes de coordination développés par les acteurs eux-mêmes en vue d'assurer l'articulation de leurs rôles* » (Gérard, 2011, p. 91).

Nous ne nous attarderons pas trop longuement sur ces quatre formes relationnelles, fort bien illustrées dans le chapitre précédent. Gérard (2011) propose de les différencier à l'aide de deux paramètres : la **nature de la relation** (affective/fonctionnelle) et l'**orientation de la relation** (interpersonnelle/sociale).

		Orientation de la relation	
		Interpersonnelle	Sociale
Nature de la relation	Affective	Cohésion socio-affective	Cohésion normative et culturelle
	Fonctionnelle	Cohérence interpersonnelle	Cohérence impersonnelle

Tableau 1. **Les quatre formes de relations groupales.**

Légitimement, on peut maintenant se demander : quelle forme relationnelle la sociométrie « mesure-t-elle » ? L'outil sociométrique permet de s'intéresser au versant affectif et plus particulièrement au niveau interpersonnel : c'est donc la cohésion socio-affective qui est principalement concernée.

Au regard de l'avancée des recherches, nous substituons à la définition de Moreno celle de Parlebas (1992). Pour ce dernier, la sociométrie est « *l'étude tant métrique que clinique des relations affectives et des relations d'influence au sein des groupes ou des communautés* » (Parlebas, 1992, p. 23).

Le questionnaire sociométrique

Le questionnaire sociométrique est constitué de six questions qui permettent de mettre en lumière le réseau des relations socio-affectives au sein d'un groupe (Parlebas, 1992). Certaines questions concernent les personnes que nous apprécions (choix et attentes de choix) ; d'autres concernent les personnes que nous apprécions moins (rejets et attentes de rejet) ; enfin, les deux dernières concernent les personnes que nous souhaitons « élire » ou ne pas « élire » comme leader (choix de leader et rejet de leader). Nous présentons ci-après les six questions et ce, dans la configuration pouvant être proposée aux répondants :

1. Parmi vos camarades de groupe, quels sont ceux avec lesquels vous préféreriez être pendant des Activités Physiques de Pleine Nature ? (Choix)
2. Essayez de deviner ceux qui vous ont choisi. Quels sont ceux qui, à votre avis, dans votre groupe, vous ont désigné pour que vous soyez avec eux ? (Perception de choix)
3. Pour que votre équipe marche bien, il faut éviter que vous soyez avec des camarades que vous appréciez moins. Parmi les camarades de votre groupe, quels sont ceux avec lesquels vous ne souhaiteriez pas être ? (Rejets)
4. Essayez de deviner ceux de votre groupe qui ne voudraient pas que vous coopériez avec eux. À votre avis, quels sont les camarades qui ne souhaiteraient pas que vous soyez avec eux ? (Perception de rejets)
5. Parmi vos camarades de groupe, quels sont ceux que vous aimeriez avoir comme chef ?
6. Parmi vos camarades de groupe, quels sont ceux que vous ne préféreriez pas avoir comme chef ?

Passation du questionnaire sociométrique

Comme les questions font appel à la subjectivité profonde de chaque acteur, il est nécessaire de respecter quelques règles élémentaires pour le passage du questionnaire (Parlebas, 1992). Le but étant d'obtenir les réponses les plus sincères possible. Quelles sont les précautions méthodologiques à prendre ?

a. il s'agira d'acquérir une **connaissance approfondie du groupe et de son contexte**. Il est nécessaire que le groupe de répondants se trouve dans un climat de confiance pour répondre à ce questionnaire.

b. **La situation proposée aux répondants devra susciter une intense motivation.** Leur participation à la création des groupes devrait permettre d'atteindre cet objectif. Ils seront tous, comme l'affirme de façon un peu abusive Moreno, des « co-expérimentateurs ».

c. Mettre en confiance les individus quant à **la confidentialité de leurs réponses.** Comme le souligne Pierre Parlebas, « *cette règle d'or est d'abord une exigence déontologique de morale professionnelle : le respect élémentaire du contrat passé avec les personnes interrogées. Quand la confiance est acquise, les réponses sont d'une grande sincérité ; les informations recueillies offrent alors une surabondance de données totalement inédites, inaccessibles par une autre voie, et de forte validité* » (1992, p. 65).

d. **Trouver un critère de choix adapté.** Il faut éviter de proposer, dans les questions, un critère technique. Il semble rédhibitoire, en vue de faire émerger l'état affectif du groupe, de proposer un critère fonctionnel. Nos questions ne doivent pas être du type : « Avec qui souhaiteriez-vous jouer au football ? » ; « Avec qui souhaiteriez-vous ne pas jouer au handball ? ». Dans ces cas précis, « *la réponse du sujet correspondra à une stratégie plus ou moins nuancée tenant compte de son désir de réussite dans la tâche, et du plaisir de communiquer avec tel ou tel camarade* » (Parlebas, 1992, p. 67). De façon assez paradoxale, les résultats ne donneraient pas l'état affectif du groupe mais plutôt son état fonctionnel. Toutes les pratiques pouvant faire émerger des relations d'ordre instrumental doivent être évincées : les mathématiques, la physique, l'espagnol, la musique, les sports collectifs que nous connaissons sont autant de critères fonctionnels. Il est probable que pour obtenir une bonne note à l'examen de mathématique, je choisisse quelqu'un non pas par amitié sincère mais par intérêt. C'est la raison pour laquelle le critère devra s'appuyer sur une activité à laquelle peu d'individus sont familiarisés. Les Activités Physiques de Pleine Nature (APPN) peuvent convenir à cette fin. Une sortie de fin d'année, un positionnement dans le bus, autant de propositions dont vont profiter les répondants pour partager leurs liens socio-affectifs. Le questionnaire sociométrique s'appuie sur le caractère réaliste et faisable des activités, de façon à impliquer de manière effective les répondants.

Notons quelques remarques supplémentaires (Parlebas, 1992) :

- Nous prendrons en considération les choix affectifs, mais aussi les rejets et les attentes. Les rejets sont très importants car ils permettent de mettre en évidence les clivages groupaux. Il existe quasiment toujours une hostilité entre groupes. **Cette question sur les rejets peut paraître déplaisante et on pourra insister sur l'aspect positif de la question** : « Il serait plus agréable pour vous... ».
- Il s'agira, autant que faire se peut, **de ne pas limiter le nombre de désignations.** L'expansivité du sujet est une information qui peut s'avérer non négligeable. Il sera aussi demandé au sujet de placer dans l'ordre décroissant ses désignations. En effet, pourra-t-on se permettre de considérer que le premier choix d'un sujet est égal à son septième ?

Toutes ces précautions méthodologiques sont des obligations pour qui veut réaliser un travail sérieux en s'appuyant sur l'outil sociométrique. Comment regrouper de façon lisible et pratique l'ensemble des informations que l'on a recueillies ?

Recueillir et traiter les données issues du questionnaire

En interrogeant une trentaine de personnes on se retrouve avec 600 à 800 données distinctes ! Comment présenter celles-ci d'une façon pratique et intelligible, s'interroge Parlebas (1992) ? Concrètement, il s'agit de reporter sur un document de synthèse unique et facilement exploitable toutes les données recueillies, de façon à distinguer les émetteurs et les récepteurs, la nature des réponses (choix, rejets, attentes), le type de critère et le rang de chaque réponse ! Évidemment, sous peine de devenir illisible, ce tableau devra utiliser des conventions d'écriture dénuées d'ambiguïté ; un système de symboles clairs et distinctifs a donc été proposé par Tagiuri et, à sa suite, par Parlebas (1992).

Première étape : remplir le tableau sociométrique

La totalité des données recueillies sont réunies au sein de ce qu'on appelle un **tableau sociométrique.** Pour commencer, nous mettons en première ligne et en première colonne l'ensemble des élèves ou des participants. Ensuite, quels sont les symboles utilisés pour regrouper l'ensemble de ces données ?

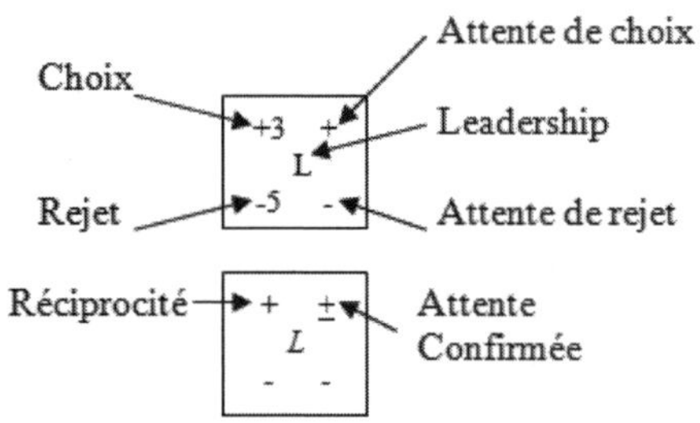

Chaque case (émetteur en ligne et récepteur en colonne) est, de façon fictive, divisée en quatre zones. Dans la partie **en haut à gauche**, nous aurons l'emplacement réservé au choix affectif avec son rang. En **haut à droite**, nous aurons l'emplacement réservé à l'attente de choix. Dans la partie **en bas à gauche** nous aurons l'emplacement réservé au rejet avec son rang et **en bas à droite**, celui réservé à l'attente de rejet. Pour finir, **le centre** sera réservé au critère de leadership. En outre, lorsqu'il y aura réciprocité dans un choix, un rejet ou une attente, le symbole sera en gras. Lorsqu'une attente sera confirmée, le symbole sera souligné. Notons néanmoins que dans un souci de lisibilité, si le tableau sociométrique est réalisé de manière « artisanale » à la main, il est tout à fait possible d'entourer les réciprocités plutôt que de les mettre en gras.

	A L I C E	I N E S	C E L I A N
ALICE		+3 + L	**+1 ±**
INES	*L* -4 -		**+3**
CELIAN	**+1 ±** L	**+4** -	

Dans le tableau sociométrique partiel ci-dessus, Alice a choisi Inès en 3ᵉ position et s'attend à ce qu'Inès la choisisse. Elle choisit en outre Inès comme leader. Dans la case suivante (Alice → Célian), on constate que Célian est le premier choix d'Alice. De plus, cette dernière s'attend à ce que Célian la choisisse. À la ligne du dessous, on voit qu'Alice est la 4ᵉ personne que rejette Inès. Elle s'attend par ailleurs à ce qu'Alice la rejette. Inès ne souhaite pas qu'Alice soit leader du groupe. Célian est le 3ᵉ choix d'Inès. La dernière ligne permet de prendre connaissance des choix de Célian à l'égard d'Alice et d'Inès. Il choisit Alice en 1ʳᵉ position et s'attend à ce qu'Alice le choisisse. Célian choisit Alice comme leader. Enfin, la dernière case (Célian à Inès) met en lumière le fait que Célian choisisse Inès en 4ᵉ position, mais qu'il s'attend à ce qu'elle le rejette. Rappelons que lorsqu'il y aura réciprocité dans un choix, un rejet ou une attente, le symbole sera en gras (c'est le cas des choix et des attentes entre Alice et Célian par exemple). Lorsqu'une attente sera confirmée, le symbole sera souligné (c'est encore le cas entre Alice et Célian). Alice choisit Célian… et Célian l'a effectivement choisie. Le contraire est vrai aussi. Pour faciliter le repérage des réciprocités, les lecteurs peuvent utiliser les cases grisées comme moyen pour noter l'absence ou la présence de symétrie dans les réponses.

Deuxième étape : construire le sociogramme des choix et des rejets réciproques.

Le tableau sociométrique offre l'opportunité de construire **le sociogramme des choix et des rejets réciproques**. Pour le moment, nous ne nous préoccupons pas des attentes de choix et de rejets ainsi que du critère lié au leadership. Seuls les choix et les rejets, et plus précisément ceux étant réciproques, attirent notre attention. Ce sociogramme est d'une importance cruciale, puisqu'il permet de souligner « *l'ossature majeure du groupe. Il met à découvert la structure des liaisons à double sens qui, à ce titre, comptent parmi les plus solides et les plus susceptibles de trouver un prolongement dans le comportement réel des personnes* » (Parlebas, 1992, p. 106).

La cartographie ainsi obtenue permet de faire émerger les sous-groupes, et l'hostilité socio-affective qui les scinde. Il s'agit donc de repérer, pour toutes les relations entre 2 personnes, celles où apparaissent un lien réciproque de choix ou de rejet. « On devine que ces liaisons réciproques, encore appelées mutuelles ou symétriques, vont représenter le canevas le plus vivant des communications dans un groupe » (Parlebas, 1992, p. 79).

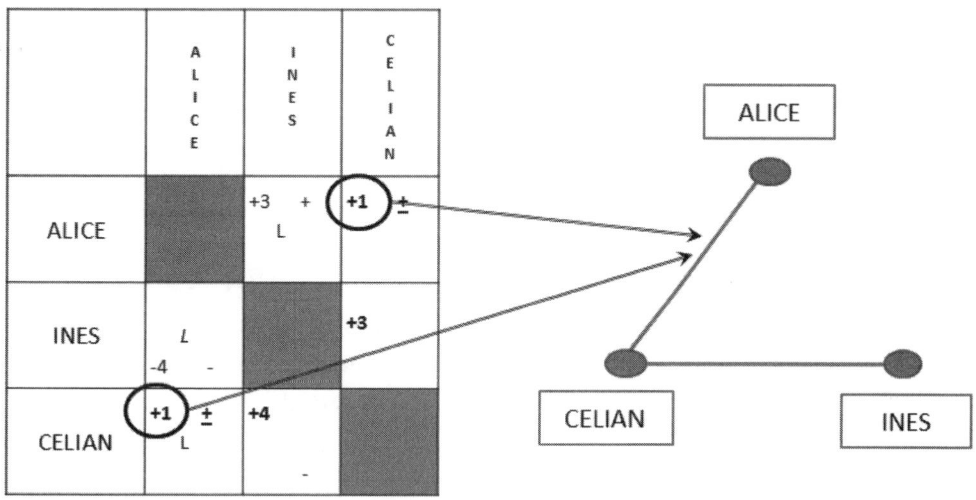

Une fois cette cartographie socio-affective obtenue, on se fait une meilleure idée des sous-groupes constituant notre groupe. Les individus d'un même sous-groupe se choisissent de manière significative (choix réciproques), tandis que des relations teintées d'hostilités caractérisent les relations inter-sous-groupales, *via* les rejets réciproques.

Le tableau sociométrique et le sociogramme des choix et des rejets réciproques permettent aussi de mettre en lumière les statuts sociométriques des participants. Comme nous le voyons sur le schéma qui suit, certains seront considérés comme **isolés** du groupe, tandis que d'autres seront qualifiés de **négligés**, de **solitaires** ou d'**exclus**. Il s'agit ici de statuts peu valorisés par le groupe. À l'autre extrême, nous trouverons les **leaders** et les **favoris**, statuts fortement valorisés par le groupe. Soulignons qu'il ne faut pas confondre le statut sociométrique avec le statut sociomoteur (classe de comportements moteurs), le statut tactique (ce que l'entraîneur donne comme droits et devoirs au joueur), le statut socio-affectif (les surnoms que nous nous donnons entre nous : le « rigolo », « l'intello », le « beau gosse », etc.), ou le statut institutionnel (étudiant, père de famille, mari, frère, etc.).

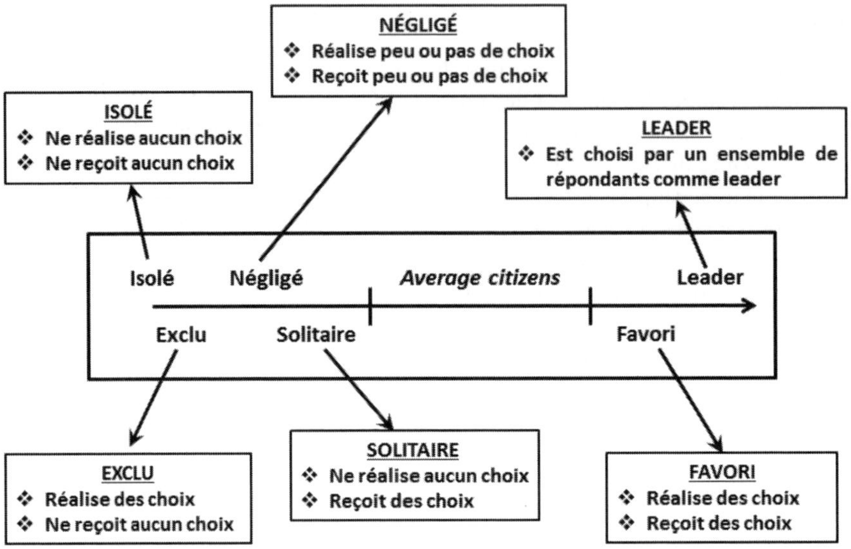

Troisième étape : remplir le tableau des dyades.

À la suite de ce sociogramme, nous avons connaissance des sous-groupes et nous pouvons construire **le tableau des dyades** (Sous-groupe 1 (SG1), Sous-groupe 2, Sous-groupe 3, etc.). Une dyade représente le condensé, le résumé de toutes les relations unissant deux individus. Autrement dit, nous allons faire « remonter » toutes les réponses du dessous de la diagonale grisée au-dessus de cette dernière. Il n'y aura plus la case « Alice à Célian » et la case « Célian → Alice » mais une seule et même dyade, porteuse des résultats de ces deux cases.

Pour le traitement des résultats, nous affectons une valence équivalente au choix (+1) et à l'attente de choix (+1). Il en est de même au niveau des rejets et des attentes de rejet, auxquels nous attribuons une valence négative (–1).

Lorsque deux individus se choisissent mutuellement, et s'attendent de surcroît à être choisis l'un par l'autre, la valence de la dyade (V_d) est maximum : +4.

À l'autre extrême, on trouve le cas où les deux acteurs se rejettent mutuellement et s'attendent à être rejetés l'un par l'autre (–4).

Ainsi, le score d'une dyade sera toujours compris entre –4 et +4 :

$$(-4 < V_d < +4)$$

Il existe divers types de dyade :

- « **Vide** » ou « **muette** » (aucun vecteur) ;
- « **Unilatérale** » (un ou deux vecteurs) ;
- « **Bilatérale** » (au moins deux vecteurs, de part et d'autre) ;
- « **Complète** » (4 vecteurs) ;
- « **Homogène** » ou « **concordante** » quand tous les vecteurs sont de même tonalité ;
- « **Hétérogène** » ou « **discordante** » ou « **mixte** » pour le contraire.

« Une dyade d'amitié complète et homogène est appelée une dyade « **harmonique parfaite** » par Jean Maisonneuve (1973) ».

Symbolisation (de Tagiuri) et valences correspondantes :

—⟩ Choix socio-affectif (+1)

—⟨ Attente de choix (+1)

---⟩ Rejet socio-affectif (-1)

---⟨ Attente de rejet (-1)

Notons avant de présenter une illustration qu'il y a des règles à respecter pour positionner les prénoms ou les noms des participants dans la première ligne et la première colonne au sein du tableau des dyades. C'est ce que l'on appelle un découpage, ou une façon pratique de présenter les données recueillies. Cela permettra plus loin de calculer des indices de cohésion intra et inter-sous-groupaux. Il faudra pour respecter ces règles s'appuyer sur le sociogramme des choix et des rejets réciproques. Le premier point est que les individus d'un même groupe devront se trouver les uns à côté des autres. Le deuxième est que nous placerons en premier le sous-groupe dit « de référence ». Il s'agit souvent du sous-groupe où il y a le plus d'individus. Il se révèle aussi, souvent, le plus cohésif. Puis nous positionnons les autres sous-groupes selon le nombre d'individus, par ordre décroissant (par exemple, d'abord le sous-groupe de référence puis le sous-groupe de 6 puis le sous-groupe de 4). Pour finir, les individus isolés, solitaires, négligés ou exclus seront placés ensemble dans un sous-groupe « fictif » que nous positionnons en dernière position.

	Alice	Inès	Célian
Alice		—⟩ ⟨--- —⟨ ⟩---	—⟩ ⟨— —⟨ ⟩—
Inès			—⟩ ⟨— ---⟨
Célian			

Le Tableau des dyades permet de calculer l'indice de cohésion d'une dyade et les indices de cohésion socio-affective (a) intra-sous-groupaux et inter-sous-groupaux. Par exemple, pour la dyade Alice/Inès, l'indice est nul (+1+1–1–1). Pour les indices intra-sous-groupaux et inter-sous-groupaux, on calcule la somme des valences des différentes dyades puis on la divisera par le nombre de dyades correspondantes. Pour notre sous-groupe Alice/Inès/Célian, nous obtenons un indice de cohésion socio-affective de +1,67 ($\alpha = (0+4+1) / 3 = 1,67$). De cette façon, l'indice d'un sous-groupe, à l'instar de l'indice d'une dyade, sera toujours compris entre –4 et +4. Plus l'indice est proche de +4, plus le sous-groupe est cohésif. Nous constatons surtout des indices négatifs dans les relations entre deux sous-groupes.

Nous calculons le nombre de dyades d'un sous-groupe à l'aide de la formule suivante : **D = n (n – 1) / 2.** Autrement dit, pour un sous-groupe de 5 personnes, nous avons 5 x 4 / 2 dyades soit 10 dyades. Cette formule ne peut pas être utilisée pour les indices inter-sous-groupaux. Compter le nombre de dyades reste souvent la solution la plus simple et la plus utilisée par les étudiants. Nous illustrons ci-dessous la façon dont un tableau des dyades peut être découpé afin de calculer ces indices de cohésion intra et inter-sous-groupaux.

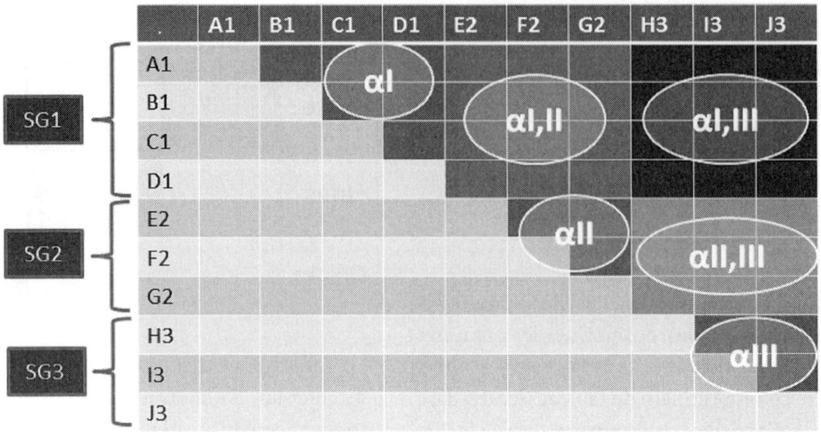

Ces indices évaluent le « degré » de cohésion des différents sous-groupes… et le « degré » d'hostilité entre les différents sous-groupes. Ce raisonnement en terme d'indice de cohésion socio-affective intra-, mais aussi inter-sous-groupal, permet de faire émerger certains phénomènes mis en évidence par la dynamique des groupes comme le **conformisme**, la **déviance** ou l'**agressivité** envers l'extérieur.

L'empathie : pour aller plus loin

D'une manière générale, « son rôle est d'anticiper les sentiments, les pensées et les comportements d'autrui » (Courchet et Maucorps, 1966, p. 90). Notons qu'il existe plusieurs formes d'empathie (Maucorps, 1960). La première est **l'auto-empathie** et « il s'agit de la prévision des désignations d'autrui à l'égard de soi-même » (Parlebas, 1992, p. 130). La seconde est l'allo-empathie et cette fois, « c'est la prévision des choix d'autrui à l'égard des autres qui est appréciée » (Parlebas, 1992, p. 131). « *Nous avons fréquemment utilisé ce questionnaire allo-empathique pour savoir dans quelle mesure les animateurs et les enseignants percevaient avec exactitude les attractions et les répulsions qui émaillent les groupes dont ils étaient responsables (et force est de reconnaître que le degré d'exactitude de ces perceptions est beaucoup plus faible que l'ensemble des intéressés le croient habituellement)* » (Parlebas, 1992, p. 131).

Il est possible, sur la base du tableau sociométrique, de calculer un indice de clairvoyance (ou d'auto-empathie) pour chaque individu. Cette clairvoyance « évalue dans quelle mesure les attentes d'une personne sont conformes aux désignations dont cette personne est réellement l'objet » (Parlebas, 1992, p. 133). On peut s'intéresser à la clairvoyance à travers le calcul de deux indices : la **sensibilité relationnelle** et le **réalisme perceptif**. L'individu est-il clairvoyant ou aveugle ?

La sensibilité relationnelle : pour un individu donné, c'est le rapport entre le nombre de perceptions exactes (e) émises par le sujet (c'est-à-dire confirmées par les choix et les rejets effectifs reçus) et le nombre total de désignations et de rejets reçus (d) par le sujet : $s = e/d$

Évoluant de 0 à 1, « s » est maximum quand $e = d$, c'est-à-dire quand tous les choix et les rejets émis par les autres à son égard ont été perçus par le sujet, sans aucune omission. Par exemple, si mes 3 attentes de choix (ou perceptions de choix) sont exactes (je suis réellement choisi par ces trois individus) et qu'aucun autre sujet ne me choisit, alors ma sensibilité relationnelle est maximale (s = 1).

Le réalisme perceptif : pour un individu donné, c'est le rapport entre le nombre de perceptions exactes (e) émises par ce sujet, et le nombre total d'attentes de choix et de rejets (a) qu'il a émises : **r = e/a**

Ayant 0 et 1 comme bornes d'encadrement, **r** est maximum quand **e** = **a**, c'est-à-dire quand toutes les attentes du sujet sont fondées, sans aucune illusion. Si un sujet a, par exemple, 4 perceptions de choix et de rejets exactes, et qu'il n'a aucune attente de choix et de rejet erronée, il est alors le plus réaliste possible dans ses perceptions de choix.

Ces indices nous donnent de précieuses informations sur les individus constituant le groupe, et éclairent *de facto* son fonctionnement si on apprend à décrypter ces données.

Intérêts du questionnaire sociométrique

Parlebas souligne un double intérêt du questionnaire sociométrique (1992). Le premier est qu'il peut être utilisé comme une **méthodologie de recherche scientifique**. Le second est qu'il peut être un formidable **outil d'intervention psycho-sociologique** (pédagogique ou thérapeutique).

Dans le premier cas, l'objectif sera alors d'explorer la structure socio-affective des groupes considérés, ainsi que les processus de communication et d'influence qui les traversent. On pourra s'interroger sur l'évolution des relations interpersonnelles, sur les déterminants de cette évolution, et d'une façon générale sur les différentes variables qui interfèrent avec cette dynamique relationnelle (normes, contexte, perception, attitudes, stratégies…). Ce genre de recherche prend souvent forme dans des dispositifs de recherche-action qui entreprennent une étude des phénomènes relationnels dans leurs contextes d'émergence de la vie réelle.

Dans le second cas, Parlebas souligne que la dimension d'intervention est plus importante que la quête de résultats expérimentaux proprement dits. L'aspect « praxis » sera ici majoré : on demande aux personnes de prendre part aux décisions qui vont orienter leur vie en communauté. Prenant appui sur les préférences exprimées lors du questionnaire, la réorganisation des équipes offre un support propice à certaines prises de conscience, et peut susciter des déclics relationnels neufs. L'expérience montre que cet appel à la participation des personnes dans la gestion de leur action crée un climat pédagogique très favorable et peut même parfois faire naître un véritable enthousiasme. Cela permet aussi d'opérer des regroupements pertinents en fonction de la logique interne des jeux sportifs afin de développer ou de ne pas nuire à la solidarité.

Notons qu'il existe une autre procédure qui permet d'évaluer les diverses facettes de la cohésion dans une équipe sportive : le Questionnaire sur l'Ambiance de Groupe (QEG, de Carron, Brawley et Widmeyer, 1985). Sa caractéristique principale est de lier les critères affectivo-relationnels – l'orientation sociale – et les critères fonctionnels, relatifs à l'efficacité de l'équipe – l'orientation opératoire –, mais de prendre aussi en compte les « dimensions » groupales ou individuelles. Celles-ci renvoient à des formulations de type « je » ou « nous ». Non nominatif, ce Questionnaire sur l'Ambiance de Groupe déjoue, en quelque sorte, le piège de l'atomisme que porte en lui l'outil sociométrique, qui n'est, somme toute, que l'addition de réponses individuelles. Mais, ce que ce dernier « perd » au plan théorique est contrebalancé par sa richesse d'utilisation et d'exploitation. Tout d'abord, l'outil sociométrique n'est pas cantonné aux équipes sportives constituées et peut s'appliquer dans de nombreux autres cas de figures : classes, centres de vacances, stages de formation… Ensuite, il permet une cartographie des relations fines : dyades, triades, n-ades, exploitables par la théorie des graphes. Enfin, outre qu'il permet d'explorer les relations empathiques, il offre l'occasion de remanier les groupes et d'opérer, en fonction des résultats enregistrés, des modifications dans les réseaux relationnels en fonction des objectifs fixés par l'intervenant. La sociométrie n'est pas qu'un outil de contemplation ou de constats ; c'est aussi et surtout un outil d'intervention.

BIBLIOGRAPHIE

- Carron, A.V., Brawley, L.R & Widmeyer, W.N, (1985). « The measurement of cohesivness in sport groups » In J.-L. Duda (Ed.) *Advances in sport and exercice psychology measurement,* Group Dynamics; Research and Theory, New-York: Harper and Row.
- Courchet, J.-L., et Maucorps, P.H. (1966). *Le vide social.* Paris: La Haye.
- Gérard, B. (2011). *La sociabilité et la participation: deux impératifs de la cohésion et de la cohérence dans les groupes organisés,* thèse de doctorat en sciences de gestion, Université Paris-Dauphine.
- Maisonneuve, J. (1973). *Introduction à la psychosociologie.* Paris: Presses Universitaires de France.
- Maucorps, P.H. (1960). « Empathie et compréhension d'autrui », *Revue Française de Sociologie,* 1-4, pp. 426-444.
- Moreno, J.-L. (1970). *Fondements de la sociométrie.* Paris: Presses Universitaires de France.
- Oberlé, D., et Drozda-Senkowska, E. (2006). « Processus orientés vers la tâche vs processus orientés vers le groupe: une vieille distinction toujours fructueuse? », in *Les Cahiers Internationaux de Psychologie Sociale, N° 70,* pp. 63-72.
- Obœuf, A., Collard, L., et Gérard, B. (2008). « Le jeu de la Balle assise: un substitut au questionnaire sociométrique? », in *Les Cahiers Internationaux de Psychologie Sociale, n° 77,* pp. 87-100.
- Parlebas, P. (1992). *Sociométrie, réseaux et communication.* Paris: Presses Universitaires de France.

LEXIQUE

- **Cohésion socio-affective:** Elle « *correspond aux affinités liant les participants* » (Parlebas, 1992, p. 155).
- **Empathie:** « Son rôle est d'anticiper les sentiments, les pensées et les comportements d'autrui » (Courchet et Maucorps, 1966, p. 90).
- **Sensibilité relationnelle:** pour un individu donné, c'est le rapport entre le nombre de perceptions exactes (e) émises par le sujet (c'est-à-dire confirmées par les choix et les rejets effectifs reçus) et le nombre total de désignations et de rejets reçus (d) par le sujet: **s = e / d**
- **Sociométrie:** « *Étude tant métrique que clinique des relations affectives et des relations d'influence au sein des groupes ou des communautés* » (Parlebas, 1992, p. 23).
- **Réalisme perceptif:** pour un individu donné, c'est le rapport entre le nombre de perceptions exactes (e) émises par ce sujet, et le nombre total d'attentes de choix et de rejets (a) qu'il a émises: **r = e / a**

POUR RÉSUMER!

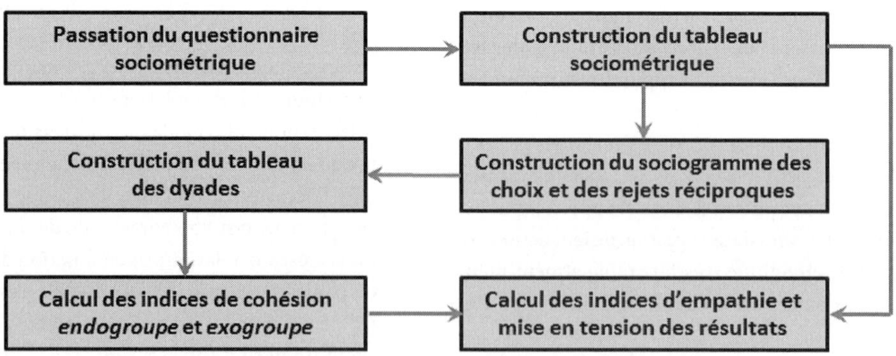

À VOUS DE JOUER !

Ci-dessous sont présentés l'ensemble des choix, des rejets, des attentes de choix, des attentes de rejet et des choix de leadership d'un groupe de onze individus : **Hélène, Marius, Merlin, Inès, Anthony, Célian, Maxime, Louis, Diego, Juliette** et **Rudy**.

Hélène choisit Célian, Anthony, Diego et Merlin. Elle s'attend à être choisie par Célian, Anthony, Maxime et Merlin. Elle s'attend à être rejetée par Inès.

Marius choisit Juliette et Célian. Il s'attend à être choisi par Juliette et Louis. Il rejette Merlin, Diego et Anthony. Il s'attend à être rejeté par Merlin, Diego et Anthony. Il choisit Célian comme leader.

Merlin choisit Célian, Maxime, Hélène et Diego. Il s'attend à être choisi par Célian, Maxime, Hélène et Diego. Il rejette Marius et Juliette. Il s'attend à être rejeté par Marius et Juliette.

Inès choisit Juliette, Louis et Anthony. Elle s'attend à être choisie par Juliette, Louis, Anthony et Maxime. Elle rejette Maxime.

Anthony choisit Louis, Juliette, Inès, Célian et Hélène. Il s'attend à être choisi par Hélène, Louis et Juliette. Il rejette Diego et s'attend à ce que Diego et Merlin le rejettent.

Célian choisit Maxime, Merlin, Louis, Diego et Hélène. Il s'attend à être choisi par Maxime et Diego.

Maxime choisit Célian, Diego et Louis. Il s'attend à être choisi par Merlin, Célian et Diego. Il rejette Juliette et Inès. Il s'attend à être rejeté par Juliette et Inès. Maxime choisit Célian comme leader.

Louis choisit Anthony, Juliette et Hélène. Il s'attend à être choisi par Anthony et Inès. Il rejette Marius.

Diego choisit Hélène, Maxime, Célian et Merlin. Il s'attend à être choisi par Hélène, Maxime et Célian. Il rejette Marius et Anthony et s'attend à ce que Marius et Anthony le rejettent.

Juliette choisit Louis, Inès et Anthony. Elle rejette Maxime.

Rudy ne fait aucun choix et n'est l'objet d'aucune désignation.

Questions

Question 1 : remplissez le tableau sociométrique de ce groupe.

Question 2 : construisez le sociogramme des choix et des rejets réciproques correspondant.

Question 3 : dans quel statut sociométrique peut-on positionner Célian ? Et Marius ? Et Rudy ?

Question 4 : construisez le tableau des dyades de ce groupe et calculez les indices de cohésion *endogroupe* et *exogroupe* correspondants.

Question 5 : la dyade Hélène-Anthony est une arête déséquilibrante. En quoi cette relation est-elle un risque pour les deux protagonistes ? Quel est l'intérêt éducatif de ce type de lien ?

Question 6 : calculez les indices de sensibilité relationnelle et de réalisme perceptif de Célian, Hélène et Diego.

Question 7 : si vous mettez en tension ces résultats avec la place pivotale de Célian dans le groupe, quelle hypothèse pouvez-vous formuler concernant la personnalité de ce dernier ?

Question 8 : quel est l'intérêt de l'outil sociométrique pour l'enseignant ? Existe-t-il une alternative à la mise en place de ce dernier ?

Éléments de réponse

Question 1 : remplissez le tableau sociométrique de ce groupe.

Pour remplir ce tableau, nous suivons les écritures conventionnelles expliquées en cours. Chaque case est, de façon fictive, divisée en quatre zones. En haut à gauche, nous trouvons l'emplacement réservé au choix affectif avec son rang. En haut à droite, nous aurons l'emplacement réservé à l'attente de choix. En bas à gauche se trouve l'emplacement réservé au rejet avec son rang et en bas à gauche, celui réservé à l'attente de rejet. Pour finir, le centre sera réservé au critère de leadership. Une fois toutes les données « transférées » dans le tableau, il est possible de s'attarder aux réciprocités et aux attentes confirmées. Rappelons que lorsqu'il y aura réciprocité dans un choix, un rejet ou une attente, le symbole sera en gras. Notons qu'il est aussi possible d'entourer. Il faut juste expliciter son choix pour faciliter la prise d'informations pour le lecteur. Lorsqu'une attente sera confirmée, le symbole sera souligné. Par exemple, Hélène choisit Merlin en 4e position et s'attend à ce que Merlin la choisisse. Merlin, pour sa part, choisit Hélène et s'attend à ce que cette dernière le choisisse. Ici, on constate une réciprocité dans les choix et les attentes de choix entre ces deux protagonistes. On met donc en gras les choix et les attentes de choix concernées. Les attentes de choix sont en outre confirmées… et donc soulignées. En effet, Hélène s'attend à ce que Merlin le choisisse… et Merlin la choisit effectivement. De la même façon, Merlin s'attend à ce qu'Hélène le choisisse et celle-ci le choisit effectivement. Il semble exister une très bonne entente relationnelle entre ces deux individus.

	Hélène	Marius	Merlin	Inès	Anthony	Célian	Maxime	Louis	Diego	Juliette	Rudy
Hélène			**+4** +̲	-	**+2** +̲	**+1** +̲	+		**+3**		
Marius			**-1** -̲		-3 -	+2 L		+	**-2** -̲	+1 +	
Merlin	**+3** +̲	**-1** -̲				**+1** +̲	+2 +		**+4** +̲	-2 -	
Inès					**+3** +̲		+ **-1**	+2 +		**+1** +̲	
Anthony	**+5** +̲		-	**+3**		+4		**+1** +̲	**-1** -̲	**+2** +̲	
Célian	**+5**		**+2**				**+1** +̲	+3	**+4** +̲		
Maxime			+̲	**-2** -̲		**+1** +̲ L		+3	**+2** +̲	**-1** -̲	
Louis	+3	-1		+̲	**+1** +̲					**+2**	
Diego	**+1** +̲	**-1** -̲	**+4**		**-2** -̲	**+3** +̲	**+2** +̲				
Juliette				**+2**	**+3**		**-1**	**+1**			
Rudy											

Question 2 : construisez le sociogramme des choix et des rejets réciproques correspondant.

Le sociogramme des choix et des rejets réciproques est construit sur la base des données du tableau sociométrique. Initialement, il s'agit de repérer tous les choix et tous les rejets en gras (ou entourés). On positionne ensuite les 11 individus sur une feuille et on ajoute entre les différents protagonistes les liens de choix ou de rejets réciproques. Ce sociogramme est façonné par tâtonnements successifs. Au départ, le schéma obtenu peut se révéler grossier. Un deuxième et un troisième jet sont souvent nécessaires afin d'obtenir un sociogramme parlant au niveau visuel. On pourrait par exemple penser, lors d'un premier essai, qu'Hélène et Anthony font partie du même groupe (choix réciproques). Mais en réalité, on constate assez rapidement qu'Anthony est rejeté par Diego, membre du groupe dont Hélène fait partie. De plus, Anthony se révèle lié à 3 personnes (Inès, Louis et Juliette) avec qui il forme un groupe relativement soudé. Le sous-groupe 1 est donc constitué d'Hélène, Maxime, Diego, Merlin et Célian tandis que le sous-groupe 2 est constitué d'Anthony, Louis, Juliette et Inès. Marius et Rudy sont marginalisés par les deux sous-groupes.

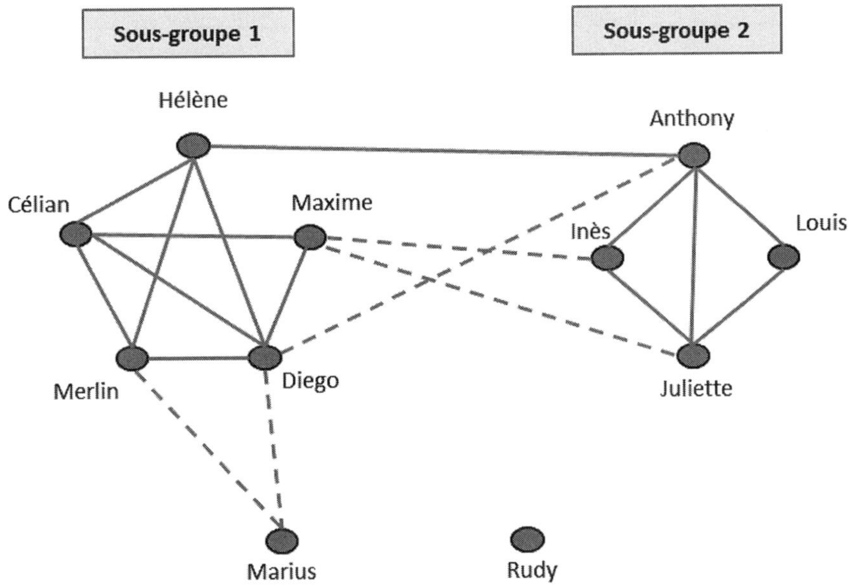

Question 3 : dans quel statut sociométrique peut-on positionner Célian ? Et Marius ? Et Rudy ?

Célian est choisi à 6 reprises et effectue lui-même 5 choix. En outre, il n'est rejeté par aucun membre du groupe. Clairement, on peut positionner Célian dans le statut sociométrique de **favori**. De plus, Célian bénéficie de 2 choix de leadership. Aussi, il peut aussi être amené à endosser, soutenu par une partie du groupe, le rôle de **leader**.

Marius présente un statut distinct de celui de Célian. S'il réalise des choix envers certains membres du groupe (Juliette et Célian), il n'est en retour choisi par aucun protagoniste. Son statut sociométrique est celui d'**exclu**.

Rudy ne réalise aucun choix et n'en reçoit aucun : son statut est celui d'**isolé** sociométrique.

Question 4 : construisez le tableau des dyades de ce groupe et calculez les indices de cohésion *endogroupe* et *exogroupe* correspondants.

Afin de construire le tableau des dyades, nous prenons appui sur la symbolisation expliquée dans le cours (symbolisation de Tagiuri). Nous affectons en outre des valences aux choix, attentes de choix, rejets et attentes de rejet. Les choix et les attentes de choix auront une valence positive (+1) au sein d'une dyade, tandis qu'on attribuera aux rejets et aux attentes de rejet une valence négative (–1). Par exemple, la dyade « Hélène à Maxime » montre l'existence d'une seule attente de choix (Hélène vers Maxime). Le « score » de la dyade est donc de +1. La dyade « Hélène à Merlin » met en lumière des choix et des attentes réciproques. Le « score » de la dyade est de +4. Elle est dite, selon Maisonneuve, « Harmonique parfaite ». Afin de faciliter la lecture du tableau, nous choisissons en plus de griser les flèches relatives aux rejets.

	Hélène	Maxime	Diego	Merlin	Célian	Anthony	Louis	Juliette	Inès	Marius	Rudy
Hélène		—‹	—› ‹— ›—	—› ‹— —‹ ›—	—› ‹— —‹	—› ‹— —‹ ›—	‹—		---‹		
Maxime			—› ‹— —‹ ›—	‹— —‹ ›—	—› ‹— —‹ ›—		—›	---› ‹--- ---‹	---› ‹--- ---‹ ›---		
Diego				—› ‹— ›—	—› ‹— —‹ ›—	---› ‹--- ---‹ ›---				---› ‹--- ---‹ ›---	
Merlin					—› ‹— —‹	›---		---› ---‹		---› ‹--- ---‹ ›---	
Célian						‹—	—›			‹—	
Anthony							—› ‹— —‹ ›—	—› ‹— —‹	—› ‹— ›—	‹--- ›---	
Louis								—› ‹—	‹— —‹ ›—	---› ›—	
Juliette									—› ‹— ›—	‹— ›—	
Inès											
Marius											
Rudy											

Nous calculons ci-après les indices de cohésion intra-sous-groupal et inter-sous-groupal de notre groupe. Rappelons que ces différents indices s'obtiennent en divisant la somme des dyades concernées par le nombre de dyades concernées. Pour un groupe de 11 individus, on peut sans difficulté compter de manière « artisanale » le nombre de dyades. Prenons un exemple avec le sous-groupe 1. La somme des dyades du sous-groupe 1 est de 32. Le nombre de dyades est égal à 10. Aussi, on obtient un indice intra-sous-groupal (αI) égal à 3,2 (32 / 10). L'indice évoluant entre –4 et +4, cela témoigne d'une très bonne cohésion au sein du sous-groupe 1 :

- αI : 32 / 10 = 3,2

- αII : 18 / 6 = 3
- αIII : 0 / 1 = 0
- αI, II : –5 / 20 = –0,25
- αI, III = –7 / 10 = –0,7
- αII, III = 0 / 8 = 0

Nous constatons à la lecture des résultats un phénomène logique : les indices de cohésion *endogroupe* sont assez élevés tandis que les indices de cohésion *exogroupe* sont plutôt négatifs. Les sous-groupes 1 et 2 sont assez cohésifs (3,2 et 3 respectivement). C'est entre le sous-groupe 1 et le sous-groupe 3 que la cohésion est la plus faible (–0,7).

Question 5 : la dyade Hélène-Anthony est une arête déséquilibrante. En quoi cette relation est-elle un risque pour les deux protagonistes ? Quel est l'intérêt éducatif de ce type de lien ?

Une arête déséquilibrante représente une liaison à double sens, autrement dit un choix réciproque, entre deux personnes appartenant à deux groupes distincts. Il s'agit d'une « liaison dangereuse » dans le sens où ces deux protagonistes peuvent être considérés par leur groupe respectif comme des déviants. La personne qui noue des relations avec un membre de l'exogroupe prend le risque d'être évincée de son propre groupe. Ce dernier, en fonction des normes qu'il se donne, peut voir cette relation comme une menace pour la pérennité du groupe. Le conformisme est par cet acte déviant remis en question. Mais ce type de lien présente aussi un intérêt éducatif de tout premier plan. L'enseignant pourra s'appuyer sur cette arête déséquilibrante, donc sur Hélène et Anthony, afin de tenter de développer la solidarité au sein de son groupe classe. Un choix d'activité pertinent, couplé à une création de sous-groupes judicieuse, peut faciliter la tâche de l'enseignant dans l'optique énoncée.

Question 6 : calculez les indices de sensibilité relationnelle et de réalisme perceptif de Célian, Hélène et Diego.

Le réalisme perceptif et la sensibilité relationnelle nous permettent de savoir si un individu donné possède une bonne capacité empathique. Le rôle de l'empathie, rappelons-le, « est d'anticiper les sentiments, les pensées et les comportements d'autrui » (Courchet et Maucorps, 1966, p. 90). Célian, Hélène et Diego sont-ils clairvoyants ou aveugles ?

Pour calculer la sensibilité relationnelle : il faut faire le rapport entre le nombre de perceptions exactes (e) émises par le sujet (c'est-à-dire confirmées par les choix et les rejets effectifs reçus) et le nombre total de désignations et de rejets reçus (d) par le sujet : **s = e / d**

Pour calculer le réalisme perceptif : Il faut faire le rapport entre le nombre de perceptions exactes (e) émises par ce sujet, et le nombre total d'attentes de choix et de rejets (a) qu'il a émises : **r = e / a**

Nous présentons les résultats obtenus sous forme de tableau. Nous constatons que la personne la plus clairvoyante parmi ces trois individus est Diego. Il obtient un score de 0,83 pour la sensibilité relationnelle et de 1, ce qui est le score maximal, pour le réalisme perceptif. Cela donne un indice d'empathie (ou de clairvoyance) de 0,915. Célian se positionne en deuxième position avec un score total de 0,7 contre 0,6 pour Hélène. En revanche, on note que Célian est plus « réaliste » dans ses attentes (1) que « sensible » aux choix d'autrui à son égard (0,4).

	Sensibilité relationnelle	Réalisme Perceptif	Indice d'empathie
Célian	2 / 6 = **0,33**	2 / 2 = **1**	(0,33 + 1) / 2 = **0,67**
Hélène	3 / 5 = **0,6**	3 / 5 = **0,6**	(0,6 + 0,6) / 2 = **0,6**
Diego	5 / 6 = **0,83**	5 / 5 = **1**	(0,83 + 1) / 2 = **0,915**

Question 7 : si vous mettez en tension ces résultats avec la place pivotale de Célian dans le groupe, quelle hypothèse pouvez-vous formuler concernant la personnalité de ce dernier ?

Le faible score obtenu par Célian au niveau de la sensibilité relationnelle (0,4) témoigne de ses difficultés à percevoir l'affection que lui portent certains membres du groupe. Célian n'a pas conscience de sa place pivotale dans le groupe. Peut-être, mais ce n'est qu'une hypothèse, que Célian possède une estime de lui dissonante par rapport à son importance pour le groupe. Cela est d'autant plus criant que Célian n'est rejeté par personne, qu'il est choisi à deux reprises comme leader et qu'il est même choisi par des membres de l'exogroupe (Marius et Anthony) ! Assurément, pour l'enseignant, Célian peut être un relais extrêmement intéressant à mobiliser dans certaines situations pédagogiques et ce, en raison de sa place centrale dans le groupe.

Question 8 : quel est l'intérêt de l'outil sociométrique pour l'enseignant ? Existe-t-il une alternative à la mise en place de ce dernier ?

En exploitant la structure socio-affective de ses classes, l'enseignant se donne les moyens de prendre de meilleures décisions pédagogiques. En fonction de la logique interne des activités qu'il met en place, il pourra mettre en lumière une mise en mouvement des relations socio-affectives. Le judo favorise-t-il l'émergence de nouveaux liens ? Quel est l'impact de la natation, du football et du tennis de table sur l'évolution des relations socio-affectives ? Les jeux traditionnels et les Activités Physiques de Pleine Nature conduisent-ils à une plus grande solidarité ? Dans cette optique, le questionnaire sociométrique sera considéré comme une **méthodologie de recherche scientifique**.

Il se révèle en outre, et c'est un deuxième intérêt, un formidable **outil d'intervention psycho-sociologique** (pédagogique ou thérapeutique). La réorganisation des équipes se fera sur la base des préférences exprimées dans le questionnaire. Aussi, cette réorganisation offrira, comme le suggère Parlebas (1992), un support propice à certaines prises de conscience, et pourra susciter des déclics relationnels neufs. L'expérience montre que cet appel à la participation des personnes dans la gestion de leur action crée un climat pédagogique très favorable et peut même parfois faire naître un véritable enthousiasme ! Cela permet aussi d'opérer des regroupements pertinents en fonction de la logique interne des jeux sportifs afin de développer ou de ne pas nuire à la solidarité, en lien avec ce que nous avons souligné précédemment.

Oui, il existe une alternative à la mise en place de l'outil sociométrique : le jeu de la Balle assise. Ce jeu a été abordé à de nombreuses reprises dans cet ouvrage, notamment par Benoît Gérard dans la contribution précédente. Ce dernier a bien montré, à la suite de Parlebas (1992), que le jeu de la Balle assise possédait des propriétés d'ambivalence et d'instabilité : l'acteur a le choix de ses partenaires et de ses adversaires (ambivalence) et il a la possibilité d'en changer au cours du temps (instabilité). C'est donc la logique interne de ce jeu qui facilite l'émergence des relations socio-affectives *in situ*. Ne prônant au départ ni la coopération ni l'antagonisme, et n'offrant à ses participants aucun objectif spécifique à atteindre, contrairement aux « duels » collectifs, ce jeu permet à la dimension affective d'interférer sur son déroulement. Au « faire ensemble » sportif se substitue « l'être ensemble ». Les processus sous-jacents ne sont plus centrés sur la tâche, mais bel et bien sur le groupe (Oberlé et Drozda-Senkowska, 2006).

Devant le déficit de temps qui marque au fer rouge toutes les situations d'enseignement, le jeu de la Balle assise tombe à « point nommé ». Sous la condition pour l'enseignant d'ouvrir l'œil, ce jeu peut dans une certaine mesure se substituer au questionnaire sociométrique (Oboeuf, Gérard et Collard, 2008).

SOCIOLOGIE

Olivier GONZALEZ
Docteur en STAPS. Professeur agrégé d'EPS.
UFR STAPS. UPEM.

Jeanne-Maud JARTHON
Maître de conférences en STAPS.
UPEM.

Martial MEZIANI
Maître de conférences en Sciences de l'éducation.
Université de Cergy-Pontoise.

Isabelle REMY
Docteure en STAPS.
Université de Paris.

Valérie SCHWOB (coord.)
Docteure en STAPS.
Professeure agrégée d'éducation physique et sportive.
Rectorat de Paris.

INTRODUCTION

La sociologie du sport et des pratiques physiques suit un développement différent selon les pays. Jacques Defrance[1] nous rappelle que l'analyse anglaise est issue d'une analyse de la culture populaire (classes moyennes), alors qu'en France c'est d'avantage une critique des politiques d'État. Par exemple, on trouvera l'étude du football dans la culture anglaise et les fonctions sociales associées, en opposition aux pratiques athlétiques de l'élite, ou encore l'analyse des pratiques sportives des noirs américains à des fins d'affiliation ou d'identité aux États-Unis. En France, l'analyse portera d'avantage sur l'éducation physique, le rôle éducatif des pratiques physiques. De ce fait, la sociologie de langue anglaise s'insère dans les Cultural Studies anglo-saxonnes, tandis qu'en France l'analyse est distribuée entre sociologie politique et sociologie de l'éducation et de la culture.

Notre présentation de la sociologie des pratiques se fera donc avec ce triple focal. La sociologie générale, la sociologie des pratiques et la sociologie de l'éducation.

1. Defrance, J. Regards sur la sociologie du sport in https://savoir-agir.org/IMG/pdf/SA15-Defrance.pdf, consulté en ligne le 15.12.2017

Chapitre 1

SOCIOLOGIE : AUTEURS ET DÉFINITIONS

La sociologie générale

Définition de la sociologie

La définition donnée par le dictionnaire Larousse est « étude scientifique des sociétés humaines et des faits sociaux ». La sociologie a pour objet l'étude des formes, des développements et des évolutions de la cohabitation des hommes entre eux et des facteurs qui influencent cette dernière.

Discipline récente, datant du XIXe siècle, elle a eu pour ambition de constituer une science nomothétique générale des sociétés c'est-à-dire capable d'établir des lois générales et universelles et des relations constantes entre les phénomènes observés. Projet que la sociologie a mené en se différenciant des autres disciplines : histoire, ethnographie, économie tout en intégrant leurs contributions afin d'énoncer des lois sur le comportement des hommes en sociétés. La classification et la comparaison des différentes sociétés, dans une vision diachronique et synchronique, se révélant un moyen de « systématiser » les phénomènes sociaux et de donner son autonomie à la sociologie.

Cependant, il n'y a pas de définition univoque de la sociologie : d'Auguste Comte et Karl Marx qui recherchaient des lois d'évolution des sociétés, à Max Weber s'appuyant sur la compréhension de l'action sociale au travers des régularités historiques ou encore Émile Durkheim et sa quête de mises à jour de relations fonctionnelles entre les phénomènes sociaux, on peut reprendre, pour synthétiser, la fameuse formule de Raymond Aron « la sociologie paraît être caractérisée par une perpétuelle recherche d'elle-même. Sur un point et peut-être sur un seul, tous les sociologues sont d'accord : la difficulté de définir la sociologie ».[1]

Néanmoins, la sociologie peut être comprise comme étant l'analyse scientifique de la société qui repose sur un objet précis : le fait social.

Le but de la sociologie est de mettre en évidence les facteurs d'influence ou variables explicatives pour analyser au mieux un phénomène humain : le travail, la famille, le sport, etc. Ainsi une même réalité sociale peut faire l'objet d'analyses diverses selon la tradition intellectuelle à laquelle on se rattache : l'analyse et la pensée sociale peuvent être plurielles.

Émile Durkheim : Le père fondateur de la sociologie française

Émile Durkheim (1858-1917) souhaite faire de la sociologie une science pratique, utile au progrès social. Dans son ouvrage *Les règles de la méthode sociologique (1895)*, il s'est fixé deux objectifs : définir la spécificité de la sociologie et décrire les méthodes propres à cette discipline.

1. Aron R., 1967, *Les étapes de la pensée sociologique*, Gallimard

Ainsi, la sociologie s'édifie sur une théorie du fait social. Durkheim veut démontrer qu'elle constitue une véritable science, au même titre que les autres telle que la biologie par exemple. S'appuyant sur un objet spécifique différent des objets étudiés dans les autres sciences, il lui donne une méthode opératoire afin de la doter d'une légitimité au regard des différentes disciplines.

La définition du fait social, concept clé de cet auteur en donne les caractéristiques :

[les faits sociaux] « consistent en des manières d'agir, de penser et de sentir, extérieures à l'individu, et qui sont douées d'un pouvoir de coercition en vertu duquel ils s'imposent à lui. Par suite, ils ne sauraient se confondre avec les phénomènes organiques, puisqu'ils consistent en représentations et en actions ; ni avec les phénomènes psychiques, lesquels n'ont d'existence que dans la conscience individuelle et par elle. Ils constituent donc une espèce nouvelle et c'est à eux que doit être donnée et réservée la qualification de *sociaux*. »[1]

On retiendra que :

Les faits sociaux sont extérieurs aux individus et c'est grâce à cette extériorité que la sociologie tire son objectivité et donc rend possible une analyse scientifique.

Le fait social est contraignant en raison de sa puissance impérative et son pouvoir coercitif. L'individu doit se plier au social.

Le fait social est collectif : il est créé par l'association des individus, qui définit la vie sociale et diffère, en nature, de ce qui se passe au niveau des consciences individuelles.

Au niveau de la méthode, Durkheim indique qu'il faut :

Traiter les faits sociaux comme des choses. En effet, l'étude des faits sociaux recouvre l'analyse des représentations sociales (valeurs, symboles collectifs, croyances) et des actions comprises comme des pratiques. Pour avoir une démarche scientifique, il faut observer les faits sociaux de l'extérieur, les considérer comme des choses, les découvrir comme nous le faisons pour les faits physiques par le biais de l'observation et l'expérimentation.

Utiliser la méthode statistique qui s'impose comme étant la plus adéquate. Ainsi, la recherche de régularités statistiques prouve que les faits sociaux ne sont pas seulement la somme des actions individuelles. Un fait est donc social quand il présente une régularité statistique.

Définition du sport

Tout le monde pense savoir ce que ce que recouvre le terme de sport. Pourtant, sa définition contient des frontières qui restent floues et révèlent de nombreux enjeux qui lui sont attachés.

Enjeu économique : Le sport peut-il être considéré comme un marché ? On peut déceler des producteurs d'une « offre sportive » (éducateurs, fédérations, collectivités publiques, industriels, marchands, organisateurs de spectacles, médias) ; un processus de production et une demande avec les consommateurs / pratiquants amateurs ou professionnels. Cette demande fait par ailleurs l'objet, en marketing, d'une segmentation du marché de la pratique sportive. Au niveau de la gestion administrative et politique, la définition du sport permet de savoir quelles associations peuvent prétendent à des subventions au niveau communal, régional ?

Enjeu éducatif : Quelle discipline peut être enseignée à l'école ? Sport fédéral ou jeux traditionnels ? La place des sociétés de gymnastiques dès le XIXe siècle avec leurs objectifs nationalistes, le désir de contribuer au renforcement des capacités défensives du pays (Turnen, Amoros) réinterrogent sur la portée éducative et politique que l'on assigne au sport.

Enjeu géopolitique : Quelle conception de mise en jeu du corps ? La diffusion planétaire du sport peut-elle être appréhendée comme étant celui de l'impérialisme occidental ? Le sport peut être compris, également, comme étant une allégorie de la compétition des nations : être exclu des grandes compétitions internationales équivaut à être banni de la communauté internationale. De plus, le renforcement de l'influence de l'État sur la société tout au long du XXe siècle semble s'effectuer selon un schéma qui présente des concordances avec la diffusion du sport dans le corps social.

1. Durkheim E., 1999, *Les règles de la méthode sociologique*, PUF, coll. « Quadrige », 10e édition (1895), 149 pages, p. 5.

Enjeu financier: Avec les multi nationales et les grands groupes industriels, médias et clubs sportifs, on peut parler de marchandisation des épreuves et de « chosification des athlètes » auxquels on demande toujours plus d'exploits.

Enjeux sociaux: On se réfère, ici, à la distribution sociale des pratiques, aux fonctions sociales du sport: éducation, intégration, production d'élites, politique de la ville, spectacles télévisés ou non.

De fait, la définition du sport constitue un premier obstacle pour toute analyse en sociologie du sport. Ainsi, le mot sport est utilisé, indifféremment, pour désigner les activités physiques d'entretien, de loisir, du contexte scolaire avec l'EPS, de compétition voire de la haute compétition internationale.

Néanmoins, la constitution de ce terme s'est lentement construite au cours de l'histoire. Introduit au milieu du XIXe siècle dans le Grand dictionnaire Larousse, sa définition indique que son origine dérive du vieux français « desport » (XIIe s) et concerne, pour l'essentiel, l'aristocratie et la (grande) bourgeoisie de la société et dont la naissance est à relier avec les activités de pari.

« Par le mot sport [...] dont la signification en anglais n'est pas bien précise, on désigne une nombreuse série d'amusements, d'exercices et de simples plaisirs qui absorbent une portion assez notable du temps des hommes riches et oisifs... Tous ces amusements ou exercices doivent leur attrait principal aux nombreux paris qu'ils font engager, la fureur des paris sur tout et à propos de tout forme un des traits saillants du caractère anglais; cette folie se répand chaque jour davantage en France » (*Grand dictionnaire Larousse*, 1875).

Apparu dans les écoles anglaises au début du XIXe siècle l'émergence du sport moderne est le reflet des mutations socio- économiques que la société britannique a connu au cours des deux siècles précédents. En effet, l'avènement du parlementarisme institue une nouvelle conception du gouvernement de la vie sociale basée sur un affrontement structuré et non violent entre deux partis augurant des échanges distancés et courtois à l'origine du « fair play » sportif.

D'autre part, l'expansion industrielle liée à la révolution industrielle a eu une importance primordiale pour le développement du sport, inscrivant ce dernier dans le positivisme (avec la technisation des gestes et l'idée de performance) et lui donnant par ailleurs, l'aspect d'un secteur économique à part entière avec la professionnalisation de certains pratiquants, les spectacles payants et le pari. Ce dernier est dû à la conjonction de plusieurs éléments que sont: la poursuite du record, l'intérêt majeur pour la vitesse et l'obsession du mesurable.

Dès la fin du XIXe siècle, la définition et l'affirmation du sport comme donnée sociétale se précise. Pierre de Coubertin, l'initiateur des Jeux Olympiques modernes en donne une définition assez élitiste qui le différencie nettement de l'éducation physique et du rôle assigné aux sociétés de gymnastique de l'époque:

« Le sport est le culte volontaire et habituel de l'effort musculaire intensif appuyé sur le désir de progrès et pouvant aller jusqu'au risque. Il doit être pratiqué avec ardeur, je dirai même avec violence. Le sport, ce n'est pas l'exercice physique bon pour tous à condition d'être sage et modéré; le sport est le plaisir des forts, ou de ceux qui veulent le devenir ». P. de Coubertin (*Pédagogie sportive*, 1922).

Selon différentes approches des sciences humaines et sociales, certains auteurs ont eu pour dessein de:

- Insister sur la filiation qui pouvait être faite entre les jeux et les sports: J. Huizingza, *Homo Ludens* (1938), R. Caillois, *Des jeux et des hommes* (1958).
- Souligner l'aspect biologique du sport:

  « Le sport dérive de schémas comportementaux innés chez l'être humain. Le fondement biologique principal semble être celui du jeu corporel, c'est-à-dire une exploration non finalisée du corps et du milieu à des fins adaptatives. La pulsion motrice *per se* contribue sans doute également au sport. Le sport est donc un universel culturel qui repose sur des bases biologiques, au même titre que l'alimentation ou la sexualité. » J.-P. Betbeze in CREDOC, n° 21 (1987)
- Inscrire le sport dans l'évolution historique et culturelle des sociétés:

  « L'attrait que, de tout temps, l'Antiquité grecque a exercé sur les humanistes et les éducateurs est sans doute pour beaucoup dans la recherche persévérante de l'origine de nos sports actuels dans l'éternelle Olympie » (Pociello, *Sport et société*, 1981).

« Activité de groupe organisée qui repose sur une compétition entre au moins deux parties. Il requiert un effort physique et on s'y affronte en respectant des règles connues qui, si elles autorisent la force physique, limitent la violence » (Elias & Dunning, *Sport et civilisation. La violence maîtrisée*, 1986).

Dans la deuxième partie du XXe siècle, la définition du sport s'écarte peu à peu de celle de jeu pour mettre en avant les notions de lutte et d'effort et insister sur la nécessaire présence de règles voire de compétition :

« Une recherche de compétition et de performance dans le champ des activités physiques, intentionnellement affrontées à des difficultés » (Bouet, *Signification du sport*, 1968).

« Activité de loisir dont la dominante est l'effort physique, participant à la fois du jeu et du travail, pratiquée de façon compétitive, comportant des règlements et des institutions spécifiques, et susceptible de se transformer en activité professionnelle » (G. Magnane, *Sociologie du sport*, 1964).

Malgré une certaine convergence dans les définitions, nous nous référerons à celle donnée par Pierre Parlebas. Selon ce théoricien, le sport correspond à un « ensemble des situations motrices codifiées sous forme de compétition et institutionnalisées » qui a pour intérêt d'exhiber des traits distinctifs du sport rendant son usage opérationnel. Quels sont-ils ?

Situation motrice : une tâche motrice à effectuer dans un milieu et un temps donné.

Compétition réglée : cadre compétitif en milieu standardisé.

Institutionnalisation : l'institution répond à un choix social : fédérations, contrôles de l'État, règlements, instances d'autorité, calendriers, cérémonials, arbitres et officiels, sanctions, récompenses et condamnations.

L'instance fédérale dûment intronisée, liée au pouvoir étatique d'une part et aux organisations internationales d'autre part représente l'indicateur objectif de cette institutionnalisation.

Sociologie du sport et courants sociologiques

Max Weber (1864-1920) et la genèse du sport moderne

La sociologie de l'auteur repose sur une science de l'action sociale qui s'appuie sur le constat de la spécificité du comportement humain. L'action sociale naît de la relation sociale et la sociologie vise à définir et à comprendre les causes de la régularité de ces rapports sociaux.

Ainsi, pour refléter un phénomène social, il faut conjointement prendre en compte la causalité historique (analyse et imputation causale d'actes, de structures et de personnalités individuelles culturellement importantes) et la causalité sociologique (en quête de règles générales du devenir).

La construction de la société moderne se caractérise, selon l'auteur, par une augmentation des actions rationnelles en finalité qui se traduit par une forme de rationalisation des conduites tant dans les institutions sociales telles que le système politique, le droit, les entreprises que les œuvres de l'humanité comme l'art, la science, l'idéologie. Ce processus de rationalisation des conduites entraîne une dépersonnalisation des rapports sociaux et au « désenchantement du monde » c'est-à-dire au recul voire à l'élimination du magique et du religieux comme explication et justification du rapport de l'individu au monde pour lui substituer l'essor de la science, des techniques, de l'administration – en clair – à une rationalisation de la vie sociale.

Dans son ouvrage, *L'Éthique protestante et esprit du capitalisme* (1905), Max Weber explique, par une méthode socio-historique, l'apparition du capitalisme moderne. C'est l'éthique protestante et son corpus de valeurs qui explicite l'apparition et la diffusion du capitalisme en Occident. C'est l'une des causes/raisons: la notion d'« affinité élective » soulignant la présence d'une circonstance favorable à cette congruence. Il constate que dans certaines régions d'Allemagne où coexistent plusieurs religions, les catholiques participent moins à la vie des affaires que les protestants et suppose une parenté entre vie économique et croyances. En comparant les systèmes de valeurs du protestantisme et du catholicisme, il observe que ce dernier prône une valorisation de la pauvreté plus que celle du travail, de l'épargne, du prêt à intérêts, etc.

La définition et la conception du Salut que se fait chaque religion sont essentielles: contrairement au catholicisme, le protestantisme fait de l'activité terrestre une condition d'élection divine; la réussite sociale est le moyen de glorifier Dieu, la profession devenant un devoir (*Beruf*), une épreuve de foi. L'entrepreneur est, ainsi, valorisé car en accumulant des richesses, il crée des emplois de telle sorte que l'esprit du capitalisme ne se résume pas à l'idée de profit mais à une gestion rationnelle du capital développée par l'ascétisme protestant.

Pour Max Weber, il existe donc un lien entre le choix d'une religion, qui entraine des particularismes mentaux, et l'économie; inscrivant, de fait, l'esprit capitaliste dans le culturel. Ce processus historique de rationalisation des conduites provoque le « désenchantement du monde » et l'avènement d'une civilisation matérialiste, capitaliste et bourgeoise.

La genèse du sport moderne est analysée par Allen Guttmann, *Du rituel au record, la nature des sports modernes,* (1978) selon le paradigme weberien. Par une démarche historique rigoureuse, en réfutant les approches marxistes, cet auteur vise à démontrer l'émergence du sport moderne parallèlement à l'expansion de la société moderne.

Guttmann propose de définir le sport moderne à partir de sept critères que sont: la sécularisation, l'égalitarisme, la spécialisation, la rationalisation, la bureaucratisation, la quantification et le record. Leur conjonction se réalise dans l'Angleterre du XVIIIe siècle et caractériserait l'émergence du sport moderne.

L'industrialisation, la religion ou les conditions sociales et culturelles ne suffisent pas à elles seules à expliquer l'avènement du sport moderne dans l'Angleterre du XVIIIe siècle et Guttmann prétend que le sport se développe « au moment où s'observe le début de notre obsession moderne de la quantification sportive ».

Il postule alors que l'attitude scientifique, devenant prépondérante au temps des Lumières, serait à la base du processus d'expansion du sport de performance. En effet, la notion de record « symbole de la société moderne » renforce la thèse de cet auteur.

Les sept critères définissant le sport moderne font un lien entre son émergence et le processus de rationalisation de la vie sociale. En effet, le caractère « séculier » de la pratique sportive renvoie à la notion de « désenchantement du monde » chère à Max Weber.

Norbert Elias (1897-1990)

Norbert Elias défend une sociologie de la formation sociale c'est-à-dire que la sociologie se définit comme l'étude des réseaux d'interrelations, d'interdépendances, de configurations sociales de processus que forment les individus avec la société (les individus sont interdépendants).

Parler d'individu ou de société est, pour l'auteur, un non – sens car les deux sont complémentaires: l'individu forge sa personnalité au contact d'autrui en même temps qu'il contribue à forger l'ordre social. Il y a donc une contingence entre l'individu et la société.

Elias étudie les interdépendances qui lient les individus, orientent et influencent leurs actions et par conséquent constituent la structure des sociétés contemporaines.

Il dépasse le concept de changement social (passage d'une forme d'État à une autre avec une causalité définie) pour la remplacer par celui de processus.

Pour Elias, les phénomènes économiques, les rapports de pouvoir, les contraintes sociales évoluent ensemble et de manière interdépendante, se situant dans le courant de la sociologie historique et étudiant le processus de construction de l'État en France ainsi que celui de processus de rationalisation, de pacification des mœurs résultat de la contrainte sociale exercée par le pouvoir et le développement de l'autocontrainte.

Ses concepts majeurs sont:

- La configuration sociale : représente la société comme étant un système d'interactions entre les individus qui orientent et influencent leurs actions et par conséquent constituent et contribuent à la structure des sociétés contemporaines. La configuration est l'image, la situation de la société à un instant « t ».
- Habitus défini comme un « savoir social incorporé », un façonnage social de l'identité tant individuelle que collective des membres d'un groupe humain. L'habitus est perçu comme évolutif.
- Le processus de civilisation renvoie à une vision dynamique de la stratification sociale où on assiste à un diffusionnisme du haut vers le bas des bonnes manières, de normes sociales entraînant, par ailleurs, un phénomène d'autocontrôle et d'autocontrainte des comportements individuels et des affects. En se civilisant, l'individu intériorise les injonctions de contrôle de ses pulsions, de ses émotions afin de mettre à distance sa nature animale première.

Ce processus débute au Moyen Âge avec pour phase ultime la civilisation qui caractérise notre époque. À chaque phase de l'évolution sociale, la restructuration générale des relations humaines entraîne une transformation des besoins humains et la mise en place de nouvelles normes et manières de faire.

Dans l'ouvrage, *Sport et civilisation. La violence maîtrisée* (1986), écrit avec Eric Dunning, Norbert Elias fait du sport un objet sociologique à part entière en affirmant « que la connaissance du sport est la clé de la connaissance de la société ».

Le sport dans ses structures, dans son agencement spatial et temporel reflète et transpose les normes de la société d'appartenance se faisant également l'écho du processus de civilisation en jeu dans la construction de ce dernier : le phénomène de « sportification » s'accompagne d'une euphémisation de la violence tolérée dans la société occidentale.

Pour Norbert Elias, une des fonctions essentielles du sport est de permettre à l'État-nation de contrôler et de monopoliser le droit à la violence physique. Ainsi, le contrôle de la violence corporelle chez les individus est un corollaire de l'accroissement du pouvoir de l'État qui en légitime son usage ; en réglementant l'activité corporelle, l'institution sportive diffuse l'autocontrainte et ritualise l'exercice de la violence sous forme d'affrontements policés.

Raymond Boudon (1934-2013) : l'individualisme méthodologique

Le plus célèbre auteur du courant sociologique de l'individualisme méthodologique est Raymond Boudon (1934-2013).

L'individualisme méthodologique ou « actionnisme » considère que l'individu est un *homo sociologicus* c'est-à-dire un sujet rationnel qui ne dépend pas uniquement des structures de la société. L'individu n'est pas entièrement, totalement déterminé par les structures sociétales dans lesquelles il se trouve, il s'y insère. Les contraintes de la société sont perçues comme des données qui s'imposent à l'individu mais cela ne signifie pas que le comportement de l'individu (acteur) dépende exclusivement de ces contraintes : il y a une marge d'autonomie, une latitude stratégique qu'il utilise dans ses interactions avec les autres individus d'autant plus que les comportements des individus sont intentionnels ; l'individu cherche, alors, à maximiser ses chances pour atteindre un but.

Ainsi, les phénomènes sociaux ne peuvent être expliqués que si on les considère comme les produits d'actions et de croyances des individus. Ces actions, ces croyances ont un sens, une raison d'être.

L'individu est investi dans un système d'interactions qui produit une structure, une organisation sociale, qui peut agir sur l'individu sans que ce dernier ne soit déterminé par cette structure pour autant.

Ce système d'interactions revêt deux aspects :

- Le système fonctionnel : les acteurs sont liés entre eux par des rôles.
- Le système d'interdépendance : agrégation des comportements individuels rationnels qui provoquent des effets émergents. Cependant, l'effet collectif peut avoir le résultat inverse du résultat escompté et devenir un effet pervers.

Appliquons la démarche utilisée par R. Boudon dans son ouvrage *l'inégalité des chances* (1973) à l'exemple du développement des activités de pleine nature.

La modélisation d'un phénomène social (qui mêle le niveau micro et macro sociologique) se formalise, alors comme suit :

$$S = f [a (r, C)]$$

Phénomène social (S)	Effet émergent (f)	Actions individuelles (a)	Raisons individuelles (r)	Contexte social (C)
Détérioration des sites de pleine nature Réglementation institutionnelle de la pratique	Engorgement des sites de pratique Dégradation de l'environnement Réglementation plus contraignante	Fréquentation des sites naturels Tourisme individuel sans contrainte	Recherche de la beauté des sites naturels Pratique sans encadrement Etre à l'écart du tourisme de masse	Engouement pour les activités de pleine nature Nécessité de balisage des lieux de pratiques.

Tout phénomène social est l'effet émergent d'actions individuelles ; ces actions sont des raisons d'agir ou de croire dans le contexte qui est le sien.

S et C (majuscule) car ce sont des éléments collectifs donc niveau macrosociologique

f, a, r (minuscule) car ce sont des éléments individuels donc niveau microsociologique.

L'interaction des éléments provoque des effets émergents. Par exemple, l'engouement pour les activités de pleine nature provoque la détérioration des sites naturels et la nécessaire réglementation de ces activités dites libres.

Pierre Parlebas (1934-) : La praxéologie motrice

La praxéologie motrice montre que les sports sont insérés dans une structure ludosportive à travers, notamment, l'institution ; néanmoins, le contrat ludique offre à l'individu la capacité d'établir des stratégies et de prendre des décisions.

Bien que la praxéologie motrice soit une discipline à part entière, on peut l'inscrire dans le courant sociologique de l'individualisme méthodologique dont le représentant le plus célèbre est Raymond Boudon (1934-2013). Initiée à la fin des années 60, précisée dans les années 70, la notion de praxéologie motrice prend son essor dès les années 80. La praxéologie motrice est « la science de l'action motrice, notamment des conditions, des modes de fonctionnement et des résultats de la mise en œuvre de celle-ci ».

Cette discipline veut étudier l'action spécifiquement motrice dans la mise en jeu corporelle et dans l'actualisation de ce que l'on appelle une conduite motrice, à savoir « le comportement moteur en tant qu'il est porteur de signification ».

Cela signifie qu'il y a à la fois un comportement moteur et un vécu corporel, une signification intérieure dans toute action motrice. Ainsi, la conduite motrice est le reflet d'une signification agie. Ce n'est pas parce qu'il y a mouvement corporel, qu'il y a conduite motrice : quand je parle, je bouge, mais le vécu, le sens que je donne au fait de faire des gestes est d'ordre verbal.

Le but de cette science est d'étudier toutes les pratiques physiques et sportives. Ainsi, pour comprendre les pratiques il faut les considérer comme étant un système régi par des interactions entre des traits pertinents de l'action motrice. Pour comprendre la logique du jeu, P. Parlebas définit la logique interne, à savoir, un « système de traits pertinents d'une situation motrice et des conséquences qu'il entraîne dans l'accomplissement de l'action motrice correspondante ».

Les interactions vont se jouer avec l'environnement (incertitude), les partenaires et les adversaires et selon les formes prises. Elles vont définir de manière pertinente les traits distinctifs de la pratique et saisir, ainsi, la logique interne de l'activité.

C'est une démarche objective puisqu'avec ces critères, on ne peut décrire que ce que l'on voit et non ce que l'on projette. Elle permet, de plus, une approche taxinomique.

Les classifications proposées habituellement, sont souvent empiriques ; on répertorie les sports d'endurance, de vitesse, les sports collectifs, les sports individuels, les sports avec machine, etc. D'autres catégories peuvent être ordonnées telles que les sports de plein air, pleine nature, individuel, etc. Ces classements ont pour principal défaut de détenir des contradictions : certains sports peuvent être compris dans plusieurs catégories (de plein air et individuel) alors qu'un sport dit « individuel » comme l'escrime nécessite la présence d'un adversaire !

La praxéologie motrice propose une classification qui ne permet pas le « chevauchement » des pratiques dans plusieurs catégories en se basant sur les critères de la logique interne des sports, définie précédemment. Cette rigueur épistémologique en catégories exclusives rend, de fait, cette classification opérationnelle.

Deux éléments permettant la classification sont alors pris en compte :

1. Les interactions motrices : la présence ou l'absence d'interactions motrices font émerger deux types de situations motrices (familles de pratiques sous l'angle de la communication praxique).
2. Situation sociomotrice : il existe une communication avec d'autres individus qui peuvent être soit des partenaires (co-motricité) soit des adversaires (contre-motricité) ou la combinaison des deux dans les sports d'équipe notamment.
3. Situation psychomotrice : l'absence de communication motrice entraîne une action « en isolé ».
4. Incertitude ou non incertitude du milieu de la pratique.

On distinguera avec ce critère l'incertitude due à l'environnement physique ainsi que l'incertitude due à autrui.

Ainsi une classification peut être établie sur la base des trois critères mis en évidence :

- Incertitude,
- Partenaires
- Adversaires.

La présence d'incertitude sera notée I, son absence $\underline{I}$ (appelé I barre ou bien non I) ; la présence de partenaire sera notée P, son absence $\underline{P}$ (appelé P barre ou bien non P) ; la présence d'adversaire sera notée A, son absence $\underline{A}$ (appelé A barre ou bien non A).

En reprenant la définition du sport donnée par P. Parlebas et la répartition des sports en fonction de cette classification, on constate que les sports plébiscités par les instances fédérales internationales en termes de visibilité et de subventions, semblent relever d'un même ensemble : des situations sans incertitude du milieu et impliquent un choix social institutionnel, la maîtrise de l'environnement.

Le sport est culturel

Marcel Mauss (1872-1950)

Mauss est considéré comme l'un des fondateurs de l'ethnologie française ; co-fondateur de l'Institut d'ethnologie à l'Université de Paris, avec Lévy-Bruhl et Paul Rivet, en 1923, il cherche à émanciper cette discipline de la sociologie.

L'œuvre considérable de Mauss n'a pas donné lieu à une théorie unifiée de sa pensée mais ses nombreux articles mettent en exergue l'importance des codes sociaux concernant les attitudes corporelles, l'expression des sentiments ou encore les phénomènes économiques.

Dans la filiation de son oncle Émile Durkheim, Mauss considère que les civilisations sont des systèmes cohérents et contraignants et en donne la définition suivante : « Un ensemble de faits, un ensemble de caractères de ces faits correspondant à un ensemble de sociétés, en un mot une sorte de système hypersocial de systèmes sociaux, voilà ce que l'on peut appeler une civilisation ».

Ainsi la recherche de dénominateurs communs à plusieurs sociétés, à partir des activités sociales, même associées à des valeurs différentes permet l'émergence de leurs caractères intrinsèques, de leur classement et donc de leur généralisation.

Dans son article prédominant, *Étude sur le don : Forme et raison de l'échange dans les sociétés archaïques* (1925), Mauss étudie l'échange archaïque, selon la méthode de la morphologie comparative, et offre une voie d'entrée pour comprendre le fonctionnement des activités sociales. Ainsi, l'échange archaïque constitue la pierre angulaire de la vie sociale et sa complexité lui donne son envergure. L'exemple du « Potlatch », observable dans des tribus en Polynésie, Mélanésie et dans le Nord-Ouest américain (de Vancouver à l'Alaska) représente une institution qualifiée de « prestation totale de type agonistique ». Ainsi, l'échange implique la réciprocité mais également « [...] deux autres aussi importantes : obligation d'en faire, d'une part, obligation d'en recevoir, de l'autre. ». On parle, ici, d'obligation puisque le refus est exemplaire en cela qu'il préfigure la rupture de l'ensemble des relations sociales entre donateur et donataire.

L'observation de la réalité sociale fait apparaître un système plus complexe de relations entre les parties (un contrat) basé sur l'échange qui constitue le fondement de la vie en société : le don et le contre-don. Ces derniers caractérisent un fondement universel de la vie sociale qui ne peut être appréhendé qu'en tenant compte de l'ensemble des aspects de la culture observée et de ses institutions.

L'échange est, de fait, un fait social total. Ce concept permet d'intégrer le social en système afin de mieux en comprendre sa réalité. Il a, selon Claude Lévi-Strauss, un caractère tridimensionnel : « Il doit faire coïncider la dimension proprement sociologique avec ses multiples aspects synchroniques ; la dimension historique, ou diachronique ; et enfin la dimension physio-psychologique ». En cela, l'appréhension du fait social doit se faire dans sa totalité puisque la totalité précède et procède de la société ; un seul fragment (tel que l'économie) ne peut rendre compte et expliquer un phénomène social. Concernant les faits sociaux d'échange, Mauss nous dit qu'ils sont totaux car « Tous ces phénomènes sont à la fois juridiques, économiques, religieux et même esthétiques, morphologiques [...] Ce sont des « touts », des systèmes sociaux entiers ».

Concernant l'étude des pratiques physiques et sportives, l'article intitulé « Les techniques du corps » (1934) issu de l'ouvrage *Sociologie et anthropologie* apparaît primordial. Dans cet article, Mauss décrit les techniques du corps comme étant « les façons dont les hommes, société par société, d'une façon traditionnelle, savent se servir de leur corps » c'est-à-dire qu'il existe une dépendance entre les techniques du corps et la société d'accueil.

Pour exemple, l'auteur établit la comparaison entre les défilés militaires anglais et français et constate qu'ils défilent de manière différente. Le défilé n'est donc pas naturel, il y a un apprentissage corporel, un effet de culture.

L'étude de la nage montre qu'il s'agit également d'un apprentissage avec différentes techniques utilisées et leurs évolutions dans le temps.

Ainsi, les techniques du corps sont apprises et non naturelles : il n'y a pas de manière naturelle de marcher, ni de se battre, ni d'accoucher ; même les actes les plus physiologiques sont emprunts de culture. Elles représentent des processus moteurs acquis par l'éducation : plus que l'imitation ou le prestige, les convenances qui s'y attachent en font un acte social.

Multipliant les exemples, Mauss montre que les techniques du corps sont « des montages symboliques » qui varient selon le sexe, l'âge, la position sociale ainsi que la culture d'appartenance. Il insère, donc, le corps et ses usages dans les pratiques culturelles en développant, pour la première fois, le concept d'habitus.

Premier auteur à utiliser ce concept d'habitus à propos du sport, il renvoie à des traits culturels typés, structurés et variés : on ne communique pas avec son corps de la même manière si on est africain, américain ou asiatique et les interactions corporelles sont soumises à des valeurs sous-jacentes de notre société, à des codes, à des habitus.

Quant aux techniques du corps, il faut partir, tout d'abord, du postulat de l'« homme total » à la jonction du biologique, du psychologique et du sociologique pour comprendre que la manière dont l'individu utilise son corps relève de la technique puisque « le corps est le premier et le plus naturel instrument de l'homme. [...] Le premier et le plus naturel objet technique ». Mauss s'élève contre l'idée qu'une technique est forcément liée à un instrument.

Définissant la technique comme « un acte traditionnel efficace » en raison de son caractère transmissible et en vue d'un rendement escompté, Mauss établit une taxinomie en prenant comme variables le sexe, l'âge, « le dressage » efficace et la transmission de la forme des techniques. De plus, il souligne que les techniques du corps dépendent de la position de la personne dans la société c'est-à-dire son appartenance sociale.

Georges Vigarello (1941-)

Enseignant d'EPS, il soutient sa thèse d'État en 1978 intitulée *le corps redressé, histoire d'un pouvoir pédagogique*. Professeur à l'INSEP ensuite professeur à Paris 8 en sciences de l'éducation puis à Paris 5 et directeur d'études à l'École des Hautes Études en Sciences sociales. Il travaille sur l'histoire des représentations du corps (normes et attitudes, hygiène du corps depuis le Moyen Âge, la santé, le sport). À l'heure actuelle, ces travaux portent sur les normes d'esthétique et d'apparence.

Son propos est de signifier que les représentations du corps et des pratiques révèlent dans leurs trajets historiques des changements majeurs de culture sinon de société.

On assiste à un déplacement des seuils de sensibilité dans l'histoire; évolution des normes de l'attitude physique (*le corps redressé*), des normes du dégoût (*le propre et le sale*, 1985), de la santé (bien-être/mal-être), investissement et excitation dans la pratique physique. Il s'intéresse également aux déplacements des représentations du corps, des apparences physiques (*Histoire de la beauté*, 2004) ou encore à l'économie et aux techniques entourant le corps en termes de sociabilité et de dispositifs relationnels.

Selon, G. Vigarello, la motricité est culturelle. C'est le résultat d'un apprentissage de techniques et donc d'un environnement culturel qui permet d'utiliser de nouveaux savoirs, de nouvelles connaissances. Disciple de Mauss, il pense également qu'il existe un modelage culturel du corps et cherche à savoir comment se transforment les techniques corporelles et quels en sont les principes?

Il définit la technique corporelle comme: « les moyens corporels explicitement transmissibles mis en place par un sujet pour atteindre le « mieux » possible un but donné ».

Le corps, objet d'une culture motrice, fonctionne selon le principe d'une loi anthropologique où on utilise au fur et à mesure toutes les parties de son corps.

Ainsi, l'évolution des techniques corporelles peut être appréhendée selon plusieurs lois.

- **La loi d'intégration: on intègre une partie du corps jusqu'alors considérée comme périphérique pour effectuer une action motrice.**

L'évolution du saut en hauteur est, à cet égard, patente: avant la fin du XIXe siècle les bras ne sont pas mentionnés dans la technique du saut, puis, ils deviennent des éléments d'équilibre remplacés par l'usage d'un seul bras dans le saut avec retournement à l'intérieur suivi par la technique du saut en rouleau avec la projection des deux bras dans les années 50. Un autre exemple peut être cité, avec J. Vuarnet et le ski. Une nouvelle technique corporelle est alors adoptée, il s'agit de se courber pour mieux pénétrer l'air, on note l'usage de l'évolution technologique (transformation des bâtons de ski) propre à d'autres domaines telle que l'aérodynamisme recherché dans la construction des voitures et des avions.

On constate avec ces exemples qu'il y a un apprentissage de techniques qui permettent d'unifier le corps pour atteindre un but. Cette loi d'intégration peut entraîner un remaniement complet du geste technique (cas du saut en rouleau) ou utiliser les avancées techniques des objets pour améliorer la technique corporelle.

Avec cette loi d'intégration on assiste à une évolution technique par une convergence des fonctions: la fonction de telle partie du corps associée à telle autre partie du corps et va aider à atteindre un but.

- **La loi d'abstraction ou des variations restreintes**

Comme dans l'évolution biologique, il existe des mutations, des écarts, des réorientations de la technique corporelle.

En natation, le crawl est le résultat de transformations des techniques de nage depuis la fin du XIXe siècle: de la « nage indienne » à l'« over arm stroke » (un même bras effectue un parcours hors de l'eau tandis que l'autre bras et jambes poursuivent la brasse) pour se modifier de manière décisive avec « les deux bras

[qui] se dégagent alternativement de l'eau, le corps est en position ventrale, les jambes flottent « indécises », esquissant quelquefois un « ciseau » rapide ». La technique finale du crawl adjoint la force propulsive du battement de jambes. Donc, le crawl est le produit de corrections graduelles qui bouleversent l'ensemble : « Le point d'arrivée n'a plus de ressemblance avec le point de départ ».

Avec cette évolution, on cherche un gain de vitesse à l'activité en établissant une technique spécifique dépouillée des éléments qui s'avèrent inutiles et qui étaient présents au début de l'activité.

Loi de transposition des modèles

La technique corporelle doit se modifier en fonction de l'évolution du sport.

La transformation de la technique du gardien de but en football après la Seconde Guerre mondiale montre que le gardien jusqu'alors « corps-obstacle », homme de défense, devient le premier attaquant avec son rôle de relance. D'où la naissance d'une technique nouvelle : le renvoi de la balle fait à la main pour assurer la précision du tir ce qui modifie la défense elle-même.

Chez G. Vigarello, le sportif est perçu comme étant le résultat de l'apprentissage d'une technique sachant que la technique motrice est un fait de culture. Dans cette perspective, l'analyse biomécanique du geste sportif permet de développer une connaissance de la motricité et des techniques corporelles.

La distribution sociale des pratiques

Jacques Defrance (1948-)

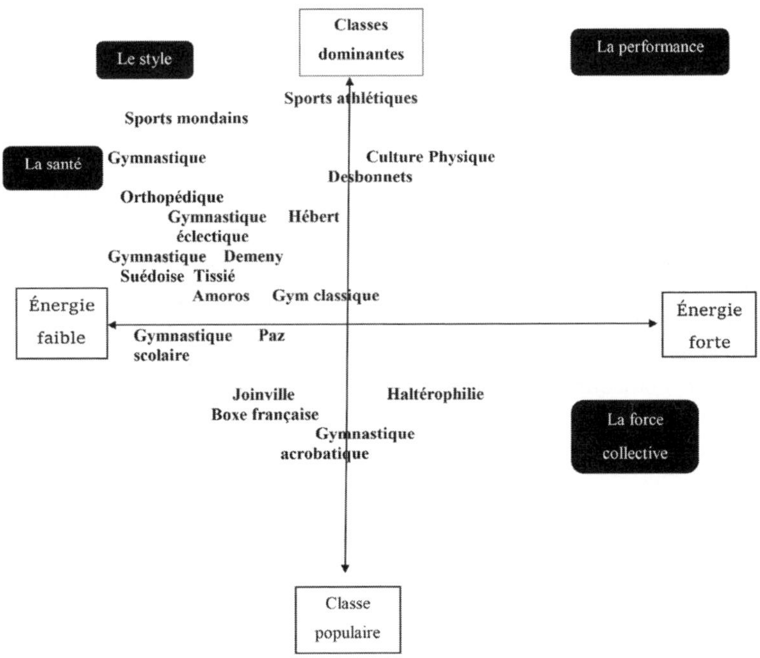

L'excellence corporelle la formation des activités physiques et sportives modernes 1770 – 1914 **(1987)**

Dans ce tableau, J. Defrance effectue une modélisation scientifique de l'excellence corporelle et entend mettre en évidence les relations existantes entre les formes prises par les pratiques physiques, à leurs débuts, et les caractéristiques des groupes sociaux qui composent la société.

Cette étude socio-historique examine la distribution sociale des pratiques répartie en six modèles selon la stratification sociale (classes dominantes/classe populaire) et l'intensité énergétique de la pratique :

- **Modèle 1 : Le style (Classes dominantes - Énergie faible).**

Cela concerne les pratiques à valeurs aristocratiques dans lesquelles on prône les manières civiles et raffinées. Le développement de la force physique est inutile puisque l'affirmation de soi est inhérente à la position sociale.

- **Modèle 2 : La performance (Classes dominantes - Énergie forte).**

Pierre de Coubertin est emblématique de ce modèle avec la valorisation morale du sport et son dessein de « redorer la jeunesse » en inculquant les notions de performance et de record dans la pratique physique. Les sports athlétiques sont à l'honneur et sont représentatifs de pratiques dans des espaces standardisés, en milieu certain où l'athlète est seul dans son action.

- **Modèle 3 : La santé (Classes dominantes - Énergie faible)**

Au XIXe siècle, la santé devient un enjeu national et plus seulement individuel. La gymnastique semble répondre à l'idéologie de sauvegarde de la santé physique et morale de la Nation et être la réponse au déclin de la population. La naissance et la diffusion de plusieurs « méthodes » ou gymnastiques (suédoise, Tissié, Demeny) en milieu scolaire entérine le recrutement des pratiquants dans les classes dominantes.

- **Modèle 4 : La culture physique (Classes dominantes - Énergie forte)**

Une métaphysique de la force est mise en avant, valorisant, ainsi le culte de la virilité.

La force et le relief musculaire deviennent des gages de santé et de beauté (Desbonnets, Triat). On retrouve également dans ce modèle la « méthode naturelle » d'Hébert et la gymnastique d'Amoros.

- **Modèle 5 : La gymnastique scolaire (Classe populaire - Énergie faible)**

Elle est représentative de l'école républicaine voulue par Jules Ferry c'est-à-dire ouverte aux classes populaires. On est, ici, dans une démarche éducative qui mise sur la mesure plutôt que la performance.

- **Modèle 6 : La force collective (Classe populaire - Énergie forte)**

On retrouve des sociétés gymniques et des pratiques physiques qui ont pour objectif de former le citoyen et contribuer au renforcement des capacités défensives du pays.

L'idéologie sous-jacente est que la souveraineté du peuple prend racine dans l'apprentissage quotidien de la discipline. Quant à l'haltérophilie et la gymnastique acrobatique, l'auteur les considère dans une logique de spectacle et d'exhibitions monnayables.

Pierre Bourdieu (1930-2002) – Espace des positions sociales et styles de vie en France

Pierre Bourdieu affirme la coexistence dans toute société des dominants et des dominés. Ce phénomène de domination est le résultat de la combinaison des ressources, de la stratégie des individus et de la situation en elle-même (appartenance à un champ spécifique).

L'espace social est compris comme le reflet d'un univers de styles de vie, de goûts et de dégoûts. Ainsi construit, il permet d'interpréter les stratégies de distinction des individus déterminées par un ensemble cohérent de pratiques, de valeurs, de goûts définis par le terme d'*habitus*.

L'*habitus* est défini comme un « système de dispositions durables et transposables, structures structurées prédisposées à fonctionner comme structures structurantes, c'est-à-dire en tant que principes générateurs et organisateurs de pratiques et de représentations ». L'habitus est à la jonction entre la position de libre arbitre et le déterminisme. On agit de telle ou telle manière, sans y penser, parce qu'il existe un *ethos de classe*. Ce dernier, produit de l'habitus, permet de déceler la rationalité socialement et éthiquement encastrée des comportements.

Chaque milieu social a ses règles du jeu, ses manières de parler, de se tenir, de se vêtir. De fait, l'accès aux pratiques culturelles est inégal selon la place occupée dans l'espace des positions sociales.

Bourdieu argue qu'il y a une esthétique différenciée selon l'appartenance à un champ spécifique : il existe des domaines culturels nobles tels que la musique classique, la peinture, la sculpture, le théâtre et des pratiques en voie de légitimation comme le cinéma, la photographie ou encore la chanson. Mais à l'intérieur de chaque habitus de classe des différences et des niveaux de distinction s'opèrent.

« Structure structurante » mais aussi « structure structurée », l'habitus est dynamique car inséré dans l'espace des positions sociales déterminé par le volume et le type de capitaux détenus par les groupes sociaux. À travers l'habitus, se reflète l'intériorisation des rapports de domination utile au mécanisme de reproduction sociale qui agit au niveau du champ social ainsi qu'au niveau de l'agent social et de son sens pratique (constitué des effets de la socialisation et son expérience).

L'habitus de classe désigne l'adoption de styles de vie spécifiques à chaque classe sociale avec ses pratiques, ses goûts et ses dégoûts. Ces appétences façonnent également les pratiques physiques ainsi que le rapport de chacun à son « hexis corporelle ». La différence essentielle entre les classes populaires et aisées dans la « stylisation de la vie » réside dans l'importance accordée à la substance par rapport à la forme. Cette confrontation s'accompagne également de la production d'un « schéma corporel » spécifique à l'habitus de classe car « il est dépositaire de toute une vision du monde social, de toute une philosophie de la personne et du corps propre ».[1] Ainsi, la distribution des pratiques sportives fait l'objet des mêmes distinctions de classe : les sports populaires (football, rugby, boxe…) consacrent la force, l'esprit de sacrifice, la « mise en jeu du corps lui-même » entérinant, de fait, un rapport instrumental au corps alors que les sports des classes moyennes et aisées (golf, tennis, yachting, équitation, escrime, etc.) privilégient l'ampleur des gestes, la distance, l'absence de contact direct avec les adversaires. L'échange sportif devient un échange social avec des partenaires choisis où « toute violence physique ou verbale, tout usage anomique du corps (cris, gestes désordonnés, etc.) » est exclu.

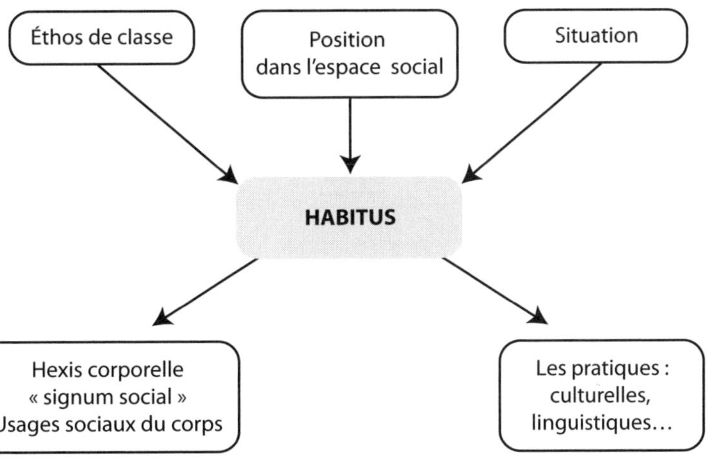

1. Bourdieu P., 1979. *La distinction. Critique sociale du jugement*, Éd. de Minuit, p. 240.

Christian Pociello et la distribution sociale des pratiques

Dans la lignée des travaux menés par P. Bourdieu, C. Pociello s'intéresse à la structure sociale du recrutement des pratiques sportives en la superposant à l'espace des positions sociales révélant ainsi l'organisation sociale en jeu. Il s'agit pour Pociello de signifier la distribution des pratiques sportives selon l'espace des positions sociales.

Il situe chaque individu et le groupe auquel il appartient sur un espace à deux dimensions, composé du capital économique (indicateur des rémunérations et du patrimoine dont on dispose ou dont disposent les parents du sujet) et du capital culturel (durée des études et niveau des diplômes obtenus et imprégnation dans un milieu intellectuel et artistique) auquel il ajoute le critère de médiation de la maîtrise technique. Concernant le rapport au corps, il procède à une catégorisation des sports en fonction des modes d'investissement corporel privilégié. Selon les critères de force, d'énergie, de grâce et de réflexes qui fonctionnent comme des schèmes générateurs de la pratique, il en déduit quatre types antinomiques de sport.

Pociello analyse la distribution sociale des pratiques sportives en termes d'oppositions techniques (biomécaniques, bioénergétiques, bioinformationnels) ainsi que de représentations symboliques du système des sports que les individus (« agents ») ont intégré. Chaque sport est ainsi doté d'une valeur symbolique particulière selon la place qu'il occupe. On parle, alors de marquage social des activités.

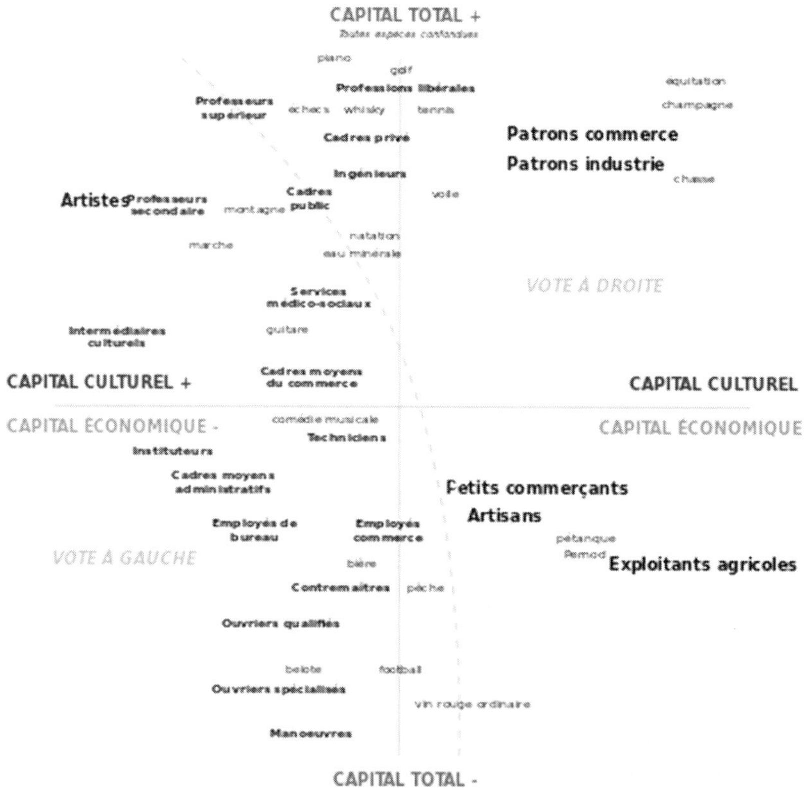

L'espace des sports de C. Pociello (1995)

Sport et travail

Le rapport articulant sport et travail est de plus en plus prégnant dans nos sociétés. Il s'est imposé dès les prémices de l'industrialisation de la société française à travers les sociétés de gymnastiques patronales, le développement des comités d'entreprise (CE) puis est devenu à partir de la fin du XXe siècle un outil de gestion des Ressources Humaines. Il renvoie, également, à la création de disciplines nouvelles telle que l'ergonomie qui a un double objectif: l'efficacité de l'organisation basée sur l'organisation humaine et le confort et la santé des utilisateurs afin de créer des conditions de travail satisfaisantes.

La notion d'ergomotricité ou ergonomie physique provient du grec *ergon,* signifiant travail et peut être définie comme: « champ et nature des pratiques motrices considérées comme un « travail » par les instances sociales et envisagées essentiellement sous l'angle de la mise en jeu corporelle qu'elles suscitent ».[1]

Ainsi, la relation entre le sport et le travail a fait l'objet de différentes analyses.

Michel Bouet et les fonctions sociales du sport

Dans son ouvrage, *Signification du sport,* M. Bouet expose l'idée que le sport est une institution dans son acception la plus large comprenant des éléments matériels, des groupements spécifiques, des agents d'autorités, des rôles, des symboles collectifs, des comportements déterminés, des rites et une éthique.

Il recherche quelles sont les fonctions du sport afin d'appréhender, de « décrire et mieux comprendre » ce phénomène humain et dénombre quatorze rôles au total.

Le rôle n° 12 « préparation et adaptation au métier » entérine le lien entre le sport et le travail puisque, selon l'auteur, il permet:

- « L'adaptation générale à une activité professionnelle » en référence à une vision hygiéniste du sport, qui engendre, par le développement du corps une meilleure performance au travail.
- « L'adaptation et la préparation spéciale à tel ou tel métier » se rapportent à l'effet techniciste du sport de haut niveau où la spécialisation dans une action motrice particulière en est l'une des caractéristiques tout comme la parcellisation des tâches et la technicisation des gestes est l'apanage de l'organisation sociale du travail (OST) de Taylor.

Jean-Marie Brohm et la critique radicale du sport

Dans *Sociologie politique du sport, 1992,* Brohm énonce que « le sport est et reste le reflet déformé du sérieux et de la vie du travail »[2]. Il établit dans la genèse et la structure de l'institution sportive, une homologie avec la production capitaliste: le principe de rendement, primordial aux yeux de l'auteur car associé au record, le système de hiérarchisation entre les sports-rois et les disciplines secondaires, l'organisation bureaucratique par la réglementation sportive et enfin, le principe de publicité et de transparence, font du sport un reflet fidèle de la compétition économique et industrielle.

D'autre part, l'auteur affirme que l'institution sportive est un appareil idéologique d'État dont la fonction ultime est de protéger la domination de classe de la classe dominante car:

- Le sport véhicule l'idéologie bourgeoise traditionnelle et participe à sa diffusion universelle
- Le sport à l'école inculque à la jeunesse cette idéologie en masquant la lutte des classes.
- Le sport en tant qu'institution possède son « propre discours institutionnel », discours ritualisé et cérémoniel que l'auteur nomme également des rituels névrotiques obsessionnels.

1. Parlebas P., 1999. *Jeux, sports et sociétés. Lexique de praxéologie motrice,* INSEP, p. 137.

2. Brohm J.-M., 1992. *Sociologie politique du sport,* PUN, p. 112.

Ainsi, Brohm se réfère au courant marxiste pour analyser le sport où l'État est au service de la classe dominante à travers la superstructure au sein de l'holisme déterministe. La lutte des classes se joue dans l'infrastructure au sein des rapports sociaux de production.

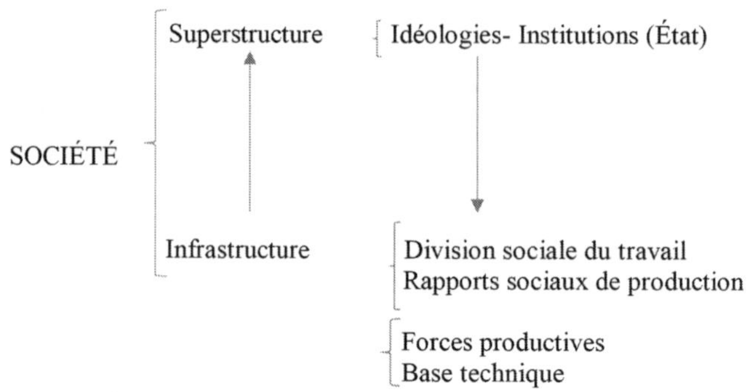

La société selon K. Marx : l'holisme déterministe

Ainsi, un parallèle est établi entre le sportif de haut niveau et l'ouvrier. Ils sont soumis aux mêmes contraintes, celles de la production capitaliste : du temps avec le chronomètre, du rendement, de la spécialisation et de la technicisation du corps. Ils sont dépersonnalisés et évoluent dans un milieu artificiel. Le salariat sportif est également un argument de l'auteur pour figurer l'analogie entre le sportif qui monnaye sa valeur marchande sportive et le prolétaire qui tend à vendre au meilleur prix sa valeur marchande ; les transferts de joueurs professionnels sont, pour l'auteur, une forme d'esclavage et de servitude et attestent de l'exploitation du personnel sportif.

Il reprend le concept marxiste de « lutte des classes » en qualifiant le système sportif d'entreprise sportive car il y a tension et conflit entre les entrepreneurs, les instances sportives et le sportif professionnel dont le gain dépend de la victoire. De plus, la compétition représente une mise en valeur du capital des entreprises sportives et l'accélération du rythme des compétitions symbolise l'inflation économique généralisée.

La haute performance sportive est comparable à la démarche de l'ergonome car elle soutient une recherche perpétuelle d'efficacité dans le but d'atteindre un rendement optimum et obtenir, ainsi, une performance, un record.

Bibliographie

- Aron R. (1967). Les étapes de la pensée sociologiques, Gallimard.
- Betbeze J.-P. (1987). « Matériaux pour une analyse du phénomène sportif », CREDOC, n° 21.
- Boudon R. (1979). Inégalité des chances. La logique du social, Hachette Littérature.
- Bouet M. (1968). Signification du sport, Ed universitaires.
- Bourdieu P. (1979). La distinction. Critique sociale du jugement, Ed de minuit.
- Bourdieu P. (1987). Choses dites, Ed de minuit.
- Brohm J.-M. (1992). Sociologie politique du sport, PUN.
- Caillois R. (1958). Des jeux et des hommes, Gallimard.
- De Coubertin P. (1972). Pédagogie sportive (1922), Vrin.
- Defrance J. (1987). L'excellence corporelle ; la formation des activités physiques et sportives modernes 1770-1914, PUR.
- Durkheim E. (1895). Les règles de la méthode sociologique, PUF.
- Elias N., Dunning E. (1986). Sport et civilisation. La violence maîtrisée, Fayard.
- Elias N. (1975). La dynamique de l'occident, Calmann-Lévy.
- Guttman A. (1978). Du rituel au record, la nature des sports modernes, Columbia University Press, trad franç 2006.

- Huizinga J. (1938). Homo Ludens. Essai sur la fonction sociale du jeu, Gallimard.
- Magnane G. (1964). Sociologie du sport, Gallimard.
- Mauss M. (1934). « Les techniques du corps » in Sociologie et anthropologie, PUF (1999).
- Mauss M. (1925). Étude sur le don : forme et raison de l'échange dans les sociétés archaïques in Sociologie et anthropologie, PUF (1999).
- Marx K. (1965). Contribution à la critique de l'économie politique (1859), Gallimard.
- Parlebas P. (1999). Jeux, sports et sociétés. Lexique de praxéologie motrice, INSEP.
- Pociello C. (1981). Sport et société, Vigot.
- Pociello C. (1999). Sports et sciences sociales, Vigot.
- Pociello C. (1995). Les cultures sportives, PUF.
- Vigarello G (1986). « Les techniques corporelles et les transformations de leurs configurations », *STAPS*, vol 7, n° 13.
- Vigarello G. (1978). Le corps redressé. Histoire d'un pouvoir pédagogique, Éd. universitaires.
- Weber M. (2003). Éthique protestante et esprit du capitalisme (1905), Gallimard.

EXERCICES

QCM : une seule réponse possible

1. La sociologie est, au sein des sciences sociales :

- ❑ La science des peuples
- ❑ La science de l'homme
- ❑ La science du social

2. La notion de « fair-play » sportif est issue :

- ❑ Du royalisme
- ❑ Du parlementarisme
- ❑ De la démocratie

3. La praxéologie motrice a pour cadre théorique :

- ❑ L'holisme déterministe
- ❑ L'individualisme méthodologique

4. L'analyse du sport d'Allen Guttmann dans Du rituel au record, la nature des sports modernes s'appuie sur les fondements théoriques de :

- ❑ E. Durkheim
- ❑ M. Weber
- ❑ N. Elias

5. Pour M. Mauss, il existe une dépendance entre les techniques du corps et la société d'accueil.

- ❑ Vrai
- ❑ Faux

6. Pour N. Elias, les phénomènes économiques, les rapports au pouvoir, les contraintes sociales évoluent :

- ❑ Ensemble et de manière interdépendante
- ❑ Séparément et de manière causale

7. Selon G. Vigarello, l'évolution de la technique corporelle du saut en hauteur répond à :

- ❏ La loi d'intégration
- ❏ La loi d'abstraction
- ❏ La transposition des modèles

8. Le modèle « la performance » dans la typologie de l'Excellence corporelle élaborée par J. Defrance concerne :

- ❏ Les classes populaires avec des pratiques physiques à énergie faible
- ❏ Les classes populaires avec des pratiques physiques à énergie forte
- ❏ Les classes dominantes avec des pratiques physiques à énergie forte

9. Pour P. Bourdieu, la notion de champ fait de l'espace social :

- ❏ Un lieu de coopération entre les individus
- ❏ Un lieu d'affrontement entre les individus

10. La distribution sociale des pratiques sportives comme représentation symbolique du système des sports est une analyse de :

- ❏ P. Bourdieu
- ❏ C. Pociello
- ❏ J. Defrance

11. Selon J.-M. Brohm, il existe une homologie structurelle entre les critères du sport et la production capitaliste.

- ❏ Vrai
- ❏ Faux

Réponses

1. c • 2. b • 3. b • 4. b • 5. a • 6. a • 7. a • 8. c • 9. b • 10. b • 11. a

Questions de réflexion

Par une réponse structurée, argumentée (en références à des auteurs) et illustrée (exemples), répondez à la question suivante :

Le sport est-il un fait social, un fait général ou un fait biologique ?

Introduction

Il convient dans un premier temps de définir le terme de sport : de l'amusement, à la sublimation de la guerre (Elias, 1976), au « culte volontaire et habituel de l'effort musculaire intensif appuyé sur le désir de progrès et pouvant aller jusqu'au risque » (Coubertin, 1922), sa définition a fait l'objet de maintes énonciations sans aboutir à un consensus universel à ce sujet. Cependant, les acceptions de G. Magnane et P. Parlebas apparaissent pertinentes et valides pour cerner les pratiques physiques concernées par ce terme. Nous chercherons, alors, à savoir si le sport est un fait social, général ou biologique ?

Le sport est – il un fait biologique ?

Selon certains auteurs (Betbeze, 1987) : « le sport dérive des schémas comportementaux innés chez l'être humain. [...], qui reposent sur des bases biologiques, au même titre que l'alimentation ou la sexualité ». On peut réfuter cette vision car la pratique physique est acquise et non innée. De plus, si l'alimentation est vitale pour l'homme et la sexualité pour l'espèce humaine ; ce n'est pas le cas pour le sport.

Le sport est-il un fait général ?

Le sport, présent, dans nos sociétés occidentales ne constitue pas pour autant un invariant humain. En effet, Mauss souligne que les techniques corporelles sont apprises donc culturelles ; il parle de « montages symboliques » qui varient selon le sexe, l'âge, la position sociale et la culture d'appartenance. Vigarello, quant à lui, insiste sur le caractère évolutif de ces techniques corporelles avec les lois d'intégration, d'abstraction et de transformation des modèles qui place le sport et sa recherche de performance non dans le fait général mais dans le culturel.

Le sport dans ses structures, son agencement spatial reflète le processus de civilisation de la société européenne en cours depuis le Moyen Âge (Elias).

Le sport est-il un fait social ?

Les caractéristiques du fait social données par Durkheim montrent que le sport peut être appréhendé comme l'un d'eux. En effet, il est objectif, collectif, coercitif, intelligible et historique. De plus, le sport recouvre de nombreux enjeux économiques, éducatifs, financiers et géopolitiques qui ancrent ce dernier dans la sphère du social.

De plus l'analyse de la distribution sociale des pratiques physiques et sportives souligne que la pratique sportive n'est socialement pas neutre et reflète des habitus (Mauss, Elias, Bourdieu), des stratégies de distinction et un ethos de classe (Bourdieu), un modelage de l'excellence corporelle (Defrance) ou encore des modes d'investissement privilégié du corps (Pociello).

Le sport s'inscrit également dans une activité éminemment humaine : le travail. Envisagé dans sa fonction sociale de « préparation ou adaptation au métier » (Bouet) ou comme le reflet du capitalisme industriel dans son rapport au temps, à l'espace, à la division du travail, au rendement (Brohm), il est un fait social.

Ni biologique, ni général, le sport, par la distribution sociale des pratiques physiques et leur évolution, les représentations sociales qui s'y rattachent, montre qu'il est un fait social investi de fonctions de socialisation, d'intégration et peut se révéler être « un miroir des cultures » (Elias).

Chapitre 2

SOCIOLOGIES DES PRATIQUES SPORTIVES

La sociologie des pratiques physiques et sportives permet d'analyser et de comprendre les activités comme fait social, inscrites dans une société et dans un contexte historique et culturel. Les pratiques physiques et les sports font partie de la culture, on peut les considérer comme un « fait social total » (Mauss, 1950). En tant que science, la sociologie se définit par son objet et ses méthodes. Ceci constituera le premier chapitre de cette partie. Nous tenterons d'ajouter les divers champs d'approche qui constituent autant d'angles d'analyse.

Le second chapitre nous permettra d'apporter un éclairage sur l'implantation, l'institutionnalisation mais aussi la diffusion des pratiques physiques. Dans le troisième chapitre nous aborderons les pratiques physiques selon des facteurs déterminants tels que le sexe, l'âge, les formes de pratiques. Le quatrième chapitre abordera les enjeux de la sociologie des pratiques : les enjeux politiques, sociaux, de santé seront abordés.

Définitions et champs d'étude

La prise en compte des pratiques physiques et sportives comme fait social et culturel n'est pas récente. Leur analyse sociologique s'est particulièrement développée depuis les années 1950 et 1960 (Defrance, 2011)[1]. Les activités physiques et sportives occupent une grande place dans la vie sociale actuelle et suscitent leur analyse à travers de nombreux champs d'étude qui nourrissent la sociologie.

Ainsi, la sociologie des pratiques interroge l'histoire afin de mieux comprendre la diffusion des pratiques, elle interpelle également la géographie ou des éléments géopolitiques pour appréhender les enjeux politiques. Celle-ci questionne certes les modes de gouvernance mais aussi les structures institutionnelles, la diffusion, les formes de pratiques, les pratiques du haut niveau, la pratique des femmes, les pratiques et leur organisation, le dopage, les âges de la vie, etc.

Définitions

Les définitions du sport et des pratiques sportives évoluent au cours des époques et des courants, mais également des usages. Les définitions du sport sont donc objet de controverses car les pratiques, les formes de pratiques, les modes d'organisation, les finalités peuvent être multiples. Certaines pratiques subissent des processus de sportivisation ou d'institutionnalisation. Cette dynamique occasionne dès lors une réflexion sur la définition de l'objet. Si nous cherchons ce qui définit le sport c'est essentiellement pour mieux cerner l'objet des analyses. On peut ainsi envisager le sport comme « une forme sociale historiquement datée et changeante » ou bien comme « une forme de combat qui donne du plaisir sans choquer les consciences » (Elias, 1976[2]). On peut également

1. Defrance J., 2011, *Sociologie du sport*, la découverte.

2. Elias N. 1976 ; sport et violence, in acte de la recherche en sciences sociales, vol. 2, n° 61976, le sport, l'état et la violence.

envisager une définition du sport par l'acteur qui le pratique (Louveau et Métoudi, 1986). Dans la charte européenne du sport le « sport » est caractérisé comme « toutes formes d'activités physiques et sportives qui, à travers une participation organisée ou non, ont pour objectif l'expression ou l'amélioration de la condition physique et psychique, le développement des relations sociales ou l'obtention de résultats en compétition de tous niveaux ». De fait, chacun définit l'objet selon l'angle d'analyse et les champs envisagés. Dans ce chapitre pour envisager la globalité des activités motrices, nous évoquerons tour à tour les notions de pratiques physiques ou les sports. Afin de différencier les deux formes d'activités motrices, nous nous appuierons sur la définition de Parlebas pour qui le sport est « *l'ensemble des situations motrices codifiées sous forme de compétition et institutionnalisées* » (Parlebas, 1999), les pratiques physiques seront définies comme étant « tout mouvement corporel produit par les muscles squelettiques, entraînant une dépense d'énergie supérieure à celle du repos » (OMS), ayant pour objectif l'expression ou l'amélioration de la condition physique et psychique, le développement des relations sociales ou l'obtention de résultats.

Méthodes

La sociologie s'appuie sur des méthodes variées. L'enquête en sociologie se base sur le prélèvement de données par observation, questionnaires, entretiens, analyse d'archives, etc. L'analyse des données peut être descriptive, statistique, quantitative ou qualitative, à visée comparative ou non. Elle s'appuie sur des paradigmes. On peut aussi ajouter aux méthodes celles utilisées par l'anthropologie ou l'ethnologie dont les objets sont proches. Si la sociologie vise à saisir la « complexité » des faits sociaux à une échelle globale, l'anthropologie a pour objet d'expliquer les faits sociaux à une échelle locale. L'immersion, l'observation participative, description et carnets de recherche sont autant d'outils méthodologiques qui peuvent être utilisés en sociologie également.

Champs

Après nous être questionné sur l'objet et avoir envisagé la pluralité de définitions, il nous faut comprendre les formes des questionnements. Nous pouvons distinguer trois formes différentes : la sociologie critique, le relativisme sociologique et l'approche différentielle.

Pour la sociologie critique du sport dont la pensée est portée par J M. Brohm, la culture et donc les pratiques culturelles sont définies par la philosophie et l'anthropologie. Il s'agit d'étudier « l'homme dans sa condition matérielle et sociale ». Le sport, à l'instar des pratiques culturelles est ainsi défini comme l'expression du capitalisme, comme un sport marchand. Le déterminisme sociologique décrit par la sociologie critique conduit à considérer les individus comme agents d'un destin piloté par des structures sociales qui échappent à leur contrôle. Sont abordées la puissance sociale et politique du sport, la mondialisation des rapports capitalistes de la production et l'imposition de la culture des puissances industrielles incarnées par le sport international.

Pour le relativisme sociologique et historique, la sociologie des pratiques physiques s'appuie sur la variabilité culturelle et historique des usages du corps et des dimensions de l'expérience du sport, on peut citer des auteurs de référence tels que C. Pociello ou G. Vigarello. L'objet d'analyse est tour à tour des pratiques physiques et des sports dans leurs dimensions culturelles et sociales.

Enfin, nous pouvons envisager une troisième approche dite différentielle. Basée sur une réflexion ethnographique et anthropologique (Weber, Becker), ils engagent une réflexion sur les pratiques culturelles par l'intentionnalité de l'acteur et la compréhension des raisons qu'il se donne d'agir.

Les pratiques culturelles

Les pratiques physiques sont des pratiques culturelles. La sociologie du sport vient de la sociologie de la culture en Allemagne, et notamment de l'école de Francfort dès le début du XXe siècle. Les pratiques culturelles intègrent progressivement les pratiques physiques et sportives et poussent à définir les objets. Les activités physiques font ainsi partie de la culture de masse. À ce titre elles interrogent tout à la fois l'anthropologie culturelle dans leur dimension fondamentale de la culture, les approches biologiques et eugénistes, la sociologie marxiste qui envisage la culture populaire, la sociologie historique.

La sociologie des pratiques physiques et sportives nous permet d'étudier scientifiquement ce fait social et de dépasser le « sens commun ».

Comprendre l'implantation et les dynamiques d'institutionnalisation du sport

Implantation

Dynamique internationale

L'institution sportive devient une pièce importante dans la construction de l'ordre social. L'analyse historique et sociologique permet de répondre à la question « pourquoi une pratique s'est-elle développée dans tel pays, et pas dans tel autre ». L'analyse du principe de différenciation sociale montre qu'elle n'est pas identique selon les pays. Par exemple, Defrance (2011) évoque le clivage « les sports de riches » et « les sports de pauvres ». L'analyse socio-historique permet de comprendre que le caractère élitiste renvoie souvent aux conditions matérielles. Une analyse de l'économie de marché, et de l'économie publique permet d'affiner l'interprétation. Par exemple la ville de Chicago possède 200 terrains de golf. Cet élément factuel illustre le développement de cette activité. L'analyse de leur organisation spatiale permet d'envisager une analyse sociologique de cette pratique. De fait, il existe des terrains de golf dans les quartiers populaires. À l'inverse, en France, les terrains de golf sont des espaces très fermés, réservés, élitistes. Il faut rappeler que le prix des terrains fonciers n'est pas le même de part et d'autre de l'atlantique. Cette activité n'a donc pas la même dynamique d'implantation et donc de développement selon les pays.

On peut aussi analyser le développement de la pratique de la natation comme élément de compréhension des mécanismes de ségrégation et de discrimination, notamment en Afrique. Ainsi les clubs de natation sportive ont vu le jour en 1890 (Terret, 1994)[1] en Angleterre et en France, avec une finalité sportive. Le modèle d'apprentissage mais aussi de développement de cette pratique se sont faits sur le modèle sportif et capitaliste évinçant progressivement d'autres formes de pratiques telles que les traversées, les bains, les jeux, le sauvetage. Au Sénégal par exemple, le développement de cette pratique a été freiné par la définition de la pratique sportive mais aussi de l'usage des infrastructures peu nombreuses et réservées aux colons (Deville-Danthu, 1997)[2]. Les pratiques culturelles légitimes se sont vues disqualifiées et dévalorisées. Elles se sont effacées progressivement du spectre des pratiques, et notamment de leur expression à l'échelle internationale. La diffusion et la propagande réalisées dans les anciennes colonies par l'intermédiaire des pratiques physiques et sportives ne sont plus non plus à démontrer (Bancel, 2000)[3]. Phénomène d'acculturation des populations locales, le développement du sport illustre l'impérialisme blanc et occidental.

Analyse nationale : développement et démocratisation de la pratique

Les analyses socio-historiques permettent de connaître l'évolution et le développement de la pratique dans la population. Ainsi le premier rapport d'enquête sur

1. Terret, T., 1994. *Naissance et diffusion de la natation sportive*. Paris, l'Harmattan.

2. Deville-Danthu, B., 1997. ***Le sport en noir et blanc*** : *du sport colonial au sport africain dans les anciens territoires français d'Afrique occidentale (1920-1965)*. Paris, l'Harmattan.

3. Bancel, N., 2000. *Sport civil et politique sportive en Afrique occidentale Française (1944-1958). De Boeck Université*

les pratiques physiques et sportives en France date de 1970 (Le Roux). Il montre les inégalités sociales d'accès à la pratique. En effet, les résultats de l'enquête montrent que sept Français sur dix ne pratiquent aucune activité physique ou sportive. La comparaison avec les analyses ultérieures permet de comprendre l'évolution des pratiques. Ainsi l'enquête de l'INSEE 1987-1988 montre quant à elle, une certaine démocratisation de la pratique puisque cinq répondants sur dix déclarent pratiquer une activité physique et sportive. Les enquêtes du ministère des sports et INSEP de 2002 et 2004 montrent que la démocratisation se confirme, doublée du maintien des inégalités sociales et socio-spatiales. Sept Français sur dix déclarent pratiquer une activité physique ou sportive.

Une étude de 2003 montre que 71 % des Français interrogés pratiquent une activité physique ou sportive. Trois profils sont caractérisés dans cette enquête :

- Des individus peu investis dans les activités culturelles et sportives (à l'exception de la télévision),
- Des individus investis dans les activités sportives
- Des individus investis dans les activités culturelles.

Les résultats des enquêtes permettent de caractériser les dynamiques de répartitions des pratiquants. Par exemple, les orientations des pratiques sont liées au niveau d'éducation, au cadre de vie, aux catégories socio-professionnelles et au sexe. La thèse du capital économique et culturel développée par Bourdieu[1] reste un modèle explicatif prégnant, même si d'autres modèles explicatifs existent. L'activité semble décroître avec l'âge, 90 % des 15-24 pratiquent contre 25 % des plus de 65 ans. La pratique sportive reste assez inégalitaire, 64 % de femmes, contre 79 % d'hommes. Un décrochage notable des femmes est constaté à partir de 25 ans. Segmenté, différencié et hiérarchisé, le monde des sports développe à la fois une culture sportive à peu près commune à tous les sports et des traits culturels spécifiques à chaque modalité de pratique. Ceci forme un ensemble symbolique complexe socialement structuré.

Les analyses sociologiques permettent d'avoir une réflexion sur l'impact global du sport sur la société ou sur ses fonctions à l'égard de l'économie, de l'éducation, de la santé, du politique. Une « démocratisation du sport » ou un parti pris élitiste peuvent tour à tour être envisagés dans une perspective sociologique. L'interprétation de l'orientation élitisme contre démocratisation est un modèle à dépasser car il ne caractérise pas nécessairement un clivage politique gauche/droite. Ainsi, Léo Lagrange lors du front populaire encourage la diffusion des loisirs et du plein air. La D-RDA ou la Roumanie, avec des gouvernements non démocratiques de gauche ont quant à eux, encouragé et développé la pratique de l'élitisme d'état. Inversement Le baron Pierre De Coubertin se retrouve dans un processus d'internationalisation et de diffusion des sports olympiques, alors qu'il prônait un modèle élitiste. Bien que le développement du sport soit corrélé à celui du capitalisme, les politiques sportives dépassent le simple clivage gauche-droite, d'autant plus si on prend en compte les dynamiques locales, territoriales ou internationales.

Institutionnalisation

L'approche sociologique et historique des pratiques nous aident également à comprendre son organisation et les dynamiques internes et externes des pratiques. Deux notions clés sont à différencier : la sportivisation et la sportification.

La notion de sportification peut être entendue comme le « *processus social, notamment institutionnel et par extension le résultat de ce processus, par lequel une activité ludomotrice acquiert le statut de sport* » (Parlebas, 1999)[2]. Elle renvoie à cette volonté de reconnaissance par les instances de tutelle, d'une pratique codifiée et centralisée (Bordes, 2017)[3]. Par instance de tutelle, il faut entendre une institution (fédération sportive par exemple).

1. Bourdieu P., 1979. La distinction. La Distinction. Critique sociale du jugement. Collection Le sens commun.

2. Parlebas P., 1999. Jeux, sports et sociétés. Lexique de praxéologie motrice, INSEP.

3. Bordes P., 2017. *Sportification, sportivisation. Processus et incidences in Sociologie en Staps*. Éd. Ellipse, Paris.

Ce processus de sportifcation des pratiques physiques a débuté dans la seconde moitié du XIXe siècle en Angleterre, s'internationalise et se stabilise fin du XXe siècle. Reprenant Elias[1], Bordes caractérise cette dynamique comme un outil de « mise en ordre, de contrôle, de canalisation, de domestication et de régulation des comportements, le sport s'est ainsi révélé un précieux auxiliaire du processus de civilisation des états modernes, lesquels s'assurant par-là, en le reconnaissant, un droit de regard sur la violence corporelle et les débordements dans le champ du loisir physique ».

La sportivisation est un « *processus qui consiste en ce qu'un individu, une population, une pratique, ou par extension un domaine, présentent certaines caractéristiques fonctionnelles apparentes d'un sport sans pour autant s'inscrire dans le cadre institutionnel d'une organisation sportive* » (Bordes, 2008)[2].

Diffusion de la culture sportive et politique en France

Afin de comprendre la diffusion des pratiques sportives en France, on peut s'appuyer sur les études du ministère des sports qui donnent des éléments de compréhension de la répartition de la culture sportive fédérale en France en 2014. Sur le schéma suivant, on peut voir la répartition géographique du nombre de licenciés.

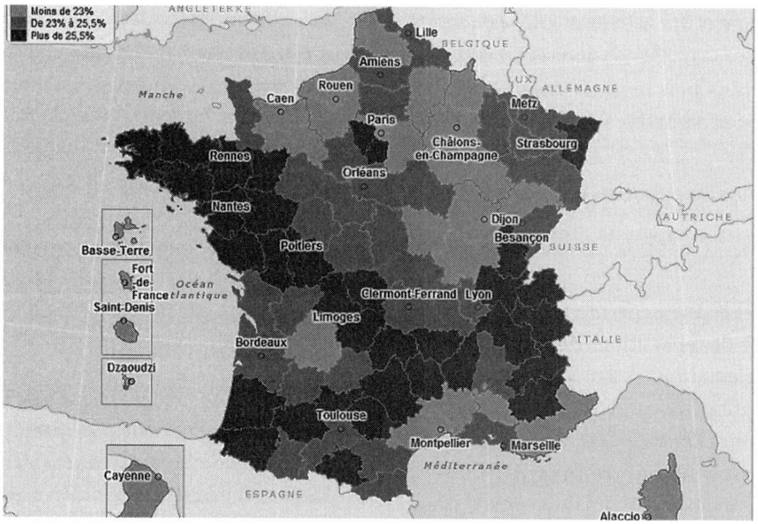

Taux de licences par département, ensemble des fédérations[3]
Il apparaît clairement une inégalité du nombre de licenciés selon les départements.

1. Elias N., 1976. « Sport et violence. » In : Actes de la recherche en sciences sociales. Vol. 2, n° 6, décembre 1976, « Le sport, l'État et la violence ».

2. Bordes P., 2008. « Que peut-on entendre par « sportivisation » de l'Éducation Physique ? » In Éric Dugas (coord.), Jeu, sport et éducation physique, AFRAPS, Montpellier.

3. Référence : http://www.sports.gouv.fr/IMG/pdf/n106-04_licences_et_club_2014_enligne.pdf

▶ *« Le rôle de l'associationnisme sportif:*

L'association est un phénomène social au cœur de la vie des Français. La loi de 1901 est perçue comme une avancée en matière de démocratie et représente une spécificité française. Phénomène d'abord urbain, l'association en France se développe avec des phases d'expansion et des phases de recul »[1]. L'association sportive est un vecteur essentiel de diffusion du sport au niveau local et de développement du tissu social. Elle est supportée et soutenue financièrement par l'état (subvention, formation des cadres) et par les municipalités (installations, aides locales). Elle fait appel à de nombreux bénévoles pour la vie de l'association. Depuis la loi sur le sport de 2004, les associations ont développé un secteur professionnel non négligeable, notamment par la création d'emplois d'entraîneurs. La coexistence de bénévoles et de professionnels est ici la ressource rare, sans doute facteur de complexité mais surtout source de richesse et condition de pérennité de ces organisations singulières que sont les associations mais aussi les fédérations sportives. Les fédérations sportives nationales sont devenues des acteurs essentiels de la vie politique, sociale et économique (Zintz & Vailleau, 2008)[2].

Le nombre d'associations sportives est de 165 802 pour la saison 2015-2016 sur un total estimé de 1 300 000 associations actives (recensées en 2012). Pour affiner on peut établir:

- 68 477 clubs d'activités olympiques
- 42 197 clubs de disciplines non olympiques
- 55 128 clubs affiliés aux fédérations multisports.

Codes fédé	Fédérations françaises agréées en 2016	Groupements sportifs 2016		Rappel 2015
		Clubs	Établissements professionnels agréés	Clubs
Fédérations unisport olympiques				
101	FF d'athlétisme	2399	0	2353
102	FF d'aviron	420	0	419
103	FF de badminton	1975	0	1958
105	FF de basketball	4013	52	4118
106	FF de boxe	851	0	819
107	FF de canoë-kayak	705	29	710
108	FF de cyclisme	2587	9	2640
109	FF d'équitation	2837	6328	2840
110	FF d'escrime	816	0	815
111	FF de football	16744	0	16972
112	FF des sports de glace	159	0	164
113	FF de gymnastique	1512	0	1524
114	FF d'haltérophilie, musculation, force athlétique et culturisme	394	0	531
115	FF de handball	2358	0	2398
116	FF de hockey	181	0	180
117	FF de judo-jujitsu et disciplines associées	5343	0	5408
118	FF de lutte et disciplines associées	465	0	438
119	FF de natation	1326	0	1317
120	FF de pentathlon moderne	36	0	31

1. Rémy I., 2017. Cultures politiques et cultures sportives. In Sociologie en STAPS, Éditions Ellipses, Paris.

2. Zintz, T. & Vailleau, D., 2008. La gouvernance des fédérations sportives: Proposition d'un cadre d'analyse et d'action. Revue française de gestion, 187, (7), pp. 15-34.

Codes fédé	Fédérations françaises agréées en 2016	Groupements sportifs 2016		Rappel 2015
		Clubs	**Établissements professionnels agréés**	**Clubs**
121	FF de ski	971	0	997
122	FF de taekwondo et disciplines associées	948	0	963
123	FF de tennis	7766	0	7854
124	FF de tennis de table	3485	0	3537
125	FF de tir	1659	0	1622
126	FF de tir à l'arc	1695	0	1626
127	FF de triathlon	857	1100	779
128	FF de voile	925	132	924
129	FF de volley-ball	1421	0	1428
131	FF de hockey sur glace	118	0	118
132	FF de golf	1620	66	1630
133	FF de rugby	1891	30	1892
Total fédérations unisport olympiques		***68477***	***7746***	***69005***
Fédérations unisport non olympiques				
201	FF d'aéromodélisme	845	0	843
202	FF d'aéronautique	593	0	599
203	FF d'aérostation	74	0	75
204	FF d'aïkido, d'aïkibudo et affinitaires	922	0	912
205	FF d'aïkido et de budo	895	0	881
206	FF du sport automobile	371	0	380
207	FF de jeu de balle au tambourin	54	0	58
208	FF de ballon au poing	31	0	30
209	FF de ball-trap et de tir à balle	529	0	544
210	FF des sports de billard	595	8	598
211	FF du sport boules	2483	0	2483
212	FF de boxe française, savate et disciplines associées	758	0	759
213	FF de bowling et de sports de quilles	785	210	768
214	FF de char à voile	84	20	93
215	FF de la course camarguaise	148	0	145
216	FF de la course landaise	232	0	245
217	FF de la course d'orientation	206	5	208
218	FF de cyclotourisme	3006	0	3063
219	FF de danse	1428	181	1536
220	FF des échecs	933	0	922
221	FF d'études et sports sous-marins	2101	441	2076
222	FF de football américain	225	0	216
224	FF de giraviation	59	9	22
226	FF de javelot tir sur cible	69	0	68
227	FF de jeu de paume	33	0	18
228	FF de joutes et sauvetage nautique	108	0	100

Codes fédé	Fédérations françaises agréées en 2016	Groupements sportifs 2016		Rappel 2015
		Clubs	Établissements professionnels agréés	Clubs
229	FF de karaté et disciplines associées	4800	0	4788
231	FF de longue paume	28	0	28
232	FF de la montagne et de l'escalade	997	10	1003
233	FF de motocyclisme	1284	0	1270
234	FF de motonautique	44	2	50
237	FF de parachutisme	198	23	200
238	FF de pêche sportive au coup	nd	nd	665
239	FF des pêcheurs en mer	nd	nd	172
240	FF de pêche à la mouche et au lancer	nd	nd	92
241	FF de pelote basque	283	0	293
242	FF de pétanque et jeu provençal	5815	0	5873
243	FF de planeur ultra léger motorisé	695	229	712
244	FF de pulka et traineau à chiens	27	0	28
245	FF de la randonnée pédestre	3491	0	3467
246	FF du roller sport	861	0	855
248	FF de rugby à XIII	130	0	140
249	FF de sauvetage et secourisme	286	0	286
250	FF de ski nautique et wake board	168	57	163
251	FF de spéléologie	433	14	437
252	FF de squash	655	21	356
253	FF de surf	198	111	174
254	Fédération française des Arts Energétiques et Martiaux Chinois (ancien WUSHU)	664	0	720
255	FF des sports de traîneau	41	0	38
256	FF de twirling bâton	381	0	359
257	FF de vol à voile	160	0	164
258	FF de vol libre	649	292	649
260	FF de polo	36	0	36
261	FF de kick-boxing, muay-thaï et disciplines associées	956	0	949
262	FF de baseball et softball	210	0	215
263	FF de double dutch	nd	nd	nd
264	Fédération Flying Disc France	91	0	79
265	Fédération nautique de pêche sportive en apnée	42	0	39
266	FF de force	266	0	
267	FF des pêches sportives	741	0	
Total fédérations unisport non olympiques		***42197***	***1633***	***41942***
Fédérations multisports				
401	FF des clubs alpins et de montagne	380	0	366
402	FF d'éducation physique et de gymnastique volontaire	6215	0	6378

Codes fédé	Fédérations françaises agréées en 2016	Groupements sportifs 2016		Rappel 2015
		Clubs	Établissements professionnels agréés	Clubs
403	FF sport pour tous	2946	190	2938
404	FF de la retraite sportive	440	0	434
405	FF du sport travailliste	899	0	840
406	F des clubs de la défense	408	0	403
407	F nationale du sport en milieu rural	698	0	693
408	F sportive et culturelle de France	1490	0	1477
409	FF Maccabi	24	0	24
410	F sportive et gymnique du travail (FSGT)	4763	0	4755
411	F sportive de la police nationale	410	0	424
413	Union française des œuvres laïques d'éducation physique (UFOLEP)	7914	0	8095
415	FF omnisports des personnels de l'éducation nationale de la jeunesse et sports (2F OPEN-JS)	61	0	57
417	Union nationale sportive Léo Lagrange	325	0	337
418	FF du sport d'entreprise	710	0	689
420	Fédération sportive des ASPTT	200	0	214
421	FF des sports populaires	445	0	
501	FF handisport	1390	0	1403
503	FF du sport adapté	1184	0	1078
601	FF du sport universitaire	736	0	744
602	Fédération Sportive Educative de l'Enseignement Catholique (UGSEL)	4999	0	4952
603	Union nationale des clubs universitaires	259	0	259
604	Union nationale du sport scolaire (UNSS)	9260	0	9254
605	Union sportive de l'enseignement du premier degré	8972	0	9098
	Total fédérations multisports	***55128***	***190***	***54912***
TOTAL GÉNÉRAL (hors groupements nationaux)		**165802**	**9569**	**164930**

http://www.sports.gouv.fr/organisation/publication-chiffres-cles/Statistiques/Donnees-detaillees/article/Donnees-detaillees-2016

La FSGT (Fédération Sportive et Gymnique du Travail), est une fédération avec une culture politique singulière. (Remy, 2008)[1]

« L'histoire du sport travailliste nous rappelle les liens entre le Parti Communiste Français (PCF) et la fédération sportive FSGT ; de la première fédération, Fédération Sportive Athlétique Socialiste, créée en 1908 va naître en 1919 la FST (Fédération Sportive du Travail). En 1923, les dissensions politiques consécutives au Congrès de Tours de 1920, entraîne la formation d'une nouvelle organisation parallèle l'USSGT (Union des Sociétés Sportives et Gymniques du Travail). Sa réunification sera décidée, le 24 décembre 1934, lors d'un Congrès.

Dès 1959, FSGT définit ses objectifs en rapport avec son choix de société. Il s'agit de développer la pratique et les exercices physiques, en utilisant judicieusement les loisirs ; la FSGT se donne pour ambition : « de préserver et améliorer la santé et les capacités de la jeunesse ; d'inculquer à ses adhérents des principes de

1. Rémy I., 2017. Cultures politiques et cultures sportives. In Sociologie en STAPS, Éditions Ellipses, Paris.

camaraderie, de discipline et d'honneur ; de les préparer à leur rôle de citoyens au service d'une République laïque et démocratique ».[1]

Dans la rédaction de ses statuts, cette fédération affirme ses choix idéologiques notamment celui de rendre le sport populaire, démocratique, citoyen et de devenir un moyen d'accomplissement du bien-être de l'homme. Le sport est ainsi empreint d'un rôle social et national, avec une perspective d'universalité car il constitue un moyen de construire un monde plus solidaire et plus humain. Dans l'acception du sport travailliste, le sport fait partie de la culture générale et permet le développement d'un individu équilibré dans ses aptitudes physiques et intellectuelles. La FSGT est une fédération omnisport, ce qui correspond au modèle de société recherché.

À l'origine, l'adhésion à la FSGT n'est pas présentée comme une démarche anodine, uniquement liée à la pratique sportive mais comme un acte politique et culturel ; le sportif doit participer à la vie de son club : on parle alors d'« autodétermination » et d' « auto-développement ».[2] *Ainsi, la pratique est associée à un travail de « masse du Parti » (communiste) et se perçoit comme une fédération militante ayant un rôle : « répandre dans les masses et plus particulièrement chez les travailleurs la pratique de l'exercice physique » ; et une morale : « résoudre dans l'action les problèmes posés par la pratique sportive ».*

Ainsi, la FSGT est une organisation de masse du Parti Communiste, un élément de diffusion d'une contre-culture communiste[3] *ainsi qu'un moyen de toucher les intérêts catégoriels de ses membres. »*

Les modes d'organisation

Les activités physiques et sportives font partie des activités culturelles des Français. En ce sens, elles sont un phénomène sociologique analysé fréquemment notamment depuis les années 1960. Depuis, les pratiques culturelles et sportives se démocratisent et se multiplient[4]. Les thématiques d'analyse sont variées. Autant quantitatives que qualitatives, les recherches interrogent la diversité et les dynamiques des pratiques afin d'en percevoir les enjeux symboliques, culturels et sociaux mais aussi les évolutions. La pratique physique est bien au centre d'une culture sportive.

Les âges de la vie et la pratique

La question des âges de la vie et notamment de l'enfance, n'est envisagée en sociologie que tardivement. La sociologie de l'éducation appréhende l'enfant en tant qu'élève à travers l'analyse des inégalités sociales de la scolarisation. La sociologie de la famille, quant à elle étudie les transformations de la famille depuis les années 1970, les nouvelles formes familiales, le couple. L'enfant y est peu traité, et seulement en tant que membre de la famille. Ce n'est que récemment qu'émerge une sociologie de l'enfance à proprement parler, en tant que membre d'une famille, élève, membre du groupe de pairs. Les sciences sociales distinguent l'enfance de l'adolescence. En effet, l'adolescence est une construction sociale, qui dépend de contextes socio-historiques. Ce phénomène social nécessite une approche globale socio-culturelle.

La sociologie des pratiques sportives s'intéresse aussi à l'évolution des pratiques selon les âges. Cette approche éclaire les parcours de sportifs, les itinéraires individuels. Les enjeux d'appréhender les pratiques au prisme des âges sont multiples : d'une part parce que l'on prétend que le sport est bon pour la santé. Il faut donc envisager son effet sur la population dans son

1. FSGT, « Statuts », modifiés par le 14e Congrès National de Gennevilliers, 6-8/11/1959.

2. FSGT, « La morale du sport travailliste », Sport et plein air, n° 23, 10/10/1961.

3. Santamaria Y., 1999. *Histoire du parti Communiste français*. La découverte.

4. Callède J.-C., 2010. La sociologie française et le sport, la revue pour l'histoire du CNRS (en ligne le 24 février 2013, consulté le 24 mars 2016). URL : http://histoire-cnrs.revues.org/9262.

ensemble, analyser sa portée à court ou long terme. D'autre part parce que le nombre de pratiquants évolue et qu'il important d'en connaître les facteurs explicatifs tant au plan politique, éducatif que social. Enfin, une nouvelle catégorie de pratiquants est apparue : celle des séniors. Leur pratique de plus en plus massive interroge également.

L'INSERM[1] a étudié l'activité physique au prisme de la santé. Il s'agissait d'envisager la pratique physique comme un déterminant essentiel de la santé des personnes quel que soit leur âge à travers un champ de questions variées : « *La pratique régulière de l'activité physique peut-elle diminuer la mortalité, limiter la prise de poids, prévenir les maladies cardiovasculaires, l'obésité, les cancers, et préserver la santé mentale et la qualité de vie ? Lors d'une maladie chronique, l'activité physique peut-elle faire partie de la prise en charge thérapeutique ? L'activité physique est-elle toujours favorable quels que soient son intensité et son volume ? Ou, comme pour toute chose souvent, son excès se révèle-t-il préjudiciable ?* ».

Présupposées bonnes pour la santé, les pratiques sportives sont analysées auprès des différentes tranches d'âge de la population. Cette analyse établit quelques faits :

- L'OMS montre que l'inactivité physique est responsable de 10 % des décès. Les études épidémiologiques confirment ce diagnostic et montrent que l'activité physique régulière diminue la mortalité.
- L'activité physique est un facteur d'équilibre de la santé mentale.
- L'activité physique pratiquée de façon excessive augmente les risques de traumatismes.
- La promotion de la santé par l'activité physique s'inscrit dans une politique de changement des comportements et d'aménagement urbain, effets immédiats et effets à long terme pour déployer des politiques de prévention à la santé.
- L'activité physique et sportive est un facteur de développement chez l'enfant et l'adolescent mais comporte également des risques (addictions, stress, comportement à risque, troubles alimentaires...).
- L'activité physique et sportive présente des effets spécifiques aux différents âges de la vie de la femme (à l'adolescence, lors des grossesses, pour prévenir les effets de la ménopause).
- L'activité physique a des effets très positifs sur la santé des personnes âgées.

Analyser la pratique physique aux différents âges de la vie permet à l'aide des statistiques des fédérations (nombre de licences sportives) de mettre en avant l'évolution de la pratique selon les âges de la vie. Plusieurs phénomènes sont mis en avant :

- À l'adolescence, le nombre de licences en club recule.
- Avec l'âge, le nombre de pratiquants régresse.
- Avec l'âge, les hommes pratiquent plus que les femmes jeunes adultes.

Quelques données sur l'évolution des pratiques

Les jeunes

En 2015, une licence sur cinq est distribuée à des jeunes âgés de 10 à 14 ans. La pratique diminue ensuite, et on observe un ensemble de 20 fédérations perdant plus de 50 % de licences entre les tranches d'âge 10-14 ans et 15-19 ans. Ces résultats ne tiennent pas compte des fédérations du sport scolaire qui représentent, en 2015, plus de 3 millions de licences, dont près de 800 000 pour l'USEP (l'école primaire), 1 million pour l'UNSS (enseignement secondaire) ainsi que pour l'UGSEL (enseignement privé), ces fédérations délivrant leurs licences à des jeunes au collège ou au lycée. On peut ainsi estimer qu'en tenant compte de ces fédérations, l'érosion est beaucoup plus importante autour du passage à l'âge adulte.

Les adultes

Jusqu'à 25 ans, plus de neuf jeunes sur dix déclarent pratiquer une ou plusieurs activités sportives. De fait, 56 % des licences ont été distribuées à des jeunes âgés

1. http://www.sports.gouv.fr/organisation/publication-chiffres-cles/Statistiques/Donnees-detaillees/article/Licences-et-groupements-sportifs consulté le 5/05/2018.

de moins de 30 ans. Il faut préciser que les jeunes de 15 à 29 ans sont 41 % à avoir recours à une structure pour la pratique d'une activité physique et sportive, contre seulement 17 % des plus de 50 ans. On peut envisager que la pratique se développe hors des clubs et des fédérations au fur et à mesure. La pratique d'une activité physique est plus courante chez les jeunes de 15 à 29 ans que chez leurs aînés : 46 % d'entre eux s'y livrent plus d'une fois par semaine, contre 39 % pour les 30-49 ans. Après 25 ans, un fort écart se creuse entre les hommes et les femmes, le taux de pratique étant de 93 % pour les hommes de 26 à 29 ans, contre 78 % pour les femmes.

Les sports les plus prisés par les jeunes sont la natation, le football, le vélo, le footing. Si le vélo et la natation appartiennent également aux tranches d'âge plus élevées, la pratique du football et du footing régresse avec l'âge.

Taux de licences selon l'âge

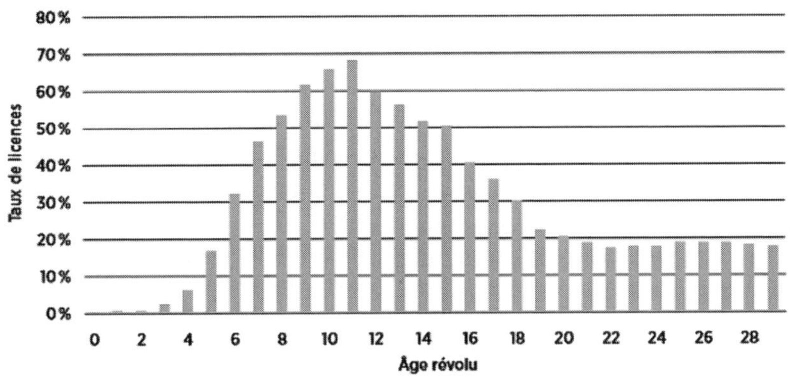

Source : INJEP - MÉOS. Recensement des licences auprès des fédérations sportives agréées par le ministère des sports.
Champ : Licences délivrées en 2015.
Note de lecture : Chez les individus âgés de 6 ans, le taux de licences se situe à 32 %.

La pratique diminue avec l'âge pour tous, mais plus pour les filles que pour les garçons. Le déclin de l'activité sportive des filles a été observé dans la plupart des pays et également en France. Il semble résulter de l'effet des variables sociales et environnementales, plus que de la motivation ou le profil de perception de soi.

Il existe une différence de nombre de licenciés entre les fédérations unisport et multisports. On constate des équilibres différents dans les rapports hommes femmes mais aussi selon les âges.

Les individus pratiquent une activité physique de plus en plus longtemps. Accompagner les personnes vers la pratique d'une activité physique et créer des environnements plus favorables relèvent de la responsabilité de la société. Il s'agit de donner du sens à cette activité génératrice de participation sociale et de développement de compétences. La sociologie des âges de la vie vient apporter son éclairage sur l'analyse des pratiques sportives.

Les séniors

Notion difficile à définir, la vieillesse se caractérise par un état si on se réfère à un âge biologique. Elle devient processus et construction sociale complexe si on regarde des enchaînements de faits et de phénomènes qui ponctuent des étapes de déclin progressif, de déclassement, de perte d'autonomie, qui influencent le maintien ou la construction des identités. L'activité physique permet de limiter les variations physiologiques liées au vieillissement (Jarthon, 2017)[1].

1. Jarthon J.-M., 2017. *Sociologie des âges de la vie in Sociologie en Staps.* Éditions Ellipses, Paris.

Le genre et les pratiques (Jarthon 2017)[1]

La sociologie du genre étudie les rapports sociaux de sexe. Elle envisage le féminin et masculin comme une construction sociale. Elle distingue la notion de sexe et de genre. Le sexe nécessitant une approche biologique et le genre une approche sociologique, anthropologique. Le genre, contrairement au sexe, n'est pas lié à une pure donnée biologique, mais est aussi une donnée sociale, c'est-à-dire un construit historico-culturel. En sociologie, le terme « socialisation » désigne le processus de construction des identités sociales dans et par l'interaction avec les autres. À travers ce processus, les individus apprennent et intériorisent les règles et les usages, les codes, la langue du milieu auquel ils appartiennent afin d'y être intégrés. Ce processus de socialisation se fait dans la famille, à l'école, par le biais des médias, sur les lieux de travail, mais aussi dans le sport. Si le corps est un vecteur de l'identité de l'individu, s'il en donne le contour, le sentiment d'être soi, alors il se doit d'intérioriser son environnement. Le corps est donc adaptable.

Mais le corps est aussi autre chose. Il n'est pas seulement le fruit d'une domestication, il ne peut être limité à un utilitarisme technico-sportif ou encore professionnel. Il est exhibition, mise en scène, dans sa manière d'être montré ou mis en valeur et est, à ce titre, l'objet d'enjeux sociaux et de dominations. Le corps est support du genre, il est vecteur de l'identité genrée. L'identité est un consensus. Elle est façonnée par le cadre social et construite en fonction d'interactions avec autrui. Le corps est l'une des premières choses que les individus voient entre eux et qui permet de les identifier. En fonction des différents attributs esthétiques on lui assigne le genre féminin/masculin.

Le poids de ces stéréotypes dans le monde du travail, sur l'implication du genre dans l'insertion sociale se pose aussi sur le milieu sportif. Son organisation, l'attribution de postes de responsabilité, l'organisation de pratiques mixtes, la place des homosexuels dans les compétitions, le problème de reconnaissance sexuelle sont autant de questions relatives au genre qui touchent le monde du sport.

Au XIXe siècle, symbole de virilité, le sport est largement dédié aux hommes. Il s'agissait d'exploiter voire développer leur potentiel de performance physique. Les femmes ne devaient pas investir ce monde d'hommes pour préserver leur corps et leur capacité d'enfantement. Dans le meilleur des cas elles pouvaient se soumettre à des activités physiques dites « douces » comme la danse. La problématique de la femme sportive, l'impact de la pratique sur la féminité ou le corps et la santé des femmes sont depuis longtemps objets de débats. Rappelons ainsi la déclaration du Baron Pierre de Coubertin affirmant dans le bulletin du CIO en 1928 : « *Quant à la participation des femmes aux Jeux, j'y demeure hostile. C'est contre mon gré qu'elles ont été admises à un nombre grandissant d'épreuves* »[2] ou, un peu plus tard : « *Aux Jeux Olympiques, leur rôle devrait être surtout, comme aux anciens tournois, de couronner les vainqueurs* »[3]. Pierre de Coubertin n'était bien évidemment pas un cas isolé. Au sein de nombreux arguments fallacieux, se mélangeaient des raisons morales ou puritaines (dénuement et exhibition du corps des femmes), physiologiques (problèmes potentiels en matière de grossesse et de maternité), sociales (place de l'homme et de la femme dans la société).

Terret (2006)[4] explique que le sport au XXe siècle est « une arène masculine qui non seulement exclut les femmes, mais aussi fait de la domination masculine une relation naturelle. » par ce qui constitue « l'un des terrains majeurs pour la délimitation d'élaboration des idéologies de la suprématie masculine » (Terret, 2006). Ce n'est qu'en 1928 que les femmes ont été admises par le CIO.

Ainsi on constate que le sport participe aux stéréotypes de genre, tels que la différence de compétitivité, de performance physique, la virilité supposée font partie des attributs de la masculinité et donc de l'identité

1. Jarthon J.-M.., 2017. *Sociologie du genre in Sociologie en Staps*. Éditions Ellipses, Paris.

2. De Coubertin P., 1928. Bulletin du CIO 3e année, n° 11 p. 5.

3. De Coubertin P., 1935. Interview donnée au « Sport Suisse », le 7 août 1935.

4. Terret T., 2006. Le genre dans l'histoire du sport, *Clio. Femmes, Genre, Histoire,* [En ligne], 23 |2006, p. 209-238.

masculine. Ainsi, les performances sportives des hommes sont une forme de preuve symbolique de leur supériorité et de leur droit à dominer.

Aujourd'hui bien qu'ouvert aux femmes, certaines disciplines sportives ont encore du mal à accepter les femmes. Ainsi dans le football, Mennesson (2006)[1] montre comment ce milieu reste attaché à un certain nombre de stéréotypes. L'acceptation de la féminisation de la pratique ne réduit pas pour autant des représentations bien sexuées.

La domination masculine passe par le fait que le sport féminin est moins médiatisé que le sport masculin, moins vendeur, et moins valorisé dans les salaires (les salaires sont très inférieurs à ceux des hommes) mais aussi dans l'imaginaire collectif et la définition d'un idéal féminin valorisé par la société. Or la construction du genre et l'identité de genre se font par la socialisation. C'est en fonction des normes et des valeurs que nous construisons notre identité (Kaufmann; 2004), et plus particulièrement notre identité genrée. Goffman (1977)[2] parle de « classes sexuelles ». Il décrit des situations de réflexivité institutionnelle, qui permettent de montrer que ce sont les situations sociales qui amènent les individus à adopter des comportements de genre.

L'analyse des pratiques au prisme du genre est développée depuis le début des analyses sociologiques.

Distribution sociale et pratique sportive

Les catégories sociales représentées dans les pratiques font aussi l'objet d'une analyse récurrente. L'analyse de l'INSEE 1967 établit que la catégorie sociale dominante parmi les pratiquants est celle de l'homme, jeune riche urbain. Ces représentations sociales des pratiquants se retrouvent dans l'enquête de 2010 pour le CNDS.

Profil social CSP	Déclaration de pratique	Pratique intensive (> 1 fois par semaine)	Association ou structure privée	Pratique encadrée	Compétition ou manifestation
Agriculteurs exploitants	87	31	14	14	10
Artisans; commerçant, chef d'entreprise	90	34	26	24	19
Cadre ou profession intellectuelles sup	97	44	38	37	27
Professions intermédiaires	95	44	39	39	25
Employé	90	38	24	28	13
Ouvrier	92	40	24	21	23
Retraité	84	47	17	16	8
Autres actifs	87	44	32	40	22

Source: Enquête pratique physique et sportive 2010, CNDS / direction des sports, INSEP MEOS
Champ: personnes résidant en France (métropole et département d'outre-mer) et âgées de 15 ans et plus.
Guide de lecture: 87 % des « agriculteurs exploitants » déclarent pratiquer une activité sportive et 31 % des agriculteurs exploitants le font de manière intensive

Certaines catégories socio-professionnelles ont des taux de pratique d'activités physiques ou sportives globalement plus élevés. Il s'agit notamment des cadres ou professions intellectuelles supérieures, ainsi que des professions intermédiaires. Certains éléments sont corrélés à la pratique: le niveau de diplôme et le revenu. Les personnes les plus diplômées et les personnes qui possèdent les revenus les plus élevés, pratiquent de façon plus fréquente. « Ces personnes sont deux fois plus souvent inscrites dans une structure ou encadrées

1. Mennesson C., 2006. « Le gouvernement des corps des footballeuses et des boxeuses », Clio. Femmes, Genre, Histoire, [En ligne], 23 | 2006, p. 179-196.

2. Goffman E., 1977. *L'arrangement des sexes*, Paris, La Dispute, coll. Le genre du Monde.

pour leur activité (près de 40 %) que les pratiquants ayant les plus faibles revenus ou les plus bas niveaux de diplôme (à peine 20 %). Leur taux de participation à des compétitions ou à des manifestations sportives est aussi bien plus élevé (environ 25 %) »[1].

Formes de pratiques

Haut niveau

Parmi les formes de pratiques envisagées et étudiées, le sport de haut niveau intéresse particulièrement les sociologues. Les parcours et trajectoires individuelles des sportifs, des entraîneurs mais aussi les aspects institutionnels, économiques, politiques sont analysés. À partir de théories critiques, certaines recherches analysent la réalité de ce secteur professionnel et des conséquences en termes d'excès tels que le dopage (par exemple Escriva, 2015[2] envisage le dopage comme produit de la logique sportive elle-même. Le dopage est analysé dans l'institution afin de dépasser l'apparente irrationalité au profit d'une réalité bien intégrée à la rationalité instrumentale globale), la corruption, (Chantelat, 2001)[3] ou encore le hooliganisme (Tsoukala, 2003)[4] sur lesquels nous reviendrons plus loin. Le sport de haut niveau peut être envisagé sous le paradigme holistique, considérant le social par le social et en considérant que l'intentionnalité échappe aux acteurs (comme par exemple le cas du dopage de masse russe, les politiques sportives de certains états, etc.) afin d'en faire une analyse liée aux éléments des contextes économiques et politiques (Bourg, Gouguet, 2012)[5]. Certaines études envisageant l'intentionnalité des acteurs, en analysant les raisons qu'ils se donnent pour agir. Dans ce cadre, les analyses de la reconversion des sportifs de haut niveau (Aguilar-Riper, 2013)[6] mettent en évidence qu'il existe un lien entre internalité et reconversion/fin de carrière. Ainsi la théorie sur la norme d'internalité (Dubois, 2009)[7] qui consiste en la valorisation des comportements « internes » dans notre société occidentale, s'applique aux sportifs de haut niveau. Ceux-ci vont faire appel à des explications internes ou externes pour justifier ses comportements et émotions. Ces éléments permettent de mieux interpréter les reconversions des sportifs de haut niveau.

Les pratiques de loisirs

On peut considérer les pratiques physiques comme un sous-champ de la culture. En ce sens, il s'agit de pratiques culturelles. Au sens anthropologique, la culture est un ensemble des croyances, manière de faire et de penser propre à une collectivité humaine. Les pratiques culturelles peuvent être définies comme « l'ensemble des activités de participation ou de consommation liées à la vie intellectuelle et artistique ». Cette définition de Coulangeon[8] exclue les pratiques physiques et sportives de ses analyses car elles sont devenues un objet d'analyses spécifiques aux vues de l'impact social, de l'étendue et la variété des formes et des modalités de la pratique. À ce titre, les pratiques culturelles de loisirs se définissent dans des

1. http://sports.gouv.fr/IMG/pdf/la_pratique_des_activites_physiques_et_sportives_en_france.pdf.
2. Escriva J., 2015. Le dopage comme production de la démesure de l'institution sportive. Revue du MAUSS, 46, (2), 176-188.
3. Chantelat P., 2001. De la corruption dans le sport : Le faux crépuscule d'une idole. Le Débat, 114 (2), 125-139.
4. Tsoukala A., 2003. Les nouvelles politiques de contrôle du hooliganisme en Europe : de la fusion sécuritaire au multipositionnement de la menace. Cultures & Conflits, 51, (3), 83-96.
5. Bourg, J. & Gouguet J., 2012. *Économie du sport*. Paris : La Découverte.
6. Aguilar-Riper A.-M., 2013. Reconversion des sportifs de haut niveau : une approche éducative pour une reconquête de l'internalité ?,. http://www.aref2013.univ-montp2.fr/cod6/ ? q = content/246-reconversion % C2 % A0-des-sportifs-de-haut-niveau % C2 % A0-une-approche-éducative-pour-une-reconquête-de. Consulté en ligne le 4/01/2018.
7. Dubois N., 2009. *La Norme d'Internalité et le libéralisme : Nouvelle édition revue et argumentée*, Grenoble : Presses Universitaires de Grenoble.
8. Coulangeon P., 2010. « Introduction », in sociologie des pratiques culturelles, Paris, La Découverte, « Repères ».

temporalités spécifiques. « Les temps libres, que nous consacrons à notre famille, nos amis, nos vacances, nos loisirs, nous-mêmes, aux courses, au jardinage, à la télévision, au bricolage, sans oublier la lecture, la musique, le sport et les soins de beauté, etc. sont incontestablement devenus des temps de référence des sociétés modernes développées » Viard[1]. Ces temps de référence, ces temps libres, ces loisirs selon l'analyse du CREDOC[2] fonctionnent comme une norme sociale.

Les finalités peuvent être variées : hédonisme, affiliation, hygiénisme, développement ou entretien de sa santé, réalisation de performance, etc. Chaque pratiquant motive plus ou moins consciemment son activité physique. Ainsi le don envisagé par Callède[3] donne au fait sportif une double obligation, celle de pratiquer l'échange et de produire du social. L'engagement associatif autour du sport contribue dès lors à enrichir le social. Les analyses sociologiques des pratiques physiques sont riches et apportent des connaissances sur les mobiles et le sens attribué à la pratique. À titre d'exemple, les « parkour » sont analysés au prisme de la culture juvénile, des gouts alternatifs et l'occupation urbaine (Gibout, Lebreton, 2014)[4]. La pratique du jogging peut quant à elle s'envisager sous une myriade de formes et de finalités (Segalen, Frère-Michelat, 1994)[5]. Le fitness analysé par Jarthon et Durand[6] est décrit comme un « outil » de lutte contre le vieillissement ou de prévention de celui-ci pour les femmes qui souhaitent répondre aux normes sociales prescrites.

Les pratiques de santé

La pratique des activités physiques peut être associée à des pratiques de santé par l'usager ou par les institutions. En effet des études mettent en évidence l'impact de l'activité sur la santé et leur impact sur la collectivité (coût) incitant de ce fait à réfléchir sur les moyens d'action pour encourager la pratique. L'environnement est ainsi étudié pour inciter la pratique physique. Les allées piétonnes qui encouragent les déplacements à pieds, les voies cyclistes qui facilitent les trajets à vélo.

La politique et à ce titre l'urbanisme sont engagés dans une réflexion sur la place des pratiques physiques. Elle aboutit à appuyer des choix architecturaux, d'utilisation des espaces publics, des installations sportives pour tous. Les logiques socio-spatiales sur lesquelles repose l'urbanité sportive permettent ainsi d'éclairer la construction des rapports que les individus entretiennent avec les espaces publics (Escaffre, 2011)[7]. Elles contribuent également à envisager les rapports au corps et à la pratique.

Depuis quelques années, l'activité physique comme déterminant de santé est l'objet d'un intérêt croissant en Europe. Ainsi, en France, la loi de 2004 relative à la politique de santé publique prévoit de diminuer la prévalence des personnes insuffisamment actives

1. Viard J., 2002. *Le sacre du temps libre, la société des 35 heures*, Paris, Edition de l'Aube.
2. Maresca B., 2004. *Occupation du temps libre, une norme de consommation inégalement partagée*, avec la collaboration de P. Tardieu et S Géraud, cahier de recherche n° 210, Credoc.
3. Callède, J. 2015. Le sport saisi dans sa double obligation : pratiquer l'échange et produire du social. Revue du MAUSS, 46, (2), 130-147.
4. Gibout, C. & Lebreton, F., 2014. Cultures juvéniles et loisirs sportifs de rue : une approche par l'espace public. Agora débats/jeunesses, 68, (3), 71-84.
5. Segalen M., Frère-Michelat, C., 1994. Les Enfants d'Achille et de Nike : Une ethnologie de la course à pied ordinaire. Paris : Éditions Métailié.
6. Jarthon J. & Durand C., 2015. Faire du fitness pour ne pas vieillir ou pour bien vieillir et rester femme. Staps, 107, (1), p. 45-61.
7. Escaffre, F., 2011. « Espaces publics et pratiques ludo-sportives : l'expression d'une urbanité sportive. Public spaces and sport-related recreational practices : the expression of a sport-based urban culture », Annales de géographie 2011/4.

(Laure, Leleu, Mangin, 2008)[1]. De fait, les seniors et les enfants sont incités à « bouger plus » par des campagnes de promotion de l'activité physique. Il existe des programmes tels que *manger, bouger* (France), *Plan d'action en matière de sport et d'activité physique* (Québec) ou la *Promotion of physical activity* (Écosse). À ce titre des préconisations envers les tout-petits sont faites pour les inciter à bouger d'avantage, en réduisant le temps passé devant des écrans. Puisque la pratique physique est déterminante pour la santé, un effort d'information et de formation doit être fait notamment à l'attention des jeunes parents, des professionnels de la santé (puéricultrice, médecin), du sport (éducateur sportif) et de l'accueil de la petite enfance (assistante maternelle, éducateur de jeunes enfants).

La réflexion sur la santé et le sport n'est pas récente. Pour preuve, la formation des enseignants d'éducation physique fut de longtemps organisée par les médecins. Pratiquée avec parcimonie, l'activité physique permet une réelle lutte contre la sédentarité et les maladies cardio-vasculaire associées. Elle permet également de lutter contre l'obésité et la dépression (Pelayo, 2015)[2]

Dans cette dynamique de développement du sport comme facteur de santé, « le sport sur ordonnance » a été voté dans le cadre de la loi de modernisation du système de santé de Janvier 2016. Cette démarche reconnaît désormais le sport comme un traitement des maladies au même titre que les médicaments pour les malades chroniques stabilisés (Marsault, 2017)[3]. D'autres systèmes de valorisation de la pratique existent, ainsi, certaines mutuelles remboursent aux jeunes une partie du leur adhésion à une association sportive.

La pratique du sport ne se réduit pas à une activité de loisir, une occupation saine du temps libre c'est aussi un vecteur de santé. Les institutions, les politiques diffusent ce message sous tendu par l'idée qu'une pratique physique est préférable à la sédentarité. Les médias également relaient cette marotte associant la pratique à une idée d'un corps normalisé, d'une santé assumée. La santé est définie par l'OMS comme un état de complet bien-être physique, mental et social et ne consiste pas seulement en une absence de maladie ou d'infirmité. Pour Genevièvre Rail[4] le discours dominant sur le bien-être s'envisage comme une injonction à un état physique, moral, socialement normé. Il nécessite une réflexion sur les frontières entre la santé, le bien-être et la vie. En effet, la bio médicalisation du bien-être encourage une surveillance accrue de son corps à travers des mesures constantes (6000 applications sur la santé). Ces mesures individuelles du bien-être poussent la société à devenir hypocondriaque. La responsabilisation des citoyens (empowerment) représente dès lors un intérêt économique pour les entreprises pharmaceutiques, notamment. Le bien-être dans de telles acceptions est excluant car il conduit à moraliser les modes de vie, en excluant les amoraux. Ce discours sur la santé publique produit les maladies contre lesquelles il lutte, en responsabilisant l'individu de sa propre exclusion. La pédagogie associée au concept de bien-être consiste à « éclairer » l'individu pour imposer une norme « occidentale ». Le discours sur la santé avec une mission de secours et de sauvetage des populations répond à un discours néo-libéral et néo-colonialiste. Le sport et la pratique physique se trouvent dès lors instrumentalisés par le discours médical ou politique alors que la promotion de la santé publique ne devrait pas en aucun cas être au service de la productivité économique.

Le handicap (Meziani, 2017)

Pendant longtemps, la sociologie ne s'est pas intéressée au handicap en tant que phénomène de société. S'il a fallu attendre l'émergence de terme au niveau

1. Laure, P., Leleu, E. & Mangin, G., 2008. Promotion de la santé des tout-petits par l'activité physique : intérêts et obstacles. Santé Publique, vol. 20 (3), p. 239-248.
2. Pelayo P., 2015 http://campusport.univ-lille2.fr/pelayo/sante % 201.pdf, consulté le 15/12/2017
3. Marsault, C. (2017). Le sport-santé, un objet médical, social ou sportif ? Le dispositif strasbourgeois « sport-santé sur ordonnance » comme objet politique transversal. Sciences sociales et sport, 10 (1), p. 21-49.
4. Rail G., 2016. La violence de l'impératif du bien-être. Bio-Autres, missions de sauvetage et justice sociale. Staps, 112 (2), p. 17-31

juridique et la mobilisation collective des personnes handicapées, l'influence conceptuelle de la sociologie du handicap est double.

Tout d'abord, les œuvres de Georges Canguilhem et de Michel Foucault ont conduit à penser autrement, tant en France qu'aux États-Unis, les liens unissant le normal et la pathologique, notamment en médecine, influençant en cela le regard porté sur la maladie et donc le handicap. Ensuite, la sociologie américaine, à partir des années 1960, va s'intéresser au handicap en tant que révélateur de l'ordre social.

Depuis le XIXe siècle, les gymnastiques et le sport sont perçus comme des moyens d'éducation des corps ou comme favorisant la santé. Pour autant, l'activité physique à destination des personnes handicapées va se développer de manière plus tardive que pour des jeunes adultes en pleine santé, faisant souvent partie d'une élite sociale. C'est seulement au cours de la Seconde Guerre mondiale qu'une pratique de ce type va émerger. Inscrivant cet usage social du sport dans une logique réadaptative, son objectif était de permettre aux mutilés de guerre d'améliorer leur insertion sociale. Au sortir de la Seconde Guerre mondiale, Guttmann institutionnalise ce qui deviendra le handisport.

En 1964, la première fédération internationale handisport est créée. Si ce développement va donner lieu à une diffusion médiatique, et bien que ce travail s'inscrive dans une logique biomédicale, le sport à destination des personnes en fauteuil roulant a déjà une dimension sociale importante. Il n'est, en ce sens, guère étonnant de trouver encore aujourd'hui des travaux sociologiques portant sur cette question de la réadaptation sociale des personnes à travers le sport. L'exemple le plus connu de recherche sociologique dans ce domaine est le livre d'Anne Marcellini[1], intitulé « Des vies en fauteuil… ». Dans son ouvrage, la sociologue explique comment le club de basketball handisport favorise la socialisation des personnes en fauteuil qui s'inscrivent dans le club. En effet, après la survenue d'un accident, la personne en fauteuil roulant doit tout réapprendre. Le club devient un espace où l'entre-soi entre basketteurs en fauteuil permet aux nouveaux venus d'apprendre les « ficelles du métier » d'adulte en fauteuil roulant. À l'intérieur du club, chacun apprend des autres les techniques et les codes permettant d'être moins stigmatisés, en faisant notamment oublier leur déficience.

Ainsi, si d'un point de vue sociologique, les recherches sur le handisport se sont développées, il existe d'autres types d'activités sportives à destination de populations handicapées. Tout d'abord, le « sport silencieux » est à destination des sourds. Les premiers Silent Games ont eu lieu en 1924 et les travaux relatifs à ces Jeux sont plutôt de type historique, le handisport ayant aujourd'hui une place sociale très importante. Ainsi, si les sports adaptés, à destination des sportifs ayant une déficience intellectuelle, sont très pratiqués aujourd'hui, le handisport continue d'être l'activité la plus médiatisée.

L'effet discriminatoire des classifications sportives vient s'opposer à la question d'un libre accès aux activités. La question, si elle ne se pose pas lorsqu'il s'agit de loisirs, revient avec force dans le cadre des compétitions ou dans la formation des personnes handicapées aux fonctions de professeurs ou de dirigeants.

1. Marcellini A., 2005. *Des vies en fauteuil… Usages du sport dans les processus de déstigmatisation et d'intégration sociale.* Éditeur : CTNERHI Collection : Études et recherches.

La sociologie pour analyser et comprendre les enjeux

Sport et culture sportive : un fait social total

Mauss (1934)[1] appelle les « techniques du corps », « les façons dont les hommes, société par société, d'une façon traditionnelle savent se servir de leur corps… Ces « habitudes » varient non pas simplement avec les individus et leurs imitations, elles varient surtout avec les sociétés, les éducations, les convenances et les modes, les prestiges. Il faut y voir des techniques et l'ouvrage de la raison pratique collective et individuelle, là où on ne voit d'ordinaire que l'âme et ses facultés de répétition. […]. J'appelle technique un acte traditionnel. Il n'y a pas de technique et pas de transmission, s'il n'y a pas de tradition. C'est en quoi l'homme se distingue avant tout des animaux : par la transmission de ses techniques et très probablement par leur transmission orale ».

Il replace la transmission de techniques dans une nécessaire temporalité et dans un contexte spécifique. La diffusion et le développement des activités à l'échelle nationale et internationale interrogent de ce fait la diversité des pratiques locales, les enjeux culturels, les identités. Notre corps se façonne ainsi en fonction de notre société, environnement et métier ; il est médiation entre individu et environnement. La dimension culturelle des activités physiques est donc un élément nécessaire à sa compréhension. Pour autant les effets de la mondialisation interrogent cette part de diversité et son expression. La diffusion des modèles sportifs, des modèles économiques associés, la diffusion des méthodes d'entraînement et d'apprentissage voire les modes d'organisations institutionnelles sont autant d'éléments qui tendent à lisser, uniformiser les techniques du corps et sans doute à les réduire leur expression et leur richesse. C'est parce que les pratiques physiques interrogent « la totalité de la société » (Mauss, 1924)[2], c'est-à-dire les aspects sociaux, culturels, politiques, économiques, historiques, philosophiques qu'on peut les qualifier de faits sociaux totaux. À ce titre les recherches sociologiques permettent d'interpréter le sens et l'expression des pratiques.

À ce titre les études comparatives des pratiques sportives permettent de mieux comprendre leur diffusion et les réalités. Ainsi pour Gasparini (2000)[3], malgré le discours sportif dominant qui véhicule l'image d'un monopole de l'institution sportive fédérale sur l'organisation du sport, la réalité socio-économique renvoie à une extrême variété des formes d'organisation et des statuts.

Sport et pouvoirs

Politique

Lier le sport et la politique sur le plan international nous entraîne à évoquer les différents aspects. Ainsi on peut aborder cette problématique à travers le modèle capitaliste de production (Brohm). Ou encore envisager les tensions politiques qui illustrent la guerre froide entre les États-Unis à l'URSS et s'expriment par des boycotts notamment. Les enjeux de pouvoirs sont corrélés aux budgets des fédérations sportives internationales mais aussi à leur organisation. Les politiques sportives de développement du sport peuvent être sans doute analysées au regard de leurs effets sur la population ou leurs modalités d'organisation-diffusion mais aussi au regard des déterminants et des choix idéologiques retenus.

L'analyse critique de Brohm évoque la mondialisation des rapports capitalistes de la production et l'imposition de la culture des puissances industrielles incarnées par le sport international. Le sport est alors considéré comme un moyen de gouvernement, un moyen de

1. Mauss M., 1950. *Sociologie et anthropologie*. Paris, Presses universitaires de France.
2. Mauss M., 1923. Essai sur le don Essai sur le don. Forme et raison de l'échange dans les sociétés archaïques. L'Année Sociologique, 1923-1924.
3. Gasparini W., 2000. *Sociologie de l'organisation sportive*. La Découverte, Repères n° 281.

pression vis-à-vis de l'opinion publique et une manière d'encadrement idéologique des populations et d'une partie de la jeunesse. Pour lui cette réalité s'exprime dans tous les pays du monde : les pays totalitaires mais aussi ceux dits démocratiques. Son positionnement de boycott des JO de Pékin et d'autres évènements internationaux affirme ses convictions. Le sport constitue un corps politique, un lieu d'investissement idéologique sur les gestes, les mouvements. C'est un nouvel « opium du peuple » à l'instar de la religion citée par Karl Marx (1843)[1]. Cette acception l'engage dans une critique acerbe du sport spectacle : « *Dans une période de crise économique majeure où le chômage atteint des records en Europe la première mystification que favorise le sport-spectacle capitaliste est celle qui amène les classes populaires frappées par la paupérisation et la précarisation à s'identifier à des mercenaires multimillionnaires* »[2].

Cette analyse critique du mouvement sportif et de sa politique renvoie également aux travaux de Brissoneau (2017) sur les oppositions URSS-États-Unis. L'URSS développe une conception sportive associée au capitalisme économique à l'opposé de celle prônée par Pierre de Coubertin assimilée à une pratique bourgeoise, individualiste. Les pratiques valorisées seront axées sur la culture physique et ont pour ambition politique de dresser les masses, d'apporter l'hygiène sociale à toute la population afin de lutter contre l'illettrisme, le rachitisme et l'alcoolisme. Ce sont les vertus hygiénistes du sport qui sont mises en avant. On peut y voir également un outil de propagande nationale et internationale.

Pour les États Unis, le sport fait partie des pratiques culturelles populaires. La pratique s'ancre à travers des valeurs liées à l'amateurisme prônées par Coubertin. L'olympisme et ses valeurs sont instrumentalisés comme étant le parfait reflet des idéaux propres à la nation américaine ; sur ce point R. Reagan déclarait : « [...] vous répandrez l'esprit olympique à travers le monde, cet esprit qui est infusé par les mêmes valeurs qui ont formé cette grande nation qui est la nôtre ». Cette vision individualiste du monde est également une arme de propagande à l'échelle internationale dans laquelle le rôle des athlètes « du monde libre » contre le communiste du bloc de l'Est. Une réelle « guerre de l'information » est organisée. Elle se développe « à travers la production de films, d'émissions par satellite à destination des pays africains et d'Amérique centrale, voulant ainsi rallier le Tiers-Monde aux visées hégémoniques américaines ; la récupération médiatique du « passage à l'ouest » de quarante-cinq athlètes après les jeux de Melbourne constitue une aubaine dans la guerre diplomatique et culturelle menée par les États-Unis ».[3] Cette guerre politique s'organise également sur le champ économique : ainsi les États-Unis organisent les grandes compétitions sportives sur leur territoire tout en faisant la promotion de leur système économique. Ainsi, les Jeux Olympiques de Los Angeles en 1984 ouvrent l'ère du marketing sportif et de la commercialisation des grandes rencontres sportives internationales (sponsoring et droits télévisuels).

Dans le cadre de la guerre froide, après 1945, le sport de haute compétition apparaît comme un nouveau champ d'affrontement idéologique idéal. La victoire lors de grandes compétitions s'impose progressivement comme le baromètre des valeurs et des idéologies des systèmes politiques en concurrence. Le sport doit donc être optimisé, « scientifisé ». L'Allemagne de l'Est et son organisation sportive sont une parfaite illustration de système étatique organisé en ce sens. Plus récemment le cas des athlètes Russes fait également écho à cette organisation étatique du dopage. Dans le cadre de la guerre froide, le sport devient un lieu privilégié où s'affrontent des cadres idéologiques à travers des nations.

Outre le dopage d'état et la concurrence structurelle des organisations sportives, le conflit politique va jusqu'au boycott de certains états aux grandes compétitions internationales. Ainsi en 1924, l'Autriche, la Bulgarie, l'Allemagne, la Hongrie et la Turquie ne sont pas invités aux Jeux ayant perdu la Première Guerre mondiale. Les JO de 1956 sont aussi le terrain

1. Marx K., 1843 Critique de la philosophie du droit de Hegel.

2. Brohm J.-M., 2006. *La Tyrannie sportive. Théorie critique d'un opium du peuple*, Paris, Beauchesne.

3. Brissonneau C., 2017. Sociologie et dopage *in Sociologie en Staps*. Paris : Éditions Ellipses.

de nombreux boycotts : L'Égypte, l'Irak et le Liban annoncent qu'ils ne participent pas en réponse de la Crise de Suez

Les Pays-Bas, l'Espagne et la Suisse se retirent pour protester contre l'invasion par l'Union soviétique de la Hongrie durant l'Insurrection de Budapest et contre la présence soviétique aux Jeux.

La République populaire de Chine choisit également de boycotter la compétition pour protester contre la présence de Taïwan. Ces JO seront le lieu d'affrontement entre l'union soviétique et la Hongrie. (Bain de sang de Melbourne)[1]. On peut citer le salut du « Power to the People » durant l'hymne national américain lors des JO de 1968, ou encore le massacre de Munich lors des JO 1972, celui des états unis en 1980 au JO de Moscou en raison de l'invasion de l'Afghanistan. Le politique entre depuis toujours dans l'organisation du monde sportif. Son expression dans les compétitions internationales est un mode de communication de pression et de guerre déplacée. Les tensions autour des prochains JO d'hiver (2018) en Corée du Sud en sont également le reflet. Outre les tensions d'organisation liées aux risques d'attentats, la constitution d'une équipe féminine unifiée « Corée du Sud, Corée du Nord » en Hockey est associée à de nombreuses tensions, mais semble pouvoir être considérée « politiquement parlant » d'une avancée de dialogue entre les deux frères ennemis.

Économique

Le pouvoir se manifeste également à travers l'économie. Le marketing sportif, le management sportif, l'économie du sport sont en essor depuis les années 1980. L'économie du sport influence les choix politiques de développement. Les données économiques relatives aux marchés de l'économie du sport sont éparses. Des relations originales se sont nouées entre l'économie du sport médiatisé et commercialisé du fait de l'intégration du champ sportif à la globalisation. La mondialisation économique du sport se traduit par la convergence de plusieurs dynamiques : intensification de la pratique du sport amateur, progression de la télédiffusion et donc de l'offre de programmes sportifs par les opérateurs de TV. La transmission de codes notamment vestimentaires est un élément développé par l'économie du sport.

Le secteur du sport génère environ 2 % du PIB mondial (près de 1 200 Mds d'€). Le marché du sponsoring sportif est évalué à 45 milliards de dollars en 2014, le marché des droits de retransmission télévision des compétitions sportives est évalué à 37,8 milliards de dollars en 2014 et 35 milliards de dollars en 2015.

Toutes ces valeurs économiques du sport ne doivent pas faire oublier la réalité du secteur sportif en termes d'emploi. Passant de 30 000 emplois sportifs (équivalent temps plein) en 1982 à 105 000 en 2002, le monde associatif sportif a vu ses emplois multipliés par 3,5 en trente ans. Le bénévolat est également un des axes forts du développement de la vie sportive associative en France (Lapeyronie et Charrier, 2006). [2]

Le dopage

La question du dopage dans le sport interroge à la fois le secteur économique (jouer le plus de matchs, parcourir un tour de France cycliste de plus en plus exigeant), le secteur politique (les effets de la guerre froide entre les blocs est et ouest), les aspects philosophiques et éthiques (la triche ou la nature du sport) mais aussi la santé.

La santé

Envisager le dopage comme une atteinte à la santé, suppose que le sport est bon pour l'équilibre des pratiquants. L'Institut de Veille Sanitaire affirme que 2,2 millions d'accidents sont liés à la pratique sportive chaque année. Ces données laissent à penser que la pratique sportive n'est pas synonyme de santé. Ainsi, si les médecins reconnaissent que la pratique physique modérée est bénéfique pour la santé, ils s'accordent sur le fait qu'une pratique excessive conduit à des pathologies. Les effets du dopage sur la santé ne sont pas unanimes. Ainsi une enquête de l'IRMES

1. Corwin M., 2008 « *Blood in the Water at the 1956 Olympics* » [archive], Smithsonian.com.

2. Lapeyronie B., Charrier D., (Ouvrage collectif sous la direction de). 2014. Les politiques sportives territoriales. Savoirs et questionnements. Éditions Kréaten.

(Marijon, 2013)[1] montre que les cyclistes professionnels, pourtant suspectés de dopage, vivent en moyenne six ans de plus que la moyenne nationale. Dès lors nous comprenons bien que les liens entre dopage et santé sont plus complexes que ce que nous pensons.

Plutôt que d'envisager ses conséquences, il faut donc revenir à l'origine du dopage pour en comprendre le sens. Le dopage est lié à la notion de dépassement de soi qui est l'emblème d'une idéologie héritée des Lumières : le culte du progrès. Une des conséquences est la tentation du dopage dans un processus d'amélioration de l'humain. La société elle-même peut être qualifiée de société « dopante » dans laquelle chacun est invité à consommer des produits de toute gamme – de la vitamine à l'antidépresseur – afin d'améliorer ses performances (Queval, 2004)[2]. Dans le sport, le dopage questionne l'« excellence corporelle », entre quête du « bien » et du « mieux » ou encore entre la juste mesure et l'excès, ou entre la santé et la performance.

L'éthique

« L'autre élément sous-tendant le dopage est l'atteinte à l'égalité sportive, le dopage constituant un acte déviant. L'explication, selon Hughes et Coakley (2001), résiderait dans la logique olympique « plus haut, plus loin, plus fort ». Elle produirait une socialisation particulière amenant les sportifs dans une logique de sur-conformité (pousser à l'extrême les normes acceptables). Ainsi, le dopage apparaît dans le haut niveau comme une pratique « normale » découlant de la devise olympique. Le dopage apparaît encore comme un élément constitutif de la performance sportive. De multiples enquêtes épidémiologiques menées sur plusieurs dizaines d'années montrent une augmentation continue de l'utilisation de produits pharmaceutiques et de dopants aussi bien chez les jeunes que chez les champions sportifs. Mais les types de produits et les niveaux d'utilisation varient selon les sports et leurs particularités (ex : stéroïdes anabolisants pour développer la force en athlétisme, bêta bloquant pour limiter les tremblements au tir à la carabine). » (Brissonneau, 2017)[3]

La prévention passe donc par une réflexion sur l'éthique du sport. À ce titre, l'éducation pour des enfants, des jeunes, devrait être une ligne directrice de ce qu'on attend du sport, y compris du sport de haut niveau. À cet égard, le mythe du sportif contrarie le pari éducatif en considérant le sportif de haut niveau comme modèle, un but à atteindre.

Bibliographie

- Aguilar-Riper A.-M. (2013). Reconversion des sportifs de haut niveau : une approche éducative pour une reconquête de l'internalité ? http://www.aref2013.univ-montp2.fr/cod6/ ? q = content/246-reconversion % C2 % A0-des-sportifs-de-haut-niveau % C2 % A0-une-approche-éducative-pour-une-reconquête-de. Consulté en ligne le 4/01/2018.
- Bancel N. (2000). *Sport civil et politique sportive en Afrique occidentale Française (1944-1958). De Boeck Université.*
- Bordes P. (2008). « Que peut-on entendre par « sportivisation » de l'Éducation Physique ? In Éric Dugas (coord.), *Jeu, sport et éducation physique.* Montpellier : AFRAPS.
- Bordes P. (2017). Sportification, sportivisation. Processus et incidences in *Sociologie en Staps.* Paris : Éditions Ellipses.
- Bourdieu P. (1979). *La distinction. La Distinction Critique sociale du jugement.* Collection Le sens commun.
- Bourg J. & Gouguet, J. (2012). Économie du sport. Paris : La Découverte.
- Brissonneau C. (2017). Sociologie et dopage in *Sociologie en Staps.* Paris : Éditions Ellipses.
- Brohm J.M. (2006). *La Tyrannie sportive. Théorie critique d'un opium du peuple*, Paris, Beauchesne.
- Callède J.-C. (2010). LA sociologie française et le sport, la revue pour l'histoire du CNRS (en ligne le 24 février 2013, consulté le 24 mars 2016. URL : http://histoire-cnrs.revues.org/9262
- Callède J. (2015). Le sport saisi dans sa double obligation : pratiquer l'échange et produire du social. *Revue du MAUSS*, 46, (2), p. 130-147.

1. https://www.canal-sport.fr/fr/insep-irmes-archives.
2. Queval I., 2004. *S'accomplir et se dépasser. Essai sur le sport contemporain*, Paris, Gallimard.
3. Brissonneau C., 2017. Sociologie et dopage *in Sociologie en Staps.* Paris : Éditions Ellipses.

- Chantelat P. (2001). De la corruption dans le sport : Le faux crépuscule d'une idole. Le Débat, 114, (2), p. 125-139.
- Coulangeon, P. (2010). « Introduction », in *sociologie des pratiques culturelles*. Paris : La Découverte, « Repères ».
- Corwin M. (2008). « Blood in the Water at the 1956 Olympics ».
- De Coubertin P. (1928). Bulletin du CIO 3ᵉ année, n° 11 p. 5.
- De Coubertin P. (1935). Interview donnée au « Sport Suisse » le 7 août 1935.
- Defrance J. Regards sur la sociologie du sport in **https://savoir-agir.org/IMG/pdf/SA15-Defrance.pdf**, consulté en ligne le 15.12.2017.
- Defrance J., 2011, Sociologie du sport, la découverte.
- Deville-Danthu B., (1997). **Le sport en noir et blanc** : *du sport colonial au sport africain dans les anciens territoires français d'Afrique occidentale (1920-1965)*. Paris, l'Harmattan.
- Dubois N. (2009). *La Norme d'Internalité et le libéralisme* : Nouvelle édition revue et argumentée, Grenoble : Presses Universitaires de Grenoble.
- Escaffre F. (2011). « Espaces publics et pratiques ludo-sportives : l'expression d'une urbanité sportive. Public spaces and sport-related recreational practices : the expression of a sport-based urban culture », Annales de géographie 2011/4.
- Escriva J. (2015). Le dopage comme production de la démesure de l'institution sportive. *Revue du MAUSS*, 46, (2), p. 176-188.
- Elias N. (1976) ; sport et violence, in acte de de la recherche en sciences sociales, vol. 2, n° 61976, le sport, l'état et la violence.
- FSGT « Statuts », modifiés par le XIVᵉ Congrès National de Gennevilliers, 6-8/11/1959.
- FSGT « La morale du sport travailliste », *Sport et plein air,* n° 23, 10/10/1961.
- Gasparini W. (2000) *Sociologie de l'organisation sportive.* La Découverte, Repères n° 281.
- Gibout C. & Lebreton F. (2014). Cultures juvéniles et loisirs sportifs de rue : une approche par l'espace public. *Agora débats/jeunesses*, 68, (3), p. 71-84.
- Goffman E. (1977). *L'arrangement des sexes*, Paris, La Dispute, coll. Le genre du Monde.
- Jarthon J.-M. (2017). Sociologie des âges de la vie in *Sociologie en Staps.* Paris : Éditions Ellipses.
- Jarthon, J-M. (2017). Sociologie du genre in *Sociologie en Staps.* Paris : Éditions Ellipses.
- Jarthon J. & Durand, C. (2015). Faire du fitness pour ne pas vieillir ou pour bien vieillir et rester femme. *Staps*, 107, (1), p. 45-61.
- Lapeyronie B, Charrier D, (Ouvrage collectif sous la direction de). (2014). Les politiques sportives territoriales. Savoirs et questionnements. Éditions Kréaten.
- Laure P., Leleu E. & Mangin G. (2008). Promotion de la santé des tout-petits par l'activité physique : intérêts et obstacles. *Santé Publique*, vol. 20, (3), p. 239-248.
- Marcellini A. (2005). *Des vies en fauteuil… Usages du sport dans les processus de déstigmatisation et d'intégration sociale.* Éditeur : CTNERHI Collection : Études et recherches.
- Maresca B. (2004). *Occupation du temps libre, une norme de consommation inégalement partagée*, avec la collaboration de P ; Tardieu et S Géraud, cahier de recherche n° 210, Credoc.
- Marsault C. (2017). Le sport-santé, un objet médical, social ou sportif ? Le dispositif strasbourgeois « sport-santé sur ordonnance » comme objet politique transversal. *Sciences sociales et sport*, 10, (1), p. 21-49.
- Marx K. (1843). *Critique de la philosophie du droit de Hegel.*
- Mauss M. (1950). Sociologie et anthropologie. Paris, Presses universitaires de France.
- Mauss M. (1923). Essai sur le don Essai sur le don. Forme et raison de l'échange dans les sociétés archaïques. *L'Année Sociologique*, 1923-1924.
- Mennesson C. (2006). « Le gouvernement des corps des footballeuses et des boxeuses », Clio.
- Femmes, Genre, Histoire, [En ligne], 23 | 2006, p. 179-196.
- Meziani M. (2017). Sociologie du handicap in *Sociologie en Staps.* Paris : Éditions Ellipses.
- Parlebas P. (1999). *Jeux, sports et sociétés. Lexique de praxéologie motrice.* Paris : INSEP.
- Pelayo P. (2015) **http://campusport.univ-lille2.fr/pelayo/sante % 201.pdf**, consulté le 15/12/2017.
- Queval I. (2004). S'accomplir et se dépasser. Essai sur le sport contemporain. Paris : Gallimard.
- Rail G. (2016). La violence de l'impératif du bien-être. Bio-Autres, missions de sauvetage et justice sociale. *Staps*, 112, (2), p. 17-31.
- Rémy I. (2017). Cultures politiques et cultures sportives in *Sociologie en Staps.* Paris : Éditions Ellipses.
- Santamaria Y. (1999). *Histoire du parti Communiste français.* La découverte.
- Segalen M., Frère-Michelat C. (1994). Les Enfants d'Achille et de Nike : Une ethnologie de la course à pied ordinaire. Paris : Editions Métailié.
- Terret T. (1994). *Naissance et diffusion de la natation sportive.* Paris, l'Harmattan.
- Terret T. (2006). Le genre dans l'histoire du sport, Clio. Femmes, Genre, Histoire, [En ligne], 23 |2006, p. 209-238.
- Tsoukala A. (2003). Les nouvelles politiques de contrôle du hooliganisme en Europe : de la fusion sécuritaire au multipositionnement de la menace. *Cultures & Conflits*, 51, (3), p. 83-96.
- Viard J. (2002). *Le sacre du temps libre, la société des 35 heures,* Paris, Edition de l'Aube.
- Zintz T. & Vailleau D., (2008). La gouvernance des fédérations sportives : Proposition d'un cadre d'analyse et d'action. *Revue française de gestion*, 187, (7), p. 15-34.

EXERCICES

1. Quelles sont les différentes approches de la sociologie du sport?

Réponse

Pour la sociologie critique du sport dont la pensée est portée par J M Brohm, la culture et donc les pratiques culturelles sont définies par la philosophie et l'anthropologie. Il s'agit d'étudier « l'homme dans sa condition matérielle et sociale ». Le sport, à l'instar des pratiques culturelles est ainsi défini comme l'expression du capitalisme, comme un sport marchand. Le déterminisme sociologique décrit par la sociologie critique conduit à considérer les individus comme agents d'un destin piloté par des structures sociales qui échappent à leur contrôle. Sont abordés la puissance sociale et politique du sport, la mondialisation des rapports capitalistes de la production et l'imposition de la culture des puissances industrielles incarnées par le sport international.

Pour le relativisme sociologique et historique, la sociologie des pratiques physiques s'appuie sur la variabilité culturelle et historique des usages du corps et des dimensions de l'expérience du sport, on peut citer des auteurs de référence tels que C. Pociello ou G. Vigarello. L'objet d'analyse est tour à tour des pratiques physiques et des sports dans leurs dimensions culturelles et sociales.

Enfin on peut envisager une troisième approche dite différentielle. Basée sur une réflexion ethnographique et anthropologique (Weber, Becker), ils engagent une réflexion sur les pratiques culturelles par l'intentionnalité de l'acteur et la compréhension des raisons qu'il se donne d'agir.

2. Quelle est la différence entre la sportivisation et la sportification.

Réponse

La notion de sportification peut être entendue comme le « *processus social, notamment institutionnel et par extension le résultat de ce processus, par lequel une activité ludomotrice acquiert le statut de sport* » (Parlebas, 1999)[1]. Elle renvoie à cette volonté de reconnaissance par les instances de tutelle, d'une pratique codifiée et centralisée (Bordes, 2017)[2]. Par instance de tutelle, il faut entendre une institution (fédération sportive par exemple).

Ce processus de sportifcation des pratiques physiques a débuté dans la seconde moitié du XIXe siècle en Angleterre, s'internationalise et se stabilise fin du XXe siècle. Reprenant Elias[3], Bordes caractérise cette dynamique comme un outil de « mise en ordre, de contrôle, de canalisation, de domestication et de régulation des comportements, le sport s'est ainsi révélé un précieux auxiliaire du processus de civilisation des états modernes, lesquels s'assurant par-là, en le reconnaissant, un droit de regard sur la violence corporelle et les débordements dans le champ du loisir physique ».

1. Parlebas, P., 1999. *Jeux, sports et sociétés. Lexique de praxéologie motrice*, INSEP.
2. Bordes P., 2017. Sportification, sportivisation. Processus et incidences *in Sociologie en Staps*. Éd. Ellipses, Paris.
3. Elias N., 1976. « Sport et violence. ». In : Actes de la recherche en sciences sociales. Vol. 2, n° 6, décembre 1976, « Le sport, l'État et la violence ».

La sportivisation est un « *processus qui consiste en ce qu'un individu, une population, une pratique, ou par extension un domaine, présentent certaines caractéristiques fonctionnelles apparentes d'un sport sans pour autant s'inscrire dans le cadre institutionnel d'une organisation sportive* » (Bordes, 2008)[1].

3. Sport-Santé, cochez les réponses qui vous semblent justes

		oui	non
a	Le sport et l'activité physique sont responsables de 10 % des décès.		
b	L'activité physique est un facteur d'équilibre de la santé mentale		
c	L'activité physique rend plus sociable		
d	L'activité physique permet de rester en bonne santé		
e	L'activité physique pratiquée de façon excessive augmente les risques de traumatismes		
f	Les femmes enceintes ne doivent pas pratiquer d'activité physique		
g	L'activité physique et sportive est un facteur de développement chez l'enfant		
h	L'activité physique présente des risques chez l'adolescent (addictions, stress, comportement à risque, troubles alimentaires…)		
i	L'activité physique est responsable de l'obésité		
j	Après 60 ans, il est déconseillé de pratiquer une activité physique		
k	L'activité physique et sportive présente des effets spécifiques aux différents âges de la vie de la femme (à l'adolescence, lors des grossesses, pour prévenir les effets de la ménopause)		
l	L'activité physique a des effets très positifs sur la santé des personnes âgées.		

Réponses

a.non • b.oui • c.non • d.oui - e: oui • f.non • g.oui • h.oui • i.non • j.non • k.oui • l. oui

1. Bordes P., 2008. « Que peut-on entendre par « sportivisation » de l'Éducation Physique ? » In Éric Dugas (coord.), Jeu, sport et éducation physique, AFRAPS, Montpellier.

Chapitre 3

SOCIOLOGIE DE L'ÉDUCATION

Définition

La sociologie de l'éducation n'est pas une sociologie de la socialisation comme pourrait le laissait entendre le sens étymologique « éduquer » tiré du latin « educere » – conduire un être non social à le devenir – mais elle est de manière plus restrictive « une sociologie de l'école » qui serait la traduction moins littérale de l'expression anglaise dont elle tire l'origine : « sociology of education ». Elle considère donc l'école comme une institution relativement autonome qui préexiste aux individus et qui s'impose à eux par les fonctions sociales qu'on lui attribue classiquement :

- instruction et socialisation des élèves
- préparation au monde du travail
- intégration d'une nouvelle génération dans les anciennes

Bien que centrée sur les phénomènes scolaires, la sociologie de l'éducation aborde ceux-ci en relation avec d'autres institutions que l'école comme la famille, la politique ou l'économie. En amont des mécanismes propres à l'école, elle objective les caractéristiques des élèves (âge, sexe, origine sociale, pratiques culturelles), du corps professoral et des personnels administratifs (diplômes, mode de recrutement, niveau socio-économique, orientation politique ou syndicale). En aval, elle étudie les résultats de ces mécanismes en termes de réussite scolaire, d'appropriation de savoirs et de compétences, de style de vie poursuivis ou de statut social atteint. Pour ce qui concerne les mécanismes scolaires proprement dits, elle met au jour le mode de sélection des savoirs et valeurs transmis, le type de pédagogie déployée, les règles d'évaluation explicites et implicites qui sélectionnent les élèves.

L'échec scolaire comme problème social

Avec les travaux de Durkheim au tournant du XXe siècle, la sociologie s'intéresse d'abord à l'institution scolaire pour sa capacité à maintenir et à reproduire une société intégrée. Lorsque le principe de l'égalité des chances, principe cardinal d'une société démocratique, se heurte à la réalité des mesures des inégalités sociales de réussite scolaire, la vision d'une école reproductrice d'un ordre social juste et consensuel s'effondre. Ce changement de perception de la fonction de l'école intervient au moment d'une profonde transformation des systèmes éducatifs en France et dans les pays occidentaux. À partir des années 1960, il y a une massification de l'enseignement secondaire liée à la forte poussée démographique d'après-guerre – nommée « baby-boom » – qui gonfle naturellement les effectifs scolaires. Par ailleurs, les réformes successives de structure répondent à la nécessité d'élever le niveau général de formation due à la croissance économique des « trente glorieuses ». Ainsi, la réforme Berthoin, initiée en 1959 mais effective en 1967, allonge la scolarité obligatoire de 14 à 16 ans, et en 1963 la réforme Fouchet supprime l'examen d'entrée en sixième et crée les collèges d'enseignement secondaire (CES), prélude au collège unique de la loi Haby (1975) qui réunit sous une même structure et de manière indifférenciée l'ensemble d'une classe d'âge. Ce processus d'uniformisation du parcours se poursuivra par la suite avec la suppression de l'orientation en cinquième, la mise en place d'une seconde de détermination, l'objectif d'amener 80 % d'une classe d'âge au niveau du baccalauréat.

La suppression d'une école dualiste, qui instaurait deux ordres (l'école primaire pour le peuple, l'école secondaire pour la bourgeoisie) au profit d'une école unique par degré, est une réussite d'un point de vue quantitatif puisque, de 1950 à 1972, on passe de 28 % d'une classe d'âge inscrite en 6e à 100 % (Cherkaoui, 1986). Cette démocratisation quantitative de l'enseignement du second degré va cependant révéler la sortie progressive du système des enfants des classes populaires et imposer l'expression « échec scolaire » comme un problème de société (Isambert-Jamati, 1985). En effet jusqu'aux années 1960, ni le taux de réussite de 50 % au certificat d'études primaires, ni les « cancres » qui ne pouvaient suivre correctement le lycée, ne choquaient l'opinion. Aux facteurs essentiellement psychologiques attribués à l'échec des élèves dans leur parcours scolaire, la sociologie de l'éducation mettra en avant le concept d' « inégalités scolaires » pour ne pas pointer les différences de réussite entre des individus mais entre des groupes d'individus : les enfants de cadres supérieurs et d'ouvriers, les filles et les garçons, les élèves migrants et les nationaux. Par la mesure des inégalités scolaires, la sociologie évalue l'école sur sa capacité à respecter le principe de l'égalité des chances.

L'égalité des chances comme principe démocratique

Pour un auteur comme Boudon le constat d'inégalité des chances se fonde sur « *la différence, en fonction des origines sociales, dans les probabilités d'accès aux différents niveaux de l'enseignement et particulièrement aux niveaux les plus élevés* » (Boudon, 1979). L'égalité des chances, entendue de manière plus étendue, signifie alors l'absence de liens systématiques entre l'accès aux biens scolaires (niveaux, filières, diplômes, acquis, compétences) et ses propres appartenances catégorielles (sociales, sexuées, parcours migratoires, origine ethnique etc.).

Les politiques d'éducation peuvent, quant à elles, envisager le principe d'égalité des chances de trois manières différentes (Coleman, 1966).

Égalité d'accès

Premièrement, on peut le concevoir comme une égalité d'accès à l'école, c'est-à-dire un droit égal pour tous de bénéficier d'une scolarité qui départagerait, tout au long de son parcours, les élèves selon leur talent et leurs efforts. En supprimant les ordres et les filières, l'école a répondu à ce principe d'égalité considéré comme « formel » dans la mesure où, si le sexe, l'origine sociale, le coût économique ne sont plus des obstacles à la poursuite d'une scolarisation commune, les inégalités de départ sont, elles, totalement ignorées.

Égalité de participation

Deuxièmement, l'égalité d'accès étant une condition nécessaire mais non suffisante, il s'agit d'envisager l'égalité des chances comme une égalité de participation, de traitement ou d'expérience. Ceci implique, par exemple, une offre d'écoles tout aussi bonnes en termes de conditions matérielles, d'encadrement pédagogique, d'options proposées, de plus-value scolaire.

Égalité et équité

Troisièmement, l'égalité des chances devient synonyme d'équité c'est-à-dire une égalité qui vise les acquis scolaires. Les inégalités de départ entre élèves sont prises en compte, tout comme les discriminations potentielles que peuvent subir certains groupes de population, afin de leur garantir tel niveau d'instruction ou tel niveau de connaissances. L'égalité de résultats scolaires suppose alors que l'enseignement obligatoire puisse compenser les inégalités d'aptitudes initiales quelle que soit leur origine, sociale ou même « biologique » (Rawls, 1987).

Dubet (2004) rappelle que l'idéal de l'égalité des chances « *est au cœur de la justice scolaire dans les sociétés démocratiques, c'est-à-dire dans les sociétés qui considèrent que tous les individus sont libres et égaux en principe, mais qui admettent aussi que ces individus soient distribués dans des positions sociales inégales* ». Partant du postulat que l'école joue un rôle majeur dans cette distribution, celle-ci doit faire la part belle au mérite individuel indépendamment de tout déterminisme lié à la naissance et à l'origine des individus. Les nombreuses enquêtes statistiques démontrent pourtant le contraire. En prenant comme exemple l'accès différentiel au baccalauréat en fonction de l'origine sociale, on constate qu'en 2004, 87.6 % des enfants de cadres et seulement 52.9 % des enfants d'ouvriers qualifiés obtiennent un baccalauréat. Pour la série scientifique « S », la plus sélective, les différences sont encore plus marquées puisque les taux d'obtention sont respectivement de 41 % et de 4.6 % (DEPP, 2010). Cette sélection sociale opérée par l'école, dès le primaire, avait déjà été mise en évidence par l'étude menée par Girard et Bastide (1973), chercheurs à l'Institut national d'études démographiques (INED), sur une cohorte de 20 000 élèves suivis pendant 10 ans, depuis leur passage en 6e en 1962. Ces résultats ont révélé l'ampleur de la dimension sociale dans la réussite scolaire dès le primaire puisque les enfants de milieu populaire le quittent plus âgés avec des acquisitions moindres. Mais ils mettent au jour aussi une énigme sur laquelle plusieurs théories sociologiques s'attelleront : pourquoi, à niveau égal, les enfants issus d'un milieu social défavorisé sont davantage orientés vers des filières courtes ?

En plus des données sur la catégorie socio-professionnelle des parents et sur leur niveau d'instruction, ce genre d'enquête tient compte d'autres caractéristiques sociales comme les pratiques d'éducation familiale ou les conditions concrètes de scolarisation qui sont envisagées comme autant de variables influençant la réussite. Et lorsque, un ou des liens sont établis, encore faut-il les insérer dans une théorie explicative qui donne sens aux inégalités scolaires constatées. L'utilité sociale de la sociologie de l'éducation n'est pas neutre d'un point de vue politique car nombre de ses travaux interrogent le principe même de l'égalité des chances qui régit le système scolaire et ses conséquences sur la mobilité sociale.

S'il ne fait pas de doute que « *la question des inégalités devant l'éducation constitue en France un des motifs principaux du débat sur la culture scolaire et les pratiques pédagogiques* » (Forquin, 2008 p. 145), celle-ci sera abordée en deux temps par la sociologie de l'éducation.

Dans un premier temps, l'analyse sociologique des inégalités scolaires se focalisera sur le rôle de l'institution éducative dans la mobilité sociale en tant que cadre, sorte de boîte noire uniforme, où s'expriment des déterminismes sociaux extérieurs qu'elle ignore, dissimule ou relaie selon les théories explicatives en présence. Dans un deuxième temps, elle investiguera, de manière plus qualitative, l'école en tant que lieu spécifique de transmission de connaissances en réduisant la focale aux effets de contexte d'enseignement, à l'activité de l'élève et à la fabrique du curriculum. Ainsi, si les enquêtes empiriques confirment un maintien des inégalités scolaires dans le temps, elles les ont cependant précisées en fonction des trois conceptions de l'égalité des chances précitées :

- accès à l'école,
- conditions de scolarisation,
- réussite aux diplômes ou acquis scolaires.

De même, ces inégalités d'abord mesurées principalement entre catégories sociales ont été élargies au sexe puis à l'origine ethnique (Félouzis, 2015). Nous nous attarderons cependant aux grandes théories des années 1970 qui divergent sur les causes des inégalités scolaires selon l'origine sociale au moment où les politiques d'éducation mettent en place une égalité d'accès à l'enseignement du second degré et du supérieur.

Lien entre politiques d'égalité des chances et mesure des inégalités scolaires

	Égalité des chances		
	Égalité d'accès	**Égalité de traitement**	**Égalité de résultats**
Politiques éducatives	Unification des structures de l'enseignement du second degré : exemple du collège unique (1975)	Une offre d'écoles, toutes aussi bonnes : Carte scolaire (mixité sociale des établissements) Formation des maîtres	Principe d'équité : compenser en donnant plus à ceux qui ont moins. exemple : création des zones d'éducation prioritaire en 1981 Principe d'assistance : assurer aux « perdants » de la sélection par le mérite une culture commune « plancher ». Exemple : mise en place du socle commun en 2005
Problème social	Du constat de l'échec scolaire à la demande de justice scolaire		
Mesures empiriques des inégalités scolaires	Accès aux niveaux les plus élevés de l'enseignement selon l'origine sociale	Conditions de scolarisation : toute chose égale par ailleurs, inégalité de réussite selon l'établissement, la classe, le maître	Réussite aux diplômes : exemple pour le baccalauréat affinement selon la voie, la série, la mention. Les acquis scolaires : exemples enquêtes de la DEPP ou PISA sur les compétences atteintes à un niveau de la scolarité obligatoire
Théories sociologiques	Répondre à la question des inégalités scolaires (d'accès, de traitement, de résultats) selon une appartenance catégorielle (sociale, sexuée, ethnique) quand bien même le niveau scolaire des élèves est équivalent (rôle de l'école, rôle de la stratification sociale).		

Les théories macrosociologiques des inégalités scolaires

Le handicap socioculturel

Inspirées d'enquêtes dans divers pays, un ensemble de recherches converge pour expliquer les inégalités sociales à l'école par les écarts culturels qui existeraient entre les groupes sociaux révélant des systèmes de valeurs contrastés : esprit de compétition, goût de l'effort, confiance en l'avenir dans les classes moyennes et supérieures, manque d'ambition, passivité, visées à court terme dans les classes populaires. Ainsi se comprendrait mieux l'aspiration différentielle en matière éducative selon les traits culturels ou de mentalités associées à chaque « subculture de classe » empêchant toute mobilité ascendante des plus défavorisés. C'est donc en termes de manque ou de carence que l'on présente une culture de classe, ouvrière en l'occurrence. Très présent dans la tradition sociologique américaine (Forquin, 1979), ce point de vue est traduit dans le milieu pédagogique sous l'appellation générale, mais suggestive, de « théorie du handicap socioculturel ». Il donne naissance aux premiers programmes d'action éducative destinés à compenser les handicaps linguistiques, cognitifs ou plus largement culturels dus à la socialisation primaire de l'enfant afin qu'il puisse acquérir ce qui lui fait défaut : un langage élaboré, une intégration des règles, une anticipation quant à son avenir, un raisonnement abstrait.

La théorie de la reproduction

Pour certains grands théoriciens de la sociologie (Durkheim, Parsons) l'école est mue par la fonction d'intégration des nouvelles générations à la société d'accueil. Cette intégration se faisait grâce à une socialisation commune permise par la transmission de savoirs rationnels, émancipant tous les élèves de leurs particularismes locaux tout en distribuant chacun d'eux, de manière méritocratique, à la place qui lui revient dans la division du travail.

À cette vision « fonctionnaliste », selon laquelle l'école participe au bon développement des sociétés démocratiques et à leur continuité, s'oppose une vision conflictualiste.

Déjà abordée sous la perspective marxiste d'une correspondance étroite entre le système productif capitaliste et le système scolaire par Baudelot et Establet (1971, 1975), la théorie de la reproduction de Bourdieu et Passeron (1970) considère que les inégalités scolaires sont le produit d'une interaction entre une culture propre à l'école et des cultures familiales. Ces dernières sont envisagées en termes de rendement du point de vue de la culture scolaire car tous les groupes sociaux ne sont pas à égale distance de celle-ci. Il y a en effet une connivence entre la culture de la bourgeoisie, la culture « savante » et celle de l'école. Cette connivence est facilitée par l'héritage d'un capital culturel (niveau d'instruction des parents, livres, œuvres d'art, voyages, accès aux médias) et d'un « habitus ». Ce dernier peut être défini comme l'ensemble des dispositions (comportement, valeurs, visions du monde) acquises d'abord dans l'expérience familiale de manière plus ou moins consciente et qui orientent durablement les pratiques futures et le « sens du jeu » qui s'y rapportent dans un domaine social particulier. En l'occurrence, à l'école, la maîtrise d'un langage châtié, la valorisation du savoir comme une fin en soi, le degré de confiance accordé à l'enseignement dans la promotion sociale sont autant de valeurs décisives, partagées par l'habitus des classes sociales favorisées non pas tant d'un point de vue économique que culturel comme peut l'illustrer le cas des enseignants du second degré ou du supérieur. Le travail de recherche sur les implicites (Bautier et Rayou, 2009) en pédagogie conforte cette approche sur les inégalités scolaires, démontrant l'existence de codes tacites qui confortent les positionnements sociaux à travers les attendus scolaires.

Pour que ce mécanisme social de sélection ait l'assentiment des dominés du système scolaire, il faut qu'il soit méconnu comme tel. Il faut qu'il apparaisse comme le résultat normal et naturel d'une procédure pédagogique. En étant « indifférente aux différences », l'école transforme en avantages scolaires les savoirs et savoir-être tirés de la socialisation familiale. De ce fait elle légitime les hiérarchies sociales sous couvert de méritocratie basée sur l'« idéologie des dons » partagée tant par les élèves et leurs parents que par les enseignants : « il a bien ou mal travaillé », « il est « doué » ou « pas doué ». Sa fonction latente ou implicite est là : dissimuler le rôle des inégalités culturelles dans la réussite scolaire sous l'apparat d'inégalités naturelles propres aux élèves. L'échec scolaire des classes populaires n'est donc plus perçu avec cette « théorie du leurre » comme un accident « résiduel » mais comme une nécessité structurelle dans une société régie par des rapports de domination.

Cette théorie remet en cause de manière implacable le rôle de l'école dans la perpétuation des positions sociales à travers le positionnement scolaire qui ne serait au final que la conversion de différences culturelles en inégalité de réussite scolaire. Élèves et enseignants sont envisagés comme des individus passifs, dénués de libre arbitre face au poids des structures. Notons que cette approche a été au centre des problématiques de la sociologie de l'éducation en France depuis ces années 1970.

Le modèle systémique des choix individuels

Raymond Boudon (1973) est résolument opposé à la théorie de la reproduction considérée comme incapable d'expliquer les variations statistiques des inégalités scolaires dans le temps ou dans l'espace et qualifiée de « finaliste » car les individus semblent obligés, par l'entremise de leur habitus, de se comporter de manière à réaliser ce que le système attend d'eux.

Il propose d'expliquer la distribution scolaire par l'agrégation des choix rationnels de chaque élève aux différents paliers d'orientation. Ainsi, la modélisation proposée montre que la décision prise de poursuivre ou non des études (longues ou courtes, filières techniques ou généralistes) est fonction de la perception qu'ont les élèves, et leur famille, des chances de réussite. L'évaluation de ces chances est d'autant plus grande que le niveau de l'élève est bon mais elle est contrebalancée par la position sociale de chacun. Ainsi, à réussite égale, le risque encouru à continuer des études plutôt que d'entrer sur le marché du travail est d'autant plus coûteux que les ressources familiales sont faibles. L'auto-sélection des enfants de classes sociales populaires s'explique donc par un calcul stratégique de la combinaison coût/risque/bénéfice la plus utile et non par leur habitus qui rendait compte, de manière inconsciente, de leur anticipation à l'échec.

L'autre différence notable avec la théorie de la reproduction consiste à distinguer la question de l'égalité des chances scolaires de celle de la mobilité sociale.

En effet, il n'y a pas d'adéquation entre la structure des places sociales disponibles et la structure des places scolaires qui évolue fortement vers le haut. Ainsi, à mesure que s'accroît le taux d'accès aux différents niveaux de l'enseignement, les diplômes correspondants se dévaluent sur un marché du travail qui évolue peu. Cette inflation scolaire (Duru-Bellat, 2006) a pour corollaire le fait que l'insertion professionnelle est, à niveau de formation identique, facilitée par une origine sociale favorisée. Elle explique également le paradoxe suivant : un niveau scolaire supérieur à celui de son père peut être fréquemment associé à une mobilité sociale descendante. L'effet pervers de dévalorisation en cascade des diplômes résulte des stratégies individuelles « raisonnables ». Ainsi, considérant que si la course aux titres scolaires ne garantit pas l'ascenseur social, elle donne toujours un avantage relatif sur la concurrence.

Pour novateurs et féconds que soient les travaux de Boudon dans la sociologie française de l'éducation, ils restent silencieux sur les inégalités d'acquis des élèves à leur entrée à l'école et leur transformation en inégalités scolaires au fil des études. Les processus d'enseignement sont considérés comme neutres disculpant l'école, si ce n'est par ses paliers d'orientation, d'avoir des effets sur les parcours scolaires et les inégalités d'apprentissage. La réduction de l'élève à un « calculateur stratégique et éclairé » ne permet pas de comprendre le sens que ce dernier peut donner à son « métier d'élève » et semble insuffisante pour expliquer l'ensemble des mécanismes propres à l'interaction de l'enseignement et de l'apprentissage.

Théories explicatives des inégalités scolaires selon l'origine sociale

Théorie	Rôle du milieu social	Rôle de l'école	Modèle explicatif	Limites	Ouvrages illustratifs
Des subcultures	La culture d'un sous-groupe social oriente les attitudes vis-à-vis de l'école et du travail scolaire.	Compenser les manques	Culture → personnalité → comportements/ motivations/valeurs	Le handicap comme propriété en soi, stigmate d'un groupe social	Parsons T, Éléments pour une sociologie de l'action (1965)
De la reproduction	Héritage par transmission d'un capital culturel et imprégnation d'un habitus	Légitimer les inégalités scolaires en dissimulant les inégalités sociales	Société (de classes) → fonction implicite de l'école : reproduction → Société (de classes)	La marge de liberté des élèves face à la reproduction des rapports de domination	Bourdieu P. et Passeron J.-C. La reproduction, 1970
De l'acteur rationnel	Position sociale qui contraint les choix d'orientation	Relayer des inégalités de départ	Choix rationnels des acteurs → société stratifiée/système d'orientation de l'école → effets pervers	Les acquis de départ des élèves et leur transformation en inégalités scolaire dans le processus pédagogique.	Boudon R. L'inégalité des chances, 1973

Des approches microsociologiques moins fatalistes

À partir des années 1980, en France, la sociologie de l'éducation a délaissé la vision uniforme et centralisée du système éducatif pour se focaliser sur les effets de contexte, sur l'activité de l'élève et sur la nature des contenus d'enseignement. Cette approche conduit à analyser plus concrètement des situations de scolarisation permettant une interprétation plus complexe et plus nuancée du processus des inégalités scolaires. Nous envisagerons les inégalités scolaires à la lumière des effets du contexte, de l'activité de l'élève et des contenus d'enseignement.

Les effets de contexte

Plusieurs enquêtes montrent le rôle décisif du contexte d'enseignement dans la réussite scolaire. Ainsi « toutes choses égales par ailleurs » (niveau initial, ressources économiques et culturelles, scolarité antérieure), certains établissements, certaines classes, certains maîtres permettent à des élèves d'avoir de meilleurs – ou de moins bons – résultats que ce que leur prédisait leur « destin sociologique ».

Des études qui comparent des établissements scolaires permettent de définir un « effet établissement ». Les « effets établissements », plus marqués dans la progression des élèves en mathématiques qu'en français, sont attestés aussi bien au niveau collège (Duru-Bellat, Mingaut, 1988, Grisay, 1997), qu'au niveau lycée (Félouzis, 1997). Un certain nombre de facteurs convergents expliqueraient les différences de progression entre établissements : un temps scolaire dévolu à l'apprentissage et non à la discipline, des attentes exigeantes quant à la réussite des élèves, une bonne couverture des programmes scolaires. Pour autant il n'existe pas de définition d'un modèle d'école efficace pour des élèves de différents milieux sociaux.

De la même façon, il existe un « effet classe » lié à la façon de constituer celle-ci en fonction notamment du niveau des élèves. L'« effet classe » à l'intérieur d'un établissement peut davantage influencer la progression d'un élève que l'« effet école » (Bressoux, 1994). Bien que le principe de la répartition aléatoire des élèves dans une classe soit la règle depuis la loi Haby, de nombreux établissements constituent, par le choix des langues et des options, des classes de niveau afin de retenir les « bons » élèves. Ce mode de regroupement accentue sensiblement les écarts entre les élèves alors que celui des classes hétérogènes les réduit. Dans ce dernier cas, pour les élèves les plus en difficulté, le gain en termes d'apprentissage est deux fois plus important que ce que « perdent » les plus forts. Les effets négatifs des classes de niveau pour les élèves les plus faibles s'expliquent sur le mode d'une « prophétie qui se réalise d'elle-même ». Les attentes réduites des enseignants combinées aux attitudes déviantes d'élèves peu scolaires se renforcent mutuellement et aboutissent à des résultats faibles que chacune des parties avait plus ou moins consciemment anticipés. Cet effet Pygmalion caractérise la relation entre le potentiel que l'on prête à un élève et la réalisation effective de ce même potentiel. Il renvoie directement à l'efficacité du maître dans les apprentissages de ses élèves, efficacité qui peut s'avérer décisive pour la suite de la scolarité. Ainsi, en CP, l'« effet maître » est plus décisif sur les progressions des élèves que l'origine sociale, et ses conséquences se font sentir jusqu'à deux années plus tard. Il est également plus décisif pour les élèves faibles, permettant par là même de réduire les écarts de niveau au sein d'une classe. Ces différences d'efficacité entre maîtres ne renvoient pas à des caractéristiques personnelles (sexe, âge, formation) si ce n'est l'expérience dont l'optimum se situe autour d'une quinzaine d'années mais à des pratiques pédagogiques particulières. Elles sont surtout liées au temps de travail actif des élèves – nécessitant différenciation pédagogique, enchaînement et adaptation des situations d'apprentissage, rythme continu et soutenu des répétitions –, ainsi qu'à l'évaluation régulière et précise des acquisitions et aux attentes positives des enseignants. Le maître est plus efficace s'il est convaincu que ses élèves peuvent progresser.

Cependant, comme pour les effets établissements, il n'y a pas une pratique pédagogique idéale dans l'absolu, quel que soit le public concerné. Ce sont des configurations de pratiques plus ou moins favorables selon l'environnement éducatif dans lequel « effet établissement », « effet classe » et « effet maître » dépendent les uns des autres dans une causalité circulaire.

L'activité de l'élève

La prise en compte par la sociologie de l'éducation d'un retour de l'acteur à travers son autonomie d'action et ses identités plurielles amène à s'intéresser au « métier d'élève » dans sa face subjective. Le concept de rapport au savoir est par exemple révélateur d'une approche compréhensive qui ne réduit pas l'élève à une variable abstraite et isolée.

L'approche développée par Charlot, Bautier et Rochex (1992) rejette le fatalisme des théories sociologiques qui, attachées à expliquer le rôle de l'école dans les inégalités scolaires, oublient de rendre compte des cas atypiques de ceux qui échappent à la loi de la reproduction. Appréhendant la scolarité d'un élève comme une histoire singulière, elle identifie les processus complexes entre l'histoire familiale et biographique de l'élève et certaines pratiques pédagogiques de l'école amenant la question centrale du sens que peut revêtir pour l'enfant le fait d'aller à l'école et d'y apprendre des choses. Ainsi, les auteurs distinguent la mobilisation sur l'école, qui peut résulter d'attentes familiales fortes ou d'aspirations vers un bon métier de la mobilisation à l'école, c'est-à-dire l'activité d'apprentissage des élèves, en notant bien sûr que le premier type de mobilisation semble une condition nécessaire mais non suffisante pour que l'élève réussisse.

En effet, ce qui différencie le plus profondément les élèves en réussite de ceux en difficulté est leur relation au savoir. Pour les premiers, le rapport au savoir prend sens dans la nature même de l'acte d'apprendre et du fait de savoir. Ce « rapport épistémique » au savoir place ce dernier comme objet extérieur à l'individu et lui attribue une valeur intrinsèque. Pour les seconds, le savoir prend sens de manière utilitaire en référence à des modèles d'indentification, aux attentes d'une « belle vie », au « bon métier » espéré. Enraciné dans l'identité même de l'individu, ce « rapport identitaire » au savoir confond l'activité d'apprentissage avec les modalités organisationnelles prévues pour son accomplissement : obéir aux règles, suivre les consignes et enchaîner les exercices, lever le doigt avant de parler, faire les choses au moment voulu et dans l'ordre choisi. Ces formes de rapport aux savoirs, produits d'histoires singulières, portent néanmoins la marque des rapports sociaux et des rapports de sexe, le rapport épistémique au savoir étant le plus souvent la marque des classes sociales favorisées et celle des filles.

Les contenus de l'enseignement

Tout un pan de la sociologie de l'éducation s'intéresse spécifiquement à la nature des savoirs scolaires, à la façon dont ils sont sélectionnés, classifiés, distribués, transmis et évalués. Regroupée sous l'expression sociologie du curriculum importée de Grande-Bretagne, celle-ci prend pour objet « *ce qui est censé être enseigné et ce qui est censé être appris selon un ordre de progression déterminé, dans le cadre d'un cycle d'étude donné* » (Forquin, 2008). En s'en tenant au curriculum prescrit comme les programmes scolaires par exemple, plusieurs études (Harlé, 2010, Lantheaume, 2003) montrent que l'élaboration de ceux-ci sont le fruit d'un processus social dans lequel se conjuguent des mobilisations de ressources, des enjeux de pouvoir, des conflits de valeurs entre différents groupes d'acteurs (Inspecteurs, associations d'enseignants, syndicats etc.). Ce point de vue remet en cause les idées reçues sur le caractère « absolu » du statut des contenus de l'enseignement tout en leur attribuant une part de responsabilité dans le maintien des hiérarchies sociales. Ainsi, Bernstein (1971, 1975), sociologue anglais, définit deux types de « codes du savoir scolaire » qui structurent les diverses formes d'enseignement. Le premier appelé « code sériel » maintient une compartimentation rigide entre les matières et entre les savoirs scolaires et non scolaires, ceci dans un système hiérarchisé qui induit un contrôle didactique strict du travail des élèves. À l'opposé le second dit « code intégré » se caractérise par un découpage et un ancrage disciplinaires plus flous des savoirs qui sont subordonnés à des projets interdisciplinaires dans lesquels l'autorité du maître sur l'élève est plus relâchée. Bien qu'il soit le moteur des innovations pédagogiques interdisciplinaires, entreprises à partir des années 1960 et sous l'impulsion d'une nouvelle classe moyenne, le code intégré n'est pas réducteur des inégalités scolaires (Terrail, 2016). La « pédagogie invisible » qui l'accompagne ne définit plus méthodiquement l'ordre des acquisitions, leur évaluation selon des critères explicites et uniformes creusant l'écart entre les attentes diffuses de l'école et les possibilités de répondre à celles-ci dans les milieux populaires.

Notons que si le dévoilement critique du processus de construction et de transmission des savoirs scolaires est un apport essentiel de la sociologie du curriculum, il peut basculer vers un relativisme radical en considérant ces mêmes savoirs comme contingents et arbitraires donc dénués de valeur objective. Et si tout se vaut, pourquoi se donner la peine d'enseigner une chose plutôt qu'une autre, voire cette chose plutôt que rien, pourrait demander le pédagogue au sociologue.

Si les différentes approches théoriques permettent d'enrichir la réflexion sur les inégalités scolaires, force est de constater que les causes de celles-ci peuvent être multiples et complexes. En France les mesures politiques prises à leur encontre n'ont jusque-là pas permis leur réduction. Elles les ont mêmes accentuées.

C'est du moins le constat qui ressort des études internationales comme PISA[1] qui comparent l'efficacité des systèmes éducatifs nationaux dans ce domaine à intervalles réguliers.

	Concepts	Conséquences	Limites
Effets de contexte	– Effet établissement – Effet classe – Effet maître	Ces effets peuvent être plus importants que celui de l'origine sociale dans la progression des élèves.	Fréquemment en défaveur des élèves de milieu populaire qui sont le plus souvent dans des établissements « difficiles », dans des classes de niveau, avec des maîtres inexpérimentés.
Activité de l'élève	– Rapport au savoir : → épistémique → identitaire	Le sens attribué à l'école et aux apprentissages révèlent des stratégies actives des élèves face à l'institution.	Concevoir le sens des relations entre activité d'apprentissage de l'élève et pratiques pédagogiques de l'enseignant.
Savoirs scolaires	– Code intégré – Code sériel	Classification du savoir et pédagogie associée sont plus ou moins adaptées à l'origine sociale du public scolaire.	La relativisation du fondement épistémologique des savoirs et des disciplines : tous les contenus scolaires se valent-ils ?

Tableau. **Du jeu possible dans les mécanismes de la reproduction**

Le cas de l'éducation physique et sportive (EPS)

En tant que discipline scolaire, l'EPS a été l'objet d'études sociologiques qui interrogent son rôle spécifique dans la problématique des inégalités scolaires. Loin des discours lénifiants sur le particularisme d'une discipline qui contrebalancerait les effets de la sélection scolaire propre aux disciplines intellectuelles, les résultats obtenus n'en font pas toujours une matière « entièrement à part ».

Une discipline aussi inégalitaire que l'école dans son ensemble ?

À partir d'études quantitatives sur les résultats obtenus aux épreuves EPS du baccalauréat, Gilles Combaz (1992) est l'un des premiers à établir la similitude des caractéristiques sociales corrélées à la réussite tant en EPS que dans l'ensemble des autres matières. Les élèves qui ont les meilleures notes n'ont jamais redoublé ou sont en avance, appartiennent aux catégories sociales les plus favorisées et sont scolarisés dans les séries scientifiques, celles qui sont les plus prestigieuses. Un bémol à ce constat de ressemblance. Les garçons devancent systématiquement les filles et cet écart s'accroît d'autant plus que l'on se trouve en milieu populaire. Notons aussi que la pratique sportive à l'extérieur de l'école constitue un élément du capital culturel décisif dans cette matière. Une analyse plus qualitative met en avant la variété des activités physiques, sportives et artistiques (APSA) proposées ainsi que leurs critères d'évaluation comme vecteurs scolaires de la fabrication des inégalités de réussite. Un choix large d'APSA, qui tend à favoriser l'élévation générale du niveau de tous les élèves, est principalement associé aux programmations d'établissements favorisés. Des critères d'évaluation clairs et explicites réduisent les écarts entre groupes sociaux mais des modalités d'évaluation sous forme écrite les accentuent. Rappelons qu'à l'époque de cette étude (1985-1986), l'EPS avait élargi ses critères d'évaluation à la nouvelle rubrique « évaluation des connaissances ». Celle-ci se fait au cours d'une épreuve écrite qui amplifie les écarts scolaires.

1. Programme international pour le suivi des acquis des élèves.

Le curriculum responsable des inégalités en EPS

En approfondissant les pistes développées précédemment sur l'impact d'une offre variée d'APSA dans la réussite des élèves, Poggi-Combaz (2002) s'appuie sur la sociologie du curriculum britannique pour montrer le caractère arbitraire et socialement construit de la sélection des contenus d'enseignement dans des collèges aux publics socialement différenciés. Tout d'abord, l'enseignement de l'EPS s'appuie globalement sur une tradition sportive, essentiellement constituée de la trilogie des sports dits de base « athlétisme-gymnastique-natation » et complétée par les sports collectifs de petits terrains. La prétendue supériorité éducative de ces activités n'est pas scientifiquement fondée mais repose sur l'idéologie dominante : celle de l'institution sportive incarnée par le modèle des Jeux Olympiques. Que ces derniers soient d'hiver ou d'été, ils ont comme caractéristiques selon Parlebas (1986, 2008) de privilégier des pratiques se déroulant dans un milieu physique standardisé plutôt qu'incertain, des pratiques automatisées plutôt que décisionnelles, des pratiques d'opposition plutôt que de coopération. En EPS, il en sera de même.

Massivement enseignée dans les collèges de banlieue, cette conception restrictive de la culture corporelle appauvrit les compétences des élèves qui y sont scolarisés. Ces derniers apprennent, plus souvent que les autres, davantage de stéréotypes moteurs favorisant le contrôle des corps et le respect de l'ordre. Les compétences liées à l'adaptation motrice – en termes de lecture du milieu et de prise de décision associée – dont sont porteuses les activités de pleine nature sont peu envisagées.

Poggi-Combaz souligne qu'au nom du respect et de l'adaptation aux différences culturelles des élèves, la pédagogie différenciée des enseignants d'EPS peut facilement glisser vers une ségrégation sociale. Celle-ci est générée non seulement par le choix des APSA sélectionnées mais également par leur mise en forme didactique traduite au niveau des objectifs visés et des évaluations mises en œuvre.

Des conclusions similaires émanent d'autres travaux (Combaz & Hoibian, 2014) quant à la difficulté pour le curriculum officiel d'intégrer dans les programmes de lycée des pratiques physiques d'entretien pourtant en plein essor dans le milieu extra-scolaire.

Les inégalités de sexe en EPS : construction sociale du genre ou réalité biologique

Envisagée depuis les années 1980, la question de la mixité en EPS interroge les résultats des filles (Davisse, 1986, Cogérino, 2005). La question de la réussite différentielle en EPS entre filles et garçons, de l'ordre d'un point au baccalauréat en faveur de ces derniers, est souvent justifiée dans le sens commun comme relevant d'un déterminisme biologique : les qualités physiques propres aux garçons sont supérieures à celles de filles. C'est à cette évidence que s'attaque Cécile Vigneron (2006) en montrant d'une part le rôle des facteurs sociaux dans la performance sportive et d'autre part la responsabilité de l'EPS dans le renforcement de ce stéréotype de genre. Difficile en effet de faire reposer les différences de performances sportives attestées entre filles et garçons sur différents niveaux de pratique par des considérations principalement physiologiques et morphologiques. Les effets de l'entraînement, de la motivation, de la maîtrise de techniques efficaces sont autant de facteurs qui s'avèrent décisifs et dont l'acquisition relève d'un processus social. Les techniques du corps attribuées préférentiellement à l'un ou à l'autre sexe tout comme les techniques sportives ne sont en rien naturelles. Elles sont des produits culturels façonnés par la société de chaque époque. Au-delà de ce déterminisme social sur la performance sportive des filles, l'EPS produit ses propres mécanismes scolaires qui accentuent les écarts de notes entre filles et garçons de deux façons.

La première, confirmée par les études précédentes, concerne le choix par les enseignants d'APSA culturellement masculines : les sports collectifs, les sports de raquette et l'athlétisme sont enseignés à une très grande majorité d'élèves à l'inverse de la gymnastique et de la danse.

La seconde renvoie aux attentes et aux représentations des enseignants vis-à-vis des filles. Les résultats moindres de ces dernières sont préférentiellement expliqués par des facteurs personnels et difficilement modifiables (ressources énergétiques insuffisantes, faible vécu sportif extra-scolaire, motivation d'affiliation et non d'accomplissement). Au-delà du renforcement du stéréotype de genre de la fille « assidue mais limitée en EPS » et du garçon « doué mais pas toujours travailleur », qui influe fortement sur leur sentiment de compétence respectif, ces attentes sexuellement différenciées exonèrent toute responsabilité pédagogique dans les inégalités de résultats entre filles et garçons.

D'autres enquêtes (Combaz, Hoibian, 2008) confirment le rôle du curriculum EPS, socialement construit sur un modèle masculin tant dans la nature des APSA sélectionnées que dans ses modalités de pratique, dans le maintien des inégalités de résultats entre filles et garçons.

Le développement des activités d'entretien enseignées en EPS avait notamment pour objectif de rééquilibrer l'offre des APSA en faveur des filles en intégrant des activités comme le step et en variant les modalités de pratique de la course en durée ou de la musculation vers des objectifs orientés non pas sur la performance mais sur la santé et la détente. Dans ces activités, l'écart de notation entre filles et garçons au baccalauréat devient favorable aux filles excepté en musculation mais il reste corrélé au milieu social. La réflexion sur le choix des APSA, et de leur modalité de pratique, doit s'accompagner d'une analyse des critères d'évaluation retenus et des pratiques pédagogiques effectives si l'on vise en EPS une égalité réelle des compétences attendues chez les élèves indépendamment de leur appartenance de classe et de sexe.

	Constat	Exemples
Effet établissement	Établissements difficiles : programmation restreinte d'APSA versus Établissements favorisés : programmation diversifiée d'APSA	– « sports de base » (athlétisme, natation, gymnastique) et sports collectifs – ouverture aux activités de pleine nature, aux activités artistiques et aux activités physiques d'entretien et de développement de soi.
Effets de contenus	La sélection des APSA selon des domaines d'action motrice plus ou moins variés 1. influe sur la nature des apprentissages proposés 2. accentue ou réduit les écarts de réussite entre filles et garçons	– Les « sports de base » valorisent l'automatisation de techniques sportives et la hiérarchisation des performances. – Les activités de pleine nature (escalade, course d'orientation) privilégient l'adaptation motrice (décodage du milieu et prise de décision), dans un contexte de coopération. – Les activités d'opposition collective ou individuelle (volley-ball ou badminton), majoritairement enseignées, sont celles ou l'écart de notation entre filles et garçons est le plus grand.
Effets enseignants	Attentes négatives des enseignants d'EPS vis-à-vis des filles	« Les filles sont faibles physiquement, peu sportives et n'aiment pas la compétition ». Les objectifs visés sont moindres que pour les garçons tout comme la quantité et la qualité des feedbacks apportés par le professeur.

Tableau. **Mécanismes scolaires propres à l'EPS et générateurs d'inégalités scolaires selon l'origine sociale et le sexe.**

EXERCICES

1. Qu'est-ce que la démocratisation de l'école?

- ❑ C'est enseigner la démocratie à l'école.
- ❑ C'est viser l'égalité de réussite de tous les élèves indépendamment de leur classe sociale, de leur sexe, de leur parcours migratoire, etc.
- ❑ C'est permettre à tous les enfants d'être scolarisés.
- ❑ C'est envisager que l'école respecte les principes démocratiques dans son organisation, ses règles, son fonctionnement.

Réponse

La démocratisation de l'école est une notion complexe et polysémique qui a communément été déclinée selon deux axes depuis la distinction opérée par l'historien Antoine Prost (1986).

La démocratisation quantitative: elle désigne l'allongement de la scolarisation qui aboutit au phénomène de massification du secondaire puis du supérieur. Elle entraîne mécaniquement l'augmentation générale de l'accès à l'école et aux diplômes dans une population donnée comme en atteste le fait que 100 % d'une classe d'âge arrive en 6e au début des années 1970 ou que 77 % d'élèves d'une même génération obtiennent le baccalauréat en 2015. Cette croissance de l'enseignement, qui ne supprime pas les inégalités mais les déplace seulement vers le haut, renvoie à ce que d'autres auteurs ont appelé « démographisation » (Robert, 1993) ou « démocratisation uniforme » (Goux, Maurin, 1995).

La démocratisation qualitative: nuançant la précédente, elle indique que les inégalités d'accès, de réussite aux diplômes ou d'acquis entre élèves de milieux sociaux différents tendent à diminuer. En raisonnant non plus en termes de grandes catégories de diplôme telles que « baccalauréat » ou « diplôme du supérieur » mais au moyen de sous-catégories plus fines qui précisent les filières et les séries du baccalauréat ou le type d'études poursuivis après ce dernier, il y a un constat du maintien voire de l'accroissement des inégalités sociales. Ainsi la généralisation du baccalauréat dans l'ensemble d'une génération s'est faite en contrepartie d'une différenciation sociale en fonction de la hiérarchie des filières et des séries, la série S du baccalauréat s'embourgeoise alors que les filières professionnelles se prolétarisent. De même au niveau des grandes écoles, parmi les plus prestigieuses (Polytechnique, l'École normale supérieure, HEC et l'ENA), une étude (Euriat, Thélot, 1995) aboutit à un constat apparent de « régression » dans le recrutement social de l'élite scolaire: en effet, alors que 29 % des élèves de ces écoles étaient d'origine « populaire » au début des années 1950, ils ne sont plus que 9 % quarante ans plus tard. Toutefois, rapportés à l'augmentation de la part des cadres dans la population active, les auteurs concluent à une très légère ouverture sociale qui reste cependant moindre que celle que connaît, dans la même période, le reste du système universitaire. Ce double mouvement d'ouverture sociale d'un niveau d'enseignement et de fermeture au niveau de sous-domaines hiérarchisés est qualifié de « démocratisation ségrégative » par Pierre Merle (2009) bien éloignée d'une démocratisation réelle dite aussi dans les mots de ce dernier « démocratisation égalisatrice ».

La démocratisation entendue du point de vue de la réduction des inégalités liées sexe n'aboutit pas au même constat. Bien qu'encore incomplet dans la série S du baccalauréat et dans les filières scientifiques des CPGE, le retard sur les garçons lié à une dévalorisation de la scolarisation féminine a été plus que comblé. Dans les filières du baccalauréat général, 57 % des bacheliers sont des filles en 2015 (47 % en S). Ces dernières obtiennent aussi plus souvent le baccalauréat avec une mention « bien » ou « très bien », notamment en série S. L'excellence de leurs résultats explique leurs performances croissantes dans l'enseignement supérieur quelle que soit la filière. Il reste que le marché du travail ne reconnaît pas toujours à sa juste valeur la place que les filles occupent désormais dans le système éducatif.

2. Qu'entend-on par « égalité des chances » à l'école ?

- ❑ L'égalité d'accès à l'école.
- ❑ L'égalité dans les chances d'accès à des parcours scolaires.
- ❑ L'égalité devant la qualité de l'enseignement.
- ❑ L'égalité des résultats entre les filles et les garçons.

Réponse

Le principe d'égalité des chances postule pour chacun la possibilité de concourir dans une même compétition scolaire sans que les appartenances catégorielles de l'individu (sociales, sexuelles, ethniques, autres) ne puissent influer sur les chances de succès et d'accès à des qualifications scolaires relativement rares.

Ce principe est au cœur de la justice scolaire des sociétés démocratiques qui, admettant que tous les individus sont libres et égaux, acceptent la sélection de ceux-ci pour des positions sociales inégales selon leur seul mérite.

Dans la mise en œuvre de ce principe par l'école, on peut repérer trois niveaux qui chacun à leur manière tentent de concilier l'égalité de droits des élèves à disposer des mêmes opportunités en matière d'éducation et leur inégalité réelle de départ dans les pré-requis nécessaires aux apprentissages scolaires.

Le premier niveau renvoie à l'égalité d'accès à l'école qui suppose de supprimer tous les obstacles d'ordre institutionnel empêchant de généraliser à tous une éducation commune. La gratuité et la mixité de l'enseignement, la création du collège unique sont des mesures qui participent de cette égalité d'accès. Ce premier niveau de l'égalité des chances est considéré comme formel car il ignore les inégalités de départ des élèves en les supposant tous d'« aptitude » égale.

Le deuxième niveau s'attarde sur l'égalité de traitement des élèves. La variabilité des conditions d'apprentissage liée à la qualité des maîtres ou à la qualité des écoles est un facteur fortement explicatif des inégalités scolaires. Les pratiques d'orientation, de notation, de redoublement diffèrent de façon significative en fonction des caractéristiques des élèves et du contexte de la classe. Les tentatives d'homogénéiser l'offre éducative par la mise en place d'une formation pédagogique commune des enseignants ou bien par la réglementation d'une carte scolaire favorisant la mixité sociale renvoient à des tentatives de proposer à tous les élèves un enseignement de qualité équivalente tolérant en contrepartie des inégalités de résultats entre élèves.

Le troisième niveau s'attache à viser une égalité des résultats prenant en compte les différentes inégalités de départ des élèves afin que l'école puisse les compenser. L'égalité réelle des chances scolaires suppose d'introduire le principe d'équité, « donner plus à ceux qui ont moins » et justifie que les moyens employés puissent entrer en contradiction avec le principe de l'égalité de traitement des citoyens. La « discrimination positive à la française » portant sur des territoires, et non sur des individus, est illustrée par la mise en place des zones d'éducation prioritaires en 1981. Autre dispositif promouvant une égalité de résultats, jusqu'à un certain niveau de scolarité, est celui de la mise en place d'un socle commun de connaissances et de compétences (2005), puis de culture (2013) exigible de tous les élèves à la sortie du collège.

Ces trois principes, parfois contradictoires les uns des autres, coexistent néanmoins au sein d'un même système éducatif et leur hiérarchie est fonction du contexte social et politique et des niveaux d'enseignement.

3. Qu'est-ce que la théorie de la reproduction en éducation ?

- ❏ Le fait que l'école reproduise dans le temps la domination d'une même classe sociale sur les autres.
- ❏ Le fait que les enseignants reproduisent les mêmes enseignements qu'ils ont suivi.
- ❏ Le fait que les enfants d'une même classe sociale se reproduisent entre eux.
- ❏ Une théorie de l'évolution en sciences et vie de la terre (SVT).

Réponse

Pour la théorie de la reproduction, le positionnement social ultérieur de l'élève est déterminé par le positionnement social initial des parents à travers la médiation de l'école qui le classe selon un certain rang. Pour Pierre Bourdieu et Jean-Claude Passeron qui proposeront le modèle le plus élaboré de cette théorie, la corrélation statistique entre la position sociale des parents et la position des enfants dans l'espace scolaire s'explique par des différences de capital culturel et d'habitus. Ceux propres à la bourgeoisie sont les plus rentables du point de vue de la réussite scolaire car les plus proches des savoir-faire et savoir-être qu'exige l'école. Cette « inégale distance » entre classes sociales et attendus de la culture scolaire n'est pas fortuite. Elle tient au fait que le groupe social dominant, à même de contrôler l'école, définit la culture scolaire à l'image de sa propre culture. Le corpus des savoirs scolaires comme les procédures d'évaluation de ceux-ci impose comme universel un « arbitraire culturel ». En occultant ces différences sociales et culturelles au profit d'une idéologie du don, en phase avec le principe méritocratique de sélectionner les meilleurs selon leurs aptitudes, le système éducatif légitime les hiérarchies sociales et assume la fonction implicite de leur perpétuation d'une génération à l'autre.

4. Qu'est-ce que le code du savoir intégré ?

- ❏ Le code de l'éducation.
- ❏ Des connaissances disciplinaires.
- ❏ Des connaissances transversales à plusieurs disciplines.
- ❏ L'ASSR.

Réponse

Comme le souligne Bernstein dès les années 1970, le développement de l'interdisciplinarité souligne la montée en puissance d'un « code du savoir intégré » vis-à-vis d'un code du « savoir sériel ». Rappelons-en certaines caractéristiques. Dans le premier cas, les limites de l'ancrage disciplinaire du savoir sont floues ou poreuses comme le promeuvent tous les dispositifs incitant au travail interdisciplinaire à partir de questions prenant sens dans la vie sociale. Dans le second cas, une compartimentation rigide entre les savoirs est maintenue, tout comme un contrôle didactique plus strict du travail des élèves. Cette substitution des seconds au profit des premiers n'a rien d'évident pour les enseignants qui peuvent préférer les conséquences du code sériel (marge d'initiative réduite de la part de l'enseignant et de l'élève, opacité du huis-clos de la classe face au professeur seul maître à bord, soumission aux différents échelons hiérarchiques prescripteurs des savoirs à transmettre) à celles du code intégré (interactivité et remise en cause permanente dues au travail en équipe, transparence imposée des pratiques pédagogiques). Ces innovations vers plus d'interdisciplinarité ont été particulièrement prégnantes en France à partir des années 1980 comme l'illustre le rapport Bourdieu-Gros[1] dont l'objet est d'apporter une réflexion à la rénovation des contenus d'enseignement et dont le cinquième principe insiste sur cet aspect : « *Il importe de substituer à l'enseignement actuel, encyclopédique, additif et cloisonné, un dispositif articulant des enseignements obligatoires, [...], des enseignements optionnels, [...], et des enseignements facultatifs et interdisciplinaires.* »

Il s'ensuivra toute une série de dispositifs aux appellations diverses – travaux croisés puis itinéraires de découvertes en collège, travaux pratiques encadrés en lycée – jusqu'aux récents enseignements pratiques interdisciplinaires (EPI). Le développement des « éducations à » (la citoyenneté, la santé, l'environnement), tout comme la mise en place d'un socle commun où la notion de compétence est centrale, participe de la prééminence du code intégré sur le code sériel. Les partisans de ce processus se réfèrent à l'écart croissant entre le caractère global et complexe des enjeux de la vie pratique et la segmentation des savoirs disciplinaires pour justifier une approche interdisciplinaire. Seule cette dernière permettrait aux élèves de s'approprier cette complexité et de donner, par là même, du sens aux savoirs enseignés. Les opposants en dénoncent l'inefficacité sur la réduction des inégalités sociales devant l'école, voire même une de ses causes principales (Terrail, 2016). Ils appellent de leurs vœux un changement de paradigme pédagogique qui fasse de l'école un lieu exigeant d'appropriation de savoirs disciplinaires pour tous les élèves y compris pour ceux issus de catégories populaires.

5. En EPS, les garçons réussissent autant que les filles

- ❏ Vrai : en effet les barèmes sont là pour équilibre les performances et les notes.
- ❏ Faux : Les garçons réussissent davantage car ils pratiquent plus, et sont plus « physiques ».
- ❏ Faux : Les filles réussissent davantage car elles sont scolaires.
- ❏ Ni vrai ni faux.

Réponse

La réussite en faveur des garçons de l'ordre d'un point est souvent justifiée d'un point de vue biologique : les filles sont naturellement moins fortes que les garçons alors que les qualités physiques jouent un rôle prépondérant dans la performance sportive. Outre que cette dernière relève davantage d'un processus social complexe nommé « entraînement » que de l'accomplissement d'un programme génétiquement déterminé, la performance en EPS doit se situer d'abord au niveau des savoirs principalement acquis grâce à l'école. Elle dépend d'un certain nombre de facteurs qui, mal objectivés, peuvent léser les filles dans leur évaluation. Parmi ces facteurs sur lesquels l'enseignant peut agir se trouve la nature des APSA programmées. Plus celles-ci prennent en compte les registres masculins et féminins historiquement associés à certaines pratiques sportives et artistiques, plus filles et garçons peuvent être traités avec équité. Un autre facteur est celui des attentes différenciées des professeurs d'EPS envers chaque sexe, ce qui tend à accentuer les écarts sous l'effet de la prophétie auto-réalisatrice. Enfin les critères d'évaluation qui révèlent l'accès à un niveau de compétence significatif d'une APSA donnée dans un temps scolaire imparti posent la question du choix didactique des contenus à privilégier (nombre, pertinence, faisabilité) dans le curriculum d'un élève de la 6e à la terminale.

1. Rapport Bourdieu-Gros, Principes pour une réflexion sur les contenus d'enseignement, 8 mars 1989.

DEVOIR

Quels liens pouvez-vous établir entre la notion d'égalité des chances et la réussite en éducation physique et sportive (EPS)?

Il s'agit de partir de la polysémie du concept d'égalité des chances (égalité d'accès, égalité de traitement, égalité des résultats) pour mettre en évidence certaines spécificités de l'EPS dans la réussite des élèves. Celle-ci se mesure par des notes révélant des niveaux de compétence attendus dans des activités physiques, sportives et artistiques (APSA) selon un cadre national pour les épreuves certificatives. Le propos avancé analyse les inégalités de réussite entre filles et garçons dans cette discipline en mettant principalement l'accent sur la nature des activités enseignées et sur les attentes différenciées des professeurs d'EPS en fonction du sexe de leurs élèves. Cependant la question des critères utilisés pour évaluer ces compétences aurait mérité une attention plus soutenue pour interroger la part « sportive » et « scolaire » qu'ils révèlent.

1. Une discipline scolaire pas tout à fait comme les autres

Une croyance fortement ancrée dans le monde scolaire résidait, d'une part, dans le fait que la réussite en EPS n'était pas corrélée à des déterminismes sociaux et, d'autre part, que cette discipline offrait une voie privilégiée d'accomplissement pour des élèves en difficulté dans d'autres matières scolaires. Le constat de quelques cas spécifiques d'élèves soucieux de sauver leur « honneur » dans le domaine sportif grâce à l'EPS peut alimenter cette croyance mais les statistiques sont implacables.

L'étude initiale de Combaz (1992) montre que les élèves qui réussissent le mieux en EPS sont aussi ceux qui sont les plus en réussite dans leur scolarité (réussite mesurée par l'âge scolaire et par la série du baccalauréat) et ceux qui appartiennent aux milieux sociaux les plus favorisés. Mais a contrario des autres disciplines, elle révèle également que, à conditions sociales égales, ce sont les garçons qui ont de meilleures notes que les filles.

Si l'auteur note l'impact d'une pratique sportive extrascolaire, qu'elle soit institutionnelle ou autogérée, dans les différences de notation au baccalauréat entre « élèves sportifs » et « élèves non sportifs », l'enquête statistique utilisée ne lui permet pas d'apprécier la qualité et la quantité de ce « capital culturel » (types et variété de pratiques sportives, institutionnalisées ou non) en fonction des différentes catégories socioprofessionnelles. Ce sont donc des facteurs propres à l'école qui sont convoqués pour analyser les inégalités de réussite en EPS. Ainsi est d'abord mis en avant le rôle d'une programmation d'APSA ouverte qui favorise l'élévation générale de tous les élèves. Un éventail large d'APSA augmente la liberté de choix des élèves vers des pratiques qui leur correspondent en termes de motivation et de sentiment de compétence. Seulement l'autodétermination accrue des pratiques évaluées se retrouve principalement dans des établissements au public favorisé. Puis est soulignée l'importance des critères d'évaluation dans la réduction des écarts sociaux de réussite. Des critères aussi bien clairs et concrets sur le plan des apprentissages moteurs qu'éloignés du mode déclaratif (interrogation écrite, QCM) sur le plan des connaissances sont susceptibles d'atteindre cet objectif.

2. Égalité d'accès et égalité de traitement à travers la programmation des APSA

L'égalité d'accès à l'EPS est garantie pour tous les élèves du secondaire par l'État à travers des grilles horaires définies par niveau (4 heures en 6e, 3 heures pour les autres classes de collège, 2 heures en lycée). On peut cependant douter d'une égalité de traitement via la diversité des APSA proposées dans chaque établissement. Bien que cadrée nationalement par les textes de programmes de la discipline, une diversité se fait jour. Diversité qui n'est pas aléatoire mais socialement déterminée nous précise Poggi-Combaz (2002) à partir de son enquête. Les collèges de « banlieues » proposent plus souvent que les autres le tryptique athlétisme, natation, gymnastique dits souvent « sports de base » ainsi que des sports collectifs de petit terrain. À l'inverse bien qu'enseignées avec parcimonie les activités de pleine nature sont sensiblement plus présentes dans les collèges recevant un public favorisé.

Cette disparité d'offre éducative ne permet pas à tous la possibilité de bénéficier des mêmes potentialités éducatives que recouvrent chaque APSA ou famille d'APSA. Pour étayer ce raisonnement, l'auteur recourt aux travaux de Parlebas et à sa classification des situations motrices selon la présence/absence de trois critères : incertitude du milieu physique, adversaires, partenaires. La combinaison de ces critères aboutit à définir huit domaines d'actions motrices aux effets éducatifs différenciés. Ainsi les sports de base valorisés par l'institution sportive olympique et l'institution scolaire s'inscrivent dans un même domaine caractérisé par un milieu standardisé et par aucune interaction motrice avec autrui. Dans ce domaine le trait commun est l'affinement gestuel toujours plus poussé d'une technique au moyen d'une grande quantité de répétition. L'efficience du mouvement permise a pour contrepartie un contrôle et une mise en ordre du corps qui répondent au souci de discipliner les publics scolaires d'autant plus lorsqu'ils sont considérés comme « difficiles ». Les sports de pleine nature quant à eux, de par leur environnement incertain, valorisent la lecture du milieu physique et la prise de décision associée. Proposés en milieu scolaire en situation de coopération grâce à l'escalade ou à la course d'orientation, leurs vertus éducatives sur l'amélioration du traitement informationnel, la maîtrise de l'affectivité, le développement de la solidarité profitent davantage aux élèves des classes sociales les plus élevées.

3. Le levier des épreuves certificatives pour changer les pratiques

Au moment de l'étude réalisée par Cécile Vigneron (2001), les directives nationales sur l'évaluation certificative du baccalauréat imposent que les trois activités physiques et sportives choisies soient de « nature différente » sans autre précision de catégorisation. Elles permettent donc de proposer massivement des « menus » dans lesquels on retrouve uniquement des sports collectifs et des sports de raquette particulièrement défavorables aux filles. Vigneron montre par exemple, pour l'académie de Reims étudiée, que le volley-ball, le badminton et le tennis de table sont les activités parmi les plus enseignées, donc aussi les plus fréquemment associées, celles où l'écart de notation entre filles et garçons est maximum (de l'ordre de deux points). Le souci du législateur de contraindre les combinaisons d'APSA dans un sens qui soit moins défavorable aux filles se fait sentir à partir de la réforme de l'évaluation d'EPS au baccalauréat en 2002. Il est notamment précisé que trois épreuves permettent d'évaluer, parmi les compétences attendues, au moins deux des compétences relatives à la dimension culturelle[1] de l'enseignement prévu dans le programme du lycée. Les sports collectifs et les sports duels dont les sports de raquette étant rattachés à la même composante culturelle – conduire ou maîtriser un affrontement individuel ou collectif –, ils ne peuvent plus constituer à eux-seuls les supports de la certification en EPS. En ouvrant, quelque peu, l'évaluation à d'autres APSA que celles fondées sur la confrontation directe, l'écart filles garçons en voie générale, technologique ou professionnelle s'est stabilisé autour d'un point. Il n'empêche que le « menu phare » proposé (course de demi-fond, badminton, volley-ball) s'avère aussi être le plus pénalisant pour les filles. Il faut attendre la session 2013 pour le baccalauréat général et technologique (2012 pour la voie professionnelle) pour que les contraintes liées à la composition de l'ensemble certificatif se resserrent. Désormais les trois APSA présentées doivent relever de trois « compétences propres » différentes, terme qui

1. En tout cinq compétences sont retenues et déclinées comme suit par le législateur (Note de service du 12 juin 2002) : « Réaliser une performance mesurée à une échéance donnée », « Adapter ses déplacements à des environnements multiples, variés, nouveaux », « Réaliser des actions à visée artistique ou esthétique », « Conduire ou maîtriser un affrontement individuel ou collectif », « Orienter et développer les effets de l'activité physique en vue de l'entretien de soi ».

remplace les défuntes « compétences à composantes culturelles » à partir de 2009 tout en conservant la logique classificatoire des pratiques physiques en cinq grands domaines. Il n'est plus donc possible de proposer ensemble badminton et volley-ball. Ceci a eu pour conséquence une augmentation de l'offre de formation vers les activités physiques d'entretien comme la musculation, le step ou la course de durée et, dans une moindre mesure, vers la danse et l'acrosport. Ces activités plus favorables aux filles ont permis à ces dernières de combler leur retard sur les garçons qui n'est plus que de 0.6 point concernant le baccalauréat général et technologique (Rapport 2013-2014 de la commission nationale d'évaluation en EPS).

4. Effet pygmalion et effet de genre : la responsabilité des attentes des professeurs selon le sexe des élèves

Le concept de genre permet de différencier ce qui relève des différences biologiques entre sexe et ce qui, au nom de ces différences, est socialement attribué au registre du masculin et du féminin.

La performance sportive ne peut se réduire à un déterminisme biologique qui enfermerait hommes et femmes dans des inégalités naturelles. Elle est aussi le produit de facteurs sociaux dont un des plus déterminants est celui de l'« entraînement », permettant aux sportives de haut niveau, dans leurs résultats, d'être à la fois très proches de leur alter ego masculin et très au-dessus de l'homme, même sportif. Pourtant le sport reste associé au registre du masculin, il participe d'un modèle de genre véhiculé par la société, la famille, les pairs dans lequel la fille conforme est celle qui modère son activité physique ou sportive, voire la rejette.

L'EPS, participe également à la construction de ce stéréotype à travers les inégalités de réussite entre filles et garçons qu'elle génère. D'une part, en proposant massivement comme supports évaluatifs des pratiques sportives éloignées des références culturelles féminines comme les sports collectifs, les sports de raquette ou le demi-fond. D'autre part, par un effet pygmalion négatif des enseignants d'EPS. Les faibles attentes de ces derniers vis-à-vis des filles, considérées comme limitées dans leurs aptitudes et leur envie de dépassement, ont pour conséquence de rabaisser à leur égard la qualité des interventions pédagogiques favorables aux apprentissages : encouragements, conseils techniques précis, formes de groupement adapté. Ainsi sont remplies les conditions pour qu'en EPS les filles réalisent la prophétie qu'on attend de leur genre.

Conclusion

Bien que l'EPS dans ses évaluations certificatives atteste d'inégalités sociales et sexuées de réussite, il est difficile d'affirmer faute d'éléments comparatifs qu'elle est plus inégalitaire que d'autres disciplines comme les mathématiques ou le français. De même si nous avons mis l'accent sur certains facteurs propres à la discipline pouvant plus accroître que réduire ces inégalités, nous ne pouvons ignorer le fait que celles-ci sont d'abord présentes, et parfois accentuées, au sein de la société française. Une illustration peut en être donnée avec le différentiel du taux de pratique physique et sportive entre filles et garçons, entre classes sociales favorisées et classes sociales défavorisées, qui ne cesse de se creuser de l'enfance à l'adolescence.

Bibliographie

- Baudelot C., Establet R (1971), *L'école capitaliste en France.* Paris: Maspéro.
- Baudelot C., Establet R (1975), *L'école primaire divise.* Paris: Maspéro.
- Bautier E., Rayou P. (2009), Les inégalités d'apprentissage. Programmes, pratiques et malentendus scolaires, Presses universitaires de France, coll. « Éducation et société ».
- Bernstein B. (1971), « On the classification and framing of Éducational knowlege », Young M.F.D. (éd.), *Knowledge and Control*, London, Collier-Macmillan, p. 19-46.
- Bernstein B. (1975), « Classes et pédagogies: visibles et invisibles », *Études sur les sciences d'apprentissage 2*, Centre pour la recherche et l'innovation, OCDE, (texte français revu par Jean-Claude Chamboredon).
- Boudon R. (1973), *L'inégalité des chances. La mobilité sociale dans les sociétés industrielles*, Paris, Armand Colin.
- Boudon R. (1979), *La logique du social.* Paris: Hachette.
- Bourdieu P., Passeron J.-C. (1964), *Les héritiers. Les étudiants et la culture.* Paris: Éditions de Minuit.
- Bourdieu P., Passeron J.-C. (1970), *La reproduction. Éléments pour une théorie du système d'enseignement.* Paris, Éditions de Minuit.
- Bourdieu P. (1984), *Choses dites.* Paris: Éditions de Minuit
- Bressoux P. (1994), « Les recherches sur les effets -école et les effets maîtres », *Revue française de pédagogie*, 1994, n° 108, p. 91-137.
- Bressoux P., Pansu P. (2003), *Quand les enseignants jugent leurs élèves.* Paris: PUF.
- Charlot B., Beautier E., Rochex J.-Y. (1992), *École et savoirs dans les banlieues... et ailleurs.* Paris: Armand Colin.
- Cherkaoui M. (1986), *Sociologie de l'éducation.* Paris: PUF.
- Coleman J.S et al (1966), *Equality of Éducational Opportunity*, Washington DC, governement printing office.
- Combaz G. (1992), *Sociologie de l'éducation physique.* Paris: PUF.
- Combaz G. & Hoibian O. (2008), « Le rôle de l'école dans la construction des inégalités de réussite entre filles et garçons. L'exemple de l'éducation physique dans le second degré en France », *Revue Travail, Genre et Société* n° 20, p. 129-150
- Combaz G. et Hoibian O. (2014), « Éducation physique et relance de la prévention de la santé en France: un cocktail explosif? (1980-2012) », Marsault C., Cornus S (éd..), *Santé et EPS. Un prétexte et des réalités*, Paris, L'harmattan.
- Dubet F. (2004), *L'école des chances.* Paris: Seuil.
- Duru-Bellat M., Mingat A. (1988), Le déroulement de la scolarité au collège: le contexte « fait des différences », *Revue française de sociologie*, vol. XXIX, p. 649-667.
- Durkheim E. (1922), *Éducation et sociologie.* Paris: Alcan (rééd. PUF, 1968).
- Durkheim E. (1938), *L'évolution pédagogique en France.* Paris: Alcan (rééd. PUF, 1969).
- Euriat M., Thélot C. (1995), « Le recrutement social de l'élite scolaire depuis 40 ans », *Éducation et formations*, p. 41 et p. 3-21.
- Félouzis G. (1997), *L'efficacité des enseignants.* Paris: PUF.
- Forquin J.-C. (1979), « La sociologie des inégalités d'éducation: principales orientations, principaux résultats depuis 1965 », *Revue française de pédagogie* n° 49, p. 87-99.
- Forquin J.-C. (2008), *Sociologie du curriculum.* Rennes: PUR.
- Girard A., Bastide H. (1973) « De la fin des études élémentaires à l'entrée dans la vie professionnelle ou à l'université. La marche d'une promotion de 1962 à 1972. », *Population*, n° 3 p. 571-593.
- Goux D., Maurin E. (1995), « Origine sociale et destinée scolaire », *Revue française de sociologie*, XXXVI, p. 81-121.
- Grisay A. (1997), « L'évolution des acquis cognitifs et socio-affectifs des élèves au cours des années de collège », *Les dossiers d'Éducation et Formations*, n° 88.
- Harlé I. (2010), *La fabrique des savoirs scolaires.* Paris: La Dispute.
- Isambert-Jamati V. (1985), « Quelques rappels de l'émergence de l'échec scolaire comme « problème social » dans les milieux pédagogiques français », Plaisance E. (éd.), *L'échec scolaire, nouveaux débats, nouvelles approches sociologiques.* Paris: CNRS.
- Lantheaume F. (2003), « Solidité et instabilité du curriculum d'histoire en France: accumulation de ressources et allongement des réseaux », *Éducation et sociétés* n° 12, vol.2, p. 125-142.
- Merle P. (2009), *La démocratisation de l'enseignement.* Paris: La Découverte.
- Parlebas P. (1986), *Éléments de sociologie du sport.* Paris: PUF
- Parlebas P. (2008), « Domaines d'action motrice et socialisations différenciées », Dugas (éd.), *Jeu, sport et Éducation physique: les différentes formes sociales de pratiques physiques*, Éditions AFRAPS.
- Parson (1955), *Éléments pour une sociologie de l'action.* Paris: Plon.
- Poggi-Combaz M.P. (2002), « L'illusion d'une éducation corporelle commune en éducation physique et sportive », *L'année sociologique*, 52, n° 2, p. 479-505.
- Prost A. (1968), *Histoire de l'enseignement en France*, 1800-1967. Paris, Armand Colin.
- Prost A., *L'enseignement s'est-il démocratisé?* Paris: PUF.
- Rawls J. (1987), *Théorie de la justice.* Paris: Le seuil.
- Robert A. (1993), *Système éducatif et réformes.* Paris: Nathan.
- Rosenthal R., Jacobson L. (1968) *Pygmalion dans la classe, L'attente du maître et le développement intellectuel des élèves*, Paris, Casterman, [trad. 1971].
- Terrail J.-P. (2016), *Pour une école de l'exigence intellectuelle. Changer de paradigme pédagogique.* Paris: La Dispute.
- Vigneron C. (2006), « Les inégalités de réussite en EPS entre filles et garçons: déterminismes biologiques ou fabrication scolaire? », *Revue française de pédagogie*, n° 154, p. 111-124.

Sitographie

- **Commission nationale d'évaluation en EPS**
  http://eduscol. Éducation.fr/eps/examens/ComNat
- **DEPP : Direction de l'évaluation, de la prospective et de la performance**
  http://www.Éducation.gouv.fr/pid25496/etudes-statistiques-depp.html
- **ESCOL Éducation Scolarisation au sein du laboratoire CIRCEFT**
  www.circeft.org/ ?-accueil-escol-
- **GRDS : Groupe de recherche sur la démocratisation scolaire**
  http://www.democratisation-scolaire.fr/
- **IFE : Institut français de l'éducation**
  http://ife.ens-lyon.fr/ife
- **IREDU : L'institut de recherche sur l'éducation : sociologie et économie de l'éducation**
  http://iredu.u-bourgogne.fr/
- **Le café pédagogique**
  http://www.cafepedagogique.net/Pages/Accueil.aspx

SOCIO-HISTOIRE ET ÉPISTÉMOLOGIE DES APS

Jacques DUMONT
Professeur émérite des Universités en histoire contemporaine.
Professeur agrégé d'EPS.
UFR STAPS - Université des Antilles.

« Le but de l'histoire est de s'étonner de ce qui va de soi »
(Paul Veyne, *Comment on écrit l'histoire,* Seuil, 1979).

Le « sport » s'est transformé en moins d'un siècle d'une activité marginale, destinée à quelques privilégiés, à un véritable phénomène social, un ensemble sans cesse élargi de pratiques, de discours, d'espaces et de temps dédiés, que tout un imaginaire a banalisé. Le sport a envahi nos quotidiens. Comment est-on passé d'un délassement d'abord réservé à quelques nantis, à une activité estimée d'intérêt public dont la non-pratique est même considérée aujourd'hui comme une forme de déficience ?

Plusieurs sciences sociales contribuent à expliquer cette transformation majeure de notre société. Elles sont là pour nous aider à réfléchir à la construction de ce qui constitue nos réalités, s'étonner de ce qui semble aller de soi. Classiquement on les divise en disciplines dont l'on pourrait schématiser, voire ici, ***caricaturer*** (c'est à dire exagérer délibérément les traits marquants pour mieux faire comprendre) les apports :

- L'histoire, comme approche dans le temps (diachronique) d'un phénomène social,
- La sociologie, comme étude à un moment donné (synchronique) des relations sociales
- L'anthropologie, pour l'étude des invariants humains et leurs déclinaisons suivant les différentes cultures,
- L'ethnologie pour le regard distancié, comparatif qu'elle permet ou oblige,
- L'économie pour les phénomènes de distribution, de production, de consommation,
- La géographie pour l'étude de l'espace et la constitution de territoires,
- L'archéologie, étude de vestiges matériels, est utilisée également comme méthode examinant différentes strates accumulées au cours du temps,

Toutes ces approches font appel à l'épistémologie, à la fois comme réflexion critique sur la constitution et le fonctionnement des savoirs disciplinaires, mais également sur leurs interactions.

Des approches hybrides (socio-histoire, anthropologie historique, socio-anthropologie) tentent de dépasser ces divisions instituées, tout en prenant en considération les différentes méthodes qu'elles ont développées et les outils qu'elles fournissent. L'histoire des hommes en société croise nécessairement plusieurs approches sans que les frontières construites entre les disciplines soient toujours nettes ou pertinentes. L'histoire gagne ainsi à utiliser des outils de la sociologie, en envisageant par exemple chaque configuration temporelle comme un ***champ***. Un champ est un espace polarisé par des rapports de force, dans lequel la position qu'occupent les différents acteurs contraint en grande partie ce qu'ils peuvent faire ou pas. Cette approche renvoie à ce qu'on peut appeler l'espace des possibles, comme la période renvoie à celui du pensable : les problèmes dépendent, en amont des solutions trouvées, des façons de les envisager. Or, on ne peut comprendre une période passée en y projetant notre point de vue actuel. C'est ce qu'on appelle commettre un anachronisme, faute majeure pour une approche historique. Une bonne question à poser est plutôt : qu'est ce qui était possible, pensable à tel moment, quelles marges de manoeuvre avaient les acteurs, quelle(s) position(s) occupaient-ils, sur quoi et comment pouvaient-ils alors agir ?

L'histoire n'appartient pas au monde des causalités mécaniques. Dans l'analyse rétrospective, on doit prendre en considération un ensemble de conditions qui rendent possible (mais non inéluctable) un événement. Si un seul ingrédient manque, comme en chimie, la « réaction » n'aurait pu se faire ou bien fort différente.

Mais pourquoi l'histoire est-elle enseignée en STAPS ? Autrement dit (***reformuler la question est une façon de reposer le problème, de faire un pas de côté pour l'envisager autrement***) Pourquoi les apports de l'histoire sont-ils jugés indispensables, quel que soit l'avenir professionnel auquel se destine l'étudiant ? Quels sont-ils ? Poser cette question n'est pas anodin : en effet certains savoirs apparaissent plus immédiatement utiles, ou plus « légitimes » que d'autres. S'interroger sur cette présence est donc déjà une façon de rentrer dans la logique historienne qui consiste à interroger ce qui est, à comprendre ce qui nous a mené à la situation actuelle.

Les études en STAPS préparent à la vie professionnelle, quelquefois par le biais de différents concours de recrutement. Or, tous ceux de la fonction publique (enseignement, mais aussi administration, douanes, impôts, etc.) comportent une première épreuve d'écrit où l'histoire occupe une place primordiale. Elle est souvent dite de « culture générale ». C'est le terme choisi notamment pour le concours de recrutement des professeurs de sport. Ceux d'éducation physique et sportive, qui ne dépendaient pas jusqu'en 2020 du même ministère, passent le certificat d'aptitude à l'enseignement, le CAPEPS qui impose une « Dissertation portant sur les fondements sociohistoriques et épistémologiques de l'éducation physique et des activités physiques, sportives et artistiques (APSA) ». Il est bien précisé que « l'épreuve a pour but d'évaluer la capacité du futur enseignant à situer son action professionnelle au regard des permanences et des transformations de l›éducation physique ». Nous retiendrons ici le poids accordé aux changements - ou non, dans le temps, ce qui les influence, et donc à la place accordée aux dynamiques de l'histoire.

En France comme dans nombre de pays, l'importance accordée à l'histoire est liée à l'idée que connaître le passé permet de mieux comprendre et agir sur le présent. Le site *Hérodote.net* (en référence au grand historien grec) qui propose « toute l'histoire en un clic », la définit au passage par cette utilité « L'Histoire, autrement dit l'exploration du passé, nous aide à entrevoir d'où nous venons... et où nous allons. » On pourrait néanmoins en contrepoint citer Confucius, et paraphraser ce qu'il dit de l'expérience, la comparant à une lanterne qu'on porte dans le dos et qui n'éclaire que le chemin déjà parcouru…

Si l'histoire permet effectivement de faire la genèse de phénomènes (contemporains ou non), et d'analyser comment on en est arrivé là, elle observe souvent que les choses ne se passent comme prévues, voulues, imaginées. C'est dire que le rôle de l'histoire n'est pas de retracer quelque chose d'inéluctable, comme si hier menait obligatoirement à la situation d'aujourd'hui, ou celle de demain, mais bien au contraire d'examiner différents possibles à un moment donné, de (re) mettre en perspective les oublis, les débats, conflits et luttes entre plusieurs conceptions, de retracer les positions d'acteurs individuels ou collectifs. C'est pourquoi l'histoire appartient au domaine des sciences sociales : elle travaille sur les questions de relations, de pouvoirs, de rapports de force, quelquefois dissimulés ou peu visibles. Elle essaie donc d'appréhender des ENJEUX - terme clé et objectif majeur de l'analyse - qui peuvent changer suivant la période, les contextes, les acteurs. Elle n'est pas là pour porter des jugements rétrospectifs en disant ce qu'il aurait fallu faire, ou prospectifs, voire prescriptifs - ce qu'il faudrait faire - mais tente d'examiner les différents points de vue pour les resituer dans leur environnement temporel, social, culturel.

On pourrait ainsi rappeler ce que l'histoire n'est pas (ou n'est plus).

- Faire de l'histoire ne se résume pas à une accumulation de dates, de hauts faits (découvertes, inventions, victoires…) ou des actes de grands personnages. L'histoire n'est pas une visite de musée avec des galeries qu'il suffirait d'arpenter pour connaître le passé. Il ne s'agit donc pas d'accumuler des connaissances mais plutôt de les utiliser explicitement pour comprendre et expliquer, les mettre en perspective pour montrer quelque chose.
- Contrairement à une idée fort répandue, (les fameuses « leçons du passé »), l'histoire ne donne pas de conseils ou d'instructions. Les origines de cette croyance, solidement ancrée, viennent sans doute d'une époque où l'histoire officielle était destinée à forger le citoyen et à renforcer l'idée nationale. Tout au contraire, l'histoire dans sa dimension scientifique et épistémologique invite à la prudence, à l'humilité : c'est justement parce que les choses se passent rarement comme prévues, que l'histoire est nécessaire.
- Ainsi l'histoire n'est pas seulement l'étude du passé ou même la science du passé, comme une définition tend à l'enfermer. Elle travaille sur le temps, c'est à dire aussi ses usages. Elle examine donc les relations changeantes entre passé, présent, futur. La fin du XIXe siècle, et

les années 1960 étaient délibérément tournées vers l'avenir, et même le passé semblait devoir inéluctablement y mener. Aujourd'hui, l'avenir est devenu beaucoup plus incertain. C'est le présent, l'immédiat qui organise notre relation au temps, ce qui n'empêche pas (paradoxalement ?) l'inflation des formes mémorielles ou patrimoniales, et les besoins de repères.

La question de l'utilité (ou des utilités) de l'histoire est ancienne. Elle ouvre l'ouvrage d'un des plus importants historiens français, Marc Bloch disparu en 1944, *Apologie pour l'histoire ou métier d'historien,* de nombreuses fois republié et largement commenté. La question est régulièrement reprise. L'émission « La fabrique de l'histoire », sur France culture en a même fait un thème pour l'année 2010 et a publié sous forme d'entretiens quarante-trois réponses d'historien(ne)s. Il y a donc inévitablement une pluralité de points de vue. L'histoire est une pratique sociale dynamique qui dessine un vaste champ dans lequel on peut toutefois souligner quelques convergences.

- La première est que les usages même de l'histoire, les conceptions de son utilité, se transforment dans le temps.
- Ses conceptions varient également dans l'espace social. L'histoire a longtemps été écrite par les vainqueurs, les puissants ou leurs scribes laissant alors dans l'ombre les sans-écriture, les sans-voix, plus largement les dominés. Des « contre-histoires » ou des histoires populaires se développent. Pour le dire différemment ces travaux concernent plus les gens « ordinaires » que les dirigeants ou notables, ce que l'historien Christophe Charle appelle joliment « une histoire au ras des hommes ») En tous cas, les historiens corrigent les points de vue, renouvellent les questionnements, les méthodes, et proposent des objets d'investigation auparavant négligés ou ignorés.
- L'histoire est donc une discipline, qui comme ses voisines universitaires, scientifiques, est toujours en évolution. Mais elle s'écrit et se pense toujours à partir de son époque, avec les questions que la société pose alors (ou au contraire tend à passer sous silence). Dans ce sens, toute histoire est toujours « contemporaine » comme l'écrivait **Gramsci.**

Les références utilisables ne se limitent pas au seul domaine des STAPS ! Mais comment caractériser ce penseur ? Philosophe, homme politique, révolutionnaire ? Il est quelquefois difficile d'enfermer un itinéraire dans une seule catégorie, comme de se contenter d'une définition unique ou définitive (voir premier élément de compétence).)

- L'histoire, en amont des connaissances apportées est une activité intellectuelle exigeante. C'est une forme de résistance nécessaire face aux simplifications, aux raccourcis, aux tentatives d'instrumentalisation, de réécriture ou de négation du passé. Le grand écrivain argentin Jorge-Luis Borges alléguait que la principale permanence de l'histoire était dans les tentatives pour l'abolir. Car l'histoire dérange : elle peut bousculer des idées établies ou des « pré-jugés ». Elle permet de distinguer la rumeur du fait, l'opinion de l'analyse. À l'âge des « *fake news* » et de la « post-vérité », elle permet d'interroger la véracité des informations, fournit des outils et même une méthode critique pour les vérifier. Dans une société de l'immédiat où celles-ci sont de plus en plus envahissantes sans laisser de temps à l'analyse, l'histoire offre de les prendre avec distance. Ce qui est présenté comme inéluctable, ayant toujours existé, « naturel » ou au contraire entièrement nouveau, doit d'abord et toujours INTERROGER.

Le psychiatre (martiniquais devenu algérien) **Frantz Fanon** conclut son ouvrage *Peaux noires, masques blancs*, par cette formidable exhortation : « Ô mon corps, fais de moi toujours un homme qui s'interroge ! »

L'histoire met en perspective nombre de nos présupposés, de nos croyances. **Durkheim**, père de la sociologie, voulait faire de celle-ci à la fin du XIXe siècle, « la science des institutions », les définissant alors comme « l'ensemble des croyances et des comportements institués par la société ». Nietzsche dans *Le Gai-savoir* avait insisté : « Quelque importance qu'il puisse y avoir à connaître les vrais mobiles qui ont fait agir l'humanité jusqu'à nos jours, il est peut-être encore plus important pour qui cherche la connaissance, de savoir quels sont ceux auxquels l'homme a pu croire ». Il est donc en histoire autant question de faits, de pratiques, d'actes, de discours que des CROYANCES, des REPRÉSENTATIONS, (ce qui a longtemps été appelé des « mentalités ») qui les nourrissent.

Ce chapitre ne prétend pas résumer l'ouvrage *Sociohistoire et épistémologie des APS*, qui couvre des enseignements jusqu'au master, mais il souhaite plutôt introduire à cette approche, la compléter en initiant à la logique du travail en histoire des APS. Le parti pris ici est de traiter l'histoire comme s'il s'agissait d'une langue « étrangère », ce qui permettra d'insister sur des outils de base et des instruments concrets et directement utilisables. Ce chapitre est divisé en deux parties. La première concerne un moment particulier et se situe autour de la naissance des STAPS, prétexte ou tremplin pour aborder par l'exemple quelques grandes bases de l'approche historienne. La seconde - apprendre suppose de stabiliser des connaissances - les croisera et les étendra en examinant ce qu'un « objet » singulier (dans le sens également de support de recherche), le vélo peut nous apprendre de la formation des activités physiques et sportives de la fin du XIXe siècle à leur extension et redéploiement aujourd'hui. Ces deux parties sont accompagnées de plusieurs encarts méthodologiques, et encadrées par des ***éléments de compétence*** en histoire : définir, commenter un document, transformer des connaissances en arguments, construire une bibliographie. L'approche historique sollicite et développe des capacités qui ne reposent pas sur des dons ou des aptitudes, mais bien des outils à travailler. Des exemples de traitement de documents sont ainsi exposés.

Ce chapitre insistera beaucoup sur l'articulation entre les réponses et les questionnements qui les amènent. Les reformulations sont donc particulièrement importantes. Elles sont repérables par les formules : ***autrement dit, en d'autres termes…*** qui permettent chaque fois de préciser la réflexion, la réorienter, la réorganiser.

Les objectifs de cette contribution nécessitent de différencier les outils pour en favoriser l'exercice.

- Les guillemets entourent toujours une citation. Ils peuvent aussi servir attirer l'attention sur un mot, une expression qui méritent distance et réflexion
- Les éléments en **gras** indiquent qu'une recherche complémentaire est nécessaire, et en tous cas bienvenue. Elle peut concerner des noms propres, des personnages clés, des notions ou toute autre base susceptible d'approfondissement.
- Ceux en ***gras et en italique*** concernent des outils méthodologiques ou invitent à les employer.
- des mots soulignés attirent l'attention sur des liaisons, des procédés d'écriture.
- Des mots en MAJUSCULES insistent sur des points jugés importants, des thèmes récurrents, quelques « mots clés » de la démarche..
- Des encadrés développent des éléments particuliers. Ouverts à partir du texte, ils permettent d'approfondir un élément ou d'en évoquer de nouveau. S'ils peuvent donner l'impression de détourner momentanément du sujet, il est toutefois conseillé d'y revenir, comme d'ailleurs sur cette introduction, en fin ou au fil de la lecture.

Premier élément de compétence

DÉFINIR : UNE NÉCESSITÉ

Le sport fait aujourd'hui tellement partie de nos quotidiens que l'objet lui-même semble se passer de précision. Pratique sociale largement répandue, elle serait à l'évidence comprise et partagée par tous. Pourtant l'ampleur même du phénomène, ses différentes dimensions et manifestations invitent à la réflexion. Ses variations dans l'espace social (on ne pratique pas tous les mêmes activités) et dans le temps, engagent à la prudence. Ce qu'on entend par « sport » doit donc toujours être précisé, délimité, défini. Ses définitions sont multiples et beaucoup restent souvent implicites. Allen Guttmann, en 1978 (*From Ritual to Record, The Nature of Modern Sports,* traduction française 2006) attirait l'attention sur la nécessité de caractériser ce phénomène en fonction de la présence d'un certain nombre d'éléments distinctifs, comme :

- l'obsession du record,
- la performance mesurée ou hiérarchisée,
- la spécialisation de la pratique,
- la bureaucratisation (institutions, fédérations) et la rationalisation (normes, règlements, jauges, catégories…) qui en découlent.

- La même année, au congrès international de l'HISPA, Pierre Bourdieu jetait les bases d'une approche sociologique du phénomène, qui sera repris sous le titre « Comment peut-on être sportif ? », dans son ouvrage *Questions de sociologie*, (Les Éditions de minuit, 1984, p. 173-195).
- Pierre Parlebas dans sa *Contribution à un lexique commenté en science de l'action motrice* (INSEP, 1981) définit le sport comme « ensemble des situations motrices codifiées sous forme de compétition et institutionnalisées. » Périodiquement, des mises au point sont proposées, mais la banalisation et l'extension des pratiques dites sportives en modifient les interprétations. Devant la prolifération des usages, Donald Guay a tenté de proposer de l'ordre dans ce qu'il a désigné comme un « brouillard conceptuel » (Guay Donald, *La culture sportive*, Paris, PUF, 1993). En 2004, Richard Giulianotti a fait le point des conceptions « du sport » à l'aune d'approches reconnues des sciences sociales (*Sport and modern social theorists*, New York, Palgrave, 2004).

La définition donnée ne peut être isolée de l'activité de délimitation en tant que démarche, pour bien préciser ce dont on parle.

En 1667, Spinoza, dans *L'Éthique*, notait que « la plupart de nos erreurs consistent en cela que nous ne donnons pas correctement leur nom aux choses ». L'on doit à Jacques Defrance d'avoir porté un regard sociohistorique sur les enjeux des définitions du sport (Defrance J. *Sociologie du sport*, La Découverte, 1995). Il rappelle notamment que définir, c'est toujours INCLURE ET EXCLURE, ***autrement dit*** tracer des frontières. Il convient donc d'examiner comment, dans un champ de rivalités et de concurrences, des individus ou des groupes contribuent à donner existence à un objet, le « sport ». Il faut alors prendre en compte à la fois les pratiques privilégiées ET les raisons avancées, ***en d'autres termes*** les tentatives pour les légitimer.

Une constante des définitions données par les acteurs du sport eux-mêmes, c'est qu'elles sont souvent présentées comme neutres, apolitiques, faisant fréquemment référence à une ESSENCE prétendue du phénomène (pour exemple Moller V. et Mauright J. (dirs.) *The Essence of sport*, University Press of South Denmark, 2003), comme s'il n'était pas une ***construction*** sociale. Le sport est ainsi souvent présenté comme très ancien, voire constitutif de nos sociétés, même les plus antiques. La « preuve » en serait les jeux olympiques, « rénovés » par le baron de Coubertin à la fin du XIXe siècle. Il ne faut pourtant pas confondre la légende entourant cette mise en place et son analyse. Car cette réinvention prend place et consistance en pleine période industrielle, de croyance dans le « progrès ». Les possibilités de l'homme semblent illimitées, et les performances sportives en offrent une traduction en acte, et un modèle éducatif alors à répandre.

Ces activités physiques privilégiées ont particulièrement été développées par et dans la première puissance mondiale d'alors, la Grande-Bretagne et son empire, donnée par beaucoup comme référence. Le sport est donc à resituer dans un contexte qui lui donne sens.

Le travail en sciences sociales est justement d'échapper à tout ***fatalisme historique***, tout ***déterminisme sociologique,*** en montrant comment des réalités sociales se sont construites, diffusées, apparaissent aujourd'hui « naturelles », allant de soi.

Impossible en tout cas aujourd'hui d'échapper au sport, à la compétition et au cortège de « valeurs » qui non seulement l'accompagnent et le sous-tendent, mais sont largement propagées, et finalement incorporées à travers ce rayonnement. Beaucoup de définitions en ont été le support et pourraient ainsi servir d'illustration. Celle qu'en donne Jean Dauven dans le contexte *a priori* particulier du Régime de Vichy en 1942, qu'il reprendra pourtant dans ses nombreux ouvrages suivants, souligne cette continuité. Il célèbre implicitement la pérennité linéaire du phénomène sportif : « avec un grain d'ingéniosité, tout historique remonte en pente douce jusqu'aux âges d'avant les métaux » (Dauven J., *Le Sport,* Paris, PUF, 1942, p. 5.) Cela lui permet d'insister sur un détachement supposé des contextes politiques, sociaux, culturels : « Le sport est un divertissement à l'issue incertaine qui met à l'épreuve suivant des règles fixes les qualités du corps et de l'esprit, dans le but de situer la valeur physique de celui ou de ceux qui s'y adonnent » (*id.,* p. 33). Les propos apparaissent pourtant beaucoup moins neutres quand on s'attache à leur mise en perspective contextuelle : la France occupée, la « Révolution nationale ». Les permanences - réelles ou revendiquées - sont évidemment des pistes de réflexion dans un monde qui bouge, comme à l'inverse, l'emphase à voir des ruptures ou annoncer du « nouveau » (Passeron J.-C. « Attention aux excès de vitesse : le nouveau comme concept sociologique », *Esprit*, « Le nouvel âge du sport », 1984.)

Une des difficultés de l'analyse de l'objet sportif tient à ce qu'il alimente une mythologie, ***c'est***-à-***dire*** un discours prétendument explicatif mais participant à sa propre légitimation. De ce fait il est profondément enraciné dans nos propres croyances. Cet obstacle ouvre en retour de vastes pistes d'investigation. Toute histoire du « sport » doit ***explicitement*** délimiter le phénomène pour bien circonscrire le domaine d'études. Mais peut également (***doit*** ?) prendre pour objet les définitions et donc les dynamiques de légitimation suivant les époques et les acteurs.

Pour exemple, si l'on prend la définition proposée par le baron de Coubertin en 1922, « culte volontaire et habituel de l'exercice musculaire intensif appuyé sur le désir de progrès et pouvant aller jusqu'au risque », et à la même époque celle de Jean Prévost (*Plaisir des sports*, Gallimard, 1925) caractérisant le sport comme un « exercice méthodique et hygiénique du corps humain en vue d'accroître sa force, son adresse, sa beauté et développer l'énergie de sa volonté tout en délassant l'esprit », on mesure que le même mot peut recouvrir des représentations bien différentes. Il peut aussi faire appel des activités diverses et des fonctions hétérogènes, voire contradictoires.

Au même moment, Georges **Hébert**, fondateur de la méthode « naturelle » affirme dans *Le sport contre l'éducation physique* en 1925 : « Le sport est toute activité physique ayant pour but la réalisation d'une performance et dont l'exécution repose essentiellement sur l'idée de lutte contre un élément défini, une distance, une durée, un obstacle, une difficulté matérielle, un danger, un animal, un adversaire et par extension contre soi-même » Pour comprendre ces différences, mais aussi ce qui malgré tout les réunit, il faut resituer ces définitions dans un contexte qui l'éclaire, qui lui donne sens. Ainsi, Georges Hébert, comme chaque promoteur ou acteur, propose là sa propre vision. Il donne sa définition d'un sport selon lui « vrai », qu'il juge utile socialement, et donc polyvalent, en conformité avec la devise de sa méthode naturelle : « être fort pour être utile ». Il condamnera à de nombreuses reprises et notamment dans la revue qu'il dirige : *Éducation physique*, la spécialisation sportive et ses méfaits, les « champions d'inutilité » comme après les jeux olympiques de Berlin en 1936. À l'inverse, Coubertin, aristocrate défend une conception très élitiste du « sport », insistant sur la violence nécessaire, « le plaisir des forts ou ceux qui veulent le devenir ».

Si le terme sport est « à présent utilisé pour identifier une culture du mouvement prise dans toutes ses dimensions » comme l'écrivait Jurgen Palm en 1994 dans la *Revue Éducation physique et sport*, il n'en a pas toujours été ainsi et il faut rester vigilant sur LES USAGES BANALISES D'UN MOT. Nombre de pratiques physiques, ludiques, de (re)mise en forme ou d'expression ne se retrouvent pas nécessairement dans les définitions liées à la performance et aux institutions contrôlant le « sport ».

L'emploi du terme activités physiques et sportives permet ainsi de mieux insister sur la variété de celles-ci, à la fois dans le temps et les différents espaces, géographique, social, culturel. Si les sigles APS ou APSA - et ce qu'ils désignent, sont aujourd'hui largement utilisés et compréhensibles en STAPS, ils sont néanmoins d'usage récent. Le terme même d'activité physique et sportive est complètement inexistant au début du XXe siècle, où l'on parle alors plus de « gymnastique » sans que le sens actuel de ce vocable puisse y être projeté.

Le langage est un élément central du travail en sciences sociales. « Les individus qui détiennent le privilège de définir les identités, les problèmes et les normes sociales imposent ainsi les enjeux que doivent prendre en considération tous les acteurs de la société. C'est la raison pour laquelle les questions de nomination, de désignation et de catégorisation sont au cœur des préoccupations de la socio-histoire » avertit Gérard Noiriel dans son *Introduction à la socio-histoire* (La Découverte, 2006, p. 6). Il faut donc toujours bien préciser de quoi l'on parle. Mais il ne suffit pas de définir, dans le sens de donner une traduction actualisée : les mots, les notions, les concepts doivent être resitués dans le contexte de leur emploi, toujours au carrefour d'enjeux. Il faut les aborder non comme des vérités inéluctables, des évidences, mais bien des constructions sociales. Il convient alors non pas de tracer une ligne menant inévitablement d'hier à aujourd'hui à travers les mots, mais plutôt de reconstruire un itinéraire avec ses aléas trop souvent effacés par le but (provisoirement) atteint.

Chapitre 1

1975, UN TOURNANT POUR LES STAPS ?

Que se passe-t-il donc en 1975 qui mérite ou permette qu'on en fasse un moment fondamental pour les STAPS une date–clé, qui délimite un avant et un après, marque la bascule dans une autre période, ou constitue la charnière entre deux époques ?

Moment, date, époque : les historiens travaillent sur le temps et s'interrogent donc sur des événements, les moments, les périodes qui permettent de découper celui-ci. Les dates n'ont de sens que mises en perspective. Les transformations (ou non) et les continuités (ou non) de tel phénomène sont à la base du travail en histoire. Tournant, rupture, résurgence, le mode de changement, le type d'évolution doivent ainsi chaque fois être caractérisés.

Un fait, une date, un événement sont nécessaires mais non suffisants. Le découpage temporel, quel qu'il soit, doit toujours s'accompagner d'une caractérisation thématique de la période retenue.

Pour justifier donc le choix de cette date, 1975, comme de n'importe quelle coupure retenue, on peut s'appuyer sur des **indicateurs,** autrement dit des éléments de connaissance choisis justifiant sa particularité, son intérêt et que l'on va utiliser pour prouver et convaincre – même ceux qui ne l'avaient pas envisagé. Parmi les « raisons » pour ***retenir*** cette date une première est qu'elle marque la mise en place du DEUG STAPS. Il est entériné par l'arrêté du 11 avril 1976 qui confirme la création et annonce la reconnaissance ultérieure des STAPS. Elle correspond à un changement conséquent dans la façon d'enseigner et d'envisager les APS. Cette année coïncide également avec la loi Mazeaud qui fait de l'éducation physique et du sport une « obligation nationale », au moment où la loi Haby et la mise en place du collège unique achèvent la mise en place du système scolaire entamée au début des années 1960.

Comme on le voit, il est donc difficile de prendre l'année 1975 sans la remettre dans tout son contexte : celui des « années 1970 », (qui peut débuter après mai 1968) et d'examiner cette « configuration » particulière. La notion de configuration a été avancée et précisée tardivement par Norbert Elias à partir de ses travaux sur le football. Là où le spectateur regarde le jeu, le sociologue privilégie « une approche configurationnelle de l'étude des tensions et des conflits » (Elias N. & Dunning E., Le sport ou la violence maîtrisée, 1994, p. 265.

Norbert Elias, né en Allemagne en 1897, a travaillé en tant que sociologue principalement sur ce qu'il a appelé le processus de civilisation. Ses écrits sont parus très tardivement en France. Il est en STAPS surtout connu pour son ouvrage co-rédigé sur le sport, avec une importante introduction de l'historien Roger Chartier (***qui permet d'en bien resituer le contexte***). Ces précisions ne sont pas données pour impressionner le lecteur, ou faire savant, mais parce qu'elles peuvent apporter un supplément, une ***plus-value*** à la compréhension, à la mise en perspective.

La notion de configuration permet de dépasser les notions de structure (qui étaient alors très centrales en sciences humaines et sociales) ou d'interaction (jugée alors trop vague), pour insister sur les réseaux d'interdépendance. Elle permet de plus de s'affranchir de la coupure simpliste posée entre individu et société. Pour les sciences dites sociales, tout individu est un être qui ne peut être isolé complètement du collectif.

La notion de configuration (ou pour l'histoire, de moment, de période) permet de souligner que les événements d'une époque n'ont pas tous la même importance, ni la même incidence. Il convient donc de retenir ceux qui semblent plus particulièrement éclairants. C'est là où l'explication (***dans son sens étymologique de déplier***) devient fondamentale, il ne s'agit pas seulement d'exposer des faits, ou de les juxtaposer, mais bien de les relier EXPLICITEMENT. Pas de déterminisme donc comme si tel événement provoquait inévitablement tel phénomène, mais l'examen d'un faisceau de conditions qui le rende possible.

Il est donc inutile de faire une liste de tout ce qui se passe dans ces années, on sélectionne au contraire des éléments jugés significatifs, pour lesquels on doit exposer les relations construites

Les années 1970, ou la fin des certitudes

Dans la préface du volume correspondant à cette décennie, de l'encyclopédie Bordas *Mémoires du XXe siècle*, publiée en 1999, l'historien Serge Bernstein souligne le « choc entre deux phénomènes, à la fois simultanés et contradictoires. D'une part la poursuite du mouvement de contestations des valeurs et des normes des sociétés industrielles, inauguré à la fin des années soixante [...] D'autre part un phénomène apparu au début des années 1970 qui sape les bases de la société nouvelle née de la croissance : la crise économique révélée par les deux chocs pétroliers. » Autrement dit, le climat social, culturel, qui suit les mouvements de 1968 rencontre une interrogation montante sur les modèles de croissance. Le rapport du Club de Rome en 1970, réunissant scientifiques, industriels et économistes, *The limits to growth,* est traduit en français en 1972 sous le titre *Halte à la croissance?* Le premier « choc pétrolier » en 1973 sert souvent à marquer la fin d'une croissance qu'on pensait jusque-là illimitée. Le produit national brut (PNB) a cru en moyenne de 5 % par an de 1952 à 1973. Si cet indicateur rend compte d'un niveau de richesse nationale, d'autres éléments signalent des retombées plus effectives au niveau individuel : en 1959 un rapport officiel indique que les salaires ont connu une progression de +3,8 % par rapport aux prix. Cela se traduit par une relative augmentation du « niveau de vie ». En 1954 les Français consacraient 50 % de leur budget à l'alimentation, 20 ans plus tard, cette part est tombée à 25 %. Les besoins que l'on disait primaires laissent place à d'autres possibles. « Une fois les besoins essentiels de nourriture et de vêtements satisfaits, l'homme en vient à attacher plus d'importance à son genre de vie qu'à son niveau de vie » précise **Jean Fourastié,** (*D'une France à l'autre*, Fayard, 1987), esquissant ainsi une nouvelle notion. Celle de « pouvoir d'achat » indique bien qu'une société dite de consommation s'est largement installée, dans un environnement qui connaît un autre bouleversement considérable : quatorze ans d'espérance de vie gagnée en moins de trente ans ! On vit statistiquement plus vieux et mieux.

Cette période de grands changements correspond à la fin ***des dites*** « Trente glorieuses », expression reprise du titre d'un ouvrage du même auteur (Fayard 1979), dont le sous-titre « *ou la révolution invisible* » indique bien les bouleversements opérés dans la société française depuis la fin de la Seconde Guerre Mondiale. Fourastié avait écrit une « *Histoire de demain* » et dessiné « *La civilisation de 1975* » dans des ouvrages parus aux

Presses universitaires de France, respectivement en 1956 et 1967. Cet économiste, journaliste au *Figaro*, anime également des émissions de télévision. C'est l'un des grands prêtres de la célébration du « Progrès », ce *Grand Espoir du XXe siècle* pour reprendre le titre d'un autre de ses ouvrages consacrés à ce thème. Sa vision, toujours très documentée, mais optimiste et ascensionnelle de l'histoire est aujourd'hui largement contestée et remise en perspective (Pessis C., Topçu S. et Bonneuil C., *Une autre histoire des trente glorieuses, Modernisation, contestations et pollutions dans la France d'après-guerre*, La Découverte, 2013). Ce qui prend fin avec cette période, ***ou en tous cas se fissure***, c'est la croyance dans une croissance illimitée et la certitude d'une société nécessairement meilleure. Le « PROGRÈS » est questionné. L'avenir semble brusquement devenu improbable.

Les problèmes économiques, qui vont aboutir à des cours du pétrole multipliés par neuf depuis le début de cette décennie ont pour origine des connexions très fortes avec des événements politiques, la guerre du Kippour en 1973, et l'effondrement du régime du Chah en Iran en 1979. Dans le même temps, « l'émergence » des pays d'Asie commence à faire basculer le centre du monde. La première puissance mondiale, les USA, déjà secouée par le scandale du Watergate en 1974 qui a amené la démission du président Nixon, perd la guerre du Vietnam en 1975.

Les événements, rapportés ou mis en scène par les medias ne rendent pas toujours compte des réalités. En 1975 a lieu la première poignée de main dans l'espace entre cosmonautes états-uniens et soviétiques. Cette forte symbolique laisserait entendre ou espérer un monde de coopération, ouvert. Pourtant cette même année le dissident soviétique Sakharov n'est pas autorisé par son pays à aller recevoir le Prix Nobel de la paix qui vient de lui être attribué. La fin de la guerre au Vietnam ne fait que déplacer les affrontements idéologiques entre les deux grandes puissances d'alors. La guerre froide continue et les terrains de sport sont aussi un des lieux d'affrontement. Des événements en apparence extérieurs ou exogènes aux activités physiques peuvent néanmoins y retentir.

Des analyses et positions radicales se multiplient. En France, le gaullisme, jusque là dominant, est en reflux. Lors des élections présidentielles de 1974, le nouveau président de la République, Valéry Giscard d'Estaing bat de seulement 425 000 voix le candidat de l'Union de la gauche, François Mitterrand. Le premier candidat écologiste, René Dumont a appelé à une autre société, plus respectueuse des individus et de la nature. Entre 1974 et 1975, treize nouvelles centrales nucléaires sont lancées par EDF. Le nouveau président de la République, prétend incarner modernité et jeunesse, il prône « une société libérale avancée », et fait appel à Raymond Barre, déclaré « le meilleur économiste français » comme premier ministre. Margaret Tatcher imposera une économie de marché généralisée au Royaume uni à partir de 1979, justifiant par l'intransigeance des applications de sa politique libérale son surnom de « dame de fer ».

Le « sport » continue pourtant d'incarner la foi dans un avenir meilleur. Un colloque international, organisé par la Fédération sportive et gymnique du travail (la FSGT, d'orientation marxiste) est ainsi organisé en mai 1975. Il donne lieu à une publication *Sports et Progrès de l'homme*. Le thème *Sport et développement humain* est repris la même année par les Éditions sociales. Mais l'introduction « Remettre en cause ou en question » souligne bien les interrogations montantes, même pour les inconditionnels de la compétition comme moteur de progrès.

La crise des certitudes idéologiques est profonde. La foi en la croissance est entamée, comme celle des espoirs dans un monde meilleur. Les croyances engendrées d'un côté par le communisme et une plus équitable répartition des richesses ou de l'autre par l'augmentation de celles-ci par un capitalisme débridé ne font plus recette. Bernstein souligne ainsi la « recherche tâtonnante de nouvelles valeurs » ou « de nouvelles transcendances susceptibles de fournir des repères à un monde où l'effondrement des vieilles certitudes n'a pas laissé place à des cadres nouveaux dans lequel inscrire le devenir ».

Sur ce socle d'incertitudes, les débuts du septennat de Valéry Giscard d'Estaing installent l'abaissement de la majorité civile et électorale à 18 ans, soulignant ainsi la PLACE DES JEUNES (invitation à chercher d'autres ***indicateurs*** de cette présence…). L'autorisation du divorce par consentement mutuel, la dépénalisation de l'avortement - la loi Veil abrogeant alors celle en vigueur depuis 1920 – commencent à repenser celle des FEMMES. Plusieurs éléments convergent dans le sens d'une meilleure (ou moins mauvaise) prise en compte de cette question.

- Le 2 décembre 1974, une nouvelle loi autorise la délivrance de la pilule contraceptive aux mineures, sans nécessiter l'autorisation de leurs parents. Elle garantit l'anonymat et la gratuité dans les centres de planification familiaux. Ce nouveau texte vient parfaire la loi Neuwirth du 28 décembre 1967 qui légalisait l'utilisation de la pilule.
- Un secrétariat d'État à la Condition féminine est créé le 16 juillet 1974. C'est Françoise Giroud qui est nommée.

Ces faits, bruts donnés sans explications, n'apprennent rien. Ils évoquent une décision législative et une nomination. Comme dit précédemment, les faits ne parlent pas d'eux-mêmes : il faut les ***expliquer***, les mettre en perspective, les ***commenter***, autrement dit articuler connaissances et explication, savoirs et sens donné. En rassemblant plusieurs éléments de connaissances (référence : site internet du Sénat), on peut lui apporter un peu de ***plus-value*** et ouvrir des pistes de commentaires.

– Bien que la journaliste Françoise Giroud, membre d'un autre parti politique (le parti radical) et ayant appelé à voter pour François Mitterrand, le nouveau président de la République Giscard d'Estaing la choisit pour devenir la première secrétaire d'État à la Condition féminine, ce sont donc *a priori* les qualités et la notoriété de Françoise Giroud qui lui valent sa nomination. Le choix s'est porté sur une personnalité reconnue du monde de l'information, en prise donc sur l'actualité.

– Elle est la cofondatrice du magazine « l'Express » avec Jean-Jacques Servan-Schreiber. Directrice de la publication, elle est considérée comme l'une des meilleures journalistes de sa génération. Elle donne alors visibilité et légitimité aux questions d'égalité des sexes, fortement agitées par les mouvements féministes. Dans une interview au magazine *Elle*, Françoise Giroud avait déclaré : « Les femmes sont une catégorie à part et ce qu'il faut arriver à faire justement, c'est qu'elles cessent de l'être ».

– Le libellé du secrétariat État (qui n'est toutefois pas encore un ministère de plein exercice comme celui des Droits des femmes qui sera établi en 1981) marque une première étape de reconnaissance. Le décret de nomination précise que « Mme Françoise Giroud, secrétaire d'État auprès du Premier Ministre est chargée de promouvoir toutes mesures destinées à améliorer la condition féminine, à favoriser l'accès des femmes aux différents niveaux de responsabilité dans la société française et à éliminer les discriminations dont elles peuvent faire l'objet ».

Non seulement cette nomination peut marquer un tournant dans la prise en compte de la moitié infériorisée de la population, mais la question des APS y est associée, puisque le développement du « sport féminin », fait partie des cinq priorités et axes annoncés par la secrétaire d'État en octobre 1974. La place des femmes dans le sport est-elle vraiment en train de changer ? Le 16 mai 1975, la Japonaise Junko Tabei, est à 36 ans, la première femme à arriver au sommet de l'Everest, 22 ans après l'exploit d'Edmund Hillary et Tenzing Norgay. Mais cela suffit-il à renverser des décennies d'habitudes et à marquer des changements pour la population ? Il faudra ainsi encore des années pour montrer que les femmes semblent avoir une meilleure adaptation à la très haute altitude, et accèdent à des pratiques traditionnellement réservées aux hommes (rugby, saut à la perche…)

L'histoire n'est jamais mécanique et appelle toujours à la NUANCE. Malgré ces évolutions, les rôles féminins et masculins peinent à basculer. Si la place des femmes commence à se transformer, on peut relativiser les changements. La **loi Veil** ne passe ainsi qu'à une très faible majorité. Elle est de plus adoptée à titre provisoire le 17 janvier 1975. Elle sera toutefois reconduite en 1979. Mais il faut attendre 1978 pour qu'un premier procès attaquant pour viol manifeste soit gagné. On pourrait utiliser pour un autre indicateur, une entrée, culturelle, comme la chanson datant de 1975 d'Henri Tachan, intitulée Les Z'hommes (à chercher sur internet). Elle donne une bonne idée, par la critique acerbe, des comportements masculins alors largement dominants. L'actualité sociale débutée au tournant de l'année 2017-2018 (mouvement me too) montre malheureusement que la question est toujours d'actualité.

1975, une configuration particulière pour les APS

Plusieurs éléments convergent, soulignant la place nouvelle accordée au corps et ses prises en charge.

Outil : la frise chronologique

Une frise est un instrument que l'on construit progressivement au fil de l'avancée des connaissances et qui va servir pendant toutes les études. Une frise chronologique est un tableau toujours en construction. Représentation linéaire du temps, elle porte les dates sur l'axe vertical (ou horizontal) et est organisée en plusieurs entrées (par exemple APS, école, société), ou en catégories (évènements sportifs, EPS, textes officiels, sciences, événements politiques, culturels…) Elle constitue un tableau de connaissances factuelles complétées au fur et à mesure des cours et des lectures. Elle permet de situer et croiser des événements, de les mettre en relation, d'établir des liens, de dessiner des réseaux. ATTENTION : on ne prévoit jamais assez de place, ni d'entrées !

C'est donc à la fois un outil et une **étape indispensable dans la construction et l'organisation des connaissances**. La frise rassemble et met en correspondance des données suivant une échelle chronologique : « événements », faits, chiffres, de domaines différents, quelquefois sans autre rapport qu'une contiguïté temporelle. Car le fait qu'il se passe ceci ou cela en même temps, ne veut pas dire qu'il y a un rapport de CAUSALITÉ, que l'un implique obligatoirement l'autre, ni même qu'une CORRÉLATION permette d'établir une relation entre les deux éléments évoqués. Mais en les réunissant, en les alignant, vous ouvrez la possibilité, et la nécessité de construire explicitement des liens. Si la première étape est de rassembler des connaissances, la suivante consiste à transformer des connaissances en de possibles arguments. Il faut donc construire des relations, exposer les liens, les EXPLICITER.

La « naissance » des STAPS

Les guillemets mis à ce faire-part sont là pour rappeler qu'il s'agit d'une première étape. Elle commence à aligner les études anciennement d'éducation physique, (réalisées dans les UER d'EPS ou les CREPS) sur les autres matières universitaires. 1975 marque plus précisément les débuts du DEUG STAPS, suivi de la création de la licence (Arrêté du 7 juillet 1977), puis de la maîtrise en 1981. La reconnaissance des Sciences et techniques des activités physiques et sportives comme 74e section universitaire en 1982, ouvre cette fois sur des thèses dans cette nouvelle discipline. Cette création des STAPS intervient suite aux mouvements étudiants de mai 1968 et à la nomination d'Edgar Faure comme ministre de l'Éducation nationale. Les IREPS ont été transformé en UER d'EPS, dans le sillage d'une revendication ancienne de demande d'alignement par des cadres de l'EPS. La reconnaissance universitaire se fera par cette intégration progressive, et la normalisation scolaire par le rattachement direct au ministère de l'Éducation nationale en 1981 qui conduira à la mise en place d'une agrégation en 1982. À partir de cette date les enseignants d'EPS disposent des mêmes parcours que ceux des autres disciplines scolaires.

Mais on pourrait aussi considérer que l'origine des STAPS est bien antérieure, et remonterait à 1927 avec la fondation des premiers instituts régionaux en éducation physique, les IREP, qui consacrent une volonté ancienne d'asseoir les connaissances sur des bases scientifiques. Toutefois cette mise en place ne marque pas une véritable autonomie, car l'enseignement se fait alors sous la tutelle de la médecine, qui détient les savoirs dominants sur le corps : anatomie et physiologie. Les IREP dépendent tous de facultés de médecine. Ils sont de plus tous dirigés par un professeur de médecine, apportant une caution scientifique que les enseignants d'éducation physique sont alors loin d'avoir. Leur courte formation initiale - la plupart n'ayant pas le baccalauréat - leur parcours principalement militaire, dans la certes fameuse **École de Joinville**, l'objet même de leur savoir, les exercices du corps beaucoup moins noble que les disciplines intellectuelles « justifient » leur position et leur salaire inférieurs, ainsi que leur tutelle.

Non seulement la place des médecins est renforcée au sortir de la Grande Guerre où il s'agit de « rebâtir la race », autrement dit la nation, mais ils représentent alors par leur importance numérique, la deuxième profession à l'assemblée parlementaire, après les hommes de loi. Ils sont donc en position de pouvoir et bien placés pour diriger tout ce qui concerne les corps. En 1927, Georges Hébert, inventeur et promoteur de la **Méthode naturelle** écrira dans sa revue *Éducation physique*, un retentissant « Médecins halte-là », article signant la volonté de se démarquer de cette tutelle et des modèles imposés. On pourrait y voir les débuts d'une corporation, celles des enseignants d'activités physiques cherchant à exister, à affirmer leurs spécificités. Pour autant les liens avec la médecine et les sciences de la vie restent longtemps (et encore) dominants comme l'attestent de nombreux indices.

EXERCICE

Les rechercher, et détailler les liens que vous construisez.

À partir de 1975, les unités de formation et de recherche (UFR) des STAPS vont progressivement ouvrir des domaines d'intervention jusque là concentrés sur l'éducation physique scolaire. Elles remplacent les unités d'enseignement et de recherche (UEREPS). Au delà des appellations, elles vont permettre une inscription universitaire de l'enseignement et de la recherche. Celle-ci n'existait auparavant qu'en théorie dans le sigle même des UER. Elle ne se faisait que dans les laboratoires de l'école normale supérieure d'éducation physique et sportive (ENSEPS), qui accueillait ce qui était considéré comme l'élite des enseignants d'EPS. Avec la multiplication du nombre d'enseignants, seuls ceux considérés comme les « meilleurs » c'est-à-dire ayant réussi à un concours très sélectif, y accédaient. Cette École normale supérieure ou plutôt ces écoles - puisque filles et garçons sont séparés jusqu'en 1969 (***pourquoi le préciser ? Comment utiliser cette séparation ?***) - prolongeaient l'école normale d'éducation physique (ENEP). Celle-ci mise en place en 1933 formera dans un premier temps des « instituteurs délégués à l'éducation physique ». C'est dire que comme pour toutes les écoles normales, la dimension pédagogique prédominait. Or, cette mise en place des STAPS, coïncide également avec la fin de l'ENSEPS.

Il y a donc bien avant les STAPS et à l'origine de la formation supérieure en EPS, une tension constitutive entre les dimensions scientifiques, que certains pensent qu'il suffirait d'appliquer, et les dimensions pédagogiques de transmission et d'appropriation des savoirs. Cette opposition recoupe la bipartition initiale de l'école en deux filières, l'une réservée à une petite élite, l'autre pour le plus grand nombre (voir Préface et plus loin dans cet ouvrage.)

Les ENSEPS ont constitué un haut lieu de formation où se sont développées des recherches spécifiques sur les activités physiques et leurs enseignements.

Le 5 juin 1969, un décret signé par le sous-secrétaire d'état chargé de la jeunesse et des sports annonce la fin du recrutement de l'ENSEP. Les dernières promotions regroupent femmes et hommes, sur le site de l'Institut national des sports (INS), 11 rue du Tremblay à Paris. La réunion en une seule ENSEP ne signe toutefois pas l'uniformité des formations et les pratiques physiques resteront ainsi longtemps distinctes en fonction ***du sexe, ou du genre*** prêté aux activités.

Cette fin programmée intervient pourtant dans un contexte de forte activité de recherche. Plusieurs publications, revues (*Annales de l'ENSEPS*), exposés de recherches sortent au début des années 1970 sous le label ENSEPS. La plupart de ses enseignants, à l'origine professeurs d'éducation physique, avaient poursuivi ou repris des études, quelques-uns en médecine, discipline dominante jusqu'à la fin des années 1950. Au tournant des années 1960-70 ce sont les sciences de l'éducation, plus en rapport avec les thématiques développées dans ces années, qui attirent les enseignants voulant faire de la recherche. La compréhension de l'individu en mouvement ne peut plus se satisfaire des seules analyses anatomiques ou physiologiques classiques. La 14e promotion de sessionnaires recrutée pour 1975-1977 souligne la poussée des sciences humaines et sociales : le thème de recherche est « Le développement des activités physiques, sportives et de loisir : recherche et analyse des facteurs sociologiques ».

L'augmentation du nombre d'étudiants en EPS, l'alignement souhaité sur le milieu universitaire, les décisions politiques, la place accordée au sport comme activité de compétition, ne permettent plus la survie de cette structure qui disparaît en 1975. La fusion politiquement programmée avec l'INS donne naissance à l'INSEP, l'institut national du sport et de l'éducation physique. La place de la performance y est désormais centrale : son but est de former les athlètes de haut niveau et les cadres des fédérations sportives.

Les objectifs visés, retenus, font souvent oublier les débats, les compromis nécessaires ainsi que les pertes qui accompagnent souvent leur réalisation. Un des objets de l'histoire et des sciences sociales, est de comprendre pourquoi finalement les choses ne se passent jamais vraiment tout à fait comme prévu. Le travail ne consiste donc pas à décerner des bons ou des mauvais points, ni à supputer ce qui aurait pu être, mais cherche plutôt à comprendre ***comment*** et ***pourquoi*** les choses se sont passées.

Un moment institutionnel

En 1975 la loi Haby parachève l'installation du système scolaire. Avec le « collège unique », tous les élèves sont désormais supposés passer par les mêmes étapes (le primaire, puis le collège), à la différence de l'école de Jules Ferry où la séparation se faisait en amont entre les deux réseaux le primaire/professionnel où était cantonné l'immense majorité de la population et le secondaire/supérieur. L'avènement du « système scolaire » débute en 1959 avec la réforme Berthoin qui porte l'âge de la scolarité obligatoire à 16 ans. Les écoles primaires supérieures et les cours complémentaires qui permettaient à des élèves du primaire de prolonger leurs études sont transformés en collèges d'enseignement généraux (CEG). La réforme, qui se poursuit avec Fouché en 1963 et la mise en place des collèges d'enseignement secondaire, répond à la fois au souci d'adapter l'école aux nouveaux besoins professionnels et à une demande ancienne d'ÉGALITE DES CHANCES. Les espoirs sont pourtant vite déçus. Des travaux de sociologie comme ceux de **Bourdieu et Passeron** ou **Baudelot et Establet**, montrent rapidement que l'école continue de sélectionner en fonction de l'origine sociale. Loin de combler les déficits initiaux, elle les exacerbe. **Antoine Prost**, grand spécialiste de cette histoire en souligne bien les effets : la scolarisation devient ainsi « un lent processus de résignation progressive ». Loin d'apporter l'égalité attendue, le collège unique risque donc de renforcer les inégalités initiales et la réforme est rapidement fortement contestée.

La question n'est pas sans résonances pour l'EPS, qui représente le lieu privilégié d'inculcation des « bons » comportements, physiques. Car il s'agit toujours d'y former le futur citoyen. Les objectifs assignés suivent étroitement les définitions ou conceptions de la citoyenneté, du possible soldat de la fin du XIXe siècle à l'individu espéré « autonome » d'aujourd'hui, en passant par toutes les fluctuations d'une bonne SANTÉ, toujours prise à l'interface des dimensions physiques, intellectuelles et sociales. Cette éducation physique concerne en théorie tous les élèves puisque discipline obligatoire dès 1869, c'est-à-dire avant même les lois d'obligation scolaire de 1881. Mais en pratique, si les lycées disposent effectivement d'enseignants spécialisés, seuls 639 sont recensés juste avant la seconde guerre mondiale. C'est le réseau primaire qui accueille alors l'immense majorité de la population scolaire, soit près de quatre millions d'élèves au début des années 1930 contre seulement 120 000 dans le secondaire, qui dispose alors de ses propres classes primaires. Autrement dit, l'immense majorité des élèves n'a accès à une éducation physique qu'à travers la bonne volonté des instituteurs. Leur formation dans ce domaine est à proportion des matières jugées fondamentales. La mise en place du système scolaire et le passage au collège unique consacrent donc la généralisation de cette éducation physique désormais pour tous. Les courbes de pratiquants suivent d'ailleurs assez fidèlement cet encouragement et cette découverte scolaire.

1975, c'est aussi la loi Mazeaud, « relative au développement de l'éducation physique et du sport » qui consacre une orientation compétitive et libérale. L'introduction du texte pose ainsi d'emblée un principe : « la promotion du sport constitue pour tous, personnes publiques et personnes privées, une **obligation nationale** », dont les implications sont bien exprimées dans l'article 3 : « Dans l'enseignement du premier et du second degré, tout élève bénéficie d'une initiation sportive. Cet enseignement est gratuit et à la charge de l'État. »

Le projet de loi, annoncé le 2 juillet 1974, avait déjà provoqué beaucoup d'oppositions. Il est même *a priori* contesté par le Comité National Olympique et sportif Français, rapporte dans son édition du 6 janvier 1975, *Le Figaro*, journal pourtant favorable au gouvernement. L'introduction du secrétaire d'État à la Jeunesse et aux Sports, dans la brochure « Un projet de loi pour le sport » (mars 1975) préfère insister sur ce « phénomène social économique et culturel qui prend une importance croissante dans la vie des nations ». Il justifie l'intervention de l'État par les dangers rencontrés : « dans le même temps, la mécanisation et l'urbanisation menacent en profondeur la santé de notre civilisation. Devant cette situation, le législateur est appelé à préciser de nouveaux droits et de nouvelles obligations à la fois pour reconnaître la valeur du sport, le protéger contre ses propres déviations et développer sa pratique. Ainsi conçue, la promotion du sport n'est pas une fin en soi, elle contribue directement à l'amélioration de la qualité de vie. »

Ces présentations (introduction de textes officiels, « exposé des motifs »), sont toujours des justifications de la politique menée. Il s'agit donc de les prendre avec des pincettes méthodologiques et de la distance critique, en analysant, les différents registres employés, les « arguments » utilisés. Le commentaire de document est un outil de base des savoirs faire historiens (voir la partie Deuxième élément de compétence).

Lier la promotion d'une activité de performance et la qualité de la vie est loin d'être neutre. Elle participe d'une volonté d'implanter les activités physiques de performance comme référence de l'éducation physique. On peut considérer que cette loi est l'aboutissement de la politique entamée dans les années soixante, les dimensions compétitives étant alors largement privilégiées. Pourtant en 1976, une enquête du ministère de la Jeunesse et des Sports révèle que les élèves lors de l'éducation physique scolaire recherche en priorité « une détente en plein-air, une distraction et se maintenir en forme ». La performance ou la compétition n'intéressent que 6 % des garçons et 1 % des filles. Malgré ces attentes et le développement de nouvelles activités physiques liées notamment au plein-air et aux activités dites d'expression, la trilogie « athlé, gym, sports-co » continue d'être à la base des séances d'EPS.

C'est néanmoins la seconde partie de l'article cité de la loi qui va particulièrement inquiéter le SNEP, syndicat national de l'éducation physique, car l'enseignement « est donné soit par des enseignants, soit sous la responsabilité pédagogique de ces derniers, par des éducateurs sportifs. » La crainte, en l'absence de moyens suffisants accordés est qu'une partie de cette éducation scolaire se trouve déléguée et reléguée en dehors de l'école. Les Centres d'animation sportives (CAS), mis en place par une circulaire du 1er juillet 1972 en ont concrétisé le risque. Ils sont relancés par toute une série de circulaires entre 1973 et 1975. Les CAS sont dirigés par un enseignant d'EPS mais font appel à des brevets d'État pour l'encadrement des activités physiques. Le but est clairement de pallier aux déficits d'encadrement scolaire. Pour appliquer les horaires légalement prévus et assurer les 5 heures d'EPS dans le premier cycle et 3 heures dans le second, il aurait ainsi alors fallu selon les prévisions du VIe **Plan**, 60 000 enseignants d'EPS ! En 1969 ils sont 17 000 et 22 391 en 1975. La moyenne des heures effectivement assurées est de 2 heures. La Circulaire du 9 septembre 1971 réduit l'éducation physique scolaire à trois heures dans le premier cycle, et deux dans le second. Le nombre de postes au CAPEPS diminue à partir de ***1973***. Le taux des étudiants admis au CAPEPS chute en 1974. Alors qu'il représentait encore 50 % en 1972 où 1 050 postes étaient ouverts, en 1975 ceux-ci ne sont plus que 350 pour plus de 3 000 candidats.

À l'école élémentaire, les 6 heures d'EPS inscrites dans le 1/3 temps pédagogique lancé en 1969 sont très loin d'être appliquées. La 3e **loi-programme**, prévue pour 1971-1975 n'est exécutée qu'à 60 %, faute de budget consacré.

Le SNEP, par son bulletin de juillet 1975, déclare ne se faire « aucune illusion sur la volonté du pouvoir d'adapter l'EPS à la pénurie budgétaire » et lance une réflexion sur « L'EPS luxe ou nécessité ? »

Une interrogation montante sur l'éducation physique et le sport

L'encouragement aux activités sportives privilégie un modèle social, culturel, clairement exprimé dans les instructions officielles de 1967 : « le sport cherche à accroître par le travail acharné les possibilités de l'homme ». La « sportivisation » de l'EP scolaire autrement dit le recours à des contenus principalement compétitifs, s'accentue par le biais d'une forte volonté institutionnelle, traduite en différents vecteurs : la présence aux examens et concours, la formation et le recrutement des enseignants d'éducation physique et plus largement des divers encadrants d'activités physiques, les installations privilégiées. La présence sportive se répand également à travers la médiatisation toujours plus forte et les modèles d'APS privilégiés. Cette montée en puissance des pratiques et des valeurs compétitives bénéficie de convergences politiques. En juin 1975, les parlementaires communistes déposent une proposition de loi et un « plan d'urgence pour sortir le sport français de la crise ». Ils demandent le doublement du budget de la Jeunesse et des sports. Le parti communiste participe pleinement à l'incitation sportive. Dans le cadre de la guerre froide et de la division ouest-est du monde (cf. 1975 ou la fin des certitudes), les résultats sur les stades sont censés afficher l'excellence du système défendu, communisme *versus* capitalisme. Par le biais de ses relais, notamment la FSGT, les différents leaders sportifs d'obédience communiste en France s'emploient à promouvoir ce qu'ils considèrent comme la plus haute réalisation physique de l'homme. « Les APSPN doivent être considérées comme une composante essentielle de la culture » trouve-t-on dans la *revue EPS* n° 148, en 1977. En d'autres termes, cette orientation compétitive portée par les activités physiques sportives et de pleine nature, doit être enseignée. **Maurice Baquet** chantait les louanges d'une *Pédagogie sportive* pendant et au sortir de la guerre. Pour **Robert Mérand** : « le débutant s'éduque puisqu'il s'approprie le geste juste du champion » (*Mouvement* n° 6, 1971).

Les effets quant aux pratiques corporelles privilégiées inquiètent au contraire d'autres acteurs très engagés dans l'éducation physique scolaire. Dès 1967, **Pierre Parlebas** signait ainsi une série d'articles dans la revue EPS (n° 85-86-87-88) dénonçant « L'éducation physique en miettes ». Il y soulignait la juxtaposition de techniques sportives tenant lieu de méthode : l'EPS serait « un polypier de techniques ». Or, selon lui, « ce n'est plus la technique, le savoir-faire qui deviennent fondamentaux, mais bien l'élève qui les utilisent ». « Le regard se détache du mouvement pour s'orienter vers l'être qui se meut. » Les sciences humaines apportent de nouveaux éclairages. Le recours à la notion « d'éducation corporelle » (Rioux G. et Chappuis R., *Les Bases psychopédagogiques de l'éducation corporelle*, Vrin, 1968) espère centrer celle-ci sur le rôle déterminant de l'expression. L'époque est marquée, au-delà des divisions de méthodes et d'approches par un rejet généralisé du **dualisme**. Le corps ne peut plus être séparé de l'esprit, ni lui être assujetti. On en trouve trace jusque dans les IO de 1967 qui affirment « L'EPS agit sur un individu conçu dans sa totalité ». L'approche mécaniste ne peut suffire à rendre compte de la complexité de la motricité d'un individu. « Comportement moteur », « conduites motrices », ces nouvelles appellations rendent compte d'un changement de perspective. L'appel à un autre regard sur le corps en mouvement correspond à une contestation montante du sport compétitif et des modèles majoritairement utilisés.

Les racines lointaines d'une méfiance voire d'un rejet connaissent dans les années 1970 une actualisation contestant une présence devenue alors envahissante, démesurée. Claude Pujade-Renaud, dans son ouvrage de 1975 intitulé *Expression corporelle, langage du silence*, voit le sport comme une « partie intégrante mais non suffisante d'une éducation corporelle ». **Jean Le Boulch**, réaffirme en 1977 dans *Face au sport* : « rien n'est possible dans le sport de compétition sans une formation corporelle préalable ». Mais alors que les plus modérées ne rejettent le sport qu'en tant que modèle unique, les critiques les plus virulentes s'attaquent au modèle de société que ces pratiques répandent.

Les risques d'une pratique sportive intensive sont depuis longtemps dénoncés. La contestation des dangers physiques et moraux est ancienne. « Abuser du sport c'est d'abord forcer la machine humaine en lui demandant une activité démesurée en intensité ou en durée : c'est aussi accorder au sport dans l'échelle des valeurs une place qui ne lui revient pas » prévenait *L'Éducateur physique*, en 1930 ajoutant, « même chez les athlètes, l'abus du sport par la spécialisation à outrance n'est pas exempte de dangers ». À la même époque, Hébert en accord avec sa conception du « sport » et sa devise dénonçait, suite aux jeux olympiques de Berlin, « Des champions d'inutilité » dans sa revue *Éducation physique* en 1936. Car la contestation ne vise pas les seuls dangers physiques, elle touche également aux « valeurs » d'une société, alors inquiète de la montée de l'individu au détriment du collectif, de l'exaltation de la performance et de ses icônes. Les activités dites d'expression se développent dès la fin des années 1960 sous l'impulsion d'enseignantes d'EPS désireuses de changer de modèles d'enseignement. Claude Pujade-Renaud, cherche à partir de ces activités à « mettre en question l'idéologie et les méthodes de l'EP » et « Contrebalancer la primauté de la compétition » comme elle l'annonce dans son article de la revue *Esprit*, en 1975.

La contestation du sport se fait plus virulente, touchant explicitement au refus de l'instrumentalisation du corps. Le rejet d'un corps machine, s'accompagne d'une récusation de la normalisation, de la standardisation des pratiques et plus largement d'un rapport au corps maîtrisé ou « métrisé » c'est-à-dire réduit aux seules dimensions d'une performance mesurable. Le désaveu touche alors les conceptions même d'une pratique, institutionnellement privilégiée. Le long titre de la contribution de Pierre Parlebas dans l'ouvrage collectif *Questions et réponses sur l'EPS* (ESF, 1979), « Pourquoi fait-on pratiquer le plus souvent des jeux de fédération ? Ont-ils une valeur supérieure aux jeux traditionnels ? » donne un aperçu des domaines de remises en cause. L'auteur y dénonce un modèle de société pyramidale, méritocratique, qui « inscrit dans le comportement moteur les normes désirées de l'affrontement et de la concurrence ».

L'espace d'une critique politique du sport a été ouvert par un petit ouvrage paru à la fin des années 1960 chez Maspero, éditeur militant : *Partisan* n° 43, *Sport culture et répression*, 1968. G. Berthaud, dénonce dans le chapitre « Éducation sportive et sport éducatif :

« La morale de l'effort sportif sert dans tous les cas à cautionner l'existence du labeur qui attend l'enfant. C'est elle qui permet de justifier moralement dès l'école le travail comme contenu même de la vie. » La critique la plus virulente ou la plus aboutie dans le même opuscule vient toutefois de la plume de **Jean Marie Brohm** qui incarne jusqu'à aujourd'hui l'opposition radicale, dénonçant sans relâche *Les meutes sportives* (L'Harmattan, 1993) et cet « opium du peuple » (*La tyrannie sportive. Théorie critique d'un opium du peuple*, Beauchesne, 2006), qui endort les masses et annihile les luttes sociales.

Cette critique est quelquefois appelée freudo-marxiste du sport, en référence à l'utilisation explicite du marxisme associée à des auteurs proches de la psychanalyse et prônant la libération sexuelle, comme **Marcuse** et sa théorie de la sublimation répressive, ou **Wilhelm Reich**, dont *La Lutte sexuelle des jeunes*, est republié en France par Maspero en 1972. Le livre initialement paru en 1932 en Allemagne, analysait et luttait alors contre la montée du fascisme, Reich y développait le concept de « peste émotionnelle », repris par Brohm dans l'un de ses ouvrages pour étudier le football (avec Perelman M., *Le football, une peste émotionnelle*, Folio, 2006).

Cette critique radicale, approfondie par les nombreux travaux et publications ultérieures permet de caractériser les points clés d'une « théorie critique du sport » (Brohm JM, *Le corps analyseur: essai de sociologie critique*, Anthropos, 2001). Elle est basée sur le quadruple refus:

- du rendement, moteur de l'exploitation capitaliste
- de la compétitivité et son hyperspécialisation comme signe de l'aliénation
- de la mesure, réduisant l'être humain à sa production, sa performance
- de l'institution sportive comme Appareil idéologique d'État. Cette notion, créée par **Louis Althusser**, est véhiculée par une période propice à la contestation radicale des modèles établis.

À l'orée des années 1970, l'étude du ou des pouvoirs devient une vaste entreprise de démythification, destinée à combattre une foule d'idées reçues, ou d'examiner justement comment elles sont instituées, données comme seules légitimes et tenues pour vraies, « incorporées ». **Michel Foucault**, qui s'est lancée dans « *L'Archéologie du savoir* (Gallimard, 1969) scrute ces mécanismes dans tous les domaines. Il « *révolutionne l'histoire* » selon l'ajout de Paul Veyne en 1979 à son ouvrage *Comment on écrit l'histoire*, (Seuil 1971). Les prises en charge du corps sont alors vues comme une vaste « entreprise d'orthopédie sociale » avec la « mise sous contrôle des moindres parcelles de la vie et du corps, dans le cadre de l'école, de la caserne, de l'hôpital ou de l'atelier » (Foucault M., *Surveiller et punir, Naissance de la prison*, Gallimard, 1975)

Le corps, nouvel objet de société

On peut dire qu'à partir des années 1970, le sport devient un objet d'affrontement politique. On en retrouve trace dans nombre d'exemples, comme les mouvements de boycott de grandes manifestations sportives qui s'amplifient. Mais plus largement les années 1970 sont marquées par la présence nouvelle du corps.

La poussée de la jeunesse a contribué à propulser ces questions sur le devant de la scène. L'amélioration des conditions de vie – à relativiser suivant les classes sociales et les espaces – amène une interrogation sur les genres de vie et la contestation de modèles établis. Le « principe de plaisir » issu de la psychanalyse freudienne envahit la société. Hédonisme, érotisme, désirs de libérations en tous genres n'empêchent toutefois pas les récupérations et les enfermements. Baudrillard ne s'y trompe pas qui fait du corps finalement « le plus objet » de *La société de consommation* (Denoël, 1970).

Parmi les nombreux indices permettant de souligner cette place nouvelle, les interrogations ouvertes et les domaines abordés, on peut s'arrêter dans un premier temps sur la place inédite du corps dans les ouvrages et revues.

Le corps : un nouveau domaine éditorial

La revue *Esprit*, de philosophie politique, propose en ***1975*** un numéro entièrement consacré à l'éducation physique. Pour la première fois une revue « intellectuelle », non corporatiste, c'est-à-dire ne visant pas les enseignants d'EPS ou les entraîneurs, mais un public s'intéressant à l'actualité politique analysée avec recul, prend l'éducation physique comme objet de réflexion. Celle-ci n'est plus seulement affaire de spécialistes, ni espace acceptable de dressage ou de mimétisme. Ce qui est interrogé c'est bien la question de la formation, de ses modèles. Sur les treize contributions d'enseignants formateurs d'EPS (un seul est enseignant en établissement scolaire), la plupart interviennent à l'ENSEPS. On dénombre un médecin, deux agrégés et un docteur en philosophie, une agrégée de lettres et six docteurs en sciences de l'éducation. Cette présence constitue un indicateur en forme de preuve de la baisse d'influence de la médecine au profit des sciences humaines et sociales. Les sciences de l'éducation perdront, à la fin des années 1980 leur récente hégémonie, puisque la majorité des thèses concernant les activités physiques seront alors directement soutenues en STAPS. Dans le numéro évoqué, l'éducation physique telle qu'elle se présente en 1975, est disséquée. L'« itinéraire d'un concept » (Bernard M. Pociello C. et Vigarello G.), est retracé, jusqu'à son « accouchement laborieux » (Thibaut J.), pour mieux interroger en quatrième partie, son avenir, mais « Quel avenir ? » (Faillet P. et Denis D.) On le voit la question centrale est bien celle des modèles. Ceux utilisés jusqu'ici ne peuvent convenir et tous, aussi prometteurs soient-ils doivent désormais être interrogés.

La revue *Quel corps ?* sort également en ***1975***. Son fondateur est Jean Marie Brohm. Il propose de se livrer à une à une mise à distance critique des pratiques physiques dominantes. L'approche remet fondamentalement en cause le rapport au corps instrument et performant, dès le premier numéro où un poster en double page représente un corps bodybuildé sur lequel a été collée une tête de bébé. Le commentaire est sans équivoque : « finissons-en avec ce corps qui sent la mort. » La revue se lance dans une « analyse critique de toutes les pratiques corporelles existantes » et surprend certains en 1977 en proposant un numéro disséquant et attaquant les usages des pratiques d'expressions, qui bénéficient pourtant alors de la place positive d'un contre-modèle, alternatif aux pratiques sportives compétitives.

Sans avoir cette radicalité, la place du corps dans la société fait l'objet de nombreuses publications échelonnées depuis 1972, où paraît un ouvrage de **Michel Bernard** au titre très sobre : *Le Corps*. Il marque pourtant un élargissement fondamental de la réflexion bien au-delà des frontières biologiques ou médicales jusque-là privilégiées. Le vivant ne peut être réduit aux seules lois physico-chimiques.

Dans sa thèse de médecine, soutenue en 1944, mais publiée seulement en 1966, *Le Normal et le pathologique*, Georges Canguilhem, philosophe et médecin, rappelait que « L'homme, même physique, ne se limite pas à son organisme » (PUF, p. 133). La **phénoménologie** envisageait le corps comme « être au monde ». Les dimensions psychologiques, symboliques, culturelles, politiques renouvellent et élargissent les approches du corps au tournant des années 1970.

La quatrième de couverture de cet ouvrage (***toujours importante à consulter puisqu'elle résume et insiste sur les enjeux marketing de publication***) annonce le lancement de la collection intitulée « Corps et culture ». Elle affirme : « Si vraiment le corps est le symbole dont use une société pour parler de ses fantasmes, une telle collection permettra de les dévoiler, d'en saisir le sens et du même coup de dénoncer l'exploitation mystificatrice actuelle du thème corporel ». Comme l'avertit la page de présentation d'ouvrages ultérieurs : « Cette collection réalise le projet évoqué par Michel Bernard en conclusion de son livre sur « Le Corps », à savoir : faire l'analyse des pratiques corporelles et des discours qu'elles suscitent pour mettre à jour les processus idéologiques qui les gouvernent. » Les titres montrent bien l'étendue du renouvellement.

- M. Bernard, *Le Corps*, 1972
- D. Denis, *Le Corps enseigné*, 1974
- JM Brohm, *Corps et politique*, 1975
- M. Bernard, *L'Expressivité du corps*, 1976
- JM Brohm, *Sociologie politique du corps*, 1976
- G. Vigarello, *Le Corps redressé*, 1978
- Coll, *Quelles pratiques corporelles maintenant?*, 1978

Le dernier volume signalé, collectif, résume la question devenue centrale. Comme le souligne dans cet ouvrage Jean Marie Brohm, « ce qui semble dorénavant en jeu c'est le militantisme concernant les pratiques corporelles » (p. 176)

Dans le même temps, les bases de l'analyse du journalisme sportif sont posées, bien présentées par Jules Gritti (*Sport à la une*, Armand Colin, 1975). Ce professeur à l'école de journalisme de Lille ne se contente pas d'introduire à la littérature sportive de masse, il « analyse ses formes narratives, dramatiques ou rhétoriques », comme construction idéologique. En s'appuyant sur les rubriques sportives de grands quotidiens d'alors, généralistes (*France soir, Le parisien libéré*) et spécialisés, notamment *L'Équipe* de 1971 à 1974, il démonte et met en évidence les procédés de construction d'une mythologie. Comment est présenté, célébré, idéalisé, le champion sportif ? Quelles sont les façons de mettre en scène et d'exalter le spectacle sportif ? La réflexion questionne donc la place devenue phénoménale du sport à la fois dans les pratiques sociales et dans l'imaginaire de ces années 1970. Les bases d'analyse posées restent d'une grande actualité.

Le corps apparaît également comme un nouveau thème pour l'histoire. Bien sûr la question avait été évoquée dans nombre d'ouvrages, mais jamais comme un objet d'études à part entière. « Le corps » constitue le titre d'un chapitre complet de la *Nouvelle histoire* publiée en 1974 sous la direction de Jacques Le Goff et Pierre Nora, et qui propose d'aborder en trois tomes de « nouveaux problèmes », de « nouvelles approches » et de « nouveaux objets ». C'est toutefois sans surprise la santé qui est abordée comme point focal comme d'ailleurs dans l'article fondamental de Luc Boltanski « Les Usages sociaux du corps », publié dans l'excellente revue *Annales. Économies, Sociétés, Civilisations* (n°. 1, 26e année, 1971. p. 205-233). L'histoire du corps et de ses prises en charge est entreprise, d'abord par l'histoire de l'éducation physique, mais non plus comme une simple accumulation de dates, de grands personnages ou de méthodes à appliquer : l'histoire descriptive laisse place à une approche par les enjeux. Après *Sport et éducation physique, 1870-1970*, édité chez Vrin en 1972 (la précision est importante car cet éditeur est spécialisé dans les productions philosophiques, intellectuelles), **Jacques Thibaut,** qui sera le premier universitaire en STAPS, publie, chez le même éditeur, *Les Aventures du corps dans la pédagogie française,* en 1977. Le livre est structuré en quatre parties : Le corps outil, Du corps oublié au corps toléré, Essai pour un corps réintégré, Problèmes actuels. Cette dernière partie s'inquiète de la place accordée aux techniques sportives, laissant un corps écartelé, faisant ainsi écho aux articles de Parlebas sur « L'éducation physique en miettes » et annonçant ce que **Bertrand During** appellera *La crise des pédagogies corporelles,* en 1981. Le titre de cet ouvrage, pourrait d'ailleurs servir à caractériser cette période des années 70, le surgissement du corps comme objet de société s'accompagne d'une interrogation montante sur les pratiques et pédagogies qui le prennent en charge. Les anciens modèles sont contestés et le rapport au corps interrogé : « la pédagogie de l'EPS implique-t-elle une valorisation de l'effort et de la souffrance ? » interroge l'ouvrage *Questions et réponses sur l'EPS* (ESF, 1977).

Ces changements de perspective ne sont pas propres à l'éducation physique et ses reconfigurations, même si nombre d'acteurs de cette discipline scolaire y sont alors impliqués. Les domaines abordés montrent l'élargissement d'une présence.

Le corps repensé ?

Le Corps a ses raisons affirme Thérèse Bertherat en 1976, remettant en cause les méthodes classiques de kinésithérapie. Gerda Alexander, propose de « redécouvrir » le corps grâce à une technique de maîtrise du tonus (*Le Corps retrouvé par l'eutonie* 1977) dans le courant des travaux sur la relaxation et d'approches se réclamant « non-violentes », « douces », « alternatives ». Celles-ci se sont multipliées bien au-delà des approches importées d'Orient comme le yoga. Marie-José Houareau, dans *Toutes les gymnastiques douces*, (Retz, 1978) dresse un panorama de ces différentes pratiques et de ce qui les fait converger :

- une « gymnastique basée sur la sensation et non sur l'effort » (l'argument est repris en quatrième de couverture, indiquant ainsi sa dimension commercialement porteuse)
- un « travail conscient sur soi » : « il s'agit de prendre conscience de son corps avec toutes ses articulations pour qu'il puisse s'exprimer librement ».
- Un objectif en rupture est alors clairement annoncé, même si les moyens restent flous : « réaccorder son corps avec ses propres lois ».

Aux techniques sportives ou traditionnelles de la gymnastique, quelles que soient les méthodes et appellations, il est reproché de surdévelopper les muscles du mouvement, de trop insister sur le dos (Bertherat) ou la ceinture abdominale (Houareau), dans tous les cas d'éloigner d'un mouvement et d'un corps « harmonieux ». Les approches, jugées trop analytiques ou mécaniques sont alors condamnées. Elles se contentent d'accumuler des techniques, de réduire le corps à un instrument et des performances mesurables, oublieuses de la dimension holistique : le corps est affirmé comme un tout. La notion de « vécu corporel » est alors centrale. Il s'agit donc avant tout de « prendre conscience du mouvement », « d'être à l'écoute de son corps », mais aussi de travailler dans la détente, le plaisir, la bonne humeur.

Ce foisonnement de contestations, de réflexions et d'expérimentations, est à mettre en rapport avec la montée en puissance de la psychologie et de la psychomotricité. Le concepteur de la psycho-cinétique, Jean Le Boulch (*L'Éducation par le mouvement*, ESF, 1966, p. 23) rappelle : « L'évolution rapide des sciences humaines au cours des dernières décades, les progrès de la médecine psychosomatique ont mis en évidence qu'il était illusoire de prétendre éduquer un être humain en se désintéressant de son comportement moteur ». Longtemps tenues à l'écart du corps, investi prioritairement par la médecine, ces sciences humaines apportent de nouveaux regards et des supports théoriques qui permettent d'en repenser la place et de ré-envisager les pédagogies physiques. Ces influences et recompositions doivent être resituées (***voir notion de configuration***).

Comme le signale G. Vigarello (« La vision du corps dans les sciences sociales », in Wieviorka M. (dir.), *Les Sciences sociales en mutation*, Éditions Sciences humaines, 2007), le corps surgit en tant qu'objet d'étude sous le paradigme de la contrainte. Les travaux de Michel Foucault ou de Pierre Bourdieu, ont dessiné un corps comme lieu d'inscription de dominations ; ceux de Norbert Elias, connus plus tardivement en France, amorcent la perspective d'autocontrôles, et l'*incorporation* des interdits et des normes. Le corps refoulé, trop longtemps tenu à l'écart, envahit discours et pratiques dans les années 1970. La dimension psychologique devient incontournable. Certes elle pouvait exister auparavant jusque dans le titre d'ouvrages (par exemple Loisel E., *Les bases psychologiques de l'éducation physique*, sorti en 1935 et republié jusqu'en 1955), mais la psychologie alors sollicitée s'apparentait plus à une morale, travaillant sur les questions d'effort, de volonté. La psychomotricité ouvre de nouveaux territoires.

Dans *La symbolique du Mouvement* paru en ***1975*** (Éditions de l'Épi, p. 14 et suivantes), deux des figures majeures de ce courant, André Lapierre et Bernard Aucouturier disent abandonner là le modèle médical, celui du symptôme, pour privilégier une approche corporelle autrement attentive, affirmant : « on ne transmet bien que ce qu'on vit soi-même » (p. 71). La psychomotricité permet de réenvisager les constructions pédagogiques comme l'annonce bien le sous-titre de l'ouvrage *Psychomotricité et éducation.* « Travailler en psychomotricité c'est travailler avec le corps, le mouvement » affirme Lapierre A., (« Le concept de psychomotricité et son évolution » *EPS* n° 145, 1977) mais plus encore, « le corps est un lieu de sensations » (id.).

Si des propositions sont bien dans l'air du temps : « Nous voulons travailler avec ce qu'il y a de plus positif chez l'enfant ; nous intéresser à ce qu'il sait faire et non à ce qu'il ne sait pas faire » déclarent ainsi les auteurs, le langage qui l'accompagne traduit souvent une vision enchantée. Une forme de religion du corps semble accompagner la montée en puissance de celui-ci.

La volonté de « renaissance à un corps nouveau », de « réapprentissage d'un corps nouveau-né », de « passage par un corps mis à nu et neuf » comme on trouve par exemple dans l'article « Expression corporelle, investigations théoriques », de la revue *Thérapie psychomotrice* n° 16, en 1972, entraîne rapidement de nombreuses critiques. Les apports semblent loin des rigueurs scientifiques attendues. « La psychomotricité n'est pas un concept scientifiquement établi » tranche ainsi Monique Vial dans le premier numéro de *Documents-études*, de l'ENSEPS en 1972. Guy Azémar, professeur d'EPS, médecin et directeur du centre de pédagogie expérimentale de l'ENSEPS signe dans la revue *Esprit* déjà signalée, un « Plaidoyer pour l'aventure motrice » qui résume alors une présence : « la psychomotricité a apporté à l'EP depuis une quinzaine d'années une précieuse caution. » (1re phrase, p. 769), mais il ajoute « l'EP a failli périr de cela, car elle est devenue malade de psychomotricité ». Il en conteste les « postulats » et la conception « insulaire » de la motricité qu'elle développe, appuyée sur des « gammes originales d'exercices psychomoteurs ». Il en démystifie les socles et incohérences, et attaque notamment le « schéma corporel », notion alors très en vogue et prétendant non seulement expliquer les comportements corporels mais aussi justifier les pédagogies.

Car dans la volonté d'élargir les modèles d'analyse du corps en mouvement, la place nouvelle accordée à la psychologie lui a conféré un statut prescripteur. Ses « lois » (comme l'invitait à réfléchir un sujet du CAPEPS au début des années 1960) doivent donc être appliquées. Les connaissances disponibles sont toutefois très éloignées des activités physiques. L'enseignement se concentre alors sur les stades de développement de l'enfant, envisagés de façon théorique, pour un sujet épistémique. Plus largement ce sont les usages immodérés de Piaget et Wallon, références prestigieuses, mais importées dans la motricité qui vont progressivement être questionnées. Si ces connaissances sont bien établies, elles sont sans rapport direct avec les activités physiques. La forme de ***scientisme*** que recouvre leur usage est condamnée. Guy Azémar met ainsi en perspective les raisons d'un tel recours et ses effets : « Si le « prof de gym » cherchait par ce moyen à rehausser son image de marque, n'est-il pas passé à côté des meilleures voies pour le faire ? » (*op. cit.*, 1975)

Paillard, référence scientifique fortement sollicitée au début des STAPS (Entretien avec, *EPS* n° 155, 1979) remet en cause la notion de programme moteur telle qu'elle est utilisée en EPS, c'est-à-dire comme quelque chose écrit d'avance et qu'il suffirait de dérouler. Il insiste lui aussi sur les processus adaptatifs et leur indispensable prise en compte pédagogique. En ***1975***, ce professeur à l'université d'Aix-Marseille II, directeur de l'institut de Neurophysiologie et Psychophysiologie du **CNRS**, publie une plaquette intitulée « L'acte moteur comme facteur d'adaptation et de progrès évolutif. » Il interroge ainsi une filiation : « La psychophysiologie, ancêtre des neurosciences ? », montrant que les barrières traditionnelles posées entre les disciplines peuvent être bousculées. Dans sa « Tentative de définition et de délimitation du champ de la psychophysiologie », **Christian Pociello**, (*Annales de l'ENSEPS*, n° 10, 1976) souligne combien les définitions données posent problème puisque la psychophysiologie, objet de ce numéro spécial, « recouvre des conceptions scientifiques et des approches méthodologiques différentes ». Cette juxtaposition de connaissances s'inscrit sans doute dans une longue tradition d'***éclectisme*** en éducation physique. Elle nécessite alors plus que jamais une mise à distance critique, une mise en perspective des savoirs, une réflexion ouvertement épistémologique.

L'émergence d'une approche épistémologique

Le mot apparaît pour la première fois dans la *revue EPS*, en janvier 1971 pour son n° 110 sous forme d'un appel de Pierre Parlebas : « Pour une épistémologie de l'éducation physique ». Il y affirme, « L'éducation physique sera scientifique ou ne sera pas ». La dimension scientifique semble pour beaucoup des acteurs de l'EPS, non seulement nécessaire mais indispensable à sa reconnaissance ou sa survie. Mais le meilleur représentant de cette approche est certainement Georges Vigarello, professeur d'EPS intervenant à l'ENSEPS, agrégé de philosophie. Avant même de théoriser l'approche épistémologique, il en interroge l'un des nœuds, la relation entre les pratiques et les théories. Le rapport au savoir est ainsi selon lui trop souvent réduit à une application de connaissances et l'activité de réflexion sur les pratiques ou leur théorisation est ignorée ou négligée (« Réflexions sur la place de la théorie en éducation physique », *Annales de l'ENSEPS* n° 1, 1972). C'est avec « Une épistémologie, c'est-à-dire ? » paru comme supplément dans la *Revue EPS* en 1978 que Vigarello pose les véritables bases de « l'étude de la constitution et du fonctionnement des savoirs », ajoutant en forme de programme : « et par là de celle de leurs démarches, dans une perspective visant tant à leur compréhension qu'à leur critique éventuelle ».

Dans le numéro complet que la revue *Esprit* consacre en 1975 à l'éducation physique, Georges Vigarello qui dirige ce numéro - constate que « les connaissances fondamentales (anatomie, physiologie, psychologie, sociologie etc.) demeurent souvent formelles et sans liaisons approfondies avec la pédagogie des activités physiques » (p. 692). Il pose ainsi les bases d'une réflexion sur les priorités données, les hiérarchies instituées, les tensions entre les approches, les luttes plus ou moins dissimulées. Il invite à l'étude de « la relation fondatrice essentielle de connivence idéologique » entre « désir de scientificité » et l'institution de l'éducation physique (p. 722). Il débute son article « Éducation physique et revendication scientifique » par un constat : « l'attitude scientifique jouit aujourd'hui d'un prestige marqué en éducation physique au point de devenir une revendication importante dans la littérature spécialisée » (p. 739). Cette « quête impatiente de scientificité », qui marque les années 1970 et dont nous sommes aujourd'hui encore largement héritiers, prolonge une revendication très ancienne. Elle est au cœur de la constitution d'une éducation physique briguant une existence reconnue et une place dans le concert éducatif. Impossible alors d'envisager une éducation par l'activité physique sans un support rigoureux et une caution de sérieux que « la » science peut alors lui conférer. L'ancienneté et la permanence de cette revendication ont laissé des traces abondantes.

L'affirmation de sérieux conféré par une approche scientifique nourrit nombre de méthodes, manuels, ouvrages. Dès 1830, le colonel **Amoros**, directeur du gymnase normal militaire et civil, publie un *Traité d'éducation physique gymnastique et morale,* dans lequel il définit l'éducation physique comme « la science raisonnée de nos mouvements ». Ses propos s'inscrivent dans le souci de perfectionner l'être humain qui va trouver avec le **positivisme** d'Auguste Comte, un cadre favorable à ces tentatives de mises en œuvre. **Demenÿ,** co-fondateur du Cercle de gymnastique rationnelle en 1880, collaborateur de **Marey** (jusqu'en 1894) à la station physiologique du Parc de Princes, publie en 1902, chez Alcan, *Les Bases scientifiques de l'éducation physique*, dont le titre et le contenu soulignent bien l'idée que l'éducation physique ne saurait exister sans des socles savamment étudiés, et raisonnablement appliqués.

La période est favorable. Ces bases scientifiques recherchées reposent en grande partie sur la place du chiffre, du quantitatif. « Le problème de l'éducation physique est susceptible de précision, il doit être attaqué par tous les moyens dont la science moderne dispose ; chaque fois qu'on s'est donné la peine de mesurer, chaque fois les notions sont devenues plus nettes ; apporter un instrument de mesure nouveau, c'est rendre plus de service à la cause que de formuler des opinions ou des critiques préconçues. » (Demenÿ G.,

Les Bases scientifiques de l'éducation physique, Paris, F. Alcan, 1902). Une « méthode » doit s'appuyer sur des gestes et des principes. « L'éducation physique se doit de remplacer les folles incohérences de l'acrobatie et de l'athlétisme » affirme-t-il dans le même ouvrage. On peut y voir les débuts d'un rejet de ***l'empirisme*** et dans son sillage de l'expérience, dévalorisée au profit de la ***démarche expérimentale.***

La question de la mesure va nourrir et les fiches médico-pédagogiques et les résultats de différentes épreuves. Elle pose également celle des modèles. Qui doit-on prendre en référence ? Pour Demenÿ il n'y a pas de doute : « il faut étudier les sujets d'élite, définir en quoi consistent leurs qualités et en rechercher la raison dans les structures et dans leurs fonctions. Il faut les soumettre à des mensurations et à des épreuves diverses » même s'il ajoute « ces mesures permettront de fixer le type humain non pas extraordinaire mais simplement normal auquel on pourra comparer tous les autres. » (Demenÿ G., *L'école française*, 1909, p. 272). La collusion entre science et nombres peut aller encore plus loin. L'ouvrage *l'Éducation physique au service de la colonisation*, du commandant Sergent, publié par l'École de Joinville en 1937, n'hésite pas à affirmer : « l'éducation physique est une science exacte. Basée sur des lois physiologiques humaines, ses manifestations se concrétisent en centimètres, en secondes, en volume, en poids, toutes choses aisément mesurables. Les « progrès » sont donc aisément chiffrables et permettent ainsi, d'apporter « la preuve matérielle, irréfutable des bienfaits de l'éducation physique ».

Cette emphase du chiffre accompagne le développement de la mesure tous azimuts et de la statistique, amorcé à la fin du XVIIIe siècle, renforcé avec l'apparition de nouveaux outils mathématiques et de leur représentation sous forme de tableaux, graphiques et autres diagrammes (par exemple Gauss et sa fameuse courbe définissant la « normale »). Cette « avalanche de chiffres » (Ian Hacking, *L'Émergence de la probabilité*, Seuil, 2002) trouve de nombreuses résonances pour les exercices physiques, leur étude et leur enseignement. La performance quantitative est supposée rendre compte de tout progrès. Elle devient d'autant plus prégnante qu'elle apporte une apparence de rigueur, par la place du chiffre et des mathématiques, et une grande facilité d'emploi. À partir de 1957, la Table Letessier, présentée et diffusée par la *revue EPS* permet ainsi de rapporter toute performance sportive à un barème, et d'établir des correspondances de « valeur physique », au-delà des activités, des âges, du genre. Cet étalonnage des performances, au moment où l'idée sportive se répand dans l'éducation physique et devient obligatoire au bac, fournit un outil de standardisation et de normalisation des activités, sur une base compétitive.

Un autre effet de cette quête de scientificité concerne la comparaison de l'homme avec une machine. Dans « *L'acte moteur comme facteur d'adaptation et de progrès évolutif* » (1975, *op. cit.*) le directeur de l'Institut de Neurophysiologie et Psychophysiologie du Centre national de la recherche scientifique affirme qu'« un organisme vivant – il est banal de le rappeler – c'est d'abord et avant tout une machine soucieuse de se maintenir en vie » (p. 3). Il insiste, en le mettant en gras dans le texte, sur l'évolution des modèles de machine. « Ainsi l'organisme vivant évolué n'est plus seulement une machine bio-énergétique, c'est aussi et avant tout fondamentalement une machine bio-informatique. » La métaphore de la machine est filée à de nombreuses reprises, qu'il s'agisse du « plan de câblage de la machinerie nerveuse », ou des « programmes précâblés de la machine informationnelle ».

Pierre Parlebas, dans son *Lexique commenté en science de l'action motrice* (INSEP, 1981), décrit ainsi trois générations de machines, et montre l'importance et la place de cette métaphore. Bertrand During dans *Histoire culturelle des activités physiques XIXe et XXe siècles* (Vigot, 2000) a bien insisté sur son ancienneté. Ainsi, dans le *Traité de l'homme* publié en 1644, Descartes précise « on peut fort bien comparer les nerfs de la machine que je vous décris aux tuyaux des machines de ces fontaines ». Un siècle plus tard, 1747, La Mettrie affirme : « Le corps humain est une horloge », qui peut donc être étudiée par des modèles mécaniques, voire assimilé à ceux-ci. Au XIXe siècle l'hygiène devenue préoccupation politique, est identifiée à la maintenance d'une « machinerie » (Guillerme J., Sur quelques antécédents de la machinerie athlétique, In Ehrenberg A., Aimez-vous les Stades, *Recherches*, n° 43, 1980). Jacques Gleyse dans son *Archéologie de l'EP au XXe siècle en France* (PUF, 1987), a étudié « les formes machiniques du corps », détaillant les métaphores du « moteur humain », ses modèles et conditions de diffusion, comme la taylorisation et ses effets sur « l'instrumentalisation du corps ». (Voir partie suivante, sur la naissance du cyclisme).

Les persistances de ces représentations sont nombreuses. Leur pointage peut constituer un excellent exercice d'épistémologie pratique. On peut débusquer cette présence dans la plupart des manuels, en trouver trace dans les cours, les propos des entraîneurs et des enseignants, les commentaires sportifs. Sous cette permanence, ce qui change, ce sont les modèles utilisés. Pierre Parlebas, dans son article « La dissipation sportive » (*Culture technique* n° 13) en 1984, revient sur les trois générations de machine. Il y repère les socles qui orientent nos conceptions d'enseignement et les pédagogies. Car ces modèles génèrent des façons de considérer le corps et de le prendre en charge. Or, ces modèles persistent, quelquefois bien après l'apparition d'autres références.

Le modèle de la première génération, la machine « simple » est lié aux connaissances anatomiques et au courant biomécanique. Il est question de forces, de centre de gravité, de polygones, tout son attirail de poulies, leviers et leurs prolongements métaphoriques assimilant le corps à une machine mécanique. L'activité physique est ramenée à la mise en jeu d'un corps automate. L'observation et la connaissance visuelle y sont primordiales. Image, photographie et cinéma sont fortement attachés à cette étude et l'on voit la persistance de ces formes d'approche, modernisées et rendues plus efficaces avec les avancées des techniques audiovisuelles, leur numérisation.

Le modèle de la deuxième génération concerne la machine énergétique. Progressivement, avec l'apparition des machines à vapeur, qui vont révolutionner les modes de déplacements et de production, avec les moteurs à explosion qui bouleversent la société dans son ensemble, les références biomécaniques glissent vers des modèles bioénergétiques. L'énergie, sa production, sa consommation, sont au cœur de la physiologie. Le « Réglage du moteur humain », sous-titre de l'ouvrage du Dr **Bellin du Coteau**, *Le sport au secours de la santé* (Librairie Dangles, 1931), devient la référence de l'activité physique. Dès qu'il est question de « travail foncier », la physiologie et les métaphores énergétiques (moteur, carburant...) ne sont pas loin. Les outils pour mesurer les performances sur un plan biologique se sont considérablement améliorés depuis l'indice de « robusticité », le **VARF** de Bellin du Coteau. La mesure du VO2 max continue d'alimenter logiquement les conceptions de l'entraînement, mais également d'imprégner celles des exercices plus dévolus à l'apprentissage.

Après la transmission des forces, puis des énergies, vient pour Parlebas, la troisième génération, celle des signaux. À partir du second XXe siècle, les travaux de Wiener et Shanon, la cybernétique et les applications du traitement de l'information bouleversent l'univers technique et scientifique. La machine devient informationnelle. Le focus se fait désormais sur les boucles de rétroaction, les feedbacks, tout ce qui constitue des informations et nécessite leur traitement (détection, sélection, programmation de la réponse). L'ordinateur, inventé autour de la seconde guerre mondiale, devient la référence centrale. ***On mesure au passage combien les idées scientifiques dépendent aussi des contextes techniques, sociaux, culturels.*** L'athlète, le sportif sur le terrain, l'apprenant ou le débutant dans une activité physique n'est pas ou plus qu'un organisme transmettant des forces ou utilisant de l'énergie, « c'est aussi un sujet qui perçoit des indices, anticipe le déroulement de l'action, invente des stratégies de feinte, bref c'est une personne qui prélève et traite de l'information. » rappelle Parlebas (*Culture technique* n° 13, *op. cit.*).

S'appuyant sur la linguistique et afin de ne pas réduire l'action motrice à un schéma mécanique, quel qu'en soit le modèle, il invite à une approche basée sur la sémiologie, « science des signes et des codes de communication » et susceptible selon lui de fonder une « science de l'action motrice » ou « praxéologie motrice ». Vigarello contestera ce projet (« La science et la spécificité de l'éducation physique et sportive », in Arnaud P et Broyer G (dirs.) *Psychopédagogie des activités physiques et sportives*, Privat, 1986) et soulignera au contraire l'urgence de croiser les différents apports et leurs socles. Pour lui une science unifiée ne peut régler la question des divergences de méthode, les conflits qu'ils entraînent et l'obligation malgré tout de leurs complémentarités. Une approche véritablement épistémologique ne peut se contenter en STAPS d'aborder les seules connaissances scientifiques, mais doit mettre en tension tous les types de savoirs (théoriques, pratiques, empiriques) et examiner leurs relations. Il s'agit, à travers leur genèse, de mieux mettre en évidence les permanences et transformations, les dominations perpétuées, les rapports de force souterrains, les processus de légitimation et les « croyances » qui les soutiennent. C'est là où l'épistémologie rejoint le projet initial des sciences sociales : déconstruire les évidences. Tout ce qui est donné comme naturel ou allant de soi, relève pourtant d'une construction sociale et donc plus de ses contingences que de ses fatalités.

Bibliographie STAPS introductive à l'épistémologie

- Barreau J-J. et Morne J-J., *Sport, expérience corporelle et science de l'homme*, Vigot, 1984
- Bayer C., *Approches actuelles d'une épistémologie des activités physiques et sportives*, L'Harmattan, 1999
- Collinet C. (dir.) *Éducation physique et sciences*, PUF, 2001
- Collinet C. (dir.) *La recherche en STAPS*, PUF, 2003
- Klein G., *Quelles sciences pour le sport ? Éléments d'analyse de la construction d'une discipline à l'université*, AFRAPS/LARAPS, 1998
- Vigarello G. (dir), *Anthologie commentée des textes historiques de l'éducation physique et du sport*, Éditions revue EPS, 2001

Extensions bibliographiques conseillées (hors STAPS)

- Bourdieu P., *Les Usages sociaux de la science, Pour une sociologie clinique du champ scientifique*, INRA Éditions, 1997
- Chalmers A.F., *Qu'est-ce que la science ?* La Découverte, 1988
- Decauwert G., *L'épistémologie*, Ellipses, 2018

Deuxième élément de compétence

COMMENTER UN DOCUMENT

Notion de document en histoire

Les événements, les phénomènes, les faits ne sont pas observables directement en histoire, on travaille toujours sur des ***traces***. Celles-ci peuvent être de nature différente : sites internet, écrits, entretiens, images, éléments matériels, architecture… Certaines sont conservées sous forme d'***archives*** dans des centres dédiés. Toutes ces traces du passé (même très récent) constituent des ***documents***, qu'il faut livrer à une analyse critique, avant de pouvoir les utiliser en tant que ***sources***, c'est-à-dire les supports sur lesquels l'historien appuie son argumentation. « L'histoire se fait avec des documents écrits, sans doute. Quand il y en a. Mais elle peut se faire, elle doit se faire avec tout ce que l'ingéniosité de l'historien peut lui permettre d'utiliser » (Lucien Febvre, *Combats pour l'histoire*, Armand Colin, 1953). Car la curiosité documentaire est à la base du travail de l'histoire : « La connaissance historique ne consiste pas à raconter ce qui s'est passé d'après les documents écrits qui nous ont été par accident conservés, mais, sachant ce que nous voulons découvrir […] à nous mettre en quête de documents qui nous ouvriront l'accès au passé. » (Raymond Aron, *Dimensions de la conscience historique*, Plon, 1964) Ainsi, « est un document toute source d'information dont l'esprit de l'historien sait tirer quelque chose pour la connaissance du passé humain, envisagé sous l'angle de la question qui lui a été posée. Il est bien évident qu'il est impossible de dire où commence et où finit le document ; de proche en proche, la notion s'élargit et finit par embrasser textes, monuments, observations de tout ordre. » (Henri-Iréné Marrou, *De la connaissance historique*, Seuil, 1954). Tout peut donc être document, tout peut faire document, c'est à la fois l'imagination de l'historien et les techniques d'analyse de ces « sources » qui permettent d'en tirer profit.

Les sources primaires, (écrits, témoignages, affiches, photos, matériel, etc.), constituent la base du travail en histoire. Elles apportent des informations de première main, sur une époque, un événement, un auteur, une conception, une façon de voir. Les historiens distinguent - jusque dans leurs références bibliographiques - les ***sources primaires***, matériau de base, des ***documents d'analyse*** (ou sources secondaires). Certains de ceux-ci, sont dits « à valeur de source » car ils peuvent être utilisés à titre de références et témoignent d'un point de vue situé ou daté : L'histoire est toujours un travail sur le temps. Pour leurs références, les historiens insistent particulièrement sur la date de parution ou d'édition, suivant ainsi les modifications éventuelles. Un ouvrage republié en 2018 peut avoir été écrit un siècle plus tôt. Si il s'agit d'une réédition, l'est-elle à l'identique, des chapitres ont-ils disparus, d'autres ont-ils été ajoutés, certains modifiés ?

Les références des sources, quelles qu'elles soient (articles, ouvrages, sites internet) doivent impérativement être données, afin d'apporter la preuve de ce qui est avancé, permettre une vérification, voire une réfutation des arguments. De même la page est souvent indiquée précisément, non pour impressionner (ou décourager le lecteur, par la somme d'informations nécessaires), mais parce que cela donne la possibilité d'aller vérifier les propos. Ont-ils bien été tenus, sous quelle forme, dans quel contexte ? Les citations ont-ils les mêmes résonnances dans le texte, leur intégralité ? La première tâche de l'historien est d'authentifier ses sources. C'est en ce sens que la méthode critique est à la base du travail en histoire. Elle semble aujourd'hui doublement utile puisqu'elle fournit des outils pour se repérer dans n'importe quel dédale d'informations.

Commentaire de document

Élément clé du savoir-faire historien, il constitue la base de nombreux exercices ou de travaux dirigés et souvent l'objet de l'évaluation. Le commentaire de document en histoire ne se contente pas d'en décrire la structure ou le contenu, de le paraphraser, il repose sur une méthode critique avec deux approches complémentaires

Critique externe

Elle sert à présenter le document pour lui donner du sens.

Présenter le document : de quoi s'agit-il ?

Il faut bien préciser le type de document. La distinction entre documents d'analyse et sources primaires est importante puisqu'ils ne répondent pas aux mêmes finalités. Mais s'agit-il d'un texte, d'une iconographie ? De quelle forme ? Quelle en est la provenance ? Pour les documents écrits, s'agit-il d'un extrait d'ouvrage, d'un article, d'un tract ? Destiné à quel public ? Une publicité et un texte officiel n'ont ni les mêmes fonctions ni les mêmes destinataires. Ces informations servent à éclairer le document et permettent de mieux le questionner.

Interroger le document

- Est-il authentique ?
- D'où vient-il, qui l'a écrit (s'il n'y a pas d'auteur identifiable, on peut néanmoins avoir des pistes, des éléments de renseignement : équipe d'édition, orientations)
- Quand (dans quel contexte)
- Où (dans quel cadre)
- Pour qui (quels sont *a priori* les destinataires)
- Comment (quel type de rhétorique ? Quelle est la position du document, de l'auteur par rapport au sujet ?)

Ces précisions sont destinées à apporter une ***plus-value*** pour éclairer le document et son contexte. Pour le situer, une date (ou une période) ne suffit pas, il faut la caractériser, montrer en quoi elle est particulière et permet de mieux comprendre ce document. Il faut donc le mettre en perspective par cette critique « externe ». Elle peut être appuyée par des techniques de questionnement (Classiquement les anglo-saxons utilisent ainsi les **« 5 W »** : What, who, when, where, why…) Toutes les questions permettent d'arriver au **Pourquoi** (autrement dit les éléments pertinents de contexte, la configuration particulière, les rapports de force, les préoccupations de l'époque ou d'un groupe social, les ENJEUX…)

Critique interne

Elle permet de situer le document dans le temps et dans l'espace social.

Un résumé synthétisant et exposant les idées essentielles du document est bienvenu. Il ne doit pas le paraphraser mais plutôt en extraire et exposer ses points essentiels, ses enjeux. Soit le document est déjà bien organisé autour d'un axe central annoncé, soit on doit en dégager un (***le fil directeur, l'axe***

principal, la « problématique »…). Celle-ci peut se décliner en plusieurs thématiques : celles qui peuvent être exprimées en mots-clés, c'est-à-dire les idées phares, en évitant les notions trop vagues ou trop générales (sport !) Les mots-clés ne sont pas forcément formulés dans le texte, mais ils permettent d'en exprimer les idées principales et d'établir des liaisons avec d'autres documents (***lien hypertexte sur ordinateur***).

Les thèmes dégagés doivent permettre dans un deuxième temps de sortir de la période du document pour montrer les origines du thème, ses continuités et transformations (d'où vient cette question, se pose-t-elle aujourd'hui et de la même façon ? A-t-elle disparue ou simplement changé de forme ?) Les permanences et transformations, les éléments de continuité et de rupture, les changements – ou non - sont essentiel dans l'analyse.

En définitive, le document est un point d'appui pour une réflexion structurée. Véritable tremplin pour un point de vue argumenté, vous devez partir de lui pour en montrer les résonances, les connexions avec d'autres apports (cours, lectures, expériences, autres disciplines, actualité etc.). L'intérêt, là encore, n'est pas de réciter une leçon mais de montrer la pertinence de votre analyse.

Document à commenter

NON AU CIRQUE OLYMPIQUE !

- On nous dit que « les J.O. sont une fête désintéressée de la jeunesse du monde »

Ceux d'Insbruck, qui devaient être ceux de la « simplicité », ont coûté au pays organisateur la bagatelle de 700 millions de francs (4 ou 5 fois plus que prévu).

Alors que le déficit se chiffre déjà à quinze millions de francs, le coût de ces jeux « simples » sera supporté par les contribuables de ce pays. Par contre, les bénéfices colossaux seront récupérés par les multiples affairistes qui gravitent autour d'un tel gâteau.

Pour Montréal, on peut d'ores et déjà être sûr que le phénomène sera encore plus important.

- On nous dit que « les J.O. sont un rassemblement fraternel des peuples du monde »

En fait, ce sont des États qui concourent par champions interposés.

Les peuples du monde sont entraînés dans cet affrontement par le biais de campagnes qui exacerbent dans chaque pays les réactions chauvines.

L'ensemble des populations trouvent derrière « leurs » champions une cohésion nationaliste qui en définitive ne profite qu'aux directions bourgeoises ou conservatrices de ces pays.

En effet, en concentrant l'attention des travailleurs sur les exploits de « leurs » représentants nationaux, on cherche à reléguer au second plan les problèmes sociaux (chômage, vie chère, etc).

- On nous dit que « les J.O. sont une manifestation privilégiée de la paix dans le monde »

Et pourtant, pour ne citer que le dernier exemple, pendant les jeux d'Insbruck, la guerre civile continuait au Liban et en Angola, les luttes des travailleurs espagnols se heurtaient toujours à la répression de l'État franquiste, les peuples du Chili, d'Argentine, du Brésil, etc. subissaient la répression quotidienne, les libertés démocratiques en URSS, Tchécoslovaquie, etc. étaient toujours bafouées.

C'EST POURQUOI :

Nous, personnels enseignant de l'éducation physique, nous appelons les jeunes, les travailleurs et leurs organisations, à engager et approfondir le débat sur le rôle idéologique, social et politique des Jeux Olympiques.

De même que l'école ne doit pas être l'affaire des spécialistes, l'Éducation physique, les loisirs corporels, doivent devenir l'affaire de tous les travailleurs.

Dès aujourd'hui, cette prise de position devrait permettre d'ouvrir une réflexion sur une autre éducation corporelle dans une société socialiste.

COLLECTIF D'ENSEIGNANTS D'E.P.
POUR UNE RÉFLEXION CRITIQUE
SUR LES JEUX OLYMPIQUES

Exemple de commentaire (illustrant la démarche et réutilisant des données évoquées)

Cette source primaire est un tract signé d'un collectif d'enseignants d'éducation physique appelant à une réflexion critique sur les jeux olympiques. La position est très engagée puisqu'il s'agit de refuser le « cirque olympique » et dépasse le strict domaine du sport pour « lutter contre l'exploitation et l'oppression quotidienne » (1re ligne). Le document appelle les « travailleurs » à réfléchir pour une autre éducation corporelle dans une société socialiste (dernière ligne).

On peut donc aisément situer le document dans l'espace social. C'est un tract militant, clairement situé politiquement (à gauche) et appelant à une réflexion critique au-delà de l'éducation physique, sur le corps, l'école et la société. Bien que le document ne comporte pas de date, on peut le situer au milieu des années 1970 (entre les JO d'Innsbruck et ceux de Montréal, auxquels le texte fait référence). Il correspond à la montée en puissance des critiques radicales du sport et de l'irruption du corps comme nouvel objet de préoccupation sociale. Le sport est devenu un objet politique : par ses prises en charge institutionnelles et les oppositions qui se multiplient dans les années 1970 (appels au boycotts des J0 ou de grands événements comme la coupe du monde de football en Argentine).

Sans pouvoir lui être attribué, le document s'inscrit ainsi dans un courant de critique radicale dans la lignée de jean Marie Brohm, et de la revue *Quel corps ?* qui paraît en 1975. La même année un numéro de la revue philosophique *Esprit*, est entièrement consacré à l'éducation physique. Dirigé par Georges Vigarello, professeur à l'ENSEP, il propose une réflexion elle aussi critique sur les évolutions de l'éducation physique et ses contenus d'enseignement. Ceux-ci ne peuvent plus se limiter au décalque sur le sport de compétition.

Les registres d'opposition et la construction rhétorique (« on nous dit »...) visent à souligner d'autres réalités que celles avancées par les medias. (***La description de la structure du texte ne prend toutefois d'intérêt que reliée au contexte, aux enjeux, aux permanences et transformations de cette contestation.***)

On pourrait par ailleurs interroger les rapports entre éducation physique et jeux olympiques. Le lien est affirmé depuis longtemps. Hébert et sa méthode sont ainsi sollicités pour préparer aux JO de 1912. Mais c'est le développement dans les années 1960 de la « sportivisation », c'est-à-dire des contenus de plus en plus compétitifs pour l'éducation physique scolaire (cf. notamment la ½ journée de « sport », la circulaire de 1962, les IO de 1967), et d'outils pour les mesurer (cf. Table Letessier 1957) qui attire nombre de critiques. Celles-ci peuvent s'inscrire sur des socles anciens (« L'abus du sport » étant déjà largement dénoncé dans la revue *Éducateur physique* en 1930, ou par le courant hébertiste qui dénonce après les JO de 1936 les « champions d'inutilité ») Les critiques peuvent aussi contester dans les années 60 (Les positions de Le Boulch, Seurin, Parlebas), la place envahissante accordée au sport. Les plus radicales refusent la performance comme valeur de référence pour la société, et veulent comme dans ce document provoquer une réflexion sur le « rôle idéologique, social et politique des jeux olympiques » et du sport en général.

Il n'est bien sûr pas question de porter un jugement pour savoir si le texte a raison ou tort, mais bien de le situer, dans le temps et l'espace social, de préciser les positions défendues, d'en éclairer le sens, d'en souligner les continuités et changements.

Un exercice sur cet exposé peut consister à en repérer les différentes étapes, les compléter, les prolonger, pour des commentaires personnels de documents : on apprend en faisant !

Chapitre 2

LE VÉLO, UN OBJET DE RÉFLEXION HISTORIQUE

Cette seconde partie, en prenant cette fois appui sur un objet, entendu à la fois comme matériel et base de recherche, le « vélo » et l'extension de ses usages, a pour but de montrer comment se constituent la « religion sportive » et la plupart des ingrédients qui animent toujours les pratiques physiques. La bicyclette est le témoin privilégié d'une époque, celle du sport naissant et un support des métamorphoses sociales de la fin du XIXe siècle. Dans *Une histoire culturelle du sport, Techniques d'hier et d'aujourd'hui,* Georges Vigarello souligne : « cette séquence de l'histoire du cyclisme condense bon nombre de problèmes posés par l'histoire des techniques corporelles » (Robert Laffont/Revue EPS, 1988, p. 19). Les différentes formes de cyclisme présentent aujourd'hui un développement et un engouement important, à la fois avec précédent (***c'est le rôle de l'histoire de resituer ces contextes quelquefois oubliés***) mais aux effets en partie encore inconnus. Le « vélo » apparaît ainsi comme un bon objet d'analyse. On peut à partir de celui-ci poser la question de la diversité de ses usages, de ses résonances - sociales, économiques, culturelles, politiques, écologiques - de ses liens avec le développement des pratiques physiques, de leur spectacle, des images et appétits qu'ils répandent, de la poussée associative, des débuts d'une ère de consommation de masse. Pour Jean-Pierre Rioux et Jean-François Sirinelli (« Le Temps des masses, le vingtième siècle », Tome IV de *L'Histoire culturelle de la France*, Seuil, 1998), « la bicyclette a gentiment fait la transition entre l'effort physique, la sociabilité hédoniste et le spectacle de masse ». Le renouveau et l'extension des pratiques permettent d'inscrire le vélo à la fois dans la continuité de thématiques abordées à la fin du XIXe siècle, mais également dans leur redéploiement, aujourd'hui.

La naissance du cyclisme, fin XIXe siècle

« Aujourd'hui, mes frères, nous nous réunirons, si vous le voulez bien, dans une commune et pieuse pensée à l'adresse de la divine bicyclette. Nous lui dirons toute notre piété et toute notre reconnaissance pour les ineffables et précieuses joies qu'elle veut bien nous dispenser, pour les souvenirs dont elle a peuplé déjà notre mémoire sportive » (Desgrange H., *L'Auto*, 11 juillet 1911).

Cet engin nouveau dont les usages se répandent et se multiplient dans le dernier tiers du XIXe siècle souligne la transition entre deux mondes, comme l'a bien montré Eugen Weber (« *La Fin des terroirs, La modernisation de la France rurale (1870-1914* », Fayard 1983). Pour Philippe Gaboriau (*Le Tour de France et le vélo, Histoire sociale d'une épopée contemporaine*, L'Harmattan, 1995), il incarne même « l'espérance industrielle ». L'industrialisation de la société fait basculer d'un monde rural, agricole à un nouvel univers, une « modernité » en rupture ou très fort décalage avec les repères anciens.

Les activités physiques sont des composantes fortes de ce mouvement. Le vélo et plus largement les pratiques sportives entretiennent ainsi des liens étroits avec le ***mythe du progrès***.

Juste avant la chute du Second Empire, cette croyance dans un avenir forcément meilleur est affirmée en association avec le vélo. « Nous nommons notre journal « le vélocipède » voilà pourquoi : Nous avons voulu un titre qui symbolisait notre programme, celui du progrès moral et matériel sous toutes ses formes, et obtenu par toutes ses marques ». (*Le Vélocipède*, n° 1, 1er mars 1869). La même année, dans son édition du 12 juin, le journal *L'illustration* l'assure : « le vélocipède est un signe du temps ». Vingt-deux ans plus tard le même journal, le 31 mai 1891, donne une idée de ses usages désormais étendus, ainsi que des espoirs qu'il a fait naître : « Course, tourisme, hygiène et patriotisme, tel est son vaste domaine. L'avenir est au vélocipède. » La presse, mais également toute une littérature exaltent « un des plus grands évènements qui se soit produit depuis l'avènement de notre race » (Rosny JH., *Un autre monde*, Plon, 1895). Tout à sa promotion de la bicyclette, il ajoute : « je ne sais si l'art du feu, l'écriture, l'imprimerie ont eu plus d'importance ». L'époque industrielle et l'approche du tournant du siècle laissent espérer des bouleversements sans précédent : « l'avènement de la bicyclette et des voitures sans chevaux est en train d'accomplir une évolution intellectuelle qui marche de pair avec l'évolution sociale : la machine aura d'ici peu pénétré dans la vie de chacun. L'on saura la mécanique comme l'on sait lire, écrire, compter. » trouve-t-on dans le journal *Le Chauffeur*, le 14 janvier 1897. « Nous sommes à la veille de la grande révolution du monde. L'esprit humain tout entier va changer » prophétise le journal *l'Auto-vélo* le 30 novembre 1900.

La « petite reine » - expression que popularise le journaliste Pierre Giffard - a donc ouvert d'immenses espoirs : la devise placée en bandeau du journal *Le Vélo* l'affirme dès 1882, « la bicyclette est autre chose qu'un sport, c'est un bienfait social ». Le journal *L'Auto-vélo* (16 octobre 1901) résume ces attentes : « Nous vivons mieux et nous vivons plus vite qu'autrefois [...] la bicyclette n'a pas dit son dernier mot, loin de là ; il faut qu'elle produise toutes les conséquences logiques, elle nous doit, elle se doit à elle-même de pénétrer partout, même sous les toits les moins fortunés »

L'abréviation familière « vélo » est utilisée pour la première fois en 1869, dans ce tout nouveau journal intitulé *Le vélocipède*, « Gazette des sports et des velocemen ». Avant même de se généraliser et de devenir accessible aux non-privilégiés, le diminutif souligne une présence, sa banalisation.

Les transformations d'un engin

Un document de la fin de la première guerre mondiale offre un résumé saisissant des transformations de cette machine et des engouements qui l'accompagnent : « le vélocipède avec ses instruments du début, qui semblent aujourd'hui des outils préhistoriques, devenu bientôt la bicyclette, dont il n'est besoin ni de rappeler les progrès foudroyants, ni de célébrer les multiples bienfaits » (Bonnard L., *Le Touring Club de France, son œuvre de paix, son œuvre de guerre*).

L'Encyclopédie des sports de 1924, en deux volumes, d'où est extraite cette photographie, est coordonnée par un comité de notables politiques et sportifs, et « publiée sous le patronage de l'académie des sports et du comité national des sports ». Cet inestimable témoignage de différentes activités physiques et de leur histoire l'affirme : « Tout a été dit sur l'origine de la bicyclette ». Pourtant cette allégation peut être discutée et remise en perspective. L'encyclopédie évoque ainsi la « bicyclette définitive » apparue au tournant des années 1870-1880 : « elle n'avait certes pas l'aspect de la bicyclette actuelle, elle n'en comportait pas moins toutes les pièces qui servent à la construction de cette dernière. » (p. 79). Son histoire est résumée hâtivement : « après quelques tâtonnements et beaucoup de perfectionnements », comme si le modèle final était déjà inscrit, ou prévu à l'origine. Le rôle de l'histoire est justement de rappeler ces tâtonnements, d'en montrer les raisons, de se dégager d'une construction téléologique, comme si hier menait inéluctablement à aujourd'hui. Les parentés restent de plus discutables, pas toujours par manque de précisions ou de sources pour les documenter, mais parce qu'établir une origine est une opération difficile, traversée d'enjeux.

La question des origines est souvent centrale : d'où vient tel phénomène, qui en est l'inventeur ? Ce que l'on nomme invention est quelquefois la recombinaison d'éléments connus, parfois détournés de leur fonction initiale. Le cinéma, apparu à la toute fin du XIXe siècle est ainsi au confluent de plusieurs découvertes. Il est « inventé » avant les frères Lumières par **Marey et Demeny**, à la station physiologique du Parc des princes. Cherchant alors à comprendre le mouvement, ils créent un fusil photographique permettant d'enregistrer, de décomposer et d'analyser différentes activités physiques. En 1894, ils élaborent la « chronophotographie » qui, en dépassant les 24 images par seconde et donc les limites fonctionnelles de l'œil humain, produit des images animées sans toutefois que leurs auteurs s'intéressent aux possibilités cinématographiques de ce dispositif. Ce qu'ils cherchent c'est au contraire la décomposition du mouvement en séquences précises pour mieux le reconstituer et l'enseigner.

On attribue quelquefois la paternité du vélo au génial Léonard de Vinci à partir de croquis retrouvés. En 1692, le véhicule d'Ozanam, possible précurseur, aurait marqué les premiers pas de l'ancêtre du vélocipède. La machine terriblement lourde, tue son inventeur dans une descente, empêchant ainsi sa propagation, voire faisant disparaitre jusqu'à son souvenir. Il faudrait pour retracer cette histoire y associer également tricycles ou quadricycles dont les évolutions ont souvent convergé.

L'histoire de la bicyclette est souvent présentée sous une succession de dates, (comme « Le vélo en quelques dates clés » sur le site cyclabe) – qui correspondraient chaque fois à une invention, un personnage, un « progrès ». Voici un exemple composé à partir de différentes chronologies :

1817	Invention en Allemagne par le baron Drais d'un « petit cheval à deux roues »
1861	Pierre Michaux fixe des pédales sur la roue avant d'une draisienne
1868	Clément Ader ajoute des bandages en caoutchouc plein sur les roues
1870	James Stanley fabrique des roues avec rayons en acier, beaucoup plus légères
1871	Grand bi : grâce à l'agrandissement de la roue avant la distance parcourue à chaque tour de pédale augmente.
1880	Henri Lawson réalise une transmission par chaine
1884	John Stanley, (le neveu de James) met au point la Coventry, bicyclette aux deux roues de même diamètre
1888	John Boyd Dunlop invente le pneu à chambre à air
1891	Édouard et André Michelin rendent le pneu aisément démontable.
1895	Jean Loubeyre invente le principe du dérailleur
1897	L'allemand Ernst Sachs met au point la roue libre évitant d'avoir à pédaler tout le temps

Cette façon de présenter l'histoire n'est pourtant pas satisfaisante. Non seulement elle la réduit à quelques dates, personnages, découvertes mais néglige le ***comment*** de ces évolutions, leurs ancrages et résonances sociales, les ENJEUX, et en un mot, le ***pourquoi***.

On ne peut se contenter d'exposer une succession d'évolutions, une liste plus ou moins exhaustive de transformations, sans les inscrire dans leur environnement temporel, social, culturel. Il s'agit donc de passer d'une suite de simples dates/événements à des repères de sens, qui ouvrent au passage plusieurs thématiques. Les ***connecteurs logiques*** sont donc importants en reliant EXPLICITEMENT les contenus évoqués.

Nous allons donc reprendre un par un ces éléments retenus et les compléter (***chacun peut aisément le faire avec quelques recherches ou quelques clics)***. L'important, ici encore, est moins les connaissances que l'usage qui en est fait.

- 1817, la Draisienne

  En Allemagne, Le Baron Drais, conçoit un engin à deux roues, sorte de petit ***cheval mécanique***, destiné dans son esprit à possiblement remplacer à terme le cheval, animal alors indispensable, mais coûteux et qu'il faut nourrir. Cette « machine à courir », est un simple cadre en bois avec deux roues. Elle comprend une selle et un pivot pour orienter la roue avant. Son « cavalier » utilise ses pieds pour se déplacer et pour freiner. C'est une « machine inventée dans le but de faire marcher une personne avec une grande vitesse en rendant sa marche très légère et peu fatigante » selon le brevet déposé en France le 1er février 1818. *Le Journal de Paris* tranche alors « cette machine ne saurait être d'une utilité réelle ». Le « petit cheval de bois à deux roues » reste une curiosité, une distraction réservée à quelques riches oisifs dont les idées circulent en Europe. On peut noter que des jouets reprennent aujourd'hui cette idée d'un petit engin en bois à deux roues, aidant l'enfant à marcher et s'équilibrer.

La référence équestre

Le vélo accompagne « La fin du cheval », et met fin à « une collaboration vieille de plusieurs milliers d'années » (**Giffard P.**, *La Fin du cheval*, A. Colin, 1899, p. 132). Malgré cette disparition, la présence du cheval se retrouve dans plusieurs éléments (***à rechercher, compléter***) qui montrent néanmoins la persistance d'une référence. Ce modèle est également prégnant de l'autre côté de la Manche, où le vélocipède est surnommé le *hobby horse*. Il est « mû par le véloceman qui est son cavalier » précise *Le vélocipède, Gazette des sports et des vélocemen*, n° 1, 1er mars 1869. Les ruptures sont rarement totales et le travail en histoire consiste - il faut insister - à examiner des continuités, des résurgences, et d'une façon générale ce qui change ou pas dans les dynamiques du temps.

- 1861, Pierre Michaux, serrurier, fixe un repose pied qui devient pédale sur la roue avant d'une draisienne récupérée. Le cadre de la machine est alors en fonte. Il s'agit d'une production très lourde et artisanale. On peut en examiner un modèle sur le site cnum.cnam.fr/expo_virtuelle/velo/velocipede_michaux.html

Toutefois, avec la pédale, le changement est considérable : il ne s'agit plus assis sur la selle, de se déplacer en marchant, mais d'actionner la roue avant, ce qui change complètement les problèmes d'équilibre et pose rapidement des questions de confort.

- Ainsi en 1868, Clément Ader remplace le bandage en fer des roues par du caoutchouc plein sur les roues, améliorant ainsi un peu l'amorti et le roulement. Une courte ***recherche biographique*** permet de retenir les éléments suivants :

Clément Ader (né en 1841) est un ingénieur français, plus connu comme pionnier de l'aviation : il est *a priori* le premier en 1890 à faire décoller un engin motorisé plus lourd que l'air. Bien avant, en 1867, il découvre un vélocipède Michaux puis décide de remplacer le bandage en fer des roues par du caoutchouc. L'année suivante, il se lance dans la fabrication de « véloces caoutchouc », qui utilise un cadre tubulaire, plus léger. Mais ses activités sont interrompues par la guerre de 1870.

La production, artisanale, reste toutefois très limitée, Baudry de Saunier dans *Le cyclisme théorique et pratique* en 1893, estime le nombre de vélocipèdes entre 5000 et 6000 pour 1869.

- En 1870, l'anglais James Stanley fabrique des roues avec rayons en acier, beaucoup plus légères.

Ce constat appelle deux remarques. La première concerne ***l'industrialisation*** progressive. La fabrication à plus grande échelle fait baisser les coûts et met en place des concurrences. L'innovation devient alors une exigence économique. La deuxième est ***géopolitique***: suite à la guerre de 1870, les lieux de l'invention se déplacent vers le Royaume-Uni, qui pendant plusieurs années semble à la pointe (dans le tableau proposé: Lawson, Stanley, Dunlop...). Mais il faut rester prudent, car on peut rétrospectivement assister à une guerre des mémoires, chaque pays, inventeur ou chroniqueur revendiquant la primauté d'une découverte ou d'une création. Elle peut avoir eu plusieurs foyers. Ainsi, selon les sources, c'est le britannique Henri Lawson qui réalise le premier une transmission par chaine vers 1880; d'autres indiquent au contraire qu'il s'agit d'un constructeur parisien, M. Sergent qui l'aurait inventée dès 1878. L'origine est aussi un enjeu nationaliste.

- La pédale fixée sur la roue avant fait directement dépendre la distance parcourue à chaque tour de roue de la taille de celle-ci. À partir de 1870, l'innovation semble suivre des voies différentes en fonction de la géographie. En France, la taille des roues avant s'accroit jusqu'à devenir disproportionnée. Ces bicycles à la roue avant impressionnante sont alors surnommés « grand bi ». L'inconvénient de cet engin spectaculaire est son instabilité et sa difficulté à le contrôler. Des moniteurs se chargent d'enseigner leur maîtrise. Ils comptent parmi les premiers ***spécialistes des activités physiques***.

Cet encadrement alors jugé indispensable a rapidement disparu, soulignant que toutes les activités physiques ne semblent pas réclamer une prise en charge dans le temps ou l'espace social. Qui aujourd'hui imaginerait prendre des cours pour monter à vélo, ou faire du roller? L'enseignement scolaire d'activités physiques souligne qu'il s'agit bien là de choix, effectués moins par les difficultés d'accès ou d'apprentissage que la valorisation d'exercices jugés socialement, culturellement indispensables ou opportuns.

Les courses et la maîtrise de ces engins spectaculaires favorisent des mises en scènes sportives. Les pratiques et cours se déroulent alors dans des espaces spécialisés, où le ***modèle hippique*** reste prégnant: aux manèges vont succéder des vélodromes, calqués sur le modèle plus ancien des hippodromes. Spectacles et paris continuent de s'y développer.

Les images peuvent servir à illustrer des propos, elles sont aussi des sources documentaires précieuses. On peut donc les commenter. Cette photographie des années 1880 montre une course de » grand-bi » dans un vélodrome ou une piste aménagée. Les spectateurs, séparés des coureurs par une barrière, sont nombreux et soulignent qu'un public sportif est déjà constitué. Les promoteurs sont partagés quant au spectacle sportif. Certains comme Coubertin y voient une incitation à la pratique et donc un mal nécessaire. D'autres au contraire le dénonce. Hébert, encourageant à la pratique, notamment de sa méthode naturelle vise selon sa devise à « être fort pour être utile ». Il fustige ainsi ceux qu'ils appellent les « regardeurs ». La question des relations entre pratiques et spectacles reste d'une grande actualité.

- En 1880, en Angleterre, la Tangent propose une véritable révolution : la roue arrière est entrainée par chaine et pédalier. Ce modèle préfigure la forme définitive de la bicyclette, mais l'échec commercial est alors complet. Les habitudes semblent faire obstacles. On peut le mesurer par l'affirmation péremptoire du journal *Le Veloceman* condamnant cette création : « la roue motrice d'une machine doit toujours être située à son avant » (cité par Baudry de Saunier, *Le cyclisme théorique et pratique*, 1893, p. 125).
- En 1884, John Stanley met au point une « bicyclette de sécurité » aux deux roues cette fois de même diamètre. Comme l'indique G. Vigarello (« Un cas exemplaire, bicyclette et grand bi, *Une histoire culturelle du sport, Techniques d'hier et d'aujourd'hui*, 1988, p. 16-19, les « mentalités » et représentations peinent à évoluer. Les habitudes sont tenaces et les cadres cognitifs orientent en amont des réponses, la perception des problèmes et des situations. Ainsi, pendant quelques années après l'invention de la transmission par chaine, on continue de construire des bicyclettes avec la roue avant plus grande, puis ce sera le tour de la roue arrière, motrice, avant d'arriver enfin à un diamètre égal. Autrement dit, contrairement aux représentations classiques et dominantes de l'invention, il faut retenir l'aspect tâtonnant de la pensée technique, faites de « plus d'ébauches que d'équations mathématiques, plus d'estimations intuitives que de pensées transparentes » (Vigarello G., *op. cit.*, p. 17)

Cette forte ***dépendance culturelle de la technique*** souligne qu'il n'y a pas de progression linéaire, régulière ou tranquillement ascensionnelle. Il faut donc considérer les avancées - qui se font souvent par bonds – mais également des inerties et résistances. Un des objets de l'***approche épistémologique*** évoquée dans la partie précédente est de mettre en perspective l'évolution des connaissances, toujours moins régulière ou homogène que ne les présentent les « progressions » classiques.

Dans cette concurrence des modèles, les enjeux commerciaux sont évidemment très présents et les premières compétitions sportives leur donnent audience et crédit. En 1889 dans le premier championnat des 100 km ***autour de l'hippodrome*** de Longchamp (cf. la référence équestre) Charles Terront sur bicyclette bat Jules Dubois, sur bicycle. Cette victoire consacre la suprématie définitive de la bicyclette, à deux roues égales, et précipite la fin du bicycle.

- En1888, John Boyd Dunlop invente le pneumatique à chambre à air et en 1891 Edouard et André Michelin rendent le « pneu » aisément démontable. Outre la concurrence industrielle et ses traces jusqu'à aujourd'hui, cette présence du caoutchouc, matière première inexistante en Europe renvoie aux réalités des empires coloniaux, de leurs productions décidées depuis les besoins des métropoles. Impossible de comprendre le développement économique occidental sans l'exploitation ou le pillage des ressources naturelles. Les justifications du colonialisme puisent dans le registre de la mise en valeur des territoires et du « devoir de civilisation » (Voir le discours au Parlement de Jules Ferry du 28 juillet 1895, sur le site de l'assemblée nationale).
- En 1895 Jean Loubeyre met au point le principe du dérailleur. En 1897, l'allemand Ernst Sachs invente la roue libre, évitant d'avoir à pédaler même en descente. On peut rappeler de nouveau que l'utilité indéniable de ces inventions se heurte quelquefois aux habitudes et en l'occurrence aux ***représentations de l'effort***. Le dérailleur indispensable pour les pays au relief accidenté est perçu dans les zones plus plates comme un accessoire de paresseux, voire de tricherie pour les courses: il ne sera ainsi autorisé qu'en 1937 dans le Tour de France.

Si chaque pays développe ou adapte ses propres technologies, la mondialisation va avoir des effets sur la production. En 1956, le japonais Shimano présente son premier dérailleur, copie du « Simplex » français. Mais à partir de 1985, le fabricant nippon fournit aux constructeurs du monde entier des ensembles mécaniques complets (pédaliers, roulements, freins) qui vont progressivement faire disparaître les différents constructeurs historiques. ***Les questions d'économie font donc aussi pleinement partie de l'histoire des APS.***

Les « inventeurs » sont loin d'être toujours reconnus. Le Touring Club de France (TCF), vaste organisation de notables, fondée en 1890, qui se fixe comme objectif « la propagande du tourisme sous toutes ses formes », va fortement contribuer à développer la vélocipédie avant l'automobile. Il réalise notamment les premiers guides et encourage l'amélioration des techniques. Il attribuera en 1920 une aide à la fille de l'inventeur du dérailleur, démunie et n'ayant pas profité des retombées financières de cette création.

Du vélocipède au cyclisme

La partie précédente insistait sur les transformations d'un engin, et les façons de les présenter, celle-ci souhaite amorcer plusieurs thématiques qui constituent autant de développements possibles. C'est donc plutôt un exemple de prolongements et d'utilisation de connaissances qui est proposé.

Diffusions

Le développement vélocipédique est inséparable de la presse qui l'accompagne et s'en nourrit. . La médiatisation s'y résume alors. Les journaux généralistes, dont les tirages importants sont alors sans commune mesure avec ce que l'on connaît aujourd'hui, participent pleinement des transformations de cet univers. Ils rendent compte des évolutions techniques, relatent les premiers exploits, voire les organisent. Rapidement, une presse spécialisée se répand, dont la liste suivante non exhaustive peut donc être complétée, amendée, commentée (INVITATION AU TRAVAIL !).

1869	*Le vélocipède Illustré*
1872	*La revue vélocipédique*
1878	*Le Vélocipède, Véloce sport*
1888	*Le monde cycliste*
1891	*Paris-vélo*
1892	*Le vélo* (qui atteint le tirage de 80 000 exemplaires : pourquoi le préciser ?)
1894	*Bicyclette* (20 000 exemplaires)
1900	*L'auto-vélo*

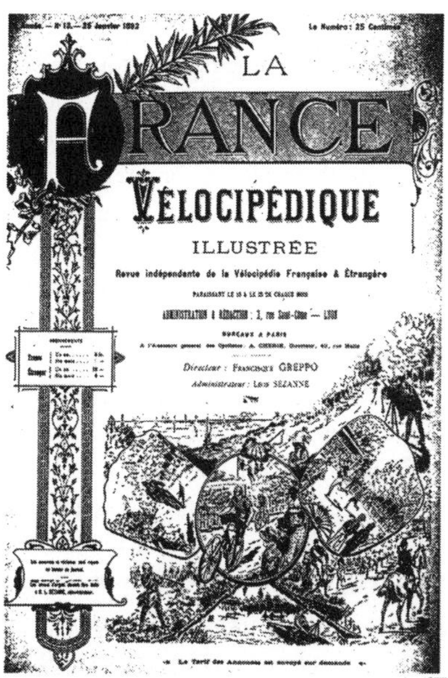

Ces éditions nationales se doublent de publications régionales, ainsi que de nombreux bulletins de sociétés cyclistes. Rien que pour la ville de Lyon, on peut relever :

- *Le Cycliste lyonnais* en 1891
- *Lyon vélo* en 1894,
- *Le monde sportif de Lyon et du sud-est,* 1897,
- *Lyon sport,* 1898

Pourtant, la production du vélo est d'abord confidentielle et fort coûteuse. Entre 1861 et 1863, au moment de la fixation de la pédale sur la roue avant, seulement 142 véloces ou bicycles sont construits. Si l'invention est primée à l'Exposition universelle de 1867, la pratique reste longtemps réservée. Un document de 1890, des archives de la préfecture de Paris, souligne bien cette place : « un nouveau genre de sport, le sport vélocipédique, a pris une grande extension en France. Il est surtout d'usage parmi la classe aisée de la société pour laquelle il constitue, en même temps qu'un moyen de locomotion agréable, un excellent exercice physique. Son prix élevé en fait une fantaisie coûteuse qui n'est pas à la portée de tous : il représente un objet d'agrément, de luxe » En 1894, 132 000 vélocipèdes sont dénombrés. Ils coûtent l'équivalent de 1600 heures de travail, c'est-à-dire le salaire complet de six mois d'un ouvrier. La même année, la revue *Le cycle* compare le coût de la bicyclette à celui des transports en commun à Paris, qu'elle estime à 45 centimes par jour, au total 135 francs par an. « Or une très bonne bicyclette (munie de caoutchoucs pneumatiques) coûte environ 400 francs, soit hors de portée du salaire d'un ouvrier, mais si l'on n'est pas exigeant et que l'on ne vise pas l'élégance, il est possible d'acquérir une machine pour 250 ou 300 francs », c'est dire que l'investissement initial lourd, est toutefois vite amorti : « l'instrument est payé en deux ans d'usage ». (Rapporté par Jean Orsell, *Usages et usagers de la route, Requiem pour un million de morts, 1860-2000,* l'Harmattan 2013, p. 42). ***Le sous-titre*** - même sans avoir lu l'ouvrage - ***invite à réflexion : indice d'un plaidoyer contre l'automobile et pour le développement de modes de*** déplacement***s alternatifs comme le*** vélo.

Cet engin, alors de luxe, reste donc inaccessible à la grande masse de la population. Le prix d'achat le met hors d'atteinte. Faut-il rappeler que seule une toute petite frange peut se permettre de ne pas travailler, ou dispose de ce qu'on n'appelle pas encore du « temps libre ». Le travail dépasse les cinquante heures par semaine. Pourtant la « consommation improductive du temps » va susciter chez l'économiste et sociologue Verblen en 1899 sa « *Théorie de la classe de loisir* » qui insiste sur quelques traits caractéristiques : « la consommation ostentatoire » et les signifiants de puissance qui accompagnent le sentiment de « l'indignité du travail productif ». Mais Verblen souligne les éléments de diffusion d'une culture, jusque-là réservée. « La classe de loisir a été en position de prescrire aux classes inférieures bien des éléments de sa théorie de la vie, en sorte qu'à tout moment et du haut en bas de la société, avec plus ou moins de persévérance, on cultive des traits de caractère aristocratique » (Thorstein Verblen, *Théorie de la classe de loisir*, Gallimard, 1970, p. 159). L'inaccessibilité de la bicyclette et des pratiques sportives les rendent attirantes. Avant même de pouvoir pratiquer, on regarde, on se documente, on rêve, on espère, on désire.

Le passage à une fabrication industrielle va faire progressivement baisser les coûts du vélo et le rendre plus accessible. En 1896, on recense 326 000 désormais « bicyclettes », en 1900, près d'un million - même si elles coûtent encore en moyenne 240 francs, soit trois mois du traitement d'un instituteur. En 1914, avec une production de masse, le prix est descendu à l'équivalent de 350 heures de travail et trois millions et demi de bicyclettes sont alors en circulation. Mais c'est au sortir de la Première Guerre Mondiale, que le vélo va connaître sa véritable démocratisation. Le prix du vélo est divisé par 10 en 40 ans entre le début des années 1890 et les années 1930 (cité par Fourastié J., *Le Grand espoir du XX*e *siècle*, Gallimard 1963, p. 299).

En 1924, la pratique populaire est fortement encouragée : « la bicyclette est l'instrument de transport rêvé. Elle est en effet, par son prix et son entretien, accessible à tous » *L'Encyclopédie des sports* continue en dressant la liste de ses avantages : « facilité d'emploi, vitesse et distance possible sans grands efforts, garage facile et peu d'exigences par le code de la route. » L'encouragement semble intervenir au plus haut niveau puisque le texte ajoute : « Le fisc a été indulgent, limitant l'impôt à un droit de six francs par an. » ***La même année (cf. frise chronologique)***, le journaliste Albert Londres - qui a publié l'année précédente un reportage retentissant sur les évadés du bagne en Guyane – écrit une série d'articles sur le Tour de France dans *Le Petit Parisien* du 23 juin au 20 juillet 1924. Ils vont populariser l'expression « les forçats de la route ». Il décrit, au-delà de la mythologie et des légendes entretenues, les conditions réelles de vie des coureurs et les difficultés qu'ils endurent. Pourtant cette dénonciation sera souvent perçue ou utilisée comme une exaltation de l'effort, un encouragement au dépassement, un symbole même de la valeur du sport.

Approche sociohistorique des publics

Le développement vélocipédique s'accompagne d'un fort mouvement associatif. Dès 1872, ***l'année même*** de la fondation du Havre Athlétic club, premier club sportif sur le modèle anglais, est créé un groupement appelé Vélo-sport à Lyon. Il a pour but de « propager le vélocipède, d'organiser des courses de vitesse ou de fond, et d'améliorer la construction des machines » (arrêté préfectoral 25 septembre 1872). Il sera suivi pour cette ville, du Vélo club lyonnais en 1880, du Bicycle-club de Lyon en 1883. En 1895 on y recense une vingtaine de groupements autour du cyclisme. La diversification progressive des publics peut se lire à la composition des clubs et sociétés. En 1892, Le Club vélocipédique de Bordeaux comprend cinq négociants en gros, trois professeurs d'université, un docteur, un dentiste, un ingénieur en chef, un entrepreneur et un commerçant. Les catégories sociales des Cyclistes girondins en 1897, montrent l'extension à une petite bourgeoisie urbaine : un imprimeur, six employés de commerce, sept commerçants (trois coiffeurs, un cafetier, un boulanger, un quincaillier, un papetier), un étudiant et un sergent-major. Des groupements corporatifs apparaissent comme la Société des cyclistes coiffeurs parfumeurs en 1896, ou l'Union cycliste des postes et télégraphes l'année suivante.

Les sociétés vélocipédiques et autres Véloces-clubs se sont multipliées au point de justifier dès 1881 la création de l'Union vélocipédique de France, que *L'Encyclopédie des sports* de 1924 considère comme la « naissance d'un pouvoir sportif ». L'Union vélocipédique de France rassemble différents groupements existants et sert quelquefois de modèle aux autres sports en train de se constituer. Elle créé une licence amateur, une pour les professionnels et une pour les indépendants, et s'affilie à l'Union vélocipédique Internationale. Cette institutionnalisation a des conséquences directes : la pratique est encadrée. Les courses sont alors dotées de règlements de plus en plus élaborés, les obligations des organisateurs sont fixées, ainsi que tout ce qui a trait à la préparation des épreuves.

Espaces de pratique et territoires

D'abord pratique des classes privilégiées jusque dans les années 1880, la bicyclette devient les années suivantes un spectacle de masse. Le vélo envahit l'espace. Dès 1898 le *Guide du veloceman* de M. de Baroncelli donne des indications de distances, bientôt complétées par les cartes vélocipédiques du Touring Club de France, détaillant les conditions du trajet, les étapes conseillées. Le vélo participe de ce qu'on n'appelle pas encore l'aménagement du territoire. Comme l'écrit le ministre de l'Intérieur à tous les préfets le 17 juin 1905 : « le cyclisme et l'automobilisme en se développant, ont donné naissance à des besoins nouveaux qui semblent devoir faire modifier, dans un avenir prochain, les conditions d'établissement des voies de communication et nécessite la transformation de celles qui existent dans les parties présentant des difficultés ou des dangers pour la circulation ».

Le vélo participe de la naissance et de l'aménagement de l'espace sportif. En plus des courses sur route, des vélodromes sont construits dans toute la France : en 1899 on en dénombre trois cents ! Certains sont particulièrement réputés, comme celui construit sur l'emplacement du cirque Buffalo Bill à Paris. Il est dirigé par l'écrivain humoriste Tristan Bernard, qui crée le *Journal des vélocipédistes* et lancera en 1931 l'association des écrivains sportifs. Avec les vélodromes, la compétition change de fonction, d'affrontement entre spécialistes, elle devient spectacle de masse, destiné à la distraction populaire. Les vélodromes, ***construits sur le modèle des hippodromes***, lancent les débuts d'une véritable architecture sportive. Le vélodrome de Vincennes construit en 1894, est rénové pour les Jeux Olympiques de 1900. On agrandit la piste et on y installe des tribunes : le sport est désormais inséparable de son exhibition, de son spectacle. Le glissement est d'importance et souligné indirectement par le président de l'Union vélocipédique de France : jusque là, la piste était « plutôt faite pour ceux qui en use que pour ceux qui regardent » déclare Félix Roussel, rapport de la sous-commission vélocipédie lors de la Commission des concours d'exercices physiques pour l'exposition de 1900, (cité par A. Erhenberg, « Aimez-vous les stades ? », *Recherches* n° 43, 1980 p. 36)

La massification de la pratique et l'apparition de l'automobile vont entraîner par un phénomène de distinction, le déplacement de catégories sociales privilégiées vers ces nouvelles machines, beaucoup moins accessibles et dont les vitesses d'abord inférieures à celle du vélo vont rapidement faire basculer la société dans un autre monde.

Vitesse et performance

Étymologiquement les premières appellations de la bicyclette (véloce, vélocipède) évoquent la vitesse. Les premières grandes courses cyclistes sur route, Paris-Bordeaux, Paris-Brest-Paris, alimentent l'idée que « l'homme sur son véloce peut dépasser les forces humaines ». La bicyclette incarne dans un premier temps « les plaisirs ardents de la locomotion rapide » (Baudry de Saunier) en ouvrant les possibilités d'une vitesse individuelle.

La première course automobile Paris-Rouen en 1894, est célébrée par la presse : « la première partie du voyage n'est qu'un long triomphe pour les concurrents. Partout du monde en foule qui acclame, qui salue, partout aussi des nuées de cyclistes qui précèdent et suivent, sans parler de ceux qui avec une imprudence sans pareille escortent les voitures entre les roues et les bordures des trottoirs » (*Le Petit journal*, 23 juillet 1894). L'enthousiasme est lisible à travers les comportements des spectateurs, déjà dénoncés. En filigrane, c'est le manque d'éducation qui est stigmatisé. En 1895 le premier Bordeaux-Paris automobile est réalisé à la vitesse de 25 km /h, moins rapidement ***donc*** que les allures des cyclistes. Mais le Paris-Amsterdam en étapes en 1898 est effectué à la moyenne de 45km/h, et le premier tour de France automobile en 7 étapes, à celle de 51,3km/h. En 1903 l'année de la mise en place du Tour de France cycliste, le vainqueur de la course automobile Paris-Madrid atteint la vitesse ***alors inimaginable*** de 105 km/h. Les commentaires sont à l'échelle de « l'exploit » : « la grande manifestation industrielle et sportive du Paris-Madrid », ce « colossal raid international » passionne journaux et foules. Le journalisme sportif se développe, alliant la mise en scène de l'exploit et l'emphase d'une narration toujours dramatisée (***cf.* première partie, Gritti et l'analyse du journalisme sportif**) : « il y aura là en effet des voitures dont aucune imagination sportive n'aurait osé, il y a quelques années, rêver la réalisation : des 110 chevaux, des 90 chevaux, des vraies machines de guerre par la construction et l'aspect. Les vitesses qu'on obtiendra avec ces engins promettent d'être absolument fantastiques » assure *Le Petit journal*, le 24 mai 1903.

Mais que ce soient les courses automobiles ou cyclistes, ce sont bien les débuts d'une culture populaire de l'exploit pour lesquels médias, vedettes, mises en scène des performances sont indissociables. La célébration des héros se construit sur leurs prouesses, qui apparaissent alors comme une traduction en actes du progrès de la civilisation. Les citations suivantes l'illustrent. « Tant est grande la fascination qu'exerce sur la foule le miracle de vitesse et d'audace réalisé par cet accouplement bien moderne : l'effroyable machinerie scientifique chevauchée par une volonté humaine » s'enthousiasme *Gil Blas*, le 25 mai 1903. « Chaque course annuelle est une manifestation victorieuse en faveur de l'idée, qui se propage ainsi dans le sillage de cette succession de courses triomphales, aux quatre coins cardinaux de la civilisation » (*Le Vélo*, 24 mai 1903). L' « idée » évoquée est celle du « progrès, symbolisé par la vitesse, l'exploit, le spectacle. Ainsi, « la route Paris-Bordeaux a présenté toute le nuit et toute la journée, un aspect extraordinaire. Aux abords de chaque contrôle, une foule considérable de piétons et de bicyclistes attend l'arrivée des coureurs pour les saluer. » (*Le Journal*, 25 mai 1903). *L'Auto* le même jour salue les « deux millions de personnes (qui) faisaient la haie de Versailles à Bordeaux ».

EXERCICE

Commenter les citations précédentes, essayer de les relier à d'autres thématiques, d'autres argumentaires.

Les courses et leur médiatisation participent pleinement de la constitution d'un public, pour reprendre la distinction effectuée à cette époque avec la foule, par le sociologue Gabriel Tarde.

L'épreuve Paris-Bordeaux tourne pourtant au drame et les cinq morts (dont Marcel Renault) font titrer « La course sanglante » (*Le Journal* 26 mai 1903). La condamnation vise la foule imprudente (et « donc » non éduquée), la vitesse excessive (et « donc » non maîtrisée) et invite à la création d'espaces spécialisés (autrement dit à ***un aménagement du territoire*** en vue du sport). « Si l'on veut faire des expériences, il faut construire un autodrome, une piste réservée pour les essais ; mais les courses de vitesse ont vécu. » affirme *Le Journal* le 26 mai 1903.

Le Tour de France cycliste est lancé la même année. Il reste un exemple presque archétypique des manifestations sportives de masse. Créé par Henri Desgrange, l'idée est de s'assurer la fidélité des lecteurs, en les captivant, par la mise en place d'un feuilleton sportif, sous forme d'***épopée*** où l'exploit est sans cesse exalté.

Dès 1910, l'anthropologue Van Gennep, en définissant les contours de *l'épopée* en souligne indirectement les résonances sportives. « Par épopée on entend un récit d'une certaine longueur, divisé en parties à peu près égales, mettant en scène des personnages remarquables par leur lignage et leur ascendance, portant un nom ou un surnom personnel, dont l'action est localisée dans le temps et l'espace et qui glorifie les qualités dites héroïques : courage, générosité, cruauté, ruse, passion amoureuse, grandeur d'âme et patriotisme »

(Van Gennep A., *La formation des légendes*, Flammarion 1910)

« Du geste large et puissant que Zola donne à son laboureur, L'Auto, journal d'idées et d'action, va lancer à travers la France, aujourd'hui, les inconscients et rudes semeurs d'énergie que sont nos grands routiers professionnels » annonce pompeusement *L'Auto* le 1er juillet 1903. « Une telle épreuve, plus que toutes les grandes courses de vélodrome, frappe le peuple car elle s'adresse directement à lui. C'est sur sa route, au milieu de ses champs, devant sa chaumière, que le paysan verra combattre les concurrents du Tour de France » promet le journal *L'Auto*, dans la même édition.

La généralisation des courses sur route véhicule exploits et performances, qui deviennent visibles hors des arènes réservées. Elle propage tout un imaginaire que les débuts d'une culture de masse appuyée sur la presse, la photographie, le cinéma vont largement diffuser. L'enquête réalisée par le journal *Le Vélo* en 1898 montre qu'activité sportive et activité cycliste sont devenues synonymes. Mais là où le vélo concentrait les espoirs de changement social, l'automobile semble désormais devoir les incarner : « L'automobile en cette fin de siècle de la vapeur, du pétrole et de l'électricité, a pu nous étonner par ses excès de vitesse. Notre étonnement sera à la fois plus fort et plus raisonnable quand nous verrons une bonne partie des vingt mille curés, des trente mille vétérinaires, des quatre-vingt mille instituteurs, des médecins, des notaires, des fermiers de France conduisant leur voiturette. » (*L'Auto-vélo* 16 octobre 1901)

La montée des activités physiques

Un contexte hygiéniste

Le développement des pratiques cyclistes peut être indirectement suivi par la présence de cette question sur le plan médical. Le nombre de thèses consacrées aux pathologies qui découlent d'une pratique jugée excessive ou au contraire, l'exaltation des bienfaits d'une activité maitrisée, constitue un indicateur de cette montée en puissance. Une première thèse est soutenue à 1895 à Lyon. Son auteur étudie « le périnée et la bicyclette ». Walter à Paris en 1897 examine « des ruptures de l'urètre chez l'homme par la bicyclette ». La même année à Bordeaux sont soutenues deux thèses : « Des effets psychophysiologiques de la bicyclette » et « La bicyclette considérée du point de vue hygiénique et médical ». En 1899, trois thèses portent sur le bicyclisme, une à Lyon « De l'exercice vélocipédique : ses effets physiologiques, ses indications et contre-indications » et deux à Paris : « De la physiologie du membre inférieur dans la locomotion à bicyclette » et « La bicyclette chez les hernieux ».

La question médicale semble toujours à l'interface de l'hygiène et de la morale. Elle renvoie à des préoccupations sociales. En 1897, Frédéric Régamey, dans *Vélocipédie et automobilisme*, insistait sur la nécessité de « se tenir correctement en selle ». G. Vigarello dans *Techniques d'hier et d'aujourd'hui*, déjà cité, a souligné les liens anthropologiques avec les représentations de l'effort. Les machines alors dominantes et auxquelles le corps humain est si souvent rapporté, sont les machines à vapeur, dont les cheminées sont verticales. Se tenir droit est de ce fait associé à un signe de bon rendement énergétique du corps, et plus largement de bonne santé. La question de bienséance rejoint ici les recommandations de médecins hygiénistes, très impliqués dans le développement des activités physiques.

En 1888, le Dr Tissié à Bordeaux publie *L'hygiène du vélocipédiste*. Il recommande lui aussi d'être assis sur une selle droit comme sur une chaise, et condamne le fait de se pencher excessivement, qui « peut avoir une influence funeste sur le cerveau en amenant des congestions chez les personnes de tempérament sanguin. » Ce pilier du développement des activités physiques se montre hostile au cyclisme féminin dans la première édition de son ouvrage. Mais en 1893, l'amélioration du matériel rend selon lui la pratique possible pour la femme, à condition toutefois « qu'elle revête surtout un costume décent ». Le propos renvoie aux représentations alors largement dominantes. Ainsi, est-il bienséant pour une femme de monter à bicyclette, risquant alors d'exposer des parties de son corps que les conventions sociales lui demandent au contraire de tenir dissimulées ? Pire, la pratique du vélo ne risquerait-elle pas de procurer des plaisirs d'ordre sexuel ? Le courant hygiéniste, inquiet du gaspillage des « forces vitales » participe donc à la promotion des activités physiques, mais comme régulation des « instincts ». « Je dois vous signaler aussi l'utilité de la gymnastique au point de vue du règlement des fonctions sexuelles » déclare le Dr E.

Dally, dans son intervention *De l'éducation corporelle en France; son état présent, ses lacunes, son programme* lors du congrès international d'hygiène de Paris en 1878. « Elle réfrène les appétits déréglés de ceux qui compromettent d'une façon très sérieuse leur santé et même leur vie. On a remarqué, en effet, que les personnes qui ont des muscles très développés sont peu portées aux excès de ce genre. J'ai constaté pour mon compte que les grands coureurs, les athlètes, les grands marcheurs, les ouvriers qui font une grande dépense de force musculaire étaient moins portés que d'autres à l'usage et par conséquent à l'abus de leurs fonctions sexuelles. »

L'hygiène, ***définie*** comme « art de conserver la santé des homme réunis en société » par le premier numéro des *Annales d'hygiène et de médecine légale*, en 1829 est devenue dans le cadre des sociétés dites industrielles un objet véritablement politique. Ainsi, comme l'a bien montré Gérard Jorland (*Une Société à soigner, Hygiène et salubrité publique en France au XIXe siècle*, Gallimard, 2010), faute de pouvoir véritablement guérir, la prévention va être mise en avant. Le terme hygiénisme résume bien ces nouvelles attributions, présentées par Jacques Léonard (*La médecine entre les pouvoirs et les savoirs: histoire intellectuelle et politique de la médecine française au XIXe siècle*, Aubier, 1981) comme: « cet état d'esprit ambitieux qui, mettant au premier rang la conservation de la vie et de la santé des populations, s'aventure dans toutes les directions au nom du bien public. » Les activités physiques font pleinement partie de cet arsenal thérapeutique et social. Les pratiques encouragées doivent être sans excès, raisonnables en accord avec les représentations médicales alors dominantes et une conception bourgeoise qui prône en tout la modération.

Sur le sujet de l'hygiénisme on peut renvoyer à l'excellent film d'Alan Parker, *Aux bons soins du Dr Kellogs*, où ces différents thèmes sont bien mis en scène pour la société étasunienne. On y retrouve nombre d'éléments présents en France à la fin du XIXe siècle ou resurgissant aujourd'hui: ¨place de la « nature », alimentation, souci du corps. Comme indiqué précédemment (Notion de document en histoire, dans le deuxième élément de compétence), ***les sources utilisées en histoire sont multiples***. Un document « historique » n'est pas toujours poussiéreux ou ennuyeux. À vous d'utiliser vos propres références pour les transformer en arguments (voir Troisième élément de compétence).

L'encadrement social des activités physiques

Le développement du cyclisme contribue donc à introduire, répandre, banaliser les bienfaits de l'activité physique. Il inaugure une forme de démocratisation de pratiques jusque-là réservée aux riches oisifs. Il véhicule également l'idée sportive, ses spectacles, records, règlements et l'idée de performance. La « religion athlétique », dont parle notamment Coubertin, se répand. Même ceux qui ne peuvent pratiquer sont invités à communier dans cette nouvelle croyance. L'émergence de loisirs réservés ouvre vers de nouveaux usages du corps. Il ne faut donc pas oublier l'environnement politique, social, culturel dans lequel s'inscrit cette nouvelle machine et ses usages.

Deux univers semblent se développer en parallèle, d'un côté la pratique sportive, encouragée à travers son spectacle, de l'autre, la nécessité montante d'encadrer les pratiques physiques de la jeunesse. Ils présentent toutefois des zones de convergence.

Dès 1866, avant donc le retour de la République, la Ligue de l'enseignement de **Jean Macé** milite pour l'introduction d'une formation physique pour la jeunesse scolarisée, soit alors une toute petite partie de la population. La défaite contre la Prusse en 1870 va provoquer un climat d'appel à la revanche qui active la militarisation de la société et incite à la préparation physique et militaire de la jeunesse. Dès 1873, ***juste après la fondation du HAC et du premier Vélo-club***, l'Union des sociétés de gymnastique de France (USGF) rassemble « au lendemain même des malheurs de la Patrie », des sociétés de gymnastique et de préparation militaire. Elle se charge de « répandre en France et dans les colonies l'idée gymnique et propager par les méthodes de la gymnastique, l'éducation physique dans la masse de la jeunesse française ». Nombre de pratiques convergent alors vers l'idée d'une indispensable éducation, physique, mais divergent quant aux moyens. Une forte concurrence se développe. Différents groupements cherchent à répandre les bienfaits des activités physiques et à travers elles, des modèles de société.

L'encadrement des activités physiques devient un véritable enjeu social et politique. Si « la gymnastique est l'application rationnelle de l'exercice » selon Paul des Sports, (*La Revue des sports*, 7 janvier 1882), le terme recouvre une mosaïque d'activités, à commencer par celles qui se sont développées de façon commerciale, depuis le second Empire. L'école - mise en place en théorie pour tous - avec les lois Jules Ferry en 1881-82 - est supposée répandre par la gymnastique une éducation physique et morale, suivant deux réseaux alors bien distincts, l'école du peuple et celle des notables.

Les médecins plaident pour une EDUCATION HYGIENISTE, des pratiques contrôlées par leurs recommandations. Les vertus préventives sont mises en avant, toujours associées à une formation morale. Il s'agit finalement d'instituer de « bons » comportements. Le socle préventif souhaité face aux maladies se trouvé doté de nouveaux espoirs ouverts avec la dite révolution pasteurienne. Les débats du XIXe siècle portaient sur la contagion. Après Pasteur, la plupart des pathologies vont trouver une explication et de possibles remèdes. Le contrôle hygiéniste s'en trouve amplifié, au nom du bien public. Jules Ferry articule droit et devoir d'aller répandre les « bienfaits » de la « civilisation » jusque dans les colonies. La croyance dans le Progrès se nourrit de ces évolutions techniques : l'électricité, les nouvelles machines dessinent une vision ascensionnelle du temps. L'avenir sera obligatoirement meilleur.

Une partie de l'élite aristocratique est tournée vers l'Angleterre. Elle admire la réussite économique de la première puissance mondiale et veut importer ses méthodes éducatives pour remplacer la gymnastique jugée ennuyeuse et incapable de former des citoyens dynamiques, actifs, des « entrepreneurs », des chefs. En 1883 Coubertin rédige ainsi une méthode pour former « non pas des écoliers mais des hommes ». En 1888, il créé le Comité pour la propagande des exercices physiques dans l'éducation, présidé par Jules Simon, ancien premier ministre, ancien ministre de l'Instruction Publique et membre de l'Académie française (***ces précisions permettent d'insister sur le poids et le rayonnement de ces notables).*** Georges de Saint-Clair, auteur en 1887 de *Les sports athlétiques et les exercices de plein air*, secrétaire du Racing Club de France, un des premiers clubs parisiens, fonde la même année, l'Union des sociétés françaises de sports athlétiques (USFSA) également avec le baron Pierre de Coubertin. Celui-ci est connu pour ses multiples écrits (16 000 pages d'écrits imprimés dont 34 ouvrages, et plus de 1 200 articles), et sa volonté de « rétablir » les jeux olympiques. Cette figure sportive a fait couler beaucoup d'encre, il est l'objet de nombreux commentaires où il est important de bien discerner les dimensions critiques ou apologétiques. Car si Coubertin est souvent présenté comme progressiste, le mythe l'entourant ne doit pas faire oublier ses positions très rétrogrades, notamment en matière de sport féminin : il est ainsi complètement opposé à ce qu'il appelle « une olympiade femelle ».

Le 25 novembre 1892, lors du cinquième anniversaire de l'USFSA, dans le grand amphithéâtre de la Sorbonne, Coubertin déclare : « L'Allemagne a exhumé ce qui reste d'Olympie ; pourquoi la France ne réussirait-elle pas à en reconstituer les splendeurs ? » Son projet de rénovation des jeux olympiques est avant tout « éducatif », mais à contre-courant des préconisations médicales et militaires : « Je rebronzerai une jeunesse veule et confinée, son corps et son caractère par le sport, ses risques et même ses excès » (Cité par Weber E., « Gymnastique et sports en France à la fin du XIXe siècle : opium des classes ? », in *Recherches* n° 43, 1980.) Aristocrate, il privilégie une définition du sport (déjà donnée) comme « culte volontaire et habituel de l'effort musculaire intensif appuyé sur le désir de progrès et pouvant aller jusqu'au risque », ajoutant « Il doit être pratiqué avec ardeur, je dirai même avec violence. Le sport, ce n'est pas l'exercice physique bon pour tous à condition d'être sage et modéré ; le sport est le plaisir des forts, ou de ceux qui veulent le devenir » (*Pédagogie sportive,* 1922)

Les exercices proposés ne s'appuient pas sur les gymnastiques collectives, mais au contraire sur les « sports athlétiques », pour beaucoup importés ou copiés des pratiques compétitives d'origine anglaise, comme les courses à pied ou le *football association* qui commence alors à se distinguer du *football rugby*.

Cette position appelant au dépassement physique et résolument anglophile va déchaîner une virulente campagne de presse. Elle matérialise les oppositions entre différents promoteurs et plus largement celles entre républicains et conservateurs, gauche et droite, sans que ces divisions puissent y être strictement superposées. Paschal **Grousset**, journaliste engagé qui a participé à la Commune de Paris, créé alors la Ligue nationale d'éducation physique pour contrer les initiatives de Coubertin. Il critique l'utilisation des sports anglais, leur préférant les jeux traditionnels français. Dans *Renaissance physique*, publié en 1888 sous le pseudonyme de Philippe Daryl, il attaque violemment le football : « si l'on veut comparer les avantages positifs du football, simplement considéré comme exercice, à ses nombreux inconvénients, on est bien forcé de reconnaître que ces avantages sont minces et rendent l'importation de ce sport très peu désirable. C'est, de toute façon un jeu de goujats. Au lieu de développer la courtoisie, le sang-froid, l'esprit de justice, toutes les qualités qui font, avec l'adresse et la force, le vrai galant homme. Il faut bien convenir que le football est plutôt de nature à exciter les passions basses. Il prête aux coups sournois et déloyaux, aux abus de la vigueur individuelle, à tous les vices inhérents aux mêlées confuses […] où est la raison d'aller chercher un jeu de sauvages, incorrect et brutal, peu scientifique et probablement plus nuisible qu'utile, pour l'enseigner à nos enfants ? » À COMMENTER en prenant soin de bien resituer le contexte !

Plusieurs personnages influents et d'horizon différents comme **Clémenceau**, **Berthelot**, **Macé,** soutiennent la Ligue française d'éducation physique et son projet humaniste de formation de la jeunesse : « Nous devons les fortifier au physique et au moral, afin qu'ils puissent à leur tour concourir à l'œuvre nationale d'amour et de civilisation universelle ». Beaucoup sont opposés à la vision élitiste de Coubertin et aux usages violents du corps.

Le **Dr Tissié**, ardent propagandiste de la bicyclette, MÉDECIN du Véloce-club bordelais, futur admirateur de **Ling** et de la **gymnastique suédoise,** est partisan d'une éducation organisée à partir d'une vision hygiéniste et de jeux traditionnels. Il s'oppose à l'idée de compétition, à ses violences et donc à la notion de sport telle qu'elle est véhiculée par Coubertin ou l'USFSA. Il crée le 19 décembre 1888 la Ligue girondine d'éducation physique, l'année où il publie *L'hygiène du vélocipédiste*. Il est un des premiers à penser une théorie de l'exercice et l'entrainement physique. Il écrit plusieurs ouvrages (*La fatigue et l'entraînement physique*, 1897, *L'éducation physique au point de vue historique, scientifique, technique, pratique et esthétique*, 1901, *L'éducation physique et la race* en 1909 et nombre d'articles notamment dans la *Revue scientifique* ou la *Revue des jeux scolaires* qu'il a fondée et qui deviendra en 1906 la *Revue des jeux scolaires et d'hygiène sociale*. (À COMMENTER : que peut signifier ce changement de titre ?) Pilier de la promotion des activités physiques, il appelle à la création de cours de psychophysiologie des exercices physiques dans les facultés de médecine, pour lutter notamment contre ce qu'il constate ou dénonce « la génération présente est née fatiguée ». Selon lui, « L'éducation physique doit viser surtout la santé, c'est à dire le parfait équilibre des forces physiques et morales de l'homme. » (Dr. P. Tissié, Pour la race, *Revue des Jeux Scolaires et d'Hygiène Sociale*, n° 1-2, 1909, p. 10). Dans la communication présentée au Congrès international de l'éducation physique de Paris, en mars 1913, il affirme « L'éducation physique doit devenir une institution d'État […] elle doit faire partie de la puériculture dès le premier âge et de la séniculture jusqu'à l'âge le plus avancé de la vie. » (Dr. Tissié P., L'esprit clinique en éducation physique. Suite à « cent ans d'erreur », Pau, Imprimerie Garet & Haristoy, p. 18)

Il faudrait ajouter à ce panorama les groupements catholiques. La religion catholique est alors très largement dominante. Ses groupements de jeunesse, notamment au sein des **patronages**, s'appuient eux aussi sur l'engouement pour les pratiques physiques. Ils doivent assurer une meilleure audience, éviter que les catholiques ne se fourvoient dans des associations laïques. La Fédération gymnastique et sportive des patronages de France (FGSPF) est finalement fondée en 1903 (autrement dit entre la loi sur les associations de 1901 et celle sur la séparation de l'Église et de l'État en 1905. ***Pourquoi le préciser***?). Elle se fixe pour mission de « développer, par l'emploi rationnel de la gymnastique et des sports, les forces physiques et morales de la jeunesse ouvrière; préparer ainsi au pays des générations d'hommes robustes et de vaillants soldats ».

Commenter le document suivant

Pistes de commentaire

Cette source primaire est une couverture d'un hebdomadaire, datant de 1899, *La vie au grand air*, dont le titre (et le contenu) encourage aux bienfaits des activités physiques. Hormis le bandeau avec des informations concernant la revue (abonnements, parution, etc.) la page, exposée donc pour la vente, est entièrement occupée par une photographie montrant un groupe d'élèves en uniforme regardant un sauteur à la perche. La légende apprend qu'il s'agit d'un grand prix des jeux interscolaires organisés par le Racing-club.

Le contexte renvoie donc à cette période d'encouragement des activités physiques, et en l'occurrence plus particulièrement athlétiques et sportives, destinées aux lycéens, c'est à dire à une frange aisée de la population. Non seulement ils peuvent poursuivre des études payantes au-delà de la scolarité obligatoire alors de treize ans, mais ils constituent un public de choix pour les premiers clubs sportifs comme le Racing-club. Avant la loi sur les associations de 1901, différents cercles, sociétés ou clubs, jouent un rôle de premier plan dans la promotion des activités physiques et la mise en place de groupements, voisins par leur prosélytisme, mais rivaux par les moyens développées. Le Racing club entretient ainsi des liens avec l'USFSA et la promotion des activités sportives et pas seulement gymniques ou militaires.

La technique du saut, liée au matériel appelle des commentaires. En effet il semble s'effectuer dans une fosse à sable et la réception organise donc en amont le saut, par ailleurs contraint par la perche rigide. La perche souple, en fibre de verre, ne fera son apparition que dans les années 1960, coïncidant avec l'introduction de fosses de réception, et bouleversera les performances et les conceptions même du saut (voir Defrance J., « L'introduction de la perche en fibre de verre », *Culture technique* n° 13, 1984). Jusqu'au milieu du XXe siècle, le franchissement se fait aussi quelquefois pour passer au-delà d'obstacles. Ainsi dans les manuels de la Méthode naturelle d'Hébert, on trouve des illustrations du franchissement de ruisseaux à l'aide d'une perche, car pour ce concepteur l'activité physique doit être avant tout utile, et l'athlète, polyvalent. On retrouve là des tensions qui parcourent les activités physiques et leur enseignement. La compétition encouragée pour les meilleurs, forcément de jeunes adultes ne peut alors concerner l'éducation de l'immense majorité des élèves (cf. BIPARTITION DE L'ÉCOLE). Les risques physiques, moraux pour de jeunes organismes sont largement dénoncés par une majorité de médecins et d'éducateurs.

Troisième élément de compétence

TRANSFORMER DES DONNÉES EN ARGUMENTS

L'histoire, on l'a dit, ne peut se faire sans document.

Elle s'appuie sur des « faits » (événement, donnée chiffrée, citation, image, extrait de film…) mais les faits ne parlent pas d'eux-mêmes. Il faut impérativement les commenter, leur donner du sens, c'est à dire les mettre en relation explicitée avec le sujet. Un document quel qu'il soit, est un élément de connaissance qui doit devenir un indice (un indicateur), renvoyant donc à ce que l'on veut montrer, autrement dit à une argumentation.

Une connaissance ne devient un ARGUMENT que si on lui donne du sens, si elle est EXPLICITEMENT reliée à la volonté de montrer quelque chose : il faut donc l'annoncer, donner des éléments, des « faits », expliquer en quoi ces « données » viennent corroborer l'idée défendue, et relier cette construction à l'argumentation générale défendue.

Un bloc argumentaire nécessite donc 4 étapes

1. L'annonce de l'hypothèse (l'idée clé, le fil conducteur, la problématique) : ce que je veux et vais montrer).
2. L'énoncé du fait choisi : ce que j'utilise pour montrer l'idée avancée.
3. Le commentaire, l'explication, (trop souvent oubliés : je mets la donnée de connaissance explicitement en relation avec l'hypothèse) : ce que le fait, cet élément montre, nous permet de dire.

   Repère : la partie commentaire doit être toujours plus longue que l'exposé du fait lui-même : ce qui compte est moins la connaissance que ce que vous en faites.

4. La mise en relation (Je nuance, je relativise, j'élargis) : quels sont les limites, les compléments, les prolongements ?

   Repère : ce quatrième point est annoncé par des connecteurs logiques : de plus, néanmoins, cependant, en même temps… etc.

Ce dernier point constitue la première étape (le n° 1) du bloc argumentaire suivant, puisqu'il l'introduit. Les blocs deviennent ainsi des briques qui construisent l'argumentation et la rendent solide, consistante, claire, intelligible. Un bon devoir, dissertation ou commentaire n'est pas une simple suite ou accumulation de connaissances, ce qui le caractérise c'est la fluidité : on glisse d'une idée à l'autre, sans heurts, sans sauts logiques ou ruptures de sens. Le travail d'écriture doit montrer où elle emmène le lecteur, le guider. L'argumentation est la pente qui l'entraîne et doit emporter sa conviction. Le correcteur a le privilège de la note, mais vous avez celui de le conduire où vous voulez.

Les quatre étapes du bloc argumentaire sont donc TOUTES indispensables et explicitement liées entre elles

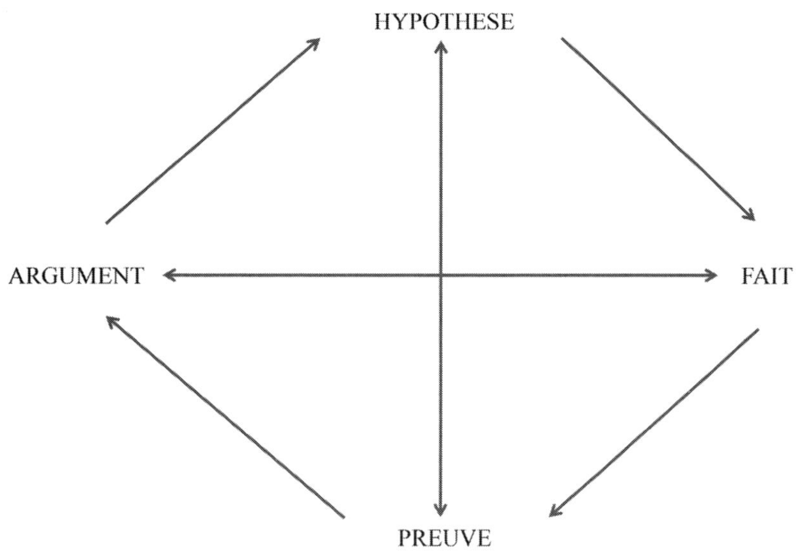

Sans hypothèse annoncée, le fait ne peut valoir preuve, sans relation construite et exposée, le fait ne peut devenir un argument.

Le vélo aujourd'hui

En 2016, en France, les ventes de vélos avaient atteint 3 millions de cycles. Ce chiffre peut être concrétisé (***une façon plus frappante de présenter les mêmes données***!) par 8 219 vélos vendus par jour ou encore 6 vélos toutes les minutes ! Mais le commentaire du site Planetoscope, qui fournit ces données (https://www.planetoscope.com/le-velo/392-ventes-de-velos-en-france.htm) mérite également attention : « Quoi de mieux pour éviter les bouchons et ne pas polluer que le vélo en ville ? » Non seulement le nombre de vélos a explosé, mais ses usages se sont considérablement renouvelés et étendus.

Dans un contexte d'encouragement à l'effort physique régulier et modéré, avec les métamorphoses récentes du matériel, et un chiffre d'affaires dépassant pour la première fois le milliard d'euros, pour un prix de vente moyen de 337 euros, le vélo offre de grandes perspectives de développement. Ces dernières années, c'est la progression exponentielle des ventes de vélos électriques qui fait date, bien mis en évidence dans les chiffres publiés par l'Observatoire du Cycle. 134 000 vélos électriques avaient été vendus en 2016, soit une augmentation de 31,4 % par rapport à 2015. En 2019, ce sont 388.000 vélos électriques achetés en France, (soit une progression de 12,1 % depuis 2018). 2, 6 millions circulent alors qu'en 2006, le nombre de vélos électriques n'était que 6000, soit à peu près le chiffre des vélocipèdes en 1869.

L'évolution des pratiques

La bicyclette utilitaire, délaissée, démodée, semble connaître aujourd'hui non seulement une forte croissance mais un engouement multiforme. Le vélo est redevenu un objet de loisir, d'amusement, de transport. Mais il est aussi support de revendication écologique et participe au renouvellement des usages du corps.

Cette transformation des pratiques et des représentations s'est d'abord greffée sur de nouveaux objets, bricolés. Dans la Californie des années 1970 où s'inventent de nouveaux sports dits de glisse, se développent alors des machines hybrides, trafiquées à partir de la récupération de vieilles bicyclettes. Dans cette multiplication des supports, on peut retenir particulièrement le « bi-cross » et le « mountain-bike » –qui deviendra le vélo-tout terrain, en traversant l'Atlantique. Ces nouveaux modèles rajeunissent l'image du vélo, ouvrent sur des pratiques différentes, élargissent les publics, et attirent des constructeurs.

Au sortir de la Deuxième Guerre mondiale, il y avait en France neuf millions de bicyclettes. La reconstruction, l'exode rural, le nouvel élan vers une modernité et la croissance économique dont les effets se font sentir pour la population dès le milieu des années 1950, vont faire régresser la place de la bicyclette. Elle a été progressivement chassée des chaussées, mais également des horizons d'attente, par le développement phénoménal de l'automobile. Ce produit initialement de luxe est devenu graduellement plus accessible, envisageable en tous cas par la diminution du prix d'achat et l'augmentation du niveau de vie. Dans les années 1950, la petite 4CV est construite dans les usines Renault, nationalisées au sortir de la guerre pour fait de collaboration. La production n'y est donc n'est pas seulement guidée par le marché, mais par la volonté de l'État d'intervenir sur celui-ci. La production massive d'un véhicule automobile relativement « bon marché » va le rendre plus abordable. À la fin des années 1950, un tiers des acheteurs sont issus des classes dites populaires. Ce développement continu de l'automobile contribue à marginaliser le vélo et ses utilisateurs. Un dessin de Sempé paru dans *Rien n'est simple* en 1962 résume en 4 vignettes l'évolution de la bicyclette et de sa place sociale. Dans la première un ouvrier piéton croise une voiture pétaradante sortant d'une luxueuse maison au début du siècle. Puis il croise l'automobile de plus en plus rutilante, d'abord à vélo puis en motocyclette. La dernière image montre l'ouvrier bloqué par un embouteillage dans sa petite voiture, quand le propriétaire sort de sa riche villa en vélo…

> Encore une fois, les sources utilisées peuvent être très diverses. Ce qui en fait la valeur, la pertinence, c'est l'usage explicité que vous en faites.

À l'orée des années 1960 un sketch du comique Fernand Raynaud : « moi, mon papa, il a un vélo » rappelle cette disqualification sociale dans un monde épris de modernité et de ses objets fétiches. Nombre de réflexions soulignaient alors la dépréciation du vélo et de ses usages populaires : « Aller à vélo c'est bon pour le facteur ». Dans une société obsédée par la croissance, le regard est tourné vers l'avenir, ses promesses, ses icônes. Tout ce qui peut rappeler ou évoquer le passé, est alors rejeté. Avec les accords d'Évian qui signent la fin de la guerre d'Algérie, la France pense ainsi tourner la page peu glorieuse d'une époque coloniale, et effacer les effets de plus de trois cents ans d'histoire. L'histoire, rappelons-le, ne concerne pas seulement le passé mais aussi les usages politiques du temps, les tentatives d'oubli ou d'effacement, les résurgences mémorielles, ce qui est proposé comme patrimoine commun.

Dans les années 1960 tournées vers l'avenir, le vélo, sous sa forme utilitaire, semble incarner une époque révolue. Pourtant ses usages sportifs perdurent, voire sont exaltés.. Le cyclisme continue de se nourrir de l'exploit et de la performance, mis en scène dans des combats épiques. Ils passionnent les foules et font vendre les journaux qui les relatent, voire les fabriquent. Le duel Poulidor-Anquetil, « l'éternel second » contre le plusieurs fois vainqueur du Tour de France, permet d'opposer une France rurale à « la France qui gagne », « moderne », tournée vers le « progrès », d'exalter réussite, préparation et planification comme nouveaux modèles sociaux. Quelques années auparavant, dans l'Italie de l'après seconde guerre mondiale, le duel mettant en scène les champions Bartali et Coppi avait cristallisé les « valeurs » d'une société ou des oppositions supposées la structurer.

Non seulement la dimension sportive demeure, mais elle participe de façon circulaire à la diffusion et popularisation du SPECTACLE SPORTIF. Dès la fin de la deuxième Guerre Mondiale, le Tour de France est attendu. Son retour est salué en 1947 par Jacques Goddet dans le journal *L'Équipe* (qui a remplacé *L'Auto* interdit après la guerre pour collaboration avec l'ennemi) : « Alors que notre pays, brisé par tant de dures années, supporte les convulsions qui le secouent, le Tour de France, cette grande fête populaire reprend sa place ». Mais le commentaire insiste sur d'autres enjeux de l'épreuve, qui « véhicule un message de paix et de fraternité, en même temps qu'il doit aider à la remise en marche de l'économie ». Le Tour de France est une entreprise et le théâtre d'innovations médiatiques importantes, comme les premiers reportages télévisés en direct lors de l'arrivée au Parc des princes. Très rares sont encore les postes, mais le public peut se rassembler dans les cafés qui en font un argument commercial. Les courses cyclistes ont largement contribué à répandre avec l'idée sportive, le record et ses champions. Figures d'exception mais restant accessibles, les héros sportifs (également hérauts de la sportivisation) concourent à légitimer et banaliser le recours à la performance comme valeur cardinale d'une société.

Les années 1970, un contexte favorable

En France, le mouvement de renouveau d'une pratique non compétitive du vélo est sensible dès les années 1970. Il met fin à des décennies d'ostracisme. Le tassement de la croissance et des indices économiques (Mendras H., *La seconde révolution française (1965-1984)*, Gallimard, 1988), et le premier choc pétrolier en 1973 vont ***contribuer*** à renouer avec l'intérêt pour le vélo, moyen de transport bon marché, qui se greffe à la fois sur de nouveaux usages du corps et sur des phénomènes sociaux émergents.

EXERCICE

Quels éléments évoqués en première partie (1975) seraient susceptibles d'être mis en relation avec ce développement afin de l'expliquer ?

En 1974, à La Rochelle, la mairie met en libre-service des vélos, ancêtres du Vélib, qui provoquent alors étonnement et suspicion. Le vélo devient un des symboles du mouvement écologique, qui connaît son premier candidat aux élections présidentielles de 1974. Comme le rappelle **Yvan Illich** en 1973, « la bicyclette et le véhicule à moteur ont été inventés par la même génération, mais ils sont les symboles de deux usages opposés de l'avancée moderne. » (*Énergie et équité*, Seuil, 1973, p. 49) Il souligne ainsi qu'en terrain plat, le cycliste va trois ou quatre fois plus vite que le piéton tout en dépensant cinq fois moins de calories. Dans une société brutalement tournée vers les « économies d'énergie », le vélo semble appelé à un nouvel avenir. Illich, critique radicalement la civilisation de l'automobile. Il souligne que celle-ci ne fait pas gagner de temps si l'on inclut celui indispensable au travail pour se la procurer, l'entretenir etc. Poursuivant sa condamnation de la société industrielle, Illich veut montrer que l'institutionnalisation à grande échelle d'un moyen finit par le rendre inutile, voire dangereux: « Lorsqu'une activité outillée dépasse un seuil défini par l'échelle *ad hoc*, elle se retourne d'abord contre sa fin, puis menace de destruction le corps social tout entier. »(*La convivialité*, Éditions du Seuil, 1973, p. 11) Plusieurs ouvrages de cet auteur dénoncent alors, outre l'automobile qui nuit finalement au transport (1973), l'école à l'éducation (*Une société sans école*, 1971) et la médecine à la santé (*Némésis médicale*, 1975). Pour résumer, « *La corruption du meilleur engendre le pire* » (Entretiens avec David Cayley, Actes Sud, 2007). La question n'est pas ici de discuter de la validité de ces analyses, d'adhérer ou non à ces propos. La position d'Illich est ici mise en avant pour illustrer une forme de radicalité propre aux années 1970 et l'émergence d'une contestation des formes établies de rapports sociaux, de production, de formes de vie.

La progression spectaculaire du nombre de vélos vendus en 1974, suite à la crise pétrolière, retombe pour remonter en flèche à la fin des années 1970. Au point que le journal *Le Monde* s'interroge ***en première page***, le 18 août 1980: « Mode éphémère, snobisme, engouement ou fait de société ? » Le journal propose alors quelques pistes d'explication à ce développement inattendu: « le vélo bénéficie de la combinaison de plusieurs facteurs sociologiques... et commerciaux. Les efforts conjugués des écologistes et des médecins, s'appuyant sur la mode du retour à la nature, et sur le culte renouvelé voué à la forme physique – voir le succès du « jogging »– ont porté leurs fruits ». Le développement encouragé des activités physiques, le rejet du tout compétitif et du sport institutionnalisé, la recherche de formes d'hédonisme se conjuguent avec une place renouvelée de la NATURE, pour remettre le vélo et ses différentes formes de pratiques au cœur des activités physiques et des dynamiques sociales.

Le vélo un engin « branché » ?

En 1986, 2 millions de cycles sont vendus dont 500 000 « bicross », qui fascinent jeunes et enfants. Ce nouvel engin permet de réinvestir les territoires de la ville et va bientôt bénéficier d'aménagements spécialisés: « un terrain et une pelleteuse suffisent » précise le journal *L'Équipe* dans son édition du 25 novembre 1985, poursuivant: « à quand une piste dans tous les villages et villes de France ? » Un nouveau marché se développe. Les « bikes », les tenues – justifiées par la sécurité - participent de la recherche d'un « look », dans une société obsédée par l'apparence - que le sociologue Alain Ehrenberg résume d'une belle formule: « je suis ce que je parais » (*Le culte de la performance*, Calmann-Lévy, 1991).

Des compétitions sont organisées, sur le modèle du duel, par séries éliminatoires. L'*indoor* de Bercy en 1986 est filmé en direct par TF1 lui donnant ainsi une visibilité inédite. La retransmission concourt à populariser des comportements jusque-là réservés aux « spécialistes ». Car l'*indoor* de Bercy rassemble les meilleurs experts, de sauts, de bosses, d'acrobatie, de « jumps », de « free-style ». (Cette anglomanie rappelle les débuts du mouvement sportif où l'on évoquait les *goal-keepers* sur le *ground de football*, et où les « *clubs* » portaient souvent des noms anglais: *Good-luck*, *Red star...*). Les cyclistes spécialistes désormais « pilotent » leur monture, ce qui souligne un changement dans les conceptions de l'activité physique et du rapport au corps. La recherche de sensations désormais privilégiée conduit à des apprentissages repensés où la maîtrise importe plus que le dressage.

Ces différentes pratiques accompagnent et amplifient une mutation dans les activités physiques qu'a analysée Alain Loret. Les catégories initialement dressées pour tous les jeux par Roger Caillois (*Les Jeux et les hommes*,

Gallimard, 1958) se sont déplacées. Au hasard (Alea) et à la performance (Agon) dominantes dans les années 1960, succèdent alors la recherche du vertige (Ilinx) et du masque (Mimicry) que l'on retrouve dans un nombre d'activités en pleine expansion. En 1981 Christian Pociello, dans le sillage des travaux de Pierre Bourdieu, propose d'analyser l'espace des sports (*Sport et société, approche socioculturelle des pratiques*, Vigot, 1981) soulignant permanences et transformations en cours. Peut-être la modification majeure est-elle justement celle de l'émergence d'une véritable sociologie des pratiques physiques, amorcée quelques années auparavant (Magnane G., *Sociologie du sport*, Gallimard, 1964). Elle se dote d'analyses désormais plus systématiques (voir sous la direction de Collinet C., *Éducation physique et sciences*, PUF, 2001 ou *La recherche en STAPS*, PUF, 2002). La « dispersion des manières de pratiquer » (Bourdieu P., « Programme pour une sociologie du sport », *Choses dites*, Éditions de Minuit, 1987) invite donc à considérer la grande variété des pratiques, et des pratiquants, les significations portées.

Les mutations du marathon illustrent bien ces nouveaux usages des activités dites sportives. Si certains concurrents, les « meilleurs », viennent toujours pour gagner ou bien figurer au classement, l'immense majorité veut avant tout participer, renouant en apparence avec les anciennes recommandations de Coubertin. Finir l'épreuve est une récompense en soi, un défi qui annule les idées de rivalité au profit de la participation, de l'être là et de l'être ensemble. On voit ainsi des coureurs s'attendre pour passer ensemble la ligne d'arrivée ! Cette négation des « valeurs » traditionnellement attribuées au sport est révélatrice d'autres attentes, d'autres pratiques. Le marathon du Médoc, dont la première édition a eu lieu en 1985, et dont le modèle s'est très largement répandu, est pensé sur un mode festif, au milieu des vignobles. Il débute la veille par une gigantesque platée de pâtes - glucides lents destinés à fournir l'énergie nécessaire le lendemain. Le parcours est ponctué de dégustations, incluant des fruits de mer. Le nombre volontairement limité de coureurs en fait une épreuve recherchée, qui souligne les recompositions non seulement des activités physiques, mais de tout l'espace sportif. Dans celui dévolu à la compétition, les « Iron men » côtoient désormais de simples pratiquants. Deux rapports opposés au monde social (Bourdieu P., *La Distinction*, Éditions de Minuit 1979) sont en contact. Toutefois, la recherche de sensations inédites, la quête de la forme ou du bien-être se conjuguent souvent avec le rejet de la morale sportive de l'effort.

En 1988, on dénombrait 120 000 vélos-tout terrain désormais désignés par leur sigle VTT, qui disposent même à partir de novembre 1987 d'une revue spécialisée (cf. MEDIATISATION). Ils sont 400 000 en 1989, 800 000 en 1990, plus d'1,5 million en 1991 (soit alors la moitié du marché du cycle signale la revue *Vélo sport 2000* en juin 92). Cette progression spectaculaire s'explique également par un produit « branché », selon *Le Monde* (16 novembre 1990). Les innovations techniques ou *marketing* se multiplient. La revue *Science et avenir* constate en juillet 1991, les grands changements apparus depuis la fin des années 1980, et conclut « en 5 ans, le vélo a connu plus de progrès techniques que depuis son invention » (Schwartz L., « Vélo, l'innovation pousse à la roue »). La diversification d'un marché, les rapports complexes trop souvent résumés à une mécanique entre offre et demande, amènent une multiplication des « produits », aisément repérable dans n'importe quel magasin spécialisé. Les vélos tout chemin, ceux de descente ou de « gravel » s'ajoutent au matériel déjà existant, prétendant quelquefois le rendre obsolète. Le vélo « sportif » lui aussi bénéficie de renouveaux techniques, particulièrement en termes de légèreté. Les prix s'envolent.

En 1993, une étape du Tour de France est ouverte à des amateurs qui peuvent la veille franchir des cols mythiques, pour lesquels *Vélo magazine* « met en garde : l'étape du Tour est dure, très dure... » (Mars 1993). Le journal rappelle que l'entraînement sportif dispose désormais de connaissances, de techniques, d'instruments élaborés, sans commune mesure avec les méthodes d'antan. Une publicité parue dans *Vélo* en avril 1994 affirme « l'entrainement de papa c'est fini. Votre cœur c'est votre moteur, le fréquencemètre votre compte-tours. Pour bénéficier de l'entraînement vous devez le maintenir dans les limites prévues, ni trop hautes ni trop basses ».

Exemple de commentaire de cette citation

Une partie des connaissances utilisées a été précédemment fournie, il s'agit là de souligner un exemple d'application possible, une transformation de faits en arguments. On y retrouve brièvement les points essentiels d'un commentaire et les étapes classiques de toute « dissertation » : introduction, idées principales qui structurent le plan, développements, conclusion qui rassemble les idées exposées et ouvre les perspectives.

Cet extrait de publicité est une source primaire parue dans un magazine spécialisé de vélo. Elle fait référence à plusieurs registres qui traversent l'histoire des activités physiques. Le premier souligne une permanence : celle de la comparaison entre le corps et une machine, le second évoque les usages du temps.

Le corps en mouvement est très souvent assimilé à une machine. Bertrand During (*Histoire culturelle des activités physiques XIX*e *et XX*e *siècles,* Vigot, 2000) a bien insisté sur l'ancienneté de cette métaphore, toujours rapportée aux modèles de son époque. Dès 1664, dans son *Traité de l'homme,* Descartes décrit le corps comme un ensemble de tuyaux. Un siècle plus tard ce sera l'horloge qui sera prise en modèle pour expliquer par ses différents rouages, la mécanique du corps humain.

Parlebas a ainsi décrit trois générations de machine. Le modèle de la deuxième génération concerne les machines énergétiques. Jacques Gleyse (*Archéologie de l'EP au XX*e *siècle en France*, PUF, 1987) a étudié ces métaphores du « moteur humain » et ses résonances en termes de conceptions de l'exercice physique. L'apparition des machines à vapeur révolutionne les modes de déplacements et de production. Les moteurs à explosion bouleversent la société dans son ensemble. Les références scientifiques antérieures, anatomiques et biomécaniques glissent vers des modèles bioénergétiques. L'énergie, sa production, sa consommation, sont au cœur de l'étude physiologique. Les comparaisons insistent alors sur le sang comme carburant, le cœur comme moteur et se prolongent comme dans cette citation en envisageant son rythme comme « compte-tours ». Ce matériel évoque à la fois la modernité technique et la quantification précise de l'effort, objectif ou obsession de nombreux éducateurs ou pratiquants. Bien que les formes actuelles de machine, dérivant des ordinateurs, orientent vers une conception bio-informationnelle des activités, les modèles anciens persistent. Ils continuent d'imprégner voire d'orienter les pédagogies et les conceptions d'entrainement. Ils sont aussi réadaptés. Le fréquencemètre comme « compte-tours du cœur, joue ainsi un rôle de régulation, de feed-back, autrement dit d'information permettant de réguler la pratique.

Avec la disqualification de « l'entraînement de papa », on touche au registre des usages sociaux du passé. La disqualification du passé n'est jamais neutre, elle s'inscrit souvent dans la célébration d'une modernité qui gomme alors les nombreuses continuités avec les périodes précédentes. Dans les années 1960, entièrement tournées vers l'avenir et ses promesses de progrès, tout ce qui relève d'un passé révolu est considéré comme « archaïque », « moyen-âgeux ». Ce sont les termes qu'utilisent Maurice Herzog, Haut-Commissaire à la Jeunesse et aux Sports au début du septennat du Général De Gaulle pour justifier des changements politiques dans le monde des activités physiques et du sport. Jacques de Rette et ses Républiques des sports proclamait en 1962, « la gymnastique de grand père est morte », façon là aussi de disqualifier une éducation physique jugée alors poussiéreuse, pour promouvoir le sport – autrement dit les pratiques de performance - qu'il considère comme seule activité physique valable.

L'histoire ne sert pas seulement à retracer des événements, une époque, ou en un mot le passé, mais elle aide également à réfléchir sur ces usages du temps. Disqualifier le passé ou au contraire l'exalter répondent à des enjeux sociaux qui varient selon les époques. Alors que la fin du XIXe siècle ou les années 1960 tournent le dos au passé et regardent vers l'avenir, notre temps espère que demain ne sera pas trop dégradé par rapport aux conditions actuelles. Dans une société de l'immédiat, le présent semble avoir envahi tout l'espace.

En ouverture : l'avenir du vélo ?

Le vélo comme mode de transport alternatif, s'est fortement développé dans les pays du nord de l'Europe ou de l'Amérique où la tradition cycliste était, malgré le triomphe de l'automobile restée présente. En France, un premier colloque national des villes cyclables a eu lieu à Rennes en 1994. Le vélo comme mode de déplacement urbain tente de reconquérir une place qui ne va pas de soi. En 1992, J.R. Caré dans son étude sur *La situation de la bicyclette en France* affirmait « le vélo n'est pas perçu et n'apparaît pas dans répertoire mental collectif comme un moyen de déplacement ou de transport » (p. 188). La même année, en septembre, la première conférence mondiale sur le vélo se tenuait à Montréal (*The bicycle, Global perspectives, Perspectives mondiales sur le vélo,* Montréal, Productions Vélo Québec, 1992)

Dans son ouvrage *Le Retour de la bicyclette, une histoire des déplacements urbains en Europe,* (La Découverte, 2014), Frédéric Héran, choisit d'étudier celle-ci « *de 1817 à 2050* » comme l'indique le sous-titre, une façon de rappeler que l'histoire du vélo et de ses usages, comme toute histoire est toujours en mouvement.

Quatrième élément de compétence

CONSTRUIRE UNE BIBLIOGRAPHIE : DE LA LECTURE À L'UTILISATION RAISONNÉE

Il n'y a pas de travail possible en histoire sans lectures. Mais encore faut-il organiser celles-ci, pour en extraire les informations pertinentes et les conserver en vue d'une utilisation ultérieure. Un premier outil (qui n'est pas spécifique aux sciences sociales, mais est adapté pour cet usage) vise donc à réaliser une fiche de lecture, un deuxième concerne la constitution d'une bibliographie et ses différentes étapes. Car devant l'abondance des références disponibles, il s'agit de bien sélectionner les textes.

Une lecture organisée

Extraire les informations pertinentes

Les ouvrages ou articles peuvent être lus suivant plusieurs objectifs, plusieurs regards. On peut donc souligner ou relever certains éléments et le faire par exemple avec des ***codes de couleur*** distinguant ainsi différents contenus et apports potentiels : faits, données chiffrées, citations, ouvertures thématiques, constructions argumentaires, etc.

Conserver les informations : fiche de lecture

Elle doit être synthétique et concise, bien organisée pour donner facilement accès aux informations sélectionnées et ouvrir des perspectives de mise en relation. Son utilité est de conserver des éléments contenus dans un document en vue d'une utilisation ultérieure. Elle permet de garder des traces des lectures et des analyses. Une fiche de lecture peut donc être utilisée plusieurs années après sa réalisation, elle permet ainsi de cumuler et croiser des connaissances.

Un critère de qualité est la possibilité d'utilisation par une tierce personne (c'est-à-dire de compréhension de l'essentiel du texte, sans pour autant l'avoir lu.) Une fiche de lecture peut comprendre les points suivants :

- **Références précises**

Il est très agaçant d'avoir à les rechercher ultérieurement ! Les bibliographies constituées donnent de bons exemples d'organisation de ces références : Nom(s), prénom(s) du au des auteur(e)s, s'il s'agit d'un ouvrage, *titre* en italique, lieu et éditeur, année (en précisant s'il s'agit de l'édition initiale ou d'une réédition où les contenus peuvent avoir changé. S'il s'agit d'une article, titre, *références de la revue* ou de la publication.

Mots clés

Indiquent les thématiques principales : en évitant les mots trop vagues ou généraux : sport, éducation, etc. L'important est de pouvoir opérer des connections, de travailler des recoupements entre différentes sources.

Résumé

Synthétique, il insiste sur les idées essentielles, la problématique générale, les apports. Le résumé ne se contente pas de décrire le texte ni de le paraphraser. Il doit insister sur ses points clés, ses particularités, ses ENJEUX.

Titre

Si celui initial ne semble pas correspondre au contenu, on doit lui en donner un. Le titre représente en quelque sorte le résumé du résumé, autrement dit l'idée principale, la problématique. Il est souvent accompagné d'un sous-titre pour mieux préciser le thème abordé et le point de vue adopté.

Citations

Des extraits particulièrement illustratifs peuvent être retenus et participer ainsi à un recueil, carnet de citations ou de connaissances aisément réutilisables. Des données marquantes, chiffres, faits, événements, peuvent être retenues.

Constituer une bibliographie

Celle-ci se fait en plusieurs étapes. Le premier niveau repose sur des ouvrages considérés comme indispensables à lire et généralement indiqués par l'enseignant en introduction ou complément du cours.

Étape 1 : bibliographie de base

Il est intéressant que les références sélectionnées soient explicitées. Ainsi, à titre indicatif, on peut aborder la question de l'histoire des APS, par des ouvrages de collections dites de poche, synthétiques et accessibles. Plus qu'une simple liste, l'utilité attribuée peut guider dans le choix :

Pivato S., *Les Enjeux du sport*, (Casterman/Giunti, 1994)

Cet ouvrage est très bien illustré par des photos et schémas. il permet d'aborder la question essentielle des ***enjeux***, déjà évoqués par la couverture qui représentent les athlètes Carlos et Smith levant le poing ganté des Black Panthers sur le podium des jeux olympiques de Mexico en 1968. Il ne restreint pas l'analyse au contexte français mais présente une vue d'ensemble.

Terret T., *Histoire du sport*, (PUF, collection Que Sais-je 2007) retrace les transformations de ce phénomène en insistant sur le sens donné à ces pratiques à différentes périodes clés. Il montre comment l'étude de ce qui constitue une véritable culture de masse offre aussi l'un des meilleurs miroirs de notre société. Car étudier le sport ou les activités physiques ne peut se faire sans prendre en compte un contexte plus général, auquel il renvoie.

Defrance J., *Sociologie du sport*, (La Découverte, 1995, mais régulièrement republié depuis) est plus un ouvrage d'orientation méthodologique. L'histoire du sport n'y est pas retracée mais les questions de définition, le travail sur les dimensions sociales, la réflexion sur les outils y sont particulièrement bien expliqués.

Les ouvrages d'histoire en STAPS peuvent être distingués en trois catégories. La première regroupe ceux qui retracent l'histoire du « sport » ou celle de l'éducation physique scolaire, trop rarement encore celles des APS. La deuxième concerne les publications centrées sur la méthodologie de l'écrit, la préparation aux concours et qui développent conseils et exercices. La troisième enfin, à laquelle appartiennent les trois ouvrages suivants, relèvent du domaine des manuels. Ils cherchent donc en même temps que l'apport de connaissances sur l'histoire des activités physiques à offrir des outils méthodologiques, des documents, des exercices.

During B., *Histoire culturelle des activités physiques XIXe et XXe siècles,* Vigot, 2000, propose une mise en perspective du développement des APS agrémentée de documents et de mises au point méthodologiques et thématiques.

Dietschy P. et Clastres P., *Sport, culture et société en France*, Hachette, 2006. Cet ouvrage aborde la place du corps et de ses prises en charge dans la société en insistant sur des thématiques fondamentales et propose en fin de chapitres, des documents bienvenus.

Dumont J., *Socio-histoire et épistémologie des activités physiques et sportives*, Ellipses 2017. Ce manuel de la collection Objectif STAPS, correspond à l'ensemble du cursus de la première année jusqu'au master. Il est organisé en trois parties, une « chronologique » pour donner de grands repères, une « thématique » avec des outils historiens chaque fois spécifiés. La troisième est une introduction à l'épistémologie qui peut aussi constituer une entrée dans l'histoire des pratiques et des formations.

Étape 2 : se repérer dans les extensions bibliographiques

Très peu d'ouvrages concernent l'histoire des APSA, la plupart étant centrés sur l'éducation physique scolaire ou le « sport ». Il faut donc dans l'abondance des références disponibles, (dis)poser des critères pour leur sélection. Les ouvrages suivants présentent tous en plus de leurs apports spécifiques, des intérêts méthodologiques particuliers.

Hubscher R. (dir.), *L'Histoire en mouvements, Le sport dans la société française (XIXe-XXe siècles)*, Armand Colin, 1992, propose une analyse fouillée avec de nombreux documents dont plusieurs cartes, graphiques, illustrations. Il a l'avantage de ne pas couper l'histoire du sport de celle de la société.

Travaillot Yves, *Histoire de l'éducation physique, Genèse d'une discipline scolaire,* MYT. Bien que centré sur l'éducation physique, ce livre dans sa version « universitaire », ou initiale avec un DVD support, comporte beaucoup de références, textes officiels, sources primaires compilées et permet à chacun de construire son propre itinéraire de lectures complémentaires.

Vigarello G., *Techniques d'hier et d'aujourd'hui. Une histoire culturelle du sport*, Revue EPS-Laffont, 1988. Cet ouvrage d'anthropologie historique, aborde l'histoire du sport de façon très concrète, par celle de ses outils, de leurs usages, de leurs résonances culturelles et symboliques. L'approche n'est pas chronologique, rappelant ainsi que l'histoire peut se construire autrement.

Les listes proposées ou constituées ne peuvent être exhaustives, les ouvrages sélectionnés doivent l'être en fonction de leurs qualités et de leurs utilités. Parmi les multiples références disponibles, les suivantes présentent ainsi toutes la particularité de réunir des contributions de plusieurs auteurs, autour d'une thématique centrale. Ils offrent donc différents points de vue périodisés et argumentés incluant l'histoire du sport dans une histoire plus large.

Tétard P. (dir.) l'*Histoire du sport en France*, 2 tomes (Du second Empire au régime de Vichy et De la Libération à nos jours), Vuibert 2007, analyse en une trentaine de chapitres, contributions des meilleurs spécialistes, de grandes thématiques liées au phénomène sportif, depuis ses balbutiements jusqu'aux stars actuelles.

Clément JP., Defrance J. et Pociello C. (dirs.) *Sports et pouvoirs au XXe siècle*, PUG, 1994. Cet ouvrage centré sur les enjeux, donne des outils pour penser le passé ainsi que le présent voire l'exploration du futur, sur des bases sociologiques formalisées, appliquées aux APS.

Arnaud P. Clément JP. et Herr M. (dirs), *Éducation physique et sport en France (1920-1980),* AFRAPS, 1989. Bien que ne couvrant pas l'ensemble du XXe siècle, cet ouvrage réunissant des contributions d'historiens de grande qualité présente une mine de connaissances, et des modèles potentiels de méthodologie.

Terret T. (dir.) *Éducation physique, sport et loisir, 1970-2000*, AFRAPS, 2000, prolonge dans le même esprit l'ouvrage précédent. Ces deux ouvrages entremêlent les perspectives sur l'EPS et le sport, comme phénomène social. La diversité des thématiques et des apports permet d'élargir et croiser les points de vue.

Sport et démocratie, Assemblée nationale, 1998. Ce catalogue d'une exposition commanditée par l'Assemblée nationale, réunit des contributions de plusieurs historiens renommés, présentées de façon concise mais très documentée. Il est centré sur les questions de politique, d'interventions de l'État, de valeurs républicaines. Il permet de faire le point sur les différentes périodes, ouvre sur des analyses thématiques et est agrémenté d'une riche iconographie issue du musée du sport.

Ces références peuvent paraître pour certaines anciennes. Elles sont pourtant souvent à l'origine de la réflexion sur l'histoire des APS et il semble utile de revenir aux bases même de ces travaux, ce qui n'exclut nullement les démarches personnelles de complément. La plupart des bons ouvrages d'histoire proposent des documents, illustrant les propos ou invitant à l'utilisation réfléchie. On privilégiera ceux qui ne se contentent pas seulement de documents annexés mais les mettent en perspective ou encore plus explicitement apprennent à s'en servir. On n'oubliera pas les ouvrages d'histoire hors STAPS, susceptibles d'apporter connaissances générales et outils méthodologiques comme par exemple Prost A., *Douze leçons sur l'histoire*, Seuil (Points), 1996

Étape 3 : choisir ses propres références

Il ne peut être question de prétendre tout lire ! Mais quelles lectures choisir, quels ouvrages privilégier, sur quelles parties s'attarder, porter son attention ? Le choix peut être organisé à partir de différents éléments.

- La quatrième de couverture, donne une première idée du contenu, elle présente l'auteur et offre donc une idée de sa position dans ce champ éditorial.
- Le sommaire ou la table des matières donne évidemment une bonne idée de la structure.
- La présentation de la collection ou de ses autres ouvrages expose les orientations choisies.
- La préface (généralement rédigée par un spécialiste) peut insister sur des points que l'auteur lui-même n'a pas forcément soulignés.
- L'introduction présente généralement les points clés et la construction. Elle permet donc d'avoir non seulement une idée générale de l'ouvrage mais de ses options et positions.
- Des chapitres ou parties peuvent être consultés, en fonction des éléments qu'on espère y trouver. La lecture est donc une activité dynamique.

Pour aider à la décision, on peut également consulter

- Les compte-rendu qui donnent un point de vue critique et argumenté, analysent l'ouvrage et apportent souvent des éclairages complémentaires.
- Les bibliographies thématiques sont fort utiles, à condition qu'elles soient commentées, comme celles proposées par :
  - Gleyse J. et coll., *L'éducation physique au XX*[e] *siècle, Approches culturelles et historiques*, Vigot, 1999. Bien qu'*a priori* centrée sur l'EPS et limitée de fait aux ouvrages jusqu'en 1999, cette présentation organisée (bases théoriques, fondamentaux, société, actualité) d'une douzaine de pages offre un bon point de vue sur différentes productions dont la lecture reste aujourd'hui fort utile.
  - Le numéro 453, de novembre et décembre 2016 de la revue *Historiens et géographes* présente un dossier « Sport et histoire », dont la bibliographie indicative, « qui approche l'exhaustivité » selon les auteurs, est organisée thématiquement et permet à la fois une vue d'ensemble sur la bibliographie actualisée de ce domaine et des compléments ciblés.
- Et maintenant à vous de jouer : lectures, réflexions, analyses, écritures, exercices etc…

ANGLAIS

Lucie AMARO-PÉGUY (coord.)

Professeure agrégée d'anglais. Docteure en Sciences du Langage.
Université Claude Bernard Lyon 1, Service Commun d'Enseignement des Langues (SCEL).

Cécile BERNARD (coord.)

Professeure certifiée d'anglais. Responsable pédagogique de la filière STAPS pour l'anglais.
Université Claude Bernard Lyon 1, SCEL.

Joline BOULON (coord.)

Maître de Conférences en didactique des langues.
Université Claude Bernard Lyon 1, SCEL.

Gilles MARTIN-ROSSET

Professeur agrégé d'anglais.
Université Claude Bernard Lyon 1, SCEL.

Romain MOUISSET

Professeur agrégé d'anglais en CPGE.
Lycée des Chartreux à Lyon.

Chapitre 1

SPORT AND HEALTH

Anticipation

Look carefully at the following pictures.

Describe them briefly, and say what issue they illustrate.

Can you relate to any of these issues?

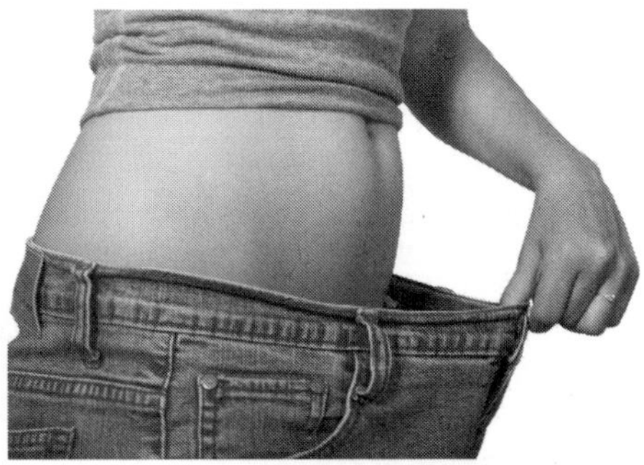

Reading

Text 1. Men and bigorexia

Adapted from an article by Simon Rawles. From www.dailymail.co.uk

At 6am, David is in his kitchen preparing his first meal of the day: porridge followed by three raw eggs and a pint of milk. Every day he follows the same routine. He gulps down the egg cocktail, then wraps a tape measure around his biceps. It's spot on 18 inches.

"Not bad," he says. "But I wish they were 23 inches." David is 5ft 8in and weighs 14 stone, five stone more than is healthy for a man of his height. To reach his goal of 20 stone he drinks calorie and protein shakes throughout the day. His greatest fear is losing weight, and he regularly weighs himself at home and at work. In the past, his paranoia reached the point where he didn't want to walk to the bus stop because he was so scared of losing weight.

David began weight-training seriously eight years ago. He was, he says, a skinny child. Dissatisfied and frustrated with the way he looked, he started going to the gym to put on a bit of weight. As his friends encouraged him, he took it from there until he reached the point where training became an addiction. His efforts may have paid off, but don't ask David to show you his legs: his tracksuit bottoms purposely hide his calves which he still hasn't managed to shape the way he wanted.

David is not the only one to suffer from bigorexia, or muscle dysmorphia: while anorexics believe they are too fat while they actually are too thin, bigorexics think they are too thin while they may actually be quite muscular. The condition was diagnosed only recently, but experts say that the phenomenon is getting more prevalent and should not be taken lightly. Indeed, some people might be so obsessed with their body image that they may jeopardise not only their health by practising excessively and causing injury, but also their job or their partner for an exclusive relationship with… the gym.

VOCABULARY

Read the text and look for the words matching the following synonyms or definitions:

- muscle located in the back portion of the lower leg
- excessively thin
- have satisfactory results
- widespread, frequent
- (vb) gain (weight)
- food that has not been cooked
- put in danger
- swallow quickly, in an animalistic kind of way
- in reality
- a long flexible strip used for measuring
- exactly, precisely

COMPREHENSION

1. What kind of diet does David have? Tick the right statements and justify your answer.

- ❑ Substantial
- ❑ High in fat
- ❑ High in protein
- ❑ High in sugar
- ❑ Light

What habit suggests that David is obsessed with his weight?

Look up the equivalence between inches, feet and stone and give information on David's current body statistics and ultimate goal in kilograms and centimetres.

What are the dangers of bigorexia?

2. Are the following statements true or false? Justify with a brief quote from the text.

a. David is satisfied with his biceps.
b. David is embarrassed by one part of his body.
c. Bigorexia affects only a few people.

BRANCHING OUT

Do you feel addicted to any sport activity? Do you know anyone in that situation?

Grammar

Leçon 1: le présent

L'anglais connaît seulement deux temps grammaticaux: le présent et le passé. Des sous-catégories qu'on appelle "aspects", permettent à l'énonciateur de nuancer la façon dont il perçoit l'action.

Le présent simple est généralement utilisé pour parler d'une action habituelle, d'une caractéristique, d'un état de permanence.

Sa construction est simple: il suffit d'utiliser la base verbale, sans rien avant ni après, à l'exception de la troisième personne du singulier, à laquelle on ajoute un -s.

Exemple : Few animals <u>stand</u> on two legs. *Peu d'animaux se tiennent sur deux pattes.*

Exemple : He <u>visits</u> his parents twice a month. *Il rend visite à ses parents deux fois par mois.*

Bien entendu, le présent simple peut être utilisé dans d'autres cas:

- Reportages à la radio ou à la télévision, notamment lors d'actions rapides telles que la description d'un match

  Exemple : Ronaldo passes to the centre. Center holds the ball. *Ronaldo passe la balle au centre. Le centre la garde.*

- Indications scéniques

  Exemple : The butler enters the room and addresses Mrs James. *Le majordome entre et s'adresse à Mrs James.*

- Titres de journaux

  Exemple : Queen cancels her visit. *La reine annule sa visite.*

- Action future indépendante de l'énonciateur

  Exemple : My train leaves at 10 tomorrow morning. *Mon train part à 10 heures demain matin.*

Le présent progressif est quant à lui généralement employé pour décrire une action en cours, ou perçue de façon non permanente. Il suggère que ce qui est décrit n'est vrai qu'au moment où l'on parle.

Sa construction est composée de l'auxiliaire BE conjugué au présent, suivi du verbe que l'on veut utiliser en lui ajoutant -ING à la fin.

Exemple : She is rehearsing for tomorrow's concert. *Elle est en train de répéter pour le concert de demain.*

Exemple : She is writing a new novel. *Elle écrit un nouveau roman.*

Notez que le français n'a pas toujours recours à l'expression "être en train de", dans la mesure où le contexte suggère souvent de lui-même s'il s'agit ou non d'une action temporaire.

Le présent progressif peut lui aussi être utilisé dans d'autres cas:

- Une action future déclenchée par l'énonciateur

  Exemple : I'm not coming with you tomorrow. *Je ne viens pas avec vous demain.*

- L'expression du reproche, de l'agacement.

  Exemple : He's always telling me what to do! *Il faut toujours qu'il me dise ce que je dois faire !*

EXERCICE 1

1. Relisez les deux premiers paragraphes de l'article "Men and bigorexia" et repérez les différentes occurrences du présent simple.
2. Quels mots (ou expressions) sont typiquement associés à ces occurrences?
3. Relisez le dernier paragraphe de ce même article et relevez l'occurrence du présent progressif. Comment la justifiez-vous?

EXERCICE 2

Mettez les verbes entre parenthèses ci-dessous au présent simple ou à la forme be V-ing.

1. Michael usually (go) running three times a week but this week he (not train).
2. "Where is Mary?" "She (have) her yoga class. She'll be back later."
3. Wow, that was a great game, but now I (die) for some water!
4. These days I (only practise) on Sundays although I normally (practise) at least twice.
5. "(You/go) to the match with me tonight?" "I'm too tired. I (stay) in."
6. "(You/like) winter sports? "I (like) snowshoeing, but I (not like) skiing."

7. The gates of the stadium (open) at 5pm and the match (start) at 7. Make sure to be there early!

8. The players (not train) at the moment. They (have) a rest before tonight's finals.

9. Volleyball games (attract) fewer supporters than football, but the sport (gain) more and more TV coverage these days.

10. The team (play) in Brighton for the semi-finals next week.

Translation

Translate the following excerpts into French:

At 6am, David is in his kitchen preparing his first meal of the day: porridge followed by three raw eggs and a pint of milk. Every day he follows the same routine. He gulps down the egg cocktail, then wraps a tape measure around his biceps. It's spot on 18 inches.

Speaking

Ask your friends, family or classmates to take part in a survey about their eating habits. Your questions should include food categories, frequency, quantities, etc.

Once you have gathered enough data, draw your own statistics and be ready to present them.

Writing

You are a fitness coach. Your clients often ask you for advice on nutrition and exercise. Choose among the following examples or make up your own examples, and write a short fitness programme including those two elements. Do not forget to use modals (must/should…) when appropriate.

- a lean young man who wants to gain mass.
- a chubby middle-aged woman who wants to slim down after two pregnancies.
- an overweight sixty-year-old man who wants to lose weight.
- a thirty-year-old man who works long hours in an office but wants to keep his body toned up.
- a young woman who wants to get ready for the New York City marathon.

VOCABULARY

Words and phrases related to food: fill in the blanks. Do not forget to conjugate the verb when necessary.

grab a bite/produce/fussy eater/cut down on/sweet tooth/main course/processed food/spoil/middle-age spread/recipe/yummy/preservatives/take-aways/beer belly/dairy products/full up/work up quite an appetite/crash diet/balanced diet/home-cooked meals/pile on/starter/eat like a horse/cut out/yucky/three-course meals

1. I don't like eating in restaurants. Most of the time I order ____________.
2. I'm a terrible cook. But when I go over to my parents', I do enjoy ___________.
3. While Spanish restaurants serve tapas, many French restaurants offer: ________, ___________ and dessert.
4. I missed lunch hour at the office so I ________________ when I left at 5.
5. Don't have a snack now, it will _______ your appetite.
6. Adrian is a _______________. He only eats rice and potatoes.
7. Although she ______________, she manages to keep slim.
8. I do a lot of sport so after practise I always ________________.
9. I have quite a ______________ so I always make sure I can order a nice dessert.
10. I'm afraid I can't finish my plate. I'm ___________.
11. You should cook your own food rather than buy _____________ which often contains added salt, sugar and fat.
12. A ________________ is the key to a healthy living.
13. I usually buy my milk, eggs and fresh __________ straight from a farm.
14. ______________ are foods produced from the milk of mammals.
15. When I cook, I never use a ___________. I prefer to improvise.
16. I've left my sandwich in the fridge since last week and it hasn't changed. It must be full of______________.
17. You should watch those pints you drink, otherwise you'll end up with a ____________.
18. Like all 50-year-old women, my mother is struggling against the _______________.
19. She went on a ________________ and lost a lot of weight, but then she ________ it back in a few months.
20. If you want to stay healthy, you should _____________ sweets and sodas.
21. He completely ___________ meat in his diet, but eats fish occasionally.
22. Look at those cupcakes! They look really ___________.
23. I hate eating at the school canteen. The food is ____________.

Chapitre 2

ETHICS AND SPORT

Anticipation

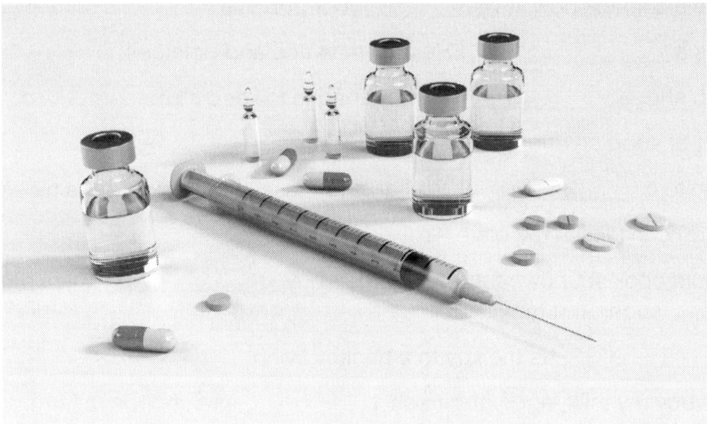

Image pixabay

Describe the objects you see in the picture. How can they relate to sports ethics?

VOCABULARY

Match the following words and their meaning.

To enhance	1	•	•	a	Causing addiction
Side effect	2	•	•	b	Having no hair or very little hair
Fatigue	3	•	•	c	Muscle mass
Addictive	4	•	•	d	Illegal play
Foul play	5	•	•	e	To be dishonest, unsportsmanlike
Bulk	6	•	•	f	Body organ that cleans your blood and produces urine
Referee	7	•	•	g	To boost
To cheat	8	•	•	h	Consequence, result
Kidney	9	•	•	i	Official who controls a match and makes sure that the rules are followed
Baldness	10	•	•	j	Exhaustion

Use the ten vocabulary words above to complete the following sentences. Make any necessary changes.

1. Performance-enhancing drugs can be highly ________________.
2. Anabolic steroid abuse may have some serious ________________ such as ________________ and ________________ damage.
3. Some doping substances increase ________________, they ________________ athletic perfomance and overcome the effects of ________________.
4. The role of a ________________ is to assess ________________ situations.
5. Drug use is ________________ and should be severely condemned.

Reading

Sports ethics covers a wide range of issues. In this chapter, we will focus on the ethical issues associated with drug use and video refereeing.

Read the texts below and answer the questions:

Text 1. Drug use

Extracted from: www.bbc.com

The most commonly used substances are androgenic agents such as anabolic steroids. These allow athletes to train harder, recover more quickly and build more muscle, but they can lead to kidney damage and increased aggression.

Other side effects include baldness and low sperm count for men, and increased facial hair and deepened voices for women.

Anabolic steroids are usually taken either in tablet form or injected into muscles. Some are applied to the skin in creams or gels.

Then there are stimulants, which make athletes more alert and can overcome the effects of fatigue by increasing heart rate and blood flow. But they are addictive and, in extreme cases, can lead to heart failure.

Diuretics and masking agents are used to remove fluid from the body, which can hide other drug use or, in sports such as boxing and horse racing, help competitors "make the weight".

VOCABULARY

- In text 1, find the English words for the following French words:

  S'entraîner, récupérer, engendrer, effet secondaire, comprimé, appliquer, surmonter, augmenter, éliminer, masquer.

- Explain the following terms from text 1 in your own words:

  ***Alert** (l. 8), **Make the weight** (l. 12), **blood flow** (l. 9).*

COMPREHENSION

1. What are the performance-enhancing substances listed in the article?
2. What are their negative effects on the human body?

Text 2. Video refereeing

Extracted from: www.walesonline.co.uk

World Cup final referee Nigel Owens believes too many decisions are being referred to the TV Match Official in the modern-day game.

The Welshman feels the system's overuse is eroding public confidence in the authority of the man in the middle.

At present, the TMO is used for a variety of things, including delivering verdicts on tries, foul play, offsides and off-the-ball incidents.

It often leads to lengthy delays in games as endless replays are gone through from numerous different angles.

Owens, who took charge of last year's World Cup final between New Zealand and Australia, would like to see a return to the former, more selective approach.

"I think the TMO is used too often and for too many things," he told Reuters.

"Personally I think we should go back to where it was five six years ago where it was only on the goal line – 'try yes or no?'

"Then, as a team of officials, we would have to work harder and be better at making the decisions that don't involve the goal line".

VOCABULARY

- List the rugby terms mentioned in text 2.
- Find the following words or expressions in text 2:

  Gallois, saper la confiance de, longs retards, interminable, antérieur, impliquer.

COMPREHENSION

Answer the following questions in your own words:

1. What is the TMO's role in a rugby match?
2. According to Nigel Owens, what are the drawbacks of video refereeing?

Text 3. Brain doping.

Extracted from: www.nature.com, written by Sarah Reardon.

Elite ski jumpers rely on extreme balance and power to descend the steep slopes that allow them to reach up to 100 kilometres per hour. But the US Ski and Snowboard Association (USSA) is seeking to give its elite athletes an edge by training a different muscle: the mind.

Working with Halo Neuroscience in San Francisco, California, the sports group is testing whether stimulating the brain with electricity can improve the performance of ski jumpers by making it easier for them to hone their skills. Other research suggests that targeted brain stimulation can reduce an athlete's ability to perceive fatigue. Such technologies could aid recovery from injury or let athletes try 'brain doping' to gain a competitive advantage.

Yet many scientists question whether brain stimulation is as effective as its proponents claim, pointing out that studies have looked at only small groups of people. "They're cool findings, but who knows what they mean," says cognitive psychologist Jared Horvath at the University of Melbourne in Australia.

The USSA is working with Halo to judge the efficacy of a device that delivers electricity to the motor cortex, an area of the brain that controls physical skills.

VOCABULARY

Read text 3. about brain doping, look up difficult words or expressions in a dictionary, and write a summary explaining briefly what brain doping is.

TRANSLATION

Translate the following sentences into French:

- Text 1, lines 4-5: Other side effects include baldness and low sperm count for men, and increased facial hair and deepened voices for women.
- Text 3, lines 7-8: Such technologies could aid recovery from injury or let athletes try 'brain doping' to gain a competitive advantage.

WRITING

What if doping were legal?

To what extent would you agree or disagree?

Chapitre 3

SPORT AND MOBILITY

Anticipation

Have you travelled abroad? Or would you like to travel? Where would you like to go and for how long? What would your dream destination be? Would you like to travel:

1. To attend a sport event/competition?
2. To study?
3. To learn a new language?
4. To discover a new culture?
5. To volunteer/help people?
6. Which new sport would you like to try/discover?

Write down your first ideas or exchange with a partner about them.

KEYWORDS/EXPRESSIONS

I would like to…, I have been…, backpackers, student exchange, international competition, sight-seeing, taking a gap year, etc.

Reading

Read the texts below and answer the questions:

Text 1. WWOOFing do's and don'ts

By Frank Hyman. From Modernfarmer.com

It's become a rite of passage for college grads, gap year kids, and the agri-curious of all ages to spend a few weeks or months WWOOFing (World Wide Opportunities on Organic Farms) overseas.

A London secretary invented WWOOF in 1971, when she and three friends volunteered on an organic farm in Sussex for a weekend. Now, as many as 75,000 WWOOFers a year venture to four dozen nations on six continents for a taste of authentic farming life. They work at least four hours per day in exchange for rustic room-and-board provided by their hosts. Keep these Do's and Don'ts in mind if you want to have a stellar WWOOFing experience.

DO: Establish criteria. What kind of experience are you looking for?

DO: Be realistic about your time. How long do you want to spend working on a farm versus traveling footloose?

DO: Exercise due diligence. Choosing the right WWOOF farm is a bit like finding the right person on an Internet matchmaking site.

DO: Choose a meaningful location.

DON'T: Procrastinate. Start searching out a host farm early.

DON'T: Be mysterious. Sell yourself. It's a competitive market.

DON'T: Take chances. Even a small organic farm can have hazardous situations.

DON'T: Be a party-pooper. Plans change almost every day on a farm.

DON'T: Expect five-star accommodations. You might be housed in a teepee, a yurt, a basement bunkhouse or the loft of a barn.

DON'T: Be a tourist.

VOCABULARY

- Find the following words in text 1.:

  Biologique, ferme/exploitation agricole, à l'étranger, faire du bénévolat, extraordinaire/ féérique, sans attache, site de rencontre, s'attendre à, un dortoir en sous-sol, une grange.

- Find the following expressions in text 1.:

  Le gîte et le couvert, à faire et à ne pas faire, faire des paris, être un rabat-joie.

COMPREHENSION QUESTIONS

1. Answer the following questions in your own words:
   - **a.** What is WWOOFing?
   - **b.** Who is it for? Explain the sentence: "college grads, gap year kids and the agri-curious". Is WWOOFing only for students?
2. True or false? Say whether the following statements are true or false and justify by quoting from the text:
   - **a.** WWOOFing is more and more popular.
   - **b.** People practice WWOOFing in about 50 different countries around the world.
   - **c.** WWOOFers are paid for their work on farms.
   - **d.** It is easy to be accepted on a farm as a WWOOFer.
   - **e.** Sometimes living conditions can be difficult on a farm.

Text 2. Planning my trip to the Grand Canyon

From www.mygrandcanyonpark.com

Congratulations, you've decided to take a vacation to the Grand Canyon! You won't regret it! now let's get planning so once you step foot in the park you can be awed by the sunsets, canyon overlooks, and condors, and not distracted by the logistics of the trip itself.

4 Steps to Planning a Grand Canyon Vacation

Step 1: Sign up for your Free Trip Planning Kit. You'll receive a Grand Canyon vacation guide, brochures, coupons, and emails that will help you plan your trip.

Step 2: Decide how you'll travel to the park. Most people do a road trip vacation either starting from home or a large airport. Make the trip to the park a fun one by stopping at attractions on the way. Once you get to the park, you'll need a vehicle, bike, or tour transportation to get around, or during vacation season you can ride the park shuttles.

Step 3: Reserve your hotel or campsite. Depending on what time of year you are visiting the Grand Canyon, you'll want to reserve lodging from one month to one year in advance.

Step 4: Before you go, check our pages about Grand Canyon weather and gear so you can pack for the elements. You will need a jacket and a good pair of shoes no matter what season you are visiting in.

We know you'll have a wonderful time!

VOCABULARY

Find the meaning of the following words from text 2.:

To be awed (l. 2), *sunsets* (l. 2), *overlooks* (l. 2), *shuttles* (l. 10), *gear* (l. 13), *to pack* (l. 13)

COMPREHENSION QUESTIONS

True or False. Say whether the following statements are true or false and justify by quoting from the text.

1. Once in the Grand Canyon park, you can walk around.
2. You don't need to make a reservation for lodging.
3. If you travel in the summer, no particular equipment is needed.

Grammar

Leçon: L'expression du futur

Comme nous l'avons vu, le futur n'existe pas en tant que temps grammatical en anglais. L'expression du futur peut se faire par l'intermédiaire de l'utilisation du modal *will*, mais pas uniquement. Voici 3 autres moyens d'exprimer le futur en anglais:

Le présent simple

Lorsqu'il s'agit d'un horaire ou d'un emploi du temps, le présent simple peut exprimer le futur.
Exemple : *The train* ***leaves*** *tomorrow at 10 o'clock.*

Le présent continu (Be + ING)

Il sert à exprimer un événement planifié.
Exemple : ***I am*** *play****ing*** *football next week-end.*
We ***are*** *leav****ing*** *on Monday.*

Be going to + Base verbale

Be going to s'utilise pour parler d'un futur proche, ou d'une prédiction.
Exemple : *It* ***is going to rain.***

EXERCICE 1

Remplissez les blancs avec *may*, *might*, *will* ou *would*.

1. My parents ______ not let me practice mountain biking. They think it is too dangerous.
2. She _______ come to the training session.
3. She said she _______ come to the training session.
4. _______ you go to the next Olympic games if you had the money for the trip?

EXERCICE 2

Sélectionnez la réponse qui convient.

1. This week-end I play/I am playing/I will play/I am going to play tennis.
2. Hurry up! The plane takes off/is taking off/will take off/is going to take off in an hour.
3. You should pack a pair of good shoes because we walk/we are walking/we will walk/we are going to walk a lot in the Grand Canyon.
4. I can't go to the morning session because I have an appointment so I go/I am going/I will go/I am going to go to the evening session.

Speaking

Topic 1

You've just arrived in Sydney and have to meet a farmer with whom you are going to live for a few days as a WWOOFer. You missed the bus to go to her/his place and try to call her/him to know if she/he could pick you up and explain that you will be late. Leave a phone message explaining the situation.

Topic 2: Role play

Role A: You are a student entering college. You have applied for a sport scholarship and today you are being interviewed by a coach and a professor from the program you applied for – for example sport and management. Introduce yourself, and explain your motivations.

Role B: You are the coach and you want to know if the student could fit in your program. Ask her/him questions about her/his athletic skills and practice, as well as character.

Role C: You are a professor and you want to know if the student could fit in your program. Ask her/him questions about her/his academic qualifications, as well as character.

Writing

Topic 1

Write a cover letter (lettre de motivation) to a university of your choice to apply for a sport scholarship.

Topic 2

You want to spend the summer travelling in Canada. You are also interested in meeting local people and earning a bit of money. Write an email to a farmer who is looking for WWOOFers.

Chapitre 4

MEDIA AND SPORT

VOCABULARY

Take a look at the vocabulary below. If there are some words or expressions you are not familiar with, look them up in a dictionary. Once you feel comfortable with this list, read the sentences that follow. Fill in the gaps with the words or expressions that fit. You may need to modify them (conjugation, tense, singular/plural, voice, etc.). They will not all be used.

a foreign country – as far as the fans go – leave me alone – life-blood – pitfall – purposefully – to be available – to be left alone – to be on the phone – to be thrilled – to educate – to know what's going on – to make sense – to mingle – to portray a positive image – to spend (time) – to stay in touch with – to stay up to date with – to tweet – to waste time – traps – what people are up to

1. ______, social media is a good way to get to know some great athletes.
2. "I would love to become a reporter in order ______ with sportsmen and women, club managers, city officials and politicians at cocktail parties!" exclaimed the high-school student as she watched the sports news report on TV.
3. "Mrs. Foreman is ______. Have a seat, she'll be with you in a few minutes," said Mrs. Foreman's assistant to the reporter.
4. A major _____of social media is the enormous amount of time that some people spend keeping up with their "friends".
5. Any rugby team would ______ to play against the All Blacks!
6. Athletes from abroad use the media ______ in their country.
7. Club managers must _____ new players on how to use the media meaningfully without falling into any _____, and to be constantly aware that they have become role models.
8. Fans are the ______of any professional sport; without them, the sport would remain in the streets and in school curricula.
9. Professional reporters ask athletes to be ______for interviews after every match.
10. Social media can be one way ______ friends and family, to know ______ when you are away for any length of time. It is also a way ______ news from your home town or any other information you may be interested in following.
11. Sometimes, professional athletes would like _______ rather than appear before the camera for an interview.
12. Sportsmen are encouraged not ______ tweeting, yet they are also told that they need ______ for their fans. There's a fine line that is not always easy to manage.
13. To become a professional boxer, one must _____ hours hitting a punching bag every day.

Understanding sports commentaries

Sports commentaries describe a sporting event as it is happening so that the listener can visualize what is happening.

Because commentaries are descriptions, they most often contain present simple and present continuous tenses, as with descriptions of images or films.

Commentators generally use very short sentences, which convey a feeling of excitement or surprise. They also tend to use exclamations of excitement since they are first and foremost, spectators and fans of the games they comment.

Howard Cosell was a famous American sports commentator, well-known for his work during boxing matches, especially those with the late heavyweight champion, Muhammad Ali. The following are some of the comments Cosell made during the Frazier/Foreman match in 1973.

1. "Down goes Frazier!" (repeats 3 times)
2. "The heavyweight champion is taking the mandatory eight-count and Foreman is as poised as can be in a neutral corner."
3. "That left is getting in there… underneath."
4. "He is getting hit again and again and again."
5. "Foreman is all over Joe Frazier."
6. "The round is about to end."
7. "Three knock-downs in the first round, by George."
8. "Down again!"
9. "He's up and so the fight continues."
10. "What excitement!"
11. "What a first round!"
12. "As you look at them working over Joe, the ice-pack in the back of the neck to restore the senses, let's go to the slo-mo for the second knock-down."
13. "We're waiting for the start now of round two."
14. "A caution from Arthur Mercante."
15. "He is down."
16. "George Foreman is doing to Joe Frazier what he did as a nineteen-year-old to a veteran Russian."
17. "It's target practice for George Foreman."
18. "There he goes."
19. "The fight is stopped. No it is not. It is not stopped."
20. "It is over."
21. "It is over in the second round."
22. "George Foreman is the heavy-weight champion of the world."
23. "I'm going up into that ring to talk to Joe Frazier, the loser, and George Foreman, the winner, because Joe Frazier has been a great champion and deserves consideration."

COMPREHENSION QUESTIONS

1. In which sentences can you visualize what is happening?
2. Which sentences contain present simple and present continuous tenses that describe what Cosell sees?
3. Which sentences are very short and convey a feeling of excitement or surprise? Which ones are exclamations of excitement?
4. Which sentences give extra information for the fans?

Reading

Sports and media are closely intertwined. In this chapter, we will focus on the questions that arise with this interaction.

Read the texts below and answer the questions:

Text 1. Arguments for and against media coverage in sports

For:

- Thanks to media coverage before an event, there may be a greater attendance since many people want to see the stars live.
- Media coverage improves supporter knowledge about the sport and about the players.
- The more media coverage there is for an event, the easier it is for those setting up the event to attract sponsors.
- Media coverage encourages people to participate in social media communication of the event. It also encourages youth to join clubs in that particular sport.
- Media coverage of one player or another develops the player as a star, or better, as a role model.
- Media coverage during a sports event gives the spectators a close-up view of the action if large screens are available, online or on TV for the viewers who are not at the event.

Against:

- Because of the close-up views of the action, some people no longer attend the event itself, but prefer to watch it on TV or online.
- The media gives preferential treatment to certain sports and forgets others, as well as preferring male-dominated sports to female-dominated ones.
- The sports media stars may feel that they have lost their privacy.
- Sometimes, we get the feeling that it's the particular media that is the center of attention and not the sport. A TV channel that is given all the rights to a particular event will become more important in many people's eyes than the event itself.
- Media coverage may even encourage schedules, seasons or even rules to be modified!

VOCABULARY

Find the English words in the above text for the following French words:

assistance; en direct; monter; les jeunes; s'inscrire à; gros plan; ne... plus; vie privée; chaîne.

NON-COUNT NOUNS

Find the eight nouns that are used as non-count in the text, that is to say, they can not be counted (in French "muguet" is a non-count noun).

COMPREHENSION QUESTIONS

True or false? Say whether the following statements are true or false and justify by quoting from the text:

1. To become well-known, an athlete can count on the media.

2. Thanks to the media, female sports are being covered more and more.

3. One pitfall is that major athletes are never left alone by the media.

Text 2. Deon Eveson's sore throat

Judy Packson, Op-Ed contributor

BERLINGTON, VT: There was more coverage yesterday of one male football player's sore throat than there was for all of women's sports for the whole week. Deon Eveson has a sore throat, but did you know that Theodora Prince, the former goalkeeper for the women's hockey league, has undergone immunochemotherapy? Of course not, you probably didn't even know that she had been a goalkeeper.

Why is it that in today's so-called modern society, the media still fails to report women's sports adequately, compared to a non-event in male-dominated sports?

No one writes about what women players go through. Not so with men. That's probably because they have such a large audience. But they have such a large audience probably because they have more media coverage. It's a catch-22 situation.

If you listen to the radio, watch television, or go online, you'll find updates galore on men's baseball, basketball, football and soccer matches. It's not your fault if you don't know there are women's matches too.

In the US, there are four times as many journalists that cover American sports leagues than there are that cover national politics. Sports is definitely a key component of American national culture. And yet mainstream media coverage is almost totally male-sports oriented, despite media charters that mention "cultural diversity".

Could it be that male-dominated commercial deals and media partnerships with sporting groups influence the coverage to such an extent?

VOCABULARY

- Find the synonyms for the following words in text 2.:

  Painful; entire; past; neglect; appropriately; a following; a vicious circle; in abundance; major; prevailing; transactions.

- Find the English expressions in text 2 that mean the same as the following French expressions:

  Mal à la gorge; a subi; bien sûr que non; soi-disant; ce n'est pas le cas; sans aucun doute; pourtant.

COMPREHENSION QUESTIONS

Answer the following questions in your own words:

1. What is Packson's opinion about sports media coverage?
2. Does she think the reader has more knowledge of the problem than does the media? Why or why not?
3. Explain the catch 22 situation.

Translation

Translate the following sentences into French:

1. Text 1. lines 2-3: Thanks to media coverage before an event, there may be a greater attendance since many people want to see the stars live.
2. Text 1. Line 8: No one writes about what women players go through. Not so with men.

Writing

Choose one of the following topics and write a one-to-two page essay.

A. Write an op-ed article to support or disagree with Judy Packson's.

B. Using the arguments for and against in text 1, write your opinion for or against the media in sport. You may use both, but you must, in the end, have a stronger opinion for one of the two sides.

C. Explain how you use the various social media, personally and professionally. Describe what you find to be the most useful for you and why. Also share your point of view as to the down-side of social media and give advice as to how people could avoid those aspects.

Reading Sports Headlines

1. Butler scores 28 and Bulls rout Thunder 128-100.
2. Larry Fitzgerald Announces Return To Cardinals.
3. Morgan bemoans England batting collapse as return to bad old days.
4. 'Mad Brad' and Isaiah Thomas in the fourth fuel Celtics' rally past Raptors.
5. Mike Harris edges Glenn Howard for first win at Ontario Tankard.
6. Ryan Miller leads unlikely Canucks playoff push.
7. Katie Loynes excited to run out in navy Blue after barracking for Carlton as a child.
8. Codie happy to swear off cakes.
9. Phoenix fume over 'borderline dangerous' Adelaide furnace.
10. Tiarna Ernst's doctor's cash sacrifice for Western Bulldogs dream.
11. Players confirmed for Davis Cup tie.

Headlines are short summaries made to attract the reader's attention. That is why some words are omitted, namely any 'unnecessary' words such as:

- Articles: Phoenix fume over [the] 'borderline dangerous' Adelaide furnace.
- Auxiliary verbs: Katie Loynes [is] excited to run out in navy Blue after barracking for Carlton as a child.
- Possessive adjectives: Larry Fitzgerald Announces [his] Return To Cardinals.

Verb use in headlines

Present simple

Example : Ryan Miller **leads** unlikely Canucks playoff push.

The present simple tense in the headline highlights the descriptive factor rather than giving a temporal aspect.

Past participles

Example : Players **confirmed** for Davis Cup tie.

The full form might read: Players were confirmed for the Davis Cup tie. When the passive voice is used in a headline, the past participle is often what appears, without the auxiliary.

Infinitives

Example : Codie happy **to swear off** cakes.

When the news article refers to future plans, the headline often uses a verb in the infinitive form.

EXERCISE

In the document "Reading sports headlines" above, underline all the verbs including particles, infinitives and participles without auxiliairies.

VOCABULARY

- What does "rout" mean in headline 1?
- What does "rally" mean in headline 4?
- What does "barracking for" mean in headline 7?
- What does "tie" mean in headline 11?

COMPREHENSION QUESTIONS

1. Which headline is about an athlete who is a pastry chef, but who has decided to leave the job at the bakery?
2. Which headline is about a game in which the final score was very very close?
3. Which headline protests against officials who refused to change the kick-off time in order to protect player welfare?
4. Which headline states a team's worst performance in recent times?
5. Which headline states that an athlete will be earning less now as an athlete than she earned in her former job?

Chapitre 5

COLLEGE ATHLETICS IN THE U.S.

Anticipation

- Overall, what makes US sport differ so much from European sport, be it professional or recreational?
- Which American universities are particularly famous for their athletic achievements?

Reading

American universities have a lot of different traditions and specificities that we sometimes fail to understand, from graduation ceremonies to wild parties. They also have a singular way of teaching, promoting and organizing sports. The following texts will help you understand these specificities and go beyond clichés.

Read the texts below and answer the questions:

Text 1. College athletics in the US and in Europe: worlds apart

On European campuses, sport is viewed mainly as a leisure activity, with only a few instances of elite university events (including *The Boat Race*, the famous rowing contest that has opposed Oxford and Cambridge since 1829, in the U.K.).

In France, many students practice recreational sports but very few take part in high-level competitions. For those who are athletic and want to work in the sport business or in a sport-related profession (coach, PE teacher, event organizer, etc.), the STAPS degree offers a curriculum based on both physical activity and theoretical courses like sport management and psychology. But even for STAPS students, the inter-college competitions do not attract large crowds on campus, and are hardly ever given media coverage.

In European countries, those who strive for a professional career or want to compete at a high level join local clubs. These academies, which are affiliated to government-funded organizations, recruit young athletes and develop them, but they are usually separated from the higher education system. As a consequence, professional athletes who get the chance to sign contracts with an elite football or rugby club seldom have college degrees. Furthermore, a lot of European athletes are recruited at a very young age, which raises ethical questions.

In the U.S., being both an athlete and a university graduate is absolutely not contradictory. Indeed, colleges, not clubs, feed the professional system. Although not all professional sportsmen and sportswomen have a college education (many are signed after high school, while others drop out after one year in order to join professional franchises), it is estimated that around 20% of NBA players and as many as 50% of NFL players have a college degree. Enough to debunk the stereotype of dumb sportsmen and sportswomen…!

If you study in the U.S. and want to become a professional athlete or are simply good enough to compete at a high level, you can participate in interstate tournaments sanctioned by the National Collegiate Athletic Association (NCAA, the equivalent of the NBA, NFL, NHL… at college level). Top NCAA events are almost as popular and widely followed as professional games, if not more! In fact, most professional teams are franchises with limited local rooting: some states have no NFL or NBA franchise, and if they have one, it may be relocated somewhere else if the owner sees fit to do it (for instance, the Lakers played in Minneapolis until 1960, when they moved to L.A.). As a result, many Americans feel more attached to their local college team, even if they did not attend it.

Some figures are astounding compared to Europe. For example, eight U.S. campus stadiums can host more than 100,000 spectators for football games (Michigan, Penn State, Alabama, etc.) and in 2015, almost 30 million U.S. TV viewers watched the "March Madness" basketball finals that pitted Duke against Wisconsin – more than the NBA finals!

Many players that make it to the professional level keep supporting the college team they used to play for. For example basketball superstar Michael Jordan has remained a faithful supporter of his former college, and he is said to have worn his North Carolina shorts underneath his Chicago Bulls outfit throughout his career, for good luck and to pay tribute to his alma mater.

Not all U.S. colleges have highly competitive teams – some, like Harvard and Yale, do not give priority to their sport results, and compete in minor divisions. For less prestigious state universities, on the other hand, the publicity of elite NCAA events is essential in order to get national recognition and visibility.

Even if you just want to practice sports at a recreational level, you will have plenty of possibilities in the varsity system. There are weekly training and frequent games against other universities, and you can enjoy state-of-the-art facilities like Olympic swimming pools, climbing walls and a multitude of tennis courts and gyms.

However, the success of US college athletics comes at a price. With yearly tuition fees ranging from about $10,000 to more than $60,000, student athletes must often rely on scholarships and loans. One of the reasons why these tuition fees are so high is because universities invest millions of dollars in large, brand new facilities, stadiums and arenas so as to promote their campuses, while only a few colleges produce substantial revenue from sport programs. A lot of analysts criticize this spending spree that makes many colleges unaffordable and has turned campuses into luxurious resorts.

There are other debates and controversies. For example, some colleges are blamed for laying too much emphasis on sports, at the expense of academic fields like art and sciences. They are also criticized for granting huge scholarships to promising athletes, instead of helping deserving students from underprivileged areas. The question of paying student athletes is also a burning issue. Finally, student athletes are regularly accused of enjoying a privileged status and committing fraud

VOCABULARY

- Find the translations of these words in paragraphs 1 to 3 of text 1?

  Un loisir, l'aviron, un diplôme, le programme (scolaire/universitaire), la foule, presque jamais, ambitionner, former, rarement

- Find the translations of these words in paragraphs 4 to 8:

  Alimenter, abandonner ses études, le propriétaire, juger bon de..., accueillir, opposer X à Y, continuer de..., ex/ancien(ne), rendre hommage.

- Find the translations of these words in paragraphs 9 to 11:

  Dernier cri, les équipements, les frais de scolarité, une bourse, un prêt bancaire, les recettes (fiscales), inabordable, une station de vacances, mettre l'accent sur..., au détriment de..., méritant, défavorisé.

- Explain these words and expressions from text 1 in your own words:

  Debunk (l. 23), *alma mater* (l. 44), *spending spree* (l. 59), *a burning issue* (l. 65)

COMPREHENSION

1. True or false? Say whether the following statements are true or false and justify by quoting from the text:

a. High-level sport competitions do not exist in French universities.

b. More professional athletes have college degrees in the US than in Europe.

c. In the US, college sport is not as popular as professional sport.

d. Institutions like Harvard don't have great sport teams because they don't have enough money.

e. Studying in the U.S. can be very expensive.

f. All American universities make a lot of money thanks to sports.

g. Some people think sport should not play such an important role in US colleges.

2. Answer the following questions in your own words:

a. In your opinion, why do so few French students practice sports on campus?

b. Focus on the third paragraph: in your opinion, why does the recruitment of young athletes in Europe raise "ethical questions"?

c. Why are a lot of Americans more inclined to support college teams than professional franchises?

d. Why is it so crucial for some colleges to have very competitive sport teams?

e. Why do you think the status of student athletes is envied by other students?

Text 2. Jackson opens up about his life as a student athlete

Extracted from: higheredjobs.com

"College athlete" is a frequently misunderstood term full of preconceived notions and stereotypes. As I enter my senior year I'm thrilled to have the opportunity to clear up some of the misconceptions and share the experience. A student soccer player spends 40-50 hours a week on soccer and soccer related activities. For most people, that's a full-time job. For college athletes, it's in addition to their course load.

Speaking of course loads, let's talk about the numerous absences from labs and lectures that inevitably occur. Imagine taking a course that is challenging for most students. Now imagine missing at least a day's worth of lectures every week during the regular season. You are not only behind the rest of the class, but you are on the road. You have to teach yourself the missed material from the back of a bumpy bus, an airplane, or in the computer room of a hotel. There's no professor or TA present to ask questions or review a difficult chapter; there's just you and your textbook.

Of course, if you don't succeed, and you do poorly in school your eligibility or scholarship can be taken, your place on the squad is jeopardized, and before you know it you're off the team and out of school.

If it's so hard, why do it? Although scholarship money helps me pay for school, that was not why I chose to be a student athlete. For me, it has always been primarily about the pride I feel when I run onto the field representing my school. Being a college athlete isn't easy, but for me, it's worth it.

To read more about Jackson's experience: https://www.higheredjobs.com /Articles/articleDisplay.cfm?ID=452

VOCABULARY

- Find the translations of the following words in text 3.b.:

  Un malentendu, une charge de travail, un TP, un cours magistral, mettre en péril, une bourse, la fierté, ça vaut le coup
- Find the synonyms of the following words in text 3.b.:

  A cliché, very excited, many, happen, difficult (x2), a team

COMPREHENSION QUESTIONS

1. True or false? Say whether the following statements are true or false and justify by quoting from the text:

- **a.** Jackson wrote this article when he was a third-year college student.
- **b.** He wrote this article to defend his status as a student athlete.
- **c.** The academic curriculum of student athletes is smaller than that of other students.
- **d.** Studying as a college athlete can be a lonely experience.
- **e.** Jackson regrets having chosen to be a student athlete.

2. Answer the following questions in your own words:

- **a.** In your opinion, what are the "stereotypes" and "misconceptions" about student athletes mentioned by Jackson in his introduction? (you may use expressions of reproach like "blame" or "accuse")
- **b.** Guess why Jackson spends so much time in planes, buses and hotels.
- **c.** Why are studies so much harder for college athletes? (min. 50 words)
- **d.** Reformulate the two consequences faced by student athletes who don't succeed academically. (Try to start your argument with the expression "not only... but also")

Translation

Translate the following sentences into French:

1. Text 1. lines 37-40: Many players that make it to the professional level keep supporting the college team they used to play for. For example basketball superstar Michael Jordan has remained a faithful supporter of his former college, and he is said to have worn his North Carolina shorts underneath his Chicago Bulls outfit throughout his career, for good luck and to pay tribute to his alma mater.
2. Text 2. lines 15-17: If it's so hard, why do it? Although scholarship money helps me pay for school, that was not why I chose to be a student athlete. For me, it has always been primarily about the pride I feel when I run onto the field representing my school. Being a college athlete isn't easy, but for me, it's worth it.

Writing

Weigh the pros and the cons of being a student athlete in an American college. (Try to use "on the one hand... on the other hand...)

Do you think the American vision of college athletics could be imitated in French universities?

Do you envy the status of college athletes enjoyed by American students?

If your university gave you the opportunity to spend a year in an American university and be a student athlete, would you accept? Justify your answer.

CORRIGÉS

1 SPORT AND HEALTH

Anticipation

1. A double-knee amputee is racing along a track. He has two artificial limbs instead of his original legs. The picture refers to the concept of disability sport.
2. Another picture shows a person (possibly a woman) wearing a pair of jeans that are obviously too large for her, as she seems to be examining the weight she has lost in her stomach. This picture illustrates the notion of diet and health.
3. A picture shows two plasters (UK) or band-aids (US) in the shape of a cross, referring to the notion of injuries.
4. Some vegetables – red pepper, onion, leech, carrot, courgette (UK) or zucchini (US), green beans, a slice of squash – and a slice of ham are piled next to some kitchen utensils. The picture refers to the concepts of nutrition and a healthy diet.
5. A man is pushing a tire with his two hands as part of a CrossFit session. The picture illustrates the idea of physical effort through high-intensity sport.

Reading

▸ *Vocabulary*

Read the text and look for the words matching the following synonyms or definitions:

- muscle located in the back portion of the lower leg: calves (l. 13)
- excessively thin: skinny (l. 9)
- have satisfactory results: pay off (l. 12)
- widespread, frequent: prevalent (l. 17)
- gain (weight): put on (l. 10)
- food that has not been cooked: raw (l. 1)
- put in danger: jeopardise (l. 18)
- swallow quickly, in an animalistic kind of way: gulp down (l. 2)
- in reality: actually (l. 15)
- a long flexible strip used for measuring: tape measure (l. 3)
- exactly, precisely: spot on (l. 3)

▸ *Comprehension*

1.
   - David has a substantial breakfast which is mainly high in protein: porridge, raw eggs, milk as well as protein shakes throughout the day.
   - It may be seen that David is obsessed with his weight because he measures his biceps on a daily basis.
   - Current biceps size 45 cm; desired biceps size 58 cm; height 173 cm; weight 89 kg
   - People who suffer from bigorexia might jeopardise their health, their job and their personal relationships.
2. Are the following statements true or false? Justify with a brief quote from the text.
   a. David is satisfied with his biceps.
   False: "Not bad," he says. "But I wish they were 23 inches." (l. 4)
   b. David is embarrassed by one part of his body.
   True: "His tracksuit bottoms purposely hide his calves which he still hasn't managed to shape the way he wanted." (l. 12-13)
   c. Bigorexia affects only a few people.
   False: "The phenomenon is getting more prevalent." (l. 16-17)

Grammar

▸ *Exercice 1*

1. "follows"; "gulps down"; "wraps"; "says"; "weighs"; "drinks"
2. "every day"; "throughout the day"
3. "The phenomenon is getting more prevalent." Ici, on évoque une situation en cours.

▸ *Exercice 2*

1. Michael usually goes running three times a week but this week he is not training.
2. "Where is Mary?" "She is having her yoga class. She'll be back later."
3. Wow, that was a great game, but now I am dying for some water!
4. These days I'm only practising on Sundays although I normally practise at least twice.
5. "Are you going to the match with me tonight?" "I'm too tired. I'm staying in."
6. "Do you like winter sports? "I like snowshoeing, but I don't like skiing."

7. The gates of the stadium <u>open</u> at 5pm and the match <u>starts</u> at 7. Make sure to be there early!
8. The players <u>are not training</u> at the moment. They <u>are having</u> a rest before tonight's finals.
9. Volleyball games <u>attract</u> fewer supporters than football, but the sport <u>is gaining</u> more and more TV coverage these days.
10. The team <u>is playing</u> in Brighton for the semi-finals next week.

Translation

À six heures du matin, David est dans sa cuisine. Il prépare son premier repas de la journée: du porridge, suivi de trois œufs crus avec une pinte de lait. Tous les jours, il suit la même routine. Il engloutit le cocktail d'œufs, puis enroule un mètre ruban autour de son biceps. Tout juste 45 centimètres.

Speaking

- Suggestions de questions:
  - Do you have breakfast every day? If yes, what do you normally have? If not, why not?
  - Do you eat meat? If not, why not?
  - Do you enjoy eating, or is it a purely mechanical chore?
  - Have you ever been on a diet? What for?
- Recueil des statistiques:
  - 50% of the people polled answered that…
  - No-one (quantité nulle) / Few people (quantité faible) / Many people (quantité importante) / Most people (majorité)

Writing

- Quelques suggestions:
  - If you wish to gain mass, you should increase your consumption of…
  - If you want to slim down, you need to cut down on…

▸ *Vocabulary*

1. take-aways
2. home-cooked meals
3. three-course meals; starter; main course
4. grabbed a bite
5. spoil
6. fussy eater
7. eats like a horse
8. sweet tooth
9. work up quite an appetite
10. full up
11. processed food
12. balanced diet
13. produce
14. dairy products
15. recipe
16. preservatives
17. beer belly
18. middle-age spread
19. crash diet
20. piled on
21. cut out
22. yummy
23. yucky

2 ETHICS AND SPORT

Anticipation

We can see the following objects:

- *a syringe*: a tube with a long needle that is used for taking blood from your body or injecting medication into it.
- *some pills / tablets*: small solid pieces of medicine that you swallow.
- *3 capsules*: a capsule is a small container filled with medicine.
- *3 phials*: a phial is a small tube-shaped glass bottle used to hold liquid medicine.
- *4 vials*: a vial is a small bottle containing liquid medication.

As far as sports ethics is concerned, some athletes choose to take illegal substances, drugs or medications to enhance their athletic performance. These performance-enhancing drugs can be taken orally or by injection.

▸ *Vocabulary*

1.g • 2.h • 3.j • 4.a • 5.d • 6.c • 7.i • 8.e • 9.f • 10.b

1. Performance-enhancing drugs can be highly addictive.
2. Anabolic steroid abuse may have some serious side effects such as baldness and kidney damage.
3. Some doping substances increase bulk, they enhance athletic perfomance and overcome the effects of fatigue.
4. The role of a referee is to assess foul play situations.
5. Drug use is cheating and should be severely condemned.

Reading

Text 1. Drug use

▸ *Vocabulary*

- *S'entraîner:* to train (l. 2), *récupérer:* to recover (l. 2), *engendrer:* to lead to (l. 2, l. 9), *effet secondaire:* side effect (l. 4), *comprimé:* tablet (l. 6), *appliquer:* to apply (l. 6), *surmonter:* to overcome (l. 8), *augmenter:* to increase (l. 3, l. 9), *éliminer:* to remove (l. 11), *masquer:* to hide (l. 11).
- *Alert (l. 8)*: attentive, responsive, *make the weight (l. 12)*: to lose or gain (for heavy-weight boxers) weight before a competition, *blood flow (l. 9)*: blood circulation.

▸ *Comprehension questions*

1. What are the performance-enhancing substances listed in the article?
   - Androgenic agents
   - Stimulants
   - Diuretics
   - Masking agents
2. What are their negative effects on the human body?
   Kidney damage, increased aggression, baldness, low sperm count for men, increased facial hair, deepened voices for women, increased heart rate and blood flow, addiction, heart failure.

Text 2. Video refereeing

▸ *Vocabulary*

- List the rugby terms mentioned in text 2.
  Referee (l. 1), tries, try (l. 5, l. 13), foul play (l. 5), offsides (l. 6), off-the-ball incidents (l. 6), goal line (l. 13, l. 15).
- Find the following words or expressions in text 2:
  Gallois: Welshman (l. 3), *saper la confiance de:* to erode someone's confidence (l. 3), *longs retards:* lengthy delays (l. 7), *interminable:* endless (l. 7), *antérieur:* former (l. 10), *impliquer:* to involve (l. 15).

▸ *Comprehension questions*

Answer the following questions in your own words:

1. What is the TMO's role in a rugby match?
   The TMO (TV Match Official) assists the referee in making decisions during a match.
2. According to Nigel Owens, what are the drawbacks of video refereeing?
   According to Nigel Owens, the TMO or video referee is over-used and referees are becoming more and more reliant on the system. He considers that the introduction of video review technology has a negative impact on the public as it is undermining the referee's authority.

Text 3. Brain doping

▸ *Vocabulary*

- Difficult words:
  - To rely on (l. 1): to count on: compter sur
  - Balance (l. 1): equilibrium: l'équilibre
  - Steep (l. 1): abrupt, precipitous: raide
  - Slope (l. 1): the side of a hill or mountain: pente
  - To seek (l. 2): to look for, to search for: rechercher
  - To give someone an edge (l. 13): to have an advantage over: donner un avantage, une longueur d'avance à quelqu'un
  - To hone (l. 6): to improve, sharpen: aiguiser, perfectionner
  - Proponent (l. 9): follower, supporter: partisan, défenseur
  - Device (l. 12): a piece of equipment: appareil, système
- Summary: American neuroscientists are testing "brain doping" on American elite ski jumpers to improve performance in competition and give athletes a competitive advantage. This new technology involves stimulating the brain with electricity to control physical skills.

▸ *Translation*

Translate the following sentences into French:

- Text 1, lines 4-5: Other side effects include baldness and low sperm count for men, and increased facial hair and deepened voices for women.
  D'autres effets secondaires incluent la calvitie et la réduction de la fertilité chez les hommes, une augmentation de la pilosité et une modification de la voix, devenant plus grave, chez les femmes.
- Text 3, lines 7-8: Such technologies could aid recovery from injury or let athletes try 'brain doping' to gain a competitive advantage.
  De telles technologies pourraient faciliter la récupération à la suite d'une blessure ou permettre aux athlètes d'essayer le dopage mental pour gagner en compétitivité.

▸ *Writing*

You should consider the statement from opposing viewpoints (for or against legalising doping).

- For legalisation: saving time and money on drug testing, better performances for all athletes, less "unfair" competitions.
- Against legalisation: long-term health effects of doping substances on athletes, no fairer playing field, violation of the spirit of sport, sport as a pharmaceutical race.

Reading

Text 1. WWOOFing do's and don'ts

▸ *Vocabulary*

- Find the following words in text 1.:
  Biologique: organic (l. 2), *ferme/exploitation agricole:* farm (l. 2), *à l'étranger:* overseas (l. 2), *faire du bénévolat:* to volunteer (l. 3), *extraordinaire/féérique:* stellar (l. 7), *sans attache:* footlose (l. 12), *site de rencontre:* match-making site (l. 14), *s'attendre à:* to expect (l. 20) , *un dortoir en sous-sol:* a basement bunkhouse (l. 21), *une grange:* a barn (l. 21)
- Find the following expressions in text 1:
  Le gîte et le couvert: room-and-board (l. 6), *à faire et à ne pas faire:* do's and don'ts (l. 6), *faire des paris:* to take chances (l. 18), *être un rabat-joie:* to be a party-pooper (fam.) (l. 19).

▸ *Comprehension questions*

1. Answer the following questions in your own words:
   a. What is WWOOFing?
   WWOOFing is a cheap way of travelling. You work on a farm and get room-and-board in exchange. It is also a way to meet local people and learn about organic farming methods.
   b. Who is it for? Explain the sentence: "college grads, gap year kids and the agri-curious". Is WWOOFing only for students?
   WWOOFing is for everyone, students but not only, students or workers taking a break from school or work, and people who are interested in learning about agriculture and re-connecting with nature.
2. True or false? Say whether the following statements are true or false and justify by quoting from the text:
   a. WWOOFing is more and more popular.
   True. 'It has become a rite of passage" (l. 1)
   b. People practice WWOOFing in about 50 different countries around the world.
   True. «four dozen nations" (l. 4-5)
   c. WWOOFers are paid for their work on farms.
   False. "They work at least four hours per day in exchange for rustic room-and-board provided by their hosts." (l. 5)
   d. It is easy to be accepted on a farm as a WWOOFer.
   False. "It's a competitive market." (l. 17)
   e. Sometimes living conditions can be difficult on a farm.
   True. "Even a small organic farm can have hazardous situations." (l. 18) or "DON'T: Expect five-star accommodations." (l. 20)

Text 2. Planning my trip to the Grand Canyon

▸ *Vocabulary*

Find the meaning of the following words from text 4.b.:

To be awed (l. 2): être émerveillé, *sunsets (l. 2):* couchers de soleil, *overlooks (l. 2):* un point de vue, un belvédère, *shuttles (l. 10):* des navettes, *gear (l. 13):* équipment, matériel, *to pack (l. 13):* faire sa valise/son sac.

▸ *Comprehension questions*

True or False. Say whether the following statements are true or false and justify by quoting from the text.

1. Once in the Grand Canyon park, you can walk around.
   False. "Once you get to the park, you'll need a vehicle, bike, or tour transportation to get around, or during vacation season you can ride the park shuttles." (l. 9-10)
2. You don't need to make a reservation for lodging.
   False. Step 3: Reserve your hotel or campsite. (l. 11)
3. If you travel in the summer, no particular equipment is needed.
   False. You will need a jacket and a good pair of shoes no matter what season you are visiting in. (l. 14)

Grammar

Dans le texte 2., le temps le plus utilisé est le présent et l'auxiliaire de modalité le plus utilisé est will.

▸ *Exercice 1*

Remplissez les blancs avec *may*, *might*, *will* ou *would*.

1. My parents will not let me practice mountain biking. They think it is too dangerous.
2. She may come to the training session.
3. She said she might come to the training session.
4. Would you go to the next Olympic games if you had the money for the trip?

▸ *Exercice 2*

Sélectionnez la réponse qui convient.

1. This week-end I am playing tennis.
2. Hurry up! The plane takes off in an hour.
3. You should pack a pair of good shoes because we are going to walk a lot in the Grand Canyon.
4. I can't go to the morning session because I have an appointment so I will go to the evening session.

Speaking

Topic 1: How to leave a phone message.

Voici quelques suggestions pour laisser un message téléphonique en anglais.

1. Se présenter: «Hi, my name is...", "Hello/ Good evening, this is X speaking..."
2. Si plusieurs personnes sont susceptibles d'entendre le message, énoncer le nom de la personne à qui le message est adressé: "this is a message for...", "I am trying to reach Mr/Mrs X...."
3. Donner la raison de votre appel: I am phoning/calling to find out if../ to see if.../ to let you know that.../ to tell you that..."
4. Dire quand la personne peut vous rappeler et laisser son numéro de téléphone, ou dire à quel moment vous rappelerez: "Could you call me back at 00 33 xxxx/ would you mind calling me back.... / I will call you back later on this evening."
5. Terminer le message: "I will talk to you soon", "bye!"

Soyez direct, clair et succint tout en restant courtois et poli.

Writing

Topic 1: How to write a cover letter.

Voici quelques suggestions pour écrire une bonne lettre de motivation en anglais.

Une lettre de motivation est un document formel. Il convient donc de se renseigner sur la mise en page qui peut varier selon les pays, et à appliquer un langage soutenu. En anglais, on n'utilisera pas de contractions par exemple.

1. Généralement, la lettre devra commencer par des informations vous concernant: nom, adresse, numéro de téléphone, adresse mél.
2. Puis, viennent les nom et adresse des destinataires.
3. Ensuite, commencer la lettre en s'adressant à son interlocuteur. Si l'on connait le nom de la personne: "Dear Mr Adams, Dear Mrs Jones, etc...". Si non: "Dear Sir or Madam" ou "to whom it may concern." Cependant, il est rare de nos jours de ne pas savoir à qui l'on s'adresse, surtout lorsqu'on postule pour un travail ou une bourse, il est donc toujours préférable de s'adresser à une personne physique.
4. Vient ensuite le corps de la lettre. Dans le premier paragraphe, présentez-vous et rappelez quel est le poste/ programme d'étude qui vous intéresse et fait l'objet de votre courrier: "I am writing in order to apply for the scholarship....", "I am interested in your program...."
5. Énoncez vos qualifications et dites pourquoi vous pensez être le meilleur candidat pour cette offre: "As a professional soccer player in France,...", "Given my background in sport marketing in France...." et dites en quoi le programme vous intéresse et pourrait vous être profitable.
6. Terminez par une formule de politesse: "Feel free to contact me at...", "I look forward to hearing from you. » "Best regards", "Yours sincerely", etc...

4 MEDIA AND SPORT

▸ *Vocabulary*

1. As far as the fans go, social media is a good way to get to know some great athletes.
2. "I would love to become a reporter in order to mingle with sportsmen and women, club managers, city officials and politicians at cocktail parties!" exclaimed the high-school student as she watched the sports news report on TV.
3. "Mrs. Foreman is on the phone. Have a seat, she'll be with you in a few minutes," said Mrs. Foreman's assistant to the reporter.
4. A major pitfall of social media is the enormous amount of time that some people spend keeping up with their "friends".
5. Any rugby team would be thrilled to play against the All Blacks!
6. Athletes from abroad use the media to know what's going on in their country.
7. Club managers must educate new players on how to use the media meaningfully without falling into any traps, and to be constantly aware that they have become role models.
8. Fans are the life-blood of any professional sport; without them, the sport would remain in the streets and in school curricula.
9. Professional reporters ask athletes to be available for interviews after every match.
10. Social media can be one way to stay in touch with friends and family, to know what people are up to when you are away for any length of time. It is also a way to stay up to date with news from your home town or any other information you may be interested in following.
11. Sometimes, professional athletes would like to be left alone rather than appear before the camera for an interview.
12. Sportsmen are encouraged not to waste their time tweeting, yet they are also told that they need to portray a positive image for their fans. There's a fine line that is not always easy to manage.
13. To become a professional boxer, one must spend hours hitting a punching bag every day.

Understanding sports commentaries

▸ *Comprehension questions*

1. In which sentences can you visualize what is happening? 1, 2, 3, 4, 5, 8, 9, 12, 15, 16.
2. Which sentences contain present simple and present continuous tenses that describe what Cosell sees? 1, 2, 3, 4, 5, 9, 12, 15, 16, 17, 18, 19.
3. Which sentences are very short and convey a feeling of excitement or surprise? Which ones are exclamations of excitement? 1, 3, 5, 7, 8, 10, 11, 15, 17, 18, 19, 20, 22.
4. Which sentences give extra information for the fans? 2, 6, 12, 13, 14, 16, 17, 21, 22, 23.

Reading

Text 1. Arguments for and against media coverage in sports.

▸ *Vocabulary*

Assistance (attendance); en direct (live); monter (to set up); les jeunes (youth); s'inscrire à (to join); gros plan (a close-up view); ne...plus (no longer); vie privée (privacy); chaîne (channel).

▸ *Non-count nouns*

Coverage, knowledge, communication, youth, TV, treatment, privacy, attention.

▸ *Comprehension questions*

1. To become well-known, an athlete can count on the media. <u>True, media coverage of one player or another develops the player as a star.</u>
2. Thanks to the media, female sports are being covered more an more. <u>False, the media ... prefers male-dominated sports to female-dominated ones.</u>
3. One pitfall is that major athletes are never left alone by the media. <u>True, the sport media stars may feel that they have lost their privacy.</u>

Text 2. Deon Eveson's sore throat.

▸ *Vocabulary*

- Find the synonyms for the following words in text 2.: *Painful (sore); entire (whole); past (former); neglect (fail); appropriately (adequately); a following (an audience); a vicious circle (catch 22); in abundance (galore); major (key); prevailing (mainstream); transactions (deals).*
- Find the English expressions in text 2 for the following French expressions: *Mal à la gorge (a sore throat); a subi (has undergone); Bien sûr que non (of course not); soi-disant (so-called); ce n'est pas le cas (not so); sans aucun doute (definitely); pourtant (yet).*

▸ *Comprehension questions*

Answer the following questions in your own words:

1. What is Packson's opinion about sports media coverage? <u>That men's sports get more coverage than women's sports, even minor events in the male-dominated sportsworld get covered more than any major event in the women's sportsworld.</u>
2. Does she think the reader has more knowledge of the problem than does the media? Why or why not? <u>No, because the media gives such poor coverage of women's sports, the reader can't know much about what's happening.</u>
3. Explain the catch 22 situation. <u>The media probably writes more about male sports and athletes because they have so many fans. But it could be that they have all these fans because the media writes more about male athletes than about women athletes in sports.</u>

Translation

Translate the following sentences into French:

1. Text 1. lines 2-3: Thanks to media coverage before an event, there may be a greater attendance since many people want to see the stars live.
   <u>Grâce à la couverture médiatique qui précède un évènement, il se peut que le nombre de spectateurs qui y assistent soit plus important car beaucoup de gens veulent voir les stars en direct.</u>
2. Text 2.: No one writes about what women players go through. Not so with men.
   <u>Personne n'écrit à propos de ce qu'endurent les athlètes féminines. Ce n'est pas le cas avec les athlètes masculins.</u>

Reading Sports Headlines

▸ *Exercise*

In the document, underline all the verbs, including particles, infinitives and passives without their auxiliaires.

1. Butler <u>scores</u> 28 and Bulls <u>rout</u> Thunder 128-100.
2. Larry Fitzgerald <u>Announces</u> Return To Cardinals.
3. Morgan <u>bemoans</u> England batting collapse as return to bad old days.
4. 'Mad Brad' and Isaiah Thomas in the fourth <u>fuel</u> Celtics' rally past Raptors.
5. Mike Harris <u>edges</u> Glenn Howard for first win at Ontario Tankard.
6. Ryan Miller <u>leads</u> unlikely Canucks playoff push.
7. Katie Loynes <u>excited to run out</u> in navy Blue after barracking for Carlton as a child.
8. Codie happy <u>to swear off</u> cakes.
9. Phoenix <u>fume</u> over 'borderline dangerous' Adelaide furnace.
10. Tiarna Ernst's doctor's cash sacrifice for Western Bulldogs dream.

11. Players confirmed for Davis Cup tie.

▸ *Vocabulary*

- What does "rout" mean in headline 1? To defeat an opponent.
- What does "rally" mean in headline 4? Improvement.
- What does "barracking for" mean in headline 7? To shout encouragement to the players on a team (Australian English).
- What does "tie" mean in headline 11? elimination round.

▸ *Comprehension questions*

1. Which headline is about an athlete who is a pastry chef, but who has decided to leave the job at the bakery? Codie happy to swear off cakes.
2. Which headline is about a game in which the final score was very very close? Mike Harris edges Glenn Howard for first win at Ontario Tankard.
3. Which headline protests against officials who refused to change the kick-off time in order to protect player welfare? Phoenix fume over 'borderline dangerous' Adelaide furnace.
4. Which headline states a team's worst performance in recent times? Morgan bemoans England batting collapse as return to bad old days.
5. Which headline states that an athlete will be earning less now as an athlete than she earned in her former job? Tiarna Ernst's doctor's cash sacrifice for Western Bulldogs dream.

5 COLLEGE ATHLETICS IN THE U.S.

Anticipation

There are several major differences between sports in the US and sports in Europe. In the US, for instance, sport is more business-oriented: there are more sponsors, more commercials during the games, and there is probably more media attention at all levels, including in high schools and colleges. In America, more than in Europe, sport is also considered to be a vehicle of social integration (in universities…). Finally, US athletes tend to be more obsessed with performance, as evidenced by their outstanding results during the Olympic games or world championships. But these are clichés, and the reality is often more complex. An ocean separates America and Europe, as we can see with soccer, a sport that Europeans are crazy about while most Americans only see it as an activity which is reserved for children and women.

A lot of universities are famous mostly because their sports teams are very good.

In college basketball, the most respected teams are Villanova (a Philadelphia college which won the 2016 NCAA championship) Duke University (a North Carolina college which played 11 finals and won 5), Syracuse (in New York state), the University of Kentucky, etc.

In college football, the most feared squads are usually the University of Alabama (the "Crimson Tides" have won four national titles since 2009), Louisiana State (LSU), Florida State, etc.

Other big universities are also famous for their outstanding performances in most NCAA competitions and emphasize sport as one of their main values. These institutions include the University of North Carolina (UNC, Michael J Jordan's alma mater), Penn State and UCLA in California.

Reading

Text 1.

▸ *Vocabulary*

- Find the translations of these words in paragraphs 1 to 3 of text 1.:
  Un loisir: leisure, *l'aviron: rowing, un diplôme:* a degree, *le programme (scolaire / universitaire):* the curriculum, *la foule:* the crowd , *presque jamais:* hardly ever , *ambitionner:* to strive after , *former:* develop, *rarement:* seldom
- Find the translations of these words in paragraphs 4 to 8:
  Alimenter: feed, *abandonner ses études:* drop out (of school), *le propriétaire:* the owner, *juger bon de…:* see fit to (do sthg), *accueillir:* host, *opposer X à Y:* pit X against Y, *continuer de…:* keep (on) + V-ing, *ex/ancien(ne):* former, *rendre hommage:* pay tribute (to sb).
- Find the translations of these words in paragraphs 9 to 11:
  Dernier cri: state-of-the-art, *les équipements:* facilities, *les frais de scolarité:* tuition fees, *une bourse:* a scholarship, *un prêt bancaire:* a loan, *les recettes (fiscales):* revenue, *inabordable:* unaffordable, *une station de vacances:* a resort, *mettre l'accent sur…:* lay emphasis on (= emphasize), *au détriment de…:* at the expense of…, *méritant:* deserving, *défavorisé:* underprivileged.
- Explain these words and expressions from text 1. in your own words:

To *debunk* a cliché or a myth is to expose how false or stupid it is, generally with rational arguments.

Many Americans have an *alma mater:* it corresponds to the college they attended when they were students.

A *shopping spree* is a short period of time when someone spends a lot of money and buys a lot of things.

A *burning issue* is a topic or question that people consider very important and about which people have strong opinions.

Comprehension questions

1. True or false? Say whether the following statements are true or false and justify by quoting from the text:
   a. High-level sport competitions do not exist in French universities. ***False***
   "In France, many students practice recreational sports but very few take part in high-level competitions." (l. 4-5)
   b. More professional athletes have college degrees in the US than in Europe. ***True*** (see l. 13-14 & 19-20)
   c. In the US, college sport is not as popular as professional sport. ***False***
   "in 2015, almost 30 million U.S. TV viewers watched the 'March Madness' basketball finals that pitted Duke against Wisconsin – more than the NBA finals!" (l. 35-36)
   d. Institutions like Harvard don't have great sport teams because they don't have enough money. ***False***
   "Not all U.S. colleges have highly competitive teams - some, like Harvard and Yale, do not give priority to their sport results, and compete in minor divisions." (l. 41-42)
   e. Studying in the U.S. can be very expensive. ***True***
   "With yearly tuition fees ranging from about $10,000 to more than $50,000, student athletes must often rely on scholarships and loans." (l. 49-50)
   f. All American universities make a lot of money thanks to sports. ***False***
   "only a few colleges produce substantial revenue from sport programs" (l. 52-53)
   g. Some people think sport should not play such an important role in US colleges. ***True***
   "Some colleges are blamed for laying too much emphasis on sports, at the expense of academic fields like art and sciences." (l. 55-56)

2. Answer the following questions in your own words:
   a. In your opinion, why do so few French students practice sports on campus?
   Historically, French campuses have almost never been linked with athletics, and there are very few facilities and sport activities offered by French colleges. Traditionally, the students who want to practice sport (be it recreationally or at a high level) go to clubs.
   b. Focus on the third paragraph: in your opinion, why does the recruitment of young athletes in Europe raise "ethical questions"?
   Just like the American system could be criticized for making money out of students, European clubs can be criticized because they try to attract very young athletes, sometimes by giving sums of money and forcing the parents to accept. This system is unethical because children should not be the object of commercial deals and their education, not their career, should be their priority.
   c. Why are a lot of Americans more inclined to support college teams than professional franchises?
   A lot of Americans feel closer to their local college teams than to professional franchises for two main reasons. First because in a lot of states and cities, there is no NFL, NBA or NHL team whatsoever, and the only team you can support is the local college competing in the NCAA. Secondly because even if there is a franchise playing next to you, it's mainly a business, and the team might very well be relocated and move to another city at any moment.
   d. Why is it so crucial for some colleges to have very competitive sport teams?
   The less prestigious colleges need the publicity of NCAA games to attract students. Few people would know the University of Alabama if they didn't have such a good football team. NCAA games are also a way to make money.
   e. Why do you think the status of student athletes is envied by other students?
   Student athletes are often very popular (especially with girls) and enjoy privileges like the right to choose their rooms and courses before everyone. Most importantly, they are granted huge scholarships that allow them to study without working or borrowing money from the bank.

Text 2.

Vocabulary

- Find the translations of the following words in text 2.: *Un malentendu:* a misconception, *une charge de travail:* a load, *un TP:* a lab, *un cours magistral:* a lecture, *mettre en péril:* jeopardize, *une bourse:* a scholarship, *la fierté:* pride, *ça vaut le coup:* it's worth it
- Find the synonyms of the following words in text 2.: *A cliché:* a stereotype, *very excited:* thrilled, *many:* numerous, *happen:* occur, *difficult (x2):* hard / challenging, *a team:* a squad

▸ *Comprehension questions*

1. True or false? Say whether the following statements are true or false and justify by quoting from the text:
   a. Jackson wrote this article when he was a third-year college student. ***False***
   "As I enter my senior year" (l. 2)
   b. He wrote this article to defend his status as a student athlete. ***True***
   "I'm thrilled to have the opportunity to clear up some of the misconceptions and share the experience." (l. 2-3)
   c. The academic curriculum of student athletes is smaller than that of other students. ***False***
   "A student soccer player spends 40-50 hours a week on soccer and soccer related activities. For most people, that's a full-time job. For college athletes, it's in addition to their course load." (l. 3-5)
   d. Studying as a college athlete can be a lonely experience. ***True***
   "There's no professor or TA present to ask questions or review a difficult chapter; there's just you and your textbook." (l. 10-11)
   e. Jackson regrets having chosen to be a student athlete. ***False***
   "Being a college athlete isn't easy, but for me, it's worth it." (l. 17)
2. Answer the following questions in your own words:
   a. In your opinion, what are the "stereotypes" and "misconceptions" about student athletes mentioned by Jackson in his introduction?
   Student athletes are generally blamed for being lazy and working less than other students, because the college faculty is more lenient with them. They are also criticized for taking advantage of the system and joining good colleges while their academic level would normally not allow them to go to college. Besides, they're reproached with receiving scholarships that should go to students who are excellent academically, not just on the field. Finally, some college athletes are accused of cheating in exams and sometimes of not even going to class.
   b. Guess why Jackson spends so much time in planes, buses and hotels.
   Jackson plays soccer for his college, so he must often take part in away games in other states. The U.S.A. is a very large country, so visiting other campuses takes a lot of time and forces you to miss a lot of classes.
   c. Why are studies so much harder for college athletes? (min. 50 words)
   College life is harder for college athletes because they have to spend a lot of time on the field and in treatment. What's more, they often miss courses when they are away, traveling by bus or by train with their teams. So they need to work even more than others to compensate for their absences and catch up with their fellow students.
   d. Reformulate the two consequences faced by student athletes who don't succeed academically. (Try to start your argument with the expression "not only... but also")
   Not only can they be excluded / removed from their teams, but they can also lose their scholarships. Since most of them can't pay the very expensive tuition fees, that means they might have to drop out of school. In other words, there is a lot of pressure on their shoulders.

Translation

Translate the following sentences into French:

1. Text 1. lines 37-40
   Beaucoup de joueurs qui parviennent à atteindre le niveau professionnel continuent de soutenir l'université pour laquelle ils jouaient. Par exemple, la grande star du basketball Michael Jordan reste un supporter fidèle de son ancienne université, et on dit que pendant toute sa carrière, il a porté son short de l'université de Caroline du Nord sous celui des Chicago Bulls comme porte-bonheur et pour rendre hommage à son université.
2. Text 2. lines 15-17:
   Si c'est si dur, alors pourquoi est-ce que je le fais? Bien que l'argent de la bourse m'aide à payer mes études, ce n'est pas la raison principale pour laquelle j'ai choisi ce statut d'étudiant sportif. Pour moi, l'essentiel a toujours été la fierté que je ressens lorsque je pénètre sur le terrain en courant pour représenter mon école. Ce n'est pas facile d'être un étudiant sportif, mais pour moi, cela vaut le coup.

Writing

Pros & cons of being a student athlete in an American college. (Try to use "on the one hand... on the other hand...).

Pros: nice campus – great academic level – being popular on campus and representing your college in front of many fans - opportunity to speak English and improve your linguistic skills – opportunity to play at a very high level – opportunity to live the American experience and make new friends.

Cons: very expensive if you don't have a scholarship – very difficult to be both a full-time student and a full-time athlete – not pleasant to be envied and criticized by other students – a lot of traveling– not enough time to take advantage of all that a US campus has to offer – you are far from your home and miss your family.

(The same arguments can be used in the other writing activities).

ANATOMIE

Marc TESTA

Docteur en Sciences du Sport. Professeur d'EPS.
UFR STAPS - Université de Paris.

TABLE DES FIGURES

INTRODUCTION

L'anatomie est l'étude scientifique de la forme et de la structure des organes constituant les êtres vivants. Elle permet, dans le contexte des activités physiques et sportives, de mieux comprendre l'organisation segmentaire du mouvement et de caractériser les facteurs qui génèrent, facilitent et limitent sa réalisation. Dans le cadre de l'entraînement au-delà de l'analyse technique du mouvement, en rapport avec la physiologie, les sciences cognitives et la psychologie et, intégré dans un système complexe en interaction, les connaissances en anatomie concourent à l'optimisation de l'activité sportive, éducative, ludique ou médicale.

Chapitre 1

LES OUTILS D'OBSERVATION

La connaissance primitive et élémentaire de l'anatomie s'est effectuée à partir d'une analyse invasive et empirique à partir de dissections animales et humaines. À partir du 17° siècle, et grâce à l'apparition du microscope, la connaissance accède à l'organisation des tissus et cellules. Il y a cinquante ans, on ne disposait que de la radiographie pour observer et analyser de façon plus ou moins distincte les structures internes du corps humain. Désormais, l'imagerie médicale est un champ d'investigation à part entière, et la multiplicité des outils permet d'appréhender le corps humain dans son infinie complexité. Différents outils permettent d'investiguer le corps humain :

- La radiographie est une technique permettant de réaliser des clichés des structures internes à l'aide de rayons X. Les clichés révèlent l'opacité plus ou moins marquée des organes. Elle est ainsi utilisée pour déterminer les caractéristiques d'une fracture osseuse.
- La tomodensitométrie (TDM) ou scanner permet de visualiser en 3D des tissus à partir d'un balayage d'un faisceau de rayons X. Grâce au développement des systèmes informatiques, la modélisation des images est apparue dans les années 1970.
- L'échographie est une technique d'imagerie à partir d'une sonde qui émet et réceptionne les ultrasons. La visualisation sur un moniteur se réalise en niveaux de gris selon l'intensité du retour de l'écho. En obstétrique, l'échographie permet de suivre le développement de l'embryon et l'évolution du fœtus.
- L'imagerie par résonance magnétique (IRM) s'effectue à partir du moment magnétique du noyau des atomes. Elle autorise une analyse des tissus « mous » avec une très bonne résolution, en accédant à la visualisation de la graisse, de l'eau, de l'œdème et donc de toute inflammation.
- La scintigraphie ou tomographie d'émission de positons (TEP) s'effectue par un traceur légèrement radioactif injecté dans le corps. Une caméra enregistre le rayonnement gamma. Elle permet de mettre en évidence les zones ischémiques pendant un effort ou les zones nécrosées inhérent à un infarctus, de diagnostiquer une embolie pulmonaire (obstruction d'un caillot de sang).

Chapitre 2

LA NOMENCLATURE

Une nomenclature reprend l'ensemble des termes techniques d'une discipline selon un classement méthodique. C'est une taxonomie ou une disposition exhaustive servant de référence. Elle permet une uniformité des termes favorisant la communication et l'évolution des connaissances. La Terminologia anatomica (1998) est la nomenclature qui fait aujourd'hui référence. Elle reprend plus de 80 % des termes de l'ancienne nomenclature et que l'on utilise encore dans le langage courant. Les qualificatifs interne et externe demeurent dans les pratiques sportives, mais sont remplacés par médial et latéral dans le domaine médical. Certains éléments structuraux ont changé de noms. Une liste non exhaustive (Tab.1) vous expose les principaux changements.

Ancienne terminologie	Nouvelle terminologie
Aponévrose	Fascia
Apophyse	Processus
Bourrelet	Labrum
Coulisse bicipitale	Sillon intertuberculaire
Crural	Fémoral
Couturier	Sartorius
Cubitus	Ulna
Demi	Semi
Droit antérieur	Droit fémoral
Droit interne	Gracile
Épitrochlée	Epicondyle médial
Faisceau	Tractus
Gros orteil	Hallux
Jambier antérieur	Tibial antérieur
Jumeau externe	Gastrocnémien latéral
Ligament acromio-coracoïdien	Ligament coraco-acromial
Ligament latéral	Ligament collatéral
Muscle crural	Vaste intermédiaire
Muscle grand dentelé	Muscle serratus antérieur
Muscle sous-scapulaire	Muscle subscapulaire
Muscle sous-épineux	Muscle infra-épineux
Muscle sus-épineux	Muscle supra-épineux
Muscle fessier	Muscle glutéal

Ancienne terminologie	Nouvelle terminologie
Omoplate	Scapula
Psoas iliaque	Ilio-psoas
Péroné	Fibula
Rotule	Patella
Sommet	Apex
Tendon d'Achille	Tendon calcanéen

Tableau 1. **Les nouvelles terminologies.**

Si la nouvelle nomenclature fait référence dans les sciences et dans le secteur médical plus particulièrement, le professeur d'éducation physique adaptera son vocabulaire en fonction du contexte pour que son discours soit le plus intelligible possible. Ainsi, n'est-il pas aberrant de conserver comme dénomination « omoplate » ou tendon d'Achille avec les personnes âgées par exemple ?

Chapitre 3

LES PLANS ANATOMIQUES

Lorsqu'il s'agit de décrire un mouvement il est nécessaire de :

- caractériser la position de tous les segments
- puis expliquer leurs déplacements à chaque instant.

Pour réaliser et faciliter cette tâche, nous avons recours aux plans anatomiques de référence. Les plans anatomiques servent à positionner, orienter et définir les déplacements. Ces déplacements s'effectuent au niveau des articulations autour d'axes de rotation.

Pour décrire un mouvement en 3D (3Dimensions), il faut donc se référer aux trois plans de références (médial ou sagittal, frontal et transverse) et aux trois axes de référence (sagittal, vertical et transverse ou horizontal).

Chaque plan de référence se définit par deux axes de référence. Le troisième axe, perpendiculaire au plan, caractérise l'axe de rotation. L'axe de rotation permet à tout segment corporel de se déplacer dans le plan. Par convention, l'axe transverse (ou horizontal) s'appelle axe X et caractérise une orientation médiale (en dedans ou interne) ou latérale (en dehors ou externe). L'axe vertical ou axe Y caractérise le haut (ou supérieur) du bas (inférieur). L'axe sagittal ou axe Z caractérise l'antérieur (en avant) du postérieur (en arrière).

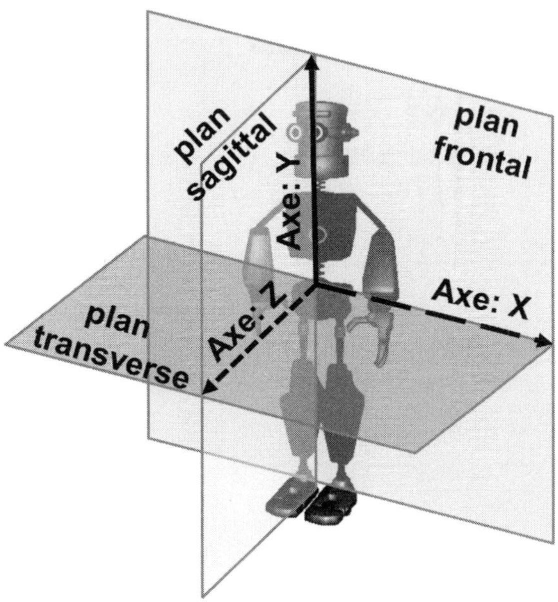

Figure 1. **Les plans de référence.**

Par exemple pour la flexion de la jambe, l'axe de rotation se trouve au niveau du genou. La rotation s'effectue autour d'un axe transverse et la jambe se déplace dans le plan sagittal.

Une position de référence a été définie pour décrire les structures et organes du corps humain : c'est la position de Poirier. Le sujet doit se tenir en station debout, verticalement selon les critères suivant :

- demeurer face à l'observateur
- les pieds joints
- les bras le long du corps
- les mains en supination (paume vers l'avant)
- le regard à l'horizontale (selon le plan de Francfort)

La direction des organes et des mouvements sont définis. Certains termes sont synonymes mais préférablement utilisés selon les champs de recherches concernés. Ainsi, l'information motrice circule dans les voies efférentes du système nerveux selon une direction céphalo-caudale. L'information sensitive circule dans les voies afférentes du système nerveux selon une direction proximo-distale.

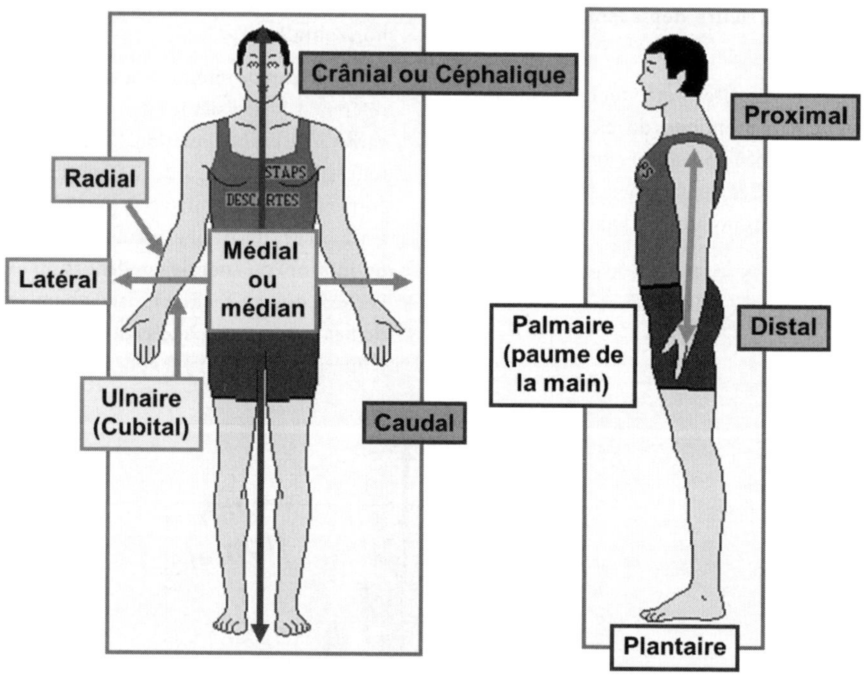

Figure 2. **Les directions dans le plan.**

Chapitre 4

LES DIFFÉRENTS MOUVEMENTS

Selon les plans et les axes de rotation sollicités, le mouvement des segments articulaires porte des noms spécifiques :

- On parle de flexion-extension pour des mouvements effectués dans le plan sagittal autour de l'axe transverse (horizontal). C'est une antépulsion-rétropulsion pour le bras. La bascule du bassin autour de l'axe transverse se caractérise par une antéversion ou une rétroversion.
- Les adductions-abductions se font autour de l'axe sagittal : les mouvements se font dans le plan frontal. L'adduction correspond à un rapprochement, l'abduction à un écartement par rapport à l'axe médian du corps.
- Les rotations autour de l'axe vertical définissent les rotations médiales (internes) ou latérales (externes).
- La rotation médiale (interne) de la main s'appelle pronation ; la rotation latérale (externe) supination. (elle s'effectue avec l'avant-bras fléchi à 90° pour fixer la rotation de l'humérus). Pour le pied, la rotation médiale (interne) s'appelle inversion. La rotation latérale (externe) s'appelle éversion. Le genu varum (« jambes arquées » en forme de O) est une déviation latérale (en dehors) du genou. Le genu valgum (jambes en forme de X) est une déviation du genou vers l'axe médian du corps. Ces déviations génèrent des déséquilibres des forces de pression au niveau du plateau tibial. Elles peuvent être pathologiques et provoquer de façon précoce une arthrose du genou.
- La circumduction définit un mouvement plus ou moins circulaire et complet autour d'une même articulation : le mouvement est alors multiaxial.

Finalement, comme exemple au niveau de la tête, le mouvement d'acquiescement est une flexion, la dénégation s'effectue autour de l'axe vertical, une circumduction est possible grâce aux caractéristiques structurelles des vertèbres cervicales (d'atlas et d'axis notamment).

QUESTIONS 1

1. Omoplate, péroné, cubitus, médial… ces termes font partie de l'ancienne nomenclature
2. Le scanner est un appareil radiologique
3. L'axe de rotation du plan sagittal est l'axe Z.
4. La flexion- extension s'effectue dans le plan frontal autour de l'axe X.
5. Le pied plat se caractérise par un valgus.

Chapitre 5

LA STRUCTURE OSSEUSE

L'os est un organe vivant, résistant, peu flexible *a priori* et solide. Sa dureté et sa rigidité le rend parfois fragile. L'ensemble des os forme le squelette ; soit 206 os. Le squelette pèse environ 20 % du poids du corps.

Résistant et léger le squelette forme une armature mobile parfaitement adaptée aux fonctions de maintien et de motricité qu'il assure. Le squelette est divisé en deux parties : le squelette axial dont les os forment l'axe longitudinal (vertical) du corps et le squelette appendiculaire qui comprend les os des membres et des ceintures. On distingue :

La ceinture scapulaire relie le membre supérieur au squelette axial. La ceinture pelvienne relie le membre inférieur au squelette axial.

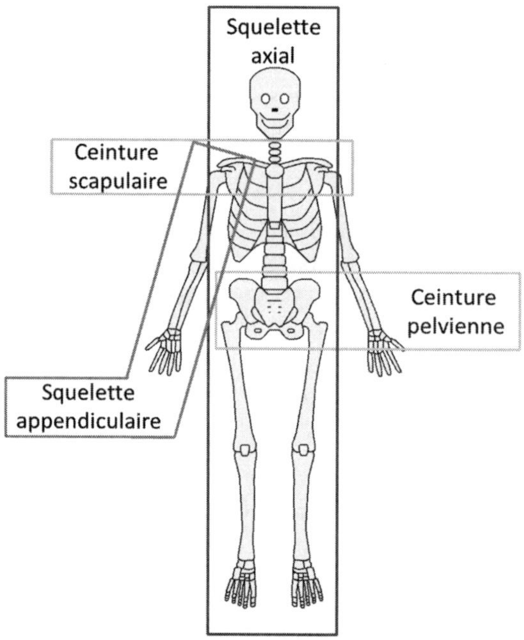

Figure 3. **L'organisation du squelette.**

Le système osseux inclut les articulations (jointures), les cartilages et les ligaments (faisceau de tissus conjonctif unissant les os au niveau des articulations). Les ligaments sont très résistants ; peu extensibles, ils permettent de garder les structures cartilagineuses et osseuses en contact. Il est nécessaire de distinguer et de ne pas confondre les ligaments et les tendons (les tendons fixent le muscle à la structure osseuse). Le cartilage permet aux segments osseux de glisser entre eux. Les jointures confèrent au corps humain sa mobilité et sa souplesse en fonction des qualités intrinsèques (de tonicité et d'étirement des muscles et des ligaments) de chacun.

Les fonctions de la structure osseuse

Six fonctions essentielles lui sont conférées : trois fonctions mécaniques et trois fonctions métaboliques.

Les trois fonctions mécaniques de l'os permettent le soutien, la protection et le mouvement.

Le soutien : les os servent de charpente, ils sont mobilisés par les muscles (environ 600 muscles dans le corps) et articulés aux jointures. Les os servent de support et d'ancrage à tous les organes « mous ». Les os des membres inférieurs agissent comme des piliers supportant notre tronc en station debout.

La protection : comme structure solide, ils vont protéger les tissus mous des chocs et des forces externes. Protection de l'encéphale par la voûte (boîte) crânienne, de la moelle spinale (épinière) par le rachis (colonne vertébrale), protection des viscères et des poumons par exemple par les côtes.

Le mouvement : grâce aux muscles, les segments osseux agissent comme des leviers pour déplacer le corps ou ses parties. C'est ainsi que nous pouvons marcher, courir, manipuler, attraper... La biomécanique traite de l'analyse du déplacement segmentaire : elle permet de caractériser les variables d'optimisation cinétique du mouvement. Son recours est indispensable pour comprendre le geste technique du sportif de haut niveau.

Les trois fonctions métaboliques de l'os permettent, le stockage des minéraux, la formation des globules rouges et la croissance.

Le stockage des minéraux : les matières grasses sont stockées dans les cavités internes des os. L'os constitue un réservoir de minéraux comme le calcium et le phosphore. Une petite quantité de calcium (sous forme d'ions Ca^{++}) doit toujours être présent dans le sang pour que le système nerveux transmette ses messages, que les muscles se contractent, que le sang coagule. La plus grande partie du calcium se dépose dans les os sous forme de sels. Des hormones régulent le transfert du calcium entre les os et le sang.

La formation des globules sanguins : l'hématopoïèse se réalise dans les cavités médullaires de certains os. Elle permet de fournir les trois lignées de cellules sanguines matures : érythrocytes, leucocytes et plaquettes.

La croissance : les os déterminent le développement et la croissance des sujets en définissant les caractéristiques morphologiques (taille...). Le remodelage osseux est constant et évolutif selon un cycle de destruction (résorption) - formation.

Les contraintes mécaniques

Différents types de contraintes mécaniques s'exercent sur les segments osseux. La contrainte peut générer une tension c'est-à-dire une déformation de la structure. La principale contrainte est la force de compression induite par la composante gravitaire. La compression et la traction agissent parallèlement à l'axe segmentaire. La flexion infléchit latéralement l'axe longitudinal du segment. Le cisaillement agit parallèlement à la surface de section. La torsion induit une rotation du plan de section. La structure osseuse est anisotropique car elle réagit inégalement selon de la direction des contraintes. Ainsi, le segment osseux résiste facilement à la compression mais plus difficilement à la torsion.

La régulation mécanique va générer deux lois en fonctions des forces de compression et de traction exercées sur la structure osseuse. La loi de Delpech caractérise l'effet de la compression : les os croissent inversement aux pressions qu'ils subissent. La loi de Wolf caractérise l'effet de la traction exercée par les muscles à la périphérie de l'os.

Si la sensibilité des tissus est proportionnelle à la vitesse de croissance (loi de Mark-Jansen), les risques de lésions sont donc plus importants durant l'enfance et l'adolescence. Les méfaits des entraînements sportifs sur la croissance de l'appareil locomoteur sont ainsi souvent dénoncés. Cependant, la tolérance à la charge d'entraînement varie fortement d'un sujet à l'autre. Une idée communément admise rapporte que l'activité physique rend les enfants plus petits (effet de la compression selon la loi de Delpech). Cependant et à l'inverse, une pratique physique raisonnée pendant l'enfance augmente le pic osseux et retarde le seuil d'ostéoporose.

Finalement, l'exercice physique, non stéréotypé et sollicitant l'ensemble de l'appareil locomoteur favorise outre le développement en épaisseur des os, leur densité et leur résistance.

La fracture

Malgré leur résistance remarquable, les os peuvent se casser, se rompre ; c'est la fracture. La fracture est une lésion par rupture de la continuité d'un os. Cela peut aller d'une simple fissure osseuse sans déplacement, jusqu'à une fracture à nombreux fragments. Chez les personnes âgées les os perdent de leur solidité et les accidents sont plus fréquents.

La direction du trait caractérise les fractures transverse, oblique et en spirale. Les fractures en spirale sont plus difficiles à réduire. Elles sont généralement générées par des mouvements de torsion et demeurent assez courantes chez les sportifs. La fracture de fatigue se produit à la suite d'une d'efforts répétés. Elle est récurrente chez des sportifs surentraînés et peut se retrouver au niveau plantaire (les métatarsiens) chez les coureurs d'ultra-trail ou les marcheurs de longues distances.

La réduction osseuse

On traite une fracture par une réduction. La réduction consiste à réaligner les parties cassées et à fixer les fragments osseux (ostéosynthèse). Le réalignement peut se faire de façon manuelle (dite technique orthopédique) ou chirurgicale grâce à l'adjonction de broches ou de plaques métalliques. Des broches raccordées à un système de fixation externe (placé sur la peau) permettent une meilleure stabilisation et autorise la mobilisation des articulations. Après réduction, l'os est stabilisé et immobilisé habituellement dans un plâtre. Les fractures fermées sont généralement consolidées après six à huit semaines.

Chapitre 6

LA CLASSIFICATION DES OS

Il existe des os de toutes longueurs et de toutes formes. Le fémur peut mesurer jusqu'à soixante centimètres alors que le pisiforme est gros comme un pois (d'où son nom). En fonction de leurs caractéristiques morphologiques les os sont donc classés en quatre classes : longs, courts, plats, irréguliers.

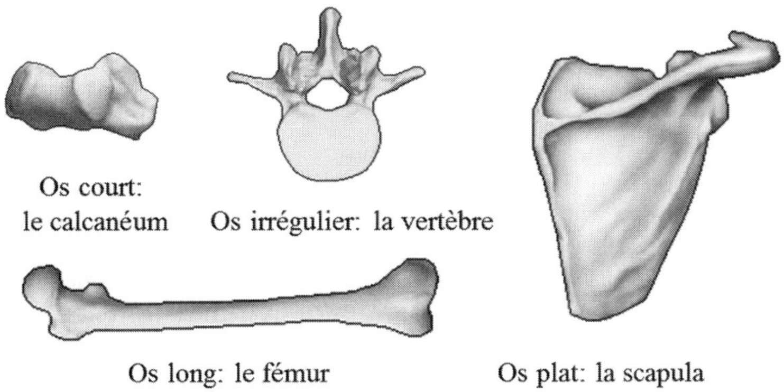

Figure 4. **Les différents types d'os.**

Chaque os à une configuration spécifique permettant quand on le décrit de le reconnaître. L'os est modelé par les structures qui s'insèrent sur lui (ligaments, tendons, structures viscérales). Ils ont tous des fonctions mécaniques différentes. Les os longs sont des leviers (traction), les os courts résistent plus particulièrement aux contraintes (pression), les os plats servent d'enveloppe (protection).

Les épiphyses sont souvent recouvertes de cartilage pour permettre le mouvement au niveau des articulations : c'est le cartilage articulaire. Elles sont constituées d'os trabéculaire (ou os spongieux). La diaphyse se compose d'une cavité médullaire au centre remplie de moelle jaune. Cette cavité est entourée d'os compact et du périoste en superficie.

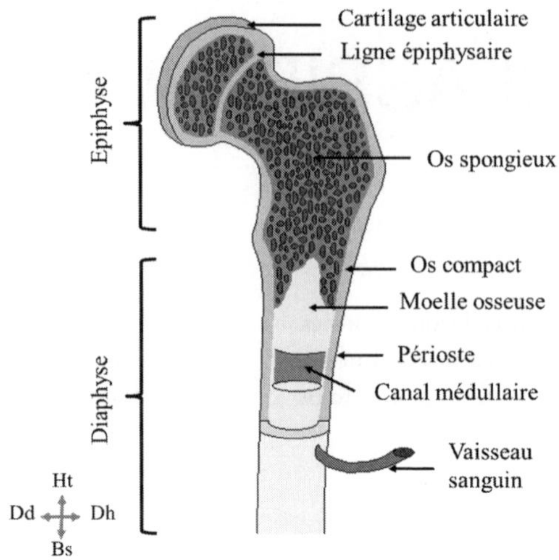

Figure 5. **L'os long.**

Les os courts sont généralement cubiques et contiennent surtout de l'os spongieux ou moelle rouge (il n'y a pas de moelle jaune et très peu ou pas d'os compact). C'est un os léger et solide afin de résister aux tractions et pressions. Les fractures des os courts sont difficiles à soigner (pour exemple le scaphoïde du poignet). Les os plats sont minces, aplatis et généralement courbés. Ils sont composés de deux couches d'os compact séparées par une couche d'os spongieux. La plupart des os de la tête, le sternum (les côtes), la scapula sont des os plats. Les os irréguliers n'appartiennent à aucune des catégories précédentes. La vertèbre est un os irrégulier.

Chapitre 7

LES ARTICULATIONS

L'articulation ou jointure est classiquement définie comme l'ensemble des éléments constitutifs permettant aux structures osseuses de s'unir entre-elles. Outre le fait de relier les structures osseuses, l'articulation peut agréer une seconde fonction : autoriser la mobilité. Ainsi, il existe des articulations mobiles, semi-mobile (amphiarthrose) voire immobile (synarthrose). L'articulation mobile ou diarthrose est de type synovial. Aux extrémités osseuses revêtues de cartilage, la diarthrose permet d'optimiser le mouvement et le glissement.

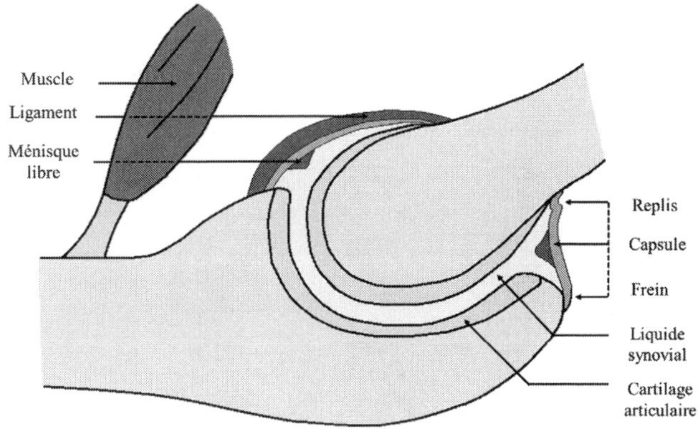

Figure 6. **L'articulation synoviale.**

Différents éléments structuraux caractérisent la diarthrose. À une cavité plus ou moins large et creuse (la glène) correspond une extrémité plus ou moins saillante. Encroûtées de cartilage, les surfaces en contact peuvent alors glisser l'une sur l'autre. Les surfaces articulaires ne sont pas homogènes : c'est la loi d'inégalité des surfaces.

La poche synoviale (qui identifie cette articulation) occupe la cavité articulaire. Cette poche est remplie d'un liquide jaune et visqueux, le liquide synovial. Le liquide synovial est une structure lubrifiante et nutritive (elle élimine aussi les déchets). La poche synoviale se trouve à l'intérieur d'un manchon que l'on appelle capsule articulaire. La capsule est fibreuse, solide et souple (plus ou moins lâche pour permettre le mouvement). Elle maintient et stabilise les structures en contact.

Les ligaments permettent de contrôler les contraintes internes du mouvement en fixant et stabilisant les segments osseux en déplacement. Un ligament capsulaire est « collé » à la capsule ; il renforce celle-ci. Le ligament est dit extra-capsulaire quand il est décollé de la capsule. Les ligaments préviennent des disjonctions (luxations) lors des mouvements forcés. L'hyperlaxité ligamentaire favorise les traumatismes articulaires.

Le labrum (ou bourrelet) se constitue d'un anneau de cartilage fibreux fixé sur la structure osseuse et contiguë au cartilage. Le labrum améliore la stabilité car il permet d'augmenter la surface des structures osseuses en contact. Il favorise aussi le mouvement (glissement) par réduction des forces de pression sur le cartilage.

Les ménisques sont analogues au labrum. Fixes, ils s'appuient sur le cartilage mais pas sur la structure osseuse. Libres, ils s'appuient sur des ligaments se déplaçant selon l'amplitude angulaire. En forme de disque ou en portion de croissant, divergent ou convergent selon leur concavité, les ménisques amortissent les chocs (forces de compression) et stabilisent les segments osseux en mouvement.

Enfin, la contraction musculaire permet grâce à une action concentrique ou excentrique (en étirement) de générer le mouvement et de contrôler celui-ci face aux forces externes cinétique et gravitaire. Ils permettent le maintien postural en statique comme en dynamique. Les muscles jouent donc le rôle de « ligament actif », modulant leurs actions de maintien et de protection articulaire en fonction des contraintes externes et internes de la tâche.

Les types d'articulation selon leurs formes

La diarthrose est une articulation synoviale mobile dans un plan. Selon la configuration et pour permettre une plus grande stabilité ou mobilité, l'articulation peut présenter des formes différentes. Une classification particularise ces articulations selon leurs caractéristiques fonctionnelles et morphologiques. Cependant les structures théoriques qui composent la diarthrose et ses hyponymes sont identiques.

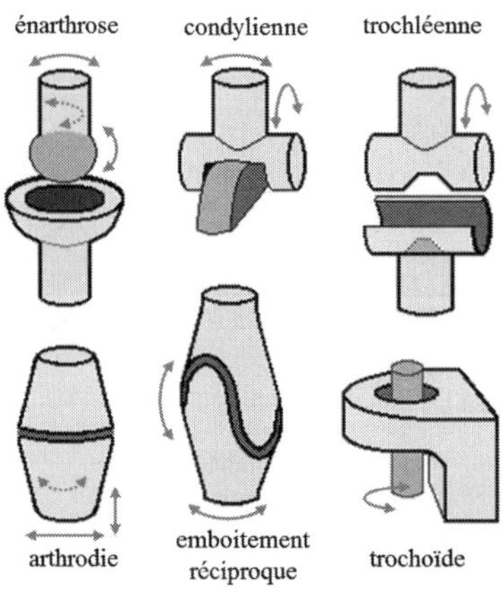

Figure 7. **Les types d'articulation.**

L'énarthrose est une portion de sphère articulée dans une cavité ; cela lui confère une grande mobilité mais aussi peu de stabilité. La rotation tri-axiale de l'extrémité épiphysaire autorise un déplacement segmentaire diaphysaire dans tous les plans de l'espace.

L'articulation trochléenne (ou ginglyme) est une portion de cylindre articulée dans une gouttière. Pour permettre une meilleure stabilité, une "poulie" creuse présentant deux joues séparées par une gorge évite les bâillements latéraux. Monoaxiale, la rotation permet des mouvements de flexion de grande amplitude avec une grande stabilité.

L'articulation trochoïde (ou articulation à pivot) est un cylindre articulé dans un étrier (et stabilisé par un ligament annulaire). La rotation est monoaxiale et s'effectue autour de l'axe longitudinal (diaphysaire).

L'arthrodie est une articulation quasi plane permettant des mouvements de glissement de faibles amplitudes. Peu emboitée, l'articulation doit être maintenue par une capsule rigide et de nombreux ligaments.

L'articulation par emboîtement réciproque (ou en selle) permet autour de deux axes de rotation de réaliser des mouvements de grande amplitude avec une relative stabilité.

L’articulation condylienne est une surface elliptique convexe appliquée sur une surface concave. Bi-axiale et peu stable, l’articulation permet des mouvements de grandes amplitudes.

QUESTIONS 2

1. Les ménisques favorisent essentiellement la mobilité.
2. La diarthrose se compose d’une poche synoviale.
3. L’articulation trochléenne est peu mobile
4. Le remodelage osseux permet de répondre aux contraintes mécaniques.
5. Il existe des articulations immobiles.

Chapitre 8

LA STRUCTURE MUSCULAIRE

Les muscles constituent environ 40 % de notre masse corporelle. Il transforme de l'énergie chimique (ATP) en énergie mécanique et restitue un travail propre à ses fonctions.

Les différents types de muscles

Trois types de muscles se distinguent dans le corps humain. Leurs constitutions histologiques et fonctionnelles sont différentes. D'un côté, se distinguent les muscles contrôlés par le système autonome avec, le muscle cardiaque (myocarde) qui assure la circulation sanguine et les muscles lisses qui assurent le péristaltisme (contraction lente assurant le déplacement d'une substance). De l'autre, se particularisent les muscles striés squelettiques sous le contrôle du système nerveux volontaire et/ou involontaire. Les muscles striés squelettiques assurent principalement le contrôle postural et le mouvement.

Différents types de contraction musculaire sont remarquables : statique, dynamique, mixte et assistée. Chaque type de contraction présente des avantages. Il est donc opportun, en fonction d'un objectif précis, de solliciter le type de contraction le plus adapté (Testa et Alanbagi, 2016).

Isométrique	**Statique**
Concentrique **Excentrique**	**Anisométrique (dynamique)**
Pliométrique **Stato-dynamique**	**Formes combinées (mixte)**
Isocinétique **par électrostimulation** **par vibration**	**Formes assistées**

Tableau 2. **Les différents types de contractions musculaires.**

La contraction musculaire peut être isométrique. Elle ne provoque pas de déplacement des leviers osseux car les segments demeurent statiques. Les insertions musculaires restent à la même (iso) distance (métrique). Ce type de contraction est caractéristique des exercices de gainages.

Lorsque les insertions musculaires se rapprochent, la contraction est concentrique. Les segments se déplacent : c'est un exercice dynamique ou anisométrique. La contraction concentrique est le régime de contraction le plus « polyvalent ».

Lorsque les insertions musculaires s'éloignent, la contraction est excentrique. Comme pour un travail concentrique, l'exercice est dynamique. Ce type de contraction permet de générer des forces supra maximales favorables à l'entraînement, sous réserve de contrôler les tensions exercées (risques de blessures).

Les contractions mixtes combinent les différentes formes de contractions. Quand un étirement du muscle en régime excentrique est suivi d'une contraction concentrique sans arrêt intermédiaire, la contraction est de type pliométrique. C'est le régime de contraction le plus courant de la motricité car elle optimise le rendement musculaire grâce notamment à la restitution de l'énergie élastique. La forme de contraction stato-dynamique combine une contraction isométrique suivie d'une contraction généralement concentrique (mettant à profit les effets post-tétaniques).

Le muscle strié squelettique

Le muscle se compose d'un ou plusieurs corps charnus : les chefs (biceps = deux chefs). Ces corps s'insèrent sur l'os, généralement par un ou plusieurs tendons plus ou moins épais. La terminaison est appelée lame tendineuse quand le tendon est aplati. Enfin, les fibres musculaires peuvent s'incruster directement à la structure osseuse (le tissu osseux superficiel périosté s'interpose toujours entre l'os et le muscle). Le muscle strié squelettique est enveloppé d'une enveloppe conjonctive (aponévrose ou fascia). Cette enveloppe permet le glissement des masses musculaires les unes sur les autres.

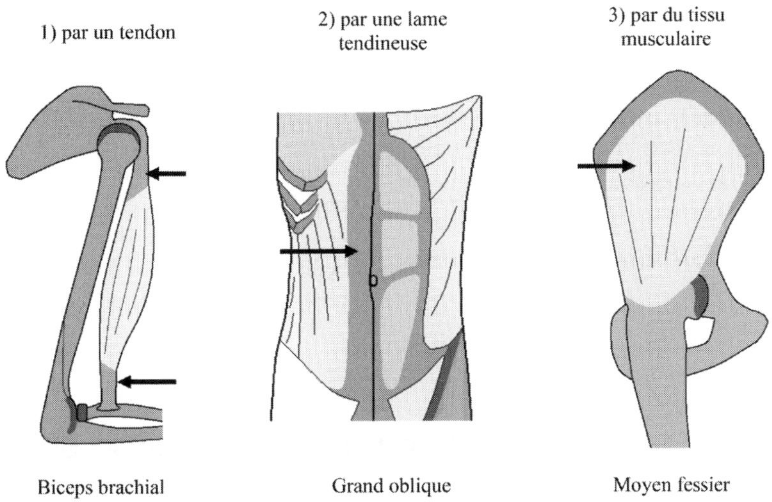

Figure 8. **Les terminaisons musculaires.**

L'insertion d'origine sur l'os fixe est appelée extrémité proximale. L'insertion terminale sur l'os mobile est appelée extrémité distale. En fonction des points d'insertion par rapport à l'axe de rotation deux types d'action musculaires se distinguent :

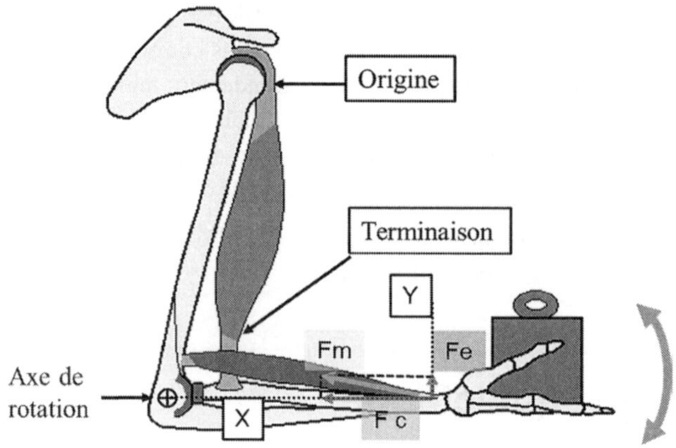

Figure 9. **Les forces au point d'insertion.**

- Quand le point d'insertion distal est proche de l'axe de rotation, la composante principale est une force de perpendiculaire à l'axe du segment. C'est une force efficace d'accélération qui génère le mouvement (exemple : le muscle biceps brachial).
- Quand le point d'insertion distal est éloigné de l'axe de rotation : la composante principale est une force parallèle à l'axe du segment, dirigée vers l'axe de rotation. C'est une force de coaptation qui stabilise l'articulation (exemple : le muscle brachio-radial).

L'analyse biomécanique permet d'affirmer ces assertions, en caractérisant :

- les segments osseux et l'axe de rotation.
- la force musculaire appliquée sur le segment mobile, au niveau du point d'insertion (Fm).
- la décomposition de la force musculaire sur les axes X et Y.
- les forces résultantes exprimées : soit ici F (la force efficace) et Fc (la force centripète).

La caractérisation des forces permet de définir Fc comme une force centripète si elle se dirige vers l'axe de rotation. C'est une force de coaptation car elle favorise alors la stabilité articulaire et la congruence des surfaces. Elle est centrifuge quand elle est dirigée en sens opposé à l'axe de rotation : elle favorise alors la disjonction articulaire. Fe est la force efficace qui génère le déplacement (ici une flexion).

Les caractéristiques de forme du muscle strié squelettique

L'arrangement des fibres musculaires détermine la force développée et permet de distinguer les muscles fusiformes des muscles penniformes. Aussi, à des architectures musculaires différentes correspondent des qualités musculaires particulières et spécifiques.

Le muscle fusiforme se caractérise par de longues fibres musculaires (générant des mouvements plus amples mais moins puissants) organisées selon l'axe longitudinal du ventre musculaire. Les muscles fusiformes autorisent des déplacements.

Les muscles penniformes se déterminent par une lame tendineuse intramusculaire autour de laquelle les fibres musculaires vont s'organiser selon un angle de pennation. Un muscle penné développe plus de force qu'un muscle fusiforme car il présente, pour une même section transversale, plus de fibres que le muscle fusiforme. Ces fibres sont courtes et puissantes.

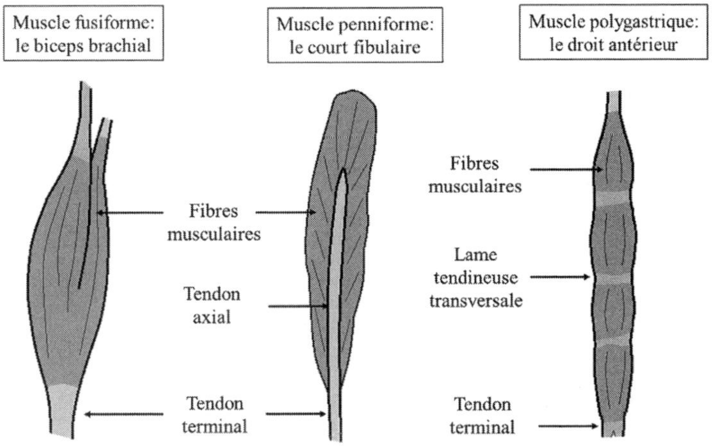

Figure 10. **Le muscle penniforme.**

Le muscle polygastrique se compose de plusieurs corps musculaires. Le biceps brachial est un muscle polygastrique tout comme le droit antérieur qui possède des corps juxtaposés et séparés par des intersections tendineuses transversales.

Le muscle plat est par nature large et peu épais. C'est un muscle de recouvrement et/ou de protection.

Le muscle sphinctérien, de forme circulaire, se rejoint au niveau d'un tendon unique en entourant un orifice qu'il occlue en se contractant.

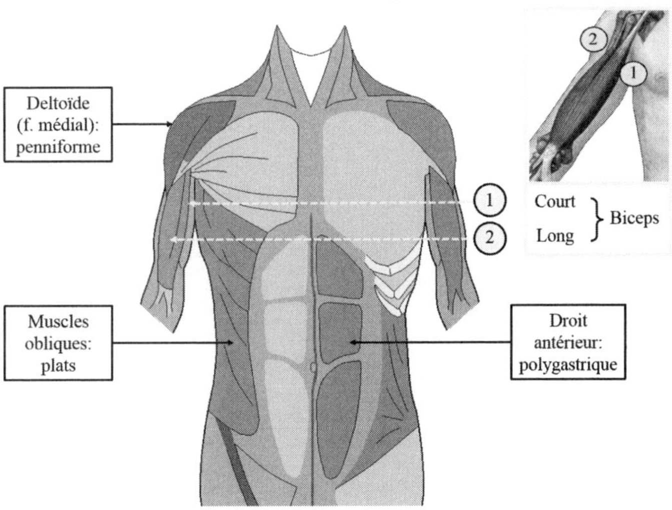

Figure 11. **L'écorché.**

Les écorchés sont des illustrations anatomiques du corps, représentant la morphologie des muscles, des articulations ou du système sanguin. Ils permettent de comprendre au mieux l'organisation globale des structures musculaires en mettant en évidence la position respective des organes selon une approche topologique.

Muscles agonistes – antagonistes

Selon leur cinématique (c'est-à-dire le mouvement qu'ils génèrent), les muscles interagissent de façon conjointe ou opposée. Une action agoniste définit ***l'ensemble des muscles qui favorisent le déplacement segmentaire. En opposition, les muscles antagonistes freinent le déplacement.*** La caractéristique (agoniste-antagoniste) n'est pas une propriété inhérente au muscle mais résulte du rôle fonctionnel du muscle dans le mouvement : l'agoniste étant celui qui produit le mouvement par sa contraction concentrique. La contraction des muscles antagonistes, lors d'une montée de force, perturbe l'accélération mais freine le mouvement en position finale. Les coordinations d'actions musculaires s'appellent synergies musculaires. Les synergies s'associent à l'optimisation du mouvement et sont spécifiques à chacun des exercices, à l'intensité de celui-ci et au niveau d'expertise des sportifs.

QUESTIONS 3

1. Une contraction excentrique permet l'extension du segment.
2. La structure penniforme augmente la puissance d'un muscle.
3. La force centrifuge s'oppose à la force centripède.

Chapitre 9

LA CEINTURE SCAPULAIRE

C'est l'ensemble des structures qui relient le membre supérieur au rachis. Au niveau de l'organisation ostéologique homolatérale, la ceinture scapulaire est composée de quatre éléments en inter relation : en avant et en haut la clavicule, en avant puis latéral et en bas la première côte, en avant et médial la partie supérieure du sternum (le manubrium), en dehors l'humérus et en arrière la scapula. La ceinture scapulaire est libre car elle n'est fixée au squelette axial que par les muscles.

Les différents mouvements s'effectuent autour de trois véritables articulations (diarthroses) et de deux plans de glissement (syssarcoses ou fausses articulations) agissant de façon simultanée et complémentaire. Pour les diarthroses, latéralement se positionne l'articulation scapulo-humérale, en haut l'articulation acromio-claviculaire, au niveau médian l'articulation sterno-costo-claviculaire. Pour les syssarcoses, latéralement se positionne l'articulation sous deltoïdienne, au niveau postérieur l'articulation scapulo-thoracique.

L'articulation scapulo-humérale

C'est « l'articulation de l'épaule », de type énarthrose, elle autorise une grande variété de mouvements. Cette mobilité et amplitude d'action se réalisent grâce à une capsule relativement lâche.

En forme de Z, les ligaments gléno-huméraux réalisent une nappe fibro-élastique stabilisant l'articulation au niveau antérieur. Le ligament gléno-huméral moyen (oblique) contribue à la stabilité antérieure lors de l'abduction entre 60° et 90°. Le ligament gléno-huméral inférieur est le plus résistant des trois ligaments et renforce la partie antéro-inférieure de la capsule. Il stabilise la tête humérale pour les mouvements d'abduction au-delà de 90° notamment dans les mouvements d'armers dans les activités sportives. Les fibres de Rouvière (avec un foramen) occluent l'espace entre les ligaments inférieur et moyen favorisant un drapage inférieur. Le foramen de Weitbrecht caractérise l'espace entre le ligament moyen et supérieur. Cet espace est une zone de faiblesse recouvert cependant par le tendon du muscle subscapulaire qui protège ce champ. Le ligament coraco-huméral empêche la chute du bras vers le bas. Il présente une échancrure pour le passage de la longue portion du biceps.

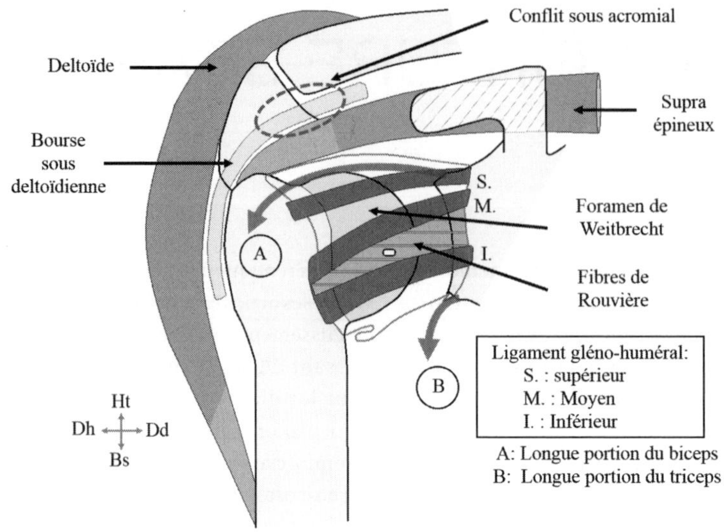

Figure 12. **L'articulation scapulo-humérale.**

L'articulation scapulo-humérale est une articulation peu emboîtée : le centrage de l'articulation est obtenu par des muscles jouant le rôle de ligament actif c'est-à-dire ayant une action stabilisatrice dynamique modulable selon les contraintes mécaniques. Ces muscles forment un groupe enveloppant la tête humérale : la coiffe des rotateurs. La stabilité est aussi renforcée par un labrum.

La coiffe des rotateurs

La coiffe des rotateurs stabilise l'articulation par compression de la tête humérale sur la cavité et par la mise en tension de la capsule. Les muscles de la coiffe des rotateurs se composent des muscles subscapulaire, supra-épineux, infra-épineux et teres mineur. Ils s'opposent à l'action (antagoniste) du deltoïde lors de l'abduction du bras en limitant la translation supérieure de la tête humérale. Une action conjointe du grand dorsal, grand rond et grand pectoral contrôle la translation antéro-postérieure ; la longue portion du biceps la translation antéro-supérieure.

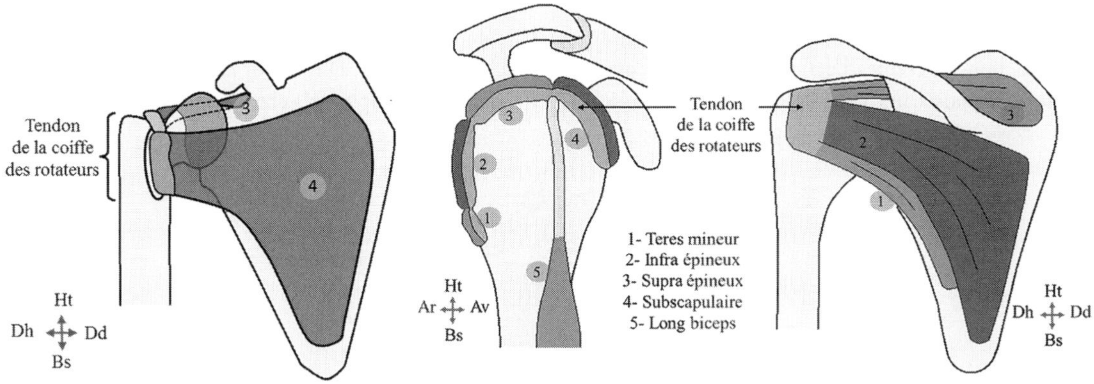

Figure 13. **La coiffe des rotateurs.**

Le supra épineux est le muscle principal de la coiffe des rotateurs : il limite l'ascension de la tête humérale vers l'acromion. Il occupe la fosse supra-épineuse de la scapula, se dirige horizontalement et s'insère sur la facette supérieure du tubercule majeur de l'humérus. Son action principale est de centrer et maintenir la tête humérale dans la glène, empêchant la chute du bras (rôle de coaptation). Il joue un rôle essentiel dans l'initiation de l'abduction du bras. Le conflit sous acromial résulte du frottement du tendon puis de l'inflammation du supra-épineux.

L'infra épineux est un muscle triangulaire s'insérant dans la fosse infra-épineuse de la face postérieure de la scapula. Les fibres musculaires se fixent sur le tubercule majeur de l'humérus. L'infra épineux est le muscle principal de la rotation latérale du bras. Il est adducteur mais l'infra épineux devient abducteur à partir d'une certaine élévation du bras. Il joue un rôle dans la coaptation de la tête humérale et la stabilisation de l'articulation pour des exercices isométriques. Il est synergique du teres mineur.

Le teres mineur est un muscle aplati, allongé du bord latéral et supérieur de la scapula (face postérieure) au tubercule majeur de l'humérus. Il est agoniste, mais moins puissant que l'infra épineux.

Le subscapulaire stabilise activement l'épaule et renforce la capsule vers l'avant. Il occupe la face antérieure de la scapula et les fibres charnues convergent sur le tubercule mineur de l'humérus. Adducteur et rotateur médial (interne), il est mis en tension (travail excentrique) lors de l'abduction avec une rotation latérale (mouvement d'armer) renforçant ainsi son action concentrique dans le lancer : les contraintes exercées sont alors importantes.

Les contraintes exercées au niveau du système musculo-tendineuse de la coiffe des rotateurs, chez le sportif de haut niveau, expliquent les accidents et les pathologies induites et typiques d'un surentraînement (le conflit sous acromial). Les sports les plus concernés sont les activités de lancer (disque, javelot, hand-ball) ou nécessitant également une amplitude importante de l'épaule (natation, tennis, volley), enfin les sports de force en appui (cheval d'arçons, gymnastique au sol).

Le deltoïde

Le deltoïde est un muscle épais qui forme le moignon de l'épaule en lui donnant son galbe. C'est le muscle principal et latéral de la ceinture scapulaire. Il se caractérise par trois faisceaux selon les points d'insertions proximaux : en avant le faisceau claviculaire, latéralement le faisceau acromial, en arrière le faisceau spinal. Les différentes portions du deltoïde convergent sur le V deltoïdien (ou tubérosité deltoïdienne) au niveau du tiers moyen de la face latérale de l'humérus. Le faisceau acromial est multi-penné ; cette structure lui conférant plus de puissance pour l'abduction du bras. Chacun des faisceaux possède une direction et des actions différentes. L'action concentrique conjointe des trois faisceaux permet l'abduction du bras. Le faisceau antérieur du deltoïde est antépulseur et rotateur médial, le faisceau postérieur (antagoniste) est rétropulseur et rotateur latéral. Enfin, le deltoïde stabilise et empêche la chute du bras (ligament actif).

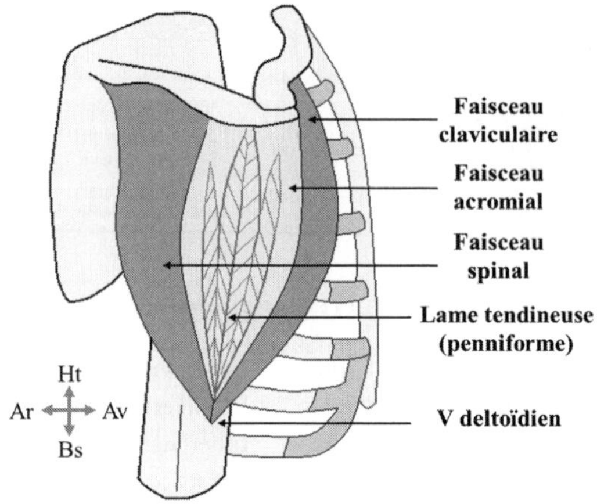

Figure 14. **Le deltoïde.**

Tous les mouvements d'élévation du bras et de fixation de l'épaule mobilisent à divers degrés les différents faisceaux du deltoïde. Les exercices de développé couché, militaire ou « Arnold », les dips, les butterfly, sont d'autant de mouvements poly-articulaires sollicitant le deltoïde. Le développé incliné renforce davantage le deltoïde. De même, une prise élargie accentue la difficulté et son action. L'instabilité générée par les haltères nécessite plus de maintien au niveau de l'épaule et augmente l'action de contrôle du deltoïde.

Le grand pectoral

Le muscle grand pectoral est un muscle de recouvrement qui tapisse le gril costal antérieur et supérieur. Disposé comme un éventail, il se compose de trois faisceaux. Le faisceau supérieur (ou claviculaire) se dirige obliquement en bas et latéralement. Le faisceau moyen (ou manubrial) se fixe sur le bord latéral du manubrium et sur les trois premières côtes ; il se dirige horizontalement et se termine sous le faisceau claviculaire. Le faisceau inférieur (sterno-costal) s'insère sur le bord latéral du sternum et sur les côtes correspondantes (4° à 6°) ; il se dirige obliquement en haut et latéralement, en dessous et plus bas des deux autres faisceaux. Les faisceaux se terminent sur le bord latéral de la gouttière intertuberculaire. Une expansion abdominale permet une synergie d'action du plan antérieur.

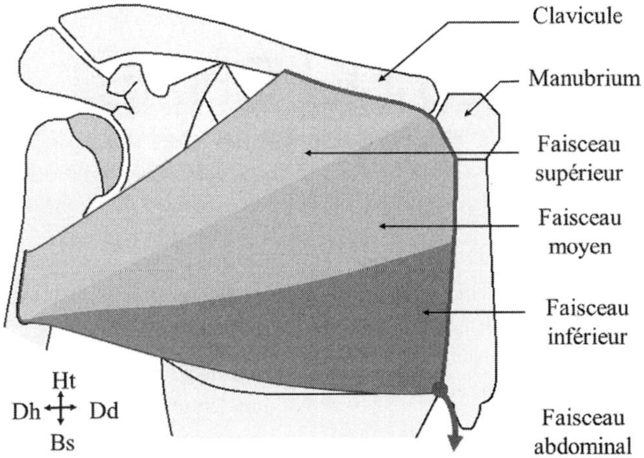

Figure 15. **Le grand pectoral.**

Le grand pectoral est principalement adducteur et rotateur médial. Son faisceau claviculaire permet l'antépulsion. Si le point fixe est l'humérus, le grand pectoral soulève le thorax : il est inspirateur actif. Ainsi, le grand pectoral est très sollicité lors de la montée de corde (fermeture bras-tronc et élévation du thorax). Le développé couché (bench press) permet de développer sa puissance ou sa force selon les exercices. Comme pour le triceps et le deltoïde antérieur, les pompes en position instable sollicite favorablement le muscle grand pectoral.

QUESTIONS 4

1. L'articulation scapulo-humérale est peu emboîtée ; le ménisque lui procure plus de stabilité.
2. La structure penniforme des faisceaux du deltoïde lui permet d'être puissant notamment pour l'abduction du bras.
3. La coiffe des rotateurs joue le rôle de ligament actif.
4. Les ligaments gléno-huméraux empêchent la chute du bras.
5. Le grand pectoral est antépulseur.

Chapitre 10

LES MUSCLES DU BRAS

Le bras est compris entre l'épaule et le coude. Il présente une structure osseuse, l'humérus et deux loges musculaires (antérieure et postérieure) séparées par les septa intermusculaires médial et latéral.

La loge antérieure est limitée en haut par le grand pectoral, en bas par le pli du coude. La loge antérieure fait apparaître :

- en son tiers supérieur le muscle deltoïde, (latéral et superficiel) et le muscle coraco-brachial (profond et médial).
- En sa moitié inférieure le muscle brachial (profond).

Le muscle biceps (antérieur et superficiel) transite dans cette loge antérieure mais ne s'insère pas sur l'humérus.

La loge postérieure est occupée par un seul muscle : le triceps brachial. Constitué de trois faisceaux musculaires ; la longue portion transite dans la loge mais ne s'insère pas sur l'humérus.

Le biceps brachial

Le biceps brachial fait partie de la loge antérieure du bras. Il forme le galbe du bras que l'hypertrophie développe. C'est un muscle superficiel composé de deux faisceaux. Bi-articulaires par sa longue portion, il agit sur les articulations de l'épaule et du coude. La longue portion s'insère sur le tubercule supra glénoïdien et la courte portion conjointement au coraco-brachial à l'extrémité de l'apophyse coracoïde (par un tendon commun). Les deux faisceaux se réunissent à la hauteur du tiers supérieur pour former un corps unique. Le corps musculaire se termine par un long tendon et s'insère sur la courbe supinatrice du radius.

Actions et renforcements du biceps brachial

Bi-articulaires, le biceps agit au niveau de l'épaule comme antépulseur et fixateur, au niveau du coude comme fléchisseur et puissant supinateur. Le biceps participe faiblement à la flexion de l'avant-bras quand la main se positionne en pronation car il agit alors comme muscle supinateur. Ainsi, il est bien plus facile de faire des tractions à la barre fixe avec les mains placées en supination.

La relation force-longueur du biceps donne un maximum d'efficacité à 90°. Les exercices de flexions du coude sur pupitre sollicitent moins le muscle. La flexion du coude montre une synergie d'activité non linéaire entre le biceps et le muscle brachial sensible à la vitesse angulaire du mouvement. Les mouvements de flexions rapides mobilisent favorablement le biceps brachial. Les exercices de flexions du coude sur pupitre sollicitent significativement moins le muscle biceps brachial. À partir de 90°, quand la force efficace de flexion du biceps brachial diminue, le brachial prend le relais car sa force efficace continue d'augmenter jusqu'à 120°.

Le coraco-brachial

C'est un des trois muscles de la loge antérieure du bras (avec le biceps et le brachial), situé dans un plan profond. Il suit parallèlement la courte portion du biceps brachial et présente au sommet du processus coracoïde un tendon conjoint à celui-ci. Sa contraction permet une antépulsion du bras et une légère adduction. Le coraco-brachial lutte contre la « luxation » de la tête humérale lors du port de charges lourdes en fixant l'humérus contre la cavité glénoïde : il est donc actif lors des shrugs.

Le brachial

Le muscle brachial est le muscle profond de la loge antérieure du bras. C'est un muscle mono articulaire, volumineux et puissant. Il s'insère au niveau de la moitié distale de la face médiale et latérale de l'humérus. Il se dirige verticalement pour se fixer par un tendon épais sur la tubérosité (sous coronoïdienne) de l'ulna. Le brachial est le fléchisseur le plus puissant de l'avant-bras. Contrairement au muscle biceps brachial, la position de la main n'influence pas la force du muscle brachial.

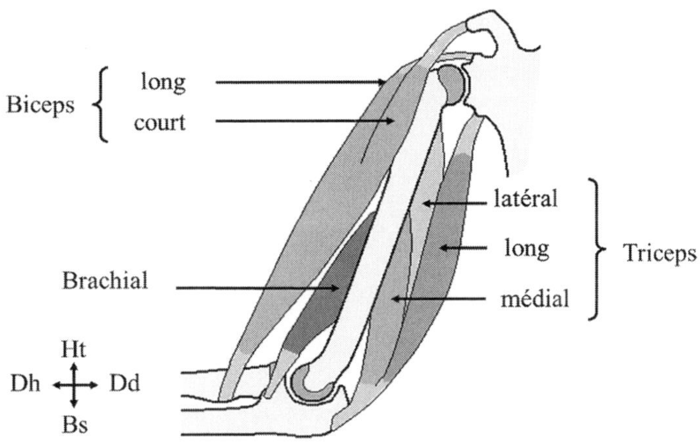

Figure 16. **Les muscles du bras.**

Le triceps brachial

Le triceps est le muscle de la loge postérieure du bras. Il est composé de trois chefs penniformes. Le long chef, bi-articulaire, mobilise l'articulation de l'épaule et du coude. Le chef médial et le chef latéral, monoarticlaire, agissent sur le coude. Les trois faisceaux fusionnent au sommet de l'olécrâne par un large tendon. La longue portion prend son origine sur le tubercule infraglénoïdien. Le faisceau latéral (ou vaste externe) naît de la moitié supérieure de la face postérieure de l'humérus, le faisceau médial (ou vaste einterne) de la moitié inférieure.

Actions et renforcements du triceps brachial

La contraction du triceps génère une extension de l'avant-bras, une adduction et une rétropulsion du bras par la longue portion. L'angle de pennation étant différent selon les faisceaux, les caractéristiques de force et de vitesse varient selon les chefs considérés. Les exercices de kick back avec poulie mobilisent le triceps. Avec une prise en pronation, le chef latéral sera plus sollicité. En supination, l'exercice se centre plus sur le chef interne, mais à charge égale, il sera plus difficile à réaliser. Les exercices de pull-over sollicitent la longue portion du triceps. En complément, le développé couché prise serrées (largeur des épaules pour générer moins de contraintes articulaires) favorise le développement des triceps tout comme le pullover press. Les exercices de pompes montrent une activité plus importante du triceps brachial sur une base d'appui plus étroite.

QUESTIONS 5

1. Le biceps brachial est un muscle fléchisseur et pronateur.
2. Les muscles biceps et triceps sont bi-articulaires.
3. L'action excentrique du triceps permet de contrôler la descente de la barre au développé couché.

Chapitre 11

LES MUSCLES DU DOS (PLAN FRONTAL POSTÉRIEUR)

Les muscles du dos s'organisent sur plusieurs plans formant des feuillets superposés. Principalement extenseurs, ils permettent le maintien du rachis et de la station debout.

Les muscles paravertébraux du plan profond

La couche profonde des muscles du dos se compose des muscles spinaux ou paravertébraux. Ils s'ordonnent dans les gouttières du rachis situées entre les processus transverses et le processus épineux du rachis. Les muscles spinaux haubanent l'axe vertébral en maintenant de façon active la juxtaposition des vertèbres. Leur action est principale en stato-dynamique dans le maintien postural et dans l'extension du dos : ces muscles jouent donc un rôle déterminant dans le contrôle posturo-cinétique de l'équilibre. Ce sont donc des muscles toniques. Les muscles spinaux se composent de trois groupes de muscles répartis en trois colonnes : l'ilio-costal (ou sacro-lombal est latéral), le longissimus (est postérieur), l'inter-épineux (est antérieur). L'action concentrique bilatérale de ces muscles génère une élévation du tronc. Le centre de masse étant situé plus en avant, le relâchement musculaire provoque une flexion contrôlée par une action excentrique.

La maîtrise d'un « gainage dynamique » consiste à contrôler des perturbations de type interne (intrinsèque ou endogène) ou externe (extrinsèque ou exogène). Les exercices conduisent à un contrôle fin, varié et complexe du positionnement des ceintures (scapulaire et pelvienne) et des segments mobiles (membres, tête, tronc) impliquant maintien, dissociation et réajustement dynamique. Ils permettent l'expression les contraintes de précision, de vitesse, de charge qui viennent se greffer et interférer l'organisation segmentaire.

Le muscle serratus postérieur recouvre les muscles spinaux. Il assiste et favorise l'ampliation thoracique lors des exercices intensifs.

Les muscles rhomboïdes et élévateur du plan intermédiaire

Les muscles rhomboïdes, élévateur de la scapula, serratus antérieur et trapèze permettent des mouvements de translation (élévation et abaissement, abduction et adduction) et de rotation (sonnette interne et externe) de la scapula. Ils positionnent et orientent la scapula pour favoriser la congruence articulaire.

Les muscles rhomboïdes sont des muscles profonds situés sous les muscles trapèze et grand dorsal. Ils forment un quadrilatère entre le rachis et le bord médial de la scapula (sur les processus épineux de C7 à T4). Les muscles rhomboïdes sont fixateurs de la scapula (antagoniste du muscle serratus), élévateur et adducteurs. Ils créent un mouvement de sonnette interne (médiale) de la scapula et abaissent le moignon de l'épaule. Ils agissent en synergie avec le muscle trapèze. Son renforcement permet de « lutter contre le dos rond » (ou attitude cyphotique). La natation et plus particulièrement le papillon, l'aviron mobilisent ces muscles qui peuvent être renforcés en musculation par des exercices de type pull-over, butterfly inversé, rowing ou des tractions nuque.

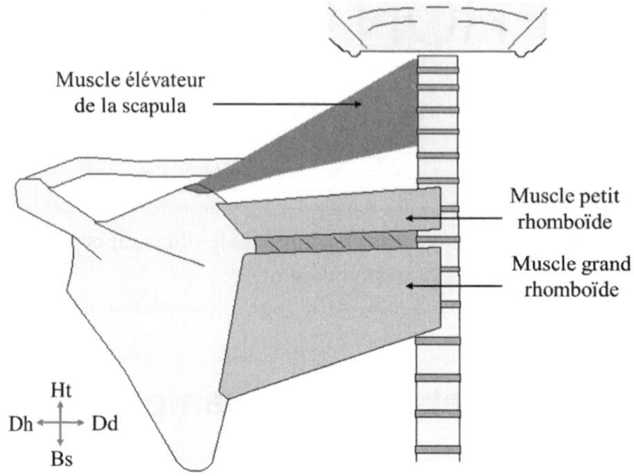

Figure 17. **Les muscles rhomboïdes et l'élévateur de la scapula.**

Le muscle élévateur de la scapula se trouve sous le muscle trapèze et recouvre les muscles profonds paravertébraux du cou. Il prend son origine sur les processus transverses de C1 à C4 pour se fixer vers l'angle supérieur et postérieur de la scapula. Le muscle élévateur de la scapula élève le moignon de l'épaule, stabilise la scapula ou incline la tête. Les activités sportives sollicitant de façon répétée une élévation de l'épaule ou une inclinaison-rotation de la tête comme dans le crawl, le tennis, le badminton ou le volley génèrent parfois des tensions et des douleurs irradiant la nuque et l'épaule : la cervicoscapulalgie. Elle concerne particulièrement les muscles élévateurs de la scapula et les trapèzes.

Les muscles grand dorsal et trapèze du plan superficiel

Le trapèze est un muscle superficiel du cou et du dos ; il recouvre le muscle élévateur de la scapula et les rhomboïdes. C'est un muscle large, aplati de forme triangulaire (plus que trapézoïdal) à base interne. Il est composé de trois faisceaux : supérieur ou claviculaire, moyen ou acromial, inférieur ou spinal. Les origines se font par une courte lame tendineuse qui s'élargit de la base du crâne au processus épineux de C1 à T10. Les fibres convergent du bord postérieur et latéral de la clavicule au « plancher » de l'épine de la scapula. Les trois faisceaux permettent de fixer la scapula mais mobilisent celle-ci de façon distincte. Le chef claviculaire permet de hausser les épaules, d'incliner la tête si la scapula est le point fixe ou de faire basculer l'angle crânial de la scapula (mouvement de sonnette externe). Le mouvement de sonnette externe permet l'abduction du bras entre 90-150°. Le chef acromial fait glisser la scapula vers l'axe médian (adduction de la scapula). Le chef inférieur abaisse l'épaule et fait basculer l'angle caudal de la scapula (mouvement de sonnette interne). Tous les mouvements d'élévation des épaules, de tirage, de pompes ou de burpees sollicitent les muscles trapèzes. La variation de l'angle (bras-tronc) pour des exercices de pompes ne modifie pas le ratio d'activité des différents faisceaux. Cependant en position instable (avec TRX®), la mobilisation du trapèze est significativement plus importante.

Le grand dorsal est le muscle le plus grand de l'organisme. Disposé en nappe, c'est le muscle superficiel du plan frontal postérieur et inférieur du dos. C'est un muscle aplati de forme triangulaire qui possède de nombreux points d'insertions. Au niveau axial, le muscle s'insère sur les processus épineux des vertèbres (T7-L5), sur le sacrum puis remonte vers l'épine iliaque postéro supérieure (EIPS). Le grand dorsal se fixe sur les quatre dernières cotes et sur l'angle inférieur de la face postérieure de la scapula. Les fibres musculaires forment une torsion et convergent par une lame tendineuse (en haut et en dehors) au fond de la gouttière bicipitale (inter-tuberculaire).

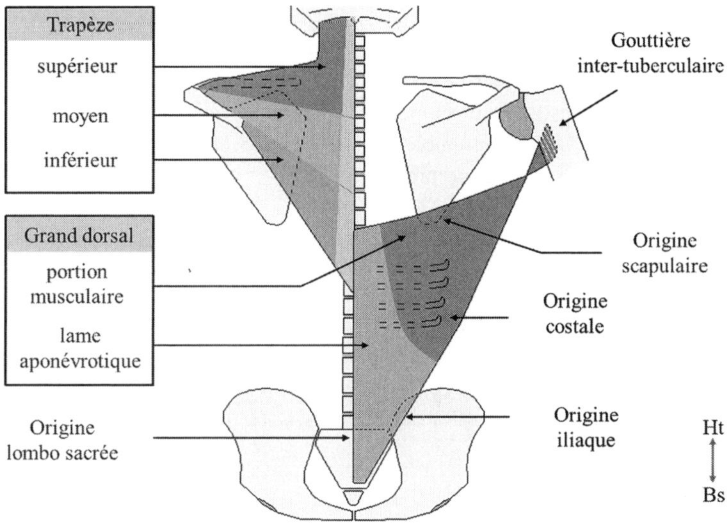

Figure 18. **Les muscles trapèze et grand dorsal.**

Les possibilités d'action du grand dorsal sur le bras sont multiples. Il peut être ainsi adducteur, rotateur médial et rétropulseur. Les exercices mobilisant le membre supérieur lors de tractions à la barre fixe ou de pull-down, de rowing, de pull-over développent de façon spécifique le grand dorsal. La largeur des prises peut influencer son activité. Le tirage poitrine antérieur sollicite plus le grand dorsal qu'un mouvement postérieur de tirage. Les exercices de maintien et d'extension lombaire renforcent particulièrement le grand dorsal. Pour les exercices dynamiques du tronc, l'épaulé (power-clean) permet aux personnes entraînées un travail plus complet, mais nécessite une maîtrise technique importante.

QUESTIONS 6

1. Le trapèze a une origine crâniale.
2. Les muscles rhomboïdes permettent l'adduction de la scapula.
3. Le grand pectoral et le grand dorsal se terminent conjointement sur la face antérieure de l'humérus.
4. Le trapèze permet l'élévation du bras.
5. Le grand dorsal est antagoniste du grand pectoral : il est rétropulseur et rotateur externe.

Chapitre 12

LE RACHIS

La colonne vertébrale s'appelle le rachis. C'est l'axe de référence topographique et structurelle. Le rachis supporte la tête et permet de constituer un support axial en s'appuyant sur le bassin. C'est un ensemble de 33 structures osseuses irrégulières (dont 24 vertèbres mobiles) qui se décomptent en cinq groupes (Fig. 19) : 7 vertèbres cervicales, 12 vertèbres thoraciques, 5 vertèbres lombaires, le sacrum (5 vertèbres fusionnées), le coccyx (4 vertèbres fusionnées).

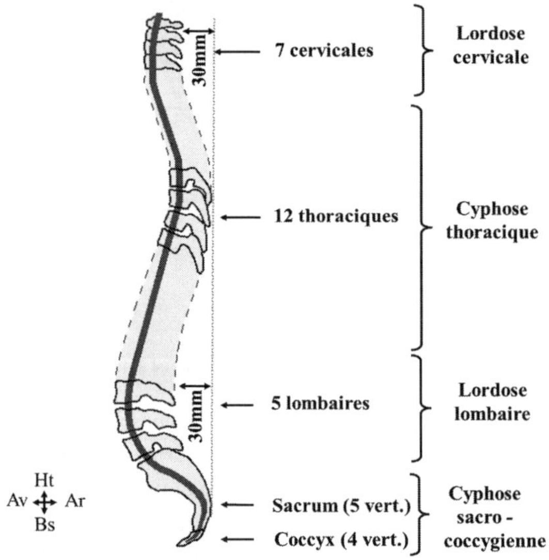

Figure 19. **Le rachis.**

Le rachis n'est pas un ensemble rigide mais une structure souple présentant des courbures agissant par compression et flexion comme un ressort pour mieux amortir. Les courbures vertébrales assurent une posture stable et énergétiquement peu coûteuse en équilibrant les forces gravitaires et les forces de réactions musculaires pour stabiliser et maintenir l'équilibre. Elles permettent de distribuer les forces de contraintes de façon homogène tout en dissipant un minimum d'énergie.

Les courbures du rachis subissent parfois des déformations invalidantes. Ces déformations peuvent être d'ordre congénital, traumatique, comportemental (mauvaises postures), ou pathologique. La scoliose correspond à une inflexion latérale du rachis dans le plan frontal. La cyphose dénote une déformation ou voussure exagérée du rachis dans le plan sagittal : elle est caractéristique au niveau du thorax (dos bossu). La lordose est une voussure exagérée du rachis dans le plan sagittal au niveau lombaire (dos creux). Les lombalgies résultent bien souvent d'un mauvais positionnement du bassin et se remarquent particulièrement lors de la position assise. L'activité sportive précoce et répétée (plongeon, gymnastique, danse) favorise les rachialgies lombaires.

Chapitre 13
LES MUSCLES DE LA PAROI ABDOMINALE

Ce sont des muscles larges et épais enroulés en segment de cylindre. L'organisation structurelle permet de développer quatre fonctions complémentaires : la protection des viscères, la respiration, le contrôle postural, le mouvement.

Ces muscles sont constitués de larges structures aponévrotiques de recouvrement (d'autant plus importante que le muscle est profond) qui se juxtaposent et de structures musculaires contractiles orientées dans les différentes directions. Cette disposition permet de mailler la surface abdominale en lui conférant plasticité et résistances aux contraintes. Les muscles abdominaux protègent et maintiennent les structures « molles » : ils forment la sangle abdominale. Leurs contractions augmentent la pression interne (agissant en synergie avec le diaphragme) comme lors de la miction, de la défécation ou lors de l'expiration forcée. Les exercices d'apnées ou les blocages respiratoires consécutifs à des efforts isométriques sollicitent les muscles de la sangle abdominale. Ces muscles jouent un rôle important au niveau postural dans l'équilibre et le positionnement du bassin et la stabilisation du rachis (action tonique). Ils permettent l'inclinaison et la rotation du torse dans les différents plans de l'espace (action phasique).

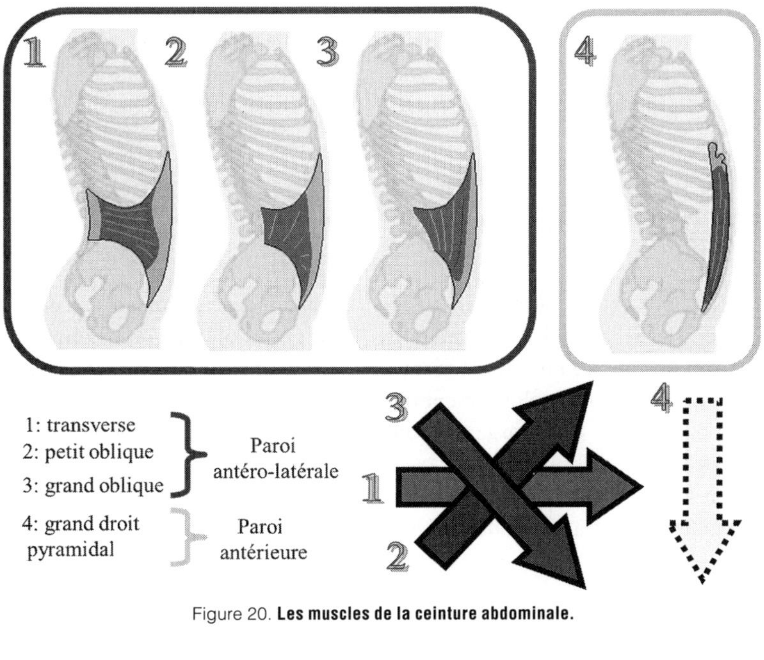

Figure 20. **Les muscles de la ceinture abdominale.**

Le muscle transverse

Le muscle transverse est appelé ainsi en raison de la direction horizontale de ses fibres musculaires. C'est le muscle le plus profond des muscles abdominaux. Il est antérieur, latéral et postérieur. Il se compose de deux lames tendineuses de recouvrement : la lame antérieure et la lame postérieure. Seule la partie moyenne latérale est musculaire. C'est la portion active dont les fibres horizontales peuvent se contracter. Une synergie d'action du muscle transverse avec le diaphragme et les muscles du plancher pelvien permet de ceinturer l'espace abdominal et de réguler la pression interne. Le transverse de l'abdomen est le muscle principal de l'expiration forcée. Son action conjuguée avec les fibres verticales et obliques contribue au maintien de la sangle abdominale. Son action tonique et son renforcement sont nécessaires pour prévenir les maux au niveau lombaire. Les exercices respiratoires contribuent au renforcement du muscle transverse (expiration forcée). Il est activé lors des contractions isométriques et des exercices de flexion du tronc en rentrant le ventre. Le gainage abdo-lombaire en planche dorsale sollicite le muscle transverse. Le gainage « dynamique » en situation d'équilibre instable avec Swiss Ball sollicite plus favorablement le muscle transverse.

Le muscle petit oblique

Le petit oblique (interne ou médial) se positionne sur le plan moyen en avant du transverse qu'il recouvre partiellement au niveau de la paroi latérale et antérieure. En forme d'éventail, les faisceaux constitutifs du petit oblique affichent une disposition divergente, cependant globalement oblique vers le haut. La contraction du petit oblique abaisse les côtes et provoque la compression des viscères. Sa contraction ipsilatérale entraîne une inclinaison latérale du thorax dans le plan frontal. Lors d'une contraction bilatérale, il fléchit le tronc dans le plan sagittal. La combinaison du mouvement d'inclinaison et de flexion génère un mouvement de torsion. Le petit oblique agit en synergie avec le muscle grand oblique controlatéral, car les fibres musculaires sont alors orientées dans la même direction. Le petit oblique est expirateur accessoire. Si le tronc est fixe, la contraction bilatérale des petits obliques provoque une rétroversion du bassin.

Le muscle grand oblique

Le grand oblique (oblique externe ou latéral) est le muscle le plus superficiel de la paroi antéro-latérale de l'abdomen. À son origine, ce muscle est formé de sept faisceaux (digitations) en prolongement du faisceau inférieur du serratus. Cette organisation permet une synergie de la tonicité entre le thorax et l'abdomen. L'action simultanée des grands obliques facilite l'action du grand droit et la flexion du tronc en avant. Indépendamment l'un de l'autre, la contraction du grand oblique occasionne une flexion latérale et/ou une torsion du tronc. Les grands obliques agissent en synergie avec les petits obliques. Le grand oblique est expirateur accessoire. Si le tronc est fixe, la contraction bilatérale des grands obliques provoque une rétroversion du bassin.

Le muscle droit de l'abdomen

Le muscle droit de l'abdomen est un muscle rubané et polygastrique, plus large et épais en haut qu'en bas, engainé par les aponévroses des muscles obliques. Le muscle droit de l'abdomen présente des intersections aponévrotiques transversales : les incisures tendineuses (au nombre de trois, parfois quatre dans 20 % des cas). Ces incisures renforcent le muscle en raccourcissant la longueur des fibres musculaires longitudinales par multiplication de points d'ancrage. Les exercices réalisés en montée à partir de la position plat dos générant une flexion antérieure de la cage thoracique (travail concentrique), ou en descente à partir de la position assise (excentrique) font travailler principalement le muscle grand droit mais aussi les muscles obliques par une contraction bilatérale. L'hyperlordose doit être contrôlée par un « enroulement » lombaire.

Actions et renforcements des muscles abdominaux

Les exercices de gainage et de contrôle posturaux font partie d'un équilibre de maintien fondamental pour une ergonomie optimisée. Ils permettent de limiter les facteurs traumatiques liés à la spécificité du mouvement, à la répétition et à la fatigue. Dans la sphère sportive, ces facteurs sont associés à la technicité du geste pour les novices comme pour les experts. Le gainage abdominal s'effectue par un juste équilibre avec les muscles extenseurs du tronc. L'entraînement exclusif du gainage abdominal est contestable car il contribue à générer un déséquilibre avec les extenseurs. La majorité des exercices proposés par les entraîneurs pour renforcer la ceinture abdominale s'effectue sous forme de contractions dynamiques (crunch) rapides voire très rapides. Cela paraît en contradiction avec la typologie des fibres musculaires. L'alternance et/ou la combinaison des exercices dynamiques et isométriques est donc à considérer. Les exercices de planche ventrale en équilibre instable activent plus significativement le droit abdominal et l'oblique « externe », les variations sur l'oblique « interne » sont peu sensibles. De la même façon, un mouvement de squat avec charge instable active favorablement les muscles obliques et extenseurs du dos pour fixer le tronc.

Conjointement à des exercices mobilisant le tronc, le renforcement abdominal peut aussi se réaliser à partir du déplacement des membres inférieurs. Pour tous les exercices abdominaux, nous veillerons au placement « dos plat » (bassin en rétroversion). L'hyperlordose révèle l'action des muscles ilio-psoas générateurs de l'antéversion. L'ilio-psoas est un muscle profond, bi-articulaire, fléchisseur de la hanche (antéversion), dont la contraction peut générer une traction antérieure des vertèbres lombaires (plus particulièrement lors des exercices de battement des jambes). Toute douleur sensible au bas dos lors d'un exercice est néfaste car cela révèle un mauvais placement. Le contrôle de l'amplitude du mouvement lors des exercices abdominaux est essentiel. Le maintien « menton-poitrine » favorise l'enroulement vertébral et un placement en rétroversion. Souvent conseillé à titre préventif, l'effacement de la courbure lombaire ou cervicale peut augmenter la contrainte de pression lors des supports de charges dans l'axe vertical comme lors des squats.

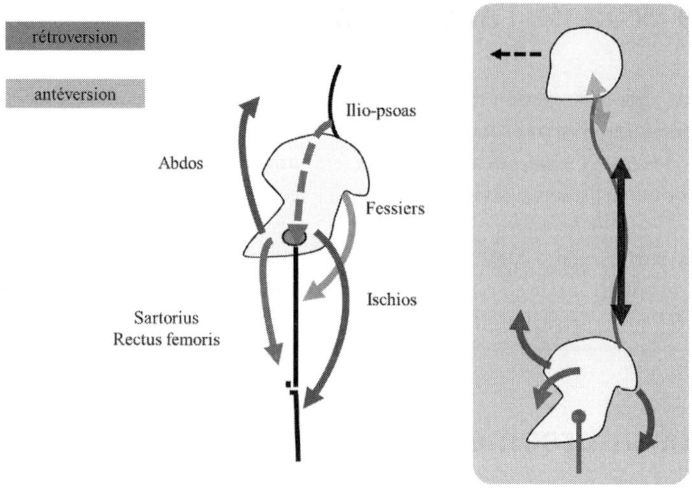

Figure 21. **Le positionnement du bassin.**

Le renforcement des muscles abdominaux contribue donc à l'équilibre fonctionnel de la ceinture pelvienne. Toute bascule du bassin engendre un réajustement au niveau vertébral pour maintenir l'équilibre, mais aussi de la tête centre des récepteurs sensoriels. Lorsque le bassin bascule vers l'avant : le bassin est en antéversion, vers l'arrière en rétroversion. Cet équilibre peut aussi être perturbé lors de la pratique sportive. Par exemple, le squat en flexion complète entraîne une bascule du bassin vers l'arrière et conduit à une inversion de la courbure lombaire. L'exercice exécuté en demi-squat, coudes en avant, permet de garder le dos plat. Il paraît donc important de travailler les muscles fixateurs du bassin par des exercices musculaires et techniques contribuant à un meilleur contrôle de son positionnement.

Chapitre 14

LES MUSCLES INTERNES DE LA HANCHE

Le muscle ilio-psoas fait partie des muscles internes de la hanche car ils se positionnent au fond de la paroi abdominale, en arrière des viscères.

L'ilio-psoas

L'ilio-psoas est constitué de deux corps musculaires, l'iliaque et le psoas qui se joignent dans la région inguinale. Le psoas se compose du grand et du petit psoas. Globalement, l'ilio-psoas s'oriente vers l'avant et en dehors pour s'insérer par un tendon commun sur le petit trochanter du fémur. Le psoas et l'iliaque agissent conjointement, c'est pourquoi leurs noms sont appariés. Il sollicite ainsi l'articulation coxofémorale et le rachis lombaire.

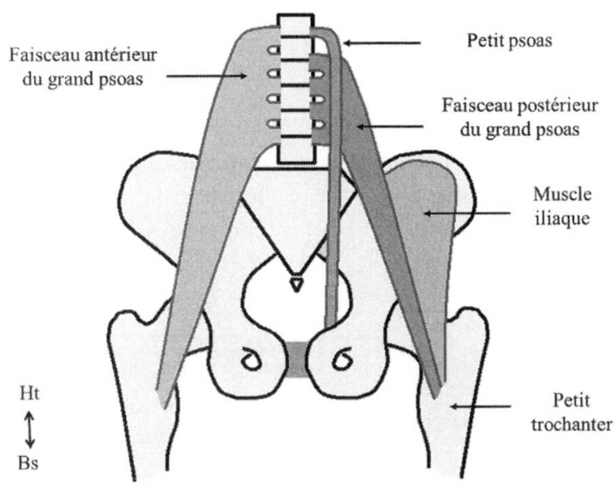

Figure 22. **L'ilio-psoas.**

Le muscle iliaque

Le muscle iliaque est un muscle mono-articulaire, de forme triangulaire qui s'insère globalement au niveau de la fosse iliaque. Toutes ces fibres convergent vers le tendon terminal pour former un éventail plat. Le muscle se dirige obliquement en bas, en dehors et en avant. L'iliaque se fixe sur le bord latéral du tendon commun au niveau du petit trochanter.

Le grand psoas

Le grand psoas est un muscle poly-articulaire qui s'organise sur deux plans. Au niveau du plan antérieur, le muscle est plus volumineux. Le grand psoas s'insère sur les vertèbres de T12 à L5 et sur les disques intervertébraux. Des arcades tendineuses permettent le passage des artères et veines lombaires. Les deux faisceaux se réunissent pour former un corps unique, épais au niveau de L5.

Le petit psoas est un muscle inconstant : son rôle est accessoire.

Actions et renforcements de l'ilio-psoas

En position assise ou debout, l'ilio-psoas stabilise l'équilibre pelvien en agissant en synergie avec les muscles abdominaux dans les phases dynamiques comme dans les phases statiques. Les exercices de proprioception grâce à des exercices sur des surfaces instables le mobilisent fortement. L'ilio-psoas est le principal muscle fléchisseur de la hanche par le muscle iliaque, il est « lordosant » par le muscle psoas. Au niveau du segment distal, il fléchit la cuisse sur le bassin en générant une rotation latérale. Lors d'un raid avec sac à dos, il compense le poids de la charge vers l'arrière. Son action essentielle demeure l'extension de la cuisse lors du sprint : son hypertrophie face au quadriceps est corrélée au temps de course sur 100 mètres. L'implication du muscle ilio-psoas dans les douleurs dorso-lombaires est très fréquente chez les sportifs car il contribue à l'augmentation des contraintes de cisaillements.

QUESTIONS 7

1. L'iliaque est un muscle bi-articulaire.
2. Les muscles abdominaux permettent la rétropulsion du bassin.
3. Le muscle droit de l'abdomen est le seul muscle antérieur abdominal.
4. Les muscles obliques permettent la flexion du tronc vers l'avant (flexion antérieure).
5. Chez l'enfant, le sac à dos peut favoriser l'émergence d'une scoliose.

Chapitre 15

LES MUSCLES FESSIERS

Les muscles fessiers sont les muscles de la région glutéale. Ils se composent de trois muscles : grand, moyen et petit fessier. Avec les muscles pelvi-trochantériens horizontaux et les muscles ischio-jambiers verticaux, ils forment les muscles postérieurs de la hanche. Les muscles fessiers sont des muscles très puissants : le gluteus maximus (grand fessier) étant le plus fort de l'organisme. Chacun des faisceaux s'insère entre les lignes glutéales de la fosse iliaque. Les muscles glutéaux s'orientent de la face latérale de l'aile iliaque au grand trochanter de l'humérus. Ils sont abducteurs, extenseurs et rotateur latéraux. Ils jouent un rôle essentiel tonique dans la stabilisation de la hanche et dynamique pour le déplacement segmentaire de la cuisse lors de la marche, la course ou les sauts. Leur action est donc complexe car leur synergie varie selon le contexte du mouvement.

Le grand fessier (*gluteus maximus*)

Le grand fessier présente deux faisceaux. Le faisceau superficiel s'insère sur le sacrum, le faisceau profond sur l'aile iliaque. Il se prolonge latéralement par une large lame aponévrotique de recouvrement (le fascia glutéal) et se termine par le tractus. Le tractus est un point de convergence tendineuse du grand fessier et du tenseur du fascia lata pour former un long tendon terminal vers l'extrémité proximale et latérale du tibia. Le grand fessier est peu actif durant la marche, mais son niveau d'activité augmente significativement pour un exercice en pente ou lors de la course à pied. Les exercices de soulevé de terre et de squat mobilisent le grand fessier en permettant l'extension de la hanche en synchronie du redressement du tronc.

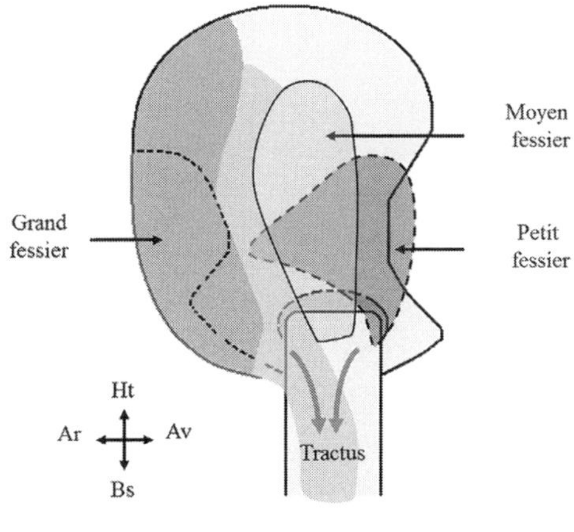

Figure 23. **Les muscles fessiers.**

Le moyen fessier (*gluteus medius*)

Le moyen fessier est recouvert par le grand fessier en arrière et par le fascia glutéal latéralement. C'est un muscle large, épais de forme triangulaire. Son insertion principale se situe dans la fosse iliaque latérale entre les deux crêtes glutéales. Les fibres musculaires convergent vers le grand trochanter par un large tendon, court et plat. Le moyen fessier est principalement et globalement un muscle abducteur puissant. La contraction du faisceau antérieur provoque une rotation médiale de la cuisse, mais à l'inverse, le faisceau postérieur génère une rotation latérale. Il est fixateur du bassin et stabilisateur lors de l'appui monopodal durant la marche ou la course.

Le petit fessier (*gluteus minimus*)

Le petit fessier est le muscle le plus antérieur. De forme triangulaire et aplatie, il est recouvert par le moyen fessier. Ses fibres musculaires fusionnent en partie avec celles du moyen fessier. L'ensemble des fibres musculaires convergent vers le bord antérieur du grand trochanter et se réfléchissent sur le bord supérieur. Le petit fessier est un muscle agoniste du moyen fessier dont les actions sont complémentaires. C'est un muscle abducteur de la cuisse, rotateur médial par les fibres antérieures et rotateur latéral par les fibres postérieures. Il fixe et stabilise le bassin et la cuisse lors de toute prise d'appui uni ou bipodal.

Chapitre 16

LES MUSCLES DE LA CUISSE

La cuisse est comprise entre la hanche et le genou. Elle présente une structure osseuse, l'humérus et trois loges musculaires (antérieure, postérieure et médiale).

La loge médiale de la cuisse

Les muscles adducteurs occupent la loge médiale de la cuisse. Globalement, l'insertion proximale des adducteurs se fixent au niveau de la branche ischio-pubienne, s'orientent obliquement pour s'insérer au niveau distal sur la ligne âpre du fémur. Cette loge est constituée de cinq muscles disposés en trois feuillets superposés. Le plan superficiel se compose du pectiné, du long adducteur et du gracile, le plan moyen du court adducteur et le plan profond du grand adducteur. Les muscles de la loge médiale sont adducteurs et rotateurs latéraux de la cuisse. Suivant le positionnement initial de la cuisse, les adducteurs sont accessoirement fléchisseurs mais deviennent singulièrement extenseurs quand la cuisse est en flexion. Si le fémur est le point fixe, les adducteurs génèrent une légère antéversion et/ou une torsion du bassin.

La loge antérieure de la cuisse

La loge antérieure est occupée par deux muscles : le sartorius et le quadriceps fémoral.

Le sartorius

Le sartorius est le muscle le plus long du corps humain. C'est un muscle bi-articulaire, filiforme et aplati (rubané). Le sartorius prend en écharpe la face antéro-médiale de la cuisse selon un trajet semi hélicoïdal. Il se fixe principalement sur l'EIAS et se termine par un large tendon au niveau de la crête tibiale (tendon de la patte d'oie). Sa contraction provoque une flexion de la cuisse et de la jambe, une rotation médiale du genou. C'est un muscle antéverseur si le point fixe est la cuisse. Enfin, c'est un muscle fixateur médial du genou (ligament actif).

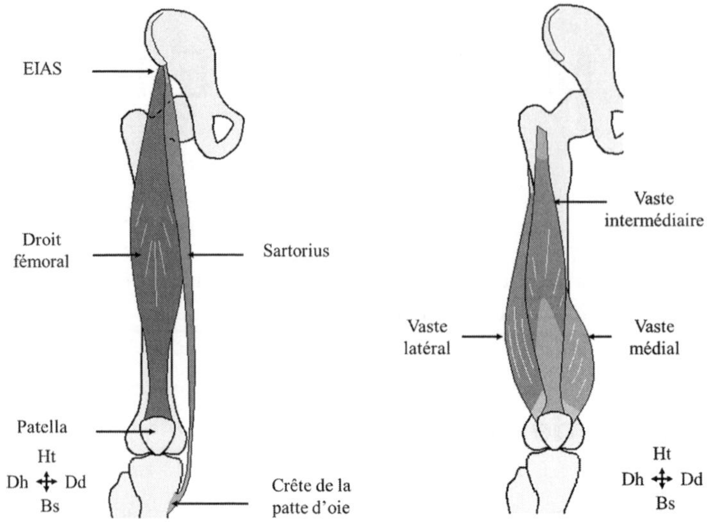

Figure 24. **Les muscles de la loge antérieure de la cuisse.**

Le quadriceps fémoral est le muscle le plus volumineux du corps humain. Il occupe l'espace antérieur et latéral de la cuisse. Le quadriceps fémoral est composé de quatre structures musculaires : le droit antérieur (*rectus femoris*), le vaste médial (interne), le vaste latéral (externe) et le vaste intermédiaire, convergeant et s'insérant par un tendon commun sur la patella.

Le droit fémoral

Le droit fémoral est un muscle long, aplati et fusiforme. Il occupe la partie antérieure et moyenne de la cuisse. C'est un muscle bi-articulaire. L'origine du muscle s'effectue au niveau de l'épine iliaque antéro-inférieur (EIAI) et se termine par un tendon aplati sur la base supérieure et antérieure de la patella. Le tendon se prolonge sur la face antérieure de la patella au-devant des tendons des vastes latéral et médial par le ligament patellaire. Le droit fémoral se compose d'une forte densité de fibre blanche (type II) permettant de développer une grande explosivité. L'action isolée de ce muscle permet la flexion de la hanche et l'extension du genou avec beaucoup de vitesse plus que de force (car les fibres sont parallèles au segment osseux), qualités particulièrement recherchées au football. Le raccourcissement musculaire du droit antérieur par un manque de souplesse (car penniforme par une forte lame tendineuse en sa partie supérieure) est souvent responsable de l'antéversion du bassin et des douleurs au bas du dos.

Le vaste intermédiaire

Le vaste intermédiaire se positionne sous le droit antérieur, entre le vaste latéral et le vaste médial. Il recouvre la face antérieure de la diaphyse fémorale où il s'insère par des fibres charnues dans les deux tiers supérieurs. Le tendon terminal du vaste intermédiaire est mince et large et remonte verticalement au centre du corps musculaire à partir de la base supérieure de la patella. À partir de cette lame tendineuse (organisation est penniforme), les fibres musculaires courtes et concentriques permettent sur plusieurs feuillets de développer plus de force que de vitesse.

Le vaste latérale

Le vaste latéral est un muscle plat et épais dont les fibres enveloppent latéralement la cuisse. C'est le muscle le plus large du quadriceps. Il recouvre en partie le vaste intermédiaire. Il s'insère par une courte lame tendineuse sous la face latérale du grand trochanter sur une crête horizontale. Les fibres musculaires, charnues, descendent verticalement enveloppant la face latérale du fémur. En sa terminaison, le muscle se conjugue en dedans au vaste intermédiaire et se fixe sur le bord latéral de la patella. Des expansions tendineuses verticales rejoignent directement la face antérieure du condyle tibial latéral alors que des expansions croisées rejoignent la face antérieure du condyle tibial médial. Le vaste latéral recentre la patella. Il est extenseur du genou.

Le vaste médial

Le vaste médial est un muscle moins volumineux que le vaste latéral dont les fibres charnues enveloppent symétriquement et en interne la cuisse. Il se dirige obliquement en bas et en avant. En sa terminaison, il se conjugue latéralement au vaste intermédiaire et se fixe sur le bord médial de la patella. Les expansions tendineuses verticales sont plus courtes pour l'emplacement des tendons de la patte d'oie. Des expansions croisées rejoignent la face antérieure du condyle tibial latéral. Le vaste médial est extenseur du genou.

Le quadriceps fémoral est le muscle extenseur du « genou » car tous les faisceaux agissent en synergie pour l'extension de la jambe. C'est un muscle puissant et son niveau de force est supérieur aux muscles fléchisseurs. Bi-articulaire, seule la contraction du droit antérieur permet la flexion de la cuisse.

Actions et renforcements du quadriceps

En station debout, les alignements articulaires favorisent le maintien et l'optimisation de l'équilibre par blocage : le quadriceps est alors peu actif. Toute descente sur les appuis, crée une action de freinage (par contraction excentrique du quadriceps) pour contrôler la flexion du genou. Lors d'un squat complet, la contraction musculaire du droit fémoral peut être supra maximale en fin de flexion. Il faut noter que le squat complet ne potentialise pas plus favorablement les groupes musculaires et génère par contre des contraintes articulaires extrêmes. L'analyse de la marche montre, lors de la reprise d'appui, une action significative du quadriceps pour fixer le genou et du vaste intermédiaire durant la phase de transition de flexion-extension. Les renforcements effectués sur la base d'un entraînement spécifique en détente verticale (saut en « contremouvement » : CMJ) et le power clean sont plus efficaces pour le développement de la puissance qu'un entraînement en squat.

QUESTIONS 8

1. Le grand fessier stabilise le genou.
2. Le sartorius stabilise le genou.
3. Le petit et le moyen fessier stabilisent le bassin.
4. Le fouetté à la savate sollicite plus favorablement le droit antérieur.
5. Le grand fessier est antagoniste des muscles abdominaux.

Chapitre 17

LA LOGE POSTÉRIEURE DE LA CUISSE

La loge antérieure est occupée par le groupe musculaire des ischio-jambiers. Cette loge musculaire s'organise en un plan superficiel (avec le semi-tendineux et longue portion du biceps fémoral) et un plan profond (avec le semi-membraneux et courte portion du biceps fémoral).

Le semi-tendineux

Le semi-tendineux et un muscle fusiforme dont les fibres recouvrent le semi-membraneux. Il se positionne en interne. Le demi-tendineux s'insère sur la tubérosité ischiatique. Le tendon terminal se dirige en arrière du condyle médial pour s'infléchir vers l'avant et constituer le tendon de la patte d'oie (avec le sartorius et le gracile).

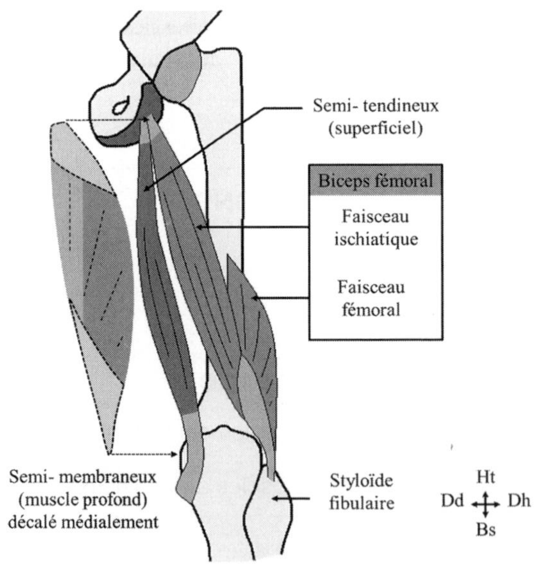

Figure 25. **Les ischios jambiers.**

Le biceps femoris

Le biceps fémoral se constitue d'un chef ischiatique bi-articulaires (ou longue portion) et d'un chef fémoral monoarticulaire (ou courte portion). Il occupe l'espace latéral de la loge postérieure. La longue portion s'insère sur la tubérosité ischiatique par un tendon commun au semi tendineux. La courte portion se fixe sur la moitié distale de la ligne âpre. Les faisceaux musculaires s'orientent obliquement et fusionnent par un tendon commun sur l'apophyse styloïde de la tête fibulaire.

Le semi-membraneux

Le semi-membraneux constitue le chef profond ; il est recouvert par le semi-tendineux. Le semi-membraneux se compose d'une structure ***penniforme***. Il s'insère sur la tubérosité ischiatique. Le tendon terminal se divise en trois faisceaux tendineux. Le tendon direct se dirige verticalement vers la tubérosité médiale du tibia.

Actions et renforcements des ischio-jambiers

Les ischio-jambiers sont antagonistes du quadriceps fémoral. Ils concourent à la coordination de la marche comme de tout mouvement du membre inférieur, le pédalage, le saut ou l'armer lors d'un shoot. La contraction isométrique stabilise le genou en flexion. La contraction concentrique des semi-tendineux et membraneux permet la rotation médiale de la jambe et une rotation latérale par le biceps fémoral quand le genou est fléchi. Les ischio-jambiers entraînent la rétroversion du bassin (extension de la hanche) quand le genou est verrouillé en extension.

L'activité des ischio-jambiers varie en fonction de l'angle du genou. La contraction isométrique de la longue portion demeure significativement plus intense à 60° qu'à 90° de flexion. Inversement pour les mêmes angles, l'action est significativement moins intense pour les semi-tendineux et membraneux. En isocinétique (30°/s.), l'activité musculaire de la longue portion est maximale entre 15 et 30° puis baisse progressivement jusqu'à 120°. La typologie musculaire du semi-tendineux permet des mouvements de plus grandes amplitudes et de plus grandes vitesses que le semi-membraneux. Les exercices stabilisateurs sollicitent indifféremment les deux muscles.

Les ischio-jambiers ont une forte propension à se raccourcir car ils sont composés de courtes fibres musculaires où s'appliquent des contraintes de forces élevées et où l'amplitude des mouvements est limitée. Tous ces facteurs favorisent une résistance progressive à l'étirement. Ils sont limités pour les qualités de vitesses pures. La contraction excentrique des ischio-jambiers contrôle et freine l'extension du quadriceps dont la puissance est nettement supérieure. C'est le cas lors d'un départ en starting block ou d'un shoot au football : ces situations sont propices aux claquages musculaires.

Chapitre 18

LE GENOU

Le genou est l'articulation la plus volumineuse du corps humain. Elle s'organise autour de trois structures osseuses : en haut le fémur, en avant la patella, en bas le tibia. L'articulation doit supporter l'action gravitaire et cinétique du mouvement et la contraction de muscles puissants. Un difficile équilibre doit être trouvé entre la stabilité et la mobilité nécessaire pour courir, sauter ou s'asseoir. Cet équilibre n'est assumé que grâce à deux structures complexes et interdépendantes : l'ensemble capsulo-ligamentaire passif, renforcé par l'ensemble musculo-tendineux péri-articulaire actif. Des ménisques en forme de demi-lune permettent une meilleure congruence des surfaces articulaires et une meilleure stabilité au niveau du plateau tibial. Les lésions méniscales sont fréquentes dans les activités présentant des changements de directions et des accélérations soudaines. Il apparaît que le ménisque médial est plus « fragile » que le ménisque latéral.

Les ligaments du genou forment un ensemble complexe. Ils permettent de résister aux forces de torsions particulièrement importantes dans les pratiques sportives. Le maintien se réalise par quatre ligaments principaux : les ligaments collatéraux (médial ou LCM et latéral ou LCL) et les ligaments croisés (antérieur ou LCA et postérieur ou LCP). Le LCP est plus épais et vertical que le LCA plus fin et horizontal. Le LCL est plus court que le LCM. La stabilité du genou est dépendante de l'intégrité de ces ligaments.

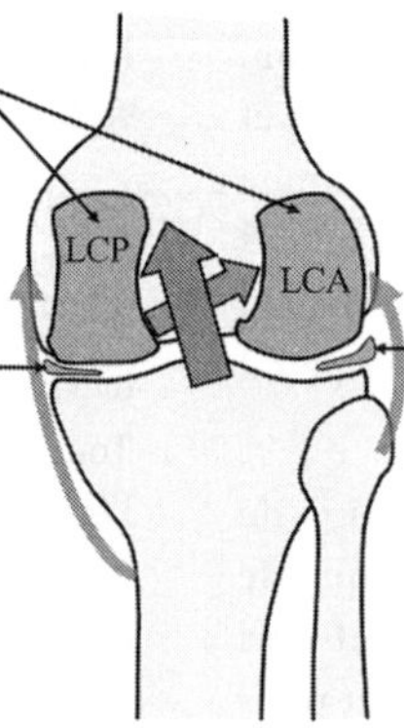

Figure 26. **Les ligaments du genou.**

La pratique sportive peut conduire à de nombreuses complications au niveau du genou car les contraintes et les tensions à l'articulation sont intenses. Souvent par compensation, la douleur et les problèmes se développent de façon extensive d'une jambe à l'autre. Un traumatisme direct (fracture articulaire, entorse grave, lésion méniscale) ou une sollicitation excessive de l'articulation peuvent générer une bursite ou une synovite du genou. Lors d'une **chute,** une force d'inertie trop soutenue peut induire une torsion forcée au niveau du genou. La mise en tension brutale du ligament croisé antérieur et du ligament collatéral médial peut conduire à l'entorse du genou. L'effet de la fatigue musculaire est déterminant et peut conduire de même à une entorse du genou car la fixation active de l'articulation diminue d'autant (de même pour tout déficit musculaire due à une préparation insuffisante).

Chapitre 19

LA JAMBE

La jambe s'agence entre les articulations du genou en haut et de la cheville en bas. Elle est constituée de deux structures osseuses, disposées parallèlement dans le sens de la longueur du membre. Un segment osseux très volumineux, le tibia, longe et s'organise médialement. Un segment élancé et beaucoup plus grêle, la fibula, se positionne latéralement.

La loge latérale de la jambe

La loge latérale de la jambe répond à la face latérale de la fibula. Elle se compose de deux muscles : le court et le long fibulaire. Le long fibulaire est un muscle penniforme et allongé. Il s'insère principalement sur la tête fibulaire et sur le tibia. Un long tendon contourne la malléole latérale pour s'insérer sur le tubercule du premier métatarsien. Le long fibulaire permet la flexion plantaire mais son action est faible en comparaison des muscles composant le triceps sural. Le court fibulaire est un muscle penniforme et plat qui se positionne sous le muscle long fibulaire. Il se termine à la base postérieure du cinquième métatarsien. Le court fibulaire est agoniste du long fibulaire, mais moins puissant que ce dernier.

La loge antérieure de la jambe

La loge antérieure se compose de trois muscles : le long extenseur des orteils, le long extenseur de l'hallux et le tibial antérieur. Par définition, ces muscles permettent l'extension des orteils et occasionne la flexion dorsale du pied. Le tibial antérieur est le muscle le plus volumineux et médial de la loge. Il s'insère sur la moitié proximale de la face latérale du tibia et se termine sur la base du premier métatarsien. Il permet une flexion dorsale puissante du pied. Une sollicitation importante du tibial antérieur peut produire une inflammation de la couche superficielle de l'os : c'est la périostite. Le revêtement de la piste en athlétisme peut être un facteur déclenchant.

La loge postérieure de la jambe

La loge postérieure de la jambe correspond au mollet et s'organise sur deux plans. Le plan profond comprend principalement le tibial postérieur. Il est adducteur et inverseur (rotateur interne ou varus) du pied. Au niveau superficiel s'arrange le triceps sural : soit trois chefs composés du soléaire et des gastrocnémiens (les « jumeaux »). Bi-articulaire, le groupe superficiel permet la flexion du genou et la flexion plantaire (ou extension du pied).

Le triceps sural

Le triceps sural est composé d'une structure musculaire profonde (le soléaire) et de deux corps musculaires symétriques et superficiels (les gastrocnémiens ou jumeaux). Les trois chefs se terminent par un tendon commun : le tendon calcanéen ou tendon d'Achille.

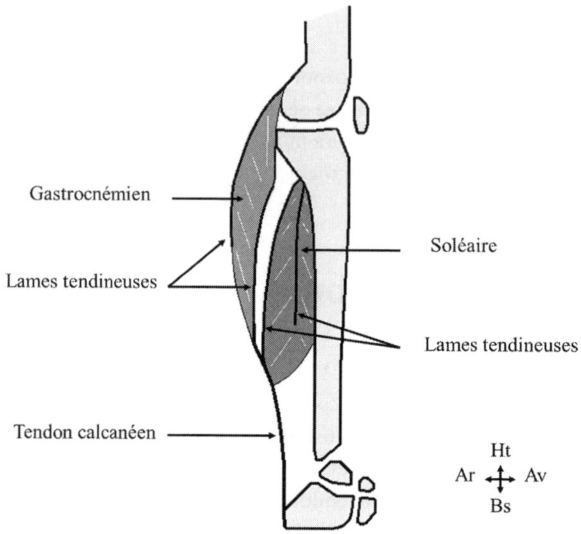

Figure 27. **Le triceps sural.**

Le soléaire

Le soléaire se positionne sous les gastrocnémiens. C'est un muscle mono-articulaire. Il possède une double origine : tibiale et fibulaire. C'est un muscle épais, penniforme et donc puissant. Une arcade fibreuse relie les deux chefs. Pour chaque chef, des lames aponévrotiques permettent de multiplier le nombre de fibres musculaires en parallèle, favorisant ainsi le développement de la force.

Les gastrocnémiens

Les gastrocnémiens se composent de deux chefs similaires mais pas strictement identiques : les jumeaux caractérisent par éponymie leurs ressemblances. Ce sont des muscles fusiformes, unipennés, épais en leur partie moyenne. Bi-articulaires et disposés en parallèle, ils agissent sur les articulations du genou et de la cheville. Ils recouvrent le muscle soléaire. Les chefs médial et latéral s'insèrent sur les crêtes supra-condyliennes. À partir de chacun des tendons, les fibres charnues constituent deux corps musculaires. Le fuseau musculaire médial descend plus bas que le fuseau latéral. Plus longues que les fibres musculaires du soléaire, elles développent moins de force mais plus de vitesse. Les tendons fusionnent avec le muscle soléaire.

Le tendon calcanéen

Le tendon calcanéen est très épais et très résistant. Il se rétrécit et s›épaissit progressivement de haut en bas pour se terminer sur la tubérosité du calcanéum. Les tendinites calcanéennes sont généralement générées par un surentraînement et par une irritation de la gaine du tendon (ténosynovite) ou une inflammation de la bourse séreuse (bursite). Elles peuvent aussi survenir quand le tendon frotte sur le contrefort arrière des chaussures. La rupture aiguë résulte d'une tension soudaine et trop forte supportée par le tendon. Les exercices de détentes (multibonds) et de renforcements pliométriques en contrebas sont propices à des surtensions musculaires et tendineuses nocives à l'intégrité structurelle.

Actions et renforcements du triceps sural

L'analyse de la marche montre que les gastrocnémiens et le soléaire sont les muscles contribuant le plus à la propulsion et à l'accélération du centre de masse vers l'avant. Pour la course, une attaque sur l'avant-pied favorise la restitution élastique par une action pliométrique du triceps sural. Cependant, les synergies d'action du soléaire (monoarticulaire) et des gastrocnémiens (bi-articulaires) varient selon l'angulation du genou et de la cheville car la mise en tension musculaire est dépendante du positionnement de chacune des articulations. Des exercices variés et complémentaires de soulever de terre, de squats, de détentes doivent être proposés pour mobiliser, de façon spécifique ou commune, les différents faisceaux musculaires. Le split squat (ou squat bulgare) et un exercice de flexion en fente avant qui rappelle le rôle stabilisateur des muscles au niveau de la cheville. Tout exercice monopodal de flexion insiste sur cette composante proprioceptive.

QUESTIONS 9

1. Le semi- tendineux est plus puissant que le semi-membraneux.
2. L'histologie des muscles ischio-jambiers favorise la rétraction.
3. Le gastrocnémien latéral est plus puissant que le faisceau médial.

Chapitre 20

LE PIED

Le pied s'articule au niveau de la cheville par les os du tarse. La cheville fonctionne comme une pince bi-maléollaire. Le pied se compose d'une première rangée de cinq structures osseuses, les métatarsiens. Les orteils, ou doigts de pied, déterminent l'extrémité distale du membre inférieur.

Les articulations du pied

Les articulations du pied sont multiples ce qui génère une certaine complexité. Ces articulations concernent les os du tarse en rapport avec l'ensemble tibio-fibulaire d'une part, et les os du métatarse d'autre part. Les os du tarse et du métatarse forment une arche ou voûte plantaire.

La cheville est l'articulation (talo-crurale ou tibio-tarsienne) distale du membre inférieur. Elle joue un rôle essentiel dans le maintien de l'équilibre statique et dynamique. Elle est soumise à des contraintes très importantes notamment lors des activités sportives. Cette articulation doit donc être stable et robuste.

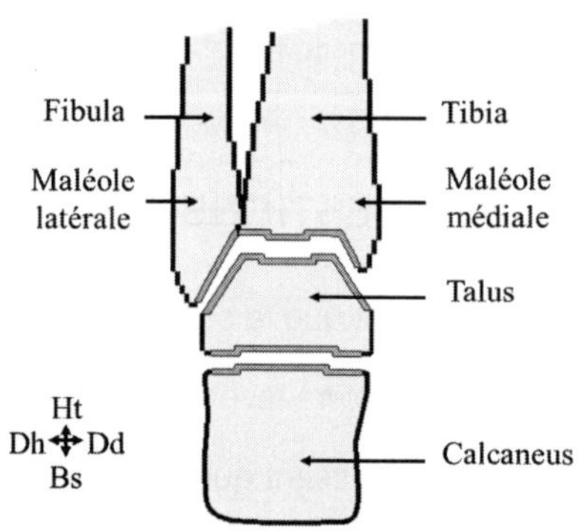

Figure 28. **L'articulation talo-crurale.**

Le talus (astragale) autorise des mouvements dans le plan sagittal (flexions plantaire et dorsale). Le talus s'appuie sur le calcanéum par une articulation relativement plane et ne consentant que des mouvements de faibles amplitudes.

Le pied s'apparente architecturalement à une voûte constituée de trois arches tendues entre trois points d'appui (extrémité du premier et cinquième métatarsien et tubérosités postérieures du calcanéum). Les arches agissent comme une lame de ressort par compression-détente en absorbant les forces comme un amortisseur et par restitution d'énergie en propulsant le pied (impulsion) grâce aux structures musculaires intrinsèques.

L'absence de voûte se caractérise par un pied plat (valgus ou pronation).

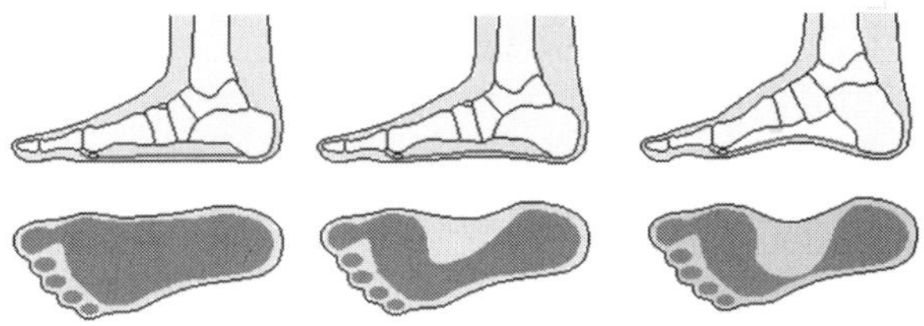

Figure 29. **Le pied plat (valgus), neutre et creux (varus).**

Le pied creux (varus ou supination ou rotation interne) limite la mobilité du pied (axe subtalaire plus oblique), et présente un risque d'entorse plus grand. L'empreinte au sol caractérise le pied droit, le varus ou le valgus. Les analyses des incidences mécaniques et fonctionnelles de la morphologie plantaire sur la vitesse, l'endurance ou l'équilibre des sujets sont controversées.

QUESTIONS 10

1. Le pied plat est une inversion.
2. Les malléoles enserrent le talus pour stabiliser la cheville.

CORRIGÉS

1 QUESTIONS 1

1. Non : Scapula, fibula, ulna… médial signifie et remplace le terme interne.
2. Oui : Il permet une image en 3D grâce à un balayage de rayon X.
3. Non : C'est l'axe X perpendiculaire au plan
4. Faux : Elle s'effectue autour de l'axe de rotation horizontal dans le plan sagittal.
5. Vrai : C'est-à-dire une rotation médiale (interne) ou inversion.

2 QUESTIONS 2

1. Non. Ils favorisent essentiellement la stabilité. En réduisant les forces de pression, la mobilité est accessoirement favorisée.
2. Oui. C'est la caractéristique première d'une diarthrose.
3. Non. L'articulation trochléenne est très mobile et stable mais dans un seul plan.
4. Oui. Une adaptation s'effectue selon les lois de Delpech et de Wolf.
5. Oui. Ce sont les synarthroses.

3 QUESTIONS 3

1. Non. Une action de freinage de la flexion du bras peut être réalisée par une contraction excentrique du triceps brachial.
2. Oui. L'arrangement d'un muscle penniforme permet une sollicitation d'un nombre de fibres plus important : le facteur force est augmenté. À vitesse égale, la puissance est plus grande.
3. Non. Il s'agit de la force centripète.

4 QUESTIONS 4

1. Non. Il n'y a pas de ménisque, mais un bourrelet (labrum).
2. Non. Seul, le faisceau acromial est penniforme.
3. Oui. La contraction des muscles permet une stabilisation adaptée de la tête humérale.
4. Non. Ils stabilisent le bras au niveau antérieur.
5. Oui. Le grand pectoral est antépulseur, principalement par son faisceau supérieur.

5 QUESTIONS 5

1. Non. Le biceps est supinateur.
2. Oui. Ils sont bi-articulaires par leur longue portion.
3. Oui. Les exercices pliométriques doivent être proposés.

6 QUESTIONS 6

1. Oui. L'origine se fixe sur la ligne courbe occipitale.
2. Oui. Ils rapprochent la scapula de l'axe médian du corps.
3. Oui. Ils se terminent au niveau de la gouttière intertuberculaire.
4. Oui. Au-dessus de 90° d'abduction, le trapèze permet le mouvement de sonnette de la scapula nécessaire à l'élévation du bras
5. Non. Il est antagoniste du grand pectoral : il est rétropulseur et rotateur médial (interne).

7 QUESTIONS 7

1. Non. L'ilio-spoas est bi-articulaires. L'iliaque est un muscle monoarticulaire.
2. Non. Ils permettent la rétroversion.
3. Non. Il existe aussi le muscle pyramidal.

4. Oui. L'action bilatérale des muscles obliques facilite la flexion antérieure.
5. Non. La scoliose est une déviation dans le plan frontal.

8 QUESTIONS 8

1. Oui. Le grand fessier stabilise latéralement le genou fléchi par le tractus ilio-tibial.
2. Oui. Le sartorius stabilise médialement le genou : il fait partie des muscles de la patte d'oie.
3. Oui. Le petit et le moyen fessier stabilisent le bassin notamment lors de l'appui monopodal durant la course ou la marche.
4. Oui. La typologie du muscle favorise le facteur vitesse nécessaire au fouetté.
5. Non. Le grand fessier est agoniste : il permet la rétroversion du bassin.

9 QUESTIONS 9

1. Non. Plus épais et penniforme, le semi-membraneux est plus puissant.
2. Oui. De courtes fibres musculaires et une forte densité tendineuse favorisent le raccourcissement musculaire.
3. Non. Le gastrocnémien médial est plus puissant car plus long que le faisceau latéral.

10 QUESTION 10

1. Non. L'inversion est une rotation interne soit un pied creux ou varus
2. Oui. Comme une pince, les malléoles fixent le talus autour de l'axe sagittal.

BIBLIOGRAPHIE

- Testa M. & Alanbagi Y. (2016). *Méthodologie de l'entraînement sportif.* Ellipses éd., Paris, 160.
- Testa M. (2018). *Anatomie.* Ellipses éd., Paris.

BIOMÉCANIQUE

Romuald LEPERS

Professeur des Universités en STAPS.
Université de Bourgogne.

Alain MARTIN

Professeur des Universités en STAPS.
Université de Bourgogne.

Chapitre 1

STATIQUE, POSTURES D'ÉQUILIBRE, FORCES ET MOMENTS AUX ARTICULATIONS

Introduction

L'objet de toutes études biomécaniques est d'analyser au travers d'un double système de forces (forces internes et externes) les postures et les mouvements du corps. La figure 1 résume cette approche de la motricité.

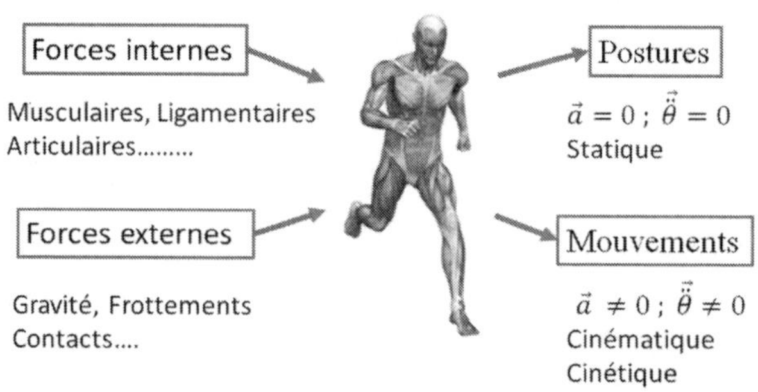

Figure 1. **Analyse biomécanique de la motricité à partir d'un double système de forces (forces internes et forces externes) agissant sur le système étudié.** $\vec{a}$ correspond à l'accélération linéaire et $\ddot{\vec{\theta}}$ à l'accélération angulaire du système étudié.

À partir de l'identification du système étudié et des forces externes agissantes, il est possible en appliquant les relations fondamentales de la dynamique (relation 1 et 2) de déterminer complètement les forces externes agissant sur le système. La détermination des forces internes nécessite bien souvent une modélisation du système étudié.

$$\Sigma \vec{F}_{ext} = m\vec{a} \quad (1) \qquad \Sigma \vec{M}_o\left(\vec{F}_{ext}\right) = I\ddot{\vec{\theta}} \quad (2)$$

La relation (1) indique que la somme des forces externes agissant sur le système étudié est égale à la masse du système étudié (m) par son accélération linéaire ($\vec{a}$). La relation (2) indique que la somme des moments par rapport au point o des forces externes agissant sur le système est égale à l'inertie du système (I) par son accélération angulaire ($\ddot{\vec{\theta}}$). Ce premier chapitre présente les éléments essentiels à l'analyse des forces externes présentes lors d'une posture d'équilibre.

Classification des forces

L'étude d'une posture d'équilibre (ou d'un mouvement) nécessite de définir précisément le système étudié ainsi que les forces en présence. Ces dernières sont classées en forces internes ou externes.

Forces externes, forces internes

Les forces externes correspondent aux forces qui sont exercées par le milieu extérieur sur le système étudié. Les forces internes correspondent, aux forces exercées par une partie du système sur une autre partie du système. Cette distinction entre forces internes et forces externes dépend du système étudié. Par exemple, si l'on considère deux individus debout face à face en appui par les mains (figure 1.1), les forces externes agissant sur le système sont au nombre de quatre si le système étudié englobe les deux sujets (figure 1.1A) et au nombre de trois si uniquement l'un des deux sujets est étudié (figure 1.1B). On peut noter que la force $\vec{F}_{2/1}$ (et $\vec{F}_{1/2}$) est une force interne lorsque le système correspond aux deux sujets et une force externe lorsque le système correspond à l'un des deux sujets. Il est donc essentiel de clairement identifier le système étudié ainsi que les forces externes qui agissent sur ce système.

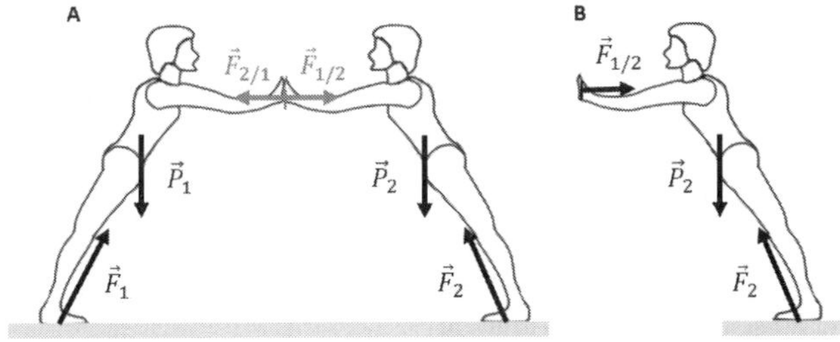

Figure 1.1. **Sujets face à face en appui par les mains.** En A le système étudié correspond aux deux sujets, les forces externes sont $\vec{F}_1;\vec{F}_2;\vec{P}_1;\vec{P}_2$. Les forces $\vec{F}$ correspondent aux réactions du sol au niveau des appuis podaux, les forces $\vec{P}$ correspondent aux poids des sujets. Les forces $\vec{F}_{1/2}$ et $\vec{F}_{2/1}$ sont ici des forces internes. En B le système étudié est l'un des deux sujet, ici les forces externes sont $\vec{F}_2;\vec{P}_2;\vec{F}_{1/2}$.

Pour déterminer complètement les forces externes (intensité, sens, direction) agissantes, on applique les relations fondamentales de la dynamique (relation 1 et 2). Pour des postures d'équilibre ou des conditions statiques les accélérations linéaires et angulaires sont nulles (aucun mouvement de translation et de rotation). Les relations 1 et 2 deviennent.

$$\Sigma \vec{F}_{ext} = 0 \quad (3) \qquad \Sigma \vec{M}_o\left(\vec{F}_{ext}\right) = 0 \quad (4)$$

Ces relations correspondent aux principes de non-translation (3) et de non-rotation (4).

Moment d'une force

Les relations (2) et (4) font apparaître la notion de moment des forces externes par rapport à un point. Le moment d'une force exprime l'action d'une force à distance et donne par rapport au point considéré la tendance à la rotation. Si l'on considère un segment OB articulé au point O (axe de rotation), l'action de la force $\vec{F}$ qui s'applique au point B par rapport au point O est définie par le moment de $\vec{F}$ par rapport au point O; $\vec{M}_O\left(\vec{F}\right)$ (figure 1.2). Ce moment correspond au produit vectoriel

$$\vec{M}_O\left(\vec{F}\right) = \overrightarrow{OB} \wedge \vec{F}$$

Ce vecteur ($\vec{M}_0(\vec{F})$) est perpendiculaire au plan formé par les vecteurs $\overrightarrow{OB}$ et $\vec{F}$, son sens est tel qu'il forme un trièdre direct (comme $\vec{i},\vec{j},\vec{k}$, sens antihoraire) et son intensité est définie par :

$$M_O\left(\vec{F}\right) = OB \times F \times \sin\left(\widehat{\overrightarrow{OB},\vec{F}}\right)$$

En considérant la distance d définie par :

$$d = OB \times \sin\left(\widehat{\overrightarrow{OB},\vec{F}}\right)$$

L'intensité du moment de $\vec{F}$ par rapport à O devient :

$$M_O(\vec{F}) = F \times d$$

d correspond au bras de levier de la force $\vec{F}$ par rapport à O. Cette distance correspond à la projection perpendiculaire du point O à la ligne d'action de la force $\vec{F}$.

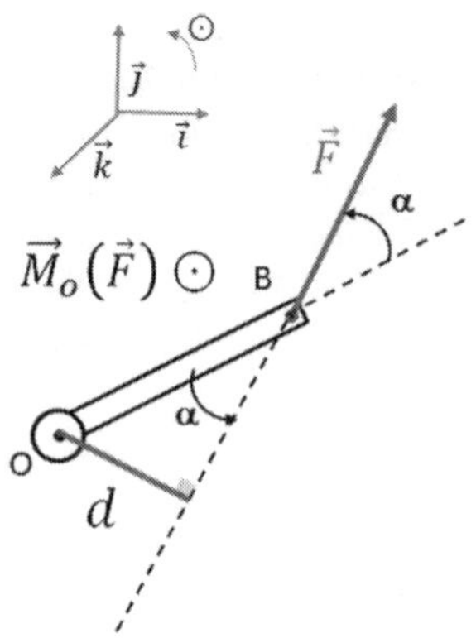

Figure 1.2. **Moment d'une force $\vec{F}$ par rapport au point O.** *(Pour les explications voir le texte)*

Le sens du moment d'une force par rapport à un point donne la tendance à la rotation. Le sens positif de rotation correspond au sens trigonométrique ou antihoraire. On note ⊙ si le moment est positif (cas de la figure 1.2) et ⊗ s'il est négatif. Le moment d'une force est une donnée essentielle en biomécanique puisque l'action des muscles se fait au travers des leviers articulaires, ce qui engendre des mouvements angulaires. Par exemple, si l'on considère la figure 1.3 qui schématise l'articulation du coude, l'action des muscles fléchisseurs et extenseurs ($\vec{F}$ et $\vec{E}$) par rapport au centre articulaire du coude (point O) est définie par $\vec{M}_O(\vec{F})$ pour les muscles fléchisseurs et par $\vec{M}_O(\vec{E})$ pour les muscles extenseurs. Si les points O, A, B et les forces $\vec{F}$ et $\vec{E}$ sont compris dans le plan formé par les vecteurs unitaires $\vec{i}$ et $\vec{j}$ les moments des forces $\vec{F}$ et $\vec{E}$ seront supportés par le vecteur unitaire $\vec{k}$ (vecteur perpendiculaire au plan formé par $\vec{i}$ et $\vec{j}$). On aura :

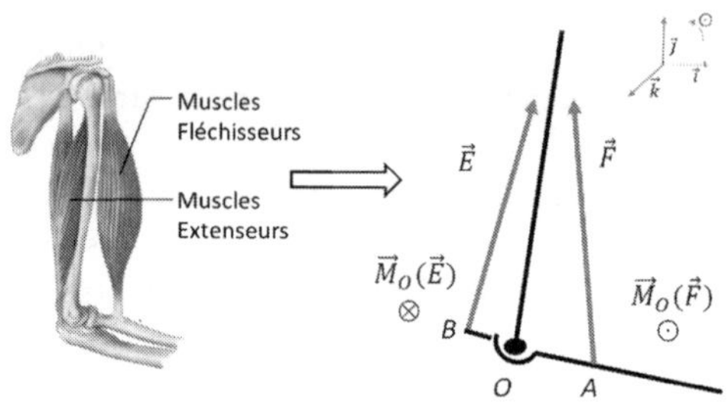

Figure 1.3. **Schématisation de l'articulation du coude.** L'action des muscles fléchisseurs est définie par le vecteur $\vec{F}$ point d'application A. L'action des muscles extenseurs est définie par le vecteur $\vec{E}$ point d'application B. Le point O correspond au centre articulaire (axe de rotation de l'articulation).

$\vec{M}_O(\vec{F})$ Moment par rapport à O des muscles fléchisseurs,

$\vec{M}_O(\vec{E})$ moment par rapport à O des muscles extenseurs

$\vec{M}_O(\vec{F}) = \overrightarrow{OA} \wedge \vec{F}$ moment positif il donne la tendance à la flexion de l'avant-bras sur le bras.

Intensité $\vec{k} : M_O(\vec{F}) = OA \times F \times \sin(\widehat{\overrightarrow{OA}, \vec{F}})$

$\vec{M}_O(\vec{E}) = \overrightarrow{OB} \wedge \vec{E}$ moment négatif il donne la tendance à l'extension de l'avant-bras sur le bras.

Intensité $\vec{k} : M_O(\vec{E}) = OB \times E \times \sin(\widehat{\overrightarrow{OA}, \vec{E}})$

Éléments de réduction d'un système de force

Réduire un système de forces ou de moments, c'est le résumer à une force ou à un moment.

Si l'on considère un système quelconque (Figure 1.4) soumis à différentes forces élémentaires ($\vec{F}_1$, $\vec{F}_2 \ldots \vec{F}_i, \ldots \vec{F}_n$), réduire ce système à un système soumis à une force consiste à déterminer par addition vectorielle la force résultante ($\vec{F}$).

$$\vec{F} = \vec{F}_1 + \vec{F}_2 \ldots + \vec{F}_i \ldots \vec{F}_n$$
$$= \sum_{i=1}^{n} \vec{F}_i = \sum_{i=1}^{n} (F_i x)\vec{i} + \sum_{i=1}^{n} (F_i y)\vec{j} + \sum_{i=1}^{n} (F_i z)\vec{k}$$
$$= Fx\vec{i} + Fy\vec{j} + Fz\vec{k}$$

Ici, F_ix ,F_iy ,F_iz représentent les composantes du vecteur $\vec{F_i}$ dans le repère orthonormé $\vec{i}$,$\vec{j}$,$\vec{k}$.(ces composantes sont obtenues en projetant le vecteur perpendiculairement aux axes). Fx ,Fy ,Fz sont les composantes suivant $\vec{i}$,$\vec{j}$,$\vec{k}$ du vecteur $\vec{F}$. L'intensité du vecteur $\vec{F}$ est définie par la norme du vecteur

$F=\sqrt{Fx^2+Fy^2+Fz^2}$

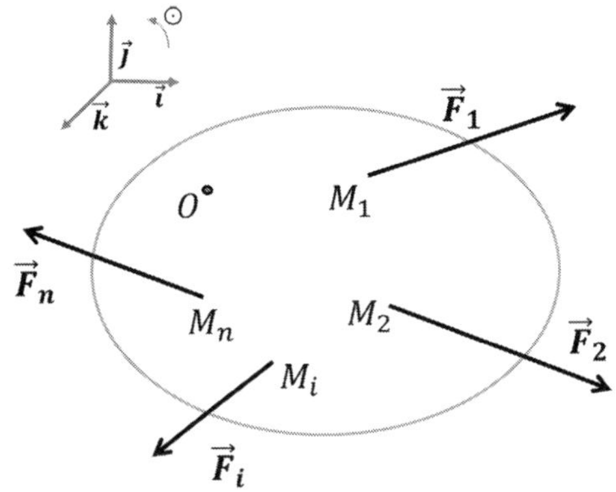

Figure 1.4. **Système quelconque soumis à différentes forces élémentaires** ($\vec{F_1}$, $\vec{F_2}$...$\vec{F_i}$,...$\vec{F_n}$).

De la même manière, nous pouvons résumer l'action des moments des forces élémentaires appliquées à un système à un moment résultant.

Le moment de la force élémentaire $\vec{F_i}$ s'appliquant au point M_i par rapport au point O est défini par :

$$\vec{M}_o\left(\vec{F_i}\right)=\overrightarrow{OM_i}\wedge\vec{F_i}$$

Son intensité correspond à :

$$M_O\left(\vec{F_i}\right)=OM_i\times F\times\sin(\widehat{\overrightarrow{OM_i},\vec{F_i}})$$

Si $\vec{F}=\sum_{i=1}^{n}\vec{F_i}$,

Alors $\vec{M}_O\left(\vec{F}\right)=\sum_{i=1}^{n}\vec{M}_O\left(\vec{F_i}\right)=\sum_{i=1}^{n}(\overrightarrow{OM_i}\wedge\vec{F_i})=\overrightarrow{OM}\wedge\vec{F}$

L'intensité de ce moment sera définie par :

$$M_O\left(\vec{F}\right)=\sum_{i=1}^{n}(OM_i\times F_i\times\sin(\widehat{\overrightarrow{OM_i},\vec{F_i}}))$$
$$=OM\times F\times\sin(\widehat{\overrightarrow{OM},\vec{F}})$$

Le moment d'une force résultante correspond à la somme vectorielle des moments des forces élémentaires.

Exemple : La flexion de l'avant-bras sur le bras est réalisée principalement par la contraction des muscles biceps brachii et brachialis antérieur (Figure 1.4). À partir d'une schématisation de l'articulation nous pouvons résumer l'action de ces muscles en une force résultante ($\vec{F}$).

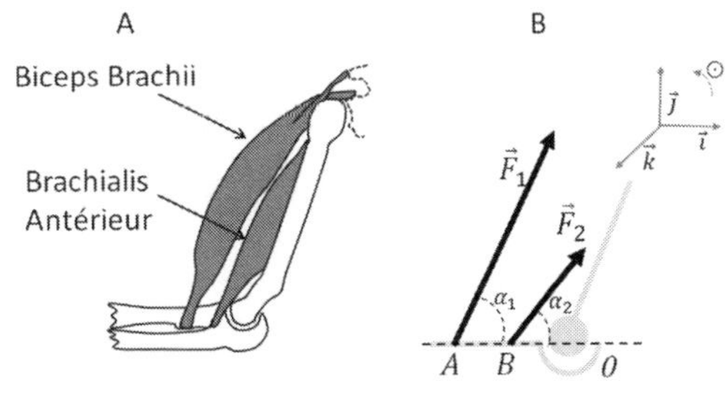

Figure 1.4. **Action des muscles Biceps Brachii et Brachialis Antérieur sur l'articulation du coude (A).** Schématisation du système de force agissant à l'articulation du coude (B). $\vec{F_1}$ représente l'action du muscle biceps, $\vec{F_2}$ représente l'action du muscle brachialis. Les points *A* et *B* correspondent aux points d'application de ces forces. Le point *O* correspond au centre articulaire, α_1 et α_2 donnent l'orientation des forces par rapport à l'axe horizontal (ou avant-bras).

Pour cet exemple les forces $\vec{F_1}$ et $\vec{F_2}$ ainsi que les points *O*, *A* et *B* sont compris dans un plan formé par les vecteurs unitaires $\vec{i}$ et $\vec{j}$.

$$\vec{F}=\vec{F_1}+\vec{F_2}=\left(F_1x+F_2x\right)\vec{i}+\left(F_1y+F_2y\right)\vec{j}=Fx\vec{i}+Fy\vec{j}$$

F_1x et F_2x sont les composantes horizontales (suivant $\vec{i}$) des vecteurs $\vec{F_1}$ et $\vec{F_2}$. F_1y et F_2y sont les composantes verticales (suivant $\vec{j}$) des vecteurs $\vec{F_1}$ et $\vec{F_2}$. Fx et Fy sont les composantes horizontale et verticale du vecteur $\vec{F}$. En considérant les angles α_1 et α_2 nous obtenons pour Fx et Fy :

$$Fx=F_1\cos\alpha_1+F_2\cos\alpha_2$$

$$Fy=F_1\sin\alpha_1+F_2\sin\alpha_2$$

L'intensité de la force résultante $\vec{F}$ sera :

$$F=\sqrt{Fx^2+Fy^2}$$

Le moment de $\vec{F}$ par rapport à *O* correspond à la somme des moments par rapport à *O* des forces $\vec{F_1}$ et $\vec{F_2}$.

$$\vec{M}_O\left(\vec{F}\right)=\vec{M}_O\left(\vec{F_1}\right)+\vec{M}_O\left(\vec{F_2}\right)=\overrightarrow{OA}\wedge\vec{F_1}+\overrightarrow{OB}\wedge\vec{F_2}$$

Les forces $\vec{F_1}$ et $\vec{F_2}$ ainsi que les points *O*, *A* et *B* étant compris dans un plan formé par les vecteurs unitaires $\vec{i}$ et $\vec{j}$, les moments par rapport à *O* de $\vec{F_1}$ et $\vec{F_2}$ seront supportés par le vecteur unitaire $\vec{k}$. Ils donnent tous les deux, par rapport à O, une tendance à la rotation négative (⊗). L'intensité du moment de $\vec{F}$ par rapport à O sera :

$$M_O(\vec{F}) = OA \times F_1 \times \sin a_1 + OB \times F_2 \times \sin a_2$$

On peut remarquer ici que le moment de $\vec{F}$ par rapport à O est aussi défini par :

$$M_O(\vec{F}) = OA \times F_1 y + OB \times F_2 y$$

APPLICATION NUMÉRIQUE

$F_1 = 500\,N; \alpha_1 = 80°; OA = 5\ cm; F_2 = 300\,N; \alpha_2 = 50°; OB = 3\ cm$

Les composantes horizontale et verticale de F sont :

$$Fx = 500 \times \cos 80 + 300 \times \cos 50 = 279{,}66$$

$$Fy = 500 \times \sin 80 + 300 \times \sin 50 = 722{,}21$$

L'intensité de la force F sera :

$$F = \sqrt{279{,}66^2 + 722{,}21^2} = 774{,}46\,N$$

Nous pouvons déterminer l'orientation de $\vec{F}$ par rapport à l'avant-bras, ici l'axe horizontal. Cette orientation correspond à l'angle a défini par :

$$\tan\alpha = \frac{\sin\alpha}{\cos\alpha} = \frac{F \times \sin\alpha}{F \times \cos\alpha} = \frac{Fy}{Fx} = \frac{722{,}21}{279{,}66} = 2{,}58 \Rightarrow \alpha = 68{,}83°$$

Le moment de $\vec{F}$ par rapport à O sera :

$$M_O(\vec{F}) = 0{,}05 \times 500 \times \sin 80 + 0{,}03 \times 300 \times \sin 50 = 31{,}51\,Nm$$

Si le point M est le point d'application de la force résultante $\vec{F}$ nous avons :

$$M_O(\vec{F}) = 31{,}51 = OM \times F \times \sin\alpha$$

On peut ici déterminer la position du point M par rapport à O :

$$OM = \frac{31{,}51}{F \times \sin\alpha} = \frac{31{,}51}{774{,}46 \times \sin 68{,}83} = 0{,}043\,m$$

L'action des deux muscles participant à la flexion de l'avant-bras sur le bras peut être décrite par un système n'impliquant qu'une force résultante $\vec{F}$ s'appliquant au point M (Figure 1.5).

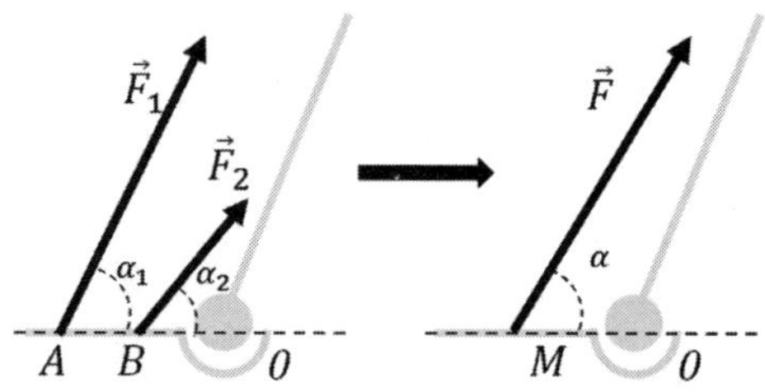

Figure 1.5. **Simplification d'un système impliquant deux forces en un système n'impliquant qu'une force.**

La réduction d'un système de force est une méthode pratique puisqu'elle permet de résumer l'ensemble des forces agissant sur un système (et s'appliquant à différents endroits du système) en une force s'appliquant en un point. L'exemple de réduction de système de force le plus courant est celui du poids. En effet l'individu est constitué de plusieurs segments dont chacun possède son propre poids (poids élémentaire) qui correspond à la masse du segment (masse élémentaire) multipliée par la gravité ($\vec{g}$). Le poids total de l'individu correspond à la somme des poids de chacun des segments, et son point d'application est le centre de gravité de l'individu (*CG*). Ce *CG* est un point fictif défini comme le point pour lequel la somme des moments des poids élémentaires par rapport à ce point est nulle (barycentre des masses élémentaires). Si le système étudié est constitué de solides articulés, la position du *CG* du système sera non fixe (par rapport au système), et elle va se déplacer en fonction de l'agencement dans l'espace des différents solides constituant le système. C'est notamment le cas pour le corps humain. En effet, toutes modifications de la position d'un ou de plusieurs segments les uns par rapport aux autres va induire une modification de la position du *CG* du corps entier.

Pour déterminer la position du *CG* du corps, on considère que chaque segment du corps est un solide homogène ayant une masse et un poids élémentaire (m_i et p_i respectivement), ce dernier s'appliquant au centre de gravité du segment considéré (CG_i) (Figure 1.6A). La position du centre de gravité et la masse de chaque segment sont fournies par des tableaux anthropométriques obtenus à partir d'études réalisées sur des cadavres.

Pour une posture donnée de l'individu, la position du *CG* est définie par :

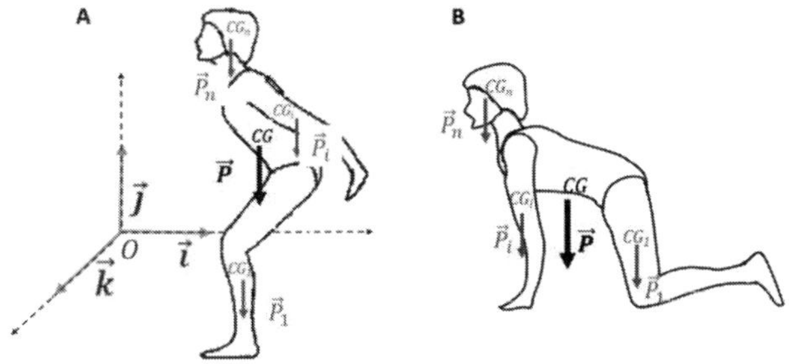

Figure 1.6. **Détermination de la position du CG pour un sujet dans une position debout (A) et en quadrupédie (B).** Pour explication voir texte.

$$\sum_{i=1}^{n}\vec{M}_G(\vec{P}_i)=\sum_{i=1}^{n}(\overrightarrow{GG_i}\wedge\vec{p}_i)=0$$

Avec $\vec{P}_i=m_i\times\vec{g}$; P_i poids élémentaire et m_i masse élémentaire du segment *i*. La somme des moments des poids élémentaires devient :

$$\sum_{i=1}^{n}(\overrightarrow{GG_i}\wedge m_i\vec{g})=\sum_{i=1}^{n}(m_i\overrightarrow{GG_i}\wedge\vec{g})=0$$

$\vec{g}$ étant non nul, on a :

$$\sum_{i=1}^{n}m_i\overrightarrow{GG_i}=0$$

Si on place l'individu dans un repère $\vec{i},\vec{j},\vec{k}$ de centre *O* on a. $\overrightarrow{GG_i}=\overrightarrow{GO}+\overrightarrow{OG_i}$ et donc :

$$\sum_{i=1}^{n}m_i\overrightarrow{GO}+\sum_{i=1}^{n}m_i\overrightarrow{OG_i}=0$$

La position du *CG* par rapport à *O* sera définie par :

$$\overrightarrow{OG}=\frac{\sum_{i=1}^{n}m_i\overrightarrow{OG_i}}{m}$$

Avec $m=\sum_{i=1}^{n}m_i$

La position du *CG* correspond donc au barycentre des masses. Si les coordonnées par rapport à *O* de *G* et G_i sont respectivement $\overrightarrow{OG}(x_G,y_G,z_G)$ et $\overrightarrow{OG_i}\left(x_{G_i},y_{G_i},z_{G_i}\right)$, alors on aura :

$$x_G=\frac{\sum_{i=1}^{n}m_ix_{G_i}}{m},y_G=\frac{\sum_{i=1}^{n}m_iy_{G_i}}{m},z_G=\frac{\sum_{i=1}^{n}m_iz_{G_i}}{m}$$

Par cette analyse, l'individu est « résumé » en un point, son *CG* auquel on applique son poids. En conséquence, en fonction de la configuration spatiale des différents segments les uns par rapport aux autres, le *CG* peut être à l'extérieur de l'individu (Figure 1.6B). En cinématique (cf. Chapitre 3), l'étude de la trajectoire du *CG* permet une analyse globale du mouvement.

Conditions générales d'équilibre

Principe d'action réaction

Si un corps *A* exerce une force sur un corps *B* ($\vec{F}_{A/B}$) alors le corps *B* exerce une force sur le corps *A* d'intensité équivalente mais de sens opposé ($\vec{F}_{B/A}$).

$$\vec{F}_{A/B}=-\vec{F}_{B/A}\quad F_{A/B}=F_{B/A}$$

Conditions d'équilibre

Un système est en équilibre dès lors qu'il n'est soumis à aucune accélération. On définit alors le principe de non translation et de non rotation :

$$\Sigma\vec{F}_{ext}=0\ (3)\quad \Sigma\vec{M}_o\left(\vec{F}_{ext}\right)=0\ (4)$$

C'est à partir de ces relations que l'on détermine les forces externes qui agissent sur un système en équilibre.

Conséquences

À l'équilibre :

- Si un système est soumis à deux forces externes ces deux forces sont directement opposées.
- Si un système est soumis à trois forces externes ces forces seront considérées comme coplanaires (comprises dans un même plan) et les lignes d'action de ces forces pourront être concourantes (sécantes en un point). Dans le cas d'un système soumis à trois forces ou plus, la détermination des forces externes agissantes nécessite l'application des principes de non translation et de non rotation.

Nous pouvons, à partir de l'exemple de la figure 1.1, détailler les différentes étapes permettant de déterminer complètement les forces externes agissant sur un système en équilibre. Dans la figure 1.1 nous allons analyser les forces externes agissant sur le sujet 2 (Figure 1.7) lorsque que celui-ci se tient face au sujet 1 avec un appui manuel au niveau des mains.

- *Étape 1* : **Identifier le système étudié, ici le sujet 2**
- *Étape 2* : **Faire le bilan des forces externes s'appliquant sur le sujet.**

Le sujet est soumis à trois forces externes. Le poids du sujet $\vec{P}_2$ (point d'application *G*) ; réaction du sol au niveau des pieds $\vec{F}_2$ (point d'application *O*), réaction au niveau des mains $\vec{F}_{1/2}$ (point d'application *M*)

Les trois forces sont coplanaires (comprises dans le plan formé par les vecteurs unitaires $\vec{i}$ et $\vec{j}$) et concourantes (leurs lignes d'action se coupent en un point).

- *Étape 3* : **Application du principe de non rotation.**

$$\Sigma \vec{M}_o\left(\vec{F}_{ext}\right)=0=\vec{M}_O\left(\vec{P}_2\right)+\vec{M}_O\left(\vec{F}_2\right)+\vec{M}_O\left(\vec{F}_{1/2}\right)$$

Les forces externes sont comprises dans le plan formé par $\vec{i}$ et $\vec{j}$ les moments de ces forces seront supportés par le vecteur unitaire $\vec{k}$. Le sens de ces moments est déterminé par la tendance à la rotation qu'il donne au sujet par rapport au point *O* (ici point d'application de $\vec{F}_2$).

$$\Sigma \vec{M}_o\left(\vec{F}_{ext}\right)=0=\vec{M}_O\left(\vec{P}_2\right)+\vec{M}_O\left(\vec{F}_2\right)+\vec{M}_O\left(\vec{F}_{1/2}\right)$$
$$\qquad\qquad\qquad\qquad \odot \qquad\quad 0 \qquad\quad \otimes$$

Remarque : Le point *O* est le point d'application de la force $\vec{F}_2$, le moment de cette force par rapport à *O* est nul. De manière générale le moment d'une force par rapport à son propre point d'application est toujours nul.

Suivant le vecteur unitaire $\vec{k}$ on a :

$$\vec{k}: M_O\left(\vec{P}_2\right)-M_O\left(\vec{F}_{1/2}\right)=0$$

Le moment d'une force est égal au produit de la force par le bras de levier. Celui-ci est défini comme la projection perpendiculaire du point *O* à la ligne d'action de la force.

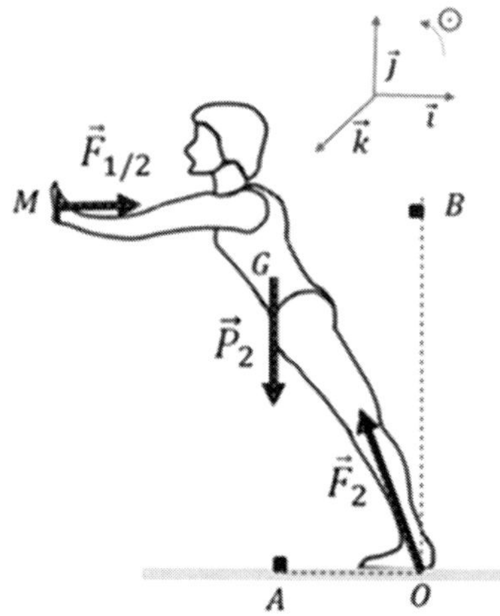

Figure 1.7. **Sujet soumis à trois forces externes (voir figure 1.1)**

Distance *OA* = bras de levier pour $\vec{P}_2$.

Distance *OB* = bras de levier pour $\vec{F}_{1/2}$

$$\vec{k}: OA \times P_2 - OB \times F_{1/2} = 0$$

La force $\vec{F}_{1/2}$ est définie par :

$$F_{1/2}=\frac{OA \times P_2}{OB}$$

- *Étape 4* : **Application du principe de non translation.**

$$\Sigma \vec{F}_{ext}=0=\vec{P}_2+\vec{F}_2+\vec{F}_{1/2}$$

Les forces sont comprises dans le plan formé par les vecteurs unitaires $\vec{i}$ et $\vec{j}$ on a :

$\vec{i} : F_{1/2} - F_2x = 0 \Rightarrow F_{1/2} = F_2x$

$\vec{j} : F_2y - P_2 = 0 \Rightarrow F_2y = P_2$

$F_2 = \sqrt{F_2x^2 + F_2y^2}$

F_2x et F_2y sont les composantes suivantes $\vec{i}$ et $\vec{j}$ de $\vec{F}_2$.

APPLICATION NUMÉRIQUE

$P_1 = 600\,N ; OA = 60\,cm ; OB = 140\,cm$

$F_{1/2} = \frac{OA \times P_2}{OB} = \frac{0,60 \times 600}{1,40} = 257,14\,N$

$F_2x = F_{1/2} = 257,14\,N$

$F_2y = P_2 = 600\,N$

$F_2 = \sqrt{F_2x^2 + F_2y^2} = \sqrt{257,14^2 + 600^2} = 652,77\,N$

On peut remarquer que pour cette posture $\vec{F}_2$, qui correspond à la réaction du sol, a une intensité supérieure au poids du sujet.

Le même type d'analyse peut être appliqué pour étudier l'équilibre d'une structure anatomique. Par exemple dans le cas du maintien d'une charge dans la main avec l'articulation fléchie avec un angle de 90°.

À partir d'une schématisation simple de l'articulation du coude (Figure 1.8) on peut déterminer la force musculaire ($\vec{F}_m$) ainsi que la force de contact osseuse ($\vec{F}_c$) lorsque l'individu maintient la charge.

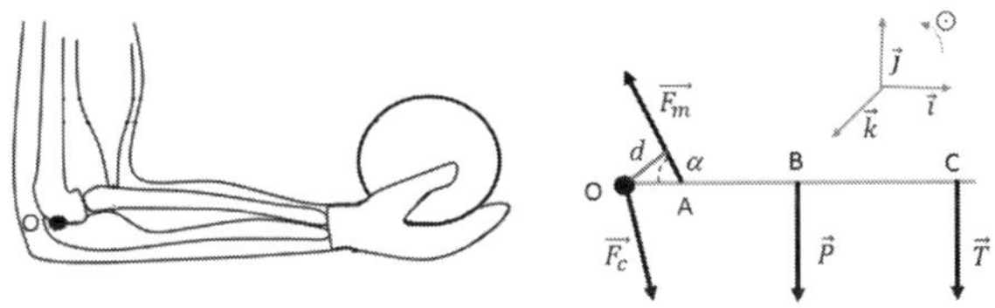

Figure 1.8. **Maintien d'une charge dans la main.** La partie de droite schématise le système avant-bras ainsi que les forces externes s'appliquant sur ce système. $\vec{F}_m$: force musculaire ; $\vec{F}_c$: force de contact osseuse ; $\vec{P}$: poids de l'avant-bras ; $\vec{T}$: poids de la charge ; d bras de levier de $\vec{F}_m$, α angle orientant $\vec{F}_m$ par rapport à l'avant-bras.

- *Étape 1 :* **Système étudié l'avant-bras**
- *Étape 2 :* **L'avant-bras est soumis à quatre forces externes.** Le poids de l'avant-bras $\vec{P}$ (point d'application *B*) ; la force musculaire $\vec{F}_m$ (point d'application *A*), la force de contact osseuse $\vec{F}_c$ (point d'application *O*) ; le poids de la charge $\vec{T}$ (point d'application *C*).
- *Étape 3 :* **Principe de non rotation.**

$\Sigma \vec{M}_o(\vec{F}_{ext}) = 0$

$= \vec{M}_O(\vec{P}) + \vec{M}_O(\vec{F}_m) + \vec{M}_O(\vec{F}_c) + \vec{M}_O(\vec{T})$

Les forces externes sont comprises dans le plan formé par $\vec{i}$ et $\vec{j}$ les moments de ces forces seront supportés par le vecteur unitaire $\vec{k}$. Le sens de ces moments est déterminé par la tendance à la rotation qu'il donne au sujet par rapport au point *O* (ici point d'application de $\vec{F}_2$).

$$\Sigma \vec{M}_o(\vec{F}_{ext}) = 0 = \vec{M}_O(\vec{P}) + \vec{M}_O(\vec{F}_m) + \vec{M}_O(\vec{F}_c) + \vec{M}_0(\vec{T})$$

$\otimes \quad \odot \quad 0 \quad \otimes$

Suivant le vecteur unitaire $\vec{k}$ on a :

$\vec{k} : M_O(\vec{F}_m) - M_O(\vec{P}) - M_0(\vec{T}) = 0$

Le moment d'une force est égal au produit de la force par le bras de levier.

Distance $d = OA \times \sin\alpha$ bras de levier pour $\vec{F}_m$.

Distance OB bras de levier pour $\vec{P}$

Distance OC bras de levier pour $\vec{T}$

$\vec{k} : d \times F_m - OB \times P - OC \times T = 0$

La force $\vec{F}_m$ est définie par :

$$F_m = \frac{OB \times P + OC \times T}{d}$$

▪ *Étape 4* : **Principe de non translation.**

$\sum \vec{F}_{ext} = 0 = \vec{F}_m + \vec{F}_c + \vec{P} + \vec{T}$

Les forces sont comprises dans le plan formé par les vecteurs unitaires $\vec{i}$ et $\vec{j}$ on a :

$\vec{i} : F_c x - F_m x = 0 \Rightarrow F_c x = F_m \times \cos\alpha$

$\vec{j} : F_m y - F_c y - P - T = 0 \Rightarrow F_c y = F_m \times \sin\alpha - P - T$

$F_c = \sqrt{F_c x^2 + F_c y^2}$

$F_c x$ et $F_c y$ sont les composantes suivant $\vec{i}$ et $\vec{j}$ de $\vec{F}_c$.

APPLICATION NUMÉRIQUE

$P = 50\,N; T = 10\,N; OA = 5\,cm; OB = 15\,cm; OC = 30\,cm; \alpha = 70°$

$$F_m = \frac{OB \times P + OC \times T}{d} = \frac{0{,}15 \times 50 + 0{,}30 \times 10}{0{,}05 \times \sin 70} = 223{,}47\,N$$

$F_c x = F_m \times \cos\alpha = 223{,}47 \times \cos 70 = 76{,}43\,N$

$F_c y = F_m \times \sin\alpha - P - T = 223{,}47 \times \sin 70 - 50 - 10 = 149{,}99\,N$

$F_c = \sqrt{76{,}43^2 + 149{,}99^2} = 168{,}34$

$\vec{F}_m$ et $\vec{F}_c$ sont des forces ayant des intensités supérieures au poids de la charge maintenue.

EXERCICES

EXERCICE 1

Un sujet maintient la jambe fléchie dans quatre positions angulaires différentes de l'articulation du genou (Figure 1). On se propose de déterminer dans chacune de ces positions.

- La force musculaire $\overrightarrow{F_m}$ que les muscles fléchisseurs de la jambe (muscles ischio-jambiers) doivent développer pour maintenir la jambe dans ces positions.
- La contrainte articulaire développée à l'articulation du genou (force de contact osseuse $\overrightarrow{F_c}$ s'appliquant au point *O*).

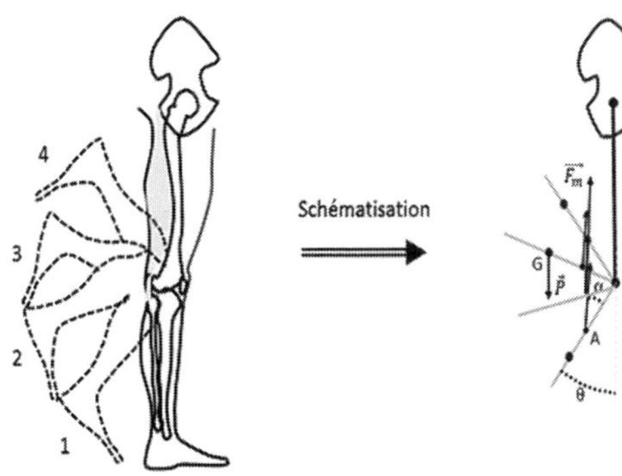

Figure 1. **Position de la jambe pour quatre positions angulaires de l'articulation du genou (A).** La schématisation (B) permet de définir les paramètres nécessaires à l'étude des différentes positions angulaires de l'articulation. $\overrightarrow{F_m}$ force musculaire appliquée au point A (action des muscles fléchisseurs de la jambe) ; $\vec{P}$ s'appliquant en G correspond au poids de la jambe ; α définit l'orientation de $\overrightarrow{F_m}$ par rapport à la jambe ; θ correspond à la position angulaire de la jambe définie par rapport à la verticale ; le point 0 correspond au centre articulaire.

Données numériques :

- Masse de la jambe $m = 5$ kg,
- $OG = 28$ cm, $OA = 5$ cm, $g = 9{,}81\ m.s^{-2}$
- Position 1 $\theta = 40°$ $\alpha = 20°$
- Position 2 $\theta = 70°$ $\alpha = 50°$
- Position 3 $\theta = 100°$ $\alpha = 80°$
- Position 4 $\theta = 120°$ $\alpha = 100°$

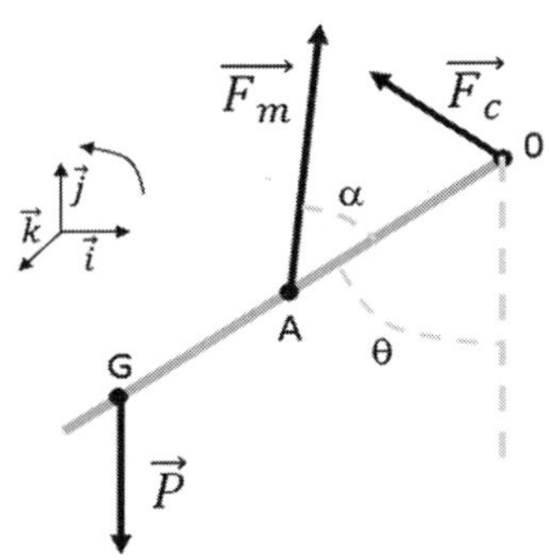

Figure 2. **Représentation schématique des forces qui agissent sur le système jambe.**

Solution

▸ **Système étudié : la jambe**

Bilan des forces externes : $\overrightarrow{F_m}$ force musculaire développée par les muscles fléchisseurs de la jambe s'appliquant au point A ; $\vec{P}$ poids de la jambe s'appliquant en G ; $\overrightarrow{F_c}$ force de contact osseuse s'appliquant en O (Figure 2).

▸ **Conditions statiques**

$$\sum \vec{F}_{ext} = \vec{0} = \overrightarrow{F_m} + \overrightarrow{F_c} + \vec{P}$$

$$\sum \vec{M}_o\left(\vec{F}_{ext}\right) = \vec{0} = \vec{M}_o\left(\vec{F}_m\right) + \vec{M}_o\left(\vec{F}_C\right) + \vec{M}_O\left(\vec{P}\right)$$

Suivant $\vec{i}, \vec{j}, \vec{k}$ nous avons :

$\vec{i} : F_m x - F_c x = 0$

$\vec{j} : F_m y - F_c y - P = 0$

$\vec{k} : M_o\left(\vec{P}\right) - M_o\left(\vec{F}_m\right) = 0$

À partir de l'équation suivant $\vec{k}$ nous pouvons déterminer $\overrightarrow{F_m}$

$\vec{k} : M_o\left(\vec{P}\right) - M_o\left(\vec{F}_m\right) = 0 \Rightarrow M_o\left(\vec{F}_m\right) = M_o\left(\vec{P}\right)$

$\Rightarrow F_m \times OA \sin\alpha = P \times OG \sin\theta$

$$\Rightarrow F_m = \frac{P \times OG \sin\theta}{OA \sin\alpha}$$

En considérant les équations suivant $\vec{i}, \vec{j}$ nous pouvons déterminer $\overrightarrow{F_c}$:

$\vec{i} : F_m x - F_c x = 0 \Rightarrow \vec{i} : F_m x = F_c x$

$\Rightarrow \vec{i} : F_c x = F_m \times \cos\left(90 - \theta + \alpha\right)$

$\vec{j} : F_m y - F_c y - P = 0 \Rightarrow \vec{j} : F_c y = F_m y - P$

$\Rightarrow \vec{j} : F_c y = F_m \times \sin\left(90 - \theta + \alpha\right) - P$

L'intensité de $\overrightarrow{F_c}$ est : $F_c = \sqrt{F_c x^2 + F_c y^2}$

▸ **Application numérique**

$$F_m = \frac{P \times OG \sin\theta}{OA \sin\alpha} = \frac{m \times g \times 0{,}28 \sin\theta}{0{,}05 \sin\alpha}$$
$$= \frac{5 \times 9{,}81 \times 0{,}28 \times \sin\theta}{0{,}05 \sin\alpha}$$

Le tableau suivant rapporte pour chacune des positions de la jambe (angle = θ) les valeurs de la force musculaire et de la force de contact osseuse.

	Angle θ (°)	Angle α (°)	F_m (N)	F_c (N)
Position 1	40	20	516,23	470,43
Position 2	70	50	336,94	291,33
Position 3	100	80	274,68	229,20
Position 4	120	100	241,55	196,17

EXERCICE 2

On veut déterminer la force musculaire $\overrightarrow{F_m}$ et la force de contact osseuse $\overrightarrow{F_C}$ agissant à l'articulation de l'épaule lorsqu'un gymnaste réalise une croix de fer aux anneaux (Figure 1).

En considérant la position du sujet :

- Calculer les forces exercées au niveau des anneaux

En considérant l'articulation de l'épaule (Figure 1) :

- Calculer les forces $\overrightarrow{F_m}$ et $\overrightarrow{F_C}$
- Comparer ces forces à la masse du sujet.

Données numériques : Masse du sujet m = 70 kg, masse du système bras avant-bras m_B = 4 kg, la distance horizontale $GA = GB$ = 0,93 m, l'orientation des forces $\overrightarrow{F_A}$ et $\overrightarrow{F_B}$ par rapport à l'axe horizontal est de α = 30°, la distance entre le centre articulaire de l'épaule (point O) et le point d'application de la force $\overrightarrow{F_m}$ est OD = 9 cm, la distance entre O et le point d'application du poids du système bras avant-bras est OC = 30 cm, la distance entre O et la force $\overrightarrow{F_A}$ est OA = 65 cm, l'orientation de $\overrightarrow{F_m}$ par rapport à l'axe horizontal est θ = 50°, g = 9,81 $m.s^{-2}$

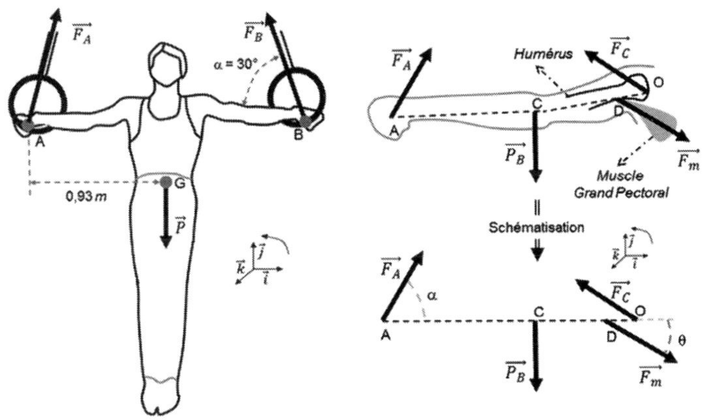

Figure 1. **Gymnaste réalisant une croix de fer aux anneaux (à gauche) et représentation des forces externes s'exerçant sur le système bras avant-bras (à droite).** Pour la schématisation nous supposons que le système est horizontal. $\overrightarrow{F_A}$ et $\overrightarrow{F_B}$ représentent les forces de réaction au niveau des anneaux, $\vec{P}$ poids du gymnaste, $\overrightarrow{F_m}$ force musculaire exercée par le muscle grand pectoral, $\overrightarrow{F_c}$ force de contact osseuse à l'articulation de l'épaule et $\overrightarrow{P_B}$ poids du système bras avant-bras.

Solution

Calcul des forces s'exerçant au niveau des anneaux

Système étudié : le gymnaste

Bilan des forces externes : $\overrightarrow{F_A}$ et $\overrightarrow{F_B}$ forces de réaction s'exerçant au niveau des anneaux ; $\vec{P}$ poids du gymnaste s'appliquant en G ; $\overrightarrow{F_c}$ (Figure 1).

- *Conditions statiques*

$$\Sigma \vec{F}_{ext} = \vec{0} = \overrightarrow{F_A} + \overrightarrow{F_B} + \vec{P}$$

$$\Sigma \vec{M}_B\left(\vec{F}_{ext}\right) = \vec{0} = \vec{M}_B\left(\vec{F}_A\right) + \vec{M}_B\left(\vec{F}_B\right) + \vec{M}_B\left(\vec{P}\right)$$

Suivant $\vec{i}, \vec{j}, \vec{k}$ nous avons

$\vec{i} : F_A x - F_B x = 0$

$\vec{j} : F_A y + F_B y - P = 0$

$\vec{k} : M_B(\vec{P}) - M_B(\vec{F}_A) = 0$

À partir de l'équation suivant $\vec{k}$ nous pouvons déterminer $\overrightarrow{F_A}$

$\vec{k} : M_B(\vec{P}) - M_B(\vec{F}_m) = 0 \Rightarrow M_o(\vec{F}_A) = M_o(\vec{P})$

$\Rightarrow F_A \times BA \sin\alpha = P \times d$

Avec d représentant la distance correspondant à la projection du point B perpendiculairement à la ligne d'action du poids du sujet. Cette distance est de $d = 0{,}93$ m

$\Rightarrow F_A = \dfrac{P \times d}{BA \sin\alpha}$

En considérant les équations suivant $\vec{i}, \vec{j}$ nous pouvons déterminer $\overrightarrow{F_B}$

$\vec{i} : F_A x - F_B x = 0 \Rightarrow \vec{i} : F_A x = F_B x = F_A \times \cos\alpha$

$\vec{j} : F_A y + F_B y - P = 0 \Rightarrow \vec{j} : F_B y = P - F_A y$

$\Rightarrow \vec{j} : F_B y = P - F_A \times \sin\alpha$

L'intensité de $\overrightarrow{F_B}$ est : $F_B = \sqrt{F_B x^2 + F_B y^2}$

- *Application numérique*

$$F_A = \frac{P \times d}{BA \sin\alpha} = \frac{m \times g \times 0{,}93}{2 \times 0{,}93 \sin 30°} = \frac{70 \times 9{,}81 \times 0{,}93}{2 \times 0{,}93 \sin 30°}$$
$$= 686{,}7\,N$$

$F_B x = F_A \times \cos(\alpha) = 686{,}6 \times \cos 30° = 594{,}69\,N$

$F_B y = P - F_A \times \sin\alpha = 70 \times 9{,}81 - 686{,}6 \sin 30°$
$= 343{,}35\,N$

$F_B = \sqrt{594{,}69^2 + 343{,}35^2} = 686{,}7\,N$

Calcul des forces $\overrightarrow{F_m}$. et $\overrightarrow{F_c}$

Système étudié : le bras et l'avant-bras

Bilan des forces externes : $\overrightarrow{F_m}$ force musculaire s'appliquant en D, $\overrightarrow{F_c}$ force de contact osseuse s'appliquant en O ; $\overrightarrow{P_B}$ poids du système bras avant-bras s'appliquant en C ; $\overrightarrow{F_A}$ force de réaction au niveau de l'anneau s'appliquant en A (Figure 1).

- *Conditions statiques*

$$\Sigma \vec{F}_{ext} = \vec{0} = \overrightarrow{F_m} + \overrightarrow{F_c} + \overrightarrow{F_A} + \overrightarrow{P_B}$$

$$\Sigma \vec{M}_O(\vec{F}_{ext}) = \vec{0} = \vec{M}_O(\overrightarrow{F_m}) + \vec{M}_O(\overrightarrow{F_c}) + \vec{M}_O(\overrightarrow{F_A}) + \vec{M}_O(\overrightarrow{P_B})$$

Suivant $\vec{i}, \vec{j}, \vec{k}$ nous avons

$\vec{i} : F_m x - F_c x + F_A x = 0$

$\vec{j} : -F_m y + F_c y + F_A y - P_B = 0$

$\vec{k} : M_O(\overrightarrow{P_B}) - M_O(\overrightarrow{F_A}) + M_O(\overrightarrow{F_m}) = 0$

À partir de l'équation suivant $\vec{k}$ nous pouvons déterminer $\overrightarrow{F_m}$

$\vec{k} : M_O(\overrightarrow{P_B}) - M_B(\vec{F}_A) + M_B(\vec{F}_m) = 0$

$\Rightarrow M_o(\vec{F}_m) = M_o(\overrightarrow{F_A}) - M_o(\overrightarrow{P_B})$

$\Rightarrow F_m \times OD \sin\theta = F_A \times OA \sin\alpha - P_B \times OC$

$\Rightarrow F_m = \dfrac{F_A \times OA \times \sin\alpha - P_B \times OC}{OD \sin\theta}$

En considérant les équations suivant $\vec{i}, \vec{j}$ nous pouvons déterminer $\overrightarrow{F_C}$

$\vec{i} : F_m x - F_c x + F_A x = 0$

$\Rightarrow \vec{i} : F_c x = F_m x + F_A x = F_m \times \cos\theta + F_A \times \cos\alpha$

$\vec{j} : -F_m y + F_c y + F_A - P_B = 0$

$\Rightarrow \vec{j} : F_c y = F_m y - F_A y + P_B = F_m \times \sin\theta - F_A \sin\alpha + P_B$

L'intensité de $\overrightarrow{F_c}$ est : $F_c = \sqrt{F_c x^2 + F_c y^2}$

- *Application numérique*

$$F_m = \frac{F_A \times OC \times \sin\alpha - F_A \times OC}{OD \sin\theta}$$
$$= \frac{686{,}7 \times 0{,}65 \times \sin 30° - 4 \times 9{,}81 \times 0{,}35}{0{,}09 \times \sin 50°}$$
$$= 3066{,}33\,N$$

$F_c x = F_m \times \cos\theta + F_A \times \cos\alpha$
$= 3066{,}33 \times \cos 50° + 686{,}7 \cos 30°$
$= 2565{,}69\,N$

$F_c y = F_m \times \sin\theta - F_A \sin\alpha + P_B$
$= 3066{,}33 \times \sin 50° - 686{,}7 \times \sin 30° + 4 \times 9{,}81$
$= 2044\,N$

$F_c = \sqrt{2565{,}69^2 + 2044^2} = 3114\,N$

Les forces $\overrightarrow{F_m}$ et $\overrightarrow{F_C}$ sont très largement supérieures au poids du gymnaste

Chapitre 2

CLASSIFICATION DES ACTIONS MUSCULAIRES, PROPRIÉTÉS MÉCANIQUES DU MUSCLE

Introduction

C'est à partir de la contraction des muscles que nous pouvons réaliser des mouvements et des postures. Toutefois, le muscle n'est pas un générateur parfait de force, en fonction des conditions de sollicitation (vitesse, longueur) sa capacité à produire une force va varier. On distingue donc différents modes d'actions ou de contractions musculaires.

Modes d'actions musculaires

Les modes d'actions sont définis à partir du comportement observé sur un muscle isolé en fonction de son état de longueur. Chez l'homme, ces modes d'actions sont analysés en considérant un muscle ou groupe de muscles agissant sur une articulation (mouvement mono-articulaire).

Mode d'action isométrique

Le muscle développe une force sans modification de sa longueur (Figure 2.1 A). Pour un muscle isolé actif (activation par stimulation électrique) la tension développée par le muscle permet de maintenir sans déplacement une charge. La force musculaire (F_m) est égale au poids de la charge (P) la longueur du muscle est constante (l_0). En considérant la charge nous avons :

$$\Sigma \vec{F}_{ext} = 0 = \vec{F}_m + \vec{P}$$
$$\vec{j} : F_m - P = 0 \Rightarrow F_m = P$$

Le travail mécanique (produit de la force par le déplacement) ainsi que la puissance (produit de la vitesse par la force) sont nuls.

Chez l'homme, le mode d'action isométrique correspond au maintien d'une charge sans modification de la position angulaire de l'articulation (Figure 2.1B). Le moment musculaire à l'articulation est égal au moment engendré par le poids de la charge (dans l'exemple le poids de la charge englobe le poids du segment) et l'angle articulaire (θ) est constant.

$$\Sigma \vec{M}_O\left(\vec{F}_{ext}\right) = 0 = \vec{M}_O(\vec{F}_m) + \vec{M}_O(\vec{P})$$
$$\vec{k} : M_O\left(\vec{F}_m\right) - M_O\left(\vec{P}\right) = 0 \Rightarrow M_O\left(\vec{F}_m\right) = M_O\left(\vec{P}\right)$$

Comme pour le muscle isolé, le travail (produit du moment par le déplacement angulaire) ainsi que la puissance (produit du moment par la vitesse angulaire) sont nuls.

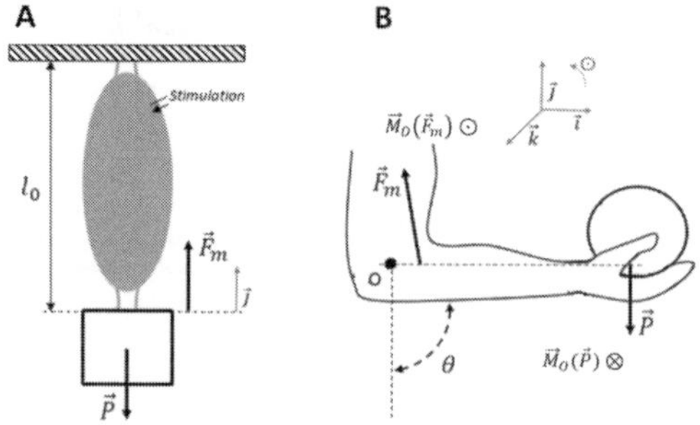

Figure 2.1. **Mode d'action isométrique pour le muscle isolé (A) et l'homme (B).** l_0 : longueur du muscle, $\vec{P}$: poids de la charge, F_m : force musculaire, θ : angle articulaire

Modes d'actions anisométriques

Le muscle va développer une force mais sa longueur va varier. On distingue deux modes d'actions, soit le muscle se raccourcit (insertions musculaires se rapprochent l'une de l'autre) on parle alors d'action concentrique, soit le muscle s'allonge (insertions musculaires s'éloignent l'une de l'autre) et le mode d'action sera excentrique.

Mode d'action concentrique

La force musculaire déplace une charge et le muscle se raccourcit à une certaine vitesse. Dans ce cas la force développée par le muscle est supérieure au poids de la charge et la vitesse de raccourcissement est positive (Figure 2.2A).

On a :

$$\Sigma \vec{F}_{ext} = m\vec{a} = \vec{F}_m + \vec{P}$$

$$\vec{j} : F_m - P = ma \Rightarrow F_m = m(a+g) \Rightarrow F_m > P$$

Le raccourcissement musculaire est : $l_0 - l = \Delta l$

La vitesse moyenne du raccourcissement sera : $\overline{v} = \dfrac{\Delta l}{\Delta t}$

ou Δt correspond au temps du raccourcissement. Le travail mécanique ainsi que la puissance sont considérés positifs.

Chez l'homme, le muscle déplace une charge en se raccourcissant, le moment musculaire à l'articulation est supérieur au moment engendré par le poids de la charge. La vitesse angulaire du mouvement est dans le même sens que le moment musculaire. Si on considère la figure 2.2B le moment musculaire est dans le même sens que la vitesse angulaire du mouvement à savoir, dans le sens de la flexion.

On a :

$$\Sigma \vec{M}_O(\vec{F}_{ext}) = I\ddot{\vec{\theta}} = \vec{M}_O(\vec{F}_m) + \vec{M}_O(\vec{P})$$
$$\vec{k} : M_O(\vec{F}_m) - M_O(\vec{P}) = I\ddot{\theta} \Rightarrow M_O(\vec{F}_m)$$
$$= I\ddot{\theta} + M_O(\vec{P}) \Rightarrow M_O(\vec{F}_m) > M_O(\vec{P})$$

Le déplacement angulaire est : $\theta_2 - \theta_1 = \Delta\theta$

La vitesse angulaire moyenne du déplacement sera :

$$\overline{\omega} = \frac{\Delta\theta}{\Delta t}$$

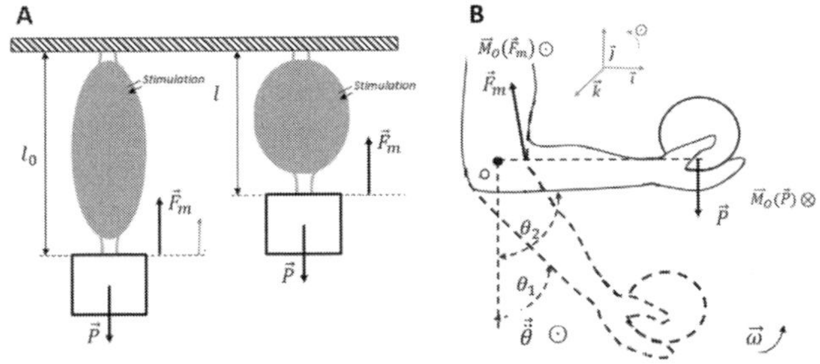

Figure 2.2. **Mode d'action concentrique pour le muscle isolé (A) et l'homme (B).** l_0: longueur initiale du muscle, l: longueur finale du muscle, $\vec{p}$: poids de la charge, $\vec{F}_m$: force musculaire, θ_1 : position angulaire initiale, θ_2 : position angulaire finale. $\ddot{\theta}$: accélération angulaire, $\vec{\omega}$: vitesse angulaire.

Le travail mécanique et la puissance sont positifs.

Mode d'action excentrique

Le muscle développe une force qui est inférieure au poids de la charge (Figure 2.3A). Sous l'effet du poids de la charge le muscle s'allonge à une vitesse d'étirement négative. Le travail et la puissance sont dans ce cas négatifs. On a :

$$\sum \vec{F}_{ext} = m\vec{a} = \vec{F}_m + \vec{P}$$

$$\vec{j} : F_m - P = -ma \Rightarrow F_m = m(a-g) \Rightarrow F_m < P$$

L'allongement musculaire est : $l - l_0 = -\Delta l$

La vitesse moyenne de l'allongement sera : $\overline{v} = \dfrac{\Delta l}{\Delta t}$ (en considérant $\Delta l > 0$). Le travail mécanique ainsi que la puissance sont négatifs.

Chez l'homme, le muscle se contracte en s'allongeant, le moment musculaire à l'articulation est inférieur au moment engendré par le poids de la charge. La vitesse angulaire du mouvement est dans le sens opposé à celui du moment musculaire. Si on considère la figure 2.3B le moment musculaire est dans le sens de la flexion et la vitesse angulaire du mouvement dans le sens de l'extension. Travail et puissance sont négatifs.

On a :

$$\sum \vec{M}_O\left(\vec{F}_{ext}\right) = -I\vec{\ddot{\theta}} = \vec{M}_O\left(\vec{F}_m\right) + \vec{M}_O\left(\vec{P}\right)$$

$$\vec{k} : M_O\left(\vec{F}_m\right) - M_O\left(\vec{P}\right) = -I\ddot{\theta} \Rightarrow M_O\left(\vec{F}_m\right)$$

$$= -I\ddot{\theta} + M_O\left(\vec{P}\right) \Rightarrow M_O\left(\vec{F}_m\right) < M_O\left(\vec{P}\right)$$

Le déplacement angulaire est : $\theta_2 - \theta_1 = -\Delta\theta$

La vitesse angulaire moyenne du déplacement sera :

$\overline{\omega} = \dfrac{\Delta\theta}{\Delta t}$ (avec $\Delta\theta > 0$).

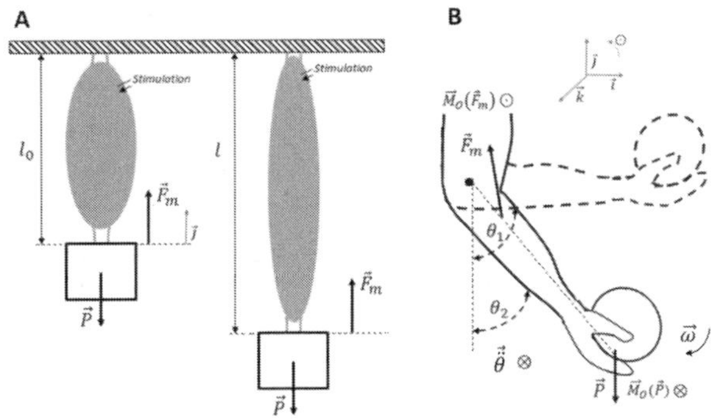

Figure 2.3. **Mode d'action excentrique pour le muscle isolé (A) et l'homme (B).** l_0: longueur initiale du muscle, l: longueur finale du muscle, $\vec{p}$: poids de la charge, $\vec{F}_m$: force musculaire, θ_1 : position angulaire initiale, θ_2 : position angulaire finale. $\ddot{\theta}$: accélération angulaire, $\vec{\omega}$: vitesse angulaire.

Une combinaison particulière des modes d'actions anisométriques permet de définir une action pliométrique. Cette action correspond à la combinaison successive et rapide d'une action excentrique suivie d'une action concentrique. L'étirement musculaire actif de la contraction excentrique permet d'améliorer l'efficacité mécanique de la contraction concentrique en comparaison à une contraction concentrique seule. Cette augmentation d'efficacité est liée, en partie, à l'emmagasinement au niveau du muscle d'énergie élastique lors de l'étirement restitué lors du raccourcissement musculaire. Ce mode de sollicitation est largement utilisé dans les actions motrices courantes telles que la marche la course ou encore les sauts.

Identification des modes d'actions musculaires

Au cours d'un mouvement plus ou moins complexe, l'analyse seule des placements et/ou de la vitesse angulaire des différents segments les uns par rapport aux autres ne permet d'identifier les groupes musculaires actifs ainsi que leur mode d'action. Pour réaliser cette identification il faut analyser simultanément le moment produit à l'articulation et le déplacement ou la vitesse angulaire. Le moment produit à l'articulation permet d'identifier les muscles actifs. Lorsque le moment est dans le sens de la flexion ce sont les muscles fléchisseurs qui travaillent. Inversement si le moment produit est dans le sens de l'extension. Définir le mode d'action de ces muscles nécessite de comparer le sens du moment à celui de la vitesse angulaire (ou du déplacement articulaire). Lorsque le moment et la vitesse angulaire sont de même sens, le mode d'action est concentrique, et excentrique lorsqu'ils sont de sens opposé. À partir de ce type d'analyse on montre qu'un mouvement mono-articulaire simple, par exemple une extension articulaire, fait intervenir tour à tour les muscles extenseurs et fléchisseurs de l'articulation considérée suivant les modes d'actions concentrique et excentrique. La figure 2.4 décrit le moment articulaire et la vitesse angulaire enregistrés au cours d'un mouvement d'extension-flexion du genou. À partir de ces enregistrements on peut déterminer pour chaque phase du mouvement le groupe musculaire actif (extenseurs *vs* fléchisseurs) et le mode d'action (concentrique *vs* excentrique).

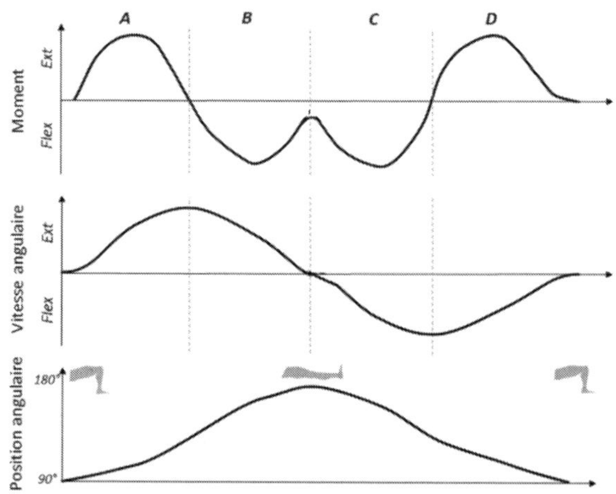

Figure 2.4. **Moment (tracé du haut), vitesse angulaire (tracé du milieu) et position angulaire (tracé du bas) lors d'un mouvement d'extension-flexion de l'articulation du genou.**

- Phase A, le moment et la vitesse angulaire sont dans le sens de l'extension. Les extenseurs du genou (Quadriceps) travaillent en concentrique.
- Phase B, le moment et la vitesse sont de sens opposé. Les fléchisseurs du genou (Ischio-jambiers) travaillent en excentrique.
- Phase C, moment et vitesse angulaire sont dans le sens de la flexion, les muscles fléchisseurs travaillent en concentrique.
- Phase D, moment et vitesse angulaire sont de sens opposé, les muscles extenseurs travaillent en excentrique.

Lors des phases A et B, le mouvement est un mouvement d'extension du genou. Pour les phases C et D le mouvement est un mouvement de flexion du genou. Les phases B et D concernent un travail successif des muscles fléchisseurs en excentrique puis en concentrique. Cette combinaison correspond à une action pliométrique.

Approche élémentaire des propriétés mécaniques du muscle

La capacité d'un muscle à produire une force va dépendre de sa longueur et de la vitesse à laquelle le muscle est mobilisé.

Propriétés mécaniques du muscle isolé

Relation force-longueur (*F(l)*)

Cette relation peut être obtenue lorsque le muscle est au repos ou en contraction.

Au repos

Il s'agit ici d'enregistrer la force qu'il est nécessaire à appliquer au muscle pour que celui-ci reste à une longueur constante. Si on mesure cette force pour différentes longueurs musculaires, on obtient une relation *F(l)* qui indique qu'au-delà d'une certaine longueur musculaire la force qu'il faut appliquer au muscle augmente de manière non-linéaire avec l'augmentation de la longueur du muscle (Figure 2.5).

En contraction

Expérimentalement la force est enregistrée pour un muscle stimulé maximalement à différentes longueurs musculaires (conditions isométriques) (Figure 2.6). La relation *F(l)* du muscle actif (relation *a* dans la figure 2.6A) obtenue indique une augmentation de la force jusqu'à une certaine longueur (ici l_2), puis la force décroit pour augmenter à nouveau avec l'augmentation de la longueur du muscle.

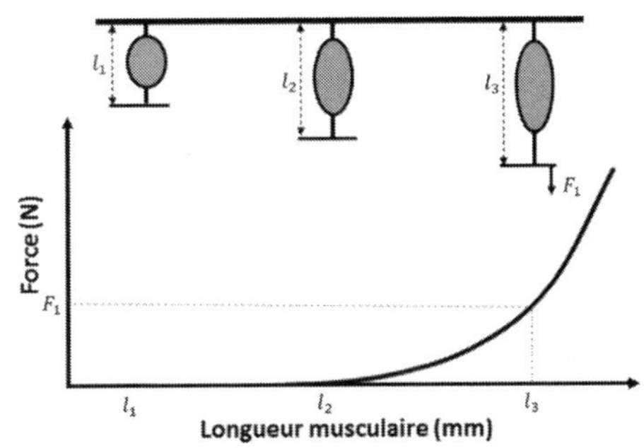

Figure 2.5. **Relation force-longueur du muscle au repos.** Au-delà de la longueur l_2 la force augmente non-linéairement avec l'augmentation de la longueur du muscle. Pour la longueur l_3, il est nécessaire d'appliquer la force F_1 pour maintenir le muscle à cette longueur

Cette relation *F(l)*, qui décrit la dépendance à la longueur du muscle de la force maximale isométrique que le muscle peut produire, est une relation composite. En effet, si on déduit de cette relation la relation *F(l)* du muscle au repos (relation *b* dans la figure 2.6A) on obtient une relation *F(l)* (Figure 2.6B) dont l'allure dépend du taux de recouvrement entre les filaments fins d'actine et les filaments épais de myosine d'un sarcomère (éléments contractiles du muscle). Globalement, pour de faibles longueurs de sarcomères les filaments fins et épais vont s'interpénétrer et limiter le nombre de ponts actine-myosine pouvant être formé. Pour des longueurs intermédiaires le recouvrement entre les filaments est optimal et le nombre de ponts pouvant être formé maximal. Enfin pour des longueurs importantes le taux de recouvrement entre les filaments devient faible ce qui diminue le nombre de ponts possible entre les filaments fins et épais. Cette relation correspond à la relation force-longueur de la composante contractile du muscle.

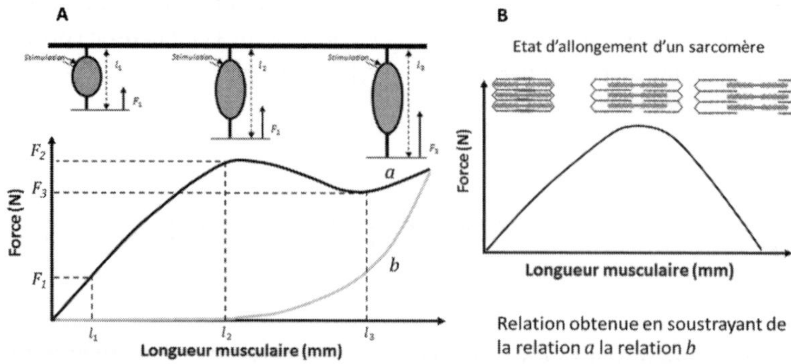

Figure 2.6. **En A, relation force-longueur du muscle actif (a).** Si on déduit de cette relation la relation force-longueur du muscle au repos (b) on obtient la relation force-longueur de la composante contractile du muscle(B). L'allure de cette relation dépend du taux de recouvrement entre les filaments fins et épais d'un sarcomère

Relation force-vitesse ($F(v)$)

Cette relation est obtenue à partir d'enregistrements réalisés dans des conditions isotoniques (tension musculaire constante) (Figure 2.7). Expérimentalement, le muscle est activé maximalement en isométrie puis on lui applique une charge constante. Sous l'effet de la charge le muscle va soit se raccourcir (Figure 2.7A ; $P_1 < P_0$) soit s'allonger (Figure 2.7B ; $P_2 > P_0$). Au cours de ces expériences l'évolution de la longueur du muscle en fonction du temps est enregistrée ce qui permet de déterminer la vitesse à laquelle le muscle est mobilisé.

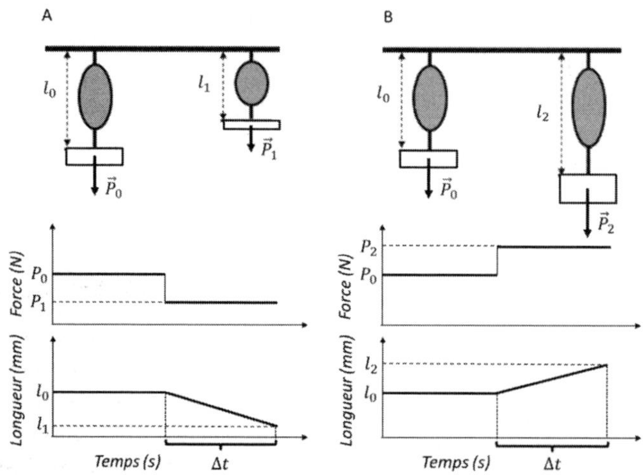

Figure 2.7. **Enregistrement de la force et de la longueur musculaire lors de sollicitations isotoniques du muscle.** En A la charge P_1 est inférieure à P_0 le muscle se raccourcit d'une longueur $\Delta l = l_0 - l_1$. La vitesse de raccourcissement est ici $v = \Delta l / \Delta t$. En B la charge P_2 est supérieure à P_0 le muscle s'allonge d'une longueur $\Delta l = l_0 - l_2$. La vitesse d'allongement est ici $v = \Delta l - \Delta t$.

À partir de ces expériences réalisées pour différentes charges, on peut décrire l'évolution de la vitesse de mobilisation du muscle en fonction de la charge. La relation obtenue (Figure 2.8) indique que pour des charges inférieures à P_0 le muscle se raccourcit et sa vitesse de raccourcissement (positive) est d'autant plus grande que la charge est faible. Pour une charge nulle on définit la vitesse maximale de raccourcissement du muscle (V_0). La partie de la relation comprise entre P_O et V_O décrit le comportement du muscle lors d'actions concentriques. Lorsque les charges appliquées au muscle sont supérieures à P_0 le muscle s'allonge et la vitesse d'allongement (négative), dans un premier temps, augmente rapidement avec l'augmentation de la charge puis, elle se stabilise jusqu'à une certaine charge qui correspond à la charge de rupture du muscle. Cette partie de la relation décrit le comportement du muscle lors d'actions excentriques. L'efficacité du muscle à développer une force va dépendre du mode d'action. La force développée en excentrique est supérieure à la force développée en isométrique qui est elle-même supérieure à la force développée en concentrique.

La relation obtenue pour des sollicitations concentriques (entre P_0 et V_0) est décrite par l'équation de Hill (1938) :

$$(P+a)(V+b)=(P_0+a)b \Rightarrow P=\frac{P_0 b-aV}{V+b}$$

Avec : P = charge déplacée ; V = vitesse de déplacement de la charge ; P_0 = charge (force) maximale isométrique ; a = constante de force ; b = constante de vitesse.

P_0, a et b sont des constantes qui varient en fonction du muscle étudié (taille et typologie du muscle). À partir de ces constantes la vitesse maximale de raccourcissement du muscle (V_0) peut être définie par : $V_0=\frac{P_0 b}{a}$

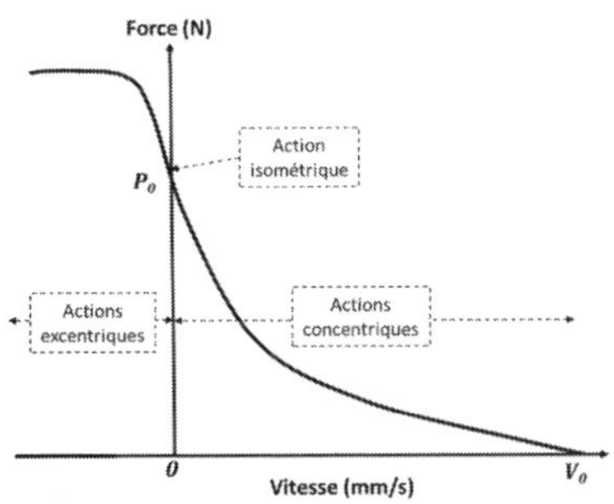

Figure 2.8. **Relation force-vitesse du muscle isolé.**

À partir de l'équation de Hill, on peut déduire la relation puissance-vitesse du muscle isolé (Figure 2.9). La puissance (P_w) étant le produit de la force par la vitesse, on a :

$$P_w=F\times V=\frac{P_0 b-aV}{V+b}\times V$$

Cette relation puissance-vitesse présente une valeur maximale de puissance pour une valeur de vitesse optimale de raccourcissement du muscle (V_{opt}). Cette dernière peut être définie en calculant la valeur de vitesse qui annule la dérivée de la puissance en fonction du temps ($\frac{dP_w}{dV}=0$)

$$\frac{dP_w}{dV}=\frac{b^2(P_0+a)}{(V+b)^2}-a \Rightarrow V_{opt}=b\left(\sqrt{\frac{P_0+a}{a}}-1\right)$$

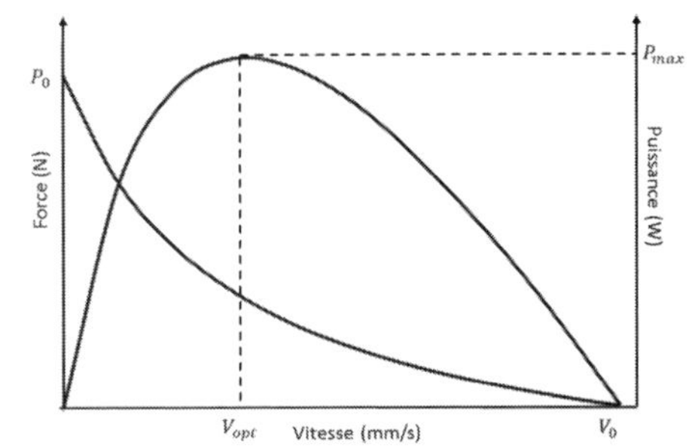

Figure 2.9. **Relation *F(v)* concentrique et *P(v)* pour le muscle isolé.** P_{max} puissance maximale ; P_0 force maximale ; V_0 vitesse maximale ; V_{opt} vitesse optimale

Les relations *F(l)*, *F(v)* et *P(v)* déterminent les capacités maximales de production de force et de puissance du muscle isolé.

Propriétés mécaniques du muscle *in situ*

Chez l'homme, les propriétés mécaniques du muscle sont déterminées à partir de l'étude du moment articulaire développé lors d'un effort maximal volontaire. Ce moment va dépendre de la position angulaire de l'articulation ainsi que de la vitesse angulaire du segment mobilisé. Les propriétés mécaniques du muscle *in situ* sont définies à partir des relations moment-angle et moment-vitesse angulaire obtenues lors de sollicitations monoarticulaires.

Relation moment-angle

Les conditions expérimentales sont isométriques, l'articulation est placée dans une position angulaire donnée, et le sujet doit réaliser un effort maximal soit de flexion soit d'extension (Figure 2.10). Au cours de cette expérience, on enregistre la position angulaire de l'articulation et le moment articulaire développé. Si l'expérience est réalisée à différentes positions angulaires, une série de mesures associant la position angulaire et le moment articulaire vont permettre de tracer la relation moment-angle. L'allure de cette relation va dépendre de l'articulation considérée ainsi que du groupe musculaire sollicité. Pour la plupart des articulations, le moment augmente jusqu'à une certaine valeur avec l'augmentation de l'angle, puis celui-ci décroît. On note donc qu'il existe un angle articulaire optimal pour un moment musculaire maximal (Figure 2.10).

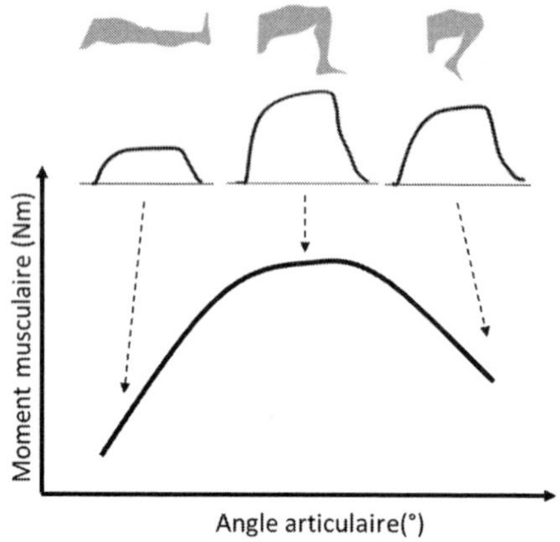

Figure 2.10. **Relation moment-angle pour les extenseurs du genou.** La partie du haut schématise pour trois positions angulaires de l'articulation, le moment développé. La partie du bas montre la dépendance du moment articulaire en fonction de la position angulaire

Relation moment-vitesse angulaire

La relation moment-vitesse angulaire est généralement obtenue à partir de mouvements monoarticulaires réalisés à une vitesse angulaire constante (sollicitation isocinétique). Au cours de ces mouvements monoarticulaires de flexion ou d'extension, le sujet réalise un effort volontaire maximal. Si l'expérience est réalisée pour différentes vitesses angulaires, la série d'enregistrements montrant l'évolution du moment en fonction de la position angulaire de l'articulation permet de construire la relation moment-vitesse angulaire en considérant pour chaque courbe le moment maximal développé (Figure 2.11). L'allure de cette relation indique :

Pour des vitesses angulaires positives, qui définissent le mode d'action concentrique, le moment produit décroît avec l'augmentation de la vitesse angulaire.

Pour la vitesse angulaire nulle, le moment développé correspond au moment maximal isométrique (de l'angle articulaire considéré).

Pour des vitesses angulaires négatives, le mode d'action est excentrique, et le moment développé est supérieur au moment développé en isométrie et en concentrique.

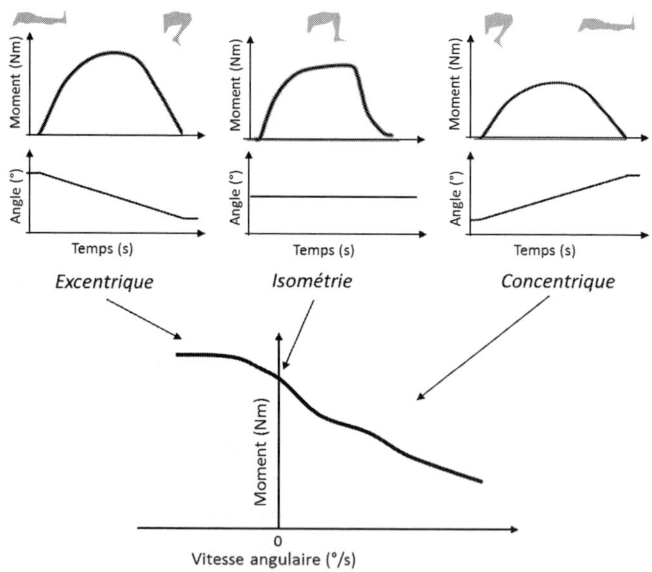

Figure 2.11. **Relation moment-vitesse angulaire pour les extenseurs du genou.** La partie du haut représente l'enregistrement du moment musculaire et de la position angulaire pour des actions excentrique, isométrique et concentrique. La partie du bas représente la relation moment vitesse angulaire.

Les relations moment-angle et moment-vitesse angulaire définissent les capacités maximales de production de force du muscle chez l'homme. L'efficacité musculaire va dépendre de la position et de la vitesse angulaire de mobilisation de l'articulation considérée.

EXERCICE

Les figures ci-dessous représentent les enregistrements de l'angle articulaire et du moment musculaire obtenus à l'articulation du genou de la jambe droite pour un pas et une foulée réalisée respectivement lors de la marche et de la course (figure 1). À partir de ces enregistrements vous devez :

1. Identifier la phase d'appui et la phase aérienne de la jambe
2. Indiquer les phases de flexion et d'extension de la jambe
3. Déterminer le groupe musculaire actif (extenseur ou fléchisseur)
4. Définir le mode d'action de ces groupes musculaires (concentrique ou excentrique)
5. Identifier la présence ou non de phase pliométrique.

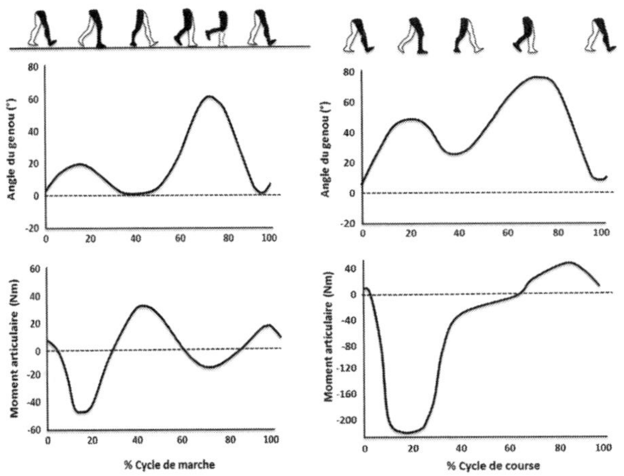

Figure 1. **Enregistrement de l'évolution de l'angle (graphique du haut) et du moment musculaire (graphique du bas) à l'articulation du genou lors d'un pas de marche (à gauche) et une foulée en course (à droite).** Ces évolutions sont données en abscisse en pourcentage du cycle de marche ou de course (pose successive du pied droit au sol). Pour l'évolution de l'angle articulaire 0° correspond à l'extension complète du genou. Pour le moment musculaire, les valeurs positives correspondent au moment musculaire de flexion et les valeurs négatives au moment musculaire d'extension

Solution

1. **Identifier la phase d'appui et la phase aérienne de la jambe**

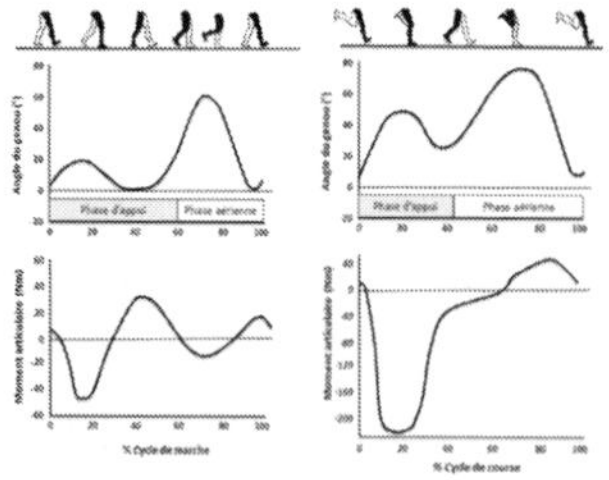

Pour la marche et la course la phase d'appui va de la pose du talon au décollage du pied. Dans les exemples la phase d'appui correspond à environ 60 % du cycle pour la marche et à environ 40% pour la course. Ceci signifie que lors de la marche il y aura une phase de double appui et le sujet aura toujours au moins un appui au sol. Pour la course, il n'y aura aucune phase de double appui et le sujet aura une phase aérienne (aucun appui au sol).

2. **Indiquer les phases de flexion et d'extension de la jambe**

Pour déterminer ces phases, il faut considérer uniquement le déplacement angulaire de la jambe

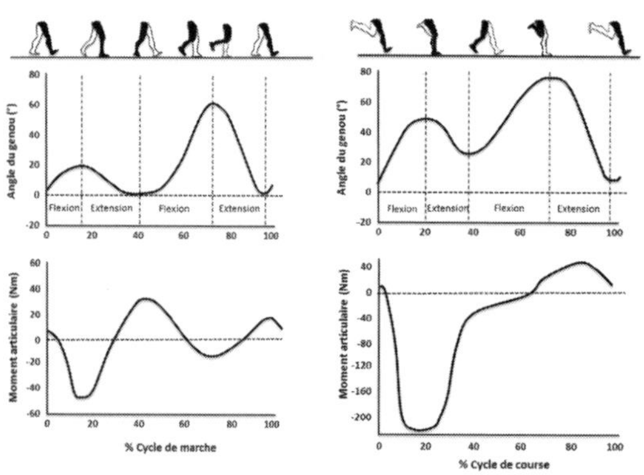

3. **Déterminer le groupe musculaire actif (extenseur ou fléchisseur)**

La détermination du groupe musculaire actif nécessite de considérer uniquement l'évolution du moment musculaire

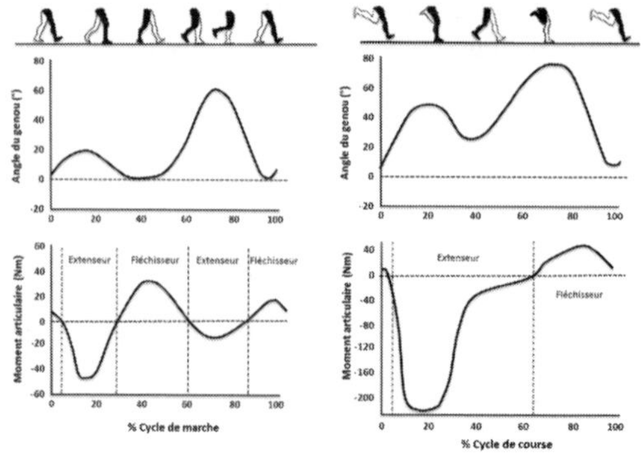

Nous pouvons noter que lors du cycle de marche la phase d'appui fait intervenir successivement le groupe musculaire extenseur et fléchisseur, alors qu'uniquement le groupe musculaire extenseur intervient lors de la phase d'appui en course.

4. **Définir le mode d'action de ces groupes musculaires (concentrique ou excentrique)**

Pour définir le mode d'action des groupes musculaires actifs il faut considérer simultanément le sens du mouvement (flexion, extension) et le groupe musculaire actif (fléchisseur, extenseur). Si sens du mouvement et groupe musculaire sont de même sens (les deux extenseurs ou fléchisseurs) le mode d'action est concentrique. Si, ils sont de sens opposés (extenseur pour le groupe musculaire et mouvement de flexion) le mode d'action est excentrique.

Pour la marche nous pouvons distinguer 8 phases

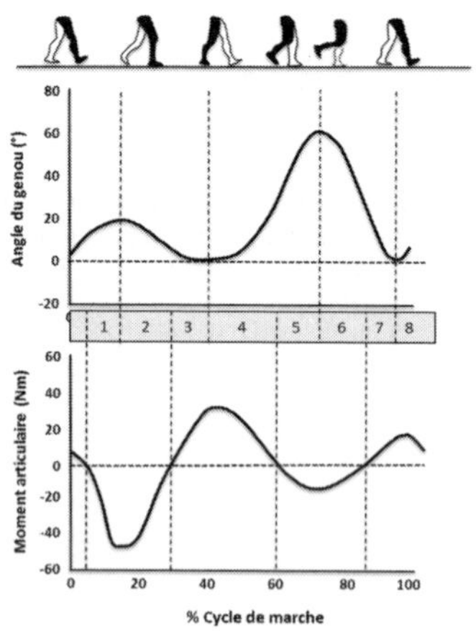

	1	2	3	4	5	6	7	8
Mouvement	Flexion	Extension		Flexion		Extension		Flexion
Gr. Muscul.	Extenseur		Fléchisseur		Extenseur		Fléchisseur	
Mode action	Exc	Conc	Exc	Conc	Exc	Conc	Exc	Conc

Tableau récapitulatif des modes d'action musculaire. Exc = Excentrique ; Conc = Concentrique.

Pour la course, 5 phases peuvent être identifiées

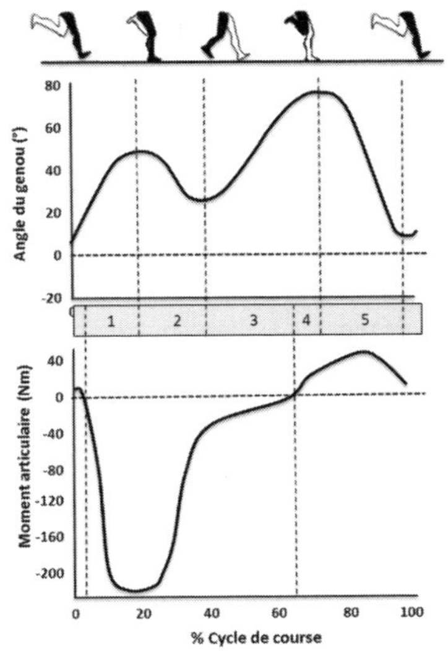

	1	2	3	4	5
Mouvement	Flexion	Extension	Flexion		Extension
Gr. Muscul.	Extenseur			Fléchisseur	
Mode Action	Exc	Conc	Exc	Conc	Exc

5. **Identifier la présence ou non de phase pliométrique**

Une phase pliométrique correspond pour un même groupe musculaire à une succession rapide d'action excentrique et concentrique. Pour la marche nous avons alternativement des phases pliométriques pour le groupe musculaire extenseur (phase 1,2 et 6,7) et le groupe musculaire fléchisseur (phase 3,4 et 7,8). Concernant la course on note uniquement une phase pliométrique pour le groupe musculaire extenseur (phase 1,2).

Chapitre 3

CINÉMATIQUE

Introduction

L'analyse cinématique est une analyse descriptive du mouvement qui se définit comme l'étude du mouvement en fonction du temps, sans rechercher les causes de ce mouvement. Cette définition nécessite la distinction entre un état de mouvement et un état de repos. Ces états sont des notions relatives. En effet, si l'on considère un individu assis par exemple dans un avion, il est à l'état de repos par rapport à l'avion et à l'état de mouvement par rapport à la terre. La distinction entre état de repos et état de mouvement dépend du référentiel considéré.

La description du mouvement est réalisée à partir de l'analyse de trajectoires, vitesses et accélérations. Cette analyse peut être globale et dans ce cas on résume l'individu à son centre de gravité ou plus spécifique et on s'intéresse alors aux mouvements réalisés par les différents segments corporels.

Repérage d'un point dans l'espace

L'espace est défini par un repère fixe orthonormé $(O,\vec{i},\vec{j},\vec{k})$. Ce dernier comprend trois axes perpendiculaires deux à deux et chaque axe supporte un vecteur unitaire ($i = j = k = 1$) (Figure 3.1). La position instantanée d'un point $M_{(t)}$ est définie par rapport au point O par le vecteur :

$$\overrightarrow{OM}(t) = x(t)\vec{i} + y(t)\vec{j} + z(t)\vec{k}$$

$x(t), y(t), z(t)$ sont les coordonnées suivant $\vec{i},\vec{j},\vec{k}$ du point M à l'instant *(t)*. La distance entre O et $M_{(t)}$ est définie par la norme du vecteur $\overrightarrow{OM}(t)$

$$OM(t) = \sqrt{x(t)^2 + y(t)^2 + z(t)^2}$$

À partir de la position instantanée d'un point la vitesse et l'accélération instantanées de ce point sont obtenues par dérivation successive.

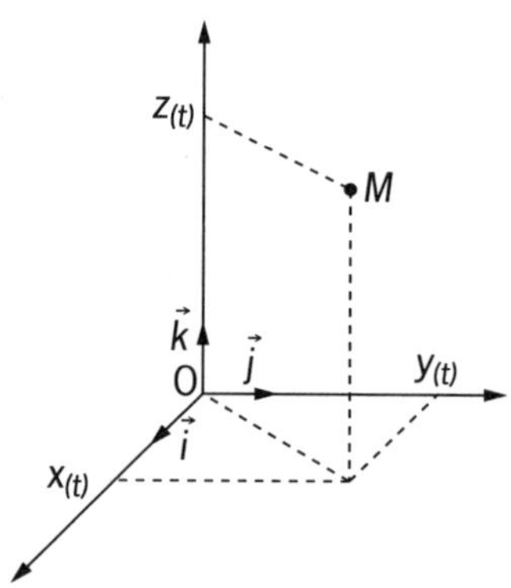

Figure 3.1. **Repérage d'un point *M* dans l'espace.**

Mouvement linéaire

Un mouvement linéaire est défini par un axe de déplacement (Figure 3.2). Le repère est défini par, $(O,\vec{i})$. La position instantanée du point M est :

$$\overrightarrow{OM}(t)=x(t)\vec{i}$$

Notons que dans le cas d'un mouvement linéaire la position instantanée définit aussi la distance entre le point O et le point M. L'unité de mesure est le mètre (m). La vitesse instantanée du point M correspond à la dérivée première de la position instantanée.

$$\frac{d\overrightarrow{OM}(t)}{dt}=\vec{v}(t)=\frac{dx(t)}{dt}\vec{i}=\dot{x}(t)\vec{i}$$

L'unité de la vitesse instantanée est m/s ($m.s^{-1}$). À partir de la vitesse instantanée et par dérivation on définit l'accélération instantanée. Cette accélération correspond à la dérivée seconde de la position instantanée. L'unité de l'accélération est le m/s² ($m.s^{-2}$)

$$\frac{d\vec{v}(t)}{dt}=\vec{a}(t)=\frac{d\dot{x}(t)}{dt}\vec{i}=\ddot{x}(t)\vec{i}$$

À l'instant t_1 le point M se déplace à la position M_1 (Figure 3.2). La position et la vitesse instantanées du point M_1 sont :

$$\overrightarrow{OM_1}(t_1)=x_1(t_1)\vec{i}$$

$$\frac{d\overrightarrow{OM_1}(t_1)}{dt}=\vec{v_1}(t_1)=\frac{dx_1(t_1)}{dt}\vec{i}=\dot{x}_1(t_1)\vec{i}$$

La distance parcourue par le point M entre les instants t et t_1 est :

$$\overrightarrow{MM_1}=\left(x_1(t_1)-x(t)\right)\vec{i}=\Delta x\vec{i}$$

La vitesse moyenne pour parcourir cette distance est définie par le rapport entre la distance parcourue et le temps mis pour parcourir cette distance :

$$\overline{v_{MM_1}}=\frac{\left(x_1(t_1)-x(t)\right)}{t_1-t}\vec{i}=\frac{\Delta x}{\Delta t}\vec{i}$$

De la même manière nous pouvons déterminer l'accélération moyenne entre les instants t et t_1

$$\overline{a_{MM_1}}=\frac{\left(v_1(t_1)-v(t)\right)}{t_1-t}\vec{i}=\frac{\Delta v}{\Delta t}\vec{i}$$

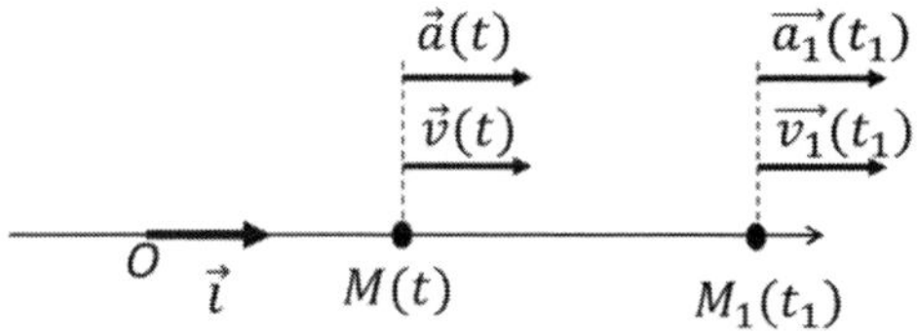

Figure 3.2. **Position, vitesse et accélération instantanées des points M et M_1 pour un mouvement linéaire.**

Exemple d'analyse d'un mouvement linéaire.

La figure 3.3 donne l'évolution de la vitesse instantanée enregistrée lors d'une course rectiligne (linéaire).

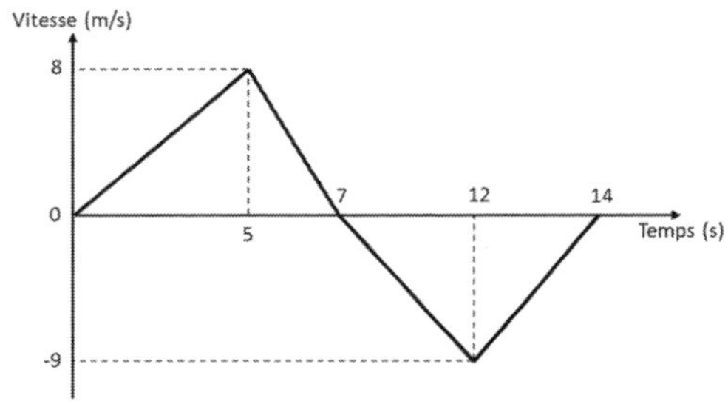

Figure 3.3. **Évolution de la vitesse instantanée au cours d'une course rectiligne.**

Il s'agit ici d'une course rectiligne en aller-retour. Entre les instants 0 s et 7 s la vitesse du coureur est positive, il se déplace donc dans le sens positif. Entre 7 s et 14 s, la vitesse est négative, le coureur revient sur ses pas. Nous pouvons déterminer à partir de ce graphique le déplacement total effectué par le coureur. Lorsque l'on enregistre la vitesse instantanée, le déplacement effectué entre deux instants est défini par l'intégrale de la vitesse instantanée.

$$x(0,t)=\int_0^t v(t).dt$$

L'intégrale d'une fonction sur un intervalle définit la surface sous la courbe. Dans l'exemple la distance totale parcourue donne une surface positive entre 0 et 7 seconds et négative entre 7 et 14 seconds (si l'individu revient à son point de départ la distance totale sera nulle). Dans ce cas la surface sera calculée en considérant la valeur absolue de la vitesse. En procédant de manière géométrique (les surfaces correspondent à des triangles) la distance totale parcourue est :

$$x(0,14)=\int_0^7 v(t).dt+\int_7^{14}\left|v(t)\right|.dt=\frac{7\times 8}{2}+\frac{9\times 7}{2}=59,5m$$

La vitesse moyenne du déplacement totale sera :

$$\overline{v_{(0,14)}}=\frac{59,5}{14}=4,25m/s$$

À partir de ce graphique nous pouvons déterminer les phases accélérées et décélérées du mouvement. Pour cela, il faut comparer le signe de la vitesse avec celui de l'accélération. Lorsque vitesse et accélération sont de même signe le mouvement est accéléré, si elles sont de signe opposé le mouvement est décéléré. Dans l'exemple, l'évolution de la vitesse correspond à des segments de droite dont les pentes (dérivée d'une droite) donneront la valeur des accélérations.

$a(t)=\frac{dv(t)}{dt}$ dans notre cas $a(t)=\frac{\Delta v(t)}{\Delta t}$

Entre 0 et 5 s : $a(t)=\frac{8-0}{5}=1,6m.s^{-2}$

Entre 5 et 7 s : $a(t)=\frac{0-8}{7-5}=-4m.s^{-2}$

Entre 7 et 12 s : $a(t)=\frac{-9-0}{12-7}=-1,8m.s^{-2}$

Entre 12 et 14 s : $a(t)=\frac{0+9}{14-12}=4,5m.s^{-2}$

Pour les phases accélérées et décélérées de la course nous avons :

- Entre 0 et 5, $a(t)$ et $v(t)>0\Rightarrow$ Mouvement accéléré
- Entre 5 et 7, $a(t)<0$ et $v(t)>0$ $\Rightarrow$ Mouvement décéléré
- Entre 7 et 12, $a(t)$ et $v(t)<0$ $\Rightarrow$ Mouvement accéléré
- Entre 12 et 14 $a(t)>0$ et $v(t)<0$ $\Rightarrow$ Mouvement décéléré

Mouvement curvilinéaire

Un mouvement curvilinéaire est défini par au moins deux axes de déplacement. Ici nous allons considérer un mouvement réalisé suivant deux axes (principe identique pour un déplacement suivant trois axes), le repère est défini par ($O,\vec{i},\vec{j}$) (Figure 3.4).

La position, la vitesse et l'accélération instantanées du point *M(t)* sont définies par les vecteurs suivants :

- Position instantanée $\overrightarrow{OM}(t)=x(t)\vec{i}+y(t)\vec{j}$
- Distance entre *O* et *M*

  $OM(t)=\sqrt{x(t)^2+y(t)^2}$
- Vitesse instantanée

  $$\frac{d\overrightarrow{OM}(t)}{dt}=\vec{v}(t)=\frac{dx(t)}{dt}\vec{i}+\frac{dy(t)}{dt}\vec{j}=\dot{x}(t)\vec{i}+\dot{y}(t)\vec{j}=v_x(t)\vec{i}+v_y(t)\vec{j}$$

  $v_x(t)$ et $v_y(t)$ sont les composantes du vecteur $\vec{v}(t)$ suivant les vecteurs unitaires $\vec{i}$ et $\vec{j}$.

  La valeur de la vitesse est définie par la norme du vecteur $v(t)=\sqrt{v_x(t)^2+v_y(t)^2}$.
- L'accélération instantanée

  $$\frac{d\vec{v}(t)}{dt}=\vec{a}(t)=\frac{d\dot{x}(t)}{dt}\vec{i}+\frac{d\dot{y}(t)}{dt}\vec{j}=\ddot{x}(t)\vec{i}+\ddot{y}(t)\vec{j}=a_x(t)\vec{i}+a_y(t)\vec{j}$$

  $a_x(t)$ et $a_y(t)$ sont les composantes du vecteur $\vec{a}(t)$ suivant les vecteurs unitaires $\vec{i}$ et $\vec{j}$.

  La valeur de l'accélération est définie par la norme du vecteur $a(t)=\sqrt{a_x(t)^2+a_y(t)^2}$.

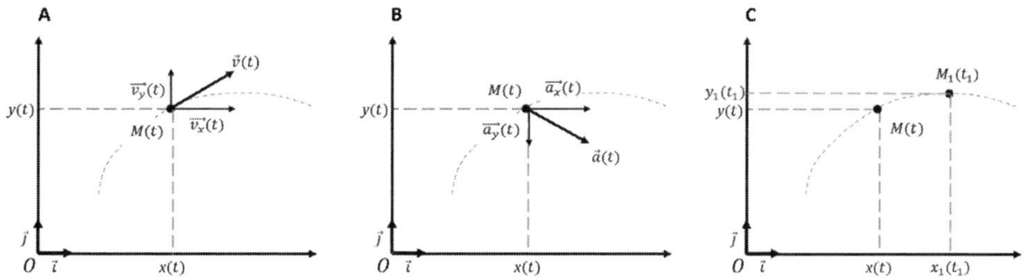

Figure 3.4. **Position instantanée d'un point *M(t)* au cours d'un mouvement curvilinéaire.** En (A) représentation du vecteur vitesse instantanée $\vec{v}(t)$ ($\overrightarrow{v_x(t)}$ et $\overrightarrow{v_y(t)}$ composantes horizontale et verticale). En (B) représentation du vecteur accélération instantanée $\vec{a}(t)$ ($\overrightarrow{a_x(t)}$ et $\overrightarrow{a_y(t)}$ composantes horizontale et verticale). En (C) le point se déplace à la position M_1 à l'instant t_1

Le point M effectue un déplacement entre les instants t et t_1 arrivant à une nouvelle position M_1. Ce déplacement correspond au vecteur $\overrightarrow{MM_1}$:

$$\overrightarrow{MM_1} = \left(x_1(t_1) - x(t)\right)\vec{i} + \left(y_1(t_1) - y(t)\right)\vec{j}$$
$$= \Delta x\vec{i} + \Delta y\vec{j} \Rightarrow MM_1 = \sqrt{\Delta x^2 + \Delta y^2}$$

La vitesse et l'accélération moyenne de ce déplacement sont définies par :

$$\overrightarrow{v_{MM_1}} = \frac{\Delta x}{\Delta t}\vec{i} + \frac{\Delta y}{\Delta t}\vec{j} = \overline{v_x}\vec{i} + \overline{v_y}\vec{j}$$
$$\Rightarrow v_{MM_1} = \sqrt{\overline{v_x}^2 + \overline{v_y}^2}$$
$$\overrightarrow{a_{MM_1}} = \frac{\Delta v_x}{\text{Ä}t}\vec{i} + \frac{\Delta v_y}{\text{Ä}t}\vec{j} = \overline{a_x}\vec{i} + \overline{a_y}\vec{j}$$
$$\Rightarrow a_{MM_1} = \sqrt{\overline{a_x}^2 + \overline{a_y}^2}$$

L'analyse cinématique consiste à enregistrer les positions successives d'un point en fonction du temps, définissant ainsi la trajectoire de ce point. À partir de cette trajectoire, et par dérivations successives, il est possible de déterminer l'évolution de la vitesse et de l'accélération instantanée au cours du mouvement. La détermination de l'accélération et connaissant la masse (m) associée à cette accélération, permet d'appliquer les lois fondamentales de la dynamique.

$$\overrightarrow{OM}(t)\begin{Bmatrix} x(t) \\ y(t) \\ z(t) \end{Bmatrix} \Rightarrow \vec{v}(t)\begin{Bmatrix} \dot{x}(t) = v_x(t) \\ \dot{y}(t) = v_y(t) \\ \dot{z}(t) = v_z(t) \end{Bmatrix}$$
$$\Rightarrow \vec{a}(t)\begin{Bmatrix} \ddot{x}(t) = a_x(t) \\ \ddot{y}(t) = a_y(t) \\ \ddot{z}(t) = a_z(t) \end{Bmatrix} \Rightarrow m\vec{a}(t) = \Sigma \vec{F}_{ext}(t)$$

En cinématique, il est aussi possible d'enregistrer l'accélération instantanée, ce qui permet par intégrations successives de déterminer la vitesse instantanée puis la position instantanée du point.

Cas des mouvements aériens

Les mouvements aériens sont relativement présents dans les activités physiques et sportives sous forme de sauts ou de lancers. L'analyse de la trajectoire au cours de ces phases aériennes se fait à partir de l'accélération. Pour ce qui va suivre nous allons considérer les frottements comme négligeables. Au cours d'une phase aérienne le système étudié (ici le centre de gravité du système) évolue dans des conditions dynamiques, et la seule force externe à laquelle le système est soumis est son propre poids. On a donc :

$$\Sigma \vec{F}_{ext}(t) = m\vec{a}(t) = m\vec{g} \Rightarrow \vec{a}(t) = \vec{g}$$

L'accélération est ici égale à la gravité, on peut donc décliner par intégrations successives les équations décrivant, en fonction du temps, les évolutions de la vitesse ($\vec{v}(t)$) et de la position ($\vec{h}(t)$). En considérant un mouvement réalisé suivant un axe horizontal ($\vec{i}$) et un axe vertical ($\vec{j}$) nous avons le système d'équations suivant :

$$\vec{a}(t)=\vec{g}\begin{Bmatrix} a_x(t)=0 \\ a_y(t)=\pm g \end{Bmatrix}$$

$$\Rightarrow \vec{v}(t)\begin{Bmatrix} v_x(t)=\pm v_0x \\ v_y(t)=\pm gt \pm v_0y \end{Bmatrix}$$

$$\Rightarrow \vec{h}(t)\begin{Bmatrix} x(t)=\pm v_0xt \pm x_0 \\ y(t)=\pm\frac{1}{2}gt^2 \pm v_0yt \pm y_0 \end{Bmatrix}$$

Dans ces équations, v_0x et v_0y sont les composantes horizontale et verticale de la vitesse initiale (vitesse de décollage), et x_0 et y_0 correspondent aux composantes horizontale et verticale de la position initiale. L'ensemble des valeurs de ces équations peuvent être positives ou négatives en fonction de leur position ou orientation par rapport au repère et au sens défini par les vecteurs unitaires $\vec{i}$ et $\vec{j}$. À partir de ces équations un certain nombre de paramètres tels que la hauteur ou la longueur maximale du saut ou du lancer peuvent être déterminés.

Nous pouvons envisager deux cas, le premier correspond à une trajectoire pour laquelle la position initiale est nulle (origine du repère), le second la position initiale est non nulle.

- **1er cas.** Trajectoire aérienne d'un saut avec une position initiale nulle (figure 3.5) :

En considérant l'orientation des axes et $x_0=0; y_0=0$, les équations du mouvement deviennent

$$\vec{a}(t)=\vec{g}\begin{Bmatrix} a_x(t)=0 \\ a_y(t)=-g \end{Bmatrix}$$

$$\Rightarrow \vec{v}(t)\begin{Bmatrix} v_x(t)=v_0x \\ v_y(t)=-gt+v_0y \end{Bmatrix}$$

$$\Rightarrow \vec{h}(t)\begin{Bmatrix} x(t)=v_0xt \\ y(t)=-\frac{1}{2}gt^2+v_0yt \end{Bmatrix}$$

Avec pour la vitesse initiale,

$\vec{v}_0=v_0x\vec{i}+v_0y\vec{j}=v_0\cos\alpha\vec{i}+v_0\sin\alpha\vec{j}$

- Hauteur maximale du saut (apogée).

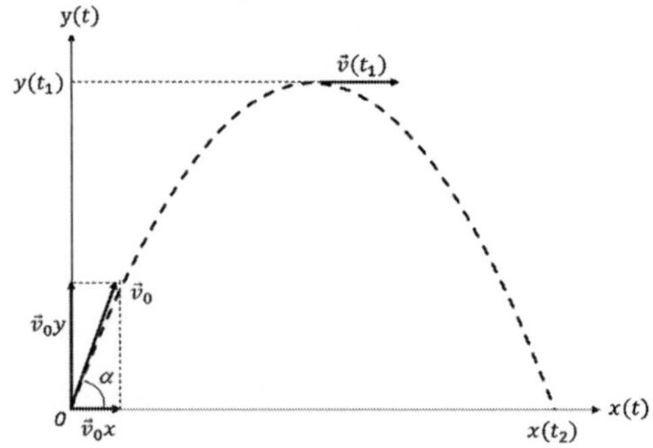

Figure 3.5. **Trajectoire aérienne d'un point au cours d'un saut.** $\vec{v}_0$ vitesse initiale, $\vec{v}_0x$ composante horizontale de la vitesse initiale, $\vec{v}_0y$ composante verticale de la vitesse initiale, $y(t_1)$ hauteur maximale du saut (apogée), $x(t_2)$ longueur maximale du saut (portée), $\vec{v}(t_1)$ vitesse instantanée à l'apogée, α angle par rapport à l'horizontal de la vitesse initiale.

Pour définir cette hauteur nous définissons le temps t_1 qui correspond au temps nécessaire pour arriver à l'apogée. Ce temps est déterminé dès lors que la composante verticale de la vitesse est nulle :

Quand $t=t_1 \Rightarrow v_y(t_1)=0=-gt_1+v_0y \Rightarrow t_1=\frac{v_0y}{g}$

L'apogée est définie par :

$$y(t_1)=-\frac{1}{2}gt_1^2+v_0yt_1=-\frac{1}{2}g\left(\frac{v_0y}{g}\right)^2+v_0y\frac{v_0y}{g}=\frac{v_0y^2}{2g}$$

Pour ce type de saut, la hauteur maximale du saut ne dépend que de la composante verticale de la vitesse initiale, v_0y.

- Longueur maximale du saut (portée).

Le temps de la portée (t_2) est déterminé par une position verticale nulle à l'instant t_2.

$$y(t_2)=0=-\frac{1}{2}gt_2^2+v_0yt_2 \Rightarrow t_2=2\frac{v_0y}{g}=2\times t_1$$

La portée est définie par :

$$x(t_2)=v_0x\times 2\frac{v_0y}{g}=\frac{2v_0\sin\alpha\cos\alpha}{g}=\frac{v_0\sin 2\alpha}{g}$$

Pour une vitesse initiale $\vec{v}_0$ donnée la portée maximale est obtenue pour un angle α de 45°.

À partir de la mesure du temps t_2 il est possible de déterminer l'apogée.

$$t_2=2\frac{v_0y}{g} \Rightarrow v_0y=\frac{gt_2}{2} \Rightarrow y(t_1)=\frac{v_0y^2}{2g}=\frac{g}{8}t_2^2$$

- **2ᵉ cas.** Trajectoire aérienne d'un saut avec une position initiale non nulle (figure 3.6) :

En considérant l'orientation des axes et les équations du mouvement sont :

$$\vec{a}(t)=\vec{g}\begin{Bmatrix} a_x(t)=0 \\ a_y(t)=-g \end{Bmatrix}$$

$$\Rightarrow \vec{v}(t)\begin{Bmatrix} v_x(t)=v_0x \\ v_y(t)=-gt+v_0y \end{Bmatrix}$$

$$\Rightarrow \vec{h}(t)\begin{Bmatrix} x(t)=v_0xt+x_0 \\ y(t)=-\frac{1}{2}gt^2+v_0yt+y_0 \end{Bmatrix}$$

Avec pour la vitesse initiale,

$\vec{v}_0=v_0x\vec{i}+v_0y\vec{j}=v_0\cos\alpha\vec{i}+v_0\sin\alpha\vec{j}$

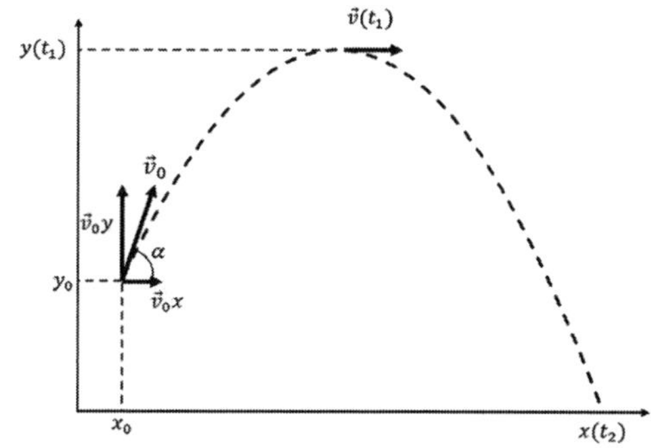

Figure 3.5. **Trajectoire aérienne d'un point au cours d'un saut avec une position initiale non nulle.** x_0 position initiale horizontale, y_0 position initiale verticale,. $\vec{v}_0$ vitesse initiale, $\vec{v}_0x$ composante horizontale de la vitesse initiale, $\vec{v}_0y$ composante verticale de la vitesse initiale, $y(t_1)$ hauteur maximale du saut (apogée), $x(t_2)$ longueur maximale du saut (portée), $\vec{v}(t_1)$ vitesse instantanée à l'apogée, α angle par rapport à l'horizontal de la vitesse initiale.

- Hauteur maximale du saut (apogée).

Tout comme pour le premier cas l'apogée est déterminée à partir du temps t_1 pour lequel la composante verticale de la vitesse est nulle.

Quand $t=t_1 \Rightarrow v_y(t_1)=0=-gt_1+v_0y \Rightarrow t_1=\frac{v_0y}{g}$

L'apogée est définie par

$$y(t_1)=-\frac{1}{2}gt_1^2+v_0yt_1+y_0$$
$$=-\frac{1}{2}g\left(\frac{v_0y}{g}\right)^2+v_0y\frac{v_0y}{g}+y_0$$
$$=\frac{v_0y^2}{g}+y_0$$

Dans ces conditions, la hauteur maximale du saut dépend à la fois de la composante verticale de la vitesse initiale v_0y et de la position initiale verticale y_0

- Longueur maximale du saut

Le temps du saut (t_2) est déterminé par une position verticale nulle à l'instant t_2.

$$y(t_2)=0=-\frac{1}{2}gt_2^2+v_0yt_2+y_0$$

Discriminant : $\Delta=v_0y^2+2gy_0$

Solution : $t_2=\frac{v_0y+\sqrt{v_0y^2+2gy_0}}{g}$

La longueur du saut est déterminée par :

$$x(t_2)=v_0xt_2+x_0=v_0x\frac{v_0y+\sqrt{v_0y^2+2gy_0}}{g}+x_0$$

La longueur du saut dépend de la position initiale (x_0,y_0) et des composantes de la vitesse initiale (v_0x,v_0y).

EXERCICES

EXERCICE 1

Les vitesses de déplacement d'un athlète pendant sa phase d'échauffement juste avant sa course sont représentées sur la figure 1. À partir de cette figure vous devez :

1. Représenter le graphique de l'accélération instantanée en fonction du temps pour cette période d'échauffement.
2. Représenter le graphique de la position instantanée en fonction du temps pour cette période d'échauffement.
3. Identifier les phases accélérées et décélérées du déplacement.
4. Calculer la distance totale parcourue ainsi que la vitesse moyenne de cette période d'échauffement.
5. À la fin de la période d'échauffement à quelle distance par rapport à sa position initiale l'athlète se trouve-t-il ?

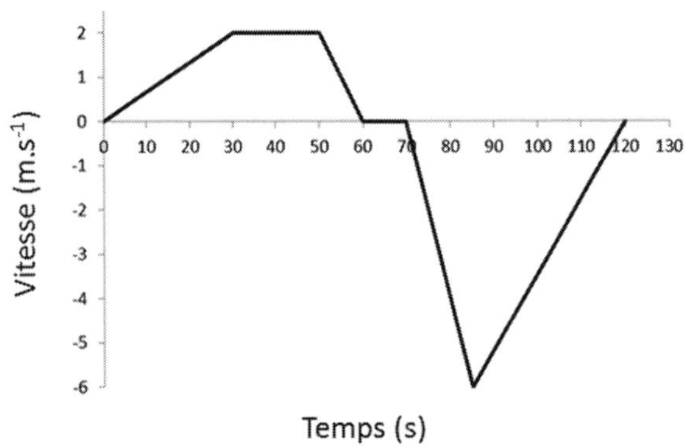

Figure 1. **Évolution de la vitesse de déplacement rectiligne d'un athlète lors de sa période d'échauffement.**

Solution

1. Représenter le graphique de l'accélération instantanée en fonction du temps pour cette période d'échauffement.

L'accélération instantanée correspond à la dérivée de la vitesse en fonction du temps. Ici, l'évolution de la vitesse est représentée par des segments de droite dont les pentes correspondent à l'accélération. Par exemple entre 0 et 30 s, l'accélération instantanée est :

$$a_{(t)} = \frac{\Delta v}{\Delta t} = \frac{v_{(30)} - v_{(0)}}{t_{(30)} - t_{(0)}} = \frac{2}{30} = 0{,}066\, m.s^{-2}$$

En appliquant ce principe sur toutes les phases de l'échauffement on obtient le graphique suivant.

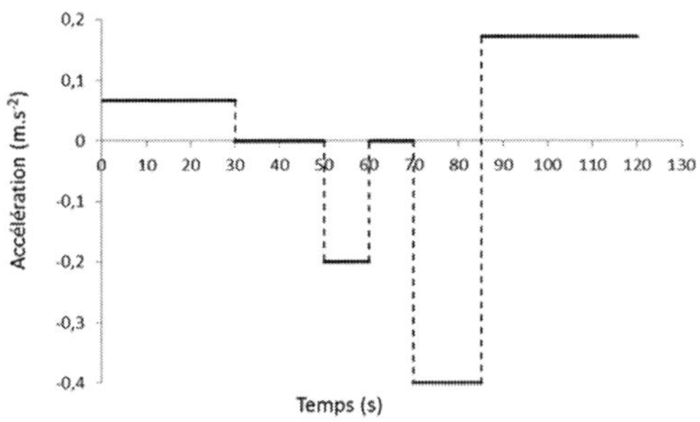

Figure 2. **Évolution de l'accélération instantanée pour les différentes phases de l'échauffement.**

2. Représenter le graphique de la position instantanée en fonction du temps pour cette période d'échauffement.

L'évolution de la position instantanée s'obtient par intégration du signal de vitesse. Dans le cas présent il faut déterminer les primitives des portions de segment définissant l'évolution de la vitesse.

Entre 0 et 30 s : vitesse $v_{(t)} = 0,066t$, position $x_{(t)} = \frac{0,066}{2}t^2$

Entre 30 et 50 s : vitesse $v_{(t)} = 2$, position $x_{(t)} = 2t - 30$

Entre 50 et 60 s : vitesse $v_{(t)} = -0,2t + 12$, position $x_{(t)} = \frac{-0,2}{2}t^2 + 12t - 280$

Entre 60 et 70 s : vitesse $v_{(t)} = 0$, position $x_{(t)} = x_{(60)} = 80$

Entre 70 et 85 s : vitesse $v_{(t)} = -0,4t + 28$, position $x_{(t)} = \frac{-0,4}{2}t^2 + 28t - 900$

Entre 85 et 120 s : vitesse $v_{(t)} = 0,171t - 20,535$, position $x_{(t)} = \frac{0,171}{2}t^2 - 20,535t + 1162,735$

En considérant les équations de la position instantanée, on obtient le graphique suivant :

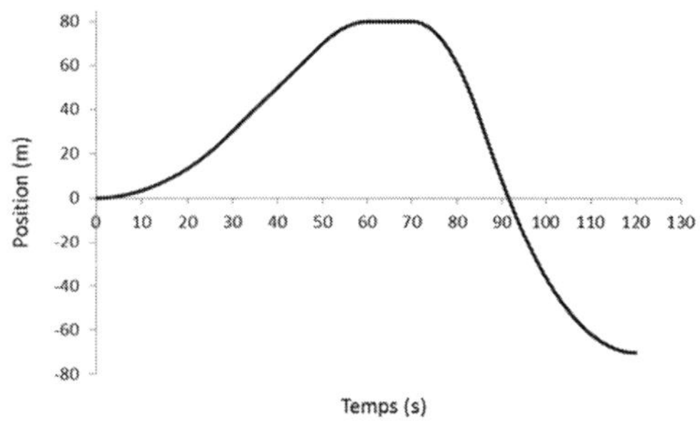

Figure 3. **Évolution de la position instantanée en fonction du temps.**

Nous pouvons noter sur ce graphique que l'athlète réalise dans un premier temps un aller-retour (entre 0 et 90 s), puis il poursuit son déplacement dans le sens négatif (entre 90 et 120 s)

3. Identifier les phases accélérées et décélérées du déplacement.

Pour identifier les phases accélérées et décélérées du mouvement, il faut comparer le signe de la vitesse à celui de l'accélération. Si le signe de la vitesse et de l'accélération sont identiques, alors le mouvement est accéléré, si, par contre elles sont de signe opposés, le mouvement est décéléré.

Entre 0 et 30 s : Vitesse et accélération sont positives ⇒ Mouvement accéléré.

Entre 30 et 50 s Vitesse positive, accélération nulle ⇒ Mouvement à vitesse constante

Entre 50 et 60 s : Vitesse positive, accélération négative ⇒ Mouvement décéléré

Entre 60 et 70 s : Vitesse et accélération sont nulles ⇒ Pas de mouvement

Entre 70 et 85 s : Vitesse et accélération sont négatives ⇒ Mouvement accéléré

Entre 85 et 120 s : Vitesse négative, accélération positive ⇒ Mouvement décéléré.

4. Calculer la distance totale parcourue ainsi que la vitesse moyenne de cette période d'échauffement.

Pour calculer la distance totale parcourue, on peut se référer soit au graphique de l'évolution de la position en fonction du temps soit à celui de l'évolution de la vitesse.

En considérant le graphique de la position, on note que l'athlète parcourt 80 m en aller-retour (entre 0 et 90 s) puis 70 m dans le sens négatif. La distance totale parcourue est donc de 230 m (2 x 80 + 70).

En considérant le graphique de la vitesse, la distance totale parcourue correspond à la surface définie par la courbe (intégrale de la vitesse entre 0 et 120 s).

$$\begin{aligned} x_{(0;120)} &= x_{(0;30)} + x_{(30;50)} + x_{(50;60)} \\ &+ x_{(60;70)} + x_{(70;85)} + x_{(85;120)} \\ &= \int_0^{30} v_{(t)}dt + \int_{30}^{50} v_{(t)}dt + \int_{50}^{60} v_{(t)}dt \\ &+ \int_{60}^{70} v_{(t)}dt + \int_{70}^{85} v_{(t)}dt + \int_{85}^{120} v_{(t)}dt \end{aligned}$$

Il faut calculer ici la valeur des intégrales pour chacune des phases de l'échauffement. Pour chaque phase cette valeur est définie en calculant la valeur de la primitive pour la borne finale moins la valeur de la primitive pour la borne initiale. Par exemple entre 50 et 60 s. La valeur de la primitive est définie par l'équation de la position en fonction du temps.

$$x_{(t)} = \frac{-0,2}{2}t^2 + 12t - 280$$

La distance parcourue entre 50 et 60 s sera de 10 m :

$$\begin{aligned} x_{(50;60)} &= \frac{-0,2}{2} \times 60^2 + 12 \times 60 - 280 \\ &+ \frac{0,2}{2} \times 50^2 - 12 \times 50 + 280 = 10m \end{aligned}$$

En répétant ce calcul pour toutes les phases, et en additionnant la valeur absolue de toutes les distances calculées on obtient une distance totale de :

$$\begin{aligned} x_{(0;120)} &= x_{(0;30)} + x_{(30;50)} + x_{(50;60)} \\ &+ x_{(60;70)} + x_{(70;85)} + x_{(85;120)} \\ &= 30 + 40 + 10 + 0 + 45 + 105,26 \\ &= 230,26m \end{aligned}$$

La vitesse moyenne de la phase d'échauffement correspond au rapport entre la distance totale parcourue sur le temps nécessaire pour parcourir cette distance.

$$\overline{V}_{(0;120)} = \frac{230}{120} = 1,91 m.s^{-1}$$

5. À la fin de la période d'échauffement à quelle distance par rapport à sa position initiale l'athlète se trouve-t-il ?

La position finale de l'athlète est :

$$\begin{aligned} x_{(120)} &= \frac{0,171}{2} \times 120^2 - 20,535 \times 120 + 1162,735 \\ &= -70,26m \end{aligned}$$

L'athlète se situe approximativement à 70 m en arrière de sa position de départ.

EXERCICE 2

Deux amis « A » et « B » s'élancent d'un sautoir situé 20 m au-dessus d'un plan d'eau. Au moment de l'envol, leurs vitesses initiales verticales sont nulles, et leurs vitesses initiales horizontales sont respectivement de 4 $m.s^{-1}$ pour A et 6 $m.s^{-1}$ pour B.

Dans cette situation, nous négligerons les frottements de l'air (g = 9,81 $m.s^{-2}$) :

1. Qui touchera l'eau en premier ?
2. Déterminer le temps de la chute libre (temps nécessaire pour atteindre l'eau).

3. À quelles distances horizontales de leurs points d'appel chacun entrera-t-il dans l'eau ?

4. Quelles seront leurs vitesses au moment de leur entrée dans l'eau ?

Solution

1. Qui touchera l'eau en premier ?

Conditions dynamiques d'une chute libre

$\vec{F}ext = m\vec{a} = m\vec{g} \rightarrow \vec{a} = \vec{g}$

À partir de l'accélération nous pouvons par intégrations successives déterminer les équations des vitesses horizontales et verticales instantanées ainsi que de la position instantanée des sujets. L'origine des axes se situe au niveau du sautoir, l'axe vertical (*Oz*) est orienté positivement vers le bas et l'axe horizontal (*Ox*) positivement vers la droite (Figure 1).

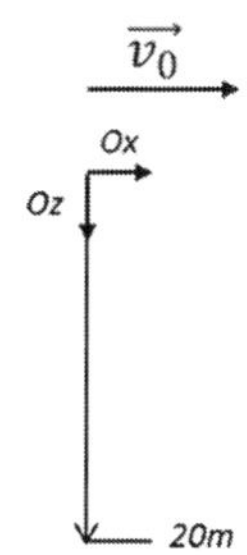

Figure 1. **Représentation schématique des conditions initiales pour les deux sujets.**

$$\overrightarrow{a_{(t)}} \rightarrow \begin{cases} a_x = 0 \\ a_z = g \end{cases}$$

$$\overrightarrow{v_{(t)}} \rightarrow \begin{cases} v_{x(t)} = v_{0x} \\ v_{z(t)} = gt + v_{0z} \end{cases}$$

$$\overrightarrow{h_{(t)}} \rightarrow \begin{cases} x_{(t)} = v_{0x}t + x_0 \\ z_{(t)} = \frac{1}{2}gt^2 + v_{0z}t + z_0 \end{cases}$$

En considérant les conditions initiales, quand $t = 0$, nous avons :

$x_0 = 0 ; z_0 = 0 ; v_{0z} = 0 ; v_{0x} = v_0$,avec $v_{0x} = 4m.s^{-1}$ pour le sujet A et $v_{0x} = 6m.s^{-1}$ pour le sujet B.

Les équations de la vitesse et de la position instantanées sont donc :

$$\overrightarrow{v_{(t)}} \rightarrow \begin{cases} v_{x(t)} = v_{0x} \\ v_{z(t)} = gt \end{cases} \qquad \overrightarrow{h_{(t)}} \rightarrow \begin{cases} x_{(t)} = v_{0x}t \\ z_{(t)} = \frac{1}{2}gt^2 \end{cases}$$

Les deux sujets mettront le même temps pour arriver dans l'eau. En effet ce temps est déterminé à partir de l'équation verticale de la position instantanée ($z_{(t)}$), et il est défini comme le temps nécessaire pour parcourir verticalement 20 m. L'équation verticale de la position instantanée est identique pour les deux sujets.

2. Déterminer le temps de la chute libre (temps nécessaire pour atteindre l'eau)

Ce temps (t_1) est défini par :

$$z_{(t_1)} = 20 = \frac{1}{2}gt_1^2 \rightarrow t_1 = \sqrt{\frac{2 \times 20}{g}} = 2{,}02s$$

3. À quelles distances horizontales de leurs points d'appel entreront-ils dans l'eau ?

Cette distance est définie par :

$$x_{(t_1)} = v_{0x}t_1 = v_{0x} \times 2{,}02$$

Pour le sujet A cette distance est de $x_{(t_1)} = 4 \times 2{,}02 = 8{,}08m$

Pour le sujet A cette distance est de $x_{(t_1)} = 6 \times 2{,}02 = 12{,}12m$

4. Quelles seront leurs vitesses au moment de leur entrée dans l'eau ?

Cette vitesse est déterminée par :

$$\overrightarrow{v_{(t_1)}} \rightarrow \begin{cases} v_{x(t_1)} = v_{0x} \\ v_{z(t_1)} = gt_1 \end{cases}$$

Pour le sujet A

$$\overrightarrow{v_{(t_1)}} \rightarrow \begin{cases} v_{x(t_1)} = 4m.s^{-1} \\ v_{z(t_1)} = 9{,}81 \times 2{,}02 = 19{,}81m.s^{-1} \end{cases}$$

$$\overrightarrow{v_{(t_1)}} = \overrightarrow{v_{x(t_1)}} + \overrightarrow{v_{z(t_1)}} \rightarrow v_{(t_1)} = \sqrt{{v_{xt_1)}}^2 + {v_{zt_1)}}^2}$$
$$= \sqrt{4^2 + 19{,}81^2} = 20{,}21 m.s^{-1}$$

Pour le sujet B

$$\overrightarrow{v_{(t_1)}} \rightarrow \begin{cases} v_{x(t_1)} = 6 m.s^{-1} \\ v_{z(t_1)} = 9{,}81 \times 2{,}02 = 19{,}81 m.s^{-1} \end{cases}$$

$$\overrightarrow{v_{(t_1)}} = \overrightarrow{v_{x(t_1)}} + \overrightarrow{v_{z(t_1)}} \rightarrow v_{(t_1)} = \sqrt{{v_{xt_1)}}^2 + {v_{zt_1)}}^2}$$
$$= \sqrt{6^2 + 19{,}81^2} = 20{,}70 m.s^{-1}$$

Les sujets arriveront en même temps dans l'eau mais le sujet B arrivera avec une vitesse légèrement supérieure à celle du sujet A.

EXERCICE 3

Un poids (1 kg) est lancé avec une vitesse initiale v_0=5 $m.s^{-1}$, un angle d'envol α = 20°, et dune hauteur de 1,5 m, avec une position horizontale située à 20 cm en avant de la zone circulaire de lancer (Figure 1).

Quelle est la performance réalisée ?
(g = 9,81 $m.s^{-2}$)

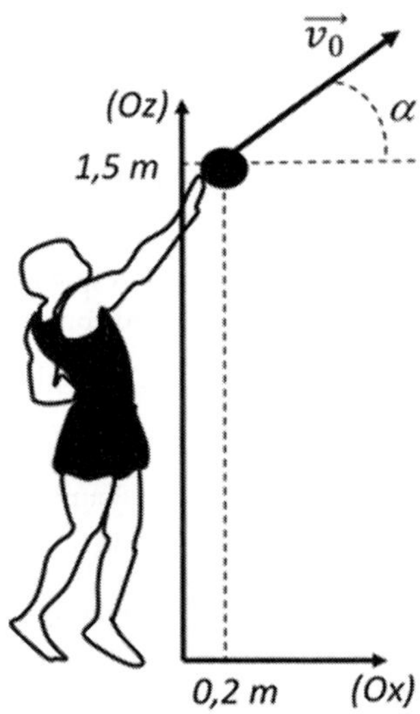

Figure 1. **Position initiale du poids.**

Solution

Phase aérienne du poids

$\sum \vec{F}ext = m\vec{a} = m\vec{g} \rightarrow \vec{a} = \vec{g}$

Les équations du mouvement sont définies suivant un axe vertical (O_z) orienté positivement vers le haut et un axe horizontal (O_x) orienté positivement vers la droite.

La position initiale du poids à l'instant de son envol est définie par $x_0 = 0,20\,m\ ; z_0 = 1,5\,m$ et sa vitesse initiale par $\overrightarrow{v_0} = \overrightarrow{v_{0x}} + \overrightarrow{v_{0z}}$ avec $v_{0x} = v_0 \cos\alpha$ et $v_{0z} = v_0 \sin\alpha$

$$\overrightarrow{a_{(t)}} \rightarrow \begin{cases} a_x = 0 \\ a_z = -g \end{cases}$$

$$\overrightarrow{v_{(t)}} \rightarrow \begin{cases} v_{x(t)} = v_{0x} \\ v_{z(t)} = -gt + v_{0z} \end{cases}$$

$$\overrightarrow{h_{(t)}} \rightarrow \begin{cases} x_{(t)} = v_{0x}t + x_0 \\ z_{(t)} = -\frac{1}{2}gt^2 + v_{0z}t + z_0 \end{cases}$$

La performance est définie lorsque le poids arrive au sol, le temps t_1 correspond à la phase aérienne du poids.

$$z_{(t_1)} = -\frac{1}{2}gt_1^2 + v_{0z}t_1 + z_0 = 0 = -\frac{1}{2}gt_1^2 + 5 \times \sin 20 \times t_1 + 1,5$$

Équation du second degré qui peut admettre deux solutions.

Détermination du discriminant

$$\Delta = v_{0z}^2 + 2 \times g \times z_0 = (5 \times \sin 20)^2 + 2 \times 9,81 \times 1,5 = 32,35$$

Détermination des solutions

$$S_1 = \frac{-v_{0z} - \sqrt{\Delta}}{-g} = \frac{-5 \times \sin 20 - \sqrt{32,35}}{-9,81} = 0,37\,s$$

$$S_2 = \frac{-v_{0z} + \sqrt{\Delta}}{-g} = \frac{-5 \times \sin 20 + \sqrt{32,35}}{-9,81} = -0,20\,s$$

Le temps t_1 est de 0,37 s. La performance est donc définie par :

$$x_{(t_1)} = v_{0x}t_1 + x_0 = 5 \times \cos 20 \times 0,37 + 0,2 = 1,93\,m$$

La performance est de 1,93 m.

Chapitre 4

ANALYSE DYNAMIQUE DU MOUVEMENT

Quantité de mouvements d'un corps

Définition

Le centre de gravité G d'un corps composé de n segments i est défini par :

$$m.\overrightarrow{OG} = \sum_{i=1}^{n} m_i.\overrightarrow{OG_i},$$

m_i : masse du segment i, $m = \sum_{i=1}^{n} m_i$: masse totale du corps, G_i : centre de gravité du segment i.

En dérivant par rapport au temps, on obtient la quantité de mouvement du corps en G, notée p_G :

$$\vec{p}_G = m.\frac{d\overrightarrow{OG}}{dt} = \sum_{i=1}^{n} mi.\frac{d\overrightarrow{OG_i}}{dt}$$

$$\boxed{\vec{p}_G = m.\vec{V}_G = \sum_{i=1}^{n} m_i.\vec{V}_{Gi}(kg.m.s^{-1})}$$

La quantité de mouvement p_G est égale au produit de la masse par la vitesse du centre de gravité. elle s'exprime en $kg.m.s^{-1}$.

$\vec{p}_G = \sum_{i=1}^{n} \vec{p}_i$: La quantité de mouvement du centre de gravité est égale à la somme des quantités de mouvement des différentes parties du corps.

Théorème de la quantité de mouvement

La dérivée de la quantité de mouvement par rapport au temps est égale à la somme des forces extérieures :

$$\frac{d\vec{p}_G}{dt} = \sum \vec{F}_{ext}$$

$m.\frac{d\vec{V}_G}{dt} = \sum \vec{F}_{ext}$, V_G : Vitesse du centre de gravité (CdG)

Soit :

$m.\vec{a}_G = \sum \vec{F}_{ext}$, a_G : Accélération du centre de gravité

Principe fondamental de la dynamique (PFD) en translation

La somme des forces extérieures est égale au produit de la masse par l'accélération du CdG du corps :

$$m.\vec{a}_G = \sum \vec{F}_{ext}$$

Donc, le mouvement en translation du CdG est complètement déterminé si l'on connaît les forces extérieures qui s'appliquent sur le corps.

Loi de conservation de la quantité de mouvement

Si aucune force externe n'agit sur le système, la quantité de mouvement reste constante :

$$\sum \vec{F}_{ext} = 0 \Rightarrow \frac{d\vec{p}_G}{dt} = 0 \Rightarrow \vec{p}_G = \sum_{i=1}^{n} \vec{p}_i = \text{constante}$$

$$\Rightarrow m.\vec{V}_G = \sum_{i=1}^{n} m_i.\vec{V}_{Gi} = \text{constante}$$

APPLICATIONS

Cette loi de conservation de la quantité de mouvement est souvent utilisée quand on cherche à déterminer la vitesse de deux corps après un choc, connaissant les vitesses de déplacement avant le choc. (voir exercices 1 et 2).

Moment cinétique d'un corps

Définition

Le moment cinétique $L_{/o}$ d'un corps par rapport à un point O est égal au moment de la quantité de mouvement, on montre qu'il est aussi égal à la somme du moment cinétique de son CdG et des moments cinétiques des parties du corps par rapport à G :

$$\vec{L}_{/o} = \overrightarrow{OG} \wedge m\vec{V}_G + \sum_{i=1}^{n} \overrightarrow{GG_i} \wedge m_i.\vec{V}_{Gi/G}$$

Remarque :

Si O et G sont confondus alors :

$\overrightarrow{OG} = \overrightarrow{GG} = 0$, donc

$$\vec{L}_{/G} = \sum_{i=1}^{n} \overrightarrow{GG_i} \wedge m_i.\vec{V}_{Gi/G}$$

Si un sujet garde la même posture dans l'espace, le moment cinétique s'écrit simplement :

$$\boxed{L_{/G} = I_G.\omega}$$

I_G : Moment d'inertie du corps par rapport à un axe de rotation passant par le CdG du corps (kg.m^2)

ω : vitesse angulaire ($rad.s^{-1}$)

Théorème du moment cinétique

La dérivée du moment cinétique par rapport au temps est égale à la somme des moments des forces extérieures :

$$\frac{d\vec{L}_{/G}}{dt} = \sum \vec{M}_{/G}(\vec{F}_{ext})$$

or :

$$\frac{d\vec{L}_{/G}}{dt} = \frac{d(\mathrm{I}_G.\vec{\omega})}{dt} = \mathrm{I}_G.\frac{d\vec{\omega}}{dt} = \mathrm{I}_G.\frac{d^2\theta}{dt^2}$$

avec θ : position angulaire, $\omega = \frac{d\theta}{dt} = \dot{\theta}$: vitesse angulaire, $\frac{d\omega}{dt} = \frac{d\dot{\theta}}{dt^2} = \ddot{\theta}$ accélération angulaire

Donc :

$$I_G.\vec{\ddot{\theta}} = \sum \vec{M}_{/G}(\vec{F}_{ext})$$

Principe fondamental de la dynamique (PFD) en rotation

La somme des moments des forces extérieures est égale au produit du moment d'inertie I_G par l'accélération angulaire du CdG du corps ($\ddot{\theta}$) : $I_G.\vec{\ddot{\theta}} = \sum \vec{M}_{/G}(\vec{F}_{ext})$

Donc, le mouvement en rotation du CdG est complètement déterminé si l'on connaît les moments des forces extérieures qui s'appliquent sur le corps.

Loi de conservation du moment cinétique

Si aucun moment de forces extérieures n'agit sur le corps, le produit (moment d'inertie x vitesse angulaire) reste constant.

$$\sum \vec{M}_{/G}(\vec{F}_{ext}) = \vec{0} \ \ i.e. \ \ \frac{d\vec{L}_{/G}}{dt} = 0 \ \text{donc:}$$

$$L_{/G} = I_G.\omega = \text{constant}$$

Cas particulier du mouvement aérien

Lors de la phase aérienne d'un mouvement, la seule force extérieure qui agit sur le sujet est le poids $\vec{P}$ qui s'applique en G, le moment du poids par rapport à G étant nul, le produit $I_G.\omega$ reste constant.

Tout changement d'inertie entraîne donc une modification de la vitesse de rotation. Exemple, si l'inertie diminue (posture du corps « groupée ») la vitesse de rotation augmente et vice et versa; une posture du corps « tendu » va faire diminuer la vitesse de rotation.

Figure 4-1. **Corps groupé = petit moment d'inertie ; corps tendu = grand moment d'inertie.**

APPLICATIONS

Cette loi de conservation du mouvement cinétique est souvent utilisée quand on cherche à déterminer le changement de vitesse de rotation d'un corps consécutive au changement de forme (d'inertie) de celui-ci pendant une phase aérienne (voir exercices 3 et 4).

L'impulsion

Définition de l'impulsion

Le principe fondamental de la dynamique en translation s'écrit:

$$m.\vec{a}_G = \sum \vec{F}_{ext}$$

$$m.\frac{d\vec{V}_G}{dt} = \sum \vec{F}_{ext}$$

$$m.d\vec{V}_G = \sum \vec{F}_{ext}.dt \quad (1)$$

Si on intègre l'équation (1) entre l'instant initial du mouvement t_0 et l'instant de décollage t_{off}, on obtient l'impulsion, qui est un vecteur souvent noté $\vec{J}$ pour éviter de la confondre avec l'inertie I:

$$\vec{J} = \int_{t_0}^{t_{off}} m.d\vec{V}_G = \int_{t_0}^{t_{off}} \sum \vec{F}_{ext}.dt$$

$$\boxed{\vec{J} = m.\left[\vec{V}_{off} - \vec{V}_0\right] = \int_{t_0}^{t_{off}} \sum \vec{F}_{ext}.dt}$$

L'impulsion peut s'exprimer en kg.$m.s^{-1}$ mais l'unité usuelle est le $N.s$

L'impulsion est égale :

- au produit de la masse par la variation de vitesse du CdG du sujet.
- à l'intégrale de la résultante des forces extérieures qui agissent sur le corps.

En vecteur : $\vec{J} = \vec{J}_x + \vec{J}_y + \vec{J}_z$

En norme : $J = \sqrt{J_x^2 + J_y^2 + J_z^2}$

Les 3 composantes du vecteur impulsion dans un repère (O_{xyz}) sont égales à :

$$J_x = m.\left[Vx_{off} - Vx_0\right] = \int_{t_0}^{t_{off}} \sum Fx_{ext}\, dt$$

$$J_y = m.\left[Vy_{off} - Vy_0\right] = \int_{t_0}^{t_{off}} \sum Fy_{ext}\, dt$$

$$J_z = m.\left[Vz_{off} - Vz_0\right] = \int_{t_0}^{t_{off}} \sum Fz_{ext}\, dt$$

Dans la plupart des cas, les seules forces extérieures qui s'exercent sur le sujet sont le poids et la réaction du sol, donc $\sum \vec{F}_{ext} = \vec{P} + \vec{R}$, les composantes de l'impulsion sont donc égales :

$$J_x = \int_{t_0}^{t_{off}} R_x.dt$$

$$J_y = \int_{t_0}^{t_{off}} R_y.dt$$

$$J_z = \int_{t_0}^{t_{off}} (R_z - mg).dt$$

Détermination expérimentale de l'impulsion

En pratique, on détermine l'impulsion par deux méthodes :

- À partir d'une analyse cinématique (vidéo), on peut mesurer V_{off} et V_0 puis calculer l'impulsion à partir de la formule $\vec{J} = m.\left[\vec{V}_{off} - \vec{V}_0\right]$.
- Avec une plate-forme de forces, on peut déterminer la réaction du sol $\vec{R}$ puis calculer l'impulsion à partir de la formule : $\vec{J} = \int_{t_0}^{toff} \sum \vec{F}_{ext}.dt$.

La méthode utilisant une plate-forme de forces est la plus utilisée, elle est aussi plus précise que la méthode utilisant la mesure de la vitesse par vidéo.

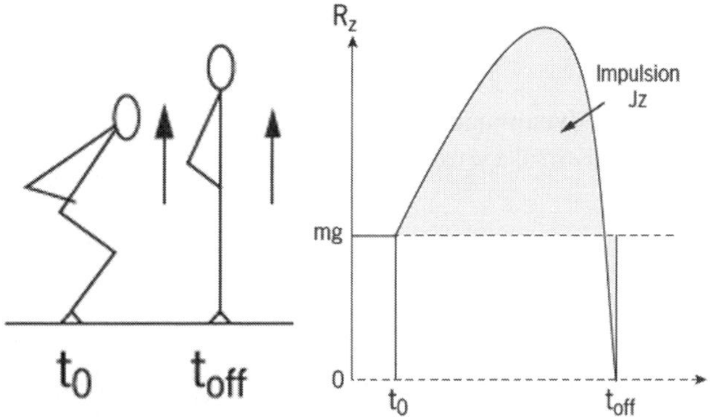

Figure 4-2. **Représentation graphique de l'impulsion verticale Jz lors d'un saut de type squat jump.** t_0 : début du mouvement d'extension, t_{off} : instant du décollage.

Principe de mesure d'une plate-forme de forces

Description technique d'une plate-forme de forces

Une plate-forme de forces (PFF) est généralement constituée de deux structures rigides indéformables reliées par des capteurs de forces. La structure inférieure encastrée tient lieu de cadre rigide. La surface supérieure est un plateau qui sert de support aux appuis (fig. 4-1). Les capteurs de force, en général au nombre de quatre, sont des transducteurs, c'est-à-dire qu'ils transforment une action mécanique en un signal électrique (capteurs à jauges de contrainte ou piézoélectriques).

Les 4 capteurs $C_{i,\, i=1 \text{ à } 4}$ tridimensionnels mesurent les forces de réaction du sol suivant les trois directions de l'espace notées : R_{xi}, R_{yi} et R_{zi}.

La réaction globale $\vec{R}$ est obtenue en additionnant les 4 valeurs de chaque capteur : $\vec{R} = \vec{R}_x + \vec{R}_y + \vec{R}_z$

$$R_x = \sum_{i=1}^{4} R_{xi} = R_{x1} + R_{x2} + R_{x3} + R_{x4}$$

$$R_y = \sum_{i=1}^{4} R_{yi} = R_{y1} + R_{y2} + R_{y3} + R_{y4}$$

$$R_z = \sum_{i=1}^{4} R_{zi} = R_{z1} + R_{z2} + R_{z3} + R_{z4}$$

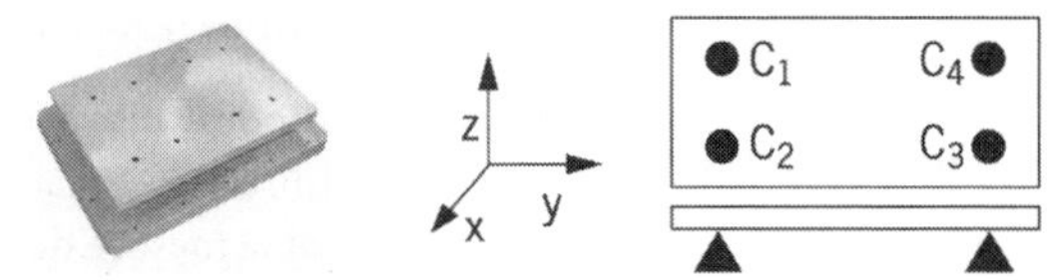

Figure 4-3. **Plate-forme de forces à 4 capteurs (C_1, C_2, C_3, C_4), (*x,y*) plan de la plate-forme, (O_z) vertical.**

Mouvement en translation du centre de gravité

Le principe fondamental de la dynamique (PFD) appliqué au centre de gravité (*G*) d'un sujet se trouvant sur une PFF s'écrit :

$\sum \vec{F}_{ext} = m.\vec{a}_G$

$\vec{P} + \vec{R} = m.\vec{a}_G$ (1)

Le poids *P* du sujet se détermine facilement par une mesure en statique :

sujet immobile sur la PFF : $\vec{a}_G = \vec{0}$

$\vec{P} + \vec{R} = \vec{0}$

En projection sur l'axe vertical (O_z)

$-P + R_z = 0$

$R_z = P = m.g$

Les composantes de la réaction du sol $\vec{R}$ sont données par les capteurs de force, on peut donc connaître les composantes de l'accélération $\vec{a}_G$ dans les 3 directions de l'espace.

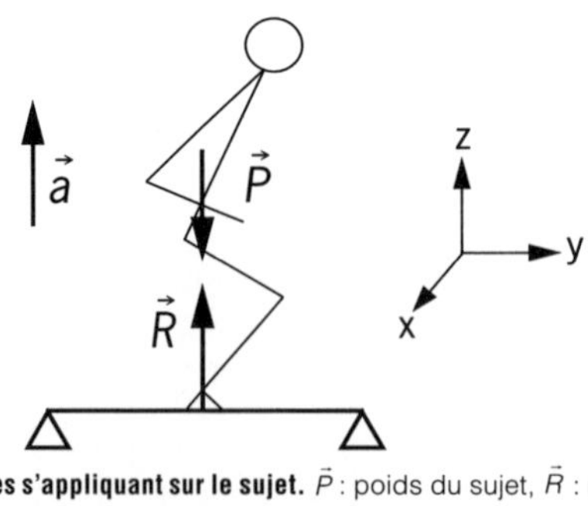

Figure 4-4. **Forces s'appliquant sur le sujet.** $\vec{P}$: poids du sujet, $\vec{R}$: réaction de la PFF

L'équation (1) en projection dans un repère (O_{xyz}) donne :

$$R_x = m.a_{Gx} \qquad i.e. \qquad a_{Gx} = \frac{Rx}{m}$$

$$R_y = m.a_{Gy} \qquad i.e. \qquad a_{Gy} = \frac{R_y}{m}$$

$$R_z - m.g = m.a_{Gz} \qquad i.e. \qquad a_{Gz} = \frac{R_z - m.g}{m}$$

On peut assimiler une plate-forme de forces à un « *accéléromètre* » qui serait placé au niveau du CdG du sujet.

Le centre des forces de pression ou centre de pression (CP)

Le centre de pression CP est le barycentre des forces verticales, c'est aussi le point d'application de la résultante des forces au sol.

Les coordonnées du CP dans le repère (O_{xy}) correspondant au plan de la plate-forme de forces (4 capteurs de force) sont égales à :

$$X_{CP} = \frac{\sum_{i=1}^{4} R_{zi}.x_i}{\sum_{i=1}^{4} R_{zi}} \qquad Y_{CP} = \frac{\sum_{i=1}^{4} R_{zi}.y_i}{\sum_{i=1}^{4} R_{zi}}$$

X_i et Y_i : Coordonnées du capteur $C_{i,\, i=1 \text{ à } 4}$ dans le repère (Oxy)

R_{Zi} : Valeur de la force verticale mesurée par le capteur C_i

APPLICATIONS

Voir exercice 5.

Exemple d'étude du saut en longueur

Détermination de l'impulsion du saut en longueur

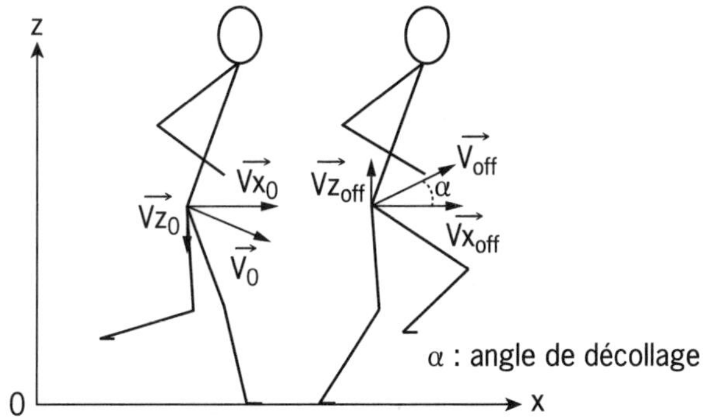

Figure 4-5. **Composantes horizontales et verticales de la vitesse du CdG lors d'un saut en longueur (entre t_0 et t_{off}, le pied d'appui du sujet n'a pas bougé, les deux figures sont décalées pour plus de clarté).**

Dans un plan défini par les axes (Ox, Oz):

- L'analyse cinématique (vidéo) peut permettre de déterminer la vitesse initiale $\vec{V}_0$ en début d'impulsion et la vitesse de décollage en fin d'impulsion $\vec{V}_{off}$. Le calcul des impulsions horizontales J_x et verticale J_z est donc possible à partir des équations:

  $J_x = m.(Vx_{off} - Vx_0)$

  $J_z = m.(Vz_{off} - Vz_0)$

  Cependant, la détermination des vitesses $\vec{V}_0$ et $\vec{V}_{off}$ par la vidéo reste une méthode peu précise.
- L'analyse dynamique est possible en disposant une PFF au niveau de la planche d'appel. On pourra alors déterminer les impulsions horizontale $\vec{J}_x$ et verticale $\vec{J}_z$ au cours du dernier appui en utilisant les équations:

  $J_x = \int_{t_0}^{t_{off}} R_x.dt$, $J_z = \int_{t_0}^{t_{off}} (R_z - mg).dt$

  L'impulsion totale étant égale à: $\vec{J} = \vec{J}_x + \vec{J}_z$

Détermination de la vitesse de décollage $\vec{V}_{off}$

$$Vx_{off} = \frac{J_x}{m} + Vx_0$$

$$Vz_{off} = \frac{J_z}{m} + Vz_0$$

Les impulsions J_x et J_z peuvent toujours être déterminées grâce à la PFF quelles que soient les conditions initiales. En revanche, on ne peut pas déterminer la vitesse de décollage V_{off} si on ne connaît pas les conditions initiales *i.e.* Vx_0 et Vz_0. Ici encore l'utilisation de la vidéo est alors nécessaire mais seulement pour connaître les composantes Vx_0 et Vz_0 de la vitesse initiale d'arrivée sur la PFF.

Détermination de l'angle de décollage α

$$tg\alpha = \frac{Vz_{off}}{Vx_{off}} \text{ donc } \alpha = Arctg\frac{Vz_{off}}{Vx_{off}}$$

Détermination de la longueur théorique du saut

Dès que le sujet quitte le sol, la seule force qui agit sur lsujet est son poids, le PFD s'écrit:

$\vec{P} = m.\vec{a}_G$

En projection sur le système d'axe (O_{xz}):

- Sur (O_x):

  $0 = m.a_x$ soit $a_x = 0$

  en intégrant une fois par rapport au temps on obtient: $V_x = Vx_0$

  en intégrant une seconde fois on obtient:

  $X_G = Vx_0.t + X_{G0}$ (1)
- Sur (O_z):

  $-m.g = m.a_z$ soit $a_z = -g$

  en intégrant une fois on obtient: $V_z = -g.t + Vz_0$

  en intégrant une seconde fois on obtient:

  $Z_G = -\frac{1}{2}.g.t^2 + Vz_0.t + Z_{G0}$

La longueur maximale théorique X_{Gmaxi} sera atteinte à l'instant où la position verticale Z_G du CdG reviendra à Z_{G0} soit à l'instant t tel que:

$$Z_{G0} = -\frac{1}{2}.g.t^2 + V_{Z_0}.t + Z_{G0}$$

$$-\frac{1}{2}.g.t^2 + V_{Z_0}.t = 0 \; i.e. \; t.(-\frac{1}{2}.g.t + V_{Z_0}) = 0$$

Il y a deux solutions : $t = 0$ (instant de départ) ou

$$(-\frac{1}{2}.g.t + V_{Z_0}) = 0 \text{ soit } t = \frac{2.Vz_0}{g}$$

En remplaçant dans (1):

$$\boxed{X_{Gmaxi} = \frac{2.Vx_0.Vz_0}{g} + X_{G0}}$$

Exemple numérique

Masse du sauteur $m = 80$ kg. Les impulsions horizontale et verticale lors du dernier appui mesurées grâce à la PFF sont égales à:

$J_x = -68$ *N.s* et $J_z = 360$ *N.s.*

Les composantes horizontale et verticale de la vitesse d'arrivée sur la plate-forme au début de l'impulsion sont égales à:

$Vx_0 = 10,1\ ms^{-1}$ et $Vz_0 = -0,7\ ms^{-1}$.

La vitesse de décollage $\vec{V}_{off}$:

$$Vx_{off} = -\frac{68}{80} + 10,1 = 9,25\ ms^{-1}$$

$$Vz_{off} = \frac{360}{80} - 0,7 = 3,80\ ms^{-1}$$

L'angle de décollage $tg\alpha = \frac{3,80}{9,25} = 0,41 \quad \alpha = 22,3°$

Longueur théorique du saut :

$Si\ X_{G0} = 30$ cm

$$X_{Gmaxi} = \frac{2.3,80.9,25}{9,81} + 0,3 = 7,47 \text{ m}$$

Étude du départ en sprint

Afin d'étudier la période d'impulsion dans les starting-blocs lors d'un départ en sprint, des mesures dynamiques peuvent être réalisées en plaçant des capteurs de forces sous les starting-blocks permettant de mesurer les forces sur (O_x) et (O_z).

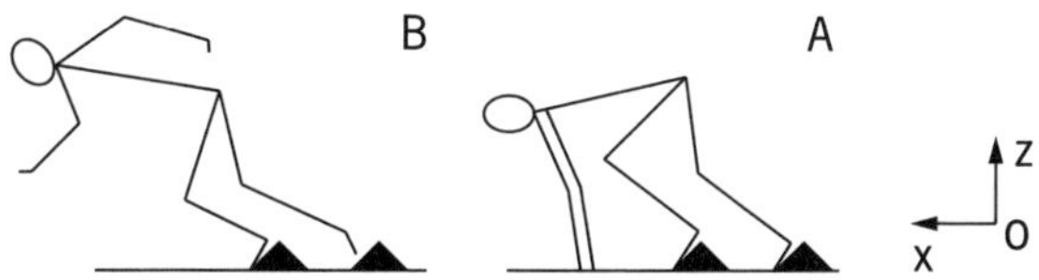

Figure 4-6. **Les 2 situations schématisées ci-dessus correspondent à 2 phases successives du départ en sprint.**

Position statique (A)	Position dynamique (B)
$\vec{R} + \vec{P} = \vec{0}$	$\vec{R} + \vec{P} = m.\vec{a}_G$
Sur (O_x) :	**Sur (O_x):**
$R_x + 0 = 0 \Rightarrow R_x = 0$	$R_x + 0 = m.a_x \Rightarrow a_x = \frac{R_x}{m}$
Sur (O_z) :	**Sur (O_z):**
$R_z - m.g = 0 \Rightarrow R_z = m.g$	$R_z - m.g = m.a_z \Rightarrow a_z = \frac{R_z - m.g}{m} = \frac{\Delta R_z}{m}$

On note : $\Delta Rz = R_z - m.g = 0$

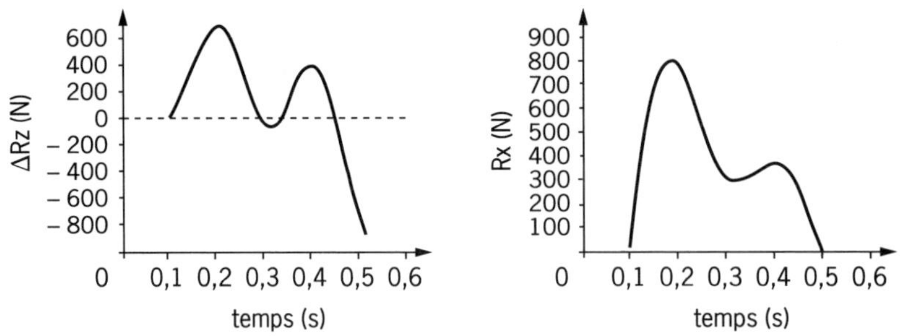

Figure 4-7. **Exemple de variations des forces sur les axes (O_x) et (O_z) au cours d'un départ type en sprint.**

$\Delta Rz = Rz - m.g$

L'impulsion dure 400 ms, elle se décompose en deux phases : une poussée des pieds arrière et avant maximale à l'instant $t = 0{,}2$ s, puis une poussée du pied avant seul maximale à l'instant $t = 0{,}4$ s. Le pied arrière quitte le starting-block à l'instant $t = 0{,}3$ s. L'impulsion se termine quand Rx devient nulle ($t = 0{,}5$ s) c'est-à-dire quand le pied avant a quitté les starting-blocks (fig. 4-7).

Quand le sujet quitte les starting-blocks, $R_z = 0$ et $\Delta Rz = Rz - m.g = -800\ N$, donc $m.g = 800\ N$, la masse du sujet est donc égale à 80 kg ($g \approx 10\ m.s^{-2}$).

À l'instant $t = 0{,}2$ s, les accélérations horizontale et verticale du CdG sont maximales :

$$a_x = \frac{R_x}{m} = \frac{800}{80} = 10\ m.s^{-2}\ ;\ a_z = \frac{\Delta R_z}{m} = \frac{600}{80} = 7{,}5\ m.s^{-2}$$

EXERCICES

Exercice 1

Au cours d'un plaquage lors d'un match de rugby, un joueur (m = 100 kg) courant à une vitesse égale à 5 $m.s^{-1}$, heurte de front un autre joueur (m = 90 kg) se déplaçant en sens inverse à une vitesse égale à 3 $m.s^{-1}$.

1. Quelle sera leur vitesse commune après le choc ?

2. Même question si le joueur de masse 90 kg était à l'arrêt.

Solution

Conservation de la quantité de mouvement :

1. $m_1.V_1 + m_2.(-V_2) = (m_1 + m_2).V$

$V = [m_1.V_1 + m_2.(-V_2)] / (m_1 + m_2)$

$V = [100.5 + 90.(-3)] / (100 + 90)$
$= 1{,}21\ m.s^{-1} = 4{,}35$ km.h^{-1}

2. $V_2 = 0$; $V = [100.5 + 90.(0)] / (100 + 90)$
$= 2{,}63\ m.s^{-1} = 9.47$ km.h^{-1}

EXERCICE 2

Un joueur de football américain immobile pesant 80 kg reçoit un ballon (m = 400 g) lancé horizontalement à une vitesse de 20 $m.s^{-1}$. Quelle est la vitesse horizontale du joueur immédiatement après la réception du ballon ?

Solution

$m_1.V_1 + m_2.(V_2) = (m_1 + m_2).V$, $V_1 = 0$; $V_2 = 20\ m.s^{-1}$

$V = m_2.(V_2)/\ (m_1 + m_2)$

$V = 0{,}4.20/(80 + 0{,}4) = 0{,}01\ m.s^{-1} = 0.36\ \text{km.h}^{-1}$

EXERCICE 3

Un gymnaste veut effectuer un double salto arrière groupé. Quand il quitte le sol, sa vitesse angulaire est égale à 7 $rad.s^{-1}$ et son moment d'inertie vaut 30 kg.m². En groupant les jambes, il diminue rapidement son moment d'inertie à 20 kg.m². Quelle sera alors sa nouvelle vitesse angulaire et combien de temps va durer le double salto arrière ?

Solution

Lorsque le gymnaste est en « l'air », le moment cinétique se conserve car aucun moment externe intervient :

$L_{/G} = I.\omega = \text{Cste}$

$I_1.\omega_1 = I_2.\omega_2 \Rightarrow \omega_2 = I_1.\omega_1/I_2 = 30.7/20 = 10{,}5\ rad.s^{-1}$ (conservation du moment cinétique)

$$\theta = \text{angle}\quad \omega_2 = \frac{\theta}{T} \Rightarrow T = \frac{\theta}{\omega_2} = \frac{2.2\pi}{10{,}5} = 1.20\ \text{s}$$

EXERCICE 4

Un plongeur ayant un moment d'inertie de 25 kg.m² quitte le tremplin avec une vitesse angulaire égale à 7 $rad.s^{-1}$.

1. Il réduit rapidement son moment d'inertie à 21 kg.m², quelle sera alors sa vitesse angulaire et combien de tours fera-t-il en 2 secondes ?

2. De combien doit-il réduire son moment d'inertie, s'il veut faire exactement trois tours sur lui-même en 2 secondes ?

Solution

1. Le moment cinétique se conserve :

   $L_{/G} = I.\omega = \text{Cste}$

   $I_1.\omega_1 = I_2.\omega_2 \Rightarrow \omega_2 = I_1.\omega_1/I_2 = 25.7/21 = 8{,}33\ rad.s^{-1}$

$$\theta = \text{angle}\quad \omega_2 = \frac{\theta}{T} \Rightarrow T = \frac{\theta}{\omega_2} = \frac{2\pi}{8{,}33} = 0{,}75\ \text{s}$$

$$n_{tours} = \frac{2}{0{,}75} = 2{,}66\ \text{tours}$$

2. vitesse nécessaire pour faire 3 tours en 2 secondes :

$$\omega_2 = \frac{\theta}{T} = \frac{3.2\pi}{2} = 9{,}42\ rad.s^{-1}$$

$I_1.\omega_1 = I_2.\omega_2 \Rightarrow I_2 = I_1.\omega_1/w_2 = 25.7/9{,}42 = 18{,}58$ kg.m^2 (conservation du moment cinétique)

EXERCICE 5

Un sujet se trouve debout sur une plate-forme de forces (voir figure ci-dessous).

Dans le repère (*Oxy*) de la plate-forme, les coordonnées des 4 capteurs sont :

C_1 ($x_1 = 0$, $y_1 = 0$) ; C_2 ($x_2 = a$, $y_2 = 0$) ; C_3 ($x_3 = a$, $y_3 = b$) ; C_4 ($x_4 = 0$, $y_4 = b$).

Si les valeurs des composantes verticales Rz_i mesurées par les 4 capteurs sont égales à :

$Rz_1 = 100\ N$, $Rz_2 = 100\ N$, $Rz_3 = 300\ N$, $Rz_4 = 200\ N$,

Calculer les coordonnées du centre de pressions dans le repère (*Oxy*).

Solution

$$X_{CP} = \frac{\sum R_{zi}.x_i}{\sum R_{zi}} = \frac{100.0 + 100.a + 300.a + 200.0}{100 + 100 + 300 + 200} = \frac{400.a}{800} = \frac{1}{2}a$$

$$YCP = \frac{\sum R_{zi}.y_i}{\sum R_{zi}} = \frac{100.0 + 100.0 + 300.b + 200.b}{100 + 100 + 300 + 200} = \frac{500.b}{800} = \frac{5}{8}b$$

EXERCICE 6

Au cours d'un triple saut réalisé par un athlète (masse : 70 kg), on enregistre pour les trois appuis les valeurs de :

- l'impulsion verticale (J_z),
- la force de réaction verticale moyenne (Rz_{moy}),
- la durée de l'appui au sol (d).

Appui	1	2	3
J_z (*N.s*)	500	527	540
Rz_{moy} (*N*)	3330	3 100	3000
d (*ms*)	150	170	180

1. Représenter sur un graphe l'évolution des trois paramètres (impulsion, réaction verticale et durée de l'appui) au cours des trois appuis.

2. Calculer le pourcentage de variation de Rz_{moy} et de la durée de l'appui entre le premier et le troisième appui.

Après avoir rappelé la définition de l'impulsion, expliquez l'augmentation de l'impulsion verticale ?

3. Comment pourrait-on calculer la vitesse de décollage Vz_{off} et l'angle de décollage au cours des trois appuis ?

4. On estime la vitesse verticale au début de l'impulsion du premier appui Vz_{01} à $-1{,}1\ m.s^{-1}$.

a. Expliquer pourquoi cette vitesse a une valeur négative.

b. Calculer la vitesse de décollage à la fin du premier appui V_1z_{off}.

Solution

1. Impulsion J_z, réaction du sol R_z et durée de l'appui d au cours des 3 appuis du triple saut.

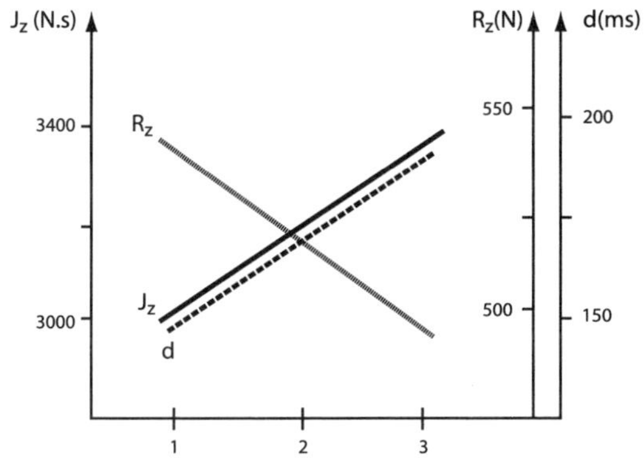

2. $\Delta Rz_{moy} = \dfrac{3000-3330}{3000} \times 100 = -10\ \%$;

$\Delta d = \dfrac{180-150}{150} \times 100 = 20\ \%$

Impulsion verticale :

$$J_z = m.(Vz_{off} - Vz_0) = \int_{t_0}^{t_{off}} \sum Fz_{ext}\, dt = \int_{t_0}^{t_{off}} (Rz - mg)\, dt$$

L'augmentation de l'impulsion (+ 8 %) est essentiellement due à l'augmentation de la durée de l'appui (+ 20 %) qui compense la baisse de la force verticale (– 10 %).

3. $Vz_{off} = \dfrac{J_z}{m} + Vz_0$; $Vx_{off} = \dfrac{J_x}{m} + Vx_0$

Angle de décollage α : $tg\alpha = \dfrac{Vz_{off}}{Vx_{off}}$

donc $\alpha = \text{Arctg}\ \dfrac{Vz_{off}}{Vx_{off}}$

4. a. Le vecteur vitesse du CdG du sujet à l'instant de contact au sol est dirigé vers l'avant ($Vx_0 > 0$) et vers le bas ($Vz_0 < 0$).

b. $V_1z_{off} = \dfrac{J_{z1}}{m} + Vz_{01} = \dfrac{500}{70} - 1{,}1 = 6{,}04\ m.s^{-1}$

EXERCICE 7

Au rugby, un arrière veut arrêter un ailier (m = 90 kg) se déplaçant à une vitesse de 6 $m.s^{-1}$. Quelle force l'arrière doit-il fournir pour s'opposer et stopper l'ailier sur une distance de 2 m. On suppose que cette force est constante au cours du plaquage.

Solution

PFD appliquée à l'ailier : $\vec{R}+\vec{P}=m.\vec{a}_G$.

En projection sur l'axe horizontal (O_x) : $F = m.a_x$ soit

$a_x = \frac{F}{m}$, donc :

$V(t) = \frac{F}{m}.t - V_0$

$x(t) = \frac{1}{2}\frac{F}{m}.t^2 - V_0.t$ (1)

L'ailier s'arrête quand V(t) = 0 *i.e.* $\frac{F}{m}.t - V_0 = 0$,

soit au bout de $t = \frac{Vo.m}{F}$

En remplaçant dans (1) : $x = \frac{1}{2}\frac{F}{m}.\left(\frac{Vo.m}{F}\right)^2 - Vo.\frac{Vo.m}{F}$

$= -\frac{1}{2}.\frac{Vo^2.m}{F}$

$F = -\frac{Vo^2.m}{2.x} = -\frac{6^2.90}{2.2} = -810\ N$

EXERCICE 8

Au cours d'un saut en longueur sans élan pieds joints, un athlète (m = 70 kg) quitte le sol avec une vitesse V_{off} dont les composantes horizontales et verticales sont : Vx_{off} = 3,5 $m.s^{-1}$ et Vz_{off} = 1,8 $m.s^{-1}$. (g = 10 $m.s^{-2}$).

1. Calculer les impulsions J_x et J_z correspondantes au saut.

2. Quelle est la valeur de l'angle de décollage ?

3. Quelle est la longueur théorique du saut, si on considère que la position CdG du corps quand l'athlète quitte le sol (X_{G0}) est 70 cm plus en avant par rapport à la position debout de départ ?

Solution

1. $J_x = m.Vx_{off} = 70\times3,5 = 245\ N.s$;

   $J_z = m.Vz_{off} = 70\times1,8 = 126\ N.s$

2. Angle de décollage :

   $\alpha = \text{Arctg}\left(\frac{Vz_{off}}{Vx_{off}}\right) = \text{Arctg}\left(\frac{1,8}{3,5}\right) = \text{Arctg}(0,514) = 27°$

3. Longueur du saut (cf. Chapitre 5. Exemple d'étude du saut en longueur)

   $XG_{maxi} = \frac{2.Vx_{off}.Vz_{off}}{g} + X_{G0}$

   $= \frac{2\times3,5\times1,8}{10} + 0,7 = 1,96\ m$

Chapitre 5

TRAVAIL, ÉNERGIE ET PUISSANCE LORS DE MOUVEMENTS SPORTIFS

Définitions

Le travail

Le travail noté souvent W (pour *Work* en anglais) s'exprime en Joules (J)

Cas des mouvements linéaires

Si sur une très petite distance élémentaire $\vec{dl}$, on considère qu'une force $\vec{F}$ garde une valeur constante, le travail élémentaire (dW) est alors égal au produit scalaire : $dW = \vec{F}.\vec{dl}$

$dW = \vec{F}.\vec{dl} = F.dl.\cos(\vec{F}.\vec{dl})$

Le travail total sur le déplacement total ΔL est alors égal à :

$$W = \int_0^{\Delta L} dW = \int_0^{\Delta L} \vec{F}(l).\vec{dl}$$

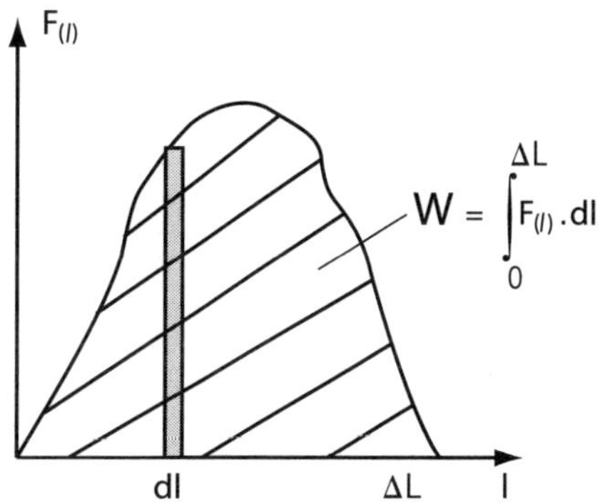

Figure 5-1. **Le travail W correspond à l'aire sous la courbe *F*(l).**

Si la force F garde une valeur constante pendant le déplacement ΔL alors $W = F.\ \Delta L$ (fig. 5-2)

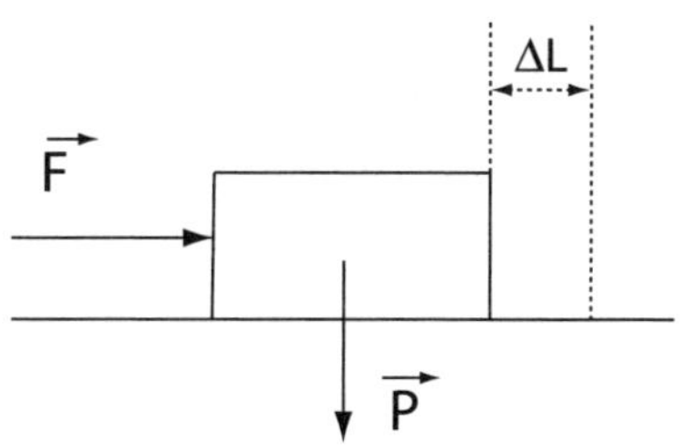

Figure 5-2. **Au cours du déplacement ΔL : $W(\vec{F}) = F.\Delta L$, $W(\vec{P}) = 0$.**

Cas des mouvements angulaires (de rotation)

Si sur une très petite distance angulaire élémentaire ($d\theta$), on considère qu'un moment M garde une valeur constante, le travail élémentaire (dW) est alors égal à :
$dW = M.d\theta$

Le travail d'un moment est donc égal au produit de ce moment par le déplacement angulaire.

Le travail total sur le déplacement total $\Delta\theta$ est alors égal à :

$$W = \int_0^{\Delta\theta} dW = \int_0^{\Delta\theta} M_{(\theta)}.d\theta$$

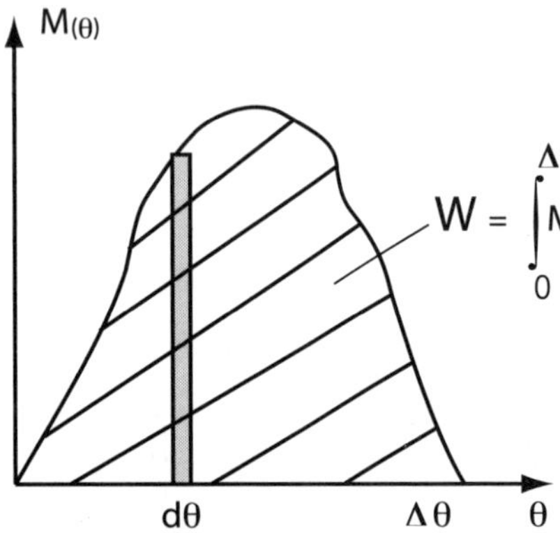

Figure 5-3. **Le travail W correspond à l'aire sous la courbe *M*(θ).**

Si le moment M garde une valeur constante pendant le déplacement $\Delta\theta$ alors $W = M.\Delta\theta$

Travail interne et travail externe

Dans le domaine de la biomécanique, on distingue habituellement deux types de travaux :

- Le travail *interne* (ou des forces internes) qui correspond au travail réalisé par le système musculaire pour déplacer les segments.
- Le travail *externe* (ou des forces externes) qui correspond au travail des forces telles que la pesanteur, les forces de réaction du support, les forces de frottements…

La Puissance (*P*)

La puissance s'exprime en Watt (*W*).

Puissance instantanée

- *Cas des mouvements linéaires*

La puissance instantanée $P(t)$ est égale à la variation de travail divisée par la variation de temps ; ce qui correspond au produit de la force instantanée par la vitesse instantanée.

$$P(t) = \frac{dW}{dt} = \frac{\vec{F}.d\vec{l}}{dt} = \vec{F}.\frac{d\vec{l}}{dt}$$

$$\boxed{P(t) = \vec{F}.\vec{v}(t)}$$

- *Cas des mouvements angulaires*

La puissance instantanée $P(t)$ est égale à :

$$P(t) = \frac{dW}{dt} = \frac{M.d\theta}{dt} = M.\frac{d\theta}{dt} = M.\omega(t),\ \omega = \frac{d\theta}{dt} :$$
vitesse angulaire

$$\boxed{P(t) = M.\omega(t)}$$

La puissance instantanée est égale au produit du moment instantanée (M) par la vitesse angulaire instantanée (ω).

Puissance moyenne

La puissance moyenne P_{moy} sur une durée T est égale à :

$$P_{moy} = \frac{1}{T}\int_0^T P(t).dt$$

or :

$$P(t) = \frac{dW}{dt} \Rightarrow dW = P(t).dt \Rightarrow W_{total} = \int_0^T dW = \int_0^T P(t).dt$$

Finalement :

$$P_{moy} = \frac{W_{total}}{T}$$

La puissance moyenne est égale au rapport entre le travail total et le temps total.

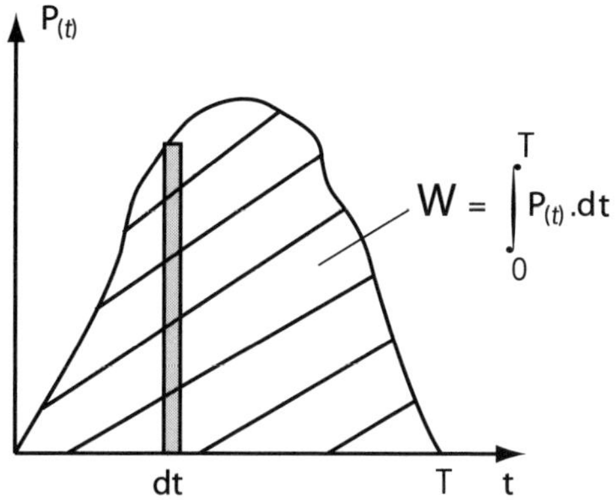

Figure 5-4. **Le travail total *W* correspond à l'aire sous la courbe *P(t)*.**

L'énergie mécanique (*E*)

L'unité de l'énergie mécanique (E_m) est la même que celle du travail c'est-à-dire : le joule (*J*).

L'énergie mécanique peut prendre 2 formes : l'énergie cinétique (*Ec*) et l'énergie potentielle (*Ep*).

L'énergie cinétique

C'est l'énergie d'un corps en mouvement. On distingue l'énergie cinétique *linéaire* ou de *translation* pour les mouvements de translation et l'énergie cinétique *angulaire* ou de *rotation* propre aux mouvements de rotation.

- Énergie cinétique de translation :

  $Ec_{transl.} = \frac{1}{2}.m.V_G^2$

  m = masse du système (kg)

  V_G = vitesse linéaire du CdG ($m.s^{-1}$)

- Énergie cinétique de rotation : $Ec_{rot.} = \frac{1}{2}.I_G.\omega_G^2$

  I_G = Moment d'inertie du système ($kg.m^2$)

  ω_G = vitesse angulaire du CdG ($rad.s^{-1}$)

L'énergie cinétique totale est égale à la somme des deux : $Ec = Ec_{transl.} + Ec_{rot.}$

L'énergie potentielle

On distingue l'énergie potentielle de pesanteur (parfois appelée externe) et l'énergie potentielle élastique (parfois appelée interne).

- Énergie potentielle de pesanteur : $Ep_p = m.g.Z_G$

  m = masse du système (kg)

  g = accélération de la gravité (9,81 $m.s^{-2}$)

  Z_G = hauteur du CdG par rapport à la référence (m)

- Énergie potentielle élastique : $Ep_e = \frac{1}{2}.k.x^2$

  k = constante de raideur du système ($N.m^{-1}$)

  x = allongement ou raccourcissement du système élastique de type ressort (mètre)

L'énergie potentielle totale est égale à la somme ($Ep_p + Ep_e$)

Loi de conservation de l'énergie mécanique totale

Énoncé : L'énergie totale d'un système est constante au cours d'un mouvement.

$E_{méca} = Ec + Ep$ = Constante

$E_{méca}$ (état initial 1) = $E_{méca}$ (état final 2)

$Ec + Ep$ (état initial 1) = $Ec + Ep$ (état final 2)

L'énergie mécanique totale se conserve mais la répartition entre l'énergie cinétique et l'énergie potentielle peut changer. Par exemple, si l'une augmente, l'autre diminue et vice et versa.

Exemple :

Calcul de la vitesse d'arrivée au sol lors d'un saut en contrebas (fig. 5-5) ou de la hauteur d'un saut connaissant la vitesse de décollage (fig. 5-6).

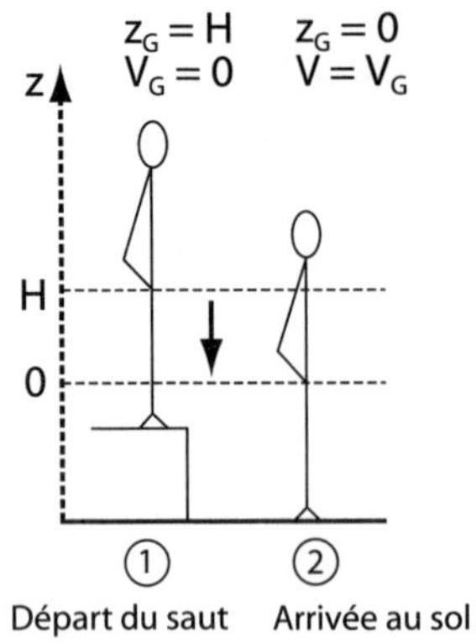

Figure 5-5. **Saut en contrebas.**

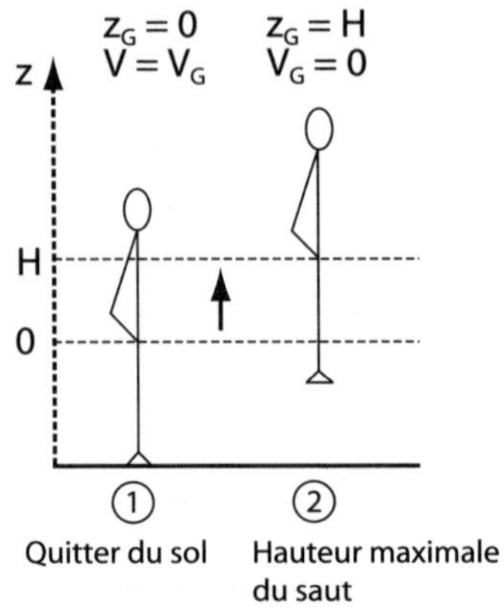

Figure 5-6. **Détente verticale.**

Lors du saut en contrebas, l'énergie mécanique totale dans les états (1) et (2) doit être égale :

$E_{méca\,(1)} = E_{méca\,(2)}$

$Ep_{(1)} + Ec_{(1)} = Ep_{(2)} + Ec_{(2)}$

$mg.H + 0 = 0 + \frac{1}{2}.m.V_G^{\ 2}$

$V_G^{\ 2} = 2gH$

$V_G = \sqrt{2gH}$

Dans le cas de la détente verticale, la relation est similaire et inverse (les états 1 et 2 sont inversés), la relation entre la hauteur d'un saut et la vitesse de décollage est :

$V_G^{\ 2} = 2gH$

donc $H = \frac{V_G^{\ 2}}{2g}$

Et par conséquent, quand le sujet retombe au sol, sa vitesse d'arrivée au sol est égale à sa vitesse de décollage (au signe près).

Théorème de l'énergie cinétique

Énoncé : La variation d'énergie cinétique d'un système est égale à la somme des travaux des forces internes et externes :

$$\sum W(\vec{F}_{ext}) + \sum W(\vec{F}_{int}) = Ec_{finale} - EC_{initiale} = \Delta Ec$$

Ce théorème est souvent utilisé pour estimer le travail des forces internes d'un corps en mouvement qui ne sont pas quantifiables « directement ».

Puissance musculaire et mode de contraction

Cas du muscle isolé

Contraction isométrique

Variation de longueur musculaire : $\Delta l = 0$, vitesse de raccourcissement musculaire $V = 0$

Travail musculaire : $W = \vec{F}.\Delta\vec{l} = 0$ et Puissance musculaire : $P = \vec{F}.\vec{v} = 0$

Contraction concentrique

Variation de longueur musculaire : $\Delta l \neq 0$, Raccourcissement musculaire

Travail musculaire positif ou moteur : $W = \vec{F}.\Delta\vec{l} > 0$ et Puissance musculaire positive : $P = \vec{F}.\vec{v} > 0$

▸ **Contraction excentrique**

Variation de longueur musculaire : $\Delta l \neq 0$, Allongement musculaire

Travail musculaire négatif ou résistant : $W = \vec{F}.\Delta\vec{l} < 0$ et Puissance musculaire négative : $P = \vec{F}.\vec{v} < 0$

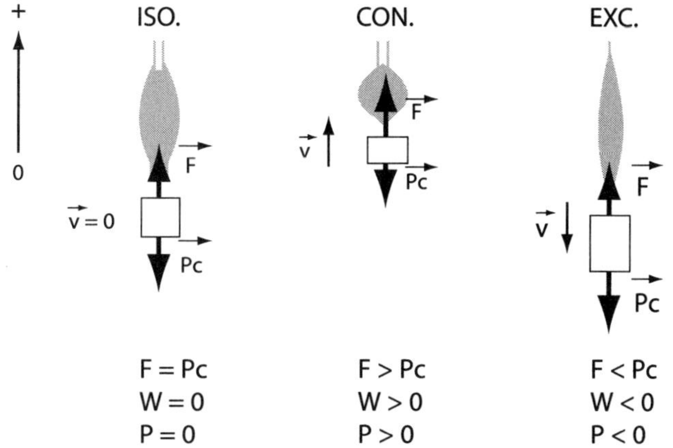

Figure 5-7. **Travail et puissance lors des trois modes de contraction du muscle isolé.** (ISO : isométrique, CON : Concentrique, EXC : Excentrique, F : Force musculaire, Pc : Poids de la charge, W : travail, P : Puissance)

Cas du muscle *in situ*

▸ **Contraction isométrique**

Variation de position angulaire : $\Delta\theta = 0$; Travail musculaire : $W = M.\Delta\theta = 0$; Puissance musculaire : $P = M.\omega = 0$

▸ **Contraction concentrique**

Variation de position angulaire : $\Delta\theta \neq 0$, Raccourcissement musculaire

Travail musculaire positif ou moteur : $W = M.\Delta\theta > 0$; Puissance musculaire positive : $P = M.\omega > 0$

▸ **Contraction excentrique**

Variation de position angulaire : $\Delta\theta \neq 0$, Allongement musculaire ; Travail musculaire négatif ou résistant : $W = M.\Delta\theta < 0$; Puissance musculaire négative : $P = M.\omega < 0$

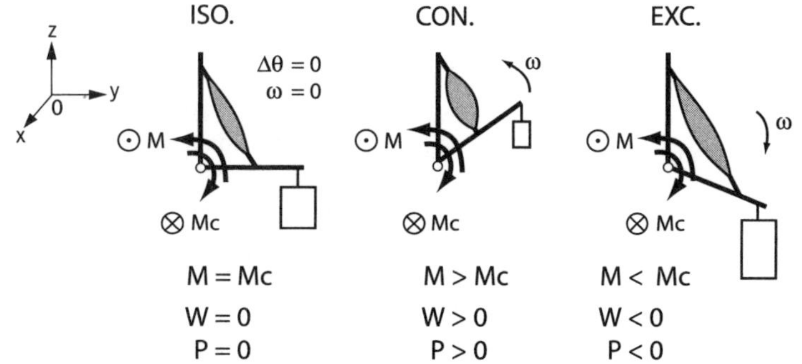

Figure 5-8. **Travail et puissance lors des trois modes de contraction du muscle *in situ*.** (muscles fléchisseurs du coude) – (ISO : isométrique, CON. Concentrique, EXC. Excentrique. M : Moment musculaire, Mc : Moment de la charge, W : travail, P : Puissance)

Évaluation de la puissance au cours de gestes sportifs

Puissance développée lors d'un saut vertical

Méthode de Sargent

La méthode de Sargent utilise la mesure de la hauteur maximale du saut pour estimer une puissance moyenne d'élévation du CdG au cours de la phase ascendante du saut. La hauteur du saut peut être mesurée par différentes techniques : équerre murale graduée, ceinture d'Abalakov (ceinture fixée au sujet et reliée à un câble monté sur un enrouleur qui se déroule lors du saut), tapis de Bosco, Otpojump. La connaissance de la hauteur du saut permet, à elle seule, de calculer une puissance moyenne fournie par le sujet lors du saut.

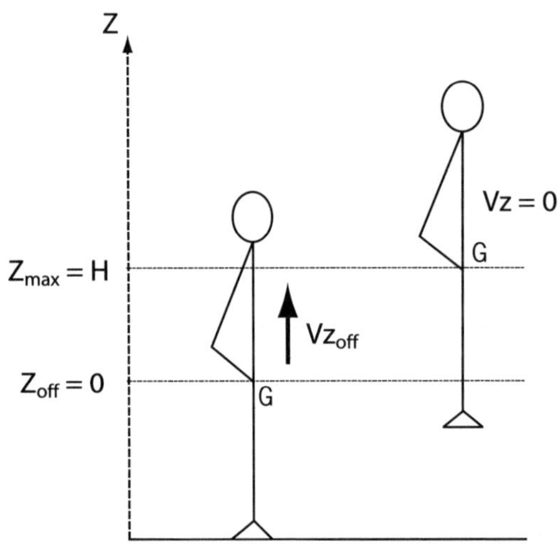

Figure 5-9. **Détente verticale.**

On démontre que la puissance moyenne d'élévation du CdG est égale à :

$$\boxed{P = 21{,}73.m.\sqrt{H}}$$

Cette formule est aussi appelée : Formule de Lewis.

Exemple : sujet 75 kg ; détente H = 60 cm alors P = 1 262 W

Test des escaliers de Margaria

Le test de Margaria consiste, après une course d'élan de 2 m, à monter le plus vite possible deux par deux 12 marches d'escalier.

Entre la 3e et la 9e marche, on mesure le temps T (la vitesse doit rester constante).

La valeur de puissance calculée par cette méthode correspond à une puissance moyenne d'élévation du CdG entre la 3e et la 9e marche.

Figure 5-10. **Test de Margaria.**

La puissance moyenne d'élévation du CdG entre la 3e et 9e marche est égale à :

$$\boxed{P = \frac{W}{T} = \frac{m.g.H}{T} = \frac{m.g.6h}{T}}$$

Exemple : Hauteur de marche standard : h = 17,4 cm, m = 75 kg, T = 450 ms alors P = 1 707 W

Test sur bicyclette ergométrique

Ce test de puissance consiste à pédaler le plus vite possible pendant environ 5 s sur une bicyclette ergométrique avec des forces de freinage F_f croissantes. On enregistre pour différentes forces F_f, la vitesse maximale de pédalage qui est atteinte, grâce par exemple à un système optoélectronique. On peut alors tracer une relation (F_f, V) et en déduire une relation (P, V) avec $P = F_f.V$. Par extrapolation (fig. 5-11), on trouve la valeur de puissance mécanique maximale produite par le sujet. La fréquence de pédalage correspondant à P_{max} est appelée fréquence optimale. La valeur de puissance obtenue est une valeur maximale instantanée contrairement aux tests précédents (Sargent, Margaria) où la puissance calculée était une puissance moyenne d'élévation du CdG.

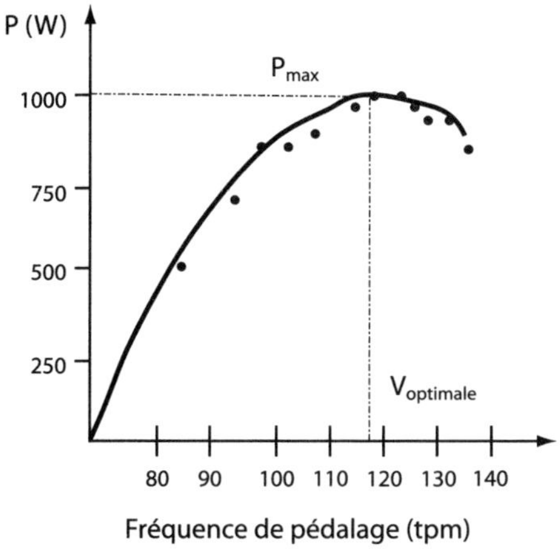

Figure 5-11. **Relation (*P*, *V*) obtenue à partir d'un test sur ergocycle.** *P_{max} = 1000 W, $V_{opt.}$ = 118 rpm*

L'Ergopower

L'Ergopower est un ergomètre à mesure de déplacement linéaire de charge (sans capteur de force). Le déplacement de la charge à soulever est mesuré de façon précise, et est utilisé pour calculer la vitesse et l'accélération par dérivation (fig. 5-12).

Exemple d'utilisations possibles: Mouvement de Squat, développer couché

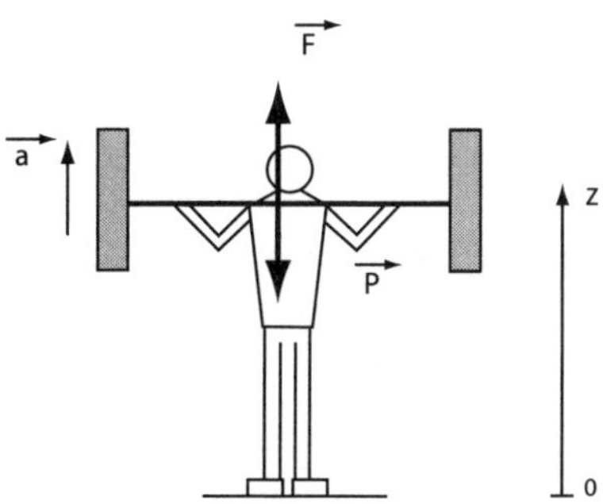

Figure 5-12. **Mesure de la puissance sur Ergopower.**

D'après le PFD appliqué à la charge de masse m qui est déplacée:

$\sum \vec{F}_{ext} = m.\vec{a} \qquad \vec{F} + \vec{P} = m.\vec{a}$

En projection sur l'axe vertical (O_z):

$F - mg = m.a$

$F = mg + m.a$

$F = m.(g + a)$

La puissance instantanée est égale à:

$P = F.v$

Soit:

$\boxed{P = m.(g + a).v}$

Exemple : Au cours d'un mouvement de squat effectué sur Ergopower, un athlète soulève une charge de 100 kg. Le pic de puissance est obtenu pour une vitesse de déplacement de 2 $m.s^{-1}$ et une accélération de 3 $m.s^{-2}$. (g = 10 $m.s^{-2}$)

La valeur du pic de puissance obtenue est égale à : $P = M.(g + a).v = 100.(10 + 3).2 = 2\,600$ W

Remarque : Le calcul précédent ne prend pas en compte le déplace¬ment du haut corps du sujet pendant le mouvement de squat. Si m est la masse du haut du corps déplacée (m = 50 kg), la formule peut être corrigée en : $P = (M + m).(g + a).v = (100 + 50).(10 + 3).2 = 3900$ W

Puissance lors de sauts successifs (méthode de Bosco)

Ce test est utilisé pour évaluer la puissance développée par les membres inférieurs au cours d'une succession de sauts (CMJ) sur des périodes pouvant varier de 5 à 60 secondes.

Suivant la durée du test, des aptitudes différentes (anaérobie alactique et/ou lactique) sont évaluées.

Figure 5-13. **L'Optojump.**

On peut utiliser pour ce test l'Optojump qui est constitué de 2 réglettes équipées de cellules photo-électriques.

La puissance moyenne relative fournie lors de n sauts selon la méthode de Bosco, exprimée en $W.kg^{-1}$, est égale à :

$$P_{moy} = \frac{g^2 .T_f .T}{4.n.T_c}$$

T_f: Durée totale des phases aériennes

T_c: Durée totale des phases de contact

T: Durée totale du test ($T_f + T_c$)

g: Accélération de la gravité (9,81 $m.s^{-2}$)

n: Nombre de sauts

Exemple : Test de 15 s ; 12 sauts ; T_f = 7,5 s alors P_{moy} = 30 $W.kg^{-1}$

Le test de Wingate

Ce test est classiquement utilisé pour évaluer la résistance d'un athlète à un effort dit « lactique ». Il consiste à pédaler le plus vite possible pendant 30 s sur un cyclo-ergocycle ou un ergomètre à bras.

On mesure aussi au cours du test :

- La puissance maximale fournie dans les premières secondes du test.
- La puissance moyenne fournie sur 30 s
- L'indice de « fatigabilité » (I_f) correspond à la perte de puissance au cours des 30 s exprimée en $W.s^{-1}$, qui va renseigner sur la résistance « lactique » du sujet.

$$I_f = \frac{P_{maxi} - P_{mini}}{\Delta T} = \frac{P_{maxi} - P_{mini}}{30}$$

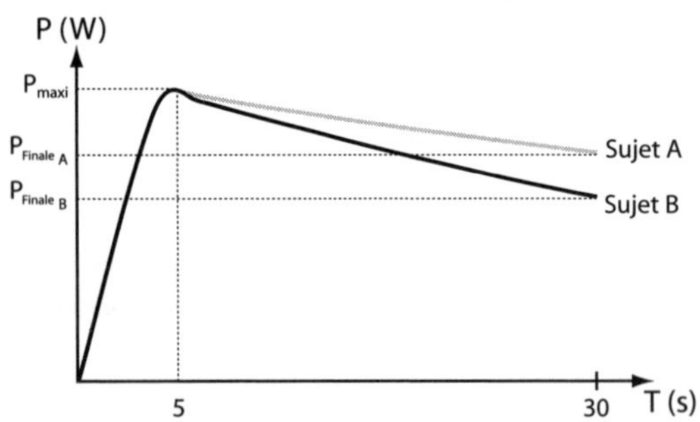

Figure 5-14. **Exemple d'enregistrement de la puissance au cours d'un test de Wingate pour 2 sujets A et B.** A et B développent la même puissance maximale au début du test mais la perte de puissance est plus importante pour B à la fin du test.

Le RAST (*Running-based Anaerobic Sprint Test*)

Ce test permet d'évaluer la performance anaérobie lactique. Si le test de Wingate est plus spécifiquement adapté pour les cyclistes, le RAST test est préférentiellement utilisé pour des athlètes qui utilisent la course à pied dans leur pratique. Le RAST test consiste, après un échauffement adéquat, à enchaîner 6 sprints d'une longueur (D) de 35 m avec 10 secondes de récupération entre les sprints. On mesure la performance chronométrique (T) lors des 6 sprints.

On peut ramener la performance chronométrique à une valeur de puissance, en effet :

$P = F.v$

$P = m.a.v$

Or : $v = \frac{D}{T}$ et $a = \frac{V}{T} = \frac{D}{T^2}$, D = distance, T = temps, a = accélération, v = vitesse

Donc

$$P = m.\frac{D}{T^2}.\frac{D}{T}$$

$$P = m.\frac{D^2}{T^3}$$

À partir des 6 valeurs de puissance obtenues lors du test, on peut alors calculer :

- La puissance maximale P_{max} (valeur la plus élevée).
- La puissance minimale P_{mini} (valeur la plus faible).
- La puissance moyenne P_{moy}
- L'indice de fatigue : $I_f = \frac{P_{max} - P_{mini}}{T_{total}}$.

Plus I_f est faible (< 10), meilleure est la capacité de l'athlète à maintenir à un effort de type « anaérobie lactique ».

Exemple : Athlète (m = 76 kg)

Sprint	Temps (s)	Puissance (W)
1	4,52	1008
2	4,75	869
3	4,92	782
4	5,21	658
5	5,46	572
6	5,62	525

$P_{max} = 1008\ W$
$P_{mini} = 525\ W$
$P_{moy} = 736\ W$
$I_f = 483 \div 30{,}48 = 15{,}8\ W/s$

EXERCICES

EXERCICE 1

On suppose qu'une balle de base-ball (m = 140 g) est lancée horizontalement, sans vitesse initiale, avec une force constante égale à 35 N pendant une durée de 100 ms. Calculer le travail fourni à la balle durant le temps d'application de la force.

Solution

Travail fourni à la balle : $W = F.\Delta l$

F est égale à 35 N, il faut chercher Δl :

PFD appliquée à la balle : $\vec{F} + \vec{P} = m.\vec{a}$.

En projection sur l'axe horizontal (O_x) :

$F = m.a$ soit $a = \dfrac{F}{m}$

Donc par intégration : $V(t) = \dfrac{F}{m}.t$, et $x(t) = \dfrac{1}{2}\dfrac{F}{m}.t^2$

Si t = 100 ms alors $\Delta l = \dfrac{1}{2}\dfrac{35}{0{,}14}.(0{,}1)^2 = 1{,}25\,m$

Donc le travail est égal à : W = 35.1,25 = 43,75 J

EXERCICE 2

Un gymnaste (m = 60 kg) veut effectuer un double salto groupé avant. Le décollage et l'atterrissage au sol se font dans la même position. Calculer l'énergie mécanique totale qu'il doit fournir si la phase aérienne dure 1 s, s'il se déplace de 5 m vers l'avant et que le moment d'inertie moyen de son corps est égal à 50 kg.m^2. Les forces de frottements seront négligées. ($g = 10\ m.s^{-2}$).

Solution

$E_{méca} = Ec_{transl.} + Ec_{rot.} + Ep$

$E_{méca} = \dfrac{1}{2}.m.V_G^{\,2} + \dfrac{1}{2}.I_G.\omega_G^{\,2} + m.g.h$

$V_G = \dfrac{5}{1} = 5\ m.s^{-1}$; 1 tour $= 2\pi\ rad$, $\omega_G = \dfrac{2.2\pi}{1} = 4\pi\ rad.s^{-1}$

$$E_{méca} = \frac{1}{2}.60.5^2 + \frac{1}{2}.50.(4\pi)^2 + 60.10.\frac{10.1^2}{8}$$
$$= 750 + 3944 + 750 = 5444\ J$$

EXERCICE 3

Deux athlètes A ($m = 75$ kg) et B ($m = 80$ kg) passent une série de tests afin d'évaluer leurs capacités anaérobies.

1. Tests de détente

H (cm)	Squat Jump	Counter Movement Jump
Sujet A	32	42
Sujet B	30	46

a. Calculer la puissance développée pour chaque saut selon la formule de Lewis en *W* et en *W*/kg.

b. Donner l'écart de puissance (en %) entre les 2 types de saut pour chacun des sujets?

c. Quel est le sujet qui utilise le mieux le cycle étirement-raccourcissement?

2. Running-Based Anaerobic Sprint Test (RAST)

Les sujets effectuent une série de 6 sprints de 30 m enchaînés avec 10 s de récupération entre chaque sprint. Leurs performances chronométriques sont indiquées dans le tableau ci-dessous.

Temps (s)	Sprint 1	Sprint 2	Sprint 3	Sprint 4	Sprint 5	Sprint 6
Sujet A	4 s 10	4 s 20	4 s 25	4 s 60	4 s 80	4 s 85
Sujet B	3 s 90	4 s 00	4 s 20	4 s 50	4 s 90	4 s 95

Pour chaque sujet:

a. Représenter sur une figure l'évolution de la puissance lors des 6 sprints,

b. Calculer la puissance moyenne développée au cours du RAST en *W* et en *W*/kg.

c. Calculer leur indice de fatigue,

d. Quel est le sujet qui a la meilleure « résistance anaérobie » ?

3. Test de Margaria

Après une course d'élan de 2 m, les sujets A et B montent le plus vite possible à vitesse constante, deux par deux, 12 marches d'escalier d'une hauteur de 20 cm chacune. Leur performances chronométriques entre la 3e et la 9e marche sont respectivement: sujet A: 460 ms; sujet B: 480 ms. ($g = 10\ m.s^{-2}$).

Pour chaque sujet, calculer la puissance moyenne développée selon la formule de Margaria en *W* et en *W*/kg.

4. Bilan

Dans un tableau, faites le bilan des valeurs de puissance en W/kg mesurées par chacun des tests pour les deux sujets. Discutez les résultats obtenus.

Solution

1. a. $P_{Lewis} = 21{,}73.m.(H)^{1/2}$

   b. $SJ: P_{Lewis}(A) = 21{,}73.75.(0.32)^{1/2} = 922\ W\ (12{,}3\ W/kg)$;
   $P_{Lewis}(B) = 21{,}73.80.(0.30)^{1/2} = 952\ W\ (11{,}9\ W/kg)$

   $CMJ: P_{Lewis}(A) = 21{,}73.75.(0.42)^{1/2} = 1056\ W\ (14{,}1\ W/kg)$;
   $P_{Lewis}(B) = 21{,}73.80.(0.46)^{1/2} = 1178\ W\ (14{,}7\ W/kg)$

   c. Sujet A : $\Delta(\%) = \dfrac{1056-922}{922\times 100} = 14{,}5\ \%$

   Sujet B : $\Delta(\%) = \dfrac{1178-952}{952\times 100} = 23{,}7\ \%$

   Le sujet B a une meilleure utilisation du cycle étirement-raccourcissement.

2. b. $P_{RAST} = \dfrac{m.D^2}{T^3}$

   Sprint 1 : $P_{1\text{-}RAST}(A) = 75.\dfrac{30^2}{4{,}1^3} = 979\ W$;

   $P_{1\text{-}RAST}(B) = 80.\dfrac{30^2}{3{,}9^3} = 1214\ W$

   …

P (W)	Sprint 1	Sprint 2	Sprint 3	Sprint 4	Sprint 5	Sprint 6
Sujet A	979	911	879	693	610	592
Sujet B	1214	1125	972	790	612	594

$P_{moy}(A) : \dfrac{P_1 + P_2 + \ldots + P_6}{6} = 777\ W\ (10{,}4\ W/kg)$

$P_{moy}(B) : \dfrac{P_1 + P_2 + \ldots + P_6}{6} = 884{,}5\ W\ (11{,}1\ W/kg)$

   c. Indice de fatigue : $If = \dfrac{P_{max} - P_{mini}}{Temps\ total}$

   $If(A) = \dfrac{979-592}{26{,}8} = 14{,}4\ W/s$

   $If(B) = \dfrac{1214-594}{26{,}45} = 23{,}4\ W/s$

   d. La puissance du sujet A chute moins rapidement, il a donc une meilleure résistance anaérobie.

3. $P_{Margaria} = \dfrac{m.g.6h}{T}$

   $P_{Margaria}(A) = \dfrac{75\times 10\times 6\times 0{,}2}{0{,}460} = 1956\ W$

   soit 26,1 W/kg

   $P_{Margaria}(B) = \dfrac{80\times 10\times 6\times 0{,}2}{0{,}480} = 2000\ W$

   soit 25 W/kg

4. Bilan

P (W/kg)	P_{Lewis} SJ	P_{Lewis} CMJ	P_{moy} RAST	$P_{Margaria}$
Sujet A	12,3	14,1	10,4	26,1
Sujet B	11,9	14,7	11,1	25,0

Les valeurs de puissance anaérobie des sujets dépendent du type de test. Le test des escaliers de Margaria donne des valeurs de puissance très supérieures aux autres tests.

NEUROSCIENCES COMPORTEMENTALES

contrôle du mouvement et apprentissage moteur

Ludovic MARIN

Maître de Conférences-HDR.
UFR STAPS. Université de Montpellier.
Ancien entraîneur et responsable technique de gymnastique.

Frédéric DANION

Chercheur au CNRS.
HDR en neurosciences à l'université d'Aix-Marseille.
Médaille de Bronze au championnat du Monde de BMX Freestyle en 1997.

REMERCIEMENTS

Les auteurs de cette partie tiennent à montrer leur gratitude à Benjamin, Stella et Malcolm ainsi qu'à Josiane, car sans leur soutien moral et affectif cette dernière n'aurait jamais pu voir le jour. Ils remercient également Alain Boyadjian pour ses précieux conseils techniques.

INTRODUCTION

Imaginez que vous êtes sur un terrain de tennis. Après un rapide coup d'œil sur le geste de l'adversaire, vous retournez la balle et marquez le point. Cet enchaînement, en apparence très banal, de perception et d'action est en fait un petit miracle de complexité quant à la machinerie cérébrale qui l'a produite. En effet, comment un simple clin d'œil peut-il suffire à prendre une décision ? Comment se fait-il que vous soyez capables de prédire la trajectoire de la balle ? Comment faites-vous pour contrôler simultanément autant de muscles et d'articulations ? Comment se fait-il que vous ayez progressé à force de jouer au tennis ? Le but de cette partie Neurosciences est de vous faire découvrir comment nous percevons, traitons des informations, prenons des décisions, produisons le bon geste, et apprenons de nouvelles habiletés. Nous avons choisi d'organiser cette partie Neurosciences en 5 chapitres dont la succession permettra au lecteur de répondre lui-même à ces questions. Le premier chapitre aborde le versant sensoriel. La physiologie, et les propriétés des organes sensoriels essentiels pour l'action (tels que la vision, et la proprioception) constitueront le cœur de ce chapitre. Le deuxième chapitre traitera lui du versant moteur. Nous commencerons par rappeler les grandes propriétés des muscles, et des neurones. Une fois ces rappels effectués, nous aborderons la physiologie et les fonctions des principales structures nerveuses impliquées dans la génération du mouvement. Les troisième et quatrième chapitres auront pour objet de montrer comment le versant sensoriel et le versant moteur sont mis en relation pour produire un mouvement fonctionnel. Dans le chapitre 3, nous exposerons les processus liés au traitement de l'information (identification, sélection, programmation…), tandis que dans le chapitre 4 nous insisterons surtout sur la notion de contrôle du mouvement (*i.e.* quel est le rôle des retours sensoriels pour le guidage du geste ?). Enfin dans le chapitre 5 nous nous concentrerons sur les processus qui permettent aux adultes d'acquérir de nouvelles habiletés motrices.

Cet ouvrage est destiné en priorité aux étudiants de licence STAPS, et aux éducateurs sportifs. Il peut également convenir aux intervenants du milieu sportif (entraîneurs et dirigeants) ainsi qu'aux enseignants d'éducation physique et aux psychomotriciens désirant se perfectionner sur les processus mis en jeu dans l'acquisition des habiletés motrices. Cette partie Neurosciences peut enfin intéresser les personnels de santé désireux d'approfondir leurs connaissances sur les relations existantes entre cerveau et comportement. D'une manière générale, la partie Neurosciences s'appuie sur des données récentes issues du champ des neurosciences, un champ actuellement en pleine expansion. L'objectif des auteurs est de proposer aux lecteurs les notions clefs permettant d'aborder les questions les plus centrales dans le contrôle du mouvement, et l'apprentissage du geste. Au regard des spécialistes, cet objectif peut apparaître ambitieux, cependant il est important de préciser avant tout que la partie Neurosciences de cet ouvrage ne se veut pas un catalogue exhaustif des connaissances ayant trait à ces processus. Notre objectif était plutôt de réunir dans une même partie des connaissances habituellement disséminées dans plusieurs ouvrages (neurophysiologie, psychologie, psychophysiologie…). Cet ouvrage s'adressant plus particulièrement aux étudiants des filières STAPS, nous avons pris le parti d'étayer notre discours le plus souvent possible à partir d'exemples et de travaux liés aux activités physiques et sportives.

À la fin de chaque chapitre les lecteurs se verront proposer plusieurs options pour approfondir ces connaissances. Dans un esprit assez récréatif nous proposons tout d'abord quelques sites web où ils seront susceptibles par exemple de mesurer leurs performances visuo-motrices ou leur mémoire, ou même d'écouter l'interview d'un chercheur. Nous proposons ensuite des références bibliographiques constituées de texte en français, dont un grand nombre sont écrits par des chercheurs/enseignants en STAPS. Enfin pour les plus férus, toujours en quête d'information complémentaire, nous leur proposons la liste intégrale des articles (écrits en anglais) desquels sont tirées les expériences auxquelles nous faisons référence dans cette partie.

Dans une optique de préparation aux examens, les lecteurs trouveront à la fin de chaque chapitre des questions leur permettant de tester leur acquis. Les réponses à ces questions sont fournies à la fin de la partie Neurosciences.

Chapitre 1

LE VERSANT SENSORIEL

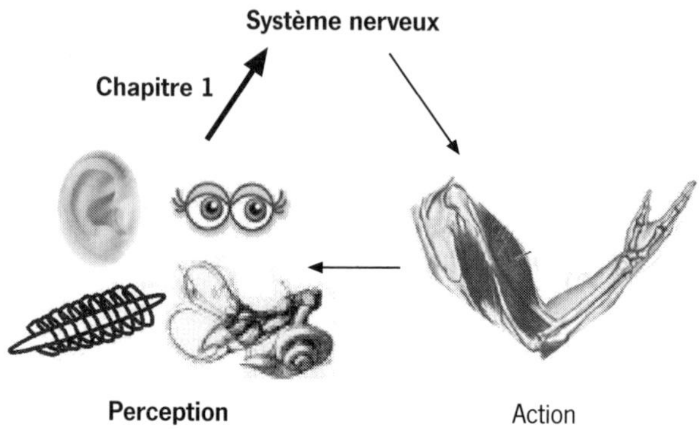

Certains d'entre nous ont parfois tendance à oublier que nos gestes, nos actions, nos habiletés motrices ne reposent pas uniquement sur la possession d'une bonne musculature. Les organes des sens sont tout aussi importants que les muscles. Réfléchissez un instant, que feriez-vous d'une très bonne musculature au tennis si votre acuité visuelle était médiocre ? Que feriez-vous en trampoline si vous étiez incapable de vous repérer dans l'espace ? Comment faire un départ efficace en sprint sans entendre le coup de feu du départ ? Bref nos sens apparaissent indispensables pour un grand nombre de nos actions. Le but de ce premier chapitre est de vous présenter pour chacun d'entre eux : les types de récepteurs sensoriels mis en jeu, le type d'information qui est véhiculée, ainsi que les voies nerveuses qui acheminent ces informations au cerveau. Nous commencerons par la vision et le toucher, dont les rôles sont prépondérants pour la perception du mouvement. Puis nous aborderons le goût, l'odorat, et l'audition mais de manière plus succincte car il faut bien reconnaître que leur rôle est mineur dans les activités physiques et sportives. Après avoir traité chacun de ces cinq sens, nous aborderons un dernier sens un peu spécial, souvent ignoré du grand public, la proprioception. Nous verrons que ce sixième sens joue un rôle tout particulier dans la perception du mouvement, et qu'il met en jeu des récepteurs de nature très différente qui peuvent se trouver dans nos muscles, nos tendons, nos articulations, notre oreille interne… Néanmoins, avant de commencer la présentation de ces six sens nous avons pris le parti de vous rappeler quelques généralités sur la perception et les organes des sens.

Généralités

Les sens sont nos fenêtres sur le monde

Tous les organismes vivants prélèvent des informations grâce à leur sens sur le milieu qui les entoure. Ce sont nos organes des sens qui nous rattachent au monde extérieur. De ce fait, ils sont nos fenêtres sur le monde. Sans eux, il nous serait impossible d'agir. En effet, comment frapper une balle si on ne peut pas la voir ? Comment éviter un véhicule nous approchant par l'arrière si on ne peut pas l'entendre ? Comment attraper un objet derrière un meuble si on ne peut pas sentir son contact au bout des doigts ? Bref, quelles que soient les situations, nos sens sont « en action » !

Perception et sensation

Il existe une différence entre sensation et perception. La sensation se réfère à la détection et à l'acheminement d'une information sensorielle vers le cerveau. Elle se réfère aussi à l'expérience sensorielle primaire induite par le stimulus. La sensation est préalable à la perception et dépend du canal sensoriel. La perception, elle, se réfère au recueil et au traitement des informations sensorielles issues des différents canaux sensoriels. Elle renvoie à l'intégration, et à l'interprétation des messages sensoriels. C'est grâce à la perception que nos sensations acquièrent une véritable signification. La figure 1-1 permet d'illustrer la notion de sensation et de perception dans une tâche visuelle. Sur la gauche de la figure, l'individu voit un objet s'approche vers lui. Des récepteurs sont activés dans son œil, un message nerveux est transmis vers le cerveau, une sensation est évoquée. Le cerveau a certes détecté la présence d'un objet, mais l'individu ne sait pas encore ce dont il s'agit. Lorsque l'image est finalement interprétée (figure de droite), l'individu perçoit qu'il s'agit effectivement d'une balle.

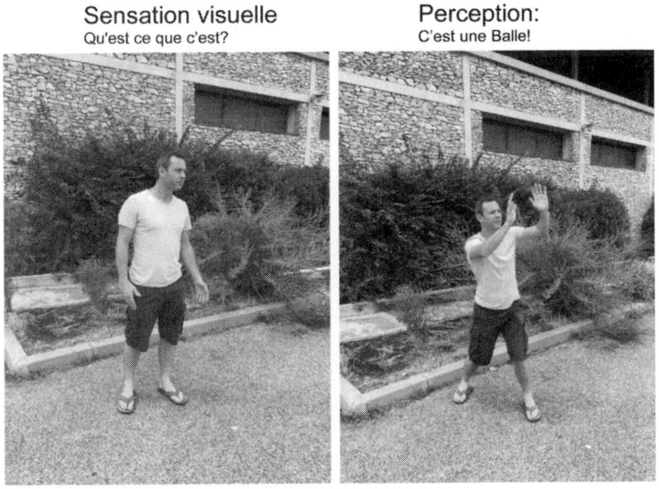

Figure 1-1. **Différence entre sensation et perception.**

La perception s'appuie sur plusieurs systèmes sensoriels. Chez l'être humain, on considère, depuis Aristote, qu'il existe cinq grands canaux sensoriels : la vision, le toucher, l'odorat, le goût, et l'audition. Chaque système sensoriel a évolué pour détecter une forme spécifique d'énergie. Chaque organe sensoriel contient des cellules spécialisées appelées récepteurs. Ces récepteurs sont des cellules qui ont pour fonction de convertir l'énergie physique en énergie « nerveuse ». Le tableau ci-dessous indique pour chaque canal sensoriel, le type de récepteur et les types de stimuli externes qui sont transformés en énergie nerveuse.

Canal sensoriel	Récepteur	Énergie physique
Vision	Rétine	Lumière
Audition	Cochlée	Son
Odorat	Fosses nasales	Chimique
Goût	Papilles gustatives	Chimique
Toucher	Mécanorécepteurs Thermorécepteurs	Mécanique (pression, tension), température

Tableau 1-1. **Type d'énergie convertie par les récepteurs sensoriels en fonction des différents canaux.**

Notion d'extéroception, d'intéroception et de proprioception

Chaque sens peut avoir deux grandes fonctions : une fonction exocentrée (centrée sur l'extérieur), et une fonction égocentrée (centrée sur le corps). Par fonction exocentrée, on veut exprimer le fait que le système sensoriel véhicule des informations provenant de l'environnement extérieur (étymologiquement *exo* signifie extérieur). Par exemple l'image d'une balle en approche ou un son provenant d'une porte qui claque, spécifient tous deux des événements extérieurs. La vision et l'audition sont équipées de récepteurs tout à fait adéquats pour asseoir cette fonction exocentrée. Les informations assurant une fonction exocentrée sont appelées extéroceptives. Par fonction égocentrée, on veut exprimer le fait que le système sensoriel véhicule des informations sur nous-mêmes, c'est-à-dire sur notre propre corps (étymologiquement *ego* signifie soi-même). Les informations assurant une fonction égocentrée sont divisées en deux catégories : les informations intéroceptives et proprioceptives.

L'intéroception (provenant de l'intérieur) est la perception que nous avons des parties internes de notre corps par le biais de récepteurs localisés dans nos viscères (et nos vaisseaux sanguins). La perception intéroceptive est mise à contribution lors des déplacements de l'ensemble du corps. Par exemple lorsqu'en voiture on passe sur un dos d'âne ou lorsque dans les fêtes foraines on est soumis à des mouvements brusques, on perçoit une sensation dans le ventre (appréciée par certains et repoussante par d'autres). Cette sensation interne provient en fait d'un déplacement de l'ensemble des viscères dans la cavité abdominale. Bien que l'intéroception puisse apparaître peu importante pour les activités sportives, de récentes recherches sur les sports acrobatiques démontrent le contraire. Certains gymnastes de haut niveau pourraient utiliser les déplacements des viscères et les différences de pression sanguines dans le corps pour se repérer lors de rotations acrobatiques.

La proprioception est la perception générale que nous avons de notre corps en statique (statesthésie) ou en mouvement (kinesthésie). Cette perception du corps s'appuie sur plusieurs types de récepteurs : les capsules articulaires, les fuseaux neuromusculaires, les organes tendineux, le vestibule (tous ces récepteurs seront décrits ultérieurement dans ce chapitre). La proprioception permet de percevoir la position et le mouvement de chaque partie du corps, l'orientation, la vitesse, les accélérations et le déplacement du corps entier dans l'espace, ainsi que la force développée lors de contractions musculaires. Dès lors on comprend facilement que la proprioception soit primordiale pour réaliser la majorité des activités quotidiennes et sportives. Certains chercheurs considèrent la proprioception comme notre sixième sens. Nous lui consacrerons une place toute particulière à la fin de ce chapitre.

Les sens

La vision

Le système visuel transforme l'énergie lumineuse en énergie nerveuse. La lumière est constituée de photons qui se répartissent sur différentes longueurs d'onde. La longueur d'onde est la distance séparant deux pics d'onde identique. Cette distance peut s'étendre de plusieurs kilomètres à quelques nanomètres (milliardième de mètre). L'œil humain ne perçoit qu'une très petite partie des longueurs d'onde disponibles dans la nature : celles qui sont comprises entre 400 nanomètres (nm) le violet et 700 nm le rouge (voir figure 1-2). Entre ces deux longueurs d'onde on trouve les autres couleurs comme le rouge, le bleu, le vert. Lorsque l'on superpose l'ensemble des longueurs d'onde visibles, on obtient la lumière blanche.

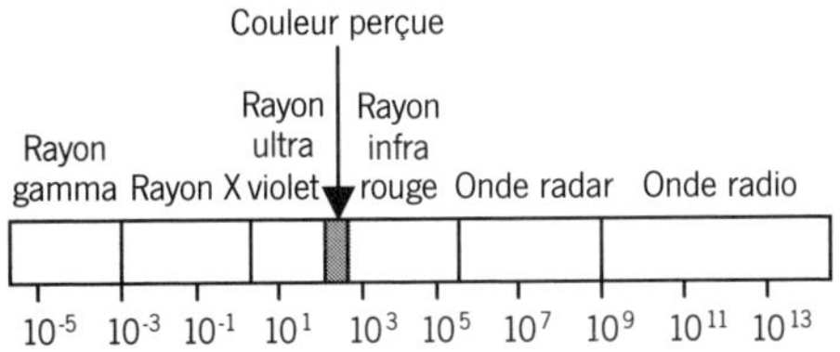

Figure 1-2. **Spectre des longueurs d'onde disponibles dans la nature.** L'œil humain ne perçoit qu'une très petite fraction de ces longueurs d'onde.

La lumière se propage dans tous les sens. Dès qu'elle touche la surface d'un objet, elle se réfléchit dans une autre direction, et un certain nombre de longueurs d'onde disparaissent. Ce sont les caractéristiques de cette réflexion qui procurent l'intensité du stimulus, la couleur du stimulus et les propriétés de surface du stimulus (forme, texture, dimension). C'est pour cela que dans le brouillard on ne peut pas distinguer les caractéristiques des objets, car la lumière ne peut pas se réfléchir sur les surfaces.

L'œil et ses récepteurs

Pour être perçus les rayons lumineux réfléchis par les objets doivent passer à travers un système optique où ils y seront transformés en image. Dans l'œil humain ce système est composé du cristallin et de la cornée qui dirigent l'image sur la rétine (voir figure 1-3). La cornée est principalement responsable de la convergence des rayons lumineux. Les ajustements en fonction de la distance sont faits par des changements de forme du cristallin. C'est le phénomène d'accommodation. La quantité de lumière qui pénètre dans l'œil est contrôlée par un muscle circulaire l'iris (s'il se contracte, la quantité de lumière diminue).

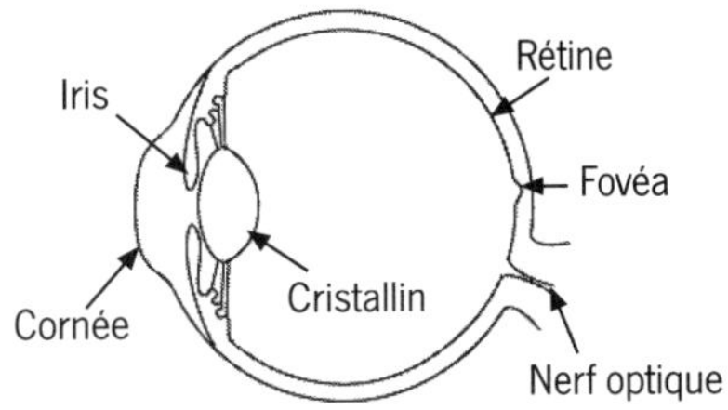

Figure 1-3. **Coupe anatomique de l'œil.**

Toutes les images sont projetées sur la rétine, c'est la membrane qui renferme les cellules photoréceptrices. On distingue deux grandes classes de photorécepteurs : les cônes et les bâtonnets. Ce nom un peu étrange fait référence à la forme des récepteurs. Les cônes (5 millions par œil) sont essentiellement concentrés au niveau de la fovéa (partie centrale de la rétine). Il existe trois types de cônes, chaque type étant sensible à une couleur bien particulière : un pour le vert, un pour le rouge et un pour le bleu. Les cônes sont très sensibles aux fortes intensités lumineuses. Voilà pourquoi ils sont considérés comme les récepteurs de la vision diurne. Les bâtonnets (120 millions par œil) n'existent pas au centre de la rétine, ils sont présents surtout à la périphérie de la rétine. Ils sont sensibles aux très faibles intensités lumineuses et sont dévolus à la vision nocturne. Ils ne permettent pas de distinguer les couleurs mais seulement les teintes de gris. À l'inverse des cônes, leur acuité spatiale (capacité de distinguer deux points voisins) est très faible.

Outre les photorécepteurs, on trouve deux autres groupes de neurones dans la rétine : les cellules bipolaires et les cellules ganglionnaires. La figure 1-4 nous montre l'architecture des connexions entre ces cellules selon qu'il s'agisse de bâtonnets ou des cônes. Pour les cônes, l'architecture des connexions est de type « un pour un ». Un cône est relié à une cellule bipolaire, elle-même reliée à une cellule ganglionnaire. L'intérêt de cette architecture est de fournir une information assez précise sur la localisation spatiale de la stimulation. En revanche, pour les bâtonnets, l'architecture des connexions est plutôt de nature « convergente » : chaque cellule ganglionnaire reçoit les projections de nombreuses cellules bipolaires, elles-mêmes recevant les projections de nombreux bâtonnets. Si cette architecture ne favorise pas l'acuité spatiale, de par le jeu de la sommation des potentiels excitateurs (voir chapitre 2), un stimulus faible peut déclencher un potentiel d'action, alors qu'il aurait été infraliminaire pour un cône. L'ensemble des cellules ganglionnaires forme le nerf optique qui se dirige vers les centres nerveux supérieurs.

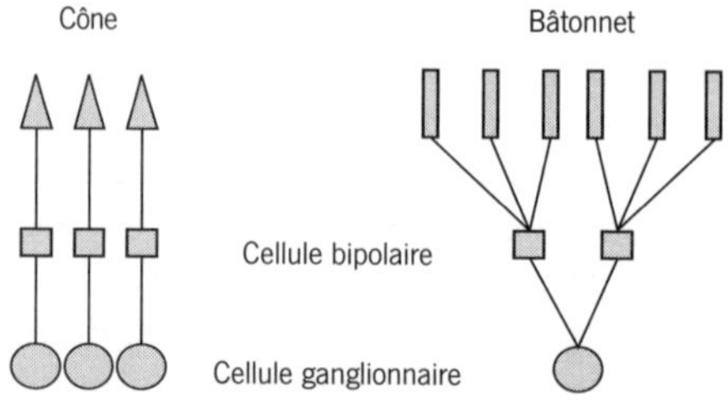

Figure 1-4. **Organisation des connexions entre photorécepteurs, cellules bipolaires, et cellules ganglionnaires.**

Du nerf optique au cortex

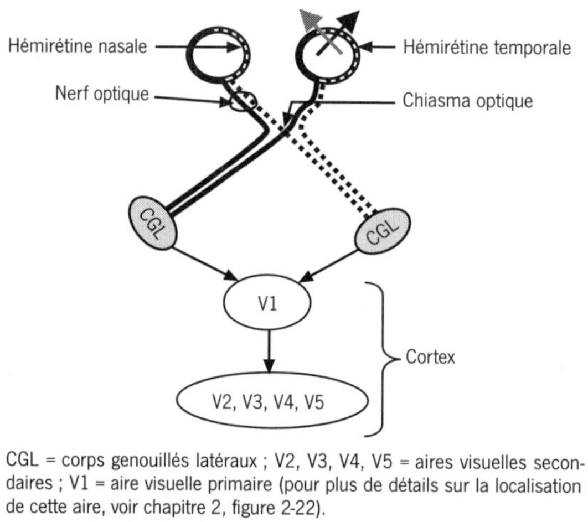

Figure 1-5. **Organisation des voies nerveuses entre l'œil et le cortex.** CGL = corps genouillés latéraux ; V2, V3, V4, V5 = aires visuelles secondaires ; V1 = aire visuelle primaire (pour plus de détails sur la localisation de cette aire, voir chapitre 2, figure 2-22).

Les informations qui sortent de la rétine par le biais du nerf optique font un relais au niveau des corps genouillés latéraux (CGL) après s'être en partie croisé au niveau du chiasma optique. Les axones venant des hémirétines temporales (vers l'extérieur de l'œil) restent homolatéraux, alors que ceux venant des hémirétines nasales (vers l'intérieur de l'œil) rejoignent les CGL opposés (figure 1-5). Au niveau des CGL, les cellules présentent les mêmes caractéristiques fonctionnelles que les cellules ganglionnaires, avec conservation de la rétinotopie (représentation géographique de la rétine). Les axones (voir chapitre 2) des cellules des CGL rejoignent ensuite le cortex visuel primaire (V1) appelé aussi cortex occipital. De là, les informations rejoignent d'autres aires visuelles dites secondaires (V2, V3, V4 et V5). Les aires secondaires ont pour fonction d'effectuer des traitements très spécifiques de l'image. Par exemple, l'aire V5 est spécialisée dans la détection des mouvements, tandis que dans la zone V4, les neurones traitent uniquement les informations relatives à la couleur.

Deux systèmes visuels : vision centrale et vision périphérique

Les différences anatomiques et fonctionnelles des voies nerveuses issues des bâtonnets et des cônes favorisent l'existence de deux visions distinctes. L'une servirait à la détection des détails et des couleurs tandis que l'autre servirait à la détection des mouvements (voir tableau 1-2). En faisant référence à l'emplacement des cellules réceptrices, la première est appelée vision centrale (concentration des cônes au centre de la rétine) et l'autre vision périphérique (concentration des bâtonnets sur les bords extérieurs de la rétine). Sachez cependant qu'on appelle parfois la vision centrale, vision cognitive parce qu'elle permet de reconnaître les objets. On appelle aussi parfois la vision périphérique, vision motrice car elle est sensible aux déplacements.

	Vision centrale (ou vision cognitive)	Vision périphérique (ou vision motrice)
Emplacement	Rétine centrale	Rétine périphérique
Récepteur	Cône	Bâtonnet
Faible lumière	Vision dégradée	Vision non dégradée
Couleur	Oui	Non
Conscient	Oui	Très peu
Acuité	Excellente	Faible
Exemple	Lecture d'un livre	Appel de balle
Fonction	Identification	Détection de mouvement
Questions	Qu'est-ce que c'est ?	Où est-ce ?

Tableau 1-2. **Principales caractéristiques de la vision centrale et de la vision périphérique.**

▪ *La vision centrale*

La vision centrale a plutôt une fonction extéroceptive. Elle procure des informations précises sur le milieu extérieur. Par exemple si on veut lire un livre, on utilisera cette vision en bougeant nos yeux de telle sorte que la zone d'intérêt se retrouve projetée sur la fovéa (au centre de la rétine). Dans le cadre d'une activité motrice, la vision centrale peut servir à réaliser une tâche de précision telle que :

- analyser la trajectoire des objets/personnes (ballon, adversaires, partenaires),
- guider notre main ou notre déplacement vers un objet ou un point bien précis,
- explorer notre environnement.

▪ *La vision périphérique*

Lorsque vous lisez ce livre vous utilisez votre vision centrale pour distinguer parfaitement chaque lettre. La vision périphérique, c'est tout ce que vous voyez autour. C'est flou mais suffisamment net pour que vous perceviez un mouvement au cas où quelque chose se mettrait en déplacement sur le coin de votre table. Sur un terrain de sport, c'est un peu la même chose. Vous utilisez votre vision centrale pour détailler et observer les actions de votre adversaire, mais grâce à votre vision périphérique vous êtes en mesure de savoir non seulement si un autre adversaire est en train de vous rejoindre mais également dans quelle direction et à quelle vitesse il approche. Dans ce contexte, la vision périphérique a surtout un rôle extéroceptif.

La vision périphérique a aussi un rôle proprioceptif dans la mesure où elle procure des informations sur les déplacements de notre corps. Lorsqu'on se déplace dans une direction, tout notre environnement se déplace en sens contraire. Vous pouvez vous-même faire cette expérience. Fixez votre regard sur un objet au loin et avancez dans cette direction. Les images projetées sur votre rétine périphérique indiquent que les murs de la pièce semblent se déplacer vers l'arrière. Dans la vie de tous les jours (et encore plus en sport) les déplacements de notre environnement sur notre rétine spécifient notre propre déplacement. Une très bonne illustration de ce phénomène est observée lorsqu'on est assis dans un train à l'arrêt. Si un deuxième train sur la voie d'en face se met à avancer (vous le voyez partir en arrière), vous aurez l'impression que c'est votre propre train qui démarre. Certaines personnes qualifient ceci d'illusion d'optique (puisque vous avez commis une erreur de jugement). Nous dirons plutôt que notre vision périphérique fait très bien son travail. Elle nous renseigne en permanence sur nos déplacements. Notre vision périphérique est d'ailleurs si importante pour nous informer de nos mouvements, que la plupart des simulateurs de vol (pour les pilotes par exemple) ou jeux vidéo, sont basés sur des stimulations de la rétine périphérique.

Pour les spécialistes des sports acrobatiques, la vision périphérique est très importante puisqu'elle permet de se repérer dans l'espace lors de rotations rapides du corps. Dans une expérience menée par Bardy et Laurent (1998), il a été montré que la vision périphérique était nécessaire pour contrôler la vitesse de rotation d'un salto arrière de pied ferme. La vision périphérique est également importante pour le contrôle de la posture dans des situations inhabituelles. Dans l'expérience de Gautier, Thouvarecq et Chollet (2007), il a été démontré que pour contrôler un ATR (équilibre sur les mains) en gymnastique, la vision périphérique était fortement sollicitée. Enfin, même pour une tâche beaucoup plus simple, mais fonctionnellement plus importante, comme le maintien de l'équilibre en station bipédique, la vision périphérique conserverait un rôle prépondérant. Dans une expérience, des chercheurs ont placé des personnes au milieu d'une pièce dont les murs et le plafond pouvaient bouger indépendamment du sol. Lorsque les expérimentateurs se sont mis à faire osciller cette pièce mobile (mouvements non perceptibles à l'œil nu), ils ont observé que les participants oscillaient avec les déplacements de la pièce. Les participants ont reproduit ce qui se passe dans la réalité : si les murs bougent sur notre rétine, c'est parce que nous sommes en train de bouger.

Nous reviendrons plus largement sur le rôle des informations visuelles dans le contrôle du mouvement au cours du chapitre 4.

Le toucher

La peau permet de fournir les informations dites « cutanées ». Elle renferme de nombreux types de récepteurs : des récepteurs à la chaleur (thermorécepteurs), d'autres à la douleur (nocicepteurs), et d'autres aux pressions mécaniques (mécanorécepteurs). Les nocicepteurs et les mécanorécepteurs peuvent avoir une fonction proprioceptive et extéroceptive, tandis que les récepteurs de chaleur ont surtout une fonction extéroceptive.

Les thermorécepteurs

La discrimination de la température (chaud ou froid) est donnée par des terminaisons nerveuses libres situées dans la peau qu'on appelle thermorécepteurs. Certaines d'entre elles sont dévolues au chaud, d'autres au froid, mais elles restent juxtaposées les unes aux autres. Leur nombre varie selon les parties du corps considérées. Les doigts et les lèvres comprennent un nombre élevé de ces récepteurs alors que la cuisse par exemple en est beaucoup moins pourvue. C'est ce qui explique que la sensibilité des doigts et des lèvres soit beaucoup plus précise que celle de la cuisse. Cependant il est à noter que l'avant-bras (aux alentours du coude et du poignet) a un statut particulier. En effet, la couche de son épiderme étant plus fine que la plupart des autres parties du corps, l'avant-bras est susceptible de fournir des informations plus précises que la main par exemple, sur la température de l'environnement extérieur. Ainsi, pour évaluer la température de l'eau d'un bain, il est plus efficace de tremper son avant-bras dans l'eau que la main seule.

La fréquence de décharge des terminaisons nerveuses dépend plus de la vitesse et de l'amplitude du changement de température que de la température absolue elle-même. En d'autres termes, ce qui importe c'est la différence de température entre la peau et le milieu extérieur. Par exemple, si la peau des doigts est très froide, de par son exposition prolongée dans la neige, le simple fait de les mettre sous l'eau modérément chaude, provoque une sensation de brûlure. La différence entre la température de la peau et de l'eau étant importante, les cellules réceptrices déchargent fortement. Le même phénomène peut être observé lorsqu'on met les mains dans une eau tiède après avoir trempé une main dans de l'eau chaude et l'autre dans de l'eau froide. Nous aurons la sensation d'avoir une eau chaude pour la main précédemment trempée dans l'eau froide et une eau froide pour la main trempée dans l'eau chaude. Enfin, la sensibilité aux écarts de température est d'autant plus grande qu'ils concernent une importante surface de la peau. Si nous sommes très sensibles aux changements de température, avec le temps (quelques minutes suffisent), nous nous adaptons très vite à la nouvelle température, excepté pour des températures supérieures à 45 °C (les récepteurs de douleur sont alors stimulés).

Étant donné qu'ils informent uniquement sur les différences de température entre l'environnement extérieur et soi-même, les récepteurs thermiques ne sont pas des plus importants pour la pratique sportive. On a cependant noté que la peau se modifiait chez les nageurs habitués à nager en eau froide, de sorte que leur sensibilité au froid était plus réduite.

Les nocicepteurs

La douleur peut avoir plusieurs origines. Elle peut avoir une origine profonde ou superficielle. La première fait généralement référence aux douleurs intéroceptives provenant des organes internes ou des vaisseaux sanguins. Pour les activités physiques par exemple, une douleur liée à un exercice trop intense (excès d'acidose) comme un 400 m en athlétisme ou à une séance de musculation excessive est plutôt de type intéroceptif. Cependant, ici nous ne nous intéresserons qu'aux douleurs superficielles, c'est-à-dire d'origine cutanée.

Les récepteurs à la douleur d'origine superficielle (peau) sont des récepteurs à seuil très élevé. Ils répondent à des pressions (chocs) destructrices, à une chaleur intense (au-delà de 45 °C), à des substances irritantes (chimiques) et à des frottements exagérés. Ces récepteurs sont répartis sur toute la surface du corps, mais leur concentration varie selon les parties du corps. Par exemple, des zones dites sensibles telles que la cornée de l'œil, le tympan, le derrière du genou, le cou ou les lèvres sont beaucoup plus pourvus en nocicepteurs que la plante du pied ou le bout du nez. Les influx nociceptifs sont transportés par plusieurs types de fibres. Certaines véhiculent la douleur aiguë, vive et bien localisée, associée à un contact (piqûre, brûlure). D'autres sont plus spécialisées dans l'acheminement de la douleur diffuse et prolongée même après contact. Cette dernière pouvant être insupportable. Les influx nociceptifs remontent ensuite vers le système nerveux central par le biais du thalamus, puis gagnent le cortex sensoriel (voir chapitre 2) ainsi que d'autres aires (lobe frontal, pariétal et limbique).

Le concept de douleur est assez complexe dans la mesure où il fait appel à des caractéristiques subjectives. Le seuil de la douleur et son intensité varient selon les personnes. Ainsi, la même stimulation peut être perçue comme insupportable pour quelqu'un et bénigne pour un autre. La sensation de douleur dépend de plusieurs aspects : de l'attente de la personne, de l'attention, de la concentration, de la motivation, du degré d'anxiété, de l'état d'éveil et de l'adaptation.

Dans les activités sportives la notion de douleur a un caractère particulier. Elle permet d'alerter le corps. Plus le contact entre deux individus par exemple est fort, et plus la douleur risque d'être intense. Cette douleur nous avertit que de futures lésions sont probables si de tels contacts sont réitérés. Ce rôle d'avertisseur est donc important surtout dans des activités sportives qui sont sujettes à de forts contacts : sports de percussion (boxes, arts martiaux), football américain, rugby, etc. C'est un phénomène de défense qu'a mis au point le corps pour arrêter toute action pouvant entraîner la détérioration d'une partie de l'organisme. En d'autres termes si on a mal c'est que cela est néfaste pour notre corps, notre réaction la plus courante est donc de chercher à arrêter ce qui provoque les douleurs.

Certaines recherches en activités physiques montrent que le seuil de douleur peut s'adapter en fonction de la quantité et de la qualité des stimulations rencontrées. Ainsi, dans les activités sportives très engagées physiquement, il n'est pas rare d'observer que les sportifs sont capables de supporter des degrés d'intensités de stimulation bien supérieures à ceux ne pratiquant pas ce genre de sport. En d'autres termes, « plus on prend des coups, moins on a mal ». Dans ce cas, ce n'est pas le seuil de détection qui est diminué mais plutôt l'interprétation de la sensation douloureuse. En effet, un choc à l'épaule par exemple, sera toujours ressenti comme tel par tout le monde. Les terminaisons nociceptives déchargeront de la même manière. En revanche, ce qui peut changer par le biais de la pratique intensive sportive c'est la perception de ce choc : c'est-à-dire l'interprétation que fera le système nerveux central de cette information liée à la détection du choc. Pour certains il sera considéré comme douloureux, pour d'autres comme quelconque. Il semblerait donc qu'il soit possible de changer quelque peu notre tolérance à la douleur par le biais de la pratique sportive, physique ou manuelle intense (comme dans certains emplois très durs physiquement).

Les mécanorécepteurs (sens du tact et de la pression)

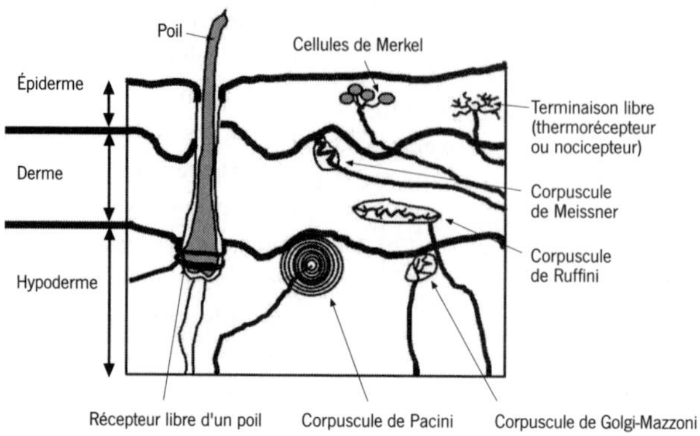

Figure 1-6. **Les récepteurs cutanés selon les différentes couches de peau.**

La peau est constituée de différentes couches : l'épiderme, la plus superficielle, le derme et l'hypoderme, la plus profonde (voir figure 1-6). Des récepteurs tactiles et de pression sont présents dans chacune de ces couches. Ce sont des récepteurs mécaniques. Les cellules de Merkel sont situées dans l'épiderme et réagissent au toucher. Elles sont très sensibles aux effleurements et aux contacts légers et ont un petit champ récepteur (surface totale de la zone réceptrice permettant de discriminer un stimulus). Si le champ récepteur est petit, il localisera parfaitement le point d'application du stimulus mais sur une petite zone. Au contraire, si le champ est grand, la localisation du stimulus se fera sans grande précision, mais sera rendue possible sur une plus grande zone. Les corpuscules de Meissner sont situés dans le derme. Ils ont un petit champ récepteur et sont sensibles aux légères variations de pression. À l'inverse les corpuscules de Ruffini, eux, ont des champs récepteurs plus grands, mais sont sensibles aux fortes pressions. Pour information, la base du poil est localisée à la limite du derme et de l'hypoderme. Le poil décharge dès qu'il entre en contact avec quelque chose (objet, vent, vêtement, etc.). Un léger effleurement, voire un déplacement d'air créé par une autre personne, peut suffire pour stimuler le récepteur pileux. Cependant la concentration des poils n'est pas la même suivant les zones corporelles (et les individus). La peau glabre correspond aux parties du corps dépourvues de poil (ex. : l'intérieur des mains). Les corpuscules de Golgi-Mazzoni et de Pacini sont situés dans l'hypoderme. Les premiers sont sensibles aux faibles pressions et les derniers aux fortes pressions et aux vibrations. L'ensemble des récepteurs de l'hypoderme a de grands champs récepteurs, mais leurs limites sont floues.

On évalue la sensibilité de la peau à l'aide de plusieurs tests. Dans un premier temps, on peut chercher à évaluer la distance minimale nécessaire pour que deux stimuli soient perçus distinctement. Cette distance dépendra de la taille des champs récepteurs, et de leur densité sur la zone de peau considérée. Sur le bout des doigts, on a une forte concentration de récepteurs dont les champs récepteurs sont de petites tailles (de l'ordre du millimètre). À l'inverse, dans le dos la concentration de récepteurs est beaucoup plus faible, et leur champ récepteur est plus grand (de l'ordre du centimètre). Si deux pointes de stylos sont appliquées simultanément sur la peau, et que la distance qui sépare les pointes est faible, il est fort possible que sur le dos nous ne ressentions qu'un seul et même stimulus. Maintenant, si le même test est répété sur le bout des doigts, nous discriminerions deux contacts. Au bout des doigts (et sur la langue également) nous sommes capables de discriminer deux stimuli même lorsque la distance qui les sépare est de 2 mm, alors que dans le dos, cette distance est au moins égale à 5 cm. Dans le Braille, alphabet de lecture tactile des non-voyants à l'aide de points en relief, les signes sont séparés de 2 à 2,5 mm (voir figure 1-7). Il est tout à fait possible d'entraîner l'acuité tactile afin de pouvoir discriminer sans problème chaque point les uns des autres. Voilà sans doute pourquoi les non-voyants sont connus pour avoir un sens tactile bien plus développé que les voyants.

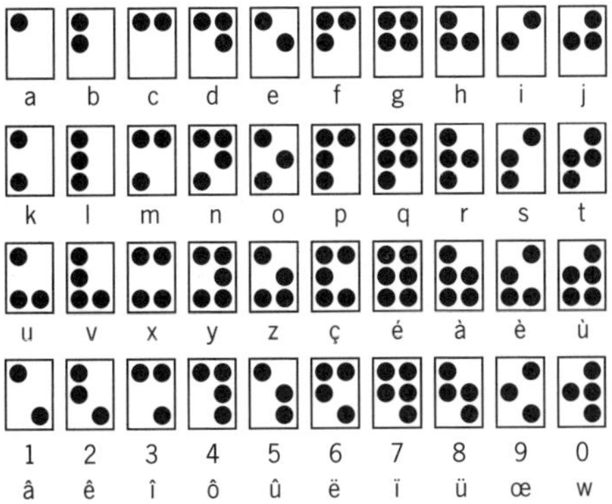

Chaque lettre est constituée par un nombre de points (de 1 à 6), dont la disposition change.

Figure 1-7. **L'alphabet du Braille.** Chaque lettre est constituée par un nombre de points (de 1 à 6), dont la disposition change.

Un deuxième test peut consister à évaluer la vitesse avec laquelle une stimulation doit être portée pour déclencher une sensation. La vitesse d'application est un facteur déterminant dans la sensibilité de la peau. Si un stimulus est appliqué trop lentement, il peut ne pas être détecté ou tout au moins il sera mal perçu. Imaginez que vous approchiez la pointe d'un stylo très lentement sur le bras de quelqu'un qui reste parfaitement immobile, il est possible qu'il ne perçoive rien du tout. Si au contraire le contact s'effectue avec une vitesse normale, il sera en mesure de le percevoir sans problème, et ce, même si le contact effleure à peine la peau.

Enfin, un troisième facteur susceptible d'influencer la discrimination tactile est l'adaptation ou non à un stimulus constant. Certains récepteurs, comme ceux de Merkel et de Ruffini, ont la propriété de rester activés même lorsque le stimulus ne varie plus. On dit que ce sont des récepteurs à adaptation lente. En revanche d'autres récepteurs, comme ceux de Meissner, de Golgi-Mazzoni et de Pacini sont plus sensibles aux variations qu'au maintien de pression. On dit que ce sont des récepteurs à adaptation rapide. Si le stimulus se maintient trop longtemps au même niveau, les récepteurs arrêtent de décharger. Voilà pourquoi lorsque nous chaussons une chaussure de ski ou une chaussure d'escalade, nous pouvons percevoir une sensation immédiate d'inconfort, mais qui s'estompe assez rapidement. De la même façon, lorsque nous retirons ces chaussures, la sensation de confort peut apparaître pendant quelques instants, pour disparaître quelques secondes après.

L'ensemble de ces mécanorécepteurs cutanés sont très importants dans les activités physiques. Ils nous permettent de savoir où, comment, et avec quelle intensité nous approchons, frôlons ou entrons en contact avec quelqu'un ou quelque chose. Grâce à eux nous pouvons également percevoir la pression et sa variation exercée par un adversaire (judo), sur un instrument (arc, perche, raquette…) ou par l'environnement (vent sur la voile…). Le sens tactile peut s'améliorer et se perfectionner. Une étude (Okaya, 2003) révèle ainsi que certains sportifs ont augmenté leur acuité tactile par la pratique de leur activité. Les judokas seraient ainsi plus à même de discriminer les directions et les différents types de pressions exercés par leurs adversaires sur leur corps que les sédentaires. Or, être en mesure de percevoir où l'adversaire va « pousser » ou « tirer » le défenseur, permet d'anticiper un contre et donc de gagner des points. Bien que nous ne connaissions pas encore les mécanismes permettant d'améliorer la perception, une meilleure discrimination des stimuli semble permise par le biais d'une pratique sportive intensive.

Le goût

Les récepteurs du goût, très nombreux, sont les papilles gustatives. Elles se trouvent sur la langue, la voûte du palais et le pharynx. Un potentiel d'action se déclenche dans les cellules réceptrices sous l'effet d'une stimulation chimique (ce sont des chémorécepteurs). Cinq sensations gustatives fondamentales peuvent être distinguées : le salé, le sucré, l'amer, l'acide et l'umami. Cette dernière saveur qui semble quelque peu inhabituelle est en fait associée à la présence de glutamate de sodium dans les aliments. Il est néanmoins surprenant de constater qu'il n'y a pas de récepteurs spécifiques pour chacune de ces sensations, car chaque papille est susceptible de répondre à la plupart des stimuli. Cependant si une papille peut avoir un seuil d'excitabilité faible pour le sucré mais élevé pour du salé, une autre papille peut en revanche avoir un profil exactement opposé. Dans ce cas, la sensation gustative globale dépendrait de l'activité relative des récepteurs entre eux. La discrimination d'une saveur dépendrait aussi d'informations sur la texture, la température et l'odeur de l'aliment. C'est la raison pour laquelle, si on se bouche le nez en mangeant, les saveurs des aliments sont généralement atténuées. De même, ceci explique le manque de saveur de nos aliments lorsque nous avons un rhume. Bien que le goût soit un sens noble, il faut bien admettre que dans le cadre des activités sportives, son rôle est très restreint. C'est la raison pour laquelle nous ne nous attarderons pas davantage sur ce sens.

L'odorat

Les récepteurs olfactifs sont situés dans la muqueuse (là où la membrane sécrète du mucus) qui se trouve dans la partie supérieure de la cavité nasale. Une odeur déclenche un potentiel d'action lorsque les molécules qui la composent atteignent les cellules réceptrices dans la couche de mucus. Le signal transformé en influx nerveux est une stimulation chimique. L'être humain est capable de discriminer des dizaines de milliers d'odeurs différentes. Mais les animaux sont en mesure d'en percevoir bien plus. Par exemple les chiens ont un odorat très supérieur au nôtre, mais il faut bien reconnaître qu'avec 220 millions de cellules olfactives, ils sont beaucoup mieux équipés que nous (environ 6 millions). Ces discriminations olfactives ne sont pas encore bien comprises, il semblerait que ce soit dû à la dépolarisation simultanée de beaucoup de cellules réceptrices différentes. Cependant, des conditions particulières joueraient également le rôle de discriminant olfactif : par exemple la faim (la sensibilité olfactive est plus importante lorsqu'on a faim), le genre (les femmes sont plus sensibles que les hommes) et l'état de la muqueuse olfactive (l'acuité diminue chez les fumeurs de cigarette ou lorsque la muqueuse est congestionnée, comme lors d'un rhume). L'odorat et le goût sont fréquemment en interaction, ce qui permet d'augmenter la variété et la qualité de la discrimination olfactive. Ainsi, grâce à ces multiples interactions on peut dire par exemple qu'une odeur est piquante, fraîche, etc. Toutefois comme le goût, l'odorat a un rôle très limité dans la pratique sportive, et nous ne nous étendrons pas davantage sur cette modalité sensorielle.

L'audition

À l'instar du goût et de l'odorat, l'audition est peu utilisée en sport excepté pour les activités sportives pratiquées par les non-voyants. Chez le sportif sain, toutefois, on peut lui trouver une utilité dans des cas bien précis. L'audition peut ainsi nous permettre de savoir si une balle vient d'être frappée ou si un adversaire approche. L'audition peut donner des informations complémentaires sur la façon dont on agit sur l'environnement. Par exemple le bruit du vent dans une voile, le son de la toile d'un trampoline après une impulsion, ou le crissement de la neige sous un ski, informent le sportif sur son environnement et/ou sur son action sur l'environnement. Ceci étant, l'audition reste considérée comme étant une perception majoritairement extéroceptive.

L'oreille réagit aux sons, c'est-à-dire aux vibrations mécaniques de l'air. Par conséquent dans le vide (sans air) il n'y a pas de son. La hauteur d'un son est déterminée par sa fréquence (c'est le nombre d'ondes sonores ou de cycles par seconde) qui s'exprime en Hertz (Hz). Une fréquence élevée caractérise un son aigu, une fréquence basse un son grave. L'oreille humaine capte des sons allant de 10 Hz à 20 000 Hz. Certains animaux peuvent capter les ultrasons allant jusqu'à 150 000 Hz (la chauve-souris, le chien, la baleine). L'être humain peut discriminer environ 400 000 sons différents.

L'oreille est divisée en trois grandes parties : l'oreille externe, l'oreille moyenne et l'oreille interne (voir figure 1-8). Les ondes sonores sont collectées par le pavillon, puis entrent dans l'oreille par le biais du canal auditif et vont heurter le tympan qui est une membrane tendue au fond de l'oreille externe. La membrane tympanique est très sensible aux propriétés de l'onde sonore. Au contact du son, le tympan vibre différemment selon la fréquence des ondes qui le heurtent : il vibre lentement pour des sons de basse fréquence et rapidement pour les sons de haute fréquence. Le tympan sépare le canal auditif de la cavité de l'oreille moyenne. L'oreille moyenne est en quelque sorte un « sas » de protection entre l'extérieur et l'intérieur du système auditif. Sa fonction est la transmission du son provenant de l'extérieur vers l'oreille interne très sensible. Cette transmission s'effectue à l'aide d'une chaîne d'osselets : le marteau, l'enclume et l'étrier.

La pression qui règne dans l'oreille externe et dans l'oreille moyenne est normalement la même, excepté lors de changements brutaux d'altitude (comme dans un avion par exemple) ou d'une immersion profonde dans l'eau (comme en plongée sous-marine). Dans ce cas, la trompe d'Eustache, qui connecte l'oreille moyenne au pharynx, à la bouche et au nez permet d'équilibrer la pression entre les deux compartiments de l'oreille. Pour ce faire, le bâillement, la déglutition ou l'éternuement suffisent pour ouvrir la trompe d'Eustache. Voilà pourquoi en avion si on a des douleurs à l'oreille ou une sensation d'obstruction lors de l'atterrissage ou du décollage, il est recommandé de bâiller ou d'avaler quelque chose. De même les plongeurs ont pour consigne de boucher leur nez et de souffler fort pour ouvrir la trompe d'Eustache lorsqu'ils changent de profondeur.

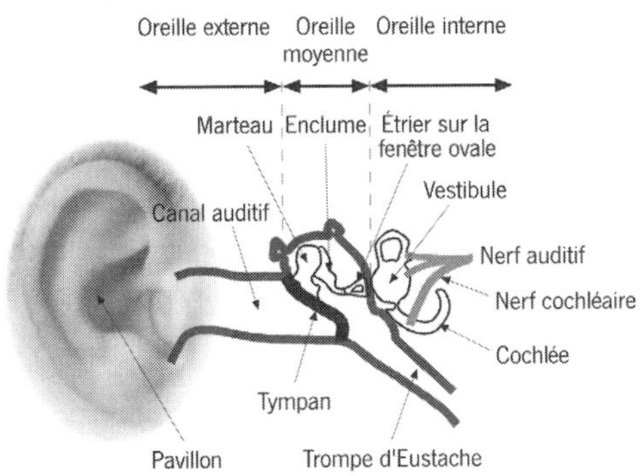

Figure 1-8. **Anatomie des trois grandes parties de l'oreille.**

La fenêtre ovale sépare l'oreille moyenne de l'oreille interne. L'oreille interne comprend deux parties : la cochlée et le vestibule. La première renferme les cellules réceptrices de l'audition tandis que la seconde renferme des cellules sensibles aux mouvements de la tête (voir la fin de ce chapitre pour plus de détails). Les cellules réceptrices de la cochlée sont très sensibles aux stimuli sonores intenses, d'où parfois une dégénérescence de certaines fibres pouvant causer des troubles permanents de l'audition. Ainsi, des études ont observé que de plus en plus de jeunes sont atteints de perte d'audition parce qu'ils ont écouté de façon prolongée de la musique à forte intensité (à l'aide de baladeurs MP3, ou de Smartphones). Les cellules réceptrices baignent dans un liquide et contiennent des cils qui se déplacent en fonction des ondes sonores présentent dans la cochlée. Avec l'âge, certaines de ces cellules ciliées disparaissent : les cellules sensibles aux sons aigus sont les premières à disparaître. Le mouvement des cils entraîne une dépolarisation de la cellule qui permet de transformer l'énergie sonore en influx nerveux. Les cellules ciliées transmettent l'influx nerveux vers les neurones cochléaires dont les axones forment le nerf cochléaire qui lui-même constitue une branche du nerf auditif.

Le nerf auditif conduit les informations auditives vers le noyau cochléaire (voir figure 1-9). À partir de ce noyau cochléaire, l'information est divisée en deux grandes voies. La première prend sa naissance dans la partie ventrale de ce noyau (NCV). Elle a pour but de véhiculer les informations relatives au « *timing* » du signal auditif. Lorsque les informations quittent le noyau cochléaire, elles sont dirigées vers l'olive supérieure (OS), puis vers le colliculus inférieur (CI). La deuxième voie prend naissance dans la partie dorsale du noyau cochléaire (NCD). Son rôle est d'analyser le son de manière plus qualitative, elle essaie de séparer les différentes fréquences qui composent le signal. À la différence de la voie précédente, les informations issues du noyau cochléaire se projettent directement sur le colliculus inférieur. À partir du colliculus inférieur, les informations issues des deux voies (ventrale et dorsale) se projettent sur le thalamus, puis sur le cortex auditif qui se trouve dans la zone temporale du cerveau (voir chapitre 2).

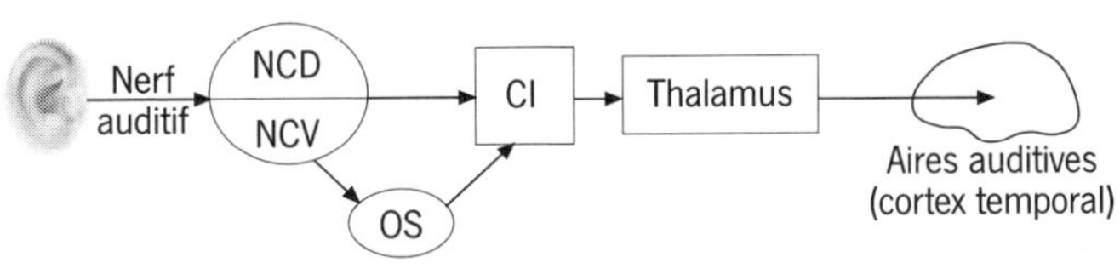

Figure 1-9. **Voies nerveuses de l'audition.** NCV = noyau cochléaire ventrale ; NCD = noyau cochléaire dorsale ; CI = colliculus inférieur ; OS = olive supérieure.

La proprioception : le sixième sens

Selon Berthoz (1997), la proprioception est notre sixième sens. On l'appelle aussi le sens du mouvement. S'il est oublié des cinq sens habituels, c'est peut-être parce qu'il est inconscient ou parce qu'il fait référence à une multitude de récepteurs différents. Quelle que soit l'origine de cet oubli, il est temps de le corriger, et ce d'autant plus dans le cadre de la pratique sportive.

Avec la vision, la proprioception est le « sens » le plus utilisé dans les activités physiques. Différents capteurs constituent ce sixième sens : des récepteurs visuels, des récepteurs cutanés, des récepteurs musculaires, des récepteurs tendineux, des récepteurs articulaires, et des récepteurs vestibulaires (voir figure 1-10). Étant donné que les deux premiers types de récepteurs vous ont déjà été présentés, nous nous attarderons essentiellement sur les autres récepteurs.

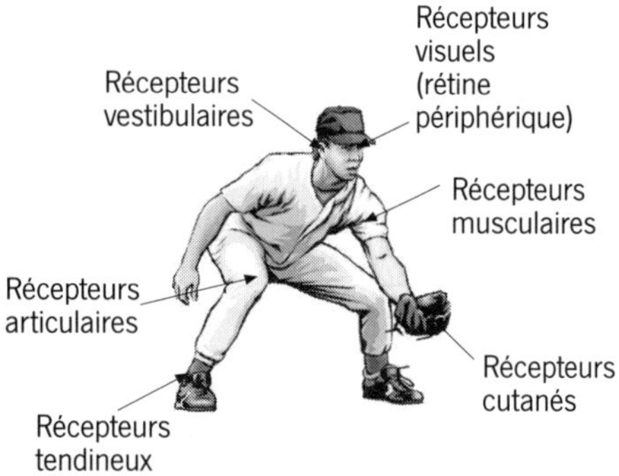

Figure 1-10. **Les multiples récepteurs sensoriels.**

Les récepteurs musculo-articulaires

Il est habituel d'associer les mots « sport » et « activité musculaire ». Dans l'esprit commun, le muscle est plutôt synonyme de contraction musculaire, de force, de mouvement, d'hypertrophie, etc. Pourtant, il peut avoir une activité perceptive à part entière beaucoup plus riche qu'il n'y paraît. Par exemple, dans l'obscurité il vous est tout à fait possible de savoir où est votre main sans pour autant la voir. Ceci est possible car nos muscles sont équipés de récepteurs qui nous permettent de percevoir la tension musculaire (perception de la force produite lors d'une contraction musculaire), leur longueur, ainsi que leur vitesse d'étirement. Les récepteurs musculaires sont très importants pour le contrôle du geste sportif. Tout geste dit technique, une fois maîtrisé parfaitement, peut être réalisé sans vision : un *swing* au golf, un salto en gymnastique, un smash au volley-ball, le geste de Fosburry en saut en hauteur, etc. Si cela est possible, c'est en partie grâce aux récepteurs musculaires, mais aussi en partie grâce à des récepteurs placés dans nos articulations qui nous renseignent sur la vitesse angulaire et la direction du mouvement. Il est tout à fait possible de réaliser une performance de haut niveau en étant non-voyant ou malentendant, en revanche cela est totalement impossible sans information musculo-articulaire. Les patients déafférentés (qui n'ont plus aucune information musculo-articulaire, voir chapitre 4, « Le contrôle du mouvement ») sont excessivement handicapés. Il leur est difficile de réaliser un geste quotidien (*a fortiori* un geste sportif complexe) et ils doivent absolument utiliser la vision de leur membre pour le réguler. Imaginez que placés dans l'obscurité ces patients ne savent absolument pas où sont leurs bras ni leurs jambes !

Nous aborderons successivement les récepteurs musculaires et articulaires. Ces premiers se subdivisent en deux types de récepteurs : le fuseau neuromusculaire situé dans le muscle lui-même et l'organe tendineux de Golgi situé dans le prolongement (tendon) du muscle.

- *Le fuseau neuromusculaire*

Le récepteur musculaire est situé dans le galbe du muscle. Le fuseau neuromusculaire est en fait une fibre musculaire, mais aux propriétés assez particulières ; on l'appelle parfois aussi fibre intrafusale. Tout comme la fibre musculaire classique (fibre extrafusale), elle peut se contracter et se relâcher, mais elle est plus courte et possède une sorte de spirale qui s'entoure autour de son centre (voir figure 1-11). C'est cet élément spiralé qui constitue la partie nerveuse et sensorielle du fuseau neuromusculaire. On l'appelle la fibre annulo-spiralée. Il existe plusieurs fuseaux neuromusculaires dans un muscle squelettique. Le nombre de fuseaux dans un muscle dépend du rôle et de la précision des mouvements dans lequel le muscle est impliqué ; la grosseur du muscle importe peu. Si un muscle est impliqué dans des gestes fins, il a un grand nombre de fuseaux. Ainsi, les muscles du cou et de l'épaule contiennent à peu près 100 fuseaux par gramme de muscle alors que les muscles du mollet n'en comptent qu'un par gramme. D'autre part, le nombre des fuseaux est plus important au centre du muscle qu'à ses extrémités.

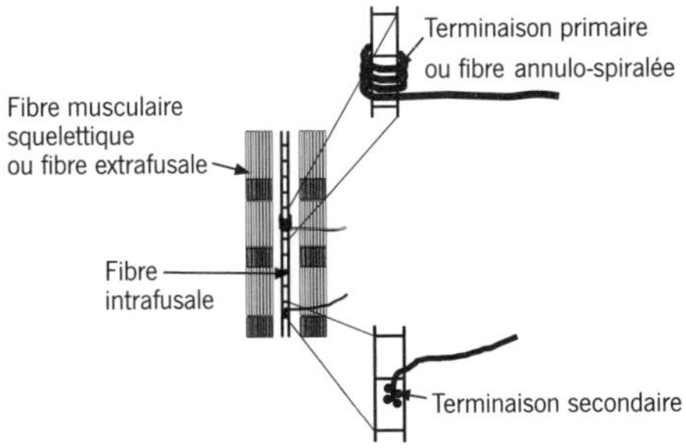

Figure 1-11. **Schéma d'un fuseau neuromusculaire.**

Lorsqu'il y a étirement du muscle il y a aussi étirement du fuseau et donc stimulation de leur récepteur sensoriel. De même si le muscle se raccourcit, la fibre annulo-spiralée se relâche également et diminue sa fréquence de décharge. Les fibres annulo-spiralées sont très sensibles aux variations de leur étirement, en ce sens elles constituent des récepteurs dynamiques. On les appelle aussi terminaisons primaires. Elles sont surtout sensibles à la vitesse de l'étirement : leur fréquence de décharge est d'autant plus importante que la vitesse d'étirement du muscle sera élevée. Il existe aussi des terminaisons nerveuses aux extrémités des fuseaux, appelées terminaisons secondaires. Ces terminaisons fournissent des informations sur la longueur instantanée du muscle, mais sont peu sensibles à la vitesse d'étirement du muscle. En ce sens elles constituent surtout des récepteurs statiques. Les terminaisons primaires innervent les fibres nerveuses afférentes de type Ia alors que les terminaisons secondaires innervent les fibres afférentes à conduction lente de type II.

Les terminaisons primaires et secondaires sont souvent comparées. Sous certains aspects, elles sont semblables. Dans les deux cas il y a une relation directe entre leur fréquence de décharge et la vitesse d'étirement du muscle. Plus la vitesse d'étirement est grande, plus le degré d'activation est important. Cependant sous d'autres aspects les terminaisons primaires et secondaires se différencient nettement. Ainsi lorsqu'il y a étirement musculaire, les terminaisons primaires commencent par augmenter fortement leur activation puis diminuent leur fréquence de décharge pour augmenter par la suite tout au long de l'étirement musculaire. Les terminaisons secondaires réagissent différemment. Elles commencent par un faible accroissement de leur activation puis augmentent continuellement leur fréquence de décharge jusqu'à la fin du mouvement.

De manière générale, on peut considérer que les informations issues des terminaisons primaires et secondaires sont assez complémentaires. Les terminaisons primaires, en fournissant des informations sur les changements de longueur du muscle, participent surtout à la perception du mouvement (kinesthésie). Les terminaisons secondaires, elles, en fournissant des informations sur la longueur des muscles, participent surtout au sens de la position (statesthésie).

Enfin n'oublions pas que lorsqu'un muscle se contracte (se raccourcit), le muscle opposé (muscle antagoniste) s'allonge. Par exemple, si le biceps, qui est un fléchisseur du bras se contracte, le triceps qui est l'extenseur du bras s'étire. En s'étirant, les fuseaux du triceps fournissent également des informations au cerveau qui lui confirment avec encore plus de précision quel type de mouvement est en cours. Outre ces informations issues des fuseaux neuromusculaires, il existe un deuxième type de récepteur musculaire : les organes tendineux de Golgi.

- *L'organe tendineux de Golgi*

Les organes tendineux de Golgi sont localisés dans les tendons musculaires près de la jonction muscle-tendon. Chaque récepteur, entortillé autour des faisceaux de collagène du tendon, est enfermé dans une capsule. Lorsque le muscle, terminé à son extrémité par un tendon, se contracte, il tire directement sur les faisceaux de collagène du tendon. Cette tension a pour effet direct de dérouler les terminaisons nerveuses de Golgi qui déchargent immédiatement. Plus la contraction musculaire est importante (donc la tension sur le tendon), plus les récepteurs sont activés. Il existe certains organes de Golgi dits de « sécurité » qui ne sont activés que lorsque la tension musculaire est très importante. Le rôle de ces récepteurs est d'inhiber la contraction du muscle lorsque celui-ci développe une force si grande qu'elle pourrait provoquer des lésions du muscle par hypertension jusqu'à l'arrachement (pour plus de détail voir chapitre 4, paragraphe « Le réflexe tendineux »). L'ensemble des informations issues des récepteurs de Golgi est transmis au système nerveux central par l'intermédiaire des fibres Ib.

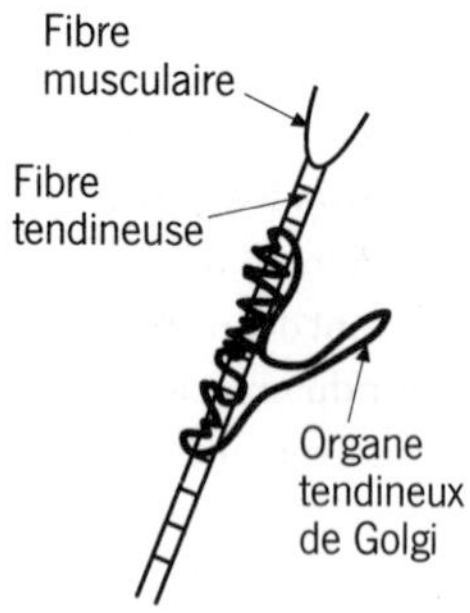

Figure 1-12. **Schéma de l'organe tendineux de Golgi.**

▪ *Les récepteurs articulaires*

Les récepteurs articulaires sont des mécano-récepteurs, ils transforment l'énergie mécanique en influx nerveux. Ils sont sensibles à l'étirement, à la position et au mouvement articulaires. Les cellules nerveuses déchargent dès l'instant où l'articulation se mobilise : flexion, extension et rotation. Trois types de récepteurs articulaires sont situés dans les tissus articulaires : les récepteurs de Ruffini, de Pacini et de Golgi. Les récepteurs de Ruffini sont localisés dans la capsule articulaire, ils seraient sensibles à la vitesse angulaire et à la direction du mouvement. Ils pourraient également fournir des informations sur la tension musculaire appliquée à l'articulation. Les récepteurs de Pacini sont également enfermés dans les capsules articulaires mais sont situés dans le périoste près des insertions ligamentaires capsulaires. Ils permettraient de détecter des petits mouvements ainsi que les accélérations sans pour autant donner de détails sur la nature même du mouvement. Enfin les récepteurs de Golgi (très similaires à ceux du même nom situés dans les tendons), sont localisés dans le ligament articulaire. Ils seraient notamment sensibles à la direction du mouvement et à la position de l'articulation.

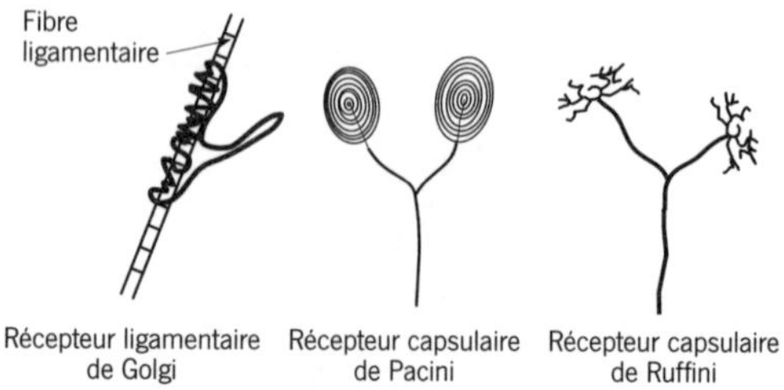

Figure 1-13. **Schéma des récepteurs ligamentaires de Golgi et des récepteurs capsulaires de Pacini et de Ruffini.**

L'ensemble de ces récepteurs fourni au système nerveux central, par l'intermédiaire des fibres III, une information globale sur les mouvements d'une articulation. Cependant de récents travaux suggèrent que les récepteurs articulaires sont plus sensibles aux positions extrêmes de l'articulation qu'aux positions médianes. D'autre part, l'installation d'une prothèse articulaire complète, supprimant la capsule articulaire, n'entraîne pas la disparition des sensations issues du mouvement. Par exemple, Proske et Gandevia (2012) ont rapporté que des sujets possédant une prothèse, continuaient de percevoir précisément les mouvements de leur membre « fantôme ». Ils en ont conclu que les récepteurs articulaires n'apportent qu'une contribution faible dans la détermination de la position ou du mouvement et que les informations qu'ils produisent sont redondantes avec celles qui proviennent des muscles. Néanmoins, d'une façon générale, les informations articulaires sont très souvent indissociables des informations musculaires et tendineuses pour la perception du mouvement. Dans un tel contexte, nous parlerons d'information musculo-articulaire pour faire référence à l'ensemble de ces informations.

Les voies nerveuses musculo-articulaires et cutanées : des récepteurs au cerveau

Il existe un certain nombre de similarités dans le cheminement des informations musculo-articulaires et cutanées (thermiques et tactiles) vers le système nerveux central. Comme nous l'avons vu à maintes reprises, les informations sont générées au niveau des récepteurs. Tous les récepteurs ont la particularité d'avoir un corps cellulaire qui est situé relativement loin de la partie sensible. L'ensemble des corps cellulaires forme des amas qu'on appelle des ganglions (il en existe un pour chaque nerf sensoriel). Les récepteurs sensoriels sont des neurones d'un type assez particulier, car à la différence des autres neurones, le potentiel d'action ne passe pas à travers le corps cellulaire. La cellule réceptrice ne possède pas de dendrites (voir chapitre 2, « 2. Les neurones »). L'information est directement transmise d'une extrémité à l'autre de l'axone sans passer par le corps cellulaire. La partie terminale de l'axone rentre dans la partie dorsale de la moelle épinière jusqu'au tronc cérébral. Ces axones sont appelés afférences primaires (voir en gris sur la figure 1-14) car il s'agit toujours du même axone d'origine. En général une afférence implique une voie qui part de la périphérie et va vers le cerveau (par opposition à efférence, qui s'en éloigne). Une fois dans le tronc cérébral, l'influx nerveux se transmet à un deuxième neurone. C'est l'afférence secondaire (voir en noir sur la figure). Celle-ci va directement au thalamus (chapitre 2) qui est un lieu de passage obligé pour toutes les informations qui entrent dans le cortex. Une fois dans le thalamus, l'afférence secondaire se connecte à un troisième et dernier neurone (en trait épais sur la figure) pour atteindre une partie du cortex sensoriel.

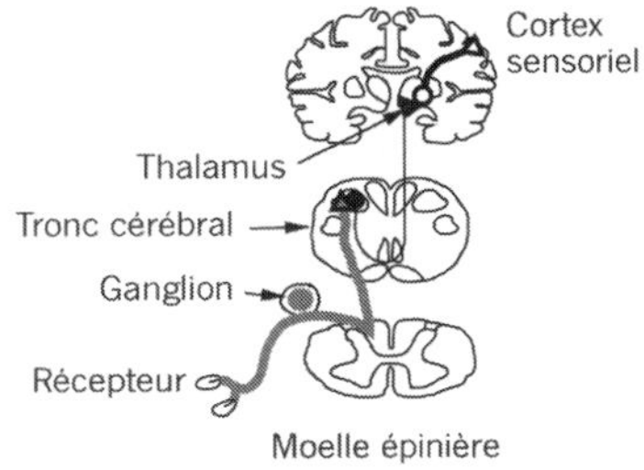

Figure 1-14. **Schéma des voies sensorielles relatives aux informations musculo-articulaires et cutanées.**

Les récepteurs vestibulaires

Le système vestibulaire est très peu connu du grand public, pourtant, il est très important car il donne des informations sur la position et les déplacements de la tête. Le système vestibulaire commande également, dans une certaine mesure, les muscles oculaires et est fortement impliqué dans le contrôle et le maintien de l'équilibre. Ce système est sans doute le plus sensible aux informations d'accélération.

L'appareil vestibulaire est situé dans l'oreille interne (voir figure 1-8). Pour rappel, l'oreille est constituée d'une partie externe, moyenne et interne. Toutes sont dévolues à l'audition. Cependant, la partie interne a une double structure : la cochlée pour l'audition et l'appareil vestibulaire. L'appareil vestibulaire est un « sac » membraneux localisé dans les canaux osseux de l'os temporal. Il est constitué de trois canaux semi-circulaires et de deux « sacs », l'utricule et le saccule (figure 1-15), tous contenant un liquide gélatineux, l'endolymphe.

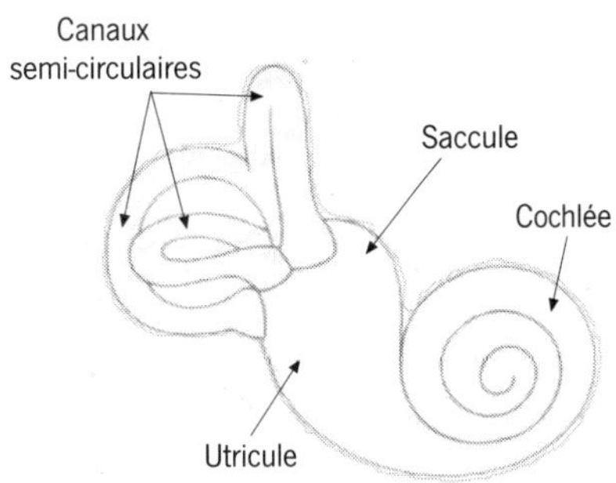

Figure 1-15. **Anatomie du système vestibulaire.**

Les canaux semi-circulaires fournissent des informations sur l'accélération angulaire. Ils sont disposés orthogonalement les uns par rapport aux autres. L'un est disposé sur le plan horizontal (appelé canal latéral), l'autre sur le plan vertical antérieur (appelé canal supérieur ou antérieur) et le dernier sur le plan vertical postérieur (canal postérieur). L'intérêt de cette disposition permet de donner des informations sur les trois axes de rotation de l'espace : le lacet, le tangage et le roulis (voir figure 1-16). Les récepteurs des trois canaux sont constitués de cellules ciliées. À chaque mouvement de la tête, les cellules ciliées baignées dans une masse gélatineuse, déchargent et envoient l'influx nerveux aux cellules afférentes.

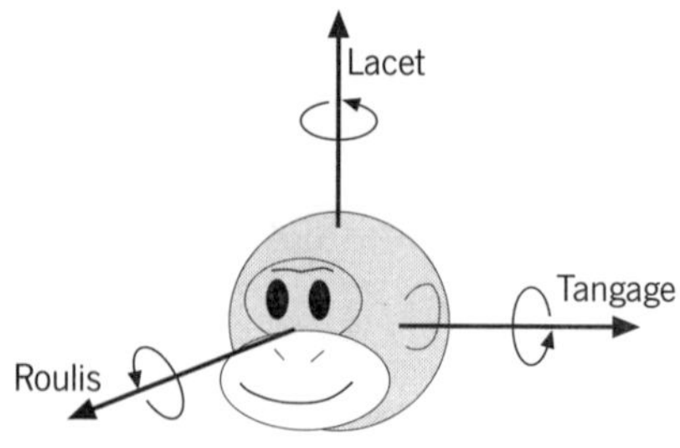

Figure 1-16. **Représentation des trois axes de rotation possibles de la tête.**

Le saccule et l'utricule fournissent des informations sur les accélérations linéaires dans les trois directions (verticales, horizontales avant-arrière et horizontales médio-latérale). Il est important de noter que même en l'absence de mouvement, la force de gravité fournit une accélération verticale prise en compte par le vestibule. Autrement dit, contrairement aux canaux semi-circulaires, même lorsque la tête est immobile, le saccule informe constamment le cerveau sur l'orientation de la tête. L'utricule et le saccule sont deux sacs endolymphatiques présentant chacun un élargissement, appelé macula, dans lesquels sont implantés des cellules ciliées. Dans les maculae utriculaires et sacculaires se trouvent également de petites pierres en carbonate de calcium : les otolithes. Quand nous bougeons la tête ou gardons la tête inclinée, les otolithes et l'endolymphe se déplacent et viennent stimuler les cils qui à leur tour déchargent et envoient l'influx nerveux aux cellules afférentes.

Pour comprendre le fonctionnement général des cellules cillées (dans les canaux semi-circulaires, l'utricule et le saccule), il suffit d'imaginer un bocal rempli de liquide visqueux. En bougeant le bocal vers l'avant le liquide se déplace en sens inverse (vers l'arrière) et il a une certaine inertie au déplacement (non seulement il ne bouge pas tout de suite, mais ne s'arrête pas immédiatement après immobilisation du bocal). Le fonctionnement du système vestibulaire est identique. Lorsque nous déplaçons la tête vers l'avant, à cause de l'inertie, l'endolymphe met quelques millisecondes avant de se déplacer. Une fois en mouvement, elle entraîne les cils mais dans le sens inverse (dans cet exemple vers l'arrière). Un très léger déplacement des cils déclenche immédiatement une décharge d'influx nerveux. La vitesse et l'amplitude du mouvement de la tête fixent le degré de courbure des cils et le niveau de la stimulation. Les cils reprennent leur position de repos dès que l'inertie est vaincue, ce qui arrête de facto la stimulation nerveuse. On comprend pourquoi après avoir tourné sur soi-même pendant quelques secondes, lors de l'arrêt de la rotation du corps, nous avons la sensation d'avoir la « tête qui tourne ». Ce phénomène provient du mouvement résiduel de l'endolymphe dû à son inertie. Il continue à stimuler les cils qui nous donnent la sensation de rotation. Cette sensation diminue rapidement pour disparaître complètement une fois l'inertie de l'endolymphe vaincue.

Dans le cadre des activités physiques, cet organe vestibulaire est fortement mis à contribution notamment au cours des activités acrobatiques. Lorsque des gymnastes effectuent des *salti* il y a une phase du mouvement pendant laquelle le corps se retrouve en rotation et en suspension dans l'espace. Au cours de cette phase, il est crucial que les gymnastes soient en mesure de percevoir l'orientation de leur corps par rapport au sol. Bien que les informations musculo-articulaires nous informent sur les positions relatives des segments les uns par rapport aux autres, elles ne fournissent aucune information pertinente permettant d'évaluer l'orientation du corps dans l'espace. Si la vision périphérique peut éventuellement signifier que le corps est en mouvement, la vision centrale est inutilisable car les images défilent trop rapidement pour être analysées. De par ses propriétés, le système vestibulaire reste le plus adéquat pour percevoir l'orientation du corps dans l'espace dans de telles situations.

Dans le cadre des activités motrices quotidiennes, telles que le maintien de l'équilibre postural, le système vestibulaire continue même de jouer un rôle prépondérant. Une partie des informations vestibulaires se dirige vers le cervelet (voir chapitre 2) et module en retour le tonus des muscles extenseurs. C'est la régulation de ce tonus qui nous permet de maintenir un certain niveau de contraction musculaire sans lequel nous serions incapables de tenir debout. D'autre part, lorsqu'une perturbation entraîne un déséquilibre de l'ensemble du corps, le système vestibulaire déclenche une réaction motrice dont la fonction est de restaurer l'équilibre (pour plus de détails voir chapitre 4, paragraphe « Contrôle automatique : les réflexes »). Cependant, le système vestibulaire n'est pas très précis pour détecter de très faibles déplacements du corps, et ce même sur des surfaces de support instables tel que des tapis ou des ballons utilisés pour l'entrainement proprioceptif (Lubetzky-Vilnai et coll., 2015). Bien qu'en station érigée nous oscillions toujours très légèrement (ces oscillations sont souvent imperceptibles à l'œil nu), le vestibule n'est pas capable de détecter ces très faibles oscillations. Seuls les récepteurs musculo-articulaires, des chevilles notamment, sont suffisamment précis pour les coder.

Sans vouloir nier l'utilité évidente du système vestibulaire, celui-ci comprend toutefois trois grandes limites fonctionnelles. Premièrement, du fait de son fonctionnement, le système vestibulaire ne peut discerner une accélération linéaire d'une inclinaison statique dans le sens opposé (voir figure 1-17A). En effet, si nous reprenons l'image précédente du « bocal rempli de liquide visqueux » (l'endolymphe), la masse gélatineuse se déplace de la même manière lors d'une inclinaison de la tête vers l'arrière que lors d'une accélération vers l'avant. Deuxièmement, le système vestibulaire ne permet pas de distinguer une accélération linéaire dans un sens d'une décélération linéaire en sens opposé (voir figure 1-17B). Suivant le principe du bocal, la masse gélatineuse se déplace de la même manière lors d'une accélération linéaire vers l'avant que lors d'une décélération linéaire vers l'arrière. Troisièmement, le système vestibulaire ne permet pas de faire la différence entre l'immobilité et un déplacement à vitesse constante. Si l'organe vestibulaire est sensible aux accélérations, donc aux variations de vitesse, il n'est en revanche d'aucune utilité lorsque la vitesse est constante. Imaginons qu'il soit possible de se déplacer en voiture avec une vitesse parfaitement constante et que nos autres systèmes sensoriels ne soient plus disponibles, nous serions alors incapables de savoir si nous avançons à vitesse constante ou si nous sommes arrêtés.

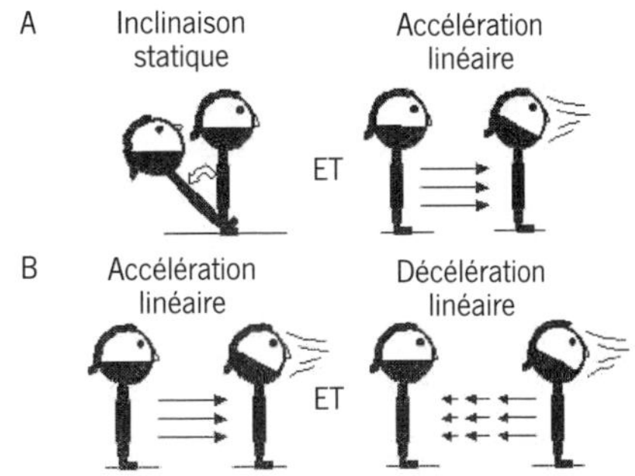

A. Le vestibule ne discerne pas une inclinaison statique d'une accélération linéaire. B. Il ne distingue pas non plus une accélération linéaire d'une décélération linéaire. Adapté de Pozzo et Studeny (1987).

Figure 1-17. **Limites fonctionnelles du vestibule.** A. Le vestibule ne discerne pas une inclinaison statique d'une accélération linéaire. B. Il ne distingue pas non plus une accélération linéaire d'une décélération linéaire. Adapté de Pozzo et Studeny (1987).

Integration multisensorielle

Jusqu'à présent nous avons séparé chacun des sens pour en faciliter la compréhension, cependant dans la réalité tous nos sens fonctionnent en même temps. Nous allons voir maintenant comment tous ces sens sont intégrés les uns avec les autres pour former un percept unique, c'est ce que l'on appelle l'intégration multi sensorielle. Les informations véhiculées par nos sens peuvent être redondantes, complémentaires, ou conflictuelles

Pour illustrer le premier cas celui de la redondance entre nos sens, il suffit par exemple de considérer la situation où vous regarder votre main toucher votre cuisse. Si vos yeux vous indiquent que votre doigt est bien en contact avec votre cuisse, ceci sera aussi validé par le biais des récepteurs tactiles situés au bout de votre doigt ainsi que ceux présents dans votre cuisse. Un des intérêts de cette redondance sensorielle est de permettre de maintenir une perception fonctionnelle même lorsqu'un de nos sens se retrouve lésé. Dans le cas précis, même si ma vision se détériorait, ou que mon doigt était anesthésié, je resterai en mesure de sentir le contact de sur ma cuisse.

Considérer l'intégration sensorielle sous l'angle de la complémentarité signifie que l'ensemble des informations forme un tout pour analyser parfaitement la situation du moment (Stoffregen et Bardy, 2001). À l'inverse chaque canal sensoriel pris isolément ne permet pas d'apprécier la globalité de la situation perceptive. Prenons l'exemple de la marche. Lorsque nous marchons, la vision périphérique nous indique uniquement que l'environnement se déplace vers l'arrière, le vestibule nous informe seulement que notre tête se balance de haut en bas et de droite à gauche, le système musculo-articulaire nous spécifie que nos jambes bougent, enfin le système cutané nous informe seulement que nos pieds heurtent le sol alternativement. Si aucune de ces informations n'impose à elle seule le fait que nous soyons en train de marcher, leur complémentarité spécifie que nous marchons.

Si la plupart du temps les informations sensorielles véhiculées par nos sens sont redondantes ou complémentaires, il arrive parfois qu'elles génèrent des conflits. Par exemple lorsque nous sommes assis dans un train à l'arrêt, nous pouvons avoir la sensation de nous déplacer lorsque le train d'en face se met en mouvement. Dans ce cas précis, les informations vestibulaires et les informations visuelles sont en conflit. Les premières suggèrent que nous sommes restés immobiles tandis que les secondes spécifient le contraire. Ces situations de conflit ainsi que la contribution de l'intégration sensorielle au contrôle du mouvement seront plus largement détaillées dans le chapitre 4.

Sites web

- Un site assez général sur sensation et perception :
  http ://tecfa.unige.ch/tecfa/teaching/UVLibre/0001/bin32/pagesweb/senper.html
- Un site très complet sur le vestibule :
  - http ://www.vestib.org/
  - http ://www.dralami.edu/anatomie/Vestibulor/Vestibulo.htm
- Pour en savoir davantage sur la vision :
  - http://lecerveau.mcgill.ca/flash/d/d_02/d_02_cr/d_02_cr_vis/d_02_cr_vis.html
  - http ://neurobranches.chez-alice.fr/systnerv/indexsn.html

Bibliographie

- Lectures conseillées en français
  - Aubin A., « *L'appareil vestibulaire* », PUF, Paris, 2000.
  - Berthoz A., « *Le sens du mouvement* », Odile Jacob, Paris, 1997.
  - Bonnet C., Hossenlopp J., « *Des goûts et des odeurs* », in *Psychologie française*, n° 41, 1997.
  - Coello Y., « *L'apport des sciences cognitives à l'étude de la perception en vision centrale et périphérique* », in *Revue Francophone d'Orthoptie*, n° 7, 2014, pp. 20-30.
  - Hubel D.H., « *L'œil, le cerveau et la vision : les étapes cérébrales du traitement visuel* », *L'univers des sciences*, éd. Pour la science, coll. « L'univers des sciences », Paris, 1994.
  - Julia M., Hirt D., Perrey S., Barsi S., Dupeyron A., « La proprioception », *Sauramps Medical*, éd. Pour la science, coll. « Acquisitions en médecine physique et de réadaptation », Montpellier, 2012.
  - Rigal R., *Motricité humaine. Tome 1 : neurophysiologie perceptivomotrice*, Presses de l'Université du Québec, Sainte-Foy, Québec, 2005.
  - Pozzo, T., Studeny, C., « *Théorie et pratique des sports acrobatiques* », Paris : Vigot, 1987.
  - Rodineau J., « *Proprioception : actualités 2004* », Springer Verlag, 2004.
  - Vincent J.-D., « *Voyage extraordinaire au centre du cerveau* ». Odile Jacob, 2009
  - Zeki S., « *Les images visuelles* », in *Pour la science*, n° 181, 1992, pp. 60-68.
- Lectures conseillées en anglais
  - Bardy B.G., Laurent M., "*How is body orientation controlled during somersaulting ?*", in *Journal of Experimental Psychology : Human Perception and Performance*, n° 24, 1998, pp. 963-977.

- Fitzpatrick R., McCloskey D.I., "*Proprioceptive, visual, and vestibular threshold for the perception of sway during standing in humans*", in *Journal of Physiology*, n° 1, 1994, pp. 173-186.
- Gautier G., Thouvarecq R., Chollet D., "*Visual and postural control of an arbitrary posture : the handstand*", in *Journal of Sports Sciences*, n° 25, 2007, pp.1271-1278.
- Lubetzky-Vilnai A., McCoy SW., Price R., Ciol MA., "*Yound adults largely depend on vision for postural control when standing on a BOSU ball but not a foam*", in *Journal of Strength and Conditioning Research*, n° 29, 2015, pp. 2907-2918.
- Maier MW1., Niklasch M., Dreher T., Wolf SI., Zeifang F., Loew M., Kasten P., "*Proprioception 3 years after shoulder arthroplasty in 3D motion analysis : a prospective study*", in *Archives of Orthopaedic and Trauma Surgery*, n° 132, 2012, pp. 1003-1010.
- Okaya N., "*Perception*", in *The Human Body, Judo*, K. Yamamoto (dir.), Kuowara co., Tokyo, 2003, pp. 45-57.
- Proske U., Gandevia SC.,"*The Proprioceptive Senses : Their Roles in Signaling Body Shape, Body Position and Movement, and Muscle Force*", in *Physiological Reviews*, n° 92, 2012, pp. 1651-1697.
- Stoffregen T.A., Bardy B.G., "*On specification and the senses*", in *Behavioral and Brain Sciences*, n° 24, 2001, pp. 195-261.

QUESTIONS DU CHAPITRE 1

1. Qu'est-ce que la proprioception et l'intéroception ? Donnez des exemples dans la pratique sportive.
2. Dans quelle mesure le système vestibulaire apporte des informations que la vision ne peut fournir ?
3. Pourquoi parle-t-on de deux types de vision ? Quels sont leurs rôles ? Appuyez-vous sur des exemples issus de la pratique sportive.
4. La vision peut-elle avoir un rôle proprioceptif ? Et l'audition ?
5. Chercher un sport dans lequel il existe une complémentarité entre informations tactiles et vision périphérique.

Chapitre 2

LE VERSANT MOTEUR

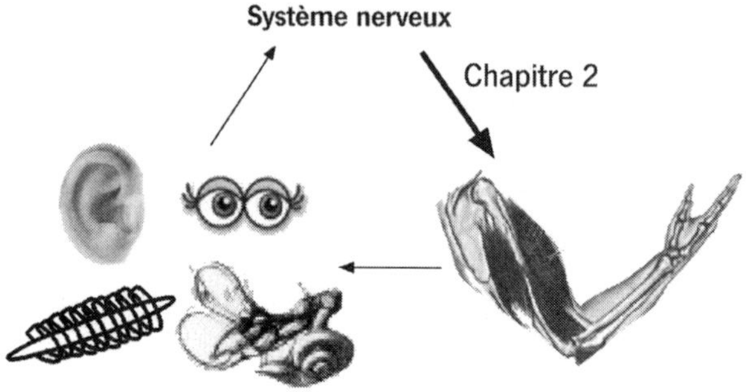

Dans le chapitre 1, nous avons abordé la physiologie et les propriétés des organes sensoriels susceptibles de fournir des informations pertinentes pour percevoir et contrôler nos actions. Après avoir traité le versant sensoriel, on se propose dans ce nouveau chapitre d'aborder le versant moteur. Pour ce faire, ce chapitre sera articulé autour de trois grandes sections. Dans la première on s'intéressera aux organes les plus périphériques de ce versant, c'est-à-dire les muscles. Nous en verrons les principales propriétés anatomiques et physiologiques. Les deux sections qui suivent porteront, elles, sur le système nerveux. On s'attachera dans un premier temps à en exposer les propriétés à un niveau microscopique en s'attardant sur l'élément de base : le neurone. Nous verrons notamment la structure du neurone ainsi que les mécanismes qui permettent aux neurones de communiquer entre eux. Une fois cette présentation effectuée, nous passerons à un niveau plus macroscopique en examinant une par une les principales structures nerveuses mises en jeu dans l'élaboration de la commande motrice. Pour chacune d'entre elles, nous essaierons de préciser leur organisation anatomique, ainsi que leur(s) rôle(s) dans la motricité.

Les muscles

Les mouvements du corps résultent de la contraction des muscless sous l'influence du système nerveux. Les muscles ont une particularité unique : ils peuvent convertir de l'énergie chimique en travail mécanique (et en chaleur) ; pour plus d'informations sur les mécanismes de cette conversion d'énergie, nous conseillons au lecteur l'ouvrage de « Physiologie de l'exercice musculaire » dans la même collection. Avant de commencer véritablement, il nous paraît important de rappeler au lecteur qu'il existe deux grands types de muscles : les muscles lisses et les muscles striés. Les muscles lisses comportent des fibres dépourvues de stries, leur contraction est involontaire, et souvent plus lente. On trouve ces muscles lisses dans les viscères (ex. : parois de l'intestin), et dans les vaisseaux sanguins. Cependant les muscles qui nous intéressent dans cette section sont ceux dont nous nous servons pour bouger nos segments corporels, et dont la contraction peut être initiée volontairement, ces muscles sont les muscles striés. De fait l'essentiel de notre propos sera consacré aux muscles striés.

Organisation structurale du muscle

La figure 2-1 représente la structure d'un muscle en coupe transversale. On constate que sa structure est relativement fractale, c'est-à-dire qu'elle a tendance à se répliquer quelle que soit l'échelle à laquelle on regarde cette coupe. Ainsi à une échelle macroscopique, on voit que le muscle est composé de plusieurs faisceaux qui sont disposés parallèlement les uns aux autres. Lorsqu'on passe à une échelle plus réduite, on constate là encore que chaque faisceau est constitué de plusieurs fibres disposées parallèlement les unes aux autres. Enfin à une échelle vraiment microscopique, on observe que chaque fibre est constituée elle aussi de plusieurs myofibrilles disposées parallèlement les unes aux autres. Ces trois niveaux sont maintenus entre eux grâce à un tissu conjonctif riche en collagène. L'epimysium est le tissu qui sert de gaine au muscle entier, le perimysium celui qui recouvre les faisceaux, et l'endomysium celui qui entoure les fibres.

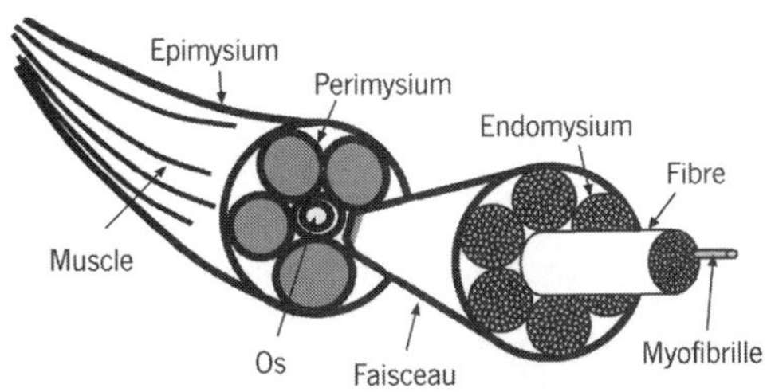

On part du niveau macroscopique (à gauche), pour aller vers le niveau microscopique (à droite).

Figure 2-1. **Structure d'un muscle à partir de sa coupe transversale.** On part du niveau macroscopique (à gauche), pour aller vers le niveau microscopique (à droite).

L'unité motrice : le quantum de base de la contraction

Lorsqu'un muscle se contracte, les fibres musculaires qui le composent se raccourcissent. Chaque fibre musculaire est susceptible de se raccourcir sous l'influence de neurones logés dans la moelle épinière appelés neurones moteurs ou motoneurones. Comme le montre la figure 2-2, bien que chaque fibre musculaire soit en relation avec un seul neurone moteur, l'inverse n'est pas vrai. En effet, chaque neurone moteur possède des projections vers plusieurs fibres motrices. Ce nombre de fibres est susceptible de varier largement selon les muscles. Par exemple, pour les muscles posturaux (ex. : le jambier antérieur), ce nombre peut atteindre 2000, alors que pour les muscles extra-oculaires ce nombre est seulement de 10. On parle de ratio d'innervation pour rendre compte du nombre moyen de fibres associées à un neurone moteur.

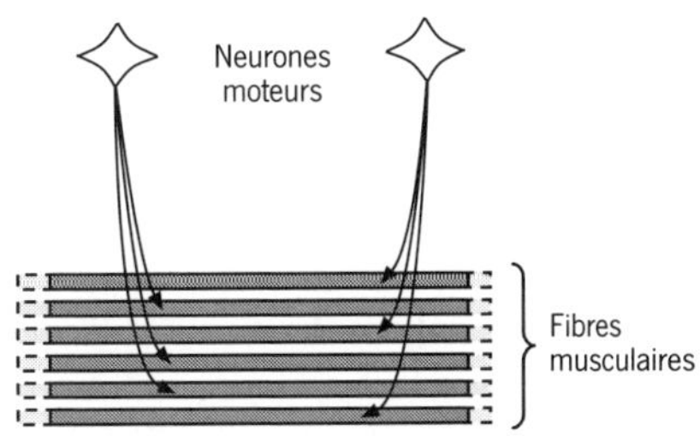

Chaque fibre peut être stimulée par un seul neurone moteur, mais chaque neurone moteur peut stimuler plusieurs fibres. L'ensemble, neurone moteur et fibres musculaires associées, constitue une unité motrice.

Figure 2-2. **Connexions entre fibres musculaires et neurones moteurs.** Chaque fibre peut être stimulée par un seul neurone moteur, mais chaque neurone moteur peut stimuler plusieurs fibres. L'ensemble, neurone moteur et fibres musculaires associées, constitue une unité motrice.

Pour décrire l'entité fonctionnelle représentée par un neurone moteur avec toutes les fibres musculaires qui lui sont associées, on parle d'unité motrice. Le concept d'unité motrice est essentiel car il définit l'unité minimale de recrutement d'un muscle. En fonction du niveau de contraction souhaité, le système nerveux recrutera un nombre plus ou moins élevé d'unités motrices (nous reviendrons sur ce point ultérieurement). En revanche on doit se souvenir que la contraction volontaire d'un muscle ne pourra jamais déboucher sur le recrutement d'un nombre de fibres inférieur à celui de l'unité motrice. Le fait que le nombre de fibres musculaires associées à chaque motoneurone varie selon les muscles a des implications fonctionnelles importantes. En règle générale, plus les muscles sont impliqués dans des mouvements fins, et plus le ratio d'innervation est faible. Dès lors, on constate souvent que les muscles posturaux ont des ratios d'innervation plus élevés que ceux des muscles distaux (muscles des doigts par exemple).

Lorsqu'une unité motrice est recrutée, l'ensemble des fibres musculaires qui la composent se contracte. Lorsqu'on enregistre le profil de force résultant de cette contraction, on obtient une courbe en forme de cloche, qu'on appelle « *twitch* » (secousse en anglais). La figure 2-3 nous montre deux exemples de *twitch*. On constate que la durée et l'amplitude du *twitch* dépendent de la nature des fibres musculaires qui composent l'unité motrice. Les unités motrices composées de fibres rapides ont des temps de contraction courts (quelques dizaines de ms) et une force maximale élevée, tandis que les unités motrices composées de fibres lentes ont des temps de contraction plus longs (plusieurs centaines de ms) mais une force maximale plus faible. Quel que soit le type d'unité motrice on remarquera que, comparée à la durée du potentiel d'action (voir la section suivante), la réponse mécanique est relativement longue. Ceci offre la possibilité de stimuler une deuxième fois l'unité motrice alors même que les effets mécaniques de la première contraction ne sont pas encore terminés. Lorsqu'on stimule deux fois la même unité motrice avec un intervalle de temps inférieur à la durée de contraction (la contraction n'est pas encore terminée), on observe que les effets mécaniques des deux contractions ont tendance à s'additionner. De fait, la force atteinte à la deuxième stimulation devient supérieure à la première. Si on répète ce protocole, en réduisant l'intervalle de stimulation, et en augmentant le nombre de stimulations, on constate une sommation progressive des *twitchs* (voir figure 2-4A). Cependant, si l'intervalle de stimulation devient trop court, on observe un phénomène de saturation, l'UM atteint sa force maximale, on parle alors de tétanos. Ce mécanisme de recouvrement permet aux unités motrices d'atteindre des forces bien supérieures à celles obtenues lors d'une contraction isolée. Pour certaines unités motrices, la force générée en tétanos peut atteindre 10 fois la force obtenue en *twitch*. Bien entendu il faut garder à l'esprit que la force atteinte en tétanos ne se maintient pas indéfiniment. La capacité d'une unité motrice à éviter ce déclin de force en tétanos prolongé définit sa résistance à la fatigue. Comme on peut s'y attendre, une unité motrice lente aura une meilleure résistance à la fatigue qu'une unité motrice rapide (voir figure 2-4B). Cependant il ne faut pas pour autant imaginer que les performances d'un individu dépendent uniquement de sa proportion en unités motrices rapides/lentes. Une étude scientifique a montré par exemple que la capacité de maintenir une force constante avec les extenseurs du genou n'était pas corrélée à la proportion de fibres lentes/rapides dans le vaste externe.

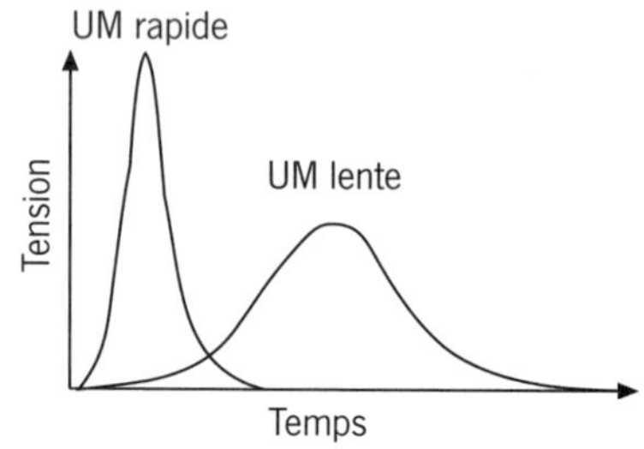

Figure 2-3. **Profils de force correspondant à la contraction d'une unité motrice (UM) rapide et d'une unité motrice lente.** L'UM rapide se contracte plus rapidement, et atteint une force maximale bien supérieure à celle de l'UM lente.

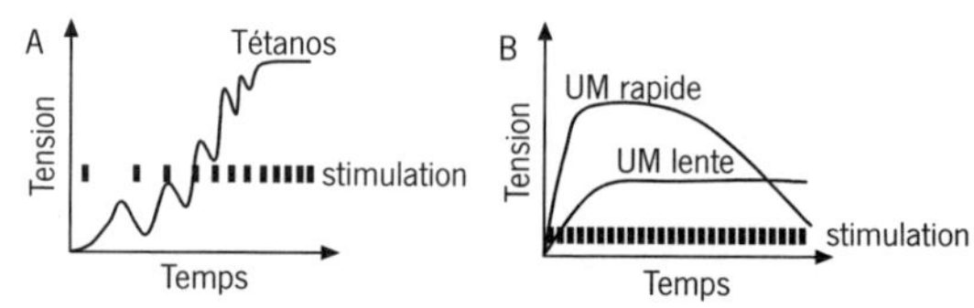

Figure 2-4. **Profils de force d'unités motrices obtenus avec stimulations répétées.** A. Lorsque l'on réduit progressivement l'intervalle entre deux stimulations successives (1 stimulation = 1 segment vertical), on observe dans un premier temps un phénomène de sommation entre les twitchs qui conduit à une augmentation significative de la force. Cependant, dans un deuxième temps, lorsque la stimulation devient trop fréquente on observe un phénomène de saturation. Lorsque l'UM a atteint sa force maximale, on parle de tétanos, ou de contraction tétanique. B. Lorsque l'on maintient une fréquence de stimulation élevée, la force maximale atteinte par l'UM rapide est plus élevée que pour l'UM lente. Cependant, très rapidement la force de l'UM rapide décroît, alors que celle de l'UM lente reste stable. En d'autres termes, l'UM lente est moins fatigable.

D'un point de vue anatomique, les fibres musculaires appartenant à la même unité motrice sont souvent distribuées dans la même région du muscle. Pour autant toutes ces fibres ne sont pas nécessairement adossées les unes aux autres, et des fibres appartenant à d'autres unités motrices peuvent s'intercaler entre elles (voir figure 2-2). Ainsi une région très localisée d'un muscle peut contenir des fibres issues de plus de 20 unités motrices différentes. Cependant, dans la majorité des cas, l'ensemble des unités motrices suppléées par la même branche d'un nerf moteur se cantonne à un territoire bien spécifique du muscle (*i.e.* un nerf contient les prolongements d'un grand nombre de neurones). Ce territoire constitue en fait un volume, que l'on appelle un compartiment musculaire. Il est parfois proposé que ces compartiments musculaires constituent des unités fonctionnelles de taille intermédiaire entre le muscle et l'unité motrice. Ces compartiments seraient en quelque sorte des mini-muscles. Il semble que ces compartiments puissent être activés indépendamment les uns des autres. En outre leur fonction pourrait être distincte. Certains compartiments, plus riches en fibres lentes, auraient une fonction essentiellement posturale, tandis que d'autres, plus riches en fibres rapides, serviraient davantage à la production du mouvement. On notera cependant que la présence de compartiments musculaires n'a pas été démontrée pour tous les muscles.

Principe de recrutement des unités motrices

Lorsqu'on stimule une unité motrice, on peut observer deux cas de figure, soit elle se contracte, soit elle ne se contracte pas, mais il n'existe pas d'état intermédiaire. Pour décrire cette propriété, on dit que l'unité motrice suit la loi du tout ou rien (voir section suivante sur la génération d'un potentiel d'action). Dès lors une question apparaît : comment s'y prend le système nerveux pour graduer la force de nos muscles de manière aussi continue ? Le système nerveux dispose en fait de deux grandes stratégies : un recrutement spatial et un recrutement temporel. Dans les paragraphes qui suivent, nous allons expliquer plus en détail ces deux moyens d'action.

Le recrutement spatial

Un premier moyen de faire varier la force d'un muscle est de recruter un nombre plus ou moins important d'unités motrices. Plus le nombre d'unités motrices recrutées sera important, et plus la force musculaire sera élevée. Pour qualifier cette stratégie qui consiste à étendre plus ou moins le recrutement des fibres à l'intérieur du muscle, on parle de recrutement spatial. Nous avons mentionné précédemment qu'il existait des unités motrices rapides et lentes. Cependant ce n'est pas leur seule caractéristique. Il existe des petites et des grandes unités motrices (figure 2-5A). Il se trouve que la taille des unités motrices détermine pour une large part leur capacité à générer de la force : les grosses unités motrices produisent plus de force que les petites. La loi de Henneman (1957) ou principe de recrutement par taille stipule que le recrutement des unités motrices s'effectue toujours dans un ordre bien précis : les unités motrices les plus petites sont recrutées en premier (exemple dans notre figure : UM1), puis viennent progressivement les grandes (UM2 puis UM3). Ainsi, lorsque la force augmente, la taille des unités motrices qui sont recrutées augmente progressivement (voir figure 2-5B). Lorsque la force décroît, le phénomène inverse se produit : les grosses unités motrices seront les premières à devenir silencieuses.

Le recrutement temporel

Faire varier le nombre d'unités motrices qui sont recrutées n'est pas la seule stratégie dont dispose le système nerveux pour faire varier la force d'un muscle. En effet nous avons vu précédemment qu'une unité motrice, si elle était sollicitée à une fréquence de stimulation élevée pouvait (grâce au phénomène de sommation) engendrer une force de contraction plus élevée (cf. figure 2-4A). Cela veut dire que pour un nombre fixe d'unités motrices, le système nerveux peut, en modulant sa fréquence de stimulation, faire varier grandement la force du muscle.

En résumé, pour atteindre une force donnée, le système nerveux peut soit recruter un nombre élevé d'unités motrices mais stimulées à des fréquences faibles, soit recruter un nombre réduit d'unités motrices mais stimulées à des fréquences élevées. Sur la figure 2-5 on peut suivre le recrutement de trois unités motrices (une petite, une moyenne, et une grande) en fonction de la force globale générée par le muscle. Cette figure nous montre que le système nerveux ne privilégie aucune stratégie, il utilise à la fois le recrutement spatial et le recrutement temporel. Cependant, le fait que la force cible ne soit pas maximale, offre la possibilité au système nerveux de favoriser une stratégie au détriment de l'autre. En revanche, lors de contractions maximales, il n'a plus d'autre choix que d'utiliser conjointement les deux stratégies : toutes les unités motrices sont recrutées et elles sont toutes stimulées à des fréquences maximales.

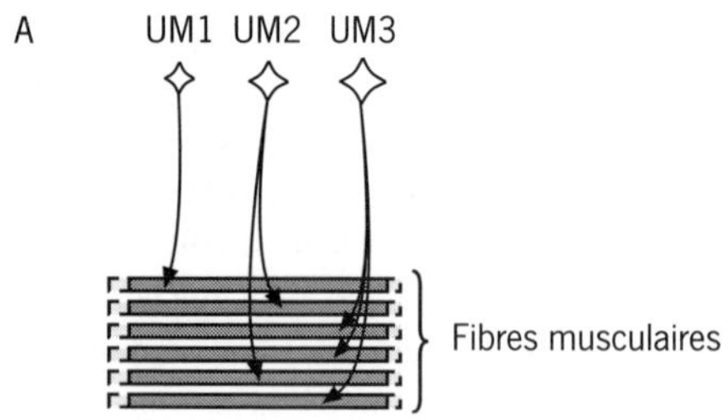

Figure 2-5A. **Unités motrices de taille différente (UM1 < UM2 < UM3).**

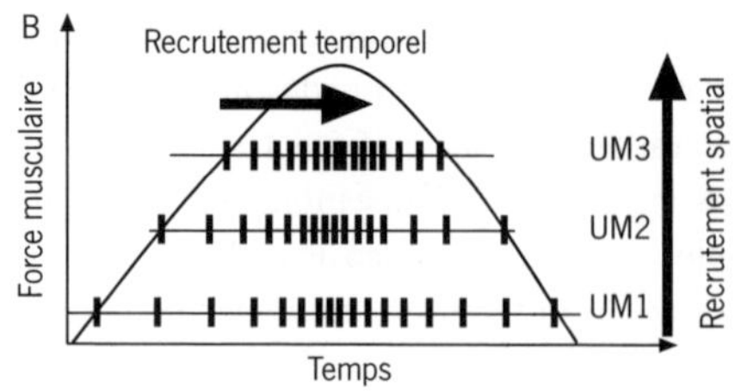

Figure 2-5B. **Recrutement des unités motrices en fonction de leur taille et du niveau de force.** L'unité motrice la plus petite (UM1) est recrutée en premier. Au fur et à mesure que la force musculaire augmente, la taille des UM nouvellement sollicitées augmente (UM2, puis UM3). Lorsque la force musculaire décroît, le dérecrutement se fait exactement dans l'ordre inverse (UM3, puis UM2, puis UM1). Les traits verticaux indiquent, pour chaque UM, l'occurrence d'un *twitch*. Pour chaque UM, lorsque la force musculaire augmente, la fréquence des *twitchs* augmente (l'écartement entre les traits verticaux diminue).

Les neurones

Les neurones sont les éléments unitaires de l'architecture du système nerveux. Ces cellules hautement spécialisées ont pour fonction d'acheminer des informations sous forme d'impulsions électriques entre les différentes parties du corps. On estime que leur nombre dépasse la dizaine de milliards d'unités. Il existe de très nombreux types de neurones. Cependant, notre objectif n'est pas de rentrer dans une « taxologie » des neurones, mais plutôt d'en exposer les principales propriétés. Dans un premier temps, nous aborderons l'organisation cellulaire des neurones. Puis, dans un deuxième temps, nous verrons les mécanismes impliqués dans la génération de l'influx nerveux.

Organisation cellulaire

Le neurone possède un certain nombre de particularités par rapport à une cellule classique. Tout d'abord sa forme le distingue fortement des autres cellules. En effet, le neurone possède une enveloppe souvent allongée et extrêmement ramifiée. À partir de son corps cellulaire (appelé aussi soma ou péricaryon), on distingue deux grands types de prolongements : les dendrites et l'axone (voir figure 2-6). Nous allons successivement passer en revue le corps cellulaire, les dendrites et l'axone.

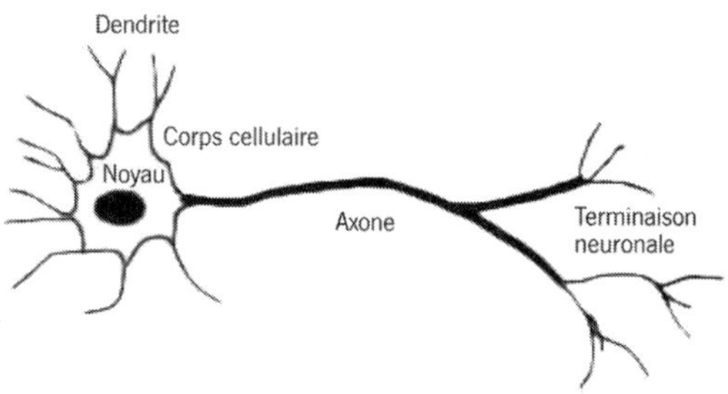

Figure 2-6. **Structure d'un neurone.**

Le corps cellulaire des neurones a un diamètre qui varie entre 5 et 140 mm (micromètre). À l'exception des centrioles (organites impliqués dans la mitose), il contient les organites habituellement présents dans les autres cellules : noyau, mitochondries, ribosomes. C'est dans ce corps cellulaire que s'effectue l'essentiel des opérations métaboliques nécessaires à la survie du neurone. C'est aussi dans le corps cellulaire que sont synthétisées les protéines et les membranes permettant la croissance et la survie du neurone. Pour un grand nombre de neurones le corps cellulaire est situé à l'intérieur du crâne ou de la colonne vertébrale. Ceci présente l'avantage d'offrir à ces neurones une meilleure protection en cas d'impacts.

Les dendrites sont des prolongements du corps cellulaire qui permettent de connecter les neurones entre eux. Grâce aux dendrites le neurone peut recevoir des informations de la part des autres neurones. Ils forment ce que l'on appelle la structure réceptrice. Ces prolongements sont souvent courts (comparativement à l'axone) et ont des ramifications très diffuses ; on parle parfois d'arborisation dendritique. Plus l'arborisation dendritique d'un neurone est vaste, et plus ce neurone est susceptible de recueillir de larges quantités d'informations issues des neurones voisins. Le rôle des dendrites est d'acheminer vers le corps cellulaire les signaux électriques émis par les autres neurones.

L'axone est un prolongement du corps cellulaire qui permet également de connecter les neurones entre eux. À la différence des dendrites, l'axone permet de transmettre des informations vers les autres neurones. Comparativement à la taille du corps cellulaire et des dendrites, l'axone peut atteindre une longueur relativement importante. Par exemple, l'axone d'un motoneurone assurant la contraction des orteils peut atteindre 1 m ou plus, ce qui en fait les cellules les plus longues du corps humain.

Bien que nous insistions sur les neurones, il ne faut surtout pas penser que les neurones soient les seules cellules constituantes du système nerveux. En effet, outre les neurones, il existe les cellules gliales. Ces cellules qui constituent un tissu de soutien pour le système nerveux sont 5 à 10 fois plus nombreuses que les neurones. Il existe plusieurs variétés de cellules gliales. Parmi les principales, on citera les oligodendrocytes et les astrocytes. Les oligodendrocites produisent une substance isolante, la myéline, qui augmente considérablement la vitesse de conduction de l'influx nerveux (nous reviendrons sur ce point). Quant aux astrocytes, ils fournissent les éléments nutritifs aux neurones, et en même temps les débarrassent de leurs déchets. Comme le montre la figure 2-7, les astrocytes assurent en quelque sorte un rôle d'interface entre les neurones et le système circulatoire (où sont puisés les nutriments, et déversés les déchets).

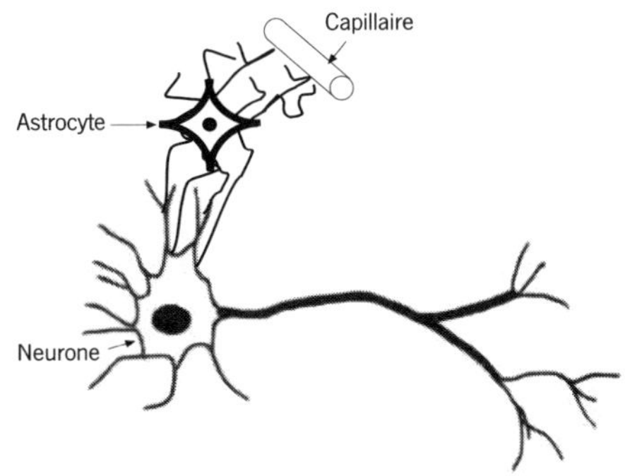

Figure 2-7. **Cellules nerveuses : neurones et cellules gliales.** Les astrocytes sont des cellules gliales assurant un rôle d'interface entre les neurones et le système circulatoire. Ils permettent de transférer les nutriments du flux sanguin (ici le capillaire) vers les neurones, et de déverser les déchets des neurones dans le flux sanguin.

Fonctionnement du neurone

Génération du potentiel d'action

Pour communiquer entre eux les neurones utilisent des impulsions électriques. Ces impulsions portent le nom de potentiel d'action. Ce potentiel d'action est, la plupart du temps, généré sous l'influence d'autres potentiels d'action émis par des neurones voisins. Un potentiel d'action correspond en fait à une dépolarisation temporaire de la membrane du neurone. Au repos, le potentiel de membrane est négatif (–70 millivolts ou mV), car les concentrations ioniques en sodium et en potassium ne sont pas équilibrées de part et d'autre de la membrane. Lorsque le neurone émet un potentiel d'action, le potentiel de membrane s'inverse, et devient positif. Pour qu'un potentiel d'action se produise, il faut que cette dépolarisation soit « encouragée » par un événement extérieur (*i.e.* par les neurones voisins). Sur la figure 2-8 on a enregistré le potentiel de membrane d'un neurone face à des impulsions électriques fournies de l'extérieur par l'expérimentateur. Ces impulsions électriques sont fournies de telle manière qu'elles tendent à remonter la valeur du potentiel de membrane (il devient moins négatif). Lorsque ces impulsions électriques sont faibles, le neurone ne réagit pas face à ces stimulations externes. Son potentiel de membrane change simplement parce qu'on applique un courant à sa surface. En revanche, lorsque les impulsions sont suffisamment importantes pour que le potentiel de membrane franchisse une valeur seuil (ici – 60 mV), le neurone réagit activement en émettant un potentiel d'action. Pendant une durée relativement courte, le neurone va mettre en place un mécanisme qui va amplifier l'effet de la stimulation, au point que son potentiel de membrane va s'inverser. Cette inversion de polarité est rendue possible grâce à un jeu subtil de canaux et de pompes qui permettent le passage d'ions Na^+ (sodium) et K^+ (potassium) à travers la membrane. Une fois que le potentiel d'action a été émis, le potentiel de membrane retourne à sa valeur de repos.

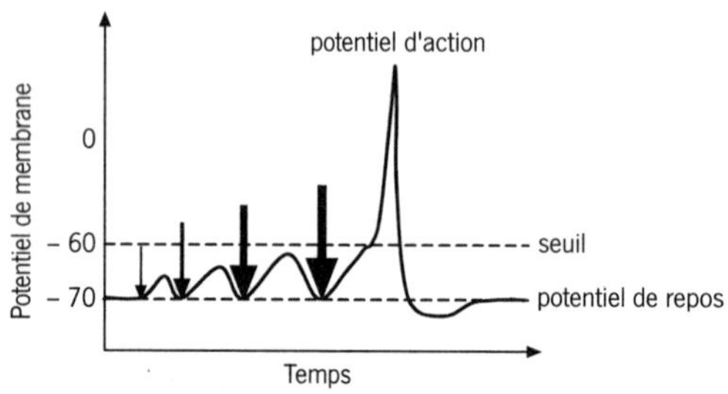

Figure 2-8. **Génération d'un potentiel d'action.** Au repos le potentiel de membrane est négatif (– 70 mV). Lorsque, sous les effets d'une impulsion électrique, le potentiel de membrane franchit une certaine valeur seuil (ici – 60 mV), un potentiel d'action est émis. Pendant un temps très bref, le potentiel de membrane devient positif. Aussitôt après, le potentiel de membrane retrouve sa valeur d'origine.

En condition naturelle, les neurones sont soumis à des impulsions qui proviennent de leurs voisins. Ces impulsions peuvent être de deux types : elles peuvent être soit excitatrices, soit inhibitrices. Dans le cas où elles sont excitatrices, elles réduisent le potentiel de membrane du neurone, et accroissent la probabilité que celui-ci émette un potentiel d'action (cas de la figure 2-8). Dans le cas où elles sont inhibitrices, ces impulsions rendent le potentiel de membrane encore plus négatif, et la probabilité que le neurone émette un potentiel d'action diminue. En règle générale, chaque neurone est soumis en permanence à une multitude d'influences excitatrices et inhibitrices. C'est la somme de toutes ces influences (+ et –) qui fera que le neurone déclenche ou non un potentiel d'action.

Lorsqu'un neurone émet un potentiel d'action, celui-ci a besoin d'une certaine période de repos avant de pouvoir émettre un nouveau potentiel d'action. On dit qu'il existe une période réfractaire. Cela implique qu'un neurone ne peut pas émettre plus d'un certain nombre de potentiels d'action par seconde. En d'autres termes, cela veut dire que pour chaque neurone il existe une fréquence maximale de décharge. La fréquence maximale se situe généralement autour de 20 à 40 Hz (20 à 40 potentiels d'action par seconde). Enfin sachez que la forme des potentiels d'action est propre à chaque type de neurone. Selon les neurones, la durée et l'amplitude du potentiel d'action seront susceptibles de varier.

Transmission du potentiel d'action

Si nous savons maintenant comment naissent les potentiels d'action, nous ne savons toujours pas comment ils se propagent le long des neurones. C'est la question que nous allons aborder maintenant. À chaque fois que se produit une inversion locale de la polarité, elle a tendance à activer les autres canaux et pompes qui sont situés à proximité. Ainsi, un potentiel d'action à un endroit crée automatiquement un autre potentiel d'action juste un peu plus loin. Au bout du compte, le potentiel d'action se déplace de proche en proche, et pour l'observateur extérieur cela revient à considérer qu'une onde de dépolarisation se propage le long de l'axone. Cependant, à chaque fois qu'un canal ou qu'une pompe vient d'être excité, il lui faut un minimum de temps pour être de nouveau opérationnel, c'est le problème que nous avons déjà soulevé dans le paragraphe précédent avec l'existence d'une période réfractaire. C'est cette période réfractaire qui contraint le sens de déplacement de l'onde de dépolarisation (du corps cellulaire vers les terminaisons axonales). En effet, l'onde ne peut jamais remonter vers le corps cellulaire car les pompes et les canaux précédemment activés sont encore dans leur période réfractaire.

La vitesse de conduction du potentiel d'action dépend de plusieurs paramètres. Elle dépend notamment de la myélinisation et du diamètre de l'axone. Comme nous l'avons mentionné précédemment, il existe des cellules, les oligodendrocytes (ou cellules de Schwann), qui synthétisent des gaines isolantes en myéline autour de l'axone (figure 2-9). Cependant cette gaine isolante ne recouvre pas toute la surface de l'axone, il subsiste des parties de l'axone qui restent nues, on les appelle étranglements ou nœuds de Ranvier. Dans les nœuds de Ranvier, la concentration des canaux et des pompes est plus importante que partout ailleurs. De ce fait, lorsqu'un potentiel d'action se produit dans un nœud, il est suffisamment puissant pour dépolariser les nœuds voisins. Dans ces conditions, la dépolarisation de l'axone se fait d'étranglement en étranglement, on parle de conduction saltatoire (par saut). Ainsi, la propagation de l'influx est beaucoup plus rapide en présence de myéline. Le gain en termes de vitesse est considérable : la vitesse est plus que doublée. Le diamètre de l'axone est déterminant car, en règle générale, plus les axones sont gros et plus la distance qui sépare les étranglements est importante. Par conséquent, les axones de gros diamètre ont des vitesses de conduction plus élevées que les axones de petit diamètre. Au bout du compte, on trouve dans le système nerveux une forte disparité des vitesses de conduction selon les fibres. Les fibres issues des fuseaux neuromusculaires ont des vitesses de conduction très élevées qui peuvent atteindre plus de 100 m/s (ce sont des grosses fibres myélinisées), tandis que les fibres nerveuses issues des nocicepteurs (récepteurs de douleur) ont des vitesses de conduction inférieures à 1 m/s (ce sont de petites fibres non myélinisées).

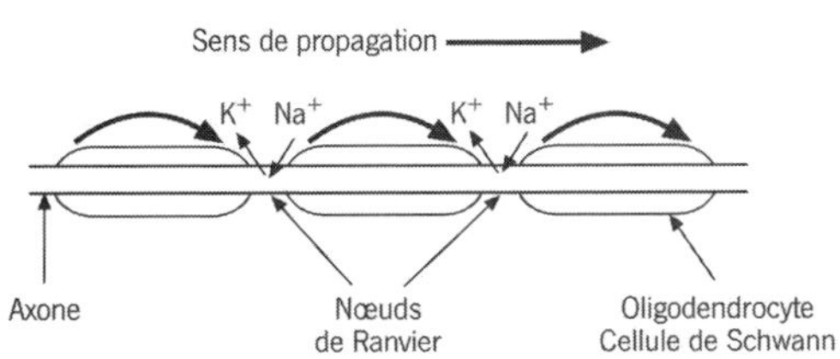

Figure 2-9. **Propagation du potentiel d'action sur un axone myélinisé.**

Connexion entre deux neurones : la synapse

Si la question de la propagation de l'influx nerveux le long d'un axone est résolue, il reste cependant une dernière question en suspens : comment l'influx nerveux est-il transmis d'un neurone à un autre ? Bien que l'on puisse avoir l'impression que les terminaisons axonales soient toujours en contact direct avec les dendrites des autres neurones, cela n'est pas vraiment le cas. Entre les deux, il subsiste toujours un petit espace que l'on appelle synapse, ou fente synaptique (voir figure 2-10). C'est à cet espace que nous allons consacrer le reste de cette section sur le neurone. Lorsque le potentiel d'action arrive au bout de l'axone, celui-ci provoque la migration de vésicules synaptiques vers la membrane contenant des molécules qu'on appelle des neurotransmetteurs. Lorsque les vésicules fusionnent avec la membrane, leur contenu se déverse dans la fente synaptique. De l'autre côté de la fente synaptique, on trouve les dendrites du neurone voisin qui ont la particularité de pouvoir fixer les molécules de neurotransmetteur. Lorsque ces récepteurs sont recouverts par le neurotransmetteur, ceci déclenche l'activité de canaux et de pompes qui tend à inverser le potentiel de membrane de la dendrite. Si un nombre suffisant de récepteurs est activé, la dendrite peut générer un potentiel d'action (on parle de potentiel d'action postsynaptique, ou PPS). Bien que la transmission synaptique puisse apparaître comme un système long et fastidieux, l'ensemble de ces opérations est extrêmement rapide (< 1 ms).

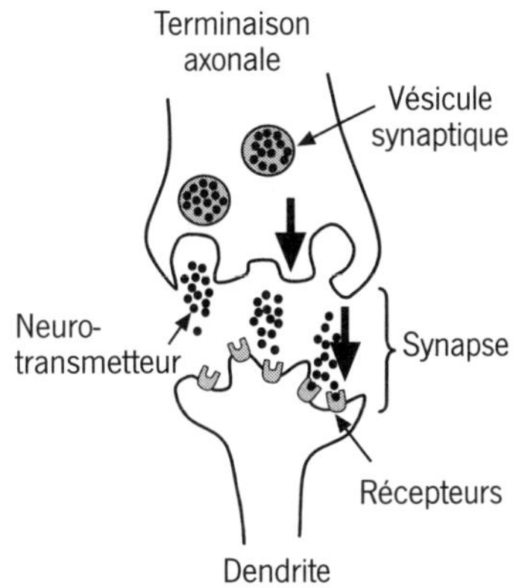

Figure 2-10. **Schéma d'une synapse entre une terminaison axonale et une dendrite.** La terminaison axonale contient des vésicules remplies de neurotransmetteurs. Sous l'influence d'un potentiel d'action, les vésicules migrent vers la membrane et déversent leur contenu dans la fente synaptique. Lorsque les molécules de neurotransmetteur ont traversé l'espace synaptique, elles se fixent sur les récepteurs dendritiques, et déclenche une excitation de la dendrite.

Selon la nature du neurotransmetteur qui est libérée, son effet sur le potentiel de membrane de la dendrite pourra être soit excitateur (PPSE) soit inhibiteur (PPSI). Aussi un même neurone peut avoir une de ses dendrites exposée à un PPSE, et une autre exposée à un PPSI. Quoi qu'il en soit, l'ensemble de ces PPSE et PPSI sont acheminés par les dendrites vers le corps cellulaire. C'est la somme de ces influences excitatrices et inhibitrices sur le corps cellulaire qui va imposer ou non l'émission d'un potentiel d'action.

Il existe une grande variété de neurotransmetteurs. On en dénombre actuellement plus d'une centaine, et chaque année on en découvre encore de nouveaux. Parmi les plus connus on peut citer l'acétylcholine, la dopamine, le GABA, le glutamate, la sérotonine. L'acétylcholine est un neurotransmetteur excitateur qui déclenche la contraction musculaire et stimule l'excrétion de certaines hormones. Il serait impliqué dans la maladie d'Alzheimer dont les premiers symptômes se font sentir au niveau de la mémoire. La dopamine est un neurotransmetteur inhibiteur qui est impliqué dans le contrôle du mouvement et de la posture. Il est secrété par la substance noire (une structure des ganglions de la base, voir plus loin dans ce chapitre). Sa raréfaction serait responsable de la maladie de Parkinson. Le GABA est un neurotransmetteur inhibiteur très répandu dans les neurones du cortex. Il contribue notamment au contrôle moteur et à la vision. Ce neurotransmetteur serait impliqué dans les crises d'épilepsie, et la maladie d'Huntington (conduisant à un état de rigidité posturale et de démence). Le glutamate est un neurotransmetteur excitateur majeur associé à l'apprentissage et à la mémoire. Comme la dopamine, des troubles dans la production de glutamate sont associés à la maladie d'Alzheimer. La sérotonine est un neurotransmetteur qui contribue à diverses fonctions comme la régulation de la température, le sommeil, l'humeur, l'appétit et la douleur. Chez les patients dépressifs, on note souvent une diminution de l'activité des neurones sérotoninergiques.

Enfin sachez que les synapses jouent un rôle tout particulier dans la mémoire et l'apprentissage, car leurs propriétés sont susceptibles de se modifier avec l'usage. Une connexion entre deux neurones peut se retrouver renforcée ou pas selon les propriétés des synapses. De manière assez schématique on peut dire que les synapses qui sont très souvent utilisées deviennent de plus en plus efficaces, tandis que celles qui sont peu utilisées deviennent de moins en moins efficaces. Nous reviendrons plus en détail sur ce point dans le chapitre 5, lorsque nous aborderons le support neurobiologique de l'apprentissage.

Les structures nerveuses de la motricité

Dans la section précédente, nous avons abordé les propriétés des neurones en tant qu'éléments bien individualisés. Dans cette nouvelle section, nous nous proposons de faire un « zoom arrière » en considérant les neurones, non plus comme des entités isolées, mais comme des ensembles structuraux capables d'assurer des fonctions élaborées. Cependant le nombre de structures présentes dans le système nerveux est grand, même si on ne se limite qu'aux structures nerveuses directement impliquées dans la motricité. Dès lors, notre objectif ne sera pas d'en faire une description exhaustive, mais plutôt d'en sélectionner les principales et de montrer dans quelle mesure elles sont mises à profit dans la production d'un mouvement harmonieux.

La figure 2-11 montre les structures nerveuses qui seront abordées tout au long de cette section. Pour organiser notre parcours, nous nous proposons de les visiter en remontant progressivement l'axe de la colonne vertébrale. Nous commencerons par la moelle épinière, puis nous remonterons le long de l'encéphale qui comprend : le tronc cérébral, le cervelet, et les ganglions de la base. Enfin nous finirons par la partie supérieure de l'encéphale, le cortex, qui est une structure un peu plus vaste et plus complexe que les précédentes. Comme nous le verrons plus tard, la surface du cortex peut être subdivisée en aires, chacune de ses aires ayant des fonctions relativement spécifiques. Dès lors, il nous a semblé plus judicieux de vous présenter chacune de ses aires individuellement.

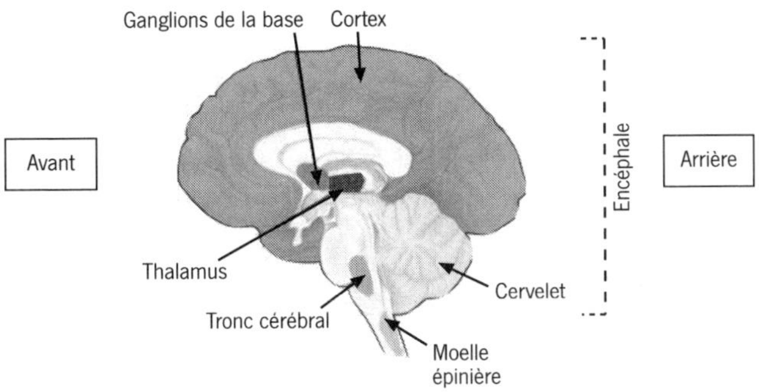

Figure 2-11. **Principales structures nerveuses impliquées dans la motricité (coupe sagittale).**

La moelle épinière

On trouve la moelle épinière le long de la colonne vertébrale. Si on effectue une coupe de la moelle perpendiculairement à l'axe de la colonne, on distingue deux types de tissus : une zone grise et une zone blanche (figure 2-12). La zone grise, au centre et en forme de papillon, est constituée en fait par les corps cellulaires des neurones, on parle de « substance grise ». Quant à la zone blanche située à la périphérie de la substance grise, elle correspond en fait à une multitude de prolongements axonaux, et qui, recouverts de myéline, apparaissent blancs, on parle alors de « substance blanche » (ici le principe de coloration ne permet pas de conserver la couleur d'origine). En plus de cette distinction colorative, on a l'habitude de préciser la cartographie de la moelle grâce à d'autres termes. Par exemple si cette région est proche de la tête, on dira qu'elle est rostrale, si en revanche elle en est éloignée on dira qu'elle est caudale. Ensuite, pour préciser si cette région est située vers l'avant du corps on dira qu'elle est ventrale, en revanche si elle est tournée vers la surface du dos, on dira qu'elle est dorsale.

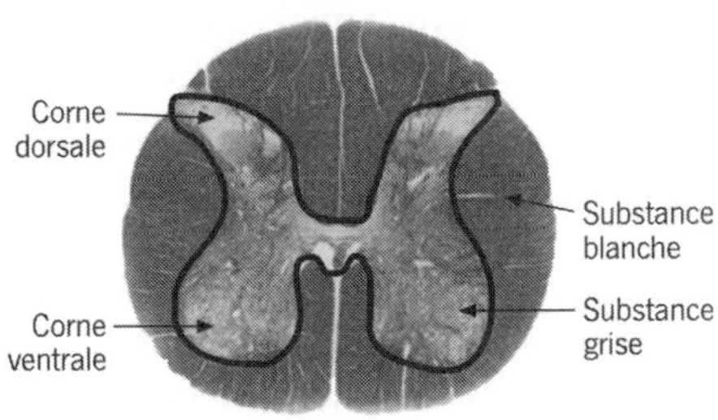

Figure 2-12. **Coupe transversale de la moelle épinière.** La substance grise en forme de « H » ou de papillon contient une majorité de corps cellulaires. La substance blanche est composée essentiellement de fibres myélinisées. Notez que le principe de coloration de la coupe ne permet pas de conserver les couleurs d'origine.

La moelle épinière est constituée par de nombreux paquets (faisceaux) de fibres nerveuses, cependant certaines de ces fibres sont sensorielles, on les appelle aussi afférentes (en provenance des récepteurs sensoriels) alors que d'autres sont motrices ou efférentes (vers le muscle). Comme le montre la figure 2-13, les informations sensorielles entrent dans la moelle épinière par le biais des racines dorsales (car tournées vers le dos), alors que les points de sortie des fibres motrices se font par le biais des racines ventrales (car tournées vers le ventre). Il existe deux racines ventrales et deux racines dorsales entre chaque vertèbre. Chacune de ces racines donne naissance à un nerf (un nerf n'étant jamais qu'un paquet d'axones). Lorsque les disques vertébraux se retrouvent comprimés ou usés, les nerfs véhiculés par ces racines peuvent se retrouver temporairement ou définitivement hors d'usage. S'il s'agit d'une racine dorsale, le sujet peut éprouver des douleurs, ou des pertes de sensation. À l'inverse s'il s'agit d'une racine ventrale, le sujet peut se retrouver dans l'incapacité de mobiliser certains de ses muscles. Il existe une classification pour chaque segment de la moelle épinière, cette classification est la même que celle utilisée pour les vertèbres (C1 à C8, Th1 à Th12, L1 à L5, S1 à S5 ; C = cervicale ; Th = thoracique ; L = lombaire ; S = sacrée). Chaque segment reçoit des projections nerveuses d'une partie bien définie du corps. La partie du corps susceptible d'être contractée sous l'influence de ce segment correspond le plus souvent à la même région. Par exemple le segment qui reçoit les informations en provenance de la main, contient aussi les motoneurones qui contrôlent les muscles de la main. Cette relation entre segments vertébraux et régions du corps est bien établie (on parle de topologie). Elle permet à un médecin d'identifier assez rapidement la localisation d'un traumatisme de la moelle épinière.

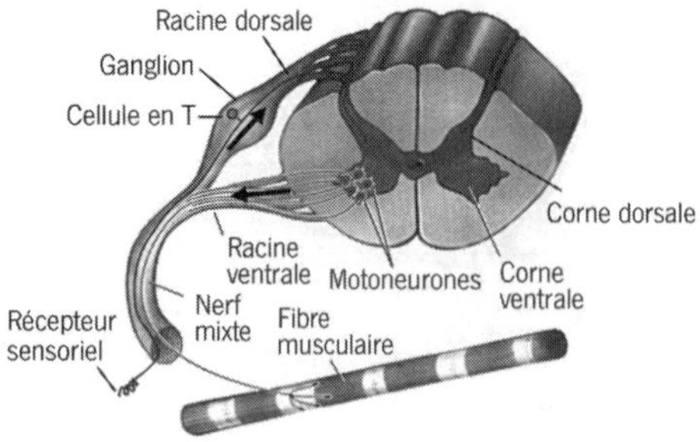

Figure 2-13. **Afférences et efférences de la moelle épinière.** Les informations sensorielles (afférences) rejoignent la moelle par le biais des racines dorsales, quant aux ordres moteurs (efférences) ils quittent la moelle par le biais des racines ventrales.

Nous allons aborder maintenant le rôle de la moelle épinière dans la motricité et dans la perception.

Racines ventrales

Un grand nombre de corps cellulaires sont présents dans la corne ventrale de la substance grise. Une large proportion de ces corps cellulaires a des fonctions motrices, on parle de motoneurones. Comme nous le verrons ultérieurement, ces motoneurones reçoivent des projections issues de nombreuses structures nerveuses (cortex moteur, ganglions de la base, cervelet...). Cependant, il est important de réaliser que toutes ces structures ne peuvent agir sur les muscles que par l'intermédiaire des motoneurones, ils sont absolument incontournables pour provoquer une contraction musculaire. En outre, une fois qu'un motoneurone est excité, la commande motrice associée ne pourra plus être modifiée en aval, et la contraction musculaire aura forcément lieu (excepté si le muscle est hors service, ou si le nerf moteur est coupé). Pour rendre compte de ces propriétés on dit que les motoneurones constituent la « voie finale commune ».

Selon les fibres musculaires sur lesquelles ils se projettent, on distingue plusieurs types de motoneurones (figure 2-14). Il existe en fait deux types de fibres musculaires, les fibres musculaires extra- et intrafusales. Les premières correspondent aux fibres musculaires classiques, les deuxièmes correspondent aux fibres musculaires associées aux fuseaux neuromusculaires (voir chapitre 1, paragraphe « La proprioception : le sixième sens »). Si les motoneurones projettent sur des fibres musculaires classiques, on parle de *motoneurones* $\boldsymbol{\alpha}$; en revanche, si les motoneurones projettent sur les fibres intrafusales, on parle de *motoneurones* $\boldsymbol{\gamma}$.

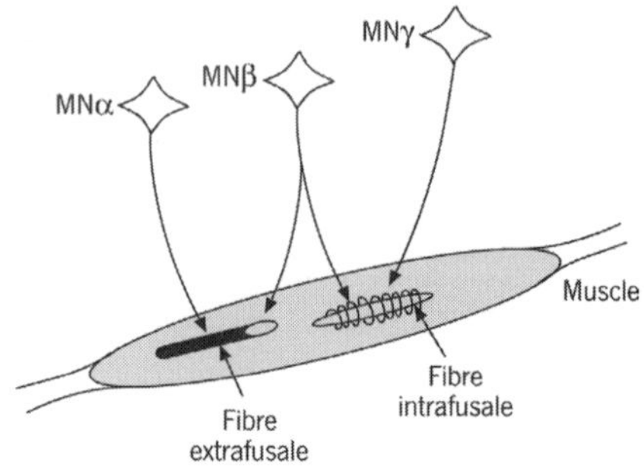

Figure 2-14. **Les différents types de motoneurones (MN) selon leurs projections sur les fibres musculaires.**

Il existe aussi des motoneurones d'un type intermédiaire, les *motoneurones* $\boldsymbol{\beta}$, capables de provoquer la contraction simultanée de fibres intra- et extrafusales. Les corps cellulaires de l'ensemble de ces motoneurones sont situés dans la partie ventrale de la substance grise. Bien que nous insistions largement sur les motoneurones, il se trouve que la majorité des neurones présents dans la matière grise sont en fait des interneurones. Les interneurones n'ont pas de projection directe sur les muscles, leur rôle est plutôt de favoriser les interactions entre motoneurones. Certains interneurones ont des effets inhibiteurs, tandis que d'autres ont des effets excitateurs. Nous reviendrons plus en détail sur les connexions entre motoneurones et interneurones, lorsque nous aborderons la notion de réflexe (voir chapitre 4).

Racines dorsales

Les racines dorsales constituent des points d'entrée pour plusieurs canaux sensoriels mais pas tous. Par exemple, c'est par les racines dorsales que sont véhiculées les informations relatives au toucher, à la proprioception musculo-articulaire et à la douleur. En revanche, les informations relatives à la vision, l'audition ou le sens vestibulaire sont acheminées par des voies différentes (voir chapitre 1). Les fibres sensorielles qui entrent dans la moelle épinière sont majoritairement issues de cellules en T. On les appelle cellules en T à cause de leur forme (voir figure 2-13). C'est un des rares types de neurones où l'influx sensoriel ne transite pas par le corps cellulaire. Les corps cellulaires de ces cellules en T sont groupés en amas dans des ganglions se trouvant à l'extérieur de la moelle.

Les cellules de Renshaw

Les cellules de Renshaw sont des interneurones inhibiteurs. Sur la figure 2-15, nous avons représenté les relations entre cellules de Renshaw et motoneurones. On constate que les motoneurones α activent les cellules de Renshaw, mais que celles-ci inhibent en retour le ou les motoneurones qui les ont activées, ainsi que les autres motoneurones ayant une action sur le même muscle. Pour décrire ce type de circuiterie, on parle de *feedback* négatif. Le rôle de cette circuiterie serait de limiter l'activité maximale des motoneurones, car plus les motoneurones sont actifs plus ils seront inhibés. Cette inhibition favoriserait aussi la stabilité de la commande motrice. Imaginons un instant que la fréquence de décharge d'un motoneurone augmente brutalement, les cellules de Renshaw auront pour effet de gommer cette augmentation. Inversement, si la fréquence de décharge chutait brutalement, l'inhibition deviendrait plus réduite, ce qui au bout du compte limiterait la variation d'activité du motoneurone. Une telle circuiterie s'avère donc particulièrement efficace pour des tâches dans lesquelles le sujet souhaite maintenir un niveau de force constant. Bien entendu la contrepartie d'une telle circuiterie est de ne plus pouvoir augmenter ou diminuer rapidement sa force. Pour prévenir ce problème, il existe des voies nerveuses permettant de réguler l'action de ces cellules de Renshaw.

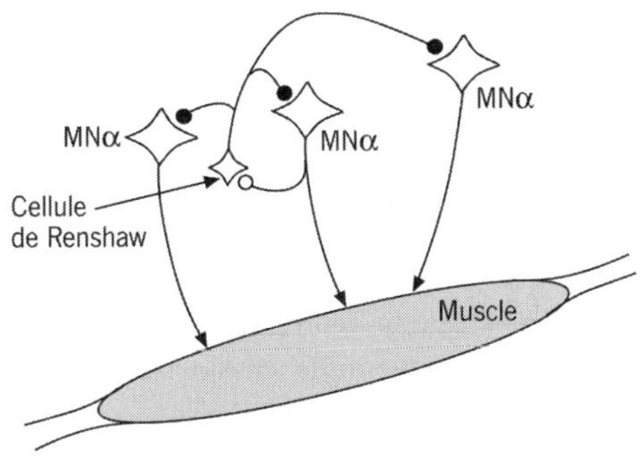

Figure 2-15. **Projections excitatrices et inhibitrices entre motoneurones et cellules de Renshaw.** Une cellule de Renshaw reçoit une projection excitatrice (o) de la part d'un motoneurone. En retour, la cellule de Renshaw émet des projections inhibitrices (•) sur ce motoneurone ainsi que sur les autres motoneurones agissant sur le muscle.

Interneurones IA

Les interneurones IA constituent un deuxième exemple bien connu d'interneurones inhibiteurs. Leur rôle est d'inhiber les motoneurones des muscles antagonistes. Ainsi lorsque vous produisez un mouvement de flexion du coude en mobilisant le biceps, ces interneurones IA inhibent les motoneurones du triceps, ce qui au bout du compte facilite la production du mouvement (voir figure 2-16). Évidemment, là encore le système nerveux possède de nombreuses ressources, et cette rétroaction négative peut être modulée par l'intention. Ainsi lorsque vous souhaitez cocontracter votre biceps et votre triceps, ce mécanisme d'inhibition est aussitôt mis en veille.

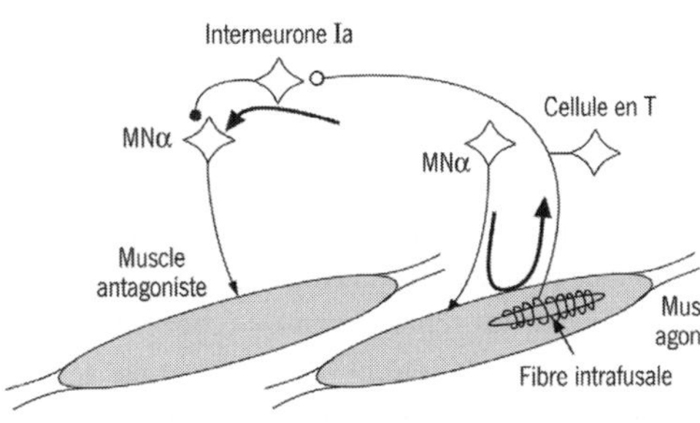

Figure 2-16. **Rôle des interneurones IA dans les relations entre muscle agoniste et antagoniste.** Quand le muscle agoniste se contracte, les cellules en T activent (o) les interneurones Ia qui inhibent (•) à leur tour les motoneurones du muscle antagoniste.

Le tronc cérébral

Le tronc cérébral est un groupe de structures de diamètre beaucoup plus étroit que le cerveau. Il correspond au segment en forme de tige qui relie la partie inférieure de l'encéphale à la moelle épinière. Comme la moelle épinière Il est constitué de substance blanche à la périphérie et de substance grise est au centre. Il renferme des centres de régulation involontaire et automatique indispensables à la survie de l'organisme. Le tronc cérébral est aussi une voie de passage des influx sensitifs (sensoriels) et moteurs entre le cerveau et la moelle épinière (les faisceaux moteurs se croisent à son niveau, ce qui explique pourquoi la partie droite du cerveau contrôle les parties gauches du corps et vice versa). Le tronc cérébral se compose de trois régions : le bulbe rachidien, le pont, et le mésencéphale (voir figure 2-17).

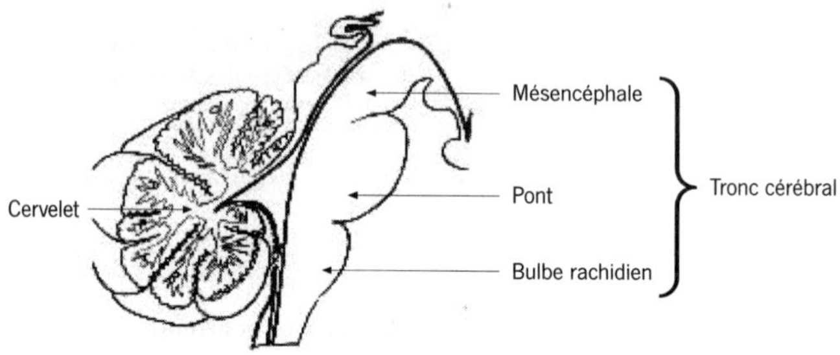

Figure 2-17. **Le tronc cérébral.** Il relie la partie inférieure de l'encéphale à la moelle épinière. On peut le subdiviser en 3 parties : le mésencéphale, le pont et le bulbe rachidien.

Le bulbe rachidien correspond à la partie inférieure du tronc. Il renferme des noyaux de commande des fonctions viscérales : centre cardiaque (adapte la force des contractions du cœur aux besoins de l'organisme), centre de la respiration (rythme et amplitude de la respiration), centre vasomoteur (pression artérielle). Une destruction de ces noyaux lors d'un accident peut être mortelle. Le pont est la région du tronc entre le bulbe rachidien et le mésencéphale. C'est une voie de circulation des influx ascendants et descendants. Il est relié au cervelet, et renferme des noyaux du contrôle de la respiration. Le mésencéphale quant à lui relie le pont au reste de l'encéphale. Sur sa face antérieure, il renferme deux renflements contenant des faisceaux moteurs en provenance du cerveau. Sur sa face postérieure, on trouve des protubérances commandant les réflexes visuels (coordonnant les mouvements de la tête et des yeux) et les réflexes auditifs (initiant le déplacement de la tête en direction d'un bruit soudain).

Le cervelet

Anatomie

Le cervelet est une structure essentielle pour la motricité volontaire. On le trouve à la jonction du tronc cérébral et de l'encéphale. Comme le cortex, le cervelet est composé de deux hémisphères. Chacun d'eux comprend deux lobes : un lobe antérieur et un lobe postérieur. La jonction entre ces deux hémisphères s'appelle le vermis (figure 2-18).

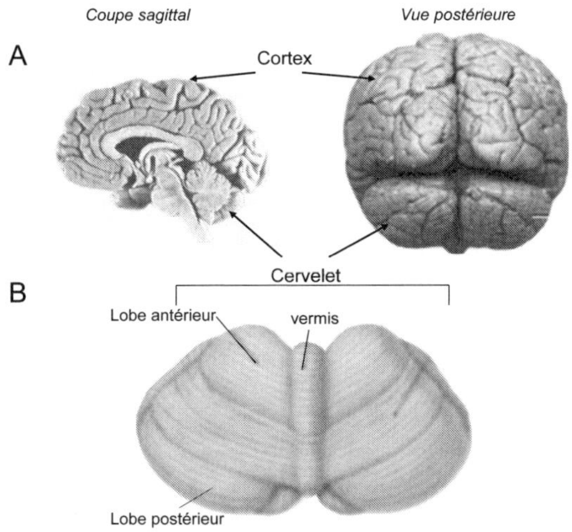

Figure 2-18. **Le cervelet.** A. Positionnement général. B. Organisation structurale.

La particularité du cervelet est d'être une structure qui possède beaucoup plus de fibres afférentes (entrantes) que de fibres efférentes (sortantes). La circuiterie neuronale du cervelet est relativement bien établie (voir figure 2-19). On distingue 5 grandes catégories de neurones : les fibres moussues, les fibres grimpantes, les cellules de Purkinje, les cellules de Golgi et les cellules granulaires.

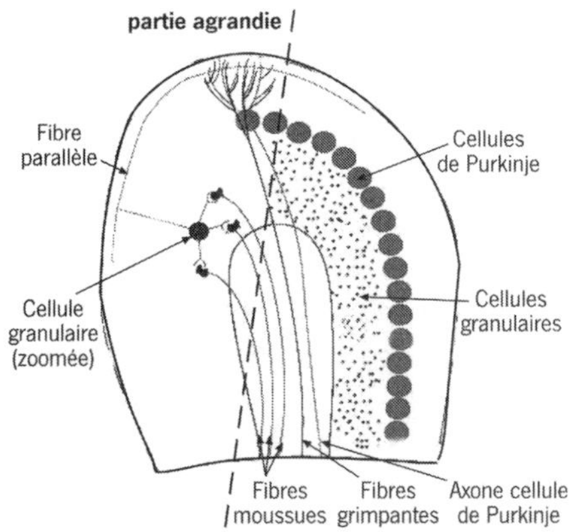

Figure 2-19. **Plan schématique de la circuiterie neuronale dans le cervelet.**

Parmi les fibres afférentes, on distingue les fibres moussues et les fibres grimpantes. La plupart des fibres moussues proviennent de la moelle épinière, elles véhiculent des informations sensorielles. Les projections des fibres moussues sur le cervelet ne sont pas distribuées aléatoirement, on constate qu'elles ont tendance à s'organiser en carte qui pourrait représenter la surface du corps mais de manière assez distordue. On parle de projection somatotopique (voir aussi le cortex moteur pour un exemple plus détaillé). Concernant les fibres grimpantes, elles proviennent d'un noyau de la medula (l'olive inférieure). Chaque fibre grimpante est connectée à plusieurs cellules de Purkinje par le biais de synapses excitatrices. Cependant chaque cellule de Purkinje est connectée à une seule fibre grimpante.

Concernant les fibres efférentes, les cellules de Purkinje constituent les seules voies d'action du cervelet sur les autres structures. Ces neurones présentent la particularité d'émettre des trains de potentiel d'action à très haute fréquence (> 100 Hz) en réponse à une stimulation excitatrice de la part des fibres grimpantes. Les projections inhibitrices des cellules de Purkinje se font essentiellement sur deux structures : le noyau cérébelleux et le noyau vestibulaire. À partir de ces relais, le cervelet peut avoir un moyen d'action sur de nombreuses autres structures telles que le cortex moteur ou la moelle épinière. Quant aux cellules de Golgi ce sont des interneurones inhibiteurs dont la fonction est de réguler l'activité des cellules de Purkinje. Les cellules granulaires sont des interneurones dont la fonction est de mettre en relation les fibres moussues avec leurs prolongements que l'on appelle les fibres parallèles.

Le cervelet comprend aussi trois paires de noyaux : le noyau fastigial, le noyau interposé et le noyau dentelé. À partir de ces noyaux s'organisent deux faisceaux, un faisceau ascendant qui se projette sur le noyau rouge et le thalamus, et un faisceau descendant qui innerve la formation réticulée du tronc cérébral.

Fonctions

Même si son rôle reste largement débattu, le cervelet est une structure impliquée dans de multiples aspects de la motricité. Certains y voient avant tout une structure pour l'apprentissage, d'autres y voient un comparateur entre mouvement planifié et mouvement effectué, d'autres un prédicteur, d'autres encore considèrent que le cervelet est un coordinateur permettant d'assembler plusieurs ordres moteurs simples (monoarticulaires) dans le but de réaliser un mouvement complexe (pluriarticulaire). Ces hypothèses ont été étayées sur la base d'observations réalisées soit chez des patients atteints de pathologies cérébelleuses (*i.e.* du cervelet), soit chez des animaux à la suite de lésions.

Dans la majorité des cas les personnes qui ont des pathologies cérébelleuses ne souffrent jamais de paralysie, mais souffrent plutôt d'ataxie. En d'autres termes, ces patients ne sont plus capables d'effectuer des gestes aussi précis et rapides qu'à l'accoutumée. Leurs mouvements apparaissent souvent saccadés, leurs temps de réaction sont plus longs, et très souvent les patients présentent des tremblements. En ce qui concerne l'apprentissage, on constate par exemple que ces patients deviennent incapables de s'adapter à de nouvelles situations. Ainsi lorsqu'ils portent des lunettes prismatiques (qui décalent le champ visuel), ils ne sont plus capables de stabiliser leur regard lorsqu'ils tournent la tête. Pour d'autres travaux sur le rôle du cervelet dans l'apprentissage, nous renvoyons le lecteur au chapitre 5.

Comme pour les autres structures nerveuses, les symptômes d'une lésion cérébelleuse dépendent aussi du site exact de la lésion. En ce qui concerne une lésion du vermis, elle entraîne le plus souvent des troubles majeurs de la posture et de l'équilibre. Des patients atteints de ce type de lésion deviennent alors incapables de se tenir debout, les pieds joints, et les bras le long du corps. Cette instabilité posturale subsiste que le patient ait les yeux ouverts ou non. Avec une lésion d'un des hémisphères cérébelleux, les gestes des patients sont souvent maladroits. Si le geste est rapide, le patient a souvent tendance à dépasser la cible, et on parle d'hypermétrie. Si maintenant le patient effectue un geste plus lent, on constate que son membre tremble de plus en plus au fur et à mesure qu'il se rapproche de la cible.

D'autres informations sur les fonctions cérébelleuses ont pu être obtenues chez l'animal grâce à des techniques de refroidissement ou de lésions très focales. En refroidissant une structure nerveuse, on ralentit le métabolisme des neurones qui la constituent, et très rapidement la structure devient inactive. L'intérêt de cette technique est qu'elle est réversible (à la différence des lésions). En réchauffant progressivement la structure, elle peut reprendre son activité d'origine. Les refroidissements du cervelet ont mis en évidence que les hémisphères cérébelleux possédaient un rôle double dans l'organisation du mouvement : un rôle avant l'initiation du mouvement et un rôle pendant l'exécution du mouvement. Chez le singe, lorsque les hémisphères du cervelet sont refroidis, on constate que la programmation des mouvements rapides est perturbée. L'animal effectue le plus souvent un mouvement de trop grande amplitude (Brooks et coll., 1973). En ce qui concerne la régulation du mouvement en cours d'exécution, cet aspect dépendrait aussi des hémisphères cérébelleux. Lorsqu'on demande à un singe d'effectuer une tâche de poursuite lente (suivre une cible mobile avec sa main), on constate que la performance se dégrade au fur et à mesure que la structure est refroidie. L'animal semble incapable de corriger ses erreurs. Dans cette optique, le cervelet servirait de comparateur entre le mouvement qui est en train de se réaliser et celui qui est planifié. À chaque fois qu'un écart est relevé entre les deux trajectoires, le cervelet déclencherait un signal de correction. Le cervelet apparaît alors comme une structure placée en parallèle sur les voies motrices permettant à tout instant de corriger le mouvement.

D'autres études utilisant des lésions du cervelet (noyau dentelé) montrent qu'il devient difficile pour un singe de suivre avec ses yeux une cible visuelle qu'il déplace lui-même avec sa main. Non seulement la coordination entre l'œil et la main est perturbée mais l'animal semble incapable d'anticiper le déplacement de la cible dont il est pourtant responsable (Vercher et Gauthier, 1988). Dans ce contexte de nombreux auteurs (pour une revue de littérature lire Bastian, 2006) considèrent que le cervelet aurait pour fonction d'anticiper les conséquences de nos propres actions, ce qui aurait des répercussions non seulement sur le contrôle mais aussi sur l'apprentissage du mouvement (nous reviendrons sur l'importance de cette fonction dans le chapitre 4).

Les ganglions de la base

Anatomie

Les ganglions de la base (appelés aussi noyaux gris) comprennent cinq noyaux qui sont : le globus pallidus, le noyau caudé, le putamen, le noyau subthalamique, et la substance noire (*locus niger*). Tous ces noyaux existent en deux exemplaires, un dans chaque hémisphère cérébral. On les trouve sous le cortex cérébral, mais à des profondeurs variées selon leur nature. Sur la figure 2-20 on a représenté ces noyaux les uns par rapport aux autres. Le globus pallidus (latéral et médian), le noyau caudé et le putamen se trouvent à la base de l'encéphale, et relativement proche du thalamus. Le noyau subthalamique et la substance noire appartiennent au mésencéphale (une région encore plus basse du cerveau). Malgré ces légères disparités spatiales, tous les ganglions de la base sont interconnectés (voir figure 2-21). Le thalamus et le cortex sont les deux structures principales avec lesquelles les ganglions de la base sont mis en relation. C'est du cortex et du thalamus que proviennent la majorité des afférences des ganglions de la base. Ces projections permettent de mettre en relation de nombreuses aires (telles que les aires motrices et pariétales) avec le noyau caudé et le putamen (qui sont plutôt des noyaux récepteurs). Les neurones corticaux (du cortex) assurant ces projections, fonctionnent avec un neurotransmetteur excitateur qui s'appelle le glutamate. Le thalamus quant à lui constitue une structure de sortie pour les ganglions de la base. Ce sont essentiellement le globus pallidus et la substance noire qui assurent les projections vers le thalamus.

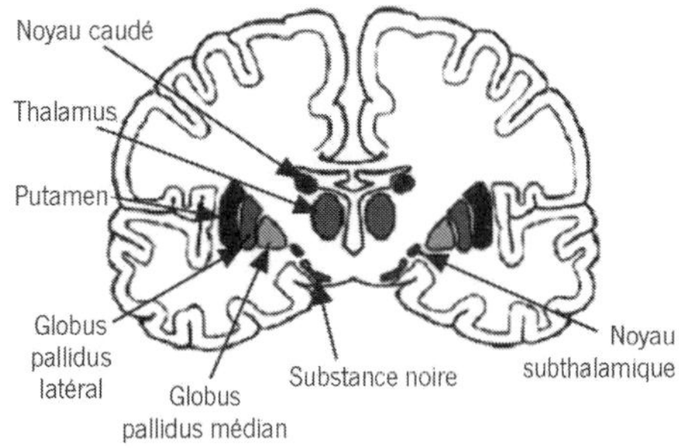

Figure 2-20. **Les ganglions de la base.** Ils comprennent cinq paires de noyaux qui sont : le globus pallidus (latéral et médian), le noyau caudé, le putamen, le noyau subthalamique et la substance noire (***locus niger***). Leur positionnement est représenté sur une coupe frontale du cerveau.

Les projections corticales constituent la principale entrée pour les ganglions de la base, tandis que le thalamus, lui, est la structure cible pour les efférences des ganglions. Toutefois la majorité des projections qui s'effectuent sur le thalamus, remontent aussitôt après vers le cortex (voir figure 2-21). Il paraît donc plus approprié de parler d'une boucle de régulation entre ces trois éléments que sont le cortex, les ganglions de la base et le thalamus.

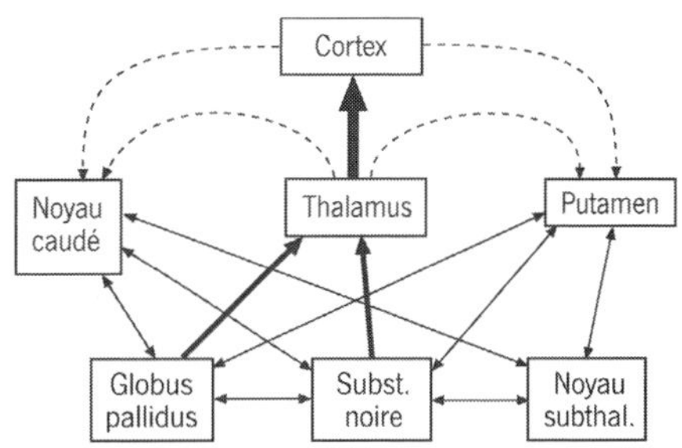

Figure 2-21. **Connexions entre les ganglions de la base, le thalamus et le cortex.** Les ganglions sont tous interconnectés. Les afférences issues du thalamus et du cortex concernent surtout le noyau caudé et le putamen. Le globus pallidus et la substance noire sont les principaux noyaux efférents (vers le thalamus).

Contrairement aux afférences et efférences des ganglions de la base qui sont excitatrices, les connections inter-ganglionnaires sont plutôt de type inhibiteur. C'est le cas notamment des projections GABAergiques issues du noyau caudé et du putamen en direction du globus pallidus et de la substance noire.

Fonctions

Comme pour le cervelet, on constate que des lésions ou pathologies des ganglions de la base ne conduisent jamais jusqu'à la paralysie. Cela étant, les troubles qui en résultent perturbent sérieusement la vie motrice des patients. Il suffit pour s'en convaincre de faire la liste des difficultés rencontrées par les patients atteints de la maladie de Parkinson dont les ganglions de la base sont altérés. Parmi les troubles les plus fréquemment rapportés, on constate une motricité très ralentie (à la fois en terme de vitesse, et en terme de temps de réaction), on parle de bradykinésie. On constate souvent aussi des tremblements involontaires (à 5 Hz), une rigidité des membres lors de mouvements passifs, ainsi que nombreux déficits posturaux et locomoteurs. Enfin certains chercheurs rapportent que les trajectoires des mouvements sont souvent moins reproductibles d'un essai sur l'autre, ou bien encore que l'action des muscles antagonistes constitue souvent une gêne pour le mouvement.

Parce que les troubles liés à une pathologie des ganglions de la base sont assez variés, il est difficile de mettre une étiquette bien claire sur la fonction de ces structures. Néanmoins, un consensus semble acquis sur le fait que ces structures font partie de boucles nerveuses assurant un « lissage » des commandes motrices. De manière générale, ces structures semblent plus impliquées dans la régulation de l'action en cours, que dans la programmation du geste à venir. Notons cependant que de récentes études suggèrent aussi que les ganglions de la base pourraient jouer un rôle dans les mécanismes d'habituation et/ou d'apprentissage moteur.

Le cortex

Le cortex cérébral correspond à l'écorce de notre cerveau. Sa couleur fait qu'il est souvent connu du grand public sous l'expression « matière grise ». Cette couleur grisée provient du fait que le cortex contient essentiellement des corps cellulaires ; cet aspect grisé contraste avec « la matière blanche » sous-jacente constituée par un grand nombre de fibres axonales. Le cortex est sans doute la partie du cerveau qui fascine le plus. En effet on considère souvent que c'est grâce à notre cortex que nous sommes capables d'effectuer les opérations mentales les plus complexes. Cependant, malgré son apparence assez uniforme, il ne faut pas considérer que les fonctions du cortex sont les mêmes partout : on sait depuis longtemps qu'une lésion d'une partie A du cortex n'a pas nécessairement les mêmes effets qu'une lésion d'une partie B. De manière générale on distingue trois types de zones (ou aires) dans le cortex : des aires motrices, des aires sensorielles et des aires associatives (voir figure 2-22).

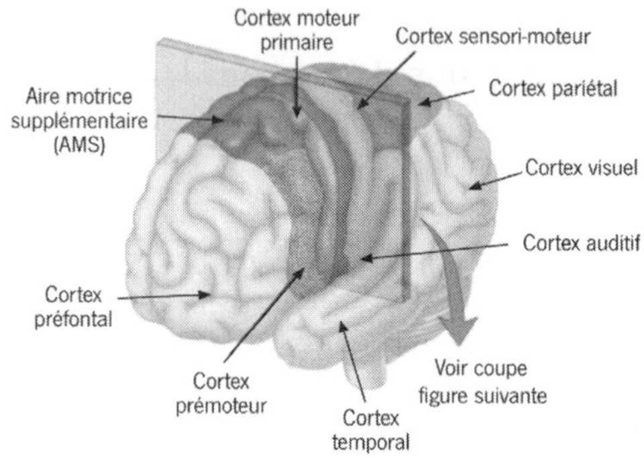

Figure 2-22. **Le cortex : les aires motrices, sensorielles et associatives.**

On distingue 6 couches dans l'épaisseur du cortex. Chaque couche correspond en fait à un type de neurone ayant une morphologie distincte. Les plus connues sont probablement les cellules pyramidales de la couche 5. Selon la zone corticale étudiée on se rend compte que l'épaisseur de chaque couche varie. Par exemple, dans les zones motrices, la couche 5 est souvent la plus développée. C'est en se basant sur ces différences relatives que l'anatomiste allemand Korbinian Broadman a proposé une nomenclature pour les aires cérébrales. Cette nomenclature a abouti à l'identification de 47 territoires distincts. Ce découpage effectué sur la base de critères essentiellement structuraux, reflète aussi un découpage fonctionnel. Par exemple les aires 4 et 6 qui possèdent de nombreuses cellules pyramidales sont des aires motrices.

Une aire corticale est dite « motrice » si : 1. ses projections sont dirigées vers d'autres structures motrices ; 2. son ablation cause des déficits dans la production des mouvements ; 3. sa stimulation provoque des mouvements. Parmi les aires motrices, on distingue : le cortex moteur primaire (M1), le cortex prémoteur (PM) et l'aire motrice supplémentaire (AMS). Nous reviendrons plus largement sur chacune de ces aires dans les prochains paragraphes.

En ce qui concerne les aires sensorielles, une aire corticale est dite « sensorielle » si : 1. ses projections sont dirigées vers d'autres structures sensorielles ; 2. son ablation cause des déficits dans la perception ; 3. sa stimulation provoque des illusions perceptives. On distingue un cortex somesthésique, un cortex auditif, un cortex visuel, un cortex olfactif, et même pour certains un cortex gustatif. Le rôle de ces aires sensorielles est de traiter et donner un sens à l'information en provenance de nos organes sensoriels.

Enfin les aires associatives, elles, ne s'activent pas directement dans les processus purement moteurs ou perceptifs. Elles participent à des fonctions plus complexes, comme la pensée humaine, l'intelligence, la mémoire, le langage. On les appelle aires associatives, car elles mettent en relation les informations issues des autres aires. On distingue un cortex préfrontal (situé devant, au-dessus du front), un cortex temporal (au-dessus des tempes) et un cortex pariétal (situé en haut). Le cortex préfrontal serait particulièrement impliqué dans la mémoire à court terme, la pensée, le jugement et l'initiation d'un mouvement. Le cortex temporal quant à lui interviendrait dans le langage et la mémoire à long terme. En ce qui concerne le cortex pariétal, nous verrons à la fin de ce chapitre qu'il est impliqué dans des aspects très intégrés de la motricité volontaire.

Le cortex moteur primaire

Le cortex moteur primaire (M1) représente une bande de quelques centimètres de large. L'aire M1 correspond à l'aire 4 dans la nomenclature de Broadman. Une grande partie des cellules pyramidales qui constitue sa couche 5 se projette directement sur les motoneurones et les interneurones de la moelle épinière. L'ensemble de ces fibres, rassemblées en faisceaux, constitue la voie pyramidale. La voie pyramidale est une voie nerveuse extrêmement importante pour la motricité volontaire. Lorsque cette voie est lésée, les déficits qui en découlent sont très handicapants. Les symptômes se manifestent le plus souvent par un déficit en force musculaire, des troubles de la marche ou une maladresse de la main.

Des expériences de stimulations électriques ont permis de mettre en évidence une organisation très singulière des projections de M1. Dans les années 1940-1950, Wilder Penfield, un neurochirurgien, a entrepris une expérience peu ordinaire dans l'espoir de mieux comprendre l'origine des crises d'épilepsie. Pour cela, il a tenté, lors d'une opération, d'implanter des micro-électrodes dans M1 et d'en stimuler électriquement les différentes zones. Très rapidement, il a constaté que chaque stimulation induisait une contraction musculaire très localisée dans l'hémicorps contralatéral (opposé). Il a constaté aussi qu'en déplaçant un peu le site de la stimulation de quelques millimètres, le site de la contraction musculaire se déplaçait vers une autre partie du corps. Peu à peu, Penfield a été en mesure de dresser des « cartes motrices », c'est-à-dire associant à chaque partie de M1, une partie du corps. On parle d'organisation somatotopique. Une représentation imagée de ces cartes est proposée sur la figure 2-23A (le plan de la coupe est indiqué sur la figure 2-22). On constate que certaines parties du corps sont surreprésentées par rapport à d'autres. Par exemple, on constate que la main et la bouche sont beaucoup plus représentées que la hanche. Lorsqu'on essaie de dessiner un humain en respectant ces proportions, on constate que le résultat ressemble peu à un humain habituel, on parle d'homonculus (voir figure 2-23B). De manière générale, il faut retenir que la place allouée à la représentation d'un segment corporel ne dépend pas de sa taille physique mais de son importance fonctionnelle. Dans ce contexte, il apparaît cohérent que les doigts (qui sont utilisés en permanence dans des activités très variées) soient plus largement représentés que les muscles du tronc (impliqués essentiellement dans les activités posturales). Une organisation somatotopique existe aussi dans le cortex somesthésique. Chaque point de sa surface reçoit des informations d'une région bien localisée du corps. L'homonculus « sensoriel » ressemble beaucoup à l'homonculus « moteur » (dans les deux cas leurs mains apparaissent hypertrophiées par rapport aux jambes). Une somatotopie existerait aussi dans les autres aires motrices mais à un degré moindre.

A

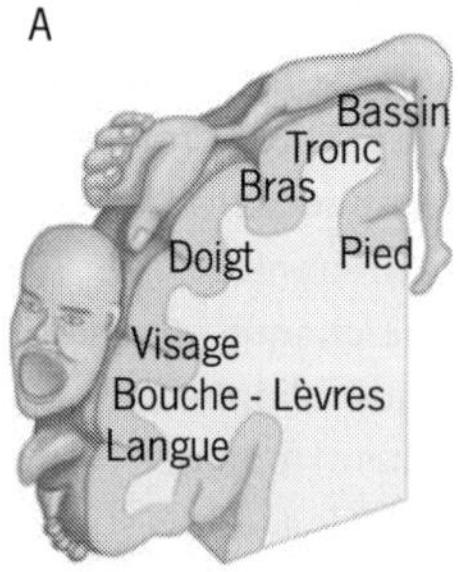

Figure 2-23A. **Représentation du corps au sein du cortex moteur primaire (M1).** Le plan de la coupe est indiqué sur la figure 2-22. La taille allouée à chaque segment corporel n'est pas fonction de sa taille réelle (la main est plus largement représentée que le pied).

B

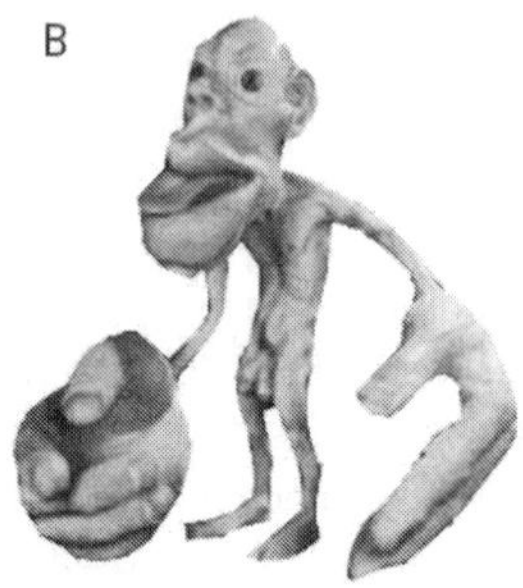

Figure 2-23B. **L'homonculus de Penfield.** Les proportions des différents segments sont basées sur la taille de leur représentation au sein de M1.

Aujourd'hui il existe des techniques beaucoup moins invasives que celle de Penfield pour cartographier les aires motrices. Une de ces techniques consiste par exemple à appliquer un champ magnétique assez intense mais de courte durée à la surface du scalp (stimulation magnétique transcranienne ou TMS). Lorsqu'on applique un tel champ magnétique sur le crâne d'un sujet, on déclenche une activation des neurones corticaux sous-jacents assez similaire à celle qui serait obtenue par stimulation électrique directe. L'avantage de cette technique est double : elle ne nécessite aucune intervention chirurgicale, et n'engendre aucune douleur pour le sujet. En revanche, il faut bien reconnaître que la résolution spatiale de la TMS est moindre que celle obtenue par le biais des micro-électrodes.

Bien que la notion d'homonculus reste toujours d'actualité, un certain nombre de travaux suggèrent que les représentations des muscles à la surface du cortex moteur ne sont peut-être pas aussi individualisées qu'on l'imagine. Des travaux neurophysiologiques, utilisant des techniques de microstimulation (de type Penfield) ont montré par exemple que les représentations des doigts étaient peu ou mal individualisées (Schieber et Hibbard, 1993). En outre il a pu être montré que lorsque les microstimulations se prolongeaient un peu plus longtemps (presque 1sec) il était possible d'évoquer des mouvements plus complexes, comme par exemple déplacer la main vers la bouche (Grazziano et al, 2002). Ceci amène certains auteurs à considérer que le cortex moteur primaire n'est peut-être pas un simple clavier à partir duquel des muscles seraient activés indépendamment des autres.

Du point de vue de ses entrées, M1 reçoit des projections corticales et non corticales. Les afférences non corticales proviennent essentiellement du cervelet, des ganglions de la base et de la moelle épinière (le thalamus servant de structure relais pour ces projections). En ce qui concerne les afférences corticales, elles sont extrêmement variées puisqu'elles peuvent provenir de l'aire motrice supplémentaire (AMS), du cortex prémoteur (PM), du cortex pariétal, du cortex frontal, et même du cortex somesthésique (voir figures 2-22 et 2-25).

Lorsqu'on essaie de mettre en relation la décharge des neurones de M1 avec la production du mouvement, on constate par exemple que leur fréquence peut être corrélée avec la force nécessaire pour produire le mouvement (Evarts, 1968). Imaginons un instant que nous ayons isolé un neurone pyramidal impliqué dans la contraction du biceps, c'est-à-dire un neurone qui décharge spécifiquement quand on effectue une flexion du coude. On constate que si on gêne le mouvement (par exemple en alourdissant l'avant-bras avec des poids), la fréquence de décharge de notre neurone devient supérieure à ce qu'elle était en l'absence de gêne. Cette comparaison suggère que la fréquence de décharge est reliée à la force des muscles. Doit-on en conclure que les neurones de M1 ne font que réguler la force des muscles ? Cela est peu probable. En effet, de nombreuses études indiquent que la fréquence de décharge des neurones de M1 est sensible à plusieurs paramètres du mouvement, tels que la vitesse, la direction, l'amplitude, ou même la dérivée de la force. Il faut bien admettre qu'avec ce genre d'observation, il devient difficile de statuer sur ce qui est véritablement codé par la fréquence de décharge. Cependant on remarquera que certains de ces paramètres ne sont pas indépendants les uns des autres, puisque réaliser un mouvement plus rapidement nécessite plus de force, et que réaliser un mouvement plus ample sans prendre plus de temps nécessite aussi plus de force.

L'aire motrice supplémentaire

L'aire motrice supplémentaire (AMS) est une aire qui se trouve entre le cortex préfrontal et M1. Son territoire est plus restreint que celui de M1, et sa position est très médiane (voir figure 2-22). L'AMS fait partie de l'aire 6 dans la nomenclature de Broadman. Il existe une somatotopie dans l'AMS, mais elle concerne surtout la main plus que toute autre partie du corps.

Le rôle de l'AMS est toujours débattu, mais on pense qu'elle jouerait un rôle déterminant dans la coordination des activités bimanuelles (Obhi et coll, 2002). Par exemple, lorsque l'on joue d'un instrument de musique, ou dans le domaine du sport, que l'on sert au tennis, ou au volley-ball, la tâche impose une coordination très fine entre les deux mains. Le rôle de l'AMS dans ce type de tâche consisterait à faire en sorte que l'action de la main droite et de la main gauche soient harmonieusement combinées dans le temps et dans l'espace. Cette hypothèse correspond assez bien avec le fait qu'il existe de très nombreuses connexions directes entre l'AMS gauche et l'AMS droite. Ce type de connexion favoriserait le couplage entre la main droite et la main gauche. De manière générale l'AMS est une aire peu latéralisée. Cela veut dire qu'il est rare de trouver en son sein des neurones n'influençant la motricité que d'une seule main. Par exemple, si un neurone de l'AMS décharge pour un mouvement de la main droite, il y a une forte probabilité qu'il décharge aussi pour un mouvement de la main gauche.

Un autre groupe d'études suggère que l'AMS serait aussi impliquée dans la production de mouvements complexes. Grâce à la technique de l'IRM (voir notre encadré), on a ainsi pu comparer l'activité des aires motrices dans une tâche de « *tapping* » simple et une tâche de « *tapping* » plus complexe (Erdler et coll., 2001). Dans la situation de *tapping* simple, les sujets devaient frapper rythmiquement leur index sur un support. Dans la situation de *tapping* complexe, les sujets effectuaient la même tâche mais avec leur petit doigt (doigt moins habile et moins entraîné). Les résultats montrent que, si globalement le niveau d'activité dans M1 varie peu entre les deux tâches, celui de l'AMS augmente considérablement lorsque c'est le petit doigt qui est sollicité.

Parmi les dernières spécificités de l'AMS, on sait que cette aire est impliquée davantage dans les actes moteurs initiés sur la base de signaux internes que sur la base de signaux externes. Pour être concret, si le sujet doit par exemple initier un mouvement en réponse à l'allumage d'une diode (signal externe), l'AMS aurait une contribution faible. En revanche, si le sujet initie le même mouvement mais de son propre chef (signal interne), l'AMS sera beaucoup plus impliquée. Certains auteurs vont encore plus loin et considèrent que l'AMS joue un rôle dans la conscience que nous avons de nos propres actions (Haggard, 2008).

Comme M1, l'AMS reçoit, par l'intermédiaire du thalamus, des projections issues du cervelet et des ganglions de la base. Cependant il semble que l'AMS soit davantage sous l'influence des ganglions de la base que du cervelet (alors que ce serait l'inverse pour M1). Concernant les projections de l'AMS vers les autres structures corticales, elles concernent surtout M1. En ce qui concerne les structures sous-corticales, l'AMS possède des neurones cortico-spinaux (reliant le cortex et la moelle), certains de ces neurones ayant des projections directes sur la moelle épinière. Cependant, bien que ces connexions existent, il n'est pas établi que ces projections soient fonctionnelles. On retiendra cependant la possibilité qu'il puisse exister un contrôle parallèle à celui exercé par M1.

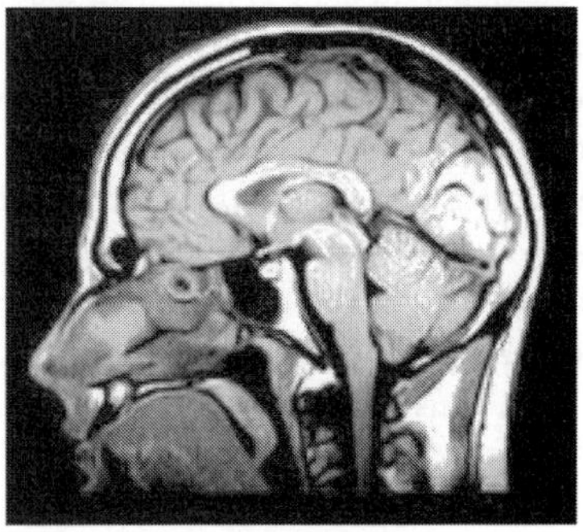

Figure 2.24. **Image du cerveau obtenue par résonance magnétique (IRM).** Il s'agit d'une coupe sagittale du cerveau.

Le cortex prémoteur

Le cortex prémoteur (ou PM) se trouve à proximité des autres aires motrices (voir figure 2-22). Comme l'AMS, le cortex prémoteur appartient à l'aire 6 dans la nomenclature de Broadman. Parmi les fonctions envisagées de PM, on pense qu'il est impliqué dans les mouvements guidés visuellement (ex. : tir à l'arc, conduite automobile). Certains de ses neurones seraient sensibles à la direction du regard (Boussaoud et coll., 1993), tandis que d'autres seraient sensibles à des stimuli visuels, mais de manière très particulière. Ce qui est déterminant pour ces neurones ce n'est pas la position de l'objet sur la rétine, mais la position de cet objet par rapport au corps. Certains y voient la possibilité que PM fournisse un cadre de référence stable pour le contrôle des mouvements visuellement guidés (voir aussi la notion de référentiel dans le chapitre 4).

Notons que le cortex prémoteur est souvent divisé en une région dorsale (PMd) et une région ventrale (PMv). La première est souvent mise en avant dans le guidage de la main pour effectuer des mouvements d'atteinte, alors que la deuxième serait surtout impliquée dans le contrôle des doigts lorsque nous allons saisir des objets. Ce type de dissociation dans les fonctions de PMv et PMd a été validé et subsiste même lorsqu'il s'agit spécifiquement d'une tâche manipulatoire. En perturbant l'activité de PMv, Davare et collaborateurs (2006) ont montré des altérations dans le placement des doigts sur l'objet, alors qu'en perturbant l'activité de PMd on induit des altérations de la force de préhension.

Une autre particularité de PM est qu'il contient des neurones « miroirs ». Ces neurones miroirs sont en fait des neurones qui sont actifs, non seulement pendant la production d'un mouvement, mais aussi pendant son observation. Rizzolatti et ses collègues (1996) ont montré chez le singe que si certains neurones étaient actifs lorsque l'animal attrapait lui-même de la nourriture sur la table, ils l'étaient aussi lorsque le singe observait l'expérimentateur attraper la nourriture. Ces travaux suggèrent que PM n'est pas impliqué uniquement dans la production du mouvement, mais aussi dans la perception du mouvement ainsi que dans l'apprentissage par imitation/observation (voir chapitre 5 ; pour une revue voir Cattaneo et Rizzolatti 2009).

Le cortex pariétal

Le cortex pariétal se trouve placé entre le cortex somesthésique et le cortex visuel (voir figure 2-22). Comme le cortex prémoteur, il est fortement impliqué dans le guidage visuel du mouvement. Lors de la saisie d'un objet, une des étapes principales est l'encodage de l'information visuelle pour fournir un cadre de référence au contrôle de l'action. Ce processus, appelé « transformation des coordonnées », est attribué au cortex pariétal dont certains neurones sont modulés par la position des yeux dans l'orbite. Le cortex pariétal évalue la position de la main et de la cible dans l'espace grâce aux informations proprioceptives et visuelles qu'il reçoit en provenance des aires corticales voisines (cortex somesthésique et visuel). Un de ses rôles serait de permettre au cerveau de basculer aisément entre référentiel égocentrique ou exocentrique pour le contrôle de nos mouvements (voir le chapitre 4 pour plus d'information sur les référentiels). Une étude de Bernier et Grafton (2010) en imagerie cérébrale a confirmé flexibilité de cette structure selon que nous effectuons des mouvements de pointage vers une cible visuelle (exocentrique) ou proprioceptive (égocentrique).

Des dommages au cortex pariétal peuvent donner naissance à un syndrome appelé apraxie. Selon le type d'apraxie, les patients auront par exemple de la difficulté à faire certains gestes sur demande alors qu'ils peuvent effectuer ce même geste spontanément. Ou encore, ils ne sont pas capables d'utiliser correctement des objets comme un crayon ou des ciseaux, dont ils décrivent pourtant parfaitement la fonction. En outre, ces personnes auront d'autant plus de difficulté qu'on leur demandera d'exécuter le geste en dehors du contexte. Par exemple l'individu sera capable de saisir son téléphone quand il sonne, mais sera incapable de mimer le geste qu'il vient d'effectuer. Ce qui est altéré semble donc être la capacité de faire des mouvements volontaires qui ne sont pas directement suscités ou stimulés par l'environnement.

Intérêt et limite d'un découpage du cortex en aire

De manière générale, il est difficile d'associer à chacune des aires motrices un rôle vraiment spécifique. En fait, un problème récurrent est que, dans de nombreuses études, les auteurs se bornent à démontrer qu'une aire est sensible à tel ou tel aspect du mouvement, sans vraiment prendre la peine de tester si les autres aires sont sensibles elles aussi à cet aspect du mouvement. Quand de telles études sont menées, il en ressort assez souvent que les aires motrices possèdent des rôles se chevauchant partiellement (ex. : cortex PM et le cortex pariétal). Le véritable mouvement volontaire harmonieux résulte en fait de la mise en coopération de l'ensemble de ces aires. Le fait que plusieurs aires cérébrales puissent être dévolues à la même fonction, est un principe d'organisation qui présente un avantage en terme de plasticité et de récupération fonctionnelle. Si par exemple une lésion entraîne la dégénérescence d'une aire motrice, il est logique de considérer que les aires restantes pourront plus facilement suppléer à ce déficit si elles ont des fonctions qui se chevauchent. À l'inverse, dans l'éventualité où l'aire lésée est la seule à assurer une fonction, les chances de récupération seront fortement compromises.

Résumé des structures nerveuses impliquées dans la motricité

Nous avons vu qu'un grand nombre de structures était impliqué dans la motricité. Bien que la plupart d'entre elles soient interconnectées les unes avec les autres, nous avons choisi de vous exposer sur la figure 2-25, les connections les plus prioritaires pour la motricité. De manière caricaturale, l'ordre dans lequel ces structures s'activent est le suivant. Les aires corticales telles que le cortex pariétal, l'AMS, le cortex PM, sont les premières sollicitées. Elles interviennent surtout dans la planification du geste (durée, amplitude, direction...). Lorsque la planification est achevée, ces aires envoient des informations vers M1 dont le rôle serait de sélectionner et coordonner les muscles les plus appropriés pour réaliser le mouvement. À partir de M1 on trouve une voie directe et une voie indirecte. La voie directe part sans faire de détour vers les motoneurones de la moelle épinière (voie cortico-spinale) pour activer les muscles sélectionnés. La voie indirecte est constituée par deux boucles de régulation, l'une avec les ganglions de la base, et l'autre avec le cervelet. La première aurait pour but de « lisser » les commandes (rendre le mouvement plus harmonieux), tandis que la deuxième aurait pour but de corriger les commandes (en fonction d'un éventuel signal d'erreur). Une fois lissées et corrigées, ces commandes seraient redirigées vers M1, qui se chargerait à son tour de les transmettre vers la moelle. Au bout du compte la voie directe est plus rapide que la voie indirecte, mais elle est moins précise car les commandes motrices sont peu ou moins ajustées.

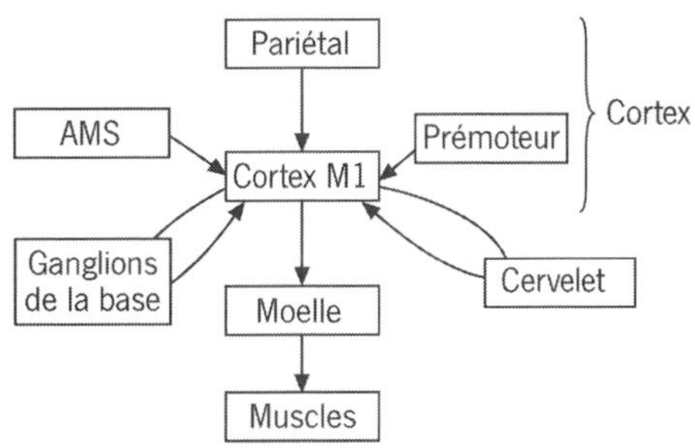

Figure 2-25. **Organisation générale des voies motrices.** Ce schéma expose les relations entre les principales structures de la motricité. L'AMS, le cortex pariétal, le cortex prémoteur se projettent sur M1. À partir de M1 on trouve deux boucles de régulation, une avec les ganglions de la base, et une avec le cervelet. Les projections directes entre M1 et les motoneurones de la moelle épinière forment la voie cortico-spinale.

Sites web

- Physiologie du muscle (en anglais) :
http ://muscle.ucsd.edu/musintro/jump.shtml
- Animations sur le potentiel d'action et les synapses :
http ://musibiol.net/biologie/cours/pa/action.htm
- Une application pour voir le cerveau en coupe par le biais de l'IRM :
https ://itunes.apple.com/us/app/brain-tutor-3d/id301362928 ?mt=8
- Pour en savoir plus sur le rôle du cortex moteur, du cervelet et des ganglions de la base :
http://www.lecerveau.mcgill.ca/flash/d/d_06/d_06_cr/d_06_cr_mou/d_06_cr_mou.html
- Site de vulgarisation sur les neurosciences :
http ://faculty.washington.edu/chudler/introb.html#tn
- Une discussion passionnante sur les neurones miroirs entre un chercheur et un journaliste :
http://www.parcoursduloupblanc.com/blog/neurones-miroirs/

Bibliographie

- Bastian A.J., "*Learning to predict the future : the cerebellum adapts feedforward movement control*", in *Current Opinion in Neurobiology*, n°6, 2006, pp 645-649.
- Bernier P.M., Grafton S.T., "*Human posterior parietal cortex flexibly determines reference frames for reaching based on sensory context*", in *Neuron*, n°68, 2010, pp. 776-88.
- Boussaoud D., Barth T.M., Wise S.P., "*Effects of gaze on apparent visual responses of frontal cortex neurons*", in *Experimental Brain Research*, n° 93, 1993, pp. 423-434.
- Brooks V.B., Koslovskaya I.B., Atkin A., Horvath F.E., Uno M., "*Effects of cooling dentate nucleus on tracking task performance in monkeys*", in *Journal of Neurophysiology*, n° 36, 1973, pp. 974-995
- Cattaneo L., Rizzolatti G., "*The mirror neuron system*". In *Archives of Neurology*, n°66, 2009, 557-560.
- Davare M., Andres M., Cosnard G., Thonnard J.L., Olivier E., "*Dissociating the role of ventral and dorsal premotor cortex in precision grasping*" in *Journal of Neuroscience*, n°26, 2006, pp. 2260-2268.
- Erdler M., Windischberger C., Lanzenberger R., Edward V., Gartus A., Deecke L., Beisteiner R., "*Dissociation of supplementary motor area and primary motor cortex in human subjects when comparing index and little finger movements with functional magnetic resonance imaging*", in *Neuroscience Letters*, n° 313, 2001, pp. 5-8.
- Evarts, E.V., "*Relation of pyramidal tract activity to force exerted during voluntary movement*", *in Journal of Neurophysiology*, n°31, 1968, pp 14–27.
- Graziano M.S., Taylor C.S., Moore T., "*Complex movements evoked by microstimulation of precentral cortex*", in *Neuron*, n° 34, 2002, pp. 841–851.
- Haggard P., "*Human volition : towards a neuroscience of will*", in *Nature Reviews Neuroscience*, n°9, 2008, pp 934-946.
- Henneman E., "*Relation between size of neurons and their susceptibility to discharge*", in *Science* n° 126, 1957, pp. 1345-1347.
- Obhi S.S., Haggard P., Taylor J., Pascual-Leone A., "*rTMS to the supplementary motor area disrupts bimanual coordination*", in *Motor Control*, n°6, 2002, pp. 319-332.
- Pascual-Leone A., Grafman J., Hallett M., "*Modulation of cortical motor output maps during development of implicit and explicit knowledge*", in *Science*, n° 263, 1994, pp. 1287-1289.
- Rizzolatti G., Fadiga L., Gallese V., Fogassi L., "*Premotor cortex and the recognition of motor actions*", in *Brain Research and Cognitive Brain Research*, n° 3, 1996, pp. 131-141.
- Schieber M.H., Hibbard L.S., "*How somatotopic is the motor cortex hand area ?*", in *Science*, n° 261, 1993, pp. 489-492.
- Scott SH., "*The role of primary motor cortex in goal-directed movements : insights from neurophysiological studies on non-human primates*", in *Current Opinion in Neurobiology*, n° 13, 2003, pp. 671-677.
- Vercher J.L, Gauthier G.M., *Cerebellar involvement in the coordination control of the oculo-manual tracking system : effects of cerebellar dentate nucleus lesion, in Experimental Brain Research*, n° 73, 1988, pp. 155-166.

QUESTIONS DU CHAPITRE 2

1. Quelles différences y a-t-il entre un neurone et une cellule gliale ?
2. Citez des structures nerveuses ayant une somatotopie
3. Quelles fonctions attribue-t-on au cervelet ?
4. Citez une structure nerveuse ayant un effet sur la partie contralatérale du corps, puis une structure ayant un effet sur la partie ipsilatérale du corps, et enfin une structure ayant une action bilatérale
5. Au cours d'un spectacle, un « chauffeur de salle » souhaite pouvoir contrôler le niveau sonore produit par les applaudissements du public. En vous inspirant de la façon dont le système nerveux recrute les unités motrices pour contrôler la force d'un muscle, proposez des stratégies pour aider le chauffeur de salle.
6. Lorsqu'on demande à quelqu'un de produire simultanément une activité de flexion/extension avec l'index droit et gauche, les sujets préfèrent adopter un mode de coordination en phase (le mouvement des deux doigts est identique), plutôt qu'un mode de coordination en opposition de phase (mouvements opposés des deux doigts). Des enregistrements IRM montrent que l'AMS est plus active pour une coordination en opposition de phase. Ce résultat est-il conforme à vos attentes ? Pourquoi ?

Chapitre 3

LE TRAITEMENT DE L'INFORMATION

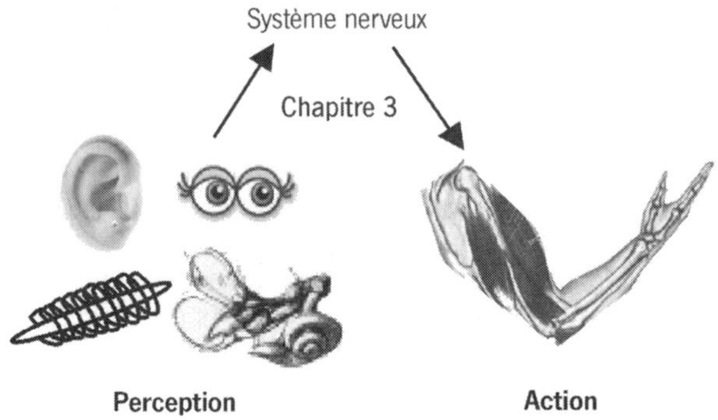

La structure et le fonctionnement du système nerveux sont complexes. Dans l'espoir d'en simplifier un peu la présentation, nous avons choisi de vous présenter le système nerveux en deux chapitres. Dans le chapitre 1, nous avons surtout insisté sur le versant sensoriel, alors que dans le chapitre 2, nous avons porté l'essentiel de notre attention sur le versant moteur. Cependant si cette segmentation entre versant sensoriel et versant moteur est pratique, la réalisation d'un geste impose le plus souvent une coopération fine entre le versant sensoriel et le versant moteur. C'est le cas notamment des situations dans lesquelles nous sommes parfois amenés à initier des gestes en réponse à des événements extérieurs. Comprendre comment l'information sensorielle est traitée pour initier le bon mouvement sera l'objet principal de ce chapitre. Nous commencerons par exposer les trois grandes étapes qui composent le traitement de l'information. Puis, nous verrons comment certaines de ces informations peuvent être stockées en mémoire. Enfin nous verrons comment l'attention est susceptible d'affecter le traitement de l'information.

Le traitement de l'information

La performance sportive impose de prendre rapidement des décisions dans un environnement qui change en permanence. Mais pourquoi, par exemple, un basketteur choisit-il de passer sa balle plutôt que de dribbler ? Pourquoi un cycliste décide-t-il de s'échapper du peloton à ce moment précis ? Pourquoi un trampoliniste décide-t-il de déclencher sa rotation plus tôt que d'habitude ? Toutes ces questions sont fondamentales. Les entraîneurs diraient que ce type de questionnement est la base même de la performance. Il faut toujours prendre une décision. Et donc, toujours se poser la question de ce qui doit être opportun.

Mais comment prend-on une décision ? Sur quelle base ? Tout simplement en traitant les informations provenant de l'environnement et celles émanant de notre mémoire. Par exemple, pour décider de donner la balle plutôt que de dribbler, le footballeur doit d'abord percevoir la situation de jeu dans laquelle il se trouve : voir les adversaires et les partenaires, percevoir sa propre organisation segmentaire (informations proprioceptives sur sa position), entendre les ordres de son entraîneur… Puis il doit évaluer quelles sont les possibilités de jeu qui lui sont offertes. Enfin il prend la décision finale. Toutes ces opérations mentales sont très rapides, et se réalisent souvent une fraction de seconde juste avant l'exécution du geste. Cela les rend difficilement observables. Néanmoins, grâce à des protocoles adaptés, nous verrons dans cette nouvelle section que les gestes sportifs, mais également les gestes plus quotidiens, nécessitent constamment ce type d'opérations mentales. Les psychologues parlent de traitement de l'information. La figure 3-1 représente schématiquement cette relation entre une entrée, une information perceptive (appelée aussi signal perceptif ou stimulus) et la sortie, définie comme la réponse motrice, le comportement observable. Entre l'entrée et la sortie, une série d'opérations (de traitements) permet la transformation d'une information en un acte moteur précis et performant.

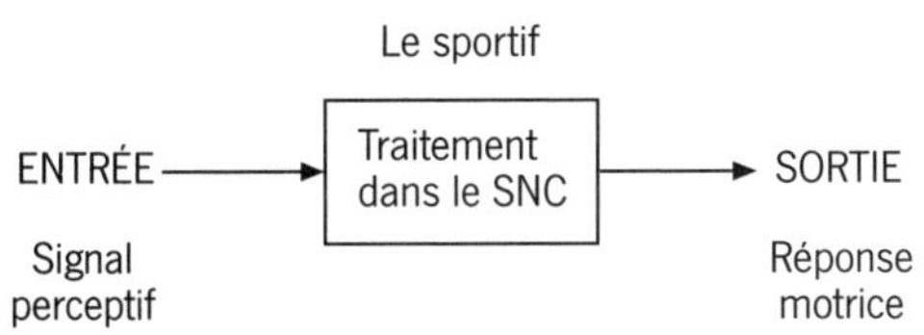

Figure 3-1. **Relations entre signal perceptif, traitement et réponse motrice.** SNC = système nerveux central.

Le paradigme du temps de réaction (TR)

Si aujourd'hui la majeure partie des psychologues s'accorde sur l'idée que ces processus mentaux sont nécessaires aux traitements d'informations, personne en revanche ne peut les observer directement. En effet, il n'existe pour l'instant aucune méthode permettant d'appréhender directement ces opérations mentales. Même les méthodes d'imagerie cérébrale actuelles (voir chapitre 2, « 3. Les structures nerveuses de la motricité ») ne sont pas assez performantes. En leur temps, où les méthodes d'imagerie étaient évidemment encore plus sommaires, voire inexistantes, certains psychologues du début du siècle (les comportementalistes ou « behavioristes » en anglais) ont de ce fait volontairement éludé la question de ce qui pouvait se passer dans le système nerveux central (SNC). Ils nommaient d'ailleurs le SNC, la « boîte noire ». Ces psychologues étudiaient uniquement les relations entre le signal ou stimulus (S) et la réponse (R) sans se soucier des possibles étapes qui conduisaient de l'un à l'autre.

Après la seconde guerre mondiale, un autre groupe de psychologues a pris le contre-pied des comportementalistes et s'est focalisé sur les processus qui survenaient à l'intérieur de cette boîte noire. Ils ont cherché à comprendre ce qui se passait au cours de la transformation d'une information perceptive en une réponse motrice précise. Ces psychologues, appelés les « cognitivistes », ont mis à jour les différentes étapes qui composaient le traitement de l'information. Pour cela ils ont dû relever le challenge que les comportementalistes n'avaient pas souhaité relever : étudier des processus qui ne sont pas directement observables. Pour y parvenir, les cognitivistes ont utilisé un procédé qu'on appelle l'inférence. L'inférence est définie comme la déduction des processus internes invisibles à partir de comportements externes observables. C'est grâce à une nouvelle méthode, la chronométrie mentale, que les cognitivistes ont pu inférer les processus mentaux. C'est cette méthode que nous allons vous présenter maintenant.

Si on ne peut pas directement observer ce qui se passe dans le SNC de l'homme, il est en revanche possible d'étudier les aspects temporels (chronométrie) du traitement de l'information (Posner, 1978). Avec la chronométrie mentale il est possible de savoir quelle est la nature des processus internes et comment se déroule la transformation de l'information en acte moteur (lien entre S-R). Cette méthode repose sur la mesure d'une variable dépendante essentielle, le temps de réaction (voir figure 3-2). Le temps de réaction (TR), c'est l'intervalle de temps qui sépare l'apparition d'un signal, du début observable d'un comportement. Le temps de réaction est souvent mesuré en conjonction avec un autre temps, le temps de mouvement (TM) qui est la durée de la réponse motrice.

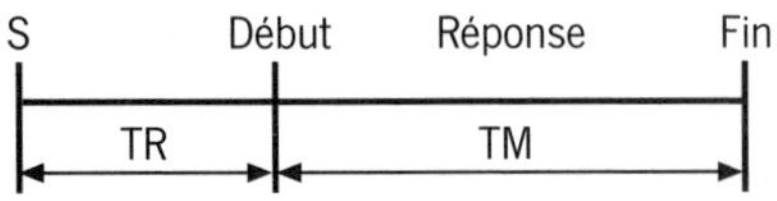

Figure 3-2. **Représentation du temps de réaction (TR) et du temps de mouvement (TM).** Le temps de réaction est l'intervalle de temps qui sépare l'apparition d'un signal (S) du début de la réponse motrice observable. Le temps de mouvement est l'intervalle de temps qui sépare le début de la fin de la réponse motrice.

Le temps de réaction est primordial car c'est à partir de ses variations que sont inférés les processus internes mis en jeu dans le traitement de l'information. Pour une meilleure compréhension, il suffit d'imaginer un coureur qui vient de voir un adversaire se détacher du peloton. Dès que le sportif se détache, (signal perceptif), il doit voir à quelle allure il se déplace, où sont placés les autres adversaires, et à quel endroit il se trouve sur la piste. Il doit également analyser des informations proprioceptives relatives à la façon dont il est placé, à ce qu'il ressent et à sa propre allure. En fonction de ces informations il doit prendre une décision : suivre l'adversaire, rester dans le peloton, le dépasser… Une fois que la décision est prise, il reste à envoyer les ordres adéquats à l'ensemble de ses muscles. Enfin, lorsque la réponse motrice apparaît, le comportement devient observable. Le temps de réaction ici est l'intervalle de temps entre le moment où l'adversaire s'est détaché et le début du mouvement. Entre ce signal et la réponse motrice, un grand nombre d'opérations se sont déroulées. Si on ne peut pas les observer directement, en revanche on peut calculer le temps total qu'elles ont pris.

Le TR est important à plus d'un titre :

- Le TR est présent dans toutes les activités motrices volontaires. Il faut toujours percevoir ce qui se passe et prendre une décision pour sélectionner la réponse motrice adéquate. Que l'on décide de ne rien changer ou au contraire de modifier radicalement son comportement, il y a toujours un TR. Ce temps de réaction est également présent dans les tâches motrices quotidiennes, par exemple lorsque votre téléphone sonne ou que vous êtes arrêtés à un feu rouge, cependant la pression temporelle est souvent bien moindre que celle rencontrée par notre coureur lors d'une compétition.
- Le TR correspond à la vitesse de prise de décision et d'initiation des actions. La capacité à réagir rapidement est un élément décisif pour la performance motrice, surtout en sport. Si un sportif perd trop de temps à prendre sa décision, sa performance finale risque fort d'en pâtir. À partir d'un certain niveau d'expertise, la réduction du TR est d'ailleurs souvent un des seuls moyens pour espérer améliorer encore ses performances, notamment dans les sports à forte pression temporelle et à interaction directe : face à un adversaire (tennis, boxe, football, etc.) ou face à un environnement changeant (voile, surf, kayak, etc.). En effet, si les sportifs de haut niveau ont souvent le même bagage technique, ce qui déterminera la supériorité d'un sportif sur un autre, sera sans conteste sa capacité à initier plus rapidement le bon comportement, donc à diminuer son TR.
- Il a valeur d'évaluation : sa valeur nous renseigne sur la vitesse du traitement de l'information. On peut s'en servir pour comparer les capacités de traitement de deux individus, ou évaluer l'effet d'un entraînement chez un même individu.

Les étapes du traitement de l'information

Nous venons de voir que nous traitons constamment des informations lorsque nous agissons. Nous avons également pressenti dans le paragraphe précédent que plusieurs opérations mentales se déroulaient avant le déclenchement d'un geste précis (au cours du temps de réaction). Nous allons maintenant voir quelles sont ces opérations. Pour notre propos nous retiendrons trois principales étapes du traitement de l'information (figure 3-3) :

- l'étape d'identification,
- l'étape de sélection de la réponse,
- l'étape de programmation de la réponse.

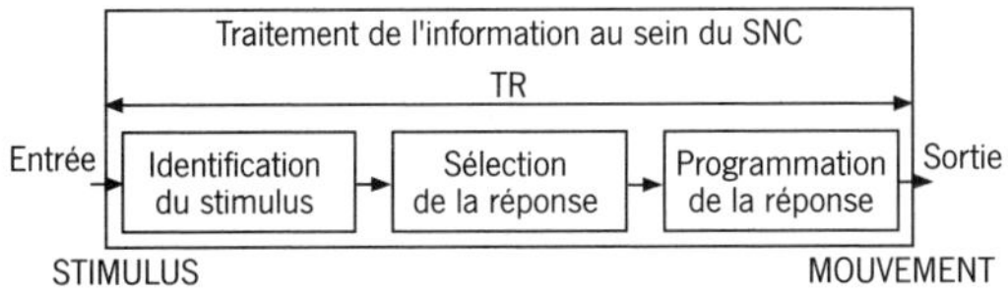

Figure 3-3. **Les trois grandes étapes du traitement de l'information.**

L'étape d'identification

L'étape d'identification est tout ce qui se passe au moment de l'entrée de l'information dans le SNC. En quelque sorte c'est l'étape perceptive. Avant toute décision sur la future action à réaliser, le sportif doit percevoir et identifier la situation dans laquelle il est engagé. Comment prendre une décision s'il ne sait pas à quoi il est confronté ? Cette étape est capitale, car si la situation est mal évaluée il peut survenir de nombreuses erreurs de jugement ; c'est le cas par exemple face à un adversaire qui tente une feinte. Cette première étape est constituée :

- de la détection (percevoir ce qui se passe),
- du choix de ou des information(s) utile(s) pour l'action en cours,
- de la compréhension/reconnaissance de ce que cette information signifie.

Détecter l'information

Avant toute chose il est nécessaire de détecter les informations. Ceci fait référence au chapitre 1 de cet ouvrage dans lequel nous avons vu que les récepteurs sensoriels transformaient l'énergie physique en une suite d'impulsions nerveuses qui sont acheminées vers le SNC. L'ensemble des informations est assemblé pour dresser un état des lieux de la situation dans laquelle le sportif ou l'individu est engagé. D'une manière générale, le TR est d'autant plus court que le stimulus est intense et qu'il contraste avec l'environnement. Par exemple, un son bien fort dans un environnement calme sera détecté plus rapidement qu'un son faible dans un environnement bruyant.

Choix de l'information utile : le filtre sensoriel

Sur la multitude des informations arrivant au SNC, seul un petit nombre est directement utile à l'action en cours. Aussi, afin de ne pas surcharger le SNC en traitant des informations inutiles, un « filtre sensoriel » permet de se « focaliser » uniquement sur les informations pertinentes. Prenons l'exemple d'un footballeur qui vient d'entrer sur le terrain. La couleur du gazon, les inscriptions sur les banderoles, et les bruits du public sont des informations qui peuvent présenter un intérêt avant le début du match. Cependant dès que le match commence, bien que ces informations soient toujours disponibles, le joueur ne cherchera plus à les traiter (elles ne sont absolument plus pertinentes pour la réalisation de son action). En effet, dans la situation envisagée, les informations vraiment utiles seront par exemple la position des adversaires sur le terrain, la distance qui le sépare du but, les conseils de son entraîneur, etc. Dans un tel contexte, les autres informations sont évincées, et ne sont pas traitées par le SNC.

Il est important de réaliser que l'existence d'un filtre sensoriel peut néanmoins nuire à la performance. Si notre sportif porte son attention sur la mauvaise information, la bonne information peut se retrouver évincée. C'est une erreur assez courante chez les débutants, ils se « focalisent » trop sur des informations inutiles. Par exemple, un novice aura tendance à porter toute son attention sur la conduite de son ballon et très peu sur l'arrivée imminente des adversaires. Il ne sera pas en mesure de traiter l'ensemble des informations pertinentes et risque fort de perdre la balle. On retiendra de cet exemple que le rôle de l'attention sur ce filtre sensoriel est déterminant (voir aussi la notion d'attention, traitée ultérieurement dans ce chapitre).

Compréhension/reconnaissance de la signification des informations

Après avoir détecté une information pertinente pour l'action en cours, il faut être capable de la reconnaître, d'en cerner la véritable signification. Ceci est rendu possible par la reconnaissance de certaines de ces informations préalablement stockées en mémoire. Par exemple, une lumière verte qui s'allume peut avoir différentes significations selon le contexte. Si un individu cherche une pharmacie, et qu'il détecte soudainement une enseigne verte à quelques mètres de lui, cette lumière verte lui suggère qu'il doit s'arrêter. Inversement, pour un automobiliste qui est arrêté à un feu, cette lumière verte lui indique qu'il peut démarrer. Dans ces deux cas, les personnes ont préalablement enregistré en mémoire la signification d'un feu vert et d'une enseigne de pharmacie. La reconnaissance en est ainsi facilitée.

La vitesse à laquelle sont reconnus les stimuli dépend de leur complexité. Certains stimuli sont simples, et leur reconnaissance sera rapide (par conséquent le TR sera court). C'est le cas par exemple de tous les signaux ayant trait à la survie de l'espèce car leur reconnaissance est déterminée génétiquement (aucun apprentissage, aucune mémoire n'est nécessaire). Ainsi, une brûlure est très vite reconnue, de même il n'y a aucune équivocité lorsqu'un objet s'approche à grande vitesse du visage. D'autres stimuli en revanche nécessitent un apprentissage pour être reconnus. C'est souvent le cas dans les activités physiques et sportives. Par exemple, il faut avoir pratiqué un certain temps le rugby pour comprendre le sens du mouvement de la défense adverse. Bien que le débutant soit tout à fait capable de détecter le mouvement des adversaires, il n'est pas évident qu'il saisisse toute la portée des gestes qu'il observe. En revanche, un expert aura tout de suite reconnu cette situation et compris ses implications dans le cours du jeu. De la même manière on aurait pu prendre l'exemple d'un joueur de tennis donnant un effet à la balle. Si en face de lui un débutant essaie de rattraper cette balle, il est fort possible qu'il n'y parvienne pas. Bien qu'il soit en mesure de détecter le geste de l'adversaire, le débutant n'aura pas forcément saisi que le geste de la raquette indique un « *lift* », et que de ce fait la trajectoire de la balle sera déviée après son rebond. En revanche, si le novice est remplacé par un expert, celui-ci sera tout à fait en mesure de renvoyer cette balle. Il aura immédiatement reconnu que le geste était bien celui d'un *lift*, et il sera de surcroît en mesure de déterminer quel type de *lift* a été réalisé (mouvement de la raquette soit de bas en haut soit de haut en bas) et du coup comment la balle se comportera après son rebond. Cette étape d'identification nous montre qu'il ne suffit pas de détecter des signaux pour bien percevoir ce qui se passe dans son environnement, il faut aussi être capable d'en comprendre la signification. Cette capacité de reconnaissance des stimuli est d'ailleurs de plus en plus utilisée dans les séances d'entraînement. La part des programmes d'entraînement consacrés à la reconnaissance de stimuli a considérablement augmenté depuis ces dernières années.

L'étape de sélection de la réponse

À ce stade du traitement de l'information, l'individu a identifié les informations, il est en mesure de savoir exactement ce qui se déroule autour de lui. Cependant il n'a toujours pas décidé ce qu'il devait faire. C'est dans l'étape de sélection que l'individu va faire ce choix. Le but de l'étape de sélection est de choisir la réponse motrice la plus appropriée compte tenu de la situation dans laquelle il est. Dans la plupart des cas, le sujet peut se contenter de consulter sa mémoire pour y trouver la réponse adaptée. Mais dans certains cas, où les situations sont vraiment inédites, la réponse appropriée n'est pas forcément disponible en mémoire. Dans ce cas, il faudra chercher en mémoire ce qui se rapproche le plus de la situation actuelle. Par exemple, si un tennisman n'ayant jamais pratiqué le squash se retrouve sur un court de squash, il ne pourra pas utiliser les gestes techniques propres à cette activité. En revanche il pourra utiliser la réponse motrice qui s'en rapproche le plus, par exemple le coup droit et le revers du tennis. Ce n'est qu'après avoir pratiqué un certain nombre de fois le squash, que ce joueur apprendra les gestes techniques propres à ce sport. Une fois stockées dans sa mémoire, ces solutions motrices seront disponibles à chaque fois qu'il en aura besoin.

Prendre une décision est la partie la plus délicate du traitement de l'information. En effet, il sera toujours difficile de garantir à 100 % que la réponse choisie est la plus appropriée. Pour chaque choix une erreur est possible. Prenons pour illustration un exemple pratique.

Figure 3-4. **Le joueur en arrière-plan de l'action doit prendre une décision.** Mais chaque décision qu'il prend en amène d'autres.

Sur la figure 3-4, sont représentés deux adversaires en déséquilibre. En arrière-plan un autre joueur est spectateur de la scène. Toute la question est de savoir ce que va décider ce joueur ?

1. Attendre que les deux joueurs se relèvent.
2. Aller se démarquer ailleurs.
3. **Aller chercher la balle.**

S'il choisit ce dernier cas il devra ensuite choisir entre :

3.1. Dribbler.

3.2. Courir avec la balle.

3.3. **Passer la balle...**

S'il choisit ce dernier cas il devra ensuite choisir entre :

3.3.1. Passer à gauche.

3.3.2. Passer à droite...

Etc.

Dans cet exemple, chaque décision qui est prise amène à en prendre de nouvelles. Un des objectifs de l'entraînement est justement d'apprendre aux joueurs à prendre la décision opportune le plus rapidement possible. Tout comme la reconnaissance de stimulus, la prise de décision est un processus cognitif qui est de plus en plus travaillé dans les programmes d'entraînement sportif.

- *Prise de décision et TR*

Parmi les trois étapes du traitement de l'information, l'étape de sélection est de loin la plus coûteuse temporellement. Ceci signifie que sa contribution au TR peut être très importante. Cependant sa contribution peut varier énormément d'une situation à l'autre, car le temps de traitement de l'information augmente avec le nombre de choix possibles : plus il y a de possibilités, plus le TR est long. Ce fait a été mis en évidence par de nombreux auteurs, mais le premier à l'avoir suggéré est Merkel en 1885. Dans une expérience, cet auteur a eu l'idée de mesurer le TR de sujets lorsque le nombre de possibilités augmentait. Dans un premier temps, les sujets avaient une tâche de TR simple à réaliser. Cette tâche de TR simple est un protocole expérimental dans laquelle l'apparition d'un stimulus doit déclencher une réponse motrice bien établie. Par exemple, dès qu'il voit une lumière s'allumer, le sujet doit presser sur un bouton. Le sujet sait à l'avance exactement quelle réponse motrice il doit fournir, la seule incertitude est « quand » fournir cette réponse. Dans ce type de tâche les sujets peuvent être très rapides : un TR simple se situe généralement entre 180 et 200 ms (voir figure 3-5). Dans le cadre sportif, un départ au 100 m peut être considéré comme une tâche de TR simple. Les sportifs savent à l'avance qu'ils doivent se mettre à courir dès que le signal du *starter* retentit. Évidemment il existe des tâches, nous en avons vu plusieurs exemples précédemment, où la nature de la réponse n'est pas définie à l'avance.

Dans une autre condition expérimentale, Merkel a choisi de présenter aux sujets une tâche un peu plus complexe, une tâche dans laquelle il subsistait une incertitude sur l'action à effectuer. Par opposition à la tâche de TR simple, ces tâches sont appelées TR de choix (ou TR multiple). Un TR de choix est une tâche dans laquelle le sujet doit sélectionner une réponse parmi plusieurs possibilités d'action. C'est la nature du signal qui indiquera au sujet quel mouvement doit être effectué. Par exemple, si une lumière rouge s'allume, le sujet doit presser le bouton avec la main droite, et si cette lumière est bleue, le sujet doit presser avec la main gauche. Dans ce cas le sujet a deux options, mais on peut évidemment complexifier la tâche. On peut imaginer qu'il existe par exemple 5 couleurs de lumière possibles, chaque couleur étant associée à une action différente. En utilisant ce principe, Merkel a montré qu'en augmentant le nombre de possibilités, on augmentait le TR de choix (voir figure 3-5). Toutefois les données de Merkel suggèrent que le surcoût associé à une élévation du nombre de possibilités dépend du nombre initial de possibilités. Par exemple, lorsqu'on augmente le nombre de possibilités de 1 à 2, le TR passe de 190 à 300 ms, soit un surcoût de 110 ms (figure 3-5). En revanche, lorsqu'on passe de 9 à 10 alternatives ce surcoût n'est plus que de 3 ms. Au bout du compte, dans un cas le TR change énormément, mais dans l'autre pratiquement plus.

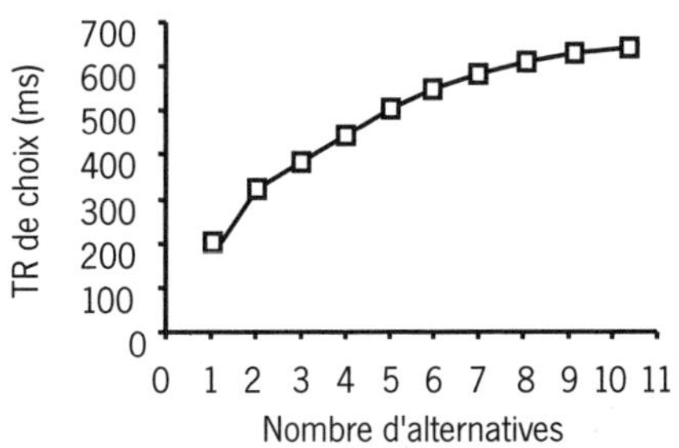

Figure 3-5. **Relation entre TR de choix et nombre d'alternatives.** Plus le nombre d'alternatives augmente et plus le TR de choix augmente (adapté d'après Merkel 1885, cité par Woodworth, 1938).

Il est important de noter que cet allongement du TR en fonction du nombre d'alternatives possibles est parfois exploité dans certaines activités sportives. Imaginons qu'au rugby un défenseur ait pour objectif d'intercepter un adversaire qui arrive vers lui. Lorsque celui-ci est face au défenseur, il considère peut-être qu'il existe deux possibilités, soit l'attaquant va le contourner par la droite, soit par la gauche. Cependant en réalisant une feinte de jeu (une esquive en rugby) laissant entrevoir une troisième possibilité de contournement, l'attaquant augmente l'incertitude du défenseur. Cette augmentation d'incertitude augmente le TR de manière significative (+ 100 ms), et peut empêcher le défenseur de réagir en temps voulu. Cependant si on voit bien l'intérêt d'une feinte pour une situation de jeu où les options sont réduites, cette même feinte n'aura que peu d'intérêt lorsque les options de jeu seront déjà très nombreuses. Quelle stratégie le défenseur peut-il adopter pour essayer de contrecarrer la feinte de l'attaquant ? Une stratégie pourra consister à attendre le plus possible que l'attaquant se rapproche dans l'espoir de glaner le maximum d'indices. L'objectif sera de réduire le plus possible les incertitudes sur le comportement futur de l'attaquant (puisqu'un certain nombre d'alternatives possibles auront sûrement été éliminées). Cependant si cette stratégie permet de réduire le temps consacré à la prise de décision, il ne faut pas oublier que notre défenseur a consacré plus de temps à la prise d'information. Cette stratégie n'est donc pas nécessairement récompensée par un TR plus court. Pour qu'elle soit intéressante, il faut que le bénéfice associé à la réduction de la prise de décision soit supérieur au coût engendré par le rallongement de la prise d'information.

Les résultats obtenus par Merkel ont été vérifiés par de nombreux autres auteurs, notamment par Hick (1952) et Hyman (1953). Les deux auteurs ont constaté que si le TR augmentait avec le nombre d'alternatives possibles, celui-ci avait tendance à se stabiliser lorsque le nombre d'alternatives devenait important (> 9). Cette progression particulière rappelle le comportement d'une fonction logarithmique, qui elle aussi a tendance à augmenter très vite pour les petits nombres, mais beaucoup moins pour les grands. Hick a su profiter de cette ressemblance en établissant une règle pour cet allongement du TR en fonction du nombre d'alternatives. L'expression mathématique de cette règle est la suivante : $TR = a + b \times \log_2(N)$, où a et b sont des constantes empiriques et N est le nombre de réponses alternatives. Hick a observé que le logarithme en base 2 de N augmentait de façon linéaire avec le TR. Ceci signifie tout simplement qu'à chaque fois que N était multiplié par 2, le TR augmentait d'une quantité fixe. Depuis que cette équation a été formulée, elle s'est avérée extrêmement générale et robuste. Parce que cette règle s'applique à tous les individus, à toutes les tâches et à tous les types de stimuli (visuels, auditifs, tactiles...), on a fini par lui donner le nom de loi. En hommage à son auteur, on l'appelle aujourd'hui la « loi de Hick ». Aujourd'hui encore, beaucoup de scientifiques restent surpris en constatant qu'un aussi grand nombre de comportements humains peut être décrit par une expression aussi simple que la loi de Hick.

Dans l'espoir de simplifier encore un peu plus la loi de Hick, les chercheurs ont eu l'idée d'introduire une nouvelle unité de mesure, le « bit » (raccourci de *Binary digit*). Ce bit fut initialement défini comme la quantité d'information nécessaire pour réduire un niveau d'incertitude par un facteur 2. Par exemple, prenons le cas d'un gardien de but qui doit décider où se placer pour arrêter le tir d'un adversaire. Au départ, le tireur a 4 possibilités : il peut envoyer la balle dans un des 4 coins du but. Si le gardien sait que ce tireur envoie toujours la balle vers la droite, le nombre de possibilités est réduit de moitié. Parce que l'incertitude du gardien est divisée par 2, le fait de savoir que le joueur tire à droite représente 1 bit d'information. Par extension, on a fini par attribuer à chaque tâche un nombre de bits qui rend compte de la quantité d'information qu'elle impose de traiter. Lorsque la tâche ne présente aucune incertitude (TR simple), cette quantité d'information à traiter peut être considérée comme nulle (0 bit). En revanche si la tâche propose deux alternatives possibles (TR de choix), on lui attribue une quantité d'information égale à 1. Et maintenant si on applique à la lettre la définition du départ, à chaque fois que l'on multiplie par 2 l'incertitude liée à la tâche, on ajoute un bit d'information supplémentaire à traiter. Au bout du compte si N est le nombre de combinaisons S-R proposé par la tâche, alors la quantité d'information inhérente à cette tâche est $\log_2(N)$. Lorsqu'on reprend les données de Hick et qu'on affiche les TR, non plus en fonction de N, mais en fonction du nombre de bits, on obtient une droite. La figure 3-6 nous montre, sur un cas d'école, la comparaison entre ces deux modes de représentation. Parce qu'il est souvent plus facile de travailler avec des droites qu'avec des courbes, bon nombre d'auteurs préfèrent travailler en bits. En outre ce mode de représentation présente l'avantage de fournir directement la valeur des constantes a et b (a étant l'ordonnée à l'origine de la droite et b, sa pente). Si pour certains d'entre vous la notion d'information à traiter n'apparaît pas très explicite, il suffit de considérer que ce nombre de bits est en quelque sorte un indice de difficulté. Plus ce nombre est élevé, plus cela signifie que la tâche devient difficile (car l'incertitude sur la réponse augmente).

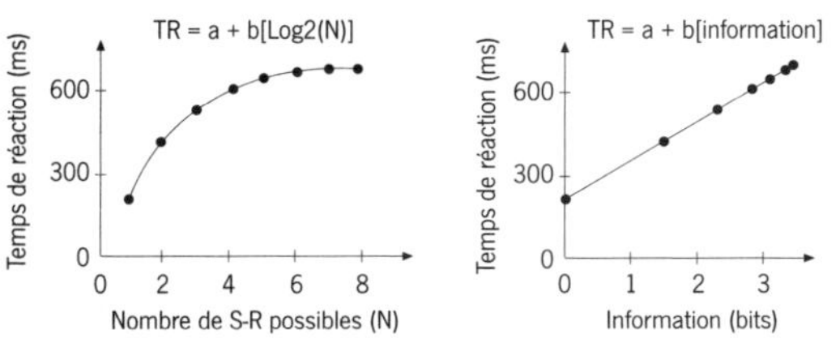

Figure 3-6. **Relation entre TR, nombre de stimulus-réponses (S-R) et information.** Sur la gauche où on a représenté le TR en fonction du nombre N de S-R, on obtient une relation logarithmique. Sur la droite où nous avons représenté le TR en fonction de la quantité d'information à traiter, on obtient une relation linéaire.

Quelles conséquences la loi de Hick peut-elle avoir pour la pratique sportive ? Tout d'abord dans les sports à interaction directe avec un adversaire il faut chercher à créer le maximum d'incertitude. Plus un joueur créera de l'incertitude dans son jeu et plus le TR de son adversaire augmentera. Ainsi, il sera avantageux de varier ses coups le plus souvent possible afin de laisser penser à l'adversaire que de très nombreuses options de jeu sont possibles. On pourra aussi chercher à cacher son geste le plus longtemps possible afin de priver l'adversaire d'indice lui permettant de réduire ces incertitudes. Pour un mouvement donné, il pourra aussi chercher à l'initier de différentes façons. Enfin, certains entraîneurs prônent également la production d'un grand nombre de gestes équivoques (de feintes) pour augmenter le TR des adversaires. En revanche si un geste ou une tactique devient stéréotypé au cours d'un match, on obtiendra exactement l'effet inverse, le TR de l'adversaire risque de se réduire, et les chances qu'il effectue un contre deviendront plus élevées.

La plupart des temps de réaction mesurés aussi bien en laboratoire que sur le terrain montre que les experts ont souvent un TR plus court que les novices. Quelles peuvent en être les raisons ? Si les experts ont un TR plus court, ils le doivent en partie à leur capacité d'exclure un certain nombre d'alternatives qu'ils considèrent comme peu probables, voire impossibles. À l'inverse, les débutants, eux, ne sont pas capables de savoir ce qui va arriver, et n'excluent donc aucune alternative. Leur TR est par conséquent bien plus long. À titre d'illustration, prenons le cas de deux karatékas en situation de match. Dans ce sport les coups de poings et les coups de pieds sont autorisés. Si l'adversaire est assez éloigné, l'expert sait immédiatement qu'il est difficile à son opposant d'utiliser ses poings. Sur quatre membres disponibles au départ, l'attaque ne peut plus être portée désormais que par deux. Le nombre d'alternatives est ici diminué de moitié. D'autre part si celui-ci place son poids de corps sur sa jambe gauche, il est plus que probable qu'un coup de pied avec la jambe droite est en train de se préparer. Là encore le degré d'incertitude se réduit. Dans cet exemple, l'expert a considérablement réduit le nombre de possibilités. Il ne lui reste plus qu'à savoir quand son adversaire va porter son coup de pied droit. En revanche pour le débutant, toutes les possibilités restent ouvertes. Son TR est beaucoup plus long puisqu'il ne sait absolument pas quel membre va être mobilisé pour porter le coup (poing ou pied), ni de quel côté il sera porté (droit ou gauche). D'une certaine manière, devenir expert c'est être capable de réduire le nombre de choix possibles afin de prendre plus rapidement des décisions.

- *Relation stimulus-réponse : compatibilité et incompatibilité*

Si les courbes présentées sur la figure 3-6 respectent la loi de Hick, il ne faut pas oublier que cette loi autorise des ajustements par le biais des constantes a et b. Par exemple en augmentant b, la pente, on rend les courbes plus abruptes. Augmenter cette pente revient à rendre le TR encore plus sensible au nombre de combinaisons S-R. Pour observer un tel phénomène, il suffit de rendre moins intuitive la relation qui existe entre le stimulus et la réponse qui doit l'accompagner, on dit aussi qu'il faut rendre la réponse moins compatible avec le stimulus. Mais tout d'abord qu'est-ce qu'une réponse « compatible » avec un stimulus ? Une réponse compatible est une réponse qui est associée naturellement au stimulus. Par exemple si quelqu'un vous lance une balle de tennis sur votre côté droit, vous serez plus tenté de l'attraper avec votre main droite qu'avec votre main gauche. Dans la figure 3-7A, nous nous sommes inspirés de cet exemple. Lorsqu'un joueur fait un appel du bras gauche (stimulus) et que la réponse du partenaire est de lancer une balle du bras gauche, la relation stimulus-réponse est naturelle. On dit qu'il y a compatibilité entre le stimulus et la réponse. Dans la figure 3-7B au contraire, un appel du bras gauche impose au partenaire un lancer du bras droit et inversement un appel du bras droit impose un lancer du bras gauche. Dans cette situation le stimulus est associé à une réponse peu compatible, on parle de S-R incompatible. Dans ce genre de situation on observe typiquement un temps de réaction plus long et plus d'erreurs que pour une relation S-R naturelle. Il semble que cela provienne d'une préférence anatomique et neuronale en faveur du membre ipsilatéral (du même côté). Si maintenant on trouvait une tâche qui propose davantage d'alternatives (par exemple en impliquant aussi les jambes), on constaterait que dans chaque situation (compatible et incompatible) le TR augmenterait en respectant la loi de Hick. Cependant la pente de la relation serait plus importante dans la situation où les S-R sont incompatibles.

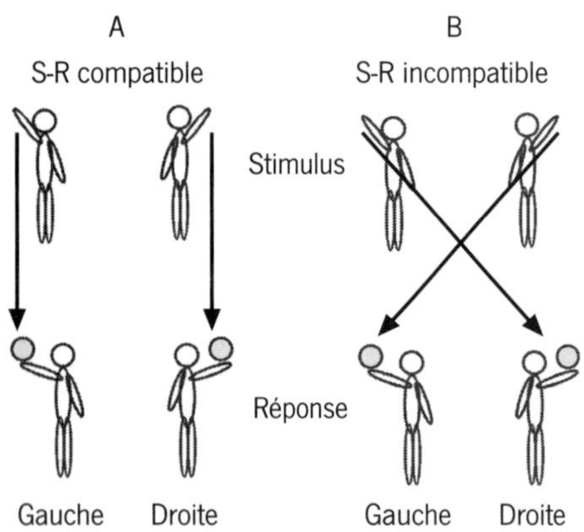

Figure 3-7. **Compatibilité entre stimulus et réponse.** La relation stimulus-réponse est dite compatible ou naturelle sur le côté gauche de la figure (A) et incompatible sur le côté droit (B).

Est-il possible de modifier le caractère incompatible d'une relation S-R ? La réponse est oui. En effet par le biais d'une pratique physique et/ou sportive on peut rendre « plus compatible » un S-R initialement incompatible. Dans les faits, un S-R incompatible restera toujours incompatible, mais d'un point de vue chronométrique il sera traité comme une relation stimulus-réponse compatible. Comment cela est-il possible ? Tout simplement en automatisant le lien qui existe entre le stimulus et une habileté motrice. Prenons l'exemple d'un skippeur (c'est la personne tenant la barre sur un voilier). Pour diriger son bateau dans une direction précise, le skippeur doit positionner la barre dans le sens inverse de son déplacement. S'il veut diriger son bateau vers tribord (à droite), il doit pousser la barre vers bâbord (à gauche). Cette habileté correspond tout à fait à un S-R incompatible. Il est habituel de voir des débutants s'y reprendre à plus d'une fois avant de diriger le bateau dans la bonne direction. En outre leur temps de réaction est souvent très long. En revanche, un expert a totalement automatisé cette habileté. Il n'a plus besoin de « réfléchir » pour savoir quelle action de la barre doit être mise en œuvre pour diriger son bateau. Non seulement il ne fait aucune erreur, mais son TR est très court. Pourtant la nature de la relation du stimulus et de la réponse n'a pas changé, elle est toujours incompatible. Ce phénomène est valable pour bien d'autres habiletés motrices. En règle générale, dès qu'un niveau d'expertise est atteint, le TR d'un S-R incompatible devient égal ou très proche de celui obtenu pour un S-R compatible.

Avant de clore cette section sur la prise de décision, on peut formuler les conseils suivants pour la pratique sportive :

- Évitez de faire vos choix de manière trop stéréotypée : l'adversaire traite la situation comme un TR simple et peut donc contrer facilement le geste entrepris.
- Utilisez au maximum les possibilités d'action au cours du jeu : cela augmente l'incertitude de l'adversaire. En rajoutant de l'incertitude, le TR de l'adversaire est augmenté.
- Essayez d'apprendre plusieurs façons de shooter, passer, dribbler, etc. : cela augmente le nombre de stimuli possibles et donc l'incertitude de l'adversaire.

- Automatisez les gestes pour lesquels la nature du S-R vous semble peu ou pas compatible.
- Variez autant que possible les situations de jeu pour apprendre à discriminer quelles situations sont peu probables voire impossibles. Cela réduit le nombre de réponses alternatives et donc votre TR.

L'étape de programmation de la réponse

Une fois qu'une personne a identifié la situation dans laquelle elle se trouve, puis sélectionné la réponse appropriée, elle doit maintenant organiser et initialiser sa réponse motrice. Le but de cette étape est de traduire l'idée abstraite de l'action sélectionnée en un ensemble d'ordres musculaires qui réalise la réponse. C'est la dernière étape avant le comportement moteur observable. Cette étape a été mise en évidence tardivement contrairement aux deux autres étapes. Ce n'est qu'en 1960 avec l'expérience d'Henry et Rogers que cette étape a commencé à être étudiée par l'ensemble des psychologues cognitivistes. Pour mieux comprendre cette étape, qui peut sembler obscure et superflue à première vue, nous allons présenter l'expérience qui l'a mis en exergue.

Henry et Rogers ont proposé une expérience dans laquelle les sujets devaient répondre au même stimulus (une lumière) le plus vite possible par trois types de mouvements. Avant chaque essai, les participants savaient lequel de ces trois mouvements était exigé. Le premier mouvement consistait à lever le doigt d'un bouton. Pour le deuxième mouvement, les sujets devaient lever le doigt du bouton et attraper une balle suspendue à 30 cm au-dessus de la table. Enfin le troisième mouvement impliquait une série de gestes se succédant les uns aux autres : après avoir levé le doigt du bouton, les participants devaient toucher la balle suspendue avec le dos de la main, revenir pousser le bouton puis aller frapper une seconde balle suspendue. Pour l'ensemble de ces trois mouvements, les sujets étaient soumis au même stimulus (un signal lumineux) et au même nombre d'alternatives (une seule possibilité, c'était un TR simple). Utiliser le même stimulus et le même nombre d'alternatives avait pour but de rendre identiques les traitements effectués pendant les étapes d'identification du stimulus et de sélection de la réponse. Par conséquent, si les résultats laissaient apparaître des TR différents selon les mouvements, cela ne pouvait être imputé ni à l'étape d'identification, ni à l'étape de sélection, mais uniquement à une autre étape : l'étape de programmation.

Type de mouvement	TR (ms)	Différence par rapport au lever de doigt
Lever le doigt	159	
Attraper une balle	195	+ 36
Toucher une balle et frapper une 2e balle	208	+ 49

Tableau 3-1. **Temps de réaction simple en fonction du mouvement à réaliser.**

Ces résultats sont tirés de l'expérience d'Henry et Rogers (1960). On note que plus le mouvement est complexe, plus le TR est élevé.

Les résultats présentés dans le tableau 3-1 montrent que le TR du troisième mouvement est plus long que celui du deuxième, qui est lui-même plus long que celui du premier. Puisque les stimuli et le nombre de choix sont identiques, on en conclut que le TR augmente avec la complexité du geste. L'idée originale introduite par le travail d'Henry et Rogers est de montrer que pour programmer un geste complexe, le cerveau a besoin de plus de temps que pour programmer/paramétriser un geste simple. En outre leur travail démontre l'existence d'une autre étape de traitement bien distincte des étapes d'identification et de sélection. Les chercheurs l'ont appelé l'étape de programmation de la réponse car elle est dévolue à l'organisation (la programmation/paramètrisation) de l'action sélectionnée en ordres neurologiques et musculaires opérationnels. Mais qu'est-ce qui en fin de compte rend un mouvement plus complexe qu'un autre ? Plusieurs facteurs peuvent expliquer ces résultats. Tout d'abord un mouvement est considéré comme plus complexe parce que le nombre d'éléments qui le compose est plus important. Dans l'expérience d'Henry et Rogers les trois mouvements présentés impliquent un nombre différent d'éléments :

un seul élément pour le premier mouvement (lever le doigt du bouton), deux pour le deuxième (lever le doigt du bouton et attraper une balle) et quatre éléments pour le troisième mouvement (lever le doigt du bouton, toucher une balle, pousser un bouton et frapper une autre balle). Ainsi, le TR dépendrait du nombre d'éléments présents dans un mouvement. Un deuxième facteur susceptible de définir la complexité d'un geste est la précision. Plus un geste doit être précis, et plus les commandes motrices doivent être ajustées, ce qui rend le TR plus long. On comprend bien que frapper une balle nécessite plus de précision que lever le doigt d'un bouton. La durée du mouvement semble aussi être un facteur de complexité. Dans l'expérience d'Henry et Rogers la durée pour effectuer le troisième mouvement est sans conteste plus longue que celle nécessaire pour produire un simple lever de doigt. D'autres auteurs ont étudié ce phénomène et ont confirmé que le TR dépendait de la durée du geste effectué. Enfin un petit nombre d'auteurs ont également suggéré que l'intensité (la force déployée) du mouvement pouvait influencer le TR. Si un geste est réalisé avec une intensité maximale, le TR sera plus élevé qui si ce même mouvement est produit avec une faible intensité.

Comment réduire le temps de réaction ?

Nous venons de voir les étapes de traitement suivie par une information au sein du SNC. Elle y entre par le biais de l'étape d'identification et en ressort par le biais de l'étape de programmation de la réponse (via l'étape de sélection). Tous ces traitements nécessitent du temps à notre cerveau pour les effectuer. C'est ce que représente le temps de réaction (TR). Dans toutes les activités physiques et sportives, le TR est primordial car il détermine la rapidité avec laquelle un comportement observable va être déclenché en réponse à un stimulus extérieur. Dans un tel contexte, il devient important de savoir s'il existe des moyens de réduire le TR. Nous allons voir qu'il existe au moins deux mécanismes susceptibles de réduire le temps de réaction :

- le traitement en parallèle,
- l'anticipation.

La notion de traitement en série *versus* en parallèle

En vous présentant les trois grandes étapes du traitement de l'information, nous avons considéré que le traitement de l'information se faisait nécessairement en série. C'est-à-dire que l'information était traitée par étapes successives, et que le traitement d'une étape ne pouvait commencer avant que celui de la précédente soit achevé. Si ce traitement en série (l'un après l'autre) de l'information paraît logique, il existe d'autres formes de traitement. Comment expliquer qu'une personne puisse à la fois écouter son entraîneur, regarder sa balle en vision centrale et suivre l'arrivée imminente d'un adversaire en vision périphérique ? Le fait que le cerveau puisse effectuer simultanément plusieurs traitements fait référence à la notion de traitement en parallèle. Si cette possibilité a longtemps été débattue au sein de la communauté scientifique, il semble clair aujourd'hui que les deux types de traitements coexistent au sein du SNC. Cependant ces deux types de traitements ne sont pas présents aux mêmes étapes du traitement.

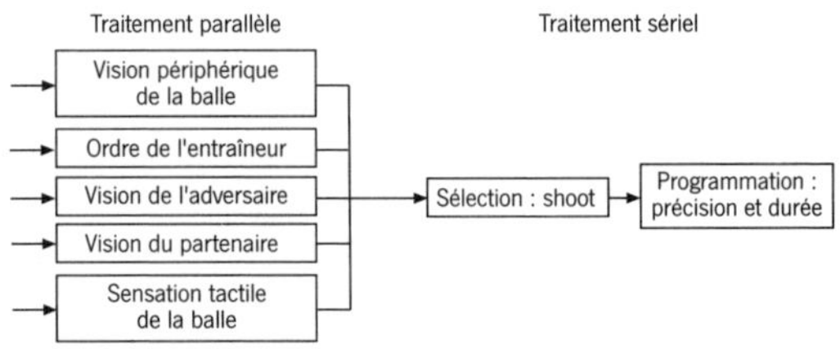

Figure 3-8. **Traitement en parallèle *versus* traitement sériel.** Le traitement est sériel durant les étapes tardives du traitement de l'information, mais s'effectuerait en parallèle au cours de l'étape d'identification.

Dans l'étape d'identification plusieurs informations peuvent être traitées en parallèle. Il est possible de percevoir la couleur, la forme et la trajectoire d'un objet en un simple coup d'œil. Plusieurs types d'informations sont détectés pour un même canal sensoriel. Mais il est également possible de traiter en parallèle plusieurs informations provenant de canaux sensoriels différents. Par exemple un individu peut traiter simultanément des informations visuelles, auditives et tactiles (voir figure 3-8). Ce traitement en parallèle présente l'avantage d'augmenter la capacité de traitement du cerveau, sans nécessairement allonger la durée totale du traitement (la durée du TR est préservée). Inversement, si toutes ces informations devaient être traitées en série, la durée totale du traitement s'en trouverait fortement rallongée (et la performance dégradée).

Pendant l'étape de sélection, selon les cas, les deux types de traitements (sériel/parallèle) peuvent coexister. Lorsqu'une habileté est devenue automatique, c'est-à-dire qu'elle a si souvent été répétée qu'elle ne nécessite aucune concentration particulière, le traitement peut s'effectuer en parallèle. C'est le cas par exemple d'un basketteur qui, tout en courant, et en dribblant, tourne la tête pour suivre du regard le déplacement des adversaires. Dans cet exemple, un traitement en parallèle est beaucoup plus efficace car il permet de réduire le temps de traitement pour chaque mouvement. En revanche, lorsque le geste nécessite de l'attention et/ou de la concentration, le traitement devient obligatoirement sériel car les ressources disponibles pour effectuer un deuxième traitement ne sont plus suffisantes. Par exemple, c'est souvent le cas pour tous les gestes en début d'apprentissage.

En ce qui concerne l'étape de programmation de la réponse, le traitement est de même nature que celui qui a été utilisé dans l'étape de sélection. Si le traitement était sériel dans l'étape de sélection, il reste de nature sériel dans l'étape de programmation. De manière générale, plus on avance dans les étapes du traitement de l'information, et plus les chances de tomber sur un traitement en parallèle sont faibles (voir figure 3-8).

L'anticipation

La principale source potentielle de réduction du TR est sans aucun doute liée à l'anticipation. Elle peut dans certains cas conduire à des diminutions très drastiques du TR. L'anticipation se définit comme la prévision du futur proche permettant une réaction préparée à l'avance. Anticiper c'est agir (ou penser) avant que l'événement ne se produise. Par conséquence anticiper est en quelque sorte faire un pari sur l'avenir. On distingue plusieurs types d'anticipation :

- l'anticipation événementielle ou spatiale,
- et l'anticipation temporelle.

L'anticipation spatiale/événementielle

L'anticipation spatiale/événementielle permet à un individu de savoir quelle réponse va être requise lors d'un événement futur. Par exemple au cours d'une chorégraphie apprise, le danseur peut anticiper le mouvement qui doit être entrepris afin d'obtenir une liaison parfaitement coordonnée entre le geste présent et futur. Dans cet exemple le danseur peut anticiper son geste car il connaît la réponse appropriée.

Pour anticiper, nous avons besoin d'indices. Ces indices peuvent revêtir plusieurs formes :

- Événement continu. Par exemple, si un joueur de rugby, porteur du ballon, court en ligne droite à vitesse constante, il peut être facilement intercepté par un joueur adverse. Sa course est totalement prévisible car continue. C'est d'ailleurs pour cette raison que les joueurs ne courent jamais en ligne droite lorsqu'un adversaire est sur le point de les plaquer. Ils feront aussi des esquives (feintes de corps) pour éviter les interceptions. Dans le monde animal, on retrouve un comportement identique lorsqu'un prédateur pourchasse une proie. Un lapin ou une antilope s'échappe de leur prédateur en réalisant des séries de bonds aléatoires (tantôt à gauche, tantôt à droite), limitant ainsi les possibles anticipation du prédateur.
- Événement répétitif et stéréotypé. Un geste ou une tactique trop souvent réitérés peuvent entraîner une anticipation de la part des adversaires. Les gestes stéréotypés (appelés couramment mouvements « téléphonés ») sont à proscrire car trop souvent interceptés. Par exemple si deux coéquipiers se font des séries de passe avec une fréquence trop régulière, le joueur adverse sera en mesure d'intercepter la balle sans aucun problème. Il lui suffira de suivre le mouvement répétitif des passes pour surgir au moment opportun.
- Indice donné à l'avance. Tout geste ou mimique permettant de comprendre l'événement futur est une information suffisante pour déclencher une anticipation. Un code ou une posture peuvent être, pour des experts, des indices très clairs. Par exemple, si un judoka tir son adversaire vers lui afin d'executer une prise au dessus de son épaule, il procure immédiatement un indice à son adversaire sur l'imminence d'une prise par une technique d'épaule. Ce type d'indice nécessite toutefois un certain niveau d'expertise pour être détecté.

- Connaissance au préalable de l'événement. Dans les activités sans adversaire direct, l'anticipation est tout aussi importante. Réaliser un enchaînement de gymnastique, un *kata* en *kendo* ou une chorégraphie en danse, requiert l'anticipation du geste suivant pour obtenir une parfaite liaison entre deux gestes techniques. Cette anticipation n'est possible que si l'enchaînement, le *kata* ou la chorégraphie est connu préalablement.

Lorsqu'un indice est donné (ou connu) à l'avance on l'appelle pré-indice (« *precuing* » en anglais). S'il est clair que l'anticipation permet de réduire le TR, combien de temps fait-elle réellement gagner ? Dans une expérience, Rosenbaum (1980) a voulu tester le gain temporel (diminution du TR) en fonction de la nature des pré-indices. Les sujets devaient déplacer leur main le plus vite possible vers une cible. Selon les conditions, trois types de pré-indices pouvaient être fournis. Le premier pré-indice concernait l'effecteur (les participants devaient soit utiliser leur main droite soit leur main gauche), le deuxième concernait la direction du déplacement (vers le corps ou éloigné de celui-ci) et le troisième l'amplitude du déplacement (grand ou petit). Les résultats de cette expérience, présentés sur le tableau 3-2, montrent que certains pré-indices sont plus utiles que d'autres. Ainsi il est plus avantageux de connaître à l'avance la direction du mouvement que la nature de l'effecteur ou la distance à parcourir. Cette expérience suggère que certaines caractéristiques du mouvement seraient plus coûteuses que d'autres à paramètriser.

Pré-indice	Diminution du TR
Effecteur	120 ms
Direction	150 ms
Distance	100 ms

Tableau 3-2. **Diminution du TR en fonction de la nature des pré-indices.** Ces résultats sont tirés de l'expérience de Rosenbaum (1980).

Pourquoi les pré-indices permettent-ils de réduire autant le TR ? Tout simplement parce que ces pré-indices permettent à certaines étapes du traitement de l'information, sélection et programmation, d'être réalisées avant l'apparition du stimulus. Ainsi, lorsque le stimulus apparaît, la charge de travail qui reste à fournir est plus réduite, et les temps de traitement de l'information s'en retrouvent écourtés. Par exemple, les étapes de sélection et de programmation sont considérablement réduites pour un sprinter qui, dans les starting-blocks, prépare son corps à l'action avant le départ de la course. Au coup de feu, les muscles sont déjà présélectionnés et programmés, il ne reste plus qu'à exécuter le geste. Qu'en est-il de l'étape d'identification ? Peut-elle aussi se réduire du fait de l'anticipation ? La réponse est oui, car anticiper peut signifier aussi savoir quel stimulus va être déclenché. De ce fait, il ne sera plus nécessaire de l'analyser pour en comprendre le sens. La reconnaissance du stimulus a déjà été établie précédemment. De plus l'individu possédera un filtre sensoriel très sélectif, la plupart des informations autres que le stimulus envisagé seront directement écartées du traitement. Par conséquent, seule la détection de l'information restera active. On comprend maintenant pourquoi l'anticipation permet de gagner autant de temps : toutes les étapes sont écourtées.

Une erreur assez courante consiste à croire que l'anticipation élimine l'étape de sélection et une partie des deux autres étapes. C'est totalement faux ! La sélection, la programmation de la réponse et la reconnaissance du stimulus de l'étape d'identification sont toujours présentes. Elles ont simplement eu lieu avant l'apparition du stimulus.

- *L'anticipation temporelle*

Si l'anticipation spatiale/événementielle (quoi) permet de réduire le TR, savoir quand le stimulus apparaîtra permet aussi de réduire le temps de réaction. Il est même possible dans certains cas d'obtenir un TR nul, voire négatif ! En effet, si un sportif a une idée assez précise du moment où va se dérouler une action, il peut débuter son geste avant même que le stimulus apparaisse. Par exemple, dans le cas d'une interception de balle, si le défenseur sait quand va avoir lieu la passe, il peut très bien commencer à courir au moment où la balle quitte la main de l'attaquant. Si un chronomètre mesurait le TR du défenseur il serait nul : entre le moment où la balle quitte la main d'un joueur et le moment où le défenseur initie son mouvement, aucune milliseconde ne s'est écoulée.

Comme pour l'anticipation événementielle, il existe des pré-indices pour l'anticipation temporelle. On parle de signal préparatoire (SP) ; en laboratoire, on utilise souvent un signal auditif (bip) ou visuel (allumage d'une diode). On définit la période préparatoire (PP) comme l'intervalle de temps qui sépare le signal préparatoire (SP) et le stimulus (S) (voir figure 3-9). C'est au cours de cet intervalle que l'individu prélève des indices pour anticiper le geste. La PP est donc indispensable à toute anticipation temporelle. Sans PP il n'est pas possible d'anticiper.

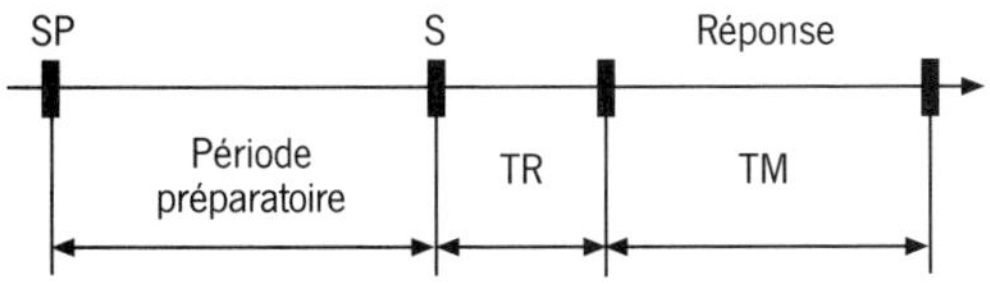

Figure 3-9. **Représentation de la période préparatoire.** Celle-ci débute avec un signal préparatoire (SP) et s'achève avec l'apparition du stimulus (S). Le TR étant le temps de réaction et le TM le temps de mouvement (le temps de la réponse motrice).

Les deux caractéristiques principales d'une PP sont d'une part sa durée (elle peut-être courte ou longue) et sa régularité (elle peut être stable ou irrégulière). En ce qui concerne cette dernière caractéristique, une PP stable signifie que le stimulus apparaît après le signal préparatoire avec un délai fixe. Par exemple, si une personne lance à chaque fois une balle une seconde après l'avoir reçue, le défenseur sait qu'il dispose d'une PP d'une seconde avant de voir apparaître le stimulus. En revanche la PP devient irrégulière si le même lanceur attend plus ou moins longtemps avant d'envoyer sa balle.

Plus une PP est stable et de courte durée et plus l'anticipation va être réussie. McMorris (2014) rapporte que des études ont calculé qu'une PP de 2 s permettait d'obtenir un TR de 22 ms ! Pour rappel, même un TR simple, sans aucune anticipation, ne peut pas être inférieur à 160 ms. En revanche dès qu'une PP ne remplit pas un de ces deux critères, l'anticipation n'est plus optimale. Par exemple une PP de courte durée et irrégulière ne permet pas d'anticiper le moment exact d'arrivée d'une balle. En effet, si les attaquants s'envoient la balle selon des intervalles de temps irréguliers, le défenseur n'a pas d'autre choix que de déclencher son geste au moment qui lui semble le plus probable. Le pari est risqué car il ne sait pas exactement quand le stimulus va avoir lieu. D'après certains chercheurs une PP courte et irrégulière est équivalente, en terme de TR, à une PP longue mais régulière. Enfin une PP longue et irrégulière est beaucoup trop risquée pour qu'une quelconque anticipation puisse être envisagée.

- *Coûts et bénéfices de l'anticipation*

Nous venons de voir que les avantages liés à l'anticipation étaient nombreux. Cependant on doit se souvenir que l'anticipation reste une forme de pari sur l'avenir, et que le succès ne peut être garanti. Or jusqu'à présent, nous avons beaucoup insisté sur les situations où les prédictions effectuées s'avéraient être les bonnes, mais que se passe-t-il lorsque ces prédictions s'avèrent incorrectes ? Comme nous allons bientôt le découvrir, il semble qu'une mauvaise anticipation puisse avoir des effets plus néfastes que pas d'anticipation du tout. Autrement dit, si on considère la situation « aucune anticipation » comme une situation neutre (référence), une anticipation réussie permettra de gagner du temps, mais une mauvaise anticipation en fera perdre.

La meilleure illustration des coûts/bénéfices de l'anticipation est sans doute l'expérience princeps de Schmidt et Gordon (1977). Dans cette expérience, les sujets devaient déplacer leur bras le plus vite possible vers la droite ou vers la gauche. Un signal lumineux indiquait aux sujets de quel côté leur bras devait partir. Deux types de séquences ont été présentés aux participants. La première était une séquence dite « aléatoire », c'est-à-dire qu'il était impossible de prédire dans quelle direction le bras devait bouger. Dans la deuxième séquence, dite « continue », les stimuli étaient présentés en alternance : une fois à droite, puis une fois à gauche. Très vite les sujets ont repéré cette régularité et se sont mis à anticiper le geste suivant. Si le geste précédent avait été effectué à droite, ils savaient que le prochain serait à gauche (et vice versa). À un moment donné, les auteurs ont intentionnellement introduit une erreur dans cette alternance. Le but de cette manœuvre était d'observer le comportement des sujets lorsque leurs attentes s'avéraient inexactes.

Lors de cette expérience, le calcul des TR a montré de manière évidente les coûts et les bénéfices liés à l'anticipation. Lorsqu'il n'y a pas d'anticipation possible (voir la séquence aléatoire sur la figure 3-10) le TR est en moyenne de 235 ms. Si par contre l'anticipation est réussie, le TR est de 152 ms. Le bénéfice de 83 ms (235 – 152) est ici indéniable. À l'inverse, si l'anticipation est mauvaise, le TR de 276 ms devient plus long que celui observé dans la séquence aléatoire (voir séquence continue sur la figure 3-10). Le coût de cette erreur est donc 41 ms (276 – 235), ce qui peut apparaître élevé compte tenu des implications pratiques que peut engendrer ce retard. Dans cette expérience, les auteurs ont procédé ensuite à une analyse plus fine des essais où les sujets ont réalisé de mauvaises anticipations. Ils ont constaté qu'il y avait deux types d'essais. Pour certains essais les participants ont effectué une mauvaise anticipation, mais le geste correspondant à cette anticipation n'avait pas été initié (le mouvement est parti directement dans la bonne direction). Pour d'autres essais, les sujets n'ont pas pu retenir ce « mauvais » mouvement, et leur bras a commencé à se déplacer dans la mauvaise direction. Il est important de réaliser le surcoût associé à ce dernier cas de figure. En effet, lorsque les sujets initient un mouvement dans la mauvaise direction, non seulement il faudra perdre du temps pour freiner ce mouvement, mais en plus la distance nécessaire pour atteindre la cible (qui se trouve à l'opposé) augmentera. Le temps de mouvement (TM) devient donc plus long que si le mouvement avait été initié directement dans la bonne direction. Au bout du compte, au coût du TR qui est déjà non négligeable, il faut rajouter un deuxième coût lié à l'allongement du TM. De ce fait anticiper est une décision qui ne doit pas se prendre à la légère car elle peut avoir d'importantes conséquences sur la performance finale.

Figure 3-10. **Résultats des séquences aléatoire et continue.** Les temps affichés réfèrent aux TR observés pour chaque condition expérimentale. Il y a certes un bénéfice lorsque l'anticipation est correcte (– 83 ms), mais ce bénéfice se transforme en coût lorsque l'anticipation est incorrecte (+ 41 ms). Adapté des résultats de Schmidt et Gordon (1977).

D'une manière assez générale et un peu caricaturale, la figure 3-11 nous présente l'ensemble de ces cas de figures en fonction des coûts et bénéfices liés à l'anticipation.

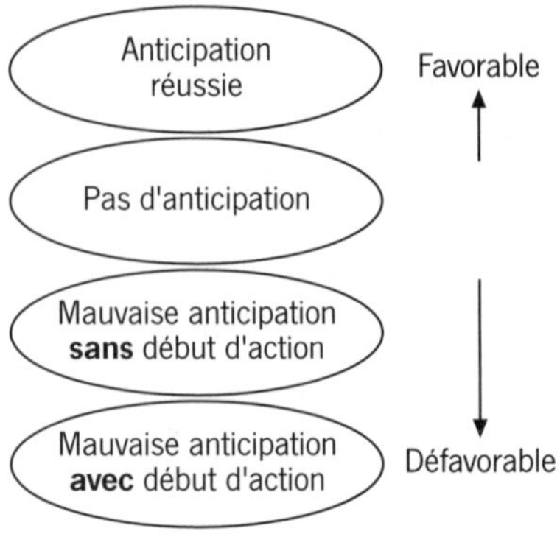

Figure 3-11. **Classement des différents cas d'anticipation en fonction de leur aspect favorable ou défavorable pour la performance globale.**

Quelles conséquences peut-on tirer pour la pratique sportive de tous ces résultats sur l'anticipation ? En voici plusieurs :

- Ne pas anticiper si les conséquences liées à une mauvaise anticipation peuvent s'avérer très dommageables (chute, disqualification, casse matériel). Rappelez-vous la disqualification du sprinter Jon Drummond (voir l'encadré).
- Anticiper lorsque ne pas le faire peut devenir préjudiciable (coûter la victoire !). Par exemple en voile dans certaines régates, il est indispensable d'anticiper la trajectoire du bateau adverse pour ne pas se faire distancer.
- Induire des mauvaises anticipations chez l'adversaire. Le TR et le TM de l'adversaire seront fortement augmentés. Ceci est valable pour tous les sports à interaction directe avec un adversaire (sports collectifs et sports de duel). Ces mauvaises anticipations peuvent être induites en utilisant des feintes, ou en modifiant ses actions au dernier moment.
- Être le plus imprévisible possible. Cela implique par exemple de créer des actions non constantes (PP irrégulière) afin d'éviter toute anticipation temporelle de la part de l'adversaire.
- Donner le moins de pré-indice possible aux adversaires. On peut pour cela essayer de modifier assez fréquemment ses gestes techniques (et tactiques).
- Apprendre à détecter les pré-indices des opposants, dans l'espoir d'anticiper plus facilement leur comportement.

La mémoire

Qu'est-ce que la mémoire et à quoi sert-elle ? On peut dire que la mémoire c'est la capacité de retenir, rappeler et reconnaître des informations. La mémoire est abordée dans cet ouvrage car ses fonctions jouent un rôle capital pour un grand nombre de nos habiletés motrices. Sans cette capacité de retenir nos expériences passées, il serait impossible d'apprendre. Comment espérer progresser si les erreurs que nous avons commises peuvent se reproduire sans cesse ? De même, sans mémoire, nous serions incapables de prédire certains événements. Par exemple, il serait bien difficile d'anticiper la trajectoire d'une balle après sa collision sur le sol, si chaque fois nous avions le sentiment de découvrir cette situation pour la première fois. Si la plupart d'entre nous savent que la mémoire possède un rôle essentiel, peu d'entre nous savent en revanche qu'il n'y a pas une, mais en réalité trois mémoires : une mémoire sensorielle, une mémoire à court terme et une mémoire à long terme. Chacune d'elle se distingue par ses caractéristiques et son rôle bien spécifique. Dans la suite de ce propos, nous allons les définir et préciser les relations qui existent entre elles.

La mémoire sensorielle/registre sensoriel

La mémoire la plus proche des informations perceptives se nomme la mémoire sensorielle ou le registre sensoriel. Elle est en prise directe avec l'environnement. On suppose qu'elle est active pendant chaque traitement de l'information dans l'étape d'identification. C'est une unité de stockage d'informations brutes (non abstraites), c'est-à-dire que les informations entrent automatiquement en parallèle dans l'étape d'identification. Elles sont stockées comme elles sont entrées dans le système. Il existe un registre par canal sensoriel. La vision, l'audition, le toucher possèdent leur propre registre sensoriel.

La mémoire sensorielle est *a priori* illimitée en taille, mais elle ne peut retenir une information que pendant une durée inférieure à la seconde. Sperling en 1960 a été le premier à l'avoir mis en évidence. Dans son expérience, l'auteur présentait une matrice composée de trois lignes de 4 lettres (12 lettres au total). À l'aide d'un appareil particulier (un tachitoscope), l'ensemble des lettres était rendu visible pendant un très court instant (flash de 50 ms). Puis l'expérimentateur demandait aux sujets de restituer une ligne parmi les trois ; le nombre de lettres correctement restituées était la variable mesurée. Le sujet ne savait pas à l'avance quelle ligne lui serait demandée. Pour indiquer au sujet quelle ligne il devait restituer, un signal sonore était assigné à chaque ligne. Ce signal pouvait être fourni au moment même où les 4 lettres apparaissaient (0 ms), 150 ms, 300 ms ou 1 000 ms après leur apparition, ou enfin 100 ms avant le début de l'apparition de l'éclair (la ligne était, dans ce cas, pré-indiquée).

Les résultats de cette expérience (voir figure 3-12) montrent que les sujets peuvent restituer l'ensemble des lettres lorsque le stimulus est pré-indiqué (–100 ms). Cependant, au fur et à mesure que le délai augmente entre la projection des lettres et le signal sonore, les performances des sujets diminuent. Au bout d'une seconde, le nombre de lettres restituées n'est plus que de 2, comme si le contenu de cette mémoire sensorielle « s'évaporait » très vite. Lorsque la même expérience est répétée, et qu'on demande simplement aux sujets de restituer le plus de lettres possible sur les 12 (juste après le flash des lettres), le nombre moyen de lettres restituées reste identique (proche de 4). Sperling a interprété l'ensemble de ces résultats en considérant que les sujets ne pouvaient pas restituer plus de lettres parce qu'au moment où ils restituaient les premières, les autres commençaient déjà à s'effacer de leur mémoire.

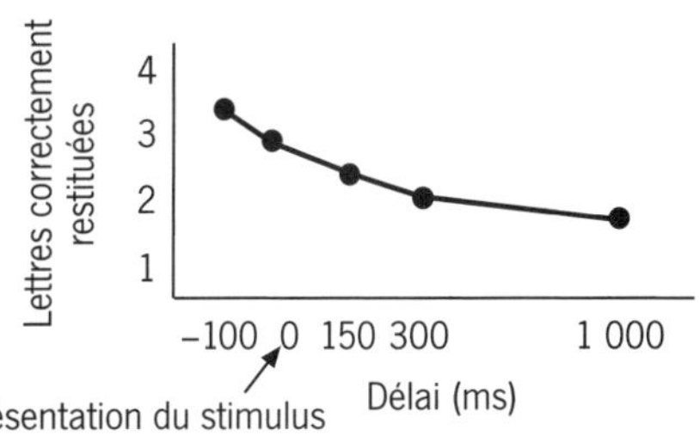

Figure 3-12. **Nombre de lettres correctement restituées en fonction du délai de restitution.** La performance se dégrade rapidement. Le délai de – 100 ms signifie que la rangée à restituer était pré-indiquée 100 ms avant l'apparition du stimulus. Figure reproduite à partir de Sperling (1960).

Aujourd'hui, il existe un consensus sur la réalité d'une mémoire sensorielle, la durée de cette mémoire serait susceptible de varier grandement en fonction de la nature sensorielle mise en jeu. Ainsi sa durée de vie serait de seulement 250/300 ms pour la vision Alors qu'elle pourrait atteindre 2 s pour l'audition.

Mais à quoi peut bien servir une mémoire qui stocke une masse énorme d'informations pendant un aussi court laps de temps ? Le but de cette mémoire est de stocker l'information juste le temps nécessaire d'en extraire les caractéristiques pertinentes pour décrire la situation courante. Prenons comme illustration un sportif en pleine course devant les buts adverses. Un nombre élevé de stimuli va entrer en parallèle dans le SNC à cet instant précis : des stimuli visuels, auditifs, tactiles, musculaires, etc. Imaginons maintenant qu'il entende un adversaire revenir rapidement sur lui, que son ballon est placé sur sa gauche, que le gardien de but se dirige vers lui en ouvrant le champ gauche du but… Pendant cet instant très précis, l'attaquant a besoin de retenir toutes ces informations pour les utiliser immédiatement. Mais dès que le sportif aura tiré en direction du but et que l'action sera terminée, elles ne lui serviront plus du tout. Bien qu'elles fussent primordiales pour répondre à l'action précédente, il n'est nul besoin de se rappeler que le ballon était placé sur sa gauche quelques secondes auparavant ou qu'un adversaire était en train de revenir sur lui. Ce qui importe désormais c'est la nouvelle action qui est en train de se dérouler. Dans cette nouvelle action, là encore de nombreux stimuli vont être présents et il faudra se les rappeler, puis une nouvelle action sera engagée avec de nouveaux stimuli à stocker, etc. La mémoire sensorielle est en quelque sorte « la mémoire de l'instant immédiat », elle enregistre tous les stimuli disponibles à l'instant t, mais les efface aussitôt qu'ils deviennent obsolètes (à t + 1 ou 2 s).

De la mémoire sensorielle vers la mémoire à court terme

La mémoire sensorielle stocke une quantité gigantesque d'informations non traitées. Si la plupart sont presque immédiatement effacées, un petit nombre d'entre elles seront tout de même conservées pour être identifiées, interprétées, et enregistrées pour un temps un peu plus long. Mais comment ce choix s'opère-t-il ? Comment le SNC décide-t-il de sélectionner les stimuli qui doivent être traités et ceux qui doivent être évincés ? Il faut pour cela un processus dévolu à la sélection d'informations. Ce processus se nomme l'attention sélective (voir plus loin dans ce chapitre les paragraphes sur « attention » et « filtre sensoriel »). C'est l'attention sélective qui permet de focaliser et d'engager un traitement sur certaines informations (jugées pertinentes pour l'action en cours) plutôt que sur d'autres. C'est par le biais de l'attention sélective qu'une information peut transiter de la mémoire sensorielle vers la mémoire à court terme.

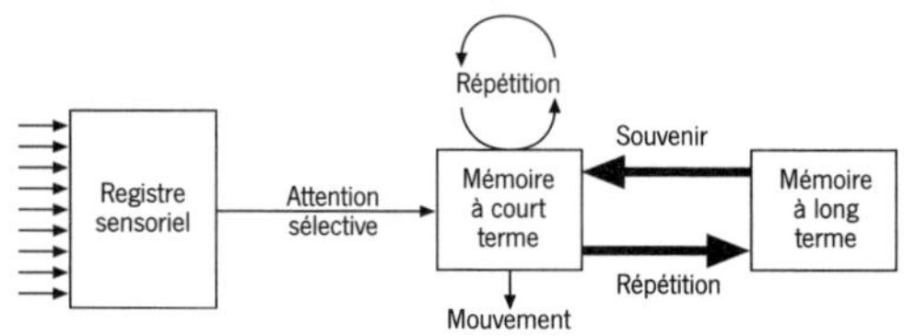

Figure 3-13. **Représentation des trois mémoires et de leurs interactions.**

La mémoire à court terme ou mémoire de travail

La mémoire à court terme est au carrefour des deux autres mémoires. Comme le montre la figure 3-13, elle contient des informations provenant :

- de la mémoire sensorielle. L'attention sélective ne laisse passer que certaines informations,
- de la mémoire à long terme (voir plus loin). Le souvenir permet de restituer le contenu de la mémoire à long terme (lieu de stockage des informations).

La mémoire à court terme, appelée aussi mémoire de travail, est faite pour retenir des informations plutôt abstraites (tels que des noms, des chiffres, etc.). Elle se caractérise par deux propriétés majeures. Les informations qu'elle contient ne sont jamais conservées plus de 60 s. En outre, sa capacité de stockage est relativement limitée puisqu'elle avoisine 7 éléments. Voyons maintenant plus en détail chacune de ces deux propriétés.

Durée de la mémoire à court terme

Adams et Dijkstra (1966) ont mis en place une expérience permettant d'observer le temps de stockage de la mémoire à court terme lors d'une performance mnésique motrice (« mnésique » est l'adjectif du nom

« mémoire »). Les sujets assis, yeux fermés, devaient dans un premier temps amener un curseur jusqu'à une butée. Puis après un délai variable, la tâche proprement dite du sujet commençait. Elle consistait à replacer le curseur, toujours les yeux fermés, au lieu exact où se trouvait la butée (celle-ci ayant été retirée). Pas moins de 7 délais (de 5 à 120 s) étaient proposés aux participants. Les auteurs ont mesuré l'erreur de positionnement du curseur en millimètres. Les résultats de cette expérience montrent que plus le délai entre la prise d'informations et sa restitution augmente, et plus l'erreur est grande (voir figure 3-14). Le même type de résultat peut s'observer pour toutes les habiletés verbales et cognitives. Les informations contenues dans la mémoire à court terme s'effacent donc assez rapidement, mais moins vite que lorsqu'elles sont contenues en mémoire sensorielle. La durée opérationnelle de la mémoire à court terme est inférieure à 60 s, mais sa durée optimale est inférieure à 30 s.

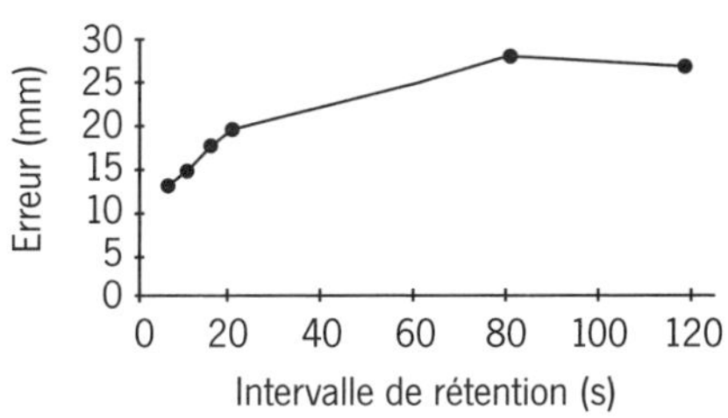

Figure 3-14. **Erreur de positionnement du bras en fonction de la durée de l'intervalle de rétention.** Sur une minute on observe une forte dégradation de la mémoire à court terme. Figure reproduite à partir d'Adams et Dijkstra (1966).

Existe-t-il un moyen de retenir des informations pendant plus de 60 s en mémoire à court terme ? Vous pouvez vous-mêmes y répondre en réalisant ce petit test. Votre objectif est d'essayer de vous souvenir de certains chiffres pendant 1 minute. Pour ce faire, vous devez promettre de ne pas tricher en écrivant les chiffres, ou en jetant un œil plus bas ! Vous devrez seulement utiliser votre mémoire. Dans un premier temps observez ces neuf chiffres pendant 10 s : 926 537 801.

Puis laissez passer 1 minute sans regarder ces chiffres. Une fois la minute passée, vérifiez si vous êtes capable de restituer l'ensemble des neuf chiffres dans l'ordre. Si vous avez réussi, comment avez-vous fait ? Tout simplement en répétant ! Le maintien par répétition est une réactivation consciente des objets contenus en mémoire. Elle permet à l'information de rester en mémoire de travail pendant 60 s voire un peu plus. Certains chercheurs émettent l'hypothèse que la mémoire de travail est en quelque sorte la « conscience ». Tant que l'information est conscientisée, sa rétention est intacte. En revanche dès qu'il n'y a plus de répétition, la restitution se dégrade inévitablement. Nous expérimentons ce phénomène tous les jours lorsque nous reportons une information sur un papier ou sur un ordinateur. L'écriture permet de conserver « en mémoire » certaines informations que nous ne voulons pas apprendre « par cœur » (c'est-à-dire mettre en mémoire à long terme, mais nous reviendrons sur ce point). Imaginez qu'une personne vous donne son numéro de téléphone. À part le vôtre ou celui de personnes très proches, vous ne chercherez pas à l'apprendre. Par conséquent, pour ne pas l'oublier il vous faut l'écrire au plus vite. Mais comment faites-vous si vous n'avez pas votre smartphone ni de crayon et de papier juste en face de vous ? Vous répétez le numéro tout en vous précipitant sur un bout de papier pour l'inscrire. Cette répétition est la réactivation consciente de l'information en mémoire. Si le numéro de téléphone n'est plus conscientisé, vous risquez de l'oublier très vite. Par exemple si une autre personne vous interrompt, vous parle ou vous pose une question, votre « conscience » se dirige sur un autre objet et le souvenir du numéro de téléphone est immédiatement dégradé voire complètement perdu.

Il faut également noter que la dégradation ne s'exerce pas de la même façon selon la place des éléments dans une série ou sur une liste. Les premiers éléments à être oubliés sont les éléments du milieu. Par exemple si vous avez 10 chiffres dans le numéro de téléphone (ou 10 mots) à retenir, vous vous souviendrez plus facilement des 2 premiers et du dernier chiffre (ou mot). Cela est dû à ce que les spécialistes appellent l'effet de primauté et l'effet de récence. L'effet de primauté est le fait de se souvenir des premiers éléments de la liste. D'une part nous nous concentrons plus sur les deux premiers (la mémoire est disponible), d'autre part nous aurons davantage de temps pour nous les répéter, ce qui permettra presque de les mettre en mémoire à long terme. Pour ce qui est de l'effet de récence, le dernier élément n'est pas (encore) oublié car il vient juste d'être nommé, et reste en mémoire à court terme. En revanche les chiffres ou les mots placés au milieu de la liste n'ont pas pu être répétés autant que les premiers, de plus leur restitution intervient après un délai plus important que les derniers. De manière générale, nos performances dans ce type de tâche sont médiocres, car comme nous le verrons dans un instant, au-delà de 7 éléments, la mémoire à court terme n'est plus vraiment adaptée.

Capacité de stockage de la mémoire à court-terme (7 éléments ± 2)

La deuxième caractéristique importante de la mémoire à court terme est sa capacité limitée. C'est d'ailleurs la seule des trois mémoires à avoir cette limitation. Miller (1956) a estimé que 7 était le nombre maximal d'éléments retenus en mémoire à court terme. Parce que ce chiffre était relativement stable d'un individu à l'autre, il lui a attribué le nom de « *The magical number* ». Pour caractériser le nombre maximal d'éléments retenus en mémoire de travail, on parle aussi d'empan. Pour mesurer l'empan il suffit d'incrémenter la quantité d'éléments contenus dans une liste (de 1 à chaque fois), et d'observer à partir de quand le sujet n'est plus capable de restituer l'ensemble des éléments. Tout le monde peut le mesurer très facilement. Il suffit d'être aidé par un camarade. Celui-ci doit constituer plusieurs listes de chiffres que vous ne connaissez pas. Il commencera par écrire un chiffre sur la première ligne, puis ajoutera un chiffre supplémentaire sur chacune des lignes suivantes : deux chiffres sur la deuxième ligne, puis trois sur la troisième et ainsi de suite. Par exemple :

1 chiffre : 5

2 chiffres : 8 2

3 chiffres : 6 7 1

4 chiffres : 9 5 4 0

5 chiffres : 6 1 7 0 8

etc.

Votre camarade vous lit la première ligne, et vous devez immédiatement la restituer. Si vous réussissez, vous passez à la deuxième ligne, puis à la troisième ligne, et ainsi de suite jusqu'à ce que la quantité d'informations devienne trop importante pour vous. Dans ce cas, pour connaître votre empan, il vous suffit de compter le nombre d'éléments que vous avez retenus à la dernière ligne réussie. Généralement la majorité des individus ont un empan de 7, avec une variation de plus ou moins 2 (soit un empan compris entre 5 et 9).

Nous avons vu auparavant qu'il existait une méthode pour prolonger la rétention de l'information en mémoire à court terme au-delà de 60 s. De la même manière existe-t-il une stratégie permettant de stocker plus de 7 éléments en mémoire à court terme ? Pour y répondre, nous allons nous servir d'une autre petite expérience. Essayez de retenir pendant 10 s ces 14 chiffres ci-dessous :

1 5 6 1 5 7 1 7 8 9 0 6 1 0

Il semble particulièrement difficile de retenir autant de chiffres. Maintenant, essayez de réaliser la même expérience avec les mêmes chiffres mais sous cette forme :

156 157 1789 06.10

Pourquoi est-ce plus facile ? Parce que vous avez regroupé les éléments. Le regroupement permet de stocker plus d'éléments en mémoire de travail. Dans cet exemple, vous avez l'impression de retenir 4 éléments au lieu de 14. Les deux premiers sont une suite (156 et 157), le troisième est une date connue pour les Français, et le dernier est le début d'un numéro de téléphone portable. Alors qu'il y avait 14 chiffres, une quantité bien trop importante pour être retenue en mémoire à court terme, on passe maintenant à 4 éléments. Dans un tel contexte on pourrait même en rajouter 3 autres pour arriver à 7 éléments ! Nous utilisons tous le regroupement. Cela permet quelquefois de donner du sens à certaines successions de chiffres (date de naissance, numéro du département, etc.) ou à certains mots. Pour retenir plus de 7 éléments il faut trouver des stratégies mnésiques, le regroupement et les associations (ex. : Paris/tour Eiffel, Marseille/football…) sont les stratégies les plus connues. Ces stratégies dépendent du sens que l'on donne aux groupements de chiffres/mots. Autrement dit, un empan de 7 ne signifie pas être en mesure de retenir 7 éléments indépendants mais 7 items qui ont du sens. Pour la mémoire, les spécialistes parlent d'items retenus et non d'éléments. Un item est un élément qui a du sens par lui-même. Par exemple, pour quelqu'un qui n'est absolument pas familiarisé avec le patinage, la lecture des mots « triple *loots* piqué » représente une suite de 3 items. Chacun des mots a un sens mais l'ensemble ne veut pas forcément dire grand-chose. En revanche pour un individu qui connaît bien le patinage artistique, il sait que cette expression renvoie à un geste technique clairement établi. Pour cette personne il n'y a qu'un seul item. À l'extrême opposé, un jeune enfant pour qui la reconnaissance de chaque lettre reste encore difficile, peut considérer chaque lettre comme un item. Par conséquent le nombre d'items contenus dans une liste, dépend du sens qu'ont les éléments pour chacun de nous. Une expérience très simple illustre ce propos. Elle consiste à demander à des spécialistes d'une activité sportive de proposer une liste de mots techniques issus de leur discipline. Même si cette liste est composée de plus de 7 éléments, l'ensemble des sportifs est en mesure de retrouver tous les mots composant cette liste. Leur démarche sera d'effectuer des regroupements, des associations afin de s'imaginer une histoire avec les termes techniques qui composent la liste. En revanche, si nous demandons à un non-spécialiste de cette discipline sportive de retenir seulement 7 mots de cette liste, il n'y parviendra que difficilement. Chacun des mots n'aura aucun sens pour cette personne.

Au niveau moteur peu de travaux se sont intéressés à la mémoire à court terme. Les chercheurs pensent toutefois que son fonctionnement est le même que celui de la mémoire à court terme s'appliquant aux activités verbales et cognitives. Ainsi notre empan moteur serait d'environ 7 (± 2) items, et là encore un item serait défini en fonction du sens qu'il a pour l'individu qui doit le mémoriser. Par exemple pour un débutant en gymnastique qui sait à peine réaliser, un *flip*, un salto arrière et une rondade, il y aura 3 items. En revanche pour un expert, réaliser une rondade — *flip* — salto a du sens, car c'est une liaison qu'il a souvent effectuée. Dans ce cas, ces trois éléments seront comptés comme un seul et même item. Certains chercheurs ont montré que les sportifs experts avaient une meilleure mémoire motrice que les non-experts. Ils pensent que ce résultat peut s'expliquer par leur faculté à regrouper plusieurs actions en un ensemble pertinent, ce qui au bout du compte leur permet de réduire le nombre d'items à mémoriser.

Résumé

La mémoire à court terme est comme la conscience. L'information est retenue aussi longtemps que l'attention est dirigée dessus. Si l'attention n'est plus active :

- L'information est complètement dégradée après 60 s. Seule la répétition permet de prolonger la rétention au-delà de 60 s.
- Pas plus de 7 (± 2) items sont retenus en mémoire à court terme. Pour retenir un plus grand nombre d'items, il faut des stratégies mnésiques (ex : regroupement).

De la mémoire à court terme vers la mémoire à long terme

Une fois l'information en mémoire de travail, elle peut être encodée (gravée) en mémoire à long terme par le biais de la répétition (voir figure 3-13). Qu'il s'agisse de données abstraites ou de gestes sportifs complexes, il faut répéter pour apprendre ; certains considèrent d'ailleurs que mettre des informations en mémoire à long terme c'est apprendre.

La mémoire à long terme

Les spécialistes de la mémoire considèrent que la mémoire à long terme (MLT) est en étroite relation avec l'étape de sélection du traitement de l'information. C'est au cours de cette étape que le système nerveux va chercher dans la mémoire à long terme le bon geste à entreprendre. La mémoire à long terme est très importante car elle sert à apprendre. Toutes nos connaissances, nos savoirs et savoir-faire y sont stockés. Elle représente notre histoire personnelle. Elle contient toutes sortes d'informations : des informations abstraites (faits, concepts, règles, relations…) et des gestes moteurs. Cette section sur la MLT est à mettre en relation avec la section « Rétention » du chapitre 5, « L'apprentissage ».

On a l'habitude de subdiviser la MLT en plusieurs « sous-mémoires » (voir figure 3-15). À un premier niveau, on distingue une mémoire explicite et une mémoire implicite. La mémoire explicite contient des informations qui peuvent être fournies verbalement (on l'appelle pour cela aussi « mémoire déclarative »). Elle comprend deux sous-parties. La première dite épisodique est liée à l'expérience vécue de l'individu. Elle est propre à chacun : date de naissance, activités préférées, le nom des membres de notre famille, etc. La deuxième sous-partie dite sémantique n'est plus directement liée à la personne. Elle contient les connaissances comme le sens des mots, et des faits aussi généraux que : les serpents sont des reptiles, les voitures ont quatre roues, les pommes sont rondes, le maillot de l'équipe de France est bleu, etc. Concernant la mémoire implicite, elle contient des connaissances qui n'ont pas besoin d'être conscientisées pour être utilisées. Elle est dite non déclarative car elle est difficile à verbaliser. Par exemple s'il est très facile de nouer ses lacets, il est en revanche très complexe de l'expliquer. Cette mémoire implicite contient une partie procédurale, composée essentiellement d'habiletés motrices (rouler à bicyclette, effectuer un lancer franc au basket, sauter à pieds joints, etc.).

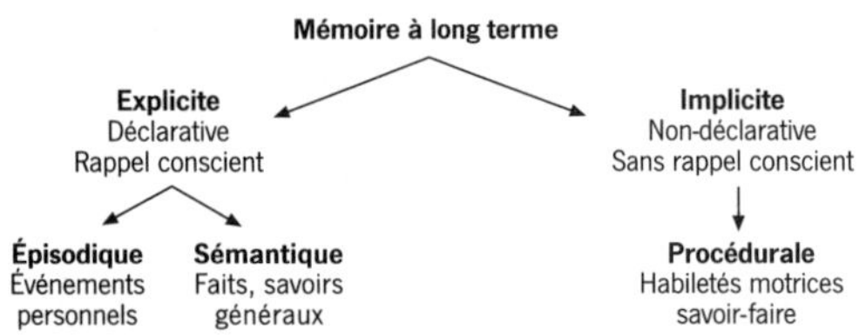

Figure 3-15. **Subdivisions de la mémoire à long terme.**

Bien que son contenu soit relativement abstrait, la MLT possède la particularité d'avoir un fonctionnement quasi illimité en taille et en durée. La MLT est illimitée en taille : personne n'a jamais vu un individu ne plus pouvoir apprendre. Au contraire, le fonctionnement de la mémoire est proche de celui du système musculaire. Plus un muscle est sollicité, plus il devient performant. Il en est de même pour la mémoire, plus elle est sollicitée, plus elle devient performante. Les gens que l'on considère comme possédant une mémoire exceptionnelle la stimulent sans cesse. La MLT est également illimitée en durée. En principe une information apprise est retenue pour la vie si elle est de temps en temps réactualisée.

Comment retenir indéfiniment une information ? Pour apprendre il faut transférer une information de la MCT à la MLT. Ce transfert nécessite un effort. Il faut se concentrer, diriger son attention dessus lorsqu'elle est en mémoire à court terme. Puis après un certain nombre de répétitions, l'information va passer dans la mémoire à long terme. Pour « ancrer » plus volontiers une information dans la MLT, il est préférable de la réactiver à différents moments. Pour les activités motrices, c'est la même chose. Plus un geste est complexe et plus il est nécessaire de répéter ce geste. L'apprentissage peut être long, mais en fin d'apprentissage, le geste, aussi complexe soit-il, sera retenu à vie. Voilà pourquoi on dit souvent « qu'on n'oublie jamais comment faire du vélo ». Pour les autres gestes techniques il en est de même. On retient la structure spatio-temporelle — le « tempo » — de l'habileté (par exemple les parties clés d'une bascule à la barre fixe). Par contre les capacités musculaires peuvent être trop réduites pour permettre la réalisation de l'habileté. Par exemple, si le geste technique du saut à la perche est toujours présent en mémoire à long terme vingt ans après l'arrêt de sa pratique, il est possible que la personne puisse être malgré tout incapable d'effectuer ce geste parce que ses muscles sont devenus trop faibles pour courir suffisamment vite et/ou pousser son corps sur la perche.

De la mémoire à long terme vers la mémoire à court terme

Une fois qu'une information ou une habileté est stockée en mémoire à long terme, il faut être capable de l'utiliser quand on en a besoin. Or on ne peut pas l'actualiser directement à partir de la MLT. Il faut la ramener en mémoire à court terme. Cette actualisation est appelée souvenir. La capacité de se souvenir dépend du contexte. Ainsi, en fonction de la situation, il est possible de se souvenir d'un fait qu'on pensait avoir oublié. L'accès et la restitution de l'information stockée en mémoire à long terme peuvent se produire de deux manières :

- soit par un test de rappel : l'information est restituée sans aucun indice de recherche. C'est par exemple une question de cours à un examen,
- soit par un test de reconnaissance : l'information est discriminée parmi plusieurs autres informations. C'est par exemple le cas des questionnaires à choix multiples (QCM).

Pour les habiletés motrices aussi, tout dépend du contexte. Dans une activité à forte pression temporelle, la situation dans laquelle se trouve un sportif peut déclencher un test de rappel, afin de lui permettre de retrouver en mémoire la réponse la plus appropriée. Des études sur la reconnaissance mnésique du geste sportif existent depuis peu. Elles ont mis à jour le fait que l'une des caractéristiques de l'expertise résidait dans la capacité de se servir de situations vécues pour appréhender la situation courante.

Support neurobiologique de la mémoire

Jusqu'à présent nous sommes restés discrets sur le support biologique de la mémoire, pourtant de nombreux travaux existent sur ces aspects. On sait aujourd'hui qu'il n'existe pas un centre unique de la mémoire, mais plutôt une distribution de sites dans le cerveau qui sont impliqués dans la conservation des informations. Pour simplifier, on peut dire que la mémoire sensorielle sollicite le cervelet, et que la mémoire à court terme fait intervenir le cortex préfrontal. En ce qui concerne la mémoire à long terme, elle impliquerait davantage de structures (voir aussi chapitre 5). La mémoire sémantique met en jeu le cortex temporal, la mémoire procédurale implique surtout les corps striés et le cervelet, quant à la mémoire déclarative et épisodique, elles sollicitent beaucoup l'hippocampe. Les neurobiologistes s'accordent pour conférer à l'hippocampe un rôle essentiel. Situé au cœur du cerveau, son intervention est nécessaire pour faire passer les souvenirs de la mémoire à court terme vers la mémoire à long terme. Notez aussi que lorsque certaines des structures que nous avons citées sont stimulées électriquement, ces stimulations peuvent évoquer des souvenirs agréables ou désagréables. La plupart du temps, la détérioration de ces structures s'accompagne de troubles mnésiques (amnésies, paramnésies, hypermnésies). Ces troubles sont relativement fréquents chez les patients atteints de la maladie d'Alzheimer, et chez les personnes qui souffrent d'alcoolisme.

Conclusion générale

Nous ne possédons pas une mémoire mais trois mémoires. Chacune de ces mémoires se caractérise par le type d'information retenue, la durée pendant laquelle l'information est maintenue intacte, et enfin la quantité d'informations stockées. Le tableau 3-3 résume l'ensemble de ces caractéristiques pour chacune de nos mémoires.

	Registre	MCT	MLT
Durée	moins de une seconde	1 à 60 s	illimitée
Codage	brut	abstrait	Très abstrait
Capacité	illimitée	7 (± 2)	illimitée

Tableau 3-3. **Principales caractéristiques des trois mémoires.**
Registre = mémoire sensorielle ; MCT = mémoire à court terme ;
MLT = mémoire à long terme. Tableau reproduit à partir de Schmidt et Lee (1999).

L'attention

L'attention a toujours intéressé les psychologues, mais comment définir l'attention ? En 1890 le psychologue de renom William James avait proposé la définition suivante : « l'attention est la prise de possession par l'esprit de façon claire et active d'un des multiples trains de pensée possibles. Focalisation, concentration de la conscience sont de cette essence. Cela implique de laisser certaines choses de coté pour en traiter correctement d'autres » (traduction de James, 1890). À partir de cette définition, il est possible d'établir les principales caractéristiques de l'attention :

- l'attention entretient des liens étroits avec la conscience,
- l'attention est un processus actif qui requiert un effort mental,
- l'attention est un processus qui a une capacité limitée, on ne peut pas être attentif à tout,
- l'attention est un processus de sélection, elle permet de se « focaliser » sur un petit nombre d'informations.

Voyons maintenant plus en détail chacune de ces caractéristiques.

Rapport entre attention et conscience

Il est de mise de considérer qu'il existe un lien privilégié entre attention et conscience. Être attentif, se concentrer, se focaliser sur un événement, une information ou un objet, sous-entend les « conscientiser » (les rendre conscients). Lorsqu'un entraîneur demande à un sportif d'être attentif à la réalisation de son action, cela implique qu'il mette « toute sa conscience » au service de celle-ci. Ainsi seules les informations relatives à la réalisation de cette action seront prélevées. Il faut toutefois être prudent et ne pas penser que l'attention et la conscience ne font qu'un. En effet, nous verrons un peu plus loin qu'il est possible de diriger son attention sur un fait qui n'est pas conscient.

L'attention est un processus actif

L'attention nécessite de l'effort. Par exemple, se concentrer sur le contenu d'un cours ou d'un discours monotone et peu motivant, requiert un effort mental. Voilà pourquoi on dit que l'attention est un phénomène actif. Tirer un penalty, ou sauter en hauteur en compétition, ne peut se faire sans être actif mentalement. Cet effort mental, tout comme l'effort physique, peut se mesurer par des indices physiologiques. Ainsi, le diamètre pupillaire augmente et la résistance cutanée diminue lorsque la demande attentionnelle croît. Certains chercheurs utilisent également la fréquence cardiaque comme mesure indirecte de l'effort mental.

Capacité limitée de l'attention

L'attention est une ressource qui a une capacité limitée. C'est-à-dire qu'il est impossible de porter son attention sur une multitude d'événements en même temps. Il faut donc faire des choix. Le choix se porte sur les stimuli permettant de réaliser l'action envisagée. Il est souvent plus facile d'imaginer l'attention comme un verre qui peut être rempli jusqu'à une certaine limite. Au delà de celle-ci il est impossible de diriger son attention sur plusieurs choses en même temps. Pour mieux comprendre ce phénomène, imaginez que vous marchiez en téléphonant tout en vous dirigeant. Les trois actions (marcher, se diriger et parler au téléphone) peuvent être faites en même temps car elles ne nécessitent pas trop de ressources attentionnelles. Maintenant si une nouvelle grave vient de vous être annoncée au téléphone, vous allez vous arrêter immédiatement de marcher tant la demande attentionnelle que suscite cette annonce est importante. Dans ce cas, marcher, se diriger et parler/penser ne peuvent plus se faire en même temps. Vous venez d'atteindre les limites de votre capacité d'attention. D'une manière générale, la meilleure démonstration de cette capacité limitée est l'interférence entre plusieurs tâches. Imaginez que vous soyez simultanément contraint d'écouter une conversation et de lire un texte le plus précisément possible. Il est clair que vous ne pouvez pas réaliser efficacement ces deux tâches : soit vous portez votre attention sur la conversation, et vous n'êtes plus en mesure de comprendre ce que vous lisez, soit à l'inverse, vous vous concentrez sur votre lecture, mais vous devenez incapable de suivre la conversation. Il vous reste toujours la possibilité d'alterner votre attention entre la lecture et la conversation, mais là encore votre performance sur chacune des deux tâches sera amoindrie. D'une façon générale, si au moins une des deux tâches se dégrade lorsqu'on les réalise simultanément, alors chacune des deux tâches requiert de l'attention. Inversement, si deux tâches peuvent être réalisées simultanément sans interférence, alors au moins une tâche (voire les deux) ne requiert pas d'attention. On utilise cet effet d'interférence dans certains paradigmes lorsqu'on veut estimer le coût ou la demande attentionnel(le) d'une tâche.

Pour illustrer cette possibilité d'interférence entre deux tâches, nous allons nous servir d'un effet très célèbre : l'effet Stroop. Cet effet a été mis en évidence par le psychologue du même nom en 1935 et a été repris depuis par de très nombreux chercheurs. L'exemple le plus connu est lié à une expérience dans laquelle on imposait aux sujets d'identifier le plus vite possible la couleur d'un stimulus. Pour cela ils devaient presser un bouton correspondant à la couleur identifiée (tâche de TR de choix). Dans une première condition les stimuli présentés étaient des formes géométriques, et les sujets n'ont eu aucun problème à réaliser la tâche. Dans une deuxième condition, des mots, des noms de couleur étaient affichés, mais ils étaient imprimés d'une autre couleur que celle qu'ils représentaient. Par exemple le mot « rouge » apparaissait imprimé en vert. Bien que les sujets dussent seulement se concentrer sur la couleur du mot, par exemple ici le vert, les sujets ont répondu rouge. Ils ont été influencés par le sens du mot. Au bout du compte les sujets ont effectué non plus une tâche, mais deux : l'identification des couleurs, plus la lecture des mots. Comme ces deux tâches requièrent chacune de l'attention, la lecture finit par interférer avec l'identification des couleurs. Lorsque les sujets devaient décider rapidement de la couleur d'un mot, le choix s'est porté en faveur de la lecture, car elle est plus automatique ; reconnaissons qu'il est très difficile de s'empêcher de lire un mot (c'est sur ce fait que jouent les publicistes lorsqu'ils placent des panneaux publicitaires dans la rue). De manière générale, il semble qu'en cas d'interférence entre deux tâches nous ayons tendance à favoriser la tâche qui nécessite le moins de contrôle possible (au détriment de l'autre bien sûr, voir aussi l'attention sélective ci-dessous).

Il faut toutefois noter qu'il existe une autre sorte d'interférence : l'interférence structurale. Celle-ci n'est pas développée dans ce chapitre. Elle consiste dans l'impossibilité de réaliser deux tâches simultanément due à une interférence physique (et/ou nerveuse). Par exemple il est très difficile de dessiner simultanément un cercle avec une main, et un carré avec l'autre. Ce type d'interférence n'est pas le produit d'une limitation de la capacité attentionnelle.

Conséquences pratiques

L'existence de ces interférences a des incidences directes sur l'entraînement sportif.

1. Pour complexifier une tâche, il est possible d'augmenter la demande attentionnelle en rajoutant une deuxième tâche. Le but étant d'apprendre à maintenir un certain niveau de performance sur deux tâches simultanément. La capacité de réaliser simultanément deux ou plusieurs tâches est primordiale dans un grand nombre d'activités sportives. Un sportif peut être amené à courir, sauter, éviter des obstacles, tout en manipulant une raquette, un ballon, un cerceau. Le fait qu'il existe des effets d'interférence explique en partie pourquoi la maîtrise des double-, ou multi-tâches est parfois aussi longue à acquérir.
2. Utiliser le paradigme de l'interférence apprend aux sportifs à se concentrer sur une tâche malgré du « bruit parasite ». C'est en quelque sorte une façon d'apprendre à ne pas se laisser distraire. Par exemple, dans les concours d'athlétisme comme les sauts, le public impose par ses applaudissements une cadence pour la prise d'élan du sauteur, cette cadence n'étant pas forcément celle adoptée naturellement par l'athlète. En entraînant l'athlète avec des bandes sonores jouant le rôle de distracteur, celui-ci apprend à négliger les applaudissements qui pourraient être défavorables à sa performance.
3. Enfin, au cours de l'apprentissage d'un geste technique il est possible d'utiliser ce paradigme pour juger de la maîtrise de ce geste. Par exemple, au football, il est difficile de pouvoir dribbler tout en dirigeant son regard sur les événements

extérieurs (observer le déplacement des adversaires et des partenaires). Si un entraîneur veut vérifier qu'un sportif maîtrise le dribble (c'est-à-dire qu'il n'est plus obligé de fixer son regard sur sa balle), il va introduire une autre tâche : tout en dribblant, le footballeur doit observer l'arrivée d'un adversaire. Si l'introduction de cette seconde tâche vient perturber le dribble, alors l'entraîneur est en mesure de conclure que ce joueur ne maîtrise pas encore parfaitement le dribble.

Attention sélective

L'attention sélective est fortement liée à la capacité limitée de l'attention. Elle est présente lorsqu'on est obligé de se concentrer sur une tâche ou un évènement au détriment des autres. Autrement dit l'attention sélective peut se définir comme la sélection de la seule information ou du seul événement utile pour l'action en cours. L'attention sélective peut être soit intentionnelle soit involontaire. L'attention sélective volontaire est mise en œuvre lorsqu'un individu veut de se donner les moyens de réaliser une action particulière. Dans ce contexte, il exclura lui-même de diriger son attention sur certains événements non pertinents pour atteindre son but. Par exemple si une personne décide d'écouter une conversation au téléphone dans une pièce bruyante, elle dirigera son attention sur la conversation téléphonique en négligeant (en filtrant) tous les autres sons à l'exception de la voix de son interlocuteur. Une sélection involontaire des informations peut toutefois survenir quand un fait ou un événement imprévu vienne détourner notre attention. Par exemple, si quelqu'un vous interpelle ou si un grand bruit inattendu se fait entendre, cet événement accapare une large part de votre attention, ce qui se fait au détriment de la tâche préalablement en cours.

Pour illustration, voyons un paradigme tout autant connu que celui de l'effet Stroop, celui de l'écoute dichotique. Ce paradigme consiste à diffuser deux conversations différentes dans chacune des oreilles des sujets à l'aide d'écouteurs indépendants (Cherry, 1953). Dans une des conditions, les sujets devaient répéter la conversation présentée à l'oreille droite. Compte tenu de ce que nous savons sur les interférences, les sujets n'avaient pas d'autre possibilité que « d'ignorer » la conversation présentée à l'oreille gauche. En d'autres termes, pour réussir la tâche, il fallait faire preuve d'une attention sélective. Les résultats ont montré que le message de droite était correctement reporté, mais qu'en revanche si on interrogeait les sujets sur ce qu'ils avaient entendu dans l'oreille gauche, la performance était médiocre. Ils étaient tout juste en mesure de distinguer si la voix était celle d'un homme ou d'une femme. Des expériences ultérieures ont d'ailleurs montré que les sujets n'étaient en fait même pas capables d'identifier la langue utilisée. Cette expérience nous montre que nous sommes capables de diriger volontairement notre attention sur un événement ou sur une information lorsqu'elle est utile à la réalisation d'une tâche. Elle nous montre aussi que grâce à l'attention sélective, nous sommes capables de maintenir un niveau de performance élevé malgré la présence de « distracteurs » ou de « bruits ». Évidemment la contrepartie, c'est que tous les événements ou toutes les informations qui ne sont pas soumis à l'attention se retrouvent exclus de tout traitement cognitif.

Sites web

- Le temps de réaction
  - Voici quelques sites où vous pourrez mesurer votre TR par le biais de tâches très ludiques :
    http://test.prise2tete.fr/aptitude-temps-de-reaction-et-couleurs.php
    http ://www.exploratorium.edu/baseball/reactiontime.html
    http ://www.topendsports.com/testing/reactiontest.htm
  - Pour en savoir plus sur le temps de réaction et la conduite automobile (en anglais) :
    http ://www.visualexpert.com/Resources/reactiontime.html
  - Comment mesurer votre TR à l'aide d'une règle graduée ?
    https ://www.youtube.com/watch ?v=3XM-4Qavh5k
- La mémoire et l'attention
  - Les différents types de mémoires :
    http://www.lecerveau.mcgill.ca/flash/d/d_07/d_07_p/d_07_p_tra/d_07_p_tra.html

- Une discussion passionnante sur la mémoire et l'oubli entre un journaliste et un chercheur :

  http ://www.franceinter.fr/emission-sur-les-epaules-de-darwin-la-memoire-et-loubli-1
- Un chapitre d'ouvrage (en français) intéressant sur comment tester et améliorer sa mémoire :

  http ://www.acifr.org/ressources/livres_developpement_personnel/tester_sa_memoire_extraits.pdf
- Un petit QCM à partir de quelques idées reçues sur la mémoire :

  http ://www.doctissimo.fr/test-psychologie-BOOSTER_MEMOIRE.htm
- Huit trucs pour booster sa mémoire :

  http ://www.doctissimo.fr/html/psychologie/mag_2001/mag0824/ps_4421_huit_trucs_memoire.htm
- Pourquoi les femmes auraient-elles une meilleure mémoire que les hommes ?

  http ://www.doctissimo.fr/html/psychologie/mag_2002/mag0823/ps_5789_memoire_feminine.htm
- Quelques idées d'expériences très simples (en anglais) :

  http ://www.cs.bham.ac.uk/~rxb/HTML_text/hci_1st_year/miniprojects/2.memory.html
- Pour mesurer son TR pendant l'effet Stroop (en anglais) :

  http ://faculty.washington.edu/chudler/java/ready.html

Bibliographie

- Adams J.A., Dijkstra S., "*Short-term memory for motor responses*", in *Journal of Experimental Psychology,* n° 71, 1966, pp. 314-318.
- Cherry E.C., "*Some experiments on the recognition of speech, with one and two ears*", in *Journal of the Acoustical Society of America,* n° 25, 1953, pp. 975-979.
- Henry F.M., Rogers D.E., "*Increased response latency for complicated movements and a 'memory drum' theory of neuromotor reaction*", in *Research Quarterly,* n° 31, 1960, pp. 448-458.
- Hick W.E., "*On the rate of gain of information*", in *The Quarterly Journal of Experimental Psychology,* n° 4, 1952, pp. 11-26.
- Hyman R., "*Stimulus information as a determinant of reaction time*", in *Journal of Experimental Psychology,* n° 45, 1953, pp. 188-196.
- James W., *The principles of psychology*, vol. I, 1890, New York, Holt.
- McMorris T., "*Acquisition and performance of sports skills*", 2014, West Sussex, Wiley Blackwell.
- Merkel J., "*Die zeitlichen Verhaltnisse der Willensthaütigkeit*", in *Philosophische Studien 2*, 1885, pp. 73-127, cité par Woodworth R.S., *Experimental psychology*, New York, Holt, 1938.
- Miller G.A., "*The magical number seven, plus or minus two : some limits on our capacity for processing information*", in *Psychological Review,* n° 63, 1956, pp. 81-97.
- Posner M.I., *Chronometric explorations of mind*, Hillsdale, NJ, Erlbaum, 1978.
- Rigal R., *Motricité humaine. Tome 1 : neurophysiologie perceptivo-motrice*, Presses de l'Université du Québec, Sainte-Foy, Québec, 2005
- Rosenbaum D.A., "*Human movement initiation : specification of arm, direction, and extent*", in *Journal of Experimental Psychology : General,* n° 109, 1980, pp. 444-474.
- Schmidt R.A., Gordon G.B., "*Errors in motor responding, 'rapid' corrections, and false anticipations*", in *Journal of Motor Behavior,* n° 9, 1977, pp. 101-111.
- Schmidt R.A., Lee T.D., *Motor control and learning*, Champain IL, Human Kinetics, 1999.
- Sperling G., "*The information available in brief visual presentations*", in *Psycholoqical Monographs,* Vol 74, n° 498, 1960.
- Stroop J.R., "*Studies of interference in serial verbal reactions*", in *Journal of Experimental Psychology,* n° 18, 1935, pp. 643-662.
- Woodworth R.S., *Experimental psychology*, New York, Holt, 1938.

QUESTIONS DU CHAPITRE 3

1. On a obtenu les TR suivants pour un sujet : pour 2 alternatives son TR vaut 320 ms, et 450 ms pour 4 alternatives. Pouvez-vous prédire quel sera son TR pour 8 alternatives ? Quelle loi utilisez-vous ?

2. Comment un boxeur peut-il éviter un coup droit, sachant que ce mouvement peut durer moins de 80 ms ?

3. Dans les courses de sprint, pourquoi a-t-on tendance à considérer qu'un chronométrage manuel est moins fiable qu'un chronométrage automatique ?

4. Citez un exemple de double tâche manuelle susceptible de créer une interférence ?

5. Chase et Simon (1973) ont mené une étude dans l'espoir de comprendre comment fonctionnait la mémoire des joueurs d'échecs. Pour cela ils ont demandé à des joueurs d'échecs de mémoriser la position des pièces sur un échiquier. Dans une première condition les pièces étaient placées sur l'échiquier dans une configuration de jeu possible. Dans une deuxième condition, les pièces étaient placées sur l'échiquier de manière complètement aléatoire. Les résultats de cette étude montrent que si dans la première condition les joueurs d'échecs ont une meilleure mémoire que des joueurs débutants, ce n'est plus le cas dans la deuxième. À votre avis pourquoi observe-t-on ces résultats ?

Chapitre 4

LE CONTRÔLE DU MOUVEMENT

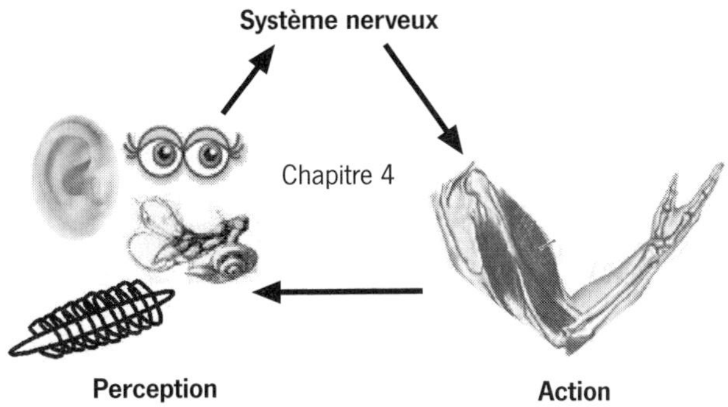

Dans le chapitre 3, nous avons vu que l'étude du traitement de l'information reposait sur des protocoles expérimentaux très particuliers dans lesquels les sujets devaient initier rapidement un acte moteur en réponse à un signal externe. Cependant il faut bien admettre que ces tâches sont fortement réductrices, dans la mesure où la motricité humaine ne peut se résumer à ce type de tâche. Tout d'abord, il existe de nombreuses situations où nous ne sommes pas nécessairement soumis à une forte pression temporelle (*i.e.* où le geste ne doit pas forcément être initié le plus rapidement possible). Par exemple, lorsque nous recevons un appel téléphonique, bien qu'il soit nécessaire de décrocher à temps, nous savons que c'est seulement au bout de plusieurs sonneries que l'appel sera manqué. En outre, il faut bien réaliser que nos actes ne sont pas uniquement déclenchés sur la base de signaux extérieurs. Que se passe-t-il lorsque je décroche moi-même mon téléphone pour appeler un ami ? Un autre aspect réducteur des protocoles expérimentaux utilisés pour comprendre le traitement de l'information revient à ne presque jamais envisager la possibilité que les individus puissent engager une réponse inappropriée. Que se passe-t-il lorsqu'un individu déplace sa main vers le mauvais bouton ? Peut-il corriger son mouvement en cours d'action ? Quelles informations sont utilisées pour détecter l'erreur ? Le but de ce nouveau chapitre sera d'aborder l'ensemble de ces questions. Ce chapitre sera organisé en deux grandes sections. Dans la première partie, on abordera la notion de contrôle en boucle fermée dans lequel les retours sensoriels (*feedbacks*) sont déterminants. Puis dans une deuxième partie nous aborderons la notion de contrôle en boucle ouverte dans laquelle la contribution de ces retours est négligeable.

Définition et introduction des notions de boucle ouverte/boucle fermée

La notion de contrôle est essentielle dans les sciences du mouvement humain ; on entend parler très souvent de « contrôle moteur » (« *motor control* » en anglais). Pour la majorité des gens, contrôler veut dire « surveiller », « inspecter », « vérifier » (« *monitoring* » en anglais). C'est ce que font typiquement les contrôleurs aériens, ou les contrôleurs dans les bus : ils sont là pour vérifier que les avions restent bien dans leur couloir aérien, ou que les passagers possèdent bien un titre de transport. En contrôle moteur, le mot contrôle implique aussi d'intervenir si une anomalie est relevée. En d'autres termes, pour qu'une action soit contrôlée par le système nerveux, il faut non seulement que le système nerveux surveille son déroulement, mais qu'en plus il soit susceptible d'intervenir sur son déroulement dans l'éventualité où celui-ci n'est plus conforme avec l'objectif initial. Si nous voulions donner une définition plus formelle, nous pourrions dire que le contrôle est l'ensemble des opérations qui observent le déroulement de l'action et comparent le produit de l'action avec le but visé (Laurent, 1987).

Deux grands types de contrôles sont envisagés pour le contrôle d'une action, on parle soit de contrôle dit en boucle ouverte, soit de contrôle dit en boucle fermée. Ces deux grands modes de fonctionnement sont illustrés sur la figure 4-1. Dans les deux cas, on part du principe qu'un mouvement volontaire est sous-tendu par une intention. Cette intention de mouvement conduit à la l'élaboration puis l'exécution d'une commande motrice. Dès lors que le geste est initié, de nombreux signaux sensoriels en relation avec le mouvement sont émis ; ces signaux peuvent être d'origine très diverse, c'est-à-dire visuelle, proprioceptive, vestibulaire, tactile ou autre. Selon le mode de contrôle du mouvement, le devenir des retours sensoriels (*feedbacks*) du geste sera bien différent. Dans un contrôle en boucle fermée (figure 4-1A), ces signaux seront utilisés pour le contrôle de l'action en cours. En fait, le système nerveux va effectuer une comparaison permanente entre le mouvement souhaité (intention), et le mouvement réellement effectué (sur la base des retours sensoriels). Dès que cette comparaison indique une discordance, le système nerveux initie une correction, et la commande motrice en cours est modifiée (ex. : skieur contrôlant sa trajectoire pour passer des portes). À l'inverse, dans un contrôle en boucle ouverte (figure 4-1B), les retours sensoriels ne sont pas utilisés pour le contrôle de l'action. En d'autres termes, cela signifie, que les conséquences sensorielles du geste ne sont plus déterminantes pour son déroulement. En fait, tout se passe comme si le système nerveux était capable de prédire exactement ce qui allait se passer, ou faisait le pari que le mouvement effectué serait forcément le mouvement souhaité. Le plus souvent on considère que la commande motrice est élaborée dans son ensemble avant même l'exécution du geste (ex. : penalty au football).

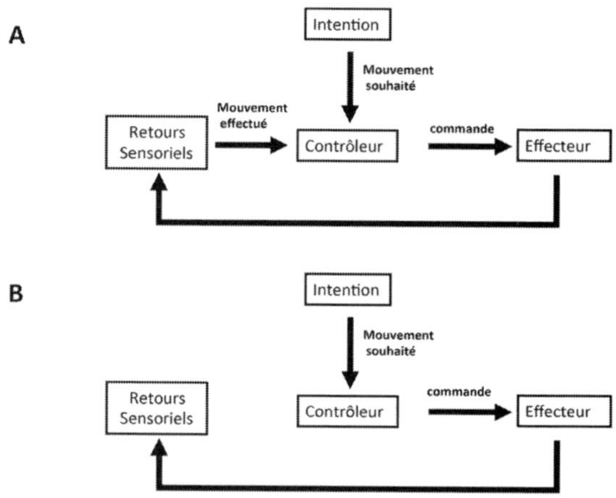

Figure 4-1. **Contrôle du mouvement.** A. Dans le contrôle en boucle fermée, les retours sensoriels (*feedbacks*) engendrés par la réalisation de l'action sont utilisés pour élaborer la commande motrice. B. Dans le contrôle en boucle ouverte, les retours sensoriels engendrés par la réalisation de l'action ne sont pas pris en compte dans l'élaboration de la commande motrice.

Ces deux modes de contrôle ont des conséquences importantes sur l'organisation du mouvement. Afin de l'illustrer concrètement, on se propose de prendre l'exemple suivant. Imaginons un instant que vous êtes beach-volleyeur et que vous effectuez un service. Considérons que le seul but visé est de frapper le ballon avec la paume de la main. Imaginons ensuite qu'une perturbation « externe » telle qu'une rafale de vent survienne au moment où le ballon est lancé en l'air, ou bien encore que votre bras soit malencontreusement dévié de sa trajectoire par un coéquipier. Dans le cas d'un mouvement en boucle ouverte, les retours sensoriels n'étant pas pris en compte, il sera impossible de corriger le mouvement face à un événement qui n'a pas été prévu au départ (*i.e.* au moment où la commande a été élaborée). Au bout du compte, la balle sera très probablement maladroitement frappée et le service raté. En revanche, dans le cas d'un mouvement en boucle fermée, les signaux visuels, proprioceptifs ou autres informeront le volleyeur que la balle, ou le bras, sont en train de dévier de leur trajectoire, et offriront la possibilité d'engager une action pour corriger son geste. Par conséquent, même s'il n'est pas certain que le volleyeur puisse compenser complètement l'effet de la rafale ou de la bousculade (à cause de problèmes de délai ou de limitation de force), ce mode de contrôle offre la possibilité d'initier une correction face à une perturbation extérieure imprévue.

Dans l'exemple précédent, nous avons considéré l'effet d'une perturbation induite par l'environnement, c'est-à-dire une perturbation externe. Cependant il arrive parfois que le geste soit dévié, non par l'action de forces externes, mais tout simplement parce que la commande du geste elle-même n'est pas exactement appropriée. Par exemple imaginons que le bras gauche ait lancé la balle moins haut qu'à l'accoutumée. Le temps de suspension de la balle se raccourcissant, cela impose, pour réussir le service, que le geste du bras droit soit initié plus précocement. Lorsqu'il s'agit d'une perturbation dite « interne » (provenant du lanceur), les modes de contrôle en boucle ouverte et en boucle fermée peuvent tous deux aboutir à des corrections du mouvement. Dans le cas d'un contrôle en boucle fermée, les signaux proprioceptifs et visuels fournissent les informations nécessaires pour que le volleyeur corrige le geste de son bras droit. En revanche, dans le cas d'un contrôle en boucle ouverte, ces mêmes signaux ne sont plus pris en compte, et pourtant une réaction de correction peut être mise en place. Comment est-ce possible ? Cela est possible car le système nerveux possède la capacité de prédire les conséquences d'une commande motrice (nous verrons plus tard comment). En fait lorsque la commande motrice est envoyée au bras gauche, le système nerveux anticipe (grâce à un « modèle interne ») le fait qu'avec une telle commande, le geste du bras droit devra nécessairement être initié plus tôt pour pouvoir frapper la balle. Cette prédiction ne nécessitant pas d'attendre les retours sensoriels, la mise en place d'une correction peut être beaucoup plus rapide que pour un contrôle en boucle fermée qui nécessite d'attendre puis de traiter les retours sensoriels.

	Type de perturbation	
	Externe	**Interne**
Boucle fermée	Correction	Correction
Boucle ouverte	~~Correction~~	Correction

Tableau 4-1. **Compensation de perturbation et contrôle du mouvement.** Lorsqu'un événement extérieur imprévu survient, le système nerveux peut engager une action correctrice si le mouvement est contrôlé en boucle fermée, mais pas s'il est contrôlé en boucle ouverte. Lorsque la perturbation est initiée de l'intérieur, les deux modes de contrôle peuvent conduire à une action correctrice.

En résumé, on retiendra qu'il existe deux modes de contrôle du geste (voir tableau 4-1). Le premier, en boucle fermée, est assez lent (délai incompressible lié au traitement sensoriel) mais permet de corriger le mouvement dans une large variété de situations (perturbations internes et/ou externes). Le second, en boucle ouverte, est plus rapide (car il n'y a pas de traitement des *feedbacks*), mais ne convient que pour les situations où l'acteur est le responsable de l'erreur (perturbations internes). Même si nous verrons par la suite que cette dichotomie est un peu artificielle, elle permet de fixer une base pour introduire la notion de contrôle du mouvement. Nous tenterons de nous y conformer le plus longtemps possible tout au long de ce chapitre.

Contrôle en boucle fermée

Le point essentiel dans la notion de contrôle en boucle fermée, c'est que l'action soit contrôlée à partir des réafférences (*feedbacks*, retours sensoriels) qu'elle génère. Cependant, nous verrons que la contribution de ces réafférences peut s'effectuer de plusieurs manières. Les boucles nerveuses qui sont mises en jeu peuvent en effet être plus ou moins longues et complexes. Ceci nous amène à distinguer plusieurs types de contrôles en boucle fermée. Lorsque ces boucles s'appuient sur une circuiterie neuronale relativement simple (quelques neurones) et que la correction initiée dépend peu de l'intention du sujet, on aura tendance à parler de « contrôle automatique ». Lorsque les boucles mises en jeu s'appuient sur une circuiterie neuronale beaucoup plus élaborée, et que la correction initiée dépend essentiellement de l'intention du sujet, on aura tendance à parler de « contrôle volontaire ». L'avantage majeur d'un contrôle automatique est de pouvoir fournir une action correctrice pratiquement dans l'instant, c'est-à-dire avant même que le sujet ait pu percevoir consciemment qu'un souci était survenu (soit quelques dizaines de millisecondes seulement après la perturbation). Nous verrons ultérieurement que les boucles réflexes constituent le support principal de ce contrôle automatique. Ce sont ces boucles réflexes qui permettront par exemple à un joueur de handball de restaurer son équilibre après une bousculade par un adversaire. La réponse qui sera initiée ne dépendra pas (ou très peu) de son intention au moment précis où il se fait bousculer. En ce qui concerne le contrôle volontaire, les délais de rétroaction (effet en retour sur l'action en cours) seront nettement plus longs (plusieurs centaines de millisecondes) mais les actions correctrices seront beaucoup plus adaptées au contexte. L'exemple le plus classique est celui dans lequel un individu contrôle son geste en fonction des informations visuelles qui lui sont disponibles. Si l'on reprend l'exemple du joueur de handball, le contrôle volontaire sera celui qui permet au joueur de réguler son déplacement en fonction de la position des autres joueurs. Cette fois-ci l'intention est déterminante, car même si la scène visuelle reste identique (même configuration des autres joueurs), selon que vous ayez ou non le ballon, les régulations qui seront apportées seront différentes ; dans le premier cas vous chercherez à esquiver vos adversaires, alors que dans l'autre vous chercherez à les intercepter. Même si cette dissociation entre un contrôle purement automatique d'une part, et un contrôle purement volontaire d'autre part, peut sembler satisfaisante dans un premier temps, nous verrons ultérieurement que dans certains cas, il existe des mécanismes de contrôle pour lesquels cette dissociation devient difficile à mettre en œuvre. Néanmoins dans les pages qui vont suivre, nous avons choisi de conserver cette dissociation, en vous présentant les mécanismes de contrôle en boucle fermée en allant du plus automatique vers le plus volontaire (i.e. le moins automatique).

Contrôle automatique : les réflexes

Qu'est-ce qu'un réflexe ? À travers la notion de réflexe, on entend le plus souvent une réponse motrice involontaire déclenchée par un stimulus externe. On ajoutera que cette réponse est souvent déclenchée de manière irrépressible et qu'elle est initiée en un temps record : bien inférieur à un temps de réaction simple (voir section sur le « traitement de l'information »). La fonction principale des réflexes est de permettre une réaction d'urgence face à un événement qui peut nuire à l'intégrité de l'individu. Plus concrètement dans notre contexte, ces réactions d'urgence peuvent servir à corriger le mouvement, stabiliser la posture, ou encore fuir une source nociceptive (douloureuse, voir chapitre 1). Prenons deux situations. Dans la première, imaginons que vous marchiez pied nu au bord de la plage, et que votre pied se pose malencontreusement sur un objet pointu. Dans la deuxième, imaginons que vous teniez un objet dans votre main et que cet objet se mette soudainement à vous glisser des doigts. S'il était nécessaire de percevoir consciemment la douleur engendrée par l'objet pointu, ou le glissement de l'objet sur vos doigts, il vous faudrait au minimum 180 à 200 ms pour initier un geste de correction (lever la jambe, ou serrer l'objet plus fort). Grâce aux réflexes, la réponse adaptée peut être initiée beaucoup plus rapidement (40 ms dans le premier cas, et 80 ms dans le deuxième). Comment ces réponses adaptées peuvent-elles être initiées aussi rapidement ? Cela est possible car la circuiterie neuronale qui sous-tend les réflexes est relativement courte et simple. En effet dans la majorité des cas, cette circuiterie ne comprend que quelques neurones situés le plus souvent dans la moelle épinière. Sur la figure 4-2, nous avons représenté la circuiterie neuronale classique qui sous-tend un réflexe. On distingue trois étapes. La première étape porte sur la réception d'un stimulus (cutané, proprioceptif, nociceptif, vestibulaire...). Dans la deuxième étape, le stimulus est acheminé par un nerf sensoriel vers un centre intégratif (composé d'un ou plusieurs neurones) où son traitement conduit à l'émission d'un ordre moteur. Dans la dernière étape, un ordre moteur est émis vers un effecteur pour modifier son niveau de contraction.

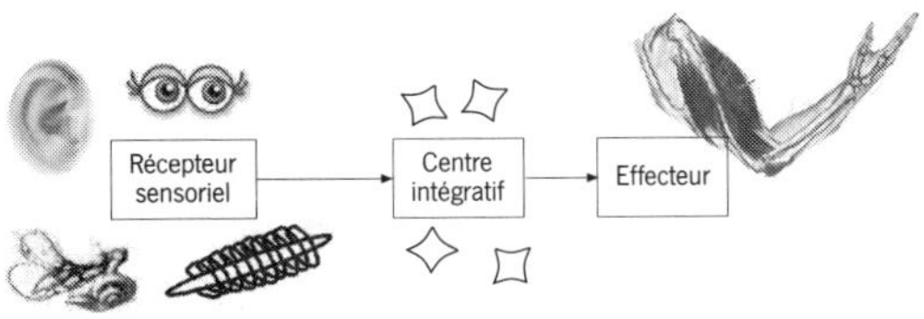

Figure 4-2. **Organisation générale d'un réflexe.** Un stimulus capté par un récepteur sensoriel est acheminé vers un centre d'intégration (comprenant un ou plusieurs neurones). Après traitement rapide du stimulus, un ordre moteur est émis vers un effecteur (muscle).

Le nombre de neurones impliqués dans un réflexe est très variable. Il peut aller d'une unité à plusieurs dizaines d'unités. Lorsque le centre intégratif ne comporte qu'un seul neurone, on parle de réflexe monosynaptique. On considère, en fait, qu'il existe une unique synapse (voir chapitre 2 pour cette notion) dans toute la circuiterie neuronale d'un tel réflexe (on exclut ici la synapse de la jonction neuromusculaire présente pour toute contraction musculaire). Lorsque le centre intégratif ne comporte qu'un petit nombre de neurones (2 ou 3), on parle de réflexe oligosynaptique, mais lorsque le nombre de neurones devient relativement élevé (supérieur à 4), on parle de réflexe polysynaptique. Notons que pour un grand nombre de réflexes, la moelle épinière constitue l'unique centre d'intégration. C'est la raison pour laquelle ces réflexes peuvent continuer à être étudiés chez un animal dont la moelle épinière n'est plus connectée physiquement au cerveau (on parle de préparation spinale). En fait, cette séparation physique est souvent utilisée en neurophysiologie car elle permet de supprimer toute influence possible des centres supérieurs (du cerveau). Ainsi, si on observe un mouvement sur une préparation spinale, on est sûr qu'il n'a pas pu être déclenché par le cerveau.

Parce qu'il existe une large variété de réflexes, nous ne serons pas en mesure d'en faire une description exhaustive. Notre objectif sera plutôt d'en présenter les principaux, en insistant à la fois sur la circuiterie neuronale qui les sous-tend, mais aussi sur leur caractère très fonctionnel. Nous partirons des réflexes les plus simples pour aller vers les plus complexes (voir figure 4-3). Pour les réflexes les plus simples (ex. : réflexes myotatique et tendineux), nous verrons qu'ils sont déclenchés par des stimuli bien spécifiques, que leur latence (temps d'acheminement) est courte et qu'ils sont peu adaptables en fonction du contexte et/ou de l'intention du sujet. En revanche pour les plus complexes (ex. : réactions préprogrammées), nous verrons qu'ils sont initiés par des stimuli beaucoup moins spécifiques, que leur latence est plus importante et qu'ils dépendent énormément du contexte et de l'intention du sujet.

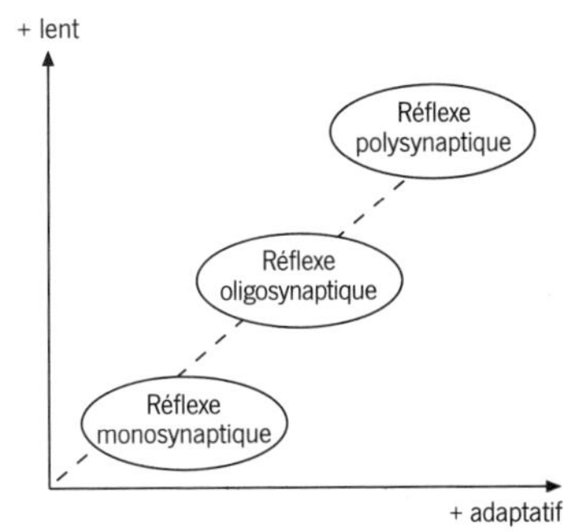

Figure 4-3. **Caractéristiques des réflexes selon le nombre de synapses impliquées.** Lorsque le nombre de synapses croît, les réponses deviennent plus tardives et dépendent de plus en plus du contexte.

Le réflexe myotatique

Le réflexe myotatique (appelé aussi réflexe d'étirement) fait partie des réflexes monosynaptiques. Il est provoqué par un étirement musculaire soudain. Sa circuiterie neuronale, exposée sur la figure 4-4, est relativement simple. Ce réflexe s'articule en fait sur les projections directes qui existent entre les afférences Ia d'un muscle et les motoneurones a de ce même muscle. Ainsi, lorsqu'on étire brutalement un muscle, les fuseaux neuromusculaires contenus dans ce muscle s'allongent. Or les fuseaux neuromusculaires étant particulièrement sensibles à la longueur, et aux changements de longueur du muscle (voir chapitre 1, paragraphe « La proprioception : le sixième sens »), ils se retrouvent activés par cet allongement. Il se trouve que certaines des afférences Ia qui véhiculent les informations relatives à cet allongement se projettent directement sur les motoneurones du muscle qui vient justement de s'allonger. Dès lors, à la suite de l'étirement du muscle, celui-ci tend à se contracter (on comprend pourquoi ce réflexe est très rapide à se déclencher). En d'autres termes, le réflexe myotatique permet au muscle de s'opposer à des étirements.

Le réflexe myotatique peut se tester simplement. Les médecins le testent habituellement en appliquant un léger coup de marteau en dessous du genou sur le tendon pattellaire (auquel est fixé le quadriceps). Assis, la jambe en l'air, et le genou fléchi, on constate que le genou s'étend sous l'effet de ce tapotement. C'est le réflexe myotatique qui est responsable de la contraction du quadriceps. Grâce à ce simple tapotement, les médecins testent à la fois l'état des fuseaux neuromusculaires, l'existence de synapses fonctionnelles entre afférences Ia et motoneurones, et enfin la capacité du muscle à se contracter. L'absence de réaction à ce test indique la présence d'une anomalie sérieuse à au moins un de ces trois niveaux.

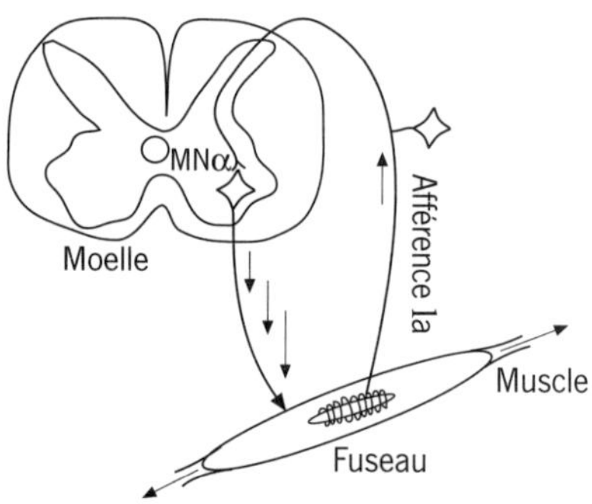

Figure 4-4. **Circuiterie neuronale du réflexe myotatique.** Lorsqu'un muscle est étiré brutalement, les fuseaux neuromusculaires de ce muscle sont activés et un potentiel d'action est acheminé vers la moelle épinière par le biais des afférences Ia. Parce qu'il existe des projections directes des afférences Ia sur les motoneurones a du muscle étiré, le muscle tend à se contracter sous l'effet d'un étirement.

Le réflexe myotatique est un réflexe très fonctionnel. Pour bien l'illustrer on se propose de prendre l'exemple suivant. Imaginons un instant un individu qui porterait un plateau sur l'avant-bras, le coude fléchi, et à qui on demanderait de maintenir une position la plus stable possible. Imaginons ensuite que, sans prévenir le sujet, on augmente brutalement la charge du plateau. Comme on peut s'y attendre, l'augmentation de charge sur le plateau conduit au moins transitoirement à une extension du coude et un abaissement de l'avant-bras. Cependant, si on suit de près la réponse musculaire des fléchisseurs du coude, on constate qu'une réaction de compensation se met en place très rapidement. En effet, seulement 30 ms après l'augmentation de charge, on constate une augmentation d'activité dans les fléchisseurs du coude. Lorsqu'on compare ce délai avec le temps de réaction nécessaire pour initier un mouvement volontaire après un stimulus comparable (TR autour de 180-200 ms, voir chapitre 3), on comprend que ce délai de 30 ms ne permette pas au sujet d'initier sa réponse sur la base d'une perception consciente de la perturbation. Il faut donc admettre que l'individu réagit sans avoir eu le temps de comprendre véritablement ce qui lui arrivait. Notons que si, au contraire, on avait allégé le bras du sujet, la réaction induite aurait été une diminution d'activité dans les fléchisseurs du coude (cette réponse limitant l'élévation du coude). En conclusion, bien que la circuiterie neuronale qui sous-tend le réflexe myotatique soit peu élaborée, elle présente l'avantage de permettre l'initiation d'une réponse motrice adaptée à une perturbation mécanique, et ce bien avant que la perturbation soit perçue consciemment par le sujet.

Pour des raisons de simplicité, nous venons d'exposer la fonctionnalité du réflexe myotatique à partir d'une situation expérimentale dans laquelle un individu devait stabiliser une posture. Cependant, il est important de réaliser que ce réflexe peut subsister même lorsque le sujet produit un mouvement. En effet si on demande au sujet précédent d'effectuer un mouvement d'élévation du plateau, et que l'on bloque son mouvement au milieu de sa course, on constate là encore qu'une réaction de compensation s'organise très rapidement après la perturbation. En fait toute déviation de la trajectoire initiale provoquée par une perturbation extérieure est susceptible d'induire un réflexe myotatique. Dans les activités sportives, cette situation est relativement courante. Pour ne citer que quelques exemples, on peut penser au joueur de handball qui en tirant aurait son bras retenu par un opposant, ou encore à un judoka qui se fait soudainement renverser par son adversaire, ou bien enfin à un véliplanchiste qui prendrait une bourrasque de vent dans sa voile. En conclusion, le réflexe myotatique est un réflexe très fonctionnel, particulièrement pour les activités sportives d'opposition et de plein air.

Le réflexe tendineux

Le réflexe tendineux fait partie des réflexes oligosynaptiques. Il est provoqué par un étirement sévère du tendon. La circuiterie neuronale qui le sous-tend est exposée sur la figure 4-5. Ce réflexe s'articule autour de projections inhibitrices entre les afférences Ib d'un muscle et les motoneurones a de ce même muscle. Lorsqu'un muscle atteint un niveau de contraction élevé, cela peut conduire à déclencher une activité des récepteurs de Golgi car les tendons sont soumis à de fortes tensions (voir chapitre 1, paragraphe « La proprioception : le sixième sens »). Quand cette situation se produit, l'activité des récepteurs de Golgi est alors transmise vers la moelle épinière par le biais des afférences Ib. Il se trouve que les afférences Ib se projettent sur des interneurones (IN Ib) qui ont des projections inhibitrices sur les motoneurones a du muscle en question. Au bout du compte, lorsque le tendon est soumis à de fortes tensions, les motoneurones de ce muscle sont inhibés, et le muscle tend à se relâcher. Le réflexe tendineux est donc un réflexe qui empêche le muscle d'être soumis à des tensions trop élevées. Pour cette raison ce reflexe qui conduit à réduire l'activité des muscles est appelé aussi « réflexe myotatique inverse ».

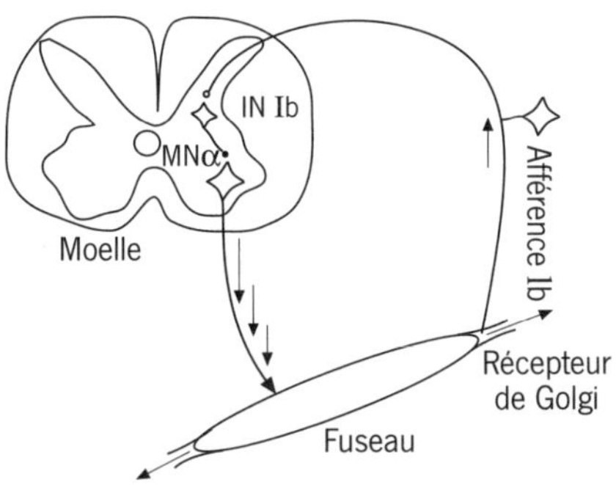

Figure 4-5. **Circuiterie neuronale du réflexe tendineux.** Lorsqu'un muscle est soumis à une tension élevée, les récepteurs tendineux (récepteurs de Golgi) sont activés. Cette information est alors acheminée vers la moelle épinière par le biais des afférences Ib. Ces afférences se projettent sur des interneurones Ib (IN Ib) qui ont eux-mêmes des projections inhibitrices sur les motoneurones du muscle étiré. Au bout du compte, quand le tendon est soumis à de fortes tensions, le muscle tend à se relâcher.

Quelle peut être l'utilité d'un réflexe empêchant un muscle d'être soumis à de fortes tensions ? En fait, chaque fois qu'un muscle est soumis à de fortes tensions, les fibres et les tendons de ce muscle sont exposés à un risque de détérioration. En empêchant le muscle d'atteindre des tensions élevées, on limite les expositions à ce genre de risque. Il faut donc concevoir le réflexe tendineux comme un réflexe participant à la protection du muscle, et plus généralement à l'intégrité de l'individu.

Lors de contractions musculaires habituelles (sous-maximales), l'intervention de ce réflexe serait faible. Le réflexe tendineux jouerait un rôle important surtout pour les contractions maximales (tensions extrêmement élevées), notamment lors de contractions excentriques (*i.e.* le muscle s'allonge). Dans le cadre des activités physiques et sportives, les situations où les pratiquants ont besoin d'exercer des forces élevées (voire maximales) sont relativement courantes. On peut penser par exemple au lanceur de poids, au sprinteur, ou encore à l'haltérophile. Ces individus ont besoin de recruter leurs muscles au maximum de leurs capacités. Faut-il alors concevoir le réflexe tendineux comme un limiteur de performance chez le sportif ? Ce n'est pas certain. En fait, des indices suggèrent que, sous l'effet de l'entraînement, cette boucle d'inhibition perdrait une partie de son efficacité.

Le réflexe d'inhibition réciproque

Pour l'instant tous les réflexes que nous avons présentés étaient des réflexes dans lesquels le stimulus avait une action sur des motoneurones innervant le muscle d'où était issu le stimulus (réflexes homonymes). Avec le réflexe d'inhibition réciproque, nous allons montrer que le stimulus peut avoir une action sur des motoneurones qui ne sont pas forcément en relation avec le muscle d'où est issu le stimulus (réflexes hétéronymes). En d'autres termes, nous allons montrer qu'un événement survenant sur le muscle A peut avoir un effet sur le muscle B.

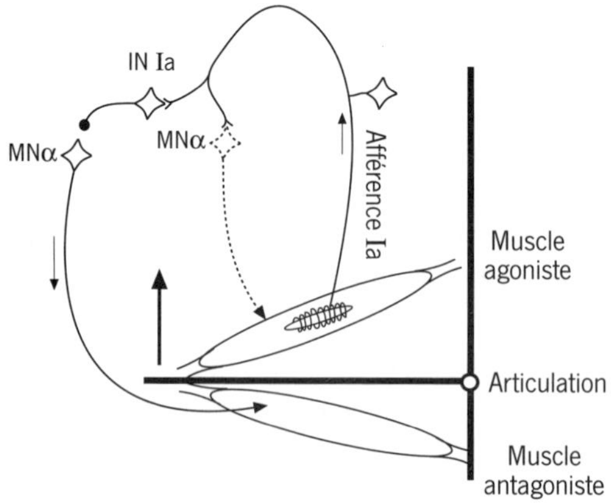

Figure 4-6. **Circuiterie neuronale du réflexe d'inhibition réciproque.** Les afférences Ia du muscle agoniste sont en relation avec les motoneurones a du muscle antagoniste par l'intermédiaire d'interneurones inhibiteurs (IN Ia). Ce mécanisme tend à favoriser l'activité d'un muscle au détriment de l'autre.

Pour chaque mouvement, on distingue des muscles agonistes et des muscles antagonistes. Les muscles agonistes sont ceux dont la contraction facilite le mouvement. Par opposition, les muscles antagonistes sont ceux dont la contraction s'oppose au mouvement. Par exemple, pour un mouvement de flexion du coude, le biceps sera considéré comme un muscle agoniste, et le triceps comme un muscle antagoniste. Le réflexe d'inhibition réciproque est un réflexe dans lequel les afférences Ia du muscle agoniste ont un effet inhibiteur sur le muscle antagoniste.

La circuiterie neuronale qui sous-tend le réflexe d'inhibition réciproque est présentée sur la figure 4-6. Cette circuiterie s'appuie en partie sur celle du réflexe myotatique (figure 4-4). Il existe des projections des afférences Ia vers les motoneurones a du muscle antagoniste. Cependant ces projections ne sont pas directes. Elles se font par l'intermédiaire d'interneurones, dits interneurones **I**a (IN Ia), qui ont une action inhibitrice sur les motoneurones du muscle antagoniste. Ainsi, si les afférences Ia ont tendance à favoriser la contraction du muscle dont elles proviennent (réflexe myotatique), elles ont tendance à produire l'effet inverse sur les muscles antagonistes (réflexe d'inhibition réciproque). En règle générale, ce type de relation entre les muscles tend à rendre assez improbable la situation où les muscles agonistes et antagonistes sont contractés simultanément (on parle alors de cocontraction).

La fonctionnalité de l'inhibition réciproque est liée au fait que lorsque nous réalisons un mouvement, grâce à ce mécanisme, la performance des muscles agonistes n'est que très peu (voire pas du tout) entravée par les muscles antagonistes (qui sont réprimés). Dans le contexte des activités physiques et sportives, il est facile d'imaginer l'utilité d'un tel réflexe. Si mon objectif est de sauter le plus loin possible, on comprend aisément qu'il est préférable que les muscles fléchisseurs n'entravent pas l'action des muscles extenseurs. Pour autant, il n'est pas rare, chez des sujets non entraînés (et pour certaines pathologies), d'observer des contractions parasites de la musculature antagoniste entravant la réalisation du mouvement (cocontraction). Des études indiquent que le renforcement musculaire et l'entraînement seraient susceptibles d'augmenter ce mécanisme d'inhibition, favorisant ainsi l'expression mécanique de la contraction musculaire agoniste.

Le réflexe de flexion

Tous les réflexes que nous avons présentés jusqu'à présent sont des réflexes initiés sur la base de stimuli en provenance soit des fuseaux neuromusculaires soit des récepteurs tendineux (Golgi). Cependant, pour d'autres réflexes, la nature du stimulus peut être très différente, c'est le cas du réflexe de flexion. Comme son nom l'indique, le réflexe de flexion est un réflexe qui déclenche une contraction des muscles fléchisseurs en réponse à un stimulus. Il se trouve que, pour ce réflexe, le stimulus peut être d'origine cutanée (afférences III et IV) ou nociceptive (douleur). Par exemple, un sujet peut initier un réflexe de flexion à la suite d'une brûlure, d'une décharge électrique, ou encore à la suite d'un simple effleurement de la peau (chatouillement). Dans la plupart des cas, on observe une contraction de l'ensemble des muscles fléchisseurs appartenant au membre sur lequel a été porté le stimulus. En pinçant la main d'un sujet, on déclenche une réponse de flexion du poignet, qui, selon l'intensité du stimulus, peut s'étendre jusqu'au coude, voire à l'épaule.

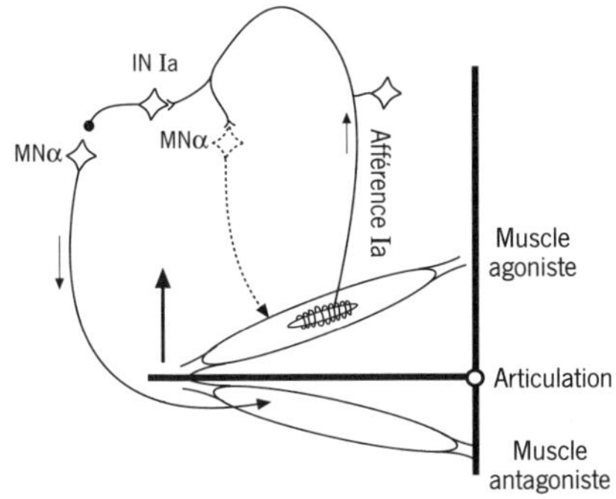

Figure 4-7. **Circuiterie neuronale du réflexe de flexion.** Les afférences cutanées et nociceptives se projettent sur des interneurones excitateurs (INs), qui eux-mêmes se projettent sur les motoneurones a des muscles fléchisseurs en relation avec le membre stimulé.

La circuiterie neuronale à l'origine du réflexe de flexion est exposée sur la figure 4-7. Les afférences (cutanées/nociceptives) qui déclenchent ce réflexe ne se projettent pas directement sur les motoneurones des fléchisseurs. En fait, plusieurs interneurones sont nécessaires pour assurer la connexion entre les afférences et les motoneurones ; il s'agit d'un réflexe oligosynaptique. Du fait de ces multiples relais, ajouté à la faible vitesse de conduction des fibres afférentes (environ 5-10 m/s), le temps qui sépare l'application du stimulus et la contraction musculaire (*i.e.* la latence) est plus important que pour un réflexe monosynaptique (70 ms, contre 30 ms pour le réflexe myotatique).

Le réflexe de flexion est un réflexe fonctionnel. Dans le cas d'une stimulation nociceptive, il permet d'éloigner le membre stimulé de la source à l'origine de la douleur. Par exemple, si vous touchez du bout des doigts un objet brûlant, la réponse de rétraction du bras permettra à votre main de stopper rapidement ce contact douloureux, et ce, sans qu'il y ait eu besoin d'une perception consciente de la douleur. Et même s'il faut attendre 70 ms pour initier la réponse, ce délai reste relativement court comparé au délai nécessaire pour initier une réponse volontaire (180-200 ms). Ce réflexe constitue un bon exemple de mécanisme préservant l'intégrité du corps.

Le réflexe d'extension croisée

Le réflexe d'extension croisée est un nom un peu compliqué pour signifier que, parfois, lors de stimulations intenses, le réflexe de flexion peut s'accompagner d'une réaction d'extension sur la partie opposée du corps (on dit contralatérale). Par exemple, si un individu marche malencontreusement sur un clou, la jambe qui vient de se poser sur le clou se fléchit, tandis que l'autre se tend. Cette association entre un mouvement de flexion d'un côté et d'extension de l'autre est fonctionnelle dans la mesure où si une jambe se fléchit, il vaut mieux que l'autre jambe soit en mesure de supporter le poids du corps. La figure 4-8 qui présente l'organisation neuronale de ce réflexe est en fait une extension de la figure 4-7 sur laquelle on a ajouté les projections des interneurones vers les motoneurones des muscles extenseurs contenus dans le membre contralatéral. Sur la figure 4-8, on a pris l'exemple d'un stimulus appliqué sur le côté droit du corps. Celui-ci déclenche donc une contraction des fléchisseurs du côté droit, et une contraction des extenseurs du côté gauche.

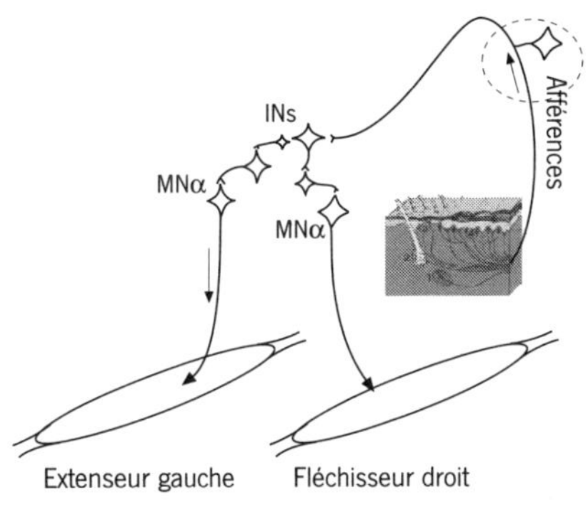

Figure 4-8. **Circuiterie neuronale du réflexe d'extension croisée.** Les afférences (cutanées/nociceptives) entrent dans la moelle épinière et se projettent sur des interneurones (INs). Une partie de ces interneurones se projette sur les motoneurones des muscles fléchisseurs du membre ipsilatéral à la stimulation (c'est le réflexe de flexion), et une autre partie se projette sur les motoneurones des muscles extenseurs du membre contralatéral (c'est le réflexe d'extension croisée).

Le réflexe vestibulo-oculaire

Le réflexe vestibulo-oculaire (VOR) est le réflexe qui nous permet de fixer le regard sur un objet tout en bougeant notre tête. Par exemple un rugbyman peut ancrer son regard sur une balle alors que sa tête oscille de gauche à droite lors de la course. Dès que la tête se met en mouvement, la stimulation des récepteurs vestibulaires (voir chapitre 1, paragraphe « La proprioception : le sixième sens ») déclenche une rotation des globes oculaires en sens inverse. Par exemple, si la tête se tourne à gauche, les yeux bougent à droite, de même si la tête s'incline vers le bas, alors les yeux bougent vers le haut de sorte que la balle continue d'occuper une position stable sur la rétine.

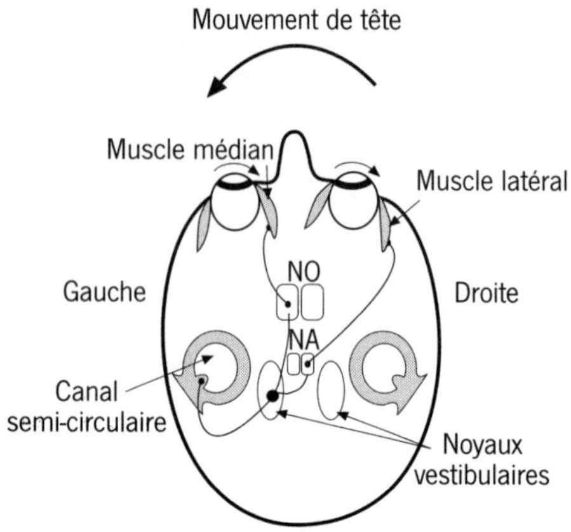

Figure 4-9. **Circuiterie neuronale du réflexe vestibulo-oculaire.** Lorsque la tête tourne vers la gauche, le canal semi-circulaire du côté gauche est stimulé. Les afférences vestibulaires se projettent sur le noyau vestibulaire gauche, puis sur le noyau oculomoteur (NO) gauche et sur le noyau *abducens* (NA) droit. Le dernier entraîne la contraction du muscle latéral droit, le premier celle du muscle médian gauche. Au bout du compte, les deux yeux bougent vers la droite.

Comment fonctionne ce réflexe ? Sur la figure 4-9 nous avons pris l'exemple de quelqu'un qui effectue un mouvement horizontal de la tête vers la gauche. Lorsque vous bougez votre tête vers la gauche, vous stimulez le canal semi-circulaire horizontal du côté gauche (le canal droit est alors inhibé). Pour garder vos yeux sur un point fixe, il faut que vos yeux bougent vers le côté droit. Cela implique que pour l'œil gauche le muscle médian (vers la cloison nasale) soit activé, et que pour l'œil droit le muscle latéral (vers l'extérieur) soit activé. Il se trouve que les afférences vestibulaires consécutives à ce mouvement de tête activent le noyau vestibulaire gauche qui lui-même possède des projections sur deux autres noyaux. Les neurones du noyau vestibulaire gauche se projettent soit sur le noyau *abducens* (NA) du côté droit qui stimule le muscle latéral de l'œil droit, soit sur le noyau oculomoteur (NO) du côté gauche qui stimule le muscle médian de l'œil gauche. Au bout du compte, un mouvement de tête vers la gauche déclenche bien un déplacement des yeux vers la droite. La latence du VOR est d'environ 10 ms, ce qui est inférieur à la latence de tous les autres réflexes que nous avons vus précédemment (même celle du réflexe myotatique est supérieure). Bien que le nombre de synapses soit du même ordre de grandeur, la distance qui sépare les muscles des yeux du vestibule est très faible (une dizaine de centimètres), ce qui diminue fortement le temps de conduction de l'influx nerveux. Lors de rotations à vitesse constante, comme cela pourrait être le cas dans certains manèges, on pourrait penser que le VOR amène l'œil en butée vers l'extrémité de l'orbite, où il resterait alors bloqué. Fort heureusement ceci n'arrive pas. En fait, lorsque l'œil approche de l'extrémité de l'orbite, il fait alors un mouvement rapide de recul qui le ramène vers le centre de l'orbite. Cette succession de mouvements lents et rapides est appelée *nystagmus vestibulaire*.

Ce réflexe est important en sport dans la mesure où nous déplaçons toujours la tête. Si nous voulons garder notre regard le plus stable possible sur un objet, le VOR assure parfaitement cette fonction sans que nous ayons à engager la moindre compensation volontaire. Imaginez un gymnaste ou un plongeur faisant un salto. Grâce au VOR, ils peuvent stabiliser leur regard sur le tapis ou sur la surface de l'eau en fin de rotation, alors que leur tête est toujours en mouvement. Grâce à cette stabilisation rétinienne, le sportif pourra préparer son corps à une réception amortie et/ou réorienter le corps sur une « bonne » trajectoire.

Le réflexe vestibulo-spinal

Le réflexe vestibulo-spinal (spinal signifie de la moelle épinière) met en relation un stimulus vestibulaire avec une contraction musculaire dans le cou, le tronc ou les jambes. Sa fonction est de participer au maintien de l'équilibre corporel. Lorsque vous inclinez la tête sur le côté, vous sollicitez votre système vestibulaire (voir figure 4-10). Il se trouve que cette activité vestibulaire, par l'intermédiaire de noyaux vestibulaires, peut entraîner la dépolarisation de nombreux motoneurones au sein de la moelle épinière. Les muscles concernés peuvent se trouver aussi bien d'un côté du corps que de l'autre. Si la stimulation vestibulaire est faible, on n'observera guère plus qu'un changement de tonus dans les muscles. En revanche, si la stimulation est importante (ex. : on vous bouscule brutalement dans le dos), la réaction peut aller jusqu'à la production d'un mouvement (ici un pas en avant pour récupérer son équilibre). Dans le cadre des activités sportives, ce réflexe est particulièrement important car la capacité de maintenir son équilibre, en statique ou en dynamique, dépendent pour une large part de ce réflexe.

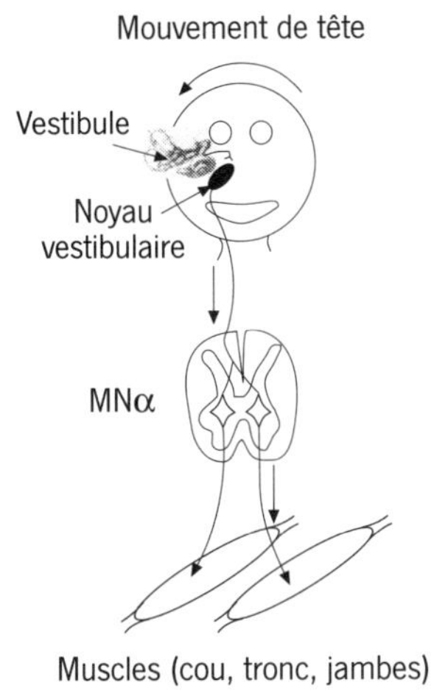

Figure 4-10. **Circuiterie neuronale du réflexe vestibulo-spinal.** Lorsque la tête est soumise à une accélération (ici mouvement de tête sur le côté), le système vestibulaire est activé. Les afférences vestibulaires se projettent sur un noyau vestibulaire, qui possède lui-même des projections vers la moelle épinière. Les motoneurones concernés par ces projections permettent de contracter des muscles dans l'ensemble du corps.

Les réactions préprogrammées

Comme les autres réflexes, les réactions préprogrammées font partie des comportements dits en boucle fermée et automatiques, mais restent cependant des réflexes d'un type très particulier. Tout d'abord leur latence (80-120 ms) est nettement plus longue que celles des réflexes mono- et oligosynaptiques (30-70 ms). Cependant cette latence reste plus courte que celle observée pour des ajustements volontaires (180-200 ms). Ensuite, bien que leur circuiterie neuronale ne soit pas clairement identifiée, on suspecte que le nombre de synapses impliquées est largement supérieur à 2 ou 3. Les réactions préprogrammées font partie des réflexes polysynaptiques. On pense, qu'en plus du niveau spinal (de la moelle épinière), leur circuiterie neuronale pourrait impliquer des neurones corticaux (du cortex). On parle d'ailleurs parfois de réflexes transcorticaux pour insister sur cet aspect. La longueur accrue des boucles permet aux réactions préprogrammées d'induire des ajustements beaucoup plus élaborés que pour les réflexes mono- et oligosynaptiques. En effet, les réactions préprogrammées dépendent beaucoup du contexte, de l'intention du sujet, et pas forcément de la taille du stimulus (voir figure 4-11). Ce sont là trois points essentiels pour différencier les réactions préprogrammées des autres réflexes que nous avons traités précédemment. Intéressons-nous tout d'abord à l'intention du sujet. On constate que selon l'instruction qui est donnée au sujet, « résiste » ou « laisse-toi faire », l'effet d'une perturbation mécanique peut changer énormément l'amplitude de la réponse (alors que l'amplitude de la réponse induite par le réflexe myotatique demeure inchangée). En effet si le sujet a l'intention de compenser la perturbation, la réponse sera beaucoup plus grande que si le sujet a l'intention de se laisser faire. En ce qui concerne la taille de la perturbation, l'amplitude de la réponse préprogrammée n'est pas forcément en rapport avec la grandeur de la perturbation. Par exemple, dans certains cas, une grande ou une petite perturbation peuvent conduire à des effets identiques. Le fait que l'amplitude de la réponse ne soit pas déterminée par certains aspects essentiels de la perturbation (comme sa grandeur) est cohérent avec l'idée que ces réponses soient préparées à l'avance.

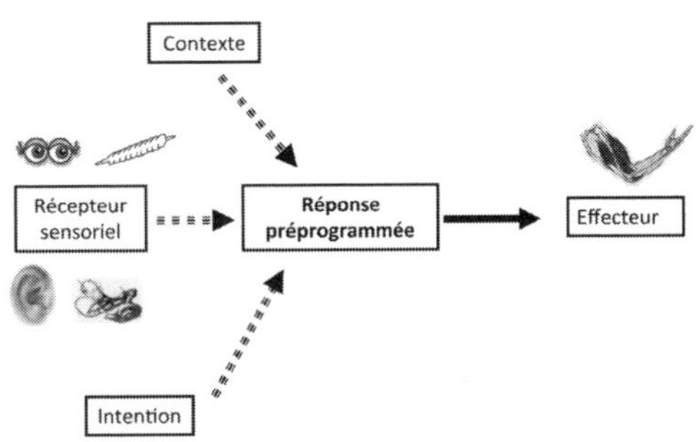

Figure 4-11. **Organisation des réponses préprogrammées.** Une réaction préprogrammée est initiée en réponse à une perturbation. Les afférences mises en jeu dans l'initiation d'une réponse peuvent être très variées (visuelles, proprioceptives, vestibulaires, etc.). La réponse préprogrammée est élaborée aussi sur la base de l'intention du sujet et du contexte.

Pour illustrer au mieux le caractère très flexible et très fonctionnel des réactions préprogrammées, prenons deux exemples. Dans le premier nous avons choisi une expérience dans laquelle des sujets sont perturbés pendant la production d'un mouvement phonatoire (*i.e.* pendant qu'ils parlent). Concrètement les expérimentateurs ont demandé à des sujets de réciter des mots courts (n'ayant pas forcément de sens), et de manière aléatoire ces expérimentateurs ont appliqué des perturbations mécaniques sur la mâchoire (Abbs et Graco, 1984). Parmi les mots qui devaient être prononcés, l'un d'entre eux était la syllabe [aba]. Lorsqu'on essaie soi-même de prononcer cette syllabe, on constate que le son [b] implique que les deux lèvres se touchent. Les chercheurs ont eu l'idée de gêner le contact des lèvres en tirant la mâchoire inférieure vers le bas. À leur grande surprise, les chercheurs ont constaté que les sujets, malgré la perturbation, restaient capables d'émettre le son [aba]. En analysant finement le comportement des sujets, il a été possible de montrer que les sujets compensaient l'abaissement de leur mâchoire inférieure en accentuant l'abaissement de la lèvre supérieure. Grâce à cette manœuvre, le contact entre la lèvre supérieure et inférieure est préservé, et le son qui est produit reste quasiment identique. Un des aspects original de cette compensation est qu'elle fait intervenir des muscles qui ne sont pas ceux directement soumis à la perturbation mécanique. La réaction préprogrammée a œuvré ici non pas pour maintenir la forme du mouvement, mais pour en conserver le but, c'est-à-dire ici produire un son particulier. Il est probable que si on avait demandé au sujet, non plus de prononcer un mot, mais d'attraper un objet avec la bouche, la même perturbation aurait pu avoir des effets très distincts (le but de l'action étant modifié).

Tenir debout est une activité essentielle pour l'homme. Dans le deuxième exemple nous avons choisi de nous intéresser aux réactions posturales engendrées par des perturbations mécaniques. En laboratoire, une manière assez classique de perturber un individu consiste à bouger la surface sur laquelle ses pieds sont posés (on dit surface d'appui). Pour cela les chercheurs disposent de plates-formes motorisées, qu'ils peuvent faire bouger à leur guise (Latash, 2012). Pour démontrer l'effet du contexte on a choisi de comparer 3 situations (voir figure 4-12). Dans la première, le sujet se tient immobile sur la plate-forme, le bras tendu (A). Dans la deuxième, le sujet dispose d'une poignée fixée au mur, lui offrant un appui supplémentaire (B). Dans la dernière, le sujet tient à la main un verre d'eau rempli à ras bord (C). Lorsqu'on suit l'activité des muscles après le déplacement du support, on constate que les muscles cibles diffèrent considérablement selon le contexte. En A, la réponse se focalise essentiellement sur les muscles des jambes (partie du corps la première en contact avec la perturbation). En B, la réponse concerne essentiellement les muscles du bras et de la main qui tiennent la poignée. En effet, les participants ont exploité l'opportunité qui leur était offerte d'utiliser la poignée. En C, la réponse s'organise pour que le verre d'eau bouge le moins possible (l'eau étant ainsi peu renversée), l'activité des muscles des membres inférieurs et supérieurs est modulée par la perturbation. Bien que dans les trois situations le sujet ait pour objectif de maintenir son équilibre (*i.e.* éviter la chute), notre comparaison indique que d'autres facteurs sont pris en compte pour initier une réponse. En B, nous avons vu que le fait de disposer d'un appui supplémentaire était pris en compte, et en C un second objectif (comme éviter de renverser le contenu du verre) pouvait lui aussi influencer la réponse du sujet.

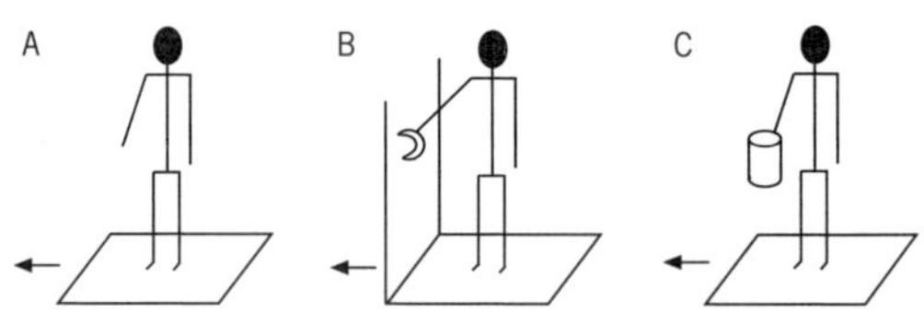

Figure 4-12. **Effet du contexte sur les réactions posturales.** Bien que le sujet soit dans la même posture en A, B, et C, le contexte et l'intention du sujet font qu'un déplacement brutal de la surface d'appui conduit à des réactions posturales distinctes. En A (sujet debout, le bras tendu), la réaction posturale concerne surtout les membres inférieurs. En B (sujet disposant d'une poignée pour se tenir), la réaction posturale a pour cible principale le membre supérieur. En C (le sujet tient un verre d'eau), la réaction posturale s'étend à l'ensemble du corps, elle s'organise pour minimiser les déplacements du verre d'eau.

Le dernier point sur lequel nous voudrions insister est lié au fait qu'une réaction préprogrammée n'est pas initiée sur la base d'une afférence unique. En fait tous les récepteurs périphériques susceptibles de fournir une information sur l'occurrence d'une perturbation peuvent conduire à une réaction préprogrammée. On pense bien sûr dans un premier temps aux récepteurs musculaires, tendineux, articulaires et cutanés mais ce ne sont pas les seuls récepteurs qui peuvent être mis à contribution. En effet, les récepteurs visuels, vestibulaires et même auditifs peuvent aussi être mis à profit dans certaines conditions. Imaginons par exemple que vous vouliez accrocher un tableau au mur et que vous ayez besoin de monter sur une caisse malheureusement un peu trop fragile. Que se passe-t-il d'un point de vue sensoriel au moment où la caisse cède sous votre poids ? Vous êtes soumis à une accélération verticale qui stimule vos récepteurs vestibulaires, ensuite l'image qui était sur votre rétine se met à défiler, enfin le bruit de la caisse qui s'écrase stimule vos récepteurs auditifs. Lorsqu'on essaie de déterminer lequel de ces signaux est prioritaire pour déclencher la réaction posturale, on se rend compte que chacun de ces signaux pris isolément peut aboutir à une réaction posturale. Par exemple, un simple bruit de craquement peut suffire à déclencher une réaction posturale. De la même manière, si on vous bouche les oreilles et que vous fermez les yeux, les signaux vestibulaires sont suffisants pour déclencher une réponse posturale. De manière générale on retiendra que les réactions préprogrammées sont une variété bien particulière de réflexes dans la mesure où elles peuvent être déclenchées à partir d'une large variété d'afférences.

Contrôle volontaire

Grâce aux réflexes, nous venons de voir dans la section précédente qu'un nombre important de mécanismes automatiques permettait de corriger de manière très rapide le mouvement lorsqu'il était soumis à des perturbations extérieures. Nous avons vu aussi, que plus le délai accordé pour ces corrections était long, et plus les corrections étaient susceptibles de s'adapter au contexte et à l'intention du sujet. Dans cette nouvelle section, nous montrerons qu'il existe d'autres mécanismes de correction nettement plus sophistiqués, mais qui en contrepartie requièrent plus de temps. L'échelle de temps pour ces corrections étant compatible avec une perception consciente de la perturbation, nous aurons tendance à considérer qu'il s'agit d'un mode de contrôle bien plus volontaire que dans le cas précédent.

Comme le montre la figure 4-13, l'ensemble des retours sensoriels (appelés aussi *feedbacks*) engendrés par le mouvement (visuels, musculaires, tactiles, vestibulaires, auditifs…) peut être mis à contribution dans le contrôle volontaire d'un geste en boucle fermée. La question essentielle est de savoir si l'un de ces signaux est privilégié par rapport aux autres. La réponse à cette question n'est pas évidente. Par exemple dans une tâche aussi simple que celle de se maintenir debout en équilibre sur ses deux pieds, différents signaux sensoriels sont pertinents. Tout d'abord, dans un environnement stable, un défilement rétinien (signaux visuels) est le signe que la tête se déplace dans l'espace. Ensuite, les signaux cutanés plantaires peuvent renseigner sur l'inclinaison du corps : lorsque le corps est en avant la pression est plus importante sur l'avant du pied que sur l'arrière. De même les signaux musculo-articulaires peuvent également fournir des informations pertinentes sur le mouvement des articulations des membres inférieurs, notamment celle de la cheville (une articulation essentielle pour le maintien de la posture érigée). Enfin les signaux vestibulaires permettent de coder les accélérations et les inclinaisons de la tête. *A priori* toutes ces informations sont potentiellement utiles pour la réalisation de notre tâche, mais peut-on essayer de déterminer si l'un de ces retours sensoriels est privilégié pour le contrôle de notre tâche posturale ? La méthode la plus simple consiste à priver le sujet d'une de ces sources d'information. Si la suppression de cette information conduit à une dégradation de performance, on a de bonnes raisons de penser que cette information était utile pour la réalisation de notre tâche. Par exemple si on constate que les sujets oscillent davantage lorsqu'ils ont les yeux fermés, on peut penser que la vision fournit des informations pertinentes pour le contrôle de la posture. Même si nous verrons un peu plus tard qu'il peut y avoir un biais dans ce raisonnement (car dans certains cas, une information peut être remplacée par une autre) il fournit une bonne base de départ.

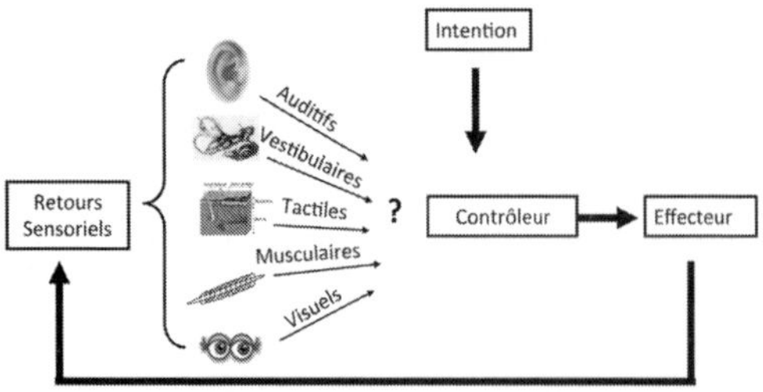

Figure 4-13. **Contribution des retours sensoriels (*feedbacks*) au contrôle du mouvement.** La réalisation d'un mouvement génère de nombreux retours sensoriels. Un point essentiel est de déterminer si chacun de ces signaux contribue effectivement au contrôle du geste, et si l'un d'entre eux est plus déterminant que les autres.

Parmi les modalités sensorielles, certaines semblent jouer un rôle plus déterminant que d'autres pour le contrôle de l'action. La vision et la proprioception sont des modalités particulièrement importantes pour le contrôle du geste lorsqu'il est spatialement orienté (Sarlegna, 2007). C'est le cas par exemple lorsque vous voulez attraper ce livre sur la table, éviter un obstacle en marchant dans la rue, ou encore attraper une balle en plein vol… Après avoir pris le temps d'exposer en quoi la vision et la proprioception contribuaient au contrôle de l'action, nous verrons quelques exemples qui démontrent que, dans une large variété d'activité, le contrôle du mouvement ne s'effectue pas sur la base d'une seule information sensorielle mais de plusieurs, c'est ce qu'on appelle l'intégration multisensorielle. Nous verrons aussi comment dans certaines de ces situations, le système nerveux réagit lorsqu'en manipulant artificiellement ces informations, on introduit des conflits sensoriels.

Rôle de la vision dans le contrôle

La vision joue un rôle déterminant dans le contrôle d'un grand nombre de nos actions. Il suffit pour s'en rendre compte rapidement de fermer les yeux ou d'observer les personnes non voyantes. Sans vision, un grand nombre d'actions deviennent difficiles, voire impossibles, à réaliser. Impossibles à réaliser, ce pourrait être le cas pour les tâches suivantes, telles qu'attraper une balle, viser une cible, ou éviter un obstacle. Même une tâche aussi simple que marcher en ligne droite sur sol plat et dégagé devient relativement ardue en l'absence de vision (Boyadjian et coll., 1999). Enfin même lorsque la vision n'est absente que pendant quelques secondes, ou fractions de seconde, des conséquences importantes sur la fonctionnalité du geste peuvent être observées. Par exemple, lors d'un match de football si l'un de vos coéquipiers vous fait une passe, et qu'un adversaire vous cache soudainement la vue du ballon au moment où est initiée la passe, il n'est pas certain que vous soyez en mesure d'être au bon endroit pour réceptionner la balle. De la même manière, on imagine assez bien les conséquences dramatiques d'une panne de phare, même brève, pour un pilote de rallye en plein milieu d'une épreuve nocturne, ou encore celles liées à une extinction des lumières de la salle pour une gymnaste au cours d'un enchaînement à la poutre. La vision apparait alors comme une modalité sensorielle essentielle pour le guidage de nos actions.

Pour démontrer expérimentalement que la vision joue un rôle déterminant dans le contrôle de nos actions, le moyen le plus simple consiste à comparer le comportement d'un même individu avec et sans vision. Pour supprimer les informations visuelles, on peut soit jouer sur l'éclairage ambiant (placer le sujet dans une chambre noire), soit demander au sujet de fermer les yeux, ou bien encore placer un bandeau sur ses yeux. Le plus souvent parce que ces manipulations expérimentales conduisent à une dégradation de la performance, que ce soit en termes de vitesse d'exécution, de précision, ou de stabilité, on en conclut que la vision véhicule des informations cruciales pour le contrôle du geste. Dans un tel contexte, ceci revient à considérer que le mouvement est contrôlé en boucle fermée sur la base des signaux visuels, on dit aussi qu'il est visuellement contrôlé.

Quelles informations utiliser ?

Il ne faut surtout pas considérer la vision comme une modalité sensorielle véhiculant une information unitaire. Comme nous le verrons dans quelques instants, la vision fournit une multitude d'informations potentiellement utiles pour contrôler le geste. Déterminer lesquelles d'entre elles sont véritablement utilisées est un objectif assez récurrent dans les sciences du mouvement humain. Prenons pour exemple le cas d'un simple mouvement de pointage. Dans une telle tâche la vision du bras et celle de la cible véhiculent deux informations distinctes (Sarlegna, 2007). Dans le premier cas, la vision du bras renseigne sur la position courante du bras, alors que dans le deuxième cas, la vision de la cible (même si elle est stationnaire) donne une information sur l'objectif à atteindre tout en évitant d'avoir recours à sa mémoire. Grâce à des dispositifs expérimentaux adaptés, il est possible d'évaluer l'importance relative de ces deux informations visuelles. Par exemple, une technique utilisée par Berkinblit et coll. (1995) consiste à placer le sujet dans une chambre noire où le doigt et la cible ne sont matérialisés que par des diodes lumineuses. Dans l'exemple décrit sur la figure 4-14, on a placé une diode verte (en blanc sur la figure) sur l'index du sujet et une diode rouge (en noir sur la figure) pour indiquer la cible. Lorsque la cible (diode rouge) s'allume, le sujet doit pointer son index vers la cible. Pour évaluer le rôle de la vision de la cible et celle du membre, le sujet effectue cette tâche de pointage dans 4 environnements distincts. Dans le premier (A), les deux diodes restent allumées et le sujet peut voir à la fois son bras et la cible, c'est la condition contrôle. Dans le deuxième (B), avant que le sujet initie son mouvement, on éteint la diode placée sur le doigt et seule la cible reste visible. Dans le troisième environnement (C), c'est l'inverse, on éteint la diode placée sur la cible, mais celle qui matérialise le doigt reste allumée. Enfin dans le dernier environnement (D), les deux diodes s'éteignent peu avant l'initiation du mouvement, il n'y a alors ni vision de la cible, ni vision du membre. La précision des pointages est évaluée par la distance qui sépare le doigt de la cible. Les résultats présentés sur la figure 4-15 indiquent que la précision des sujets varie clairement selon les environnements. Tout d'abord on note que les sujets sont bien meilleurs avec vision (condition contrôle) que sans vision, ce qui est tout à fait cohérent avec l'idée que le geste de pointage est guidé visuellement. Ensuite, lorsqu'on s'intéresse spécifiquement à la vision de la cible et à celle du bras, on constate que chacune de ces informations est utile puisque la précision des sujets est meilleure que sans vision du tout. Cependant on notera que la précision du geste bénéficie davantage de la vision de la cible (B) que de celle de la main (C). On est donc tenté de conclure que ces deux informations sont utiles au contrôle du geste de pointage, même si la vision de la cible apparaît plus utile que la vision de la main. Le fait que la vision du bras soit moins cruciale que la vision de la cible est sans doute lié au fait que, même sans vision, la proprioception du bras permet toujours d'évaluer sa position courante.

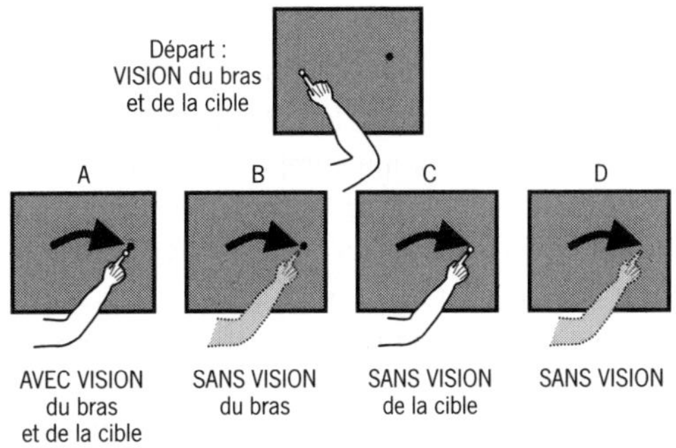

Figure 4-14. **Protocole expérimental permettant d'évaluer le rôle des informations visuelles dans un mouvement de pointage.** Le sujet est placé dans l'obscurité. Une diode rouge (en noir sur la figure) est placée sur la cible, et une diode verte (en blanc sur la figure) est placée sur le bout du doigt. La tâche du sujet est d'effectuer un mouvement du bras vers la cible lorsque celle-ci s'allume. En jouant sur l'éclairage des diodes pendant le mouvement, on peut évaluer le rôle de la vision de la cible et de la vision du bras. De gauche à droite, on autorise soit une vision complète (les 2 diodes sont allumées, A), soit une vision restreinte (1 seule diode est allumée, B et C), soit on supprime complètement la vision (les deux diodes sont éteintes, D).

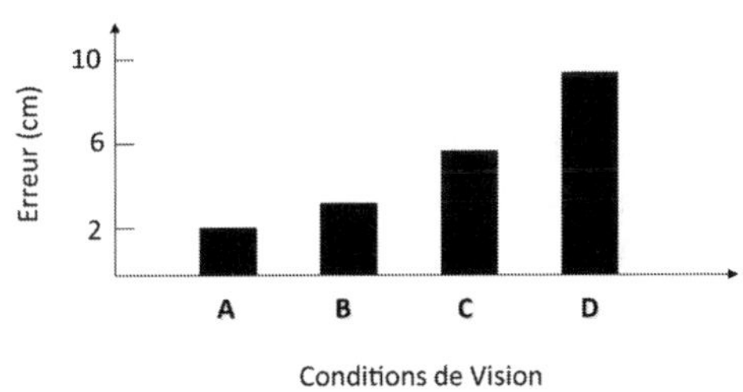

Figure 4-15. **Précision d'un mouvement de pointage (erreur à la cible) en fonction des indices visuels disponibles.** Le protocole de l'expérience est présenté sur la figure 4-14. Ces résultats montrent que l'erreur à la cible est moindre lorsque la vision du membre et de la cible sont disponibles. Les autres modalités sensorielles (proprioception notamment) ne permettent pas de suppléer au retrait de la vision.

- *Quel référentiel utiliser ?*

La notion de référentiel est particulièrement importante lorsqu'on parle de geste spatialement orienté. Par référentiel, on sous-entend que le cerveau utilise un système de coordonnées spatiales pour planifier l'action. De manière générale nous avons tendance à considérer qu'un mouvement peut être planifié selon deux grands types de référentiel : soit un référentiel égocentrique, soit un référentiel exocentrique (on dit aussi allocentrique). Deux exemples illustrant chaque cas sont proposés dans la figure 4-16. Dans le référentiel égocentrique, le corps du sujet constitue le centre du repère, et la position de la cible se définit par rapport au corps. Dans le référentiel exocentrique, c'est l'inverse : la cible constitue le centre du repère, et la position du corps se définit par rapport à la cible. Autrement dit, ce qui compte dans un référentiel égocentrique, c'est la distance qui sépare la cible du corps, alors que dans un référentiel exocentrique, ce qui compte c'est la distance qui sépare le corps de l'objet. Dans l'expérience précédente où nous avons manipulé séparément la vision de la main et la vision de la cible, nous avons incité le cerveau à fonctionner tantôt sur un référentiel, tantôt sur un autre. Sans vision de la cible il est difficile d'établir un référentiel allocentrique, et sans vision de la main (même s'il reste la proprioception musculaire) on réduit les chances d'établir un référentiel égocentrique. Le fait que la vision de la cible soit plus bénéfique (à la précision du geste) suggère que le cerveau fonctionne peut-être plus facilement sur un référentiel allocentrique qu'égocentrique. Cependant, étant donné qu'il subsiste une dégradation de performance lorsqu'on présente uniquement la cible, il n'est pas impossible que dans la condition contrôle (vision de la main et de la cible) le cerveau utilise simultanément ces deux référentiels. Cette hypothèse semble d'ailleurs recevoir de plus en plus d'arguments en sa faveur.

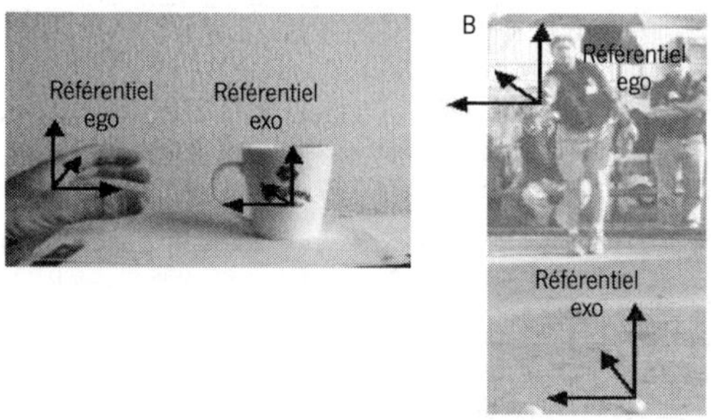

Figure 4-16. **Référentiel égo- et exocentrique.** A. Exemple d'un mouvement de préhension. B. Exemple d'un tir à la pétanque.

▪ *Quand utiliser l'information ?*

S'il ne fait aucun doute que la vision possède une fonction essentielle dans le contrôle du geste chez l'homme, il ne faut pas penser que sa contribution soit forcément la même tout au long du mouvement. En effet plusieurs études montrent que la contribution de la vision dépend beaucoup de la phase du mouvement (Temprado et coll., 1996). La méthode généralement employée consiste à supprimer la vision pendant une brève période au cours du mouvement. Cependant, selon les essais, cette suppression intervient à des périodes distinctes au cours du mouvement. Imaginons un instant que nous soyons capables de provoquer des coupures de lumière extrêmement brèves (environ 100 ms). Imaginons ensuite que ces coupures soient fournies aléatoirement au sujet pendant l'exécution d'un mouvement de pointage. C'est-à-dire que certaines interviennent juste à l'initiation du mouvement, d'autres en plein milieu, et d'autres à la fin du mouvement. Et bien on constate que cette suppression momentanée de la vision a beaucoup plus d'effet sur la précision du pointage lorsqu'elle survient vers la fin du mouvement que lorsqu'elle survient au début du mouvement.

Dans le domaine des activités sportives, il a été montré que pour le contrôle du lancer franc (au basket) la vision était utilisée d'une façon assez similaire à celle observée pour le geste de pointage. Pour cela Oudejans et coll. (2002) ont comparé les performances de basketteurs selon quatre conditions de vision (voir figure 4-17A). Ces conditions étaient, avec vision, avec vision mais seulement pendant la première moitié du geste (vision précoce), avec vision mais seulement dans la deuxième moitié du geste (vision tardive), et enfin sans aucune vision. Les résultats de cette expérience vous sont présentés sur le graphique de la figure 4-17B. On constate tout d'abord que les paniers étaient plus souvent réussis avec vision que sans vision, ce qui confirme le rôle déterminant de la vision. Ensuite, on constate que, même si la vision est masquée pendant la première moitié du geste (vision tardive), le pourcentage de réussite est peu affecté par rapport à la condition vision complète. À l'inverse, lorsque cette dernière phase du geste est masquée (vision précoce) les performances des basketteurs chutent nettement. On en conclut que la vision joue un rôle essentiel dans le guidage du geste, mais essentiellement pour la phase finale du mouvement.

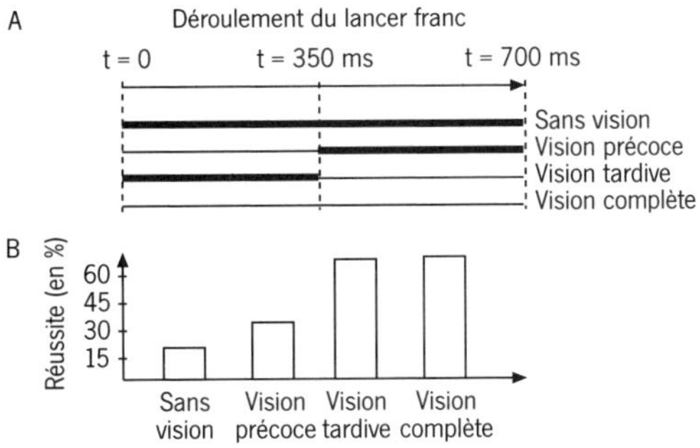

Figure 4-17. **Rôle de la vision dans la réussite d'un lancer franc au basket.** A. Description des quatre conditions expérimentales. Le trait noir épais indique pour quelle partie du mouvement les informations visuelles ont été supprimées. B. Pourcentage de lancer franc réussis en fonction des conditions expérimentales. Ces résultats montrent que la vision est nécessaire, surtout dans la portion finale du lancer (elle serait beaucoup moins utile au début du mouvement).

Dans l'exemple précédent (lancer franc) le sujet devait lancer une balle vers une cible, mais qu'en est-il des situations où les sujets ne doivent, non plus lancer une balle, mais l'attraper ou la frapper ? Whiting et coll. (1970) ont eu l'idée de demander à des sujets d'attraper, après leur rebond, des balles qui étaient lâchées à environ 3 m de haut. Le temps de vol moyen de la balle après le rebond était d'environ 400 ms. Pour évaluer le rôle de la vision au cours de cette tâche de capture, les expérimentateurs ont plongé le sujet dans l'obscurité peu après le rebond de la balle. Selon les essais, le délai pouvait varier de 100 à 300 ms. Leurs données indiquent que plus la vision reste disponible longtemps, et plus le pourcentage de balles attrapées augmente. Ce résultat en soi n'est pas très surprenant, il confirme juste que la vision est nécessaire pour anticiper correctement la trajectoire de la balle. En revanche, ce qui peut surprendre davantage, c'est que la performance des sujets souffre d'une absence de vision, même lorsque celle-ci ne concerne que les 100 dernières millisecondes avant la capture. Ce résultat est important car il indique que, dans certaines situations, l'information visuelle peut être traitée très rapidement, plus rapidement encore que ne le prédit un temps de réaction simple. En utilisant une autre tâche, le coup droit au tennis de table, Bootsma et van Wieringen (1990) ont obtenu des résultats assez similaires. Ils ont montré que 100 à 150 ms avant l'impact, la vision de la balle fournissait encore des informations pertinentes pour ajuster le mouvement de la raquette.

Rôle de la proprioception dans le contrôle

Dans la section précédente nous avons largement insisté sur le fait que, sans la vision, bon nombre de nos gestes devenaient plus maladroits. Cependant, il ne faut pas nécessairement penser que les autres sens ne sont pas mis eux aussi à contribution pour le contrôle du mouvement. D'une part, rien n'empêche *a priori* que le système nerveux puisse utiliser plusieurs sources d'information simultanément (nous reviendrons sur ce point). D'autre part, il nous arrive parfois de nous trouver dans des situations où la vision n'est pas disponible et il faut bien que le système nerveux élabore des stratégies de compensation. Les *feedbacks* proprioceptifs peuvent alors fournir des informations pertinentes pour contrôler le geste en boucle fermée. Par exemple, si vous devez attraper un objet qui se trouve derrière ou sous un meuble, la proprioception peut servir au guidage de la main. Le but de cette nouvelle section sera de préciser le rôle de la composante musculo-articulaire de la proprioception à la fois en présence et en l'absence de vision.

Pour évaluer le rôle de la proprioception, on peut procéder de plusieurs façons. Comme pour la vision on peut soit supprimer l'information, soit la biaiser. Une façon assez simple, mais réversible, de supprimer les informations proprioceptives consiste à pratiquer une ischémie. En bloquant la circulation grâce à une compression, on bloque la transmission de l'influx nerveux dans les grosses fibres afférentes. Notons cependant que cette méthode possède deux inconvénients : 1. l'effet n'est pas instantané ; 2. une ischémie ne doit jamais se prolonger sous peine d'entraîner une asphyxie des tissus privés ainsi d'oxygène. On peut aussi utiliser des injections locales anesthésiques. Les anesthésiants locaux contiennent des molécules qui bloquent de manière réversible la transmission de l'influx nerveux. Leur site d'action se situe au niveau des canaux Na^+ (voir chapitre 2, « 2. Les neurones »). Parmi les plus connus on peut citer la lidocaïne, la mépivacaïne et la bupivacaïne. En ce qui concerne la possibilité de biaiser les informations proprioceptives, on peut utiliser la méthode de la vibration tendineuse.

Lorsqu'on vibre un tendon à haute fréquence (50-80 Hz), on crée des micro-étirements du muscle qui activent en retour les fuseaux neuromusculaires contenus dans ce muscle. Au bout du compte, lorsqu'on vibre un muscle, les fuseaux émettent un signal très similaire à celui qu'ils auraient émis si le muscle s'allongeait véritablement. Mais nous reviendrons sur ce point un peu plus tard dans ce chapitre lorsque nous aborderons les illusions de mouvement. Retenez simplement pour l'instant que la vibration d'un muscle altère fortement le signal proprioceptif normalement issu de ce muscle.

Lorsque la vision est disponible, le plus souvent les sujets arrivent à s'accommoder d'une suppression ou d'une altération des signaux proprioceptifs. Cependant dès que la vision n'est plus disponible, ces manipulations conduisent très souvent à une dégradation de la performance. En d'autres termes, quand la vision est disponible, le rôle de la proprioception semble mineur, mais en l'absence de vision, le rôle de la proprioception devient considérable. Plusieurs expériences semblent conforter cette hypothèse. Dans le cadre des mouvements de pointage, la vibration des muscles du bras a peu d'effet sur la précision du geste si le sujet garde les yeux ouverts. En revanche, dès que le sujet a les yeux fermés, la vibration des muscles (au cours du mouvement) entraîne des altérations évidentes dans la précision du geste (Redon et coll., 1991). Il semble d'ailleurs que, comme pour la vision, l'utilisation des informations proprioceptives soit plus déterminante vers la fin du geste qu'au début. En effet Redon et ses collaborateurs ont montré que si la vibration était portée vers la fin du mouvement, elle conduisait à une altération plus importante que si elle était portée dans la phase initiale du mouvement. Notons que les vibrations peuvent avoir des effets sur d'autres types de tâches manuelles. Par exemple, Verschueren et coll. (1999) ont demandé à des sujets de dessiner des cercles les yeux fermés. Leurs résultats montrent qu'en vibrant le biceps ou le deltoïde antérieur (muscles du coude et de l'épaule), on induit des distorsions dans la forme des cercles, et que le centre des cercles a tendance à migrer au cours du mouvement.

Enfin il faut savoir que certaines maladies, appelées neuropathies, peuvent conduire à une altération spécifique des fibres afférentes (musculaires, tendineuses et tactiles). Les patients ayant contracté ces maladies restent capables de contracter leurs muscles (les fibres motrices sont intactes), mais leur proprioception musculaire a disparu : on dit qu'ils sont déafférentés. De ce fait, ces patients sont souvent sollicités pour réaliser des tests en laboratoire car ils offrent un moyen d'évaluer la contribution de la proprioception dans le contrôle du mouvement. Notons que si pour certains patients l'absence de proprioception ne concerne qu'un membre, pour d'autres elle peut s'étendre sur presque l'ensemble du corps. L'étude de ces patients démontre que leur vie quotidienne est fortement affectée, et ce d'autant plus lorsque la vision devient absente (ex : dans l'obscurité). Une patiente québécoise, du nom de Ginette, fait partie des quelques personnes dans le monde à être privée complètement de proprioception en dessous du cou. Cette patiente raconte que la nuit dans son lit, elle est incapable de savoir dans quelle position elle se trouve (si elle se trouve plutôt sur le dos ou sur le côté). Ensuite, même si elle sait que sa lampe de chevet se trouve près de son lit, sans savoir où est sa main, elle n'a pratiquement aucune chance de trouver l'interrupteur dans l'obscurité. Dès lors, pour la plupart des tâches manuelles, Ginette est obligée de conserver le regard fixé sur sa main. Si par exemple nous sommes tous capables de glisser notre main dans la poche de notre pantalon sans baisser la tête, Ginette en est incapable.

En conclusion, on retiendra de ces expériences, que lorsque les signaux proprioceptifs sont altérés, dans la plupart des cas, les conséquences peuvent rester limitées tant que la vision est disponible. En revanche, dès que la vision est absente, la proprioception joue un rôle déterminant, car son altération conduit très souvent à une forte dégradation des performances motrices. Du coup même si c'est un peu caricatural on a tendance à considérer que les sujets se fient davantage à leur vision qu'à leur proprioception. Dans les sections qui suivent, en abordant la notion de conflit sensoriel, nous verrons d'autres exemples qui tendent à démontrer le même phénomène.

Contrôle et intégration multisensorielle

Dans la majeure partie de nos activités (quotidiennes et sportives), les multiples retours sensoriels du mouvement conduisent à une perception en adéquation avec le mouvement réellement effectué. Cette situation correspond aux situations dans lesquelles les retours sensoriels du geste sont congruents, on dit aussi complémentaires (voir aussi chapitre 1, « 3. Intégration sensorielle »). Cependant, il arrive que dans certains cas les retours sensoriels puissent véhiculer des informations contradictoires. On considère que ces situations constituent des conflits sensoriels. Dans cette section nous allons aborder la question du contrôle du mouvement en boucle fermée, tout d'abord dans les situations congruentes, puis dans les situations conflictuelles.

- *Situations congruentes*

Par intégration multisensorielle, on sous-entend que la perception sollicite différents systèmes sensoriels. Dans la majorité des cas, lorsque nous effectuons un mouvement, ou que nous sommes soumis à un déplacement, de nombreux *feedbacks* sont générés. Si l'on prend l'exemple de la marche, ces retours proviennent de l'ensemble du corps. En marchant, le défilement de l'environnement sur notre rétine stimule le système visuel, les oscillations de la tête stimulent le système vestibulaire, la pose du pied sur le sol stimule les capteurs plantaires, la flexion et l'extension des jambes stimulent les fuseaux neuromusculaires et autres récepteurs articulaires... On remarque que chacune de ces informations prises séparément, ne permet pas à elle seule de statuer sur le fait que je suis forcément en train de marcher. En effet, si on prend le flux visuel seul, il pourrait tout aussi bien spécifier que c'est mon environnement qui bouge et pas moi. Concernant le contact du pied sur le sol, celui-ci serait certainement très similaire si je me contentais de piétiner sur place. Quant aux oscillations de la tête, un balancement volontaire de la tête pourrait certainement mimer les signaux vestibulaires émis pendant la marche. Bref il faut bien comprendre que c'est la juxtaposition de toutes ces informations qui me laisse peu de doutes sur le fait que je suis en train de marcher et non pas en train de réaliser une autre action.

Quels avantages présente l'intégration multisensorielle pour le contrôle du mouvement en boucle fermée ? Un premier avantage de l'intégration multisensorielle est de lever plus rapidement d'éventuelles ambiguïtés concernant la nature du mouvement en cours (voir notre exemple de la marche), en cela elle accroît nos chances de réagir plus rapidement si le mouvement en cours n'est pas conforme au mouvement souhaité. Un deuxième avantage de l'intégration multisensorielle est de permettre un contrôle du mouvement en boucle fermée capable d'évoluer en fonction du contexte. On peut tout à fait imaginer que le contrôle d'un mouvement puisse s'effectuer sur la base de retours sensoriels A dans un certain contexte 1, mais qu'éventuellement, placé dans un autre contexte 2, le contrôle du même mouvement s'effectue sur la base d'autres retours sensoriels B. Par exemple, lorsqu'un individu marche dans un tunnel non éclairé (contexte 1), les retours sensoriels utiles seront majoritairement les signaux tactiles (issus de la voûte plantaire), musculo-articulaires et vestibulaires (retours A). Si, maintenant le même individu marche, en plein jour, sur un sol glissant (contexte 2), outre les retours sensoriels du cas précédents les signaux visuels seront aussi mis à contribution.

Le fait qu'il existe pour chaque mouvement une certaine redondance entre les retours sensoriels permet d'éviter que la disparition d'un retour sensoriel ne se traduise nécessairement par une dégradation de performance. En effet, en l'absence d'un retour sensoriel celui-ci peut être remplacé par un autre. Précédemment nous avons eu tendance à considérer que pour savoir si un retour sensoriel était utile au contrôle d'une action, il fallait que sa suppression conduise à une baisse de performance. Cependant, maintenant que nous savons qu'un retour sensoriel peut être remplacé par un autre, il est évident que notre méthode est partiellement biaisée. En effet, la seule chose dont on peut être sûr, c'est que si la suppression d'un retour sensoriel conduit à une baisse de performance, c'est que ce retour sensoriel est utile (et qu'il est peu remplaçable par un autre). En revanche, quand la suppression d'un retour sensoriel n'induit aucun effet, il est impossible de statuer sur l'utilité ou la non-utilité de ce retour sensoriel. En effet d'un côté il se peut que ce retour sensoriel soit véritablement inutile au contrôle du geste, mais d'un autre coté il se peut aussi que sa suppression ait été efficacement compensée par l'utilisation d'un autre retour sensoriel.

- *Conflits sensoriels*

Les conflits sensoriels sont des situations dans lesquelles les retours sensoriels engendrent des informations contradictoires. Ces situations conflictuelles sont particulièrement prisées car elles permettent aux expérimentateurs de statuer sur la prédominance d'un retour sensoriel par rapport à un autre pour le contrôle d'une action. Sur la figure 4-18, on présente le cas d'un conflit sensoriel pendant la réalisation d'une tâche motrice quelconque. Imaginons un instant que le sujet soit exposé à deux retours sensoriels. Le premier (retour sensoriel A) lui indique qu'il effectue correctement la tâche, alors que le deuxième (retour sensoriel B) lui indique le contraire, c'est-à-dire qu'il fait une erreur. À votre avis que fait le sujet ? Dans la majorité des cas, ces conflits se soldent par une victoire relativement franche, il y a une nette prédominance d'un *feedback* sur un autre. Par exemple, si dans notre cas le sujet n'initie aucune action de correction, on en conclut que le retour sensoriel A est prioritaire sur le retour sensoriel B pour le contrôle de cette action. Cependant, il arrive que dans certains cas, le système nerveux se retrouve dans l'incapacité de résoudre ces conflits sensoriels, les sujets peuvent alors éprouver des sensations de malaise ou de vertige.

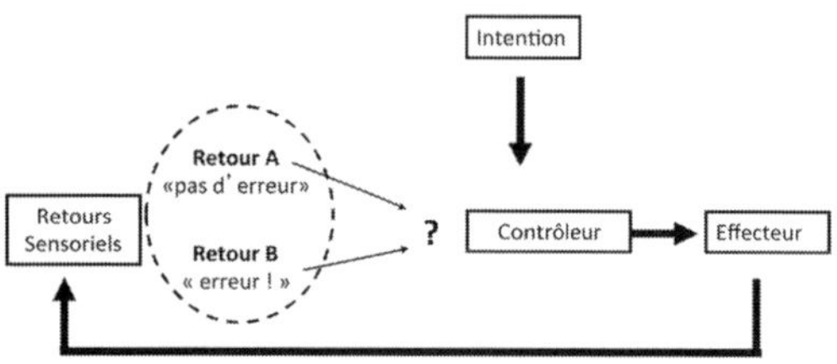

Figure 4-18. **Conflit sensoriel et contrôle du mouvement.** L'intention du sujet est d'accomplir une tâche motrice. Un retour sensoriel A lui suggère qu'il fait correctement la tâche, alors qu'un autre retour B lui indique le contraire. Si le sujet n'initie aucun mouvement de correction, c'est le signe que le contrôle s'effectue prioritairement avec le retour A.

- *Conflits visuo-proprioceptifs*

Un moyen extrêmement simple d'induire un conflit entre vision et proprioception musculo-articulaire consiste à faire porter à un sujet des lunettes prismatiques. Ces lunettes sont d'un genre assez particulier. Elles ne servent ni à rendre les objets moins flous, ni à les grossir. Ces lunettes ont la particularité de décaler la scène visuelle de plusieurs degrés. Avec des lunettes prismatiques déviant la scène de 20 degrés vers la droite, vous voyez donc toujours votre main mais vous la verrez plus à droite qu'elle ne l'est réellement. En revanche, bien que la vision de la main soit biaisée par le prisme, les lunettes ne modifient en rien les signaux proprioceptifs (musculo-articulaires) qui sont issus du bras. Ainsi, ces signaux vous indiquent que votre main est à un endroit, alors que les signaux visuels vous indiquent qu'elle est à un autre endroit. La question est maintenant de savoir à quels signaux feriez-vous plutôt confiance. Un moyen simple de le savoir consiste à vous demander de placer votre index droit sur une table, et d'aller placer ensuite votre index gauche sous la table de telle manière que les deux index se surplombent. La majorité d'entre nous se retrouve avec un écart de position entre les doigts qui est cohérent avec la déviation prismatique. Ceci est dû au fait, qu'en cas de conflit visuo-proprioceptif, le système perceptif a été conçu pour faire davantage confiance à notre vision qu'à nos signaux musculo-articulaires. Sachez toutefois que la proprioception musculo-articulaire est pourtant très précise car en l'absence de vision (les yeux fermés), nous n'avons aucun problème pour réaliser ce type de tâche.

- *Conflits visuo-vestibulaires*

La vision peut dans certains cas entrer en conflit avec le système vestibulaire. L'illusion de déplacement, ou vection, en est l'illustration la plus courante. On sait qu'un flux visuel peut à lui seul donner la sensation à un individu qu'il se déplace. Lorsqu'on se déplace, activement (ex. : à pied) ou passivement (ex. : en train), nous sommes habitués à ce qu'un déplacement de notre corps engendre un défilement de l'environnement sur notre rétine (un flux visuel). Cette association entre vision et déplacement est si fréquente, qu'un flux visuel peut suffire pour déclencher une illusion de mouvement, même si le système vestibulaire reste inactif. Pour créer un phénomène de vection, le moyen le plus courant consiste à stimuler la rétine périphérique avec une scène visuelle en mouvement. Pour cela il suffit de projeter un film sur de larges écrans situés de chaque côté de l'individu. Si le film montre un environnement se déplaçant d'avant en arrière, alors que le sujet est immobile, il aura l'impression (l'illusion) de se déplacer vers l'avant. En situation naturelle, si l'environnement se déplace vers l'arrière c'est que nous nous déplaçons vers l'avant. Aussi lorsque nous sommes assis à la fenêtre d'un train à l'arrêt et que le train situé sur l'autre quai démarre, nous avons la sensation que notre train se met à bouger. Le flux visuel engendré par le déplacement de l'autre train est considéré comme la conséquence de notre déplacement dans le sens opposé. Bien qu'un véritable déplacement engendre aussi une stimulation du système vestibulaire (liée à l'accélération du train), l'effet du flux visuel est suffisamment puissant pour s'accommoder de cette contradiction. En fait cet effet du flux est si puissant que des chercheurs ont réussi à donner l'illusion à des sujets qu'ils marchaient vers l'arrière alors qu'en pratique ils marchaient vers l'avant (Lackner et Dizio, 1988). Un flux visuel projeté en vision périphérique suggérait aux sujets un déplacement vers l'arrière. Pourtant, même si tous marchaient vers l'avant (sur un tapis roulant), la plupart ont indiqué qu'ils effectuaient un déplacement vers l'arrière. Notons que dans ce cas précis, la vision était en conflit, non seulement avec le système vestibulaire, mais aussi avec le système musculo-articulaire (mouvement des jambes). Néanmoins, on constate que la vision est suffisamment puissante pour s'imposer malgré d'évidentes discordances avec l'ensemble des informations proprioceptives.

- *Conflits proprio-vestibulaires*

Nous l'avons largement démontré avec les exemples précédents, la vision est souvent prioritaire lorsqu'elle se trouve en conflit avec les autres modalités sensorielles. Cependant, qu'en est-il des conflits sensoriels dans lesquels la vision n'est plus impliquée ? Pour aborder cette question, nous avons choisi de vous présenter deux exemples de conflits entre retours musculo-articulaires et retours vestibulaires dans le cadre d'une tâche posturale. Nous verrons que selon le contexte, il peut y avoir dominance des retours vestibulaires ou dominance des retours musculo-articulaires.

Dans notre premier exemple, le conflit proprio-vestibulaire est obtenu en « leurrant » le système vestibulaire. Il est possible grâce à un courant électrique de stimuler l'organe vestibulaire. Pour cela on doit placer deux électrodes sur les mastoïdes (muscles de la joue) du sujet puis y faire passer un courant de faible intensité (quelques milliampères suffisent) pendant quelques secondes. Cette technique, appelée stimulation galvanique, permet de déclencher une activité des otolithes assez semblable à celle que l'on observerait si le sujet inclinait vraiment son corps sur le côté gauche ou droit ; en fait le côté dépend du sens dans lequel le courant circule entre les deux électrodes. Lorsque les sujets se tiennent debout, les yeux fermés, et que l'on applique une stimulation galvanique, on constate que les sujets s'inclinent et que cette inclinaison peut aller jusqu'à la perte d'équilibre, même si aucune force extérieure n'a été appliquée sur le corps du sujet. On explique ce phénomène de la manière suivante. La stimulation galvanique induit une sensation d'inclinaison du corps et de ce fait les sujets tentent de rétablir leur équilibre en s'inclinant dans le sens inverse. Étant donné qu'ils ne sont pas réellement penchés, leur mouvement de correction provoque leur déséquilibre. Si cette réaction des sujets est observée à la suite de la stimulation galvanique c'est que les retours vestibulaires sont dominants par rapport aux retours musculo-articulaires. En effet, le sujet perçoit une inclinaison de son corps, bien que les *feedbacks* musculo-articulaires n'en indiquent aucune. Notons au passage que même lorsque les sujets sont aidés pour stabiliser leur posture, une stimulation galvanique reste susceptible de perturber un mouvement de bras dirigé vers une cible mémorisée (Blouin et coll., 2015). Il ne faut donc pas sous-estimer la contribution du système vestibulaire au contrôle du mouvement.

Dans notre deuxième exemple, on se propose cette fois-ci d'induire un conflit proprio-vestibulaire en « leurrant » le système musculo-articulaire. Nous avons exposé précédemment que les fuseaux neuromusculaires étaient sensibles aux vibrations tendineuses. Cette sensibilité aux vibrations peut être utilisée pour simuler un allongement du muscle, ce qui revient en fin de compte à simuler un mouvement. Lorsqu'on vibre les tendons d'Achille, les fuseaux contenus dans les extenseurs de la cheville sont activés comme si le sujet s'inclinait vers l'avant (ce qui conduirait à l'allongement des extenseurs). Lorsque l'on vibre les tendons d'Achille d'un sujet en position debout ayant les yeux fermés, on constate qu'il s'incline vers l'arrière, et si la vibration se prolonge le sujet peut même tomber. Le mécanisme qui sous-tend cette réaction est assez similaire à celui de notre exemple précédent. En fait, le sujet a le sentiment qu'il s'incline vers l'avant, et pour rattraper son équilibre initie un geste de correction vers l'arrière. Comme il n'était en fait pas incliné, ce geste de correction entraîne son déséquilibre. Évidemment cette réaction n'est possible que parce que les retours musculo-articulaires sont prioritaires par rapport aux *feedbacks* vestibulaires. En effet si les retours musculo-articulaires suggèrent que le corps s'incline vers l'arrière, les retours vestibulaires, eux, suggèrent que le corps reste immobile.

En conclusion, la comparaison de ces deux manipulations sensorielles montre qu'il n'y a pas de véritable hiérarchie entre modalité proprioceptive et vestibulaire. En effet, avec la stimulation galvanique, on a observé une prédominance des retours vestibulaires, alors qu'avec la vibration tendineuse, on a observé une prédominance des retours musculo-articulaires. Au bout du compte on peut s'interroger sur ce qui fait qu'un retour sensoriel est prédominant par rapport à un autre. Une première explication résiderait dans le fait que le contrôle de la posture privilégie les retours sensoriels indiquant que l'équilibre est perturbé. Une deuxième explication résiderait dans le fait que les fuseaux neuromusculaires et les otolithes ne fonctionnent pas pour les mêmes gammes de mouvement (les otolithes ne fonctionnant que pour des mouvements suffisamment rapides).

- *Conflits visuo-haptiques*

Même si la vision l'emporte très souvent en cas de conflit avec les autres modalités sensorielles, il ne faut pas considérer que ce soit toujours le cas. Cette expérience sur la perception des formes, dans laquelle on oppose retours visuels et retours *haptiques* (toucher + proprioception) le démontre. La tâche proposée par Heller (1992) consistait à identifier des lettres de l'alphabet gravées dans un support. Les sujets pouvaient à la fois regarder et toucher les lettres du bout des doigts. Cependant, si la vision de la lettre (et celle de la main en train d'explorer la lettre) était permise, celle-ci se réalisait à travers un jeu de miroirs, qui selon les essais pouvait renverser verticalement les lettres. Si par exemple la lettre « p » était présentée, les sujets voyaient alors la lettre « b », tandis que leur main explorait la surface de la lettre « p ». Les résultats de cette étude montrent que la plupart des sujets identifiaient correctement les lettres. Ceci implique que le jugement des sujets s'effectuait en priorité sur la base des retours haptiques, plutôt que sur la base des retours visuels. La dominance visuelle n'est donc pas une règle absolue.

- *Illusions sensorielles, vertiges et malaises*

Les illusions sensorielles sont des cas particuliers où les conflits sensoriels aboutissent à une perception faussée de la réalité, ou une déformation de la réalité. Cependant, il faut bien réaliser que tous les conflits sensoriels n'induisent pas nécessairement des illusions. Pour s'en convaincre, il suffit de reprendre quelques-uns des conflits sensoriels que nous avons exposés précédemment. Par exemple, si on reprend le cas du conflit visuo-haptique, les sujets ne commettent pas d'erreurs de jugement, et identifient correctement les lettres qui leur sont présentées. Il n'y a aucune illusion, le jugement est correct. En revanche, si on se réfère au conflit sensoriel induit par le port des lunettes prismatiques, nous avons vu que les sujets commettaient des erreurs lorsqu'on leur demandait d'indiquer où se trouvait leur main. Dans ce cas précis, on peut dire que le conflit sensoriel aboutit à une illusion, car les sujets pensent que leur main se trouve à un endroit alors qu'en réalité elle se trouve ailleurs. Lorsqu'on utilise un flux visuel pour créer une sensation de déplacement (vection), là encore il s'agit d'une illusion, puisqu'en réalité les sujets ne se déplacent pas.

Le vertige est causé par un conflit sensoriel, associé à une instabilité posturale. Une manifestation extrême du vertige est le mal des transports appelée aussi cinétose (mal au cœur, nausées, pâleur, sueur, tachycardie, etc.). Le mal des transports est lié au fait que les canaux sensoriels fournissent des informations contradictoires. Prenons l'exemple d'un conducteur et de son passager en voiture. Considérons ensuite les *feedbacks* associés à ce déplacement. Si la voiture se déplace à allure relativement constante (ex. : autoroute), le système vestibulaire est peu sollicité ; il reste néanmoins sensible aux aléas de la route (nid-de-poule, virage serré) susceptibles de déclencher des mouvements de la tête. La vision périphérique au contraire indique un déplacement à grande vitesse. Le système musculo-articulaire quant à lui ne spécifie pas explicitement qu'il y a déplacement du corps, mais reste sensible aux multiples vibrations induites par le régime du moteur, et la texture de la route. Toutes ces informations apparaissent complémentaires lorsque nous sommes au volant car il nous est facile de prédire le comportement du véhicule, et donc d'anticiper les conséquences sensorielles du déplacement (voir plus loin « utilisation d'un modèle interne »). En revanche, lorsque nous devenons passagers, certains d'entre nous éprouvent des difficultés pour fusionner toutes ces informations de manière cohérente, au point que ces informations peuvent, dans certains cas, apparaître, non plus complémentaires, mais contradictoires. Les jeunes enfants sont particulièrement exposés au mal des transports car ils anticipent peu ou mal les changements de trajectoire du véhicule. Au bout d'un moment leur système nerveux n'est plus à même d'intégrer ces informations en un tout cohérent. Il devient alors saturé d'informations en provenance des différents canaux, et une sensation de malaise peut alors apparaître. D'autres chercheurs soupçonnent que les projections du vestibule vers les noyaux vestibulaires (proches des centres du vomissement) pourraient aussi jouer un rôle.

Contrôle en boucle ouverte

Jusqu'à présent nous avons beaucoup insisté sur la contribution des sens à la régulation du mouvement. Nous avons pu en effet donner de nombreux exemples dans lesquels un contrôle précis du geste aurait été impossible en l'absence de *feedbacks*. Pour autant il ne faut pas nécessairement penser que ce soit toujours le cas. En effet, il existe des situations et/ou des gestes pour lesquels cette contribution sensorielle est minimale, voire inexistante. Par exemple, lorsqu'un boxeur envoie un direct à un adversaire, ce geste est réalisé avec force et rapidité. La durée du mouvement est trop courte pour que les retours sensoriels aient la possibilité d'influencer le mouvement en cours

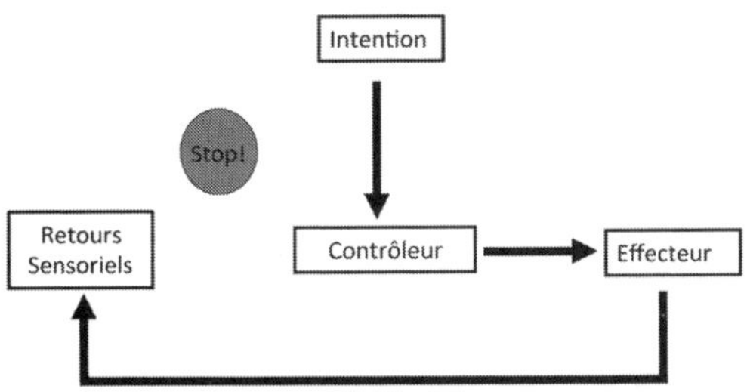

Figure 4-19. **Notion de contrôle en boucle ouverte.** Lorsqu'un mouvement est contrôlé en boucle ouverte, les retours sensoriels issus du mouvement ne sont pas utilisés dans l'élaboration de la commande motrice.

Pour illustrer ce mode de contrôle en boucle ouverte, on peut penser par exemple à un individu qui réchauffe son plat au micro-ondes. La plupart des fours fonctionnent à l'aide d'une minuterie et la durée doit être spécifiée à l'avance par l'opérateur. On doit donc faire un pari sur la durée nécessaire pour chauffer son plat à la bonne température. Si la durée est trop courte le plat sera tiède, si la durée est trop longue le plat sera brûlant. Dans tous les cas, il faudra attendre l'arrêt du programme pour initier un nouveau programme. À l'inverse, un four micro-ondes qui fonctionnerait en boucle fermée s'arrêterait par exemple lorsque la température souhaitée est atteinte. La durée de cuisson n'aurait plus besoin d'être spécifiée à l'avance. Ces deux modes de contrôle du mouvement possèdent chacun des avantages et des inconvénients. En boucle fermée, le système devient plus flexible face à des changements de l'environnement. Par exemple si le four vieillit et que sa puissance effective (capacité à réchauffer) diminue, un système en boucle fermée s'adaptera automatiquement en allongeant la durée de cuisson. En ce qui concerne le contrôle en boucle ouverte, ce mode implique la nécessité de bien connaitre les propriétés du système afin d'en anticiper le comportement. Ainsi dans le cadre de l'exemple précédent, pour réchauffer une part de pizza ou un plat de lasagne pour plusieurs personnes, la durée du programmateur ne sera pas la même pour obtenir la même température finale (plus longue dans le deuxième cas). Dans le cadre du mouvement, pour être efficace le contrôle en boucle ouverte imposera une très bonne connaissance des propriétés du corps (ex : inertie des segments) et de l'environnement (ex : force de gravité) ce qui sera une sévère contrainte. D'un autre coté la possibilité de contrôler le mouvement en milieu informationnel appauvri, voire inexistant, lui offrira un avantage indéniable sur le contrôle en boucle fermée.

On peut distinguer deux grands cas de figure conduisant à un contrôle en boucle ouverte. Dans le premier cas, les retours sensoriels ne sont tout simplement pas disponibles. Au moins deux raisons peuvent être envisagées. Une première possibilité pouvant conduire à la non-disponibilité des retours sensoriels, réside dans le fait que l'acheminement des retours sensoriels n'est pas un processus instantané (la vitesse de conduction de l'influx nerveux introduit un délai incompressible ; figure 4-20A). Nous verrons que pour les mouvements très brefs, appelés mouvements balistiques (ex. : le direct en boxe), l'utilisation des retours sensoriels est tout simplement impossible, faute de temps. Le geste du direct est trop rapide pour que le boxeur puisse corriger son geste pendant la réalisation de ce direct. Une deuxième possibilité est l'absence totale de *feedback*. C'est le cas lorsque certains organes sensoriels et/ou des nerfs afférents ont subi des lésions importantes (figure 4-20B). Grâce à des protocoles expérimentaux dans lesquels on prive par lésion le système nerveux de tout retour sensoriel (expériences de déafférentation), nous verrons que, dans une certaine mesure, le système nerveux reste malgré tout capable d'assurer la production et le contrôle de certains mouvements.

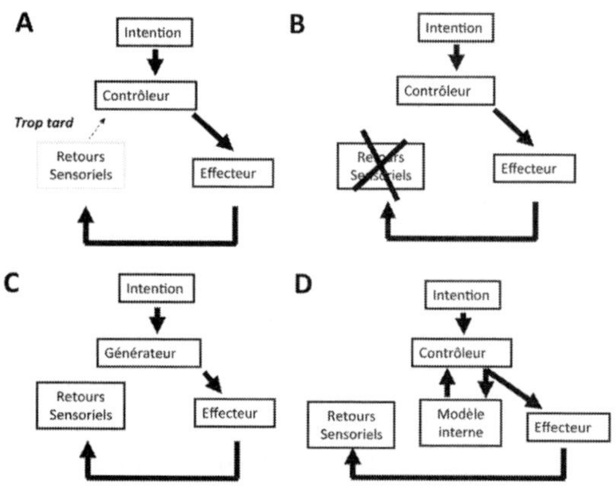

Figure 4-20. **Exemples de contrôle en boucle ouverte.** A. Pour les mouvements balistiques (très brefs), les délais de conduction (incompressibles) ne permettent pas aux retours sensoriels d'être disponibles avant la fin du mouvement. B. Après lésion d'un organe sensoriel et/ou d'un nerf sensoriel, les retours sensoriels ne sont plus disponibles. C. Certaines structures nerveuses (générateurs centraux) sont suffisamment autonomes pour générer un mouvement coordonné sans feedback. D. Un modèle interne de l'effecteur et de l'environnement peut permettre de suppléer aux retours sensoriels.

Dans le deuxième cas de figure, les retours sensoriels restent disponibles, mais le système nerveux semble être en mesure de pouvoir s'en passer. On peut distinguer deux raisons possibles. Premièrement, certains réseaux nerveux (générateurs centraux) sont suffisamment autonomes pour assurer la production d'un mouvement (figure 4-20C). Grâce à des expériences sur des moelles isolées, nous verrons qu'il existe des réseaux nerveux capables de générer des patrons de commandes mimant la marche. Une deuxième raison permettant au système nerveux de « négliger » les *feedbacks*, peut résider dans le fait qu'il dispose d'un modèle (on dit modèle interne) de l'effecteur et de l'environnement suffisamment performant pour lui permettre d'anticiper les conséquences sensorielles du geste (figure 4-20D). Le système nerveux central préprogramme le geste. Dans une certaine mesure, un geste très automatisé (geste automatique d'un expert) peut être réalisé à l'aide du modèle interne.

Abordons maintenant de manière plus approfondie chacun de ces 4 cas de figure pouvant conduire à un contrôle en boucle ouverte du geste.

Les mouvements rapides (balistiques)

Comme nous l'avons mentionné plusieurs fois, la conduction des messages nerveux et leurs traitements ne sont pas des processus instantanés. En effet si l'on considère qu'il faut acheminer les signaux sensoriels vers les centres intégrateurs, assurer leur traitement par ces centres, élaborer une commande motrice adaptée, puis acheminer cette commande vers les muscles, on comprend que tout cela prenne du temps. Souvenez-vous, précédemment nous avons montré que, même pour une tâche sensori-motrice aussi simple que presser sur un bouton en réaction à l'allumage d'une diode, l'ensemble des opérations précédentes nécessitait au moins 180 à 200 ms (temps de réaction simple, voir chapitre 3, « Le traitement de l'information »). De ce fait, si on produit un mouvement et qu'une erreur apparaît, la correction volontaire de cette erreur n'est pas un processus instantané. Pour s'en convaincre, nous avons choisi de vous présenter les résultats d'une expérience utilisant une tâche de pointage, une tâche très courante dans les laboratoires. Le détail de la tâche vous est présenté sur le haut de la figure 4-21. Le sujet est placé face à un écran d'ordinateur, sur lequel il doit faire coïncider son doigt avec une cible de départ (A). Lorsque ceci est fait, il apparaît alors une deuxième cible (B) sur l'écran. Le sujet a alors pour instruction d'initier un mouvement de pointage vers cette cible. Cependant au moment où le sujet initie son geste (*i.e.*

moment où le doigt bouge), l'expérimentateur fait quelque chose d'inattendu pour le sujet : il déplace la cible à atteindre vers une nouvelle position (B') qui est légèrement décalée par rapport à la première. Ce protocole est répété suivant deux conditions. Dans une première condition, on demande au sujet de réaliser le mouvement de pointage à vitesse modérée, de telle sorte que la durée du mouvement avoisine 600 ms. Dans la deuxième condition on demande au sujet d'effectuer le mouvement aussi vite que possible (mouvement balistique) ; la durée du geste avoisine 150-200 ms.

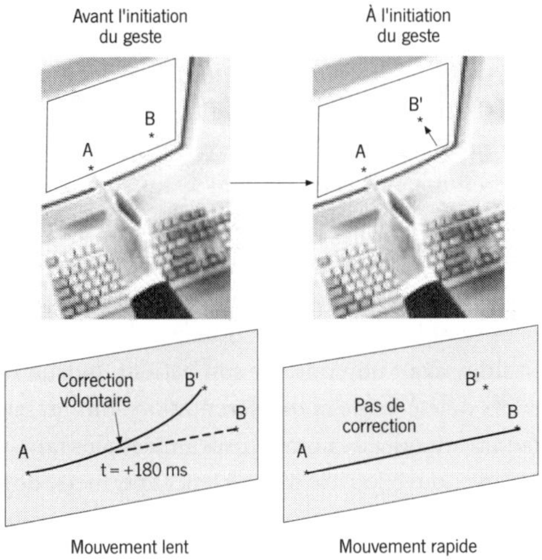

Figure 4-21. **Correction volontaire d'un mouvement de pointage selon sa vitesse d'exécution.** La tâche du sujet est de pointer son doigt de la cible A vers la cible B. Au moment où le sujet initie son geste, la cible B est déplacée de quelques centimètres vers le haut (voir panneau du haut). Deux vitesses d'exécution sont proposées, soit lentement (durée = 600 ms, panneau de gauche en bas), soit aussi vite que possible (durée = 150-200 ms, panneau de droite, en bas). Dans le premier cas le sujet est capable de modifier sa trajectoire pour atteindre la cible, mais pas dans le deuxième et son doigt se pose sur la cible initiale.

Les résultats montrent que, si le mouvement est lent, les sujets sont capables de modifier leur mouvement pour atteindre la cible, en revanche aucune correction n'est initiée si le geste est rapide. Sur le panneau gauche de la figure 4-21, on voit que le mouvement initial du doigt prend la direction de la cible B, cependant au milieu du geste, l'orientation de la trajectoire change nettement pour permettre d'atteindre la nouvelle cible B' (il y a eu ici un contrôle en boucle fermée car les sujets ont utilisé les *feedbacks* pour corriger leur geste). Cette correction du geste intervient à peu près 180 ms après l'initiation du geste. Ce délai est considéré comme le temps nécessaire au sujet pour traiter l'information visuelle, percevoir qu'il se dirige dans la mauvaise direction et initier une modification de la commande motrice. Ce délai est appelé délai visuo-moteur. C'est le temps minimal nécessaire pour qu'une information visuelle puisse avoir une répercussion sur le déroulement d'un acte moteur (en boucle fermée). La valeur de ce délai peut changer selon le type de tâche, mais globalement sa valeur reste comprise entre 150 et 200 ms. Évidemment, lorsque les gestes ont une durée inférieure à ce délai, il devient impossible d'initier la moindre correction. C'est le cas du sujet qui effectue le mouvement de pointage sur le panneau droit de la figure 4-21. Comme dans l'exemple précédent, il prend la direction de la cible B, mais devient incapable de modifier sa trajectoire pour compenser le déplacement de la cible (il s'arrête sur la cible B). Le fait que le sujet soit incapable de modifier son mouvement face à un changement soudain de la cible, implique que les retours sensoriels du geste susceptibles de signifier l'erreur (ici retours visuels) ne sont pas pris en compte pour le contrôle du geste (ceux-ci n'arrivant qu'après la fin du geste). Cette absence d'effets des *feedbacks* sur le mouvement correspond à la définition que nous avons établie pour un geste contrôlé en boucle ouverte.

En règle générale les mouvements rapides (de très brèves durées) sont des gestes qui sont contrôlés en boucle ouverte, simplement à cause de délais sensori-moteurs incompressibles. Le contrôle de ces gestes rapides implique : 1. que tous les paramètres du mouvement sont fixés avant l'exécution du mouvement, et 2. qu'il est impossible de les modifier en cours d'exécution (si par exemple le mouvement est perturbé).

Pour présenter le problème spécifique lié au contrôle des gestes rapides, nous avons beaucoup insisté sur le mouvement de pointage. Cependant il convient de rappeler au lecteur que les problèmes soulevés pour cet exemple restent valables pour d'autres gestes, surtout dans le cadre des activités physiques et sportives où l'on peut trouver de nombreux exemples de gestes balistiques. C'est le cas notamment dans les sports de combat. On peut penser par exemple à un coup de poing en boxe, dont la durée peut avoisiner 40 ms. On peut penser aussi aux sports de raquette et de ballon, avec par exemple un smash au tennis, ou un penalty au football. On peut même penser à certains sports d'adresse, comme le billard, le bowling, le lancer de fléchette, où le mouvement de bras est relativement bref.

Dans cette section nous avons tendance à promouvoir l'idée que les mouvements rapides sont contrôlés en boucle ouverte, et que les mouvements lents sont contrôlés en boucle fermée. En fait ce schéma est un peu réducteur, car même pour un mouvement effectué à allure modérée il est possible de considérer une phase de contrôle en boucle ouverte. Si l'on revient sur l'exemple précédent d'un pointage à allure modérée (durée = 600 ms), aucune correction ne peut être portée avant 150-200 ms (durée du délai visuo-moteur). Pour cette raison, on a souvent tendance à considérer que la première phase du mouvement est réalisée en boucle ouverte. Enfin notez que, même pour un mouvement lent, si la cible bougeait 50 ms avant la fin du mouvement, le délai visuo-moteur ne permettrait pas de corriger ce saut de cible.

Expériences de déafférentation

Les expériences de déafférentation consistent à bloquer de manière temporaire ou définitive l'entrée des signaux sensoriels dans la moelle épinière. Une méthode définitive consiste à couper les racines dorsales de la moelle (le terme consacré est rhizotomie). En sectionnant telle ou telle racine dorsale, on peut chez un animal déafférenter telle ou telle partie du corps (voir chapitre 2, paragraphe « La moelle épinière »). Cependant certaines lésions ou attaques virales peuvent aussi conduire à des déafférentations chez l'homme. Par exemple, Lashley en 1917 rapporte le cas d'un homme qui, à la suite d'un coup de fusil dans la colonne vertébrale, s'est retrouvé avec les jambes déafférentées, sans pour autant que ses jambes se retrouvent paralysées. En d'autres termes, si cet homme pouvait contracter ses muscles normalement, il ne pouvait en revanche percevoir aucune sensation en provenance de ses jambes. Malgré ce déficit, Lashley a pu montrer que ce patient restait capable, les yeux fermés, d'étendre ses genoux avec une précision comparable à celle de sujets normaux. Ce résultat démontre deux choses : 1. qu'il est possible de bouger ses genoux en l'absence de retours sensoriels et que 2. les retours musculo-articulaires ne semblent pas forcément indispensables pour assurer un contrôle précis du geste.

Parce que les traumatismes conduisant à une déafférentation chez l'homme sont rares (heureusement !), les observations sur patient sont très ponctuelles. Dès lors il faut bien reconnaître que le modèle animal peut s'avérer extrêmement utile pour multiplier les observations. Les premières expériences de déafférentation chez l'animal sont assez anciennes. Les premières ont été réalisées sur des singes par Sherrington au début du XXe siècle. Dans l'une de ses expériences, il a pris l'initiative de sectionner toutes les racines dorsales en provenance de l'un des bras du singe (section au niveau cervical). Quelques jours après l'opération, il a observé que l'animal avait tendance à délaisser son membre déafférenté au profit du membre non déafférenté. Ainsi un animal ayant subi une rhizotomie à droite n'utilisait plus que son bras gauche pour attraper les objets, tandis que son bras droit restait plaqué contre sa poitrine. À première vue ce résultat peut sembler en contradiction avec les résultats que Lashley avait obtenus sur son patient, puisqu'ici les effets délétères de la déafférentation sont massifs. Il faudra attendre de nombreuses années plus tard, pour qu'une nouvelle série d'expériences permette de lever cette apparente contradiction entre les travaux de Lashley et ceux de Sherrington. Des études ultérieures (Taub, 1976) ont montré que si la déafférentation était étendue au deuxième bras, les animaux ne restaient pas avec leurs deux bras en croix. Bien au contraire, ils les utilisaient pour se nourrir, et se déplacer, avec une dextérité quasi identique à celle des autres singes. En fait, la comparaison entre l'étude de Sherrington (1906) et celle de Taub (1976) indique que le singe reste tout à fait capable de mobiliser un membre déafférenté, mais lorsqu'il en a la possibilité, le singe préfère utiliser le membre non lésé. En conclusion, on retiendra de ces expériences chez l'animal, qu'un segment du corps reste mobilisable en l'absence de retour sensoriel. C'est aussi la preuve qu'un contrôle en boucle ouverte puisse aboutir à la production d'un mouvement coordonné.

Générateurs centraux

Lorsqu'un animal ou un humain se déplace, un grand nombre d'effecteurs sont mis en jeu. Chaque muscle s'active selon un ordre spécifique et avec une période relativement stable entre chaque pose de pied au sol. Comprendre l'origine de cette coordination entre effecteurs a été la source de nombreuses études. Il a été initialement envisagé que c'était le *feedback* créé par la pose d'une patte sur le sol qui déclenchait le mouvement suivant. Bien que séduisante, cette théorie (en boucle fermée) n'a pas toujours reçu un écho favorable de la part de certains neurophysiologistes. En effet, des études chez l'animal ont montré qu'une moelle épinière même isolée du reste du corps, était susceptible, sous l'action de certains neurotransmetteurs, de générer une activité dans les racines ventrales (*i.e.* motrices) qui mimait la locomotion.

Dans ces expériences, l'animal est sacrifié et la moelle épinière est extraite de la colonne vertébrale. Cette moelle est alors fixée sur un support, puis placée dans une solution physiologique qui contient des nutriments indispensables à la survie des neurones. Des électrodes sont alors placées sur les racines ventrales pour enregistrer les éventuels potentiels d'action qui, lorsque l'animal est intact, assurent la contraction des muscles (voir figure 4-22). On constate alors que l'adjonction de certains neurotransmetteurs (sérotonine, acides aminés…) dans le bain physiologique peut déclencher une activité rythmique prolongée des racines ventrales. Un point essentiel de cette activité rythmique est que sa fréquence est très proche de celle obtenue chez l'animal intact lorsqu'il se déplace. De manière générale, on constate que les enregistrements obtenus sur la moelle isolée ressemblent beaucoup aux enregistrements obtenus sur les racines ventrales d'un animal effectuant un véritable déplacement. Pour caractériser l'activité de cette moelle isolée, on parle de « locomotion fictive », en d'autres termes l'activité des racines ventrales mime la locomotion.

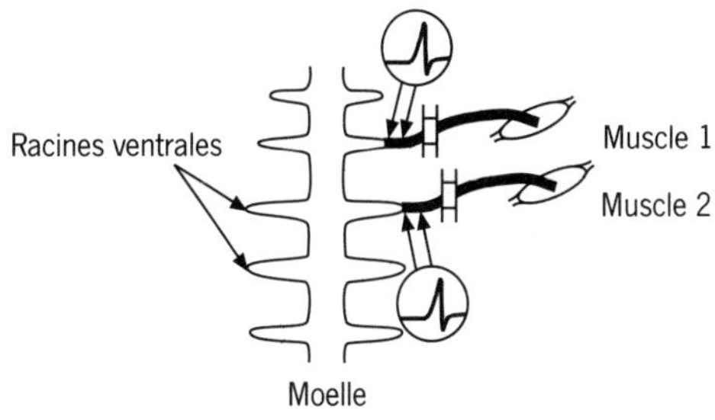

Figure 4-22. **Technique d'enregistrement pour la « locomotion fictive ».** La moelle épinière est isolée du reste de l'animal et baigne dans un sérum physiologique. Les nerfs moteurs sont sectionnés, aucune contraction musculaire ne peut avoir lieu. Cependant, sous l'action de certains neurotransmetteurs, on constate une activité rythmique organisée dans les nerfs moteurs (voir chapitre 2, paragraphe « Le fonctionnement du neurone »). L'intervalle de temps qui sépare les potentiels d'action des muscles 1 et 2 est le même que si la locomotion avait réellement eu lieu.

En conclusion, ces études montrent que les retours sensoriels des membres inférieurs ne sont pas indispensables pour entretenir la locomotion, puisque le mouvement n'a pas besoin d'être produit. Ces résultats montrent aussi que les structures nerveuses (cortex, cervelet, ganglions de la base…) situées en amont de la moelle épinière ne sont pas forcément indispensables pour certaines actions motrices, puisqu'une activité locomotrice peut subsister en leur absence. La moelle épinière, en ce sens, apparaît comme une structure relativement autonome, puisqu'à elle seule elle peut assurer une activité coordonnée de flexion et d'extension des membres. Cependant, il est important de garder à l'esprit que si une activité locomotrice peut subsister en l'absence de retours sensoriels, on doit reconnaître qu'elle est beaucoup moins adaptable. Sans *feedback* il sera par exemple impossible d'ajuster le pas pour contourner un obstacle, ou rattraper son équilibre après avoir trébuché.

Utilisation d'un modèle interne

Lorsque nous avons initialement présenté la notion de contrôle en boucle ouverte, nous avons insisté sur le fait que ce type de contrôle permettait de corriger certains types de mouvements sans qu'il soit nécessaire d'utiliser les retours sensoriels du geste. Ce type de correction est possible quand le cerveau utilise ce qu'on appelle un modèle interne. Mais qu'est-ce qu'un modèle interne ? Un modèle interne est une représentation abstraite qui permet au cerveau de prédire les conséquences sensorielles de nos actions à partir de la commande que nous envoyons à nos muscles. La figure 4-23 représente le principe d'un contrôle en boucle ouverte à l'aide d'un modèle interne. À chaque fois que nous produisons un mouvement, une copie carbone de la commande (de l'ordre moteur) est envoyée vers le modèle interne. On appelle cette copie, la copie d'efférence. Cette copie est utilisée par le modèle interne pour prédire la conséquence sensorielle du geste, c'est la décharge corollaire. En d'autres termes à chaque fois que vous initiez un mouvement, avant même que le geste ne soit réalisé, votre cerveau « s'attend » à un certain effet, à un retour sensoriel bien particulier. Par exemple, si on vous demande d'imaginer la sensation que produirait le grattement de vos doigts sur votre tête, vous n'avez pas de problèmes pour envisager les conséquences sensorielles de ce geste. De même, lors d'un lancer franc en basket, peut-être vous est-il déjà arrivé d'avoir eu la sensation que votre lancer était « raté » avant même que le ballon n'ait approché le panier. Ces simulations et/ou anticipations sensorielles sont possibles grâce à la décharge corollaire. D'une manière générale lorsque le modèle interne est fiable, c'est-à-dire que ses prédictions sont correctes, un modèle interne peut suppléer à l'absence de *feedbacks*. Évidemment cela n'est possible qu'en présence d'un mouvement volontaire, car sans copie d'efférence pas de décharge corollaire. C'est ce que nous allons vous montrer maintenant à l'aide de l'expérience suivante.

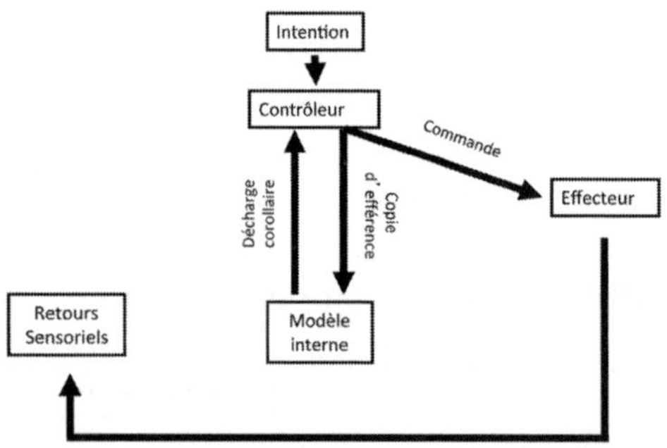

Figure 4-23. **Contrôle en boucle ouverte à l'aide d'un modèle interne.** Lorsqu'une commande est générée, un double de la commande est émis vers le modèle interne. Ce modèle interne utilise cette copie pour prédire les conséquences sensorielles du geste, c'est la décharge corollaire. Les retours sensoriels restent disponibles mais ne sont plus forcément utilisés.

Dans une expérience de Vercher et coll. (1996) il a été demandé à des sujets de fixer leur regard sur leur main, alors que celle-ci était susceptible de se déplacer. Grâce à un système de caméra infrarouge, les auteurs ont pu enregistrer les mouvements oculaires. Deux conditions ont été testées. Dans la première condition, la main était déplacée par l'expérimentateur (mouvement passif), alors que dans la deuxième, les sujets devaient bouger eux-mêmes leur main (mouvement actif/volontaire). Dans la première condition, on constate que les sujets initient le mouvement des yeux avec un temps de retard sur la main (environ 130 ms ; voir figure 4-24A). Même après l'initiation du mouvement, on constate que l'œil ne rattrape jamais la main, sauf quand le déplacement de la main s'achève. Bref les yeux des sujets semblent être constamment en retard sur le déplacement de la main. Ce retard est lié au délai que nous avons précédemment évoqué lorsque nous avons abordé le contrôle en boucle fermée (délai visuo-moteur). En effet, les participants ne savaient pas jusqu'où leur main allait être transportée. Ils devaient donc traiter les informations visuelles sur le déplacement de leur main. Lorsqu'on répète ce protocole mais que le mouvement de la main est initié par le sujet lui-même, on constate que ce retard a complètement disparu, au point que le mouvement de l'œil puisse apparaitre légèrement en avance sur le mouvement de la main (voir figure 4-24B). Comment est-ce possible ? Tout simplement parce que si le mouvement est actif, le sujet est en mesure d'utiliser un modèle interne pour prédire la future position de sa main. Il n'est donc plus nécessaire d'attendre le traitement des informations visuelles pour connaître la position courante de la main. Le cerveau « sait » que s'il envoie telle commande au bras, la main fera exactement tel ou tel déplacement, ce qui permet à l'œil d'anticiper la future position de la main. Dans la mesure où on évite un traitement approfondi des *feedbacks*, l'utilisation d'un modèle interne permet de gagner beaucoup de temps. Il convient de noter encore une fois que ce bénéfice lié à l'utilisation d'un modèle interne n'existe que pour les actions déclenchées volontairement (*i.e.* nécessité d'une copie d'efférence).

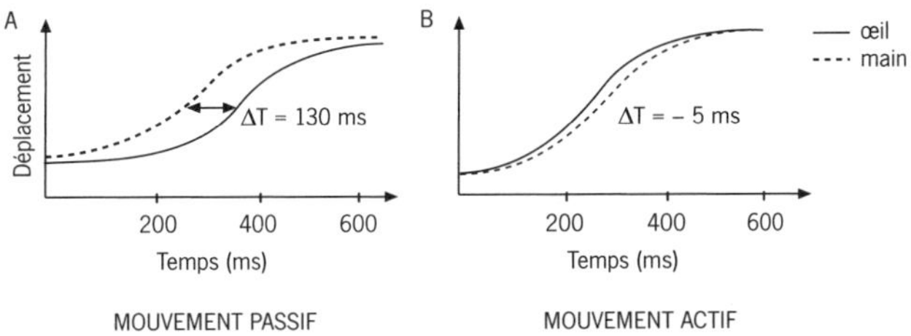

Figure 4-21. **Coordination entre le mouvement des yeux et de la main.** A. Lorsque la main est déplacée passivement, le mouvement de l'œil est en retard sur la main. B. Lorsque la main est déplacée activement, le mouvement de l'œil anticipe légèrement la position courante de la main.

La notion de modèle interne permet d'expliquer un grand nombre de comportements dans lesquels les individus réagissent avant même qu'un *feedback* ne soit disponible. Lorsque vous levez en l'air le bras rapidement et que vous êtes debout sur une jambe, ce mouvement brusque compromet sérieusement votre équilibre. Si vous deviez attendre de traiter les retours sensoriels de cette action, vos chances de rétablir votre équilibre seraient réduites. Il se trouve que là encore, le cerveau semble fonctionner à l'aide d'un modèle interne. En effet si on enregistre l'activité des muscles de votre jambe d'appui, on constate que leur activité change avant même que vous n'ayez initié votre mouvement de bras ; on parle d'ajustements posturaux anticipés (APA). Tout se passe comme si le cerveau était capable de prédire les conséquences de ce mouvement de bras. De la même manière on constate que le cerveau utilise un modèle interne pour contrôler notre force de préhension lorsque nous déplaçons des objets (Danion & Sarlegna, 2007). Par exemple, lorsque vous levez brusquement votre bras et que vous tenez un objet dans la main, on constate que la force exercée par vos doigts augmente avant même que l'objet ne soit accéléré vers le haut. Cette réaction fonctionnelle évite que l'objet ne vous glisse des doigts. Dans cette situation, l'utilisation d'un modèle interne permet de se passer d'un traitement approfondi des retours tactiles. En d'autres termes, il n'est pas nécessaire d'attendre que vous perceviez un glissement de l'objet pour le serrer plus fort.

En anticipant les conséquences sensorielles de nos actions, les modèles internes nous permettent aussi de faire la différence entre un mouvement passif et un mouvement actif. Imaginons que les yeux fermés l'avant-bras posé sur une table, soit je réalise une extension du coude, soit un ami placé à coté de moi m'étend le coude. Si la cinématique du geste est identique dans les deux cas, comment ma proprioception pourra-t-elle m'aider à dissocier le mouvement actif du mouvement passif ? En fait ce n'est pas la proprioception vous y aidera mais plutôt les attentes que votre cerveau aura fait (ou pas) sur les retours sensoriels. Dans le premier cas, au moment où vous initiez l'action votre cerveau anticipe les conséquences proprioceptives du mouvement, mais pas dans le deuxième cas. Lorsque le cerveau perçoit un déplacement du coude alors qu'il n'avait rien anticipé du point de vue sensoriel, il en déduit qu'il n'est pas la cause de ce mouvement.

L'intérêt de ces modèles internes est également de permettre un contrôle efficace du geste même lorsque les *feedbacks* sont très appauvris. Par exemple, lorsque vos doigts sont gelés et que la sensation tactile est amoindrie, la régulation de force de préhension reste fonctionnelle. Avant d'initier un mouvement brusque, vous continuez à serrer l'objet plus fort. Dans un cas plus extrême de privation sensorielle, telle qu'une déafférentation, des travaux ont montré que les performances de Ginette (la fameuse patiente déafférentée) dans la tache de coordination œil-main étaient comparables à celles des sujets normaux. Son modèle interne lui permet donc de continuer à anticiper les conséquences visuelles de ses actions. Non seulement le modèle interne de Ginette est resté fonctionnelle, mais semble en mesure de s'adapter à de nouvelles conditions. Dans une expérience menée par Bernier et collaborateurs (2006) où Ginette devait apprendre à compenser une rotation visuo-motrice de 30°, il a été observé que son modèle interne s'adaptait de manière identique à celui des sujets contrôles.

Mais d'où vient ce modèle interne ? Ce modèle interne n'est pas inné, mais est acquis par le biais de l'apprentissage. Il se développe sur la base des retours sensoriels engendrés par les erreurs et les succès de nos actions. Le modèle interne évoluerait de telle manière que la décharge corollaire qu'il délivre finisse par se retrouver en parfaite adéquation avec les véritables retours sensoriels de l'action (la prédiction sensorielle devenant correcte). Au bout du compte, on remarquera que si le modèle interne permet de suppléer aux *feedbacks*, sa mise en place nécessite obligatoirement l'existence de retours sensoriels. Et si Ginette conserve un modèle interne qu'elle peut continuer à mettre à jour, c'est uniquement grâce aux retours visuels qui continuent de lui provenir de son mouvement.

Notion de programme moteur

Au cours de cet ouvrage, la notion de « programme » est revenue assez fréquemment dans notre discours. Lors du traitement de l'information, nous avons fait allusion à une « étape de programmation ». Lorsque nous avons abordé les réflexes à longue latence, nous avons parlé de « réponses préprogrammées ». Enfin lorsque nous avons évoqué le terme de « commande » pour le contrôle en boucle ouverte et en boucle fermée, les spécialistes du contrôle moteur sous-entendent là encore qu'il s'agit d'un programme moteur. Le but de cette nouvelle section sera de définir de manière plus rigoureuse cette notion de « programme moteur ». Nous commencerons par rappeler comment ce terme a été introduit dans les sciences du mouvement, puis nous verrons comment ce concept a évolué pour aboutir à la notion de « programme moteur généralisé ».

La notion de programme moteur est centrale dans les sciences du mouvement humain. Elle a été introduite initialement par Keele (1968), même si elle a été largement reprise un peu plus tard par Schmidt avec la théorie des schémas (voir chapitre 5, « L'apprentissage »). Keele l'a défini de la manière suivante : « le concept de programme moteur peut être vu comme un groupe de commandes musculaires qui sont structurées avant que le mouvement commence et qui autorise le déroulement du geste sans aucune influence des retours sensoriels ». Les trois raisons principales données par Keele en faveur du concept de programme moteur étaient que 1. des mouvements coordonnés peuvent être réalisés en l'absence de retours sensoriels (cf. déafférentation) ; 2. des mouvements coordonnés peuvent être réalisés bien que leur durée soit trop courte pour permettre l'intervention de boucles sensorielles rectifiant le mouvement en cours (cf. mouvement balistique) ; 3. plus les mouvements sont complexes et plus le temps dit « de programmation » est élevé (cf. chapitre 3, « 1. Le traitement de l'information »).

Toutefois, même si ce concept est séduisant pour l'interprétation de nombreux résultats expérimentaux, il est difficile de mettre directement en évidence un programme moteur. Bien qu'elle ne fournisse que des preuves indirectes, l'expérience de Wadman et coll. (1979) aborde la notion de programme moteur en montrant qu'une séquence de commandes motrices peut être préparée à l'avance et qu'elle peut s'exécuter indépendamment des *feedbacks*. Dans cette expérience les auteurs ont analysé les profils électromyographiques du biceps et du triceps pendant des mouvements ballistiques (très rapides) du coude. La direction (extension), la vitesse (maximale) et l'amplitude du geste était toujours la même (20 cm). La figure 4-25 nous montre que ces profils laissent apparaître trois bouffées (contractions intenses) distinctes ; on parle de patron tri-phasique (en trois phases ou trois bouffées). La première bouffée provient du triceps (l'agoniste) et sert à accélérer l'avant-bras dans la bonne direction. Vient ensuite une deuxième bouffée en provenance du biceps (l'antagoniste) dont le rôle est de freiner l'avant-bras. Enfin, une dernière bouffée en provenance du triceps conclut le mouvement d'extension. On pense que le rôle de cette dernière bouffée est de stabiliser l'effecteur sur la position finale. Il faut noter au passage que pour de très nombreux mouvements, on retrouve ces trois bouffées (agoniste-antagoniste-agoniste) et leur localisation temporelle change peu. Cette organisation tri-phasique est relativement stable d'un mouvement sur l'autre. Ce qui est relativement surprenant, c'est que même si le geste est bloqué, cette organisation tri-phasique est maintenue. C'est ce que nous montre le tracé en pointillé de la figure 4-25. Lors de cet essai, le sujet a initié son mouvement d'extension du coude comme dans les essais précédents. La seule différence, c'est que les expérimentateurs ont retenu le bras du sujet. Bien que son coude n'ait absolument pas pu bouger, on constate que les muscles continuent de s'activer de manière relativement identique. En particulier, on constate que le premier pic d'activité du biceps n'est quasiment pas affecté par le blocage du coude. On observe toutefois de légères modifications dans l'occurrence des autres pics qui seraient liées à l'intervention des boucles réflexes. Ceci étant, ce travail nous montre que, même si le mouvement n'a pas eu lieu, la séquence d'activation des muscles a été peu modifiée. Ceci est interprété comme une évidence que l'ensemble de la séquence était pré-structurée (programmée) avant l'initiation du mouvement et que ces séquences sont exécutées comme un tout.

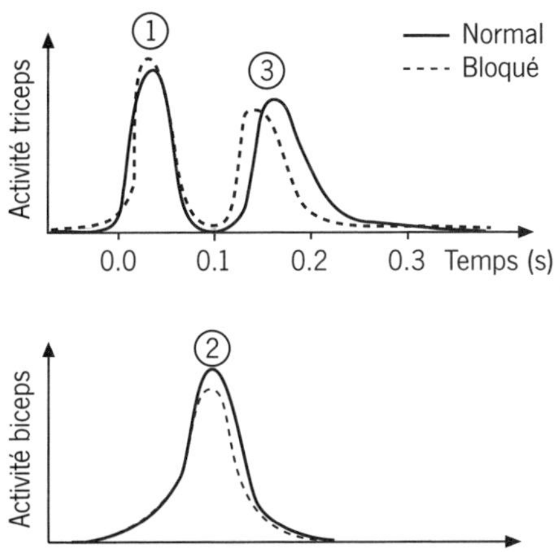

Figure 4-25. **Profils d'activité musculaire pendant un mouvement d'extension rapide du coude.** L'activité musculaire du triceps (agoniste) et du biceps (antagoniste) est organisée suivant un profil (patron) tri-phasique. Ce patron est peu perturbé lorsque le bras est bloqué à l'insu du sujet. Adapté d'après Wadman et coll. (1979).

Une critique fréquemment formulée à l'égard du concept de programme moteur est le « problème du stockage ». En effet, que se passe-t-il lorsque nous devons changer les propriétés du mouvement ? Dans la tâche de Wadman et coll. (1979), les sujets devaient réaliser des mouvements d'une amplitude donnée et d'une durée standard. Imaginons maintenant que le sujet souhaite effectuer le même mouvement avec une autre durée, ou bien encore, couvrir la même amplitude mais en un temps différent. Si l'on prend la définition du programme moteur à la lettre, on est en droit d'attendre que chaque mouvement soit produit par un programme moteur unique. Évidemment si tel est vraiment le cas, comment le système nerveux s'y prend-il pour stocker et sélectionner en mémoire un programme parmi l'infinité de programmes possibles ? Compte tenu des capacités limitées de stockage de notre cerveau, il semble peu probable que la règle « un mouvement = un programme » soit plausible. Pour surmonter cette difficulté, Schmidt (1975) a proposé le concept de programme moteur généralisé (PMG) ou théorie des schémas. Selon cette théorie, la réalisation d'un mouvement s'effectuerait sur la base d'un schéma qui représenterait un programme moteur de base, commun à toute une classe de mouvements (caractérisés par des invariants), dont seulement quelques paramètres resteraient à ajuster. Par exemple, si on considère qu'il existe un PMG pour dribbler avec le pied, la même personne pourra utiliser ce PMG pour effectuer ce dribble avec un ballon de foot, de basket ou une balle de tennis. De même, réaliser des mouvements qui diffèrent uniquement par leur durée, ou leur amplitude, reviendrait à exécuter toujours le même PMG. Ainsi, un *swing* court et un *swing* long au golf pourraient être exécutés à partir du même PMG. D'après Schmidt, les paramètres ajustables des PMG seraient par exemple la durée globale du mouvement, la force à exercer, ou les groupes musculaires impliqués. Chaque PMG serait stocké en mémoire à long terme (voir chapitre 3, « 2. La mémoire ») et s'activerait à chaque fois que ce type de mouvement serait nécessaire à l'action.

Si l'on reprend l'exemple des mouvements d'extension du coude et que l'on demande à des individus de varier la durée de leur mouvement (de + ou – 50 ms), on constate que les profils d'activité musculaire sont globalement peu modifiés. C'est ce que montre la figure 4-26 sur laquelle sont présentés les profils correspondant à chaque durée de mouvement. On constate que, plus le mouvement est rapide, plus les activités musculaires (les bouffées) sont importantes. En revanche la forme générale des profils change peu. On retrouve le même profil tri-phasique pour nos trois durées de mouvements (la forme des courbes est invariante). En d'autres termes, dans cet exemple, on pourrait considérer que la succession des trois bouffées constitue le PMG lui-même et que c'est l'ajustement d'un unique paramètre, un facteur d'échelle (la hauteur des pics), qui va déterminer la durée du mouvement. Grâce à d'autres paramètres, comme l'intervalle de temps entre deux bouffées, il serait possible au sujet de moduler l'amplitude du mouvement d'extension.

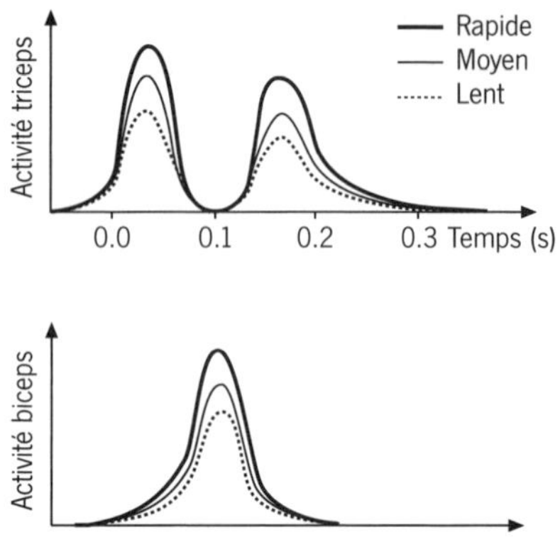

Figure 4-26. **Profils d'activité musculaire pendant un mouvement d'extension du coude à différentes vitesses.** Plus la vitesse du mouvement est élevée et plus les bouffées sont grandes. En revanche la forme des patrons reste globalement peu affectée (un facteur d'échelle suffit pour gommer les différences).

Si la notion de programme moteur a été initialement introduite pour rendre compte d'un certain nombre de faits expérimentaux concernant les mouvements rapides, la notion de programme moteur généralisé ne se restreint pas à cette classe de mouvement. Par exemple, il a pu être montré de nombreuses régularités dans le geste d'écriture qui suggèrent la présence de PMG. Voici quelques faits qui appuient cette idée. Lorsque l'on demande à quelqu'un d'écrire un mot, par exemple le mot « neurone », à différentes vitesses on constate que le pourcentage de temps passé à écrire une lettre est indépendant de la vitesse d'écriture. En d'autres termes s'il vous a fallu 0,5 seconde pour écrire le « r » de « neurone » et que le mot neurone vous a pris 3 s pour l'écrire entièrement, on sait d'avance qu'il vous faudra une seconde pour écrire la lettre « r » si cette fois-ci vous ralentissez et prenez 6 s pour écrire le mot entier. C'est ce qu'on appelle le phénomène d'homothétie temporelle. De même si vous écrivez le mot « neurone » en grand sur un tableau, ou en petit sur un carnet d'adresses, on constate là encore que le pourcentage de temps passé à écrire chaque lettre reste constant : la structure temporelle du geste reste constante. S'il existe des invariants au niveau temporel, il en existe aussi au niveau spatial. La forme des lettres est relativement stable elle aussi (et c'est ce qui nous permet de reconnaître facilement l'écriture de quelqu'un). Si dans l'exemple précédent on comparait le mot « neurone » écrit en grand sur le tableau et celui écrit en petit sur le carnet d'adresses, à part un facteur d'échelle, on verrait très peu de différences dans la forme des lettres (votre style d'écriture serait reconnaissable). Pourtant vous devez réaliser que vous avez mobilisé des effecteurs bien distincts dans les deux situations. Pour écrire sur le carnet vous avez essentiellement mobilisé vos doigts et votre poignet, tandis que pour écrire sur le tableau vous avez mobilisé votre épaule et votre coude. Que signifie cette observation ? Cela signifie que dans le cas présent le PMG serait suffisamment abstrait pour ne pas être spécifique de tel ou tel effecteur, il peut être transféré à d'autres parties du corps que celles utilisées habituellement pour le mouvement. De ce fait, ce qui est gardé en mémoire c'est un PMG et non un programme pour écrire en petit sur un carnet, un autre pour écrire en grand sur un tableau, etc. Ceci évite de surcharger notre mémoire d'une multitude de programmes. Un seul PMG suffit. De la même manière ce PMG sera mis à profit si vous souhaitez écrire avec votre main non dominante, votre pied, ou même votre bouche. Si vous le faites, vous constaterez que malgré quelques difficultés votre écriture conservera un style facilement reconnaissable par un observateur extérieur (voir figure 4-27).

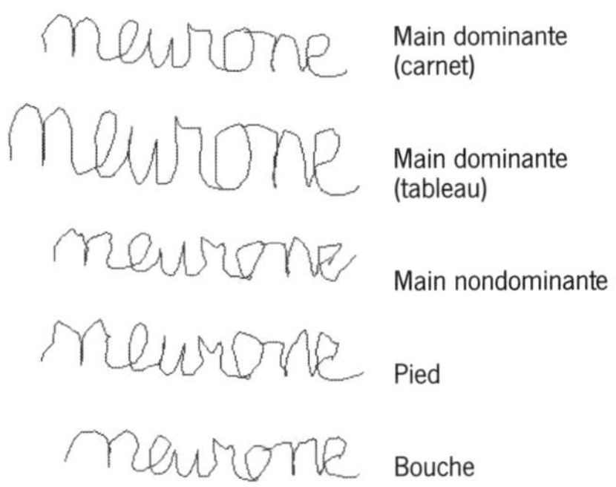

Figure 4-27. **Invariance de l'écriture vis-à-vis des effecteurs utilisés.** Il a été demandé à un même individu d'écrire le mot « neurone » en utilisant des effecteurs différents. Bien que la qualité de l'écriture se dégrade avec certains effecteurs, il n'est pas très difficile de reconnaître le style personnel du sujet.

Il a même été montré que ce transfert de style existait lorsque le corps entier était impliqué. Par exemple si on vous demandait d'écrire en conduisant une voiture qui laisserait une marque sur le sol, on noterait encore les traces de votre PMG pour l'écriture (Serratrice et Habib, 1993). Pour qualifier cette invariance du geste vis-à-vis des effecteurs, on parle d'équivalence motrice. Plusieurs travaux suggèrent que le cortex pariétal (voir chapitre 2, « 3. Les structures nerveuses de la motricité ») jouerait un rôle prépondérant dans ce phénomène d'équivalence motrice (Wing, 2000).

Si le concept de PMG offre la possibilité d'effectuer des mouvements en l'absence de retours sensoriels, il faut bien garder à l'esprit que leur existence ne remet pas en cause l'utilité de nos organes des sens pour le contrôle de nos mouvements. Nous y voyons au moins trois raisons principales. Tout d'abord, nous avons vu dans la section « Contrôle en boucle fermée » de nombreux exemples dans lesquels la suppression de telle ou telle information sensorielle altérait de manière importante la performance des sujets. Ensuite, il est important de réaliser que ces PMG ne sont pas toujours disponibles. La plupart des PMG ne sont pas innés, mais acquis par le biais de l'expérience (voir chapitre 5, « L'apprentissage »). Ainsi, si vous n'avez jamais jonglé de votre vie, vous n'avez aucune raison de posséder le PMG correspondant en mémoire. Par voie de conséquence cette habilité ne pourra être acquise que par un traitement approfondi des retours sensoriels. Enfin, même lorsqu'ils semblent stabilisés, les PMG sont susceptibles de se modifier en fonction des contraintes environnementales. Imaginons par exemple qu'un hockeyeur casse l'un de ses patins en plein milieu de la patinoire. Pour quitter la patinoire, le PMG de patinage devra être modifié au cours des premiers pas, si l'individu veut se déplacer à nouveau efficacement sur la glace. C'est grâce aux *feedbacks* lui signifiant que son PMG n'est plus adapté, que le patineur sera en mesure de le modifier.

Notion de contrôle optimal

Depuis quelques années déjà, l'idée selon laquelle il faudrait opposer systématiquement un contrôle en boucle ouverte à un contrôle en boucle fermée semble perdre en vigueur. Plusieurs chercheurs (Todorov & Jordan, 2002 ; Scott, 2004) défendent l'idée selon laquelle les modèles internes (ou PMG) qui permettent d'elaborer les commandes motrices dont nous avons besoin pour réaliser le mouvement souhaité ne sont véritablement efficaces que s'ils sont constamment couplés aux retours sensoriels. Ce qui est proposé en réalité c'est que lorsqu'un mouvement (ex : pointage) est initié, le cerveau a seulement un plan grossier des commandes motrices qu'il va utiliser. Ce n'est qu'au fur et à mesure de la réalisation du geste que les commandes vont s'affiner pour obtenir le but souhaité (ici atteindre la cible). D'une certaine facon cette approche réfute l'idée que le mouvement est entièrement programmé avant son initiation. L' affinage progressif des commandes motrices se ferait sur la base des retours sensoriels disponibles à chaque instant, en conjonction avec les modèles internes. On considere que ce mode de contôle est optimal dans la mesure où le cerveau utilise au mieux toutes les sources d'information dont il dispose, que ce soit par le biais de sa mémoire (modèle internes) ou de ses sens (feedback). Le poids respectif de ces contributions serait susceptible de changer en fonction du contexte et de l'apprentissage. Ainsi en condition sensorielle appauvrie (ex : obscurité), ou possiblement biaisée, le cerveau ferait davantage confiance à ses modèles internes.

Ce mode de contrôle est aussi envisagé comme optimal car il ne cherche pas à corriger systématiquement le mouvement dès qu'il est soumis à des fluctuations. En effet ce modèle peut autoriser des fluctuations tant qu'elles ne compromettent pas les chances d'atteindre le but souhaité. Si par exemple, un tireur à l'arc veut maintenir la pointe de sa flèche en direction de la cible lorsque son arc est bandé, on peut penser qu'il vaut mieux éviter les oscillations du corps. L'intérêt du contrôle optimal sera de chercher à supprimer uniquement les oscillations du corps susceptibles de perturber la direction de la flèche. De fait si une oscillation des hanches se neutralise avec une oscillation des chevilles, le contrôle optimal ne cherchera pas à les supprimer dans la mesure où elles ne nuisent pas à la performance. On appelle cela le « *principe d'intervention minimum* » (Todorov et Jordan, 2002). Nous reviendrons sur ce point dans le chapitre 5.

Principes de la théorie dynamique

Dans cet ouvrage nous tenions à exposer les bases de la théorie dynamique qui est une approche alternative à celles détaillées tout au long des chapitres 3 et 4 (appelée théorie cognitiviste). L'approche dynamique est désormais décrite ou tout au moins citée dans tous les ouvrages concernant le contrôle et l'apprentissage moteur. Celle-ci provient à l'origine des travaux de Bernstein (1967 ; voir chapitre 5, « L'apprentissage ») et indirectement de ceux de Gibson (1966). Mais elle tire ses racines des théories non linéaires de la physique. La théorie dynamique se met en porte-à-faux avec la théorie cognitiviste. C'est à l'issue d'un ensemble de critiques émises à l'encontre de cette dernière que certains spécialistes du contrôle moteur ont réfléchi à une théorie alternative. Nous allons présenter trois principales critiques formulées par les tenants de l'approche dynamique. Tout d'abord, si on observe que pour réaliser un simple geste il est nécessaire de passer par une somme considérable d'étapes et de processus, on peut alors se demander comment le système nerveux central s'y prend pour traiter aussi rapidement tous les paramètres d'un geste complexe Imaginez un sportif au handball attrapant une balle tout en courant. Ce qui est considéré comme étant un simple geste pour un handballeur, implique de la part d'un cognitiviste : de mettre en place un programme locomoteur (pour la course) et un programme pour attraper une balle, d'aller chercher tous ces programmes en mémoire à long terme après les avoir identifiés, de calculer la trajectoire de la balle pour arriver au bon endroit et au bon moment, de paramétrer l'ensemble de ces programmes, de les coordonner avant de les exécuter... Outre toutes ces étapes, nous n'avons pas évoqué l'attention sélective, la prise d'information visuelle périphérique pour savoir si un adversaire vient ou pas, écouter les consignes de ses partenaires et éventuellement de l'entraîneur, etc. Bref, un nombre considérable de traitements doit se faire dans un laps de temps somme toute très court. D'après les tenants de l'approche dynamique, il n'y a pas de traitement de l'information, le cerveau n'a pas le temps de réaliser un tel traitement ! Une deuxième critique est liée au fait que les paramètres des programmes moteurs généralisés (PMG) sont prescrits avant l'initiation du mouvement. Or, comment prescrire (préparer à l'avance) quelque chose lorsqu'on se trouve dans une situation qui évolue constamment, comme c'est le cas pour notre handballeur ? D'après l'approche dynamique il n'y a pas de prescription. Enfin, une troisième critique (et nous nous arrêterons là, même s'il en existe d'autres) pourrait être formulée contre la notion de PMG. Comment utiliser les PMG lors de nouveaux gestes ? Où sont-ils ? Personne ne le sait, ni même Schmidt qui pourtant est la personne qui a introduit ce concept, évoqué leur existence et tenté de les démontrer. Pour les dynamiciens, les PMG n'existent pas. En réponse aux trois critiques que nous venons de donner, les spécialistes de la théorie dynamique dénient l'existence de ces concepts : traitement de l'information, prescription et PMG. Mais quels sont alors les principes alternatifs proposés par cette théorie ?

D'après cette théorie, les mêmes principes s'appliquent pour tout type de geste : les nouveaux, ceux qui ont été appris, les gestes spontanés (exemple : marcher à une allure préférentielle) qu'ils soient performants ou non (mouvements hésitants du débutant). Pour l'ensemble de ces mouvements, dès l'instant où un geste est « reproductible » plusieurs fois au cours d'une tâche donnée et d'une situation environnementale donnée, on dit que c'est un état stable. C'est-à-dire que la coordination qui permet de réaliser ce geste est stable. Avant d'aller plus loin il faut bien comprendre que si un novice effectue un mouvement peu efficace mais reproductible, c'est également un état stable. Par exemple, une personne ayant une dissymétrie dans le mouvement de ses jambes en brasse est sur un état stable, car elle ne peut pas faire autrement. Dès que l'on change de coordination on passe sur un autre état stable. Là encore ce nouvel état peut être une coordination apprise ou spontanée. Le passage de la marche à la course est un exemple de changement spontané. Si vous demandez à quelqu'un de marcher en augmentant progressivement son allure, vous observerez qu'à une certaine vitesse, il passera spontanément à la course. En effet, la vitesse à laquelle la personne se déplace est moins fatigante en utilisant une coordination comme la course que la marche. Pour l'apprentissage c'est la même chose (voir chapitre 5, paragraphe « Théorie de l'apprentissage selon Bernstein »). Si un débutant, après maintes répétitions, a appris une nouvelle coordination, celle-ci deviendra un état stable. Temprado et collaborateurs (1997) ont observé le service au volley-ball d'experts et de novices. Ces travaux montrent que chaque groupe adopte un mode de coordination qui lui est propre : le couplage entre le mouvement de l'épaule et du poignet ne se manifeste pas de la même manière chez les experts et les novices. Dans les deux situations, le novice comme l'expert, adoptent une coordination stable. Lorsque les débutants apprendront à faire un service au volley-ball, ils passeront sur un autre état stable : celui des experts. Le passage d'un état à un autre est appelé une transition ou une bifurcation. Lorsqu'on passe d'un état stable à un autre, la transition est brutale, elle est non linéaire. Reprenons l'exemple de la bifurcation de la marche vers la course. En augmentant un paramètre, ici la vitesse de marche, l'individu passe de façon abrupte à une autre coordination qui est la course. Lorsqu'une variation d'un paramètre permet de faire basculer le mouvement d'un état stable vers un autre, on l'appelle paramètre de contrôle. Cette transition abrupte est également observable au cours de l'apprentissage. Un volleyeur passe brutalement d'une coordination épaule-poignet à une autre. Pour cela il aura modifié les paramètres d'ordre de la coordination qui traduisent les changements qualitatifs de la coordination. Jusqu'à présent nous avons évoqué le cas des états stables, mais existe-t-il des gestes ou des mouvements qui ne soient pas stables ? Autrement dit, des mouvements qui ne soient pas « reproductibles » lors d'une tâche donnée. Oui, mais ce sont des coordinations que nous avons cherchées à réaliser intentionnellement, elles ne sont pas naturelles. Par exemple, il est possible de se déplacer en marchant à une vitesse très rapide. Mais cette marche ne sera possible que parce qu'on se contraint à la faire, car dès qu'on se « laisse aller », on est directement attiré vers un état stable, c'est-à-dire ici, soit vers la course afin de conserver cette vitesse, soit vers la marche mais en ralentissant. Les états stables sont aussi appelés des attracteurs car ils nous « attirent » vers eux. On peut comparer l'individu qui agit à une bille en fer située entre deux aimants (les attracteurs). Plus la bille est proche d'un aimant, plus elle est attirée par ce dernier. Comme pour la bille, une personne qui apprend parvient difficilement à échapper à l'attraction d'un mode de coordination appris ou spontané (marche/course).

Voyons maintenant comment les tenants de l'approche dynamique expliquent le passage d'un état stable à un autre sans qu'il ne soit question de prescription, de traitement de l'information, ni de PMG. Pour les « dynamiciens », le comportement émerge (apparaît) de l'interaction de trois types de contraintes qui agissent sur le système : les contraintes liées à l'environnement, à la tâche et à l'organisme (âge, morphologie, caractéristiques musculaires, respiratoires, expertise en sport, musique, etc.). Autrement dit, toute coordination émerge de ces contraintes (Bardy et coll., 1999) sans qu'il n'y ait eu au préalable de traitement de la part du système nerveux. Pour bien comprendre cette idée, prenons deux exemples. Lorsqu'on demande à des non-spécialistes en gymnastique de réaliser un salto avant (360°) sur des gros tapis de réception à l'aide d'un mini-trampoline, on peut observer toujours le même défaut : sur le trampoline les novices ont tous le buste fléchi (position corps cassé), ce qui ne leur permet pas de s'élever bien haut (voir figure 4-28A). Ils arriveront sur le dos et presque jamais sur les pieds. En ajoutant des tapis, on ajoute des contraintes qui vont forcer le novice à réaliser une prise d'avance des appuis, l'impulsion sera ascensionnelle (figure 4-28B) et bien plus efficace pour effectuer un salto avant réceptionné sur les pieds. En ajoutant simplement des contraintes environnementales (les tapis), le comportement est devenu effectif, il a émergé et ce, sans que les sujets s'en rendent compte ! Il n'y a pas eu besoin d'un traitement spécifique de la part du système nerveux, ni de prescrire cette prise d'avance des appuis ; vu que ces débutants n'avaient jamais pu en faire auparavant, comment le SNC aurait-il pu le prescrire ?

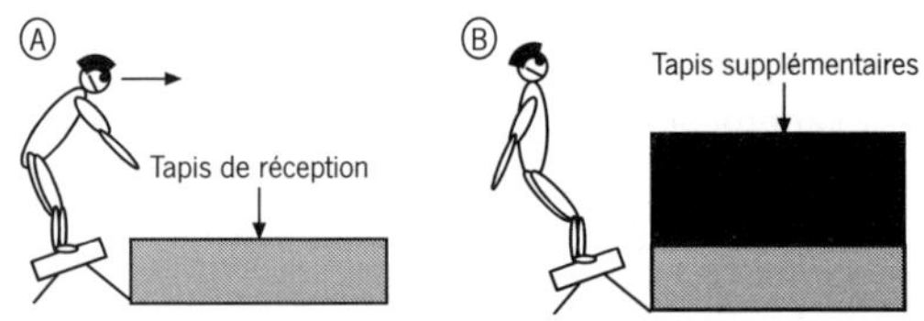

Figure 4-28. **Position du corps lors d'un salto avant.** A. Le défaut le plus commun des non-spécialistes en gymnastique est de fléchir le buste (corps en position cassée) sur le mini-trampoline. B. En ajoutant des contraintes (tapis), on observe l'émergence d'une posture adéquate pour la réalisation d'un salto avant : une prise d'avance des appuis.

Prenons un autre exemple. Dans une expérience, Marin et coll. (1999) ont demandé à des gymnastes experts et à des sportifs non gymnastes de rester debout sur une poutre. La tâche était de bouger leur corps de sorte que leur tête se maintienne à distance constante d'un objet qui, placé devant eux, oscillait d'avant en arrière. Les résultats ont montré que pour réaliser cette tâche sans tomber de la poutre, les non-gymnastes ont suivi l'objet en utilisant une coordination centrée autour des hanches (voir figure 4-29A). Ils déplaçaient leur buste d'avant en arrière (alternance de flexion-extension du buste). En revanche, pour le même mouvement de l'objet, les gymnastes ont effectué la tâche en restant tout droit (i.e. sans fléchir les hanches) mais en se balançant autour des chevilles (figure 4-29B). Pourquoi une telle différence ? Pourtant les expérimentateurs ne leur ont pas demandé de réaliser une coordination plutôt qu'une autre. Cette différence existe tout simplement parce qu'en fonction des contraintes (paramètres de contrôle) qui pèsent sur les participants, une certaine valeur du paramètre d'ordre (traduisant les changements qualitatifs de la coordination) a émergé. Pour les gymnastes, compte tenu de leur contrainte musculaire de l'articulation de la cheville (contrainte liée à l'organisme), de la poutre (contrainte environnementale) et de la tâche, une coordination autour des chevilles a émergé. Pour les non-gymnastes, la peur, les caractéristiques musculaires de leurs chevilles plus faibles que les gymnastes, la tâche (etc.) les ont poussés à adopter un autre état stable. Nous pourrions prendre autant d'exemples que nous voulons, chaque comportement émerge d'un ensemble de contraintes : il s'auto-organise. Ici, ce n'est pas un traitement de l'information particulier, ni une prescription, ni un PMG spécifique (sauf si les cognitivistes pensent qu'un PMG est une coordination au sens des dynamiciens) qui a amené telle ou telle personne à réagir d'une certaine façon, mais tout un ensemble de contraintes sur un « système biologique décrit comme un système physique ».

Les implications pratiques de l'approche dynamique sont importantes. En effet elle implique qu'en choisissant des contraintes bien appropriées, un entraîneur peut être en mesure de faire émerger (apparaître) toutes sortes de comportements. Il suffit simplement de bien choisir les contraintes. La fixation des apprentissages et la mémorisation sont aussi abordés dans cette approche, mais là encore les outils théoriques utilisés pour les décrire ne sont pas les mêmes que ceux utilisés dans l'approche cognitive.

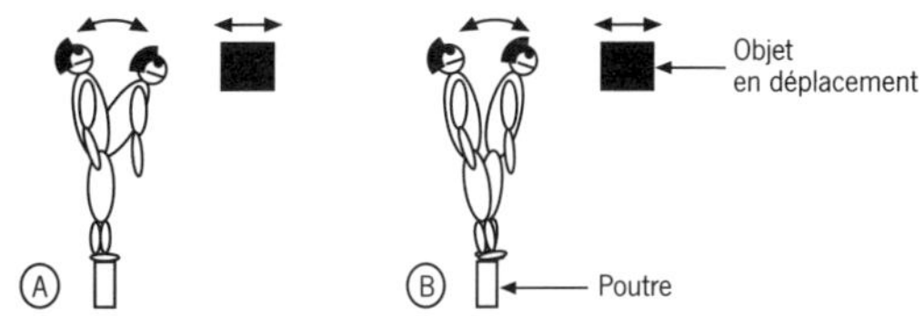

Figure 4-29. **Coordination hanche ou cheville selon le niveau d'expertise en gymnastique.** A. Les experts sportifs non gymnastes ont suivi l'objet en déplacement en utilisant une coordination autour des hanches : alternance de flexion du buste (corps en position cassé) et d'extension du buste (corps en position cambré). B. Les gymnastes sont restés tout droit et ont suivi l'objet en se balançant autour des chevilles.

Sites web

- Pour en savoir plus sur Ginette (la patiente déafférentée) :
  - https ://sites.google.com/site/sarlegna/deafferentation---proprioception
  - http ://www.allodocteurs.fr/actualite-sante-deafferentation-elle-n-a-plus-conscience-de-son-corps_10602.html#
- Pour être confronté à des conflits sensoriels (visuo-haptiques) : http ://www.irisa.fr/tactiles/index-eng.html
- Site de l'ACAPS : http ://www.acaps.asso.fr/
- Liste non exhaustive de laboratoires ayant un interet pour le contrôle moteur chez l'homme :
  - Euromov : http ://euromov.eu/accueil/
  - Institut des Sciences du Mouvement : https://ism.univ-amu.fr
  - Institut des Neurosciences de la Timone : http ://www.int.univ-amu.fr
- Les sociétés de neurosciences :
  - Française : https ://www.neurosciences.asso.fr/
  - Américaine : https ://www.sfn.org/

Bibliographie

- Lectures conseillées en français
  - Berthoz A., Debru C., « *Anticipation et Prédiction : du geste au mental* ». Odile Jacob, 2015.
  - Laurent M., « *La connaissance et l'action chez l'enfant. Problèmes théoriques et applications* », in Laurent M., Therme P. (Eds.), *L'enfant par son corps*, Actio Bazina, Joinville-le-Pont, 1987.
  - Lebon F., Gueugneau N., Papaxanthis C., « *Modèles internes et imagerie motrice* », in *Science & Motricité*, n°82, 2013, pp 51–61.
  - Serratrice G., Habib M., *L'écriture et le cerveau : mécanismes neurophysiologiques*, Masson, Paris, 1993.
  - Sarlegna F., « *La main vers la cible : intégration multi-sensorielle et contrôle en ligne du mouvement de pointage* », in *l'année psychologique*, n°107, 2007, pp. 303-336.
  - Temprado J.J., Montagne G., « *Les coordinations perceptivo-motrices. Introduction aux approches écologique et dynamique du couplage perception-mouvement* », Armand Colin, Paris, 2001.
- Lectures conseillées en anglais
  - Abbs J.H., Gracco V.L., "*Control of complex motor gestures : orofacial muscle responses to load perturbations of lip during speech*", in *Journal of Neurophysiology*, n°51, 1984, pp 705-723.
  - Bardy B.G., Marin L., Stoffregen T.A. & Bootsma R.J., "*Postural coordination modes considered as emergent phenomena*", in *Journal of Experimental Psychology, Human Perception and Performance*, n° 5, 1999, pp. 1284-1301.
  - Berkinblit M.B., Fookson O.I., Smetanin B., Adamovich S.V., Poizner H., "*The interaction of visual and proprioceptive inputs in pointing to actual and remembered targets*", in *Experimental Brain Research*, n°107, 1995, pp. 326-330.
  - Bernstein N., 1967, *The co-ordination and regulation of movement*, Pergamon Press, Elmsford, NY.
  - Blouin J., Bresciani J.P., Guillaud E., Simoneau M., "*Prediction in the Vestibular Control of Arm Movements*", in *Multisensory Research* n°28, 2015, pp. 487-505.
  - Bootsma R.J., Van Wierigen P.C.W., "*Timing and attacking forehand drive in table tennis*", in *Journal of Experimental Psychology, Human Perception and Performance*, n° 16, 1990, pp. 21-29.
  - Boyadjian A., Marin L., Danion F., "*Veering in human locomotion : the role of the effectors*", in *Neuroscience Letters*, n° 265, 1999, p. 21-24.
  - Cohen Y.A., Andersen R.A., "*A common reference frame for movement plans in the posterior parietal cortex*" in *Nature Reviews Neuroscience*, n°3, 2002, pp. 553-562.
  - Danion F., Latash M.L., "*Motor Control : Theories, Experiments, and Applications*" Oxford University Press, 2011.
  - Danion F., Sarlegna F.R., "*Can the human brain predict the consequences of arm movement corrections when transporting an object ? Hints from grip force adjustments*", in *Journal of Neuroscience*, n°27, 2007, pp. 12839-43.
  - Gibson J.J., *The senses considered as perceptual systems*, Houghton-Mifflin, 1966.
  - Heller M.A., "*Haptic dominance in form perception : vision* versus *proprioception*", in *Perception*, n° 21, 1992, pp. 655-660.
  - Keele S.W., "*Movement control in skilled motor performance*", in *Psychological Bulletin*, n° 70, 1968, pp. 387-403.
  - Lackner J.R., DiZio P., "*Visual stimulation affects the perception of voluntary leg movements during walking*", in *Perception*, n° 17, 1988, pp. 71-80.
  - Lashley K.S., "*The accuracy of movement in the absence of excitation from the moving organ*", in *The American Journal of Physiology*, n° 43, 1917, pp. 169-194.
  - Latash M.L., "*Fundamentals of Motor Control*", Academic Press, 2012.
  - Marin L., Bardy B., Bootsma R., "*Level of gymnastic skill as an intrinsic constraint on postural coordination*", in *Journal of Sports Sciences*, n° 17, 1999, pp. 615-626.
  - Mountcastle V.B., Lynch J.C., Georgopoulos A., Sakata H., Acuna V., "*Posterior parietal association cortex of the monkey : command functions for operations within extrapersonal space*", in *Journal of Neurophysiology*, n° 38, 1975, pp. 871-908.
  - Oudejans R.R., Van de Langenberg R.W., Hutter R.I., "*Aiming at a far target under different viewing conditions : visual control in basket-ball jump shooting*", in *Human Movement Science*, n° 21, 2002, pp. 457-480.
  - Redon C., Hay L., Velay J.L., "*Proprioceptive control of goal-directed movements in man, studied by means of vibratory muscle tendon stimulation*", in *Journal of Motor Behavior*, n° 23, 1991, pp. 101-108.
  - Roll J.P., Gilhodes J.C., "*Proprioceptive sensory codes mediating movement trajectory perception : human hand vibration-induced drawing illusions*", in *Canadian Journal of Physiological Pharmacology*, n° 73, 1995, pp. 295-304.
  - Rolls E.T., Miyashita Y., Cahusac P.M., Kesner R.P., Niki H., Feigenbaum J.D., Bach L., "*Hippocampal neurons in the monkey with activity related to the place in which a stimulus is shown*", in *Journal of Neuroscience*, n° 9, 1989, pp. 1835-1845.
  - Rosenbaum D.A., "*Human Motor Control*", Academic Press, 2009.
  - Schmidt R.A., "*A schema theory of discrete motor skill learning*", in *Exercise and Sport Science Reviews*, n° 4, 1975, pp. 229-261.
  - Schmidt R.A., Lee T.D., "*Motor Control and Learning : A Behavioral Emphasis*" 5th edition, Human Kinetics, 2011.
  - Scott S.H., "*Optimal feedback control and the neural basis of volitional motor control*" In *Nature Reviews Neuroscience*, n°5, 2004, pp. 532-546.
  - Sherrington C.S., *The integrative action of the nervous system*, Yale University Press, New Haven, 1906.
  - Taub E., "*Movement in non-human primates deprived of somatosensory feedback*", in *Exercise and Sport Sciences Reviews*, n° 4, 1976, pp. 335-374.
  - Temprado J.J., Della-Grasta M., Farrell M.J., Laurent M., "*A novice-expert comparison of (intra-limb) coordination subserving the volleyball serve*", in *Human Movement Science*, n° 16, 1997, pp. 653-676.
  - Temprado J.J., Vieilledent S., Proteau L., "*Afferent Information for Motor Control : The Role of Visual Information in Different*

Portions of the Movement", in *Journal of Motor Behavior,* n° 28, 1996, pp. 280-287.
- Todorov E. Jordan, M.I., "*Optimal feedback control as a theory of motor coordination*", in *Nature Neuroscience,* N°5, 2002, pp 1226–1235.
- Verschueren S.M., Swinnen S.P., Cordo P.J., Dounskaia N.V., "*Proprioceptive control of multijoint movement : unimanual circle drawing*", in *Experimental Brain Research,* n° 127, 1999, pp. 171-181.
- Wadman W.J., Denier Van der Gon J.J., Geuze R.H., Mol C.R., "*Control of fast goal-directed arm movements*", in *Journal of Human Movement Studies,* n° 5, 1979, pp. 3-17.
- Whiting H.T., "*An operational analysis of a continuous ball throwing and catching task*", in *Ergonomics,* n° 13, 1970, pp. 445-454.
- Wing A.M., "*Motor control : Mechanisms of motor equivalence in handwriting*", in *Current Biology,* n° 23, 2000, pp. 245-248.

QUESTIONS DU CHAPITRE 4

1. Quels sont les avantages et les inconvénients de contrôler son mouvement à l'aide d'un modèle interne ?

2. Imaginez une action dans laquelle un individu serait amené à réaliser simultanément un geste en boucle ouverte et un geste en boucle fermée

3. Essayez d'imaginer une situation dans laquelle trois sens seraient en conflit

4. Un mouvement peut-il être déclenché moins de 50 ms après un stimulus ? Si oui peut-il s'agir d'un mouvement volontaire ?

5. Imaginons que l'on demande à un sujet, les yeux bandés, de maintenir le bras étendu avec un poids de 2 kg dans la main. Cette masse est suffisante pour que le bras se fatigue au bout de quelques minutes.

6. Essayez d'envisager les fluctuations de position du bras selon que le système fonctionne sur un mode en boucle ouverte ou en boucle fermée.

Chapitre 5

L'APPRENTISSAGE

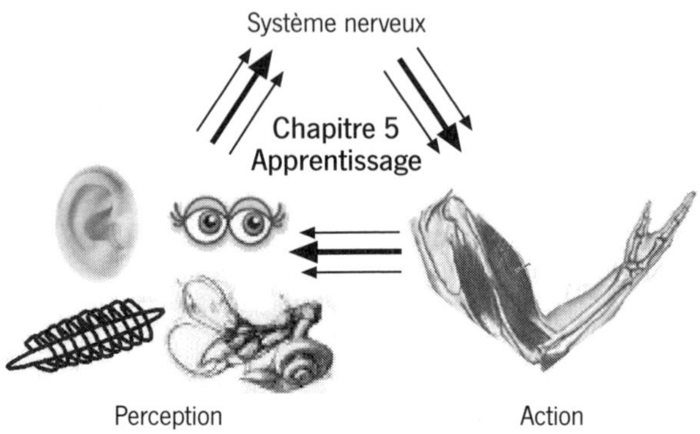

Dans le chapitre précédent, nous avons montré comment un certain nombre d'habiletés motrices étaient contrôlées par le cerveau. Pour cela nous nous sommes servis d'exemples dans lesquels les sujets maîtrisaient largement les tâches auxquels ils étaient confrontés. Cependant il faut bien réaliser, qu'avant d'en arriver à ce stade-là, les sujets n'ont pas toujours été aussi habiles dans la production de leur geste. Dans la majorité des cas, la maîtrise d'une habileté est un processus qui demande du temps, parfois même énormément. Rappelez-vous par exemple le temps qu'il faut à un adulte pour maîtriser un geste sportif comme un service au tennis ou le saut à la perche. Le but de ce nouveau chapitre est d'aborder les processus qui permettent à un individu d'accroître son niveau de performance au cours du temps, par le biais de l'apprentissage. Apprendre est une capacité indispensable à la survie de notre espèce. Bien qu'un certain nombre de nos comportements soient déterminés génétiquement (comportements innés), la majorité d'entre eux restent acquis par le biais de l'expérience (comportement acquis). Sans apprentissage, nous serions incapables de parler, d'écrire, de conduire, de nager, de tapoter sur un smartphone, de jouer d'un instrument de musique, de servir au tennis... Bref, les exemples démontrant combien l'apprentissage a été et reste, omniprésent dans notre vie ne manquent pas. Grâce à l'apprentissage, nous avons la possibilité de bénéficier de nos expériences passées et pouvons acquérir sans cesse de nouvelles habiletés.

Pour toutes ces raisons, l'apprentissage mérite sans aucun doute qu'un ouvrage de neurosciences sur les habiletés motrices lui consacre une large section. Bien entendu il serait très réducteur de penser que l'apprentissage ne concerne que les habiletés motrices. L'apprentissage concerne aussi un grand nombre d'habiletés plus « cognitives ». Pour n'en citer que quelques-unes on peut penser à la manipulation des chiffres (calcul mental), à la maîtrise d'une langue étrangère ou du jeu d'échecs... Cependant dans cet ouvrage nous nous limiterons à l'apprentissage des habiletés motrices et nous nous concentrerons sur les changements de performance associés à l'entraînement ainsi que sur les conditions qui favorisent l'acquisition de nouvelles habiletés. Avant de clore cette section sur l'apprentissage, nous prendrons le soin d'exposer au lecteur les principales théories qui rendent compte de l'apprentissage moteur.

Définition de l'apprentissage

Comment définir l'apprentissage ? Prenons l'exemple d'un individu qui joue pour la première fois au tennis. Lors de ses premiers échanges, il est probable que celui-ci ratera assez souvent la balle, la renverra assez souvent dans le filet et fera assez fréquemment des doubles fautes. Cependant, au fur et à mesure des échanges, celui-ci renverra de plus en plus souvent la balle, elle heurtera de moins en moins le filet, et les doubles fautes seront de plus en plus rares... Pour la plupart des gens, ces améliorations sont le reflet d'un apprentissage, mais est-ce vraiment suffisant pour parler d'apprentissage ? La réponse est non. Nous allons aborder successivement les raisons qui nous poussent à prendre cette position.

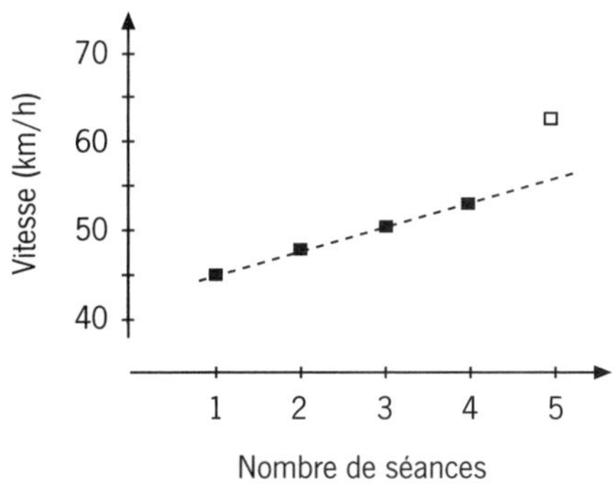

Figure 5-1. **Courbe hypothétique montrant les progrès d'un joueur de tennis débutant en fonction du nombre de séances d'entraînement.** La variable présentée est la vitesse moyenne de la balle lors des services. Lors de la cinquième séance, les parents du joueur assistent à l'entraînement.

Il est important de préciser d'emblée que tous les changements de comportement ne sont pas nécessairement le reflet d'un apprentissage. Nous allons pour cela reprendre l'exemple du joueur de tennis débutant, et imaginer que nous nous focalisons sur la vitesse de la balle pendant ses services. Au cours de chaque séance d'entraînement, notre joueur est testé à son insu sur une dizaine de services. Sur le graphique de la figure 5-1, on a représenté la vitesse moyenne de la balle (pendant ces 10 services) en fonction du nombre de séances. On constate qu'après chaque séance, notre débutant ne cesse d'augmenter sa vitesse de service de quelques km/h. Cependant lors de la cinquième séance, les parents de notre joueur décident d'assister à l'entraînement. On constate que lors de cette séance notre débutant améliore sa vitesse de service de presque 10 km/h. Seriez-vous prêt à considérer que cette soudaine amélioration des performances à la cinquième séance est liée uniquement à l'apprentissage (hypothèse 1), ou est-elle simplement liée au fait que la présence des parents a motivé davantage notre joueur (hypothèse 2) ? Un moyen simple de le savoir est de retester notre débutant sans la présence de ses parents. Si on n'observe aucun changement brutal de performance (par rapport aux séances précédentes), on penchera en faveur de l'hypothèse 2, mais si la vitesse de la balle reste nettement supérieure à ce qu'elle était auparavant, on penchera plutôt en faveur de l'hypothèse 1. En résumé, il faut donc se préserver de toute conclusion hâtive sur l'apprentissage lorsqu'on observe une amélioration (ou une dégradation) des performances. Notez bien que si les performances d'un individu dépendent de son niveau d'habileté, elles dépendent aussi de nombreux autres facteurs, tels que sa motivation, son niveau de stress, son état de fraîcheur...

Pour qu'une amélioration de performance soit considérée comme le reflet d'un apprentissage, il faut qu'elle ait au moins les deux caractéristiques suivantes. Premièrement, l'amélioration des performances doit être liée à l'entraînement, et deuxièmement elle doit être relativement permanente. Si l'on reprend l'exemple de notre joueur de tennis, cela signifie que si la vitesse de ses services augmente dès le premier essai lorsqu'il joue avec une raquette de meilleure facture, cela n'a sans doute rien à voir avec l'apprentissage : le même geste est simplement rendu plus efficace par le biais d'un matériel plus performant. De la même manière, si lors d'une séance notre joueur réussit l'exploit de battre un joueur bien mieux classé que lui, mais que pendant les 4 séances suivantes il est incapable de renouveler cet exploit, il est probable que cette performance n'avait rien à voir avec l'apprentissage. Il était peut-être tout simplement plus motivé, et/ou en meilleure forme physique ce jour-là (et inversement pour son adversaire !). Pour que l'on suspecte un effet de l'apprentissage, il faut que les variations de performance soient suffisamment persistantes dans le temps. Dès lors qu'elles apparaissent facilement réversibles, il ne s'agit pas d'un effet de l'apprentissage.

Maintenant que nous avons soulevé un certain nombre d'ambiguïtés liées à la notion d'apprentissage, peut-on essayer d'en donner une définition un peu plus précise ? Une façon d'inclure dans notre définition les points qui viennent d'être soulevés serait de considérer que « l'apprentissage est l'ensemble des processus qui, par le biais de l'entraînement ou de l'expérience, conduisent à des changements relativement permanents dans la capacité de réaliser un mouvement » (Schmidt et Lee, 1999).

En parlant d'apprentissage, nous avons beaucoup insisté sur les changements de performance, et de comportement. Cependant, il est important de réaliser que les processus qui conduisent à ces changements ne sont pas directement observables. Ces processus, souvent très complexes, ont lieu au sein même du système nerveux. Sans rentrer dès maintenant dans les détails, sachez que par exemple la façon dont s'effectue le traitement de l'information, ou le contrôle du geste peut changer par le biais de l'entraînement. La majorité des expériences qui seront relatées dans ce chapitre auront pour but de préciser davantage la nature de ces modifications internes en les inférant à partir des modifications du comportement (qui, elles, sont plus facilement observables). On retiendra de l'apprentissage qu'il s'agit avant tout d'un changement interne de l'individu, visible de l'extérieur par ses conséquences sur le comportement.

Mesure de l'apprentissage

Imaginons que nous cherchions à comparer si l'apprentissage d'une habileté motrice (par exemple le jonglage) est meilleur avec la méthode A qu'avec la méthode B. Cet objectif ne peut être atteint que si nous sommes capables à un moment donné de dire qu'un groupe a appris plus vite que l'autre. Ceci implique que nous soyons capables de mesurer, de quantifier, l'apprentissage. Nous verrons dans quelques instants que ce n'est pas toujours une tâche aisée, car il faut 1. respecter une méthodologie bien précise, et 2. choisir une variable adéquate pour rendre compte des changements de performance.

Indice de performance et indice d'erreur

Malgré les travers que cela peut comporter (voir section ci-dessus), on mesure le plus souvent l'apprentissage par le biais des changements de performance obtenus au cours de l'entraînement. Ces changements peuvent être présentés de deux manières. Soit on peut chercher à montrer que le sujet devient de plus en plus habile parce que sa performance augmente, soit on peut montrer que ses erreurs deviennent de moins en moins fréquentes. Par exemple, si on veut mesurer les progrès d'un gardien de football sur sa capacité à stopper des penaltys, on peut soit calculer le pourcentage de tirs arrêtés, soit, inversement, calculer le pourcentage de tirs encaissés. Dans un cas on espère que la variable mesurée va augmenter avec l'entraînement, alors que dans l'autre on espère exactement l'inverse. Dans cet exemple précis nos deux variables étaient reliées mathématiquement (en connaissant l'une, on connaît forcément la deuxième), mais cela n'est pas toujours le cas. Par exemple, si on souhaite évaluer les progrès d'un joueur de tennis sur son service, on peut compter soit le nombre d'*aces* (où l'adversaire est incapable de retourner le premier service ; prononcer « eiss »), soit le nombre de doubles fautes. Nous faisons l'hypothèse que plus le niveau du joueur s'accroît, plus le nombre d'*aces* augmentera, et qu'inversement plus le nombre de doubles fautes aura tendance à diminuer. Alors quelle variable choisir ? Il n'y a pas de véritable règle pour choisir une variable comportementale, on peut choisir aussi bien une variable qui rende compte des prouesses du sujet (indice de performance), qu'une variable qui rende compte de ses erreurs (indice d'erreur). L'important c'est de se souvenir quel type de variable a été choisi au moment d'interpréter les résultats (particulièrement les graphiques). Cela reste aussi valable lorsque l'on compare les résultats de plusieurs études ; il est important de vérifier s'il s'agit des mêmes variables, ou au moins du même type de variable.

Dans certains cas, la différence entre indice de performance et indice d'erreur est un peu moins explicite. Prenons cet exemple dans lequel on demande à un sujet d'apprendre une tâche assez courante en laboratoire, la tâche de Fitts (du nom de celui qui a mis au point ce test). Dans ce type de tâche, le sujet doit pointer alternativement d'une cible à une autre avec un stylet. On lui donne pour instruction d'aller le plus vite possible en commettant le moins d'erreurs possible. À chaque essai, on donne 30 s au sujet pour réaliser le maximum de pointages. La figure 5-2 nous présente les résultats hypothétiques obtenus après plusieurs séances d'entraînement. De haut en bas, on a représenté successivement le nombre total de pointages pendant l'essai, le nombre d'erreurs (pointages effectués en dehors de la cible), et la durée moyenne du temps de mouvement (temps qui s'écoule entre deux touchers de cible). On constate que selon l'indice qui est choisi, le score du sujet peut soit augmenter soit diminuer. S'il est relativement aisé de comprendre que la première variable constitue un indice de performance (nombre total de pointages), et que la seconde constitue un indice d'erreur (nombre de pointages ratés), le statut de notre troisième variable est un peu plus complexe. En fait, bien que le temps de mouvement ne constitue pas à proprement parler un signal d'erreur, il rend compte de la vitesse du sujet. Or un temps de mouvement élevé implique que le sujet fera moins de pointages en 30 s. Dans ce cas, le temps de mouvement peut être considéré comme un indice d'erreur.

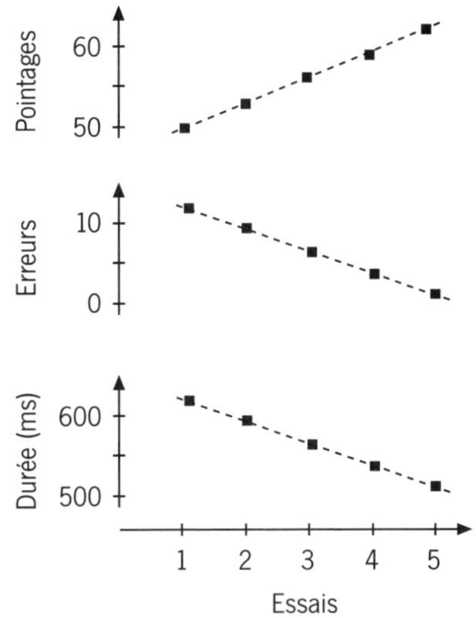

Figure 5-2. **Courbes hypothétiques montrant les effets de l'entraînement dans une tâche de Fitts.**

Selon la variable qui est sélectionnée, le score du sujet peut augmenter ou diminuer. Cependant, dans tous les cas de figure, il est évident que le sujet devient de plus en plus habile.

Effet plancher et effet plafond

Bien que nous ayons déjà soulevé plusieurs écueils inhérents à la mesure de l'apprentissage, il subsiste encore « l'effet plafond » et « l'effet plancher ». Afin de mieux cerner ce que représentent ces effets, nous allons nous servir de l'exemple suivant. Imaginez que nous voulions mesurer les progrès réalisés par un athlète qui débute en saut en hauteur. Pour cela, à la fin de chaque séance d'entraînement, on décide de mesurer le pourcentage de sauts réussis (*i.e.* sans faire tomber la barre) pour deux hauteurs de barre très proches du record actuel de notre athlète (1,55 m). L'une des hauteurs est légèrement inférieure à son record (H = 1,5 m), tandis que l'autre est légèrement supérieure (H = 1,6 m). La figure 5-3 nous montre les courbes d'apprentissage obtenues pour chaque hauteur de barre. Concentrons-nous dans un premier temps sur la hauteur de barre la plus faible (H = 1,5 m). Lors de la première séance, notre sujet est capable de franchir la barre, mais évidemment pas à chaque essai car cette hauteur reste tout de même assez proche de son record. Au fur et à mesure des séances d'entraînement on constate qu'il est capable de passer de plus en plus fréquemment la barre, l'apprentissage semble faire ses preuves. Au bout de sa dixième séance d'entraînement, on constate qu'il devient alors capable de franchir la barre à chaque tentative (100 % de réussite). Néanmoins, au cours des séances ultérieures (séances 11 à 20), on constate que sa performance reste stabilisée autour de 100 %. Cette stabilisation des performances après la séance 10 doit-elle être interprétée comme la fin de l'apprentissage ? Certainement pas. En fait, l'indice de performance que nous avons choisi est borné : sa valeur est forcément comprise entre 0 et 100 %. Aussi performant que devienne notre athlète sa performance n'excédera jamais 100 %, c'est ce qu'on appelle l'effet plafond. Lorsque l'effet plafond est atteint, la tâche est devenue trop facile, elle ne permet plus de discriminer si notre athlète continue de progresser ou non. C'est pour parer à cette éventualité que nous avons inclus une deuxième hauteur de barre plus élevée que la première. La figure 5-3 nous montre que pour la hauteur de barre H = 1,6 m, le score de l'athlète continue de s'améliorer bien après la séance 10. Au bout du compte, il est évident que notre athlète continue de progresser (contrairement à ce que suggérait la courbe H = 1,5 m). Cependant, il ne faut pas non plus tomber dans l'excès inverse, et proposer à l'athlète une tâche qui soit trop difficile. Lorsqu'on analyse la courbe H = 1,6 m, on constate que le score du sujet ne décolle pas des 0 % pendant les dix premières séances. Doit-on en conclure que notre athlète n'apprend rien pendant les dix premières séances ? En fait là encore, l'absence d'amélioration du score ne reflète pas les progrès réels de l'athlète (voir l'autre courbe H = 1,5 m). La tâche est tout simplement trop ardue pour notre athlète compte tenu de son niveau actuel. Quelle que soit la façon dont il fait tomber la barre (en la frôlant, ou en la heurtant violemment) son score reste identique (0 %), on parle d'effet plancher. Au bout du compte, on retiendra de cet exemple que pour mesurer les effets de l'apprentissage il faut choisir un test dont la difficulté soit appropriée au niveau actuel du sujet. Cela implique que le test ne soit ni trop difficile, ni trop facile, sans quoi on s'expose à l'effet plancher et à l'effet plafond qui peuvent masquer une partie de l'apprentissage.

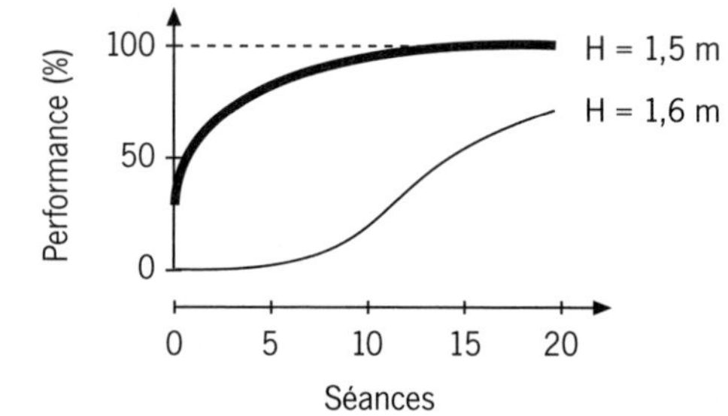

Figure 5-3. **Courbe hypothétique de performance pour un sujet apprenant le saut en hauteur.** La performance mesurée correspond à la proportion de saut réussi à la hauteur H.

Effets des conditions d'apprentissage

Nous venons dans la section précédente de vous exposer quelques-unes des règles à respecter et pièges à éviter lorsqu'on souhaite faire des mesures sur l'apprentissage. Nous allons maintenant vous faire part d'un certain nombre d'expériences dans lesquelles ces outils ont été utilisés. L'ensemble de ces expériences a été réalisé avec un objectif commun, cerner les conditions d'entraînement susceptibles de favoriser, d'accélérer, de promouvoir l'apprentissage. Faut-il concentrer toutes les séances d'entraînement sur une même journée ? Peut-on espérer un bénéfice de la part d'un entraînement purement mental ? Faut-il varier les conditions d'entraînement ? Voilà quelques-unes des questions que nous allons aborder au cours de cette section. Avant de commencer à le faire, il est essentiel de vous rappeler que si ces études ont un impact théorique, elles ont surtout un impact pratique. En effet, il faut bien réaliser que les méthodes utilisées pour nous enseigner l'écriture, la conduite automobile, la danse, le sport, sont directement influencées par les résultats de ces études.

Entraînement distribué *versus* entraînement bloqué

Lorsqu'on décide de prendre des leçons pour apprendre un sport ou conduire un véhicule (auto, moto, avion...), il arrive parfois que l'on vous propose un stage intensif, c'est-à-dire une période relativement courte pendant laquelle il vous est dispensé un grand nombre d'heures d'entraînement. Il suffit par exemple de penser à ces annonces du type « passez votre permis bateau en une semaine », « stage week-end VTT ». La première question qui nous vient à l'esprit est : aboutirons-nous au même résultat si toutes ces heures d'entraînement sont, non pas concentrées sur une période courte, mais réparties sur une période beaucoup plus longue ? Serions-nous plus performants ? Moins ? Pareil ? Dans le jargon des spécialistes cela revient à comparer les effets d'un entraînement bloqué à ceux d'un entraînement distribué. Dans l'entraînement bloqué, on va chercher à minimiser les temps de repos au cours de l'entraînement, alors que dans l'entraînement distribué on va chercher à faire l'inverse.

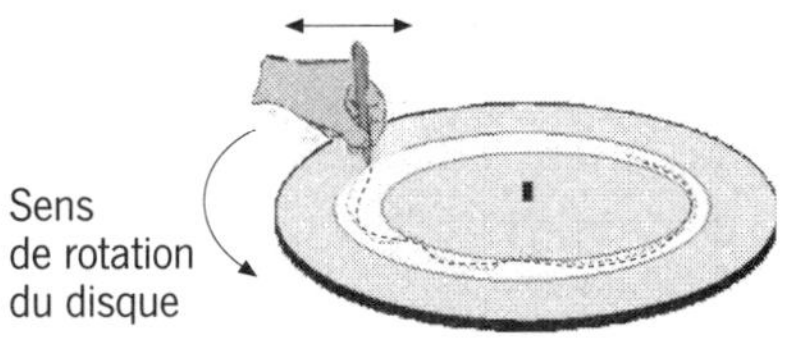

Figure 5-4. **Dispositif utilisé par Bourne et Archer (1956).** Les sujets devaient maintenir le stylet à l'intérieur de la bande blanche imprimée sur le disque. La ligne en pointillés indique la trace laissée par le stylet.

Pour illustration, comparons les effets d'un entraînement bloqué à ceux d'un entraînement distribué à l'aide d'une tâche de poursuite (« *tracking* » en anglais). Dans ce type de tâche, somme toute assez courante dans les laboratoires, le sujet doit garder un paramètre (le pointeur) le plus près possible d'une valeur (la cible) qui fluctue en permanence. La tâche de poursuite implique le plus souvent la production d'un mouvement, ou d'une force en isométrique. L'effecteur mobilisé peut être un membre, une articulation, ou le corps entier. Dans une expérience assez ancienne de Bourne et Archer (1956), les sujets devaient maintenir avec le bras un stylet à l'intérieur d'une piste qui défilait pendant 30 s (voir figure 5-4). La variable dépendante mesurée était le pourcentage de temps que le stylet avait passé à l'intérieur de la cible. Pour comparer les effets de l'entraînement groupé et distribué, les auteurs ont varié l'intervalle de repos entre deux essais successifs. Selon les groupes de sujet, l'intervalle pouvait être de 0, 15, 30, 45, ou 60 s. La figure 5-5 nous montre de manière assez caricaturale les résultats de cette expérience. On constate que si au départ les groupes ont des performances assez identiques, celles-ci divergent assez rapidement. Après le 21e essai, on observe que le groupe qui a progressé le plus est celui pour lequel la durée de repos est la plus longue (60 s). À l'inverse, le groupe qui a progressé le moins est celui pour lequel aucune période de repos n'était accordée (0 s). Au bout du compte ces résultats suggèrent que même si tous les groupes ont progressé, l'entraînement distribué semble plus payant que l'entraînement bloqué. Cependant certains d'entre vous suspecteront peut-être qu'un autre facteur, la fatigue, est en partie responsable de ce phénomène. On peut en effet concevoir, que plus la période de repos accordée est faible et moins nos sujets sont dans de bonnes dispositions pour progresser. Afin de trancher cette question, les auteurs ont eu l'idée d'accorder 5 minutes de repos à tous leurs sujets après le 21e essai. Après cette période de repos, tous les sujets ont enchaîné une série de 9 essais sans aucun repos (0 s) entre eux. Si la fatigue jouait un rôle significatif, les performances des groupes les plus exposés à la fatigue (ayant eu un entraînement plutôt groupé) devraient voir leur performance soudainement augmenter au 22e essai. Par conséquent, on devrait obtenir un certain nivellement des différences entre les groupes. Ce nivellement devrait d'ailleurs se poursuivre au fur et à mesure que tous les sujets enchaînent des essais sans aucun repos. Le côté droit de la figure 5-5 nous montre que toutes ces hypothèses se vérifient. On est donc forcé de conclure que la fatigue joue bien un rôle dans cette expérience. Ceci étant la fatigue n'explique pas tout. En effet si, au 22e essai, les performances des groupes sont plus homogènes, les groupes ayant eu l'entraînement le plus distribué restent toujours les plus performants. Au total, ces résultats montrent deux choses : 1. l'entraînement distribué favorise plus l'apprentissage que l'entraînement bloqué, et 2. la fatigue est un facteur qui explique en partie, mais en partie seulement, la supériorité de l'entraînement distribué.

L'expérience de Bourne et Archer (1956) n'est bien entendu pas la seule expérience à avoir abordé la question de l'entraînement distribué *versus* l'entraînement bloqué. Même si les conditions expérimentales sont différentes (en terme de tâche, de nombre d'essais, de durée de repos...), la plupart des autres expériences ont abouti à la conclusion suivante : « pour une durée d'entraînement fixée, il vaut mieux une période de repos longue que courte ». Ajoutons cependant que cette conclusion a été obtenue surtout à partir de tâches continues (poursuite, écriture, etc.). Le fait que l'entraînement distribué soit plus avantageux semble moins évident pour les tâches discrètes utilisées en laboratoire (ex. : pointage), mais pourrait le demeurer pour certaines habiletés sportives. C'est en tout cas ce que suggère une étude plus récente sur l'apprentissage du *putting* en golf (Dail et Christina, 2004).

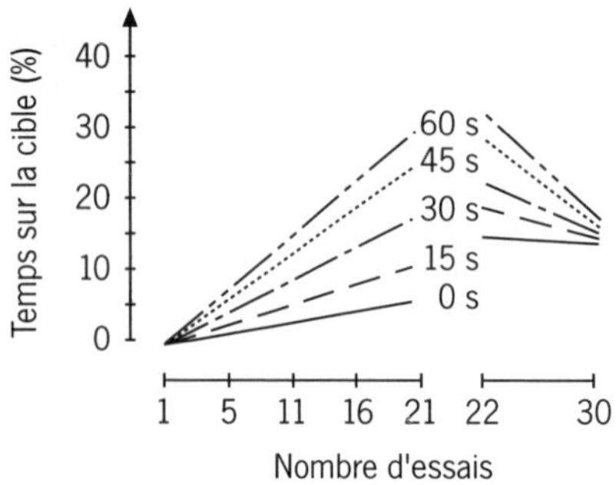

Figure 5-5. **Courbes de performance schématisant les résultats de Bourne et Archer (1956).** Pour comparer les effets de l'entraînement bloqué et distribué, les auteurs ont varié la durée du repos entre les séances d'entraînement (0, 15, 30, 45, ou 60 s).

Il est important de souligner que, s'il existe un avantage de l'entraînement distribué sur l'apprentissage bloqué, celui-ci n'est valable que dans un contexte bien précis. Lorsque l'objectif est d'aboutir à la meilleure performance possible dans un temps d'entraînement donné, fractionner le temps d'entraînement effectif peut apparaître comme une sage décision. En revanche, si le principal objectif est d'aboutir à la meilleure performance possible en un minimum de temps, il n'est plus du tout évident que l'apprentissage distribué soit intéressant. En effet, il faut bien réaliser que toutes ces périodes de repos allongent considérablement la durée totale de l'entraînement. Si l'on reprend par exemple notre figure 5-5, il est clair qu'après 21 essais les sujets sont meilleurs lorsqu'ils ont eu 60 s de repos entre chaque essai, que lorsqu'ils n'ont eu aucun repos. Cependant, dans le premier cas, le temps total de l'entraînement est de 30 min et 30 s (10 min 30 s à faire la tâche, et 20 min de pause), alors que dans le second, ce temps n'est que de 10 min et 30 s (soit presque trois fois moins). Présenté autrement, ceci signifie qu'au bout de 10 min et 30 s, les sujets n'ont effectué que 7 essais avec l'entraînement distribué, au lieu de 21 avec l'apprentissage bloqué. Or, comme vous pouvez l'imaginer la quantité d'entraînement est aussi un facteur extrêmement critique pour l'apprentissage (nous reviendrons sur ce point à la fin de cette section). En fin de compte, n'oubliez jamais que lorsque le temps total d'entraînement (période de repos + période d'entraînement) est une priorité, l'entraînement bloqué peut s'avérer plus intéressant car on passe plus de temps à s'entraîner qu'avec un entraînement distribué.

Rôle de la variabilité

La variabilité des conditions d'entraînement est un facteur qui doit être pris en compte lorsqu'on s'intéresse à l'apprentissage. Comme nous le verrons dans quelques instants, on peut introduire de la variabilité dans un programme d'entraînement de nombreuses manières ; nous en verrons les deux principales formes. De manière générale, la plupart des travaux sur la variabilité aboutissent à la conclusion que ce facteur tend à favoriser l'apprentissage.

Premièrement, la variabilité peut être introduite afin d'augmenter la performance dans une tâche bien précise. Imaginons par exemple que vous souhaitiez apprendre à générer une force isométrique F, ou produire un mouvement d'une amplitude A, ou bien encore faire un mouvement qui a une durée D. Une première méthode d'apprentissage consiste à enchaîner des essais dans lesquels la cible à atteindre est toujours la même (c'est-à-dire la même force F, amplitude A, ou durée D). Cette méthode laisse peu de place à la variabilité puisque tous les essais qui s'enchaînent visent à chaque fois le même objectif. Une deuxième méthode consiste à introduire des variations de cible entre les essais. Par exemple si le sujet apprend à produire la force F, son programme d'entraînement comprendra bien sûr des essais où la force cible à atteindre sera F, mais il comprendra aussi des essais dans lesquels la force cible sera différente (par exemple $F + \Delta F$ et/ou $F - \Delta F$). Les résultats des expériences ayant cherché à comparer ces deux méthodes montrent deux choses. Premièrement l'apprentissage est souvent facilité dans les conditions où la cible varie. Deuxièmement l'apprentissage en condition variable permet aux sujets d'être plus performants face à de nouvelles cibles. En d'autres termes, ce qu'ils ont appris est plus généralisable. Si on reprend l'exemple de notre tâche, « produire la force isométrique F », et qu'en fin d'apprentissage on propose aux sujets de générer la force cible F/2, les sujets qui auront eu un entraînement variable (plusieurs forces cibles) seront meilleurs que ceux qui ont eu un entraînement dans lequel seule la force F était présentée. Bref, ils seront plus à l'aise pour généraliser ce qu'ils ont appris à de nouvelles conditions.

Deuxièmement, la variabilité peut être introduite lorsque le sujet doit apprendre plusieurs tâches à la suite (ou variations d'une tâche principale). Si on fixe à N le nombre d'essais autorisés pour chaque tâche, la question est de savoir s'il vaut mieux que le sujet apprenne une tâche après l'autre (N essais pour la tâche 1, puis N essais pour la tâche 2, etc.), ou s'il est préférable d'alterner (un essai de la tâche 1, puis un essai de la tâche 2…). Dans le premier cas on aura tendance à reprendre le terme d'entraînement bloqué (« blocked practice » en anglais), alors que dans le deuxième on parlera d'entraînement variable (« *random practice* » en anglais).

Cette question de l'entrainement bloqué ou aléatoire a fait récemment l'objet d'une étude dans laquelle les auteurs se sont focalisés sur l'apprentissage de coordinations bimanuelles impliquant de bouger les mains à des fréquences différentes (Pauwels et coll., 2014). Alors que spontanément nous préférons utiliser la même fréquence (coordination de type 1 :1), les auteurs ont demandé aux sujets d'apprendre des coordinations plus complexes (comme 1 :2, et 2 :3). Les sujets ont été séparés en deux groupes qui ont reçu le même temps d'entrainement (3 jours) mais qui n'ont pas appris les coordinations dans les mêmes conditions. Soit les sujets faisaient un entrainement bloqué (en travaillant un seul mode de coordination par bloc d'essai) soit ils travaillaient plusieurs modes de coordination dans chaque bloc d'essai (ordre aléatoire). Les résultats montrent que si au début de l'apprentissage les sujets exposés à l'ordre aléatoire apprennent moins vite que les autres, cette tendance finit rapidement par s'inverser, au point que ce soit eux qui maitrisent le mieux les coordinations au bout des trois jours. Notons que cet avantage subsiste, même lorsqu'on reteste tous les sujets une semaine après cet entrainement. Encore une fois, ces résultats suggèrent que la variabilité des conditions d'apprentissage peut avoir un effet bénéfique sur l'acquisition de nouvelles habiletés motrices.

Ramené à un exemple sportif, on peut penser à un joueur de tennis qui, grâce à un canon à balle, voudrait apprendre à retourner des balles servies avec effets. Dans le cas d'un entraînement bloqué, le canon serait réglé pour servir sans arrêt la même balle (ex. : *lift*), puis au bout d'un certain temps un autre type de balle serait délivré (ex. : *slice*). En revanche, dans un entraînement variable, le canon serait sans cesse reprogrammé pour délivrer une balle différente à chaque service (*lift*, *slice*, *slice*, etc.). Il est important de réaliser que, si pendant un entraînement bloqué le sujet sait quel type de balle va lui être servi, il n'en a aucune idée dans l'entraînement variable (puisque l'effet change de manière aléatoire). En d'autres termes, si le sujet peut mieux anticiper la trajectoire de la balle dans le premier cas, cela est impossible dans le deuxième. Avec l'entraînement variable on impose donc au joueur de réagir très rapidement pour percevoir quel type de balle est servi. Au bout du compte, non seulement les sujets risquent d'être plus performants après un entraînement variable, mais ils auront en plus acquis la capacité de gérer des événements imprédictibles, une capacité fortement utile en situation de match.

Entraînement mental *versus* entraînement physique

Par entraînement mental, on sous-entend la possibilité que l'on puisse s'entraîner sans réaliser physiquement le mouvement. On peut faire appel pour cela à des techniques d'imagerie mentale dans lequel le sujet s'imagine en train de réaliser l'action (Lebon et coll., 2013). Par opposition, l'entraînement physique est celui dans lequel le sujet effectue réellement le mouvement (c'est la forme d'entraînement la plus classique). Pour démontrer que l'entraînement mental peut aboutir à une amélioration effective des performances, on peut s'y prendre de la manière suivante. On peut comparer deux groupes de sujets, un qui s'entraîne mentalement, et un autre qui ne s'entraîne absolument pas, ni physiquement, ni mentalement (il sert de groupe « contrôle »). Si les deux groupes ont des performances identiques avant l'entraînement mental, mais qu'après celui-ci les performances du groupe « entraînement mental » sont supérieures à celles du groupe contrôle, on a de bonnes raisons de penser que cette méthode est effective. On peut bien entendu ajouter à ce protocole un troisième groupe de sujets qui eux seraient entraînés normalement (physiquement), afin de comparer les bénéfices d'un entraînement mental et physique (traditionnel). C'est ce genre d'expérience qu'ont réalisé Hird et coll. (1991) en comparant l'apprentissage de plusieurs groupes dans une tâche de manipulation d'objet, à la différence près qu'il y avait non pas 3 mais 6 groupes. En fait, en plus du groupe contrôle, du groupe entraînement physique, et du groupe entraînement mental, les auteurs ont ajouté trois groupes effectuant une partie de leur entraînement sous forme physique et une autre partie sous forme mentale (avec des proportions variables : 25/75, 50/50, ou 75/25). Les résultats indiquent que le groupe qui a progressé le plus est celui qui a eu un entraînement purement physique. Viennent ensuite les groupes ayant eu un entraînement mixte, puis celui ayant eu un entraînement purement mental, suivi enfin par le groupe contrôle (qui a fait très peu de progrès). Au bout du compte, ces résultats suggèrent que l'entraînement mental peut conduire à une amélioration des performances, cependant cette amélioration est moindre qu'avec un entraînement physique pur. Ces conclusions semblent être assez généralisables. Au regard de l'ensemble des expériences ayant comparé entraînement mental et entraînement physique, il apparaît clairement que l'entraînement mental ne remplacera jamais l'entraînement physique. Autrement dit, lorsqu'on a le choix, l'entraînement physique est toujours préférable. Cependant, lorsque l'entraînement physique n'est plus possible (blessure, conditions météo, panne de matériel…), l'entraînement mental peut devenir une forme alternative d'entraînement car elle peut conduire à une amélioration sensible des performances. Maintenant si l'entraînement mental vient en complément d'un entraînement physique, les performances seront meilleures qu'avec l'entraînement physique seul. Aujourd'hui, la plupart des sportifs de haut-niveau utilisent cette combinaison d'entrainement physique et mental.

Les mécanismes permettant d'aboutir à une amélioration des performances par le biais de l'entraînement mental ne sont pas clairement établis. Certains pensent que l'entraînement mental pourrait concerner les aspects cognitifs de l'apprentissage ; de ce fait la réalisation du mouvement ne serait pas nécessaire. Pour être plus explicite, considérons la tâche suivante. Imaginez que vous deviez jeter en l'air une balle de golf, et une balle de ping-pong à la même hauteur (mettons 10 cm). Pour atteindre ce but, il faudra mobiliser une force plus importante pour lancer la balle de golf que pour lancer la balle de ping-pong. Par le biais de l'entraînement mental, le sujet pourrait se servir de ses expériences passées (et/ou de ses connaissances en physique !) pour dégager les règles principales qui régissent la tâche. Cependant, certains pensent que l'entraînement mental pourrait aussi avoir des répercussions à un niveau plus élémentaire (plus moteur) car en simulant un geste on fait quasiment appel aux mêmes processus nerveux que ceux impliqués dans la réalisation effective du geste. Plusieurs travaux montrent en effet que le système nerveux tend à fonctionner de manière relativement identique lorsque nous faisons un mouvement ou que nous l'imaginons (voir chapitre 2, la notion de neurones « miroir » dans le paragraphe « Le cortex prémoteur »). Les techniques d'imagerie cérébrale nous montrent par exemple que ce sont pratiquement les mêmes zones du cerveau (cortex prémoteur, cortex pariétal…) qui sont sollicitées pour jouer du piano ou s'imaginer en train de jouer du piano (Meister et coll., 2004). Dans un domaine plus lié au sport, une étude a montré que chez le golfeur, l'image mentale d'un *swing* déclenchait l'activité des mêmes aires motrices que celles utilisées pour sa réalisation (Ross et coll., 2003). L'idée sous-jacente qui ressort de ces travaux est qu'au cours d'une simulation (entraînement mental) d'un geste, les commandes motrices nécessaires pour produire le mouvement sont bien générées, cependant elles ne s'exprimeraient pas au niveau périphérique — c'est-à-dire qu'elles ne conduiraient à aucune contraction — car un mécanisme d'inhibition les empêcherait d'atteindre nos muscles. Cependant il arrive que ce mécanisme d'inhibition ne soit pas complet, et que des petites contractions musculaires puissent apparaître lorsqu'on imagine un mouvement. Ces petites contractions pourraient être suffisantes pour engendrer des retours sensoriels, permettant aux sujets d'adapter plus finement leurs commandes motrices après chaque essai. Enfin, même en l'absence de retours sensoriels, nous savons que les sujets ont la capacité de prédire les conséquences de leurs actions (voir la notion de « modèle interne », dans le chapitre 4). Cette capacité pourrait être mise à profit pour adapter ses commandes sans avoir à les exécuter réellement. L'entraînement mental est assez souvent utilisé lorsqu'un athlète se blesse. En effet, les retours sensoriels mais également la stimulation des centres supérieurs, permettent de conserver un minimum d'activité musculaire et cérébrale. En un sens, on peut considérer que le sportif n'est plus complètement inactif malgré sa blessure. Cette forme d'activité évite au sportif blessé de trop régresser ce qui réduit le temps consacré à la rééducation.

Entraînement par partie *versus* entraînement global

Dans certains cas la tâche que l'on souhaite apprendre est relativement complexe, et l'idée de fractionner la tâche principale en une série de tâches plus simples peut apparaître séduisante. Cette question de savoir s'il vaut mieux s'entraîner à réaliser la tâche dans sa globalité ou s'il vaut mieux s'entraîner de manière isolée sur chaque partie difficile de la tâche revient à choisir entre l'entraînement global et l'entraînement par partie. Le succès de chaque méthode dépend en fait de la nature de la tâche que l'on souhaite apprendre. Lorsqu'il s'agit d'une habileté motrice qui peut être décomposée en un enchaînement de plusieurs sous-mouvements (on parle d'habileté sérielle), l'entraînement par partie semble être plus avantageux. Par exemple, si un sujet doit apprendre à réaliser une tâche séquentielle composée de 4 mouvements, il est plus efficace d'apprendre à maîtriser chacun des mouvements séparément (Seymour, 1954). Des expériences montrent aussi que l'entraînement par partie est plus favorable pour apprendre certaines manœuvres comme apprendre à manipuler une pelleteuse (So et coll., 2013), certains jeux vidéo (Mané et coll., 1989), ou apprendre une séquence spatiale (Hansen et coll., 2005). En revanche lorsque la tâche principale requiert de coordonner simultanément plusieurs actions, l'entraînement global peut s'avérer plus avantageux. Considérons par exemple une activité comme le *crawl*. Pour nager le *crawl* on doit effectuer à la fois un mouvement rythmique des bras, un mouvement rythmique des jambes, et un mouvement rythmique de la tête (pour la respiration). Bien qu'un entraînement par partie puisse aboutir rapidement à la maîtrise de chacun de ces mouvements, il n'est pas du tout évident que la personne ayant subi cet entraînement parvienne à nager le *crawl*. En effet, le *crawl* impose que les mouvements de la tête, des jambes, et des bras s'enchaînent d'une manière bien précise. Pour un cycle de mouvement de bras, on aura par exemple deux cycles de mouvement de jambes, et tous les 1,5 cycles de mouvement de bras, la tête sera sortie hors de l'eau. Au bout du compte, si ces règles de coordination ne sont pas respectées la nage sera peu efficace. Étant donné que ces règles de coordination sont absentes d'un entraînement par partie, il est certain que cet entraînement sera moins efficace qu'un entraînement global (qui lui impose de maîtriser cet aspect du geste). À titre de dernier exemple, une étude en snowboard a montré elle aussi que l'entraînement global était plus favorable que l'entraînement par partie (Smith, 2002). Elle a montré qu'il était préférable d'apprendre simultanément à effectuer des virages à droite et à gauche, plutôt que d'apprendre à maîtriser un type de virage avant de passer à l'autre.

En conclusion, pour l'apprentissage d'une tâche complexe, on recommandera plutôt un entraînement par partie lorsque son fractionnement ne dénature pas la tâche globale. En revanche, si le fractionnement de la tâche globale aboutit à une succession de tâches qui n'ont plus grand-chose à voir avec la tâche initiale, on recommandera plutôt un entraînement global.

Connaissance du résultat et de la performance

Pour améliorer nos performances d'un essai à l'autre, nous devons nécessairement prendre en compte les erreurs qui ont été commises au cours des essais précédents. Si après chaque essai aucun signal d'erreur n'est disponible, il apparaît difficile d'améliorer nos performances. Habituellement, ce signal d'erreur est véhiculé par les retours sensoriels (*feedbacks*) inhérents à la production du geste. Rappelez-vous, dans le chapitre 4, nous avons insisté sur le fait qu'à chaque fois que nous réalisons un mouvement, ce mouvement engendre des retours sensoriels qui nous parviennent de la plupart de nos sens. Ces retours sensoriels nous permettent certes de veiller sur le déroulement de l'action en cours, mais aussi de juger si l'objectif initial a été atteint ou pas (signal d'erreur). Par exemple si mon objectif est de lancer un ballon de basket dans un panier, en suivant des yeux la trajectoire du ballon, la vision me permet de savoir si oui ou non j'ai atteint mon objectif (marquer le panier). De la même façon, si mon but est de franchir une certaine hauteur en saut en hauteur, la présence ou non d'un contact avec la barre me sera très utile pour évaluer ma performance. En supplément de ces retours sensoriels, on peut fournir au sportif d'autres indices qui peuvent renforcer ou compléter les signaux d'erreurs déjà existants. Par exemple, dans le cas du novice qui apprend le saut en hauteur, on pourrait lui fournir un enregistrement vidéo de son saut, ou bien encore l'analyse d'un entraîneur qui a assisté au déroulement du saut. Par opposition aux retours sensoriels intrinsèquement liés à la tâche, on a l'habitude de considérer que ces indices supplémentaires constituent des « retours sensoriels/*feedbacks* augmentés » (« *augmented feedback* » en anglais). La question principale à laquelle nous allons nous intéresser maintenant est la suivante : est-ce que ces retours sensoriels augmentés peuvent faciliter l'apprentissage ? Nous verrons que la réponse à cette question dépend de nombreux facteurs. Pour n'en citer que quelques-uns sachez que la nature de l'indice, le moment auquel il est fourni, et le contexte dans lequel se réalise la tâche, sont des facteurs déterminants.

Commençons par le rôle du contexte. Dans cette expérience de Bilodeau et coll. (1959), les sujets devaient, les yeux bandés, déplacer d'une certaine distance un curseur coulissant sur un axe. Plusieurs groupes de sujets avaient été testés, mais nous en retiendrons seulement deux : le premier a reçu une information verbale sur la position du curseur, et le second n'en a reçu aucune. Au bout de 20 essais on constate que le premier groupe a fortement réduit son erreur (par un facteur 3), tandis que pour le deuxième groupe, l'erreur reste absolument identique à ce qu'elle était au départ. Si on répète cette expérience avec des sujets qui n'ont plus les yeux bandés, on constate que les performances des deux groupes deviennent indissociables. Comment interpréter ces résultats ? En fait si l'effet du *feedback* augmenté dépend du contexte, c'est que l'information qui en découle est pertinente dans un cas mais pas dans l'autre. Si on vous demande de déplacer un curseur vers une cible située à 10 cm, les yeux fermés, il est peu probable que vous y réussissiez du premier coup. En vous donnant un retour verbal sur votre performance, vous accédez à un signal d'erreur qu'aucune modalité sensorielle ne peut vous offrir. En revanche lorsque la vision est disponible, ce signal d'erreur est directement accessible (le sujet voit la distance qui sépare le curseur de la cible), de ce fait le retour verbal n'apporte aucune information supplémentaire sur l'erreur en cours. On retiendra de cet exemple, qu'un retour sensoriel augmenté ne peut favoriser l'apprentissage que si l'information qu'il véhicule n'est pas redondante avec celles déjà acheminées par nos organes sensoriels.

Il existe deux grands types de retours sensoriels augmentés. Le premier fournit des informations globales et relatives au résultat de l'action, alors que le deuxième fournit des informations plus spécifiques et qui ont trait à la forme du mouvement. Dans le premier cas on parle de connaissance du résultat ou CR, alors que dans le deuxième on parle de la connaissance de la performance ou CP. Afin d'être plus explicite, on peut dire que dans l'expérience de Bilodeau, les sujets ont reçu un *feedback* du type CR, alors que si on leur montre un enregistrement vidéo de leur mouvement il s'agit plutôt d'un *feedback* du type CP. Comme nous allons le voir maintenant, CR et CP peuvent être manipulés de nombreuses manières. Nous commencerons par la CR.

Un des paramètres susceptibles d'être variés dans la connaissance du résultat est la précision. Imaginons que l'on demande à un sujet de déplacer, les yeux fermés, sa main de 20 cm, on peut se contenter dans un premier temps de lui signifier s'il a fait ou non une erreur. Dans ce cas l'expérimentateur signifiera uniquement si le geste est bon ou mauvais. On remarquera au passage que dans le cas où le geste n'est pas bon, le sujet ne sait pas *a priori* s'il a produit un mouvement trop ample ou trop petit. Un deuxième niveau de précision peut inclure une information sur la direction de l'erreur. Dans ce cas l'expérimentateur utilisera par exemple les expressions verbales « trop court », « trop long ». On remarquera toutefois que si maintenant le sujet sait quand il fait une erreur, et dans quel sens elle est commise, il n'a aucune information concernant la magnitude (la taille) de son erreur. Il ne sait pas par exemple si son mouvement est trop court parce qu'il manque 1 ou 5 cm. Notons enfin que la résolution avec laquelle la magnitude de l'erreur est fournie peut varier. On peut donner une résolution assez grossière en centimètres, ou plus fine en millimètres. La plupart des travaux qui ont manipulé la précision de CR s'accordent sur le point suivant : plus l'information est précise, et plus l'amélioration des performances est significative. On constate malgré tout un effet plafond. Ainsi donner la précision de l'erreur en micromètres serait peu utile car, vu la variabilité spontanée de nos mouvements (de l'ordre du mm ou cm), aucun humain ne deviendra capable de respecter ce niveau de précision.

Un deuxième paramètre susceptible d'être manipulé est le délai avec lequel est fournie la connaissance du résultat (CR). On peut envisager par exemple de le fournir juste après la fin du geste, ou avec un délai plus important, allant de quelques secondes à plusieurs minutes, voire plusieurs heures. La plupart des travaux sur cette question indique que plus ce délai est grand moins l'amélioration des performances est sensible. Ceci s'explique par le fait que plus le délai est long, plus il est difficile de mettre en correspondance la CR avec le geste précédemment exécuté. Avec le temps, le sujet finit par « oublier » la solution motrice qu'il a utilisée au cours du dernier essai. Imaginons le cas d'un novice qui apprend à maîtriser le lancer franc, à qui on cache la vision de la balle dès qu'elle quitte ses mains. Si la CR (panier réussi ou pas) est fournie au novice deux heures après l'exécution du tir, celui-ci sera incapable de l'utiliser pour corriger le tir suivant. En fait on peut considérer que la situation revient à ne plus donner de CR du tout. Dans cette situation, sans CR il est impossible de progresser. Le novice est incapable d'éliminer les solutions motrices qui s'avèrent inefficaces. L'absence de CR peut même conduire à l'effet inverse de celui recherché, le novice peut finir par stabiliser un comportement tout à fait inadéquat pour la tâche.

Concernant les indices sur la connaissance de la performance (CP), plusieurs solutions ont été envisagées pour fournir des informations sur le mouvement. Une première méthode dont nous avons déjà fait l'écho est la méthode des enregistrements vidéo. Bien que celle-ci soit relativement courante dans le domaine sportif, la plupart des études menées sérieusement sur la question mettent en doute le fait que ce type de *feedback* augmenté puisse aboutir à une quelconque amélioration des performances chez le novice. Et même lorsque des progrès sont observables ils ne sont jamais supérieurs à ceux obtenus par le biais d'un entraînement traditionnel (Van Wieringen et coll., 1989). Le souci des enregistrements vidéo, c'est qu'ils contiennent de très nombreuses informations, et le novice apparaît incapable d'en extraire les détails qui sont vraiment pertinents pour la tâche. Ces enregistrements vidéo semblent apporter un bénéfice plus conséquent lorsque l'entraîneur s'en sert pour pointer les erreurs qui sont commises (Guadagnoli et coll., 2002) ou bien lorsqu'on indique à l'avance au novice quels sont les détails à surveiller dans l'enregistrement. Par exemple si un débutant en gymnastique apprend à faire une rondade, et que l'angle de rotation de ses épaules est déterminant pour la performance, on pourra attirer son attention sur cette partie de l'image. En revanche lorsqu'il s'agit déjà d'experts en sport qui savent « quoi » regarder dans ces images, ces méthodes seraient beaucoup plus efficaces, notamment dans les sports collectifs et les sports de combats. Avec la méthode du visionnage vidéo, on met surtout en exergue la forme du mouvement, mais on fait peu état des forces qui sont produites pour assurer le mouvement. Pourtant il est tout à fait possible de fournir au sujet des indices sur cet aspect du mouvement. Cette méthode semble d'ailleurs avoir été utilisée avec succès chez les experts en sprint (Howell, 1956) et en aviron (Rauter et coll., 2012). En montrant aux rameurs le décours temporel des forces appliquées par l'aviron, il a été mis en évidence qu'on leur fournissait une information susceptible d'être utilisée pour améliorer leur technique.

Les *biofeedbacks* sont une forme de CP qui fournissent des informations qu'il serait difficile de percevoir directement (activité musculaire, pouls, etc.). À titre d'exemple, un cardio-fréquencemètre peut être considéré comme un *biofeedback*.

Quantité d'entraînement

Depuis que nous avons commencé cette section sur l'effet des conditions d'entraînement, nous avons démontré que de nombreuses variables influençaient les progrès des sujets. Bien qu'elle soit restée sous silence parce qu'elle était peut-être trop évidente, il ne faut pas oublier que la quantité d'entraînement reste un facteur extrêmement déterminant. De nombreux exemples le prouvent : plus le nombre d'essais est important, et plus les progrès sont significatifs. Cependant, s'il faut bien admettre que les performances continuent de s'accroître au fur et à mesure des séances d'entraînement, la plupart des courbes de performance que vous trouverez suggèrent que les sujets progressent souvent beaucoup plus dans les premières séances d'entraînement que dans les suivantes ; attention, on exclut ici tous les cas où ce phénomène serait dû à un effet plafond de notre variable de performance (voir précédemment). Si on prend l'exemple de quelqu'un qui s'entraîne au lancer du poids, il est probable qu'au cours des premières séances il améliorera sensiblement la distance de ses lancers, cependant au bout de quelques séances, celui-ci éprouvera de plus en plus de difficultés pour améliorer son record de quelques centimètres. Il se peut même qu'au bout d'un certain temps, ses performances donnent l'impression de stagner.

Une courbe de performance illustrant ce phénomène vous est présentée sur le côté gauche de la figure 5-6. En regardant cette courbe, on constate que les progrès effectués entre deux essais consécutifs diminuent au fur et à mesure de l'entraînement. Par exemple, si les progrès sont considérables entre l'essai 1 et 5, ils sont beaucoup plus restreints entre l'essai 15 et 20. Ce phénomène est tellement général dans les courbes de performance qu'on a tendance à parler d'une loi, celle de l'entraînement. Pour rendre compte de la forme de ces courbes, on parle parfois de fonction puissance. Ces fonctions puissances sont des équations du type $Y = a X^{-b}$. Dans notre cas, Y serait relié à la performance, et X au nombre d'essais (a et b étant des constantes). Pour savoir si une courbe d'apprentissage répond effectivement à cette loi puissance, il existe plusieurs méthodes. L'une d'entre elles consiste à utiliser un nouveau système d'axes dits logarithmiques. Lorsque les données expérimentales s'ajustent sur une fonction puissance, ce nouveau système de coordonnées doit aboutir à une ligne droite. C'est le cas des données qui sont présentées sur la figure 5-6. Pour les plus avertis en mathématiques, sachez que cette représentation vous permet d'obtenir les valeurs des constantes a et b de la fonction puissance. La valeur de Y pour X = 0 (ordonnée à l'origine) correspond à log (a), tandis que la pente de la droite correspond à la valeur de –b. Retenez surtout que plus la constante b sera élevée, et plus la vitesse de progression ralentira au fur et à mesure de l'entraînement.

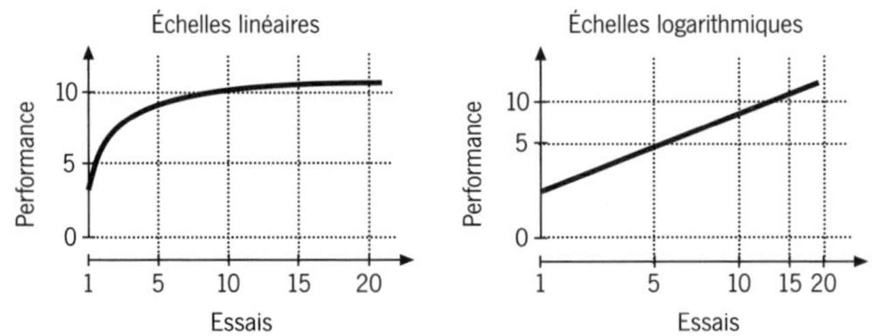

Figure 5-6. **Courbe hypothétique de performance représentée selon deux systèmes d'échelle.** À gauche les données expérimentales sont présentées avec des axes linéaires, à droite les mêmes données sont présentées avec des axes logarithmiques.

Théories de l'apprentissage

Après avoir défini ce qu'était l'apprentissage, comment le mesurer, et comment le favoriser, il nous reste une question en suspens : quels sont les mécanismes qui sous-tendent l'apprentissage ? En d'autres termes qu'est-ce qui permet à un individu d'améliorer ses performances au fur et à mesure des séances d'entraînement ? La réponse à cette question a fait l'objet de nombreuses propositions. Parmi ces propositions, trois d'entre elles ont marqué plus particulièrement les sciences du mouvement humain ; pour ces raisons on les appelle aujourd'hui théories. La première, formulée par Adams (1971), s'appuie sur le fonctionnement du système nerveux en boucle fermée. La deuxième introduite par Schmidt (1975) s'appuie sur la capacité du système nerveux à établir des programmes moteurs, et à les perfectionner. La dernière proposée par Bernstein (1967) s'appuie sur la capacité du système nerveux à réduire le nombre de variables qu'il doit contrôler. Nous allons maintenant exposer plus en détail les hypothèses qui sont à la base de ces trois théories, et les résultats expérimentaux qui abondent en leur faveur.

Théorie de l'apprentissage selon Adams (1971) : contribution des *feedbacks* (retours sensoriels)

Selon Adams, les *feedbacks* jouent un rôle essentiel dans l'apprentissage. Le sujet doit avoir accès à des *feedbacks* sur l'action en cours pour progresser. Ceux-ci pouvant être d'origine sensorielle (vision, proprioception…) ou non (connaissance du résultat). Ces *feedbacks* sont nécessaires car ils permettent au sujet de constituer une image de référence, une trace perceptive, qui lui permet d'évaluer alors l'exactitude du mouvement en cours. La notion de trace perceptuelle renvoie à l'idée que chaque mouvement laisserait une trace en mémoire après son exécution. Au cours des répétitions successives, cette trace se renforcerait, s'affinerait et se stabiliserait sous l'action de l'entraînement. La tâche du sujet serait alors de chercher à minimiser l'écart entre le mouvement effectué (*feedback*) et le mouvement souhaité (trace perceptive). La figure 5-7 nous résume sous forme de schéma la théorie d'Adams.

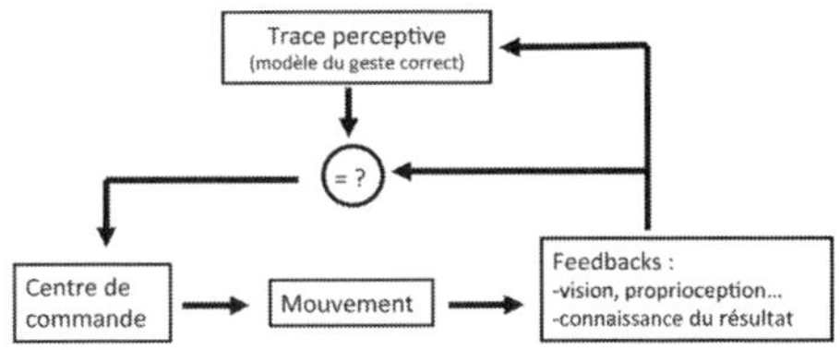

Figure 5-7. **Schéma simplifié illustrant la théorie de l'apprentissage selon Adams (1971).**

Il est important de réaliser que la théorie développée par Adams a été formulée dans le cadre d'une tâche bien particulière, et il n'est pas évident qu'elle s'applique pour toutes les habiletés motrices. Dans la tâche étudiée par Adams, les sujets devaient positionner, les yeux fermés, un curseur pouvant coulisser le long d'une tige. Lors du premier essai, les sujets devaient amener le curseur jusqu'à une butée. Ensuite, la butée était retirée, et les sujets devaient se repositionner à l'endroit où se trouvait la butée. Dans certaines conditions, les sujets étaient informés verbalement sur l'exactitude de leur réponse (connaissance du résultat). Au début les sujets font des erreurs de positionnement assez importantes, et le sujet accumule une multitude de traces perceptives. Puis par le biais de la connaissance du résultat, les sujets se rapprochent de la cible en quelques essais, chaque essai fournissant un *feedback* qui tend à représenter le mouvement correct. L'accumulation de ces traces perceptives représente les propriétés efférentes du « bon » mouvement. Au cours des essais successifs, le sujet va chercher à atteindre la position de l'espace pour laquelle la différence entre le *feedback* engendré et la trace perceptuelle sera minimale. Au bout du compte plus le sujet se rapproche de la bonne position, plus la trace perceptuelle sera correcte, et plus il aura de chances d'atteindre la bonne position.

Selon la théorie d'Adams, tous les mouvements laissent une trace perceptuelle, les bons comme les mauvais. De ce fait cette théorie implique que toutes les erreurs sont néfastes pour l'apprentissage. En effet, même en fin d'apprentissage, à chaque fois qu'une erreur est produite, le *feedback* engendré par le « mauvais » mouvement vient altérer la trace perceptuelle laissée par les « bons » mouvements. On doit donc en conclure que l'apprentissage est facilité lorsqu'on peut éviter au sujet de produire les mauvais mouvements. Dès lors, une technique comme le guidage du mouvement (ex. : manipulation par un entraîneur), où le sujet réalise de manière passive le bon mouvement, est envisagée comme une méthode facilitant l'apprentissage dans la mesure où elle renforce la bonne trace perceptuelle et prévient un certain nombre d'erreurs. Cette approche coïncide assez bien avec de récents travaux montrant qu'un guidage de la main par un robot peut aider à améliorer ses performances lors d'un swing au golf (Kummel et coll., 2014).

Bien que la théorie d'Adams semble séduisante, elle soulève un certain nombre de questions. Comment la trace perceptive fait-elle pour se stabiliser au cours des premiers essais où les erreurs sont nombreuses ? En effet tant que la trace perceptive qui sert de référence n'est pas stabilisée, aucune amélioration des performances n'est envisageable. Ensuite l'existence d'une trace perceptive requiert l'existence d'un mouvement préalable. Comment s'y prend alors le sujet qui initie le tout premier mouvement puisque cette trace n'est pas encore disponible ? Enfin la théorie d'Adams ne permet pas non plus d'expliquer comment un individu peut apprendre simultanément plusieurs habiletés motrices. Si chaque geste laisse une trace perceptive, on devrait s'attendre à des interférences lorsque les habiletés sont proches. Par exemple lorsqu'un joueur de football a appris à tirer des corners du côté droit, il lui serait normalement difficile d'apprendre à tirer des corners du côté gauche sans déstabiliser l'habileté précédente.

Théorie de l'apprentissage selon Schmidt (1975) : amélioration du programme moteur

Dans l'espoir de surmonter les obstacles que n'avait pas réussi à surmonter Adams, Schmidt a proposé une autre théorie pour rendre compte de l'apprentissage. Cette théorie est plus connue sous le nom de « théorie des schémas ». Elle met au cœur de l'apprentissage la notion de programme moteur généralisé (PMG), une structure qui contiendrait les propriétés invariantes du geste ainsi que les paramètres spécifiant la manière dont le programme doit être exécuté (voir chapitre 4, « 4. Notion de programme moteur » pour plus de détails sur les PMG). Après chaque exécution de programme (chaque mouvement) quatre sources d'information seraient stockées en mémoire : 1. les conditions initiales telles que la configuration du corps ; 2. la valeur des paramètres assignés au programme ; 3. les résultats en terme de sortie comportementale ; 4. les retours sensoriels (voir figure 5-8). Au fur et à mesure des essais effectués en début d'apprentissage, le sujet se constituerait une banque de données qu'il utiliserait ensuite pour dégager les lois générales entre ses commandes motrices et leurs conséquences motrices et sensorielles. Lorsque ces lois générales sont établies, on les appelle schémas. Nous verrons qu'il existe deux types de schémas : des schémas de rappel et des schémas de reconnaissance.

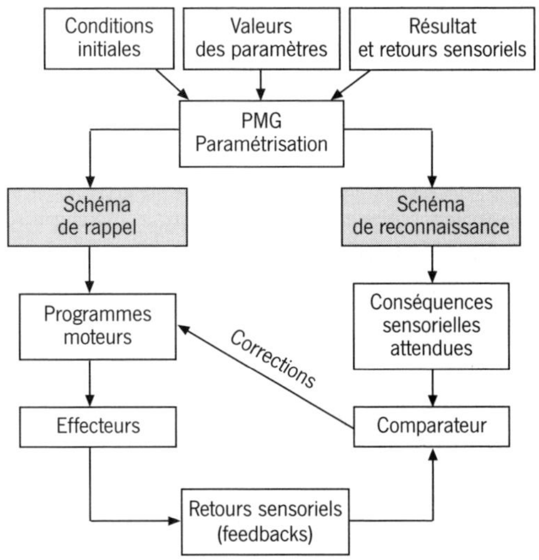

Figure 5-8. **Schéma simplifié illustrant la théorie de l'apprentissage selon Schmidt (1975).**

Afin d'être plus explicite, sur la manière dont s'établit un schéma, nous allons nous servir de l'exemple suivant. Imaginez que l'on vous donne un club de golf (un *putter*) et que vous deviez taper dans la balle pour qu'elle s'arrête sur une ligne placée à 5 m. On vous donne une trentaine d'essais pour améliorer votre performance. Pour rendre la situation un peu plus didactique nous ferons l'hypothèse que les conditions initiales sont toujours identiques : la balle reste la même, la nature du sol aussi, et votre mouvement de *putting* est toujours initié à partir de la même posture. Cependant la force avec laquelle votre club vient frapper la balle reste libre. Sur la figure 5-9, on a représenté les 8 premiers essais en fonction de la force de frappe. Les essais sont largement distribués autour de la distance cible (5 m). Grâce à cette distribution des essais on constate qu'il existe une relation relativement simple entre la force de frappe et la distance parcourue par la balle. Ce que propose Schmidt, c'est que le cerveau, en gardant en mémoire la trace des événements précédents, pourrait utiliser ce type de représentation pour en extraire des règles qui unissent les paramètres du mouvement à la performance motrice ; c'est ce qu'il appelle un schéma de rappel. Lorsque la loi générale est découverte, le sujet pourrait alors s'en servir pour déterminer quelle est la valeur la plus appropriée du paramètre pour satisfaire la tâche.

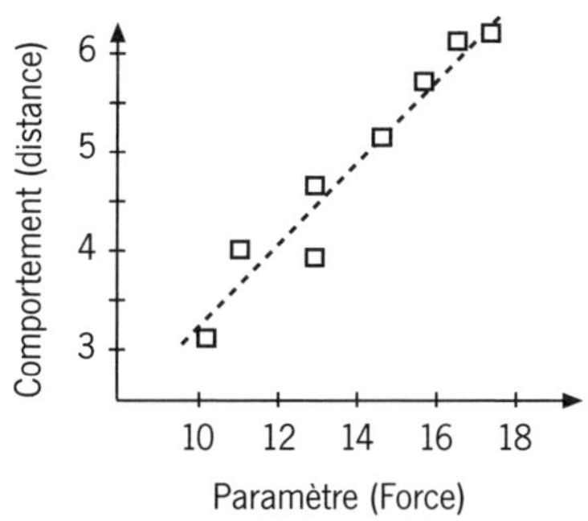

Figure 5-9. **Relation hypothétique entre un paramètre du mouvement et sa sortie comportementale.** On a pris l'exemple d'un *putting* au golf : le paramètre est la force de frappe, et la sortie comportementale est la distance parcourue par la balle. Chaque point représente un essai pendant une période d'apprentissage.

De la même manière, Schmidt propose que le cerveau établisse aussi ce genre de diagramme pour tirer des règles entre la valeur des paramètres et les conséquences sensorielles de l'action (voir chapitre 4, « Utilisation d'un modèle interne »). C'est ce qu'il appelle un schéma de reconnaissance. Ce schéma servirait au sujet à anticiper les conséquences sensorielles de son geste avant même que celui-ci ne soit exécuté. Il pourrait aider à contrôler le mouvement en l'absence de réafférences. En présence de retours sensoriels, ce schéma serait aussi utile pour comparer les retours sensoriels du mouvement attendu avec ceux issus du mouvement réellement effectué (voir figure 5-8). Lorsqu'il y aurait une discordance entre les deux (signal d'erreur), des corrections du mouvement seraient introduites.

Quelles sont les implications de la théorie des schémas ? À la différence de la théorie d'Adams, cette théorie prédit que les erreurs ne sont pas nécessairement néfastes pour l'apprentissage. En effet chaque fois qu'une erreur est commise, elle doit être considérée comme porteuse d'une information utile pour dégager des lois générales. Si tous nos 8 essais avaient été compris entre 4 m et 4,20 m, il aurait été sûrement plus difficile d'en extraire une loi générale entre force et distance. En outre, cette théorie implique que si certaines informations utiles à la constitution de la base de données sont manquantes, on ralentit immanquablement l'apprentissage. Par exemple si vous effectuez des mouvements de manière passive (pensez au guidage par une tierce personne), le bénéfice de ce mouvement pour l'extraction d'un schéma de rappel sera nul, car il n'est associé à aucune valeur de paramètre (puisqu'il n'y a pas de commande). De même si on vous prive de retours sensoriels ou de connaissance du résultat, aucun schéma de reconnaissance ne peut se constituer. Enfin, cette théorie explique pourquoi la variabilité de l'entraînement peut être bénéfique pour faire face à des situations nouvelles. Par exemple un sujet qui aura été entraîné sur plusieurs distances 2, 5, et 10 m sera plus à même d'atteindre une cible placée à 7 m qu'un sujet qui aura toujours été entraîné à 5 m. Dans le premier cas le sujet aura pu extraire un schéma de rappel suffisamment général pour savoir comment frapper la balle pour atteindre cette nouvelle distance, alors que ce sera peu probable dans le second cas.

Schmidt distinguerait trois stades dans l'apprentissage. Le premier dit stade cognitif serait marqué par une intense activité mentale. Lorsque l'individu est face à une tâche complètement nouvelle, le premier problème du sujet est de bien identifier le but à atteindre et de déterminer quel peut être le programme moteur le plus adéquat pour satisfaire ce but. Pendant cette période les mouvements sont hésitants, saccadés, et la demande attentionnelle est très forte. Le stade moteur constitue la seconde étape, et consiste en un affinement des paramètres du programme. C'est la période pendant laquelle le schéma serait développé. La demande attentionnelle commence à chuter, et les progrès sont plus flagrants. Puis vient enfin le stade autonome. C'est le stade pendant lequel le geste devient relativement automatique. La diminution de la demande attentionnelle est telle que le sujet devient capable de réaliser une autre tâche en parallèle (comme échanger une conversation). Arrivé à ce stade, la sélection des paramètres du programme n'est plus du tout un problème.

Comme la théorie précédente, la théorie des schémas présente elle aussi des imperfections. La première d'entre elles est liée au fait que cette théorie repose sur la notion de programme moteur généralisé. Or cette notion reste toutefois assez vague, et devient de plus en plus contestée (voir chapitre 4, « 5. Principes de la théorie dynamique »). Une seconde critique est liée au fait que, comme pour la théorie d'Adams, il n'est pas évident de savoir comment est initié le premier mouvement dans la mesure où cela suppose qu'il y a toujours un programme de disponible. Ensuite, Schmidt n'explique pas comment le système nerveux s'y prend pour choisir de tester un paramètre du programme plutôt qu'un autre pour constituer le schéma. Dans notre exemple, nous avons considéré que le nombre de paramètres était relativement restreint (1 seul, la vitesse de frappe), mais si le programme comportait plus de paramètres (2, 5 ou 10) comment s'y prendrait le système nerveux pour déterminer l'effet de chaque paramètre sur le mouvement ?

Théorie de l'apprentissage selon Bernstein (1967) : vers une réduction des degrés de liberté

La théorie de l'apprentissage proposée par Bernstein aborde le problème du contrôle du mouvement sous un angle relativement différent des deux autres théories que nous avons vues précédemment. Lorsque nous devons réaliser un mouvement, il est courant que nous soyons amenés à mobiliser un nombre important de segments, d'articulations et de muscles. Il n'est pas évident de comprendre comment le système nerveux s'y prend pour contrôler un nombre aussi élevé de variables, on dit aussi de degrés de liberté (DDL). Bernstein propose que le but de l'apprentissage soit d'arriver à réduire le nombre de variables qui doit être contrôlé, il parle de réduction des degrés de liberté. Comment le système nerveux peut-il réduire le nombre de DDL ? Bernstein pense que cela est possible en introduisant des contraintes nerveuses fonctionnelles entre les DDL (muscles, articulations, membres).

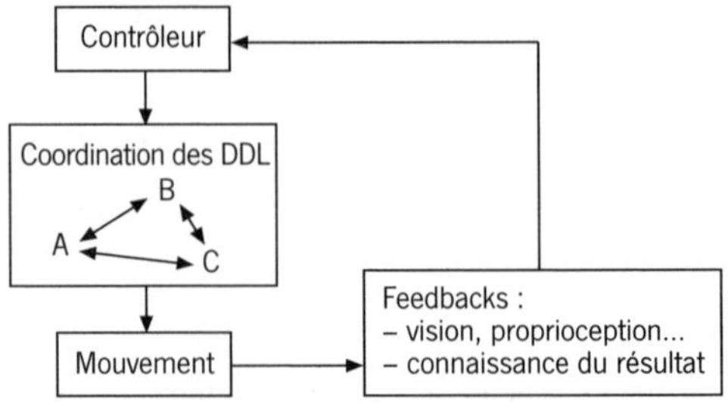

Figure 5-10. **Schéma simplifié illustrant la théorie de l'apprentissage selon Bernstein (1967).**

Afin d'être un peu plus explicite sur cette possible réduction des degrés de liberté, nous allons nous servir de l'exemple suivant. Imaginez que vous deviez conduire un véhicule dont la vitesse est constante (vous ne pouvez pas la modifier). Votre unique tâche est de rester sur la route. On vous propose deux voitures. Le premier véhicule est construit de telle manière que l'orientation de chaque roue est contrôlée de manière indépendante (vous devez contrôler 4 DDL). Puis on vous propose un véhicule traditionnel où les deux roues arrière sont fixées (pas contrôlées), et où les deux roues avant sont couplées mécaniquement par l'intermédiaire d'un volant (vous devez contrôler 1 seul DDL). À votre avis, avec quel véhicule pensez-vous réussir le mieux la tâche qui vous est confiée ? La tâche paraît plus aisée avec le deuxième véhicule car vous n'aurez qu'une seule variable à contrôler : l'angle du volant. Cet exemple vous montre 1. qu'un système avec un nombre plus réduit de DDL est plus facilement contrôlable, et 2. qu'il est possible en introduisant des contraintes entre les éléments d'un système de réduire le nombre de ses DDL. Comment s'y prend le système nerveux pour réduire le nombre de DDL ? L'idée proposée par Bernstein est que l'apprentissage introduit des contraintes, non pas physiques ou mécaniques (comme pour la voiture), mais nerveuses. Ces contraintes entre les muscles, les articulations, ou les membres, aboutiraient à ce que l'on appelle des structures coordinatives (ou synergies). Nous avons tenté d'illustrer à notre manière ce processus de réduction des DDL à travers la figure 5-10. Imaginez que le sujet doive effectuer un mouvement de bras, impliquant l'épaule, le coude, et le poignet. L'introduction de contraintes nerveuses permet de faire passer le nombre de DDL de 3 à 1. Ici le sujet contrôle une structure coordinative comprenant 3 éléments. L'ensemble des articulations est alors contrôlé comme un tout, le contrôleur n'est plus en mesure de surveiller qui fait quoi. Ce qui compte c'est le résultat global. Celui-ci est fourni par le biais des *feedbacks* (voir exemples dans la section suivante « variabilité »).

Bernstein distinguerait 3 stades dans l'apprentissage (voir figure 5-11). Dans le premier l'individu obtiendrait une réduction des DDL en immobilisant certains d'entre eux. Par exemple chez des novices en tir, qui souhaitent rester le plus immobile possible, on constate que leur stratégie consiste à « geler » leurs articulations (*freezing* en anglais), même si au bout du compte on constate que le bout du canon oscille davantage que chez les experts. Puis dans une deuxième phase les sujets libèrent progressivement leurs DDL (*freeing* en anglais). Chez les experts en tir, les articulations bougent beaucoup plus, pour autant le bout du canon est plus stable (Arutiunian et coll., 1968). Ce sont les contraintes nerveuses entre les articulations qui permettent à ces mouvements de se compenser les uns les autres (voir la prochaine section pour plus de précisions sur ce sujet). Enfin il existerait un dernier stade, dans lequel les contraintes entre les éléments continuent de se modifier afin de rendre le mouvement plus efficient. L'efficience sous-entend que la dépense d'énergie liée au travail musculaire est optimale. Une façon d'augmenter l'efficience d'un geste est de profiter au maximum des forces externes. La gravité est un exemple de force externe. Une étude sur les gymnastes montre que lors de balancers en suspension renversée, ils exploitent l'effet de la force de gravité dans les phases descendantes, et en minimisent l'effet dans les phases ascendantes (Delignières et coll., 1998).

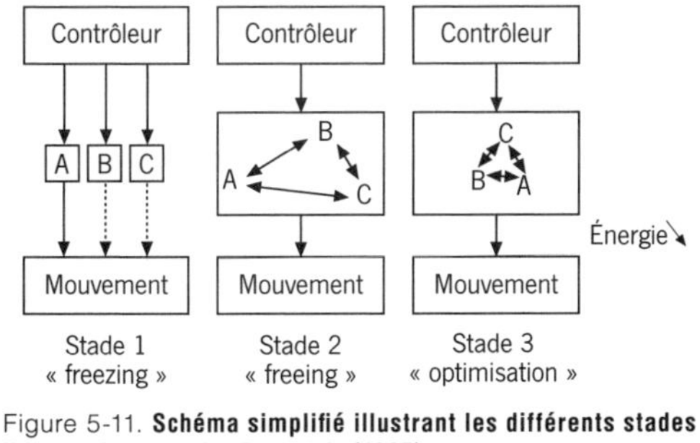

Figure 5-11. **Schéma simplifié illustrant les différents stades de l'apprentissage selon Bernstein (1967).**

Certains auteurs voient malgré tout quelques écueils dans la théorie de Bernstein. Si on comprend bien l'intérêt de réduire le nombre de DDL pour simplifier le contrôle du geste, Bernstein n'explique pas vraiment comment le système nerveux s'y prend pour créer ces structures coordinatives. En outre, si des possibilités de compensation existent entre les éléments au sein d'une même structure coordinative, il n'explique pas comment chaque élément est maintenu au courant de ce que font les voisins. Malgré ces points obscurs, les idées de Bernstein continuent d'avoir une influence prépondérante sur la façon dont la communauté scientifique aborde les questions liées au contrôle du mouvement.

Les travaux de Bernstein sont fondamentaux aux yeux de nombreux chercheurs, notamment pour les partisans de la théorie dynamique (voir chapitre 4, pour plus de détails sur cette théorie). Dans la théorie dynamique, le mouvement est toujours l'expression d'une structure coordinative (synergie). Le but de l'apprentissage est d'aboutir à une nouvelle structure coordinative plus efficace (Zanone et Kelso, 1992). Ainsi les travaux de Temprado et coll. (1997) sur le service au volley-ball montrent que les novices et les experts possèdent des coordinations qui leur sont propres : le couplage entre le mouvement de l'épaule et du poignet ne se manifeste pas de la même manière chez les experts et les novices. Au moment où les novices maîtrisent le service en volley-ball, ils adoptent la structure coordinative des experts (et deviennent donc des experts). Ce passage est non linéaire, c'est-à-dire qu'il ne suit pas forcément une progression lente et continue. La transition est souvent abrupte. Elle est provoquée sous l'effet des contraintes liées à la tâche, à l'environnement et à l'organisme. Ces contraintes « forcent » les sujets à adopter telle ou telle coordination (Bardy et coll., 1999). En changeant les contraintes, un enseignant ou un entraîneur peut induire l'apparition d'une coordination. Par exemple, l'apprentissage du griffé en athlétisme est assez difficile à concevoir pour le novice — le griffé est un mouvement particulier du pied sur le sol, qui permet au coureur expert d'aller plus vite (car la résultante des forces d'appui est plus favorable). En modifiant simplement les contraintes environnementales (en plaçant des haies assez proches les unes des autres au niveau du tibia) les athlètes réalisent tous une course griffée de façon efficace sans même s'en rendre compte. Dans cet exemple, la présence des haies a fait émerger une nouvelle coordination. C'est là une différence essentielle entre la théorie de Bernstein et la théorie dynamique. Dans la théorie dynamique, les contraintes fonctionnelles qui lient les degrés de liberté ne sont pas imposées par un contrôleur (comme dans les figures 5-10 et 5-11), mais bien par l'ensemble des contraintes qui agissent sur l'individu.

Variabilité de la performance et variabilité du geste

Au cours de ce chapitre sur l'apprentissage, la notion de variabilité a déjà été introduite lorsque nous avons parlé des conditions d'entraînement. Cependant cette fois-ci la notion de variabilité sera utilisée dans un contexte différent. En effet, dans cette nouvelle section, la variabilité sera discutée par rapport au mouvement et à la performance. La variabilité est une caractéristique inhérente au mouvement biologique. En effet, quel que soit le geste à accomplir, un service au tennis, un saut en longueur, un salto, nous sommes incapables de répéter exactement deux fois le même mouvement. Le but de cette section sur la variabilité est double. Notre premier objectif sera de montrer que la variabilité de la performance diminue au cours de l'entraînement. Notre deuxième objectif sera de montrer qu'une performance devenue plus stable n'implique pas nécessairement que le geste soit devenu lui aussi plus stable.

De manière générale, avec l'entraînement, les individus ont tendance à devenir de plus en plus reproductibles, en d'autres termes leurs performances fluctuent de moins en moins. Cette stabilité est d'ailleurs souvent prise comme un signe d'expertise. Prenons par exemple le cas d'un individu qui apprend à lancer un javelot et qui effectue un bloc de 6 tirs à chaque séance. Après chaque séance on mesure le score moyen et l'écart-type (qui mesure la dispersion entre les scores) obtenu sur la base des 6 essais. Le premier indice rend compte de la performance, et le second rend compte de sa variabilité. Ainsi lors du premier bloc on constate que la distance moyenne des lancers vaut 25 m, et que l'écart-type vaut 6 m (voir figure 5-12A). À la fin de l'entraînement (bloc 20, figure 5-12B), la moyenne est plus importante (33 m), mais la dispersion est plus faible (ET = 1 m). Les figures 5-12C et 5-12D nous présentent les données obtenues pour l'ensemble des blocs 1 à 20. On constate que si le score moyen du lanceur augmente effectivement d'une séance à l'autre (C), la variabilité, elle, diminue (D). Comment faut-il interpréter cette réduction de variabilité ? Nous allons voir deux approches possibles.

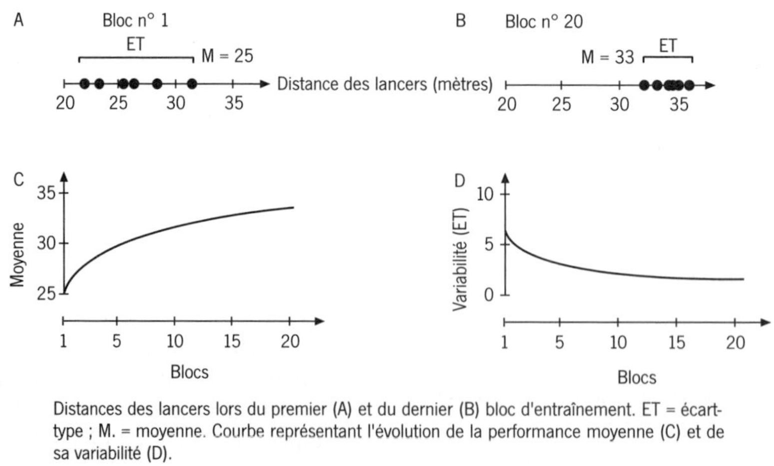

Figure 5-12. **Entraînement au javelot.** Distances des lancers lors du premier (A) et du dernier (B) bloc d'entraînement. ET = écart-type ; M. = moyenne. Courbe représentant l'évolution de la performance moyenne (C) et de sa variabilité (D).

Une première approche consiste à penser que la performance est devenue moins variable parce que le mouvement du lanceur est devenu de plus en plus stéréotypé. En d'autres termes, si on analysait les angles articulaires, les activités musculaires, et les forces de réaction au sol, on constaterait que leur profil temporel finirait par se stabiliser autour d'une forme ne changeant pratiquement plus. Les partisans de la théorie de Schmidt s'accommodent très bien de cette explication car, pour eux, l'apprentissage permet au sujet de cerner de mieux en mieux la valeur des paramètres qui doivent être fixés dans le programme moteur. Une fois que ces paramètres sont clairement établis, il n'y a plus vraiment de raison pour que le mouvement varie d'un essai sur l'autre, et si le mouvement change peu, alors la performance doit elle aussi varier très peu. Bien que cette approche puisse paraître séduisante, il est important de réaliser qu'elle est basée sur le postulat qu'une performance stable est forcément le reflet d'un geste stable. Nous allons voir que ce n'est pas forcément toujours le cas.

Comment se peut-il qu'une performance stable ne soit pas forcément le produit d'un geste lui-même stable ? Pour expliquer comment cela est possible, nous allons nous servir de l'exemple suivant tiré d'une activité sportive que tout le monde a pratiquée au moins une fois en loisir : le jeu de fléchettes. Lorsqu'une fléchette est lâchée par la main, sa trajectoire (une parabole) dépend uniquement de deux paramètres : sa vitesse et son angle d'envol. Ceci implique que si un individu est capable de lâcher deux fois de suite une fléchette avec la même vitesse et le même angle d'envol, la fléchette devrait atterrir sur la cible exactement au même endroit. Cependant, il est important de réaliser que si une fléchette est tombée deux fois de suite au même endroit, cela n'implique pas forcément qu'elle a été lâchée de la même manière. En effet, il existe une infinité de combinaisons angle-vitesse permettant d'atteindre chaque point de la cible, on dit que la tâche est redondante (plusieurs solutions pour un même résultat). Par exemple, si un point sur la cible peut être atteint en lançant la fléchette avec un angle d'envol élevé et une vitesse modérée, ce point peut aussi être atteint en lançant la fléchette avec un angle plus fermé mais une vitesse plus élevée. Ici, on compense l'effet d'un paramètre en modifiant l'autre. Cette possibilité permet une augmentation de la variabilité du geste de lancer sans nécessairement affecter la stabilité de la performance finale. La figure 5-13 nous montre graphiquement l'ensemble des combinaisons permettant d'atteindre le centre de la cible (c'est la courbe en U).

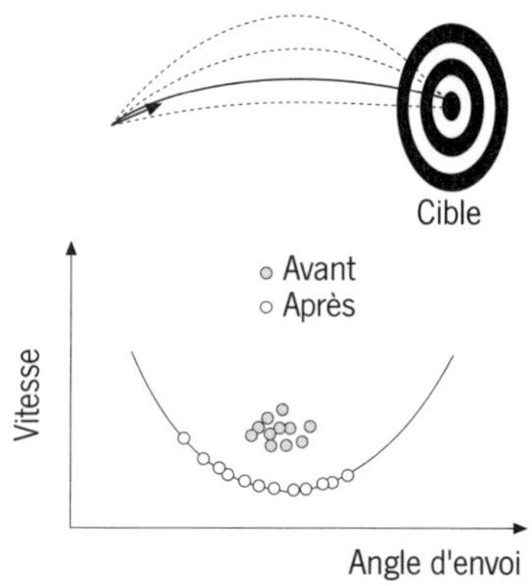

Figure 5-13. **Effet de l'apprentissage sur la variabilité d'un geste de lancer de fléchette.** Chaque point représente un mouvement, et chaque mouvement est décrit par deux paramètres : la vitesse et l'angle du coude au moment du lâcher. La courbe en U représente l'ensemble des combinaisons (vitesse-angle) permettant d'atteindre le centre de la cible.

Dans une expérience réalisée par Müller et Loosch (1999) sur le lancer de fléchettes, la gestuelle de plusieurs novices a été suivie pendant une période d'apprentissage. La figure 5-13 nous montre les combinaisons angle-vitesse utilisées avant et après apprentissage. Lorsque les sujets débutent, leur score est faible car les combinaisons qu'ils adoptent (points gris) sont relativement éloignées des solutions qu'il faudrait adopter. Après apprentissage, la performance des sujets est meilleure, mais aussi plus stable, car les combinaisons qu'ils adoptent satisfont pratiquement à chaque fois les contraintes de la tâche (points blancs). On constate en revanche que les combinaisons qui sont choisies peuvent varier énormément (encore même plus qu'avant l'apprentissage). Qu'ont fait les sujets ? On pense qu'avec l'apprentissage les sujets apprennent à exploiter la redondance de la tâche. Par exemple si, lors d'un essai, la fléchette part moins vite, il y a aussitôt un ajustement de l'angle d'envol pour faire qu'elle continue d'arriver au même endroit sur la cible. Au bout du compte, pour l'observateur extérieur qui regarde la cible la performance apparaît stable, mais le geste qui la produit peut varier considérablement d'un essai sur l'autre. Ramenés au corps du lanceur, nos deux paramètres (vitesse et angle d'envol) dépendent essentiellement du mouvement de son coude, et du moment où sa main s'ouvre pour libérer la fléchette. Selon Bernstein l'existence d'une compensation entre nos deux paramètres revient à considérer que le coude et la main forment une structure coordinative.

Ce que suggèrent les travaux de Müller et Loosch (1999), c'est que les joueurs ont appris non pas une solution, mais un ensemble de solutions (dans lesquelles les actions du coude et de la main se compensent). Cette conception de l'apprentissage, tirée des idées de Bernstein, est relativement puissante car elle peut s'appliquer à un grand nombre de tâches (la plupart d'entre elles étant redondantes). Exploiter cette redondance est par exemple ce que feraient les experts en tir à la carabine comme nous l'avons suggéré auparavant (Arutiunian et coll., 1968). Dans cette activité, il est essentiel que l'arme reste immobile. Bien évidemment, il est impossible de « geler » complètement toutes nos articulations. Ce qu'apprendraient à faire les experts c'est d'arriver à faire que ces micro-mouvements se neutralisent entre eux (se compensent) de sorte que l'arme, elle, reste immobile. Par exemple, si les chevilles se fléchissent vers l'avant, alors le tronc bascule vers l'arrière, et la position de l'arme n'est pas affectée. Enfin on n'oubliera pas non plus que cette idée selon laquelle le cerveau permettrait une certaine souplesse dans la contribution de chaque effecteur, est une idée clairement d'actualité avec la notion de *contrôle optimal* (voir le « principe d'intervention minimum », chapitre 4).

On retiendra de ces travaux qu'il ne faut pas confondre variabilité de la performance et variabilité du mouvement. Si la première tend à diminuer avec l'apprentissage, la seconde, elle, est susceptible d'augmenter avec l'apprentissage. En outre, l'apprentissage peut se concevoir comme la capacité à exploiter l'ensemble des solutions permettant de satisfaire les contraintes imposées par une tâche.

Rétention et transfert

Lorsque nous avons introduit la notion d'apprentissage, nous avons insisté sur le fait que celui-ci devait conduire à des changements relativement permanents. Par exemple, si vous avez passé un mois à apprendre à faire du patin à glace, il est probable que vous saurez toujours en faire lorsque vous remonterez dessus, même après une semaine d'arrêt. Est-ce à dire que ce bénéfice se maintiendrait indéfiniment si cette période d'arrêt se prolongeait ? Seriez-vous capable de patiner toujours avec la même aisance après 2 ans d'arrêt ? Peut-être pas... Cette possibilité de maintenir pendant un temps plus ou moins long le bénéfice d'un apprentissage, sans continuer à s'entraîner, s'appelle la rétention (cette section est à mettre en relation avec la section « La mémoire à long terme » du chapitre 3). C'est le premier sujet que nous aborderons dans cette nouvelle section. Le deuxième sujet que nous aborderons est lié à la capacité que nous avons de transférer une habileté acquise dans une tâche vers une autre tâche. Par exemple est-ce que le fait d'apprendre à faire du patin à glace vous rendra plus adroit sur des rollers ? Cette question renvoie à la notion de transfert d'apprentissage. Comme nous le verrons un peu plus tard, si les transferts d'habiletés existent, ils ne sont pas obligatoires et dépendent beaucoup du contexte.

Rétention

Pour savoir si une habileté est toujours disponible après un certain intervalle de temps (intervalle de rétention), on effectue ce que l'on appelle un test de rétention. Un test de rétention consiste à demander au sujet d'effectuer la même tâche que celle qu'il effectuait au cours de la période d'apprentissage. Un exemple est illustré sur la figure 5-14. Selon la performance du sujet à ce test, on pourra distinguer trois cas de figure. Si le test révèle une performance identique à ce qu'elle était à la fin de l'apprentissage (cas n° 1), on dira que la rétention est complète (100 %), en d'autres termes il n'y a pas eu d'oubli. Si, maintenant, la performance du sujet se révèle un peu inférieure à ce qu'elle était auparavant (cas n° 2), on dira que la rétention est incomplète (< 100 %), et que le processus d'oubli a déjà commencé. Et si, enfin, la performance du sujet se révèle identique à ce qu'elle était sans apprentissage (cas n° 3), alors on dira que la rétention est nulle (0 %) et que le sujet a tout oublié. Notez que les tests de rétention sont tout aussi utiles pour les spécialistes de la mémoire, lorsqu'ils cherchent à évaluer si une information reste disponible ou non en mémoire (voir chapitre 3, « 2. La mémoire »).

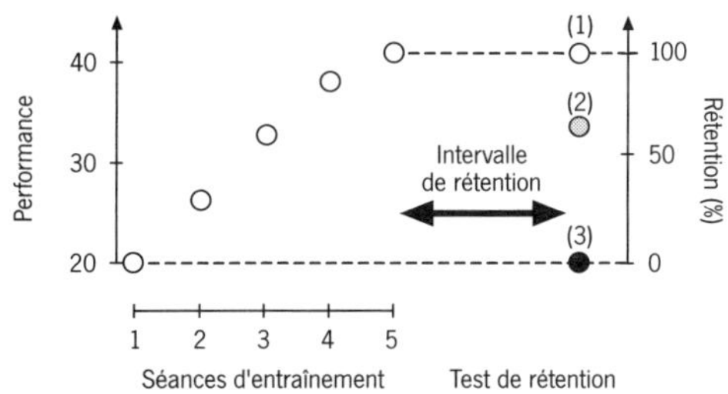

Figure 5-14. **Apprentissage et test de rétention.** Principaux cas de figure à l'issu d'un test de rétention.

Quelles sont les variables susceptibles d'affecter le pourcentage (ou taux) de rétention ? La plus évidente est sans aucun doute la durée de l'intervalle de rétention. Plus cet intervalle sera long et plus le pourcentage de rétention aura tendance à diminuer. Cependant cette tendance à l'oubli avec le temps serait plus évidente pour les mouvements discrets que pour les mouvements continus (Schmidt et Lee, 1999). Par exemple si l'on considère la tâche de poursuite (mouvement continu), il semble que le taux de rétention puisse se maintenir près de 100 %, même lorsque l'intervalle de rétention atteint 2 ans (Fleishman et Parker, 1962). Il en va de même pour d'autres activités continues telles que la nage, ou le vélo, dont on considère que l'acquisition est faite pour la vie. À l'inverse, pour les mouvements discrets, la propension à l'oubli serait plus naturelle. C'est ce que suggère cette expérience dans laquelle des sujets devaient presser des paires de boutons en fonction de certains stimuli (Neuman et Ammons, 1957). Les résultats de cette expérience sont présentés sur la figure 5-15. On constate que plus la durée de l'intervalle de rétention augmente, et plus le taux de rétention est faible. Une minute après l'apprentissage la performance des sujets reste identique, mais deux jours après, celle-ci a déjà bien baissé (-50 %), et au bout d'un an elle est carrément revenue au point de départ.

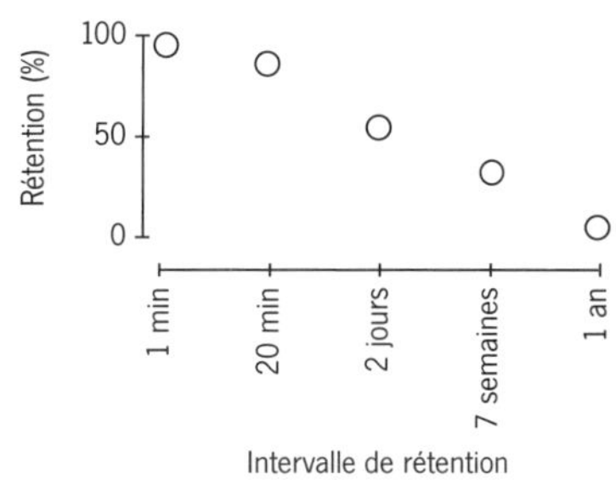

Adapté de Neuman et Ammons (1957).

Figure 5-15. **Effet de la durée de l'intervalle de rétention sur le taux de rétention.** Adapté de Neuman et Ammons (1957).

Pourquoi certaines tâches seraient-elles oubliées plus vite que d'autres ? Certains auteurs proposent que le caractère discret/continu de la tâche ne soit peut-être pas le facteur le plus déterminant, et proposent plutôt de se focaliser sur le caractère « explicite » ou « implicite » de l'apprentissage (Graf et Schacter, 1985 ; voir aussi la notion de mémoire explicite et implicite dans le chapitre 3). Par apprentissage explicite, on veut exprimer le fait que les sujets peuvent verbaliser ce qu'ils ont appris. Par exemple dans l'expérience de Neuman et Ammons (1957), les sujets peuvent dire lorsqu'ils ont appris : « tel stimulus est associé à tel bouton… » À l'inverse dans un apprentissage implicite, ce qui est appris est plus difficile à verbaliser, le sujet constate qu'il progresse mais il ne sait pas forcément pourquoi. Quand quelqu'un a appris à faire du vélo, il n'est pas forcément en mesure d'expliquer comment il tient en équilibre sur deux roues. Vues sous cet angle, les habiletés motrices qui requièrent des connaissances explicites seraient plus facilement oubliées que celles faisant appel à des connaissances implicites. Cette hypothèse est raisonnable dans la mesure où l'on sait que les structures nerveuses impliquées dans la mémoire implicite et explicite sont distinctes. En outre, elle permettrait d'expliquer pourquoi la rétention de certains gestes discrets, comme le *putting* en golf, serait relativement stable même après un intervalle de 1 mois (Dail et Christina, 2004).

La quantité d'entraînement est un autre facteur important pour la rétention. Elle doit être prise en compte parce que la quantité d'entraînement influe sur le niveau d'apprentissage. Plus un individu aura atteint un niveau élevé de performance, et plus il faudra *a priori* attendre longtemps pour que ce bénéfice s'évanouisse complètement avec le temps. Un individu qui s'est entraîné pendant une après-midi à faire du patin à glace peut perdre tout le bénéfice de son entraînement au bout d'un an (parce que ce bénéfice est maigre), mais pas celui qui aura passé 10 ans à s'entraîner tous les jours. En règle générale, plus les sujets auront passé de temps à s'entraîner et plus le bénéfice de leur entraînement aura tendance à se maintenir à son niveau actuel.

Il arrive très souvent que certains programmes d'entraînement soient trop conséquents pour être effectués en une seule et même journée. Pour cela le programme d'entraînement se retrouve fractionné en blocs sur plusieurs jours. Sachant maintenant que les périodes de repos peuvent conduire à une perte d'apprentissage, faut-il considérer ces interruptions d'entraînement comme potentiellement néfastes ? Pour aborder cette question, nous allons nous servir d'une expérience d'Adams (1961) dans laquelle les sujets apprenaient une tâche de poursuite. Pendant 5 jours consécutifs, les sujets effectuaient 36 essais de 30 s chacun. La figure 5-16 nous montre la performance des sujets (temps passé sur la cible) au cours de l'ensemble de la période d'apprentissage. On constate qu'essai après essai et jour après jour les sujets progressent. Cependant on remarque qu'il existe de légères discontinuités entre le dernier essai d'un jour, et le premier essai du jour suivant. Par exemple, si vous examinez le 36e essai du jour 1 et le premier essai du jour 2, vous constatez que la performance est meilleure dans le premier cas que dans le deuxième. Se pourrait-il que l'intervalle de temps relativement long entre ces deux essais soit responsable d'une perte d'apprentissage, d'un oubli ? Même si cette éventualité ne peut être écartée, il semble qu'elle ne soit pas la principale cause de ce phénomène. On suspecte plutôt une baisse de l'éveil et de l'attention de la part du sujet. Il faudrait en quelque sorte quelques essais pour s'échauffer et se (re) concentrer sur la tâche. Deux faits plaident en faveur de cette hypothèse. Tout d'abord on constate que si on retire du graphe les premiers essais de chaque jour, le processus d'apprentissage apparaît très continu. En outre, il a été montré qu'en maintenant l'attention des sujets par une tâche secondaire pendant les intervalles de repos, ce phénomène disparaissait. Ceci suggère que les sujets n'oublient pas pendant les intervalles de repos, en revanche, comme leurs muscles, leur cerveau aurait besoin d'une période « d'échauffement » pour fonctionner de manière optimale.

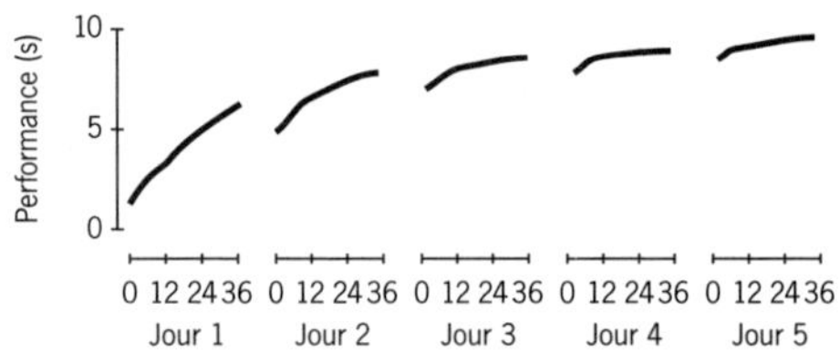

Figure 5-16. **Courbe d'apprentissage dans une tâche de poursuite.** Notez la baisse de performance entre le dernier essai en fin de journée et le premier essai du jour suivant. Adapté de Adams (1961).

Transfert

La notion de transfert se définit comme la capacité d'améliorer ses performances dans une tâche par le biais de l'entraînement sur une autre tâche. Au début de cette section nous nous sommes demandé par exemple si le fait d'avoir passé du temps à s'entraîner sur des patins à glace pouvait amener un quelconque bénéfice pour la pratique du roller. En d'autres termes, peut-il y avoir un transfert d'apprentissage du patin à glace vers le roller ? Pour savoir si ce transfert existe on peut s'y prendre de la manière suivante. On prend deux groupes de sujet : un groupe contrôle et un groupe test. Pendant une première phase, le premier groupe (groupe test) est soumis à un entraînement sur patin à glace, tandis que le deuxième (groupe contrôle) n'est soumis à aucun entraînement. Puis dans une deuxième phase, les deux groupes de sujet s'entraînent pendant plusieurs séances au roller. La figure 5-17 nous présente les courbes de performance des deux groupes pour l'apprentissage du roller. Dans cet exemple, lorsque les sujets du groupe test démarrent l'entraînement, on constate que leur performance en roller est meilleure que celle du groupe contrôle (50 *versus* 40), en d'autres termes il y a bien eu transfert. La différence de score entre les deux groupes (+ 10) représente le gain lié à la pratique du patin à glace. On exprime parfois ce gain en fonction du gain total obtenu par l'entraînement du groupe contrôle. Dans notre cas, le gain lié à l'entraînement traditionnel est de 30 (70-40), le pourcentage de transfert est 33 % (+ 10/30 x 100 %). Ceci signifie que la pratique anticipée du patin constitue un bénéfice de 33 % sur l'apprentissage. Une autre façon d'exprimer le bénéfice lié au transfert est de considérer que celui-ci permet d'« économiser » des séances d'entraînement. Dans le cas présent, on peut considérer que la pratique du patin permet d'économiser une séance d'entraînement dans la mesure où, dès la deuxième séance, les sujets contrôles ont une performance identique à celle des sujets tests lors de la première séance.

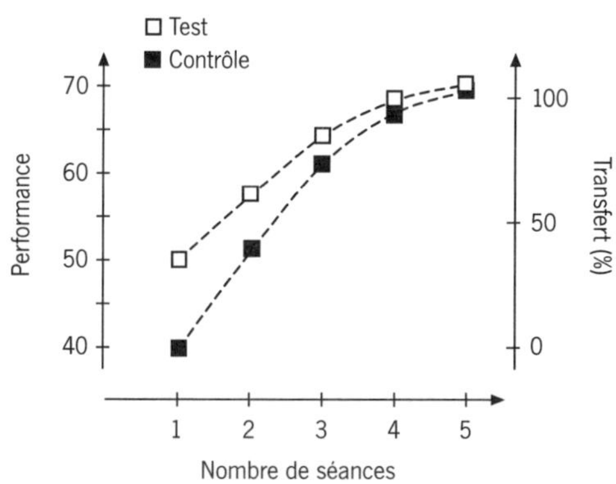

Figure 5-17. **Apprentissage et transfert d'habileté.** Le groupe test a pratiqué une autre tâche avant le début de la phase d'entraînement. Le groupe contrôle n'a reçu aucun entraînement préalable.

La plupart des études qui se sont intéressées à la question des transferts aboutissent à la conclusion que le transfert qui existe entre deux tâches motrices dépend de leur degré de similitude. Plus le degré de similitude sera important et plus on s'attend à ce que le transfert soit important. Dans certains cas ce degré de similitude est assez intuitif. Si l'on reprend l'exemple du roller et du patin à glace, il est assez aisé de noter que ces deux activités impliquent une bonne gestion de l'équilibre postural, et une poussée alternée des jambes sur la surface d'appui. Cependant, on constate aussi que les techniques de freinage sont propres à chacune de ces activités ; en patin à glace on peut s'arrêter en faisant un virage sec, mais en roller c'est beaucoup plus difficile. En réalité deux tâches comportent toujours des aspects en commun et d'autres qui leur sont vraiment propres. C'est la balance entre ces points communs et ces différences qui détermine les possibilités de transfert d'une tâche vers une autre. Cependant les spécialistes du comportement restent relativement vagues sur les aspects qui doivent être pris en compte pour évaluer ces degrés de similitude.

Dans la plupart des cas, le transfert d'apprentissage reste modeste. Par exemple, lorsque des sujets sont entraînés à faire des tâches nécessitant une précision quelconque (ex. : lancer de fléchettes), il y a peu de transfert vers une autre tâche de précision (ex. : lancer franc au basket-ball). Cependant les possibilités de transfert peuvent augmenter considérablement lorsque le but de la tâche reste le même mais que c'est simplement l'effecteur qui change. Par exemple si on apprend à quelqu'un à écrire en regardant dans un miroir avec sa main droite, et qu'à la fin de l'apprentissage on le teste pour écrire avec sa main gauche, le transfert est supérieur à 70 % (Latash, 1999). Que doit-on en conclure ? Le sujet a appris quelque chose de relativement général, qui dépasse le simple fait d'apprendre à se servir de sa main droite en la regardant à travers un miroir. Ce qu'il a appris c'est la règle qui permet d'« inverser » ses commandes motrices à chaque fois qu'il effectue un mouvement. Voilà pourquoi le sujet ne rencontre pas de problème pour transférer son apprentissage à sa main gauche. On a souvent tendance à considérer que plus un apprentissage est généralisable à un grand nombre d'effecteurs, plus il est le reflet d'une modification à un niveau hiérarchiquement élevé du système nerveux (voir aussi la notion de PMG dans le chapitre 4).

Si le patin à glace semble bénéfique pour le roller, doit-on forcément considérer que le roller est bénéfique pour le patin à glace ? Si cela est vrai dans certaines situations, il faut savoir qu'un transfert d'une activité

A vers une activité B, n'implique pas nécessairement un transfert de B vers A. C'est ce que révèle cette expérience de Morton et Bastian (2004) dans laquelle on a entraîné des sujets à porter des lunettes prismatiques (lunettes qui décalent de quelques centimètres l'objet observé). Il y avait deux groupes de sujets. Le premier groupe s'est adapté aux lunettes en s'exerçant à attraper des objets, tandis que le deuxième s'y est adapté en marchant. À la suite de l'apprentissage chaque groupe a été testé sur l'activité pratiquée par l'autre groupe. Les résultats de cette expérience ont montré que si les sujets adaptés en locomotion n'avaient aucun souci pour attraper les objets, ceux qui s'étaient adaptés par le biais de la préhension restaient très maladroits pour la locomotion. En d'autres termes, dans un cas l'apprentissage a été généralisé, mais pas dans l'autre. Les auteurs de cette étude expliquent que dans un cas l'adaptation concernait une zone du cerveau relativement spécifique à la main, alors que dans l'autre elle affectait une zone non spécifique, c'est-à-dire une zone impliquée dans la motricité de l'ensemble des effecteurs (mains et jambes).

Pour l'instant nous avons toujours considéré que le transfert était soit positif soit nul, mais existe-t-il des cas où le transfert est 'négatif' ? En d'autres termes existe-t-il des cas où la pratique de la tâche B avant la tâche A devient défavorable pour l'apprentissage de la tâche A ? En pratique, cela revient à dire que l'apprentissage du patin à glace ralentit l'acquisition du roller. Bien que cela semble peu probable, les transferts négatifs existent bel et bien. Ils concernent en fait les situations où il y a une certaine incompatibilité entre les deux tâches, on parle aussi d'*interférence*. Par exemple, il peut exister une interférence entre le lancer de poids et le lancer de disque. Pour lancer le disque, il est plus efficace d'éloigner l'engin du centre de rotation du corps. Si un athlète ayant appris le lancer du disque se met à apprendre le lancer de poids, on constate que sa performance est moindre (que celle d'un véritable novice), car il aura tendance à conserver la stratégie « éloigner l'engin du corps ». Pour le lancer de poids, la stratégie la plus efficace sera de maintenir l'engin le plus près possible du corps. Dans un autre contexte, plus récréatif, si vous apprenez à piloter un véhicule dans un jeu vidéo avec une manette où les boutons sont disposés d'une certaine manière, mais qu'après un certain temps les commandes du véhicule sont inversées (le bouton « tourner à droite » devient « tourner à gauche »), il y aura un transfert négatif car les deux tâches interfèrent entre elles. On pense que les phénomènes d'interférence résultent très souvent d'une forme de confusion de la part du sujet : les processus cognitifs seraient plus impliqués que les processus moteurs.

Conséquences pour le sport

- Les transferts sont souvent faibles. Si votre objectif est de progresser en tennis, sachez qu'une heure d'entraînement en badminton, ou en squash, ne remplaceront jamais une heure d'entraînement en tennis.
- Diversifiez vos activités lorsque votre activité principale n'est plus réalisable. Par exemple si vous vous retrouvez dans l'incapacité d'accéder à la patinoire (été), faire du roller peut être une solution adaptée. Il vaut mieux continuer à apprendre un peu que pas du tout.
- Évitez de pratiquer de nouvelles activités avec lesquelles vous soupçonnez des risques d'interférences. C'est apparemment le cas pour le lancer du poids et le lancer du disque. L'interférence vient du fait que dans le premier cas les sujets doivent garder le poids le plus près du corps, alors que c'est l'inverse dans le deuxième.
- En période d'apprentissage, évitez autant que possible les longues périodes sans entraînement afin de limiter l'impact négatif des processus liés à l'oubli a.
- Ne considérez jamais que, si une activité A est bonne pour une activité B, alors l'inverse est forcément vrai.

Les bases neurobiologiques de l'apprentissage

Les structures de l'apprentissage

Tous les niveaux du système nerveux central (SNC) contribuent à l'apprentissage. De la moelle épinière jusqu'au cortex, on trouve de nombreuses structures dont le rôle a été démontré dans les mécanismes d'apprentissage. Parmi les plus importantes on retiendra le cervelet, les ganglions de la base, le cortex moteur et le cortex pariétal. Les techniques utilisées pour démontrer le rôle de ces structures sont différentes chez l'homme et l'animal. Chez l'animal, les expérimentateurs effectuent surtout des lésions (permanentes ou réversibles), tandis que chez l'homme, on se sert de patients ayant subi soit des lésions accidentellement, soit présentant des pathologies qui inactivent de manière partielle ou totale les structures citées précédemment.

Le cervelet (voir chapitre 2) est une structure particulièrement importante pour l'apprentissage. La plupart des patients atteints de pathologies cérébelleuses (qui touchent le cervelet) ont souvent de grandes difficultés pour apprendre de nouvelles habiletés motrices. Par exemple, lorsqu'il s'agit d'apprendre à dessiner en regardant le reflet de sa main dans un miroir (un mouvement vers le haut est vu vers le bas, et inversement), il faut énormément de temps aux patients cérébelleux pour réaliser ce genre de tâche, et leurs progrès sont quasiment nuls (Laforce et Doyon, 2002). De même, lorsqu'on fait porter à ces patients des lunettes prismatiques (qui décalent le champ visuel), ces personnes ont beaucoup plus de mal pour apprendre à saisir un objet, alors que cet apprentissage ne requiert généralement que quelques essais chez des sujets contrôles (Morton et Bastian, 2004). Cependant si le cervelet apparaît indispensable pour apprendre de nouvelles habiletés motrices, sa suppression n'entraînerait pas toujours des anomalies sur ce qui a été appris précédemment. En d'autres termes si le cervelet est nécessaire pour apprendre, il n'est pas certain que cette structure contienne les traces (la mémoire) de l'apprentissage. Sachez enfin que même si aujourd'hui le rôle du cervelet n'est plus mis en doute, il semble qu'il puisse subsister certaines formes d'apprentissage sans cervelet. C'est en tout cas ce que suggèrent des travaux effectués à partir de souris transgéniques ayant le cervelet particulièrement atrophié (Thifault et coll., 1996).

Les ganglions de la base, et plus particulièrement les corps striés (voir chapitre 2), seraient aussi impliqués dans les processus d'apprentissage. De nombreuses expériences avec des sujets parkinsoniens le démontrent (la maladie de Parkinson altère les ganglions de la base, voir chapitre 2). Cependant le rôle des corps striés et celui du cervelet ne seraient pas exactement les mêmes. En effet, lorsque l'on reprend la tâche du « dessin en miroir », les sujets parkinsoniens n'ont pas exactement le même comportement que les sujets cérébelleux (Laforce et Doyon, 2002). Certes les deux groupes sont aussi lents à apprendre la tâche, mais lorsqu'en fin d'apprentissage, on leur présente une nouvelle forme à dessiner (autre que celles déjà présentées pendant la période d'entraînement), les sujets parkinsoniens sont incapables de la dessiner, alors que les sujets cérébelleux eux en sont capables. Les auteurs pensent que les ganglions de la base seraient déterminants dans l'adaptation à de nouvelles situations et dans la capacité à généraliser une habileté motrice. Enfin on pense que les ganglions de la base interviendraient aussi dans le processus d'automatisation du geste. C'est ce que montre cette expérience dans laquelle on demandait à des sujets de répondre le plus rapidement possible face à 6 stimuli possibles (Peigneux et coll., 2000). On a constaté, par le biais de l'imagerie cérébrale, que l'activité des corps striés était modulée au cours de l'apprentissage. Au fur et à mesure que les réponses des sujets devenaient de plus en plus automatiques (TR faible), l'activité des corps striés avait tendance à décroître.

Le cortex pariétal serait lui aussi déterminant dans les processus d'apprentissage, mais son rôle n'est pas clairement identifié. Certains pensent qu'il serait surtout impliqué en début d'apprentissage, lorsque les performances sont encore médiocres. D'autres pensent qu'il jouerait un rôle essentiel dans les ajustements des commandes motrices nécessaires pour s'adapter à de nouvelles situations, comme un champ de force déviant le mouvement de votre bras (Della-Maggiore et coll., 2004). Ainsi lorsqu'on vient perturber le cortex pariétal postérieur (par le biais de la TMS), on ralentit le processus d'apprentissage. Toutefois lorsque l'apprentissage n'implique pas une adaptation à un champ de force, celui-ci resterait possible sans cortex pariétal. Enfin, même si nous venons d'insister sur le cortex pariétal, sachez que le cortex moteur est lui aussi sollicité, notamment lorsque l'apprentissage de l'habileté est long et intensif comme c'est le cas chez les experts en sport.

Les mécanismes neuronaux de l'apprentissage

À un niveau plus microscopique (niveau cellulaire), on pense que l'apprentissage repose sur la plasticité des connexions entre les neurones. Ces connexions appelées synapses (voir chapitre 2, « 2. Les neurones ») ont la propriété d'être plus ou moins efficaces. Cette capacité des neurones à modifier de façon durable l'efficacité de leur transmission synaptique serait à la base de toute forme d'apprentissage. Chaque fois que nous stockons une information dans notre cerveau, elle modifie l'efficacité de nombreuses synapses, et permet de créer de nouvelles relations entre les neurones (les réseaux de neurones se modifient). Ce sont ces modifications des réseaux qui constituent le support de l'information. Le cerveau récupérerait alors l'information en activant le réseau.

Mais quelles sont les règles qui régissent l'efficacité d'une synapse entre deux neurones ? La compréhension de ces règles remonte aux travaux fondateurs de Donald Hebb dans les années 1940. Son intuition était que si deux neurones étaient actifs en même temps, l'ensemble des synapses entre ces neurones seraient renforcées. De nombreux chercheurs ont depuis confirmé cette intuition. Au début des années 1970, on a baptisé ce mécanisme la potentialisation à long terme (ou « LTP »). En effet, on a alors montré que lorsqu'un neurone A projetant sur un neurone B était stimulé à haute fréquence, l'amplitude du potentiel excitateur induit dans le neurone B était augmentée pour une longue période (jusqu'à plusieurs semaines). Si ce mécanisme a été mis à jour initialement pour les neurones de l'hippocampe, on sait aujourd'hui que la LTP est un mécanisme qui reste valable pour la majorité des neurones du SNC.

Sites web

- Sites comparant les différentes théories de l'apprentissage :
  - http ://bamans.e-monsite.com/pages/education/theories-de-l-apprentissage.html
  - http ://www.memoireonline.com/04/07/433/m_apprentissage-implicite-regularites-difference-apprentissage-taches-motrices-continues5.html
- Un site sur l'imagerie mentale :
  http ://www.ffs.fr/pdf/dss/FFSdtninfo-dhm-habiletesimagerie.pdf
- Un site sur l'apprentissage par observation :
  - http ://www.persee.fr/doc/psy_0003-5033_2002_num_102_3_29605

Bibliographie

- Lectures conseillées en français
  - Delignières D., « *Apprentissage moteur et verbalisation* », in *Échanges et Controverses*, n° 4, 1991, pp. 29-42.
  - Delignières D., « *Apprentissage moteur : quelques idées neuves* », in *Revue EPS*, n° 271, 1998, pp. 61-66.
  - Elbert T., Rockstroch B., « *Une empreinte dans le cortex des violonistes* », in *La Recherche*, n° 189, 1996, pp. 86-89.
  - Kandel E., Hawkins R., « *Les bases biologiques de l'apprentissage* », in *Pour la science*, n° 181, 1992, pp. 70-78.
  - Lebon F., Gueugneau N., Papaxanthis C., « *Modèles internes et imagerie motrice* », in *Science & Motricité*, n° 82, 2013, pp. 51–61.
  - Raymond T., *L'apprentissage moteur*, PUF, coll. « Que sais-je ? » n° 3206, 1997.
  - Temprado J.J., « *La variabilité dans le contrôle des habiletés motrices : fonction de l'apprentissage ?* », in J. Bertsch, C. Le Scanff (dir.), *Apprentissage et conditions d'apprentissage*, PUF, Paris, 1995, pp. 67-88.
  - Temprado J.J., Laurent M., « *Approches cognitive et écologique de l'apprentissage des habiletés motrices en sport* », in H. Ripoll,

J. Bilard, M. Durand, J. Keller, M. Levêque, P. Therme (dir.), *Questions actuelles en psychologie du sport*, Éditions Revue EPS, Paris, 1996, pp. 223-236.

- Temprado J.J., « *L'approche dynamique : une autre façon de concevoir l'apprentissage moteur en EPS* », in *Revue EPS*, n° 277, 1999, pp. 74-75.

Lectures conseillées en anglais

- Adams J.A., "*The second facet of forgetting : A review of warmup decrement*", *Psychological Bulletin*, n° 58, 1961, pp. 257-273.
- Adams J.A., "*A closed-loop theory of motor learning*", in *Journal of Motor Behavior*, n° 3, 1971, pp. 111-149.
- Arutiunian G.A., Gurfinkel V.S., Mirskii M.L., "*Study on aiming at a target*", in *Biofizika*, n° 13, 1968, pp. 536-538.
- Bardy B.G., Marin L., Stoffregen T.A., Bootsma R.J., "*Postural coordination modes considered as emergent phenomena*", in *Journal of Experimental Psychology, Human Perception and Performance*, n° 5, 1999, pp. 1284-1301.
- Bernier P.M., Chua R., Bard C., Franks I.M., "*Updating of an internal model without proprioception : a deafferentation study*" in *Neuroreport*, n° 17, 2006, pp. 1421-1425.
- Bernstein N., *The coordination and regulation of movement*, Pergamon Press, London, 1967.
- Bilodeau E.A., Bilodeau I.M., Schumsky D.A., "*Some effects of introducing and withdrawing knowledge of results early and late in practice*", in *Journal of Experimental Psychology*, n° 58, 1959, pp. 142-144.
- Bourne L.E., Archer E.J., "*Time continuously on target as a function of distribution of practice*", in *Journal of Experimental Psychology*, n° 51, 1956, pp. 25-33.
- Crossman E.R.F.W., "*A theory of the acquisition of speed skills*", in *Ergonomics*, n° 2, 1959, pp. 153-166.
- Dail T.K., Christina R.W., "*Distribution of practice and metacognition in learning and long-term retention of a discrete motor task*", in *Research Quaterly in Exercise and Sports, n° 75*, 2004, pp. 148-155.
- Della-Maggiore V., Malfait N., Ostry D.J., Paus T., "*Stimulation of the posterior parietal cortex interferes with arm trajectory adjustments during the learning of new dynamics*", in *European Journal of Neuroscience*, n° 24, 2004, pp. 9971-9976.
- Fleishman E.A., Parker J.F., "*Factorial analysis of complex psychomotor performance and related skills*", in *Journal of Applied Psychology*, n° 66, 1962, pp. 6-11.
- Graf P., Schacter D.L., "*Implicit and explicit memory for new associations in normal and amnesic subjects*", in *Journal of Experimental Psychology : Learning, Memory, and Cognition*, n° 11, 1985, pp. 501-518.
- Guadagnoli M., Holcomb W., Davis M., "*The efficacy of video feedback for learning the golf swing*", in *Journal of Sports Science*, n° 20, 2002, pp. 615-622.
- Hansen S., Tremblay L., Elliott D., "*Part and whole practice : chunking and online control in the acquisition of a serial motor task*" in *Research Quarterly in Exercise and Sport*, n°76, 2005, pp. 60-66.
- Hird J.S., Landers D.M., Thomas J.R., Horan J.J., "*Physical practice is superior to mental practice in enhancing cognitive and motor task performance*", in *Journal of Sport and Exercise Psychology*, n° 13, 1991, pp. 281-293.
- Howell M.L., "*Use of force-time graphs for performance analysis in facilitating motor learning*", in *Research Quaterly*, n° 27, 1956, pp. 12-22.
- Kümmel J., Kramer A., Gruber M., "*Robotic guidance induces long-lasting changes in the movement pattern of a novel sport-specific motor task*" in *Human Movement Science*, n°38, 2014, pp. 23-33.
- Laforce R. Jr., Doyon J., "*Differential role for the striatum and cerebellum in response to novel movements using a motor learning paradigm*", in *Neuropsychologia*, n° 40, 2002, pp. 512-517.
- Latash M.L., "*Mirror writing : learning, transfer, and implications for internal inverse models*", in *Journal of Motor Behavior*, n° 31, 1999, pp. 107-111.
- Mané A.M., Adams J.A., Donchin E., "*Adaptive and whole-part training in the acquisition of complex perceptual motor skill*", in *Acta Psychologica*, n° 71, 1989, pp. 179-196.
- Meister I.G., Krings T., Foltys H., Boroojerdi B., Muller M., Topper R., Thron A., "*Playing piano in the mind-an fMRI study on music imagery and performance in pianists*", in *Brain Research and Cognitive Brain Research*, n° 19, 2004, pp. 219-228.
- Morton S.M., Bastian A.J., "*Prism adaptation during walking generalizes to reaching and requires the cerebellum*", in *Journal of Neurophysiology*, n° 92, 2004, pp. 2497-2509.
- Muller H., Loosch E., "*Functional variability and an equifinal path of movement during targeted throwing*", in *Journal of Human Movement Studies*, n° 36, 1999, pp. 103-126.
- Neuman E., Ammons R.B., "*Acquisition and long-term retention of a simple serial perceptua-motor skill*", in *Journal of Experimental Psychology*, n° 53, 1957, pp. 159-161.
- Pauwels L., Swinnen S.P, Beets I.A.M., "*Contextual Interference in Complex Bimanual Skill Learning Leads to Better Skill Persistence*", in *Plos One*, 2014.
- Peigneux P., Maquet P., Meulemans T., Destrebecqz A., Laureys S., Degueldre C., Delfiore G., Aerts J., Luxen A., Franck G., Van der Linden M., Cleeremans A., "*Striatum forever, despite sequence learning variability : a random effect analysis of PET data*", in *Human Brain Mapping*, n° 10, 2000, pp. 179-194.
- Rauter G., Baumgartner L., Denoth J., Riener R., Wolf P., "*Optimisation of the mean boat velocity in rowing*" in *Computational Methods in Biomechanics Biomedical Engineering*, n°15, 2012, pp. 815-824.
- Ross J.S., Tkach J., Ruggieri P.M., Lieber M., Lapresto E., "*The mind's eye : functional MR imaging evaluation of golf motor imagery*", in *American Journal of Neuroradiology*, n° 24, 2003, pp. 1036-1044.
- Sakadjian A1., Panchuk D., Pearce AJ., "*Kinematic and kinetic improvements associated with action observation facilitated learning of the power clean in Australian footballers*" in *Journal of Strength and Conditioning Research*, n°28, 2014, pp.1613-1625.
- Schmidt R., "*A schema theory of discrete motor skill learning*", in *Exercise and Sport Science Review*, n° 4, 1975, pp. 229-261.
- Schmidt R.A., Lee T.D., *Motor Control and Learning*, Human Kinetics, Champaign IL, 1999.
- Seymour W.D., "*Experiments on the acquisition of industrial skills*", in *Occupational Psychology*, n° 28, 1954, pp. 77-89.
- Smith P.J., "*Applying contextual interference to snowboarding skills*", in *Perceptual and Motor Skills*, n° 95, 2002, pp. 999-1005.

- Smith R.M., Loschner C., "*Biomechanics feedback for rowing*", in *Journal of Sports Sciences,* n° 20, 2002, pp. 783-791.
- So J.C., Proctor R.W., Dunston P.S., Wang X., "*Better retention of skill operating a simulated hydraulic excavator after part-task than after whole-task training*" in *Human Factors,* n°55, 2013, pp. 449-460.
- Taub E., Berman A.J., "*Movement and learning in the absence of sensory feedback*", in S.J. Freedman (dir.), *The Neuropsychology of Spatial Oriented Behaviour,* Dorsey Press, Homewood, IL, 1968.
- Thifault S., Girouard N., Lalonde R., "*Climbing sensorimotor skills in Lurcher mutant mice*", in *Brain Research Bulletin,* n° 41, 1996, pp. 385-390.
- Van Wieringen P.C., Emmen H.H., Bootsma R.J., Hoogesteger M., Whiting H.T., "*The effect of video-feedback on the learning of the tennis service by intermediate players*", in *Journal of Sports Sciences,* n° 7, 1989, pp. 153-162.
- Weigelt C., Williams A.M., Wingrove T., Scott M.A., "*Transfer and motor skill learning in association football*", in *Ergonomics,* n° 43, 2000, pp. 1698-1707.
- Zanone P.G., Kelso J.A.S., "*Evolution of behavioral attractors with learning. Nonequilibrium phase transitions*", in *Journal of Experimental Psychology, Human Perception and Performance,* n° 18, 1992, pp. 403-421.

QUESTIONS DU CHAPITRE 5

1. Quelle différence faites-vous entre un apprentissage et une amélioration de performance
2. Citez deux structures nerveuses importantes pour l'apprentissage
3. Qu'est-ce que la rétention ? Comment la mesurer ?
4. La notion de structure coordinative permet des compensations entre les éléments d'un système musculo-squelettique. Nous avons surtout insisté sur les cas où ces éléments étaient des articulations. Essayez d'imaginer une structure coordinative composée de muscles agissant sur une même articulation. Quel serait l'intérêt d'une telle structure coordinative ?
5. Dans une étude sur le football, Weigelt et ses collaborateurs (2000) ont étudié la capacité de transfert d'une habileté : le jonglage avec un ballon.
6. Vingt footballeurs ont été entraînés pendant 4 semaines (10 min/jour) à jongler avec leur jambe dominante. Les auteurs ont ensuite testé les possibilités de transfert vers deux autres types de jonglages : soit avec le pied de la jambe non dominante, soit avec le genou de la jambe dominante. À votre avis pour quel type de jonglage a-t-on observé le plus de transfert ?

CORRIGÉS

1 RÉPONSES DU CHAPITRE 1

1. Pour l'intéroception voir la section 1.3. « Notion d'extéroception, d'intéroception et de proprioception ». Certains gymnastes de haut niveau pourraient utiliser les déplacements des viscères et les différences de pression sanguine dans le corps pour se repérer lors de rotations acrobatiques. Pour la proprioception voir également la section 1.3 et le 1er paragraphe de la section 2.6 « la proprioception : le sixième sens ». En gymnastique, la proprioception permet de détecter les déplacements de la tête dans des situations acrobatiques (et par voie de conséquence, l'orientation de la tête dans l'espace) et de contrôler la position des différentes parties du corps les unes par rapport aux autres.
2. Le système vestibulaire est plus sensible aux informations d'accélération, tandis que le système visuel est plus sensible aux informations de vitesse.
3. Il existe deux visions différentes (voir la section 2.1.3. « deux systèmes visuels : vision centrale et vision périphérique »). Elles sont différentes anatomiquement et fonctionnellement. En football par exemple, la vision centrale peut notamment servir à focaliser son regard sur l'adversaire direct en face de soi. La vision périphérique quant à elle, peut servir à repérer le déplacement des partenaires et des autres adversaires sur la droite et sur la gauche.
4. La vision a un rôle proprioceptif. On dit généralement que la vision périphérique est celle qui est la plus proprioceptive (voir 2.1.3.2. « La vision périphérique »). L'audition peut également avoir un rôle proprioceptif. Un bruit extérieur peut vous informer sur votre déplacement propre. Par exemple, imaginez que, les yeux fermés, vous entendiez le bruit d'un véhicule à l'arrêt moteur allumé situé devant vous. Plus vous vous éloignez du véhicule, et plus vous constaterez que le volume du moteur diminue. En ce sens l'audition à une valeur proprioceptive puisqu'elle vous donne des informations sur l'action de votre corps. De même, le bruit des skis sur la neige informe le sportif de son action sur celle-ci.
5. Une régate en planche à voile : vous avez besoin des informations tactiles de la voûte plantaire notamment pour contrôler votre équilibre sur votre planche et des informations visuelles périphériques pour savoir où sont situés vos adversaires.

2 RÉPONSES DU CHAPITRE 2

1. Toutes les deux sont des cellules nerveuses, mais seul le neurone peut émettre un potentiel d'action. La cellule gliale a plutôt un rôle de soutien vis-à-vis du neurone (fournir des nutriments, débarrasser des déchets, augmenter la vitesse de conduction de l'influx).
2. Le cervelet, le cortex moteur, l'AMS et le cortex sensoriel
3. Le cervelet jouerait un rôle dans : l'apprentissage de nouvelles habiletés motrices, l'adaptation à de nouvelles situations, la comparaison entre mouvement planifié et mouvement effectué, la coordination et la programmation du geste
4. Effet contralatéral : cortex moteur primaire. Effet ipsilatéral : cervelet. Effet bilatéral : l'AMS
5. On peut proposer soit un recrutement spatial, c'est-à-dire que le nombre de spectateurs qui applaudissent varie, soit un recrutement temporel, c'est-à-dire que la fréquence avec laquelle chaque spectateur frappe dans ses mains change. Ces deux stratégies permettent de faire varier le volume sonore des applaudissements
6. Les deux tâches requièrent une coordination bimanuelle, en cela il est normal que l'AMS soit impliquée dans la production du mouvement. Le fait que l'AMS soit plus active dans la coordination en opposition de phase est sûrement lié au fait que cette tâche est plus difficile à réaliser que la coordination en phase (le mode en phase étant celui spontanément adopté).

3 RÉPONSES DU CHAPITRE 3

1. La loi de Hick stipule que TR = a + b x $\log_2(N)$.

   On a un système de 2 équations à deux inconnus :

   0,32 = a + b x $\log_2(2)$ = a + b.

   0,45 = a + b x $\log_2(4)$ = a + 2b.

   On trouve a = 0,19, et b = 0,13.

   De fait si N = 8, TR = a + 3b = **0,58 s**

2. Un temps de réaction simple ne permet pas d'éviter un coup droit, le seul moyen de l'éviter c'est d'anticiper son initiation
3. Un chronométrage manuel est moins fiable, car il intègre le TR de celui qui déclenche le chronomètre au son du pistolet. De ce fait, le temps de la course mesuré manuellement est souvent plus court que le temps mesuré automatiquement
4. Ex. 1 : dessiner simultanément un carré avec la main droite et un rond avec la main gauche. Ex. 2 : dribbler de la main droite, et faire rebondir une balle sur une raquette avec la main gauche
5. Lorsque la configuration des pièces correspond à une scène de jeu possible, les experts n'ont pas besoin de mémoriser autant d'items que les novices (la configuration a du sens). Lorsque la configuration des pièces est aléatoire, elle n'a pas plus de sens pour les experts que pour les novices, et chaque pièce constitue un item. Les performances des deux groupes deviennent identiques.

4 RÉPONSES DU CHAPITRE 4

1. Avantages : un contrôle plus rapide et la possibilité de réaliser des mouvements en conditions sensorielles appauvries.

   Inconvénients : le mouvement doit être forcément actif et les perturbations doivent être de nature « interne » pour être compensées.

2. Imaginez un hockeyeur qui approche du but adverse et tire un but. Le tir, mouvement balistique, peut être considéré comme contrôlé en boucle ouverte, tandis que l'approche dans la défense est guidée visuellement, c'est-à-dire contrôlée en boucle ouverte
3. Grâce à l'application simultanée de vibrations tendineuses et d'un flux visuel, on peut créer un tel conflit. Si l'on vibre les tendons d'Achille, les signaux musculaires suggèrent un basculement vers l'avant. Si l'on projette un flux visuel vers l'avant, les signaux visuels suggèrent un basculement vers l'arrière. Quant aux signaux vestibulaires, ils sont censés n'indiquer aucun mouvement.
4. Un mouvement peut être déclenché moins de 50 ms après un stimulus, il suffit de penser au réflexe myotatique. En revanche il ne peut s'agir d'un mouvement volontaire, puisqu'un temps de réaction simple nécessite au moins 180 ms.
5. Boucle fermée : lorsque le bras se fatigue et que la position change, le sujet peut corriger sa position à l'aide des informations proprioceptives musculo-articulaires.

   Boucle ouverte : lorsque le bras se fatigue et que la position change, la commande n'est pas réajustée (sauf s'il existe un modèle interne permettant au sujet d'anticiper le fait que ses muscles vont se fatiguer).

   Dans le premier cas, le bras aura tendance à osciller autour de la position originale, tandis que dans le deuxième, le bras aura tendance à se baisser de plus en plus.

5 RÉPONSES DU CHAPITRE 5

1. Une amélioration de performance n'est pas nécessairement le reflet d'un apprentissage. Par exemple, un nouveau matériel peut suffire à induire une amélioration de performance. Pour qu'une amélioration de performance soit le reflet d'un apprentissage, il faut qu'elle soit liée à l'entraînement et qu'elle soit relativement permanente
2. Les ganglions de la base : ils sont déterminants dans l'adaptation à de nouvelles situations et dans la capacité à généraliser une habileté motrice. Le cortex pariétal est primordial surtout en début d'apprentissage
3. La rétention est la capacité que nous avons de conserver un apprentissage en mémoire sans continuer nécessairement à pratiquer. Pour la mesurer on fait ce qu'on appelle un test de rétention : après apprentissage, et après une certaine période sans pratique, on demande à l'individu de restituer l'habileté qu'il a apprise. Si le test révèle une performance identique à ce qu'elle était à la fin de l'apprentissage, on dira que la rétention est complète (100 %). Si, maintenant, la performance du sujet se révèle équivalente à ce qu'elle était au début de l'apprentissage, on dira que la rétention est nulle (0 %).

4. Considérons l'articulation de l'épaule. La contraction indépendante du grand dorsal, du deltoïde postérieur et du grand pectoral par exemple, peuvent faire baisser un bras levé en extension (rétropulsion). Si nous demandons à une personne de baisser le bras jusqu'à une certaine position à une vitesse donnée, il existe de nombreuses combinaisons entre ces muscles pour réaliser la tâche demandée. Ici l'intérêt d'une structure coordinative est de pouvoir contrôler simplement l'abaissement du bras sans tenir compte de la combinaison musculaire mise en place.

5. Si ce qui est appris est un programme général relatif à la maîtrise spatio-temporelle du rebond, le transfert sera quasiment identique pour les deux types de jonglages. Si au contraire ce qui est appris est le rapport entre les mouvements du ballon et ceux du pied, alors le jonglage avec le pied non dominant sera sans aucun doute la tâche la plus vite apprise. En d'autres termes si l'apprentissage est « effecteur-spécifique », le transfert sera meilleur vers le pied non dominant que vers la cuisse dominante.

PHYSIOLOGIE

Jean PÉRISSON
Docteur en Sciences

Chapitre 1

LES MOLÉCULES ORGANIQUES ET INORGANIQUES

1.1 Les composés inorganiques

1.1.1 L'eau

Son volume, en litres, correspond en moyenne à 60% du poids de l'organisme (en kilogrammes) : ainsi, chez un individu de 70 kg, le volume d'eau correspond sensiblement à 42 L.

La répartition de l'eau de l'organisme est à peu près la suivante :

- 2/3 pour le liquide intracellulaire (ici, environ 28 L)
- 1/3 pour le liquide extracellulaire (14 L) : 3/4 pour le liquide interstitiel (10,5 L), 1/4 pour le plasma (3,5 L).[1]

Composition du sang : le sang est constitué d'une partie liquide, le plasma, et d'éléments figurés : globules rouges qui assurent le transport combiné à l'hémoglobine de l'oxygène,[2] les leucocytes (globules blancs) partiellement responsables de l'immunité et les plaquettes partiellement responsables de la coagulation. L'hématocrite est le rapport $H = \frac{V_G}{V_S}$ où V_G est le volume des globules rouges (ou hématies, ou érythrocytes) et V_S le volume total du sang.

1.1.2 Les principaux minéraux

1. **Le sodium** sous forme ionique, tout comme le chlore et le potassium : sa concentration est sévèrement régulée à environ 142 mmol/L dans le milieu extracellulaire
2. **Le chlore** : majoritaire dans le milieu extracellulaire
3. **Le potassium** : majoritaire dans le milieu intracellulaire
4. **Le calcium** : sous forme ionique, il joue un rôle déterminant dans la contraction musculaire, dans la fusion membranaire, dans la communication cellulaire. C'est par ailleurs un constituant majeur (avec le phosphore) des os et des dents
5. **Le phosphore** : voir item précédent, mais il a d'autres fonctions !

---

1. bien entendu, il s'agit là de valeurs moyennes qui varient avec la corpulence, le sexe, l'âge...
2. ces globules rouges sont synthétisés au cours de l'érythropoïèse qui se tient dans la moelle osseuse : celle-ci est activée par l'érythropoïétine (EPO), cytokine synthétisée pour 90 % dans le rein et pour 10% dans le foie

6. **Le magnésium** : intervient notamment dans divers métabolismes (en association avec l'ATP).
7. **Le fer** : rôle important dans le transport de l'oxygène, au niveau de l'hème (resp. des hèmes) de la myoglobine (resp. de l'hémoglobine).

1.2 Structure des glucides

1.2.1 Oses (ou monosaccharides)

Ce sont des polyalcools, de 3 à 8 carbones, comportant en outre une fonction aldéhyde ou une fonction cétone. Nous donnons ci-dessous les principaux oses à connaître.

Pentoses (oses en C_5)

Nous ne citons que le plus important d'entre eux, le D-ribose, glucide essentiel de l'ARN (le désoxyribose ou d-ribose, ribose désoxydé en 2', étant le glucide principal de l'ADN).

Hexoses (oses en C_6)

On a principalement :

1. **Le D-glucose :** c'est le plus important des glucides (présent dans presque tous les aliments sucrés), en tant que carburant essentiellement, mais aussi dans les glycosaminoglycanes (GAGs).
2. **Autres hexoses parmi les plus courants**
   - **Le fructose**, présent dans les fruits et le miel
   - **Le galactose** présent dans le lait

   Ces hexoses sont transformés en glucose dans le foie, et c'est cet ose qui, *in fine*, sera métabolisé.

1.2.2 Disaccharides

Citons deux exemples courants

- **Le lactose**, constitué de galactose et de glucose, principal constituant du lait (et auquel certains sujets sont allergiques)
- **Le saccharose**, sucre de betterave ou de canne à sucre, constitué de fructose et de glucose

1.2.3 Polysaccharides

Les plus importants sont :

- **l'amidon** : polymère ramifié de glucose, c'est la réserve **végétale** de glucose. Il est apporté par l'alimentation (pain, par exemple)
- **le glycogène** : polymère ramifié de glucose (analogue à l'amidon, mais en beaucoup plus important). C'est la principale réserve **animale** de glucose : il est synthétisé (glycogénogénèse) et stocké dans le muscle (pour son usage personnel) ou dans le foie (pour redistribution de glucose aux autres organes en cas de besoin [3])

3. sa dégradation, la glycogénolyse, permet de récupérer le glucose sous forme libre dans le sang pour redistribution (à partir du foie) ou sous forme phosphorylée (dans les cellules musculaires où il est dégradé par la glycolyse).

• **la cellulose** polymère non ramifié de glucose : il constitue les parois végétales (salade, écorce d'arbre etc.). Les liaisons particulières entre 2 glucoses consécutifs empêchent l'organisme humain de le digérer [4] : pas de passage par le foie, mais descente directe vers les intestins où ses fibres servent d'aliment "balai", puis seront digérés par les bactéries intestinales [5]. La cellulose n'est donc pas un aliment énergétique.

1.3 Structure des lipides

Leur définition, très large et donc peu précise, peut être la suivante : ce sont des composés insolubles dans l'eau et solubles dans les composés organiques.

1.4 Les acides gras

Ce sont des acides carboxyliques à longue chaîne hydrocarbonée (à l'exception de l'acide butyrique en C_4). Ils comportent une forte majorité d'atomes de carbone (jusqu'à 24), plus encore d'hydrogène (ils sont donc très réduits et par conséquent très énergétiques), et peu d'oxygène (2 atomes en général).

1.4.1 Acides gras saturés AGS

D'origine animale, ils sont du type $CH_3-(CH_2)_n-CO_2H$ (forme générale R-COOH).

1.4.2 Acides gras insaturés AGI

FIGURE 1.1 – Effet d'une insaturation cis

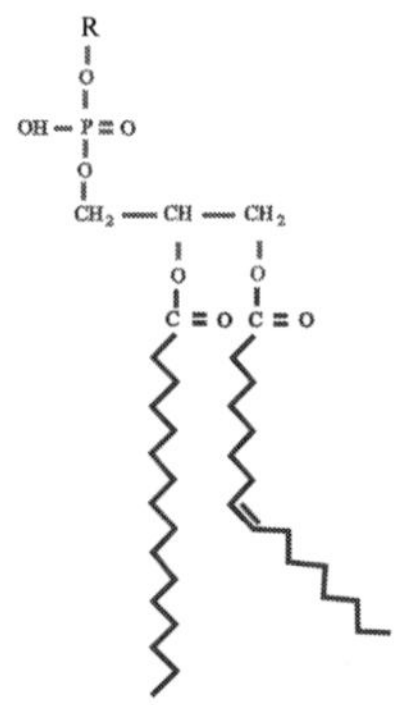

Certains acides gras d'origine végétale possèdent une (monoinsaturés AGMI) ou plusieurs (polyinsaturés (AGPI)) doubles liaisons.

Ces insaturations sont créées par des **désaturases** d'origine animale ou végétale.

Les AGPI ne peuvent être synthétisés par l'organisme humain et doivent être apportés par l'alimentation (acides gras essentiels). Les doubles liaisons créent un angle de 45° dans la chaîne d'un acide gras, ce qui le détache des AG voisins et rend les associations dans les phospholipides plus fluides (fig.1-1). Conséquence : les acides gras insaturés permettent de

4. car nous ne possédons pas les enzymes nécessaires (β-galactosidase) à une telle digestion.
5. le microbiote, anciennement appelé "flore intestinale"

limiter légèrement la cholestérolémie, taux de cholestérol dans le sang, en permettant à ce dernier de pénétrer plus facilement dans les cellules, entre autres parce que la membrane des cellules comportant de tels acides est plus aérée du fait des insaturations (cf.supra). À l'inverse, les acides gras saturés présentent un risque athérogène (plaques d'athérome dans les vaisseaux sanguins limitant leur lumière avec les conséquences que l'on connaît : accidents cardiovasculaires)

1.5 Les glycérolipides

Ce sont des lipides dont le squelette est le glygérol

$$CH_2OH - CHOH - CH_2OH.$$

1.5.1 Glycérides

Le glycérol est associé à 1, 2, ou 3 acides gras par des liaisons **ester**.

1. **Triglycérydes ou triacylglycérols ou TG** :

   leur formule générale est la suivante

   FIGURE 1.2 – Triglycéride

   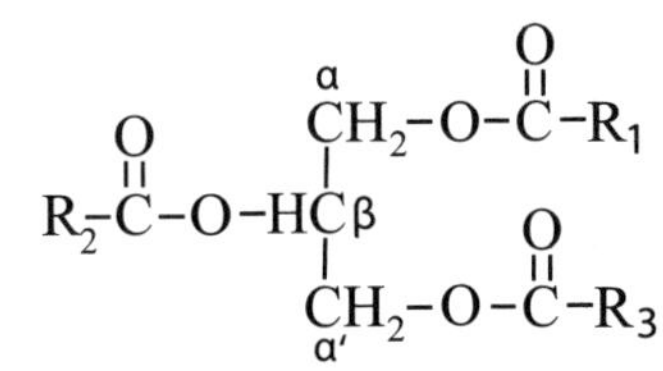

   Ce sont des corps globalement hydrophobes (et donc ne pouvant constituer la membrane plasmique qui nécessite des composée amphiphiles[6]) constituant les **réserves énergétiques** de l'organisme (75% des lipides de l'organisme), stockées dans les adipocytes (cellules du tissu adipeux).

   R_2 est en général insaturé alors que R_1 et R_3 sont plutôt saturés.

2. **Diglycérides ou diacylglycérols ou DAG** : nous ne développons pas le cas de ces lipides, qui jouent toutefois un rôle physiologique majeur dans la communication cellulaire (hors de propos dans ce cours).

1.5.2 Glycérophospholipides

Ce sont des lipides amphiphiles[7] de structure de la membrane plasmique.

Ils comportent une molécule de glycérol à laquelle sont reliés 2 AG (liaisons ester) et un composé phosphorylé (hydrophile). Un des plus courant est la phosphatidylcholine ou lécithine (dessin ci-dessous).

Nous avons signalé (cf. supra) que, plus il y avait d'AGMI dans ces phospholipides, plus la membrane était fluide : cela permet au cholestérol de pénétrer plus facilement dans la cellule, donc de quitter le lit vasculaire, évitant l'accumulation du choléstérol dans le sang. C'est un des aspects bénéfiques des AGMI ($\omega 3$, $\omega 6$ etc., le chiffre se référant au numéro de la première insaturation à partir de l'extrémité CH_3- dite végétale de l'acide gras), contrairement aux AGS qui rendent la membrane plasmique plus imperméable.

6. la partie hydrophobe étant interne aux feuillets, et la partie hydrophile étant en contact,

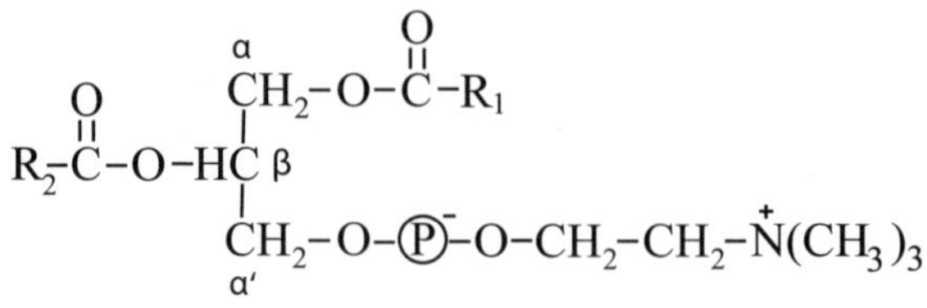

FIGURE 1.3 – Phosphatidylcholine

1.5.3 Stéroïdes

Cholestérol

Construit à partir d'un noyau stérol (4 cycles hydrocarbonés jointifs) hydrophobe et rigide, on le trouve en grande quantité dans les deux feuillets de la membrane plasmique à laquelle il confère une certaine "tenue".

Il est transporté dans le sang par des **lipoprotéines** : VLDL et LDL pour le transport vers les tissus, HDL pour son retour au foie. [8]

Dérivés

Le cholestérol est par ailleurs à l'origine d'un très grand nombre de composés vitaux, dits stéroïdes (hormones sexuelles, minéralocorticoïdes, glucocorticoïdes, vitamine D etc.).

1.6 Acides aminés et protéines

1.6.1 Les acides aminés

Il en existe environ 250, mais seuls 20 interviennent dans la structure des protéines. Ces derniers comportent tous une fonction acide carboxylique et un groupement amine sur le carbone en α du carbone de la fonction carboxylique. Sur ce même carbone est fixé une chaîne de nature variable (comportant une fonction acide carboxylique, ou alcool, ou amine etc.) : c'est le **radical R**, faisant la particularité de l'acide aminé.

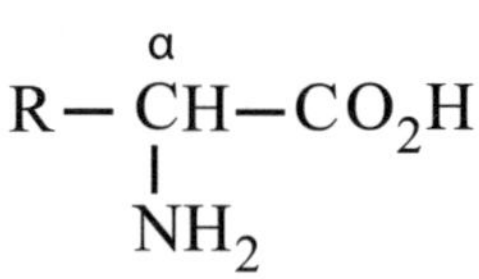

FIGURE 1.4 – Forme générale des acides aminés (à l'exception de la proline)

Sur ces 20 acides, 8 sont essentiels car ne pouvant être synthétisés par l'organisme.

1.6.2 Les protéines

1. **Structure** : Ce sont des polymères de ces 20 acides aminés reliés entre eux par une liaison amide entre le COOH en alpha d'un acide aminé et le NH_2 en alpha d'un

soit avec la matrice extra-cellulaire, soit avec le cytosol.

7. comportant une partie hydrophile et une partie hydrophobe.

8. VLDL et LDL sont (injustement) qualifiés de mauvais cholestérol, tandis que HDL qui empêche le cholestérol de stagner dans le sang, ce qui est à l'origine de dangereuses plaques d'athérome, est appelé bon cholestérol.

autre acide aminé : cette liaison est dite **liaison peptidique**. Cet enchaînement d'acides aminés[9] s'appelle la structure primaire : à ce stade, le polymère est un **polypeptide**. Quand ce polymère acquiert une structure secondaire, puis tertiaire et éventuellement quaternaire, il prend le nom de **protéine**. On les trouve à 80% dans le muscle squelettique.

2. **Fonctions** : elles sont multiples. Rôle de :
   - **structure** : cytosquelette (actine, microtubules...), protéines de la matrice extracellulaire (collagène...)
   - **communication** : récepteurs de messagers (neuromédiateurs, hormones...)
   - **transport** : par exemple de l'oxygène et du gaz carbonique par l'hémoglobine
   - **molécules de l'immunité** : anticorps
   - **catalyse** : ce sont les **enzymes**, qui peuvent agir seules ou avec l'aide de **co-enzymes** qui, elles, ne sont pas de nature protéique.
   - etc.

1.7 Les acides nucléiques

1.8 ADN

1.8.1 Généralités

L'ADN constitue le matériel génétique de la cellule : les instructions qui commandent toutes les activités cellulaires sont encodées dans la molécule d'ADN. Toutefois, ce n'est pas l'ADN lui-même qui participe aux activités de la cellule (il serait rapidement détérioré). Ce sont les protéines qui sont encodées par un morceau d'ADN appelé **gène**. À cette fin :

- la **transcription** permet d'obtenir une quasi-copie de la partie codante d'un gène : c'est l'**ARNm** (acide ribonucléique messager). **Cette opération a lieu dans le noyau.** Notons tout de suite que la transcription permet aussi l'obtention d'autres types d'ARN qui interviennent tous dans la traduction mais ne sont pas eux-mêmes traduits (ARNt, ARNr...).
- la **traduction** de l'ARNm dans le cytoplasme (après transcription et maturation, l'ARNm passe donc du noyau au cytoplasme) permet l'obtention des **protéines**.

Enfin, l'ADN étant le support de l'hérédité, il est essentiel qu'il puisse se transmettre de génération en génération. Pour cela, il doit préalablement subir la **réplication** qui donne deux copies identiques d'ADN pouvant se diviser équitablement entre deux cellules filles. Cette opération se tient dans le noyau au moment de la phase S du cycle cellulaire.

L'ADN comporte 3 niveaux de structure : primaire, secondaire et tertiaire.

1.8.2 Structure primaire de l'ADN

L'acide désoxyribonucléique (ADN) est un haut polymère d'une structure appelée **nucléotide**, ce dernier pouvant prendre 4 formes différentes (correspondant à 4 bases azotées différentes, voir ci-dessous). Chaque nucléotide est obtenu de la façon suivante :

- une des 4 bases s'associe à un **désoxyribose** pour donner un **désoxyribonucléoside**.
- un désoxyribonucléoside s'associe à un ou plusieurs **phosphates** pour donner un **désoxyribonucléotide**.

9. à l'image d'un collier de perles de longueur arbitraire construit à partir de 20 types de perles de couleurs différentes.

Bases

Il en existe essentiellement 4 types décrits dans la figure 1.

1. trois sont des bases à **noyau pyrimidique** : ce sont respectivement la **cytosine** (C), l'**uracile** (U) et la **thymine** (T). L'uracile est caractéristique de l'ARN, la thymine de l'ADN.
2. deux sont des bases à **noyau purique** : ce sont l'**adénine** et la **guanine** notées respectivement A et G.

Nucléosides

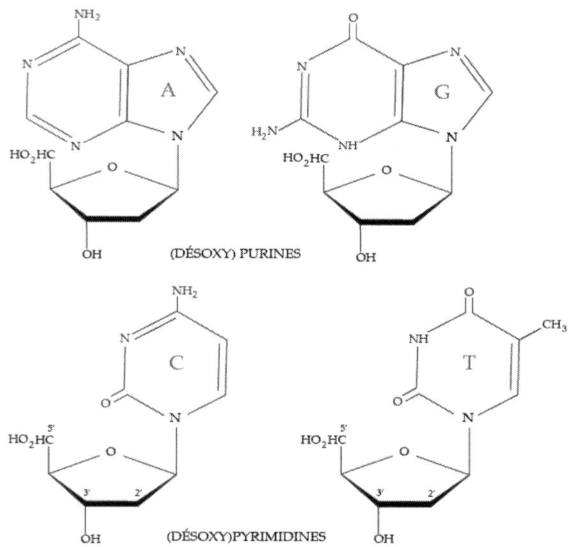

FIGURE 1.5 – Les quatre types de (désoxyribo) nucléosides (configurations syn). Notez que la numérotation des carbones du désoxyribose est affectée d'un "prime" afin de ne pas la confondre avec celle des bases.

C'est l'association, par une liaison N-osidique, d'une base et d'un désoxyribose (c'est-à-dire un ribose ayant perdu son oxygène en 2′).
La molécule obtenue est un désoxyribonucléoside (ou plus simplement désoxynucléoside) : Selon le cas, on obtient ainsi l'**adénosine**, la **guanosine**, la **thymidine** et la **cytidine**.

Nucléotides

C'est l'association de nucléosides et d'un ou plusieurs phosphates sur le carbone en 5′, par une **liaison phosphoester, puis une ou deux liaisons anhydride d'acide phosphorique**. Ainsi, à partir de la thymidine, on obtient la thymidine monophosphate (fig.1-6), la thymidine diphosphate, ou la thymidine triphosphate .

Association des nucléotides : chaîne monocaténaire

Deux nucléotides s'associent entre eux par l'établissement d'une liaison phosphoester (nous verrons comment ce processus s'effectue au cours de la réplication). On obtient ainsi des hauts polymères pouvant comporter des centaines de milliers de nucléotides (fig.1-7).

FIGURE 1.6 – Passage du nucléoside au nucléotide

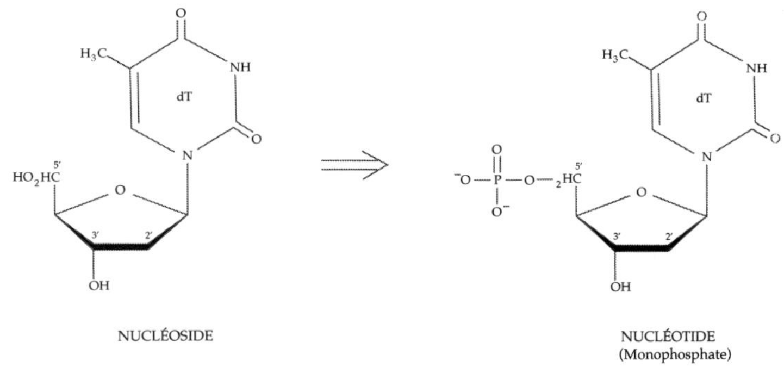

FIGURE 1.7 – Association de nucléotides : le groupement phosphate est lié à la fois au carbone 3' d'un désoxyribose et au carbone 5' de celui immédiatement en aval par deux liaisons phosphoester (covalentes) : on parle alors de liaison phosphodiester.

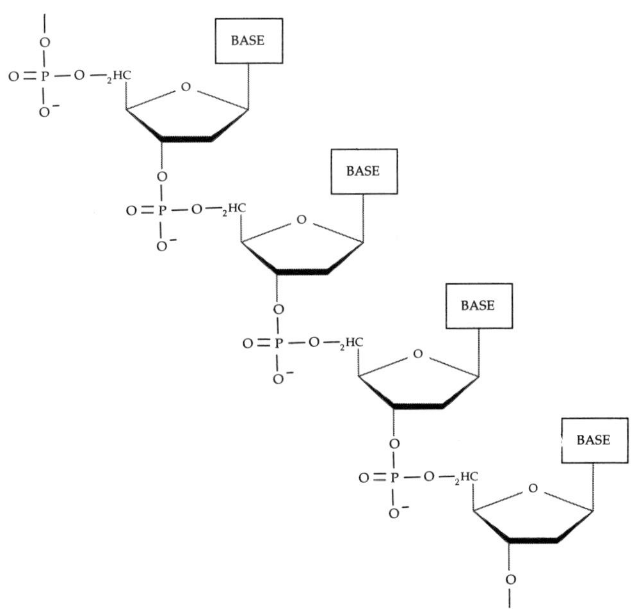

1.8.3 Structure secondaire

L'ADN est une molécule bicaténaire assez rigide : deux brins vont s'associer par des **liaisons (ou ponts) hydrogène** pour former une chaîne bicaténaire. L'association se fait par des bases dites **complémentaires** en une double hélice droite (le plus souvent). Une guanine établit 3 liaisons hydrogène avec une cytosine tandis qu'une thymine établit 2 ponts hydrogène avec une adénine. L'exclusivité de ces appariements est due à la géométrie des molécules.

En structure secondaire, la molécule d'ADN apparait donc comme une échelle dont les barreaux seraient les ponts hydrogène entre bases, et dont les montants seraient les liaisons phosphodiester, avec pour ordre :

$$3' - \text{dribose} - 5' - PO_4 - 3' - \text{dribose} - 5' - PO_4 \;\; etc.$$

Par ailleurs, comme une guanine ne peut être associée qu'à une cytosine (par 3 liaisons hydrogène) et une thymine à une adénine (par 2 liaisons hydrogène), on obtient les lois de **Chargaff** (**valables pour la double hélice**, mais non pour un simple brin)

$$A = T \qquad C = G$$

On constate également que les polarités sont inversées : on dit que les deux chaînes sont antiparallèles. Les bases qui s'associent systématiquement par des ponts hydrogène sont dites **bases complémentaires** (A et T d'une part, C et G d'autre part).

1.8.4 Structure tertiaire

Nous ne l'aborderons pas, car non essentielle pour la suite de ce cours.

1.9 ARN

1.9.1 Structure générale

Ils ont une structure primaire très comparable à celle de l'ADN. Quelques différences notables toutefois :

1. À quelques rares exceptions près (certains virus, ARN interférants...), ils sont **monocaténaires**.
2. Leur pentose est un ribose (comportant un OH en 2', contrairement au désoxyribose de l'ADN, qui y a perdu son oxygène).
3. La thymine est remplacée par l'uracile (bien que les ARNt contiennent aussi de la thymine, par méthylation post-transcriptionnelle du carbone 5 de l'uracile).
4. Ils sont synthétisés dans le noyau, mais leur destination est le cytosol où ils ont en charge la traduction (à l'exclusion des snARNs qui restent dans le noyau où ils assurent la maturation des ARNm).
5. Enfin, ils sont beaucoup plus petits que l'ADN.

1.9.2 Survol de la transcription et de la traduction

La transcription est la synthèse d'ARN à partir du brin d'ADN orienté (correspondant à un gène dans le cas de l'ARNm). **Comme pour la réplication, cette transcription se tient dans le noyau**.

1.9.3 Le code génétique

3 bases consécutives de l'ARNm (on appelle l'ensemble de ces 3 bases un codon) sont associées à un acide aminé unique :

- 1 codon ne correspond donc jamais à plusieurs acides aminés. Mais à l'inverse,
- plusieurs codons peuvent correspondre à un même acide aminé : on dit que le code génétique est **dégénéré**.

1.9.4 Les différents types d'ARNs

On distingue :

1. Les ARN ribosomaux, ou ARNr : ce sont les plus abondants. Ce sont eux qui permettront la lecture, **dans le cytoplasme,** des ARNm (comme on lit une bande magnétique),
2. Les ARN de transfert, ou ARNt : ils apportent au ribosome les acides aminés correspondant aux codons (3 bases du code génétique) de l'ARNm lus par le ribosome.
3. Les ARN messagers, ou ARNm : ce sont les moins nombreux, et ce sont ceux qui seront traduits en protéines.
4. Les petits ARNs : miRNA, siRNA (pour info, car hors programme).

Chapitre 2

MÉTABOLISME ÉNERGÉTIQUE

2.1 Définitions

Le métabolisme représente l'ensemble des réactions biochimiques de l'organisme.

1. **Le catabolisme** est l'ensemble des réactions de **dégradation** des nutriments apportés par l'alimentation : il a pour but principal (entre autres) de fournir à l'organisme vivant l'énergie dont ce dernier a besoin pour son fonctionnement
2. **L'anabolisme** est l'ensemble des réactions de **synthèse**, soit de composés intermédiaires, soit de molécules de stockage destinées à une dégradation ultérieure en cas de nécessité (stockage d'acides gras sous forme de **triglycérides** dans les **adipocytes**, de glucose, sous forme de **glycogène**, dans le **foie** ou **le muscle squelettique** etc.

Signalons tout de suite que la plupart des catabolismes ont lieu dans la matrice mitochondriale, alors que les anabolismes se tiennent dans le cytosol. Toutefois, un des catabolismes majeurs que nous étudions ci-dessous, la **glycolyse** (dégradation partielle du glucose) fait exception puisqu'il a lieu dans le cytosol.

L'organisme utilise en permanence de l'énergie. Cette énergie est fournie par la digestion des nutriments issus des aliments : leur métabolisme fait intervenir des **réactions d'oxydo-réduction**

1. **oxydation** : correspond à un gain d'oxygène, ou une perte d'hydrogène, ou une perte d'électrons. C'est une **réaction exergonique**, c'est-à-dire qui libère de l'énergie
2. **réduction** : correspond à une perte d'oxygène, ou un gain d'hydrogène, ou un gain d'électrons. C'est une **réaction endergonique**, c'est-à-dire qui consomme de l'énergie

On comprend donc que les molécules réduites (riches en hydrogène) sont des molécules énergétiques dont l'oxydation (dégradation = catabolisme) sera productrice d'énergie : ce sera par exemple le cas du glucose ou des acides gras.

Les réactions d'oxydo-réduction qui se déroulent dans l'organisme sont catalysées par des **déshydrogénases** : ces enzymes utilisent les co-enzymes FAD / $FADH_2$ ou NAD^+ / $\{NADH+H^+\}$ [1]. Schématiquement, la déshydrogénase prend l'hydrogène de la molécule réduite (glucose, par exemple) pour le transférer à la co-enzyme oxydée qui devient donc co-enzyme réduite (par exemple, NAD^+ devient $NADH_2$). Ces co-enzymes réduites entrent alors dans la chaîne respiratoire qui fournira l'énergie dont l'organisme a besoin (cf.infra).

1. notée $NADH_2$ par la suite, par souci de simplification d'écriture

2.2 L'ATP

2.2.1 La molécule

Les cellules ne peuvent utiliser directement l'énergie (pouvoir réducteur) des nutriments apportés par l'alimentation : elles doivent les dégrader (par oxydation) de façon à les réduire en "briques" d'énergie : ce sont les molécules d'ATP qui constituent cette "petite monnaie énergétique", directement utilisable par l'organisme. Cette molécule est constituée :

- d'une molécule d'adénine (une des bases des acides nucléiques), liée par une liaison glycosidique à
- une molécule de ribose, elle-même liée par une liaison phosphoester
- à un phosphate : ce phosphate est lié à un deuxième phosphate, lui-même lié à un troisième phosphate. Les 2 dernières liaisons sont des liaisons anhydrides d'acides **riches en énergie**.

Ce sont ces liaisons riches en énergie qui donnent à **l'adénosine triphosphate** son statut de molécules énergétiques, qui restituent ces paquets d'énergie (7,3 kcal/mol) par hydrolyse de la dernière liaison riche en énergie sous l'action de l'enzyme ATPase.

La réaction est la suivante : $ATP \quad \longrightarrow \quad ADP + Pi + 7,3kcal/mol$

2.2.2 Production d'ATP à partir de la créatine phosphate

La **phosphocréatine** PC (ou créatine phosphate) est une réserve importante d'ATP (4 fois plus de PC que d'ATP dans la cellule musculaire). Dans le cytoplasme de ces cellules, la créatine phosphokinase hydrolyse la PC en créatine et ADP : cette réaction est exergonique, et l'énergie libérée permet la formation d'ATP à partir de l'ADP et de phosphate inorganique Pi.

Ce processus anaérobie de production d'ATP, sans production d'acide lactique (contrairement à la glycolyse anaérobie, cf. infra), est appelé processus **anaérobie alactique**.

2.2.3 Production d'ATP à partir de glycolyse anaérobie

Dans ce paragraphe, nous traitons la **glycolyse anaérobie** (absence d'oxygène), qui a lieu intégralement dans le cytosol : la **glycolyse aérobie** est l'association de cette glycolyse anaérobie et du cycle de Krebs que nous traiterons dans le paragraphe suivant.

Conventionnellement, le mot glycolyse employé seul signifiera désormais qu'il s'agit de la glycolyse anaérobie (donc non suivie du cycle de Krebs). Le cadre ci-dessous en résume les étapes : le glucose sanguin pénètre dans les cellules (hépatiques ou musculaires) par les **GLUT**[2]. Ce sont des perméases qui permettent un transport passif facilité. Les GLUT 1 sont ubiquitaires, tandis que les GLUT 4 sont spécifiques des cellules musculaires squelettiques, des cellules cardiaques ou des cellules adipeuses

Ce sont les conditions rencontrées chez les procaryotes, mais aussi chez les eucaryotes lorsque l'apport d'oxygène est insuffisant ou lors d'un **exercice court et puissant** (le catabolisme aérobie n'a pas le temps de se mettre en place). Dans ce cas, la dégradation du glucose s'arrête au stade précoce du **pyruvate**[3], ce qui ne permet d'obtenir qu'une modeste quantité d'énergie : 2 ATP par molécule de glucose dégradé. De plus, les co-enzymes NAD^+ oxydées peuvent être régénérées à partir des co-enzymes réduites $NADH_2$ par la **réduction du pyruvate en lactate** (faute de quoi, la glycolyse s'arrêterait par manque de co-enzymes oxydées).

2. GLUcose Transporter
3. le pyruvate est la forme ionique basique de l'acide pyruvique

Insistons et résumons :

• en cas d'apport insuffisant d'oxygène ou d'exercice court et puissant, le dihydrogène des co-enzymes $NADH_2$ est récupéré par l'acide pyruvique (et de ce fait, on ré-obtient les co-enzymes oxydées NAD^+) qui est donc réduit en acide lacique. Ce dernier s'ionise et devient du lactate accompagné d'ions H^+. Cet apport de protons peut être source d'une **acidose** qui peut altérer les processus enzymatiques et doit donc être compensée.

• bien que ce processus, dit **anaérobie lactique**, ait une **faible capacité énergétique** (il ne produit que 2 ATP par molécule de glucose), il est indispensable si l'on veut produire un effort de **forte puissance énergétique** (vitesse très rapide) sans apport d'oxygène (la glycolyse n'en consomme pas, bien que comportant une phase d'oxydation).

• **l'augmentation de la lactatémie** qui en résulte est d'autant plus importante que l'effort est intense, les fibres rapides IIA sollicitant plus la LDH que les fibres rapides IIB qui elles-mêmes sollicitent plus la LDH que les fibres lentes I (voir chapitre sur le muscle squelettique).

• nous écrivons $NADH_2$ au lieu de $NADH+H^+$ pour simplifier (usage toléré)

• le lactate est la forme ionique basique de l'acide lactique (fermentation lactique) sous l'action de la **lactate déshydrogénase LDH**.

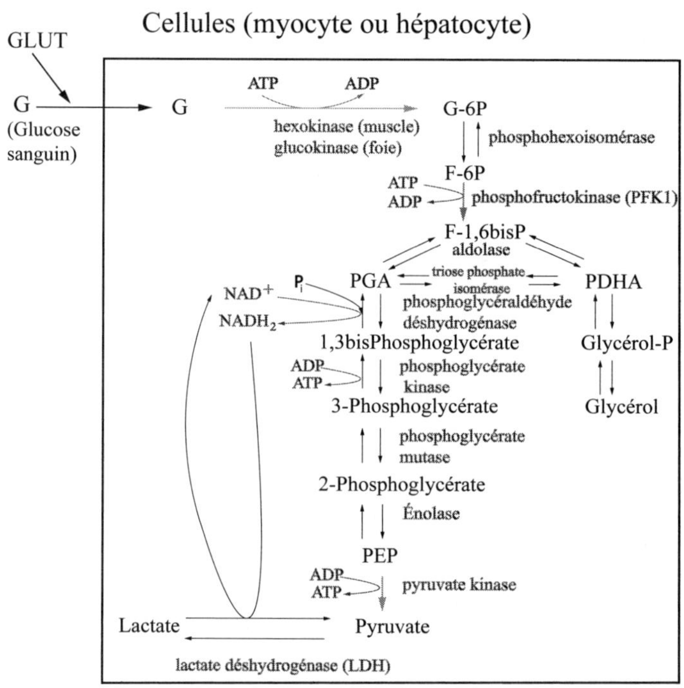

FIGURE 2.1 – La glycolyse anaérobie : les 3 flèches simples (rouges) indiquent des réactions irréversibles qui devront être contournées au cours de la néoglucogénèse.

2.2.4 En milieu aérobie : le cycle de Krebs et la phosphorylation oxydative.

C'est ce qui se produit si l'exercice n'est pas trop intense et si l'apport d'oxygène est suffisant.

Au lieu de se réduire en lactate, le pyruvate pénètre dans la matrice mitochondriale[4] et ne peut donc plus prendre en charge le dihydrogène des co-enzymes réduites $NADH_2$ (nous verrons plus loin comment est réglé ce problème, car il faut bien restaurer le NAD^+ cytosolique nécessaire à la glycolyse). Dans la matrice, le pyruvate subit une décarboxylation oxydative,[5] conduisant à de l'acétylCoA. L'acétylCoA se condense avec l'oxaloacétate pour donner le citrate, ce qui constitue la première réaction du cycle de Krebs.

Chaque cycle produit 1 ATP et 4 coenzymes réduites : 3 $NADH_2$ et 1 $FADH_2$, et libère 2 molécules de CO_2 (auxquelles il faut rajouter 1 $NADH_2$ et 1 CO_2 si l'on part du pyrucate). Ce sont ces co-enzymes réduites qui vont être ré-oxydées par les complexes d'oxydo-réduction de la membrane interne de la mitochondrie dans la chaîne respiratoire :

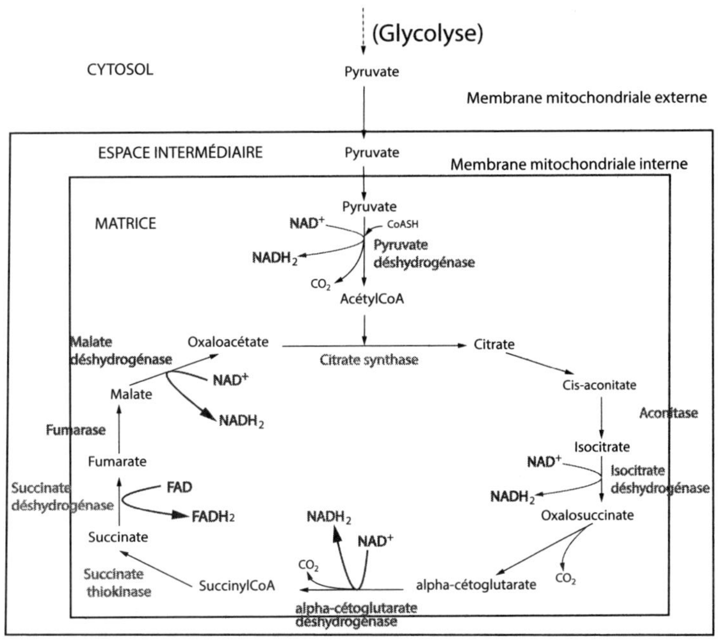

FIGURE 2.2 – Le cycle de Krebs.

- les électrons libérés, en passant d'un complexe à l'autre, libèrent à chaque fois de l'énergie.
- cette énergie est alors utilisée pour transporter des ions H^+ de la matrice vers l'espace intermembranaire, **contre leur gradient de concentration**, grâce à une pompe protéique.
- pour finir, ces ions H^+ regagnent la matrice en traversant un complexe enzymatique, **l'ATP-synthase**, qui est actionnée par l'énergie potentielle de ces ions H^+ (due à ce même gradient de concentration) ce qui lui permet de phosphoryler l'ADP en ATP.

L'ensemble de ce processus constitue le couplage **chimio-osmotique** (**chimio** = production d'ATP, **osmotique** = transport membranaire d'ions H^+).

Remarque 1 : le passage des coenzymes réduites dans la chaîne des transporteurs d'électrons les ré-oxyde, permettant la poursuite du catabolisme oxydatif du cycle de Krebs.

4. nous ne détaillons pas les divers systèmes de transport. Retenir toutefois que la membrane externe de la mitochondrie est relativement perméable, alors que la membrane interne fait appel à des transports actifs primaires ou secondaires.

5. détail non requis pour le STAPS

Remarque 2 : dans le cas de la voie aérobie, le pyruvate, produit en fin de glycolyse, n'est plus transformé en lactate. **Cela pose un double problème**

1. NAD^+ cytosolique (la glycolyse a lieu dans le cytosol) n'étant plus régénéré, la glycolyse et donc le cycle de Krebs qui lui fait suite devraient s'arrêter,
2. $NADH_2$ cytosolique traverse la membrane externe mitochondriale, mais pas la membrane interne mitochondriale, et donc ne peut rejoindre la chaîne des transporteurs d'électrons ce qui lui permettrait de produire de l'ATP.

Ce double problème est élégamment résolu de la façon suivante : $NADH_2$ va transférer son pouvoir réducteur à une coenzyme oxydée NAD^+ ou FAD matricielle via une **navette** incluse dans la membrane interne de la mitochondrie

- La **navette glycérol-phosphate** permet le transfert du pouvoir réducteur de $NADH_2$ cytosolique au FAD de la matrice mitochondriale,
- La **navette malate-aspartate** permet le transfert du pouvoir réducteur de $NADH_2$ cytosolique au NAD^+ matriciel.
- Dans les deux cas, NAD^+ cytosolique est régénéré grâce au $NADH_2$ cytosolique qui a perdu ses hydrogènes dans la navette.

Ensuite, $FADH_2$ ou $NADH_2$, selon la navette utilisée, peut entamer la phosphorylation oxydative dans la chaîne des transporteurs d'électrons.

2.3 Les étapes de la phosphorylation oxydative

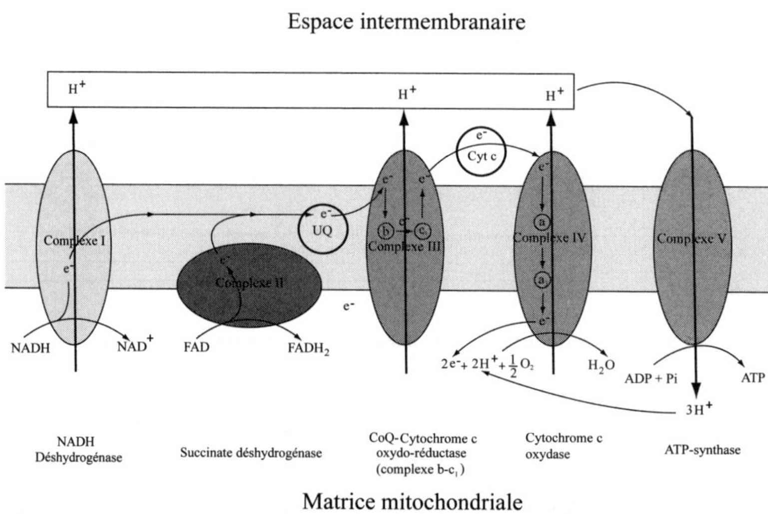

LES ENZYMES DE LA CHAÎNE RESPIRATOIRE

FIGURE 2.3 – Les enzymes de la chaîne respiratoire.

Quel que soit le point de départ ($FADH_2$ ou $NADH_2$), la transformation d'électrons riches en énergie en électrons “ déchargés ” s'effectue par le passage à travers 3 complexes enzymatiques notés I, III et IV pour $NADH_2$, et II, III et IV pour $FADH_2$. Ces étapes permettent le passage de protons H^+ de la matrice vers l'espace intermembranaire. Ces derniers rejoignent ensuite la matrice via l'ATP synthase (parfois dénommée complexe V), permettant la fabrication d'une molécule d'ATP pour $3H^+$ (donc, 3ATP si l'on part de $NADH_2$ qui produit 10 H^+, et 2ATP si l'on part de $FADH_2$ qui fournit 6 H^+).

2.3.1 À partir de $NADH_2$

A) Le complexe I, ou complexe NADH déshydrogénase

Il permet le transfert d'électrons riches en énergie à divers centres fer-soufre, et *in fine* à une ubiquinone UQ, aussi appelée CoQ (lire "coenzyme Q" pour éviter toute ambiguïté), qui devient une quinone réduite UQH_2.

Corrélativement, NAD^+ est régénéré.

B) Le complexe III, ou complexe du cytochrome b-c_1

Aussi appelé complexe CoQ-cytc-oxydo-réductase : les deux électrons précédents de UQH_2 (qui redevient UQ) sont transférés au cytochrome b et enfin au cytochrome c_1.

Remarque : L'ubiquinone n'appartient ni au complexe I, ni au complexe III : il constitue un intermédiaire entre les complexes I et III, ou entre les complexes II et III, permettant de transférer deux électrons de l'un à l'autre.

C) Le complexe IV ou cytochrome-c oxydase

Il récolte des électrons qui ont perdu une grande partie de leur énergie et qui lui sont apportés un par un, (et se regroupent par 4), par le cytochrome c qui est une protéine périphérique de la membrane interne (versant intermembranaire), et qui fait ainsi la navette entre les complexes III et IV.

Ils vont s'associer à des ions H^+ de la matrice et à du dioxygène O_2 provenant de la respiration (c'est là qu'intervient la nécessité d'un processus aérobie) pour terminer le processus d'oxydation, selon la réaction suivante :

$$O_2 + 4\,H^+ + 4\,e^- \quad\longrightarrow\quad 2\,H_2O \tag{2.1}$$

L'eau produite n'est autre que la vapeur d'eau que nous expirons

D) Transfert des protons

Les 3 complexes précédemment étudiés contiennent des pompes à protons : l'énergie perdue par les électrons leur permet de transférer les protons vers l'espace intermembranaire. Ainsi :

- le complexe I permet le transfert de 4 H^+
- le complexe III permet le transfert de 4 H^+
- le complexe IV permet le transfert de 2 H^+

2.3.2 À partir de $FADH_2$

L'entrée ne se fait pas par le complexe I mais par le complexe II de la **succinate déshydrogénase** (qui est une enzyme du cycle de Krebs).

$FADH_2$, provenant de l'oxydation du succinate en fumarate est réoxydé en FAD tandis que ses électrons sont transférés à la coenzyme Q via d'autres centres rédox du complexe II. À partir de ce stade, la suite est la même que dans le cas précédent.

Remarque importante : il n'y a pas de transfert de protons vers l'espace intermembranaire au niveau du complexe II.

2.3.3 Bilan énergétique

À partir d'une molécule de glucose :

• au niveau de la glycolyse anaérobie : il y a d'abord consommation de 2 ATP puis production de 4 ATP (1 glucose donne finalement 2 molécules de PGA , à l'origine de deux co-enzymes $NADH_2$ et 2 pyruvates). Bilan : 2 ATP

• 1 pyruvate donne 1 $NADH_2$ (3ATP) et 1 acétylCoA qui conduira à 1 ATP, 3 $NADH_2$ (9ATP) et 1 $FADH_2$ (2ATP), soit un total de 15 ATP par pyruvate. Comme un glucose donne 2 pyruvates, il conduit à 30 ATP

• les 2 $NADH_2$ cytosoliques produits par la glycolyse transfèrent leur pouvoir réducteur, soit à 2 $NADH_2$ (6ATP), soit à 2 $FADH_2$ (4ATP), selon la navette utilisée.

• Au total, **1 molécule de glucose produit 38 ou 36 ATP** suivant la navette utilisée.

2.4 Anabolisme glucidique : la néoglucogénèse

Cet anabolisme (90% dans le foie, 10% dans le rein) permet la synthèse du glucose à partir **d'éléments non glucidiques**. Il intervient particulièrement en cas de jeûne glucidique, pour pallier le manque de glucose, ou plus simplement au cours d'un exercice prolongé en endurance qui a épuisé les réserves de glucose : il faut alors en re-synthétiser dans les hépatocytes qui se chargeront ensuite de le distribuer aux organes qui en ont besoin. Le muscle squelettique ne permet pas cette néoglucogénèse.

Les éléments non glucidiques pouvant aboutir à la synthèse de glucose grâce à la néoglucogénèse sont :

• le glycérol (issu de la lipolyse des triglycérides)

• le lactate

• certains acides aminés (après perte de leur NH_2) dits glucoformateurs (exemples d'exceptions : leucine, lysine)

• certains acides cétoniques du cycle de Krebs

Nous donnons en encadré les étapes de la néoglucogénèse à partir du pyruvate (mais il existe donc d'autres précurseurs, cf.supra).

Quelques remarques

1. cet anabolisme consomme 2 ATP et 2 GTP (puisqu'il faut partir de 2 pyruvates pour obtenir 1 glucose : la néoglucogénèse s'avère donc très coûteuse en énergie. Or, cette énergie ne peut provenir du glucose puisque précisément, on en manque. Nous verrons plus loin comment la β-oxydation (dégradation des acides gras) peut fournir cette énergie. C'est pourquoi un régime sans sucre fait tant maigrir (mais attention de ne pas aborder un tel régime imprudemment, sans suivi médical, car les conséquences peuvent s'avérer désastreuses) !
2. le sucre en excès peut se transformer en acides gras (synthèse des acides gras). Mais il ne faudrait pas conclure[6] que la réciproque est vraie ! les acides gras (sauf exceptions) ne se transforment pas en sucre. On dit qu'ils ne sont pas **glucoformateurs**. Leur rôle consiste à fournir l'énergie nécessaire à la synthèse du glucose. Ainsi, **l'acétylCoA n'est pas glucoformateur**.

Au cours d'un exercice musculaire, le lactate apparaît dans les conditions suivantes (qui sont d'ailleurs un peu équivalentes) :

• l'apport d'oxygène est insuffisant

• l'apport d'oxygène est correct, mais l'intensité de l'exercice est telle que la vitesse de la glycolyse dépasse celle du processus aérobie (Krebs + chaîne respiratoire)

6. c'est un petit piège souvent posé au concours.

Dans ces conditions, il faut éliminer le lactate en excès, et c'est le rôle des hépatocytes. On obtient ainsi le **cycle de Cori** :

1. **dans le myocyte squelettique** : la glycolyse dégrade le glucose en pyruvate qui se réduit en lactate (grâce à la LDH musculaire)
2. le lactate passe dans le sang et est transporté dans les hépatocytes
3. **dans l'hépatocyte** : le lactate est oxydé en pyruvate (LDH hépatocytaire) qui est transformé en glucose[7] qui repasse dans le sang (sans transporteur, car le glucose est hydrosoluble) puis rejoint l'intérieur des myocytes (via des GLUT).

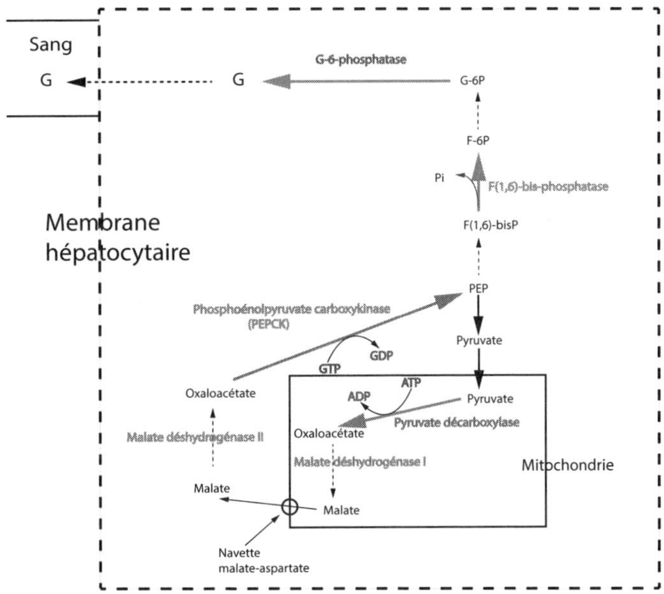

FIGURE 2.4 – La néoglucogénèse : cet anabolisme se produit dans le foie, mais pas dans le muscle.

Sur ce shéma, on voit que les réactions de la néoglucogénèse sont inverses de celle de la glycolyse, à l'exception des 3 réactions irréversibles de cette dernière (cf. supra : schéma glycolyse) qui nécessitent des enzymes particulières (et même un contournement un peu compliqué[8] pour remonter du pyruvate au PEP).

2.5 Métabolisme lipidique

Nous ne traiterons que celui des triglycérides

2.5.1 Anabolisme des TG

1. synthèse des acides gras : nous n'en détaillons pas le mécanisme. Signalons toutefois qu'un excès de glucides peut se transformer en acides gras, mais pas l'inverse.

7. 2 pyruvates pour 1 glucose.
8. mais non requis pour le STAPS

2. Synthèse des triglycérides : une fois les AG formés, ils s'associent par 3 (lipogénèse non détaillée, rôle important de l'insuline dans le stockage énergétique) à un glyérol pour former un TG qui sera stocké dans les adipocytes pour réserve.

2.5.2 Catabolisme des TG : production d'ATP

En cas de besoin énergétique durable (exercice d'endurance long et peu intense), l'organisme déstocke ses réserves de TG.

1. **Lipolyse** : sous l'action d'une **lipase** activée par l'AMPc, [9] un TG est dégradé en une molécule de glycérol et 3 acides gras
2. **Devenir du glycérol** :
   - dans les hépatocytes, deux molécules de glycérol subissent la néoglucogénèse pour fournir une molécule de glucose
   - dans les myocytes, il rejoint la glycolyse via le 3PGA (ou PGA, cf.supra : schéma glycolyse) pour produire de l'ATP.
3. **La bêta-oxydation** : les acides gras libérés quittent les adipocytes, sont transportés dans le sang par l'albumine [10] et pénètrent dans les cellules musculaires où ils sont dégradés par la bêta-oxydation (qui a lieu dans la mitochondrie). Nous en donnons ci-dessous le mécanisme qui n'est pas à connaître en détail. Retenir toutefois les points importants suivants :
   - à chaque tour de l'hélice de Lynen, l'acide gras perd 2 carbones sous forme d'acétylCoA qui se condense avec un oxaloacétate pour donner un citrate et commencer le cycle de Krebs, suivi de la phosphorylation oxydative (ce qui permet d'obtenir 12 ATP). On voit donc que la présence d'oxaloacétate est indispensable pour le bon fonctionnement de ce catabolisme, et donc la présence de glucose. **Donc, le métabolisme des acides gras est tributaire du métabolisme glucidique** [11]. Quand les réserves glucidiques sont épuisées (glycogène), il n'y a plus d'oxaloacétate, et l'acétylCoA ne peut plus entamer le cycle de Krebs : il s'accumule et participe alors à la synthèse des **corps cétoniques** dont les deux principaux sont des acides pouvant provoquer une **acidocétose**.
   - à chaque tour de l'hélice de Lynen, Il produit également 1 $NADH_2$ et 1FADH2 qui rentreront également dans la chaîne des transporteurs d'électrons où ils seront à l'origine de 3+2=5 ATP.
   - **Bilan énergétique (pour l'acide palmitique en C16)** : 17 ATP par tour, ce qui donne 102 ATP pour 6 tours, au terme desquels il reste 4C (acide butyrique) ; ils entament le 7ème tour qui sera le dernier et donnera 1 $NADH_2$, 1FADH2 et 2 acétylCoA, soit un total de 3+2+24 = 29 ATP. Finalement, on a obtenu 131 ATP, dont il faut retrancher 2 ATP utilisés pour l'activation de l'acide gras (voir schéma : ATP $\longrightarrow$ AMP).

     En définitive, 1 acide palmitique produit 129 ATP, ce qui est bien supérieur au bilan de la dégradation de glucose (36 ou 38 ATP). Mais attention, ramené au nombre de carbones utilisés, la différence n'est pas si importante (16 C *versus* 6 C).
   - la bêta-oxydation consomme plus d'oxygène que le couple cycle de Krebs / phosphorylation oxydative : le **quotient respiratoire CO_2 (produit) / O_2 (consommé)** est donc plus faible pour les lipides (environ 0,7) que pour les glucides (égal à 1).

   Résumons : les lipides produisent plus d'énergie mais consomment plus d'oxygène que les glucides.

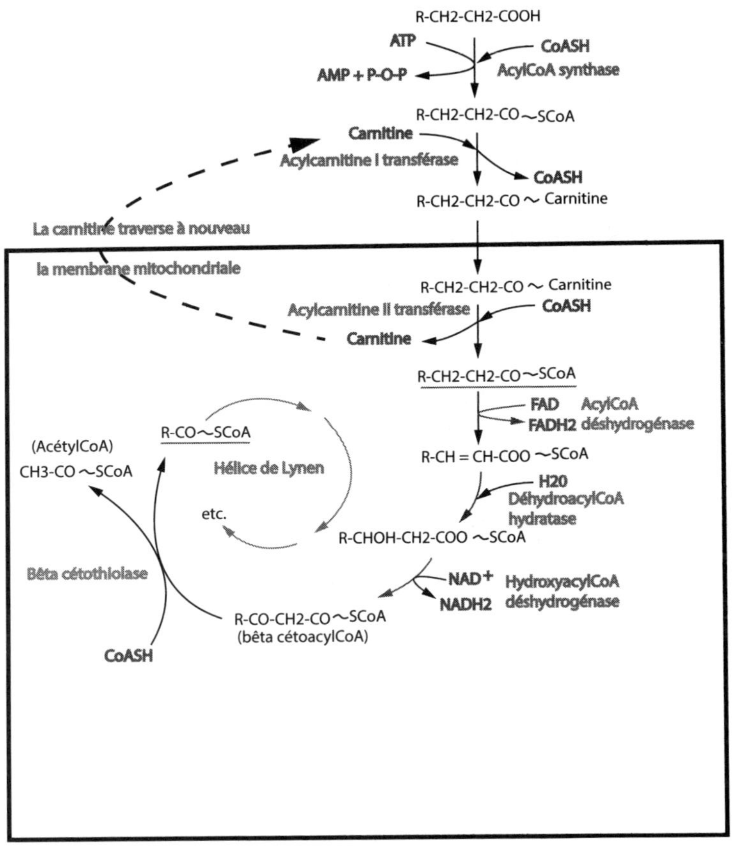

FIGURE 2.5 – La bêta-oxydation.

2.6 Production d'ATP par le catabolisme protéique = protéolyse

Les protéines peuvent participer à la synthèse d'ATP, mais en dernier ressort [12], quand les réserves glucidiques et lipidiques s'épuisent à la suite d'un jeûne ou d'un exercice trop prolongé. Les acides aminés les plus utilisés sont les 3 acides aminés ramifiés (ou branchés) que sont la valine, la leucine et l'isoleucine. : les BCAAs (Branched Chain amino acid) sont les premiers à être dégradés au cours de la protéolyse consécutive à un effort musculaire prolongé. [13] Les acides aminés se transforment en acides cétoniques ou en acétylCoA qui entrent alors dans le cycle de Krebs (mais peuvent aussi participer à la néoglucogénèse, comme l'alanine après transformation en pyruvate :

- **dans le foie : désamination** : suppression de la fonction amine. L'azote sera élimininé sous forme d'ammoniac
- **dans le muscle : transamination** : transfert de la fonction amine sur un acide cétonique qui devient lui-même un autre acide aminé.

2.7 Succession des processus énergétiques

Au cours de l'exercice, la mise en jeu des métabolismes énergétiques dépend donc du type d'effort demandé.

1. pour un effort intense de moins de 10 secondes, nécessitant une importante **puissance énergétique** (paramètre essentiel, la vitesse de dégradation), il y a consommation immédiate de l'ATP disponible, puis de l'ATP provenant de la dégradation de la créatine phosphate (quelques secondes).
2. au-delà de quelques secondes, et toujours pour un exercice intense, le processus prépondérant est la glycolyse anaérobie
3. pour un exercice d'endurance long nécessitant une grande **capacité énergétique**, interviennent les processus aérobie : dans l'ordre, la glycolyse aérobie puis la lipolyse.

---

9. adénosine monophosphate cycique, ou AMP cyclique.
10. ne pas oublier qu'ils sont insolubles dans le sang et nécessitent donc un transporteur.
11. question souvent posée.
12. il n'y a pas de "réserve" protéique : les protéines seront donc prélevées dans les muscles, d'où une fonte dommageable de la masse musculaire
13. et aussi l'alanine, l'aspartate et la glutamine.

EXERCICES

2.8 Questions à choix multiples

QCM 1

Concernant les glucides

A) Ils sont stockés sous forme d'amidon dans le monde végétal.
B) La cellulose est un polymère énergétique non ramifié de glucose.
C) Ils sont transportés dans le sang grâce à des GLUT.
D) On les trouve principalement dans les muscles squelettiques.

QCM 2

À propos des lipides :

A) Ils sont majoritairement sous forme de glycérophospholipides.
B) Les phospholipides constituent la forme de stockage énergétique du tissu adipeux.
C) ils sont insolubles dans l'eau.
D) Le cholestérol est dangereux pour l'organisme et doit donc être éliminé.

QCM 3

Acides aminés et protéines :

A) les acides aminés branchés sont les derniers à être dégradés au cours d'un effort musculaire prolongé.
B) La majorité des protéines interviennent dans la communication cellulaire.
C) La protéolyse commence simultanément avec la glycolyse
D) L'azote des acides aminés est éliminé par désamination.

QCM 4

Structure des acides nucléiques :

A) un nucléotide est l'association d'un nucléoside et d'une base.
B) il y a autant d'adénine que de thymine sur un brin d'ADN.
C) les bases complémentaires sont reliées par des liaisons covalentes.
D) la transcription est l'opération permettant de passer de l'ADN à l'ARN (quel que soit le type d'ARN).

QCM 5

La glycolyse anaérobie :

A) elle est prédominante au cours d'un exercice de résistance court et intense.
B) elle est plus lente que la glycolyse aérobie.
C) l'oxydation du pyruvate en lactate permet la régénération des co-enzymes réduites $NADH_2$.
D) Ne consommant pas d'oxygène, elle ne comporte pas d'oxydation.

QCM 6

Concernant la dégradation des glucides :

A) elle suit celle des lipides.
B) en cas d'effort prolongé, elle utilise le métabolisme oxydatif.
C) le pyruvate se transforme en lactate en milieu aèrobie. .
D) En milieu aérobie, le pyruvate pénètre dans la mitochondrie et se dégrade en acétylCoA et gaz carbonique..

QCM 7

Concernant la néoglucogénèse

A) elle intervient en période post-prandiale (après un repas).
B) elle utilise l'acétylCoA comme précurseur.
C) elle utilise la dégradation des lipides.
D) les acides gras en sont des précurseurs.

QCM 8

La dégradation des lipides :

A) les produits de dégradation de la lipolyse sont glucoformateurs.
B) les produits de dégradation de la lipolyse ne sont pas glucoformateurs.
C) l'acide palmitique permet la stnthèse de 36 ou 38 ATP.
D) les acides gras sont véhiculés dans le sang par l'albumine.

QCM 9

Concernant le métabolisme oxydatif des glucides :

A) le cycle de Krebs produit du CO_2.
B) le cycle de Krebs consomme de l'oxygène.
C) la chaîne des transporteurs d'électrons transfère des électrons de la matrice vers l'espace intermembranaire.
D) il augmente la lactatémie.

QCM 10

L'augmentation de la lactatémie :

A) correspond à une augmentation du lactate dans le sang.
B) se produit lors d'une augmentation de la capacité oxydative.
C) se produit si la vitesse de la glycolyse devient supérieure à celle du cycle de Krebs.
D) correspond à l'apparition du lactate.

CORRIGÉS

QCM 1 A,D

Concernant les glucides

A) Ils sont stockés sous forme d'amidon dans le monde végétal. **VRAI : et la forme de stockage dans le monde animal est le glycogène.**
B) La cellulose est un polymère énergétique non ramifié de glucose. **FAUX : non énergétique, car l'Homme ne possède pas d'enzymes digestives pour ce polymère. Ce sont les bactéries du microbiote qui se chargent de sa digestion**
C) Ils sont transportés dans le sang grâce à des GLUT. **FAUX : étant hydrophiles, ils n'ont nul besoin de transporteurs dans le sang. Les GLUT sont des perméases permettant un transport passif facilité du glucose vers l'intérieur des cellules.**
D) On les trouve principalement dans les muscles squelettiques. **VRAI : à 80%**

QCM 2 C

À propos des lipides :

A) Ils sont majoritairement sous forme de glycérophospholipides. **FAUX : sous forme de triglycérides.**
B) Les phospholipides constituent la forme de stockage énergétique du tissu adipeux. **FAUX : ce sont les TG qui sont cette forme de stockage majeure.**
C) ils sont insolubles dans l'eau. **VRAI : même s'ils peuvent comporter une petite partie hydrophile.**
D) Le cholestérol est dangereux pour l'organisme et doit donc être éliminé. **FAUX : il est vital ! C'est son excès dans le sang (hypercholestérolémie) qui est dangereux.**

QCM 3 0

Acides aminés et protéines :

A) les acides aminés branchés sont les derniers à être dégradés au cours d'un effort musculaire prolongé. **FAUX : ce sont les premiers, d'où leur intérêt en nutrition sportive.**
B) La majorité des protéines interviennent dans la communication cellulaire. **FAUX : à 80% dans la masse musculaire.**
C) La protéolyse commence simultanément avec la glycolyse **FAUX : elle intervient quand les réserves glucidiques sont épuisées.**
D) L'azote des acides aminés est éliminé par désamination. **FAUX : ou par transamination.**

QCM 4 D

Structure des acides nucléiques :

A) un nucléotide est l'association d'un nucléoside et d'une base. **FAUX : et d'un groupement phosphate.**

B) il y a autant d'adénine que de thymine sur un brin d'ADN. **FAUX : sur un double brin. Sur un simple brin, ces quantités sont variables et aléatoires.**
C) les bases complémentaires sont reliées par des liaisons covalentes. **FAUX : par des liaisons hydrogène.**
D) la transcription est l'opération permettant de passer de l'ADN à l'ARN (quel que soit le type d'ARN). **VRAI : et la traduction permet de passer de l'ARNm aux protéines.**

QCM 5 A

La glycolyse anaérobie :

A) elle est prédominante au cours d'un exercice de résistance court et intense. **VRAI.**
B) elle est plus lente que la glycolyse aérobie. **FAUX : bien plus rapide.**
C) l'oxydation du pyruvate en lactate permet la régénération des co-enzymes réduites $NADH_2$. **FAUX : la réduction du pyruvate en lactate permet la régénération des co-enzymes oxydées NAD^+.**
D) Ne consommant pas d'oxygène, elle ne comporte pas d'oxydation. **FAUX : elle comporte une oxydation anaérobie (passage du 3PGA au 1,3-bisphosphoglycérate.**

QCM 6 B,D

Concernant la dégradation des glucides :

A) elle suit celle des lipides. **FAUX : elle la précède.**
B) en cas d'effort prolongé, elle utilise le métabolisme oxydatif. **VRAI : via le cycle de Krebs et la phosphorylation oxydative.**
C) le pyruvate se transforme en lactate en milieu aèrobie. **FAUX : en milieu anaérobie.**
D) En milieu aérobie, le pyruvate pénètre dans la mitochondrie et se dégrade en acétylCoA et gaz carbonique. **VRAI : et l'acétylCoA se condense avec l'oxaloacétate pour donner du citrate.**

QCM 7 C

Concernant la néoglucogénèse

A) elle intervient en période post-prandiale (après un repas). **FAUX : dans ce cas, l'organisme n'est en général pas en manque de glucose et n'a nul besoin d'en synthétiser.**
B) elle utilise l'acétylCoA comme précurseur. **FAUX : il n'est pas glucoformateur.**
C) elle utilise la dégradation des lipides. **VRAI : la bêta-oxydation fournit l'ATP nécessaire à la néoglucogénèse.**
D) les acides gras en sont des précurseurs. **FAUX : si l'on excepte certains acides gras à nombre impair de carbones, les acides gras conduisent à l'acétylCoA qui n'est pas glucoformateur.**

QCM 8 D

La dégradation des lipides :

A) les produits de dégradation de la lipolyse sont glucoformateurs. **FAUX : la dégradation d'un TG donne 3 acides gras non glucoformateurs et 1 glycérol glucoformateur.**
B) les produits de dégradation de la lipolyse ne sont pas glucoformateurs. **FAUX : le glycérol est précurseur de la néoglucogénèse.**
C) l'acide palmitique permet la stnthèse de 36 ou 38 ATP. **FAUX : 129 ATP. Ne pas confondre avec le glucose.**
D) les acides gras sont véhiculés dans le sang par l'albumine. **VRAI : insolubles dans l'eau, ils ont besoin d'un transporteur.**

QCM 9 A

Concernant le métabolisme oxydatif des glucides :

A) le cycle de Krebs produit du CO_2. **VRAI : 2 molécules par cycle (et 3, si on part du pyruvate).**
B) le cycle de Krebs consomme de l'oxygène. **FAUX : c'est la phosphorylation oxydative qui en consomme, au niveau du complexe IV.**
C) la chaîne des transporteurs d'électrons transfère des électrons de la matrice vers l'espace intermembranaire. **FAUX : des *protons*. Les électrons passent d'un complexe de la chaîne au suivant.**
D) il augmente la lactatémie. **FAUX : le lactate est produit en processus anaérobie.**

QCM 10 A,C

L'augmentation de la lactatémie :

A) correspond à une augmentation du lactate dans le sang. **VRAI : par définition, la lactatémie est la concentration de lactate dans le sang**[14]**.**
B) se produit lors d'une augmentation de la capacité oxydative. **FAUX : celle-ci retarde au contraire la production de lactate.**
C) se produit si la vitesse de la glycolyse devient supérieure à celle du cycle de Krebs. **VRAI : les $NADH_2$ produits au cours de la glycolyse n'ont pas le temps de se ré-oxyder et le dihydrogène qu'elles portent est donc capté par le pyruvate qui se réduit alors en lactate.**
D) correspond à l'apparition du lactate. **FAUX : si celui-ci peut-être éliminé par le processus oxydatif au cours d'un exercice non intensif prolongé.**

14. le suffixe -émie signifie "concentration plasmatique"

Chapitre 3

HOMÉOSTASIE

3.1 Système physiologique

3.1.1 Définition

C'est un ensemble d'organes ou de cellules reliés entre eux par des relations fonctionnelles stables.

Par exemple

1. système respiratoire (cf. supra)
2. système cardiovasculaire (cf. supra)
3. système nerveux (cf. infra)
4. etc.

Le fonctionnement de ces cellules ou organes ne peut se faire convenablement qu'à la condition que certaines variables biologiques restent stables quelles que soient les perturbations endogènes ou exogènes que ces systèmes subissent : c'est ce que l'on appelle l'homéostasie.

Définition : l'homéostasie est la constance du milieu intérieur (Claude Bernard XIXe siècle).

3.1.2 Variables à réguler

1. la température centrale
2. la pression artérielle moyenne
3. le pH sanguin
4. la natrémie
5. la glycémie etc.

En réalité, ces paramètres ne sauraient être fixés à des valeurs parfaitement constantes : mais ces valeurs doivent être maintenues dans une fourchette étroite autour d'une valeur moyenne centrale, dite **valeur de consigne**.

Par exemple, le pH sanguin sera maintenu entre les valeurs 7,2 et 7,6, autour de la valeur physiologique pH = 7,4, faute de quoi le système enzymatique ne fonctionne plus convenablement et l'on entre dans la pathologie.

On dit que de telles variables sont **régulées**.

3.1.3 Quelques valeurs de consigne

1. la température centrale : $\simeq 37°C$: nous verrons plus loin comment s'effectue cette régulation.
2. la pression artérielle moyenne : 100 mm(Hg)
3. le pH sanguin : 7,4
4. la natrémie : entre 135 et 145 mmol/L
5. la glycémie : $\simeq 0{,}9$ g/L

Le maintien de ces variables au voisinage immédiat de leur valeur de consigne est assuré par des **systèmes de régulation**.

Notons que la valeur de consigne est susceptible de varier :

- par exemple, en cas d'attaque virale, la valeur de consigne de la température centrale peut être égale à 38°C.
- la pression artérielle moyenne (PAM) peut voir sa valeur de consigne augmenter significativement de façon durable (hypertension artérielle)

3.1.4 Schéma d'un système de régulation

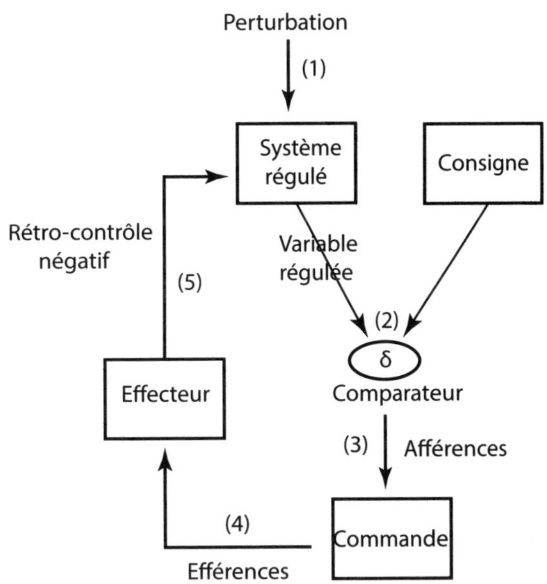

FIGURE 3.1 – Schéma général d'un système de régulation.

On dit que le système dont la variable est régulée est lui même un système régulé. La séquence est la suivante

(1) une perturbation affecte le système régulé et donc la valeur de sa variable

(2) un comparateur confronte la valeur de la variable régulée à celle de la consigne : il enregistre un écart δ

(3) le comparateur transmet l'information à un système de commande (afférences)

(4) des efférences issues du système de commande activent un système effecteur

(5) ce système effecteur exerce un rétro-contrôle négatif[1] sur le système régulé destiné à le mettre en conformité avec la consigne.

3.1.5 Communication cellulaire

L'homéostasie est assurée par la communication entre les cellules
Principe

1. à la suite d'une perturbation, une cellule (1) émet un médiateur (messager)
2. ce médiateur se fixe sur un récepteur d'une cellule (2), y induisant une réponse qui va s'opposer à la perturbation (rétrocontrôle négatif).

Cette communication cellulaire se fait par les deux systèmes majeurs suivants

- **le système endocrinien**
- **le système nerveux**

3.2 Système endocrinien

3.2.1 Définitions et généralités

Certains organes sécrètent des **hormones** : ce sont les **glandes endocrines** : hypothalamus, et hypophyse (glandes endocrines supérieures), épiphyse (glande pinéale), thyroïde, parathyroïdes, surrénales, pancréas et gonades (glandes périphériques). D'autres organes ont également cette propriété, comme l'estomac ou le foie, mais ils ne sont pas considérés comme glandes endocrines car ce n'est pas leur principale fonction).

Les hormones sont véhiculées dans le sang vers leurs cellules cibles où elles sont réceptionnées par un récepteur. Deux cas se présentent :

1. **les hormones hydrosolubles** : elles sont libres dans le sang (pas de transporteur) et, comme elles ne peuvent traverser la membrane plasmique (lipophile), elles se fixent à un **récepteur membranaire**.
2. **les hormones liposolubles** (hydrophobes = lipophiles) : elles ne peuvent être véhiculées dans le sang que grâce à un transporteur amphiphile dont elles se débarrassent avant de traverser la membrane cellulaire pour rejoindre leur **récepteur intracellulaire** (le plus souvent nucléaire).

3.2.2 Les principales hormones

On en distingue 3 grands types :

A- Les hormones polypeptidiques

Composées de trois à plusieurs centaines d'acides aminés[2] : elles sont hydrosolubles, ne nécessitent pas de transporteur sanguin et se fixent à des récepteurs membranaires. On liste ainsi :

1. Nous ne détaillerons pas les rétro-contrôles positifs dans ce cours. Ces **feedback positifs** accentuent l'écart avec la valeur de consigne, jusqu'à une situation "explosive", mais néanmoins physiologique (taux d'oestrogènes provoquant l'ovulation, par exemple).
2. ce qui peut aboutir à une protéine, comme dans le cas de l'insuline

1. **Les hormones hypothalamiques** : elles activent (hormones de libération dont le nom se termine par RH=Releasing Hormon [3]), ou inhibent (hormones d'inhibition dont le nom se termine par IH=Inhibition Hormon [4]) la sécrétion d'hormones par l'hypophyse.
2. **Les hormones hypophysaires**

   • **Hypophyse postérieure** ou post-hypophyse ou neurohypophyse : elle libère deux hormones :

   (a) **La vasopressine = hormone antidiurétique = ADH = AntiDiurétic Hormon** favorise la réabsorption rénale d'eau en cas d'hypovolémie. Rôle important dans l'équilibre hydrique et la régulation de la pression artérielle.

   (b) **L'ocytocine** qui joue un rôle décisif sur les contractions utérines et la **sécrétion** [5] lactique par les glandes mammaires.

   • **Hypophyse antérieure** ou ante-hypophyse ou adénohypophyse : elle sécrète 7 hormones :

   (a) **la prolactine PRL** : production (voir note ci-dessus) de lait par les glandes mammaires

   (b) **la mélanostimuline MSH** : synthèse de la mélanine par les mélanocytes de la peau

   (c) **l'hormone lutéinisante LH** : stimule la sécrétion de la testostérone par les testicules et celle des oestrogènes par les ovaires dont le pic provoque l'ovulation. Stimule ensuite la production du corps jaune et sa sécrétion de progestérone. [6]

   (d) **l'hormone folliculostimulante FSH** : production des spermatozoïdes par les testicules, production des ovules, sécrétion d'oestrogènes par les ovaires

   (e) **l'hormone de croissance GH** : sa sécrétion connaît des pics pulsatiles importants pendant la puberté (synthèse protéique, précisément pour favoriser la croissance de l'organisme) et reste ensuite à un niveau basal jusqu'à la fin de la vie qui peut fluctuer au cours de l'exercice [7] : environ 20 minutes après le début d'un exercice sous-maximal, sa concentration basale augmente nettement [8] et GH intervient pour mobiliser les métabolismes glucidique, lipidique et protéique : activation de la lipolyse, de la glycogénolyse, mais inhibition de la dégradation protéique (qui pourrait produire de l'ATP).

   (f) **la thyréostimuline = thyréotrophine TSH** : stimule la sécrétion de T3 et T4 par la thyroïde

   (g) **la corticostimuline = corticotrophine ACTH** : provoque la sécrétion des glucocorticoïdes (surtout le cortisol : 95% de l'activité des glucocorticoïdes) par la corticosurrénale. Au cours d'un exercice, sa sécrétion augmente après une demi-heure d'exercice sous-maximal (d'intensité au moins égale à 60% de la VO_2(max)). Le niveau basal n'augmente donc pas pour un exercice de courte durée. L'action physiologique du cortisol est essentiellement métabolique. Plus précisément :

      i. **stimulation de la néoglucogénèse** afin d'augmenter la glycémie, et d'autant plus que les réserves de glycogène s'épuisent

---

3. Exemple : GH**RH** = Growth Hormon **R**eleasing **H**ormon = hormone de libération de l'hormone de croissance
4. Exemple : P**IH** = Prolactin **I**nhibition **H**ormon = hormone d'inhibition de la prolactine
5. ne pas confondre avec la prolactine qui intervient dans la **production**
6. tout comme la FSH
7. c'est ce qui nous intéresse ici.
8. maximale au bout d'1h20.

ii. **Stimulation de la lipolyse** avec inhibition de l'entrée de glucose dans les cellules pour éviter la glycolyse de façon à favoriser l'utilisation des acides gras (l'exercice est prolongé)

iii. **Stimulation du catabolisme protéique** : en particulier, les acides aminés libérés peuvent alors être utilisés pour la néoglucogénèse

iv. **Réactivation de la glycogénogénèse** : une fois l'exercice terminé (la récupération sera d'autant plus longue que l'exercice l'a été).

(h) **Deux hormones pancréatiques**

• **l'insuline** : hormone hypoglycémiante sécrétée par les cellules β des îlots de Langerhans

• **le glucagon** : hormone hyperglycémiante sécrétée par les cellules α des îlots de Langerhans

(i) **La glande thyroïde** sécrète la **calcitonine** qui est hypocalcémiante. Elle inhibe l'action des ostéoclastes qui assurent la résorption osseuse, et inhibe la réabsorption rénale (donc augmentation de l'excrétion urinaire). S'oppose à la parathormone.

(j) **Les glandes parathyroïdes** sécrètent la **parathormone PTH** : cette hormone augmente la résorption osseuse, la réabsorption rénale et l'absorption intestinale. Le résultat est hypercalcémiant. [9]

(k) **Le cortex rénal** sécrète **l'érythropoïétine EPO** (à 90%, les 10% restants par le foie) : hormone responsable de l'érythropoïèse (production de GR) qui se tient dans la moelle osseuse en cas de déficit en O_2 ou en GR notamment.

B- Les hormones amines

1. **Les catécholamines** : adrénaline et noradrénaline sont synthétisées dans la médullo-surrénale à partir de la tyrosine (20% NA, 80% A). Ces molécules hydrosolubles ont une durée de vie courte et une action rapide. Ce sont des neuromédiateurs spécifiques du SNO (système nerveux orthosympathique : cf. infra).
2. **les hormones thyroïdiennes : T3=triiodothyronine et T4=thyroxine** : molécules liposolubles à durée de vie longue et action lente. Augmentent le métabolisme basal et donc la température corporelle. Rôle important dans la croissance corporelle.
3. **La mélatonine** : résultat de la transformation tryptophane $\longrightarrow$ sérotonine $\longrightarrow$ mélatonine. Sécrétée par la glande pinéale, elle joue un rôle majeur dans la gestion des rythmes circadiens : c'est l'hormone de l'endormissement dite “hormone de la nuit”.

C- Les hormones stéroïdiennes

Ce sont des hormones construites à partir du cholestérol (très hydrophobe). La durée de vie se compte en heures et leur action est lente. Nous avons ainsi déjà évoqué ci-dessus :

1. **La cortico-surrénale** : elle sécrète deux types d'hormones

• **Les glucocorticoïdes** : essentiellement **le cortisol**, hormone anti-stress qui régule la glycémie (pic de sécrétion vers 8h du matin) [10] et dont le niveau basal augmente en cas d'exercice prolongé.

• **Les minéralocorticoïdes** : comme l'ADH, mais par un processus différent, **l'aldostérone** régule l'équilibre hydrosodique, et donc également la pression artérielle.

9. s'oppose à la calcitonine.
10. dont l'importance n'est plus à démontrer le lundi matin !

2. **les hormones sexuelles** : sécrétées par les gonades
   - **La testostérone** : sécrétée par les testicules, agit sur la masse musculaire, la pilosité, la spermatogénèse...
   - **Oestrogènes et progestérone** : action sur le métabolisme lipidique, action anti-ostéoporose, ovulation, fécondation, grossesse...

3.2.3 Mécanismes d'action

Elles agissent en quantités infinitésimales : leur action concerne des cellules (dites **cellules cibles**) contenant des récepteurs, membranaires (hormones protéiques et catécholamines) ou intracellulaires (cytosoliques pour les hormones stéroïdiennes, nucléaires pour les hormones thyroïdiennes), qui leur sont spécifiques.[11]

A- Les types de récepteurs

1. **les récepteurs membranaires** : nous n'envisageons que l'une des voies, **la voie de l'AMPc.**[12]

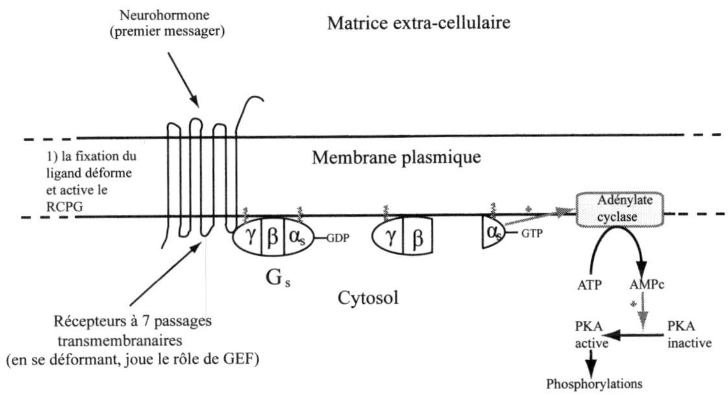

FIGURE 3.2 – Détails du mécanisme dans le texte.

La fixation de l'hormone (premier messager hydrosoluble) sur son récepteur membranaire provoque la transconformation d'une protéine G hétérotrimérique associée au récepteur sur le versant intracellulaire. Ceci provoque l'activation de l'adénylate cyclase membranaire qui transforme l'ATP en AMPc (deuxième messager). L'AMPc active alors une protéine kinase (PKA = protéine kinase sensible à l'AMPc). Le mécanisme de ces enzymes est toujours le même : la kinase prélève un phosphate de l'ATP et le transfère à la protéine,[13] ce qui l'inhibe ou l'active (cas d'une enzyme, par exemple).

Prenons un exemple : en cas de stress lié à un **entraînement physique intense**, les besoins en glucose s'accroissent et le SNO provoque la sécrétion d'adrénaline par la médullo-surrénale. Cette hormone se fixe sur des récepteurs membranaires des **myocytes**, provoquant l'activation par l'AMPc d'une protéine kinase A :

(a) qui phosphoryle (et active) la glycogène phosphorylase, augmentant la mise à disposition de glucose

11. qui se comptent en dizaines de milliers par cellule.
12. il en existe d'autres, par exemple la voie de l'inositol.
13. phosphorylation de la protéine sur un résidu tyrosine, sérine ou thréonine.

(b) qui phosphoryle (et inactive) la glycogène synthétase, faute de quoi il y aurait conflit entre les deux processus.

2. **les récepteurs intracellulaires**

   Ils concernent les hormones lipophiles. Ces dernières se fixent sur un **récepteur intracellulaire qui est un facteur de transcription** : la fixation de l'hormone modifie la conformation du récepteur qui se débarrasse de son "geolier" [14] et peut aller se fixer sur une séquence HRE (Hormon Response Element) de l'ADN qui joue le rôle de séquence activatrice ou (plus rarement) inhibitrice. La transcription de l'ADN en ARNm, et la synthèse consécutive de protéines s'en trouvent donc accrues ou diminuées.

   Exemple : si l'on considère un **exercice physique prolongé**, le glucose vient à manquer et l'organisme enclenche la néoglucogénèse [15] de la façon suivante : sous l'action du SNO, les corticosurrénales sécrètent du cortisol qui traverse la membrane cellulaire des **hépatocytes** et se fixe sur des récepteurs cytosoliques. Ceux-ci se transconforment, passent la membrane nucléaire et se fixent sur des séquences HRE de l'ADN, activant alors la transcription de gènes codant pour des enzymes de la néoglucogénèse.

B- Contrôle de la sécrétion hormonale

La sécrétion d'une hormone fait suite à une stimulation hormonale, nerveuse ou humorale : elle est donc **pulsatile**.

1. **Axe hypothalamo-hypophysaire = axe neuro-endocrinien** (la participation de glandes périphériques n'est pas systématique) : l'hypothalamus est sous contrôle de certaines régions de l'encéphale (dont le cortex) mais aussi d'informations somesthésiques ou sensorielles. C'est une glande endocrine supérieure qui régit également le système nerveux autonome : il procède donc à l'intégration des actions nerveuses et endocriniennes.

   Suite à une stimulation du système nerveux central supérieur, on observe la séquence suivante :

   - l'hypothalamus sécrète une hormone de libération RH (libérine) ou d'inhibition IH (statine) que ses neurones ont synthétisée. Prenons l'exemple de la **gonadolibérine GnRH** : l'hormone atteint presque immédiatement l'hypophyse antérieure via le système porte [16] hypophysaire.
   - activation de la sécrétion (dans l'exemple, LH et FSH)) d'une des 7 hormones de l'hypophyse **antérieure**. Ces hormones rejoignent les cellules cibles des glandes endocrines périphériques concernées (testicules ou ovaires)
   - sécrétion d'hormones par les glandes périphériques (dans l'exemple, hormones sexuelles : testostérone, oestrogènes, progestérone)
   - réponse des cellules ciblées par cette dernière hormone (exemple, développement du système pileux).

   Une telle séquence constitue un **axe hypothalamo-hypophysaire** . Dans l'exemple que nous avons proposé, il s'agit de **l'axe gonadotrope**. Il en existe d'autres : l'axe somatotrope (libérine = GHRH), lactotrope (PRH), corticotrope (CRH), thyréotrope (TRH), mélanotrope (MRH).

   Ces différentes "cascades" sont les axes neuro-endocriniens majeurs de l'homéostasie.

---

14. la hsp 90, qui l'empêchait de se fixer à l'ADN

15. anabolisme de glucose à partir d'éléments non glucidiques : lactate, glycérol, certains acides aminés, certains acides cétoniques.

16. vaisseaux sanguins courts contenus dans la tige pituitaire.

2. **stimulation nerveuse** : elle concerne les hormones libérées par la post-hypohyse (ADH et ocytocine) ou par la médullo-surrénale (adrénaline A, 80% et noradrénaline NA, 20%).
   • **Hormones "post-hypophysaires"** : un neurone hypothalamique synthétise l'hormone [17]). Le soma de ce neurone est dans l'hypothalamus, mais son axone parcourt la tige pituitaire jusqu'à l'hypophyse postérieure. L'hormone produite est donc stockée dans des vésicules du bouton terminal situé dans cette partie de l'hypophyse, en attente d'un potentiel d'action provenant du soma situé dans l'hypothalamus. [18]
   • **Catécholamines** : leur sécrétion par la médullosurrénale est sous contrôle du SNO.
3. **contrôle humoral** : c'est celui des concentrations sanguines de diverses hormones.
   • **Hormones pancréatiques** : elles permettent la régulation de la glycémie (exemple d'homéostasie)
   (a) **Insuline** : une glycémie trop importante entraîne une concentration de glucose trop importante dans les cellules bêta de Langerhans, ce qui provoque l'augmentation de la sécrétion d'insuline dans le sang. [19] Cela permet au glucose de rentrer dans les cellules grâce à des GLUT 4, ce qui diminue la glycémie (on dit que l'insuline est **hypoglycémiante**). Le glucose est alors catabolisé par glycolyse ou stocké par glycogénogénèse dans les cellules qui en ont besoin.
   (b) **Glucagon** : en cas d'hypoglycémie, et, consécutivement, d'une baisse de concentration dans les cellules alpha de Langerhans, celles-ci sécrètent le glucagon qui stimule la néoglucogénèse et la glycogénolyse. Cela rétablit une glycémie normale (le glucagon est donc **hyperglycémiant**).

   Remarque : de façon plus centrale, le SNO stimule aussi la sécrétion de glucagon (si déstockage nécessaire) et inhibe celle d'insuline (dont l'action permet le stockage énergétique).

   Les deux hormones qui suivent permettent la **régulation de la calcémie**.
   • **Parathormone** : l'hypocalcémie en stimule la sécrétion par les glandes parathyroïdes , et une hypercalcémie l'inhibe. La parathormone est hypercalcémiante : elle augmente la résorption osseuse par les ostéoclastes [20], l'absorption du calcium par les entérocytes et sa réabsorption rénale. [21] Ces 3 actions conjuguées permettent une fourniture importante de calcium au secteur vasculaire sanguin.
   • **Calcitonine** : sa libération par les cellules parafolliculaires de la thyroïde a une action opposée à celle de la parathormone (la calcitonine est donc hypocalcémiante).
   • **Aldostérone** : elle participe à la régulation de la pression artérielle moyenne (PAM) : une diminution de la PAM [22] provoque sa sécrétion par la corticosurrénale, zone externe glomérulée, ce qui provoque la réabsorption hydrique

17. ADH dont la cible est le rein, ou ocytocine dont les cibles sont l'utérus et les glandes mammaires.

18. bien noter la différence avec l'hypophyse antérieure où l'hormone hypothalamique synthétisée est déversée dans le sang porte pour activer un neurone adénohypophysaire, alors qu'elle reste dans le neurone hypothalamique jusqu'à la post-hypophyse qui, pour cette raison, s'appelle aussi neurohypophyse.

19. le mécanisme de cette régulation n'est pas à connaître

20. les os sont des réservoirs de calcium : cette destruction osseuse permet d'en libérer une grande quantité dans le sang.

21. bien distinguer les mots absorption et réabsorption.

22. en "synergie" avec la régulation d'origine nerveuse (barorécepteurs + Nucleus Tractus Solitarii).

et permet de lutter contre la baisse de PAM. De même, l'aldostérone augmente la réabsorption sodique et la sécrétion puis l'excrétion potassique en cas d'hyponatrémie ou d'hyperkaliémie.

Ces interventions de l'aldostérone se situent au niveau rénal (tube distal).

4. **Régulation par rétroaction** : les exemples ci-dessus constituent des exemples de rétroaction négative destinés à respecter l'homéostasie : par exemple, la glycémie est régulée par un tel *feedback* : un excès de glucose augmente la sécrétion d'insuline qui, en retour, permet la diminution de la glycémie. Mais il existe aussi une rétroaction pour les hormones qui, une fois leur action terminée, doivent recouvrer leurs concentrations initiales ;

   • **Rétroaction négative** : la sécrétion de l'hormone provoque des modifications qui, en retour, inhibent cette même sécrétion. Plusieurs niveaux :

   (a) l'hormone sécrétée par une glande endocrine inhibe l'hypophyse ou l'hypothalamus : circuit long.

   (b) l'hormone sécrétée par l'hypophyse inhibe l'hypothalamus : circuit court.

   (c) auto-inhibition au niveau périphérique : circuit ultra court.

   • **Rétroaction positive** : plus rarement, la sécrétion de l'hormone active cette même sécrétion qui devient "explosive". C'est le cas dans les deux situations suivantes :

   (a) juste avant l'accouchement, l'ocytocine active les contractions utérines, qui activent encore plus la sécrétion d'ocytocine, ce qui rend l'accouchement inéluctable.

   (b) au moment de l'ovulation, les oestrogènes s'auto-activent pour conduire au pic d'ovulation.

Nous donnons encore ci-dessous deux exemples fondamentaux de régulation, permettant de respecter l'homéostasie

3.3 Système nerveux : organisation générale

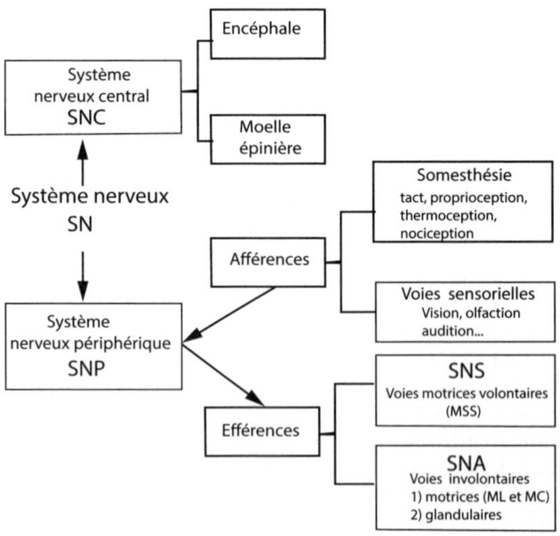

FIGURE 3.3 – Le système nerveux central (détails dans le texte)

3.3.1 Les circuits neuronaux

Depuis la source jusqu'au but, les voies somesthésiques comme les voies motrices ne sont pas constituées d'un seul neurone. Il existe ainsi des circuits comportant plusieurs neurones en série (au moins deux) et un ou plusieurs relais, et des circuits parallèles permettant l'intégration de plusieurs messages.

Les circuits séries

Un circuit série est une succession de neurones établissant entre eux des synapses permettant de transmettre un message nerveux d'un point à un autre sur des distances plus importantes que ce que permet la taille d'un seul neurone (mais ce n'est pas la seule raison : il peut y avoir nécessité de plusieurs interneurones).

Le rôle de la synapse n'est pas celui d'une simple connection qui relaierait le même message avant et après la synapse : le neurone post-synaptique intègre en général d'autres informations venant de plusieurs sources neuronales (voir circuits parallèles).

Certains des neurones de la série sont activateurs et d'autres sont inhibiteurs. 2 cas se présentent alors :

1. si le nombre de neurones inhibiteurs est pair, le résultat est un circuit activateur : si un neurone inhibiteur est inhibé par un autre inhibiteur, le résultat est une désinhibition et donc revient à une activation. Un nombre pair d'inhibiteurs correspond donc à un nombre moitié de désinhibiteurs.
2. si le nombre de neurones inhibiteurs est impair, le résultat est un circuit inhibiteur.

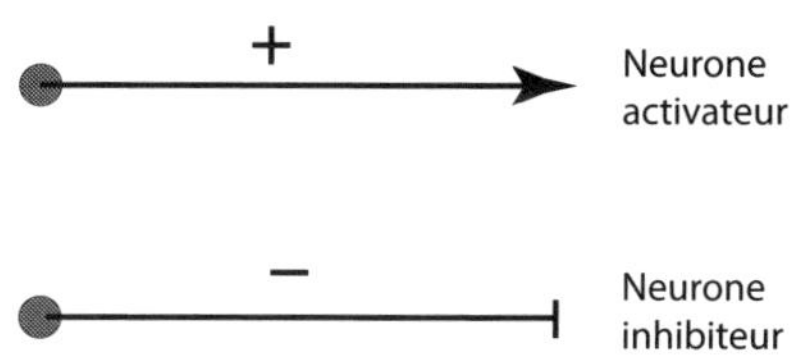

FIGURE 3.4 – Neurones activateurs et inhibiteurs.

Nous proposons en exemple deux séquences : la première est activatrice tandis que la seconde est inhibitrice :

FIGURE 3.5 – Circuit activateur (ou désinhibiteur).

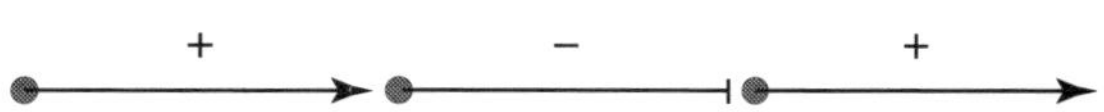

FIGURE 3.6 – Circuit inhibiteur.

Les règles sont celles de l'algèbre :

1. (-) x (-) x (+) = (+) circuit activateur (premier exemple).
2. (+) x (-) x (+) = (-) circuit inhibiteur (deuxième exemple).

3.3.2 Le système nerveux central (ou névraxe)

Il comporte l'encéphale et la moelle épinière.

• L'encéphale est protégé par la boîte crânienne

• La moelle épinière est protégée par la colonne vertébrale (contenue dans le canal rachidien).

A- L'encéphale

Il contient environ 100 milliards de neurones. On y distingue :

1. **le cerveau**

   Comporte deux hémisphères connectés par le **corps calleux**. Ils se subdivisent en (par paires) :
   - le lobe frontal : intellect, motricité consciente...
   - le lobe pariétal : informations somesthésiques
   - le lobe temporal : perceptions auditives
   - le lobe occipital : perceptions visuelles

   De l'extérieur vers l'intérieur, en coupe frontale, on observe :

   (a) **la substance grise SG** : à la périphérie et au centre, elle contient des somas de neurones, des dendrites, des interneurones[23] et des axones amyélinisés, et qui réunit :

      i. **le cortex cérébral** :. C'est le centre de la pensée, de l'action motrice volontaire (efférences), de la réception des afférences somesthésiques etc.

      ii. **les noyaux gris centraux** (nombre pair), en position centrale, au-dessous du thalamus et au-dessus du tronc cérébral, à l'exclusion de la substance noire (locus niger), située à la limite supérieure du mésencéphale. Ils jouent un rôle primordial dans le contrôle du mouvement automatique et de la posture.

   (b) **la substance blanche SB** : partie myélinisée que l'on trouve à l'intérieur de la SG.

   Sur le schéma ci-dessous (très schématique!) ne sont pas représentés tous les noyaux gris : notamment la queue des noyaux caudés, les locus niger (substance noire mésencéphalique jouant un grand rôle dans la maladie de Parkinson) et les corps de Luys (sous-thalamiques).

2. **le diéncéphale** Il contient :

   (a) **le thalamus** : centre intégrateur relais des informations somesthésiques et sensorielles[24]

   (b) **l'hypothalamus** : chef d'orchestre du système nerveux autonome et de l'appareil endocrinien. Responsable majeur de l'homéostasie (cf.infra).

   (c) **l'hypophyse** : glande endocrine située sous lhypothalamus (elle lui est reliée par la tige pituitaire) et dépendant de ce dernier (cf. infra). Elle comporte deux parties : l'ante-hypophyse[25] à l'origine de la sécrétion d'hormones qu'elle synthétise elle-même (c'est donc une véritable glande endocrine) et la post-hypophyse[26] à l'origine de la sécrétion de 2 neuro-hormones synthétisées dans l'hypothalamus (vasopressine (ou hormone antidiurétique ADH) et ocytocine).

---

23. les interneurones sont toujours intégralement dans la substance grise, que ce soit au niveau du cerveau ou de la moelle épinière

24. à l'exclusion des informations olfactives

25. ou hypophyse antérieure ou adénohypophyse.

26. ou hypophyse postérieure ou neurohypophyse.

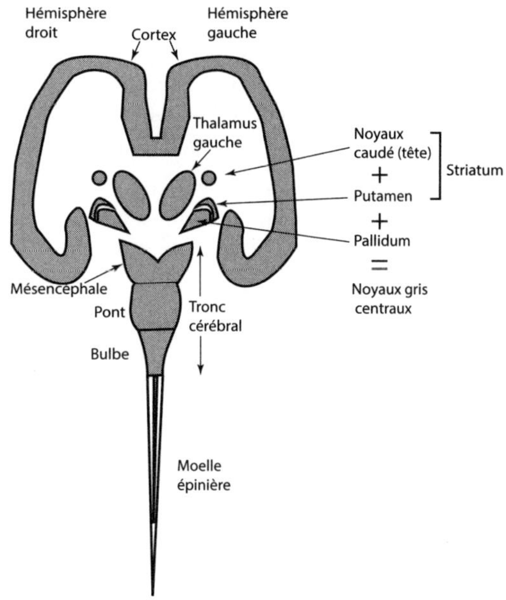

FIGURE 3.7 – Coupe frontale du cerveau, en avant du cervelet (qui n'apparaît donc pas).

(d) **l'épiphyse** ou glande pinéale : située sous l'hypothalamus, elle sécrète la mélatonine ("hormone de la nuit").

3. **le cervelet**

   On l'appelle aussi le petit cerveau. Il est situé en arrière du cerveau, sous le lobe occipital, derrière le tronc cérébral. Le cervelet joue un rôle majeur dans le déroulement harmonieux des mouvements, dans l'apprentissage de nouveaux mouvements, exécution de mouvements déjà appris, arrêt d'un mouvement balistique, etc. (donc contrôle du mouvement en général).

   Mais il n'a aucun rôle moteur direct : il ne peut initier aucun mouvement (et donc une lésion du cervelet n'entraîne aucune paralysie).

4. **le tronc cérébral**

   Anatomiquement, il fait le lien entre le cerveau et la moelle épinière. De haut en bas, on trouve
   - le mésencéphale, en vis à vis des noyaux gris centraux
   - le pont (aussi appelé protubérance)
   - le bulbe rachidien, qui prolonge la moelle épinière : il contient les réticulées activatrice (partie supérieure du bulbe) et inhibitrice (partie inférieure).

   C'est dans le bulbe (lemnisque médian) que s'effectue la décussation des voies lemniscales somesthésiques.

B- La moelle épinière

Située dans le canal rachidien, ses axones sont regroupés en faisceaux ascendants et descendants (mettant en relation les structures supérieures avec celles de la moelle épinière), eux-mêmes regroupés en cordons : latéraux, postérieurs et antérieurs.

Les axones correspondants étant myélinisés, ces cordons constituent de la substance blanche.

Cette substance blanche (SB) périphérique entoure de la substance grise (SG) interne (somas, interneurones, neurones amyélinisés) traversée au centre par le canal de l'épendyme qui contient le liquide céphalo-rachidien.

Il y a donc inversion des localisations relatives SB/SG par rapport au cerveau.

Nomenclature des faisceaux : le préfixe correspond à l'origine du faisceau, et le suffixe à son but : ainsi, un faisceau cortico-spinal quitte le cortex cérébral pour rejoindre la moelle épinière.

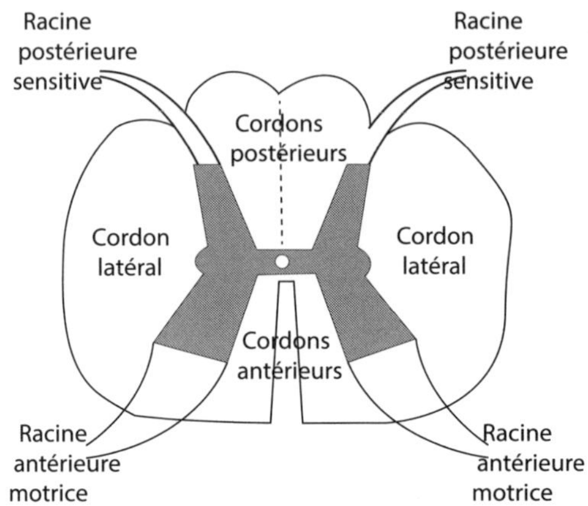

FIGURE 3.8 – Schéma simplifié d'un segment transversal de la moelle épinière : cordons et racines.

Autres exemples : faisceaux spino-cérébelleux, spino-thalamique, réticulo-spinal...

3.3.3 Le système nerveux périphérique SNP

Il se décompose en système nerveux somatique SNS (conscient et volontaire) et système nerveux autonome SNA (inconscient et donc involontaire).

3.3.4 Les fibres du SNP

1. Les axones des neurones du SNP sont regroupés en **nerfs**, extérieurs à la moelle épinière.
2. les somas des neurones de la somesthésie (voies de la sensibilité du corps) sont regroupés dans des **ganglions rachidiens**, extérieurs à la moelle épinière au niveau des racines postérieures, situés dans les **trous de conjugaison** des vertèbres (voir schéma ci-dessous).
3. les somas des neurones des voies motrices du SNS sont situés dans les cornes antérieures de la moelle épinière
4. les somas des neurones préganglionnaires des voies sympathiques du SNA sont situés dans les cornes intermédiaires de la moelle épinière
5. etc.

A- Le SNS

Il comporte

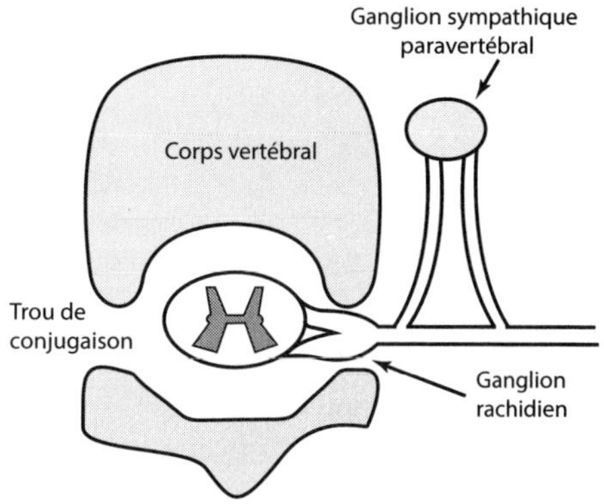

FIGURE 3.9 – Position du ganglion rachidien (ou spinal) relativement au corps vertébral (coupe transversale de la moelle épinière, au niveau lombaire).

• **des afférences somesthésiques** ascendantes (tact, proprioception, chaleur, douleur), qui se propagent des récepteurs au cortex S1 (cortex somesthésique, lobe pariétal postérieur)

Seul le premier neurone, le protoneurone de la somesthésie, fait partie du SNP : du récepteur extérieur au ganglion rachidien où se trouve le soma, la conduction de l'influx nerveux se fait par l'unique dendrite de ce protoneurone. Après le soma, on trouve l'axone du neurone qui pénètre dans la moelle (SNC) par la corne postérieure.
Les différents types de récepteurs sont :

1. **les extérocepteurs** : ce sont les récepteurs de la vie de relation. On y trouve
   (a) les récepteurs du tact fin (épicritique)
   (b) les récepteurs du tact grossier
   (c) les thermorécepteurs, sensibles à la chaleur et au froid non douloureux
   (d) les nocicepteurs, sensibles à la douleur
   (e) les récepteurs photosensibles (vision)
2. **les propriocepteurs** : sensibles aux stimuli de la vie interieure, et notamment :
   (a) ceux qui informent sur la position et les mouvements des articulations
   (b) les fuseaux neuromusculaires qui réagissent à l'étirement du MSS : voir réflexe myotatique (cours sur le MSS)
   (c) les organes tendineux de Golgi qui réagissent à la tension musculaire : associés au réflexe myotatique.

• **des efférences motrices** descendantes, qui vont du cortex moteur aux muscles striés squelettiques.

Seul le dernier neurone de ces efférences appartient au SNP : il s'agit toujours d'un motoneurone α qui est **l'unique neurone moteur** ("voie finale commune"). La motricité qui en résulte est une motricité **volontaire**, car issue du cortex (A4, lobe pariétal antérieur), donc consciente. Le neuromédiateur libéré au niveau de la synapse neuro-musculaire est toujours **l'acétylcholine** (cf. chapitre sur muscle squelettique).

B- Le SNA

1. **Les afférences du SNA** : elles sont mal définies, et controversées par les différents auteurs : nous ne les aborderons donc pas.

FIGURE 3.10 – Représentation des principaux trajets somesthésiques (les quatrièmes neurones, corticaux, ne sont pas dessinés). On notera que les aires somesthésiques sont postérieures à la scissure de Rolando (alors que les aires motrices lui sont antérieures).

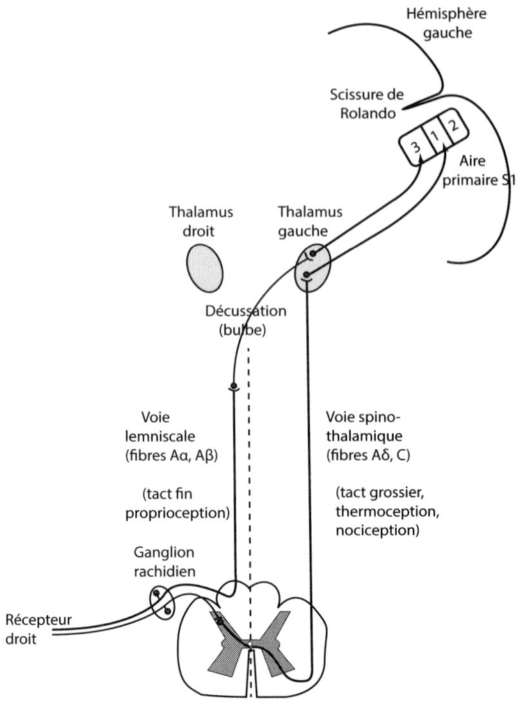

2. **Les efférences du SNA** : c'est l'ensemble des **efférences non volontaires** (et donc non conscientes) du système nerveux périphérique (SNP).

Autrement dit (répétons-le), le SNP est la réunion du SNS (conscient) et du SNA (inconscient).

Le SNA assure la régulation inconsciente des divers organes avec le système endocrinien (hormonal).

Les organes concernés sont :

- le coeur
- les glandes
- les muscles lisses (parois des vaisseaux et des viscères)

Ne sont pas concernés : les muscles striés squelettiques dont la contraction volontaire est assurée par le SNS (cf.supra).

3.4 Les deux grandes subdivisions du SNA

Le SNA se subdivise en deux sous-systèmes qui s'opposent la plupart du temps (exceptions rares) :

3.4.1 Le système nerveux parasympathique SNPA

Il a pour principale fonction la **régulation des organes pendant les moments de repos** de l'organisme (pas de stress, pas d'effort intellectuel ou physique etc.). Le parasympathique permet donc, entre autres :

1. un rythme cardiaque lent
2. des valeurs convenablement régulées (pH, natrémie etc.)
3. le bon fonctionnement des fonctions urinaires et digestives
4. le stockage énergétique (en vue d'éventuelles dépenses à venir) : glycogénogénèse, synthèse des acides gras puis lipogénèse...
5. la vision de près pour une lecture calme
6. une remise en ordre générale après un stress, d'où qu'il vienne.
7. etc. (cf.infra)

3.4.2 Le système nerveux (ortho)sympathique SNO

Il assure le bon fonctionnement des organes dans les situations de stress, par exemple en cas d'effort physique ou intellectuel, d'angoisse, d'agression pathologique, de peur, de fuite, de combat etc. Pendant ces périodes, le système sympathique :

1. augmente la puissance et la fréquence cardiaque
2. déstocke les réserves énergétiques dont il aura besoin (glycolyse, glycogénolyse, lipolyse ...)
3. organise les possibilités de combat ou de fuite ("Fight or Flight")
4. diminue ou stoppe les fonctions digestives et urinaires (non urgentes)
5. peut détourner la circulafion sanguine d'organes non vitaux (circulation cutanée, par exemple) au profit d'organes vitaux

Nous reverrons toutes ces questions en détail plus loin.

3.5 Organisation anatomique schématique du SNA

Il est à noter que la motricité volontaire assurée par le SNS est toujours associée à une **contraction** des muscles squelettiques.

En revanche, le SNA qui assure la motricité des muscles lisses (mais jamais des muscles squelettiques) peut le faire par contraction **ou** relaxation.

3.5.1 Le système nerveux parasympathique

A- Les fibres

Le parasympathique utilise 2 neurones en série, reliés par une synapse

1. le **premier neurone, dit pré-ganglionnaire**, dont le soma se trouve aux niveaux crânien et sacré.[27] Ce neurone est long (jusqu'à l'organe) et son axone est faiblement myélinisé. Il établit donc une synapse proche de l'organe, parfois dans l'organe lui-même.
2. le **second neurone, dit post-ganglionnaire**, dont le soma est dans le ganglion, a un axone court amyélinisé

B- Les neuromédiateurs

Que ce soit au niveau ganglionnaire ou de l'organe cible, **le neuromédiateur est l'acétylcholine (Ach)**. Les 2 neurones véhiculent donc de l'Ach.

C'est pourquoi les fibres parasympathiques sont dites **cholinergiques** (en réalité, ce qualificatif fait référence au neuromédiateur du **second** neurone, comme nous le verrons).

27. Nous ne détaillons pas plus parce qu'en général, les divers professeurs ne le font pas.

C- Les récepteurs

1. **Les récepteurs nicotiniques** : au niveau ganglionnaire (c'est-à-dire à la membrane post-synaptique), les récepteurs sont analogues à ceux que l'on trouve dans les muscles squelettiques : ce sont des canaux ioniques ligand (Ach)-dépendants. Ces récepteurs **ionotropiques** (en s'ouvrant, ils laissent passer des ions Na^+) sont appelés récepteurs nicotiniques car la nicotine est un agoniste de l'Ach au niveau de ces récepteurs.[28]

   Ces récepteurs sont des protéines pentamériques (2 sous-unités α, 1 sous-unité β, 1 sous-unité γ et 1 sous-unité δ). C'est la fixation de 2 Ach sur les 2 sous-unités α qui provoque l'ouverture du canal.

2. **Les récepteurs muscariniques** : au niveau de l'organe cible, il sont ainsi nommés car la muscarine (que l'on trouve dans les amanites "tue-mouches") en est un agoniste au niveau de ces récepteurs.[29]

   Ce sont des récepteurs RCPG (récepteurs couplés aux protéinees G) : la fixation de l'Ach provoque l'activation de la protéine G sous-membranaire ce qui entraîne des réactions métaboliques. Pour cette raison, les récepteurs sont dits **métabotropes.**

   Il existe plusieurs types de récepteurs muscariniques, selon l'organe :
   - les récepteurs M1, M3 et M5 qui activent une protéines Gq : il en résulte l'activation de la PLC-β, suivie de l'augmentation du Ca^{2+} intracellulaire (voir cours de biologie cellulaire).
   - les récepteurs M2 et M4 qui activent une protéine Gi qui inhibe l'adénylate cyclase, ce qui est suivi de l'activation des canaux K^+.

3.5.2 Le système nerveux sympathique

A- Les fibres

Ce système se subdivise en 2 sous systèmes :

1. **La voie nerveuse** : cette voie utilise 2 neurones en série, reliés par une synapse
   (a) le premier neurone, préganglionnaire, dont le soma se trouve dans la corne intermédiaire des moelles dorsales (de C8 à L4). Cette voie peut-être :
   - **à destinée somatique** (vers les muscles lisses des vaisseaux sanguins, éléments de la peau), ce neurone est faiblement myélinisé et court, et établit une synapse dans un **ganglion paravertébral** (pair : à gauche et à droite de la colonne vertébrale).

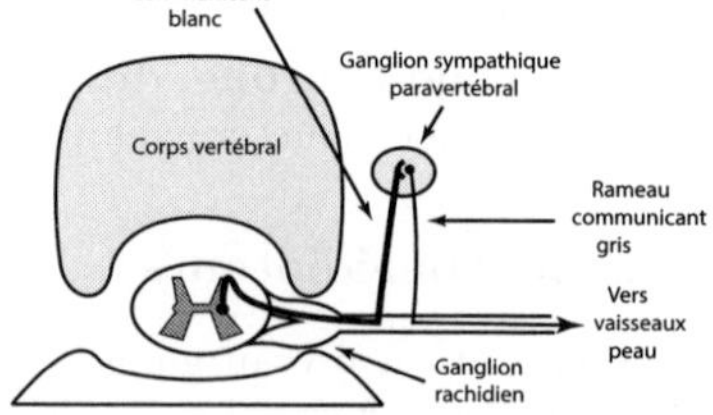

FIGURE 3.11 – Système nerveux sympathique (voie nerveuse) **à destinée somatique**. Seul un axone des rameaux a été représenté.

28. et le curare en est un antagoniste.
29. et l'atropine en est un antagoniste.

• **à destinée viscérale** (muscles lisses des viscères : vessie, intestins, etc.), ce neurone, est faiblement myélinisé et court, et établit une synapse dans un **ganglion prévertébral** (impair, devant la colonne vertébrale), formant éventuellement des plexus.

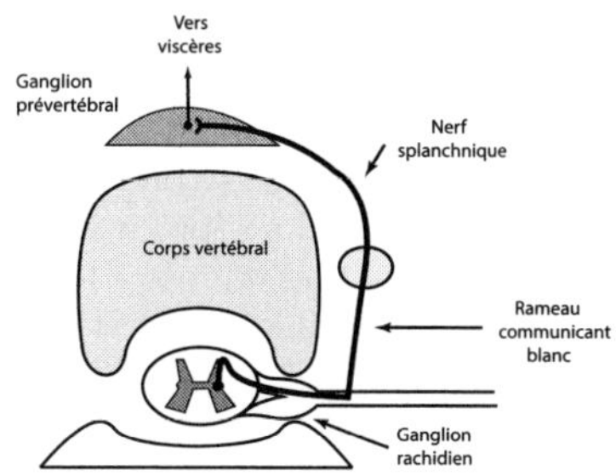

FIGURE 3.12 – Système nerveux sympathique (voie nerveuse) **à destinée viscérale**. Seul un axone du nerf splanchnique a été représenté.

(b) le second neurone post-ganglionnaire, amyélinisé et long qui rejoint l'organe cible.

Remarque

(a) l'ensemble des neurones pré-ganglionnaires est appelé **rameau communicant blanc** : c'est la couleur des **axones myélinisés**

(b) l'ensemble des neurones post-ganglionnaires est appelé **rameau communicant gris** : c'est la couleur des **axones non myélinisés**.

B- Les neuromédiateurs

(a) au niveau du neurone préganglionnaire (premier neurone), le neuromédiateur est encore l'acétylcholine

(b) au niveau du neurone postganglionnaire (second neurone), le neuromédiateur est la **noradrénaline** : pour cette raison, les fibres sont dites **adrénergiques** (ou **catécholaminergiques**).

On voit que cette terminologie concerne bien le second neurone.

C- Les récepteurs

(a) au niveau postsynaptique ganglionnaire, les récepteurs de l'Ach sont des récepteurs nicotiniques déjà décrits plus haut.

(b) au niveau de l'organe cible, les récepteurs adrénergiques sont des récepteurs métabotropes (RCPG) dont on trouve plusieurs types
   • les récepteurs $\alpha 1$ (activation de protéines Gq, donc activateurs) et $\alpha 2$ (activation de protéines Gi, donc inhibiteurs)
   • les récepteurs $\beta 1$ (cardiomyocytes) , $\beta 2$ (muscle lisse bronchique et $\beta 3$ (adipocytes) qui sont tous activateurs (via la protéine Gs)

2. **La voie hormonale** : pour certains circuits sympathiques, la seconde voie nerveuse est remplacée par une voie hormonale.

Les fibres, les neuromédiateurs et les récepteurs

(a) le premier neurone aboutit à la médullo-surrénale (et non dans un ganglion pré- ou para-vertébral). Il y établit une synapse avec un second neurone particulier dépourvu d'axone[30]

Le neuromédiateur est là encore l'acétylcholine, et le récepteur situé à la membrane du neurone ganglionnaire (la cellule chromaffine) est également un récepteur nicotinique.

(b) il n'y a pas de second axone : la cellule chromaffine transforme la noradrénaline en adrénaline (par méthylation). Celle-ci est alors sécrétée et véhiculée dans le sang (qui remplace le second axone, d'où le nom de voie hormonale) vers les organes cibles : la destination est donc plus diffuse que par la voie nerveuse.[31]

On trouve également de la noradrénaline non transformée en adrénaline dans le sang (environ 20% de noradrénaline pour 80% d'adrénaline). Les récepteurs α et β sont de même type que dans la voie nerveuse.[32]

3.5.3 Tableau résumé de l'organisation physiologique des deux systèmes

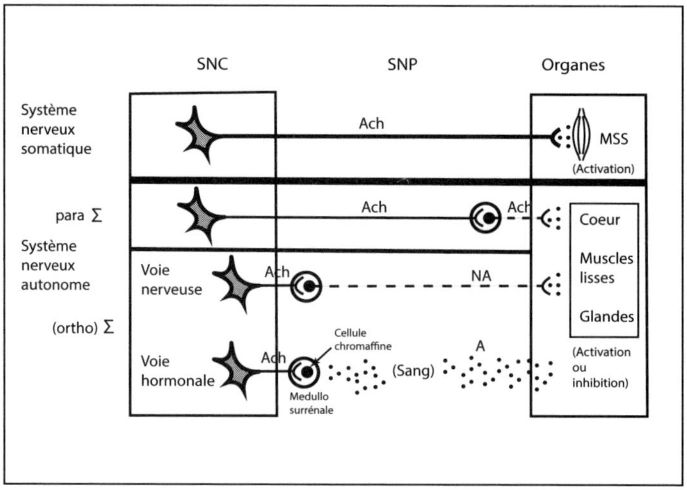

FIGURE 3.13 – Résumé système nerveux périphérique : les axones en trait plein maigre (pré-ganglionnaires) sont légèrement myélinisés. Les axones en traits pointillés (post-ganglionnaires) sont amyélinisés. L'unique axone du motoneurone (SNS) est fortement myélinisé (trait plein gras).

3.6 Opposition parasympathique-sympathique

Il existe un antagonisme quasi-général entre les deux systèmes. Sans prétendre être exhaustifs, nous donnons ci-dessous les principaux domaines d'interventions

30. appelé cellule chromaffine.

31. c'est le seul endroit de l'organisme où cette transformation est possible car ces cellules sont les seules à posséder une NA-méthyltransférase ; on ne peut dont pas trouver d'adrénaline dans les fibres nerveuses post-ganglionnaires du sympathique.

32. Il y a des concurrences entre la NA et l'A à l'égard de ces récepteurs. Mais nous ne développons pas car ces détails dépendent de chaque professeur (et le but est de retenir l'essentiel).

3.6.1 Action du sympathique

Il faut bien retenir que **le sympathique intervient en cas de stress**. Pour retenir simplement son mode d'action, on peut envisager la situation suivante (que nous espérons fictive pour le lecteur).

Vous vous retrouvez face à un fauve. Deux solutions s'offrent à vous : le combat ("fight") ou la fuite ("flight").

Courageux mais pas téméraire, l'auteur de ces lignes se prépare (rapidement) à la deuxième option. Il est dont essentiel

1. qu'il puisse courir vite. Pour cela :
   - il doit disposer rapidement d'une grande quantité d'ATP : **déstockage des réserves d'énergie (glycogénolyse, glycolyse, lipolyse)**. Action des hormones déstockantes (glucagon)
   - il doit pourvoir respirer amplement : **bronchodilatation**
   - ses muscles squelettiques [33] doivent être abondamment irrigués : **vasodilatation des vaisseaux** correspondants (et donc relaxation des muscles lisses qui tapissent ces vaisseaux)
2. le sang doit parfaitement irriguer les organes vitaux. Ainsi, par exemple, le sang des vaisseaux sous-cutanés est détourné vers le coeur, le cerveau, le foie etc. le sujet présente **une grande pâleur**
3. ce n'est pas le moment d'avoir "envie de faire pipi" : **relaxation vésicale** (le muscle détrusor qui contracte la vessie se relâche)
4. la digestion du repas de midi peut attendre : **baisse de l'activité digestive** (irrigation sanguine moindre)
5. **baisse du péristaltisme intestinal** (à l'origine de l'excrétion fécale)
6. il faut qu'il ait une vision globale de son environnement [34] : **mydriase** (dilatation des pupilles)
7. plus "noblement", **l'activité cardiaque s'accentue ("décharge" d'adrénaline)** :
   - augmentation de la fréquence cardiaque
   - augmentation de la puissance cardiaque
   - etc.

3.6.2 Action du parasympathique

Le parasympathique domine dans les situations de repos.

En fait, vous vous réveillez car tout cela n'était qu'un cauchemar. Vous avez pris votre petit déjeuner et vous vous retrouvez au calme, confortablement assis dans un fauteuil, en train de lire votre journal. Dans ces conditions (nous reprenons point par point le listing précédent) :

1. reconstitution des réserves d'énergie (insuline)
2. bronchoconstriction
3. contraction des vaisseaux irriguant les muscles squelettiques : mais cela ne dépend pas du parasympathique (voir exceptions au paragraphe suivant)
4. myosis (constriction de la pupille) [35]
5. contraction possible du détrusor
6. rétablissement de l'activité défécatoire [36]

33. en particulier ceux de ses "mollets".
34. où se cacher ? ?
35. Pensez à la lecture du journal
36. nous ne développons pas.

7. ralentissement de l'activité cardiaque
8. etc.

3.6.3 Les exceptions

Les deux systèmes agissent donc en opposition sur la plupart des organes. Ce sont les circonstances qui décident de celui qui domine l'autre

stress= sympathique, repos=parasympathique.

Mais certaines situations échappent à cette situation générale :

1. dans certains cas, **un seul** des systèmes agit sur l'organe. Un exemple : le parasympathique n'a pas d'action sur la vasomotricité (contraction ou relaxation des muscles lisses irriguant les vaisseaux). C'est le sympathique qui gère la contraction ET la relaxation (en les contractant moins)
2. plus rarement, **les deux systèmes** peuvent agir simultanément **en synergie** : c'est le cas de l'érection (parasympathique) et de l'éjaculation (sympathique)
3. un **exemple mixte, les glandes sudorales eccrines** : ce sont des fibres du sympathique qui interviennent (ce qui est normal en cas de stress), mais le neuromédiateur est celui du parasympathique, c'est-à-dire l'acétylcholine.

3.7 Thermorégulation

Les oiseaux et les mammifères sont des **homéothermes**, en ce sens que leur température centrale est régulée (donc maintenue dans une fourchette étroite autour d'une valeur d'équilibre de consigne), contrairement aux animaux poïkilothermes (serpents, par exemple) dont la température centrale est en équilibre avec la température ambiante.

Cette thermorégulation suppose qu'en moyenne, la chaleur reçue par l'organisme soit égale à la chaleur perdue.

3.7.1 Les lois physiques de propagation de la chaleur

Aucune formule mathématique n'est requise pour le concours.

1. **Conduction** : la chaleur se propage spontanément des points chauds vers les points froids. Le débit de chaleur est proportionnel à la différence des températures de ces deux points.
2. **Radiation** : tout corps rayonne de la chaleur sous forme de rayonnement électromagnétique infra-rouge.
3. **Convection** : il s'agit du transport de la chaleur par un fluide vecteur.
   (a) **Convection forcée** : le déplacement du fluide est dû à un apport extérieur d'énergie au système (déplacement du sang grâce à la pompe cardiaque, par exemple)
   (b) **Convection libre** (souvent ajoutée aux échanges par radiation) : elle est due aux variations de masse volumique du fluide associées aux variations de température (air chaud-air froid, par exemple).
4. **Évaporation** : la vaporisation d'un gramme de sueur liquide absorbe environ 0,6 kcal. L'évaporation de la sueur est donc une source importante d'élimination de chaleur.

3.7.2 Application au maintien de la température centrale (du noyau)

L'homéothermie est assurée par l'égalité de la thermogénèse (chaleur produite M) et de la thermolyse (chaleur perdue).

1. **Thermogénèse** : elle est directement liée au métabolisme basal ainsi qu'à ses variations (périodes post-prandiales, exercice musculaire) et a lieu dans tous les tissus. Elle doit être compensée par la **thermolyse** (cf. infra).
2. **Thermolyse** : la chaleur centrale est essentiellement éliminée au niveau de la peau. À cette fin :

   (a) elle doit être véhiculée du noyau vers la surface
   • par conduction (différence de température entre le noyau et la peau). La conductance thermique du corps étant faible, ce type de transport de chaleur est négligeable.
   • mais surtout par convection forcée due à la circulation sanguine.

   (b) elle est ensuite évacuée par la surface cutanée.
   • par radiation-convection libre, ou par convection forcée (présence de vent, par exemple)
   • par conduction : ce type de transfert est en général négligeable, car l'air est un mauvais conducteur. En revanche, il faut en tenir largement compte en cas de contact direct entre la peau et un support solide (sol froid, par exemple) ou un liquide (baignade en eau fraîche). La surface de contact est alors un paramètre déterminant.
   • par évaporation faisant suite à une sudation.

3.7.3 Les réponses thermorégulatrices

Nous excluons dans ce paragraphe :
• les comportements adaptatifs (vêtements, habitat) qui ne sont pas des régulations physiologiques
• l'acclimatation, qui est une réaction à long terme de l'individu
• l'adaptation génétique qui est un mécanisme d'évolution de l'espèce, nécessairement sur le très long terme pour ne nous intéresser qu'à des réactions efficaces[37] et répondant à des perturbations "raisonnables".

1. **Les réponses au froid** : augmentation de la thermogénèse et diminution de la thermolyse

   (a) **Le frisson thermique** : provoqué par des contractions désynchronisées des fibres musculaires squelettiques voisines sous la commande des voies motrices extra-pyramidales. La thermogénèse est importante, mais coûteuse en énergie et rapidement épuisante.

   (b) **La vasoconstriction cutanée** : elle limite la circulation sous-cutanée et défavorise donc les pertes de chaleur de l'organisme vers l'environnement (conduction, convection...).

2. **Les réponses au chaud** : augmentation de la thermolyse et diminution de la thermogénèse

   (a) **La sudation** : se manifeste au-delà de 32°C pour un sujet nu (ou 25°C pour un sujet légèrement vêtu. Mais c'est en fait l'évaporation de la sueur (et non la sudation par elle-même) qui permet de consommer de la chaleur, et donc de refroidir le sang au niveau de la peau puis au niveau central.

37. ce qui exclut l'horripilation, dont le vestige chez l'homme est "la chair de poule", devenue inutile en raison de la perte de la pilosité très importante de nos ancêtres.

Remarque importante : l'évaporation se fait d'autant plus difficilement que l'hygrométrie est importante. C'est pourquoi il peut s'avérer risqué de produire un effort physique soutenu dans une ambiance humide.[38] Ainsi, dans certains pays tropicaux, l'hygrométrie peut avoisiner 100% : dans ces conductions, la sudation est importante mais l'évaporation est nulle et la thermolyse quasi-inexistante, d'où une élévation dangereuse de la température centrale.

(b) **La radiation-convection** : négligeable

(c) **La vasodilatation cutanée** : elle augmente la circulation sous-cutanée, et donc l'évacuation de la chaleur par la peau.[39]

3.7.4 Les outils de la thermorégulation

1. **Les centres** : ils sont situés dans l'hypothalamus[40]
2. **Les récepteurs des afférences thermiques** : ils sont périphériques ou centraux. Seuls les thermorécepteurs profonds[41] sont capables de réguler la température centrale
3. **Les efférences** : elles sont véhiculées par voie nerveuse ou hormonale
   (a) **Les voies pyramidales cholinergiques** (exceptionnellement)[42] commandent la sécrétion de la sueur par les glandes sudoripares (ou sudorales)
   (b) **Les catécholamines sympathiques** sont responsables de la vasomotricité
   (c) **Les voies motrices extrapyramidales** provoquent le frisson thermique.

3.7.5 Les écarts à la thermorégulation

1. **Hyperthermie** : le système nerveux commence à souffrir à partir de 42°C (convulsions). La thermorégulation fonctionne mal (notamment la sudation). La mort survient rapidement au-delà de 44°C.
2. **Hypothermie** : la thermorégulation au froid est moins performante que celle au chaud. En l'absence de comportements adaptatifs (vêtements, habitat), la température centrale baisse rapidement. Le sujet perd conscience à partir d'une température centrale d'environ 33°C, et devient poïkilotherme (plus de régulation) au-dessous de 30°C : la mort survient au voisinage de 28°C.

3.8 Régulation du pH

Le pH cellulaire est voisin de 7. Celui du plasma sanguin doit être compris entre 7,38 et 7,42 (nous prendrons 7,4). En dehors de cette fourchette, les enzymes fonctionnent mal, voire ne fonctionnent plus et le risque peut devenir mortel. Pour simplifier, on peut donner quelques chiffres :

$$pH < 7,36 : \text{acidose}$$
$$pH > 7,44 : \text{alcalose}$$
$$6,9 < pH < 7,2 : \text{coma}$$
$$7,6 < pH < 7,8 : \text{convulsions}$$
$$pH < 6,9 \quad \text{ou} \quad pH > 7,8 : \text{mort du sujet}$$

Le pH sanguin doit donc être sévèrement régulé :

38. ne pas faire de pompes dans un hammam !
39. c'est pourquoi la peau apparaît rouge quand la température centrale est élevée.
40. antérieur pour le chaud, postérieur pour le froid.
41. situés dans le territoire splanchnique, la moelle épinière et surtout dans l'hypothalamus.
42. car elles sont en général adrénergiques.

1. par les systèmes tampons, qui neutralisent les ions H^+ (ions bicarbonates, à 75%, mais aussi hémoglobine, protéines, phosphates inorganiques...) : temps de réaction de l'ordre de la seconde
2. par voie respiratoire : évacuation de CO_2 par les poumons (hyperventilation), ce qui diminue l'acidité et relève le pH ou, à l'inverse, rétention de CO_2 (hypoventilation), ce qui abaisse le pH : temps de réaction en minutes, ou dizaines de minutes
3. par une réponse rénale (heures) : si le pH est trop bas, l'excrétion urinaire d'ions H^+ et la réabsorption des bicarbonates augmentent. L'inverse se produit en cas de pH trop alcalin.

EXERCICES

3.9 Questions à choix multiples

QCM 1

Concernant les hormones :

A) les hormones hydrophiles n'ont aucun besoin de transporteur sanguin.
B) les hormones hydrophiles se fixent sur des récepteurs cytosoliques, car le cytosol est un milieu hydrophile.
C) les hormones hypophysaires sont des hormones hydrophiles.
D) les hormones stéroïdes ont des récepteurs intracellulaires.

QCM 2

À propos des hormones de l'axe hypothalamo-hypophysaire :

A) certaines sont des hormones hydrophobes.
B) les hormones post-hypophysaires sont synthétisées dans l'hypothalamus.
C) les hormones ante-hypophysaires sont synthétisées dans l'hypothalamus.
D) sont déversées dans la circulation générale dès leur production.

QCM 3

Le système nerveux (ortho)sympathique SNO :

A) utilise l'acétylcholine comme neurotransmetteur.
B) n'utilise pas les neurotransmetteurs du système parasympathique.
C) utilise l'adrénaline par voie nerveuse.
D) gère les situations de stress.

QCM 4

L'hypothalamus :

A) fait partie du système nerveux central, comme la moelle épinière.
B) fait partie du système nerveux central, contrairement à la moelle épinière qui fait parte du système nerveux périphérique.
C) réceptionne des hormones en provenance de l'hypophyse.
D) est un relais entre les afférences somesthésiques et le cortex.

QCM 5

À propos des hormones stéroïdiennes

A) L'aldostérone, hormone corticosurrénale, joue un rôle important dans l'équilibre hydroélectrique.
B) l'ADH joue un rôle majeur dans l'équilibre hydraulique.
C) le cortisol est une hormone stéroïdienne.
D) L'ACTH, à l'origine de la sécrétion de cortisol, est une hormone stéroïdienne.

QCM 6

Un individu est agressé et se défend :

A) son organisme est le siège d'une augmentation de la glycolyse.
B) sa vessie se relâche.
C) son système nerveux parasympathique est “en alerte”.
D) la sécrétion d'adrénaline augmente.

QCM 7

À propos du système nerveux :

A) le système nerveux somatique fait partie du système nerveux périphérique.
B) le système nerveux autonome (végétatif) fait partie du système nerveux périphérique.
C) les motoneurones alpha sont les neurones post-ganglionnaires du SNO.
D) contrairement au système nerveux autonome, le système nerveux somatique ne comporte qu'un seul neurone entre la moelle épinière et l'organe qu'il innerve.

QCM 8

À propos du système nerveux :

A) le coeur est innervé par le système nerveux somatique (SNS).
B) le SNA n'agit pas sur les muscles, contrairement au SNS.
C) le SNA n'agit que sur le muscle cardiaque et les muscles lisses.
D) le SNS fait partie du système nerveux périphérique (SNP), le SNA fait partie du système nerveux central (SNC).

QCM 9

À propos de la thermorégulation :

A) en milieu fortement hygrométrique, la sudation est le meilleur moyen de baisser la température centrale .
B) le frisson refroidit le corps.
C) la thermorégulation au chaud est plus efficace que la thermorégulation au froid.
D) en cas d'hypothermie, le frisson est un moyen durable de thermorégulation.

QCM 10

À propos de la régulation du pH sanguin

A) une augmentation de la concentration sanguine des ions H^+ active les chémorécepteurs centraux
B) une hypercapnie active les chémorécepteurs centraux.
C) un pH de 7,2 d'origine métabolique correspond à une acidose entraînant une hyperventilation.
D) un excès d'ions H^+ dans le sang sera suivi d'une élimination rénale d'ions bicarbonates.

CORRIGÉS

QCM 1 A,C,D

Concernant les hormones :

A) les hormones hydrophiles n'ont aucun besoin de transporteur sanguin. **VRAI : justement parce qu'étant hydrophiles, elles sont dans le sang "comme un poisson dans l'eau".**
B) les hormones hydrophiles se fixent sur des récepteurs cytosoliques, car le cytosol est un milieu hydrophile. **FAUX : il leur faudrait pour cela traverser la membrane plasmique hydrophobe. Leurs récepteurs sont donc membranaires.**
C) les hormones hypophysaires sont des hormones hydrophiles. **VRAI : ce sont des hormones polypeptidiques.**
D) les hormones stéroïdes ont des récepteurs intracellulaires. **VRAI : car ce sont des hormones hydrophobes (dérivent du cholestérol, lui-même très hydrophobe).**

QCM 2 B

À propos des hormones de l'axe hypothalamo-hypophysaire :

A) certaines sont des hormones hydrophobes. **FAUX : elles sont hydrophiles.**
B) les hormones post-hypophysaires sont synthétisées dans l'hypothalamus. **VRAI : et transportées par voie axonale vers la post-hypophyse d'où elles seront sécrétées sur commande.**
C) les hormones ante-hypophysaires sont synthétisées dans l'hypothalamus. **FAUX : dans l'hypophyse antérieure.**
D) sont déversées dans la circulation générale dès leur production. **FAUX : cette situation est le propre des hormones hydrophobes. Les hormones hydrophiles sont stockées dans des vésicules en l'attente d'un signal pour être exocytées.**

QCM 3 A,D

Le système nerveux (ortho)sympathique SNO :

A) utilise l'acétylcholine comme neurotransmetteur. **VRAI : au niveau ganglionnaire.**
B) n'utilise pas les neurotransmetteurs du système parasympathique. **FAUX : l'acétylcholine est commune aux deux systèmes, au niveau du neurone préganglionnaire.**
C) utilise l'adrénaline par voie nerveuse. **FAUX : par voie hormonale (l'adrénaline est sécrétée par la médullo-surrénale).**
D) gère les situations de stress. **VRAI : peur, colère, sentiment amoureux etc.**

QCM 4 A

L'hypothalamus :

A) fait partie du système nerveux central, comme la moelle épinière. **VRAI.**
B) fait partie du système nerveux central, contrairement à la moelle épinière qui fait parte du système nerveux périphérique. **FAUX : la moelle épinière fait aussi partie du système nerveux central.**
C) réceptionne des hormones en provenance de l'hypophyse. **FAUX : c'est l'inverse.**
D) est un relais entre les afférences somesthésiques et le cortex. **FAUX : ne pas confondre avec le thalamus, organe pair, contrairement à l'hypothalamus.**

QCM 5 A,C

À propos des hormones stéroïdiennes

A) L'aldostérone, hormone corticosurrénale, joue un rôle important dans l'équilibre hydroélectrique. **VRAI.**
B) l'ADH joue un rôle majeur dans l'équilibre hydraulique. **FAUX : l'ADH est une des deux hormones post-hypophysaire (donc non stéroïdienne) mais qui joue effectivement un rôle important dans l'équiliibre hydraulique.**
C) le cortisol est une hormone stéroïdienne. **VRAI.**
D) L'ACTH, à l'origine de la sécrétion de cortisol, est une hormone stéroïdienne. **FAUX : hormone de l'antehypophyse, hydrophile.**

QCM 6 A,B,D

Un individu est agressé et se défend :

A) son organisme est le siège d'une augmentation de la glycolyse. **VRAI : il doit produire un effort physique intense et brutal, ce qui mobilise les catabolismes anaérobies (phosphocréatine et glycolyse).**
B) sa vessie se relâche. **VRAI : l'envie d'uriner attendra.**
C) son système nerveux parasympathique est "en alerte". **FAUX : son SNO.**
D) la sécrétion d'adrénaline augmente. **VRAI.**

QCM 7 A,B,D

À propos du système nerveux :

A) le système nerveux somatique fait partie du système nerveux périphérique. **VRAI : partie consciente.**
B) le système nerveux autonome (végétatif) fait partie du système nerveux périphérique. **VRAI : partie motrice inconsciente.**
C) les motoneurones alpha sont les neurones post-ganglionnaires du SNO. **FAUX : les motoneurones alpha innervent les muscles striés squelettiques. Ils font donc partie du système nerveux somatique.**
D) contrairement au système nerveux autonome, le système nerveux somatique ne comporte qu'un seul neurone entre la moelle épinière et l'organe qu'il innerve. **VRAI : en l'occurence, une fibre musculaire squelettique. Le SNA comporte 2 neurones entre la ME et l'organe innervé (muscle lisse, coeur, glande).**

QCM 8 0

À propos du système nerveux :

A) le coeur est innervé par le système nerveux somatique (SNS). **FAUX : par le système nerveux autonome (nous n'avons pas la commande consciente des battements cardiaques).**
B) le SNA n'agit pas sur les muscles, contrairement au SNS. **FAUX : le SNA agit sur les muscles lisses, le SNS sur les muscles striés squelettiques.**
C) le SNA n'agit que sur le muscle cardiaque et les muscles lisses. **FAUX : il agit aussi sur les glandes, modulant leurs sécrétions.**
D) le SNS fait partie du système nerveux périphérique (SNP), le SNA fait partie du système nerveux central (SNC). **FAUX : les deux font partie du SNP.**

QCM 9 C

À propos de la thermorégulation :

A) en milieu fortement hygrométrique, la sudation est le meilleur moyen de baisser la température centrale . **FAUX : une hygrométrie importante s'oppose à l'évaporation de la sueur qui est la source la plus importante de refroidissement corporel.**
B) le frisson refroidit le corps. **FAUX : au contraire, le frisson permet d'augmenter la température centrale**
C) la thermorégulation au chaud est plus efficace que la thermorégulation au froid. **VRAI : car le frisson dure peu (voir item D) contrairement au système (sudation+évaporation).**
D) en cas d'hypothermie, le frisson est un moyen durable de thermorégulation. **FAUX : il est certes efficace, mais de courte durée car gros consommateur d'énergie (l'organisme s'épuise rapidement).**

QCM 10 B,C

À propos de la régulation du pH sanguin

A) une augmentation de la concentration sanguine des ions H^+ active les chémorécepteurs centraux **FAUX : il faudrait pour cela que ces ions passent la barrière hémato-encéphalique, ce qui est impossible.**
B) une hypercapnie active les chémorécepteurs centraux. **VRAI : car le CO_2 passe cette barrière et peut alors, par hydratation dans le liquide céphalorachidien, libérer des ions H^+ qui vont activer ces chémorécepteurs.**
C) un pH de 7,2 d'origine métabolique correspond à une acidose entraînant une hyperventilation. **VRAI : cette hyperventilation permet l'élimination de CO_2, donc d'acidité.**
D) un excès d'ions H^+ dans le sang sera suivi d'une élimination rénale d'ions bicarbonates. **FAUX : au contraire. l'élimination concerne les ions H^+. Les bicarbonates sont fortement réabsorbés et même régénérés.**

Chapitre 4

LE MUSCLE STRIÉ SQUELETTIQUE

4.1 Structure générale

4.1.1 La cellule musculaire = fibre

C'est une cellule géante [1] constituée :

1. d'une membrane plasmique, le **sarcolemme**, lui même entouré d'une lame basale. Entre ces deux structures se trouvent des **cellules satellites**, cellules quiescentes indifférenciées qui assurent le renouvellement des fibres en cas de nécessité.
2. de **tubules transverses**, invaginations du sarcolemme au niveau des stries Z, et qui permettent à des potentiels d'action de pénétrer dans la fibre
3. d'un vaste réticulum endoplasmique, appelé **réticulum sarcoplasmique (RS)** présentant au niveau des tubules un aspect dilaté, les **citernes terminales.** Chaque ensemble constitué d'un tubule et des deux citernes situées de part et d'autre de l'invagination est une **triade**.
4. d'un très grand nombre de noyaux [2](la fibre musculaire squelettique est un syncytium). Ce noyaux sont en périphérie, sous le sarcolemme.
5. d'un cytoplasme appelé **sarcoplasme**
6. d'un très grand nombre de mitochondries
7. de **myoglobine** qui assure le transport de l'oxygène vers les mitochondries [3]
8. d'éléments de stockage d'énergie (glycogène, triglycérides etc.)
9. de **myofibrilles**, éléments contractiles de la cellule [4], sortes de tubes allongés, parallèles entre eux et à la direction générale de la fibre, dont nous détaillons ci-dessous l'ultra-structure.

4.1.2 La myofibrille

A- Structure et aspect général

Elle est constituée d'une succession d'unités contractiles, les **sarcomères**, disposés en "bout à bout" de façon à parcourir toute la longueur de la fibre. Ces sarcomères contiennent les **protéines contractiles : l'actine et la myosine.**

1. de 0,1 mm à 35 cm de longueur, et de 10 à 100 μm de diamètre.
2. de plusieurs dizaines à plusieurs centaines selon la taille de la fibre.
3. y permettant le fonctionnement de la chaîne respiratoire.
4. plusieurs milliers par fibre, de diamètre compris entre 1 et 2 μm.

Les bandes A sont des bandes sombres et les bandes I sont des bandes claires. C'est ce qui donne à la myofibrille (et à la fibre qui est une superposition où tous les sarcomères des myofibrilles se situent au même niveau) son aspect strié transversal.

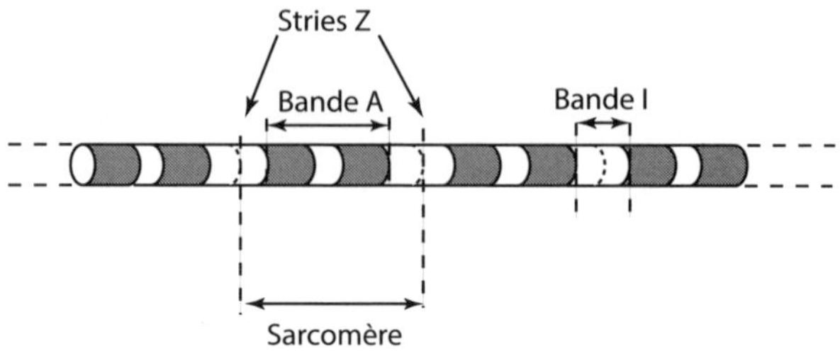

FIGURE 4.1 – Myofibrille = alignement d'un très grand nombre de sarcomères (chacun situé entre 2 stries Z consécutives)

B- Ultra-structure : le sarcomère

Il présente deux "plateaux" transversaux, les stries Z, constituées d'alpha-actinine et de desmine. À ces deux plateaux consécutifs d'un sarcomère se fixent les filaments fins d'actine. Entre ces filaments, on trouve les **filaments épais** de myosine [5] qui se fixeront par leur tête à l'actine ce qui permettra le mécanisme de contraction.

Il existe deux différences dans la fixation de l'actine et de la myosine :

1. des filaments d'actine (diamètre 5nm) partent des stries Z vers le centre du sarcomère, mais ne se rejoignent pas. Les filaments d'actine sont stabilisés par de la **nébuline**.
2. les filaments épais de myosine (diamètre 15 nm) ne rejoignent pas directement les stries Z mais sont reliées à elles par de la **titine**.
   • Deux molécules de myosine en regard "s'entortillent" et constituent la **bande A** (anisotrope) [6]. Au cours de la contraction, la bande A, qui correspond à l'association de molécules de myosine en opposition, ne verra donc pas sa longueur varier (en moyenne égale à 1,5μm).
   • La zone comprise entre 2 molécules de myosine séparées par une **strie Z** est une **bande I** [7](isotrope). Au cours d'une contraction (cf. infra), cette bande verra sa longueur diminuer.
   • La zone centrale contenant de la myosine mais pas d'actine est une zone claire appelée **bande H**, parcourue en son milieu par un épaississement un peu plus sombre, la ligne M

C- L'ultra-stucture des molécules de la myofibrille

1. **La myosine** : chaque molécule est formée de l'association de 2 chaînes lourdes (MHC), c'est-à-dire 2 queues de myosine se terminant par des têtes à activité ATP-asique, auxquelles sont associées 4 chaînes légères (MLC) portées par les 2 têtes des 2 chaînes lourdes [8].

5. en réalité, un filament de myosine est plus fin qu'un filament d'actine. Mais les queues de 300 à 400 molécules de myosine sont liées entre elles par de la myomésine (à l'instar d'une gerbe de blé), et c'est cet ensemble qui constitue un filament épais.

6. qui contient donc toute la myosine du sarcomère

7. qui ne contient que de l'actine, et de longueur moyenne égale à 1 μm

8. rappelons que le filament de myosine est un assemblage de plusieurs centaines de telles molécules

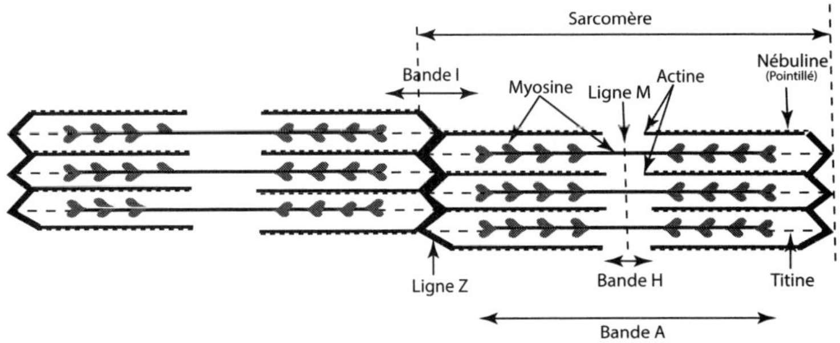

FIGURE 4.2 – Structure du sarcomère

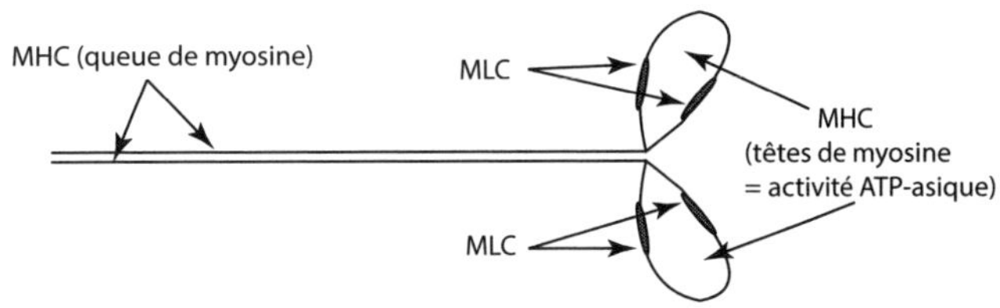

FIGURE 4.3 – Structure de la myosine

2. **La myomésine** : c'est une protéine qui assemble 300 à 400 molécules de myosine (à l'instar d'une gerbe de blé) en 1 filament épais de myosine
3. **La titine** : établit la jonction entre les filaments épais de myosine et la strie Z qui leur fait face, de façon à maintenir la myosine parallèle à l'actine.
4. **L'actine** : ce sont des protéines globulaires appelées **actine G**, porteuses d'un site de liaison avec la myosine. Ces protéines globulaires s'organisent en filaments fins torsadés appelé **actine F**. Ce sont ces filaments d'actine F que l'on voit dans les sarcomères et qui sont enchassés dans les stries Z.
5. **La tropomyosine** : doubles rubans torsadés qui cachent les sites de liaison de l'actine[9], s'étalant sur 7 actines G.
6. **La nébuline** : molécule fixée à la strie Z, qui s'étale sur toute la longueur de l'actine et la stabilise.
7. **L'alpha-actinine** : protéines de la strie Z, qui fixe l'actine.
8. **La troponine** : joue un rôle majeur dans le processus de contraction (cf.infra). On y distingue 3 sous-unités :
   (a) **la troponine C (TnC)** fixe 4 ions Ca^{2+}
   (b) **la troponine I (TnI)** : joue un rôle inhibiteur sur l'interaction actine-myosine
   (c) **la troponine T (TnT)** : stabilise l'ensemble et sa fixation à la tropomyosine.

4.1.3 Organisation macroscopique

A- Faisceaux

Les fibres s'organisent parallèlement en faisceaux (comme un câble électrique comportant un grand nombre de fils électriques. Elles baignent dans un tissu conjonctif qui les entoure, **l'endomysium**. L'ensemble est entouré par un autre tissu conjonctif, **le périmysium** (c'est l'"enrobage" du câble).

9. comme un ruban auto-collant qui couvrirait ces sites, empêchant ainsi la liaisons actine-myosine

B- Le muscle

Enfin, ces faisceaux de fibres s'organisent parallèlement : ils sont recouvert par un tissu conjonctif, **l'épimysium** (ou aponévrose). L'ensemble constitue un muscle, en général relié à un os par un tendon qui est l'aboutissement distal de l'aponévrose et est constitué de fibres de collagène très résistantes à la tension. Ces tendons assurent la transmission de la contraction musculaire à l'os, permettant le mouvement.

4.2 La contraction musculaire (mécanisme moléculaire)

Chaque fibre musculaire squelettique est innervée par un seul motoneurone du système nerveux somatique. La jonction neuro-musculaire, synapse entre le motoneurone et le sarcolemme est appelée **plaque motrice**.

Le même motoneurone innerve[10] plusieurs fibres (de quelques unités à 2 000) de même type (cf. infra), l'ensemble constituant une **unité motrice**. Les fibres d'une même unité se contractent et se relâchent donc simultanément.

4.2.1 Couplage excitation-contraction

A- Excitation : fig. 4-4

L'arrivée d'un potentiel d'action[11] au niveau du bouton terminal de l'axone d'un motoneurone provoque sa dépolarisation et l'ouverture concomitante de canaux calciques voltage-dépendants. Le calcium pénètre dans l'axone, ce qui entraîne[12] la fusion de vésicules à acétylcholine (Ach) avec la membrane pré-synaptique. Libéré dans la fente synaptique, l'Ach se fixe aux sous-unités alpha de récepteurs canaux ligand-dépendants de la membrane post-synaptique qui s'ouvrent et laissent entrer plus d'ions Na^+ qu'ils laissent sortir d'ions K^+. Le résultat est une dépolarisation de la membrane post-synaptique créatrice d'un potentiel post-synaptique excitateur (PPSE). Contrairement aux PPSE des jonctions neuro-neuronales, ce PPSE est **toujours supraliminaire** (c'est-à-dire suffisant pour déclencher un potentiel d'action PA). Ce PPSE particulier de la jonction neuro-musculaire est appelé **potentiel de plaque motrice**.

Le PA ainsi créé se propage, par dépolarisations successives grâce à des canaux sodiques voltage-dépendants, le long de la membrane du sarcolemme et pénètre profondément dans la fibre, grâce aux tubules transverses, où la dépolarisation finit par provoquer l'ouverture de canaux calciques voltage-dépendants[13] sensibles à la dihydropyridine (DHPR) situés en regard des citernes terminales du réticulum sarcoplasmique. L'entrée des ions Ca^{2+} dans le cytosol provoque l'ouverture[14] de canaux calciques sensibles à la ryanodine (canaux RyR). Ces canaux s'ouvrent, ce qui entraîne la sortie massive d'ions Ca^{2+} liés à la calséquestrine (de faible affinité) dans le réticulum sarcoplasmique. Ce sont ces ions Ca^{2+} et non ceux qui ont traversé les canaux DHPR[15] qui sont à l'origine de la contraction de la fibre musculaire.

10. via des collatérales
11. sur commande du cortex, donc provoquée consciemment.
12. nous ne détaillons pas
13. à l'instar de ce qui s'est produit au niveau du bouton terminal de l'axone du motoneurone.
14. probablement par un couplage mécanique, mais le mécanisme n'est pas encore parfaitement élucidé.
15. en quantité négligeable.

B- Contraction : fig. 4-5

La troponine et la tropomyosine empêchent l'interaction entre les ponts transversaux de myosine et l'actine.

1. Les ions Ca^{2+} se fixent sur la troponine au niveau des sites C (TnC), ce qui provoque son déplacement ainsi que celui de la tropomyosine à laquelle elle est liée. Les ponts transversaux de myosine peuvent alors se fixer aux sites de liaison de l'actine ainsi dévoilés : c'est le passage de l'étape 1 à l'étape 2 (où le couple Ca^{2+}-TnC n'est pas représenté). À ce stade, la myosine excitée M* porte encore ADP + Pi
2. ADP+Pi quittent la tête de myosine et l'énergie libérée permet aux ponts transversaux initialement perpendiculaires aux filaments d'actine d'effectuer une inclinaison de 45° vers l'intérieur du sarcomère. Cela provoque le glissement des filaments fins d'actine le long des filaments épais de myosine désexcitée M (étape 3). La contraction du sarcomère peut ainsi aller jusqu'à 50% de sa longueur, s'accompagnant de la contraction des bandes I et H, mais pas de la bande A qui correspond à la longueur des filaments épais de myosine qui, elle, ne varie pas (tout comme celle, d'ailleurs des filaments fins d'actine).
3. Pour que les têtes de myosine se décrochent de l'actine, il faut :
   (a) que le calcium se retire du cytosol (faute de quoi la contraction perdure)
   (b) que de l'ATP vienne s'accrocher à la tête de myosine (étape 4) :
4. Le passage de l'étape 4 à l'étape 1 est possible grâce à l'activité ATP-asique des têtes de myosine, ce qui permet d'obtenir la myosine dans un état excité M*, prête à un nouveau cycle.

Remarque : à la mort d'un individu, il n'y a (assez rapidement) plus d'ATP présent dans le cytosol ; les têtes de myosine ne peuvent donc plus se décrocher et le muscle reste contracté : c'est la **rigidité caDa-vérique**. [16]

B- Relaxation : fig. 4-4

Pour cela, il faut que le calcium quitte le cytosol : c'est le rôle de la pompe (ATP-asique) SERCA qui le rapatrie vers le réticulum sarcoplasmique.

4.3 La contraction au niveau musculaire

4.3.1 Variété des fibres musculaires

On peut les classer en fonction de leur vitesse maximale de contraction d'une part, ou d'autre part [17] en fonction de leurs propriétés métaboliques (fibres glycolytiques ou oxydatives). On distingue ainsi :

1. **les fibres rapides** dont l'activité ATP-asique des têtes de myosine est forte
2. **les fibres lentes** dont l'activité ATP-asique des têtes de myosine est faible.

En ce qui concerne l'activité métabolique, on distingue

1. **les fibres oxydatives** : 2 types

16. qui disparaît au moment de la décomposition des tissus.
17. et les deux aspects se correspondent univoquement.

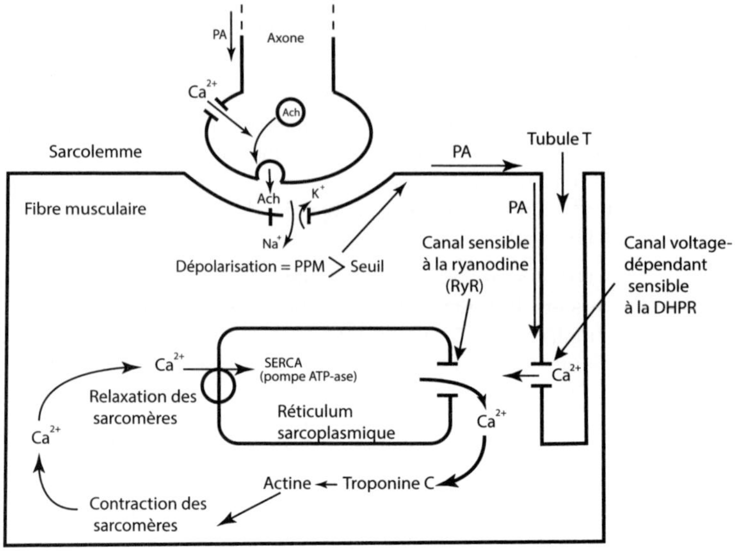

FIGURE 4.4 – Le couplage excitation-contraction (détails dans le texte)

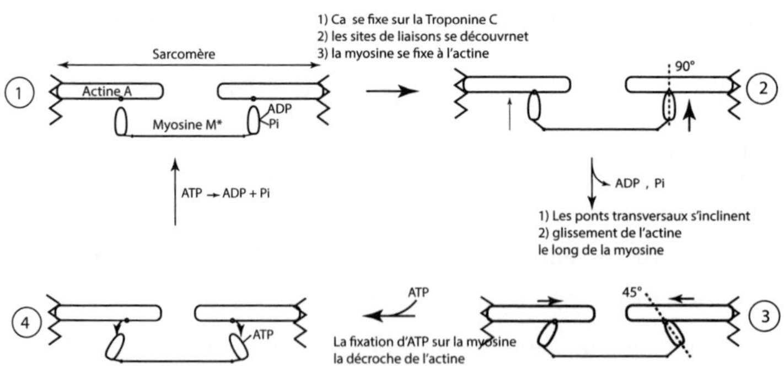

FIGURE 4.5 – Cycle de la contraction-relaxation du MSS (détails dans le texte)

(a) **les fibres oxydatives rapides IIA** : ce sont des fibres moyennement riches en mitochondries (donc peu de phosphorylation oxydative) et en myoglobine (couleur rosée). La glycolyse y est donc partiellement anaérobie, partiellement aérobie, et elles sont peu résistantes à la fatigue. Elles sont intermédiaires entre les fibres oxydatives lentes I et les fibres glycolytiques IIB.

(b) **les fibres oxydatives lentes I** : très riches en myoglobine, elles sont de couleur rouge. L'activité ATP-asique des têtes de myosine est très lente. Riches en mitochondries et très vascularisées [18], elles ont une forte activité oxydative et sont très résistantes à la fatigue. Leur rôle est majeur pour la posture (station debout de longue durée notamment). Faible diamètre de surface de section.

2. **les fibres glycolytiques IIB ou IIX** : ce sont des fibres pauvres en mitochondries (donc quasiment pas de phosphorylation oxydative) et en myoglobine (couleur blanche). La glycolyse y est donc anaérobie, et la production en ATP est très rapide mais faible. Ces fibres sont recrutées en cas d'effort musculaire puissant mais bref : haltérophilie, sprint 100m (pas de résistance à la fatigue). Diamètre de section important ("grosses" fibres).

4.3.2 Unités motrices et muscle

A- unité motrice

Une unité motrice est toujours constituée de fibre de même type. C'est pourquoi on parlera d'unité motrice rapide si toutes les fibres de cette unité sont rapides et unité motrice lente si toutes les fibres de cette unité sont lentes.

B - Le muscle

1. certains muscles contiennent une majorité de fibres lentes de type I : ce sont les muscles **toniques** impliqués dans la posture ou les exercices d'endurance.
2. d'autres comportent plus de fibres oxydatives rapides IIA ou de fibres glycolytiques IIB (ou IIX) : ce sont les muscles **phasiques** impliqués dans les mouvements puissants et rapides.
3. mais en général, les muscles comportent un "panachage" de fibres qui sont recrutées progressivement au cours de l'exercice. Dans l'ordre, les fibres lentes I sont d'abord recrutées (les plus petites), puis les fibres intermédiaires IIA, et enfin les fibres glycolytiques IIB (les plus grosses) sont recrutées en dernier.

4.3.3 Variété des contractions musculaires

A- Secousse musculaire

C'est la réponse mécanique à une **stimulation unique** : le choc électrique est suivi d'une réponse électrique puis d'une réponse mécanique. On observe [19] une **contraction** (1/3 de la durée de la secousse) suivie d'une **relaxation** (2/3 de la durée de la secousse), l'ensemble étant précédé d'un **temps de latence** correspondant au couplage excitation-contraction.

1. **cas d'une fibre** : la réponse est du type **tout ou rien**. Lorsque le choc est suffisant et que la réponse a lieu, cette réponse est maximale (mais ce maximum dépend du type de la fibre).

---

18. apport d'oxygène important.
19. lecture d'un myogramme.

2. **cas d'un muscle entier** : dans ce cas, la réponse est **graduelle** et son intensité est reliée au **recrutement des unités motrices**. Lorsqu'elles sont toutes recrutées, pour une stimulation maximale, la force de contraction est alors maximale, le maximum dépendant du type de muscle.

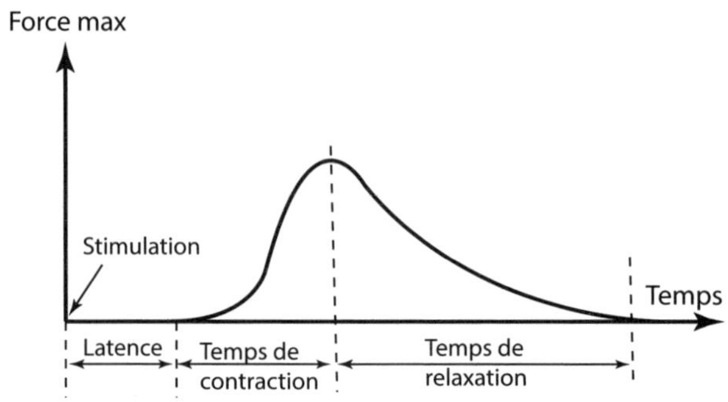

FIGURE 4.6 – Secousse musculaire

B- Tétanos

Dans la pratique, la secousse musculaire isolée d'un muscle n'existe pas **physiologiquement**. Le muscle est soumis à une **série de stimulations** à plus ou moins haute fréquence : une secousse n'est pas terminée que l'excitation suivante provoque une nouvelle contraction à partir d'une valeur non nulle et ainsi de suite. On obtient donc des secousses qui se superposent avec une amplification de la contraction : c'est le **tétanos imparfait** si la fréquence des excitations est insuffisante (maximum ondulant), et le **tétanos parfait** si la fréquence des stimulations est très élevée : dans ce cas, le résultat est un plateau de contraction dont la valeur peut atteindre de 3 à 5 fois celle d'une secousse unique. La fréquence à partir de laquelle l'amplitude de la force est maximale (et au-delà de laquelle ce maximum n'augmente plus) dépend bien sûr du type de muscle (et la force maximale en dépend elle-même également).[20]

Le tétanos parfait correspond à la situation physiologique normale.

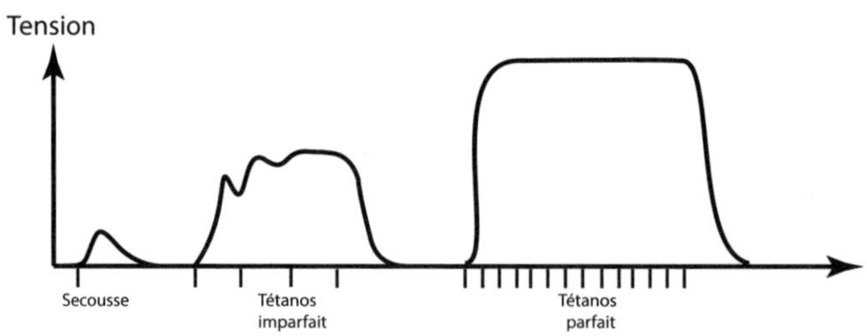

FIGURE 4.7 – Tétanos imparfait et parfait d'un muscle

C- Variété des contractions

1. **Définitions**
   - **Action musculaire** : c'est la réponse d'un muscle à tout type d'activation
   - **Tension** : c'est la force exercée par le muscle du fait de sa contraction.

20. voir la variété du type de fibres

- **Charge** c'est le poids d'un corps qui s'oppose à la tension

2. **Contraction isométrique ou statique** [21] : le muscle garde une longueur constante (cas où il tente de déplacer un corps de poids supérieur à la tension qu'il peut engendrer, ou quand le corps est maintenu immobile) [22]. Dans ce cas, un myographe couplé à un capteur de force enregistre la tension du muscle jusqu'à sa valeur maximale (le tracé obtenu est appelé myogramme). À chaque instant, la tension est égale à la charge et le travail musculaire est nul.
3. **Contraction isotonique ou dynamique** [23] : la charge supportée par le muscle reste constante, mais le muscle raccourcit (action concentrique) : la tension reste constante et supérieure à la charge et le travail musculaire est positif (moteur).
4. **Étirement passif ou contraction excentrique** : la charge est supérieure à la tension maximale : le muscle se contracte vainement, car il ne peut maintenir une charge trop lourde (par exemple, on vous propose de porter à bout de bras, et coude fléchi, un corps dont le poids dépasse vos possibilités musculaires) : tout en se maintenant le contact des ponts transversaux avec l'actine, le muscle s'allonge malgré la contraction (ce mot est donc assez peu adapté à la situation). Il faut noter que cette contraction n'est pas un processus actif, mais un processus subi du fait de sollicitations externes (une fibre ne s'allonge jamais en l'absence de charge externe). Dans cette situation, le travail musculaire est négatif (résistant).

Physiologiquement, ces trois types de contractions se produisent au cours de toute activité musculaire.

D- La coordination musculaire

Au cours d'un mouvement, provoqué ou réflexe (cf.infra), plusieurs muscles sont sollicités :

- **les muscles agonistes** ce sont les muscles directement responsables du mouvement
- **les muscles antagonistes** : ils s'opposent aux agonistes. Au cours d'un mouvement, ils seront inhibés afin de ne pas contrarier l'action de l'agoniste (ainsi, le triceps brachial est un antagoniste du biceps brachial).
- **les muscles synergistes** : ils assistent l'action de l'agoniste (par exemple, le muscle brachio-radial augmente l'action du biceps brachial).

4.4 Propriétés élastiques du muscle

4.4.1 Les composantes élastiques et contractiles

On distingue :

1. **Composante contractile** : c'est l'ensemble [filaments fins-filaments épais].
2. **Composante élastique parallèle** : elle comporte
   - le tissu conjonctif interne (endomysium + périmysium) ou enveloppant le muscle (épimysium),
   - les sarcolemmes
   - les filaments de titine.
3. **Composante élastique série** : ce sont les tendons (fibres de collagène essentiellement).

21. articulation immobile
22. par exemple, on s'évertue à vouloir soulever un haltère de 200 kg !
23. mouvement de l'articulation

4.4.2 Propriétés élastiques

A- Définitions

1. **Compliance** : c'est le rapport longueur/tension. Elle traduit l'extensibilité du muscle (facilité d'étirement).
2. **Raideur** : c'est l'inverse de la compliance. Elle caractérise la résistance à l'étirement.

B- Muscle au repos

Physiologiquement, la longueur l_0 d'un muscle au repos est un peu supérieure à celle qu'il a en dehors de toute attache (longueur d'équilibre) : autrement dit, le muscle est déjà légèrement tendu par ses attaches osseuses au repos.

Toute force appliquée provoque un allongement qui augmente (non proportionnellement) avec l'intensité de la force. En réalité, l'allongement augmente de moins en moins avec l'étirement : cela tient à une **diminution de la compliance due à l'étirement de la composante élastique parallèle**.

C- Muscle en contraction

La relation tension-longueur ressemble à celle obtenue au repos, mais avec une compliance plus faible du fait de l'existence des tendons. **les propriétés élastiques du muscle en contraction sont donc régies par la composante élastique série.**

4.4.3 Relation force-longueur au niveau d'une fibre

On impose à une fibre une stimulation tétanique maximale d'une fibre, la longueur initiale de la fibre variant de 50% de l_0 à 150% de l_0, et on enregistre dans chaque cas la tension maximale qui en résulte. Cette tension maximale est la résultante de 2 tensions (elles aussi maximales) :

1. tension active due aux éléments contractiles (= sarcomères) : c'est la courbe en cloche en pointillés étroits.

   Pour une longueur initiale égale à 50% de l_0 (fibre initialement contractée), les sarcomères sont à leur longueur minimum et ne peuvent donc se contracter, d'où une tension maximale nulle.

   Pour une longueur initiale égale à 150% de l_0 (fibre initialement allongée), le sarcomère est déjà étiré au point que les têtes de myosine n'ont plus de site de liaison d'actine en vis-à-vis : toute contraction est là encore impossible, d'où une tension maximale nulle.

   Enfin, on observe que la tension max est la plus importante pour une longueur initiale égale à l_0 (longueur au repos).
2. tension passive due aux éléments élastiques : c'est la courbe croissante en pointillés larges)

Le résultat est la tension globale, somme des deux tensions précédentes : c'est la courbe en trait plein. La tension maximale que la fibre peut produire suite à des stimulations conduisant à un tétanos parfait dépend largement de sa longueur initiale : on constate que cette tension tétanique active est elle-même maximale[24] si la longueur initiale correspond à la longueur l_0 physiologique **qui est donc la longueur initiale optimale**.

24. donc "tension maximale maximale"

FIGURE 4.8 – Relation force-longueur

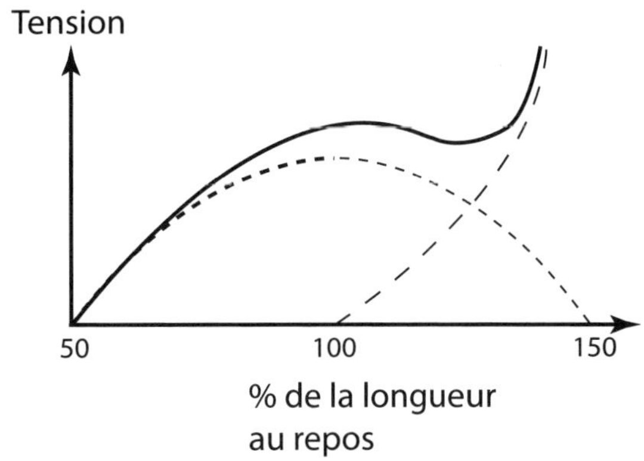

C- Variabilité

Si l'aspect général de la relation tension globale-longueur est sensiblement toujours la même, il existe toutefois une variabilité en fonction :

1. de la proportion fibres lentes/fibres rapides : les fibres lentes ont une tension maximale presque constante sur un intervalle assez large entourant l_0, ce qui a une importance significative pour l'efficacité de la fonction posturale (même en cas de modification de la posture, et donc des positions articulaires, la tension reste maximale).
2. de la quantité de tissu conjonctif qui impacte la tension passive (les fibres lentes sont plus riches en tissu conjonctif que les fibres rapides).
3. du type de muscle : pour les muscles penniformes[25], la largeur de la courbe tension-longueur est plus faible que pour les muscles fusiformes.[26]

4.4.4 Relation charge-vitesse

Il est d'observation courante que, plus une charge est faible, plus la vitesse à laquelle on la meut est grande. La vitesse est maximale pour une charge nulle, et la force est maximale pour une vitesse de raccourcissement nulle (contraction isométrique) : on voit donc (et c'est une expérience de tous les jours) que la force développée pour une contraction concentrique est inférieure à celle développée pour une concentration isométrique, mais inférieure à celle développée pour une contraction excentrique (étirement). Notons enfin que **la puissance du muscle est égale au produit de la force par la vitesse.**

4.5 Force maximale

La force musculaire développée dépend du nombre de liaisons actine-myosine. On peut augmenter cette force par deux moyens qui ont déjà été évoqués précédemment

4.5.1 Recrutement temporel

L'augmentation de la fréquence des stimulations (par les motoneurones) permet d'atteindre un tétanos parfait et donc une tension maximale pour un nombre donné d'unités motrices

25. fibres obliques par rapport à la position des tendons
26. fibres parallèles aux tendons

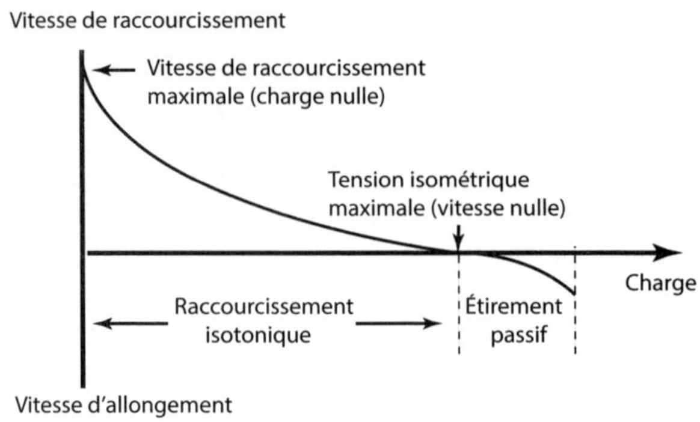

FIGURE 4.9 – Relation force-vitesse

4.5.2 Recrutement spatial

La force développée dépend bien sûr du nombre d'unités motrices recrutées (c'est-à-dire du nombre de motoneurones activés (ce nombre dépend de la volonté consciente de développer une force plus ou moins importante).

Le recrutement spatial s'effectue dans l'ordre suivant. D'abord les unités motrices lentes (les plus petites), puis les unités motrices rapides (les plus grandes) : c'est le principe de Henneman. La raison est la suivante : le diamètre des motoneurones est d'autant plus grand que la fibre est rapide. Par conséquent, les fibres lentes sont les plus facilement excitables.

Remarque : c'est le recrutement spatial qui prime sur le recrutement temporel car les variations de fréquence temporelle conduisent rapidement à un tétanos parfait avec force maximale, même si l'on augmente encore la fréquence, tandis que la marge de variation du recrutement spatial est beaucoup plus importante.

4.5.3 Paramètres influençant la force musculaire maximale

1. **diamètre du muscle** : plus il est important, plus la force développée maximale est importante (car plus il y a de fibres, donc de sarcomères). La force maximale spécifique est égale au rapport Fmax/A où A est la surface de section du muscle
2. **architecture musculaire** : les muscles fusiformes permettent des mouvements de grande amplitude mais de force réduite tandis que les muscles penniformes permettent des mouvements puissants de faible amplitude.
3. **âge** : la force maximale diminue à partir de 20 ans
4. **sexe** : la force maximale est supérieure chez l'homme à celle développée par la femme.
5. **latéralité** : elle est supérieure d'environ 5% du côté dominant.

4.6 Fatigue musculaire

4.6.1 Définition

La fatigue musculaire est la diminution de la tension maximale à la suite d'une activité contractile répetée. Les paramètres de cette fatigue dépendent de la durée de l'exercice et du type de muscle concerné. Cette fatigue peut disparaître si on permet au muscle de se reposer pendant un temps de récupération qui dépend du type de fibres musculaires concernées.

D'une manière générale, le temps de récupération est court si l'apparition de la fatigue est rapide (ce qui est le cas pour les fibres glycolytiques rapides au cours d'un exercice puissant comme la levée d'haltères) et long si la fatigue apparaît lentement (cas des fibres oxydatives lentes permettant les exercices d'endurance comme un marathon).

Cette fatigue est donc caractérisée par :

- une baisse de la tension maximale
- une baisse de la durée d'application de cette tension
- une diminution de la vitesse de raccourcissement
- une durée plus longue du temps de relaxation.

4.6.2 Les causes

Elles sont mal connues : en particulier, ce n'est pas le manque d'ATP qui expliquerait une telle fatigue, car un muscle fatigué contient quasiment autant d'ATP qu'un muscle reposé. Les principaux mécanismes seraient :

1. une augmentation du taux d'ions K^+ dans la matrice extracellulaire, ce qui rend le potentiel membranaire plus négatif et la cellule musculaire hypoexcitable
2. une augmentation cytosolique de phosphate inorganique Pi (suite aux réactions $ATP \longrightarrow ADP + Pi$ ainsi qu'à la dégradation de la phosphocréatine). Cette accumulation de Pi altère la liaison actine-myosine
3. une augmentation des ions H^+ cytosoliques (la formation d'acide lactique dans des métabolismes glycolytiques conduit à la formation de lactate et de protons). La baisse du pH perturbe la production d'ATP et la contraction musculaire. De plus, une acidose a des effets négatifs sur la force et la vitesse de contraction (noter qu'une baisse de pH affecte donc surtout les exercices puissants).
4. l'épuisement du glycogène (réserve animale de glucose) est évidemment une source de fatigue
5. au niveau nerveux, des stimulations répétées à haute fréquence peuvent tarir la source d'acétylcholine dans la fente synaptique et donc l'apparition de PA le long du sarcolemme (fatigue de synapse).
6. etc.

4.7 Le contrôle nerveux

4.7.1 La motricité volontaire

A- Les deux principales voies

Elle se fait sous l'action consciente[27] du **système nerveux somatique** (SNS).

Les ordres partent du néocortex, où se situent les aires motrices 4 et prémotrices 6 (un mouvement, même machinal, est toujours plus ou moins préparé, ou à tout le moins programmé), situées en avant de la scissure de Rolando (ce qui permet des interactions entre la somesthésie et la motricité).

Il existe deux grandes voies

1. **la voie pyramidale ou cortico-spinale**. C'est une voie directe :

27. lorsque vous saisissez un objet, l'ensemble des mouvements que vous effectuez est conscient, même si cela peut sembler "machinal" : il vous suffit pour vous en convaincre de "décortiquer" votre mouvement.

(a) un neurone issu de l'aire 4 (appelé pour cette raison neurone A4) rejoint **directement** le soma du **motoneurone** α[28] sans interneurone

(b) le motoneurone α active alors le muscle strié responsable du mouvement.

Cette voie concerne les mouvements les plus distaux (doigts, orteils, face)

2. **la voie extra-pyramidale.** le neurone A4 ne rejoint pas directement le motoneurone α : elle fait relais dans certaines structures du tronc cérébral (réticulée, noyaux vestibulaires, noyaux rouges...). Puis, un second neurone rejoint le motoneurone α via un interneurone.

   Cette voie concerne les muscles proximaux et axiaux (rotation du dos, haussement d'épaule...) qui sont bien moins précis que les mouvements distaux.

Quelle que soit la voie, le dernier neurone est un motoneurone α, appelé pour cette raison la "voie finale commune".

B- Les trajets

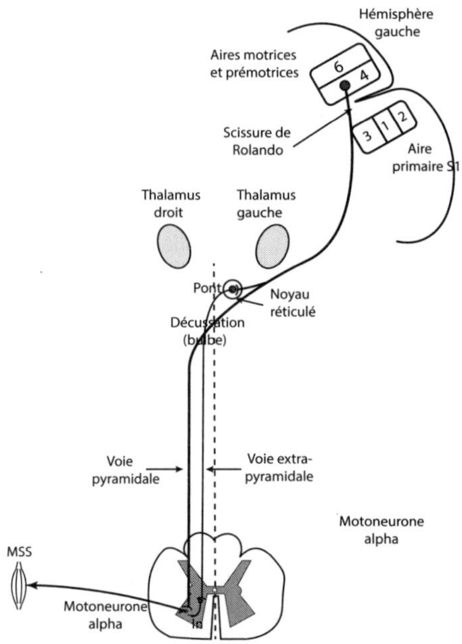

FIGURE 4.10 – Les voies motrices volontaires : Le relais dans le tronc cérébral est ici réticulaire, mais il y en a d'autres (détails dans le texte).

Les deux points suivants sont à connaitre :

1. les neurones A4 ne font pas relais dans le thalamus, que ce soit pour la voie pyramidale ou extra-pyramidale (contrairement aux deutéroneurones de la somesthésie)
2. Les deux types de voies motrices décussent dans le tronc cérébral :
   - neurone A4 (cortico-spinal) pour la voie pyramidale
   - deuxième neurone (par exemple réticulo-spinal, ou vestibulo-spinal) pour la voie extra-pyramidale.

28. appelé "voie finale commune".

C'est cette décussation (dont le rôle est à ce jour inexpliquée, si toutefois il y en a un) qui est responsable d'une hémiplégie controlatérale en cas d'atteinte majeure à l'aire 4 (AVC, par exemple). Les mouvements distaux sont définitivement perdus, mais la paralysie peut ne pas être totale : certains mouvements de la voie extra-pyramidale sont gérés par les aires 6 et peuvent être partiellement récupérés au bout de quelques semaines.[29]

4.7.2 Les réflexes

Ce sont des actions motrices involontaires donnant une suite quasi-immédiate à une information somesthésique. Si l'on exclut les réflexes particuliers que sont les réflexes corticaux[30], il sont parfaitement involontaires.

Dans les deux exemples que nous traitons ci-dessous, le centre nerveux réflexe est la moelle épinière.

A- Le fuseau neuromusculaire

C'est un récepteur somesthésique proprioceptif situé dans le tissu musculaire squelettique et parallèle aux fibres musculaires[31] : ce fuseau récepteur contient 2 types de fibres, dites **intrafusales** :

1. sur le premier type[32], au niveau équatorial, s'enroulent des **terminaisons nerveuses primaires** amyélinisées (terminaisons annulo-spiralées) connectées à des **fibres Ia** sensitives, myélinisées de gros diamètre, dans lesquelles le potentiel d'action se propage à une vitesse de l'ordre de 100 m/s. Ces terminaisons sont sensibles à la longueur de la fibre et à sa vitesse d'allongement, et ne restent actives que **tant que la longueur varie**.
2. sur le second type[33], en position para-équatoriale, on trouve des terminaisons nerveuses secondaires amyélinisées connectées à **des fibres II** sensitives, myélinisées de faible diamètre dans lesquelles l'influx nerveux se propage à plus faible vitesse. Ces terminaisons sont sensibles à la longueur de la fibre et restent actives tant que l'allongement persiste (même s'il ne varie pas).

B- Le réflexe myotatique

Il a deux composantes :

1. **le réflexe d'étirement phasique** : C'est un réflexe **monosynaptique** , très rapide, d'autant plus que son trajet est court. Nous traitons ci-dessous l'exemple du réflexe rotulien qui se produit de la façon suivante : on percute le tendon du quadriceps avec un marteau revêtu de caoutchouc très dense. il en résulte une contraction réflexe de ce quadriceps de la cuisse entraînant un étirement immédiat de la jambe. Les séquences physiologiques sont les suivantes (voir aussi le schéma). Précisons,
    - la percussion du tendon provoque un étirement du muscle, entraînant un étirement du fuseau neuromusculaire parallèle.

29. Autrement dit, le sujet ne peut plus bouger les extrémités controlatérales, et les muscles de la face controlatérale sont flasques, mais il peut encore bouger ses bras, ses avant bras, ses épaules etc.
30. dont nous ne parlerons pas
31. les fibres extra-fusales
32. fibres dites "à sac"
33. fibres dites "à chaîne"

FIGURE 4.11 – Le réflexe myotatique.

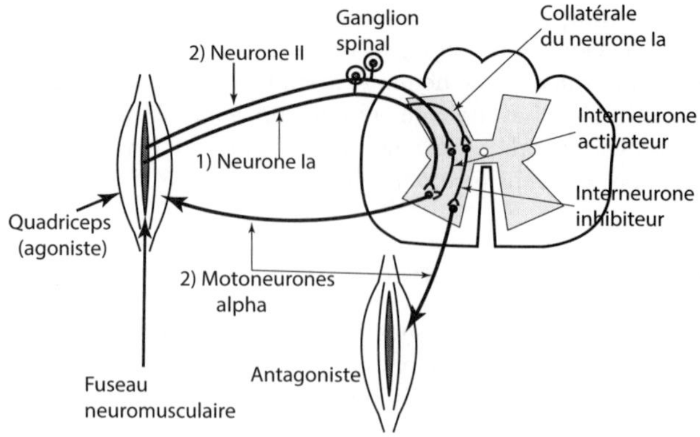

- cet étirement provoque une décharge de potentiels d'action dans des fibres somesthésiques Ia, jusqu'à **l'unique synapse** avec le motoneurone alpha innervant le muscle quadriceps
- il s'ensuit une décharge de potentiels d'action dans le motoneurone alpha qui provoque enfin la contraction du quadriceps d'où provient la fibre Ia (ce muscle est dit **agoniste** et la montée presque instantanée de la jambe : c'est la **secousse musculaire**).
- en même temps, la fibre Ia projette une collatérale vers un interneurone inhibiteur qui inhibe le muscle **antagoniste**. Ce dernier se relâche pour qu'il n'y ait pas d'opposition à ce réflexe : c'est **l'innervation réciproque**.

2. **le réflexe d'étirement tonique** : c'est un réflexe prolongé où le relais des fibres Ia (d'action très brève) est pris par les fibres II. Ce réflexe permet de prolonger la contraction du réflexe précédent (très bref), et intervient notamment dans le maintien de la station debout.[34] Les fibres II établissent une synapse avec un interneurone activateur qui lui-même active, via une deuxième synapses, le motoneurone alpha du même agoniste : il s'agit donc d'un **réflexe polysynaptique**.

C- Le réflexe myotatique inverse

C'est un **réflexe polysynaptique** qui se produit, entre autres, à la suite du réflexe myotatique qui provoque la contraction du muscle agoniste. Les **organes tendineux de Golgi** sont des récepteurs situés aux extrémités proximales du tendon,[35]et **sensibles à la tension musculaire exercée sur ce tendon**.

La stimulation de cet organe se transmet à des **fibres Ib** qui propagent leurs PA vers la moelle et provoquent :

1. l'inhibition du motoneurone alpha du muscle agoniste via un interneurone inhibiteur, ce qui stoppe la contraction due au réflexe myotatique et provoque donc son relâchement
2. l'activation du motoneurone alpha du muscle antagoniste, ce qui le contracte.

Ce réflexe permet notamment de limiter une trop grande contraction due au réflexe myotatique susceptible de créer une lésion du muscle.

34. sous l'action de la gravité, nous somme attirés par le bas : les tendons rotuliens s'allongent (micro-mouvements) et le réflexe myotatique intervient pour nous redresser. La brièveté de l'action des fibres Ia est suppléée par l'intervention des fibres II qui maintiennent la contraction, et donc la station debout.

35. une extrémité de l'organe est reliée au tendon et l'autre extrémité à plusieurs (de 5 à 25) fibres musculaires de plusieurs unités motrices.

Par ailleurs, il participe au maintien de la stature debout, en synergie avec les fuseaux neuromusculaires, en inversant son action pour prolonger la contraction des muscles antigraviataires.

D- Les motoneurones gamma

Au cours du réflexe myotatique, la fibre intrafusale se raccourcit en même temps que le muscle agoniste se contracte : elle risque donc de perdre sa sensibilité pour un nouveau réflexe (car même un étirement ne sera pas ressenti du fait de ce raccourcissement préalable de la fibre). Cet inconvénient est évité de la façon suivante :

Les fibres intrafusales comportent à leurs extrémités des muscles innervés par des **motoneurones gamma**. l'arrivée de potentiels d'action à ces extrémités provoque la contraction de ces muscles ce qui **étire** la fibre. Dans ces conditions, la sensibilité de la fibre est maintenue. C'est systématiquement le cas : dès qu'un muscle est activé par un motoneurone alpha, ses fibres intrafusales le sont simultanément par des motoneurones gamma.

Ainsi, l'action des fuseaux neuromusculaires agit en synergie avec la contraction musculaire.

E- Le réflexe nociceptif

Lorsque, par exemple, on se brûle superficiellement aux doigts, on retire aussitôt la main pour stopper l'agression. Il s'agit là d'un réflexe **polysynaptique de flexion**.

Le récepteur nociceptif sollicité décharge dans une fibre C (ou Aδ) qui est une fibre amyélinisée. La propagation est donc plus lente que dans les fibres Ia fortement myélinisées.

Ensuite, le contact est établi entre cette fibre C et les motoneurones α dont la contraction entraîne le retrait de la main par plusieurs interneurones activateurs : cette série de synapses ralentit encore le message et retarde d'autant le réflexe de retrait. Cette "lenteur" (relative) peut surprendre : en fait, la transmission est suffisamment rapide pour éviter une lésion tissulaire, mais suffisamment lente pour que l'on souffre un peu de façon à ne pas oublier l'origine de ce message douloureux (apprentissage des dangers de l'environnement). Cette douleur est donc utile.

EXERCICES

4.8 Questions à choix multiples

QCM 1

Concernant le muscle strié squelettique

A) Ses cellules sont mononucléées.
B) Les fibres correspondantes sont pauvres en mitochondries.
C) Chaque fibre est entourée d'un épimysium.
D) ses fibres sont dites extrafusales.

QCM 2

Concernant le raccourcissement du sarcomère :

A) il correspond à un raccourcissement des filaments fins d'actine.
B) Il correspond à un raccourcissement des filaments de myosine.
C) Il correspond à un glissement des filaments de myosine à l'intérieur des filaments d'actine.
D) Il entraîne un raccourcissement de la bande A.

QCM 3

La contraction du muscle squelettique :

A) précède l'arrivée du potentiel d'action.
B) fait suite à l'entrée massive dans le cytosol d'ions Ca^{2+} provenant du milieu extracellulaire.
C) consomme de l'ATP, contrairement à la relaxation qui en libère.
D) ne dépend pas du cortex.

QCM 4

Au cours de la contraction musculaire :

A) le calcium se fixe sur la troponine C.
B) la molécule de troponine glisse, dévoilant les sites de liaison actine-myosine .
C) l'activité ATP-asique de l'actine permet aux têtes de myosine de s'incliner de 45°, provoquant la traction sur les molécules d'actine.
D) l'hydrolyse de l'ATP permet la fixation des têtes de myosine à l'actine.

QCM 5

La relaxation de la fibre musculaire squelettique :

A) est consommatrice d'énergie.
B) est libératrice d'énergie.
C) utilise les ions Ca^{2+}.
D) peut ne pas suivre une contraction.

QCM 6

les fibres musculaires les plus lentes :

A) sont les fibres IIB.
B) sont les premières à être recrutées.
C) ont le plus gros diamètre.
D) sont utilisées lors d'un exercice de résistance court et puissant.

QCM 7

Concernant les différents types de fibres et les métabolismes

A) les fibres I utilisent la glycolyse anaérobie.
B) Les fibres IIB utilisent le métabolisme oxydatif.
C) Les fibres I interviennent dans les métabolismes de posture.
D) Les fibres IIB sont prioritaires au cours d'un 100m.

QCM 8

À propos des fuseaux neuromusculaires :

A) leurs fibres intrafusales sont innervées par les motoneurones gamma.
B) sont sensibles à l'étirement du muscle.
C) sont sensibles à la tension du muscle.
D) transmettent leurs informations via les motoneurones alpha.

QCM 9

Concernant le réflexe myotatique

A) On l'appelle aussi réflexe d'étirement.
B) On l'appelle aussi réflexe tendineux de Golgi.
C) Est un réflexe monosynaptique.
D) S'accompagnent d'une innervation réciproque monosynaptique, inhibant le muscle antagoniste.

QCM 10

La puissance musculaire :

A) est proportionnelle à la vitesse de contraction.
B) est maximale si F est maximale.
C) est maximale si la vitesse de contraction est maximale.
D) est indépendante du type de fibres constituant le muscle.

CORRIGÉS

QCM 1 D

Concernant le muscle strié squelettique

A) Ses cellules sont mononucléées. **FAUX : la fibre musculaire striée est un syncytium. Elle est donc multinucléée (en revanche, les cardiomyocytes et les léiomyocytes sont mononucléés).**
B) Les fibres correspondantes sont pauvres en mitochondries. **FAUX : c'est le contraire, ce qui est normal, puisque la contraction musculaire est une grosse consommatrice d'énergie.**
C) Chaque fibre est entourée d'un épimysium. **FAUX : d'un endomysium. L'épimysium est un tissu conjonctif qui entoure le faisceau musculaire global.**
D) ses fibres sont dites extrafusales. **VRAI : par opposition avec les fibres intrafusales qui leur sont parallèles et sont internes aux fuseaux neuromusculaires.**

QCM 2 C

Concernant le raccourcissement du sarcomère :

A) il correspond à un raccourcissement des filaments fins d'actine. **FAUX : ces filaments conservent une longueur constante, tout comme les filaments de myosine .**
B) Il correspond à un raccourcissement des filaments de myosine. **FAUX : voir item A.**
C) Il correspond à un glissement des filaments de myosine à l'intérieur des filaments d'actine. **VRAI : et parallèlement à ces mêmes filaments.**
D) Il entraîne un raccourcissement de la bande A. **FAUX : la longueur de la bande A est celle des filaments de myosine.**

QCM 3 0

La contraction du muscle squelettique :

A) précède l'arrivée du potentiel d'action. **FAUX : c'est bien sûr l'inverse, puisque le PA correspond à l'ordre de commande de la contraction musculaire**
B) fait suite à l'entrée massive dans le cytosol d'ions Ca^{2+} provenant du milieu extracellulaire. **FAUX : il y a effectivement une entrée limitée de calcium dans le cytosol (via les canaux calciques lents qui s'ouvrent suite à l'arrivée d'un PA). Cette entrée provoque l'ouverture de canaux RyR du réticulum sarcoplasmique, permettant la sortie massive de calcium de ce même réticulum.**
C) consomme de l'ATP, contrairement à la relaxation qui en libère. **FAUX : la relaxation passe par le décrochement des têtes de myosine des filaments d'actine, ce qui nécessite de l'ATP.**
D) ne dépend pas du cortex. **FAUX : si la contraction est volontaire (donc non réflexe), elle en dépend (contraction consciente).**

QCM 4 A

Au cours de la contraction musculaire :

A) le calcium se fixe sur la troponine C. **VRAI : C comme calcium !**
B) la molécule de troponine glisse, dévoilant les sites de liaison actine-myosine . **FAUX : c'est la tropomyosine qui effectue ce glissement.**
C) l'activité ATP-asique de l'actine permet aux têtes de myosine de s'incliner de 45°, provoquant la traction sur les molécules d'actine. **FAUX : ce sont les têtes de myosine qui ont cette activité ATP-asique.**
D) l'hydrolyse de l'ATP permet la fixation des têtes de myosine à l'actine. **FAUX : cette fixation est antérieure à l'hydrolyse de l'ATP. L'hydrolyse de l'ATP permet le changement d'angulation des têtes de myosine.**

QCM 5 A,D

La relaxation de la fibre musculaire squelettique :

A) est consommatrice d'énergie. **VRAI : à double titre. D'une part, le décrochage des têtes de myosine des filaments d'actine nécessite de l'ATP, et d'autre part le retour du calcium vers le réticulum sarcoplasmique utilise les pompes SERCA qui sont des ATPases.**
B) est libératrice d'énergie. **FAUX : voir item A.**
C) utilise les ions Ca^{2+}. **FAUX : au contraire, elle ne peut se faire que si le calcium quitte le cytosol.**
D) peut ne pas suivre une contraction. **VRAI : si l'ATP manque (à la mort du sujet), les têtes de myosine ne peuvent se décrocher des filaments d'actine. Les sarcomères restent raccourcis et le muscle contracté : c'est la rigidité caDa-vérique.**

QCM 6 0

les fibres musculaires les plus lentes :

A) sont les fibres IIB. **FAUX : ce sont les fibres I. Les fibres IIB sont les plus rapides.**
B) sont les premières à être recrutées. **FAUX ce sont les dernières.**
C) ont le plus gros diamètre. **FAUX : le plus petit**
D) sont utilisées lors d'un exercice de résistance court et puissant. **FAUX : au cours d'un exercice en endurance de longue durée.**

QCM 7 C,D

Concernant les différents types de fibres et les métabolismes

A) les fibres I utilisent la glycolyse anaérobie. **FAUX ces fibres lentes utilisent les mécanismes aérobies.**
B) Les fibres IIB utilisent le métabolisme oxydatif. **FAUX : anaérobie.**
C) Les fibres I interviennent dans les métabolismes de posture. **VRAI : qui sont des efforts de longue durée et utilisent les métabolismes oxydatifs.**
D) Les fibres IIB sont prioritaires au cours d'un 100m. **VRAI : pas le temps (peut durer 10s) de faire appel aux fibres I dont l'activité ATPase est trop lente.**

QCM 8 A,B

À propos des fuseaux neuromusculaires :

A) leurs fibres intrafusales sont innervées par les motoneurones gamma. **VRAI : ce qui permet de maintenir la sensibilité du fuseau.**
B) sont sensibles à l'étirement du muscle. **VRAI : et non pas à sa tension.**
C) sont sensibles à la tension du muscle. **FAUX (voir item B). Ne pas les confondre avec les organes tendineux de Golgi.**
D) transmettent leurs informations via les motoneurones alpha. **FAUX : via les neurones Ia qui sont des neurones sensitifs, et non moteurs comme les motoneurones alpha.**

QCM 9 A,C

Concernant le réflexe myotatique

A) On l'appelle aussi réflexe d'étirement. **VRAI.**
B) On l'appelle aussi réflexe tendineux de Golgi. **FAUX : ce réflexe, sensible à la tension (et faisant intervenir un interneurone), suit le réflexe myotatique qu'il modère en limitant la contraction du réflexe myotatique.**
C) Est un réflexe monosynaptique. **VRAI.**
D) S'accompagnent d'une innervation réciproque monosynaptique, inhibant le muscle antagoniste. **FAUX : l'innervation réciproque fait intervenir un interneurone. Elle n'est donc pas monosynaptique.**

QCM 10 A

La puissance musculaire :

A) est proportionnelle à la vitesse de contraction. **VRAI : elle vaut F.v où F est la force musculaire et v la vitesse de contraction.**
B) est maximale si F est maximale. **FAUX : car alors, la vitesse est nulle, et donc la puissance est nulle.**
C) est maximale si la vitesse de contraction est maximale. **FAUX : car alors, la force est nulle, et donc la puissance est nulle.**
D) est indépendante du type de fibres constituant le muscle. **FAUX : la vitesse est d'autant plus importante que le muscle contient des fibres rapides IIB.**

Chapitre 5
CARDIO-VASCULAIRE

Les protozoaires (êtres unicellulaires) peuvent assurer leurs besoins nutritionnels par simple diffusion avec le milieu environnant.

Il n'en est plus de même pour les métazoaires (pluricellulaires). Les mammifères, en particulier, sont constitués de centaines de milliards de cellules. Pour assurer leur respiration, ces derniers ont ainsi développé un système circulatoire permettant des échanges gazeux rapides.

En ce qui concerne le dioxygène :

1. apport du dioxygène par convection (via la trachée et l'appareil bronchique) aux poumons,
2. diffusion alvéolo-capillaire
3. transport convectif du dioxygène par voie sanguine vers les tissus
4. diffusion du dioxygène du sang vers les cellules au niveau tissulaire

En ce qui concerne le dioxyde de carbone produit dans les cellules, le processus est inverse :

1. diffusion du CO_2 des cellules vers le lit vasculaire
2. transport convectif par voie sanguine des tissus vers les poumons
3. diffusion capillaro-alvéolaire
4. expiration convective des poumons vers l'extérieur.

5.1 Le coeur

5.1.1 Aspects anatomiques et histologiques

C'est une pompe constituée de 4 cavités :

1. **Une oreillette reliée à un ventricule à gauche** par une valve auriculo-ventriculaire : la valve mitrale.
   - L'oreillette gauche est alimentée en sang artérialisé (c'est-à-dire riche en oxygène après hématose dans les poumons) par 4 veines pulmonaires [1]. Il n'y a pas de valve à ce niveau.
   - Le sang passe de l'oreillette gauche au ventricule gauche par la valve mitrale
   - le sang passe du ventricule gauche à la crosse aortique par la valve sigmoïde aortique.

1. cf.infra pour la distinction entre veines et artères.

FIGURE 5.1 – **Relations fonctionnelles coeur-poumon** : OD=oreillette droite ; OG=oreillette gauche ; VD=ventricule droit ; VG=ventricule gauche ; APD=artère pulmonaire droite ; APG=artère pulmonaire gauche ; VPD=veine pulmonaire droite ; VPG=veine pulmonaire gauche ; VCS=veine cave supérieure ; VCI=veine cave inférieure. VM=valve mitrale ; VT=valve tricuspide ; VSA=valve sigmoïde aortique ; VSP=valve sigmoïde pulmonaire (les valves sont représentées par de simples ouvertures).

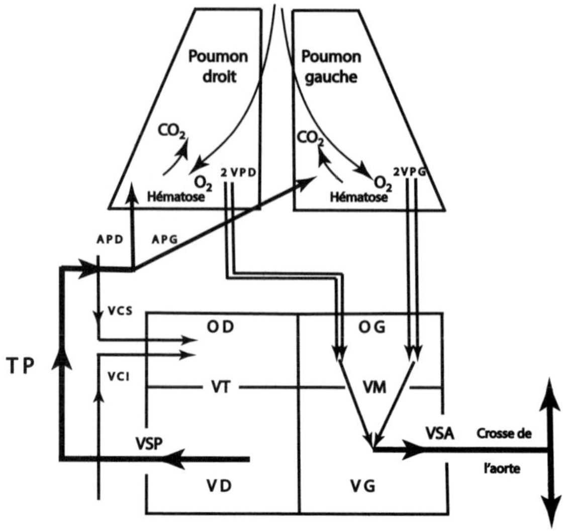

2. **Une oreillette reliée à un ventricule à droite** par une valve auriculo-ventriculaire : la valve tricuspide
   - L'oreillette droite est alimentée en sang veineux (c'est-à-dire pauvre en oxygène après passage dans la circulation systémique) par les 2 veines caves. Il n'y a pas de valve à ce niveau.
   - Le sang passe de l'oreillette droite au ventricule droit par la valve tricuspide
   - le sang passe du ventricule droit au tronc pulmonaire puis aux 2 artères pulmonaires par la valve sigmoïde pulmonaire.

Oreillettes droite et gauche, d'une part, et ventricules droit et gauche, d'autre part, sont séparés par des septa (un septum est une cloison fibreuse).

La paroi cardiaque est constituée (de l'extérieur vers l'intérieur)

- **du péricarde**, tissu conjonctif constitué d'un feuillet pariétal, en contact avec la paroi thoracique et d'un feuillet viscéral (l'épicarde), en contact avec le coeur
- **du myocarde**, constitué de deux types de cellules :

1. des cellules contractiles (auriculaires et ventriculaires) : ce sont des cellules striées mononucléées, possédant certaines des propriétés de celles du MSS (présence d'actine et de myosine, notamment) et de celles du ML (plutôt courtes, reliées entre elles par des **pièces intercalaires** contenant des **desmosomes**, et voisines de **jonctions communicantes** permettant la conduction rapide de l'influx nerveux. Par ailleurs, ces cellules ne sont pas sous la dépendance du cortex (contraction consciente).

2. des cellules excitables et conductrices du noeud sinusal (1%) assurant le démarrage automatique (cellules **pacemaker**) des potentiels d'action et leur propagation à toutes les cellules du myocarde via les jonctions communicantes, permettant leur contraction quasi-instantanée (analogue au muscle lisse unitaire).

- **de l'endocarde** qui tapisse les cavités intracardiaques (endothélium+couche conjonctive sous-endothéliale).

5.1.2 Activité électrique du coeur

Aspects anatomiques

Elle est le fait du tissu nodal (ou tissu cardionecteur) dont les cellules **pacemaker** en assurent l'automaticité, et de ses ramifications pour la conduction. On observe, dans l'ordre :

- **Le noeud sinusal** : situé dans la paroi de l'oreillette droite, à proximité des veines caves. La fréquence des battements de ses cellules est de 100 bpm [2]
- **Le noeud auriculo-ventriculaire** : situé à la jonction de l'oreillette et du ventricule droit, dont la fréquence de battements des cellules est de 40 bpm
Ces deux noeuds sont reliés par un faisceau internodal
- **Le faisceau de His** : dont la fréquence des battements des cellules est de 20 bpm, qui part du noeud auriculo-ventriculaire et se divise en deux faisceaux qui progressent le long des parties antérieures du septum (coeurs droit et gauche) jusqu'à l'apex du coeur, où il se termine en forme de crochet dans les parois ventriculaires droite et gauche
Sauf pathologie, c'est la fréquence du noeud sinusal qui s'impose aux autres (comme une locomotive très rapide imposerait sa vitesse à deux locomotives plus lentes qui lui seraient accrochées).
- **Le faisceau de Purkinje** : qui se ramifie dans la paroi du myocarde à partir des extrémités du faisceau de His.

Le mécanisme électrique des cellules nodales

Le décours temporel du potentiel d'action des cellules pacemakers du noeud sinusal montre que, contrairement à celui des cellules myocardiques contractiles, le potentiel de repos n'est pas stable, et de plus ne présente pas de plateau (cf.infra). Au potentiel -60

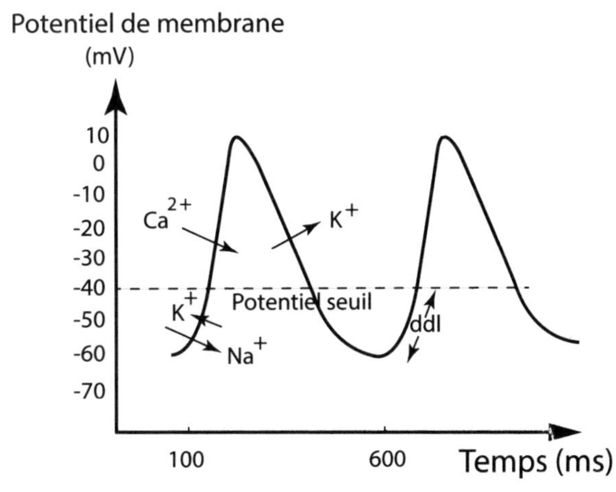

FIGURE 5.2 – Potentiel d'action d'une cellule nodale : le potentiel de repos (-60 mV) n'est pas stable et la dépolarisation diastolique lente (d.d.l) l'amène au potentiel seuil (-40 mV) à partir duquel se déclenche le potentiel d'action (détails dans le texte).

mV, la différence des flux entrant (ions sodium) et sortant, plus faible (ions potassium) provoque spontanément une dépolarisation diastolique lente jusqu'au potentiel seuil -40 mV à partir duquel s'ouvrent les canaux calciques lents voltage-dépendants (VOC), ce

2. mais le noeud sinusal subit l'action permanente du parasympathique (nerf vagal) qui ramène la fréquence à une valeur plus basse, de l'ordre de 70 bpm.

qui provoque une dépolarisation brutale de la membrane. La repolarisation est ensuite assurée par la sortie massive d'ions K^+ de la cellule[3].

C'est ainsi que le potentiel d'action s'auto-entretient de manière automatique (d'où le nom de potentiel entraîneur ou **pacemaker**).

Le mécanisme électrique des cellules contractiles

le potentiel de repos de ces cellules est stable et égal à -90 mV : la dépolarisation est provoquée par l'excitation par les cellules nodales (et non spontanée), et est due à une entrée massive d'ions Na^+ (phase 0). Puis, une dépolarisation commence, due à une sortie d'ions K^+ (phase 1), immédiatement stoppée par l'entrée des ions calciques lents (plateau = phase 2). La repolarisation est ensuite due à la sortic massive d'ions K^+ jusqu'à atteindre le potentiel de repos (phase 3). Commence alors la phase 4 (repos).

FIGURE 5.3 – Potentiel d'action d'une cellule contractile : (détails dans le texte).

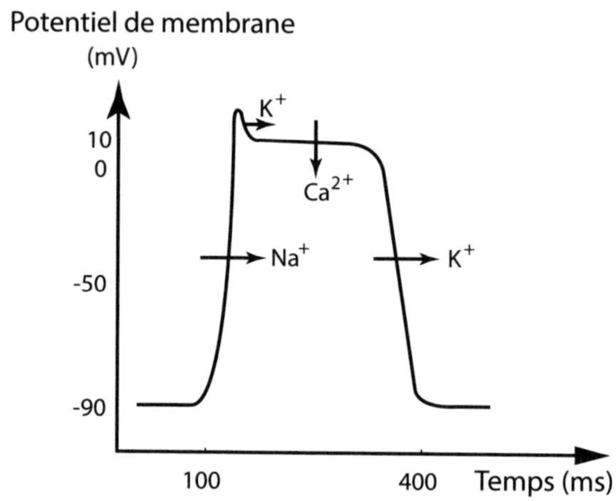

Remarque importante : on constate que la durée du PA des cellules contractiles (de l'ordre de 300 ms) est inférieure à celle des cellules nodales (durée d'environ 400 -500 ms). Cela est essentiel car il faut que le PA des cellules contractiles soit terminé au moment où commence un nouveau PA des cellules nodales, de façon à éviter qu'une nouvelle contraction du myocarde puisse se reproduire avant que la précédente ne soit terminée (le muscle cardiaque ne tétanise pas, contrairement au muscle strié squelettique).

L'électrocardiogramme (ECG)

Un potentiel d'action (PA) dans un cardiomyocyte correspond à un petit dipôle électrique tournant. Le potentiel électrique du dipôle résultant de la somme des PA se produisant simultanément dans la paroi ventriculaire peut être enregistré par des électrodes en différents points de la peau (le milieu extracellulaire aqueux entre les cellules et la peau est un très bon conducteur).

Le résultat est l'ECG. Il fait apparaître plusieurs pics :

1. l'onde P correspond à la dépolarisation des oreillettes
2. le complexe QRS correspond à la dépolarisation des ventricules[4]
3. l'onde T correspond à la repolarisation des ventricules

3. version globale très simplifiée.
4. Q et/ou S peuvent être absents de l'ECG

4. la repolarisation des oreillettes est cachée par la dépolarisation des ventricules dont elle est contemporaine et n'apparaît donc pas sur l'ECG

5. l'onde U ne sera pas abordée dans ce cours.

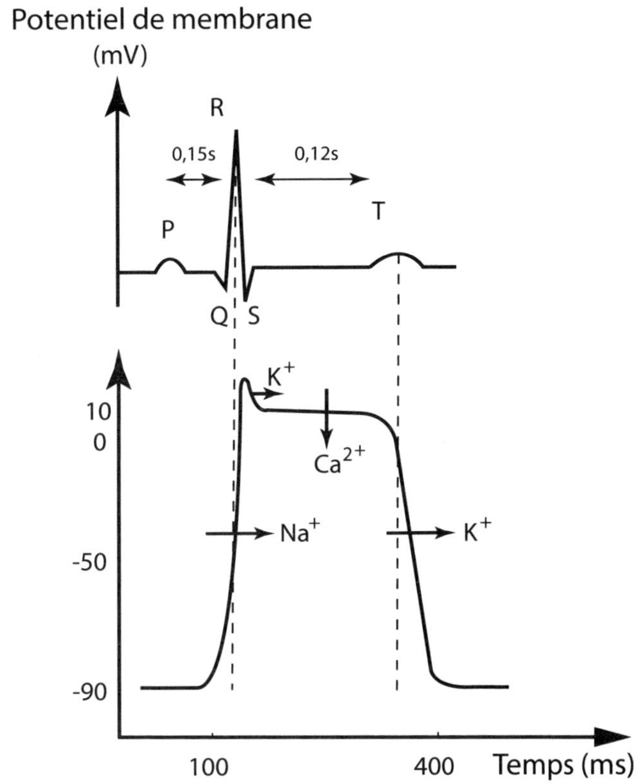

FIGURE 5.4 – Enregistrement de l'ECG : les échelles de durées ne sont pas respectées pour la clarté du dessin (détails dans le texte).

Ces divers enregistrements sont des différences de potentiels entre 2 électrodes placées au niveau des bras ou des jambes : on les appelle **dérivations**. On distingue :

1. Les dérivations bipolaires D1, D2, D3
2. Les dérivations unipolaires aVL, aVR et aVF
3. Les dérivations préchordiales : de V1 à V6 [5]

Ces divers enregistrement permettent de visualiser la façon dont se propagent les ondes de dépolarisation, et constituent donc un instrument précieux pour une analyse clinique du fonctionnement cardiaque, normal ou anormal [6].

Un ECG où tout complexe QRS est précédé d'une onde P et toute onde P est suivie d'un complexe QRS est dit **sinusal** [7].

5. la lecture de l'ECG n'est pas requise au STAPS.

6. troubles du rythme (bradycardie, tachycardie, arythmie, fibrillation), structurels (nécrose du tissu cardiaque suite à un infarctus) etc.,

7. condition nécessaire pour qu'un rythme soit normal, mais non suffisante (un rythme peut être sinusal, mais trop rapide (tachycardie).

5.1.3 Activité mécanique du coeur

Le coeur fournit l'énergie permettant la circulation du sang. Au cours de la vie, il n'est jamais en repos [8].

Précisons les diverses opérations qui s'y succèdent, quasi-simultanément dans les coeurs gauche et droit.

Remplissage (permanent) des oreillettes (valves auriculo-ventriculaires fermées) :

- l'oreillette gauche reçoit le sang artériel provenant des 4 veines pulmonaires qui s'y abouchent
- l'oreillette droite reçoit le sang veineux des 2 veines caves supérieure et inférieure.

Dans l'oreillette droite, ces deux sources de sang sont mélangées, conduisant au **sang veineux mêlé** .

1. **Remplissage des ventricules (suite à l'ouverture des valves auriculo-ventriculaires)** : il se fait en deux temps (de manière symétrique dans les coeurs droit et gauche) :
   - **remplissage passif** : en fin de remplissage auriculaire (ou atrial), la pression dans l'oreillette est supérieure à celle du ventricule. Cela provoque l'ouverture de la valve auriculo-ventriculaire (mitrale ou tricuspide) et le déversement du sang dans le ventricule. Ce remplissage est d'abord rapide, puis lent quand les pressions auriculaire et ventriculaire s'égalisent : ce remplissage passif lent est la **diastasis**.
   - **remplissage actif** : représentant environ 1/5 du temps de remplissage, il se fait sous l'action de la contraction de l'oreillette qui achève le transfert de sang vers le ventricule.

   Une fois les ventricules remplis, les valves auriculo-ventriculaires se ferment (premier bruit du coeur B1) pour éviter tout reflux au cours de la troisième opération qui suit maintenant
2. **Contraction isovolumétrique : valves sigmoïdes fermées**

   Les deux ventricules se contractent, ce qui augmente la pression intraventriculaire, jusqu'à ce qu'elle atteigne la pression aortique (VG) ou pulmonaire (VD)
3. **Éjection (ouverture des valves sigmoïdes)** : se produit dès que la pression intraventriculaire dépasse la pression aortique (ou pulmonaire). Elle commence par une phase d'éjection rapide, puis lente. Les valves sigmoïdes se ferment en fin d'éjection (bruit B2).
4. **Relaxation isovolumétrique : valves sigmoïdes et auriculo-ventriculaires fermées**. Le muscle cardiaque se détend, de façon que la pression intraventriculaire redevienne celle qu'elle était en début de phase 1 (cf.supra), phase qui peut alors redémarrer (les valves auriculo-ventriculaires s'ouvrent)

5.1.4 Couplage électromécanique

Le lien entre les activités électrique (issue de l'auto-excitation des cellules nodales) et mécanique (contraction, relaxation) du coeur s'explique au niveau des cellules myocardiques contractiles. Schématiquement, la séquence est la suivante :

1. l'onde issue du PA nodal provoque l'entrée d'ions Na^+ dans la cellule contractile, et donc sa dépolarisation (phase 0 de la figure ci-dessus).
2. en phase 2, les canaux calciques lents voltage-dépendants s'ouvrent, permettant l'entrée d'ions calcium dans le cytosol

8. c'est la bonne nouvelle.

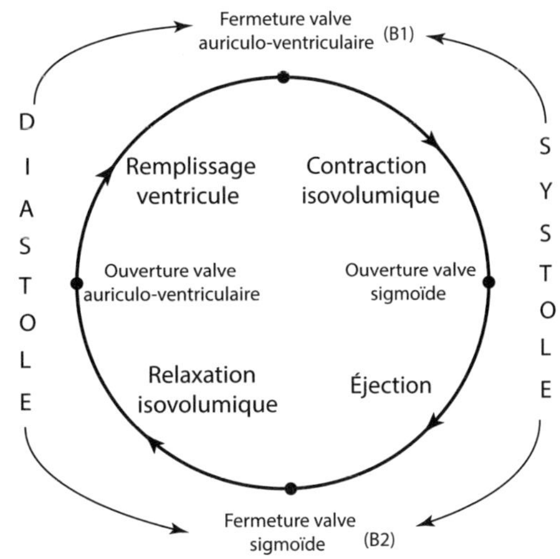

FIGURE 5.5 – Activité mécanique du coeur : les différentes phases du cycle cardiaque.

3. les ions calcium se fixent aux récepteurs canaux membranaires (sensibles à la ryanodine) du réticulum endoplasmique qui s'ouvrent, ce qui provoque la sortie des ions Ca^{2+} du réticulum
4. se produit alors la contraction des sarcomères consécutive à la séquence troponine-tropomyosine)-actine myosine (analogue à celle concernant le muscle strié squelettique (voir détail dans ce chapitre)
5. la relaxation fait alors intervenir plusieurs processus qui "apauvrissent" le cytosol en ions Ca^{2+} : pompes SERCA du réticulum, pompes ATP-ases de la membrane du sarcolemme (PMCA), canaux antiports NCX de la membrane.

5.1.5 Définitions

Le cycle cardiaque peut ainsi se subdiviser en 2 grandes phases :

A- Systole : c'est la phase correspondant à la contraction du myocarde (contraction isovolumétrique + éjection). Elle se situe donc entre B1 et B2 (dans ce sens)

B- Diastole : c'est la phase correspondant à la relaxation du myocarde (relaxation isovolumétrique + remplissage ventriculaire). Elle se situe donc entre B2 et B1 (dans ce sens)

Au repos, la diastole représente environ les 2/3 du cycle cellulaire.

5.1.6 Volumes et débits

On distingue :

1. Le volume télédiastolique VTD = volume ventriculaire en fin de remplissage (environ 130 mL au repos). Il est d'autant plus important que le retour veineux est important.
2. Le volume télésystolique VTS = volume ventriculaire en fin d'éjection
3. le volume d'éjection systolique VES = VTD-VTS = volume de sang éjecté à chaque systole

4. Fraction d'éjection $FE = \frac{VES}{VTD}$. Elle est de l'ordre de 60% du VTD, soit environ 80 mL de sang à chaque systole.
5. Débit cardiaque : C'est le produit Q_C = VES x F_C où F_C est la fréquence cardiaque. Au repos, les valeurs moyennes de la fréquence et du VES étant F_C=70 batts/min et VES=80 mL/batt, la valeur moyenne du débit cardiaque est de l'ordre de Q_C=5,6 L/min [9].

5.1.7 Pré-charge et post-charge

1. **Pré-charge** : c'est la pression télédiastolique, représentée par le VTD. Elle augmente avec le retour veineux (qui augmente lui-même avec la respiration et la contraction des muscles squelettiques des membres inférieurs), la compliance et la relaxation.

   La pré-charge augmente le VES (et donc diminue le VTS) du fait du mécanisme de Franck-Starling : si VTD augmente, les cellules musculaires du myocarde sont plus étirées, ce qui provoque une contraction plus puissante. C'est ce phénomène qui permet d'ajuster le VES à l'importance du retour veineux.
2. **Post-charge** : *a contrario*, la post-charge est un déterminant négatif du VES : elle est surtout représentée par les résistances artérielle systémique (pour le ventricule gauche) et artérielle pulmonaire (pour le ventricule droit [10]. Ces résistances s'opposent bien sûr à l'éjection ventriculaire et favorisent un VTS plus important.

5.2 Système vasculaire

5.2.1 Les vaisseaux : le transport du sang

1. **Les artères** : elles transportent le sang du coeur (depuis les ventricules) à la périphérie
2. **Les veines** : elles ramènent le sang vers le coeur (précisément, aux oreillettes).

5.2.2 Les capillaires : les échanges avec les tissus

Ce sont les vaisseaux de plus petit diamètre. Les échanges se font à leur niveau par simple diffusion.

Le coeur expulse ainsi le sang dans deux circuits séries.

A- La circulation systémique (grande circulation)

Elle assure la nutrition des tissus (rôle trophique) au niveau de capillaires. Plus précisément :

le ventricule gauche propulse le sang riche en O_2 (hémoglobine saturée en dioxygène) par **l'artère aorte** dans la **grande circulation** ou circulation systémique qui commence à la sortie du ventricule gauche et se termine à l'entrée de l'oreillette droite par les 2 **veines caves**. Cette circulation assure la nutrition de tous les organes : dans les tissus, le sang s'appauvrit en O_2 (nécessaire à la phosphorylation oxydative dans les mitochondries : l'hémoglobine se désature en dioxygène) et s'enrichit en CO_2 (produit par le cycle de Krebs attaché au catabolisme des glucides ou des acides gras).

9. qui correspond à peu près au volume sanguin, qui est donc totalement brassé à chaque minute.
10. mais elle augmente aussi quand la compliance des artères diminue.

Les artères issues du ventricule sont des artères élastiques (aorte). Elles sont suivies d'artères musculaires plus rigides, puis d'artérioles qui se drainent dans un réseau de capillaires irriguant les tissus : c'est à ce niveau que s'effectue la nutrition des cellules.

Les capillaires tissulaires sont suivis d'un réseau de veinules qui confluent en veines. Ces veines débouchent dans les veines caves inférieure ou supérieure qui elles-mêmes s'abouchent à l'oreillette droite pour y déverser leur contenu sanguin désaturé.

La circulation systémique se répartit précisément de la façon suivante :

1. **La circulation des organes supérieurs (au-dessus du coeur)**
   - **La tête et le cou** sont vascularisés par les artères **carotides** et **vertébrales**
   - **Les membres supérieurs** sont vascularisés successivement par les artères sous-clavières, axillaires et humérales
2. **La circulation des organes inférieurs**
   - **le foie**, vascularisé par l'artère hépatique, d'une part, et par la veine porte, confluence des veines splénique (rate) et mésentérique (intestin), d'autre part
   - **l'intestin** par les artères mésentériques supérieure et inférieure,
   - **la rate** par l'artère splénique,
   - **le rein** par l'artère rénale,
   - **le pancréas, l'estomac** etc.

B- La circulation pulmonaire (petite circulation)

Elle assure les échanges gazeux au niveau des alvéoles et des capillaires sanguins. Plus précisément :

le ventricule droit propulse le sang riche en CO_2 issu des veines caves dans la **petite circulation ou circulation pulmonaire** qui commence à la sortie du ventricule droit par les **2 artères pulmonaires** (en fait, le tronc pulmonaire) et se termine à l'entrée de l'oreillette gauche par les 4 **veines pulmonaires** après avoir traversé les poumons qui assurent l'hématose (artérialisation du sang = appauvrissement en CO_2 et enrichissement en O_2, tous deux par diffusion au niveau des capillaires et des alvéoles).

Insistons encore sur quelques points de vocabulaire

Par définition, le sang quitte le coeur par les artères et y retourne par les veines.

Ces définitions peuvent être source de confusion : ainsi, le sang qui circule dans l'artère pulmonaire est dit **sang veineux mêlé** alors que le sang qui revient au coeur par la veine pulmonaire est du **sang artériel**.

C- Cas particuliers

1. **Les shunts anatomiques** Au niveau circulatoire, un shunt est un court-circuit : plus précisément, le sang veineux issu d'un organe ne rejoint pas les veines caves, et donc ne subira pas l'hématose dans les poumons. Ces veines rejoignent directement la veine pulmonaire (en court-circuitant, en "shuntant" les poumons) à laquelle elles s'anastomosent. Le sang entrant dans l'oreillette gauche est donc moins artérialisé (moins riche en oxygène) qu'à la sortie du poumon, à l'entrée des veines pulmonaires. Les shunts concernent :

   (a) une très faible part de la vascularisation cardiaque par la circulation coronaire

   (b) la circulation bronchique **périphérique**

   L'ensemble de ces shunts dits anatomiques correspond à environ 1% de la circulation totale, ce qui fait que la circulation systémique excède d'environ 2% la circulation pulmonaire.

2. **Les réseaux "porte"** Ce sont des circulations reliant en série deux réseaux capillaires de même nature. Exemples
   (a) réseau (artériel / artériel) de part et d'autre du glomérule rénal
   (b) réseau (veineux / veineux) de part et d'autre du foie (en provenance de la rate ou des intestins).

5.2.3 Circulations séries et parallèles

A- Circulations séries

Elles concernent
- les circulations de la grande et de la petite circulation
- les circulations des divers **compartiments** de la circulation systémique (grande circulation) : circulation artérielle (totale), artériolaire (totale), capillaire, etc.

B- Circulations parallèles

Ce sont les circulations irriguant les différents organes (à l'exception des circulations "porte" : ainsi, la rate et le foie sont irrigués en série).

C- Systèmes haute et basse pression

Enfin se superpose à ces diverses classifications la dichotomie suivante (qui ne coïncide pas avec la grande et la petite circulation) [11] :

1. **le système haute pression** :
   - du ventricule gauche aux artérioles précédant les organes de la grande circulation,
   - résistif et peu compliant
   - pression comprise entre 100 mm(Hg) (crosse aortique) et 40 mm(Hg) (fin système artériolaire)
   - vitesse d'écoulement élevée (surface de section des divers compartiments faible)
2. **le système basse pression** :
   - tout le reste du circuit.
   - compliant et peu résistif
   - pression comprise entre 40 mm(Hg) (début capillaire = fin artérioles) et 0 mm(Hg) (oreillette droite)
   - vitesse d'écoulement sanguin faible car surface de section des compartiments importante. [12]

D- La répartition des volumes

En moyenne :

1. **Système haute pression**
   - ventricule gauche 2%
   - artères + artérioles systémiques : 11%
2. **Système basse pression**

---

11. Ainsi, la circulation systémique comporte des zones de haute et basse pression. Mais il est vrai que la circulation pulmonaire est intégralement une zone de basse pression.

12. **Insistons** : parmi tous les vaisseaux, la section de chaque capillaire est la plus faible. Mais ce qui compte, c'est la surface **totale** de section du réseau capillaire qui, elle, est la plus importante (c'est pourquoi nous précisons à chaque fois "surface de section des divers **compartiments**")

- veines + capillaires systémiques : 73%
- coeur droit 4%+oreillette gauche 2%
- artères pulmonaires : 2,5%
- veines et capillaires pulmonaires : 5,5%

Ces valeurs sont très variables en fonction des individus et ne sont donc là qu'à titre indicatif.

Nous proposons ci-dessous (fig.5-6) un schéma destiné à compléter la compréhension de l'appareil circulatoire. Dans ce nouveau schéma, nous allégeons volontairement l'aspect anatomique : l'ensemble (tronc pulmonaire-artères pulmonaires) est remplacé par une artère unique, et les 4 veines pulmonaires par une veine unique (il était possible de concentrer l'ensemble sur le premier dessin, mais cela aurait conduit à un schéma inutilement confus).

5.2.4 Histologie des vaisseaux

Si l'on excepte les capillaires, une section transversale des vaisseaux fait apparaître, de la lumière vers la périphérie :

1. **L'intima** (endothélium+limitante élastique)
2. **La média** constituée d'une tunique musculaire
3. **L'adventice** (séreuse).

Suivant les vaisseaux, la proportion (fibres élastiques / fibres musculaires) est variable.

A- Les artères de gros calibre

Ce sont des artères relativement élastiques (peu de cellules musculaires lisses, beaucoup d'élastine), bien que moins compliantes (cf.infra) que les veines. Ces artères n'interviennent quasiment pas dans la vasomotricité (qui utilise des muscles lisses) L'exemple typique est l'aorte, de diamètre 25mm et d'épaisseur pariétale 2mm. C'est ce qui permet de transformer un flux sanguin discontinu en un flux continu laminaire (mais pulsatile) en environ 5 diamètres aortiques, c'est-à-dire à peu près 12 cm. : au moment de l'éjection (systolique), l'aorte se distend, permettant l'emmagasinage du sang qui sera ensuite délivré de manière progressive pendant le relâchement diastolique cardiaque.

B- Les artères de calibre moyen

Leur composante musculaire est plus importante. Elles ne se distendent donc que très peu et apportent une contribution importante à la vasomotricité.

C- Les artérioles et les sphincters précapillaires

Pauvres en élastine et riches en fibres musculaires lisses. Rôle majeur pour la résistance systémique et la vasomotricité

D- Les capillaires

Ils sont dépourvus de composante musculaire, et ne peuvent donc être doués d'aucune vasomotricité (mais leur débit peut néanmoins être régulé par des sphincters précapillaires). Diamètre de l'ordre de la taille d'un globule rouge (environ 8 microns). Ceux-ci les parcourent donc très lentement à la queue leu leu, ce qui facilite les échanges gazeux avec les tissus.

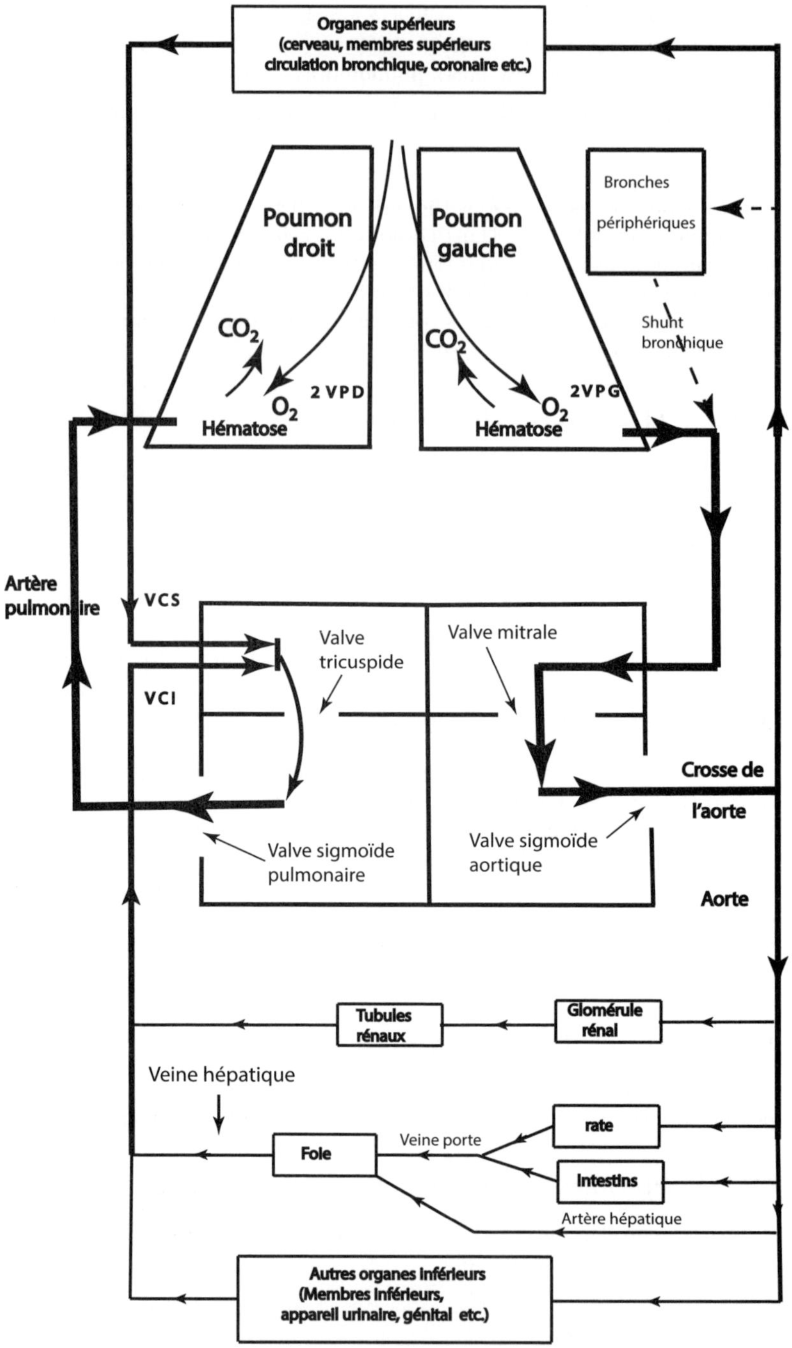

FIGURE 5.6 – Vue d'ensemble des circulations systémique et pulmonaire (détails dans le texte).

E- Les veines

Très élastiques, elles sont donc très distensibles. Plus gros calibres que ceux des artères.

5.2.5 Compliance, résistance, vitesse et débits locaux

A- Résistance

Si on excepte la circulation porte (où les organes irrigués sont placés en série), tous les organes concernés par la grande circulation sont placés **en parallèle** entre le système haute pression (pression moyenne Pi) et le système basse pression (pression moyenne Pf). Dans ces conditions, le débit Q circulant dans l'organe est proportionnel à la différence de pression moyenne, et l'on a :

$$P_i - P_f = \Delta P = R.Q \tag{5.1}$$

C'est la loi de Poiseuille, où R est la résistance à l'écoulement du sang).

La résistance R dépend des caractéristiques du vaisseau, mais aussi bien sûr de la qualité du sang : pour un vaisseau supposé cylindrique, son expression est la suivante (cf.supra)

$$R = \frac{8\eta l}{\pi r^4} \tag{5.2}$$

où r est le rayon du vaisseau, l sa longueur et η la viscosité du sang.

Cas particulier important : Si Pi représente la pression artérielle moyenne $\overline{Pa}$ au niveau de la crosse de l'aorte, et Pf la pression sanguine au niveau de l'entrée dans l'oreillette droite (quasiment nulle), la formule 5.1, on a

$$Pa = R.Q$$

où R est la résistance systémique (résistance périphérique totale).

B- Vitesse

Pour un compartiment vasculaire de surface de section S, le débit Q a pour expression :

$$Q = S\bar{v} \tag{5.3}$$

où $\bar{v}$ est la vitesse moyenne d'écoulement du sang dans le vaisseau. Ainsi, la vitesse d'écoulement du sang dans les capillaires ($S = 2500cm^2$ est 1000 fois inférieure à sa valeur dans l'aorte ($S = 2,5cm^2$), ce qui favorise les échanges diffusifs.

C- Compliance

Pour un vaisseau donné, c'est le rapport

$$C = \frac{\Delta V}{\Delta P} \tag{5.4}$$

qui exprime la variation de volume ΔV subie par un vaisseau à la suite d'une variation ΔP de la pression moyenne qui y règne. Plus le vaisseau est distensible (on dit compliant), plus cette variation sera importante pour un ΔP donné.

Mais la compliance exprime, de manière équivalente, la variation de pression enregistrée à l'intérieur d'un vaisseau pour une variation de son volume sanguin : c'est cet aspect que nous privilégions en cardio-vasculaire. Ainsi, une augmentation de la volémie

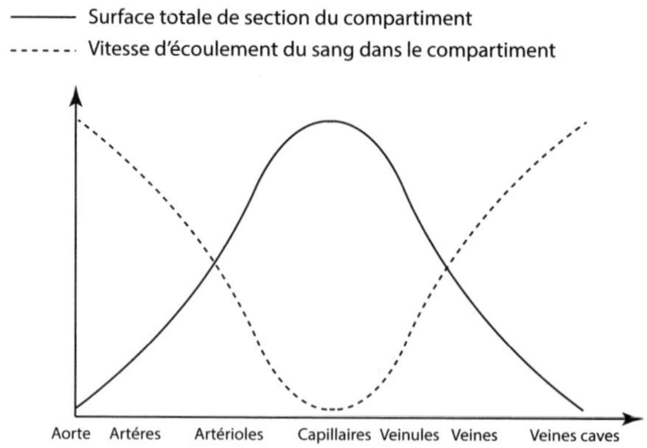

FIGURE 5.7 – Sur ce diagramme, on voit que la vitesse d'écoulement du sang dans un compartiment est inversement proportionnelle à la surface **totale** de section dans ce compartiment (cf. la formule $Q = S.\bar{v}$ où le débit est constant)

(volume sanguin[13]) augmentera plus la pression moyenne dans les artères que dans les veines, beaucoup plus compliantes (environ 20 fois plus).

Attention : ne pas confondre ce ΔP qui traduit la variation de pression en un même point, suite par exemple à une augmentation du débit, avec le ΔP de la loi de Poiseuille qui traduit la différence de pression entre 2 points différents, à débit éventuellement constant.

Remarque : l'inverse de la compliance est **l'élastance**.

La figure qui suit répertorie les caractéristiques physiques des différents vaisseaux, ainsi que leurs rôles principaux (vasomotricité notamment).

Remarque très importante : la formule 5.2 montre que la résistance R augmente considérablement lorsque le rayon de section du vaisseau diminue (inversement proportionnelle à la puissance 4 du rayon). On pourrait donc s'attendre que la résistance la plus importante fût produite par les capillaires. En fait, la plus grande résistance se trouve au niveau des artérioles : en effet, la surface **totale** des sections capillaires est supérieure à celle des artérioles.

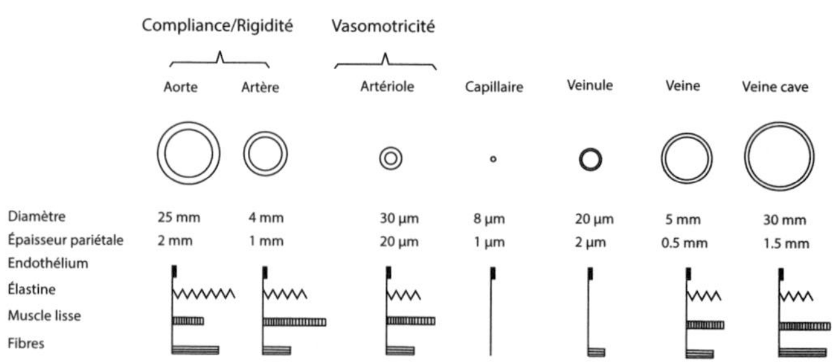

FIGURE 5.8 – Histologie des vaisseaux.

D- Les débits locaux

D'une part, les débits ne sont pas les mêmes dans tous les organes, et d'autre part ils ne sont pas tous de même nature. Ainsi :

13. Rappelons que le suffixe "-émie" signifie "taux sanguin". Ainsi, la glycémie est le taux de glucose sanguin, la volémie le volume sanguin etc.

1. on comprend que le débit dans un muscle strié squelettique sera supérieur à celui de la rate. Le débit n'est donc pas le même dans tous les organes.
2. certains tissus sont "gourmands" en dioxygène (muscles par exemple). Ce sont des organes **à débit métabolique** alors que pour d'autres, c'est le débit lui-même qui conditionne leur fonctionnement : ce sont les organes **à débit fonctionnel** (rein et foie par exempte).
3. Enfin, les débits dépendent largement, en valeur absolue comme en pourcentage, de la situation physique du sujet (repos ou exercice : voir graphique ci-dessous).

   En particulier, le débit sanguin se dérive massivement vers les organes gros consommateurs, à savoir le coeur et les muscles squelettiques, au détriment des autres organes (excepté le cerveau qui conserve le même débit).

   Insistons sur les points suivants qui sont à bien connaître :

   • Au cours de l'exercice, le débit myocardique augmente notablement en valeur absolue, mais reste constant en pourcentage,

   • Au cours de l'exercice, le débit dans le cerveau reste constant mais son pourcentage par rapport au débit total diminue.

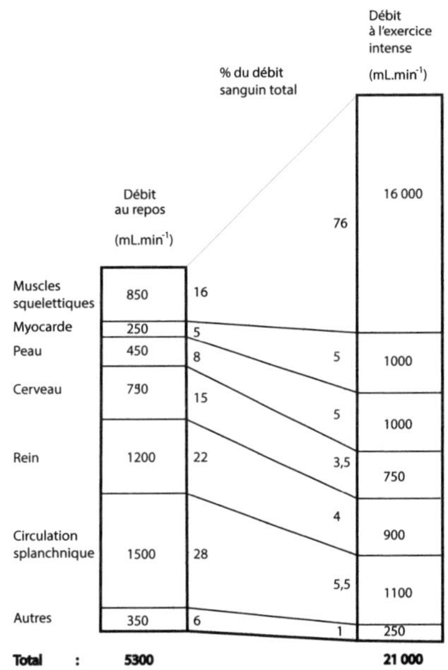

FIGURE 5.9 – (Dessin reproduit à partir d'un dessin de Mr. Richalet Paris 13) : les débits locaux en valeur absolue et en pourcentage du débit total, au repos et à l'exercice (ordres de grandeur).

Mesure du débit : deux méthodes

1. **méthode de Fick** : on peut établir la formule suivante :

$$Q_C = \frac{\dot{V}(O_2)}{C_a(O_2) - C_v(O_2)}$$

où

Q_C est le débit cardiaque (débit sanguin total),

$\dot{V}(O_2)$ est le **débit de consommation de $\mathbf{O_2}$**,

$C_v(O_2)$ la concentration en O_2 du sang veineux mêlé dans l'artère pulmonaire [14]

14. La mesure de $C_v(O_2)$ nécessite un prélèvement sanguin par cathétérisme dans l'artère pulmonaire.

et $C_a(O_2)$ la concentration en O_2 du sang artériel sortant des poumons.

On en déduit :

$$\boxed{\dot{V}(O_2)[mL(O_2).min^{-1}] = Q_C[L(\text{sang}).min^{-1}].Da\text{-v}(O_2)[mL(O_2).L^{-1}(\text{sang})]}$$

où

$$Da\text{-v}(O_2) = C_a(O_2) - C_v(O_2)$$

est la **différence artério-veineuse**, paramètre très utile en cardio-vasculaire.

Enfin :

$$Q_C = F_C.VES$$

où VES est le volume d'éjection systolique et F_C la fréquence cardiaque (à ne pas confondre avec la fréquence respiratoire F_R).

2. **méthode de dilution** : nous ne détaillons pas cette méthode.

5.3 La pression artérielle

5.3.1 Précision sémantique

Ce que l'on appelle la **tension artérielle** est la différence entre la pression artérielle et la pression à l'extérieur de l'artère. En physiologie, cette tension sera exprimée en mm(Hg) : si l'on dit que la tension (artérielle) est de 100 mm(Hg), cela signifie que, la pression en dehors des vaisseaux étant de 760 mm(Hg) [15], celle qui règne dans le vaisseau est de 860 mm(Hg). La tension est donc égale à $\Delta P = P_{int} - P_{ext}$ [16]

Dans la suite de ce cours, nous emploierons souvent l'expression "pression artérielle" pour désigner la tension artérielle (c'est un abus de langage fréquent). Mais l'étudiant doit être conscient que l'on n'évoque jamais la véritable pression (supérieure à 760 mm(Hg), mais une différence.

5.3.2 Pression artérielle moyenne

À l'origine, cette pression est engendrée par la pompe cardiaque. Schématiquement, le ventricule se contracte et expulse le sang dans l'aorte : c'est la **systole**, où la pression (systolique) PAS est la pression maximale. Puis, le coeur se relâche : c'est la **diastole**, correspondant au minimum de la pression cardiaque (pression diastolique PAD).

Donc, le coeur fournit, par ses contractions, une pression discontinue. En réalité, chez un sujet normal, cette distribution s'effectue de la manière suivante :

1. pendant l'expulsion systolique, l'aorte, assez compliante, stocke environ 60% du sang éjecté brutalement par le ventricule gauche tandis que les 40% restants s'écoulent dans les petites artères et artérioles, très peu compliantes [17] : cette phase, suivie de la fermeture de la valve sigmoïde aortique consomme beaucoup d'énergie et fatigue le myocarde (muscle cardiaque),

---

15. pression atmosphérique normale

16. Attention de ne pas confondre cette variation de pression en un même point de part et d'autre de la membrane vasculaire, et que la loi de Laplace relie au rayon du vaisseau si l'on connaît la tension pariétale du vaisseau, avec la variation ΔP entre deux points du vaisseau, donnée par la loi de Poiseuille.

17. Imaginez l'arrivée brutale d'un important volume d'eau dans une poche élastique s'abouchant à un tuyau rigide : dans un premier temps, seule une partie de ce volume peut s'écouler dans la tuyauterie rigide au volume limité, le reste étant stocké dans la partie élastique. Puis, l'eau stockée dans la poche élastique s'écoule progressivement dans le tuyau du seul fait de la rétraction passive de la paroi élastique.

2. pendant le relâchement diastolique, la crosse aortique "libère" passivement le sang stocké (60%) dans le reste de l'aorte. Cette phase de relâchement qui n'est due qu'à la compliance de la crosse aortique ne sollicite pas le myocarde (et donc ne le fatigue pas, ce qui est une grande économie pour le coeur)

Cette distribution entraîne un écoulement turbulent dans la crosse de l'aorte. Mais du fait de ce système décrit ci-dessus, le régime devient laminaire dès la sortie de la crosse. Pour autant, il reste tout de même pulsatile et on peut enregistrer l'onde de pression en plusieurs endroits du réseau artériel[18]

La pression artérielle moyenne $\overline{PA}$ (ou PAM) est approximativement donnée par la formule de Burton :

$$\overline{PA} = PAD + \frac{1}{3}(PAS - PAD) \tag{5.5}$$

Par exemple, si la pression systolique vaut 120 mm(Hg) et la pression diastolique 90 mm(Hg), qui sont des valeurs normales, on obtient

$$\overline{PA} = 90 + \frac{120 - 90}{3} = 100\,\text{mm(Hg)}$$

5.3.3 Résistance périphérique totale (résistance systémique)

Appliquons la loi de Poiseuille à la grande circulation, c'est-à-dire entre la crosse aortique et l'entrée de l'oreillette droite : la pression d'entrée de l'OD étant quasiment nulle, on a :

$$\overline{P}_{\text{aorte}} - P_{OD} = R_{\text{syst}}.Q$$

d'où l'on tire :

$$R_{\text{syst}} = \frac{\overline{P}_{\text{aorte}} - 0}{Q} = \frac{\overline{P}_{\text{aorte}}}{Q}$$

où $\overline{P}_{\text{aorte}} = \overline{PA}$ est la pression aortique moyenne (donnée par la formule ci-dessus) et Q le débit sanguin.

On peut ainsi évaluer la résistance systémique connaissant la pression artérielle aortique moyenne et le débit.

5.3.4 Mesure de la pression

Deux méthodes principales qui diffèrent selon la pression moyenne que l'on veut mesurer :

1. **sphygmomanomètre** : méthode non invasive. Un brassard ferme l'artère humérale (en lui imposant une pression supérieure à la pression dans l'artère) de façon à y stopper le circulation sanguine. Puis, on baisse progressivement la pression du brassard jusqu'à atteindre la pression artérielle : le sang commence alors à gicler dans l'artère (régime turbulent bruyant, que le praticien écoute grâce à un stéthoscope. La pression lue est alors la pression systolique. On continue à baisser la pression du brassard : la pression pour laquelle le régime devient laminaire (silencieux) est la pression diastolique. La formule de Burton permet alors de calculer la pression artérielle moyenne.[19]
2. **cathétérisme** : méthode employée pour mesurer les pressions pulmonaires. Un petit manomètre est introduit dans le coeur droit et rejoint l'artère pulmonaire (méthode invasive).

18. Il ne faut donc pas croire qu'un régime pulsatile soit incompatible avec un régime laminaire !

19. Si ces deux pressions sont respectivement 130 mm(Hg) et 90 mm(Hg), le praticien annonce 13-9.

5.3.5 Valeurs typiques de la pression moyenne (artérielle ou veineuse)

- crosse aortique $\simeq$100 mm(Hg)
- artères $\simeq$ 90 mm(Hg), jusqu'à l'entrée des artérioles : la pression a donc peu chuté
- fin des artérioles : environ 40 mm(Hg) : c'est la chute la plus importante (plus grande résistance)
- fin des capillaires : environ 20 mm(Hg)
- veines caves : pression nulle.

La pression augmente ensuite (aux alentours de 20 mm(Hg)) dans l'artère pulmonaire, du fait de l'expulsion sanguine par le ventricule droit.

5.3.6 Le pouls

Bien que l'écoulement devienne très rapidement laminaire, la pression qui se propage dans le sang (à vitesse bien supérieure à celle de l'écoulement sanguin) est variable : le régime est donc laminaire (du moins en dehors de la crosse aortique) mais pulsatile. On peut d'ailleurs enregistrer le passage de l'onde de pression en divers endroits du corps (poignet, carotide, artères fémorale...) : c'est **le pouls**.

À noter que la pulsatilité est maximale au niveau des artères fémorales et non de l'aorte proximale, comme on pourrait le penser : en effet, les profils des ondes de pression sont nettement plus séparés au niveau des fémorales, permettant une meilleure résolution de la succession des ondes. De plus, le pic du profil de l'onde pression est le plus élevé au niveau des fémorales.

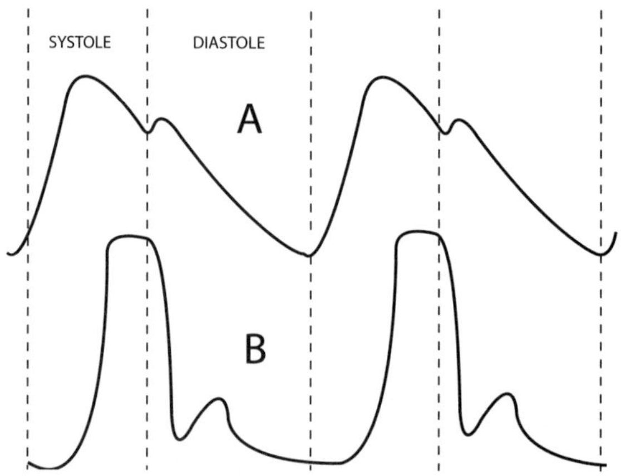

FIGURE 5.10 – Profil de l'onde de pression à différents niveaux : A) profil de l'onde de pression au niveau de l'aorte B) profil de l'onde de pression au niveau de l'artère fémorale

5.3.7 Loi de Laplace

La pression artérielle est la pression du sang dans les artères systémiques, du coeur vers les organes. Elle dépend de plusieurs facteurs

1. Elle augmente avec la volémie
2. Elle dépend du rayon r de la section artérielle
3. Elle dépend de **la tension pariétale T** de l'artère [20]

20. cette "tension" ne doit pas être confondue avec la tension artérielle. Mais elles sont reliées par la loi de Laplace.

Plus précisément, on a la loi de Laplace :

$$\boxed{\Delta P = \frac{T}{r}} \tag{5.6}$$

La tension pariétale correspond à la tension interne à la paroi artérielle et traduit la résistance à l'augmentation du rayon artériel sous l'action de la pression sanguine. Comme $T = \Delta P.r$, elle s'exprime (dans le système international) en Pa.m (ce n'est donc pas une force qui s'exprimerait en Pa.m^2.

5.4 Régulation de la pression artérielle moyenne

5.4.1 Les barorécepteurs

Ce sont des capteurs situés aux niveaux stratégiques des sinus carotidiens et de la crosse de l'aorte, responsables artériels haute pression de la fourniture totale du sang à l'organisme.

Ces barorécepteurs qui, comme leur nom l'indique, sont sensibles à la pression (et donc à ses variations), déchargent des potentiels d'action dans divers nerfs (cf. infra) en fonction de la PAM : plus la pression est importante, plus grande est la fréquence de décharge. Ces nerfs rejoignent le Nucleus Tractus Solitarii (NTS).

Les barorécepteurs jouent donc le rôle de comparateurs.

5.4.2 Le Nucleus Tractus Solitarii (NTS)

Situé dans le bulbe rachidien, le Noyau du Tractus Solitaire reçoit donc des afférences en provenance des barorécepteurs [21]. Son action permanente est double

1. Il inhibe le centre vasomoteur sympathique
2. Il active le centre cardiaque parasympathique.

5.4.3 Action du système nerveux sympathique

Elle est double :

1. Il agit sur la vasoconstriction des artérioles (en contractant les muscles lisses qui tapissent ces vaisseaux), et donc sur la résistance systémique :
   - si cette action augmente, la vasoconstriction et par conséquent la résistance augmentent
   - si cette action diminue, la vasoconstriction et donc la résistance diminuent.
2. Il augmente la puissance cardiaque, et donc le volume d'éjection systolique (VES).

5.4.4 Action du système nerveux parasympathique

Depuis le centre cardiaque partent des fibres du nerf vague (X) dont l'action **ralentit la fréquence cardiaque $\mathbf{F}_C$** du noeud sinusal. Cette action (dite tonus vagal) est permanente.

C'est pourquoi la fréquence cardiaque au repos est de l'ordre de 60-70 battements par minute, alors que celle du noeud sinusal, qui régit la fréquence cardiaque, est d'environ 100 battements par minute.

21. il est également en contact avec des centres nerveux supérieurs, mais nous ne détaillerons pas.

FIGURE 5.11 – le système de régulation par les barorécepteurs (baroréflexes). CVM(Σ) = Centre VasoMoteur (sympathique). CC(paraΣ) = Centre Cardiaque (parasympathique).

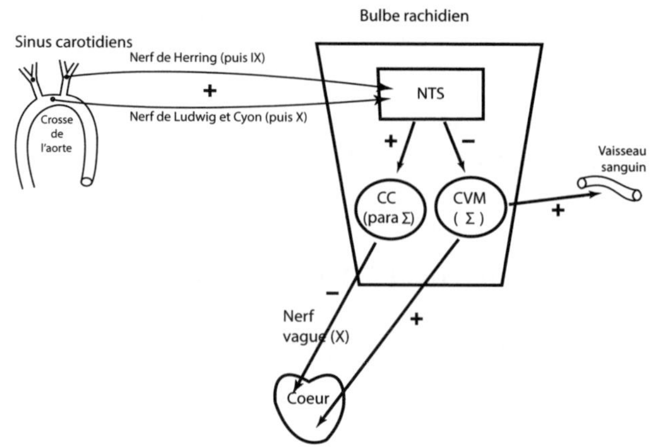

5.4.5 Fonctionnement du baroréflexe

Supposons que la pression artérielle PA augmente. Il se produit alors la séquence suivante

1. les barorécepteurs enregistrent cette augmentation (étirement des parois du barorécepteur, entrée de calcium, potentiels d'action).
2. la fréquence des potentiels d'action dans les nerfs de Herring (puis dans le nerf IX) et dans le nerf de Ludwig et Cyon (puis dans le nerf vague X) augmente.
3. le NTS est suractivé
4. le CVM est dès lors plus inhibé : **VES et R diminuent**
5. le CC est dès lors plus activé. L'action du vague est plus forte et donc la $\mathbf{F}_C$ **diminue**

Or, le débit cardiaque a pour expression

$$Qc = F_C.VES$$

et la pression artérielle moyenne (R étant la résistance systémique totale)

$$PA = R.Qc \qquad \text{loi de Poiseuille} \qquad = R.F_C.VES$$

Comme ces 3 déterminants de la PA diminuent, la PA diminue et revient à une valeur plus faible (rétrocontrôle négatif).

Bien entendu, les réactions inverses se produisent en cas de baisse de la PA. [22]

22. ces rétrocontrôles peuvent s'avérer insuffisants dans des situations pathologiques.

EXERCICES

5.5 Questions à choix multiples

QCM 1

la systole ventriculaire

A) correspond à l'éjection du sang depuis les ventricules.
B) commence avec le premier bruit du coeur.
C) se termine par le deuxième bruit du coeur.
D) est suivie de la relaxation isovolumique.

QCM 2

Concernant les aspects électriques relatifs aux cellules cardiaques :

A) la dépolarisation des cellules contractiles correspond à une entrée d'ions calcium.
B) la dépolarisation des cellules contractiles correspond à une sortie d'ions sodium.
C) la dépolarisation des cellules nodales correspond à une entrée d'ions sodium.
D) la dépolarisation des cellules nodales correspond à une sortie d'ions calcium.

QCM 3

Pré-charge et post-charge :

A) la pré-charge augmente avec le retour veineux.
B) la pré-charge augmente avec la résistance systémique.
C) la post-charge diminue quand le VTD diminue.
D) le VES augmente avec la post-charge.

QCM 4

Concernant les volumes et débits :

A) le volume télésystolique correspond au volume ventriculaire en fin de diastole
B) le volume télédiastolique est la différence entre le volume d'éjection systolique et le volume télésystolique.
C) le débit cardiaque est le quotient du volume télésystolique par la fréquence cardiaque.
D) lz fréquence cardiaque est le quotient du débit cardiaque par le volume d'éjection systolique.

QCM 5

Concernant les types de circuits :

A) le système veineux systémique fait partie du système basse pression.
B) le système veineux systémique fait partie de la grande circulation
C) la petite circulation correspond à du sang riche en gaz carbonique.
D) la grande circulation est une circulation haute pression.

QCM 6

Concernant les résistances :

A) la plus grande résistance correspond à la résistance des capillaires qui ont la plus petite section
B) La section totale des artérioles est supérieure à la section totale des capillaires
C) La plus grande chute de pression s'enregistre au niveau des capillaires.
D) la loi de Poiseuille exprime que la chute de pression entre deux points d'une portion du circuit sanguin est égale au produit du débit sanguin dans cette portion, et de la résistance de cette même portion.

QCM 7

Concernant la régulation de la pression artérielle (PA)

A) une baisse de la PA est enregistrée par des chémorécepteurs de la crosse de l'aorte et des sinus carotidiens.
B) si la PA baisse, le noyau du tractus solitaire (NTS) est activé ce qui active le SNO.
C) constitutivement, le NTS active le SNO et inhibe le parasympathique.
D) constitutivement, le NTS inhibe le SNO et active le parasympathique.

QCM 8

À le suite d'une augmentation brutale de la PA, le baroréflexe a pour effet : :

A) une diminution de la résistance systémique R.
B) une augmentation de la fréquence cardiaque F_C.
C) une baisse du débit cardiaque.
D) une diminution de la pression artérielle.

QCM 9

À propos du pouls et de la PA :

A) le pouls correspond à une onde de pression (artérielle) possiblement enregistrée au niveau du poignet ou de l'artère fémorale .
B) la vitesse de propagation de l'onde de pression correspond à la vitesse de circulation du sang.
C) la PA peut se mesurer grâce à un sphygmomanomètre de manière non invasive.
D) la pulsatilité est maximale au niveau de l'aorte.

QCM 10

Parmi les propositions ci-dessous, lesquelles sont exactes ?

A) Le contenu dissous en O_2 dans le sang est donné par la loi de Henry.
B) Si on respire de l'oxygène pur, le contenu dissous est de l'ordre de 2,3 mL pour 100 mL de sang.
C) Si on respire de l'oxygène pur, le contenu dissous est comparable à la quantité d'oxygène lié à l'hémoglobine.
D) Le dioxyde de carbone est plus soluble dans le sang que l'oxygène.

CORRIGÉS

QCM 1 B, C, D

La systole ventriculaire

A) correspond à l'éjection du sang depuis les ventricules. **FAUX : elle correspond à toutes les phases de contraction du ventricule, qui contient l'éjection, mais aussi la phase de contraction isovolumique qui la précède.**
B) commence avec le premier bruit du coeur. **VRAI : ce qui correspond à la fermeture des valves mitrale et tri-cuspide (valves auriculo-ventriculaires).**
C) se termine par le deuxième bruit du coeur. **VRAI : ce qui correspond à la fermeture des valves sigmoïdes, aortique et pulmonaire.**
D) est suivie de la relaxation isovolumique. **VRAI : première phase de la diastole.**

QCM 2 0

Concernant les aspects électriques relatifs aux cellules cardiaques :

A) la dépolarisation des cellules contractiles correspond à une entrée d'ions calcium. **FAUX : entrée d'ions sodium.**
B) la dépolarisation des cellules contractiles correspond à une sortie d'ions sodium. **FAUX : entrée d'ions sodium.**
C) la dépolarisation des cellules nodales correspond à une entrée d'ions sodium. **FAUX : ions calcium.**
D) la dépolarisation des cellules nodales correspond à une sortie d'ions calcium. **FAUX : entrée d'ions calcium.**

QCM 3 A

Pré-charge et post-charge :

A) la pré-charge augmente avec le retour veineux. **VRAI : et donc le VTD**
B) la pré-charge augmente avec la résistance systémique. **FAUX : c'est la post-charge**
C) la post-charge diminue quand le VTD diminue. **FAUX : concerne la précharge.**
D) le VES augmente avec la post-charge. **FAUX : diminue (plus grande résistance qui s'oppose à l'éjection ventriculaire).**

QCM 4 D

Concernant les volumes et débits :

A) le volume télésystolique correspond au volume ventriculaire en fin de diastole **FAUX : en fin de systole, bien sûr.**
B) le volume télédiastolique est la différence entre le volume d'éjection systolique et le volume télésystolique. **FAUX : le volume d'éjection systolique est la différence entre le volume télédiastolique et le volume télésystolique.**
C) le débit cardiaque est le quotient du volume télésystolique par la fréquence cardiaque. **FAUX : c'est le produit de ces deux grandeurs.**

D) lz fréquence cardiaque est le quotient du débit cardiaque par le volume d'éjection systolique. **VRAI.**

QCM 5 A, B

Concernant les types de circuits :

A) le système veineux systémique fait partie du système basse pression. **VRAI.**
B) le système veineux systémique fait partie de la grande circulation **VRAI.**
C) la petite circulation correspond à du sang riche en gaz carbonique. **FAUX : pas au-delà des poumons, dans les veines pulmonaires où le sang est artérialisé.**
D) la grande circulation est une circulation haute pression. **FAUX : pas dans sa partie veineuse.**

QCM 6 D

Concernant les résistances :

A) la plus grande résistance correspond à la résistance des capillaires qui ont la plus petite section **FAUX : dans les artérioles, car la section totale des artérioles est inférieure à la section totale des capillaires, même si la section individuelle d'une artériole est supérieure à celle d'un capillaire.**
B) La section totale des artérioles est supérieure à la section totale des capillaires **FAUX : voir item A.**
C) La plus grande chute de pression s'enregistre au niveau des capillaires. **FAUX : au niveau des artérioles, pour la raison évoquée à l'item B (ne pas oublier la loi de Poiseuille $\Delta P = R.Q$) et que la résistance des artérioles est supérieure à celle des capillaires.**
D) la loi de Poiseuille exprime que la chute de pression entre deux points d'une portion du circuit sanguin est égale au produit du débit sanguin dans cette portion, et de la résistance de cette même portion. **VRAI : voir rappel item C.**

QCM 7 D

Concernant la régulation de la pression artérielle (PA)

A) une baisse de la PA est enregistrée par des chémorécepteurs de la crosse de l'aorte et des sinus carotidiens. **FAUX : par des barorécepteurs, qui sonr effectivement voisins de chémorécepteurs.**
B) si la PA baisse, le noyau du tractus solitaire (NTS) est activé ce qui active le SNO. **FAUX : le NTS est inhibé.**
C) constitutivement, le NTS active le SNO et inhibe le parasympathique. **FAUX : c'est le contraire**
D) constitutivement, le NTS inhibe le SNO et active le parasympathique. **VRAI.**

QCM 8 A, C ,D

À le suite d'une augmentation brutale de la PA, le baroréflexe a pour effet : :

A) une diminution de la résistance systémique R. **VRAI : car le NTS étant suractivé inhibe plus fortement le SNO (et donc plus grande dilatation des vaisseaux ce qui diminue R.**
B) une augmentation de la fréquence cardiaque F_C. **FAUX : l'activation du parasympathique par le NTS augmente, ce qui diminue la F_C.**

C) une baisse du débit cardiaque. **VRAI : le VES diminue (puisque le NTS inhibe plus fortement le SNO). De ce fait, le débit $Qc = F_C.VES$ diminue aussi.**
D) une diminution de la pression artérielle. **VRAI : car $PA = R.Qc$ d'après la loi de Poiseuille, et R et Qc ont diminué (c'est d'ailleurs le "but" du baroréflexe).**

QCM 9 A, C

À propos du pouls et de la PA :

A) le pouls correspond à une onde de pression (artérielle) possiblement enregistrée au niveau du poignet ou de l'artère fémorale . **VRAI : mais aussi au niveau des pieds.**
B) la vitesse de propagation de l'onde de pression correspond à la vitesse de circulation du sang. **FAUX : elle lui est nettement supérieure.**
C) la PA peut se mesurer grâce à un sphygmomanomètre de manière non invasive. **VRAI : le brassard n'est pas invasif.**
D) la pulsatilité est maximale au niveau de l'aorte. **FAUX : au niveau de l'artère fémorale.**

QCM 10 A, B, D

Parmi les propositions ci-dessous, lesquelles sont exactes ?

A) Le contenu dissous en O_2 dans le sang est donné par la loi de Henry. **VRAI.**
B) Si on respire de l'oxygène pur, le contenu dissous est de l'ordre de 2,3 mL pour 100 mL de sang. **VRAI : la loi de Henry donne 0,003 x 760**
C) Si on respire de l'oxygène pur, le contenu dissous est comparable à la quantité d'oxygène lié à l'hémoglobine. **FAUX : il est toujours environ 10 fois inférieur.**
D) Le dioxyde de carbone est plus soluble dans le sang que l'oxygène. **VRAI : à peu près 20 fois plus.**

Chapitre 6

APPAREIL RESPIRATOIRE

6.1 La mécanique ventilatoire

6.1.1 Généralités

Certains points ont déjà été vus en cardio-vasculaire. Nous les complétons ici pour traiter les aspects respiratoires.

Pour assurer leurs besoins vitaux, les organismes vivants consomment de l'ATP issu de l'oxydation de métabolites réduits (glucose, acides gras...). La synthèse d'ATP consomme de l'oxygène et rejette du gaz carbonique (déchet).

Ces deux processus constituent la respiration cellulaire.

Il faut donc que chaque organisme puisse assurer le transport de ces deux gaz. Ainsi :

1. **Chez les êtres unicellulaires (protozoaires)** : du fait des très courtes distances à parcourir par les substances de l'environnement, les échanges gazeux s'effectuent par simple diffusion à travers la membrane cellulaire
2. **Chez les êtres pluricellulaires (métazoaires)** : la seule diffusion est inadaptée (sauf localement) car les gaz doivent parcourir de grandes distances (vers tous les tissus de l'organisme) ce qui nécessite un moyen de transport plus rapide : c'est la convection. Ainsi chez l'Homme, **l'oxygène** parcourt le circuit suivant :
   • **convection** dans la trachée jusqu'aux alvéoles, dont le moteur est la **ventilation** : c'est la **respiration pulmonaire**.
   • **diffusion** alvéolo-capillaire, dont le moteur est le **gradient de pression** de l'oxygène entre les alvéoles et les capillaires sanguins.
   • **convection** par le circuit sanguin jusqu'aux tissus (circulation sanguine, dont le moteur est **la pompe cardiaque**)
   • **diffusion** depuis le sang vers les tissus (moteur = gradient de pression de l'oxygène) où se déroulera la **respiration cellulaire**.
   le **gaz carbonique** produit dans les mitochondries tissulaires au cours de cette respiration est à l'inverse ramené aux poumons par les voies suivantes :
   • diffusion des tissus vers le sang
   • convection par le circuit sanguin des tissus vers les alvéoles pulmonaires
   • diffusion des capillaires sanguins vers les alvéoles
   • convection aérienne par la trachée qui expulse le gaz carbonique produit.

Pour permettre tous ces échanges, les organismes disposent de **l'appareil respiratoire**.

6.1.2 Les poumons

L'échangeur pulmonaire

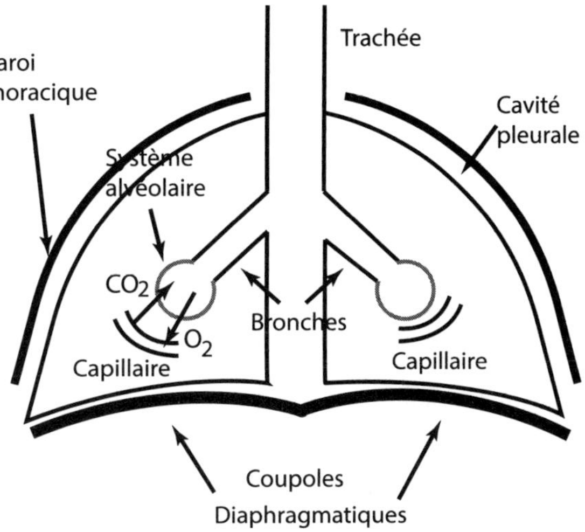

FIGURE 6.1 – Schéma de la circulation fonctionnelle pulmonaire.

Chacun des deux poumons contenus dans le thorax est en communication :

1. **avec l'extérieur** via les bronches et la trachée, simples zones de conduction (car leurs parois sont trop épaisses pour permettre des échanges par diffusion)
2. **avec l'intérieur** via la circulation **fonctionnelle** pulmonaire permettant l'hématose (sortie de CO_2 du sang et entrée de O_2 dans le sang).[1] Cette circulation fonctionnelle se fait entre les alvéoles pulmonaires et le réseau capillaire pulmonaire par diffusion.

La plèvre

La cage thoracique a naturellement tendance à l'expansion, tandis que le parenchyme pulmonaire, qui y est enserré, tend à se rétracter : les deux parois sont toutefois solidaires grâce à la **plèvre** : il s'agit d'une séreuse dont le feuillet pariétal est, comme ce qualificatif l'indique, solidaire de la paroi thoracique, tandis que le feuillet viscéral est solidaire du poumon. Ces deux feuillets délimitent un volume (virtuel) contenant un liquide visqueux, le liquide pleural, ce qui permet au poumon de glisser sans frottement dans la cage thoracique au cours des mouvements respiratoires. Dans cette **cavité pleurale**, la pression est inférieure à la pression atmosphérique[2] : on dit que cette pression est négative (en convenant que la pression atmosphérique correspond au niveau zéro des pressions). Mieux, la pression intra-pleurale est aussi physiologiquement toujours inférieure à la pression intra-pulmonaire : le résultat est que les deux feuillets pleuraux écrasent l'espace séparant ces deux feuillets (c'est pourquoi ce volume est qualifié de virtuel). Au final, la paroi pulmo-

1. cette circulation correspond à la *fonction* des poumons : il ne faut donc pas la confondre avec la circulation bronchique qui assure la *nutrition* du poumon.
2. sauf au bout d'une expiration forcée maximale.

naire reste physiologiquement solidaire de la cage thoracique au cours des mouvements respiratoires. [3]

Mécanique ventilatoire et volumes pulmonaires

Les muscles ventilatoires sont le principal moteur de la ventilation. Chez l'Homme, le principal muscle ventilatoire est le diaphragme : la contraction de ce muscle abaisse les coupoles diaphragmatiques augmentant ainsi le volume de la cage thoracique (nous ne détaillons pas les muscles scalènes et intercostaux). Cette expansion de la cage thoracique s'accompagne de celle du volume pulmonaire grâce à la plèvre.

A- Respiration calme (c'est-à-dire **non forcée**) :

Au repos, la pression dans les alvéoles est nulle (c'est-à-dire égale à la pression atmosphérique). Dans cette situation très courte entre une inspiration et l'expiration consécutive, la force de rétraction du parenchyme pulmonaire est rigoureusement compensée par la force d'expansion thoracique. La respiration calme se décompose alors comme suit :

1. **Inspiration** : c'est un processus **actif** : il mobilise la **contraction du diaphragme** (et le relâchement des muscles antagonistes abdominaux) de façon que la force d'expansion thoracique domine celle de rétraction pulmonaire. Mais il est automatique et inconscient. L'augmentation du volume de la cage thoracique entraîne alors celle des poumons (puisque poumons et cage thoracique sont solidarisés par la plèvre). La pression dans les alvéoles devient mécaniquement négative pour atteindre un minimum d'environ -2 cm(H_2O), ce qui provoque l'entrée d'un volume d'air d'environ 0,5L dans les poumons, : c'est le **volume courant VT**. De ce fait, la pression ré-augmente dans les poumons pour redevenir nulle (pression atmosphérique). [4]
2. **Expiration** : la contraction du diaphragme à l'origine de l'inspiration cesse. L'expiration est un phénomène **passif spontané** qui suit donc l'inspiration calme. La force de rétraction pulmonaire est à ce moment supérieure à la force d'expansion thoracique, ce qui ramène les poumons à leur situation de repos où ces deux forces deviennent égales

B- Respiration forcée

Dans certaines situations, le sujet peut être amené à augmenter ses inspirations et expirations :

1. **Inspiration forcée** : c'est un phénomène **actif et conscient** : le volume d'inspiration peut ainsi augmenter au maximum d'environ 2,5L C'est le **volume de réserve inspiratoire VRI**.
2. **Expiration forcée** : le sujet peut vouloir diminuer au maximum son volume pulmonaire. Il peut ainsi expulser un volume d'air supplémentaire d'environ 1,5L, **en sollicitant pour cela ses muscles abdominaux** : c'est le **volume de réserve expiratoire VRE**. En fin d'expiration forcée maximale, il reste néanmoins dans les poumons un volume d'air minimum non mobilisable, qui est le **volume résiduel VR** d'environ 1,5L.

C- Capacités

Ce sont des volumes pulmonaires définis comme des sommes de certains volumes mentionnés ci-dessus :

---

3. en cas de décollement de la plèvre suite à un accident ou à une pathologie (l'air envahit le volume pleural), le poumon se décolle de la cage et s'effondre tandis que la cage augmente naturellement de volume par élasticité : c'est le pneumothorax.

4. le "T" vient de l'anglais "tidal", évoquant le flux et le reflux de la marée.

1. **Capacité pulmonaire totale CPT** : c'est le volume maximum du poumon, en fin d'inspiration forcée. Donc :

$$CPT = VR + VRE + VT + VRI$$

2. **Capacité vitale CV** : C'est le volume maximum **mobilisable**. Donc :

$$CPT = VRE + VT + VRI$$

   C'est donc la CPT privé du volume résiduel VR, non mobilisable.

3. **Capacité résiduelle fonctionnelle CRF** : c'est le volume restant dans les poumons en fin d'expiration spontanée, c'est-à-dire à l'équilibre entre les forces de rétraction élastique pulmonaire et les forces de distension thoracique. Donc :

$$CRF = VR + VRE$$

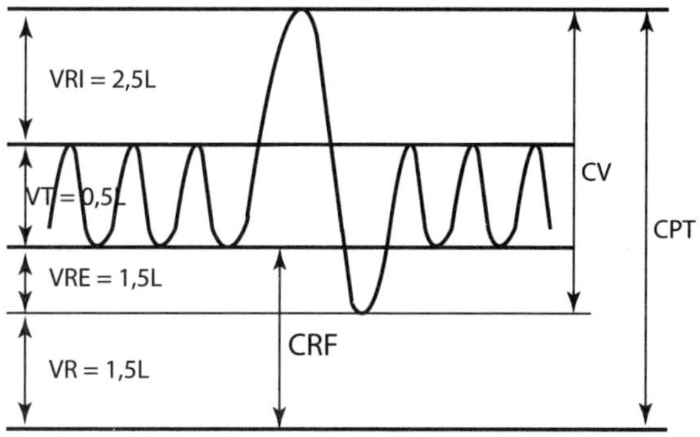

FIGURE 6.2 – La signification des différents volumes et capacités est détaillée dans le texte.

D- Principaux types de pathologies pulmonaires

Ce sont les **perturbations obstructives et restrictives**. Définissons d'abord deux paramètres importants :.

1. **Le volume expiratoire maximal seconde VEMS** : c'est le volume maximal (donc expiration forcée) expiré en une seconde à la suite d'une inspiration maximale. Chez un sujet en bonne santé, il est de l'ordre de 4L.

2. **Le rapport de Tiffeneau VEMS/CV** : chez un sujet normal, il est de l'ordre de 0,8 (donc un tel sujet doit expirer 80% de sa capacité vitale en 1 seconde).

   Toute diminution significative du VEMS est la signature d'une bronchopneumopathie. On distingue

3. **Lee bronchopneumopathies chroniques obstructives BPCO** : ce sont , par exemple, l'asthme, l'emphysème etc. Elle se traduisent par une chute importante du VEMS (jusqu'à 1,5L) mais une capacité vitale à peu près inchangée. Dans ces conditions, le rapport de Tiffeneau est considérablement diminué.

4. **Les bronchopneumopathies chroniques restrictives BPCR** : vieillissement, fibrose pulmonaire.. Dans ces conditions, le VEMS et la CV baissent, et le rapport de Tiffeneau ne diminue pas (il peut même augmenter dans certains cas).

6.1.3 Les pressions

Les unités de pression

Rappelons rapidement les principales unités

1. L'unité internationale est le Pascal (1 Pa = $1N.m^{-2}$). Cette unité est peu utilisée en physiologie. La pression atmosphérique normale (1 atm) vaut sensiblement 10^5Pa. On peut donc noter simplement [5] :

$$1\text{atm} \simeq 10^5\text{Pa} = 1\text{bar}$$

2. Unités plus utilisées en physiologie :
   (a) en référence à **l'eau** : 1atm $\simeq$ 10 m (H_2O) (très utile pour la plongée sous-marine), et donc

   1cm (H_2O)=100 Pa.

   (b) en référence au **mercure** : 1atm $\simeq$ 760 mm (Hg), et donc :

   1mm (Hg) = 1 Torr $\simeq$133 Pa.

   C'est cette dernière unité que nous privilégierons dans ce cours.

Pressions partielles

1. **Dans un mélange de gaz** : dans une enceinte de volume V contenant plusieurs gaz, la pression partielle Pi du gaz i est la pression qui règnerait dans l'enceinte si ce gaz y était seul.

   Si Fi est la fraction molaire du gaz i et P la pression totale, la pression partielle du gaz i est donc égale à :

$$Pi = Fi.P$$

   La **loi de Dalton** stipule que la pression totale dans l'enceinte est la somme des pressions partielles qui y règnent, c'est-à-dire :

$$P = \sum Pi \qquad \text{donc} \sum Fi = 1$$

   .

2. **Au sein d'un liquide** : elle permet de calculer la quantité de ce gaz dissoute dans 100 mL(sang) [6] grâce à la **loi de Henry**

$$[\text{gaz}]_{\text{dissous}} = \alpha.P_{\text{gaz}}$$

   où α est le coefficient de solubilité du gaz dans le liquide considéré et P_{gaz} la pression partielle du gaz qui règne au-dessus du liquide considéré (en l'occurrence le sang).

   En physiologie respiratoire, l'usage est d'exprimer les coefficients de solubilité en mL(gaz)/100 mL(sang).$mm^{-1}(Hg)$ et non en mmol.L^{-1}.mm^{-1}(Hg) comme dans le cas de l'étude des tampons sanguins. Dans ces unités, les coefficients de solubilité de l'oxygène et du gaz carbonique sont respectivement (à 25° C) :

$$\alpha(O_2) = 0,003\text{mL}(O_2)/100\text{mL(sang)}.\text{mm}^{-1}(\text{Hg})$$

   et

$$\alpha(CO_2) = 0,0056\text{mL}(O_2)/100\text{mL(sang)}.\text{mm}^{-1}(\text{Hg})$$

5. ceci n'est pas un cours de physique : on ne retiendra donc que des valeurs approchées.
6. notée $[\text{gaz}]_{\text{dissous}}$.

Donc

$$\alpha(CO_2) \simeq 20.\alpha(O_2)$$

ce qui signifie que le gaz carbonique est à peu près 20 fois plus soluble dans le sang que l'oxygène.

3. **Pressions partielles des gaz du sang**[7] :

   (a) **Dans l'air ambiant**, l'oxygène représente 21% de la pression totale (et l'azote 79 %), dite **pression barométrique** P_B, égale en moyenne à 760 mm(Hg). La pression partielle d'oxygène est donc égale à :

   $$PO_2 = 21\%.760 \simeq 160\,\text{mm(Hg)}$$

   L'air étant quasiment dépourvu de gaz carbonique, on a bien sûr :

   $$PCO_2 \simeq 0\,\text{mm(Hg)}$$

   (b) **Dans la trachée**, l'air s'humidifie et se sature en vapeur d'eau. La pression de vapeur saturante de la vapeur d'eau est égale à 47 mm(Hg). De ce fait, la pression partielle de l'oxygène de l'air inspiré est égale à

   $$PO_2 = 21\%.(760 - 47) \simeq 150\,\text{mm(Hg)}$$[8].

   et toujours :

   $$PCO_2 \simeq 0\,\text{mm(Hg)}$$

   (c) **Dans les alvéoles**, l'oxygène est mélangé à du gaz carbonique : sa pression partielle chute et on a :

   $$P_AO_2 \simeq 100 - 105\,\text{mm(Hg)}$$

   et, en ce qui concerne le gaz carbonique (qui a diffusé depuis le sang veineux) :

   $$P_ACO_2 \simeq 40\,\text{mm(Hg)}$$

   (d) **Au niveau artériel**, après diffusion alvéolo-capillaire, la pression partielle de l'oxygène a pour valeur

   $$PaO_2 \simeq 100\,\text{mm(Hg)}$$

   et, en ce qui concerne le gaz carbonique, la même valeur :

   $$PaCO_2 \simeq 40\,\text{mm(Hg)}$$

   (e) **Au niveau veineux**, après passage dans les tissus, la pression partielle de l'oxygène a pour valeur

   $$PvO_2 \simeq 40\,\text{mm(Hg)}$$

   puisque l'oxygène a quitté le sang artériel pour alimenter les cellules. Et celle du gaz carbonique

   $$PvCO_2 \simeq 45\,\text{mm(Hg)}$$

   puisque le gaz carbonique produit dans les mitochondries (cycle de Krebs essentiellement[9]) diffuse vers les capillaires veineux.

---

7. à l'exception de celles de l'azote qui ne participe à aucun échange gazeux et que nous ne mentionnerons donc plus.

8. La pression barométrique n'est pas toujours égale à 760 mm(Hg), et la pression de vapeur d'eau peut ne pas être saturante. Dans ce cas, la pression trachéique est alors égale à $pO_2 = 21\%.(P_B - P_{H_2O})$

9. nous verrons qu'en cas d'exercice intense, du gaz carbonique supplémentaire peut aussi provenir du tamponnage par les bicarbonates des ions H^+ produits

Remarque : les pressions alvéolaires sont indexées par un "A" majuscule et les pressions artérielles par un "a" minuscule.

Au repos : les pressions partielles des gaz conditionnent leur **transport par diffusion**, puisque c'est le gradient de pression de part et d'autre d'une surface qui en est le moteur (d'après la loi de Fick). Ainsi :

1. la différence de pression partielle de l'oxygène entre les alvéoles (100-105 mm(Hg) et les capillaires pulmonaires (depuis 40 mm(Hg) jusqu'à 100 mm(Hg)) permet l'enrichissement du sang en oxygène (provenant de l'inspiration de l'air ambiant) entre le secteur veineux (pO_2=40 mm(Hg)) et le secteur artériel (pO_2=100 mm(Hg))
2. la différence de pression partielle du gaz carbonique entre le secteur veineux (pCO_2=45 mm(Hg)) et les alvéoles permet l'appauvrissement du sang en gaz carbonique (que l'on retrouve dans les alvéoles et qui en sera partiellement expulsé à l'expiration).

Résumons par un schéma : **À l'exercice** : les échanges par diffusion augmentent nota-

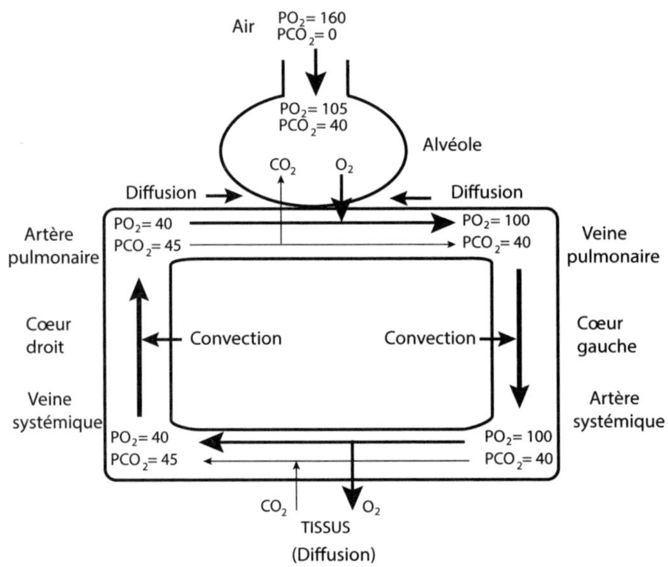

FIGURE 6.3 – Les échanges gazeux entre la circulation sanguine et le milieu extérieur (les pressions partielles sont toutes exprimées en mm(Hg)).

blement du fait

1. de l'augmentation de la surface d'échange due à celle des débits alvéolaire et capillaire,
2. de l'augmentation de la différence de pression de part et d'autre de la membrane alvéolo-capillaire
3. d'une diminution de l'épaisseur de cette membrane (étirement).

Le transport des gaz du sang

Nous en survolons succinctement les éléments essentiels.

A- le transport de l'oxygène

Il présente 2 aspects

1. **La forme dissoute** : c'est la forme (largement) minoritaire. La quantité dissoute obéit à la loi de Henry

$$[O_2] = \alpha(O_2).PO_2$$

où $\alpha(O_2)$ est la solubilité de l'oxygène dans le sang. Elle a pour valeur 0,003 mL/100mL(sang)/mm(Hg). Pour une pression artérielle environ égale à 100 mm(Hg), on obtient :

$$[O_2] = 0,003.100 = 0,3mL/100mL(sang).$$

2. **La forme combinée**. Le dioxygène peut se combiner à l'hémoglobine. L'hémoglobine est une protéine tétramérique (que l'on trouve uniquement dans les hématies) dont chaque monomère (globine) comporte un site **hème** pouvant fixer une molécule de dioxygène. À saturation 100% (la saturation S dépend de la pression partielle de dioxygène), toutes les molécules d'hémoglobine ont fixé 4 molécules d'O_2.

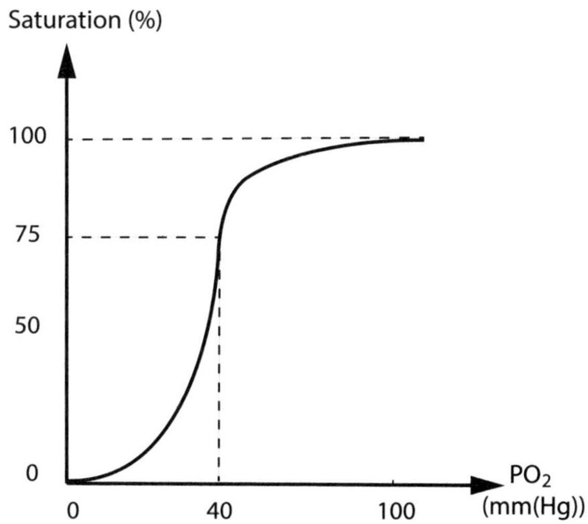

FIGURE 6.4 – Courbe de saturation de l'hémoglobine en fonction de la pression partielle de dioxygène dans le sang.

Sur l'ensemble des molécules d'hémoglobine, toutes les combinaisons sont *a priori* possibles et la saturation de l'hémoglobine varie donc de 0 à 100%. En réalité, il s'agit là d'une situation théorique *in vitro* : il n'en est pas de même *in vivo* où cette saturation ne tombe jamais à zéro, et où la valeur 100% n'est jamais atteinte.

Un calcul simple[10] peut montrer que chaque gramme d'hémoglobine peut fixer physiologiquement un volume de 1,34 mL
Pour une concentration [Hb], donnée en g(Hb)/100mL(sang), la quantité d'oxygène combiné est donc égale à :

$$[O_2]_{comb} = 1,34.[Hb].S$$

- **Au niveau artériel systémique** : la pression artérielle moyenne est d'environ 90 mm(Hg). En prenant pour concentration d'hémoglobine la valeur standard [Hb] = 15g/100mL(sang), et une saturation maximale de près de 100% (S=1 jusqu'aux tissus), on obtient :

$$[O_2]_{comb} = 1,34.15.1 \simeq 20mL/100mL(sang)$$

- **Au niveau des tissus** : la $\overline{PA}$ chute à 40 mm(Hg), ce qui fait tomber la saturation à environ 75%. Les 25% de l'O_2 libéré de l'hémoglobine permettent d'alimenter les tissus.

10. mais qui n'apportera rien à l'étudiant.

On voit que la forme combinée est largement majoritaire devant la forme dissoute.

B- le transport du gaz carbonique

Il comporte 3 formes :

1. une forme dissoute obéissant à la loi de Henry
2. deux formes combinées
   - une forme combinée à l'hémoglobine (mais en dehors de l'hème)
   - une forme chimique sour forme d'ions bicarbonate HCO_3^-

6.1.4 Les ventilations

1. **Ventilation globale** (en respiration, **ventilation = débit**.)

   Ce débit correspond à un **volume par unité de temps (généralement en L/min)**. Ainsi :

   (a) **à l'inspiration** : le débit entrant (volume entrant dans le poumon par minute) est la ventilation $\dot{V}_I$ [11]

   (b) **à l'expiration** : le débit sortant (volume sortant du poumon par minute) est la ventilation $\dot{V}_E$

   On a bien sûr :

   $$\boxed{\dot{V}_I \simeq \dot{V}_E = F_R \, . \, V_T} \tag{6.1}$$

   où V_T est le volume courant et F_R la fréquence respiratoire.

   Au repos

   on a $V_T \simeq$ 0,5L et $F_R \simeq 14.\text{min}^{-1}$. Donc,

   $$\dot{V}_I \simeq \dot{V}_E \simeq 7\text{L.min}^{-1}$$

   À l'exercice

   (a) **En fonction du temps (pour une intensité donnée)**

   i. **Accrochage ventilatoire** : augmentation quasi-immédiate du débit ventilatoire jusqu'à un palier

   ii. **Palier** : quasiment stable jusqu'à la fin de l'exercice

   iii. **Décrochage ventilatoire** : brusque, jusqu'au retour à la ventilation de repos.

   (b) **En fonction de l'intensité (représentée par $\dot{V}O_2$)**

   i. dans un premier temps (jusqu'au seuil ventilatoire SV1), la ventilation $\dot{V}E$ augmente proportionnellement à la consommation $\dot{V}O_2$. Dans cette section (I), l'équivalent respiratoire en O_2, $\dot{V}E/\dot{V}O_2$, qui mesure l'économie respiratoire, est relativement faible (de l'ordre de 25).

11. ne pas confondre les volumes notés V et les débits notés $\dot{V}$ où le "point" est la marque de la dérivation par rapport au temps.

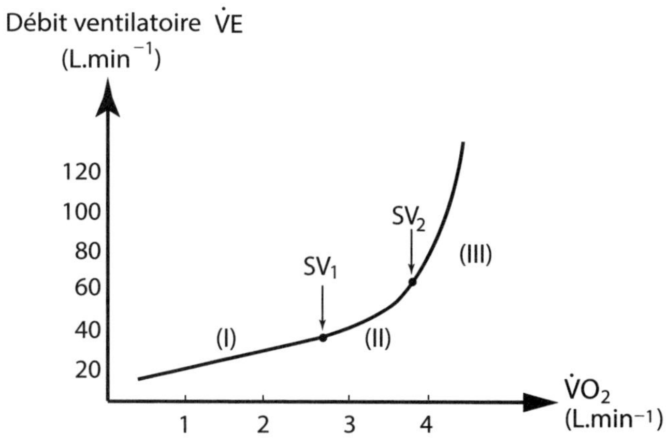

FIGURE 6.5 – Évolution du débit ventilatoire en fonction de l'intensité.

ii. à partir de SV1, l'augmentation de $\dot{V}E$ devient exponentielle par rapport à $\dot{V}O_2$ (l'augmentation de la ventilation devient plus importante que celle de $\dot{V}O_2$). Un deuxième décrochement, avec exponentielle plus importante, se reproduit à partir d'un second seuil SV2. À partir de ces seuils, le rapport précédent passe à une valeur moyenne de 35, ce qui correspond à une surventilation d'air par rapport aux besoins en oxygène (sections (II) et (III)).

L'augmentation du débit ventilatoire (formule 6.1)résulte de celle de la fréquence ventilatoire F_R, mais surtout de celle du volume courant VT qui peut être multipliée par un facteur 6 ou 7, alors que la fréquence ventilatoire F_R est multipliée par un facteur 3 ou 4. [12] .

(c) **Seuils ventilatoires SV et seuils lactiques SL** :

Au fur et à mesure que l'exercice s'intensifie, le métabolisme oxydatif, trop lent, ne suffit plus à fournir l'ATP nécessaire (apparition du SV1 où la ventilation subit un accroissement exponentiel par rapport à la $\dot{V}O_2$) et le mécanisme glycolytique entre en lice pour pallier cette insuffisance.

i. La glycolyse anaérobie est productrice de lactate et d'ions H^+, et donc on a **SV1=SL1**. Pour éviter l'acidose, les ions bicarbonates tamponnent les protons, se transforment en acide carbonique H_2CO_3, qui se décompose spontanément en eau et gaz carbonique CO_2. ce gaz traverse la barrière hémato-encéphalique et excite (indirectement, cf.infra) les chémorécepteurs centraux, ce qui augmente la ventilation globale et permet l'expiration du CO_2 par les poumons.

Au cours de cette phase (entre SV1 et SV2),
• $\dot{V}E$ augmente beaucoup plus que $\dot{V}O_2$ (exponentiellement), ce qui fait que $\dot{V}E/\dot{V}O_2$ augmente (voir figure ci-dessous)
• $\dot{V}$E augmente en même temps que $\dot{V}CO_2$ (voir ci-dessus), ce qui fait que le rapport $\dot{V}$E/$\dot{V}CO_2$ reste à peu près constant (voir figure ci-dessous).
• Au cours de cette phase, on observe aussi bien sûr une augmentation de la lactatémie supérieure à celle qui prévaut avant SL_1 (voir figure).

12. même si, pour les exercices très intenses, le VT atteint un plafond alors que la F_R continue d'augmenter, ce qui fait que VE continue d'augmenter.

ii. **SV2=SL2** Au-delà d'une certaine intensité, les ions H^+ produits à partir de l'acide lactique ne peuvent plus être tamponnés (manque de bicarbonates) et restent dans le sang : ils stimulent alors les **chémorécepteurs périphériques**, ce qui provoque une augmentation supplémentaire de la $\dot{V}$E (cf.infra). On constate alors (voir figure)

- une augmentation significative de la lactatémie (importance croissante de la glycolyse anaérobie)
- une augmentation du rapport $\dot{V}E/\dot{V}CO_2$ car $\dot{V}$E augmente mais pas $\dot{V}CO_2$ (les protons n'étant plus tamponnés par les bicarbonates)

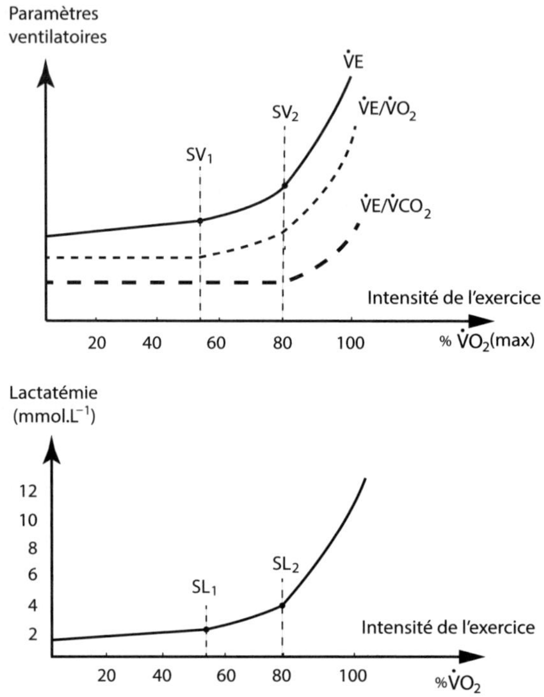

FIGURE 6.6 – Seuils ventilatoires et seuils lactiques (d'après Christine Le Page). Détails dans le texte.

2. **Ventilation alvéolaire**

C'est au niveau des alvéoles que s'effectuent les échanges gazeux avec le sang.

Mais une partie de l'air inspiré n'atteint pas les alvéoles et reste localisée dans la bouche, le pharynx, le larynx, la trachée, les bronches et les bronchioles qui sont des zones de conduction et non d'échange : cette partie de l'appareil respiratoire est l'**espace mort bronchique**, tandis que le volume d'air qui y est "piégé" est le **volume mort** V_D [13]. Ce volume a une valeur environ égale à 150 mL.

On a ainsi, pour les volumes

$$V_T = V_A + V_D$$

où V_A est le volume alvéolaire. On a de même :

$$\dot{V}_T = \dot{V}_A + \dot{V}_D$$

13. D comme "Dead".

en ce qui concerne les débits correspondants.

Au repos

Typiquement, on a, au repos :

$$V_T \simeq 500\,\text{mL} \quad \text{et} \quad V_D \simeq 150\,\text{mL}.$$

Le volume mort représente donc sensiblement 1/3 du volume courant. Dans ce cas, on aura :

$$V_A \simeq 350\,\text{mL} = \frac{2}{3}V_T$$

On en déduit les débits

$$\dot{V}_A \simeq \frac{2}{3}\dot{V}_I \simeq \frac{2}{3}\dot{V}_E \simeq \frac{2}{3}7\text{L.min}^{-1} \simeq 5\text{L.min}^{-1}$$

C'est cette ventilation alvéolaire qui participe seule aux échanges gazeux et au renouvellement de l'air alvéolaire. La ventilation de l'espace mort, égale à $\dot{V}_D \simeq 2\text{L.min}^{-1}$ n'y joue aucun rôle.

À l'exercice

Remarque importante

L'air inspiré ne contient quasiment pas de CO_2 (sauf pollution). Le volume mort qui n'a pas subi d'échanges alvéolaires est donc riche en O_2.

À l'expiration, l'air expulsé n'a donc pas une composition constante : d'abord constitué de l'air de l'espace mort, il est riche en O_2 (et dépourvu de CO_2), puis sa composition devient celle de l'air alvéolaire (en fin d'expiration), plus pauvre en O_2 et de plus en plus riche en CO_2.

Nous donnons ci-dessous les pressions partielles de ces deux gaz dans le volume expiré V_E.

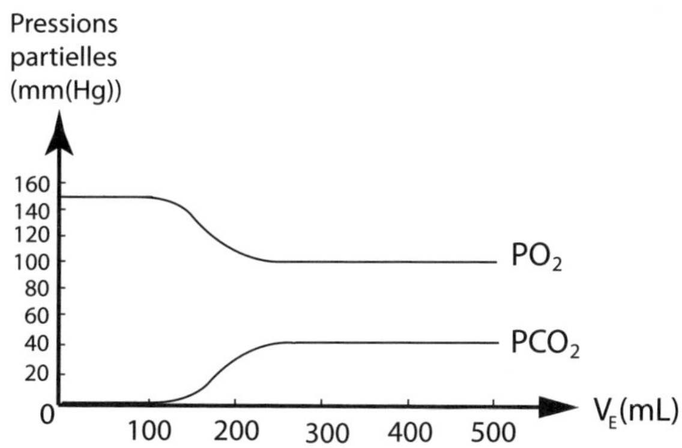

FIGURE 6.7 – Variation des pressions partielles d'oxygène et de gaz carbonique dans l'appareil respiratoire.

(a) Tant que le volume expiré est inférieur à 100 mL, les pressions partielles sont celles régnant dans les bronches et la trachée en fin d'inspiration, soit 150 mm(Hg) pour l'oxygène et 0 mm(Hg) pour le gaz carbonique (absence de ce gaz en fin d'inspiration).

(b) à partir de 300 mL expirés, les pressions partielles de cet air expiré sont celles régnant dans les alvéoles, soit 100 mm(Hg) pour l'oxygène et 40 mm(Hg) pour le gaz carbonique.

6.1.5 Rapport ventilation-perfusion

La ventilation et la perfusion pulmonaires ont des distributions régionales hétérogènes.

Au repos

Ces deux paramètres ont des valeurs supérieures à la base du poumon par rapport à celles qu'elles ont au sommet. Ces disparités sont plus accentuées dans le cas du débit sanguin que dans le cas de la ventilation (d'où une droite plus pentue dans le cas du débit sanguin).

Le rapport ventilation-perfusion $\frac{\dot{V}_A}{Q}$ est donc croissant de la base au sommet des poumons, passant d'une valeur égale à 0,6 à la base à la valeur 3 au sommet (valeurs moyennes). Finalement, ce rapport vaut approximativement 1 (qui est la valeur au milieu du poumon), ce qui est suffisant pour satisfaire les besoins vitaux (valeur requise : environ 0,5).

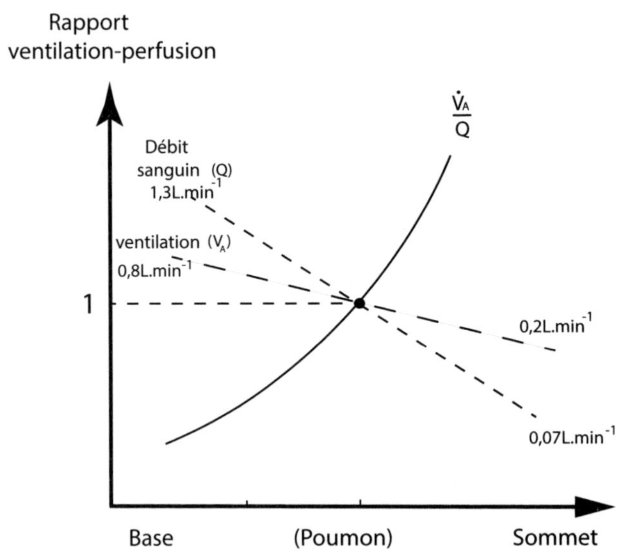

FIGURE 6.8 – Régionalisation pulmonaire de la ventilation et de la perfusion.

Espace mort physiologique

Rappelons qu'un espace mort correspond à une zone ventilée non perfusée. Nous avons déjà mentionné **l'espace mort anatomique** correspondant aux zones de conduction pures (excluant tout échange) : pharynx, larynx, trachée, bronches. À cela peut s'ajouter **un espace mort alvéolaire** correspondant à des alvéoles non perfusées : l'ensemble est **l'espace mort physiologique** [14].

14. En général, le qualificatif "physiologique" se réfère à ce qui est sain, non pathologique. Dans le cas présenr, l'espace mort physiologique comporte la composante normale anatomique

Chez un sujet sain, exempt d'anomalies de la perfusion (ischémies pulmonaires) ou de la ventilation (asthme), l'espace mort alvéolaire est négligeable et l'espace mort physiologique se confond avec l'espace mort anatomique. Le rapport ventilation-perfusion donne des renseignements précieux concernant l'espace mort alvéolaire.

À l'exercice

La ventilation et la perfusion augmentent toutes deux (avec l'augmentation de $\dot{V}E$ et du débit cardiaque droit), ce qui permet finalement de meilleurs échanges gazeux.

6.2 Contrôle chimique de la ventilation

6.2.1 Généralités

L'organisme doit réguler (c'est-à-dire maintenir à peu près constantes, voir chapitre sur l'homéostasie) les valeurs suivantes : $P_a(CO_2)$, $P_a(O_2)$, et pH_a.[15]

Le pHa est largement régulé par les systèmes tampons du sang.

La régulation de $P_a(CO_2)$ et de $P_a(O_2)$ se fait en agissant sur la ventilation qui, elle, n'est pas régulée mais contrôlée de façon à s'adapter aux besoins de l'organisme.

Le contrôle automatique de la ventilation, que celle-ci soit calme ou non, est commandé par des récepteurs chimiques appelés chémorécepteurs qui agissent sur des centres respiratoires bulbaires. On distingue :

1. les chémorécepteurs centraux, situés à la partie supérieure du bulbe rachidien, mais en contact avec le liquide céphalo-rachidien LCR (alias cérébro-spinal LCS)
2. les chémorécepteurs périphériques aortiques et carotidiens.

6.2.2 Les centres respiratoires

Certains sont mal définis. Ils sont situés par paires, symétriquement par rapport à l'axe médian du tronc cérébral. Les mieux étudiés sont les suivants :

A- Le groupe respiratoire dorsal (GRD)

Il est situé dans la partie supérieure interne du bulbe, dans le noyau du tractus solitaire, et contient des neurones "pacemaker" dont le rôle est d'assurer l'automatisme de la respiration.

Précisément, ces neurones commandent l'inspiration (qui est forcée), l'expiration étant passive, comme nous l'avons vu dans le chapitre précédent.

B- Le groupe respiratoire ventral (GRV)

Il est situé dans une partie plus externe du bulbe : ses neurones agissent sur l'inspiration et l'expiration non spontanées (hyperventilation).

(qui est physiologique !) et une éventuelle composante pathologique d'origine alvéolaire : le choix du mot physiologique n'est donc pas très pertinent. Mais c'est comme ça...

15. rappelons que la lettre "a" fait référence aux mot "artériel", et non "alvéolaire" pour lequel on utilise la majuscule "A".

C- Le centre pneumotaxique PNX

Situé dans la partie supérieur du pont, il a un rôle inhibiteur : il limite ainsi l'amplitude de l'inspiration lorsque celle-ci devient trop importante.

Il agit également sur la fréquence des cycles respiratoires.

D- Le centre apneustique APN

Situé dans la partie inférieure du pont, il est plutôt excitateur, mais sa fonction est mal connue.

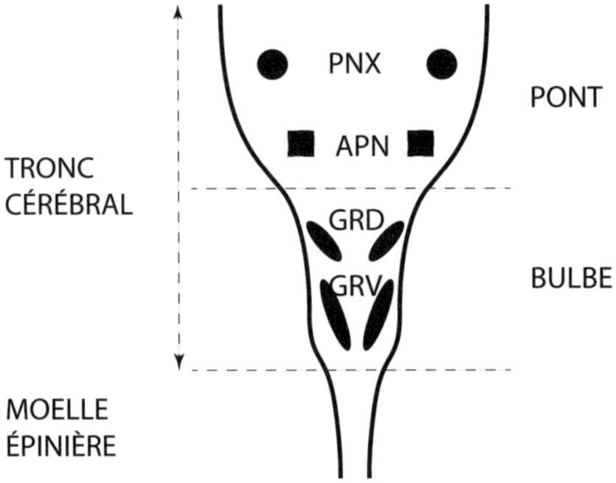

FIGURE 6.9 – Positions dans le tronc cérébral des différents centres respiratoires (le tronc cérébral n'est pas entièrement représenté : il manque le mésencéphale au dessus du pont).

6.2.3 Les chémorécepteurs périphériques

Ils sont voisins (mais différents) des barorécepteurs vus au dernier chapitre de cet ouvrage : certains sont donc situés dans l'aorte et d'autres au niveau des sinus carotidiens.

De ce fait, les chémorécepteurs périphériques déchargent des potentiels d'action dans les mêmes voies nerveuses que les barorécepteurs :

- nerf de Herring puis glossopharyngien (paire IX) pour les chémorécepteurs carotidiens,
- nerfs de Ludwig et Cyon puis pneumogastrique, ou nerf vague, (paire X) pour les chémorécepteurs aortiques.

Ces nerfs activent en plus ou en moins (par rapport à une activation tonique de base) le **Noyau du Tractus Solitaire** (NTS, bulbaire) qui produira la réponse ventilatoire appropriée. Précisons enfin que :

- les chémorécepteurs carotidiens sont sensibles à la PO_2 (mais pas au contenu en O_2), à la PCO_2, et au pH (mais indépendamment du CO_2).
- les chémorécepteurs aortiques sont sensibles à la PO_2 et à la PCO_2.

Ainsi par exemple, les décharges de PA dans les nerfs afférents concernés augmentent en cas de baisse de la PaO_2, d'augmentation de la $PaCO_2$ et de baisse du pH (et elles diminuent dans les cas inverses).

A- Sensibilité à la PO_2

Elle est faible : la réponse (cf.infra) ne se déclenche que pour des pressions partielles d'oxygène : $PO_2 \leqslant 60$ mm(Hg) (hypoxie), alors que la PCO_2 est régulée au mm(Hg) près.

Elle est donc peu mise en jeu : essentiellement dans certaines pathologies et en altitude élevée.

La succession des événements, bien connue, est la suivante :

- l'hypoxie provoque la fermeture de canaux K^+ dans les cellules du glomus carotidien
- cette fermeture qui empêche les ions K^+ de quitter la cellule provoque la dépolarisation de la membrane plasmique
- cette dépolarisation provoque l'ouverture de canaux calciques voltage-dépendants
- le calcium permet la fusion de vésicules avec la membrane plasmique et l'exocytose des neuromédiateurs qu'elles contiennent, acétylcholine, noradrénaline, mais essentiellement de la dopamine
- la dopamine se fixe sur des récepteurs ligands dépendants de la membrane de neurones des centres respiratoires, ce qui déclenche des potentiels d'action dans ces fibres
- ces fibres stimulent alors les muscles squelettiques inspiratoires (intercostaux, phréniques (diaphragme)...) ce qui conduit à une ventilation plus importante.

B- Sensibilité à la PCO_2

La sensibilité des chémorécepteurs périphériques au CO_2 est plus rapide, mais moins importante que la réponse des chémorécepteurs centraux. [16]

C- Sensibilité au pH

Lorsque la $PaCO_2$ varie modérément (hypercapnie légère), et donc agit sur le pH modérément, ce dernier est essentiellement régulé par les tampons sanguins, très performants (cf.chapitre 2)).

Les chémorécepteurs périphériques interviennent donc peu pour réguler le pH (indépendamment du CO_2, répétons-le).

D- Boucle de rétroaction des chémorécepteurs périphériques

C'est un exemple supplémentaire de régulation qui vient s'ajouter à ceux évoqués au précédent chapitre (sur la régulation !) de la partie "Physiologie" cet ouvrage. Il s'agit de la séquence suivante (figure 6-10) dans laquelle nous avons supposé une augmentation anormale de la $PaCO_2$ (une baisse produirait un feedback négatif inverse). [17]

6.2.4 Les chémorécepteurs centraux

Ces chémorécepteurs sont situés sur la face ventrale du bulbe, en contact avec le LCR et donc avec les ions H^+ qu'il contient (le liquide céphalorachidien dispose de très peu de protéines susceptibles de tamponner ces ions).

Les ions H^+ ne peuvent provenir des protons sanguins, car ces derniers ne passent pas la **barrière hémato-encéphalique**. Ils proviennent en fait du gaz carbonique sanguin en excès qui, lui, traverse librement cette barrière par simple diffusion.

---

16. car le CO_2 en excès a tendance à traverser la barrière hémato-encéphalique pour rejoindre le LCR (cf.infra).

17. bien entendu, cette boucle fonctionne de manière analogue pour toute perturbation du pH ou de la PaO_2.

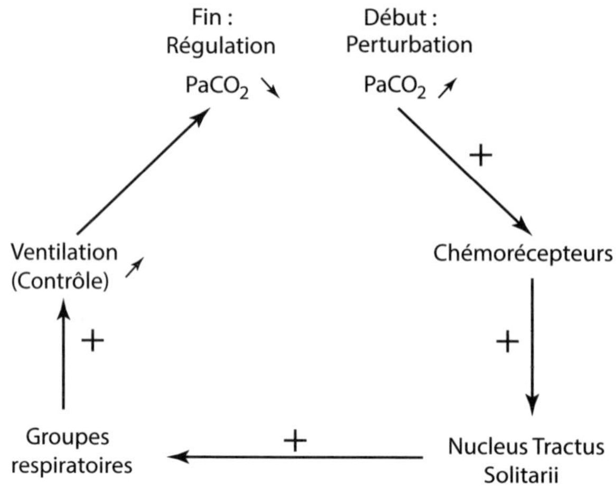

FIGURE 6.10 – Dans cette boucle de régulation, les chémorécepteurs sont les capteurs comparateurs, les nerfs de Herring et de Ludwig et Cyon sont les afférences, le NTS est le centre de commande, et les groupes respiratoires sont les effecteurs.).

La réaction, qui a lieu dans le LCR, est la suivante :

$$CO_2 + H_2O \qquad \longrightarrow \qquad H^+ + HCO_3^-$$

Les ions bicarbonates HCO_3^- produits ne peuvent tamponner les ions H^+ produits puisqu'ils sont eux-mêmes produits par un excès de CO_2 (déplacement de la réaction ci-dessus vers la droite).

Les chémorécepteurs centraux sont très sensibles (à 1mm(Hg) de Pa(CO_2) près). Ils assurent 70% de la réponse au gaz carbonique, mais sont plus lents (quelques minutes : temps de latence dû à la diffusion du gaz carbonique à travers la barrière hémato-encéphalique et à sa réaction sur l'eau) que les chémorécepteurs périphériques.

Les ions H^+ produits (et donc non tamponnés) activent les chémorécepteurs centraux situés à la lisière du bulbe (schéma). Ces derniers déchargent alors des PA qui vont activer le GDR, et provoquer ainsi une réponse ventilatoire adaptée qui régule ainsi la $PaCO_2$.

Remarques importantes

1. Même en cas d'effort physique intense producteur d'une quantité importante de CO_2, on n'enregistre pas d'hypercapnie ($PaCO_2$ anormalement élevée, c'est-à-dire supérieure à 40 mm(Hg)) car les chémorécepteurs centraux provoquent une réponse ventilatoire puissante qui s'oppose à une augmentation de la $PaCO_2$.
2. Insistons encore sur le fait que l'adaptation de la ventilation (contrôle et non régulation) permet une régulation fine du pH, de la PaO_2 et de la $PaCO_2$ (et non un contrôle).
3. Les chémorécepteurs centraux sont directement sensibles aux ions H^+, et non à la PCO_2 : la dépendance à la PCO_2 est indirecte puisque c'est le CO_2 qui est à l'origine de la production des protons.[18]

18. Toutefois, certains professeurs vous diront que les chémorécepteurs sont sensibles à la PCO_2, ce qui est vrai, mais indirectement : c'est donc un peu ambigu, et il faudra que l'étudiant se fasse bien préciser le point de vue de l'enseignant.

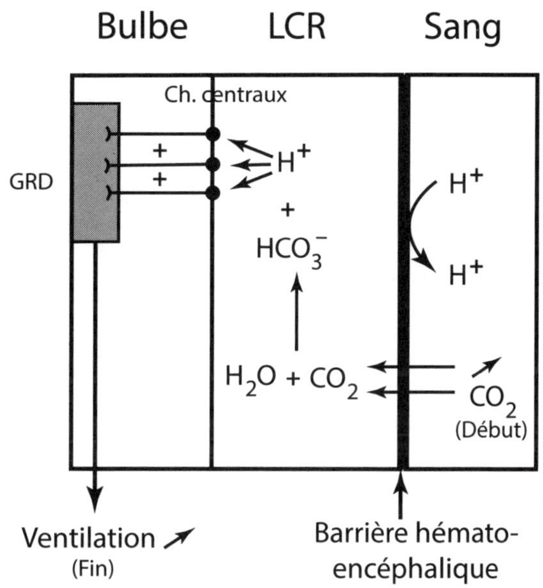

FIGURE 6.11 – Mécanisme d'activation du groupe respiratoire dorsal par les chémorécepteurs centraux en cas d'hypercapnie (détails dans le texte).

EXERCICES

6.3 Questions à choix multiples

QCM 1

Sur un spirogramme :

A) le volume de gaz à la fin d'une expiration normale est le volume de réserve expiratoire VRE.
B) la capacité pulmonaire totale est la somme de la capacité inspiratoire et de la capacité résiduelle fonctionnelle CRF.
C) la capacité vitale est la somme du volume de réserve inspiratoire VRI et du volume de réserve expiratoire VRE.
D) la capacité vitale est toujours inférieure à la capacité pulmonaire totale.

QCM 2

Parmi les propositions suivantes, lesquelles sont exactes ?

A) Pendant l'inspiration, les résistances bronchiques diminuent.
B) En fin d'expiration forcée, le volume d'air contenu dans les poumons est inférieur à 0,5 L chez un adulte normal.
C) Pendant l'expiration forcée, la contraction des muscles abdominaux est nulle.
D) La ventilation est régulée.

QCM 3

Le contenu en oxygène :

A) est indépendant de la concentration en hémoglobine.
B) est identique à la sortie de tous les capillaires périphériques.
C) est plus élevé dans l'artère pulmonaire que dans la veins pulmonaire.
D) n'est pas modifié par la ventilation en oxygène pur.

QCM 4

Parmi les propositions suivantes, lesquelles sont exactes ?

A) Lors de l'exercice, la pression partielle de CO_2 augmente dans le sang veineux mêlé.
B) L'anémie diminue la saturation en oxygène dans le sang artériel.
C) En altitude, la pression partielle en oxygène est inférieure à celle du niveau de la mer.
D) En altitude, la proportion d'oxygène est inférieure à celle du niveau de la mer.

QCM 5

Les transports de dioxygène :

A) sont diffusifs au niveau du poumon.
B) sont convectifs au niveau de la trachée.
C) sont convectifs au niveau des tissus.
D) sont convectifs au niveau artériel.

QCM 6

Parmi les propositions suivantes, lesquelles sont exactes ?

A) La quantité de dioxygène dans le sang obéit à la loi de Henry.
B) Le dioxygène est plus soluble dans le sang que le gaz carbonique.
C) Le dioxygène diffuse mieux dans le sang que le gaz carbonique.
D) Le gradient de pression nécessaire (au niveau alvéolaire) pour le CO_2 est très inférieur à celui de O_2 car le gaz carbonique diffuse beaucoup mieux que le dioxygène.

QCM 7

Concernant les volumes pulmonaires :

A) la capacité vitale correspond au volume total du poumon.
B) la capacité vitale est égale à la somme du volume de réserve expiratoire VRE, du volume de réserve inspiratoire VRI et du volume courant VT.
C) le volume courant est égal à la somme du VRI et du VRE.
D) le volume courant est une grandeur constante.

QCM 8

À propos du contrôle chimique de la respiration :

A) il se fait notamment par des chémorécepteurs périphériques situés dans la partie la plus externe du bulbe.
B) les chémorécepteurs périphériques sont sensibles à la $P_A(O_2)$.
C) les chémorécepteurs centraux sont sensibles au pH sanguin.
D) les chémorécepteurs périphériques et centraux sont sensibles à la $P_a(CO_2)$.

QCM 9

Concernant les chémorécepteurs :

A) les chémorécepteurs périphériques réagissent plus rapidement à la $P_a(CO_2)$ que les chémorécepteurs centraux.
B) les chémorécepteurs centraux sont sensibles au pH du LCR.
C) les chémorécepteurs périphériques sont très sensibles aux variations de la $P_a(O_2)$ [19].
D) les chémorécepteurs périphériques sont sensibles au contenu en O_2.

QCM 10

Concernant les centres respiratoires :

A) le groupe respiratoire ventral intervient pour la respiration de repos.
B) le centre pneumotaxique est inhibiteur du centre inspiratoire dorsal.
C) le centre pneumotaxique est situé dans la partie supérieure du bulbe.
D) le centre pneumotaxique agit sur la fréquence respiratoire et sur l'amplitude du volume courant.

19. Ne pas oublier que P_a signifie pression artérielle et P_A pression alvéolaire.

CORRIGÉS

QCM 1 B, D

Sur un spirogramme :

A) le volume de gaz à la fin d'une expiration normale est le volume de réserve expiratoire VRE. **FAUX : il faut lui rajouter le volume résiduel.**
B) la capacité pulmonaire totale est la somme de la capacité inspiratoire et de la capacité résiduelle fonctionnelle CRF. **VRAI.**
C) la capacité vitale est la somme du volume de réserve inspiratoire VRI et du volume de réserve expiratoire VRE. **FAUX : il manque le volume courant.**
D) la capacité vitale est toujours inférieure à la capacité pulmonaire totale. **VRAI : comme l'indique le mot "totale". CPT = CV + VR (volume résiduel)**

QCM 2 A

Parmi les propositions suivantes, lesquelles sont exactes ?

A) Pendant l'inspiration, les résistances bronchiques diminuent. **VRAI.**
B) En fin d'expiration forcée, le volume d'air contenu dans les poumons est inférieur à 0,5 L chez un adulte normal. **FAUX : le volume résiduel est de l'ordre de 1,5 L.**
C) Pendant l'expiration forcée, la contraction des muscles abdominaux est nulle. **FAUX : au contraire, elle augmente.**
D) La ventilation est régulée. **FAUX : elle est contrôlée (et donc peut s'adapter aux besoins de l'organisme).**

QCM 3 0

Le contenu en oxygène :

A) est indépendant de la concentration en hémoglobine. **FAUX : bien sûr (la majorité de l'oxygène est combiné à l'hémoglobine).**
B) est identique à la sortie de tous les capillaires périphériques. **FAUX : tout dépend de la consommation locale.**
C) est plus élevé dans l'artère pulmonaire que dans la veins pulmonaire. **FAUX : c'est l'inverse puisque, entre les deux vaisseaux, l'hématose a eu lieu.**
D) n'est pas modifié par la ventilation en oxygène pur. **FAUX, bien sûr !**

QCM 4 A, C

Parmi les propositions suivantes, lesquelles sont exactes ?

A) Lors de l'exercice, la pression partielle de CO_2 augmente dans le sang veineux mêlé. **VRAI, puisque le métabolisme oxydatif tissulaire augmente, ce qui augmente la production de CO_2.**
B) L'anémie diminue la saturation en oxygène dans le sang artériel. **FAUX : il y a moins d'hémoglobine, donc moins d'oxygène transporté, mais cela n'affecte pas la capacité de transport de chaque molécule d'hémoglobine**

(dans un déménagement, il peut y avoir un nombre moindre de camions (anémie) ; mais chaque camion peut tout de même être rempli (saturation maximum)).
C) En altitude, la pression partielle en oxygène est inférieure à celle du niveau de la mer. **VRAI.**
D) En altitude, la proportion d'oxygène est inférieure à celle du niveau de la mer. **FAUX : environ 21 % comme au niveau de la mer.**

QCM 5 A, B, D

Les transports de dioxygène :

A) sont diffusifs au niveau du poumon. **VRAI : diffusion alvéolo-capillaire**
B) sont convectifs au niveau de la trachée. **VRAI : transport par l'air inspiré ou expiré.**
C) sont convectifs au niveau des tissus. **FAUX : diffusifs.**
D) sont convectifs au niveau artériel. **VRAI : transport par le sang.**

QCM 6 D

Parmi les propositions suivantes, lesquelles sont exactes ?

A) La quantité de dioxygène dans le sang obéit à la loi de Henry. **FAUX : c'est le gaz dissous qui obéit à cette loi.**
B) Le dioxygène est plus soluble dans le sang que le gaz carbonique. **FAUX : c'est l'inverse.**
C) Le dioxygène diffuse mieux dans le sang que le gaz carbonique. **FAUX : c'est l'inverse.**
D) Le gradient de pression nécessaire (au niveau alvéolaire) pour le CO_2 est très inférieur à celui de O_2 car le gaz carbonique diffuse beaucoup mieux que le dioxygène. **VRAI.**

QCM 7 B

Concernant les volumes pulmonaires :

A) la capacité vitale correspond au volume total du poumon. **FAUX : il reste un volume résiduel pour atteindre ce volume (appelé capacité pulmonaire totale CPT).**
B) la capacité vitale est égale à la somme du volume de réserve expiratoire VRE, du volume de réserve inspiratoire VRI et du volume courant VT. **VRAI.**
C) le volume courant est égal à la somme du VRI et du VRE. **FAUX (archi !).**
D) le volume courant est une grandeur constante. **FAUX : il augmente à l'exercice, au détriment du VRI.**

QCM 8 D

À propos du contrôle chimique de la respiration :

A) il se fait notamment par des chémorécepteurs périphériques situés dans la partie la plus externe du bulbe. **FAUX : les chémorécepteurs périphériques se trouvent au niveau de l'aorte et des sinus carotidiens où ils voisinent avec les barorécepteurs régulateurs de la pression artérielle.** [20]
B) les chémorécepteurs périphériques sont sensibles à la $P_A(O_2)$. **FAUX : l'oxygène alvéolaire n'a aucun contact avec les chémorécepteurs sanguins !**

20. et avec lesquels il ne faut pas les confondre.

C) les chémorécepteurs centraux sont sensibles au pH sanguin. **FAUX : la barrière hémato-encéphalique s'y oppose.**
D) les chémorécepteurs périphériques et centraux sont sensibles à la $P_a(CO_2)$. **VRAI.**

QCM 9 A, B

Concernant les chémorécepteurs :

A) les chémorécepteurs périphériques réagissent plus rapidement à la $P_a(CO_2)$ que les chémorécepteurs centraux. **VRAI : mais ils sont moins sensibles.**
B) les chémorécepteurs centraux sont sensibles au pH du LCR. **VRAI : mais pas de celui du sang.**
C) les chémorécepteurs périphériques sont très sensibles aux variations de la $P_a(O_2)$[21]. **FAUX : il faut attendre une baisse importante de cette pression (au-dessous de 60 mm(Hg)) pour que ces chémorécepteurs réagissent significativement.**
D) les chémorécepteurs périphériques sont sensibles au contenu en O_2. **FAUX : ils sont sensibles à la $P_a(O_2)$.**

QCM 10 B, D

Concernant les centres respiratoires :

A) le groupe respiratoire ventral intervient pour la respiration de repos. **FAUX : c'est le dorsal.**
B) le centre pneumotaxique est inhibiteur du centre inspiratoire dorsal. **VRAI.**
C) le centre pneumotaxique est situé dans la partie supérieure du bulbe. **FAUX : du pont.**
D) le centre pneumotaxique agit sur la fréquence respiratoire et sur l'amplitude du volume courant. **VRAI.**

21. Ne pas oublier que P_a signifie pression artérielle et P_A pression alvéolaire.

Chapitre 7

ADAPTATIONS DE L'ORGANISME

L'organisation architecturale de cette partie doit largement à l'ouvrage de physiologie (pour le STAPS) de Madame Christine Le Page.

Dans la suite, on sera amenés à distinguer clairement

1. **les exercices de force-résistance** : ce sont des exercices intenses et courts, faisant essentiellement appel aux catabolismes anaérobies. Les résultats attendus se manifestent surtout au niveau des os et des muscles (augmentation de la masse musculaire), avec pour but essentiel un accroissement de la force et de la puissance.
2. **les exercices en endurance** : ce sont surtout des exercices prolongés d'intensité moyenne, sollicitant les catabolismes aérobies. Les effets concernent essentiellement le système neuroendocrinien, les muscles (effets différents de ceux des exercices en force résistance), l'activité cardiaque, l'activité pulmonaire..., avec pour but principal une augmentation de la capacité physique.

7.1 Adaptation à l'altitude

7.1.1 Les paramètres physiques

Les variables pression, température, hygrométrie etc. [1] dépendent de l'altitude [2]. Ces variations se répercutent sur les réponses physiologiques de l'organisme à l'exercice, et même au repos.

En fait, on enregistre des différences significatives à partir d'environ 1500 m d'altitude. Nous nous placerons donc délibérément dans ces conditions (jusqu'à des altitudes extrêmes).

A- Pression

1. La pression atmosphérique diminue avec l'altitude.

   Alors qu'au niveau de la mer, elle vaut 760 mm(Hg), elle passe à 500 mm(Hg) à 3000m, et se retrouve à 250 mm(Hg) au sommet du Mont Everest : 8848m).
2. En revanche, **les proportions des gaz de l'air restent les mêmes** : environ 20%(O_2) et 80%(N_2) (%(CO2) négligeable). Mais la conséquence majeure est une diminution de la pression partielle PO_2 qui passe ainsi par exemple d'environ 160 mm(Hg) au niveau de la mer à 100 mm(Hg) à 3000m. Les PO_2 alvéolaire et

1. rayonnement UV, densité de l'air...
2. et de la latitude !

artérielle s'en trouvent donc diminuées, et, par voie de conséquence, l'oxygénation des tissus (situation **d'hypoxie**).

B- Température

Elle baisse considérablement avec l'altitude (-40°C au sommet de l'Everest). En cas de vent qui augmente le ressenti de froid, un sujet peut rapidement être soumis à une hypothermie importante.

C- Hygrométrie

Les baisses de température et de pression concourent toutes deux à "assécher" l'air, ce qui peut aboutir à une hygrométrie très faible. Cela conduit à une augmentation importante des évaporations respiratoire et sudorale, ce qui entraîne une baisse du volume plasmatique en l'absence de prise d'eau [3], et donc du VES (volume d'éjection systolique).

7.1.2 Les réponses physiologiques aiguës

A- Au niveau respiratoire

L'hypoxie due à l'altitude entraîne la stimulation des chémorécepteurs aortiques et carotidiens ce qui active les centres inspiratoires et provoque une hyperventilation : celle-ci se produit 24h après l'exposition à une altitude comprise entre 2000m et 3000m [4]. Cette hyperventilation permet de limiter la chute de la PO_2 alvéolaire et donc artérielle. Toutefois, cette compensation présente quelques effets collatéraux pernicieux :

1. elle a un coût énergétique qui limite les performances ($\dot{V}O_2$max) de l'athlète.
2. elle entraîne d'une hypocapnie (baisse de PCO_2 au-dessous de 35 mm(Hg)) à l'origine d'une **alcalose respiratoire** : le pH augmente donc et l'affinité de l'hémoglobine pour l'oxygène augmente (effet Bohr). De ce fait, il y a moins d'oxygène délivré aux tissus.

B- Au niveau cardio-vasculaire

L'hypoxie stimule le SNO, ce qui a pour effet d'augmenter le débit cardiaque Qc, que ce soit au repos ou à l'exercice. L'effet est bénéfique car il compense la diminution du VES due aux pertes d'eau. Par conséquent :

- **au repos ou pour un exercice sous-maximal**, cette augmentation du débit permet d'obtenir une CaO_2 comparable à celle du niveau de la mer, et donc de **maintenir la $\dot{V}O_2$ à un niveau analogue à celui obtenu en plaine**.
- **pour un exercice maximal**, la $F_C$max est atteinte pour une $\dot{V}O_2$ inférieure à la $\dot{V}O_{2max}$. De plus, le VES diminue du fait de la baisse du volume plasmatique (cf. supra : hygrométrie) Dans ces conditions, le débit cardiaque "plafonne" (et même diminue) et ne peut plus maintenir la CaO_2 à un niveau convenable. La performance $\dot{V}O_{2max}$ est donc diminuée, et ce, d'autant plus que l'altitude augmente.

C- Au niveau des performances

1. **Épreuves d'endurance** : à partir de 1600m (et cela a pu être vérifié aux J.O de Mexico (2250m) en 1968), leurs performances (course de fond à partir de 800m, par exemple) faisant appel à un métabolisme oxydatif sont altérées.

3. ce qui fait augmenter la viscosité du sang
4. elle est immédiate pour une altitude supérieure.

2. **Épreuves de résistance** : à l'inverse, les exercices puissants (sprint, saut en longueur...) qui sollicitent un catabolisme anaérobie ne sont pas affectés par l'hypoxie. Mieux : la densité de l'air étant plus faible, la pénétration y est plus facile ce qui a amélioré nettement les résultats de ce type d'épreuve.

D- Réponses pathologiques

1. **mal aigu des montagnes** : en cas de montée trop rapide, il se peut que l'hypoxie ne soit pas compensée convenablement du fait d'une hyperventilation insuffisante. La conséquence est une acidose respiratoire à l'origine de maux de tête, nausées, vomissements etc. Cela commence significativement à 2000m, et les effets peuvent être triplés au voisinage de 4000m.

   La solution à ce problème consiste à effectuer des montées quotidiennes ne dépassant pas 300m à partir de 3000m.

2. **oedèmes** : ils sont probablement dus à l'hypoxie et font suite, en général, au mal aigu des montagnes.
   - oedème pulmonaire : accumulation d'eau dans les poumons. Symptômes = cyanose du visage et des extrémités, confusion mentale, évanouissement etc.
   - oedème cérébral : s'observe au-delà de 4000m. Les espaces cérébraux se remplissent d'eau. C'est le cas le plus grave. (troubles mentaux, coma, mort).

   Dans les deux cas, le traitement le plus important consiste à ramener rapidement les patients à basse altitude.

7.1.3 Adaptation physiologique (séjour prolongé)

A- Au niveau cardio-vasculaire

1. **Au niveau sanguin** : il y a augmentation de la capacité de transport d'O_2 par le sang, dont la raison principale est la suivante. L'hypoxie entraîne la baisse de PO_2, ce qui active la sécrétion de l'EPO essentiellement par les reins, et donc augmente l'érythropoïèse[5]. Contenant plus de GR (avec augmentation consécutive de l'hématocrite), donc plus d'hémoglobine[6], le sang transporte plus d'oxygène que "prévu", ce qui compense l'hypoxie.

2. **Au niveau cardiaque** : malheureusement, cet avantage est contrecarré par une baisse du débit cardiaque Qc(max) et de la Da-v(O_2)max,[7] baisses qui s'accentuent avec la prolongation du séjour et l'importance de l'altitude, et qui entraînent une baisse de la $\dot{V}O_{2max}$.

B- Au niveau respiratoire

L'hypocapnie apparue en phase aiguë persiste, ce qui baisse la quantité d'ions H^+ (augmentation du pH). Mais cette augmentation est rapidement compensée au bout de 48h par une élimination rénale importante d'ions bicarbonates. Cela ne va pas sans inconvénients : c'est ainsi que la perte de ces tampons peut s'avérer dangereuse en cas d'apport massif d'ions H^+ (ce qui se produit au cours d'un métabolisme glycolytique intense producteur d'acide lactique, qui se décompose en lactate et H^+).

5. synthèse des GR par la moelle osseuse (ne pas confondre avec la moelle épinière).
6. les globules rouges sont des "sacs à hémoglobine".
7. nous ne développons pas les raisons de ces baisses qui ont déjà été abordées dans les paragraphes précédents

C- Au niveau musculaire

En haute altitude, du fait de la diminution de l'oxygène, l'activité des enzymes oxydatives et glycolytiques diminue, et donc les capacités métaboliques des muscles diminuent également. Ces derniers connaissent une légère atrophie (diminution du diamètre des fibres) qui aurait une valeur adaptative : le "but" serait d'obtenir une plus grande densité de capillaires et une plus grande concentration de myoglobine, ce qui améliorerait la perfusion.

D- Au niveau de l'entraînement

1. **stages en haute altitude** : ils doivent se faire à une altitude minimale de 2000m à partir de laquelle l'érythropoïèse est activée (donc augmentation du nombre de globules rouges, pour compenser l'hypoxie). Mais il est conseillé de ne pas dépasser 3000m (sauf si l'on veut précisément s'entraîner à une compétition en haute altitude)[8] car les performance des athlètes peuvent être affectées par les complications qui apparaissent dans de telles conditions (mal des montagnes notamment, cf. infra). Par ailleurs, les effets bénéfiques de ce genre de stage ne durent que 2 à 3 semaines.
2. **séjour en haute altitude et entraînement en basse altitude** : cette formule est plus intéressante car on ne retient que les effets positifs (augmentation du nombre de GR) sans conserver les inconvénients (baisse des performances due à l'altitude).

7.2 Adaptation à l'entraînement

Nous allons maintenant décrire les avantages qu'il y a à pratiquer des exercices réguliers de façon adaptée[9], qu'il s'agisse d'entraînement en **résistance** ou d'entraînement en **endurance**. Nous verrons aussi quels sont les conséquences néfastes d'un surentraînement.

7.2.1 Entraînement physique : généralités

Tout exercice physique perturbe l'homéostasie et constitue un stress physiologique. L'organisme a donc besoin d'un temps de récupération[10] lui permettant de rétablir l'homéostasie et de récupérer sa capacité physique initiale qui avait diminué pendant l'exercice. Le but de l'entraînement est de multiplier intelligemment les stress de façon à diminuer peu à peu le désordre homéostasique **à charge d'effort constante**. Cela permet en fait, et c'est le but, de produire des efforts (degrés de perturbation) de plus en plus importants nécessitant des temps de récupération (restauration de l'homéostasie) qui eux, n'augmentent pas.

En réalité, les processus de récupération persistent **même après la restauration de l'homéostasie**, ce qui conduit à une **surcompensation : pendant cette période, la capacité physique initiale augmente, passe par un pic puis diminue**.

Si l'on produit l'effort suivant au pic de la surcompensation de l'effort précédent (et donc au maximum de la nouvelle capacité physique initiale), cela permet un nouvel effort plus important avec un temps de récupération qui lui, n'augmente pas. Plusieurs situations peuvent donc se présenter :

---

8. mais alors, il faut préalablement améliorer les performances ($\dot{V}O_{2max}$) en plaine de façon à pallier par anticipation une baisse de ces performances en altitude
9. du point de vue de la santé et de la lutte contre le vieillissement
10. qui dépend bien sûr de la charge d'effort.

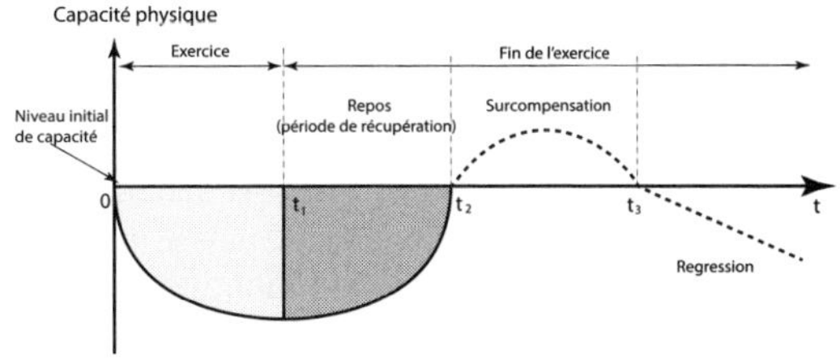

FIGURE 7.1 – Courbe représentant la capacité physiquc d'un sujet au cours d'un effort physique non répété, donc sans entraînement. a) exercice entre 0 et t_1 : la fatigue diminue la capacité physique du sujet. b) période de repos entre t_1 et t_2 : le sujet récupère sa capacité initiale. c) entre t_2 et t_3, les capacités physiques du sujet deviennent même supérieures à ses capacités initiales (mais au-delà de t_2, les capacités peuvent diminuer). Dessin emprunté à Madame Christine Le Page.

1. après la récupération, et au pic de la surcompensation, le sujet reproduit un effort physique plus important : cela ne l'empêchera pas de maintenir son temps de récupération et le but de l'entraînement est atteint (efforts physiques de plus en plus importants sans lésion physiologique)

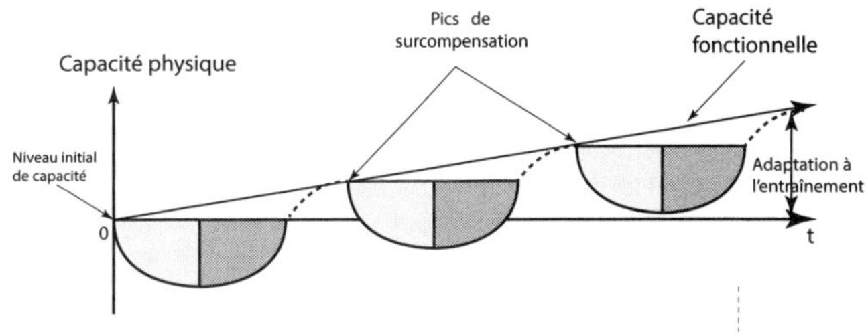

FIGURE 7.2 – Augmentation des capacités physiques à la suite d'un entraînement adapté (détails dans le texte) : dessin emprunté à Madame Christine Le Page.

2. le sujet laisse passer la surcompensation, et la capacité physique initiale peut même alors diminuer : l'"entraînement" ne sert à rien et tout est à refaire
3. le sujet n'attend pas la fin de la récupération (et encore moins la surcompensation) pour reproduire un stress. La fatigue s'accumule : il y a alors **surentraînement** avec risque majeur d'effets délétères.

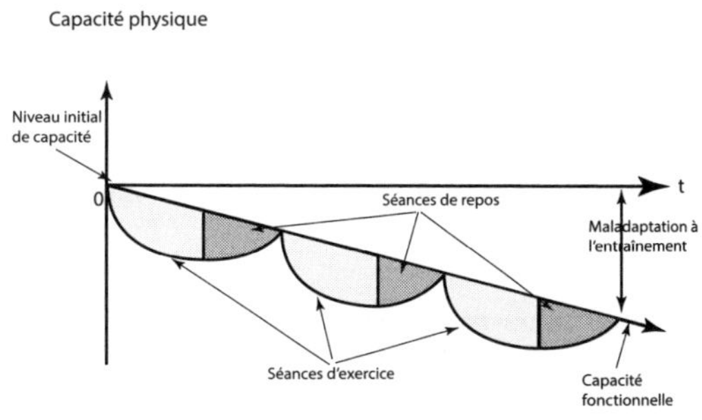

FIGURE 7.3 – Baisse des capacités physiques résultant d'un entraînement inadapté (détails dans le texte) : dessin emprunté à Madame Christine Le Page.

Un bon entraînement consiste par conséquent à organiser les séquences d'effort physique de façon que chaque nouvelle séquence s'effectue précisément au pic de surcompensation de la séquence précédente, ce qui n'est pas toujours simple [11].

7.2.2 Adaptation musculaire

Elle dépend dun type d'entraînement

1. **Entraînement en force-résistance** : il aboutit à une hypertrophie musculaire (augmentation de la masse musculaire) par accroissement de la synthèse protéique (consécutive à l'augmentation des facteurs de croissance) conduisant à l'augmentation de **la taille** des fibres musculaires, essentiellement de type IIB (fibres rapides). [12] Il en résulte une **augmentation de la force maximale**. Le métabolisme mobilisé est surtout anaérobie (créatine phosphate ou glycolyse)
2. **Entraînement en endurance** : il agit sur les fibres I ou IIA, dont l'hypertrophie est très inférieure à celle des fibres IIB. Le métabolisme est aérobie, avec prédominance de la dégradation des lipides au détriment de celui des glucides, **augmentant ainsi la résistance à la fatigue**. L'importance de l'apport d'oxygène (capacité oxydative) nécessaire à ce métabolisme est assurée par l'augmentation de la quantité de myoglobine (transporteur d'oxygène musculaire à un seul hème) et à celui du nombre de mitochondries permettant la phosphorylation oxydative, grande productrice d'ATP. Un des résultats de ce type d'entraînement est une modification corporelle, avec augmentation de la masse maigre et diminution de la masse grasse.

Remarque : dans les deux types d'entraînement, il y a augmentation de la concentration de glycogène musculaire (surtout en endurance).

7.2.3 Adaptation respiratoire

Les modifications s'observent essentiellement pour les **entraînements en endurance**.

A- Volumes et capacités

1. **au repos** : Ils sont peu modifiés. La CPT est quasi inchangée. La CV peut toutefois être légèrement augmentée, en particulier pour l'entraînement à la natation (et donc le volume résiduel légèrement diminué).

   Mais dans l'ensemble, “rien n'est modifié”.
2. **à l'exercice** : la fonction pulmonaire (CV et VT) peut être significativement augmentée au cours d'un exercice maximal (augmentation de la puissance des muscles respiratoires et diminution des résistances aériennes). Mais la CPT est quasi-inchangée.

B- Débits

1. **Au repos** : les débits ventilatoires (en moyenne ($\dot{V}$E = 7 L/min) et alvéolaires (en moyenne $\dot{V}$A=5 L/min) sont les mêmes chez les sujets entraînés ou non entraînés. L'équivalent respiratoire $\dot{V}$E/ $\dot{V}O_2$ est également comparable dans les deux populations. Il n'en est plus de même à l'exercice.
2. **Exercice sous-maximal** :

11. d'où l'utilité d'un bon entraîneur.
12. l'hyperplasie, c'est-à-dire l'augmentation du **nombre** de fibres reste spéculative chez l'Homme, et, le cas échéant, serait de toutes manières très minoritaire.

• les deux types de débit augmentent bien sûr à l'exercice, mais **l'équivalent respiratoire $\dot{V}$E/ $\dot{V}O_2$ augmente moins chez les sujets entraînés que chez les sujets non entraînés**. Autrement dit, pour une même consommation $\dot{V}$O2 à l'exercice, le sujet entraîné ventile moins ($\dot{V}$E plus faible) que le sujet non entraîné (d'où un moindre coût énergétique respiratoire).
• pour un même débit ventilatoire, la fréquence respiratoire F_R est plus faible et le volume courant VT plus important chez un sujet entraîné que chez un sujet non entraîné (un plus grand volume d'air pénètre dans les poumons à chaque inspiration, et y reste plus longtemps). De ce fait, il y a optimisation des échanges gazeux chez les sujets entraînés par rapport à ceux des sujets non entraînés (meilleure diffusion alvéolo-capillaire à **l'exercice** chez les sujets entraînés, ce que l'on n'observe pas **au repos)** .

C- Décalage des seuils

L'entraînement permet au métabolisme oxydatif de prendre le pas sur le métabolisme glycolytique. En effet, l'adaptation musculaire due à une augmentation de la capacité oxydative et du nombre de capillaires permet une meilleure utilisation des lipides (et donc une moindre production d'acide lactique) et une augmentation de l'oxydation de l'acide lactique restant (néoglucogénèse).

Deux conséquences :

1. un meilleur rendement du débit ventilatoire $\dot{V}$E : il peut être moins important pour une même consommation $\dot{V}O_2$: la pente $\dot{V}$E/ $\dot{V}O_2$ diminue
2. une augmentation des seuils lactiques (décalage vers la droite) avec pour conséquence une augmentation des seuils ventilatoires.

D- Rapport ventilation-perfusion

Rappelons qu'il s'agit du rapport $\dot{V}$A/Q entre la ventilation alvéolaire $\dot{V}$A et la perfusion Q des poumons. Un rapport faible signifie une bonne perfusion pour une ventilation donnée, permettant des échanges gazeux de qualité. Que le sujet soit entraîné ou non, ces deux paramètres augmentent. Mais, alors que les augmentations de la perfusion Q sont comparables dans les deux populations, la ventilation alvéolaire $\dot{V}$A augmente nettement moins chez les sujets entraînés (pour un effort donné). Le rapport ventilation est donc plus bas (par conséquent meilleur) chez les sujets entraînés que chez les sujets non entraînés.

7.2.4 Adaptation cardiovasculaire

Elle concerne une amélioration de la performance cardiaque

1. **Au niveau cardiaque (adaptation centrale)** : on observe une hypertrophie excentrique (augmentation du volume des cavités cardiaques) par l'entraînement en endurance et une hypertrophie concentrique (augmentation de l'épaisseur du myocarde) dans le cas de l'entraînement en force-résistance, permettant une plus grande puissance cardiaque. Dans les deux cas, on observe une augmentation du VES, d'autant plus que par ailleurs, l'augmentation du volume plasmatique consécutive à l'entraînement augmente le retour veineux, donc le VTD et, *in fine* (Franck-Starling), le VES. Enfin pour terminer, la baisse d'hématocrite consécutive à l'augmentation du volume du plasma induit une baisse de la résistance systémique et donc, là encore, une augmentation du VES (éjection plus facile).
2. **Au niveau vasculaire (adaptation périphérique)** :
• **Artériogénèse** : l'entraînement en endurance augmente le diamètre des artères et des artérioles

- **Angiogénèse** : l'entraînement en endurance augmente le nombre de capillaires musculaires

Que l'on soit au repos ou en exercice sous-maximal, l'entraînement en endurance n'augmente pas le débit cardiaque : en effet, VES augmente, mais F_C diminue, et finalement Qc reste constant. Conséquences :

- l'entraînement en endurance conduit à un moindre travail du coeur (puisqu'à débit égal, la F_C a diminué). Le coeur se fatigue moins.
- l'entraînement en endurance augmente la Da-v(O2) max, en augmentant le nombre de capillaires musculaires : la $\dot{V}O_2$ max augmente donc aussi.

7.2.5 Adaptation neuro-endocrinienne

Elle concerne surtout les exercices en endurance : il y a prédominance de l'action du système nerveux parasympathique au détriment de celle de l'orthosympathique.

Principale conséquence : le rythme cardiaque diminue, tant au repos qu'à l'effort en endurance, aboutissant notamment à une moindre fatigue chronique, et donc une moindre "usure" du myocarde.

7.2.6 Effets bénéfiques de l'entraînement

Si l'entraînement régulier est exécuté dans des bonnes conditions (cf. supra : généralités), l'organisme a le temps de s'adapter aux stress qui lui sont infligés. Cela permet une meilleure résistance au stress oxydatif (lutte contre le vieillissement prématuré) et un renforcement des défenses immunitaires (et donc diminution du nombre de pathologies). Cela reste vrai à tout âge, avec bien sûr des conditions différentes d'intensité.

Les bénéfices attendus sont les suivants

- Meilleure répartition corporelle (augmentation de la masse maigre au détriment de la masse grasse), et donc meilleur aspect général
- Amélioration des capacités cognitives
- Baisse du "mauvais" cholestérol LDL et du cholestérol total, hausse du "bon" cholestérol HD. On prévient ainsi les plaques d'athéromes à l'origine de maladies cardiovasculaires
- Moindre risque de surpoids (baisse de l'IMC) [13] et donc d'obésité
- Baisse de la glycémie, et donc diminution d'un risque de diabète de type II
- Diminution du risque de cancers
- Retard du vieillissement
- etc.

Une bonne pratique sportive conduit ainsi :

1. à un mieux-être personnel : meilleure apparence personnelle, bien être physique mais aussi psychologique (optimisme, confiance en soi)
2. à un accroissement de l'espérance de vie **en bonne santé** . [14]

7.2.7 Effets délétères du surentraînement

À l'inverse, mal pratiqué, l'entraînement peut avoir 2 types de conséquences :

1. si les temps de récupération sont trop longs entre deux séquences d'effort, il n'y a pas d'augmentation des performances et le bénéfice est nul, voire négatif (diminution des performances) : c'est l'aspect le moins nocif.

13. Indice de Masse Corporelle
14. sinon, cela n'a guère d'intérêt.

2. **plus grave, en revanche** : si les temps de récupération sont trop courts, et que chaque nouvel effort s'effectue avant que l'organisme n'ait eu le temps de récupérer au moins les capacités initiales de l'effort précédent, un état de fatigue chronique s'installe. C'est le **surentraînement**, avec son cortège d'effets néfastes : inflammations diverses, claquages, perte de poids, dépression etc.

EXERCICES

7.3 Questions à choix multiples

QCM 1

Concernant l'efficacité de l'entraînement

A) si le sujet laisse passer la surcompensation il peut y avoir des effets délétères.
B) il faut éviter toute surcompensation car un nouvel effort au pic de surcompensation pourrait être néfaste.
C) le seul effet du surentraînement est l'inutilité de l'entraînement.
D) pour un entraînement efficace, il faut bien attendre la fin de la surcompensation avant d'effectuer un nouvel effort.

QCM 2

Concernant l'entraînement en endurance

A) il conduit à une hypertrophie musculaire
B) il augmente considérablement la force physique.
C) il sollicite surtout des catabolismes aérobies.
D) il permet une augmentation de la masse maigre au détriment de la masse grasse.

QCM 3

Concernant l'entraînement en force résistance

A) il augmente la force physique.
B) il augmente le volume musculaire.
C) le catabolisme utilisé est essentiellement aérobie.
D) il augmente la résistance à la fatigue.

QCM 4

Concernant les adaptations respiratoires à l'entrainement :

A) elles concernent surtout les exercices d'endurance
B) l'entraînement en endurance augmente la CPT au repos.
C) l'entraînement en endurance modifie la CPT à l'exercice.
D) CV et VT sont quasiment inchangés.

QCM 5

Concernant les débits :

A) l'équivalent respiratoire est le même au repos que le sujet soit entraîné ou non.
B) en exercice sous-maximal, l'équivalent respiratoire est inférieur, chez le sujet entraîné, à celui observé chez le sujet non entraîné.
C) en exercice sous-maximal, et pour un même débit ventilatoire, la fréquence respiratoire est supérieure chez le sujet entraîné à celle du sujet non entraîné.
D) en exercice sous-maximal, et pour un même débit ventilatoire, le volume courant est supérieur chez le sujet entraîné à celui du sujet non entraîné.

QCM 6

Concernant les adaptations neuro-endocriniennes :

A) elles concernent surtout les exercices en force-résistance.
B) elles conduisent à une préséance du système sympathique SNO sur le système parasympathique
C) le rythme cardiaque augmente chez les sujets entraînés (par rapport aux sujets non entraînés), lorsqu'ils sont au repos.
D) le rythme cardiaque diminue chez les sujets entraînés à l'exercice (par rapport aux sujets non entraînés), mais pas au repos où il est invariant.

QCM 7

Concernant les adaptations cardio-vasculaires :

A) l'entraînement en endurance augmente l'artériogénèse.
B) l'entraînement en endurance augmente l'angiogénèse.
C) au repos ou à l'exercice sous-maximal, l'entraînement en endurance augmente le débit cardiaque.
D) au repos ou à l'exercice sous-maximal, l'entraînement en endurance augmente le volume d'éjection systolique.

QCM 8

Concernant les effets bénéfiques de l'entraînement :

A) ils existent à tout âge.
B) l'entraînement permet un accroissement de l'IMC.
C) l'entraînement augmente la confiance en soi
D) l'entraînement diminue le risque de cancer.

QCM 9

À propos du surentraînement

A) il favorise l'apparition de cancers.
B) il se produit lorsque les temps de récupération sont trop longs.
C) il peut être à l'origine de dépressions.
D) il augmente le risque d'inflammations diverses.

QCM 10

À propos des adaptations en altitude

A) l'hypoxie stimule le parasympathique.
B) l'hypoxie diminue les performances en force-résistance.
C) en font partie le mal aigu des montagnes et l'apparition éventuelle d'oedèmes.
D) l'hypoxie provoque l'augmentation de la sécrétion d'EPO par la rate, ce qui augmente la production de globules rouges et permet ainsi un transport d'oxygène plus important.

CORRIGÉS

QCM 1 0

Concernant l'efficacité de l'entraînement

A) si le sujet laisse passer la surcompensation il peut y avoir des effets délétères. **FAUX : mais cela rend l'entraînement inutile.**

B) il faut éviter toute surcompensation car un nouvel effort au pic de surcompensation pourrait être néfaste. **FAUX : au contraire, l'idéal est de produire un nouvel effort au pic de surcompensation. Le résultat est une augmentation des performances initiales.**

C) le seul effet du surentraînement est l'inutilité de l'entraînement. **FAUX : effets délétères possibles.**

D) pour un entraînement efficace, il faut bien attendre la fin de la surcompensation avant d'effectuer un nouvel effort. **FAUX : au contraire (voir item B).)**

QCM 2 C, D

Concernant l'entraînement en endurance

A) il conduit à une hypertrophie musculaire **FAUX : la taille des fibres musculaire augmente peu, contrairement à ce qui se produit dans l'entraînement en force résistance..**

B) il augmente considérablement la force physique. **FAUX : il augmente la résistance à la fatigue.**

C) il sollicite surtout des catabolismes aérobies. **VRAI : contrairement à l'entraînement en force résistance qui passe par des catabolismes anaérobies, plus rapides.**

D) iI permet une augmentation de la masse maigre au détriment de la masse grasse. **VRAI.**

QCM 3 A, B

Concernant l'entraînement en force résistance

A) il augmente la force physique. **VRAI : en augmentant le volume musculaire.**

B) il augmente le volume musculaire. **VRAI : en développant particulièrement les grosses fibres rapides IIB.**

C) le catabolisme utilisé est essentiellement aérobie. **FAUX : anaérobie.**

D) il augmente la résistance à la fatigue. **FAUX : ne pas confondre avec l'entraînement en endurance.**

QCM 4 A

Concernant les adaptations respiratoires à l'entrainement :

A) elles concernent surtout les exercices d'endurance **VRAI.**

B) l'entraînement en endurance augmente la CPT au repos. **FAUX : elle reste invariante.**

C) l'entraînement en endurance modifie la CPT à l'exercice. **FAUX : elle reste quasiment inchangée.**

D) CV et VT sont quasiment inchangés. **FAUX : ils augmentent consécutivement à l'augmentation de puissance des muscles respiratoires et à la diminution des résistances aériennes.**

QCM 5 A, B, D

Concernant les débits :

A) l'équivalent respiratoire est le même au repos que le sujet soit entraîné ou non. **VRAI.**
B) en exercice sous-maximal, l'équivalent respiratoire est inférieur, chez le sujet entraîné, à celui observé chez le sujet non entraîné. **VRAI : et donc, un sujet entraîné ventile moins pour obtenir une consommation donnée d'O2 qu'un sujet non entraîné.**
C) en exercice sous-maximal, et pour un même débit ventilatoire, la fréquence respiratoire est supérieure chez le sujet entraîné à celle du sujet non entraîné. **FAUX : inférieure.**
D) en exercice sous-maximal, et pour un même débit ventilatoire, le volume courant est supérieur chez le sujet entraîné à celui du sujet non entraîné. **VRAI.**

QCM 6 0

Concernant les adaptations neuro-endocriniennes :

A) elles concernent surtout les exercices en force-résistance. **FAUX : en endurance**
B) elles conduisent à une préséance du système sympathique SNO sur le système parasympathique **FAUX : c'est le contraire.**
C) le rythme cardiaque augmente chez les sujets entraînés (par rapport aux sujets non entraînés), lorsqu'ils sont au repos. **FAUX : il diminue.**
D) le rythme cardiaque diminue chez les sujets entraînés à l'exercice (par rapport aux sujets non entraînés), mais pas au repos où il est invariant. **FAUX : il diminue dans les deux cas.**

QCM 7 A, B, D

Concernant les adaptations cardio-vasculaires :

A) l'entraînement en endurance augmente l'artériogénèse. **VRAI : c'est-à-dire le diamètre des artères et artérioles**
B) l'entraînement en endurance augmente l'angiogénèse. **VRAI : c'est-à-dire le nombre de capillaires permettant la perfusion musculaire.**
C) au repos ou à l'exercice sous-maximal, l'entraînement en endurance augmente le débit cardiaque. **FAUX : il reste à peu près constant (car la F_C diminue et le VES augmente, le produit F_C.VES=QC ne variant pas.**
D) au repos ou à l'exercice sous-maximal, l'entraînement en endurance augmente le volume d'éjection systolique. **VRAI : ou VES, voir item C. Cela est dû notamment à une plus faible résistance périphérique.**

QCM 8 A, C, D

Concernant les effets bénéfiques de l'entraînement :

A) ils existent à tout âge. **VRAI.**
B) l'entraînement permet un accroissement de l'IMC. **FAUX : au contraire, cet indice diminue.**

C) l'entraînement augmente la confiance en soi **VRAI : par une augmentation du bien-être, mais aussi par une amélioration de son aspect personnel.**
D) l'entraînement diminue le risque de cancer. **VRAI : c'est du bon sens (améliore la santé en général).**

QCM 9 C, D

À propos du surentraînement

A) il favorise l'apparition de cancers. **FAUX : pas d'études sur ce sujet (mais l'exercice bien pratiqué diminue le risque de cancer).**
B) il se produit lorsque les temps de récupération sont trop longs. **FAUX : trop courts (des temps de récupération trop longs peuvent annihiler le bénéfice de l'entraînement).**
C) il peut être à l'origine de dépressions. **VRAI.**
D) il augmente le risque d'inflammations diverses. **VRAI : claquages, par exemple.**

QCM 10 0

À propos des adaptations en altitude

A) l'hypoxie stimule le parasympathique. **FAUX : le SNO.**
B) l'hypoxie diminue les performances en force-résistance. **FAUX : puisque ces efforts sont anaérobies**
C) en font partie le mal aigu des montagnes et l'apparition éventuelle d'oedèmes. **FAUX : il s'agit là de réponses pathologiques, et non physiologiques.**
D) l'hypoxie provoque l'augmentation de la sécrétion d'EPO par la rate, ce qui augmente la production de globules rouges et permet ainsi un transport d'oxygène plus important. **FAUX : l'EPO est sécrétée par les reins.**

MÉTHODOLOGIE DE L'ENTRAÎNEMENT

Youcef ALANBAGI

Docteur en STAPS. Professeur agrégé d'EPS à l'UFR STAPS. Université de Paris.

Marc TESTA

Docteur en STAPS. Professeur d'EPS à l'UFR STAPS. Université de Paris.

INTRODUCTION

L'entraînement physique comme préalable à de meilleures performances apparaît comme un principe des plus anciens car, déjà dans la Grèce antique, les athlètes se préparaient aux épreuves des jeux avec des charges lestées pour augmenter leur force musculaire. Epictète (50-125 après J.-C.) note l'intérêt des massages et de la nourriture, de la « spécificité » de l'activité pour conduire au mieux la maîtrise physique et morale des gladiateurs. Ces principes se basaient sur une approche empirique. À l'homme de terrain, se substitue aujourd'hui le « big data » qui, sur les bases d'une objectivité de l'information, définit les critères d'efficacité et de pertinence. Mais, en faisant fi d'une approche intégrée, contextuelle et critique des variables analysées, ces données font plus l'objet de gloses et de commentaires qu'une approche véritablement analytique et experte.

L'entraînement est un terme générique qui caractérise la pratique régulière et méthodique d'un exercice. Dans le cadre des activités physiques de loisirs, il permet de maintenir un niveau de forme dont les effets prophylactiques sur la santé favorisent l'équilibre physique et psychologique. Dans le cadre médical, l'intention thérapeutique vise, par une réadaptation, à recouvrer des aptitudes fonctionnelles usuelles. Dans le cadre de l'enseignement, l'activité physique est éducative et donne lieu à des situations favorisant l'autonomie et la responsabilité de l'élève. Enfin dans le cadre sportif, les exercices sont des supports à la compétition qui permettent d'améliorer et d'optimiser les ressources physiques, techniques, tactiques et psychologiques des athlètes.

Factuellement, définir un entraînement implique de planifier des objectifs, de choisir des méthodes et des exercices au regard de la logique interne de l'activité et de la spécificité du sujet. Formuler les modalités d'un « bon » entraînement qui englobe à la fois les aspects technico-tactiques et psycho-physiologiques revient à définir un algorithme très complexe. La mise en œuvre des procédures d'accomplissement revient donc à réduire au mieux les incertitudes d'une combinaison plurifactorielle de données tant quantitatives que qualitatives. Il s'agira donc de développer au mieux les capacités du sportif en exploitant de façon maximale les possibilités de son potentiel.

Chapitre 1

PRINCIPES GÉNÉRAUX DE L'ENTRAÎNEMENT

L'internationalisation puis la mondialisation de tout événement sportif a conduit à des niveaux de compétences et donc de performances pour les sportifs de plus en plus exigeants et concurrentiels. Cela conduit à une optimisation des « process » d'entraînement, notamment par l'apport des connaissances scientifiques, de l'informatique et de l'ingénierie.

Le volume d'entraînement n'étant pas infiniment extensible, l'évolution de l'entraînement s'oriente vers une amélioration des caractéristiques qualitatives. Communément, plutôt que de s'entraîner plus, pouvons-nous nous entraîner de manière plus intelligente ? Par exemple, quelques études marginales montrent que pour générer un gain de force, les séries uniques seraient aussi efficaces que les séries multiples. Nous pouvons comprendre ici de l'intérêt de tels résultats sur les temps d'entraînement. Ainsi, au-delà des méthodes plus ou moins empiriques, l'entraînement est une science qui s'interroge, recherche et évolue.

Entraîneur, un rôle complexe

Nous avons déjà souligné le rôle complexe de l'entraîneur car il doit intervenir sur des domaines certes complémentaires mais nécessitant des compétences avérées.

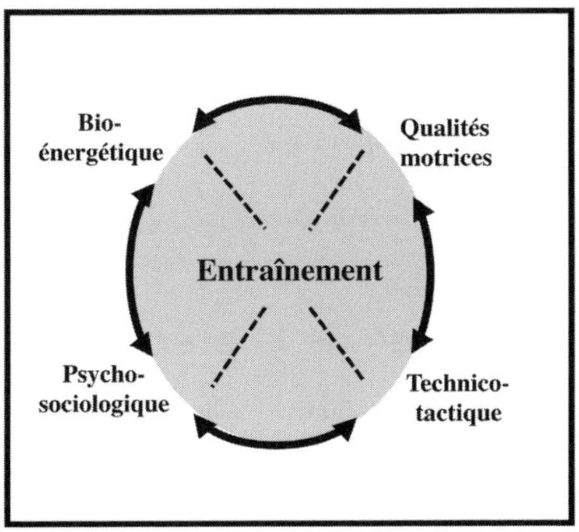

Domaines d'interventions de l'entraînement.

À la diversité des compétences, la multiplicité des secteurs d'interventions complique la tâche de l'entraîneur. Concrètement, il opérera sur différents registres d'intervention.

Le premier registre est de type opérationnel par l'élaboration d'un calendrier en fonction des compétitions et la planification de cycles en fonction des ressources organiques et fonctionnelles.

Le deuxième registre vise à développer les qualités physiques. C'est le registre structurel incontournable de la préparation physique.

Le troisième registre touche aux apprentissages techniques spécifiques à l'activité pour intégrer les formes corporelles d'une action optimale.

Le quatrième registre considère la prophylaxie (phase de récupération du sportif). L'objectif est ici de limiter les facteurs traumatiques liés à la technicité du geste, à la répétition et à la fatigue.

Le cinquième registre est d'ordre psychologique, pour maintenir la motivation, maîtriser les émotions et gérer les réactions affectives transitoires.

Le sixième registre aborde les relations interpersonnelles émergeant dans la dynamique du groupe et dans la constitution d'un leadership (ce registre est prégnant dans les sports collectifs).

Si l'évolution de la préparation physique tend vers des contenus de plus en plus spécifiques, la diversité des registres convie l'entraîneur à une certaine polyvalence et à déléguer certaines compétences.

La préparation physique

La préparation physique permet de solliciter :

- de façon organisée, adaptée et progressive (programmation),
- les systèmes neuromusculaires (physiologie de l'exercice)
- dans des conditions biomécaniques (technique)
- dans des contextes situationnels (tactique)

pour développer,

- les ressources d'un athlète (individualisation).

Appréhender la préparation physique par rapport à une activité sportive, c'est être capable d'identifier les particularités de l'engagement musculaire efficace relatif aux exigences du but à atteindre.

L'entraîneur doit alors tenir compte de :

- la logique interne de l'activité
- des caractéristiques
  - physiologiques du muscle
  - biomécaniques du mouvement
  - du contrôle moteur

  Pour répondre :
- aux exigences du sport pratiqué
- aux besoins personnels du sportif

Les trois grandes phases de la préparation physique

L'entraînement sportif s'accompagne toujours d'une chronologie d'objectifs déterminant la périodisation. Chaque objectif peut se caractériser par des méthodes d'entraînement initialement définies par Zatsiorsky (1966) à travers la méthode des efforts répétés, maximaux ou dynamiques, correspondant plus ou moins aux périodisations définies ultérieurement par Pradet ou Egger.

Chaque période se compose de plusieurs cycles de trois ou quatre semaines. Pour chaque cycle, l'effort est progressif en PPG avec une semaine de récupération (cycle de quatre semaines généralement), dégressive en PPA et PPS (cycle de trois semaines).

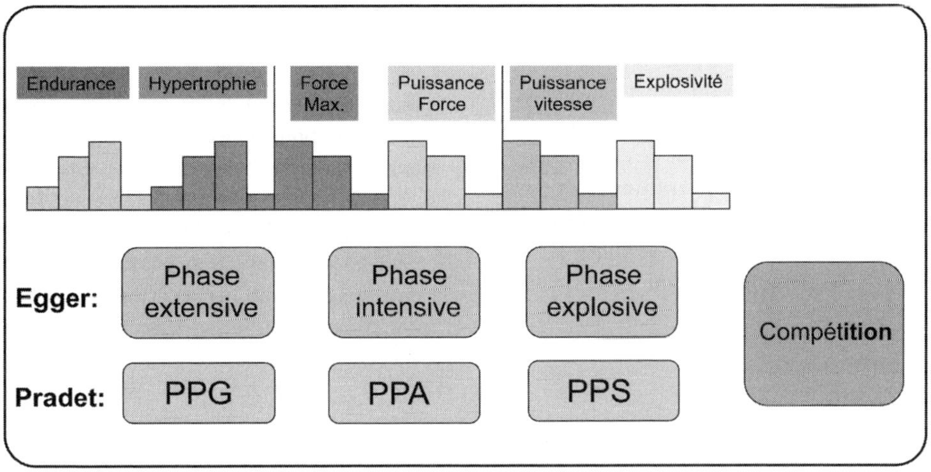

Périodisation de l'entraînement.

Le début de saison s'accompagne d'une préparation physique généralisée (PPG) selon Pradet (1996) ou phase extensive selon Egger (1997). Durant cette phase, la répétition des efforts dont l'intensité est située entre 50 à 75 % du maximum, permet à mesure d'une fatigue croissante, de solliciter toutes les unités motrices rapides et fatigables pour maintenir l'exercice. Cette période permet la mise en place des prérequis spécifiques à l'activité notamment du perfectionnement technique. La durée de l'entraînement foncier est généralement égale à la durée de l'entraînement d'optimisation.

Cette préparation se prolonge différemment tout au long de l'année pour compenser les déséquilibres notoires générés par l'entraînement au niveau des structures musculaires, tendineuses et articulaires. Généraliser ne signifie donc pas un développement global sans distinctions marquées en fonction des disciplines ou des sujets. Au contraire, intégrée aux processus d'entraînement, cette phase s'oriente et se pilote selon les contraintes de l'activité, du sujet et particulièrement selon ses points faibles à compenser et du calendrier.

Traditionnellement, la base de la préparation physique s'adosse sur des exercices d'endurance ou aérobie. L'endurance est classiquement définie comme la « capacité » à maintenir un effort dans la durée (Harre, 1976) selon une charge, une cadence, une puissance ou une amplitude donnée sans baisse de performance. Ce travail d'endurance est le préalable nécessaire permettant de développer des capacités de récupération pour résister à la fatigue lors de toute la saison. À partir de ce principe, les séances s'appuient généralement sur une augmentation du volume, c'est-à-dire des répétitions en se focalisant de façon plus ou moins uniforme sur l'endurance. Désormais, il faut concevoir une potentialisation plus globale en sollicitant aussi la force et la puissance.

Une augmentation de l'intensité des exercices permet en corollaire une préparation du développement des autres composantes comme la force et la puissance. À une moindre fatigue musculaire, l'entraînement se polarise plus sur l'ensemble des qualités. Cependant, dans le cadre d'une potentialisation globale, il faut noter qu'un travail d'endurance ne doit pas suivre un entraînement de force, car celui-ci inhibe les effets du renforcement.

Le travail à charge constante permet de cumuler la fatigue au cours des séries mais ne favorise pas une synchronisation spatiale des unités motrices. Le travail à charge croissante à travers la pyramide montante par exemple, génère des niveaux de contrainte interne d'autant plus grands que la fatigue augmente exponentiellement dans les séries. Il faut donc prendre garde à une surcharge d'entraînement. L'exercice mené à épuisement synchronise en revanche les unités motrices en déplaçant le spectre de l'EMG vers les basses fréquences. Le spectre s'élargit par recrutement d'unités motrices additionnelles.

La deuxième phase est appelée préparation physique auxiliaire (PPA). Il s'agit ici de développer des qualités physiques en relation directe avec l'activité pratiquée, notamment en fonction du sportif et des choix technico-tactiques prioritaires pour être performant lors de la compétition. Ce sont essentiellement les points forts de l'athlète qui sont travaillés dans ce cas. Enfin, nous pouvons mentionner ce que l'on appelle la préparation physique spécifique (PPS) qui intervient essentiellement lors des périodes dites pré-compétitives. Il s'agit ici d'harmoniser tous les facteurs de performance afin de rechercher un état optimal de condition physique.

Il est à noter que dans une saison sportive le nombre de compétitions peut-être important. Viser un record, obtenir la première place ou seulement se qualifier nécessite une préparation différente. En outre, des préparations physiques auxiliaires ou spécifiques peuvent se renouveler au cours de la saison sportive de même qu'une préparation physique générale notamment dans le cadre des retours de vacances.

Préparation physique : dissociée, associée, intégrée

Comme nous l'avons mentionné, la préparation physique est toujours plus ou moins spécifique. Au cours de la saison, le poids de cette variable augmente progressivement. En premier lieu, nous avons la préparation physique dissociée. Dans ce cas, les séances physiques et technico-tactiques sont organisées séparément dans la journée. Les exercices physiques sont programmés en dehors de la séance sportive proprement dite.

Nous retrouvons ensuite la préparation physique associée. Le temps et les charges de travail physiques et techniques s'alternent dans la séance. Elle a comme objectif d'étayer la performance par des exercices ciblant une qualité physique particulière.

Enfin nous retrouvons la préparation physique intégrée. La dimension physique se conforme aux caractéristiques spécifiques du geste sportif. C'est une utilisation des qualités physiques à des fins technico-tactiques. Nous retrouvons surtout cette préparation physique intégrée lors de la période d'affûtage et durant la période compétitive.

La préparation physique intégrée semble particulièrement indiquée pour les jeunes sportifs en formation où la dimension technico-tactique est prioritaire. Le développement des qualités physiques générales leur permet d'acquérir une plus grande disponibilité gestuelle et physique. Ce n'est qu'après ce développement technique que le renforcement musculaire viendra se greffer et non l'inverse.

Principes de l'entraînement

Il revient à l'entraîneur d'organiser les méthodes d'entraînement et de demeurer le vecteur d'adaptation aux caractéristiques ponctuelles et individuelles.

L'individualisation et la spécificité

L'individualisation se présente comme la tendance contemporaine marquante. Cela se retrouve dans la valorisation de la spécificité de l'entraînement. Qui ne possède pas « son coach » sportif, diététique ou psychologique ? Certes, l'entraîneur doit être vigilant et tenir compte des caractéristiques individuelles de chacun. La charge d'entraînement (intensité, durée, fréquence des séances) est définie en fonction des caractéristiques (sexe, âge, poids, niveau de pratique, poste dans l'équipe, niveau initial…) du sportif : c'est « l'entraînabilité ».

Les exigences requises sont différentes pour chacune des activités sportives et il ne faut pas trop dissocier les capacités physiques du contexte où elles s'expriment. Pour l'expression d'une variable simple comme la force musculaire, elle augmente significativement à l'angle du renforcement en statique (isométrie) et à la vitesse de réalisation en dynamique. Les exercices intégrés favorisent d'autant le transfert des capacités physiques.

La variation et la motivation

La répétition d'un même exercice génère une lassitude voire une baisse de motivation et donc une baisse de performance. Faire varier les exercices permet de maintenir un seuil d'attention élevé et une meilleure centration sur l'activité. Cependant, la multiplication et l'excès d'exercices éducatifs peuvent « dénaturer » la tâche et nuire à la fixation des patterns. Très souvent, le sportif arrête sa carrière par manque de motivation. Les effets de la motivation dépendent des traits de personnalité de l'athlète. L'entraîneur doit donc connaître les traits de personnalité et le style de comportement des sujets pour ajuster ses interventions et commentaires.

La surcharge, la surcompensation et la réversibilité

La charge d'entraînement doit être suffisante pour générer un niveau de fatigue et une progression. La surcharge peut être appliquée soit en prolongeant la durée d'un exercice à une intensité donnée, soit en augmentant l'intensité, soit en augmentant la fréquence. Cela permet de faire progresser les qualités d'endurance, de vitesse, de force, de puissance en combinant les effets.

Lors de la récupération, la surcompensation permet aux réserves énergétiques de se reconstituer à un niveau supérieur au niveau initial. Cette surcompensation autorise une amélioration des potentialités (A). Cependant, plus la fatigue est importante plus la récupération doit être longue et complète. Si la phase de récupération est trop courte, la surcompensation ne peut s'opérer et le sujet stagne dans sa progression (B). Une fatigue ponctuelle apparaît, elle peut devenir aiguë si les phases de récupérations s'enchaînent (C) : c'est le surentraînement. Le surentraînement génère une baisse de performance.

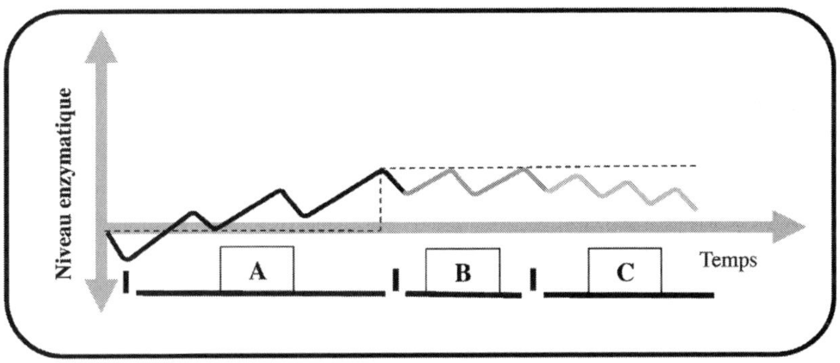

Surcompensation et surentraînement.

Les séances doivent donc être modulées pour permettre une récupération suffisante. Des entraînements trop espacés permettent seulement le maintien des aptitudes préalables. Il est difficile et illusoire de contrôler strictement le point optimal de sollicitation pour chacun des athlètes.

Les adaptations induites par l'entraînement sont réversibles. Cela signifie que le niveau de performance décroît quand l'intensité ou le volume d'entraînement diminue en dessous d'un certain seuil. Cependant, les transformations acquises au niveau techniques comme les coordinations sont très stables et « résistent à l'oubli ». Les transformations métaboliques ou musculaires comme la force maximale sont, par contre, très sensibles.

Interaction - opposition et interférence

Il n'y a pas d'aptitudes isolées ; il faut les considérer comme autant d'éléments interactifs de l'ensemble des composantes déterminant la performance. Cependant, les effets des différentes qualités dans le mouvement peuvent en partie se confondre ou s'opposer si l'entraînement est mal réalisé : il y a alors interférence. Par exemple, dans le cadre d'une potentialisation globale, il faut noter qu'un travail d'endurance ne doit pas suivre un entraînement de force, car celui-ci inhibe les effets du renforcement. Inversement, il n'existe aucune opposition entre le développement de la force et le maintien des qualités de souplesse, pour autant si cette dernière qualité demeure entretenue.

La périodisation

La périodisation établit des séquences selon un ordre logique de priorités. Elle permet de mieux contrôler les transformations, les interférences et les objectifs à atteindre. De façon théorique, il existe plusieurs types de périodisation : linéaire, alternée, ondulatoire, du plus simple au plus compliqué. Ces modèles sont pour une grande part objectivés mais aussi faits de représentations subjectives de l'entraîneur.

Des batteries de tests permettent d'estimer les points forts et les points faibles du sportif. Les résultats déterminent les charges d'entraînement et valident l'atteinte des objectifs lors des différents cycles.

Les qualités physiques

De nombreux ouvrages se sont attachés à définir les dimensions spécifiques de la motricité ou capacités physiques de base. Il faut souligner une évolution des qualificatifs de la capacité à la qualité ou à l'habileté. Nous préférons aujourd'hui la notion plus diffuse d'aptitude voire de ressources ou de compétences. En effet, les qualités physiques « pures » n'existent pas mais s'expriment plutôt par et à travers les habiletés motrices où les compétences développées sont plus élargies.

Quelles que soient les différentes taxonomies essayant de déterminer ces capacités, comme le VARF (Vitesse, Adresse, Résistance et Force) la force, la vitesse et l'endurance sont caractéristiques des composantes athlétiques toujours citées comme des facteurs essentiels du mouvement.

La force

L'action de la force sur tout objet génère son déplacement et/ou sa déformation : son impact est quantitativement observable par la vitesse induite sur l'objet. La force conditionne le mouvement. C'est pourquoi, la force est une qualité fondamentale autour de laquelle la préparation physique s'articule.

Ce mouvement est généré au niveau musculaire par transformation d'une énergie chimique en une énergie mécanique. La force ainsi produite détermine une quantité de mouvement, une puissance, un travail qui sont autant de variables sur lesquelles se fondent les processus d'entraînement. Enregistrable sur le terrain grâce au développement de la bioingiénierie parallèlement à la biomécanique, ces données permettent d'objectiver « en direct » l'impact d'un entraînement sur l'organisme. Si le « discours » scientifique paraît en décalage avec l'approche de terrain, il permet cependant pour celui qui se l'approprie de mieux comprendre et suivre les processus d'évolution envisageables.

Si les contraintes internes générées par la répétition d'un mouvement provoquent des adaptations neuromusculaires et améliorent en retour les caractéristiques de la force externe, il faut distinguer les forces internes des forces externes.

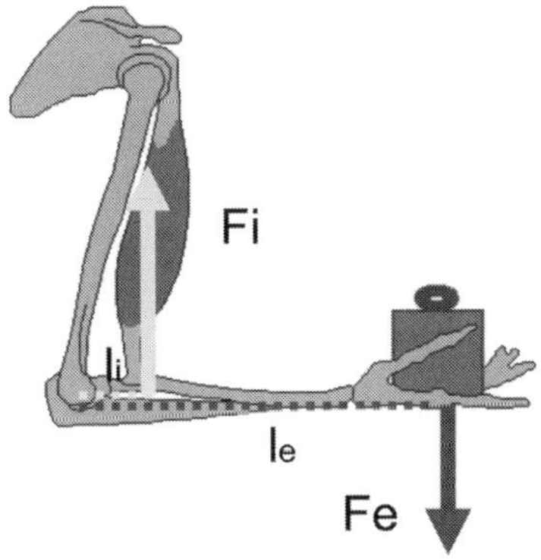

Représentation des forces internes et externes.

Les forces internes (Fi) développées au niveau musculaire répondent aux forces externes (Fe) gravitationnelles ou inertielles. Il faut cependant noter que la mécanique du mouvement ne peut se comprendre qu'en termes de couple de force c'est-à-dire l'action d'une force par son bras de levier comme cela s'effectue lors du maintien ou du déplacement d'une charge.

La « force » peut ainsi être générée par différents types de contractions musculaires.

Les types de contractions musculaires

La contraction musculaire peut être isométrique. Elle ne provoque pas de déplacement des leviers osseux car les segments demeurent statiques. Les insertions musculaires restent à la même (iso) distance (métrique). Lorsque les insertions musculaires se rapprochent lors de la contraction les segments se déplacent (dynamique ou anisométrique). La contraction est concentrique. Lorsque les insertions musculaires s'éloignent lors de la contraction les segments se déplacent, c'est la contraction excentrique.

Isométrique	**Statique**
Concentrique **Excentrique**	**Anisométrique** **(dynamique)**
Pliométrique **Stato-dynamique**	**Formes combinées** **(mixte)**
Isocinétique **par électrostimulation** **par vibration**	**Formes assistées**

Les différents types de contractions musculaires.

Les contractions mixtes combinent les différentes formes de contractions. Quand un étirement du muscle en régime excentrique est suivi d'une contraction concentrique sans arrêt intermédiaire, la contraction est de type pliométrique. C'est le régime de contraction le plus courant de la motricité car elle optimise le rendement musculaire grâce notamment à la restitution de l'énergie élastique. La forme de contraction stato-dynamique combine une contraction isométrique suivie d'une contraction généralement concentrique. Les formes de contractions assistées nécessitent des appareils développés par l'ingénierie comme le Cybex® et le Biodex® pour un exercice à vitesse constante (isocinétique). L'électrostimulation active la dépolarisation musculaire grâce à des électrodes de surface. Les systèmes par vibrations (25 - 50 Hz) génèrent des déséquilibres provoquant des réajustements musculaires pour maintenir l'équilibre (power-plate®).

Chaque type de contraction présente des avantages. La plus « polyvalente » étant le régime de contraction concentrique. Il est donc opportun, en fonction d'un objectif précis, de solliciter le type de contraction le plus adapté. Il paraît aussi intéressant de potentialiser les effets en combinant les types de contractions. Il est néanmoins nécessaire de connaître pour un exercice les intérêts et les limites de chaque type de contraction mis en jeu.

	Avantages	Inconvénients
Isométrique	+ Tensions sup. au régime concentrique + Travail postural : gainage + Mise en œuvre facile (matériel ou pas) + Travail isolé pratique pour la post et pré-fatigue + Peu d' augmentation de la masse	+ Fatigue retardée + Gain en fonction de l' angle de travail + Diminution de la vitesse de contraction + Défavorable à la coordination + Doit être associée à d' autres régimes de contractions
Concentrique	+ Charges submaximales : sécurité. + Contrôle du mouvement + Optimisation des coordinations + Travail en fonction de la charge, de la vitesse, de l' amplitude. + Amélioration de : force, puissance, vitesse et/ou endurance + Récupération rapide	+ Charges submaximales. + Combinaison des régimes pour une optimisation de l' activation nerveuse.
Excentrique	+ Tension supérieure à l'isométrie + Efficace si combinée au concentrique + Sollicitation des fibres lentes et rapides + Peu d'augmentation de la masse	+ Récupération longue, mal contrôlée + Douleurs musculaires + Sécurité : charges élevées + Défavorable à la coordination + Doit être associé à du concentrique
Pliométrique	+ Tension supérieure au concentrique + Action sur les facteurs nerveux + Sollicitation de l'élasticité + Coordinations musculaires + Peu d'augmentation de la masse	+ Tension tendino-musculaire importante (lésion) + A utiliser avec précaution chez les jeunes + Difficile à contrôler

Caractéristiques générées par les différents types de contractions musculaires.

La charge de travail

Comme principes cités précédemment, les exercices musculaires doivent être progressifs et continus. L'entraîneur pourra agir sur quatre variables en fonction des objectifs : la quantité de travail, l'intensité de la charge, la vitesse de réalisation et la durée de récupération. Pour un exercice donné, la connaissance de la force maximale ou 1RM est fondamentale. La 1RM correspond à la charge maximale que l'on soulève une fois. La 1RM permet de définir des intensités de travail selon des seuils de référence. Par exemple, pour améliorer la force maximale le sujet devra s'exercer à un niveau au-delà du seuil de 70-75 % de 1RM car c'est la valeur de transition pour faire progresser la force maximale. Pour un travail en endurance, l'intensité sera moins élevée (autour de 50 % de 1RM). L'explosivité s'effectue à de faibles intensités comme cela est défini par la courbe force-vitesse. Les méthodes efficaces d'entraînement se réfèrent toujours au niveau de travail, en termes de pourcentage de force maximale, pour optimiser et définir le nombre de répétitions à réaliser dans la série.

Le volume ou quantité de travail se détermine par le produit du nombre de répétitions et du nombre de séries à effectuer. Un travail sur le volume permet d'améliorer les qualités d'endurance. Enfin, tout exercice produit un état de fatigue locale mais aussi diffus. L'entraîneur pourra ainsi privilégier une récupération complète. Par exemple, cela est plutôt favorable lorsque l'athlète fait du travail qualitatif. À l'inverse, il pourra choisir une récupération partielle si le travail s'oriente sur les seuils. La récupération peut durer de trente secondes lors d'un effort explosif, à plus de dix minutes lors d'un travail de force maximale.

Pour une charge donnée, le nombre maximal de répétitions permet d'estimer la force maximale théorique du sportif. Cette estimation à partir d'une charge submaximale est intéressante pour des non experts ne pouvant travailler à force maximale sans une maîtrise totale de la charge.

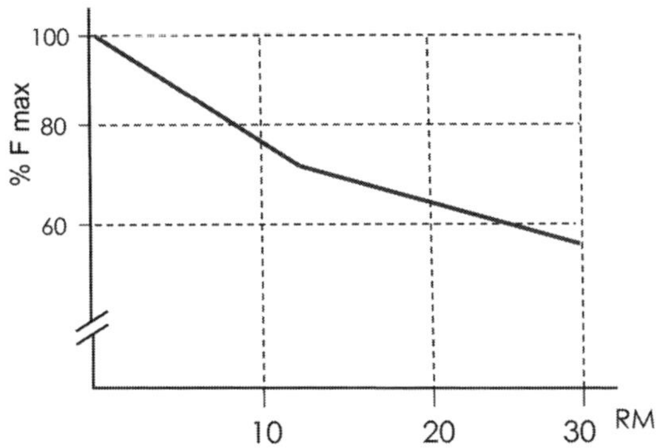

Tableau adapté de Berger

Répét.	%1RM
1	100
2	97
3	95
4	92
5	90
6	87
7	85
8	83
9	81
10	78
11	76
12	73

Nombre de répétitions réalisées en fonction du pourcentage de la force maximale (Desgorces & Testa. 2010).

La perception de l'effort (RPE) permet aussi, et plus significativement chez les experts, de caractériser l'intensité ou le volume de travail effectué (Testa & al., 2012).

Zatsiorsky (1966) a posé les bases de la musculation en caractérisant l'atteinte des objectifs par des méthodes différenciées : la méthode des efforts répétés, maximaux ou dynamiques.

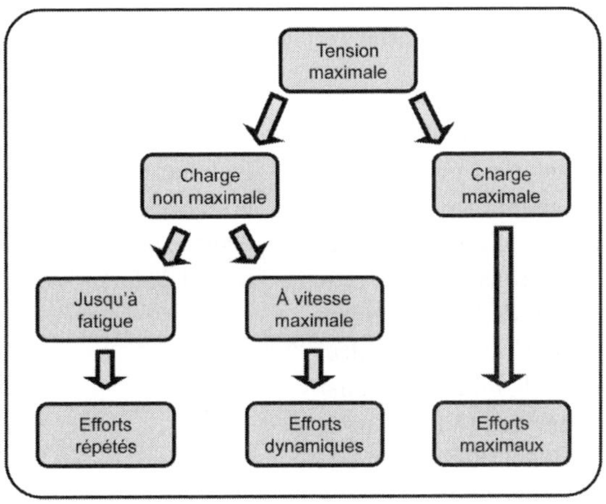

Méthodes de développement de la force musculaire (Zatziorsky, 1966).

La méthode des efforts répétés concerne les exercices d'endurance (intensité : 50 à 75 % de 1RM) où le travail se centre sur une augmentation du volume. À mesure d'une fatigue croissante et pour maintenir le niveau de force exigé, toutes les unités motrices (rapides et fatigables) vont être sollicitées. Les facteurs d'adaptation sont essentiellement physiologiques. Les efforts maximaux (75 à 100 % de 1RM) provoquent un recrutement de l'ensemble des unités motrices. Les facteurs d'adaptation sont alors avant tout d'ordres structuraux. Les efforts dynamiques (30 à 50 % de 1RM) abaissent le seuil de recrutement des unités motrices, (mais selon une chronologie, voir la méthode du contraste de charge). Les facteurs d'adaptation sont alors principalement d'ordre nerveux.

Comme pour le nombre de répétitions en fonction de la charge, le volume d'entraînement est inversement proportionnel à l'intensité des exercices. À niveau constant, si l'intensité du travail augmente, le volume diminue. La vitesse de réalisation, à force constante, détermine la puissance de réalisation. De la même façon, si la puissance augmente, le volume de travail diminue. À volume constant, si la vitesse de travail augmente alors l'intensité de la charge diminue.

Matveiev (1983) a caractérisé les variations du volume et de l'intensité au cours de la saison. Cependant, il faut aussi tenir compte de la vitesse de réalisation et de son évolution en parallèle du volume et de l'intensité. Les trois variables définissent la charge d'entraînement.

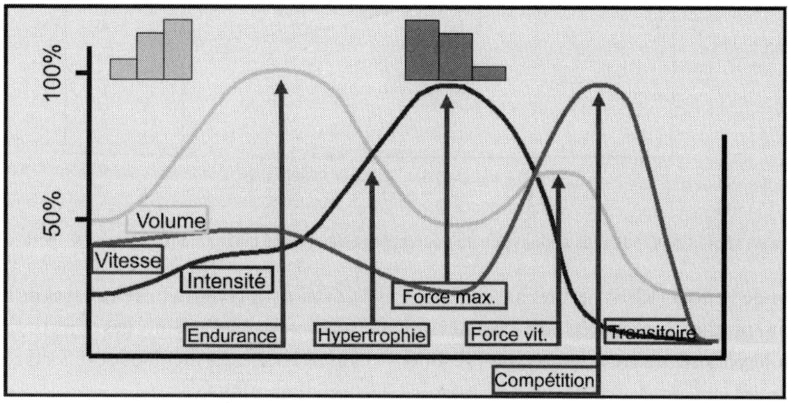

Évolution de la charge d'entraînement lors de la saison.

Le volume ou quantité de travail se détermine par le produit du nombre de répétitions et du nombre de séries à effectuer, cette valeur est principale au niveau de l'entraînement en endurance. L'intensité se calcule le plus souvent à partir d'un pourcentage en fonction d'une répétition maximale (1RM), cette valeur est principale au niveau de l'entraînement en force maximale (70-75 % de 1RM étant la valeur de transition vers un travail de la force maximale). La vitesse de réalisation intervient au niveau de l'entraînement en puissance. Elle s'effectue à vitesse maximale, au niveau lors de l'explosivité.

La récupération est directement liée à l'effort préalablement produit et au type de travail « quantitatif » (volume) et/ou « qualitatif » (intensité, vitesse). Dans la séance, elle peut durer de trente secondes lors d'un effort explosif jusqu'à sept minutes et plus lors d'un travail de force maximale.

La préparation physique générale

Cette phase permet d'établir les bases d'une condition physique (appelée aussi travail foncier ou phase extensive), socle de la performance et d'une hygiène sportive optimale en permettant entre autres la réduction des blessures. Cette préparation se prolonge plus ou moins tout au long de l'année pour compenser les déséquilibres notoires générés par l'entraînement au niveau des structures musculaires, tendineuses et articulaires. Généralisée ne signifie donc pas un développement global sans distinctions marquées en fonction des disciplines ou des sujets. Au contraire, intégrée aux processus d'entraînement, cette phase s'oriente et se pilote selon les contraintes de l'activité et du sujet et particulièrement selon ses points faibles à compenser. Elle permet la mise en place des prérequis spécifiques à l'activité notamment du perfectionnement technique. La préparation physique généralisée est donc plus succincte pour les sportifs experts et s'apparente à un travail multiforme sur l'ensemble des secteurs, avec une prévenance pour l'endurance.

Au niveau de la préparation générale, les exercices de gainage et de contrôle postural sont essentiels. Cette préparation permet de limiter les facteurs traumatiques liés à la technicité du geste, à la répétition et à la fatigue. En rapport avec la pratique du geste sportif, ces exercices favorisent le développement des sensations kinesthésiques et un meilleur contrôle de la coordination posturo-cinétique.

L'endurance

Traditionnellement, la base de la préparation physique s'adosse sur des exercices d'endurance (aérobie). L'endurance est classiquement définie comme la « capacité » à maintenir un effort dans la durée selon une charge, une cadence, une puissance ou une amplitude donnée sans baisse de performance. Ce travail d'endurance est le préalable nécessaire permettant de développer des capacités de récupération pour résister à la fatigue lors de toute la saison. Les séances s'appuient généralement sur un développement global du volume, c'est-à-dire une augmentation du nombre des répétitions à charge constante. Cependant, les effets sont limités en termes d'endurance musculaire locale relative (endurance évaluée à une intensité relative spécifique ou à un pourcentage donné de 1RM). Le travail à charge constante permet de cumuler la fatigue au cours des séries mais ne favorise pas une synchronisation spatiale des unités motrices.

Le circuit-training (8 à 12 exercices) permet une meilleure potentialisation. L'alternance des exercices sollicite de façon complémentaire l'ensemble des fibres musculaires (épuisement plus « profond ») tout en maintenant un seuil de vigilance plus élevé. Il autorise en outre, des variations de rythme et d'intensité pouvant renforcer les effets conjoints : l'endurance se potentialise plus favorablement quand les exercices aérobies enchaînent les exercices anaérobies. Le circuit-training peut aussi générer des interférences : l'endurance inhibe les effets préalables d'un renforcement en force. Finalement, l'organisation du circuit doit être très réfléchie et s'avère complexe pour optimiser son efficacité.

L'hypertrophie

Le développement de l'hypertrophie est pour certains sportifs un prérequis nécessaire au développement de la force mais n'est pas toujours compatible avec l'activité car le rapport poids/puissance doit demeurer le plus favorable possible. L'hypertrophie s'effectue en partie par une augmentation du volume de travail, mais peut aussi se réaliser par une augmentation de l'intensité. Cependant, une charge modérée à volume élevé provoque une augmentation plus aiguë de la testostérone et de l'hormone de croissance qu'une charge élevée à faible volume. Classiquement, la méthode utilisée pour hypertrophier le muscle consiste à réaliser des séries (de 6 à 10 séries au maximum) de dix répétitions à 70-75 % de la force maximale.

La préparation physique auxiliaire

La préparation auxiliaire permet de développer les qualités physiques indispensables à l'activité selon les caractéristiques individuelles mais aussi selon les choix technico-tactiques retenus par l'entraîneur. Les exercices sont variés et se centrent sur les groupes musculaires sollicités par la discipline.

Tout entraînement musculaire transforme les propriétés mécaniques du muscle. En l'occurrence, les courbes force-vitesse et force-temps (en dynamique) et force-longueur (en statique) vont se modifier. Cependant, un gain de force ne s'accompagne pas automatiquement d'un report des qualités sous-jacentes. La cinématique du geste (vitesse, amplitude, similarité) influence significativement la qualité des transferts.

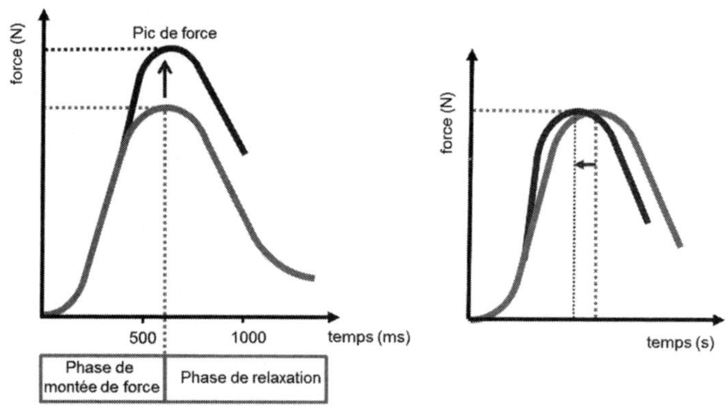

Évolution de la courbe force-temps.

L'entraînement en force maximale fait monter le pic de force. L'entraînement en puissance décale la phase de la montée de force.

Nous pouvons résumer les modifications de la courbe force-vitesse en fonction des objectifs visés par l'entraînement dynamique. Il faut noter que la relation force-vitesse en contraction n'est pas similaire à l'étirement. La mécanique des ponts d'union entre l'actine et la myosine diffère en fonction de la contraction (concentrique/excentrique). Cette différence pourrait provenir d'un recrutement plus important des ponts d'acto-myosine ou d'une augmentation de la force de liaison de ces mêmes ponts. Comparé à un travail concentrique, l'activité myoélectrique excentrique à charge égale étant moins importante, le rendement des ponts d'acto-myosine paraît plus efficace en excentrique.

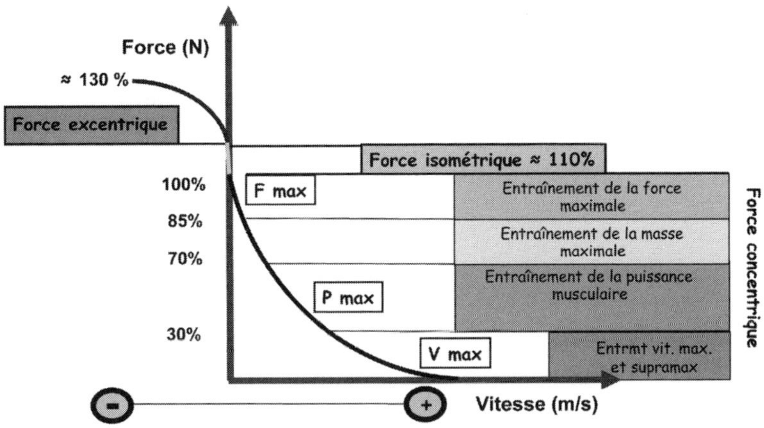

Relation Force-Vitesse du muscle isolé.

La préparation auxiliaire se centrent sur les groupes musculaires sollicités par la discipline. C'est la période la plus difficile de l'entraînement car les niveaux d'intensité et de répétitions sont élevés.

La force maximale

L'amélioration de la force maximale permet une augmentation de l'intensité de l'effort musculaire. Elle s'effectue au niveau du point **A** déterminant la zone de la force submaximale, soit une charge lourde pour une vitesse faible.

Tous les efforts réalisés à plus de 75 % de 1RM développent la force maximale. Le nombre de séries s'établit entre ≈ 5 (pour les confirmés) et ≈ 10 (pour les experts) avec une récupération de cinq minutes. Pour un effort concentrique, le nombre de répétitions s'échelonne de ≈ 10 (pour les niveaux peu élevés soit ≈ 75 % de 1RM) à ≈ 2 répétitions (pour les niveaux élevés soit ≈ 95 % de 1RM). Pour les efforts isométriques, la tenue de la contraction s'échelonne entre ≈ 3 secondes (à 110 %), ≈ 5 secondes (à 90 %) et 15 secondes (à 80 %). Pour les efforts excentriques, le nombre de répétitions s'échelonne de ≈ 8 (à 90 %) à ≈ 3 (à 120 %) avec une aide pour remonter la charge. Comme Pletnev (1976) le préconise (bloc hybride), une combinaison des contractions concentrique (à 90 %) isométrique (110 %) et excentrique (120 %) permet un renforcement plus substantiel de la force.

Le travail pyramidal de type montante-descendante peut être proposé. Il permet un important volume de travail avec une grande intensité. Cependant, si les « steps » lors de la phase montante sont petits (de 5 % par exemple), l'athlète se retrouve en parti épuisé pour les charges maximales (perte de vitesse, d'explosivité ou de relâchement). L'alternative est de faire une montée avec des « steps » plus grands et des séries incomplètes (par exemple 6*75 %, 4*85 %, 2*90 %) et de se concentrer sur la phase descendante. Le sujet demeure ainsi « normalement » explosif lors de ses réalisations.

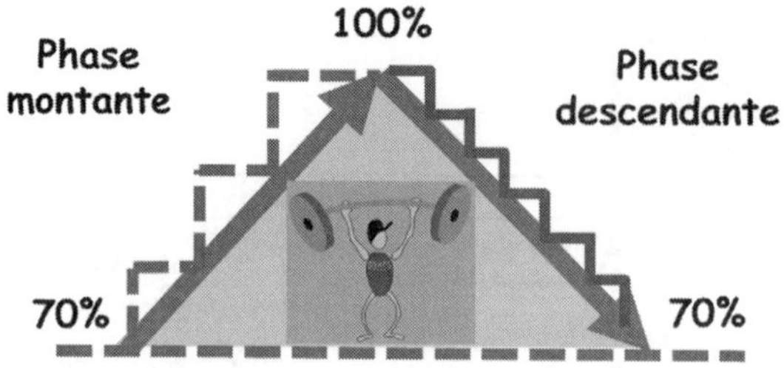

Exercice pyramidal.

La puissance - force

L'exercice musculaire avec des charges moyennes permet une évolution de la puissance-force. Le point **B** détermine la zone de la puissance-force : soit une charge moyenne pour une vitesse intermédiaire. L'amélioration de la puissance se réalise par la progression des facteurs force ou vitesse (P = F x V). Chronologiquement, l'entraînement sollicite en premier lieu la variable force. Cependant, quel que soit le niveau de force, l'objectif principal est de réaliser le mouvement avec la vitesse maximale. Les exercices réalisés à des niveaux de force intermédiaire contribuent le plus à l'amélioration de la production de puissance mécanique, la vitesse du mouvement est aussi intermédiaire (car elle baisse quand la charge augmente). Les efforts se situent entre 50 et 70 % de 1RM et le nombre de répétition se situe autour de 6 répétitions.

Chez le sujet non entraîné, le travail à charge intermédiaire permet en corollaire, pour des efforts pliométriques, une amélioration de la puissance grâce à un meilleur temps de couplage. L'amélioration du temps de couplage chez les experts ne progresse que par un entraînement plus spécifique.

Les exercices stato-dynamiques (≈ 5 secondes en statique + 5 répétitions à ≈ 50 % en dynamique) développent la force explosive en sollicitant un plus grand nombre d'unités motrices. Le travail dynamique doit être effectué à vitesse maximale. L'effet étant moindre sur la masse musculaire cet exercice est aussi réalisé dans le cadre d'un « rappel de force ».

La préparation physique spécifique

La phase spécifique permet de développer les qualités de vitesse et d'explosivité du sujet. Les exercices s'effectuent généralement avec des charges faibles et nécessitent une bonne maîtrise des gestes techniques pour travailler en relâchement.

La force-vitesse

Le point **C** détermine la zone de force-vitesse : soit une charge faible pour une vitesse rapide. L'explosivité est la capacité du système neuromusculaire à faire varier brusquement sa propre quantité de mouvement ou celle d'un engin sur lequel elle agit. Elle modifie les caractéristiques cinématiques du mouvement en améliorant les qualités neuromusculaires

et la coordination intermusculaire.

Les exercices en contraste de charges permettent un recrutement plus rapide des grosses unités motrices favorisant ainsi la montée de force (explosivité).

Les déplacements segmentaires à grande vitesse favorisent la co-activation et une meilleure application synergique des forces musculaires. Ce mécanisme de co-activation joue un rôle protecteur en répartissant au mieux les contraintes articulaires.

L'entraînement pliométrique génère des adaptations internes myoélectriques et structurelles au niveau des ponts d'acto-myosine. Ce type d'entraînement favorise plus l'explosivité que la vitesse du mouvement. Les exercices pliométriques permettent donc d'améliorer les coordinations inter et intramusculaires.

L'affûtage

L'affûtage aujourd'hui communément défini comme la phase pré-compétitive (tapering) fait l'objet d'un ultime microcycle, prélude à la compétition. Le but est de réduire partiellement la charge d'entraînement et de créer une surcompensation résiduelle où l'augmentation des performances est remarquable (environ 3 %). Le niveau d'intensité doit demeurer à un niveau relativement élevé pour conserver les qualités. Si l'intensité et la fréquence des exercices sont maintenues, le volume baisse progressivement (40 à 60 %) sur deux à trois semaines. Enfin durant ce cycle une attention particulière est portée sur les sphères psychologique et diététique.

Chapitre 2

SYNOPSIS

Nous pouvons distinguer sept catégories d'exercices en fonction de la statique, de la dynamique (contraction excentrique et concentrique) et de la vitesse du mouvement (comme dans le tableau suivant).

Statique	Dynamique		Dynamique combinée			
Isométrique	Excentrique	Concentrique	E - C	E - C	E - C	Stato-dynamique
			pliométrique	isotonique	isocinétique	
chaise	depth jump :	squat jump	drop jump	¼ ou ½ Sqt	Sqt régulier	Squat bloqué

Types de contractions et d'exercices appliqués au membre inférieur.

La combinaison d'un travail excentrique-concentrique donne lieu à des formes différentes de musculation selon la vitesse du mouvement.

- travail pliométrique (E-C rapide) : contre mouvement (counter movement) et/ou chute en contre-bas suivie d'impulsion (drop jump)
- travail isotonique (E-C moyen rythmé) : mouvement de musculation avec des charges moyennes
- travail isocinétique (E-C moyen régulier) : mouvement à vitesse régulière d'intensité variable : léger à lourd (squat régulier)
- stato-dynamique : vitesse moyenne à rapide dans la phase concentrique après le temps d'arrêt.

Le travail isotonique ou « à force constante » comme souvent entendu, ne peut se comprendre mécaniquement que comme un travail ou la tension interne varie faiblement : l'amplitude du mouvement est contrôlée et donc limitée. Le travail isocinétique (à vitesse constante) ne peut se réaliser stricto sensu qu'avec du matériel élaboré (Cybex®, Biodex®...).

Synthèse

Dans un premier temps les exercices se basent sur du travail concentrique. La reprise d'un entraînement commence par l'augmentation du volume de travail en augmentant le nombre des répétitions dans chaque série, puis pour un même volume à augmenter les charges.

- Le circuit d'entraînement et la méthode des efforts répétés (autour de 50 % du 1RM) permettent de développer la force d'endurance. Une attention particulière est portée sur les exercices de gainages et sur les placements articulaires (exercices prophylactiques) en rapport avec les spécificités techniques du mouvement.
- La méthode des efforts répétés autour de 70 % du 1RM, se montre la plus appropriée à l'hypertrophie musculaire. Différentes méthodes permettent d'y accéder :
  - répétitions forcées (avec partenaire).
  - répétitions négatives (excentrique sur la fin de la série).
  - super - série (faire le plus de répétitions possible).

– répétitions trichées (en compensant).
– répétitions avec fatigue préalable (en fatiguant une zone musculaire par un exercice pour la solliciter de nouveau avec un autre exercice).

Les transformations suivantes sont attendues :

– sollicitation des réserves énergétiques intramusculaires
– sollicitation de toutes les fibres musculaires : lentes et rapides
– favorise l'endurance
– augmentation du volume musculaire
– augmentation du recrutement des UM
– baisse de la vitesse de contraction
– grande quantité de travail (attention au surentraînement)
– concerne la phase généralisée de l'entraînement

• L'étape des efforts maximaux vise à augmenter la force musculaire développée. Elle se caractérise par des efforts intenses c'est-à-dire des séries entre 70 et 100 % de la force maximale.

Durant cette phase, les transformations suivantes sont attendues :

– favorise l'amélioration du pic de force
– amélioration de la synchronisation des UM
– peu d'hypertrophie
– concerne des sujets ayant une bonne maîtrise technique
– concerne la phase auxiliaire et/ou spécifique de l'entraînement

• L'étape en efforts dynamiques vise à améliorer la cinématique du mouvement.

Durant cette phase, les transformations suivantes sont attendues :

– améliore les qualités neuromusculaires
– améliore la coordination intramusculaire
– améliore la puissance (par le facteur vitesse)
– pas d'amélioration de la force « pure »
– concerne la préparation spécifique

L'entraînement par les régimes excentrique, isométrique et pliométrique permet de générer des forces supra-maximales. Les tensions exercées au niveau tendino-musculaire imposent un nombre limité de répétitions et de séries.

Les charges d'entraînement selon les différents types d'efforts

Les efforts répétés

Travail concentrique					
		% 1RM	Nb de répétitions	Nb de séries	Récupération
Effort d'endurance	FE	40 - 60	12 - 25	3 - 6	1'- 3'
Efforts répétés (hypertrophie)	FM	60 - 80	5 - 12	5 - 10	5 '

Les efforts maximaux et dynamiques

Travail concentrique							
	Effort		% 1RM	Nb de répétitions	Nb de séries	Récupération
Efforts maximaux		FM	80-100	1 - 8	5 - 12	5' - 7'
Force explosive	Efforts dynamiques (puissance-force)	FP	≈ 50	1-5 vitesse max.	5 - 12	3' - 5 '
	Efforts dynamiques (puissance-vitesse)	FV	≈ 30	1-12 vitesse max.	5 - 12	1' - 3'

Les efforts excentriques

Travail excentrique					
		% 1 RM	Nb de répétitions	Nb de séries	Récupération
		Exemple : pour travail localisé aux chevilles			
Effort d'endurance	FE				
Efforts répétés	FE	80 - 110	5 - 12	3 - 6	5 '
Efforts maximaux	FM	120-150	1 - 5	3 - 6	5 '
Efforts dynamiques (puissance-force)	FP	Contrebas 60 - 80 cm	jusqu'à 15	3 - 6	5 '
Efforts dynamiques (puissance-vitesse)	FV		jusqu'à 20		

Les efforts isométriques

Travail isométrique					
		% F. max. isométrique	Nb de répétitions	Nb de séries	Récupération
Effort d'endurance	FE				
Efforts répétés	FE	60-80 %	5-12 rép. sur 6'	5-12	3'
Efforts maximaux	FM	100 %	1-5 rép. sur 3 '	5-12	3'
Efforts dynamiques (puissance-force)	FP	100 %	5-12 sur 1 '	5-12	3'
Efforts dynamiques (puissance-vitesse)	FV				
		Sur plusieurs angulations			

Les efforts pliométriques

Travail pliométrique					
			Nb de répétitions	Nb de séries	Récupération
	Exemple : pour travail localisé aux chevilles				
Effort d'endurance	FE				
Efforts répétés	FE	Contrebas 60 - 90 cm	5-12	3-6	5'
Efforts maximaux	FM	Contrebas 80-120 cm	1-5	3-6	5'
Efforts dynamiques (puissance-force)	FP	Bancs + lest	10-15	3-6	5'
Efforts dynamiques (puissance-vitesse)	FV	Bancs	12-25	3-6	5'

Les avantages enregistrés par chacune de ces méthodes ont des spécificités qu'un régime mixte (ou combiné) optimise par complémentarité des effets. Un exercice combiné juxtapose dans une même série des contractions de type différent ou des charges d'intensités différentes. Il permet de dépasser les limites de chacun des exercices pris de façon isolée.

QUESTIONS

1. Donnez une définition de l'entraînement ?

2. Pourquoi le rôle de l'entraîneur demeure complexe ?

3. Caractérisez l'entraînement de la force selon Zatsiorski ?

4. À quoi correspondent les notions de préparation physique dissociée, associée et intégrée ?

5. Qu'est-ce que le principe d'interférence ? Citez un exemple.

6. Caractérisez les intérêts et les limites de l'hypertrophie.

7. Pour quelles raisons le processus d'entraînement doit-il être rationalisé ?

8. Définissez et citez un exercice de type pliométrique ?

9. Définissez le principe de charge d'entraînement, et la chronologie des variables mise en jeu.

10. Quelles sont les incidences d'un cycle de a) force maximale b) de puissance-force sur les courbes forces/temps et force/vitesse ?

CORRIGÉS

1 DONNEZ UNE DÉFINITION DE L'ENTRAÎNEMENT ?

C'est la pratique régulière et méthodique d'exercices, qui permettent le développement des ressources physiques, technico-tactiques et psychologiques pour atteindre un optimum de performance au regard d'une activité particulière, d'un athlète (ou une équipe) et d'échéances particulières.

2 POURQUOI LE RÔLE DE L'ENTRAÎNEUR DEMEURE COMPLEXE ?

La complexité de l'entraîneur tient à la diversité et à la complémentarité des secteurs d'interventions nécessitant une synthèse des connaissances pratiques (empiriques de terrain) et des connaissances théoriques (objectives des sciences). Elle tient à la spécificité des attentes individuelles que l'optimisation exige.

3 CARACTÉRISEZ L'ENTRAÎNEMENT DE LA FORCE SELON ZATSIORSKI ?

Zatziorsky (1966, d'origine russe) a défini les bases de l'entraînement de la force musculaire en caractérisant des objectifs et des efforts différenciés (efforts répétés, maximaux et dynamiques).

4 À QUOI CORRESPONDENT LES NOTIONS DE PRÉPARATION PHYSIQUE DISSOCIÉE, ASSOCIÉE ET INTÉGRÉE ?

Dans la séance, ces trois phases impliquent façon différente les caractéristiques spécifiques de l'entraînement.

En premier lieu, nous avons la préparation physique dissociée. Dans ce cas, les aspects physiques et technico-tactiques sont séparés pour utiliser des exercices physiques programmés en dehors de la séance sportive proprement dite.

Dans la préparation physique associée, le temps et les charges de travail physiques et techniques s'alternent dans la séance. Elle a comme objectif d'étayer la performance par des exercices ciblant une qualité physique particulière. Cette dernière peut être soit au début l'entraînement (en entrée), soit au cours de la séance (au cœur) ou en fin de séance (en sortie). On utilise essentiellement la préparation physique associée lors de la période de maintien du potentiel.

Enfin dans la préparation physique intégrée, la dimension physique s'applique de façon spécifique à la discipline et au sujet généralement à des fins technico-tactiques. Nous retrouvons surtout cette préparation physique intégrée lors de la période d'affûtage et durant la période compétitive.

5 QU'EST-CE QUE LE PRINCIPE D'INTERFÉRENCE ? CITEZ UN EXEMPLE.

La réalisation d'un exercice ou d'une qualité physique peut interférer sur le développement d'une autre. Ainsi, un travail d'endurance ne doit pas suivre un entraînement de force, car celui-ci inhibe les effets du renforcement.

6 CARACTÉRISEZ LES INTÉRÊTS ET LES LIMITES DE L'HYPERTROPHIE.

Un rapport entre le volume musculaire et la force maximale développée a été montré. Pour certains athlètes, l'hypertrophie est un prérequis au développement de la force. Cependant, l'hypertrophie n'est pas toujours compatible car le rapport poids/puissance peut diminuer. De même, pour les sports à catégories de poids, l'hypertrophie peut devenir un handicap.

7 POUR QUELLES RAISONS LE PROCESSUS D'ENTRAÎNEMENT DOIT-IL ÊTRE RATIONALISÉ ?

L'entraînement doit permettre aux sportifs de pouvoir s'exercer de manière intensive et sécuritaire ; d'atteindre ses objectifs. Or, le haut niveau nécessite la mise en place d'habiletés motrices complexes nécessitant l'optimisation de qualités physiques pouvant s'interférer les unes avec les autres. La rationalisation passe par une méthodologie de l'entraînement, la mise en place de cycles objectivables par des tests.

8 DÉFINISSEZ ET CITEZ UN EXERCICE DE TYPE PLIOMÉTRIQUE ?

Un exercice pliométrique est la combinaison d'une contraction excentrique suivi d'une contraction concentrique (le délai entre étirement contraction doit être court). L'essentiel des mouvements humains s'effectue selon ce principe car il permet un meilleur rendement musculaire notamment par la restitution de l'énergie élastique. Le « drop jump » est caractéristique d'un exercice pliométrique spécifique.

9 DÉFINISSEZ LE PRINCIPE DE CHARGE D'ENTRAÎNEMENT ET LA CHRONOLOGIE DES VARIABLES MISE EN JEU.

L'entraîneur peut agir sur quatre variables en fonction des objectifs : la quantité de travail, l'intensité de la charge, la vitesse de réalisation et la durée de récupération. Ces variables définissent les différentes phases et les cycles d'entraînement. Ainsi pour résumer de façon sommaire, la PPG se caractérise par une augmentation du volume de travail, la PPA se caractérise par une augmentation de l'intensité du travail (baisse significative du volume), enfin la PPS par une augmentation de la vitesse de travail.

10 QUELLES SONT LES INCIDENCES D'UN CYCLE DE A) FORCE MAXIMALE B) DE PUISSANCE-FORCE SUR LES COURBES FORCES/TEMPS ET FORCE/VITESSE ?

Un cycle de force maximale permet d'augmenter le niveau du pic de force : la charge soulevée est plus élevée.

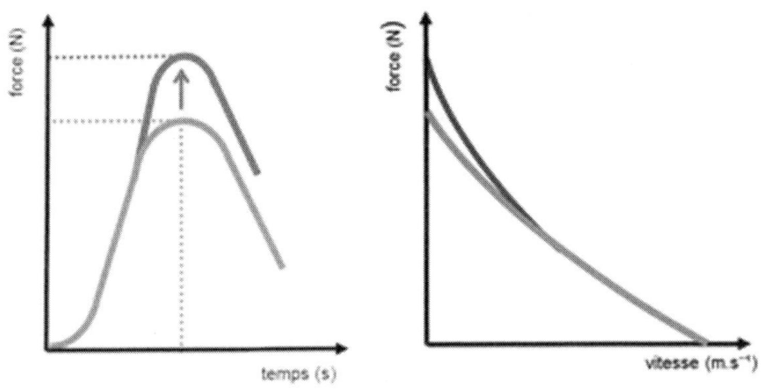

Amélioration de la force maximale.

Un cycle de puissance intervient sur la vitesse de réalisation. Il permet de décaler la montée de force : le pic de force est atteint plus rapidement.

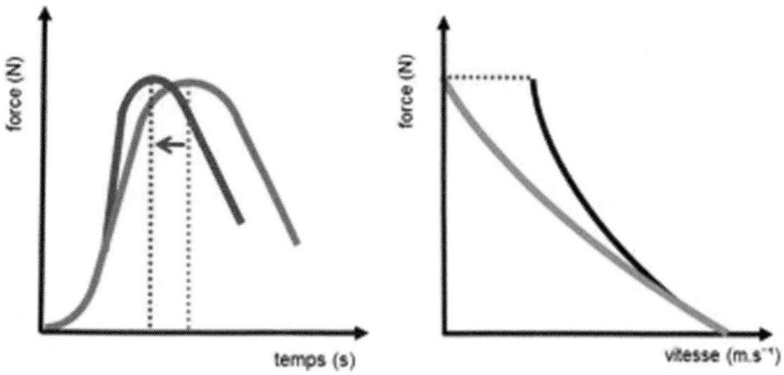

Amélioration de la puissance - force.

Bibliographie

- Berger R.A. (1962). Comparison of static and dynamic strength increases. *Res. Quart ; 33, 5* : 329-333,
- Cometti G. (1989). Les méthodes modernes de musculation, UFR STAPS Dijon, 1, 350.
- Cometti G. (1990). Les méthodes modernes de musculation, UFR STAPS Dijon, 2, 300.
- Delorme T.L. et Watkins A.L. (1948). Techniques of progressive resistance exercise. *Arch. Phys. Med ; 29* : 263-273.
- Desgorces F.D., Berthelot G., Dietrich G. et Testa M. (2010). Prediction of one repetition maximum strength in bench press from muscular endurance of four athletic populations. *J.Strength Cond. Res. ; 24, 2* : 394-400.
- Egger J.-P. (1997). Planification : aspects théoriques. In : L'entraînement de la force : Spécificité et planification. Eurathlon 95. *Les cahiers de l'INSEP ; 21* : 185-200.
- Matveiev L.P. (1983). Aspects fondamentaux de l'entraînement. Vigot Coll. Sport et Enseignement, Paris, 144-155.
- Miller C. (2002). Principes méthodologiques du renforcement musculaire. INSEP éd.
- Pletnev B. (1976). The dynamics of muscle strength using different combined work with equivalents loads. Theory and practice of Physical Culture, 9, 19-22.
- Pradet M. (1996). La préparation physique. Collection entraînement, INSEP.
- Testa M., Noakes T. et Desgorces F.D. (2012). Exercise relative volume and training state influence the rating of perceived exertion during resistance exercise. *J. Strength Cond. Res. ; 26(11)* : 2990-96.
- Testa M. et Alanbagi Y. (2016). Méthodologie de l'entraînement. Ellipses éd., 160.
- Zatsiorsky V.M. (1966). Les qualités physiques du sportif, in traduction INSEP.

POSTFACE

Matthieu QUIDU

Professeur agrégé d'EPS à l'*École normale supérieure de Lyon*.
Docteur en STAPS.
Chercheur associé au *Laboratoire sur les Vulnérabilités et l'Innovation dans le Sport* (L-ViS, EA 7428, Université Lyon 1).

Réaliser la postface d'un projet aussi ambitieux que ce *Tout-en-un STAPS*, dirigé par Youcef Alanbagi – qu'il faut ici remercier pour son ambition encyclopédique – relève de la gageure. Ce défi est d'autant plus redoutable que la pluralité qui caractérise le champ des STAPS s'exprime à de multiples niveaux (Quidu, 2011) : sur la scène de la recherche académique tout d'abord, se manifeste une diversité d'objets d'étude, de regards disciplinaires, de paradigmes mais aussi de normes et régimes de scientificité (Midol, 1998 ; Liotard, 2001 ; Collinet & Terral, 2006). Un niveau élevé de pluralité caractérise également les STAPS du point de vue des formations proposées, organisées autour de différentes filières et d'un spectre large de débouchés professionnels. Multiples sont enfin les conceptions, parfois antagonistes, des relations à établir, durant la formation initiale, entre ces deux pôles que sont la recherche académique et la professionnalisation. Notre réflexion ne pourra donc prétendre à dresser un portrait exhaustif de la globalité d'un champ de recherche et d'enseignement aussi hétérogène, si ce n'est multiplement « tensionnel ». Nous renvoyons à cet égard aux quelques études systématiques développées en sociologie des sciences du sport, à l'instar des travaux de Terral (2003), Collinet (2003) ou plus récemment de Collinet, Terral et Trabal (2016) et Fargier *et al.* (2016) sur la difficile opérationnalisation des pratiques de l'interdisciplinarité en STAPS.

De façon plus circonscrite, nous souhaiterions discuter de la manière la plus pertinente, selon nous, dont les étudiants en STAPS pourraient tirer profit des différents chapitres composant ce recueil, dans l'optique, non pas de survoler de façon superficielle la masse colossale de connaissances qu'il agglomère mais plutôt d'en incorporer réellement une petite fraction. Pour ce faire, nous nous appuierons sur plusieurs constats effectués en tant que juré de l'agrégation externe d'EPS à la lecture des dissertations d'écrit n° 2. Ces observations révéleront des modes de mobilisation des références (notamment scientifiques) symptomatiques d'un rapport aux savoirs dysfonctionnel ou, tout du moins, immature, rapport que les étudiants devront s'attacher à déconstruire dès leurs premières années d'étude, y compris dans leur façon d'exploiter le présent ouvrage.

La première constatation que nous avons pu faire concerne la tendance, chez les candidats à l'agrégation, à déconnecter les connaissances qu'ils mobilisent de leurs contextes respectifs de production : ainsi, dans le cadre des propositions professionnelles auxquelles ils ont recours, ces derniers se contentent le plus souvent de rapporter des exemples de mises en œuvre pédagogiques proposées par des collègues enseignants d'EPS, sans les resituer dans la singularité du contexte éducatif considéré, ni les intégrer dans une progressivité curriculaire ou dans une quelconque démarche pédagogique englobante. La référence à ces propositions professionnelles en reste souvent au stade de l'illustration non discutée, se résumant parfois à l'évocation de formules-chocs (comme le « défi du burger », Buchs & Mayeko, 2016), au détriment de la mise au service d'un projet argumentaire et démonstratif. Par ailleurs, lorsque des connaissances scientifiques sont convoquées, celles-ci sont le plus souvent déconnectées, non seulement des paradigmes au sein desquels elles ont été produites (paradigmes qui sont pourtant lourds de choix ontologiques et théoriques), mais surtout, des conditions méthodologiques qui ont permis la production des résultats. Ainsi, les candidats ont-ils tendance à ne retenir des publications académiques que des « principes généraux pour l'action »[1] ou des définitions opératoires, et ce, indépendamment de la nature des protocoles empiriques (types de tâches, profils des sujets, indices de mesure et modalités d'analyse) qui ont permis à leurs auteurs de produire ces assertions empiriques. La question qui est ici posée a trait à la possibilité d'acquérir une maturité et une distance vis-à-vis des connaissances scientifiques dans le contexte spécifique d'une année de préparation au concours, marquée par une crise temporelle chronique, qui impose d'acquérir de nombreuses connaissances à grande vitesse : peut-on réellement maîtriser en profondeur une connaissance dans ces conditions ?

Maîtriser une connaissance signifie, selon nous, être capable d'en spécifier le statut épistémique exact[2] mais aussi la resituer par rapport au contexte théorique où elle s'inscrit ainsi que par rapport aux modalités empiriques à partir desquelles elle a été produite. Nous faisons l'hypothèse que l'acquisition d'un tel degré de maturité épistémique devrait permettre aux candidats, dans leurs dissertations, de réellement exploiter les connaissances et d'aller au-delà de l'argument d'autorité, du strict rapport de révérence ou du placage de grands principes généraux indiscutés. Ces différentes façons de sous-exploiter les connaissances scientifiques sont fréquemment dénoncées dans les rapports de jury successifs qui regrettent la tendance, répandue chez les candidats, à juxtaposer les références sans réellement les approfondir. Le rapport de la session 2017 indique à cet égard : « il est attendu des candidats qu'ils dépassent la simple exposition de références scientifiques et qu'ils passent d'une préoccupation quantitative à une préoccupation davantage qualitative et fonctionnelle. À ce titre, une connaissance est mobilisée de façon pertinente quand elle permet de référencer une idée ou un concept, d'expliciter un apport pour analyser et/ou répondre au sujet, de prolonger l'examen théorique par des propositions professionnelles et de discuter les propositions professionnelles ». Mais peut-on réellement, au-delà du simple effet d'étalage et de l'argument d'autorité, exploiter une connaissance (nous ne parlons pas encore ici d'instaurer à son égard une distance critique) qui a été acquise de manière superficielle, à la vitesse de la lumière et sans questionnement sur le contexte spécifique de production des résultats ?

Face à l'impossibilité d'approfondir qualitativement une connaissance non maîtrisée dans ses fondements, il n'est pas étonnant que les candidats basculent, par une forme de compensation quantitative, dans la juxtaposition de références simplement évoquées. Si cet effet d'accumulation peut rassurer le candidat[3] (en lui donnant l'impression d'avoir référencé son propos), il ne convainc

1. Comme l'importance de la quantité de pratique suite aux travaux de Bertsch et Le Scanff (1995), de la connaissance du résultat chez Schmidt (1975) ou du décalage optimal chez Allal (1979).

2. S'agit-il de résultats empiriques, de réflexions théoriques ou bien de propositions professionnelles ? Cet effort de distinction épistémique pourrait éviter certains rapprochements, jugés parfois précipités, dans la même phrase ou le même paragraphe, de travaux de statuts épistémiques distincts ou issus de paradigmes contrastés. Il ne s'agit pas d'attendre du candidat une précaution d'épistémologue mais, plus raisonnablement, qu'il différencie le statut des connaissances qu'il articule.

3. Au même titre que la solution qui consiste à retranscrire dans les dissertations des blocs argumentaires entièrement préconçus. Les correcteurs auront alors l'impression de paragraphes plaqués, ne répondant pas spécifiquement à la singularité des enjeux soulevés par le sujet. Nous pouvons toutefois comprendre qu'en temps restreint, les candidats cherchent à « gagner du temps » en activant des routines argumentaires, même si celles-ci conduisent inévitablement à une perte de pertinence et d'adéquation par rapport à la question posée.

en général rarement le correcteur, souvent plus sensible à la réduction du nombre de références mobilisées couplée à une maîtrise renforcée. Une telle bascule de l'énumération quantitative à l'approfondissement qualitatif suppose une confiance accrue en son degré de maîtrise de la connaissance, confiance qu'il est difficile d'atteindre dans une année de concours particulièrement déstabilisante pour son estime personnelle. Mais est-il réellement possible dans un contexte de crise temporelle, et dès la formation initiale, de construire un tel rapport mature à la connaissance ? Cela est rendu difficile par l'absence de formation épistémologique en STAPS[1]. L'acquisition d'une telle maturité épistémique requiert en outre inévitablement du temps, si ce n'est de la lenteur, nécessaire pour tisser des liens entre les savoirs, en s'appuyant notamment sur la lecture de travaux de premières mains qui exposent le contexte et les fondements des connaissances produites. Mais, durant son année de préparation, un candidat prend-il le temps de lire un ouvrage *in extenso* ?

Nous ne souhaitons pas conclure cette réflexion sans suggérer quelques conseils personnels de préparation (qui ne se substituent en aucun cas au rapport officiel du jury) à destination des étudiants en formation qui deviendront, pour certains, de futurs candidats aux concours de recrutement de la fonction publique et donc nos collègues et successeurs. Notre premier conseil portera sur la nécessité de *sélectionner* ses lectures, qu'elles relèvent de la littérature scientifique ou professionnelle. Cette sélection intégrera nécessairement une part subjective et affective qu'il ne convient pas selon nous de minorer. En fonction de la sensibilité propre de chacun, telles ou telles lectures résonneront en nous et feront écho à notre propre expérience ou, au contraire, nous laisseront totalement indifférents. Il ne faudra pas alors hésiter à renoncer (peut-être seulement temporairement) à ces références qui ne nous parlent pas. Cela n'est pas en soi dramatique, aucune référence n'étant obligée. La référence n'est pas révérence[2]. En outre, chaque étudiant aurait tout intérêt à *diversifier* ses lectures afin de faire preuve d'une certaine originalité vis-à-vis de ses camarades et de se démarquer de l'ensemble des candidats rapportant, telle une litanie, les mêmes types de références qui peuvent finir par horripiler le correcteur.

Sur la base de ces lectures sélectionnées, notamment sur la base des sensibilités personnelles de chacun et du souci d'originalité, nous suggérons aux étudiants de mettre l'accent sur le pôle de l'approfondissement qualitatif. En effet, plutôt que de chercher une accumulation vaine de références (accumulation qui se traduira, chez le correcteur, par l'impression d'un étalage), il nous semble en effet préférable de chercher à *maîtriser les fondements* d'un nombre restreint de travaux : dans quels modèles scientifiques ou pédagogiques s'inscrivent-ils ? Comment les résultats ont-ils été produits ? Sur quels types de sujets ? À propos de quelles tâches ? Quels sont les points de controverses ? Mieux vaut selon nous maîtriser de façon approfondie cinquante références (si possible de premières mains) plutôt que d'en avoir survolé cent cinquante. Les savoirs ainsi appropriés pourront alors être exploités, au service d'un réel projet démonstratif, au-delà du stade de la restitution rhétorique de principes généraux déconnectés de tout contexte de production des résultats. Si des ouvrages entiers sont peut-être un peu ardus à lire dans le cadre d'une année de concours, les revues de synthèse scientifique nous semblent constituer un type de documents susceptibles d'être approfondis et de concourir à la construction d'un certain degré de maturité épistémique.

1. Voir le numéro spécial n° 94 de la revue *Movement & Sports Sciences* paru en 2016 intitulé « De la nécessité d'une réflexion épistémologique en STAPS ». Dans son éditorial, Delignières indique que « la principale motivation de ce numéro spécial est née du constat de la faiblesse de la formation épistémologique des doctorants et donc des futurs enseignants-chercheurs ».

2. Pour reprendre la nuance proposée par Dhellemmes (2004) à propos du rapport de l'EPS aux « pratiques sociales ».

Une connaissance réellement maîtrisée pourra en outre être exploitée dans un spectre élargi de thématiques, ce qui n'est pas sans intérêt dans une année chargée du point de vue temporel et où la rentabilité du travail constitue la mesure de toutes choses.

En sus de cette quête, nécessaire mais nullement suffisante, d'approfondissement et de diversification des connaissances, il nous semble déterminant, dans le cadre des concours de recrutement, de recentrer l'effort de préparation sur un *entraînement spécifique à l'analyse de sujet*, compétence d'autant plus discriminante que la pertinence de la réponse est ardue à construire face à des sujets parfois complexes d'un point de vue logique. Ayant ralenti leur course à l'accumulation de références, les candidats pourront s'exercer à dégager les enjeux spécifiques du sujet afin d'y proposer une réponse structurée (par exemple sous la forme de plans détaillés qu'il n'est pas inutile de présenter à l'oral, l'écrit pouvant parfois masquer, par la rhétorique, des faiblesses de raisonnement). Celle-ci s'appuiera sur une mobilisation de connaissances en nombre restreint, mais maîtrisées et sélectionnées sur la seule base de leur adéquation au sujet traité, au-delà du placage de blocs argumentaires pré-rédigés. Apprendre à sélectionner ses connaissances pour répondre à un sujet précis à partir d'un angle d'attaque singulier s'apprend et nécessite une charge importante d'entraînement qu'il convient de gagner sur la vaine accumulation quantitative de références non mûries et non appropriées.

Cette accumulation artificielle empêchera également le candidat de construire des positions originales affirmées et argumentées, révélatrices d'une capacité d'engagement, laquelle s'avère fortement valorisée par les jurés. *S'engager* peut tout d'abord se traduire par la formulation d'idées à contre-courant de ce que pourrait considérer le sens commun. Dans le sujet de la session 2017 de l'écrit n° 2 incitant à discuter la possibilité du « développement conjoint de la sociabilité et de l'épanouissement personnel », très rares ont par exemple été les candidats à oser déconstruire le caractère « spontanément » socialisateur des APSA dites collectives, « qui peuvent aussi rapidement nuire à la construction individuelle si l'enseignant n'attache pas d'importance au rôle de chacun » (rapport de jury 2017). Tout aussi rares ont été les candidats à argumenter à « contre-courant », en soutenant par exemple que la sociabilité pouvait également se développer à travers les sports de combat dans le cadre de l'apprentissage d'une éthique de l'affrontement. Les jurés sont souvent sensibles à ces arguments « contre-intuitifs » qui témoignent d'un certain courage argumentatif de la part du candidat qui ose questionner les « allants-de-soi » et dépasser le « prêt-à-penser ».

Cette prise de risque argumentative, recherchée en ce qu'elle peut présumer du recrutement d'un futur enseignant créatif, peut finalement s'exprimer par le déplacement de la réflexion sur le pôle de l'éthique. En effet, malgré la disparition de l'éphémère épreuve « agir en fonctionnaire de l'État, de façon éthique et responsable », la compétence professionnelle correspondante, attendue des enseignants, n'a pas cessé d'exister et a été réaffirmée dans le « référentiel des compétences professionnelles des métiers du professorat et de l'éducation » (2013). En effet, même au sein d'un cadre institutionnel particulièrement étoffé, aucune action enseignante ne peut s'opérer sans effectuer des choix. Pasco et Ennis (2009) ont à cet égard démontré que les enseignants pouvaient être guidés, dans leurs décisions pédagogiques, par cinq types d'« orientations de valeurs », révélatrices de préférences philosophiques souvent implicites. Pourtant, chaque décision peut avoir des implications éthiques contrastées, non nécessairement prédites, mais allant parfois à l'encontre des valeurs explicitement défendues : à ce titre, Poggi-Combaz (2002) montre comment les choix curriculaires des enseignants d'EPS, visant à s'adapter aux élèves scolarisés dans des établissements défavorisés, pouvaient conduire à renforcer les inégalités sociales, à « priver l'école de son rôle émancipateur » et à estomper l'exigence républicaine de culture commune. La prise de conscience des enjeux éthiques contenus dans des choix qui semblent *a priori* « aller de soi » nous semble d'autant plus nécessaire que les futurs fonctionnaires de l'État vont être amenés à évoluer dans un environnement institutionnel cadré qui pourrait tendre à leur faire croire que leurs décisions sont neutres axiologiquement ou qu'il n'y a pas de choix à faire sur le plan de l'éthique. Or, aucun fonctionnaire, y compris dans les systèmes les plus encadrés réglementairement, ne peut être réduit au rôle d'un simple exécutant passif de prescriptions ministérielles. Nous connaissons trop bien les conséquences extrêmes d'une telle attitude de pur conformisme obéissant du fonctionnaire. Pour s'en convaincre, il suffit de revenir à la stratégie de défense d'Eichmann à Jérusalem, dont l'argument central était qu'il s'était contenté de « suivre les ordres ». S'inspirant de Weber, Arendt (1963) a, sur cette base, distingué deux figures idéal-typiques d'éthique : « l'éthique de conviction » (à laquelle se réfère Eichmann lorsqu'il avance qu'il n'a fait qu'obéir aux ordres) d'une part ; « l'éthique de responsabilité » où l'acteur se doit de considérer les conséquences, même les plus inattendues, de ses actes. La construction d'une réflexion éthique, permettant à l'acteur de guider axiologiquement ses choix en connaissance des conséquences, sera d'autant plus délicate que la formation dans le domaine est quasi inexistante en STAPS.

Finalement, ces diverses exigences s'avèrent très ambitieuses puisqu'il est attendu des étudiants et des candidats une capacité d'approfondissement de connaissances diversifiées, une maturité épistémique ainsi qu'un engagement dans le registre éthique, le tout dans un contexte de pression temporelle et, au sein du champ des STAPS, en dépit de l'absence de formation éthique et épistémologique couplée à une tendance à la déconnexion des connaissances académiques produites de leur transmission en formation initiale. D'aucuns pourraient conclure que ces ambitions sont démesurées dans le cadre des concours intervenant en fin de formation initiale et ils auront probablement raison si l'on s'en limite à une vision à court terme. En revanche, ce qui est en jeu ici va bien au-delà de la simple réussite à un concours pour s'inscrire comme une étape dans le développement de compétences professionnelles des étudiants, processus qui s'échelonnera tout au long de leur vie. La procédure de recrutement, sous la forme des concours, peut ici être interprétée comme une hypothèse émise par le jury sur le degré de maîtrise d'outils intellectuels possédés à un *instant t*, censés leur permettre de continuer à développer leurs compétences professionnelles, en combinant les différents registres des savoirs scientifiques et professionnels, de la lucidité épistémologique et de l'engagement éthique.

- Allal, L. (1979). « Stratégies d'évaluation formative ». *In* L. Allal, J. Cardinet & P. Perrenoud (dir.). *L'évaluation formative dans un enseignement différencié.* Berne, Peter Lang.
- Arendt, H. (1991 [1963]). *Eichmann à Jérusalem.* Paris, Gallimard.
- Bertsch, J. & Le Scanff, C. (1995). *Apprentissages moteurs et conditions d'apprentissages.* Paris, PUF.
- Buchs, W. & Mayeko, T. (2016). Le défi du burger. *Revue EPS,* n° 372, p. 62-65.
- Collinet, C. (2003). *La recherche en STAPS : les tensions essentielles.* Paris, PUF.
- Collinet, C. & Terral, P. (2006). Une controverse scientifico-technique dans le monde des sciences du sport : le cas de l'électrostimulation. *Sociétés contemporaines,* n° 64, p. 67-93.
- Collinet, C. Terral, P. & Trabal, P. (2016). Les formes de travail scientifique en STAPS : entre disciplinarité et interdisciplinarité. *Movement & Sport Sciences,* n° 94, p. 41-53.
- Delignières, D. (2016). Éditorial. *Movement & Sport Sciences,* n° 96, p. 1.
- Dhellemmes, R. (2004). Des situations de « réf(v)érence » aux formes de pratique sociale. *Cahiers du CEDRE/CEDREPS,* n° 4.
- Fargier, P. *et al.* (2016). Formes de l'interdisciplinarité et configuration de quatre centres de recherche en sciences du sport en Europe. *Movement & Sport Sciences,* n° 96, p. 55-69.
- Liotard, P. (2001). « Le hibou et l'alouette : approches plurielles et enjeux de recherches ». In C. Collinet (dir.), *Éducation physiques et sciences.* Paris, PUF, p. 191-218.
- Midol, N. (1998). « Les STAPS et leur identité scientifique : la guerre du dur contre le mou ». In G. Klein (dir.). *Quelles sciences pour le sport ?* Toulouse, AFRAPS, p. 21-26.
- Pasco, D. & Ennis, C. (2009). Les orientations de valeur des enseignants. *Science et motricité,* n° 66, p. 85-112.
- Poggi-Combaz, M-P. (2002). L'illusion d'une éducation corporelle commune en EPS. *L'année sociologique,* n° 52, p. 479-505.
- Quidu, M. (2011). *Les Sciences du sport face à la pluralité épistémique.* Thèse de Doctorat, Université Nancy 2.
- Schmidt, R. A. (1975). A schema theory of discrete motor skill learning. *Psychological Review,* n° 82(4), p. 225-260.
- Terral, P. (2003). *La construction sociale des savoirs du monde sportif.* Thèse de Doctorat, Paris IV-Sorbonne.

LISTE DES AUTEURS

Youcef ALANBAGI

Docteur en STAPS et en Sciences de l'éducation et de la formation. Professeur agrégé d'EPS à l'UFR STAPS. Université de Paris.

Lucie AMARO-PEGUY

Professeure agrégée d'anglais. Docteure en Sciences du Langage.
Université Claude Bernard Lyon 1, Service Commun d'Enseignement des Langues (SCEL).

Cécile BERNARD-CALVET

Professeure certifiée d'anglais. Responsable pédagogique de la filière STAPS pour l'anglais.
Université Claude Bernard Lyon 1, SCEL.

Joline BOULON

Maître de Conférences en didactique des langues.
Université Claude Bernard Lyon 1, SCEL.

Zine BOUKRICHE

Professeur agrégé d'EPS.
Université Paris Ouest Nanterre

Joséphine BUFFET

Doctorante en STAPS. I3SP (EA 3625).
Université de Paris.

Jonathan COLLARD

Professeur certifié d'EPS. Doctorant en STAPS. I3SP (EA 3625). Université de Paris.

Frédéric DANION

Chercheur au CNRS. HDR en neurosciences.
Université d'Aix-Marseille.

Jacques DUMONT

Professeur émérite des Universités en histoire contemporaine.
Professeur agrégé d'EPS.
UFR STAPS – Université des Antilles.

Olivier GONZALEZ

Docteur en STAPS. Professeur agrégé d'EPS.
UFR STAPS. UPEM.

Jeanne-Maud JARTHON.

Maître de conférences en STAPS. UPEM.

Romuald LEPERS

Professeur des Universités en STAPS.
Université de Bourgogne.

Ludovic MARIN

Maître de conférences-HDR en STAPS.
Université de Montpellier.

Alain MARTIN

Professeur des Universités en STAPS.
Université de Bourgogne.

Gilles MARTIN-ROUSSET

Professeur agrégé d'anglais.
Université Claude Bernard Lyon 1, SCEL.

Martial MEZIANI

Maître de conférences en Sciences de l'éducation. Université de Cergy-Pontoise.

Romain MOUISSET

Professeur agrégé d'anglais en CPGE. Lycée des Chartreux à Lyon.

Alexandre OBOEUF

Maître de conférences. UFR STAPS. Université de Paris.

Jean PÉRISSON

Docteur en Sciences.

Matthieu QUIDU

Docteur en STAPS. Professeur agrégé d'EPS. École normale supérieure de Lyon.

Isabelle RÉMY

Docteure en STAPS. Université de Paris.

Valérie SCHWOB

Professeure agrégée d'EPS. Docteure en STAPS. Rectorat de Paris.

Marc TESTA

Professeur certifié d'EPS. Docteur en STAPS. Université de Paris.

Laurence VILAIN

Professeure agrégée d'EPS à l'UFR STAPS. Université de Paris.